簡明 甲骨文 字典

이 저서는 2009년도 정부재원(교육부)으로 한국연구재단의 지원을 받아 연구되었음 (NRF-2009-342-A00027).

손예철

　　서울대학교 중어중문학과를 졸업하고, 國立臺灣大學校 대학원 중문학과에서 석사 학위와 박사 학위를 취득하였으며, 한양대학교 중어중문학과 교수로 근무하고, 현재 명예교수로 있다. 미국 하버드 대학교 E.A.L.C.(東亞學科) 객좌교수와 국립정치대학교 교환교수를 지냈으며, 한양대학교 인문과학대학 학장과 한국중국학회 회장을 역임하였다.

　　『동아 프라임 중한사전』(표준판)·(콘사이스판)·(탁상판)을 엮었고, 『殷代貞卜人物通考』를 우리말로 옮겼으며, 『한자학개론』과 『갑골학 연구』 등을 저술하였고, 「漢字의 造字法 '六書' 硏究」, 「『說文解字』小篆體 重複字 硏究」, 「『說文解字』'闕如' 考」, 「『說文解字』'省形' 考」, 「甲骨卜辭에 나타난 殷王室의 世系考」, 「甲骨卜辭에 나타난 殷商代 祭祀의 種類」, 「甲骨文 否定詞 探究」, 「甲骨祭祀卜辭中의 犧牲考」, 「甲骨卜辭에 나타난 殷商代 祭祀의 時間과 場所」 등 갑골문자와 『說文解字』를 비롯한 중국고문자와 관련한 다수의 논문을 발표하였다.

簡明 甲骨文 字典

초 판 1쇄 발행　2017년 12월 20일
초 판 2쇄 발행　2019년 10월 30일

지 은 이　손예철
펴 낸 이　박찬익
편 집 장　권이준
책임편집　조은혜

펴 낸 곳　㈜ 박이정
주　　소　서울시 동대문구 천호대로 16가길 4
전　　화　02) 922-1192~3
팩　　스　02) 928-4683
홈페이지　www.pjbook.com
이 메 일　pijbook@naver.com
등　　록　2014년 8월 22일 제305-2014-000028호

ISBN　979-11-5848-335-7 (93000)

* 책값은 뒤표지에 있습니다.

간명
갑골문 자전

簡明 甲骨文 字典

손예철

(주)박이정

　주지(周知)하는 바와 같이 갑골문 또는 갑골문자란, 1899년 중국의 河南省 安陽縣 小屯村 洹水 유역의 殷墟에서 발견된 갑골편(甲骨片)에 각(刻)된 문자를 말한다. 이 갑골문은 商代 중엽에 盤庚이 이곳 殷墟로 천도(遷都)한 이후부터 『史記·殷本紀』에서 帝辛이라고 일컫고 있는 紂王에 이르러 망국(亡國)하기까지 273년 동안의 商 왕실(王室)의 실록(實錄)에 해당하는 실물 자료이다. 이 갑골문의 내용은 왕실의 제사(祭祀)·왕의 출입(出入)과 안위(安危)·전렵(田獵)과 전쟁·기후와 천문(天文)·농업을 비롯한 제반 경제 현상·질병 등등에 대한 점복(占卜)을 기록한 것이다. 현존하는 중국문자 가운데 가장 원시적인 상형(象形)의 성격을 유지하고 있는 최고(最古)의 문자인 이 갑골문은, 중국의 문자학(文字學)·성운학(聲韻學)·훈고학(訓詁學)·고고학·경학(經學)·역사학은 물론, 商代의 정치·경제·사회·문화·군사·역학(曆學)·천문·의학·풍속 습관 등등의 연구에 직·간접적인 자료로 이용되고 있어, 학문적인 가치가 가늠하기 어려울 정도로 크다고 하겠다.

　오랜 세월을 땅 속에 묻혀 있다가 발견된 이 귀중한 자료에 대한 연구는, 처음에는 중국 국내의 개인들이 수집하여 소장하고 있던 자료들을 정리하여 저록(著錄)으로 출간함과 동시에 갑골문자 하나하나에 대한 고석(考釋)에서부터 시작되었고, 시간이 조금 지난 뒤에는 이를 근거로 하여 일차적인 응용 연구가 진행되었다. 그 후 1928년 중국 정부의 연구기관으로 廣東省 廣州에서 성립된 中央研究院 歷史語言研究所의 주관 하에 약 10년에 걸쳐 15차례의 공식적인 발굴 작업이 진행되었는데, 이 때 출토된 방대한 자료들이 저록으로 출간되면서, 본격적인 연구가 이루어지게 되었다. 이와 동시에 갑골문의 해독(解讀)을 위한 노력이 본격화됨에 따라, 발굴된 갑골편의 해당 시대를 판별하기 위한 단대(斷代) 분기(分期) 연구뿐만 아니라, 점복(占卜)을 주관한 '貞人'에 대한 연구는 물론이고, 기초적인 복사(卜辭)의 문례(文例)에 대한 연구 및 초보적인 商代 사회의 성격과 예제(禮制) 등에 대한 연구가 이루어졌다.

이런 과정을 거쳐 갑골문 연구는 중국 상고시대의 거의 모든 학문 분야에까지 연구 범위가 확대되었고, 또 지난 한 세기 내내 계속된 높은 연구 열기에 힘입어, 그 연구 성과 역시 획기적이라 할 만큼 많았기 때문에, 지금은 갑골학(甲骨學)이라는 하나의 학문분야를 형성하는 단계에까지 이르렀다.

갑골학은 이처럼 120년에 가까운 연구 역사가 이어지고 있지만, 아직도 殷墟 유적지에서의 발굴 작업은 계속되고 있으며, 본격적인 연구의 시작이라고 할 수 있는 갑골문자의 고석도, 지금까지 확인된 약 3,000여 자(字) 가운데 약 절반 정도의 글자를 아직도 해독해내지 못하고 있는 실정이며, 갑골문을 이용한 응용 연구 역시 더 진일보한 고증과 연구가 요청되고 있는 등등, 미진한 부분이 여전히 많다.

우리나라에서는 1980년에 이르러서야 갑골문에 대한 본격적인 연구 논문이 발표되고 소개되었는데, 이 분야에 대한 국내의 연구는 연구자의 절대적인 숫자도 적을 뿐만 아니라, 이 방면에 대한 인식도 그다지 보편화되지 않아서, 중국문자학과 고고학 및 역사학계 일부에서 직접적인 연구가 이루어지고 있을 뿐이고, 부분적인 신화(神話) 연구와 언어철학적 연구를 제외한 나머지 학문분야에서의 응용 연구는 대단히 미미한 상태이다.

이런 학문적 현실에서 필자가 집필 과정에서 가장 고심한 것은, 우리나라 학계에서는 아직 생소하고, 또한 대단히 함축적인 전문 용어에 대한 적확(的確)한 우리말 표현과 올바른 정리 등이었지만, 한 개인의 능력으로는 한계가 있을 수밖에 없는 일이기에 독자(讀者) 제현(諸賢)의 아낌없는 광정(匡正)을 바란다.

이 책은 필자의 『갑골학 연구』의 부록(附錄)으로 기획되었지만, 분량이 너무 많아 마지막 장(章)으로 첨부할 수 없을 뿐만 아니라 갑골문자 하나하나의 형·음·의(形音義)를 간략하게나마 해설한 자전(字典)이라는 의미를 외면할 수 없다는 점을 감안하여 단행본으로 집필하여 별도의 책으로 출간하게 되었음을 밝힌다.

　그리고 이 책에 수록된 갑골문자는 그 글자의 형·음·의(形音義)가 밝혀진 것에 국한하되, 독음(讀音)을 알 수 없는 것은 괄호 속에 '??'로 표시하였고, 갑골문의 수록 순서는 참고의 편의를 위해 중국의 고문자학(古文字學)을 포함한 한자학(漢字學) 연구에서의 경전(經典)이라 할 수 있는『說文解字』의 배열 순서를 따랐다.

　끝으로 이 책이 일반 대중들의 구매 수요가 적을 것임이 충분히 예견되는데도 불구하고 흔쾌히 출판을 결행(決行)해주신 박찬익 사장님께 깊이 감사드리며, 생소한 자형(字形)의 갑골문과 금문(金文)을 비롯한 고문자(古文字)와 벽자(僻字)가 많고 많은데도 이 책의 출판을 끝까지 도와준 "도서출판 박이정" 관계자 여러분들에게 이 자리를 빌려 진심으로 깊은 감사를 드린다. 그리고 이 책의 집필과 수정 보완 과정 내내 따뜻한 보살핌과 따끔한 충고를 아끼지 않은 아내 최문희(崔文姬)에게 거듭 깊은 사랑과 고마움을 표한다.

2017년　12월

奉天齋에서

孫　叡　徹 謹識

|차 례|

第 1 篇

| 一(일) | ━━ (≪前4. 47. 6≫) | ━ (≪鐵148. 1≫) | ━ (≪合集6≫) | ━━ (≪合集4531≫) | [yī] |

　　갑골문 '一'자는 하나의 불특정 사물을 가리키는 부호로 만들어진 글자이다. 갑골문의 숫자에 대해 于省吾는, "由一至四, 均爲積畫, 此一系也. 由五至九, 變積畫爲錯畫, 此一系也. 數至十, 則反於一, 故不應列也.[1] : '一'부터 '四'까지는 모두 가로 획을 쌓은 것으로 되어 있는데, 이것도 수를 표시하는 한 체계이다. '五'부터 '九'까지는 획을 쌓는 것을 변경하여 획을 교차시키는 것으로 하였는데, 이것도 수를 표시하는 한 체계이다. '十'에 이르러서는 다시 '一'로 되돌아갔기 때문에, 다시 나열할 필요가 없었던 것이다."라고 하였다. 위에 예시된 갑골문은 모두 숫자 '一'로서, 하나라는 뜻이다. ≪說文解字≫[2]에는 이 '一'자에 대해, "一, 惟初大極, 道立於一. 造分天地, 化成萬物. 弌, 古文一. : '一'은, 최초에 태극(太極)에서, 무형(無形)의 '道'가 유형(有形)의 '一'을 만들어 내었다. 이 이후에 비로소 하늘과 땅이 나뉘어졌고, 이에서 진화 변화되어 만사 만물이 만들어졌다. '弌'(弌)은 '古文'[3] '一'자이다."라고

---

1) 于省吾 ≪殷契騈枝全編≫(藝文印書館 1975. 臺北) ≪雙劍誃殷契騈枝三編≫ p.33上.
2) 본 字典의 서술에서는 儒家의 經傳(十三經), 諸子百家書, 正史 四史, ≪國語≫·≪戰國策≫·≪淮南子≫·≪呂氏春秋≫·≪竹書紀年≫·≪說文解字≫ 등등과 같이 동일 판본의 고서(古書)를 2곳 이상의 출판사에서 출간한 경우에는 이를 인용할 때 인용 書名과 篇名을 本文에서 밝히고, 註釋者의 註解를 인용할 때도 주석자의 이름을 본문에서 밝히되, 특별히 밝혀야 할 경우가 아니면 그 출처를 脚注로 밝히지 않는 것을 원칙으로 한다. 이는 편폭의 과대를 피하고, 독자들의 참고에 편의를 도모하기 위함이며, 여기에서 인용하는 고서는 모두 첨부된 참고 목록에 명기된 것에 국한한다.
3) 孔子의 생가 벽에서 나왔다고 전해지는 '壁中書'에 사용된 글자의 字形에 대한 전용 명칭인데, 古代의 문자나 글이라는 사전적인 의미의 고문(古文)이라는 말과 구별하기 위해 이 이후로 '古文'으로 표기함을 밝혀 둔다.

풀이하고 있다.

　갑골문에서도 '一月'(≪戩3. 1≫)·'一牛'(≪合集339≫)·'一羊'(≪佚849≫) 등과 같이
숫자 '一'의 뜻으로 쓰였다.

元(원)				[yuán]
(≪前4. 32. 5≫)	(≪續5. 19. 1≫)	(≪甲752≫)	(≪粹1571≫)	

　위의 갑골문 '元'자는 옆에서 본 사람의 모양을 형상화하면서 머리를 특별히 크게 강조한
글자인데, '二(上)'과 '人'을 구성 요소로 하고 있다. 이는 머리 위에 다시 위쪽을 가리키는
점 또는 선을 덧붙인 자형 결구(結構)로, '가장 위'라는 뜻을 나타낸 것이다. ≪說文解字≫에
는 이 '元'자에 대해, "元, 始也. 從[1]一, 從兀. : '元'은 처음이라는 뜻이다. '一'을 구성
요소로 하고 있고, '兀'을 구성 요소로 하고 있다."라고 풀이하고 있다.

　갑골문에서의 뜻은 다음과 같다.

　1. 처음. "庚申卜, 旅貞 : 叀元卜用在二月."(≪續1. 39. 9≫)

　2. 크다. 으뜸이다. "侑元臣……允幸."(≪前4. 32. 5≫), "辛巳卜, 大貞 : 侑自上甲元示
　　三牛, 下示二牛, 十二月."(≪前3. 22. 6≫) : '元示'란 '大宗'의 뜻이다.

　3. 지명(地名). "……王步……在元."(≪粹1571≫)

　4. 인명(人名). "☒亥卜, 貞 : ……其受元佑."(≪續5. 19. 1≫)

天(천)				[tiān]
(≪甲3690≫)	(≪乙5384≫)	(≪拾5. 14≫)	(≪存下940≫)	

　羅振玉은 ≪增訂殷虛書契考釋≫에서 위의 글자들을 모두 '天'자(字)로 수록하고는, "說文
解字天從一大. 卜辭中有從二者, 二卽上字. 大象人形, 人所戴爲天, 天在人之上也. 許書
從一, 猶帝示諸字從二, 亦從一矣.[2] : ≪說文解字≫에서의 '天'자는 '一'과 '大'를 구성 요소

---

1) 인용된 ≪說文解字≫의 원문에서 사용된 '從'자는 거의 대부분 '从'으로 쓰여 있으나, 현재 사용 중인 컴퓨터의 한글
　파일에서는 이 '从'자는 '從'의 고자(古字)가 아니라 간화자로만 처리되는 관계로, 모두 '從'으로 표기하기로 한다.
2) 羅振玉 ≪增訂殷虛書契考釋≫(藝文印書館 1975. 臺北) 卷中 pp.4下~5上.

로 하고 있다. 갑골복사 중에는 '二'을 구성 요소로 하고 있는 것이 있는데, 이 '二'은 곧 '上'자이다. '大'자는 사람의 모양을 형상화하였으며, 사람이 머리 위에 이고 있는 것이 하늘 즉 '天'이며, 하늘은 사람 위에 존재한다. 許愼의 책 즉 ≪說文解字≫에서 '一'을 구성 요소로 한 것은 '帝'·'示' 등의 여러 글자들이 '二'을 구성 요소로 한 것과 같은데, 이 역시 '一'을 구성 요소로 하고 있다."라고 설명하였다. 갑골문 '天'자는 정면으로 서 있는 사람의 머리 정수리를 형상화한 자형으로, 본의(本義)는 사람의 머리 정수리라는 뜻이며, 이에서 인신(引伸)하여 사물의 맨 꼭대기나 정상(頂上), 그리고 하늘 등의 뜻을 나타내게 되었다. ≪說文解字≫에도 "天, 顚也. 至高無上. 從一大. : '天'이란 맨 꼭대기란 뜻으로, 더 이상 높을 수 없이 지극히 높다는 뜻이다. '一'과 '大'를 구성 요소로 하고 있다."라고 풀이하고 있다.

갑골문에서의 뜻은 다음과 같다.

1. 머리. "庚辰, 王弗疾朕天."(≪乙9067≫)
2. '大'와 통용(通用). "乙亥卜, 貞 : 王賓天乙……"(≪前1. 3. 5≫), "……天邑商亡……
   …"(≪甲3690≫), "在大邑商, 王占曰 : 大吉. 在九月. 遘上甲……五牛."(≪後上
   18. 2≫) : 갑골문에서 '天邑商'과 '大邑商'은 혼용되고 있다.

| 吏(리) | (≪鐵250. 1≫) | (≪甲68≫) | (≪佚870≫) | (≪京津2220≫) | [lì] |

≪新甲骨文編≫에는 위의 갑골문들을 모두 '吏'자로 수록하고는, "卜辭吏用爲事·使.[1] : 갑골복사에서는 '吏'자를 '事'자와 '使'자의 뜻으로 사용하고 있다."라고 하고 있다. 이 글자는 손에 붓을 들고 일을 처리하는 모양을 형상화한 자형 결구이다. 이로 미루어보면, 본의(本義)는 글을 쓴다는 뜻이라고 짐작되고, '吏'자는 본래 '史'자에서 유래된 글자임을 알 수 있는데, 제3편의 '史'자와 제8편의 '使'자에 대한 해설을 참고하기 바란다. 이 '吏'자에 대해 ≪說文解字≫에는, "吏, 治人者也. 從一, 從史, 史亦聲. : '吏'는 백성을 다스리는 사람이라는 뜻이다. '一'을 구성 요소로 하고 있고, '史'를 구성 요소로 하고 있는데, '史'는 또 성부(聲符)이기도 하다."라고 풀이하고 있다. 이에 대해 徐鍇는 "吏之理人, 心主於一也.[2] : 관리가 백성을

1) 劉釗·洪颺·張新俊 前揭書 ≪新甲骨文編≫(福建人民出版社 2009. 福州) p.3.
2) 徐鍇 ≪說文繫傳≫, 丁福保 ≪說文解字詁林正補合編≫(鼎文書局 1977. 臺北) 第2冊 p.2-34에서 재인용.

다스리려면 마음을 '一' 즉 하나에 일관되게 해야 한다."라고 하였다.

갑골문에서의 뜻은 다음과 같다.

1. '貞人'[1]의 이름. "癸亥卜，旉貞 : 旬亡禍."(≪後下12. 18≫)
2. 관리(官吏). "貞 : 勿命我吏步?"(≪鐵250. 1≫)

| 上(상) | (≪前7. 32. 4≫) | (≪後下8. 7≫) | (≪後上28. 14≫) | (≪河258≫) | [shàng] |

이 글자의 갑골문 자형은 양 끝이 위를 향(向)하거나 기다란 모양의 아래쪽 가로 획 위에 짧은 가로 획이 놓여 있는 모양인데, '위'라는 뜻을 나타내는 '上'자이다. ≪說文解字≫에는 이 '上'자에 대해, "丄, 高也. 此古文丄, 指事也. 𠄞, 篆文上. : '丄(上)'은 높다는 뜻이다. 이는 '古文' '上'자인데, 지사자(指事字)이다. '𠄞(上)'은 전문(篆文) '上'자이다."라고 풀이하고 있다. 段玉裁는 이에 대해 "古文上作二. : '古文' '上'자는 '二'으로 쓰고 있다."라고 주(注)하였다.

갑골문에서는 '위'·'최고(最高)'·'최고위'라는 뜻으로, '上帝'·'上示'·'上甲' 등과 같이 신명(神名) 앞에 사용되었다. "☒戌卜, 貞 : 旉見百牛☒用自上示"(≪前7. 32. 4≫), "……出……上帝……邑"(≪後上28. 14≫), "……旅……, ……先上甲……"(≪河258≫), "傳五鼓上帝若, 王祐"(≪甲1164≫)

| 帝(제) | (≪甲1164≫) | (≪前3. 21. 3≫) | (≪鐵109. 3≫) | (≪乙6666≫) | [dì] |

이 글자의 자형에 대해서는 두 가지의 주장이 있다. 하나는 꽃받침을 형상화한 상형자로, '蒂'의 본자(本字)라는 것으로, 본의는 꽃받침이라는 주장이다.[2] 또 하나는 걸쳐 놓거나 묶어 놓은 나무를 불사르며 하늘에 제사를 올리는 모양을 형상화한 것으로, '禘'의 본자인데, 이

---

1) 갑골학에서 점복(占卜)을 주관한 사람을 지칭하는 전용(專用) 명사인데, 이에 합당한 우리말이 없어 '貞人'으로 표기한다.
2) 郭沫若 ≪甲骨文字硏究·釋祖妣≫(中華書局香港分局 1976. 홍콩) p.18上下를 참고.

'祭天'의 뜻에서 '天帝'의 '帝'와 商代 왕에 대한 호칭으로 인신(引伸)되었다는 주장이다.[1) 이에 대해서는 이 뒤의 '禘'자에 대한 해설을 참고하기 바란다. 이 '帝'자에 대해 ≪說文解字≫ 에는, "帝, 諦也. 王天之號也. 從丄, 朿聲. 帝, 古文帝. 古文諸丄字皆從一, 篆文皆從二, 二古文上字. : '帝'는 자세히 살피다는 뜻이다. 천하를 다스리는 사람에 대한 호칭이다. '丄'을 의부(義符), '朿'를 성부로 구성되었다. '帝'(帝)는 '古文' '帝'자이다. '古文'의 여러 '丄'자는 모두 '一'을 구성 요소로 하고 있고, 전문(篆文)은 모두 '二'을 구성 요소로 하고 있는데, '二'은 '古文' '上'자이다."라고 풀이하고 있다.

갑골문에서의 뜻은 다음과 같다.

1. 상제(上帝). "甲辰卜, 爭貞 : 我伐馬方, 帝受我祐?"(≪乙5408≫), "……貞 : 今三月, 帝命多雨?"(≪前3. 18. 5≫)

2. 제명(祭名). '禘'와 통용. "帝於河"(≪乙5707≫) : '河'는 黃河의 신(神)이다.

| 旁(방) | 朩 (≪甲2464≫) | 朩 (≪拾5. 10≫) | 朩 (≪前2. 3. 2≫) | 朩 (≪後下37. 2≫) | [páng] |

≪甲骨文編≫에는 위에 예시한 글자들을 '旁'자로 수록하고는, "卜辭旁字, 从凡方聲.[2) : 갑골복사에서의 '旁'자는 '凡'을 의부, '方'을 성부로 구성되어 있다."라고 하고 있다. 이 갑골문 '旁'자에 대해 王延林은, "甲骨文……丱象邊界劃分州野的標誌. 邊界都有四邊, ……表示東南西北四方之形, 因此可以認爲旁的本義是四面八方的意思.[3) : 갑골문…… '丱'은 변경의 경계를 구분한 표지를 형상화한 것이다. 변경의 경계는 모두 네 변이 있으며, 이는 …… 동서남북 사방의 모양을 나타내는데, 이로부터 '旁'자의 본의는 사방팔방의 뜻임을 알 수 있다."라고 하였다. ≪說文解字≫에는 "旁, 溥也. 從二, 闕, 方聲. 㫄, 古文旁; 㫄, 亦古文旁; 雱, 籒文. : '旁'은 광대하다는 뜻이다. '二'['上']을 구성 요소로 하고 있고, 중간 부분은 무엇인지 알 수 없어 해설을 궐(闕)하며, '方'을 성부로 구성되었다. '㫄'(方)은 '古文' '旁'자이며, '㫄'(㫄) 역시 '古文' '旁'자이고, '雱'(雱)은 주문(籒文)이다."라고 풀이하고

1) 徐中舒 ≪甲骨文字典≫(四川辭書出版社 1988. 成都) p.7을 참고.
2) 中國社會科學院考古硏究所 ≪甲骨文編≫(中華書局 1965. 北京) p.4.
3) 王延林 ≪常用古文字字典≫(上海書畵出版社 1987. 上海) p.8.

있다.

갑골문에서의 뜻은 다음과 같다.

1. 방국명(方國名) 또는 지명(地名). "癸未卜, 貞 : 旬亡禍? 三日乙酉有來自東妻乎⊠告旁肇."(≪後下37. 2≫), "癸亥王卜, 在旁貞 : 旬亡禍? 王占曰 : 吉."(≪前2. 3. 2≫)

2. 인명(人名). "乙巳卜, 何貞 : 亞旁㠯羌其御用?"(≪甲2464≫)

下(하)					[xià]
	(≪前4. 6. 8≫)	(≪甲3342≫)	(≪乙6664≫)	(≪粹79≫)	

갑골문 '下'자는 자형 결구(結構)가 '上'자와 상반(相反)되는데, 양 끝이 아래를 향한 기다란 가로 획 아래에 짧은 가로 획이 놓여 있는 모양으로, '아래'라는 뜻을 나타내고 있는 '下'자이다. ≪說文解字≫에는 이 '下'자에 대해, "丁, 底也. 指事. ㄓ, 篆文丁. : '丁(下)'는 아래라는 뜻이다. 지사자(指事字)이다. 'ㄓ'(下)는 전문(篆文) '丁'자이다."라고 풀이하고 있다.

갑골문에서는 지기(地祇)를 비롯한 하늘 아래의 여타 신명(神明)을 지칭한다. "癸卯貞 : 其……牡九, 下示⊠?"(≪粹79≫), "……元示三牛, 下示二牛."(≪前3. 22. 6≫), "……再册王从上下若, 受我祐."(≪前4. 37. 6≫) : 여기에서의 '上'은 상제(上帝)를, '下'는 지기(地祇)의 여러 신(神)들을 지칭한다.

示(시)					[shì]
	(≪後上1. 2≫)	(≪合集21405≫)	(≪乙3400≫)	(≪前1. 1. 1≫)	

徐中舒는 이 갑골문 '示'자에 대해, "丁·几象以木表或石柱爲神主之形, 丁之上或其左右之點劃爲增飾符號. 卜辭祭祀占卜中, 示爲天神·地祇·先公·先王之通稱.[1] : '丁'와 '几'는 나무 표지(標識)나 석주(石柱)로 만든 신주(神主)의 모양을 형상화한 것이며, '丁' 위나 좌우에 있는 점과 획은 장식을 덧붙인 부호이다. 복사의 제사에 대한 점복에서의 '示'는 천신·지기(地祇)·선공·선왕에 대한 통칭(通稱)이다."라고 설명하였다. 이 '示'자에 대해 ≪說文

---

1) 徐中舒 前揭書 ≪甲骨文字典≫ p.11.

解字≫에는 "示, 天垂象, 見吉凶, 所以示人也. 從二, 二古文上字; 三垂, 日月星也. 觀乎天文, 以察時變. 示, 神事也. : '示'는 하늘이 천상(天象)을 아래로 내려뜨려 인간사의 길흉을 드러내어 이를 사람들에게 보여주는 것이다. '二'을 구성 요소로 하고 있는데, 이 '二'은 '古文' '上'자이며; 세 개의 세로획은 해와 달 그리고 별을 나타낸다. 천문을 관찰하여 시세(時世)의 변화를 고찰하는 것이다. '示'는 신기(神祇)의 일이라는 뜻이다."라고 풀이하고 있다.

갑골문에서의 뜻은 다음과 같다.

1. 신귀(神鬼)의 통칭. "丙申卜, 賓貞 : 示祐王?"(≪乙4983≫), "……㱿貞 : 示若王?"(≪乙8091≫)

2. 商 왕실의 선공(先公)·선왕(先王)을 지칭하는 인명(人名)으로 사용. "癸亥卜, 充貞 : 侑於示壬尞?"(≪前1. 1. 1≫)

| 禮(례) | (≪後下8. 2≫) | (≪甲3629≫) | [lǐ] |

위에 예시된 갑골문자를 李孝定은 ≪甲骨文字集釋≫에서 '禮'자로 수록하고는, "此不从示, 豊字重文.[1] : 이 글자는 '示'를 구성 요소로 하고 있지 않으며, '豊'자의 이체자이다."라고 설명하였다. 이 갑골문의 자형은 제기(祭器) '豆'에 두 개의 옥구슬 꿰미를 담아 신주(神主)에게 바쳐 복을 구하는 모양을 형상화한 것으로 되어 있다. 제5편의 '豊'자에 대한 해설을 참고하기 바란다. ≪說文解字≫에는 이 '禮'자에 대해, "禮, 履也. 所㠯事神致福也. 從示, 從豊, 豊亦聲. 𧮩, 古文禮. : '禮'는 이행하다는 뜻이다. 신을 섬겨 복을 구하는 일을 말한다. '示'를 구성 요소로 하고 있고, '豊'을 구성 요소로 하고 있는데, '豊'은 또한 성부이기도 하다. '𧮩'(𧮫)는 '古文' '禮'자이다."라고 풀이하고 있다.

갑골문에서는 제명(祭名)으로 사용되었다. "☒子卜, 父甲禮?"(≪甲3629≫), "癸未卜, 貞 : ☒禮叀㞢彭用十二月."(≪後下8. 2≫)

---

1) 李孝定 ≪甲骨文字集釋≫(中央研究院歷史語言研究所 1970. 臺北) p.49.

| 祿(록) |
(≪前6. 1. 8≫) |
(≪粹501≫) |
(≪佚658≫) |
(≪乙498≫) | [lù] |

羅振玉이 위의 글자들을 '祿'자로 고석(考釋)하여[1] 정설이 되었는데, 위쪽의 '帀'는 기물의 거치대와 끈을 형상화한 것이고, 아래의 '◊'는 끈으로 묶은 베주머니를 형상화한 것으로, 전체 자형은 여과기(濾過器)의 모양을 형상화한 '彔'자이다. ≪甲骨文編≫에는 위의 ≪粹501≫의 갑골문을 '祿'자로 수록하고는, "卜辭用彔爲祿.[2] : 갑골복사에서는 '彔'자를 '祿'자의 뜻으로 쓰고 있다."라고 하였다. '祿'과 '麓'은 상고음(上古音)에서는 '來'성류(聲類)로, '屋'부(部)에 속하는 쌍성(雙聲) 첩운(疊韻)의 글자이므로, 가차(假借)하여 '山麓'[산기슭]의 '麓'으로 사용되고 있다. ≪說文解字≫에는, "祿, 福也. 從示, 彔聲. : '祿'은 행복이라는 뜻이다. '示'를 의부, '彔'을 성부로 구성되었다."라고 풀이하고 있다. 제7편의 '彔'자에 대한 해설을 참고하기 바란다.

갑골문에서는 산록(山麓)이라는 가차의(假借義)로 사용되었다. "壬寅卜, 貞 : 翌癸卯, 王亦東彔出, 有兕?"(≪後下13. 14≫), "……卜, 古貞 : ☒在唐彔?"(≪乙498≫)

| 祥(상) |
(≪佚276≫) |
(≪鐵224. 1≫) |
(≪後下16. 14≫) |
(≪前4. 49. 1≫) | [xiáng] |

李孝定은 위의 ≪鐵224. 1≫의 '♅'자를 '祥'자로 수록하고는, "此不从示, 羊字重文.[3] : 이 글자는 '示'를 구성 요소로 하고 있지 않았으며, '羊'자의 '重文' 즉 이체자이다."라고 하였다. 이 글자의 자형은 양(羊)의 머리에 뿔과 눈 그리고 얼굴이 있는 모양을 형상화한 것이다. 이 '祥'자에 대해 ≪說文解字≫에는, "祥, 福也. 從示, 羊聲. 一云善. : '祥'은 복을 내리다는 뜻이다. '示'를 의부, '羊'을 성부로 구성되었다. 또 다른 뜻으로는 '좋다'는 뜻이라고도 한다."라고 풀이하고 있다.

갑골문에서는 상서롭다는 뜻으로 사용되었다. "……貞 : 王勿祥出☒?"(≪鐵224. 1≫),

---

1) 羅振玉 前揭書 ≪增訂殷虛書契考釋≫ 卷中 p.17下를 참고.
2) 中國社會科學院考古研究所 前揭書 ≪甲骨文編≫ p.6.
3) 李孝定 前揭書 ≪甲骨文字集釋≫ p.53.

"戊寅卜, 王貞 : 勿祥步泉?"(≪前4. 17. 1≫), "己巳卜, 王壬申不祥雨? 二月."(≪前4. 49. 1≫), "……卜, 王貞 : 勿祥……?"(≪後下16. 14≫)

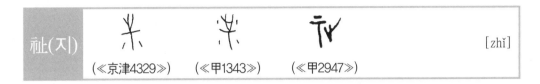

祉(지)				[zhǐ]
	(≪京津4329≫)	(≪甲1343≫)	(≪甲2947≫)	

徐中舒는 위의 갑골문에 대해, "從示從止, …… 應卽祉字.[1] : '示'와 '止'를 구성 요소로 하고 있는데, …… '祉'자임이 틀림없다."라고 하였다. 이 '祉'자에 대해 ≪說文解字≫에는, "祉, 福也. 從示, 止聲 : '祉'는 '福'이라는 뜻이다. '示'를 의부, '止'를 성부로 구성되었다."라고 해설하고 있다. ≪詩經 · 小雅 · 六月≫의 "卽多受祉"라는 말 중의 '祉'에 대해 高亨은, "祉, 福也. 此句言吉甫多受上天之福.[2] : '祉'는 '福'이라는 뜻이다. 이 구절은 吉甫가 하늘이 내리는 복을 많이 받았음을 말한 것이다."라고 주(注)하였다.

갑골문에서는 제명(祭名)으로 사용되었다. "……祉日又正"(≪京津4329≫), "貞 : 于乙日祉由, 王受祐?"(≪甲1343≫), "貞 : 祉大三三牛?"(≪甲2947≫)

福(복)					[fú]
	(≪戩19. 1≫)	(≪佚524≫)	(≪前4. 2. 8≫)	(≪後下17. 12≫)	

羅振玉은 이 글자들에 대해, "从兩手奉尊於示前, 或省廾, 或並省示, 卽後世之福字.[3] : 신주(神主) 앞에서 두 손으로 술통을 받쳐 들고 있는 모양으로 구성되어 있고, 어떤 글자는 '廾'을 생략하기도 하고, 또 어떤 글자는 '示'를 함께 생략하기도 하였는데, 이는 곧 후세의 '福'자이다."라고 고석하여, 정설이 되었다. ≪說文解字≫에는 "福, 祐也. 從示, 畐聲 : '福'은 '복을 내려서 돕다'는 뜻이다. '示'를 의부, '畐'을 성부로 구성되었다."라고 풀이하고 있다.

갑골문에서는 제명(祭名)으로 사용되었다. "貞 : 福於父甲?"(≪乙7438≫). "癸巳卜, 殼貞 : 子漁疾目, 福告於父乙?"(≪佚524≫)

---

1) 徐中舒 前揭書 ≪甲骨文字典≫ p.14.
2) 高亨 ≪詩經今注≫(中華書局 1965. 北京) p.246.
3) 羅振玉 前揭書 ≪增訂殷虛書契考釋≫ 卷中 p.17上.

祐(우)					[yòu]
	(≪佚140≫)	(≪戩13. 9≫)	(≪菁10. 10≫)	(≪京津4063≫)	

李孝定은 위의 글자들에 대해, "卜辭或从示或否, 其下或从ᅳ或从丨. 王釋爲右, 讀爲祐, 是也.1) : 갑골복사는 어떤 글자는 '示'를 구성 요소로 한 것도 있고, 어떤 글자는 그렇지 않은 글자도 있으며; 그 아래에 어떤 글자는 'ᅳ'를 구성 요소로 한 것도 있고, 어떤 글자는 '丨'를 구성 요소로 한 것도 있다. 王國維는 이들을 '右'자로 고석하고, '祐'자의 뜻으로 읽는다고 했는데, 옳다."라고 하여, '祐'자로 고석하였다. 이는 신주(神主) 앞에서 제품(祭品)을 손에 들고 있는 모양을 형상화한 자형이며, 이렇게 하여 신의 도움을 간구하다는 뜻이다. 이 '祐'자에 대해, ≪說文解字≫에는, "祐, 助也. 從示, 右聲. : '祐'는 신명(神明)이 돕다는 뜻이다. '示'를 의부, '右'를 성부로 구성되었다."라고 풀이하고 있다.

갑골문에서의 뜻은 다음과 같다.

1. 보우(保祐)하다. "貞 : 王賓父丁歲祐?"(≪京津4036≫), "丁酉卜, 殼貞 : 今⊘王奴 (登)人五十, 正土方受出祐? 三月."(≪後上31. 6≫)

2. 제명(祭名). '侑'자와 통용. "戊午貞 : 祐多宁曰鬯自上甲?"(≪佚140≫), "于妣妃祐" (≪乙8815≫)

祭(제)					[jì]
	(≪甲2700≫)	(≪前1. 41. 7≫)	(≪掇1. 463≫)	(≪懷1618≫)	

羅振玉은 이 글자들을 '祭'자로 수록하고는, "此字變形至夥, 然皆象持酒肉於示前之形.2) : 이 글자의 변화된 자형이 대단히 많지만, 모두 신주(神主) 앞에 술과 고기를 들고 있는 모양을 형상화한 것이다."라고 하였다. 그런데 이 글자에 대해 趙誠은, "從手執肉而祭, 從數點像肉汁下滴之形.3) : 손에 고기를 들고 제사를 지내는 모양으로 구성되었는데, 몇 개의 점들을 구성 요소로 한 것은 육즙(肉汁)이 방울로 떨어지는 모양을 형상화한 것이다."라고

---

1) 李孝定 前揭書 ≪甲骨文字集釋≫ p.62.
2) 羅振玉 前揭書 ≪增訂殷虛書契考釋≫ 卷中 p.15下.
3) 趙誠 ≪甲骨文簡明詞典≫(中華書局 2009. 北京) p.120.

하였다. 이는 羅振玉이 술이라고 오인한 것을 육즙이라고 바로 잡은 것이다. 갑골문 '祭'자의 자형은 '肉'과 '又'를 구성 요소로 하고 있고, 간혹 편방 '示'가 덧붙여져 있는 것도 있는데, 이는 핏방울이 떨어지는 고기를 손에 들고 신주(神主) 앞에 바치며 제사를 지내다는 뜻을 나타낸 것이다. ≪說文解字≫에는 "祭, 祭祀也. 從示以手持肉. : '祭'는 제사(를 지내다)라 는 뜻이다. '示'를 구성 요소로 하고 있고, 손[又]에 고기[肉]를 들고 있는 모양이다."라고 해설하고 있다.

갑골문에서의 뜻은 다음과 같다.

1. 제명(祭名). "癸未卜, 派貞 : 王旬亡禍? 在正月甲申祭祖甲."(≪前1. 19. 5≫), "乙卯 卜, 即貞 : 王賓報乙祭亡禍?"(≪存上1486≫), "……旬亡禍? 祭羌甲……"(≪前1. 41. 7≫)

2. 지명(地名). "癸未卜, 在祭貞 : 王旬亡禍?"(≪後上11. 5≫)

| 祀(사) | 祀 (≪甲3939≫) | 祀 (≪佚807≫) | 𠂤 (≪乙6881≫) | 𢀳 (≪鐵263. 4≫) | [sì] |

≪甲骨文編≫에는 ≪鐵263. 4≫의 '𢀳'자도 '祀'자로 수록하고는, "卜辭用巳爲祀.[1] : 갑골복사에서는 '巳'를 '祀'자의 뜻으로 사용하기도 한다."라고 하고 있다. 예시한 나머지 갑골 문들은 '示'와 '巳'를 구성 요소로 하고 있는데, 이는 사람이 신주 앞에서 기도하는 모양을 형상화한 것이다. 그런데 갑골문에서의 '巳'자와 '子'자가 동일한 자형으로 쓰인 경우도 있는데, 徐中舒는 이에 대해 '𣥂'(≪前7. 2. 1≫)자를 예로 들어, "𣥂字即舉子(尸)於人頸表祭祀之義, 乃最初之祀字.[2] : '𣥂'자는 곧 '子'(尸)를 사람의 목에 들어 올려서 제사의 뜻을 나타내었는데, 이것이 바로 최초의 '祀'자이다."라고 설명하였다. 이 '祀'자에 대해 ≪說文解字≫에는, "祀, 祭無已也. 從示, 巳聲. 禩, 祀或從異. : '祀'는 제사를 멈추지 않다는 뜻이다. '示'를 의부, '巳'를 성부로 구성되었다. '禩'(禩)는 '祀'의 혹체자(或體字)이며, '異'를 구성 요소로 하고 있다."라고 풀이하고 있다. 그리고 갑골문 '祀'자의 자의(字義)에 대해 趙誠은, "應該祭祀的 祖妣輪流祭完了一遍叫做一祀. 一祀所用的時間大體上近似後來的一年. 商人也就用祀來

---

1) 中國社會科學院考古硏究所 前揭書 ≪甲骨文編≫ p.9.
2) 徐中舒 前揭書 ≪甲骨文字典≫ p.19.

紀年.[1] : 의당 제사를 드려야 하는 선조들과 그들의 배비(配妃)들에 대한 제사를 차례로 한 바퀴 순환하여 끝내는 것을 '一祀'라고 하였는데, 이 '一祀'에 소요되는 시간은 대체적으로 훗날의 1년 정도였다. 商나라 사람들 역시 '祀'를 기년(紀年)에 사용하였다."라고 해설하였다.

갑골문에서의 뜻은 다음과 같다.

1. 제명(祭名). "……祀於河"(≪乙2587≫), "辛巳卜, 互貞 : 祀岳求來歲受年?"(≪乙 6881≫)

2. 기년(紀年)으로 사용되었다. "……自上甲……在四月隹王二祀"(≪前3. 27. 7≫) : '二祀'는 2년이라는 뜻이다.

| 祖(조) | (≪甲249≫) | (≪前1. 9. 6≫) | (≪戩4. 1≫) | (≪鐵48. 4≫) | [zǔ] |

羅振玉은 앞의 세 글자들을 '祖'자로 고석하면서, "此與古金文均不從示.[2] : 이들과 고대의 금문(金文)은 모두 '示'를 구성 요소로 하고 있지 않다."라고 하였다. 그리고 ≪甲骨文編≫에는, "卜辭用且爲祖.[3] : 갑골복사에서는 '且'를 '祖'의 뜻으로 사용하고 있다."라고 하고 있다. 그런데 이 '且'자는 신주의 위패 모양을 형상화한 상형자라는 것이 일반적인 통설이나, 또 다른 일설에는 조묘(祖廟)의 모양을 형상화한 것이라고 하기도 하는데, 이에 대해서는 제14편의 '且'자에 대한 해설을 참고하기 바란다. ≪說文解字≫에는 "祖, 始廟也. 從示, 且聲. : '祖'는 시조의 종묘라는 뜻이다. '示'를 의부, '且'를 성부로 구성되었다."라고 풀이하고 있다.

갑골문에서는 商 왕실의 선왕(先王)에 대한 호칭으로 사용되었다. "乙巳卜, 賓貞 : 三羌用於祖乙?"(≪前1. 9. 6≫), "侑於祖辛八南, 九南於祖辛."(≪卜通159≫) : 여기에서의 '南'에 대해 郭沫若은, "'南'當是獻於祖廟之物, 乃鐘鎛之類.[4] : '南'은 조묘(祖廟)에 봉헌하는 제물(祭物)이 분명하며, 종박(鐘鎛) 종류이다."라고 했다.

1) 趙誠 前揭書 ≪甲骨文簡明詞典≫ p.267.
2) 羅振玉 前揭書 ≪增訂殷虛書契考釋≫ 卷中 p.14下.
3) 中國社會科學院考古硏究所 前揭書 ≪甲骨文編≫ p.9.
4) 郭沫若 ≪卜辭通纂≫(科學出版社 1983. 北京) p.37.

| 祏(석) | 戶 (≪前6. 3. 7≫) | 兮 (≪戩8. 3≫) | 兮 (≪鐵121. 1≫) | 兮 (≪合集15704≫) | [shí] |

徐中舒는 위에 예시된 글자들에 대해, "從示從厂, 『卽石字.[1] : '示'와 '厂'을 구성 요소로 하고 있는데, 이 '厂'은 곧 '石'자이다."라고 하여, 이 글자를 '祏'자로 고석하였다. 이 글자의 자형 결구는 돌로 지은 종묘를 나타내는 것으로, 종묘의 신주 위패를 안치해 두는 석실(石室) 이라는 뜻이다. ≪說文解字≫에는 "祏, 宗廟主也. 周禮有郊宗石室. 一曰 : 大夫以石爲主. 從示, 從石, 石亦聲. : '祏'은 종묘에서 신주 위패를 넣어두는 석실이라는 뜻이다. 周나라의 예제(禮制)에는 교외에서 천지(天地)의 신께 드리는 제사와 종묘에서 선조들께 지내는 제사 및 종묘의 석실에서 올리는 제사가 있었다. 일설에는 대부(大夫)가 사용하는 돌로 만든 신주 (神主)라는 뜻이라고도 한다. '示'를 구성 요소로 하고, '石'을 구성 요소로 하고 있는데, '石'은 또한 성부(聲符)이기도 하다."라고 풀이하고 있다.

갑골문에서는 제명(祭名)으로 사용되었다. "……祏妣庚"(≪戩8. 2≫), "貞 : 祏大甲 ……?"(≪庫106≫)

| 祠(사) | 式 (≪前2. 14. 3≫) | 벼 (≪菁2. 1≫) | 祠 (≪周甲20≫) | [cí] |

'祠'자는 商代의 갑골복사에서는 '示'를 구성 요소로 하고 있지 않은데, 西周의 갑골문에서 는 '示'를 구성 요소로 하고 있다. 이 글자에 대해 商承祚는 "按此卽祠祀之祠字, 省示耳, 與祖之作且同意.[2] : 살펴보면, 이 글자는 바로 '祠祀'의 '祠'자이고, '示'가 생략되었을 뿐이 며, 이는 '祖'를 '且'로 쓴 것과 같은 뜻이다."라고 하였다. 제9편의 '司'자에 대한 해설을 참고하기 바란다. 羅振玉은 이 갑골문 '祠'자에 대해, "爾雅釋天商曰祀徵之, 卜辭稱祀者四, 稱祠者三. …… 商稱年曰祀, 又曰司也. 司卽祠字. …… 祠與祀音義俱相近, 在商時殆以祠 與祀爲祭之總名, 周始以祠爲春祭之名.[3] : ≪爾雅·釋天≫에「商代에 1년을 '祀'라고 하였

1) 徐中舒 前揭書 ≪甲骨文字典≫ p.23.
2) 商承祚 ≪殷虛文字類編≫(決定不移軒刻本 1923. 南京) 一卷 p.5.
3) 羅振玉 前揭書 ≪增訂殷虛書契考釋≫ 卷下 p.53下.

다.」는 것을 증명하자면, 갑골복사에 (1년을) '祀'라고 한 예(例)가 넷이 있고, '祠'라고 한 것이 셋이 있다. …… (이는) 商代에 1년을 '祀'라고 하였고, 또 '司'라고도 한 예인데, '司'가 바로 '祠'자이다. …… '祠'와 '祀'는 자음과 자의가 모두 거의 같은데, 商代에는 아마 '祠'와 '祀' 둘 다 제사의 총명(總名)이었다가 周代에 비로소 '祠'를 봄 제사의 이름으로 삼았던 것 같다.」라고 하였다. 이 '祠'자에 대해 ≪說文解字≫에는 "祠, 春祭曰祠. 品物少, 多文詞也. 從示, 司聲. 仲春之月, 祠不用犧牲, 用圭璧及皮幣. : '祠'는 춘제(春祭)를 '祠'라고 한다. 제사에 사용하는 물품이 적고, 의식에서 문사(文詞)가 많기 때문에 붙여진 이름이다. '示'를 의부, '司'를 성부로 구성되었다. ≪禮記·月令≫에, 「음력 2월에는 제사에 희생(犧牲)을 사용하지 않고, 옥기(玉器)와 모피와 증백(繒帛)[비단]을 사용한다.」라고 하고 있다."라고 풀이하고 있다. ≪爾雅·釋詁≫에는 "祠, 祭也. : '祠'는 제사라는 뜻이다."라고 하고 있다.

갑골문에서는 제명(祭名)으로 사용되었다. "癸未卜, 在……貞 : 王旬亡禍? 王祠"(≪前2. 14. 3≫)

| 禘(체) | 禾 (≪前4. 17. 5≫)   來 (≪後上19. 1≫) | [dì] |

갑골문 '禘'자는 '示'를 구성 요소로 하고 있지 않고 '帝'로만 쓰고 있는데, 이에 대해서는 이 앞의 '帝'자에 대한 해설을 참고하기 바란다. 전서(篆書)의 '禘'자는 '示'와 '帝'를 구성 요소로 하고 있는데, '示'와 '帝'는 모두 '神'과 연계된다. 갑골문 '禘'자에 대해 徐中舒는, "卜辭禘不從示, 象架木或束木以燔, 並於其上加橫畫一或二以表示祭天. 禘祭初爲殷人祭 天及自然神·四方之祭, 其後亦禘祭先公先王.[1] : 갑골복사에서의 '禘'자는 '示'를 구성 요소로 하고 있지 않으며, 나무를 걸쳐놓거나 묶어놓고 불사르는 것을 형상화하였고, 또한 그 위의 하나 혹은 두 개의 가로획을 덧붙여 하늘에 제사를 지냄을 나타내고 있다. 이 '禘祭'는 처음에는 殷나라 사람들이 하늘과 자연신과 四方에 대해 지내는 제사였는데, 훗날에는 왕실의 선공과 선왕에게도 '禘祭'를 올렸다."라고 설명하였다. 이 '禘'자에 대해 ≪說文解字≫에는, "禘, 諦祭也. 從示, 帝聲. 周禮曰五歲一禘. : '禘'는 '諦祭'라는 뜻이다. '示'를 의부, '帝'를

---

1) 中國社會科學院考古硏究所. 前揭書 ≪甲骨文編≫ p.9.

성부로 구성되었다. 周代의 예제(禮制)에서는 5년에 한 번 '禘祭'를 봉행한다고 하고 있다."라고 풀이하고 있다.

갑골문에서도 제명(祭名)으로 사용되었다. "貞：禘於王亥?"(≪後上19. 1≫), "丁巳卜, 貞：禘鳥？ 貞：禘鳥, 三羊, 三豕, 三犬?"(≪前4. 17. 5≫) : '鳥'는 조신(鳥神)으로 짐작된다.

| 祝(축) | (≪粹519≫) | (≪燕2≫) | (≪前4. 18. 7≫) | (≪前7. 31. 1≫) | [zhù] |

위의 갑골문은 '示'와 무릎을 꿇고 앉은 사람의 형상으로 구성되어 있는데, 이 글자를 郭沫若은 '祝'자로 고석하고는, "祝象跪而有所禱告.[1] : 갑골문 '祝'자는 무릎을 꿇고 앉아 신(神)에게 고(告)하며 기구(祈求)하는 것을 형상화하였다."라고 하였다. 이는 '祝'자의 자형 결구를 해설한 말이다. 이 '祝'자에 대해 ≪說文解字≫에는 "祝, 祭主贊詞者. 從示, 從人口. 一曰 : 從兌省. 易曰 : 兌爲口爲巫. : '祝'은 제사를 주관하며 신령에게 기도의 말을 고(告)하는 사람이라는 뜻이다. '示'를 구성 요소로 하고 있고, '人'과 '口'를 구성 요소로 하고 있다. 일설에는 윗부분의 '八'이 생략된 '兌'를 구성 요소로 하고 있다고도 한다. ≪周易大傳·說卦傳≫에 이르기를,「태괘(兌卦)는 '口'를 대표할 수도 있고, '巫'를 대표할 수도 있다.」라고 하고 있다."라고 풀이하고 있다.

갑골문에서는 '도움을 기구하다'는 뜻으로 사용되었다. "……叀王祝"(≪前4. 18. 7≫), "……翌丁亥, 叀上甲祝"(≪前7. 31. 1≫)

| 祓(불) | (≪前8. 5. 6≫) | (≪前8. 6. 3≫) | (≪合集21832≫) | [bá] |

위의 갑골문은 두 손과 '木' 그리고 '示'를 구성 요소로 하고 있는데, 于省吾는 이 글자에 대해, "猋古拔字, 象兩手拔木之形. 古文四聲韻入聲十五黠引老子, 拔字作猋是其證, 猋當

---

1) 郭沫若 前揭書 ≪甲骨文字研究·釋祖妣≫ p.12下.

即祓之初文, 祓拔並諧犮聲, 祓, 从示犮聲.[1] : '𣏟'자는 '拔'의 고자(古字)로, 두 손으로 나무를 뽑는 모양을 형상화한 것이다. ≪古文四聲韻·入聲十五≫ '黠'운부(韻部)에서 ≪老子≫를 인용하면서 '拔'자를 '𣏟'로 쓴 것이 그 증거이다. '𣏟'은 곧 '祓'의 '初文' 즉 초기 문자임이 분명하며, '祓'과 '拔'은 모두 '犮'을 성부로 하고 있는데, '祓'은 '示'를 의부, '犮'을 성부로 구성되었다."라고 하였다. 이 '祓'자에 대해 ≪說文解字≫에는 "祓, 除惡祭也. 從示, 犮聲. : '祓'은 불길하고 사악한 것들을 없애기 위한 제사라는 뜻이다. '示'를 의부, '犮'을 성부로 구성되었다."라고 풀이하고 있는데, 許愼의 이 자의(字義) 해설은 '祓'자의 본의이다.

갑골문에서는 제명(祭名)으로 사용되었다. "己卯卜, 我貞 : 祓月又史?"(≪前8. 5. 6≫)

祈(기)					[qí]
	(≪戩47. 9≫)	(≪後下22. 18≫)	(≪鐵142. 4≫)	(≪佚675≫)	

위에 예시한 갑골문자는 '單'과 '斤'을 구성 요소로 하고 있는데, 王國維는 이 글자에 대해, "斳卜辭作𣏟, 即旂之本字. 頌鼎·頌敦等作𣏟. 假借爲祈求之祈.[2] : '斳'자를 갑골복사에서는 '𣏟'로 쓰는데, 이는 바로 '旂'의 본자(本字)이다. ≪頌鼎≫·≪頌敦≫ 등에서는 '𣏟'로 쓰고 있다. 가차되어 '祈求'의 '祈'자의 뜻으로 사용되고 있다."라고 하였다. 이 '祈'자에 대해 ≪說文解字≫에는 "祈, 求福也. 從示, 斤聲. : '祈'는 신명(神明)에게 복을 구(求)하다는 뜻이다. '示'을 의부, '斤'을 성부로 구성되었다."라고 풀이하고 있다.

갑골문에서의 뜻은 다음과 같다.

1. 기구(祈求)하다. "……爭貞 : 王疾隹祈?"(≪後下20. 5≫), "王……不……祈"(≪鐵142. 4≫)

2. 지명(地名). "……於……祈……十一月"(≪後下22. 18≫)

1) 于省吾 前揭書 ≪殷契駢枝全編≫ ≪雙劍誃殷契駢枝續編≫ p.14上.
2) 王國維 ≪戩壽堂所藏殷虛文字·考釋≫(上海倉聖明智大學 石印本 1917. 上海) p.73上.

禦(어)					[yù]
	《前6. 6. 3》	《合集27972》	《河312》	《鄴三下37. 8》	

楊樹達은 위에 예시한 갑골문자들을 '禦'자라고 하면서, "甲骨文有禦字, 字作禦, 或省作卩. …… 甲文用此字爲祭名者, 往往有攘除災禍之義.[1] : 갑골문에 '禦'자가 있는데, 글자를 '禦'로 쓰며, 간혹 '示'를 생략하여 '卩'로 쓰기도 한다. …… 갑골문에서 이 글자를 제명(祭名)으로 사용한 경우에는 왕왕 재화(災禍)를 물리쳐 없애다는 뜻을 나타내기도 한다."라고 하였다. 여기에서의 '卩'자는 '御'자의 초문(初文)인데, 제2편의 '御'자에 대한 해설을 참고하기 바란다. 이 '禦'자에 대해 《說文解字》에는, "禦, 祀也. 從示, 御聲. : '禦'는 재화(災禍)를 저어(抵禦)하는 제사라는 뜻이다. '示'를 의부, '御'를 성부로 구성되었다."라고 풀이하고 있다. 이에 대해 段玉裁는 "後人用此爲禁禦字. : 후인(後人)들은 이 글자를 '禁禦'의 '禦'자의 뜻으로 사용하고 있다."라고 주(注)하였다.

갑골문에서의 뜻은 다음과 같다.

1. 제명(祭名). "辛……禦水于土洋"(《鐵14. 3》)
2. 인명(人名). "貞 : 叀婦好乎禦伐?"(《前6. 6. 3》)

禍(화)					[huò]
	《鐵131. 1》	《粹1454》	《粹1581》	《粹1461》	

徐中舒는 이 글자에 대해, "凷象卜骨呈兆之形, 卽咼字之初文. 卜辭以爲禍.[2] : '凷'자는 복골(卜骨)에 복조(卜兆)가 드러난 모양을 형상화하였는데, 바로 '咼'자의 초문(初文)이다. 갑골복사에서는 '禍'자로 간주한다."라고 하였다. 이 '禍'자는 '凷'와 '卜'을 구성 요소로 하고 있는데, 간혹 '犬'을 덧붙여서 '㹜'로 쓴 것도 있다. 李孝定은 '㹜'로 쓴 것에 대해, "從犬咼聲, 假爲禍.[3] : '犬'을 의부, '咼'을 성부로 구성되어 있으며, 가차(假借)하여 '禍'의 뜻을 나타내게 되었다."라고 하였다. 이 '禍'자에 대해 《說文解字》에는, "禍, 害也. 神不福也. 從示,

1) 楊樹達 《積微居甲文說》(中國科學院 1954. 北京)
2) 徐中舒 前揭書 《甲骨文字典》 p.27.
3) 李孝定 前揭書 《甲骨文字集釋》 p.93.

咼聲. : '禍'는 화해(禍害)라는 뜻이다. 신명(神明)이 복을 내리지 않는 것이다. '示'를 의부, '咼'를 성부로 구성되었다."라고 풀이하고 있다.

갑골문에서는 재화(災禍)라는 뜻으로 사용되었다. "癸亥卜, 貞：王旬亡禍?"(≪粹1455≫), "癸亥卜, 貞：今日亡禍?"(≪鐵131. 1≫), "貞：……亡禍?"(≪粹1581甲≫)

郭沫若은 위에 예시한 글자들에 대해, "此字當讀爲祟. …… 希祟同在脂部.[1] : 이 글자 ['希'자]는 마땅히 '祟'자로 읽어야 한다. …… '希'와 '祟' 두 글자는 함께 고운(古韻) '脂'부(部)에 속한다."라고 고석하여, 정설이 되었다. 이 '祟'에 대해 ≪說文解字≫에는 "祟, 神禍也. 從示, 從出. : '祟'는 귀신이 사람에게 내리는 재화(災禍)라는 뜻이다. '示'와 '出'을 구성 요소로 하고 있다."라고 풀이하고 있다. 이에 대해 段玉裁는 "玄應衆經音義曰：謂鬼神作災也 : 玄應의 ≪衆經音義≫에는,「귀신이 일으키는 재화를 말한다.」라고 하고 있다."라고 주(注)하였다.

갑골문에서는 재화(災禍)라는 뜻으로 사용되었다. "癸未卜, 㱿貞：旬亡禍? 王占曰：往乃茲有祟, 六日戊子, 子弢囚, 一月"(≪菁1. 1≫), "……王占曰：有祟其有來嬉……" (≪菁2. 1≫) : (≪菁1. 1≫)의 복사 중의 '乃茲'는 지명으로 짐작되며, '子弢'은 인명이다.

唐蘭은 위의 글자에 대해, "即禫. …… 據卜辭則本從旱聲, 後世改從覃耳. 此字昔人失錄.[2] : 이는 곧 '禫'자이다. …… 갑골복사에 의거하면, (이 글자는) 본래 '旱'을 성부로 구성되었는데, 후세에 '覃'을 구성 요소로 하는 것으로 고쳤을 따름이다. 이 글자를 옛 사람들

1) 郭沫若 前揭書 ≪卜辭通纂≫ p.87.
2) 唐蘭 ≪殷虛文字記≫(中華書局 1981. 北京) p.39.

은 기록에서 누락했다."라고 하였다. 예시된 갑골문 '禫'자는 '示'와 ''를 구성 요소로 하고 있는데, 이 ''는 '酉'자의 변형(變形)이다. 따라서 이 글자의 자형 결구는 술을 헌상하며 신(神)을 받들다는 뜻을 나타낸 것이라 짐작된다. 이 '禫'자에 대해 ≪說文解字≫에서는 "禫, 除服祭也. 從示, 覃聲. : '禫'은 '除服祭' 즉 상(喪)을 당한 27개월 후 곧 대상(大祥)의 다음 다음 달에 상복(喪服)을 벗으면서 올리는 제사라는 뜻이다. '示'을 의부, '覃'을 성부로 구성되었다."라고 풀이하고 있다.

갑골문에서도 제명(祭名)으로 사용되었다. "丙午卜, 王余禫女冂妣己巳食, 勿祥女冂食?" (≪前8. 8. 1≫)

三(삼)					[sān]
	(≪菁5. 1≫)	(≪前6. 2. 3≫)	(≪甲2913≫)	(≪合集14正≫)	

이 글자는 세 개의 횡선을 겹쳐서 만든 '三'이라는 숫자이다. 徐中舒는 갑골문 1~4의 숫자에 대해, "甲骨文從一至四, 作一·二·三·亖, 以積畫爲數, 當出於古之算籌.[1] : 갑골문에서의 '一'부터 '四'까지의 숫자는 '一'·'二'·'三'·'亖'로 쓰는데, 가로 획을 포개어서 숫자를 만들었으며, 이는 옛날의 '算籌' 즉 산가지에서 유래한 것이 분명하다."라고 설명하였다. 숫자 '三'자에 대해 ≪說文解字≫에는, "三, 天地人之道也. 從三數也. : '三'은 '天'·'地'··'人'의 도를 의미한다. 세 획을 구성 요소로 하고 있다."라고 풀이하고 있다.

갑골문에서도 수사(數詞) '三'의 뜻으로 사용되었다. "侑於大戊三牢"(≪前1. 7. 2≫), "……三豭, 三犬"(≪前4. 17. 5≫)

王(왕)					[wáng]
	(≪甲722≫)	(≪佚26≫)	(≪鐵198. 4≫)	(≪乙8658≫)	

이 갑골문 '王'자의 자형 결구에 대한 학자들의 주장이 다양한데, 齊文心의 분석 종합에 의하면,[2] 대표적인 것으로 다음의 세 가지로 정리할 수 있다. 첫째는 글자의 아랫부분이 불꽃의

---

1) 徐中舒 前揭書 ≪甲骨文字典≫ p.32.
2) 齊文心 <王字本義試探>, ≪歷史硏究≫(中國社會科學院 1991. 北京) 第4期를 참고.

모양을 형상화한 것으로, '旺'의 고자(古字)라는 주장이다. 둘째는 글자 전체가 부월(斧鉞) 즉 도끼의 모양을 형상화한 것이며, 여기에서 인신(引伸)하여 왕권을 의미하고, 또한 부월은 병기이기 때문에 군사 통수권을 상징한다는 주장이다. 셋째는 대인(大人)의 형상이라는 주장이다. 여기에서는 잠정적으로 두 번째의 주장을 따르기로 한다. 이 '王'자에 대해 ≪說文解字≫에는 "王, 天下所歸往也. 董仲舒曰 : 古之造文者, 三畫而連其中謂之王. 三者, 天地人也. 而參通之者王也. 孔子曰 : 一貫三爲王. 舌, 古文王. : '王'은 천하가 귀복(歸復)하여 따르는 대상(對象)이라는 뜻이다. 董仲舒가 이르기를, 「옛날에 문자를 창조할 때, 세 개의 가로 획을 긋고 그 가운데를 이어서 '王'자라고 하였다. 이 가로 획 셋은 '天'·'地'·'人'을 대표하며, 이를 동시에 통달할 수 있는 사람이 바로 '王'이다.」라고 하였다. 孔子는 이르기를, 「'一'로써 '三'을 관통한 것이 '王'자이다.」라고 하였다. '舌(舌)'은 '古文' '王'자이다."라고 풀이하고 있다.

갑골문에서는 商 왕실의 왕에 대한 호칭으로 사용되었다. "高祖王亥"(≪後上21. 13≫), "……王占曰 : ……"(≪菁1. 1≫), "……王勿征工方……"(≪前5. 22. 2≫)

| 玉(옥) | ≪佚783≫ | ≪庫211≫ | ≪乙7799≫ | ≪京津1032≫ | [yù] |

위의 갑골문 '玉'자는 실로 꿴 옥(玉) 조각을 측면에서 본 모양을 형상화한 자형인데, 徐中舒는 이 글자에 대해, "象以丨貫玉使之相繫形, 王國維釋玉, 是也.[1] : ('玉'자는) '丨'으로 옥을 꿰어 서로 연이은 모양을 형상화한 것으로, 王國維가 이를 '玉'자로 고석하였는데, 옳다." 라고 하였다. 이 '玉'자에 대해 ≪說文解字≫에는, "玉, 石之美有五德. 潤澤以溫, 仁之方也; 䚡理自外可以知中, 義之方也; 其聲舒揚, 專以遠聞, 智之方也; 不橈而折, 勇之方也; 銳廉 而不忮, 絜之方也. 象三玉之連, 丨, 其貫也. 舌, 古文玉. : '玉'은 다섯 가지의 미덕을 가진 아름다운 돌이다. 윤택하면서 온화하니, 이는 '仁'에 비유되고; 뿔 심의 무늬는 외부에서도 알 수 있으니, 이는 '義'에 비유되며; 그 소리는 널리 퍼져 위로 오르면서 멀리까지 전파되어 들리니, 이는 '智'에 비유되고; 결코 구부러지지 않고 차라리 부러지는 것은 '勇'에 비유되며; 끝이 예리하지만 다치게 하지 않으니, 이는 '潔'에 비유된다. 세 조각의 옥을 연결한 모양을

---

1) 徐中舒 前揭書 ≪甲骨文字典≫ p.34.

형상화하였는데, 'ㅣ'은 옥을 꿰는데 사용한 끈이다. '舌'(疋)은 '古文' '玉'자이다."라고 풀이하고 있다.

갑골문에서는 옥(玉)이라는 뜻으로 사용되었다. "癸酉貞：帝五玉其……牢?"(≪後上26. 15≫), "其貞用三玉·犬·羊"(≪佚783≫)

珏(각)	丰丰	丰丰	丰丰	丰丰	[jué]
	(≪鐵127. 2≫)	(≪合集16091≫)	(≪鄴三下42. 6≫)	(≪京都775≫)	

위의 갑골문은 두 개의 '玉'자를 좌우로 합친 모양을 형상화한 '珏'자이다. 이에 대해 王國維는, "殷時, 玉與貝皆貨幣也. …… 其用爲貨幣及服御者, 皆小玉小貝而有物焉以系之. 所系之貝玉, 於玉則謂之珏, 於貝則謂之朋. 然二者於古實爲一字.[1]：殷나라 때에는 옥과 조가비는 모두 화폐였다. …… 이들이 화폐와 복식으로 사용되는 것은 모두 작은 옥과 작은 조가비로 다른 물건에 실로 꿰어 달았다. 꿰어 맨 옥과 조가비인 경우, 옥이면 '珏'이라 하고, 조가비면 '朋'이라 하였다. 그러나 이 두 글자는 고대에는 사실은 동일한 글자였다."라고 하였다. 그리고 ≪甲骨文編≫에는, "古玉或貝一系五枚爲玉, 二玉爲珏, 或謂之朋.[2]：고대에는 '玉'이나 '貝'를 한 줄에 다섯 매(枚)를 꿴 것이 '玉'이고, 이 '玉'이 둘인 것이 '珏'인데, 간혹 '朋'이라고 일컫기도 하였다."라고 하고 있다. 본의는 두 개의 옥 꿰미라는 뜻이다. 이 '珏'자에 대해 ≪說文解字≫에는 "珏, 二玉相合爲一珏. 瑴, 珏或從㱿. : '珏'은 두 줄의 옥 꿰미를 서로 합친 것이 1'珏'이다. '瑴'(㱿)은 '珏'의 혹체자이며, '㱿'를 구성 요소로 하고 있다."라고 풀이하고 있다.

갑골문에서는 제사의 제품(祭品)으로 사용되었다. "……五人, 卯五牛于二珏"(≪乙7645≫), "于二珏, 有五人, 卯十牛"(≪乙8354≫)

1) 王國維 ≪觀堂集林≫(河洛圖書出版社 1975. 臺北) p.161.
2) 中國社會科學院考古硏究所 前揭書 ≪甲骨文編≫ p.16.

气(기) 　　(≪甲870≫)　　(≪菁2. 1≫)　　(≪前7. 36. 2≫)　　(≪佚60≫) 　　[qì]

　　于省吾는 위의 갑골문자에 대해, "三, 即今气字, 俗作乞.[1] : '三'는 바로 지금의 '气'자이며, 세속에서는 '乞'로 쓴다."이라고 하였다. 이 '气'자는 '氣'의 본자(本字)이며, 자형은 기류가 유동하는 모양을 형상화한 것이다. 이 '气'자에 대해 ≪說文解字≫에는 "气, 雲气也. 象形. : '气'는 운기(雲氣)라는 뜻이다. 상형자이다."라고 풀이하고 있다. 갑골문 '气'자와 '三'자의 자형의 차이는, 气'자는 세 개의 가로획 중에서 중간 획이 그 아래 위의 획보다 짧고, '三'자는 세 개의 가로획의 길이가 같다는 점이다.

　　갑골문에서의 뜻은 다음과 같다.

　　1. '乞求'의 '乞'자와 통용. "貞 : 今日其[雨]? 王占曰 : 疑, 兹乞雨, 之日允雨. 三月"(≪前
　　　　7. 36. 2≫) : 비가 내리기를 간구한 것이다.

　　2. '迄'자와 통용. 다하다. "……迄至五日丁酉"(≪菁2. 1≫)

中(중) 　　(≪甲547≫)　　(≪續4. 7. 1≫)　　(≪前4. 27. 6≫)　　(≪合集5944≫) 　　[zhōng]

　　예시한 갑골문 '中'자의 '🚩'는 본래 기치(旗幟)의 모양을 형상화한 것으로, 상고시대 씨족사회의 휘장(徽章)이며, 씨족 집단 거주지 중간에 이 기치를 세워 놓고 큰 일이 있을 때 군중들이 이를 바라보고 모였을 것으로 짐작된다. 여기에서 중앙이라는 의미가 생성되어, 후세에는 방위명사로 사용하게 되었을 것이다. ≪說文解字≫에는 "中, 內也. 從口, 丨, 上下通也. ᯤ, 古文中. : '中'은 납입(納入)하다는 뜻이다. '口'를 구성 요소로 하고 있고, '丨'은 아래위를 관통한다는 뜻을 나타낸다. 'ᯤ'(㔔)은 '古文' '中'자이다."라고 풀이하고 있다.

　　갑골문에서의 뜻은 다음과 같다.

　　1. '中日', 즉 정오(正午)의 시간. "……中日至郭兮昏"(≪甲547≫)

　　2. '貞人'의 이름. "癸亥卜, 中貞 : 四牛?"(≪後上26. 2≫)

---

1) 于省吾 前揭書 ≪殷契騈枝全編≫ ≪雙劍誃殷契騈枝≫ p.55下.

3. 商 왕실의 제11대 선왕 '中丁'을 지칭. "癸丑卜, 貞 : 王賓中丁爽妣癸, 彡中亡尤?"
   (≪前1. 8. 1≫)
4. 인명(人名). "丙子小臣中……"(≪前4. 27. 6≫)

| 屮(철) | ≪合集18661≫ | ≪合集22335≫ | ≪粹193≫ | ≪京津4007≫ | [chè] |

위의 갑골문 '屮'자는 막 돋아난 초목의 모양을 형상화한 상형자이다. ≪說文解字≫에는 "屮, 艸木初生也. 象丨出形, 有枝莖有也. 古文或吕爲艸字. 讀若徹. : '屮'는 초목이 처음 돋아나다는 뜻이다. (초목이) 땅 위로 돋아나오는 모양을 형상화한 것으로, 가지와 줄기도 있다. '古文'에서는 때로 '艸'자로 간주하기도 하였다. 독음(讀音)은 '徹'자처럼 읽는다."라고 풀이하고 있다.

갑골문에서의 뜻은 다음과 같다.
1. 장소를 나타내는 개사(介詞) '在'자의 뜻으로 사용되었다. "……一月屮亘方"(≪粹193≫)
2. 구체적인 자의(字義)는 알 수 없으나, '彎'과 함께 제품(祭品)으로 사용되었다고 짐작된다. "……利彎屮……"(≪京津4007≫)

| 屯(둔) | ≪甲2993≫ | ≪乙3442反≫ | ≪後下15. 10≫ | ≪林1. 19. 1≫ | [tún] |

예시된 갑골문의 자형은 식물의 씨앗에서 처음 생긴 뿌리 싹의 모양을 형상화한 것인데, 于省吾는 "即屯之初文.[1] : 이는 바로 '屯'자의 초기 글자이다."라고 고석하였다. 따라서 이 글자의 본의는 식물의 뿌리에서 나온 싹이라는 뜻임을 알 수 있다. 이 '屯'자에 대해 ≪說文解字≫에는 "屯, 難也. 象草木之初生, 屯然而難. 從屮貫一, 一地也, 尾曲. 易曰 : 屯剛柔始交而難生 : '屯'은 어렵다는 뜻이다. 초목이 처음 돋아나면서, 곡절되고 힘든 모양을 형상화하였다. '屮'로 '一'을 관통하는 모양으로 구성되었는데, '一'은 땅을 나타내고, 꼬리 부분은

---

1) 于省吾 ≪甲骨文字釋林≫(中華書局 1979. 北京) p.1.

구부러져 있다. ≪周易≫에 이르기를, 「둔괘(屯卦)는 '陰'의 '柔'와 '陽'의 '剛' 두 기운이 교합하여 어려움이 시작되는 형상이다.」라고 하고 있다."라고 풀이하고 있다.

갑골문에서의 뜻은 다음과 같다.

1. 갑골판(甲骨版)을 세는 양사(量詞)로, 좌우 한 쌍을 '一屯'이라고 한다. "甲申, 迄自雫十屯掃"(≪存下48≫), "丁丑, 邑示四屯耳"(≪後下15. 10≫)

2. 제후(諸侯)의 이름. "癸亥卜, 乙丑, 用侯屯于……?"(≪庫1009≫)

3. '春'으로 해독(解讀)하며, 봄을 뜻한다. "壬子, 貞: 今屯受年? ⊘月"(≪前4. 6. 6≫), "來屯伐⊘"(≪京1333≫)

| 每(매) | 𤯔 | 𡠦 | 𡠦 | 𡠦 | [měi] |
| | (≪戩40. 1≫) | (≪甲858≫) | (≪粹340≫) | (≪後上6. 13≫) | |

위에 예시한 갑골문은 머리에 비녀를 꽂은 여자가 무릎을 꿇고 앉아 있는 모양을 형상화한 자형 결구이다. 이에 대해 李孝定은 "从女从母無別, 上不从屮, 董氏以爲象笄形, 是也.[1] : '女'를 구성 요소로 한 것과 '母'를 구성 요소로 한 것은 다름이 없고, 이 글자의 윗부분은 '屮'을 구성 요소로 하지 않았으며, 董作賓은 이는 비녀를 형상화한 것이라고 하였는데, 옳다."라고 하여, 이를 '每'자로 고석하였다. 이 '每'자에 대해 ≪說文解字≫에는 "每, 艸盛上出也. 從屮, 母聲. : '每'자는 초목이 무성하게 위로 솟아나는 모양이다. '屮'을 의부, '母'를 성부로 구성되었다."라고 풀이하고 있다.

갑골문에서의 뜻은 다음과 같다.

1. 모친(母親). '母'의 뜻으로 사용되었다. "叀每己及子癸酒"(≪粹340≫)

2. 어둡다. '晦'의 뜻으로 사용되었다. "於旦, 王迺田……每不雨"(≪撫續197≫), "弜田其每亡戈"(≪佚447≫)

3. 뉘우치다. '悔'의 뜻으로 사용되었다. "叙于之若王弗每"(≪粹1195≫)

---

1) 李孝定 前揭書 ≪甲骨文字集釋≫ p.193.

| 萑(추) | (≪存下527≫) | (≪合集8184≫) | (≪河746≫) | (≪珠905≫) | [zhuī] |

위의 갑골문은 '隹'와 '艸'를 구성 요소로 하고 있으며, '林'으로 '艸'를 대신한 것도 많은데, 갑골문에서는 '艸'를 구성 요소로 한 것과 '林'을 구성 요소로 한 것은 서로 구별이 없었다. 이 글자에 대해 郭沫若은, "案此當是萑字之異.[1] : 살펴보면, 이 글자는 '萑'자의 이체자임이 틀림없다."라고 하였다. ≪河746≫과 ≪珠905≫에서의 '萑'자는 번체(繁體)로 생각되며, ≪河746≫을 제외하고 대부분이 '林'을 구성 요소로 하고 있다. 이 '萑'자는 '雚'의 고자(古字)이고, 부엉이의 모양을 형상화한 것이다. 이에 대해 趙誠은, "甲骨文萑·雚同字. 均象一種禽類之形.[2] : 갑골문에서의 '萑'와 '雚'은 같은 글자이다. 모두 일종의 날짐승의 모양을 형상화하였다."라고 주장하였다. 이 '萑'자에 대해 ≪說文解字≫에는 "萑, 草多貌, 從艸, 隹聲. : '萑'는 풀이 많은 모양이다. '艸'를 의부, '隹'를 성부로 구성되었다."라고 풀이하고 있다.

갑골문에서의 뜻은 다음과 같다.

1. '觀'과 통용. "呂方出, 王萑, 五月"(≪外1≫)
2. 수확(收穫)하다. "貞 : 婦姘黍萑?"(≪續4. 25. 4≫)
3. 지명(地名). "☑午卜, 王……在萑"(≪合集8184≫)

| 萌(맹) | (≪後下3. 8≫) | (≪庫1025≫) | (≪佚292≫) | [méng] |

위에 예시한 갑골문은 '日'과 '月' 즉 '明'을 구성 요소로 하고 있고, '舛' 또는 '艸' 혹은 '木'을 구성 요소로 하고 있다. 이 글자에 대해 李孝定은, "金文小篆朝均不從月, 而萌字篆文則正從艸明聲. 以字形言, 此固當釋萌也.[3] : 금문과 소전(小篆)의 '朝'자는 모두 '月'을 구성 요소로 하고 있지 않은데, '萌'자의 소전이 바로 '艸'를 의부, '明'을 성부로 구성되어 있다. 자형으로 말하자면, 이 글자는 확실히 '萌'자로 고석하여야 한다."라고 하였다. 이 '萌'자에

1) 郭沫若 前揭書 ≪卜辭通纂·別二≫ p.8.
2) 趙誠 前揭書 ≪甲骨文簡明詞典≫ p.121.
3) 李孝定 前揭書 ≪甲骨文字集釋≫ p.208.

대해 ≪說文解字≫에는, "萌, 艸木芽也. 从艸, 朙聲. : '萌'은 초목의 싹이라는 뜻이다. '艸'를 의부, '朙'을 성부로 구성되었다."라고 하고 있다.

갑골문에서는 지명(地名)으로 사용되었다. "貞 : 句亡禍, 在萌?"(≪後下3. 8≫)

| 茲(자) | (≪鐵178. 2≫) | (≪甲392≫) | (≪粹776≫) | (≪懷1775≫) | [zī] |

이 글자는 두 묶음의 실타래의 모양을 형상화한 자형인데, 이는 곧 '絲'자로 '絲'의 본자(本字)자이며, 가차(假借)되어 '茲'자의 뜻으로 사용되었다. 제4편의 '絲'자에 대한 해설을 참고하기 바란다. 이 '茲'자에 대해 ≪說文解字≫에는 "茲, 艸木多益. 從艸, 絲省聲. : '茲'는 초목이 더욱 무성해지다는 뜻이다. '艸'를 의부, 필획이 생략된 '絲'를 성부로 구성되었다."라고 풀이하고 있다.

갑골문에서는 가차되어 지시대명사 '此'의 뜻으로 쓰였다. "癸亥卜, 㱿貞 : 茲雨佳若?"(≪乙2285≫), "貞 : 帝弗冬茲邑?"(≪丙66≫), "茲月亡大雨"(≪甲6160≫), "☒子卜, 有羌, 十一牛? 茲用"(≪甲583≫)

| 茀(불) | (≪粹1581≫) | [fú] |

이 글자에 대해 郭沫若은 "茀矢當以弗爲本字, 茀實借字. 字又作第, ≪廣雅·釋器≫云 : 「第, 箭也.」[1] : '茀矢'의 '茀'자는 '弗'자가 그 본자(本字)임이 틀림없으며, '茀'자는 사실은 가차자이다. 이 글자는 또한 '第'로도 썼는데, ≪廣雅·釋器≫에서는 「第'은 화살이라는 뜻이다.」라고 하고 있다."라고 설명하였다. 이 '茀'자에 대해, ≪說文解字≫에는 "茀, 道多艸, 不可行. 從艸, 弗聲. : '茀'은 길에 풀이 많아 다닐 수가 없다는 뜻이다. '艸'를 의부, '弗'을 성부로 구성되었다."라고 풀이하고 있다.

갑골문에서는 '貞人'의 이름으로 사용되었다. "……卜, 茀貞 : ……亡禍?"(≪粹1581甲≫)

---

1) 郭沫若 ≪殷契粹編·考釋≫(文求堂 1937. 東京) p.764.

<table>
<tr><td>若(약)</td><td>(≪甲205≫)</td><td>(≪前4. 11. 3≫)</td><td>(≪合集20057≫)</td><td>(≪合集21129≫)</td><td>[ruò]</td></tr>
</table>

위에 예시한 갑골문 '若'자는 무릎을 꿇고 앉은 여자가 두 손으로 머리카락을 다듬는 모양을 형상화한 자형 결구이다. 이 '若'자에 대해 ≪說文解字≫에는, "若, 擇菜也. 從艸右. 右, 手也. 一曰杜若, 香草. : '若'은 나물을 캐다는 뜻이다. '艸'와 '右'를 구성 요소로 하고 있다. '右'는 손을 뜻한다. 일설에는 '杜若'이라고도 하는데, 이는 향초의 일종이다."라고 풀이하고 있다.

갑골문에서의 뜻은 다음과 같다.

1. 따르다. 순종하다. "庚申卜, 殸貞：王勿征舌方上下弗若, 不我其受祐?"(≪前5. 22. 2≫)

2. 허락(許諾)하다. '諾'자와 통용. "王乍邑, 帝若.(≪丙93≫)

3. 만약. 가정(假定)의 뜻을 나타낸다. "癸巳卜, 爭貞：日若茲敏隹年禍? 三月."(≪前5. 17. 5≫)

<table>
<tr><td>苴(저)</td><td>(≪合集36966≫)</td><td>(≪後上18. 9≫)</td><td>(≪金493≫)</td><td>[jū]</td></tr>
</table>

≪甲骨文編≫과 ≪新甲骨文編≫에는 위에 예시한 글자들을 아무 해설 없이 '苴'자로 수록하고 있는데,[1] 이 갑골문 '苴'자는 '艸'과 '戲'를 구성 요소로 하고 있다. 이 '苴'자에 대해 ≪說文解字≫에는, "苴, 履中艸. 從艸, 且聲. : '苴'는 신발 속에 까는 풀이라는 뜻이다. '艸'를 의부, '且'를 성부로 구성되었다."라고 풀이하고 있다.

갑골문에서는 방국(方國)의 이름으로 사용되었다. "……卜, 在霾貞：……苴方余从……? 王占曰：大吉"(≪後上18. 9≫)

---

1) 中國社會科學院考古硏究所 前揭書 ≪甲骨文編≫ p.21과 劉釗·洪颺·張新俊 前揭書 ≪新甲骨文編≫ p.31을 참고.

| 芻(추) | (≪前4. 53. 2≫) | (≪戩36. 14≫) | (≪甲990≫) | (≪菁5. 1≫) | [chú] |

羅振玉은 위의 갑골문에 대해, "從又持斷草是芻也. 散盤有𢍺字與此同.[1] : '又'를 구성 요소로 하고 있으며, '又' 즉 손으로 풀을 잡고 절단하는 자형 결구인데, 이는 '芻'자이다. ≪散盤≫에 '𢍺'자가 있는데, 이 글자와 같다."라고 설명하였다. 이 갑골문 '芻'자는 '又'와 '屮'를 구성 요소로 하고 있는데, 어떤 글자들은 '苃'를 구성 요소로 하고 있는 것도 있다. 이는 모두 손으로 풀을 채취하는 모양을 형상화한 자형이다. 이 '芻'자에 대해 ≪說文解字≫에는, "芻, 刈艸也. 象包束艸之形. : '芻'는 풀을 베다는 뜻이다. 풀을 다발로 묶은 모양을 형상화하였다."라고 풀이하고 있다.

갑골문에서는 풀을 채취하다는 뜻으로 사용되었다. "……貞 : 于敦大芻?"(≪前4. 35. 1≫)

| 薶(매) | (≪前1. 32. 6≫) | (≪甲3523≫) | (≪前7. 3. 3≫) | (≪乙2891≫) | [mái] |

갑골문 '薶' 즉 '埋'자의 자형은 땅을 파서 소·양·사슴·개 따위를 그 속에 묻는 것을 형상화한 것인데, 이 글자에 대해 ≪甲骨文編≫에는, "羅振玉說周禮大宗伯, 以薶沈祭山林川澤, 此字象掘地及泉, 實牛于中, 當爲薶之本字.[2] : 羅振玉의 주장에 의하면, ≪周禮·春官·大宗伯≫에 희생과 옥폐(玉幣)를 지하와 수중(水中)에 묻는 매침(薶沈) 의식으로 산림과 천택(川澤)에 제사를 지냈다고 했는데, 이 글자의 자형이 땅을 파고 샘을 판 것을 형상화하였고, 실제로 소가 그 속에 있는 것으로 보아, 이 글자는 '薶'의 본자(本字)임이 틀림없다."라고 하고 있다. 비록 于省吾는 이를 '陷'과 통용되는 '坎'자라고 하였으나,[3] ≪甲骨文編≫의 주장이 정설이다. 이 '薶'자에 대해 ≪說文解字≫에는, "薶, 瘞也. 從艸, 貍聲. : '薶'는 매장(埋藏)하다는 뜻이다. '艸'를 의부, '貍'를 성부로 구성되었다."라고 풀이하고 있는데, 段玉裁는 이 '薶'자에 대해 "今俗作埋. : 지금 세속에서는 '埋'로 쓴다."라고 주(注)하여,

---

1) 羅振玉 前揭書 ≪增訂殷虛書契考釋≫ 卷中 p.36上.
2) 中國社會科學院考古硏究所 前揭書 ≪甲骨文編≫ p.21.
3) 于省吾 前揭書 ≪甲骨文字釋林≫ pp.271~272를 참고.

'埋'는 '薶'의 속자(俗字)임을 밝혔다.

갑골문에서는 '瘞埋祭' 즉 희생을 매장하고 지내는 제사의 이름으로 사용되었다. "辛巳卜, 㕧貞：埋三犬, 尞五犬 · 五羖, 卯四牛? 一月."(≪前7. 3. 3≫), "埋于河, 三牢, 三月." (≪後上23. 10≫)

| 斱(折)(절) | | | | [zhé] |
| (≪合集9594≫) | (≪合集7924≫) | (≪前4. 8. 6≫) | (≪京都3131≫) | |

徐中舒는 위에 예시한 갑골문에 대하여, "甲骨文象以斤斷木之形.[1] : 갑골문은 도끼로 나무를 절단한 모양을 형상화하였다."라고 하였다. 이는 예시한 갑골문이 '木'와 '斤'을 구성 요소로 하고 있는 '折'자라는 말이다. 이 '折'자에 대해 ≪說文解字≫에는, "斱, 斷也. 從斤斷 艸, 譚長說. 斱, 籀文斱, 從艸在仌中. 仌寒故折. 折, 篆文斱, 從手. : '斱'은 절단하다는 뜻이다. '斤'으로 풀을 자르는 모양으로 구성되어 있다. 이는 譚長의 주장이다. '斱'(斱)은 주문(籀文) '斱'자인데, '艸'가 '仌' 즉 얼음[冰] 속에 있는 모양으로 구성되어 있다. '仌'은 차갑기 때문에 풀이 얼어서 끊어지는 것이다. '折'(折)은 전문(篆文) '斱'자이며, '手'를 구성 요소로 하고 있다."라고 풀이하고 있다.

갑골문에서는 지명(地名)으로 사용되었다. "……在折……"(≪京津1565≫)

| 芿(잉) | | | | [réng] |
| (≪撫續106≫) | (≪續3. 28. 6≫) | (≪京都2894≫) | (≪合集32963≫) | |

위의 갑골문은 '艸'과 '乃'를 구성 요소로 하고 있고, 간혹 '艸' 대신에 네 개의 '木'이나 네 개의 '生'을 구성 요소로 하고 있기도 한데, 이는 초목이 돋아나는 모양을 형상화한 '芿'자이다. 이 '芿'자에 대해 ≪說文解字≫에는, "芿, 草也. 從艸, 乃聲. : '芿'은 '芿草'이다. '艸'를 의부, '乃'를 성부로 구성되었다."라고 풀이하고 있다. 이에 대해 段玉裁는, "今玉篇以舊艸不 芟新艸又生曰芿, 係之說文. 此孫強 · 陳彭年輩之誤也. : 지금의 ≪玉篇≫에는 「묵은 풀을

---

1) 徐中舒 前揭書 ≪甲骨文字典≫ p.57.

제거하지 않았는데, 새 풀이 또 돋아나는 것을 '芀'이라고 한다.」라고 하고 있는데, 이를 ≪說文解字≫에다 옮겨 놓았다. 이는 孫强과 陳彭年 등의 잘못이다."라고 주(注)하였다.

갑골문에서는 방국명(方國名)으로 사용되었다. "庚辰貞：在囧☐來告芀？"(≪撫續106≫)

蒿(호)				[hāo]
(≪合集29375≫)	(≪合集28132≫)	(≪甲3940≫)	(≪菁10. 10≫)	

선사(先師) 金祥恒교수는 ≪續甲骨文編≫에서 위에 예시한 ≪甲3940≫의 갑골문을 해설 없이 '蒿'자로 수록하였다.[1] 갑골문 '蒿'자는 '艸' 또는 '林'과 '高'를 구성 요소로 하고 있다. ≪說文解字≫에는 "蒿, 菣也. 從艸, 高聲. : '蒿'는 '菣' 즉 청호(青蒿)라는 뜻이다. '艸'를 의부, '高'를 성부로 구성되었다."라고 풀이하고 있다. 이에 대해 段玉裁는, "釋草, 小雅毛傳同. 陸璣曰：青蒿也. : ≪爾雅·釋草≫의 내용과 ≪詩經·小雅·鹿鳴≫에 대한 ≪毛傳≫의 풀이가 동일하다. 陸璣는 이를 '青蒿'라고 하였다."라고 주(注)하였다.

갑골문에서의 '蒿'는 지명으로 사용되었다. "戊戌, 王蒿田……"(≪甲3940≫)

萅(春)(춘)				[chūn]
(≪戠22. 2≫)	(≪粹1151≫)	(≪鐵227.3≫)	(≪菁10.7≫)	

徐中舒는 위의 글자들을 '春'자로 수록하고는, "卜辭有今春今秋之語, 尙無四季之名, 故甲骨文春字與後世之春字内涵當有別.[2] : 갑골복사에는 '今春'·'今秋' 등의 말은 있으나, 4계절의 이름은 없기 때문에 갑골문에서의 '春'자는 후세의 '春'자와는 내포된 뜻에 차이가 있음이 틀림없다."라고 하였다. 갑골문 '春'자의 자형은 '艸' 또는 '舛' 혹은 '林'과 '日'[간혹 생략되기도 함] 그리고 '屯'을 구성 요소로 하고 있는데, 이는 햇빛을 받아 초목이 무더기로 돋아나는 모양을 형상화한 것이라 짐작된다. ≪說文解字≫에는 "春, 推也. 從日艸屯, 屯亦聲. : '春'은 만물을 밀어 나오게 하다는 뜻이다. '日'과 '艸'와 '屯'을 구성 요소로 하고 있는데,

---

1) 金祥恒 ≪續甲骨文編≫(藝文印書館 1959. 臺北) 卷1 p.14上.
2) 徐中舒 前揭書 ≪甲骨文字典≫ p.58.

'屯'은 또한 성부이기도 하다."라고 풀이하고 있다.

갑골문에서의 뜻은 다음과 같다.

1. 봄. "于春猷王受祐"(≪戩22. 2≫), "貞 : 來春, 不其受年?"(≪粹881≫), "丁酉卜, 爭貞 : 今春, 王勿黍?"(≪續5. 9. 3≫)

2. 지명(地名). "己亥王卜, 在春▨貞 : 今日步于▨亡災?"(≪庫1672≫)

蓐(욕)					[rù]
	(≪甲274≫)	(≪甲1978≫)	(≪乙8502≫)	(≪寧滬2. 29≫)	

위의 갑골문은 '艸'[또는 '林']와 '辰'과 '又'를 구성 요소로 하고 있는데, '又'와 '寸'은 모두 손을 뜻한다. 이 글자는 '蓐'자이며, 손에 농기구를 쥐고 풀을 제거하는 모양을 형상화한 자형 결구로, 제초(除草)하다는 뜻이다. 그런데 이 '蓐'자에 대해 ≪說文解字≫에는, "蓐, 陳艸復 生也. 從艸, 辱聲. 一曰蔟也. 薅, 籒文蓐, 從茻. : '蓐'은 묵은 풀이 다시 돋아난다는 뜻이다. '艸'를 의부, '辱'을 성부로 구성되었다. 일설에는 누에섶이라는 뜻이라고도 한다. '薅'(薅)은 주문(籒文) '蓐'자인데, '茻'을 구성 요소로 하고 있다."라고 하고 있다. 그리고 ≪說文解字≫ 에는 '제초하다'는 뜻으로는 '薅'자를 수록하고는, "薅, 拔田艸也. 從蓐, 好省聲. 薅, 籒文薅 省. 茠, 薅或從休. 詩曰 : 既茠荼蓼. : '薅'은 전답의 잡풀을 뽑다는 뜻이다. '蓐'을 의부, '子'가 생략된 '好'를 성부로 구성되었다. '薅'(薅)은 주문(籒文) '薅'자인데, '寸'이 생략되었다. '茠'(茠)은 '薅'의 혹체자인데, '休'를 구성 요소로 하고 있다. ≪詩經·周頌·良耜≫에, 「육지 의 잡초와 수중의 잡초를 뽑네.」라고 하고 있다."라고 풀이하고 있다. 이에 대해 李孝定은, "竊謂蓐薅當本一字.[1] : 나는, '蓐'자와 '薅'자는 본래 같은 글자였음이 틀림없다고 생각한 다."라고 하였다.

갑골문에서도 제초하다는 뜻으로 사용되었다. "辛未……貞 : 今日……蓐田……?"(≪甲 1978≫), "……在……蓐亦焚畠三……"(≪寧滬2. 29≫)

---

1) 李孝定 前揭書 ≪甲骨文字集釋≫ p.237.

| 莫(모) | (≪戩10. 11≫) | (≪粹695≫) | (≪甲2687≫) | (≪懷1016≫) | [mò] |

위에 예시한 갑골문 '莫'자는 '茻' 또는 '艸' 혹은 두 개의 '林'과 '日'을 구성 요소로 하고 있는데, 이는 해가 풀숲 속으로 지는 모습을 형상화한 것으로, '暮'의 본자(本字)이다. 본의는 해질녘을 의미하는 시간 명사이다. 이 '莫'자에 대해 ≪說文解字≫에는 "莫, 日且冥也. 從日 在茻中, 茻亦聲. : '莫'는 해가 막 지려는 때라는 뜻이다. '日'이 '茻' 속에 있는 모양으로 구성되어 있는데, '茻'은 또한 성부이기도 하다."라고 풀이하고 있다.

갑골문에서의 뜻은 다음과 같다.

1. 시간 명사로, 해질녘이라는 뜻으로 사용되었다. "……其莫不薄雨"(≪粹695≫), "貞 : 其莫不亡災?"(≪甲2034≫)

2. 방국명(方國名) 또는 지명(地名). "乙酉卜, 貞 : 王其田莫亡戋?"(≪戩10. 11≫), "辛 亥卜, 出貞 : 令莫白?"(≪金413≫)

| 葬(장) | (≪合集17171≫) | (≪合集32831≫) | (≪英130≫) | (≪後下20. 6≫) | [zàng] |

≪新甲骨文編≫에는 위의 글자들을 모두 해설 없이 '葬'자로 수록하고 있다.[1] 이 글자들은 죽은 사람을 상 위에 올려놓거나 땅속에 파묻은 모양을 형상화한 자형 결구로, 사람을 매장하 다는 뜻을 나타내고 있다. 그리고 위에 인용된 ≪後下20. 6≫의 '茻'자에 대해 李孝定은, "字从丙从屮無義疑, 當爲葬之古文.[2] : 글자가 '丙'과 '屮'을 구성 요소로 하고 있는 것이 확실하므로, '葬'의 고문(古文)임이 틀림없다."라고 하였다. 이 '葬'자에 대해 ≪說文解字≫에 는 "葬, 藏也. 從死在茻中. 一, 其中所吕荐之. 易曰 : 古者葬, 厚衣之以薪. 茻亦聲. : '葬'은 시체를 싸서 매장하다는 뜻이다. '死' 즉 주검이 '茻' 속에 있는 모양으로 구성되어 있다. '一'은 그 중간에 시체 밑에 까는 깔개이다. ≪易經·繫辭≫에, 「고대에 시체를 싸서

1) 劉釗·洪颺·張新俊 前揭書 ≪新甲骨文編≫ pp.35∼66.
2) 李孝定 前揭書 ≪甲骨文字集釋≫ p.244.

매장할 때, 초목으로 두텁게 쌌다.」라고 하고 있다. '茻'은 또한 성부이기도 하다."라고 풀이하고 있다.

갑골문에서는 매장(埋葬)하다는 의미로 사용된 것 같다. "癸……貞：不葬?"(≪後下20. 6≫)

第2篇

| 小(소) | (≪合集23714≫) | (≪鐵101. 3≫) | (≪甲538≫) | (≪後上18. 6≫) | [xiǎo] |

    商承祚는 갑골문 '小'자에 대해, "小, 卜辭作三點, 示微小之意, 與古金文同.[1] : '小'자를 갑골복사에서는 세 점으로 써서 미소(微小)하다는 뜻을 나타내고 있는데, 이는 고대의 금문과 같다."라고 하였는데, 사실과 부합된다. 이 '小'자에 대해 ≪說文解字≫에는, "小, 物之微也. 從八, 丨見而分之. : '小'는 물체가 미소(微小)하다는 뜻이다. '八'을 구성 요소로 하고 있고, '丨' 즉 상하를 관통하는 작은 물체가 출현하여 이를 다시 나누다는 뜻을 나타낸다."라고 풀이하고 있다.

    갑골문에서의 뜻은 다음과 같다.

1. 작다. "丁至庚, 其菁小雨"(≪粹1004≫). "丁卯卜, 殼貞 : 今日夕侑于兄丁小宰?" (≪甲3083≫)

2. 지위가 낮은 관직. "己亥卜, 貞 : 命吳小耤臣……?"(≪前6. 17. 6≫)

3. 소종(小宗). "乙卯卜, 貞 : 莽禾自上甲六示牛, 小示◻羊?"(≪甲712≫), "乙丑在小宗 又礿歲自大乙."(≪遺631≫)

4. 선왕(先王)의 이름으로 사용되었다. "小甲"(≪前1. 7. 1≫), "小乙"(≪前1. 17. 1≫)

---

1) 商承祚 前揭書 ≪殷虛文字類編≫ 二卷 p.1.

| 少(소) | 《前4. 55. 3》 | 《甲2904》 | 《乙16》 | 《拾7. 15》 | [shǎo] |

위에 예시한 갑골문은 점 네 개로 구성된 '少'자인데, 점 세 개의 '小'자의 변체(變體)로 짐작된다. 이 '少'자에 대해 ≪說文解字≫에는, "少, 不多也. 從小, ノ聲. : '少'는 수량이 많지 않다는 뜻이다. '小'를 의부, 'ノ'을 성부로 구성되었다."라고 풀이하고 있다.

그런데 이 '小'와 '少'자에 대해 王襄은, "少小古爲一字.[1] : '少'자와 '小'자는 고대에는 동일(同一)한 글자였다."라고 주장하였다. 또 徐中舒도 이 두 글자에 대해, "自來古文字學家 皆以從三點之屮爲小, 以從四點之屮爲少, 甲文中二字構形實同, 應爲一字. …… 卜辭中所 見之少字皆與小同義.[2] : 본래 고문자를 연구하는 학자들은 모두들 세 점으로 구성되어 있는 '屮'는 '小', 네 점으로 구성되어 있는 '屮'는 '少'라고 주장하는데, 갑골문에서는 이 두 글자의 자형 결구가 사실은 동일하므로, 한 글자임이 틀림없다. …… 갑골복사에 보이는 '少'자는 모두 그 자의가 '小'와 같다."라고 하였다.

갑골문에서의 뜻은 다음과 같다.

1. 적다. "其今日雨少不……"(≪拾7. 15≫)
2. '小'와 통용(通用). "少牛"(≪前4. 55. 3≫), "丙午卜, 今日其雨? 大采雨, 自北延☒少 雨"(≪乙16≫)
3. 지위가 낮은 관직. "庚甲卜, 扶命少臣取……鳥?"(≪甲2904≫), "己巳卜, 亡少臣其 取又?"(≪明410≫) : 갑골문에서의 '少臣'은 '小臣'과 같은 말이다.

| 八(팔) | 《甲297》 | 《鐵145. 4》 | 《合集14206正》 | 《合集37940》 | [bā] |

갑골문 '八'자는 서로 등지고 있는 모양의 두 개의 선으로 구성되어 있다. 이 '八'자에 대해 ≪說文解字≫에는 "八, 別也. 象分別相背之形. : '八'은 나뉘어 갈라지다는 뜻이다. 갈라져 서 서로 등진 모양을 형상화한 것이다."라고 풀이하고 있다. 이에 대해 李孝定은, "契文金文

1) 王襄 ≪簠室殷契類纂≫(天津博物院 石印本 1920. 天津) 第一册 p.51.
2) 徐中舒 前揭書 ≪甲骨文字典≫ p.67.

並同. 許云象分別相背之形者, 乃抽象之象形. 其分別相背者, 可以爲人, 可以爲物, 可以爲一切分別相背之象.[1] : ('八'자의 자형은) 갑골문과 금문이 모두 같다. 許愼이 갈라져서 서로 등진 모양을 형상화한 것이라고 말한 것은 곧 추상적인 상형이다. 그 갈라져서 서로 등진 것은 사람일 수도 있고, 사물일 수도 있으며, 일체의 모든 갈라져서 서로 등진 모양의 것일 수도 있다."라고 하였다.

그러나 갑골문에서는 오로지 숫자 8의 뜻으로만 사용되었다. "八犬, 八羊"(≪乙4514≫), "……王八祀"(≪甲297≫), "……八人"(≪鐵145. 4≫)

| 分(분) | ≪前5. 45. 7≫ | ≪鐵38. 4≫ | ≪續6. 25. 9≫ | ≪合集7852正≫ | [fēn] |

갑골문 '分'자 역시 금문이나 소전(小篆)과 마찬가지로 '八'과 '刀'를 구성 요소로 하고 있는데, 이는 칼을 사용하여 물체를 분할(分割)하는 모양을 형상화한 것이다. 이 '分'자에 대해 ≪說文解字≫에는, "分, 別也. 從八刀. 刀曰分別物也. : '分'은 쪼개어 나누다는 뜻이다. '八'과 '刀'를 구성 요소로 하고 있다. '刀' 즉 칼은 물체를 쪼개어 나누는 도구이다."라고 풀이하고 있다.

갑골문에서는 '가르다', '나누다' 등의 뜻으로 사용되었다. "……牧……分"(≪前5. 45. 7≫), "貞 : 牝分?"(≪續6. 25. 9≫)

| 曾(증) | ≪前6. 54. 1≫ | ≪燕618≫ | ≪合集1012≫ | ≪合集31821≫ | [zēng] |

금문(金文) '曾'자는 '曾'(≪鄧伯簋≫)으로 쓰고, 갑골문으로는 '甘'을 생략하여 '䁗'으로 쓰는데, 이는 음식을 찌거나 취사하는 데 사용하는 시루라는 기구(器具)의 모양을 형상화한 상형자이다. 이 갑골문 '曾'자에 대해 徐中舒는, "田本應爲圓形作⊕, 象釜鬲之箅, 〵象蒸氣之逸出, 故䁗象蒸熟食物之具, 卽甑之初文.[2] : '田'는 본래 원형으로서 '⊕'로 써야 하며,

---

1) 李孝定 前揭書 ≪甲骨文字集釋≫ p.244.
2) 徐中舒 前揭書 ≪甲骨文字典≫ pp.68~69.

이는 솥의 겅그레를 형상화한 것이고, 윗부분의 ')('은 증기가 빠져나오는 것을 형상화한 것이다. 그러므로 '⿱'은 음식물을 찌는 기구를 형상화한 것으로, 바로 '甑'[시루]의 초문(初文)이다."라고 하였다.

그런데 이 '曾'자에 대해 ≪說文解字≫에는 "曾, 䛓之舒也. 從八, 從曰, 囧聲. : '曾'은 느슨한 어감을 나타내는 어조사이다. '八'과 '曰'을 의부로, '囧'을 성부로 구성되었다."라고 풀이하고 있다.

갑골문에서의 뜻은 다음과 같다.

1. 방국명(方國名). "……庚子……甶曾伐"(≪前6. 54. 1≫)
2. 인명(人名)으로 추정된다. "丁丑卜, 爭貞 : 命門臣曾……?"(≪前6. 57. 6≫), "乙丑卜, 曾命歸?"(≪乙8810≫)

豕(수)   (≪乙7674≫)   (≪合集7653≫)   (≪合集10863≫)   [suì]

≪甲骨文編≫에는 위에 예시한 ≪乙7674≫의 '⿱'자를 해설 없이 '豕'자로 수록하고 있는데,[1] 이 글자는 '八'과 '豕'를 구성 요소로 하고 있다. 이 '豕'자에 대해 ≪說文解字≫에는, "豕, 從意也. 從八, 豕聲. : '豕'는 뜻에 따르다는 뜻이다. '八'을 의부, '豕'를 성부로 구성되었다."라고 풀이하고 있다. 이에 대해 段玉裁는, "後世皆以遂爲豕. : 후세에는 모두 '遂'자를 '豕'자의 뜻으로 사용했다."라고 주(注)하였다. 이로 미루어, 이 '豕'자는 '遂'의 본자(本字)이고, 본의는 '追逐' 즉 뒤쫓다는 뜻임을 알 수 있다.

갑골문에서는 뒤쫓다는 뜻으로 사용되었다. "辛卯卜, 爭貞 : 豕獲?"(≪乙7674≫)

介(개)   (≪前1. 45. 6≫)   (≪拾2. 15≫)   (≪甲111≫)   (≪後上7. 13≫)   [jiè]

위의 갑골문 '介'자는 '人'과 'ㅣㅣ' 또는 'ㅑ'를 구성 요소로 하고 있는데, 이 글자에 대해

---

1) 中國社會科學院考古研究所 前揭書 ≪甲骨文編≫ p.29.

徐中舒는, "象人衣甲之形. 古之甲以聯革爲之, 八·╫象甲片形.[1] : 사람이 갑옷을 입은 모양을 형상화하였다. 상고시대의 갑옷은 가죽을 연이어 붙여서 만들었는데, '八'과 '╫'는 그 가죽 조각의 모양을 형상화한 것이다."라고 설명하였다. 이에 의하면, 이 '介'자의 본의는 갑옷이라는 뜻이다.

이 '介'자에 대해 ≪說文解字≫에는, "介, 畫也. 從八, 從人. : '介'는 경계를 나누어 긋다는 뜻이다. '八'을 구성 요소로 하고 있고, '人'을 구성 요소로 하고 있다."라고 풀이하고 있다.

갑골문에서의 뜻은 다음과 같다.

1. 구(求)하다. 기구(祈求)하다. "不其介雨"(≪乙2877≫)

2. '多介某'의 형식으로 商 왕실의 가족을 지칭한다. "貞 : 侑于多介?"(≪前1. 45. 6≫), "于多介祖戊"(≪前1. 23. 1≫), "貞 : 勿侑犬于多介父?"(≪前1. 46. 1≫), "貞 : 侑于多介兄?"(≪拾2. 15≫), "于父乙多介子侑"(≪綴合177≫)

| 仌(별) | (≪合集3601≫) | (≪前2. 45. 1≫) | (≪戩45. 11≫) | (≪合集33160≫) [zhào] |

위에 예시한 갑골문은 두 개의 '八'을 아래위로 겹친 모양의 '仌'자인데, 이 글자는 '別'의 고자(古字)다. 이 '仌'자에 대해 ≪說文解字≫에는 "仌, 分也. 從重八. 孝經說曰 : 故上下有別. : '仌'은 구분하다는 뜻이다. 중첩된 두 개의 '八'로 구성되어 있다. ≪孝經說≫에는, 「그래서 아래위의 구별이 있는 것이다.」라고 하고 있다."라고 풀이하고 있다. 이 '仌'자를 ≪說文解字≫의 소전체(小篆體)로는 '川'로 쓰고 있는데, 이는 두 개의 '八'을 내외로 겹쳐서 쓴 것이다. 이에 대해 商承祚는 "卜辭亦有仌字, 與許書从重八正合.[2] : 갑골복사에도 '仌'자가 있는데, 許愼의 ≪說文解字≫에 두 개의 중첩된 '八'로 구성된 것과 정확하게 부합된다."라고 하였다. 그리고 徐中舒는 또 이 '仌'자에 대해, "仌本象溪流出自山澗流入原隰之狀, 爲谷·㕣之省形.[3] : '仌'은 본래 시냇물이 산간(山澗)에서 흘러나와서 원래의 습지로 흘러들어가는 모양을 형상화한 것이며, '谷'과 '㕣'의 필획이 생략된 모양이다."라고 하였다.

1) 徐中舒 前揭書 ≪甲骨文字典≫ p.70.
2) 商承祚 前揭書 ≪殷虛文字類編≫ 二卷 p.2.
3) 徐中舒 前揭書 ≪甲骨文字典≫ pp.70~71.

갑골문에서는 지명(地名)으로 사용되었다. "貞 : 乎, 婦姘田于宂?"(≪前2. 45. 1≫)

公(공)					[gōng]
	≪甲628≫	≪粹405≫	≪存下791≫	≪合集36547≫	

朱芳圃는 예시한 갑골문들에 대해, "象侈口深腹圓底之器, 瓮的初文.[1] : 벌어진 입과 깊숙한 복부와 둥근 바닥으로 이루어진 그릇을 형상화하였는데, 이는 '瓮'자의 초문(初文)이다."라고 하였다. 이에 의하면, 이 '公'자의 본의는 '瓮' 즉 항아리라는 뜻이다.

이 '公'자에 대해 ≪說文解字≫에는, "公, 平分也. 從八從厶, 八猶背也. 韓非曰 : 背厶爲公. : '公'은 공평하게 나누다는 뜻이다. '八'과 '厶'를 구성 요소로 하고 있으며, '八'은 배치되다는 '背'와 같은 뜻이다. ≪韓非≫에는,「'厶' 즉 불공평하고 사사로운 것과 배치되는 것이 '公'이다.」라고 하고 있다."라고 풀이하고 있다.

갑골문에서의 뜻은 다음과 같다.

1. 商 왕실의 선공(先公)에 대한 통칭(統稱). "辛亥卜, 貞 : 壬子又多公歲?"(≪粹405≫)
2. 궁실(宮室) 이름. '公宮'. "壬戌卜, 在☒天邑商公宮衣, 茲月亡禍寧?"(≪綴182≫)

必(필)					[bì]
	≪後下7. 1≫	≪戩25. 10≫	≪合集32716≫	≪前4. 38. 3≫	

위에 예시한 갑골문자에 대해 于省吾는, "按即必之初文, 周代金文必字, 休盤作戈. …… 必字之本義待考. …… 必即宓, 謂神宮.[2] : 살펴보면, 이는 곧 '必'자의 초문(初文)인데, 周代의 금문(金文)으로는 '必'자를 '戈'(≪休盤≫)로 쓰고 있다. …… '必'자의 본의에 대해서는 앞으로의 고증을 기다리기로 하겠다. …… (갑골문) '必'자는 바로 '宓'자의 뜻으로, 신에게 제사를 올리는 궁실 즉 '神宮'을 말한다."라고 하였다. 그런데 갑골문 '𢎝'자는 '升'자로 고석하기도 하므로, 제14편의 '升'자에 대한 해설을 참고하기 바란다.

1) 朱芳圃 ≪殷周文字釋叢≫(中華書局 1962. 北京) p.94.
2) 于省吾 前揭書 ≪甲骨文字釋林≫ pp.38~39.

이 ‘必’자에 대해 ≪說文解字≫에는 “必, 分極也. 從八弋, 弋亦聲. : ‘必’은 분별의 표준이라는 뜻이다. ‘八’과 ‘弋’을 구성 요소로 하고 있는데, ‘弋’은 또한 성부이기도 하다.”라고 풀이하고 있다.

갑골문에서의 ‘必’자는 선왕에 대한 제사 장소 즉 ‘神宮’의 뜻으로 사용되었다. “王又[侑]于武乙必正王受祐.”(≪前1. 20. 7≫), “武祖乙必口(祐)其牢兹用.”(≪前1. 10. 4≫)

| 余(여) | （≪鐵39. 6≫） | （≪甲270≫） | （≪乙1239≫） | （≪後下35. 3≫） | [yú] |

예시한 갑골문 ‘余’자에 대해 徐中舒는, “象以木柱支撑屋頂之房舍, 爲原始地上住宅.[1] : 나무 기둥으로 지붕을 지탱하고 있는 집 모양을 형상화하였는데, 원시시대의 지상(地上) 주택이다.”라고 하였다. 이에 의하면 이 ‘余’자의 본의는 집 건물이라는 뜻이다.

이 ‘余’자에 대해 ≪說文解字≫에는, “余, 語之舒也. 從八, 舍省聲. : ‘余’는 어기를 느슨하게 하는 조사(助詞)이다. ‘八’을 의부, 필획이 생략된 ‘舍’를 성부로 구성되었다.”라고 풀이하고 있다.

갑골문에서의 뜻은 다음과 같다.

1. 商 왕의 자칭(自稱). “乙丑卜, 王貞 : 余伐猷?”(≪前7. 18. 2≫)
2. ‘貞人’의 이름. “丁酉卜, 余……?”(≪乙8686≫), “乙未余卜, 于九月有事?”(≪乙4949≫)
3. 지명. “田余”(≪掇二. 273≫)

| 釆(변)[番(번)] | （≪合集4212≫） | （≪英833≫） | （≪粹112≫） | （≪通259≫） | [fān] |

李孝定은 ≪通259≫의 ‘米’자를 ‘釆’자로 수록하고는, “卜辭作米, 與小篆形近, 疑與番爲一字, 並象蹏迒之迹. 葉郭釋釆謂叚爲燔, 其說可從.[2] : 갑골복사에서는 ‘米’로 쓰며, 이는

---

1) 徐中舒 前揭書 ≪甲骨文字典≫ p.72.
2) 李孝定 前揭書 ≪甲骨文字集釋≫ p.285.

소전체와 자형이 비슷한데, '番'자와 같은 글자임과 동시에 이 글자는 짐승의 발자국 모양을 형상화한 것이라고 생각된다. 葉玉森과 郭沫若은 이 글자를 '釆'자로 고석하고는 '燔'자의 뜻으로 가차되었다고 했는데, 그들의 주장이 따를만하다."라고 하였다.

이 '釆'자에 대해 ≪說文解字≫에는, "釆, 辨別也. 象獸指爪分別也. 讀若辨. ᵕ, 古文釆. : '釆'은 변별하다는 뜻이다. 짐승의 지조(指爪)가 각기 다른 모양을 형상화하였다. 독음은 '辨'자처럼 읽는다. 'ᵕ'(乎)은 '古文' '釆'자이다."라고 풀이하고 있으며; '番'자에 대해서는, "番, 獸足謂之番. 從釆, 田象其掌. 蹞, 番或從足, 從煩. 𢍻, 古文番. : '番'은 수족(獸足)을 일러 '番'이라고 한다. '釆'과 '田'을 구성 요소로 하고 있는데, '田'은 동물의 발바닥을 형상화한 것이다. '蹞'(蹞)은 '番'의 혹체자로 '足'을 구성 요소로 하고, '煩'을 구성 요소로 하고 있다. '𢍻'(𢍻)은 '古文' '番'자이다."라고 풀이하고 있다.

갑골문에서는 '燔'자의 뜻으로 가차되어, 희생의 처리 방법으로 사용되었다. "……大庚七, 釆小……"(≪粹 112≫), "丙寅, 貞 : 釆三小宰, 卯牛于……?"(≪後上22. 3≫)

牛(우)	Ψ	Ψ	Ψ	Ψ	[niú]
	(≪戩2. 2≫)	(≪後上27. 7≫)	(≪明藏470≫)	(≪合集21120≫)	

徐中舒는 위의 갑골문 '牛'자에 대해, "上象內環之牛角, 下象簡化之牛頭形, 金文同.[1] : 윗부분은 안쪽으로 휜 쇠뿔을 형상화하였고, 아래 부분은 간략하게 나타낸 소의 머리 모양을 형상화하였는데, 금문도 이와 같다."라고 하였다. 이 갑골문 '牛'자의 자형은 정면의 소머리 모양을 형상화한 상형자인데, 뿔을 강조한 소의 머리 부분으로 소 전체의 형체를 대신하고 있다.

이 '牛'자에 대해 ≪說文解字≫에는, "牛, 事也, 理也. 象角頭三封尾之形. : '牛'는 일을 제대로 할 줄 알다는 뜻이고, 이치를 제대로 분석할 줄 알다는 뜻이다. (字形의 윗부분은) 두 개의 뿔과 머리로 이루어진 세 갈래모양을 형상화하였고, (가운데의 가로획은) 견갑골(肩胛骨)이 융기한 부분을 나타내는 '封'을 형상화하였으며, (수직으로 된 획은) 꼬리를 형상화하였다."라고 풀이하고 있다.

갑골문에서는 소[牛]라는 본의로 쓰여, 제사의 희생으로 사용되었다. "祖丁一牛, 祖甲一牛, 祖辛一牛"(≪後上 27. 7≫), "癸亥, 貞 : 其又[歲]于示壬, 卯三牛?"(≪戩2. 2≫)

---

1) 徐中舒 前揭書 ≪甲骨文字典≫ p.78.

牡(모)	牛 (≪甲636≫)	牛 (≪粹396≫)	牡 (≪佚180≫)	牡 (≪甲248≫)	[mǔ]
	牡 (≪乙9037≫)	牡 (≪合集25202≫)	牡 (≪前7. 17. 4≫)		

갑골문 '牡'자는 대표적으로는 '牛'와 '⊥'를 구성 요소로 하고 있는데, 여기에서의 '⊥'는 동물의 수컷을 표시(標示)하는 부호이고, 또 다른 편방은 '牛' 이외에 '羊'·'豕'·'鹿' 등을 구성 요소로 한 것들도 있다.

그런데 갑골문에서의 '牛'[소], '羊'[양], '豕'[돼지], '馬'[말], '鹿'[사슴], '犬'[개] 등의 글자들은 모두 조기(早期)에 출현한 상형자들로서, 각 동물의 개성이 매우 뚜렷이 드러나 있기 때문에 서로 혼동되지 않으며, 암수의 구분을 나타낼 때는 각기 해당 동물을 나타내는 글자를 의부(義符)로 사용하고 있다. 그리고 후세에는 이들 동물을 의미하는 글자들이 동물의 수컷을 의미하는 고문자(古文字)의 의부(義符)로 쓰이는 경우에는 서로 구분하지 않고 '牡'자로 통용하였음을 알 수 있다.

이 '牡'자에 대해 ≪說文解字≫에는, "牡, 畜父也. 從牛, 土聲. : '牡'는 동물의 수컷이라는 뜻이다. '牛'를 의부, '土'를 성부로 구성되었다."라고 풀이하고 있다.

갑골문에서의 뜻은 다음과 같다.

1. 동물의 수컷. "辛未卜, 卯于祖牡·牝?"(≪乙2854≫)
2. 지명(地名). "……永貞 : 翌丁酉, ……宜于牡……? [王]占曰 : 其有……"(≪前7. 17. 4≫)

犅(강)	牛 (≪後上13. 2≫)	牛 (≪前2. 7. 1≫)	犅 (≪前2. 17. 8≫)	犅 (≪前2. 18. 3≫)	[gāng]

≪甲骨文編≫에는 위의 갑골문자들을 모두 '犅'자로 수록하고는, "經典皆以剛爲之. 此从剛, 與金文同.[1] : 경전에서는 모두 '剛'자를 '犅'자의 뜻으로 쓰고 있다. 이 갑골문은 '剛'을

---

1) 中國社會科學院考古研究所 前揭書 ≪甲骨文編≫ p.34.

구성 요소로 하고 있는데, 이는 금문과 같다."라고 하고 있다. 예시된 글자들은 모두 '牛'와 '剛'으로 구성되었다. 이 '犅'자에 대해 ≪說文解字≫에는 "犅, 特也. 從牛, 岡聲. : '犅'은 황소라는 뜻이다. '牛'를 의부, '岡'을 성부로 구성되었다."라고 풀이하고 있다.

갑골문에서는 지명(地名)으로 사용되었다. "癸亥王卜, 在犅貞 : 旬亡禍?"(≪前2. 17. 8≫), "甲寅卜, 在犅貞 : 今夕自不跌?"(≪寧滬2. 148≫)

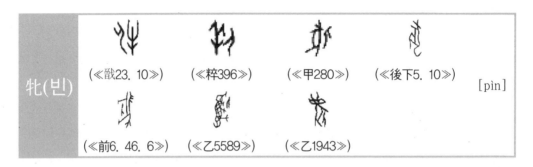

| 牝(빈) | ≪戩23. 10≫ | ≪粹396≫ | ≪甲280≫ | ≪後下5. 10≫ | [pìn] |
| | ≪前6. 46. 6≫ | ≪乙5589≫ | ≪乙1943≫ | | |

徐中舒는 위의 갑골문자들을 모두 '牝'자로 수록하고는, "丫用以表示雌性家畜或獸類, 結合不同獸畜之形符, 表示雌性之牛・羊・豕・犬・馬・虎・鹿等之專名, ≪爾雅≫有麈・豝・牂・騲等爲雌獸之專名, 後世乃以牝爲雌獸之通稱.[1] : '丫'로써 가축이나 짐승의 암컷을 나타내고, 여기에다 각기 다른 짐승이나 가축의 모양을 의부(義符)로 결합하여, 암컷의 소・양・돼지・개・말・호랑이・사슴 등의 전용 명칭으로 나타내었는데, ≪爾雅≫에는 '麈'・'豝'・'牂'・'騲' 등의 암컷 짐승에 대한 전용 명칭이 수록되어 있으나, 후세에는 '牝'으로 암컷 짐승의 통칭으로 삼았다."라고 설명하였다. 여기에서의 '丫'는 '匕'자이고, 동물의 암컷을 표시(標示)하는 부호이다. 이 '牝'자에 대해 ≪說文解字≫에는 "牝, 畜母也. 從牛, 匕聲. 易曰 : '畜牝牛, 吉.' : '牝'은 동물의 암컷이라는 뜻이다. '牛'를 의부, '匕'를 성부로 구성되었다. ≪周易・離卦≫에 이르기를, 「암소를 기르면 길(吉)하다.」라고 하고 있다."라고 풀이하고 있다.

갑골문에서도 가축이나 짐승의 암컷이라는 뜻을 나타내며, 제사의 희생으로 제공되었다. "貞 : 來庚戌侑于示壬妾乙牝羊兕?"(≪續1. 6. 1≫), "……卜, 貞 : ……生于高妣……牲牝?"(≪戩23. 10≫), "侑于妣己南卯牝?"(≪乙7008≫)

---

1) 徐中舒 前揭書 ≪甲骨文字典≫ p.81.

| 牲(생) | 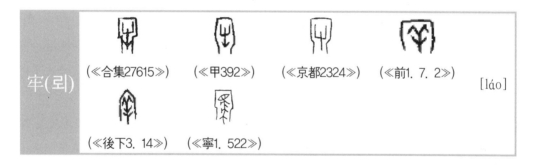 (≪天52≫) | [shēng] |

≪甲骨文編≫에는 위에 예시한 ≪天52≫의 갑골문을 '牲'자로 수록하고는, "牲或从羊.[1] : '牲'자는 간혹 '羊'을 구성 요소로 하기도 한다."라고 하고 있다. 예시한 갑골문은 확실히 '生'과 '羊'을 구성 요소로 하고 있는데, 이 '牲'자에 대해 ≪說文解字≫에는, "牲, 牛完全也. 從牛, 生聲. : '牲'은 제사의 희생으로 사용하는 완정(完整)한 소라는 뜻이다. '牛'를 의부, '生'을 성부로 구성되었다."라고 풀이하고 있다. 段玉裁는 이에 대해, "引申爲凡畜之偁. 周禮 庖人注, 始養之曰畜, 將用之曰牲. : 인신하여 모든 가축의 통칭이 되었다. 鄭玄의 ≪周禮 · 庖人注≫에, 「사육하기 시작할 때는 '畜'이라고 하고, 그것을 제사에 사용할 때는 '牲'이라고 한다.」라고 하고 있다."라고 주(注)하였다.

갑골문에서도 제사의 희생에 사용되는 가축이나 동물이라는 뜻으로 사용되었다. "☒酉卜, 王貞 : 卜巫牲三……鳳?"(≪天52≫)

| 牢(뢰) | (≪合集27615≫) | (≪甲392≫) | (≪京都2324≫) | (≪前1. 7. 2≫) | [láo] |
| | (≪後下3. 14≫) | (≪寧1. 522≫) | | | |

羅振玉은 위에 예시한 갑골문자들에 대해, "牢爲獸闌, 不限牛, 故其字或从羊.[2] : '牢'는 짐승의 우리라는 뜻인데, 소에 국한되지 않기 때문에, 이 글자는 간혹 '羊'을 구성 요소로 한 것도 있다."라고 하면서, '牢'자로 고석하였다. 갑골문 '牢'자는 기본적으로 가축의 우리를 상징하는 '𠆢'과 '牛'를 구성 요소로 하고 있는데, '牛' 대신 '羊'이나 '馬'를 구성 요소로 하고 있는 것도 있다. 이는 가축을 우리 안에 가두어 놓은 모양을 형상화한 자형 결구로, 우리에서 키운 가축이라는 뜻을 나타낸다. 이 '牢'자에 대해 ≪說文解字≫에는 "牢, 閑也. 養牛馬圈也.

---

1) 中國社會科學院考古研究所 前揭書 ≪甲骨文編≫ p.35.
2) 羅振玉 前揭書 ≪增訂殷虛書契考釋≫ 卷中 p.13上.

從牛冬省, 取其四周帀. : ‘牢’는 뇌란(牢闌)으로, 소와 말을 가두어 기르는 우리라는 뜻이다. ‘牛’와 필획이 생략된 ‘冬’을 구성 요소로 하고 있는데, 이는 사방을 빙 둘러 싼 데서 뜻을 취한 것이다.”라고 풀이하고 있다. 이에 대해 段玉裁는 “冬取完固之意, 亦取四周象形. 引申之, 爲牢不可破. : ‘冬’에서 완고(完固)하다는 뜻을 취하고, 또한 사방을 빙 둘러 싼 모양을 취하였다. 여기에서 인신(引伸)되어, 견고하여 파괴되지 않다는 뜻을 나타내게 되었다.”라고 주(注)하였다.

갑골문에서는 우리에서 가두어 키운 가축이라는 뜻으로 사용되었으며, 제사의 희생으로 쓰였다. “己卯貞 : 求禾于示壬, 三牢?”(≪甲392≫), “侑于大戊三牢”(≪前1. 7. 2≫), “甲辰卜, 乙巳其尞于岳, 大牢小雨?”(≪粹26≫), “貞 : 尞于土三小牢, 卯二牛, 沈十牛?”(≪前1. 24. 3≫)

物(물) (≪粹316≫) (≪佚312≫) (≪陳6. 8≫) (≪戩6. 6≫) (≪前4. 35. 2≫) [wù]

郭沫若은 이 글자에 대해, “犁之初文, 象以犁啓土之狀.[1] : ‘犁’자의 초문(初文)인데, ‘犁’ 즉 얼룩소를 이용하여 흙을 파는 모양을 형상화하였다.”라고 하였다. 그런데 ≪甲骨文編≫에는 위에 예시한 글자들을 모두 ‘物’자로 수록하고는, “王國維釋物. 引詩無羊三十維物傳異毛色者三十也, 證卜辭物字爲雜色牛之稱. …… 按, 卜辭物字專用於祭祀之辭, 知物爲雜色牛之專稱. …… 卜辭用勿爲物.[2] : 王國維는 ‘物’자로 고석하였다. ≪詩經·小雅·無羊≫의 ‘三十維物’에 대해 ≪毛詩傳≫에 「털 색깔이 다른 것이 30가지가 있다.」라고 한 말을 인용하여, 갑골복사에서의 ‘物’자는 잡색의 소라는 뜻임을 증명하였다. …… 살펴보면, 갑골복사에서의 ‘物’자는 제사 복사에 전용되었는데, 이로써 ‘物’자는 잡색의 소에 대한 전용 명칭임을 알겠다. …… 갑골복사에서는 ‘勿’자를 ‘物’자의 뜻으로 사용하고 있다.”라고 설명하였다.

위에 예시한 갑골문은 ‘牛’와 ‘勿’을 구성 요소로 하고 있는데, 여기에서의 ‘勿’자는 ‘耒’ 즉 쟁기의 끝으로 땅을 파서 흙을 뒤집는 모양을 형상화한 것이며, 흙의 색은 한 가지 색이 아닌 것에서 인신되어 잡색을 의미하게 되었으며, ‘牛’를 의부(義符)로 구성되었으므로, 이

1) 郭沫若 前揭書 ≪殷契粹編·考釋≫ p.66.
2) 中國社會科學院考古研究所 前揭書 ≪甲骨文編≫ p.37.

'物'자는 잡색의 소를 의미한다.

　이 '物'자에 대해 ≪說文解字≫에는 "物, 萬物也. 牛爲大物, 天地之數, 起于牽牛, 故從牛勿聲. : '物'은 만물이라는 뜻이다. 소는 대물(大物)이어서, 천지간의 모든 일의 근원은 소를 끌고 농사를 짓는데서 시작되므로, 그래서 '牛'를 의부, '勿'을 성부로 구성하였다."라고 풀이하고 있다.

　갑골문에서의 뜻은 다음과 같다.

　1. 잡색(雜色)의 소. 제사의 희생으로 사용되었다. "丙申卜, 行貞 : 父丁歲物? 在五月." (≪戩6. 7≫)

　2. 잡색(雜色). "貞 : 尞十物牛又五𤉲?"(≪前4. 54. 4≫), "己丑卜, 王曰貞 : 物牡?" (≪戩42. 4≫), "叀不物馬"(≪佚203≫)

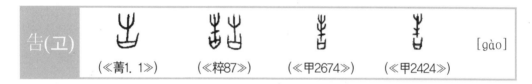

| 告(고) |
(≪菁1. 1≫) |
(≪粹87≫) |
(≪甲2674≫) |
(≪甲2424≫) | [gào] |

　위의 글자들은 '牛'와 '口'를 구성 요소로 하고 있는데, 이 글자들에 대해 李孝定은 "舊釋吉非是, 釋告是也.[1] : 지난날에 '吉'자라고 고석한 것은 옳지 않고, '告'자로 고석하는 것이 옳다."라고 하였다. 여기에서의 '口'는 소의 우는 기관(器官)을 표시한 것으로 보면, 이 '告'자의 본의는 소가 울다는 뜻이라고 짐작된다.

　이 '告'자에 대해 ≪說文解字≫에는, "告, 牛觸人, 角箸橫木, 所㠯告人也. 從口, 從牛. 易曰 : 僮牛之告. : '告'는 소가 사람을 받기 때문에, 뿔에 횡목(橫木)을 붙여서 사람들에게 알리는 표지로 사용하였다. '口'를 구성 요소로 하고, '牛'를 구성 요소로 하고 있다. ≪周易·大畜爻辭≫에, 「어린 소의 뿔에 횡목을 부착한 것이다.」라고 하고 있다."라고 풀이하고 있다. 이에 대해 段玉裁는 "愚謂此許因童牛之告而曲爲之說, 非字意. : 내 생각에, 이는 許愼이 '童牛之告'란 말로 인하여, 왜곡되게 한 설명으로, 원래의 자의가 아니다."라고 주(注)하였다.

　갑골문에서의 뜻은 다음과 같다.

　1. 아뢰다. 고(告)하다. "……敏笌告曰 : 土方侵我田十人"(≪菁3. 1≫)

---

1) 李孝定 前揭書 ≪甲骨文字集釋≫ p.342.

2. 제명(祭名). 선조에 대한 '告祭'. "癸巳卜, 殼貞 : 子漁疒目福告于父乙?"(≪佚524≫),
   "己酉卜, 召方來, 告于父丁?"(≪甲810≫), "勿于大甲告"(≪乙4626≫)
3. 인명(人名). '侯告'. "貞 : 王命婦好從侯告, 伐人?"(≪乙2948≫)

口(구)	Ⴗ	Ⴗ	ⴓ	ⴓ	[kǒu]
	(≪甲1215≫)	(≪甲1271≫)	(≪佚286≫)	(≪合集22249≫)	

위의 갑골문 '口'자는 사람의 입모양을 형상화한 상형자이다. 이 '口'자에 대해 ≪說文解字≫
에는 "口, 人所以言食也. 象形. : '口'는 사람이 말하고, 먹는 데 사용하는 기관(器官) 즉
'입'이라는 뜻이다. 상형자이다."라고 풀이하고 있다.

갑골문에서의 뜻은 다음과 같다.

1. (동물의) 입. "貞 : 疒口?"(≪乙1463≫)
2. '貞人'의 이름. "癸酉卜, 口貞 : 旬亡禍?"(≪甲1271≫), "癸巳卜, 口貞 : 旬亡禍?"(≪甲
   1277≫)

喙(훼)					[huì]
	(≪前5. 46. 3≫)	(≪乙8946≫)	(≪菁11. 6≫)	(≪乙4518≫)	

예시한 갑골문은 '口'와 '豕'를 구성 요소로 하고 있는데, ≪甲骨文編≫에는, "从口从豕.
唐蘭以爲卽喙之本字.[1] : '口'와 '豕'를 구성 요소로 하고 있다. 唐蘭은 이를 곧 '喙'의 본자(本
字)라고 주장하였다."라고 하고 있다. 갑골문 '喙'자가 '口'와 '豕'를 구성 요소로 한 것으로
미루어보면, 원래 이 글자는 돼지의 입을 의미하였는데, 여기에서 인신되어 모든 짐승의 입을
지칭하게 되었으리라고 짐작된다. 이 '喙'자에 대해 ≪說文解字≫에는 "喙, 口也. 從口, 豕
聲. : '喙'는 짐승의 입이라는 뜻이다. '口'을 의부, '豕'를 성부로 구성되었다."라고 풀이하고
있다.

갑골문에서의 뜻은 다음과 같다.

---

1) 中國社會科學院考古研究所 前揭書 ≪甲骨文編≫ p.39.

1. 지명(地名). "……在喙豕"(≪前5. 46. 3≫)
2. 인명(人名). "甲申卜, 命喙宅正(征)?"(≪乙8893≫)

吹(취)				[chuī]
(≪甲2974≫)	(≪乙34≫)	(≪佚939≫)	(≪英2674正≫)	

李孝定은 위의 갑골문에 대해, "此正从口从欠, 釋吹可从.1) : 이 글자는 바로 '口'와 '欠'을 구성 요소로 하고 있으므로, '吹'자로 고석하는 것이 따를 만하다."라고 하였다. 이 갑골문 '吹'자는 무릎을 꿇고 앉은 사람이 입을 크게 벌려 숨을 바깥으로 불어 내는 모양을 형상화한 자형 결구이다. 이 '吹'자에 대해 ≪說文解字≫에는, "吹, 噓也. 從口欠. : '吹'는 숨을 바깥으로 불어 내다는 뜻이다. '口'와 '欠'을 구성 요소로 하고 있다."라고 풀이하고 있다. 이에 대해 段玉裁는 "口欠則气出. : '口欠'은 곧 숨을 내보내는 것이다."라고 주(注)하였다.

갑골문에서의 뜻은 다음과 같다.
1. 인명(人名). "吹入"(≪甲2974≫)
2. 지명(地名) 혹은 방국명(方國名). "……卜, [王]在吹丁……?"(≪佚939≫)

名(명)				[míng]
(≪前6. 1. 4≫)	(≪甲3488≫)	(≪乙3290≫)	(≪合集2190正≫)	

羅振玉은 갑골문 '명'을 '名'자로 수록하고는 "从口从夕.2) : '口'와 '夕'을 구성 요소로 하고 있다."라고만 하였는데, 여기에서의 '夕'은 어둠을 나타내고, '口'는 입으로 소리를 전파하다는 뜻을 나타낸다. 이 '名'자에 대해 ≪說文解字≫에는, "名, 自命也. 從口夕. 夕者, 冥也. 冥不相見, 故以口自名也. : '名'은 스스로 자기의 이름을 부르다는 뜻이다. '口'와 '夕'을 구성 요소로 하고 있다. '夕'은 어둠을 뜻한다. 어두운 밤에는 서로를 볼 수 없으므로, 스스로 자신의 이름을 부르는 것이다."라고 풀이하고 있다.

---

1) 李孝定 前揭書 ≪甲骨文字集釋≫ p.349.
2) 羅振玉 前揭書 ≪增訂殷虚書契考釋≫ 卷中 p.57上.

갑골문에서의 뜻은 다음과 같다.

1. 지명(地名). "……疇耤在名, 受祐年."(≪乙3290≫)
2. 인명(人名). "……名入. 十一月."(≪拾13. 4≫)

| 君(군) | ≪甲3006≫ | ≪後下27. 13≫ | ≪存上1507≫ | ≪燕28≫ | [jūn] |

위에 예시한 갑골문은 '尹'과 '口'를 구성 요소로 하고 있는 '君'자인데, 자형 결구가 소전(小篆)과 동일하다. 이 '君'자의 자의(字義)에 대해 王鳳陽은, "握有權柄的發號施令者.[1] : 권력을 쥐고 호령(號令)을 내리고 시행하는 사람이다."라고 설명하였다. 이 '君'자에 대해 ≪說文解字≫에도, "君, 尊也. 從尹口, 口曰發號. 𠙱, 古文象君坐形. : '君'은 존귀하다는 뜻이다. '尹'과 '口'를 구성 요소로 하고 있는데, '口'는 호령하는 기관(器官)이다. '𠙱'(㲷)은 '古文' '君'자인데, 군주(君主)가 앉아있는 모양을 형상화하였다."라고 풀이하고 있다.

갑골문에서의 뜻은 다음과 같다.

1. 관직명(官職名). '多君'으로 사용되었다. "辛巳卜, 㱿貞 : 多君弗言, 余其有于庚亡祝? 九月."(≪存上1507≫)
2. 방국(方國)의 군장(君長). "……君入 ……"(≪甲3006≫)

| 命(명) | ≪甲597≫ | ≪鐵12. 4≫ | ≪前1. 50. 1≫ | ≪粹506≫ | [mìng] |

위에 예시된 갑골문의 윗부분은 '口'의 변형(變形)이며, 아래 부분은 무릎을 꿇고 앉은 사람의 모양인데, 이는 입으로 아랫사람에게 명령을 내리는 모양을 형상화한 것이다. 羅振玉이 이를 '令'자로 고석하여[2] 정설이 되었는데, 갑골문에서의 이 '令'자는 '命'자의 뜻으로 사용되고 있다. 이 '命'자에 대해 ≪說文解字≫에는, "命, 使也. 從口令. : '命'은 사령(使令)하다는

---

1) 王鳳陽 ≪漢字學≫(吉林文史出版社 1989. 長春) p.916.
2) 羅振玉 前揭書 ≪增訂殷虛書契考釋≫ 卷中 p.54上을 참고.

뜻이다. '口'와 '令'을 구성 요소로 하고 있다."라고 풀이하고 있다. 제9편의 '令'자에 대한
해설을 참고하기 바란다.

갑골문에서도 명령하다는 뜻으로 사용되었다. "貞：帝命雨正年?"(≪前1. 50. 1≫), "……
卜, 賓貞 ： 王叀婦好命征夷[方]……?"(≪佚527≫)

| 召(소) | (≪佚520≫) | (≪寧滬1. 426≫) | (≪林1. 16. 8≫) | (≪前2. 22. 1≫) | [zhào] |

商承祚가 위의 갑골문을 '召'자로 고석하여[1] 정설이 되었는데, 이 갑골문 '召'자는 기본적으
로 '口'와 '刀'를 구성 요소로 하고 있으나, 이의 번체(繁體)가 많아, 여기에 다시 양 손을
덧붙인 것도 있고, 또 양 손에 주기(酒器)를 들고 있는 모양을 형상화한 것을 덧붙인 것도
있다. 심지어 어떤 번체는 술을 서로 권하는 모양을 형상화한 것도 있다. 이런 갑골문 '召'자에
대해 徐中舒는, "表示主賓相見, 相互紹介, 侑于尊俎之間, 當爲紹介之紹初文.[2] ：(갑골문
'召'자는) 주인과 손님이 서로 만나서, 서로를 소개하고, 술잔과 안주그릇을 서로 권하는 사이
임을 나타내는데, 이는 당연히 '紹介'의 '紹'자의 초문(初文)임이 틀림없다."라고 하였다. 이에
의하면 이 글자는 서로 만나 소개하다는 뜻이라고 짐작된다.

그런데 ≪說文解字≫에는 이 '召'자에 대해, "召, 呼也. 從口, 刀聲. ：'召'는 부르다는
뜻이다. '口'를 의부, '刀'를 성부로 구성되었다."라고 풀이하고 있다. 許愼의 이런 자의(字義)
해설은 이 글자의 인신의(引伸義)라고 생각된다.

갑골문에서의 뜻은 다음과 같다.

1. 지명(地名). "乙巳卜, 貞 ： 王弒于召, 往來亡災? 在九月."(≪前2. 22. 1≫)

2. 방국명(方國名) 즉 '召方'. "……于辛巳, 王征召方"(≪佚520≫)

---

1) 商承祚 前揭書 ≪殷虛文字類編≫ 二卷 p.5를 참고.
2) 徐中舒 前揭書 ≪甲骨文字典≫ p.90.

問(문)		[wèn]

《甲骨文編》에는 위에 예시한 두 글자를 해설 없이 '問'자로 수록하고 하고 있는데,[1] 이 글자가 '門'과 '口'를 구성 요소로 하고 있는 것으로 보아, 옳은 고석임을 알 수 있다. 이는 사람의 입[口]이 '門' 중간에 있는 자형 결구로, 물어보다는 뜻을 나타낸 것이라고 짐작된다. 《說文解字》에는, "問, 訊也. 從口, 門聲. : '問'은 질문하다는 뜻이다. '口'를 의부, '門'을 성부로 구성되었다."라고 풀이하고 있다.

갑골문에서의 뜻은 자료의 부족으로 확실하게 밝혀지지 않았다. "……問……若……"(《後下9. 10》)

唯(유)					[wéi]
	(《前5. 39. 8》)	(《明藏576》)	(《懷1465》)	(《甲4》)	

위에 예시한 갑골문은 '口'와 '隹'를 구성 요소로 하고 있는 '唯'자이며, 《甲4》의 글자는 '隹' 또는 '鳥'자이다. 이들에 대해 羅振玉은, "卜辭中語詞之惟唯諾之唯, 與短尾之隹同爲一字, 古金文亦然.[2] : 갑골복사에서의 어사(語詞) 가운데 오로지 '唯諾'의 '唯'만은 꽁지가 짧은 새라는 뜻의 '隹'자와 같은 글자인데, 고대의 금문도 역시 마찬가지이다."라고 설명하였다. 실제로 갑골복사에서는 이 '隹'자는 '唯'자의 뜻으로 통용되기도 한다. 그리고 '唯'자의 구성 요소인 '口'는 새가 먹고 우는 기관(器官)이며, '隹'와 '鳥'는 두 글자 모두 본의가 날짐승 즉 새인 관계로 서로 통용되는 동의이체(同義異體)이다. 따라서 이 '唯'자는 새가 우는 모양을 형상화한 자형 결구이다. 이 '唯'자에 대해 《說文解字》에는 "唯, 諾也. 從口, 隹聲. : '唯'는 응답하는 소리라는 뜻이다. '口'를 의부, '隹'를 성부로 구성되었다."라고 풀이하고 있다.

갑골문에서의 뜻은 다음과 같다.

1. 어조사(語助辭) '惟'자의 뜻으로 사용되었다. 오로지, 오직, 다만. "……其唯大史寮令"

---

1) 中國社會科學院考古硏究所 前揭書 《甲骨文編》 p.41.
2) 羅振玉 前揭書 《增訂殷虛書契考釋》 卷中 p.31下.

(≪前5. 39. 8≫), "辛未卜, 唯獲井鳥?"(≪後下6. 13≫)

2. 인명(人名). "甲寅卜, 乎唯瞿隻丙辰風隻五……?"(≪甲3112≫)

启(계)				[qǐ]
(≪甲997≫)	(≪乙825≫)	(≪前5. 21. 3≫)	(≪京都186≫)	

'戶'와 '口'를 구성 요소로 하고 있는데, '戶'는 외짝 문을 뜻하고, '口'는 사람의 입이므로, 이는 문을 열고 말하는 것을 형상화한 자형 결구이다. 李孝定은 위에 예시한 글자들을 '启'자로 수록하고는, "卜辭用启或與啓同意, 均爲晴.[1] : 갑골복사에서는 '启'자를 간혹 '啓'자와 같은 뜻으로 사용하기도 하는데, 모두가 날씨가 개다는 뜻이다."라고 하였다. 갑골문에서는 '启'자는 '啓'와 '晵'자와 서로 통용되는데, 제3편의 '啓'자와 제7편의 '晵'자에 대한 해설을 참고하기 바란다.

그런데 ≪說文解字≫에는 "启, 開也. 從戶口. : '启'는 (문을) 열다는 뜻이다. '戶'와 '口'를 구성 요소로 하고 있다."라고 풀이하고 있다.

갑골문에서는 날씨가 개다는 뜻으로 사용되고 있다. "乙丑貞 : ……庚午启……雨?"(≪鄴三55. 1≫), "可……之夕允雨, 辛丑启"(≪菁8. 1≫), "……启若……"(≪乙6494≫)

咸(함)				[xián]
(≪前1. 43. 5≫)	(≪甲264≫)	(≪乙2455≫)	(≪後下15. 5≫)	

孫詒讓은 위의 갑골문자에 대해, "此當是咸字, …… 此戌作𢆉, 與日名正合.[2] : 이는 '咸'자임이 틀림없다. …… 여기에서의 '戌'자는 '𢆉'로 쓰고 있는데, 날짜를 기록하는 천간(天干)의 '戌'자의 자형과 바로 합치된다."라고 고석하였다. 이 '咸'자에 대해 ≪說文解字≫에는, "咸, 皆也, 悉也. 從口, 從戌. 戌, 悉也. : '咸'은 모두라는 뜻이고, 다하다는 뜻이다. '口'를 구성 요소로 하고, '戌'을 구성 요소로 하고 있다. '戌'은 다하다는 뜻이다."라고 풀이하고 있다.

---

1) 李孝定 前揭書 ≪甲骨文字集釋≫ p.367.
2) 孫詒讓 ≪契文擧例≫(樓學札校點本)(齊魯書社 1993. 濟南) p.92.

그런데 이 '咸'자의 자형 결구에 대해 羅振玉은, "卜辭與古金文皆从戉.[1] : 갑골복사와 고대의 금문에서는 모두 '戉'을 구성 요소로 하고 있다."라고 하였다. 이는 소전체(小篆體)에 이르러 '戉'이 '戌'로 대체되었다는 말이다. '戉'은 곧 '鉞'의 본자(本字)이고, 도끼의 모양을 형상화한 것이다. 그리고 이 '咸'자의 자형과 자의에 대해 朱駿聲은, "從口從戌, 會意, 戌傷也.[2] : '口'를 구성 요소로 하고, '戌'을 구성 요소로 하고 있는데, 회의자이며, 도끼로 해치다는 뜻이다."라고 하였다.

갑골문에서는 인명(人名)으로 사용되었으며, '咸戊'를 지칭한다. "……貞：侑于咸戊?"(≪前1. 43. 5≫), "……卜, ……侑……咸戊?"(≪甲264≫)

右(우)				[yòu]
≪前1. 27. 4≫	≪甲396≫	≪鐵7. 4≫	≪粹597≫	

위에 예시한 글자는 측면에서 본 오른손의 모양을 형상화한 상형자로, 오른손이라는 뜻인데, '又'자와 자형이 동일하다. 제3편의 '又'자에 대한 해설을 참고하기 바란다. 이 '右'자에 대해 ≪說文解字≫에는, "右, 助也. 從口又. : '右'는 돕다는 뜻이다. '口'와 '又'를 구성 요소로 하고 있다."라고 풀이하고 있는데, 許慎의 이런 자의(字義) 해설은 이 글자의 인신의(引伸義)이다.

갑골문에서의 뜻은 다음과 같다.

1. 오른쪽. "丁酉貞：王乍三師右中左?"(≪粹597≫)

2. '祐'와 통용. 도움. "……王受右"(≪粹108≫), "……王受右"(≪續1. 7. 6≫)

3. '又'와 통용. 또. 그리고. "……其牢右一牛"(≪粹560≫)

吉(길)				[jí]
≪戬16. 1≫	≪合集16≫	≪懷1518≫	≪佚537≫	

羅振玉은 위에 예시한 갑골문자들을 모두 '吉'자로 수록하고는, "卜辭中吉字異狀最多,

---

1) 羅振玉 前揭書 ≪增訂殷虛書契考釋≫ 卷中 p.31下.
2) 朱駿聲 ≪說文通訓定聲≫(中華書局 1998. 北京) p.101.

惟第一字與許書合.[1] : 갑골복사 가운데 '吉'자는 서로 다른 자형이 가장 많은데, 첫째 글자 즉 '𠮷'자만이 許愼의 ≪說文解字≫에 수록된 자형과 부합된다."라고 하였다. 그리고 于省吾 는 이 '吉'자의 자형에 대해, "本象置句兵於𥫗盧之中.[2] : 본래 대그릇 속에 고리가 달린 칼을 담아 놓은 모양을 형상화한 것이다."라고 주장하였으나, 이 '吉'자의 자형 결구에 대해서 는 아직 정론이 없는 상태이다.

≪說文解字≫에는 이 '吉'자에 대해, "吉, 善也. 從士口. : '吉'은 좋고 상서롭다는 뜻이다. '士'와 '口'를 구성 요소로 하고 있다."라고 풀이하고 있다.

갑골문에서는 좋다, 상서롭다는 뜻으로 사용되었다. "……王占曰：吉, 其去……"(≪佚 537≫), "王占曰：吉, 亡禍."(≪乙3427≫)

| 周(주) | 甪 (≪甲436≫) | 囲 (≪京津1274≫) | 囲 (≪前7. 31. 4≫) | 用 (≪乙2170≫) | [zhōu] |

徐中舒는 위의 갑골문자들을 '周'자로 수록하고는, "象界劃分明之農田, 其中小點象禾稼 之形.[3] : 경계 구역이 분명하게 그어진 농토의 모양을 형상화하였으며, 그 가운데의 작은 점들은 벼이삭의 모양을 형상화한 것이다."라고 하였고, 趙誠은 또, "象周帀封閉之形, 似爲 會意字.[4] : 사방 주위를 닫아 폐쇄한 모양을 형상화하였는데, 회의자 같다."라고 하였다. 이처럼 갑골문 '周'자의 자형 결구와 본의에 대해서는 아직 정론이 없는 상태이다.

이 '周'자에 대해 ≪說文解字≫에는 "周, 密也. 從用口. 𠱝, 古文周字, 從古文及 : '周'는 주밀(周密)하다는 뜻이다. '用'과 '口'를 구성 요소로 하고 있다. '𠱝'(𠱝)는 '古文' '周'자인데, '古文' '及'을 구성 요소로 하고 있다."라고 풀이하고 있다.

갑골문에서의 뜻은 다음과 같다.

1. 제후의 이름. "[命]周侯, 今生月亡禍"(≪甲436≫)

2. 방국명(方國名). "……命周……."(≪前6. 63. 1≫), "……周方弗亡禍"(≪乙2170≫)
   : 周公의 周나라이다.

---

1) 羅振玉 前揭書 ≪增訂殷虛書契考釋≫ 卷中 p.18下.
2) 于省吾 前揭書 ≪殷契駢枝全編≫(≪雙劍誃殷契駢枝三編≫) p.59.
3) 徐中舒 前揭書 ≪甲骨文字典≫ p.94.
4) 趙誠 前揭書 ≪甲骨文簡明詞典≫ p.143.

唐(당)					[táng]
	《續1. 7. 6》	《合集300》	《甲1556》	《合集13405》	

위에 예시한 갑골문 '唐'자는 '庚'과 '口'를 구성 요소로 하고 있는데, 王國維는 이 '唐'자에 대해, "唐卽湯也. 此辭中唐與大甲大丁並告, 又有連言唐大丁大甲者, 則爲湯可知. …… 夫夏桀之時有湯無唐, 則唐必湯之本字, 後轉作暘, 復轉作湯而其本名廢矣.[1]: '唐'은 곧 '湯'이다. 이 복사[《鐵214. 4》를 지칭]에는 '唐'과 '大甲'·'大丁'에게 함께 고(告)하고 있고, 또 '唐'·'大丁'·'大甲'을 연이어 언급한 것도 있으므로, [이 '唐'이] '湯'임을 알 수 있다. …… 무릇 夏나라 桀王 때에는 '湯'은 있었으나 '唐'은 없었으므로, '唐'은 '湯'의 본자가 틀림없고, 후에 '暘'으로 전작(轉作)하였다가, 그 후에 다시 '湯'으로 전작(轉作)하여 본명(本名)이 폐기되었다."라고 하였다. 이는 갑골문의 '唐'은 商 왕실의 선왕(先王) '大乙'의 본명(本名)이며, 고대 문헌 중의 成湯을 지칭한다는 말이다.

그런데 이 '唐'자에 대해 《說文解字》에는, "唐, 大言也. 從口, 庚聲. 暘, 古文唐, 從口易. : '唐'은 크게 말하다는 뜻이다. '口'를 의부, '庚'을 성부로 구성되었다. '暘'(暘)은 '古文' '唐'자이며, '口'와 '易'을 구성 요소로 하고 있다."라고 풀이하고 있다. 이에 대해 段玉裁는, "引申爲大也. : 인신되어 크다는 뜻을 나타내게 되었다."라고 주(注)하였다.

갑골문에서는 商 왕실의 선왕 '大乙'로, 고서(古書)의 '成湯'을 지칭한다. "貞: 御自唐, 大甲, 大丁, 祖乙百羌, 百宰?"(《續1. 10. 7》), "叀武唐用, 王受祐"(《續1. 7. 6》)

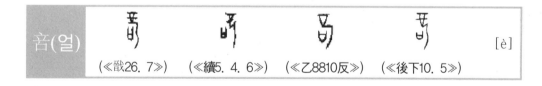

㕜(얼)					[è]
	《戩26. 7》	《續5. 4. 6》	《乙8810反》	《後下10. 5》	

徐中舒는 위의 갑골문자들을 '㕜'자로 수록하고는, "王國維云: 卜辭之[圅]字, 卽《說文》之[圅]字. …… 甲骨文之[圅], 蓋卽後世之'槷'.[2]: 王國維는 「갑골복사 중의 '[圅]'자는 곧 《說文解字》의 '[圅]' 즉 '㕜'자이다.」라고 하였다. …… 갑골문의 '[圅]'자는 바로 후세의 '槷'자인 것

1) 王國維 前揭書 《戩壽堂所藏殷虛文字·考釋》 p.7下.
2) 徐中舒 前揭書 《甲骨文字典》 p.96.

같다.”라고 하였다. 이 갑골문 ‘䇦’자 역시 ‘辛’과 ‘口’를 구성 요소로 하고 있는데, ≪說文解
字≫에는 “䇦, 語相訶歫也. 從口辛. 辛, 惡聲也. 讀若藥. : ‘䇦’은 상대방을 큰소리로 꾸짖
으며 저지하다는 뜻이다. ‘口’와 ‘辛’을 구성 요소로 하고 있다. ‘辛’은 잘못을 꾸짖는 소리라는
뜻이다. 독음은 ‘藥’자처럼 읽는다.”라고 풀이하고 있다. 이에 대해 段玉裁는 “歫, 今之拒字.
訶歫者, 訶而拒之. : ‘歫’는 지금의 ‘拒’자이다. ‘訶歫’란 큰소리로 꾸짖으며 저지하다는 뜻이
다.”라고 주(注)하였다.

갑골문에서의 뜻은 다음과 같다.

1. 제명(祭名). “乙未卜, 往西子䇦妣庚三牢?”(≪乙8810≫)
2. 인명(人名)으로 짐작된다. “貞 : 乎䇦于西?”(≪戩26. 7≫), “▨丙[卜], 爭[貞] ……命
作……䇦?”(≪後下10. 5≫), “丁卯卜, 貞 : 命追䇦侑尹示?”(≪續5. 4. 6≫)

吝(인)　　≪佚725≫　　≪後下13. 15≫　　[lìn]

위의 갑골문 ‘吝’자는 ‘文’과 ‘口’를 구성 요소로 하고 있는데, 자형 결구가 소전체(小篆體)와
같으며, 여기에서의 ‘口’는 사람의 입이 아니라 어떤 진기한 물건을 상징하는 것이라 짐작된다.
이 ‘吝’자에 대해 ≪說文解字≫에는, “吝, 恨惜也. 從口, 文聲. 易曰 : 曰往吝. 㳉, 古文吝,
從彣. : ‘吝’은 애석해하다는 뜻이다. ‘口’를 의부, ‘文’을 성부로 구성되었다. ≪周易·蒙卦≫
에는 「만약 곧장 간다면 후회하게 될 것이다.」라고 하고 있다. ‘㳉’(㖁)은 ‘古文’ ‘吝’자이며,
‘彣’을 구성 요소로 하고 있다.”라고 풀이하고 있다. 이에 대해 段玉裁는 “慳吝亦恨惜也.
…… 凡恨惜者, 多文之以口, 非文聲也. : ‘慳’과 ‘吝’도 아끼다는 뜻이다. 무릇 ‘恨惜’이라는
것은, 입으로 꾸밈이 많다는 것인데, ‘文’을 성부로 하는 것은 아니다.”라고 주(注)하였다.

갑골문에서는 지명으로 사용되었다. “……卜, 大……歲于……于吝?”(≪後下13. 15≫)

| 各(각) | (≪菁4. 1≫) | (≪甲663≫) | (≪佚665≫) | (≪合集2083≫) | [gè] |

羅振玉은 위의 글자들을 '各'자로 수록하고는, "案各从**A**, 象足形, 自外至; 从口, 自名也. 此爲來格之本字.[1] : 살펴보면, '各'자는 '**A**'를 구성 요소로 하였는데, 이는 발을 형상화한 것으로, 바깥에서 오다는 뜻을 나타내며; '口'를 구성 요소로 하였는데, 이는 스스로 이름을 밝히다는 뜻을 나타내는 것이다. 와서 닿다는 '來格'의 '格'자의 본자이다."라고 설명하였다. 이 '各'자에 대해 ≪說文解字≫에는, "各, 異詞也. 從口夂. 夂者, 有行而止之不相聽意. : '各'은 서로 다른 말을 하다는 뜻이다. '口'와 '夂'를 구성 요소로 하고 있다. '夂'는 가라는 사람도 있고, 멈추라는 사람도 있어서, 서로 상대방의 말을 듣지 않음을 나타낸다."라고 풀이 하고 있다.

갑골문에서의 뜻은 다음과 같다.

1. 지다. 오다. 내리다. "御各日, 王受又?"(≪粹1278≫), "……各云自東……"(≪菁4. 1≫), "王其各于大乙[歲]伐不菁雨"(≪甲663≫)

2. 포획하다. 잡다. "貞 : 王其逐兕隻弗各兕隻豕二?"(≪合205≫)

3. 인명(人名). "貞 : 朕各化亡禍叶王事?"(≪合集5439≫)

| 單(단) | (≪乙1049≫) | (≪前7. 26. 4≫) | (≪菁5. 1≫) | (≪乙3787≫) | [dān] |

徐中舒는 위의 글자들을 모두 '單'자로 수록하고는, "此字初形應象捕獸之干, 作丫形, 後於兩歧之端縛石塊而成丫形, 更於歧下縛以繩索, 使之牢固, 逐成丫形. 此卽說文單字篆文所本.[2] : 이 글자의 초기의 자형은 짐승을 포획하는 방패를 형상화하여 '丫'의 모양으로 썼다가, 후에 양쪽으로 갈라진 끄트머리에 돌멩이를 묶어서 '丫'의 모양이 되었고, 이에 다시 갈라진 아래쪽을 끈으로 묶어 더욱 튼튼하게 하여 마침내 '丫'의 모양이 되었다. 이것이 바로

---

1) 羅振玉 前揭書 ≪增訂殷虛書契考釋≫ 卷中 p.64下.
2) 徐中舒 前揭書 ≪甲骨文字典≫ p.121.

≪說文解字≫의 전문(篆文) '單'자가 근거한 것이다."라고 설명하였다. 이로써 이 '單'이란 원래 조수(鳥獸)를 포획하는 사냥의 도구로 쓰이다가, 계속 개량되어 나중에는 병기의 하나인 방패로 사용되었음을 알 수 있다. 후세에는 여기에 '弓'자를 덧붙여 '彈'으로 썼다. 이 '單'자에 대해 ≪說文解字≫에는 "單. 大也. 從吅単, 吅亦聲, 闕. : '單'은 크다는 뜻이다. '吅'과 '単'를 구성 요소로 하고 있고, '吅'은 또한 성부이기도 한데, '単'에 대한 해설은 궐(闕)한다."라고 풀이하고 있다.

　　갑골문에서는 지명(地名)으로 사용되었다. "……釆, 姑雲自北, 西單電, 鳥星三月"(≪前7. 26. 3≫), "庚辰卜, 爭貞 : 爰南單?"(≪乙3787≫) : 郭沫若은 여기에서의 '南單'에 대해 '鹿台'임이 틀림없다고[1] 주장했는데, 이 '鹿台'는 紂王이 스스로 분신(焚身)한 곳이라고 전해진다.

哭(곡)

(≪前5. 10. 7≫)

[kū]

　　위에 예시한 갑골문자의 자형 결구는 '人'과 '吅'으로 구성되어 있는데, 이에 대해 葉玉森은, "此从 象一人擗踴形; 從吅表號呼意, 當即古哭字. 辭云'衣哭', 蓋臨衣祭而哭也.[2] : 이 글자는 ' '을 구성 요소로 하고 있는데, 이는 사람이 몹시 슬퍼서 가슴을 치며 날뛰는 모습을 형상화한 것이며; '吅'을 구성 요소로 하여, 큰 소리로 울부짖다는 뜻을 나타내고 있으므로, 이는 곧 '哭'의 고자(古字)임이 틀림없다. 갑골복사에 '衣哭'이라고 한 것은 '衣'제(祭)에 임하여 크게 울부짖다는 뜻이라고 짐작된다."라고 하여 '哭'자로 고석하였다. 이 '哭'자에 대해 ≪說文解字≫에는, "哭, 哀聲也. 從吅, 從獄省聲. : '哭'은 슬피 우는 소리라는 뜻이다. '吅'을 의부, 필획이 생략된 '獄'을 성부로 구성되었다."라고 풀이하고 있다.

　　갑골문에서도 슬피 우는 소리라는 뜻으로 사용되었다. "貞 : 衣哭若亡尤?"(≪前5. 10. 7≫)

---

1) 郭沫若 前揭書 ≪殷契粹編·考釋≫ p.73을 참고.
2) 葉玉森 ≪殷虛書契前編集釋≫(藝文印書館 1966. 臺北) 卷5 p.13下.

| 喪(상) | (≪佚605≫) | (≪合集8≫) | (≪粹974≫) | (≪甲737≫) | (≪合集61≫) | [sāng] |

徐中舒는 이 글자에 대해, "從桑從數口, 桑象桑樹, 口象探桑所用之器, 本義爲探桑, 借爲喪亡之喪.[1] : '桑'과 여러 개의 '口'를 구성 요소로 하고 있는데, '桑'은 뽕나무를 형상화한 것이며, '口'는 뽕을 따는데 사용하는 기구를 형상화한 것이고, 본의는 뽕을 따다는 뜻이며, 가차하여 '喪亡'의 '喪'의 뜻이 되었다."라고 설명하였다. 이 '喪'자에 대해 ≪說文解字≫에는, "喪, 亡也. 從哭亡, 亡亦聲. : '喪'은 상망(喪亡)이라는 뜻이다. '哭'과 '亡'을 구성 요소로 하고 있는데, '亡'은 또한 성부이기도 하다."라고 풀이하고 있다.

갑골문에서의 뜻은 다음과 같다.

1. 잃다. 상실하다. "戊午卜, 賓貞 : 卓不喪衆?"(≪寧3. 43≫), "貞 : 我其喪衆人?"(≪佚 487≫)

2. 지명(地名). "壬辰卜, 貞 : 王田喪往來亡災?"(≪前2. 27. 8≫), "乎遘逐鹿于喪獲" (≪續3. 45. 3≫)

| 趄(원) | (≪前2. 8. 7≫) | (≪菁9. 12≫) | (≪續3. 31. 2≫) | (≪河129≫) | [yuán] |

위에 예시된 갑골문자는 '止'와 '亘'으로 구성되어 있는데, 갑골문자에서는 '止'와 '辵' 두 편방은 서로 통용되고, 또 '走'와 '辵' 두 편방도 서로 통용되며, 또한 '止'와 '走' 두 편방도 서로 통용되는 것은 주지의 사실이다. 이런 까닭으로 이 갑골문자는 '趄'자임이 틀림없으며, 발로 걸어서 갔다가 되돌아오는 모양을 형상화한 자형 결구로, 되돌아오다는 뜻을 나타낸다. 이 '趄'자에 대해 丁山은, "趄即還本字.[2] : '趄'은 곧 '還'의 본자(本字)이다."라고 하였다.

이 '趄'자에 대해 ≪說文解字≫에는, "趄, 趄田, 易居也. 從走, 亘聲. : '趄'은 전지(田地)를 바꾸는 것으로, 거주지를 바꾸다는 뜻이다. '走'을 의부, '亘'을 성부로 구성되었다."라고

---

1) 徐中舒 前揭書 ≪甲骨文字典≫ p.123.
2) 丁山 ≪甲骨文所見氏族及其制度≫(中華書局 1988. 北京) p.73.

풀이하고 있다. 許愼의 이런 자의 해설에 대해 張舜徽는, "因引申爲凡循復之稱, 故古代輪流休耕之制謂之趄田.[1] : 인신되어서 무릇 순환하는 것 모두를 지칭하게 되었는데, 이 때문에 고대의 순환하며 휴경(休耕)하는 제도를 '趄田'이라고 일컬었다."라고 하였다.

갑골문에서는 지명으로 사용되었다. "丙戌卜, 在趄貞 : 今……王步于……亡災?"(前2. 8. 7), "……卜, 在趄……?"(≪續3. 31. 3≫)

| 止(지) | ≪合集20221≫ | ≪甲1440≫ | ≪乙3797≫ | ≪甲2744≫ | [zhǐ] |

위의 갑골문 '止'자는 발가락과 발바닥을 갖춘 발 모양을 형상화한 자형 결구로, 사람의 발이라는 뜻을 나타낸다. 이는 '趾'의 본자(本字)이다. 이 '止'자에 대해 ≪說文解字≫에는, "止, 下基也. 象艸木出有阯, 故曰止爲足. : '止'는 아래쪽의 기초라는 뜻이다. 초목이 자라나와 근간과 기지(基址)를 갖춘 것을 형상화하였는데, 이 때문에 '止'로써 '足'의 뜻을 나타낸다."라고 풀이하고 있다.

갑골문에서의 뜻은 다음과 같다.

1. 사람의 발. "貞, 疒止有卷?"(≪林2. 9. 7≫)
2. 방국명(方國名) 또는 지명(地名). "……于止, 若"(≪甲1440≫), "貞 : 于……于止……戋? 吉"(≪甲1532≫), "長侯戋止"(≪庫1670≫)
3. 인명(人名). "止衆專宅"(≪京津2510≫)

| 歬(前)(전) | ≪合集1380≫ | ≪合集8619≫ | ≪後下11. 10≫ | ≪前6. 21. 8≫ | [qián] |

갑골문 '前'자는 기본적으로 '止'와 '月' 또는 '舟'을 구성 요소로 하고 있는데, 간혹 여기에다 다시 '行'을 덧붙인 것도 있다. 이에 대해 李孝定은, "止在盤中乃洗足之意, 爲湔之原字, 前進字乃其借義.[2] : '止' 즉 발이 대야 안에 있는 모양인데, 이는 세족(洗足)의 의미로,

---

1) 張舜徽 ≪說文解字約注≫(河南人民出版社 1987. 鄭州) 卷三 p.63上.
2) 李孝定 前揭書 ≪甲骨文字集釋≫ p.452.

'湔'의 원자(原字)이며, 전진하다는 자의는 곧 가차의(假借義)이다."라고 하였다. 그리고 王延林은 이에 대해, "象船形的鞋子, 人脚穿了鞋子在大路上不停地行走, 是前的本義.[1] : 배 모양의 신발을 형상화하였는데, 사람이 신발을 신고 큰길에서 멈추지 않고 가는 것이 '前'자의 본의이다."라고 하였다. ≪說文解字≫에는, "歬, 不行而進謂之歬, 從止在舟上. : '歬'은 걷지 않고 앞으로 나아가는 것을 '歬'이라 하는데, '止' 즉 발이 '舟' 즉 배 위에 있는 모양으로 구성되었다."라고 풀이하고 있다. 이에 대해 徐灝는, "人不行而能進者, 唯居於舟爲然, 故從止舟.[2] : 사람이 걷지 않고 앞으로 나아갈 수 있는 것은, 오로지 배를 타고 있을 경우일 뿐이기 때문에, 그래서 '止'와 '舟'를 구성 요소로 하고 있는 것이다."라고 하였다.

갑골문에서의 뜻은 다음과 같다.

1. 방국명(方國名). "庚子卜, 貞日 : 侯歬(湔)出自方?"(≪綴合124≫), ……歬(湔)方……"(≪京都916≫)

2. 인명(人名). "御子歬于父乙"(≪後下11. 10≫), "于妣癸御歬"(≪粹382≫)

| 歷(력) | (≪前1. 33. 1≫) | (≪甲544≫) | (≪後下11. 6≫) | (≪京都264≫) | [lì] |

위의 갑골문은 '止'와 '秝'을 구성 요소로 하고 있는데, 이는 발로 걸어서 벼가 우거진 곳을 지나가는 것을 형상화한 것으로, 걸어서 지나간 곳을 나타낸다. ≪甲骨文編≫에는 이 글자들을 모두 '歷'자로 수록하고는, "卜辭從秝得聲.[3] : 갑골복사에서의(의 '歷'자)는 ('厤'이 아니라) '秝'을 성부로 구성되었다."라고 하고 있다. 이는 갑골문자에 이미 완정(完整)한 형성자가 있음을 알게 해준다. 이 '歷'자에 대해 ≪說文解字≫에는, "歷, 過也, 傳也. 從止, 厤聲. : '歷'은 지나가다는 뜻이고, 전(傳)하다는 뜻이다. '止'을 의부, '厤'을 성부로 구성되었다."라고 풀이하고 있다.

갑골문에서의 뜻은 다음과 같다.

1. '貞人'의 이름. "癸酉, 歷貞 : 旬亡禍."(≪甲544≫), "癸未[卜], 歷貞 : 旬[亡]禍?"(≪後下11. 6≫)

---

1) 王延林 前揭書 ≪常用古文字字典≫ p.78.
2) 徐灝 ≪說文解字注箋≫, 丁福保 ≪說文解字詁林正補合編≫(鼎文書局 1977. 臺北) 第2冊 p.2-1407.
3) 中國社會科學院考古硏究所 前揭書 ≪甲骨文編≫ p.55.

2. 자의(字義) 불분명. "貞 : 歷……焚?"(≪前1. 33. 1≫), "其歷舛? 弜歷舛?"(≪後下11. 4≫)

歸(귀)				[guī]
	(≪後下33. 4≫)	(≪前8. 1. 6≫)	(≪粹221≫)	(≪佚400≫)

羅振玉이 위의 글자들을 '歸'자로 고석하여[1] 정설이 되었는데, '自'와 '帚'를 구성 요소로 하고 있으며, 간혹 여기에 '止'를 덧붙인 것도 있다. 그런데 갑골문 이후의 고문자에서는 '帚'를 구성 요소로 한 경우에는, '女'를 덧붙여 '婦'로 썼으며, 또 여기에서의 '自'는 '自'의 초문(初文)으로 언덕이라는 뜻이다. 따라서 이 갑골문 '歸'자는 여자가 출가할 때 언덕을 지나는 모양을 형상화한 자형 결구로, 여자가 출가하다는 뜻을 나타낸다. 이 '歸'자에 대해 ≪說文解字≫에는, "歸, 女嫁也. 從止婦省, 自聲. 䢜, 籀文省. : '歸'는 여자가 시집가다는 뜻이다. '止'와 필획이 생략된 '婦'를 의부로, '自'를 성부로 구성되었다. '䢜'(歸)는 주문(籀文)으로, 편방 '自'를 생략하였다."라고 풀이하고 있다. 이 '歸'자는 본의에서 인신(引伸)하여 회귀하다는 뜻으로 쓰이기도 한다.

갑골문에서의 뜻은 다음과 같다.

1. 회귀하다. 돌아오다. "貞 : 勿歸于商?"(≪戬9. 13≫), "貞 : 王其歸?"(≪乙7961≫), "貞 : 命倉侯歸?"(≪佚400≫)

2. 방국명(方國名). "壬寅卜, 䅵其伐歸……?"(≪粹221≫), "……伐歸伯……受又?"(≪粹1180≫)

登(등)				[dēng]
	(≪前5. 2. 1≫)	(≪燕582≫)	(≪續4. 34. 2≫)	(≪掇1. 385≫)

위에 예시한 갑골문은 두 개의 '止'와 '豆' 그리고 두 손으로 구성되어 있는데, 간혹 두 손 즉 '収'을 생략한 것도 있다. 徐中舒는 이 글자들을 '登'자로 수록하고는, "會捧豆升階以敬

---

1) 羅振玉 前揭書 ≪增訂殷虛書契考釋≫ 卷中 p.64下를 참고.

神祇之義. …… 用作蒸嘗之蒸, 與甲骨文形義有淵源關係.[1] : 제기(祭器)를 받쳐 들고 계단을 올라 신기(神祇)를 공경하는 뜻을 나타낸 것이다. [금문(金文)에서는] '蒸嘗'의 '蒸'자의 뜻으로 사용되었는데, 이는 갑골문의 자형·자의와 연원 관계를 갖고 있는 것이다."라고 하였다. 이로 미루어보면, 갑골문 '登'자는 두 손으로 제기(祭器)에 담은 제물을 받쳐 들고 제단(祭壇)에서 신(神)에게 예(禮)를 올리는 모양을 형상화한 것임을 알 수 있다.

이 '登'자에 대해 ≪說文解字≫에는, "登, 上車也. 從𣥠豆, 象登車形. 𤼗, 籀文登, 從収. : '登'은 수레에 오르다는 뜻이다. '𣥠'과 '豆'를 구성 요소로 하고 있으며, 수레에 오르는 모양을 형상화하였다. '𤼗'(𤼟)은 주문(籀文) '登'자이며, '収'을 구성 요소로 하고 있다."라고 풀이하고 있다.

갑골문에서의 뜻은 다음과 같다.

1. 찌다. 삶다. 희생의 처리 방법의 하나. "登尞叀豚"(≪掇1. 385≫), "癸亥卜, 荷貞 : 其登𠤎于且乙, 叀翌乙丑?"(≪甲2407≫)

2. 인명(人名). "庚寅卜, 爭貞 : 命登眔龖工衛有禽?"(≪甲1167≫), "貞 : 犬登其有不若? 七月."(≪續4. 34. 2≫), "……登獲……"(≪前5. 2. 1≫)

| 癹(발) | (≪合集9085≫) | (≪鐵226. 1≫) | (≪前5. 24. 8≫) | (≪佚613≫) | [bò] |

위의 갑골문은 두 개의 '止'와 '丨' 그리고 '又'로 구성되어 있는데, 이런 자형 결구의 의미가 무엇인지에 대해서는 아직 정확하게 밝혀지지 않고 있다. 李孝定은 이 글자를 '癹'자로 수록하고는, "商氏釋此爲癹, 可从. 卜辭癹似爲人名.[2] : 商承祚가 이 글자를 '癹'자로 고석하였는데, 따를 만하다. 갑골복사에서의 '癹'자는 인명인 것 같다."라고 하였다. 이 '癹'자에 대해 ≪說文解字≫에는, "癹, 㠯足蹋夷艸. 從𣥠, 從殳. 春秋傳曰 : 癹夷蘊崇之. : '癹'은 발로 밟고 풀을 제거하다는 뜻이다. '𣥠'을 구성 요소로 하고, '殳'를 구성 요소로 하고 있다. ≪春秋左氏傳≫ 隱公 6년 조(條)에, 「발로 밟고 제초하여 이를 쌓아 놓는다.」라고 하고 있다."라고 풀이하고 있다. 이에 대해 段玉裁는, "周禮夷氏掌殺草. ……從𣥠謂以足蹋夷也. 從殳, 殺

---

1) 徐中舒 前揭書 ≪甲骨文字典≫ p.139.
2) 李孝定 前揭書 ≪甲骨文字集釋≫ p.471.

之省也. : ≪周禮≫에 '夷氏'가 살초(殺草)를 관장했는데, …… '久'을 구성 요소로 한 것은, 발로 밟아서 살초한 것을 말한다. '殺'를 구성 요소로 하였는데, 이는 '殺'자의 생략형이다."라고 주(注)하였다.

갑골문에서의 뜻은 다음과 같다.

1. 지명(地名). "☑未卜, ☑于癹?"(≪佚613≫)
2. 인명(人名). "戊子卜, 命癹往雀伐臿?"(≪鐵226. 1≫)

| 步(보) | ≪續3. 28. 5≫ | ≪戩39. 11≫ | ≪乙1595≫ | ≪甲436≫ | [bù] |

갑골문 '步'자는 기본적으로 두 개의 '止'로 구성되어 있는데, 간혹 '行'을 덧붙인 것도 있다. 이런 자형에 대해 羅振玉은, "案, 步象前進時左右足一前一後形.[1] : 살펴보면, '步'자는 앞으로 나아갈 때 왼발과 오른발이 하나는 앞에, 하나는 뒤에 놓인 모양을 형상화한 것이다."라고 주장하였는데, 정설이 된지 오래다. 따라서 이 '步'자의 본의는 두 발로 길을 걷는다는 뜻이다. 이 '步'자에 대해 ≪說文解字≫에는, "步, 行也. 從止少相背. : '步'는 걸어 가다는 뜻이다. '止'와 '少'가 서로 등지고 있는 모양으로 구성되었다."라고 풀이하고 있다.

갑골문에서의 뜻은 다음과 같다.

1. 걸어가다. "丙午卜, 殻貞 : 翌丁未王步?"(≪乙4693≫), "丙午卜, 在商貞 : 今日步于樂亡災?"(≪續3. 28. 5≫)
2. 제명(祭名). "辛未貞 : 今日告其步于父丁一牛……?"(≪寧1. 346≫)
3. 방국명(方國名). "翌丁卯命步"(≪續3. 5. 3≫), "辛未卜, 殻貞 : 王☑步受祐?"(≪遺1205≫)

---

1) 羅振玉 前揭書 ≪增訂殷虛書契考釋≫ 卷中 p.65上.

| 歲(세) | 《餘1. 1》 | 《前7. 38. 2》 | 《合集38099》 | 《粹188》 | [suì] |

于省吾는 위에 예시된 갑골문자에 대해, "𢧄字上下二點, 即表示斧刃上下尾端廻曲中之透空處, 其無點者, 乃省文也.[1] : '𢧄'자의 아래위에 있는 두 개의 점은, 바로 도끼날 아래위 끝부분의 둥글게 굽어진 부분에 구멍이 뚫린 곳을 나타내는데, 점이 없는 것은 곧 필획이 생략된 글자이다."라고 하여, '歲'자로 고석하였다. 이는 갑골문 '歲'자는 '戉'자의 이체자(異體字)임을 말하는 것이며, 이 '戉'은 무기로 쓰이는 큰 도끼의 일종이다. 그리고 갑골문 '歲'자 중에는 두 개의 '止'로 구성된 것도 있는데, 이는 후기자(後起字)로 짐작된다.

이 '歲'자에 대해 《說文解字》에는, "歲, 木星也. 越歷二十八宿, 宣徧陰陽, 十二月一次. 從步, 戌聲. 律歷書名五星爲五步. : '歲'는 목성(木星)이라는 뜻이다. 28수(宿)를 거쳐서 음양을 두루 다 지나는데, 12개월 동안에 한차례 궤도를 돈다. '步'를 의부, '戌'을 성부로 구성되었다. 《漢書·律歷志》에는, (金·木·水·火·土의) '五星'을 '五步'라고 이름하고 있다."라고 풀이하고 있다.

갑골문에서의 뜻은 다음과 같다.

1. 기년(紀年)의 단위. 년(年). "癸丑卜, 貞 : 今歲受禾? 弘吉, 在八月, 隹王八祀."(《粹896》)

2. 제명(祭名). "庚寅卜, 行貞 : 王賓歲, 亡尤? 在十月."(《京津3329》), "☒巳卜, 旅貞 : 父丁歲叀晨飮?"(《遺848》), "丙申貞 : 丁酉, 酒☒歲于大丁五牢? 玆用."(《粹188》)

| 此(차) | 《粹380》 | 《明藏424》 | 《合集28244》 | 《合集30318》 | [cǐ] |

위의 갑골문은 '止'와 '人'을 구성 요소로 하고 있는데, 陳邦福은 이 글자에 대해, "𣥑當釋此, 𣥻之媘.[2] : '𣥑'자는 마땅히 '此'자로 고석해야 하고, 이는 '𣥻'자의 생략형이다."라고 하여,

---

1) 于省吾 前揭書 《甲骨文字釋林》 p.68.
2) 陳邦福 《契文說存》, 李孝定 前揭書 《甲骨文字集釋》 p.495에서 재인용.

‘此’자로 고석하였는데, 학계의 정설이 되었다. 이에 의하면, 이 ‘此’자는 ‘柴’자의 본자(本字)라는 말이며, ‘柴’는 제사 이름으로, ‘尞’와 같이 섶나무를 불태우며 지내는 제사이다.

이 ‘此’자에 대해 ≪說文解字≫에는 “此, 止也. 從止匕. 匕, 相比次也. : ‘此’는 정지하다는 뜻이다. ‘止’와 ‘匕’를 구성 요소로 하고 있다. ‘匕’는 서로 나란하다는 뜻이다.”라고 하고 있다.

갑골문에서는 제명(祭名)으로 사용되었다. “叀于王此粹祐?”(≪粹380≫), “于岳求年此雨?”(≪明藏424≫)

| 正(정) | （≪甲2247≫） | （≪乙7773≫） | （≪粹1084≫） | （≪合集36534≫） | [zhèng] |

이 갑골문은 ‘口’와 ‘止’를 구성 요소로 하고 있는데, 羅振玉이 이를 ‘正’자로 고석하여[1] 정설이 되었다. 이 갑골문 ‘正’자 중의 ‘口’는 성읍(城邑)을 나타내고, ‘止’는 발걸음을 나타낸다. 여기에서 인신(引伸)되어 ‘征伐’의 ‘征’을 의미하게 되었고, 가차되어 ‘正直’의 ‘正’을 뜻하게 되었을 것이다. 이 ‘正’자에 대해 王延林은, “表示人要到往的地方去.[2] : 사람이 가려고 하는 곳으로 가다는 뜻을 나타낸다.”라고 해석하였는데, 이는 ‘口’를 구성 요소로 한 것은 목표를 나타낸 것이라는 말이다. ‘正’자는 발이 앞으로 나아가는 방향을 형상화하였다는 것이다.

이 ‘正’자에 대해 ≪說文解字≫에는 “正, 是也. 從一, 一曰止. …… 页, 古文正, 從二, 二, 古文上字. 定, 古文正. 從一足, 足亦止也. : ‘正’은 옳다는 뜻이다. ‘一’을 구성 요소로 하고 있고, [윗사람을 뜻하는] 이 ‘一’을 ‘止’의 위에 놓았다[윗사람이 정도(正道)에 머문다는 뜻을 나타냄]. …… ‘页’(正)은 ‘古文’ ‘正’자인데, ‘二’을 구성 요소로 하고 있으며, ‘二’은 ‘古文’ ‘上’자이다. ‘定’(足)은 ‘古文’ ‘正’자인데, ‘一’과 ‘足’을 구성 요소로 하고 있으며, ‘足’은 또한 ‘止’의 뜻을 나타낸다.”라고 풀이하고 있다.

갑골문에서의 뜻은 다음과 같다.

1. 정월(正月). 1월. “……王受祐, 在正月.”(≪前4. 4. 5≫), “己未卜, 王在正月?”(≪甲 2247≫)

---

1) 羅振玉 前揭書 ≪增訂殷虛書契考釋≫ 卷中 p.63下를 참고.
2) 王延林 前揭書 ≪常用古文字字典≫ p.83.

2. 정벌하다. '征'자와 통용. "癸未卜, 寅貞：王旬亡禍? 王來正人方"(≪甲3355≫), "庚申卜, 殼貞：王勿正鬼方, 上下弗若, 不?"(≪後上16. 8≫)

3. 제명(祭名)으로 짐작된다. "貞：正唐?"(≪丙54≫), "貞：正祖乙?"(≪綴合278≫)

4. 충분하다. 충족하다. "辛未卜, 古貞：黍年有正(足)雨?"(≪綴合229≫)

5. 지명(地名) 또는 방국명(方國名). "乙未卜, 殼貞：入正?"(≪京津1517≫), "正受禾"(≪乙8812≫)

辵(착)　　(≪甲2211≫)　　(≪後下14. 18≫)　　(≪乙3002≫)　　(≪乙3287≫)　　[cuò]

선사(先師) 金祥恒 교수는 ≪續甲骨文編≫에서 위의 글자들을 해설 없이 '辵'자로 수록하였다.[1] 이 글자는 '止'와 '行'을 구성 요소로 하고 있으며, 간혹 '行' 대신 '彳'을 구성 요소로 한 것도 있는데, 이 경우의 '彳'은 '行'의 생략형이라 할 수 있다. 이 '辵'자가 한 쪽 발을 의미하는 하나의 '止'를 구성 요소로 한 것은, '步'자가 두 개의 '止'를 구성 요소로 하고 있는 것과 비교되는 것으로, 쉬엄쉬엄 가다는 뜻을 나타낸다. 이 '辵'자에 대해 ≪說文解字≫에는 "辵, 乍行乍止也. 從彳止. 讀若春秋公羊傳曰：辵階而走. : '辵'은 가다 멈추다 하다라는 뜻이다. '彳'과 '止'를 구성 요소로 하고 있다. 독음은 ≪春秋公羊傳≫ 宣公 2년 조(條)에서 말한, '辵階而走'의 '辵'자처럼 읽는다."라고 하고 있다. 그리고 상고시대에는 편방(偏旁)으로 사용된 '辵'과 '彳'은 통용되었고, 갑골문에서의 '辵'자와 '彴' 즉 '述'자는 같은 글자이다. 본편(本篇) 뒤쪽의 '彴' 즉 '述'자에 대한 해설을 참고하기 바란다.

갑골문에서의 뜻은 다음과 같다.

1. 쉬엄쉬엄 가다. 느릿느릿 계속되다. "……卜, 狀……辵雨?"(≪甲2211≫)

2. '貞人'의 이름. "甲午卜, 辵貞：東土受禾?"(≪乙3287≫)

3. 인명(人名). "令子辵涉"(≪合139反≫)

---

1) 金祥恒 前揭書 ≪續甲骨文編≫ 卷2 p.21下.

辻(徒)(도)					[tú]
(≪合集3521正≫)	(≪合集7056≫)	(≪合集7657≫)	(≪合集20080≫)	

위의 갑골문 '辻'자는 '止'와 '土'로 구성되어 있는데, 徐中舒는 이 글자에 대해, "從止從●，●卽土. 葉玉森釋辻(徒), 可從.[1] : '止'를 구성 요소로 하고, '●'를 구성 요소로 하고 있는데, '●'는 곧 '土'자이다. 葉玉森은 이를 '辻'(徒)자로 고석하였는데, 따를 만하다."라고 하였다. ≪說文解字≫에는 이 '辻'자에 대해, "辻, 步行也. 從辵, 土聲. : '辻'는 보행(步行)하다는 뜻이다. '辵'을 의부, '土'를 성부로 구성되었다."라고 하고 있다. 이에 대해 段玉裁는 "辻隸變作徒. : '辻'자는 예서로 변하면서 '徒'로 쓰게 되었다."라고 주(注)하였다.

갑골문에서의 뜻은 다음과 같다.

1. 보행하다. "甲戌卜, 㱿貞 : 雀㠱子商辻基方克……"(≪乙5582≫)
2. 인명(人名). "庚子卜, 貞 : 乎侯辻出自方"(≪綴合124≫)

延(征)(정)				[zhēng]
(≪續1. 3. 2≫)	(≪存下848≫)	(≪前7. 17. 1≫)	

≪甲骨文編≫에는 위의 앞쪽 두 글자를 '延'자로 수록하고는, "此與說文或體征字同.[2] : 이 글자는 ≪說文解字≫에 수록되어 있는 '延'자의 혹체자 '征'자와 자형이 동일하다."라고 하고 있다. 그리고 郭沫若은 위에 예시한 ≪前7. 17. 1≫의 자에 대해, "字以辭意推之, 殆征之繁文.[3] : 자는 갑골복사의 문장의 뜻으로 미루어보면, '征'자의 번체자인 것 같다."라고 하였다. 예시한 갑골문자는 '正'과 '彳' 또는 '阜'를 구성 요소로 하고 있는데, 이는 먼 길을 가다는 뜻을 나타낸다.

이 '延'자에 대해 ≪說文解字≫에는, "延, 正行也. 從辵, 正聲. 祉, 延或從彳. : '延'은 단정하게 걸어 가다는 뜻이다. '辵'을 의부, '正'을 성부로 구성되었다. '祉'(征)은 '延'의 혹체자인데, '彳'을 구성 요소로 하고 있다."라고 하고 있다.

---

1) 徐中舒 前揭書 ≪甲骨文字典≫ p.150.
2) 中國社會科學院考古硏究所 前揭書 ≪甲骨文編≫ p.63.
3) 郭沫若 前揭書 ≪卜辭通纂≫ p.14.

갑골문에서는 정벌하다는 뜻으로 사용되었다. “……自西……몸方征我……”(≪前7. 17. 1≫), “몸方征”(≪前7. 4. 2≫)

進(진)
(≪前2. 13. 4≫)　(≪京津4001≫)
[jìn]

이 글자는 ‘隹’와 ‘止’를 구성 요소로 하고 있는데, 갑골문에서는 편방 ‘止’와 ‘辵’은 통용되므로, 이 글자는 ≪說文解字≫의 ‘進’자임이 틀림없다. 새[隹]와 발[止]로 구성된 이 글자는 앞으로 나아가다는 뜻을 나타내고 있다.

≪說文解字≫에는 이 ‘進’자에 대해, “進, 登也. 從辵, 閵省聲. : ‘進’은 올리다는 뜻이다. ‘辵’을 의부, ‘門’을 생략한 ‘閵’을 성부로 구성되었다.”라고 풀이하고 있다.

갑골문에서도 올리다는 뜻으로 사용되었다. “甲戌卜, 進尞于祖乙?”(≪京津4001≫), “辛巳卜, 于[余]進[犀]?”(≪前2. 13. 4≫)

遝(답)
(≪前5. 21. 3≫)
[tà]

丁山은 이 글자에 대해, “字从止眾聲, 當是遝之本字. …… 今皆以逮字爲之, 遝逮音同字通.[1] : 이 글자는 ‘止’를 의부(義符), ‘眾’을 성부로 구성되었는데, ‘遝’자의 본자임이 틀림없다. …… 지금은 모두 ‘逮’자로 그 뜻을 나타내는데, ‘遝’과 ‘逮’는 자음(字音)이 같아 서로 통용된다.”라고 하여, 이 글자를 ‘遝’자로 고석하였다. 이 ‘遝’자에 대해 ≪說文解字≫에는, “遝, 迨也. 從辵, 眾聲. : ‘遝’은 걸어서 따라 잡다는 뜻이다. ‘辵’을 의부, ‘眾’을 성부로 구성되었다.”라고 풀이하고 있다.

갑골문에서의 자의(字義)는 아직 명확하게 밝혀지지 않았다. “壬子卜, ……氐☐昏隹遝?”(≪前5. 21. 3≫)

---

1) 丁山 前揭書 ≪甲骨文所見氏族及其制度≫ p.131

| 迨(합) | ≪河675≫ | ≪林2. 25. 6≫ | ≪粹1037≫ | ≪鄴初下33. 8≫ | [hé] |

이 글자는 '彳'과 '止'와 '合'으로 구성되어 있는데, 간혹 '止'를 생략한 것도 있다. 이 글자에 대해 金祖同은, "徎古會字, 見魏正始三體石經.[1] : '徎'자는 '古文' '會'자인데, 魏나라 正始 연간(年間)의 ≪三體石經≫에 보인다."라고 하였다. 또 ≪甲骨文編≫에는 위의 글자들을 '迨'자로 수록하고는, "說文會字古文同, 疑古迨會同字.[2] : ≪說文解字≫의 '會'자의 '古文' 과 같은데, 아마도 고대에는 '迨'자와 '會'자는 같은 글자였을 것으로 짐작된다."라고 하였다. 이에 대해서는 徐中舒도, "迨會古應爲一字.[3] : '迨'과 '會'자는 고대에는 같은 글자였음이 틀림없다."라고 하였다. 이 '迨'자에 대해 ≪說文解字≫에는, "迨, 遝也. 從辵, 合聲. : '迨'은 걸어서 따라 잡다는 뜻이다. '辵'을 의부, '合'을 성부로 구성되었다."라고 하고 있다. 이에 대해 段玉裁는 "迨遝疊韻. : '迨'과 '遝'은 첩운(疊韻)이다."라고 주(注)하였다.

갑골문에서의 뜻은 다음과 같다.

1. 회합(會合)하다. "乙巳王貞 : 昌乎祝曰 : 盂方共人其出伐屯師, 高其命束迨, ……高 弗每不眉戈? 王占曰 : 吉."(≪珠193≫)

2. 지명(地名). "丙申卜, 行貞 : 王賓伐十人, 亡尤? 在自迨."(≪鄴初下33. 8≫), "…… 卜, 族[貞] : [王]其步……迨?"(≪粹1037≫)

| 逆(역) | ≪佚481≫ | ≪前5. 26. 4≫ | ≪甲896≫ | ≪金508≫ | [nì] |

羅振玉은 위의 글자들을 모두 '逆'자로 수록하고는, "案, 從辵從屰者, 象人自外入而辵以 迎之. 或省彳或省止. : 살펴보면, '辵'과 '屰'을 구성 요소로 한 것은, 사람이 바깥에서 들어오 는데, 이를 나가서 맞이하는 것을 형상화한 것이다. 자형은 '彳'을 생략한 것도 있고, '止'를 생략한 것도 있다."라고 하고, 이 글자의 구성 요소의 하나인 '屰' 즉 '屰'자에 대해서는, "屰爲

---

1) 金祖同 ≪殷契遺珠·發凡≫(藝文印書館 1974. 臺北) p.14.
2) 中國社會科學院考古硏究所 前揭書 ≪甲骨文編≫ p.64.
3) 徐中舒 前揭書 ≪甲骨文字典≫ p.152.

倒人形, 示人自外入之狀. : '↓'는 거꾸로 서 있는 사람의 모양인데, 사람이 바깥에서 안으로 들어오는 모양을 보여준다."라고 하였다.[1] 이는 갑골문 '逆'자는 거꾸로 서 있는 사람과 '彳'과 '止' 즉 '辵'을 구성 요소로 하고 있는데, 간혹 이 가운데 '彳' 또는 '止'를 생략하기도 하며, 여기에서의 거꾸로 서 있는 사람은 바깥에서 들어오는 사람을 나타낸 것이고, '辵'을 구성 요소로 한 것은 느릿느릿 나아감을 나타낸 것이라는 뜻이다. ≪說文解字≫에는 이 '逆'자에 대해, "逆, 迎也. 從辵, 屰聲. 關東曰逆, 關西曰迎. : '逆'은 맞이하다는 뜻이다. '辵'을 의부, '屰'을 성부로 구성되었다. '關東' 즉 함곡관(函谷關) 이동(以東) 지역에서는 '逆'이라고 하고, '關西' 즉 함곡관 이서(以西) 지역에서는 '迎'이라고 한다."라고 풀이하고 있다.

갑골문에서의 뜻은 다음과 같다.

1. 맞이하다. 영접하다. "貞 : 昌方其來王逆伐?"(≪金508≫), "王于宗門逆羌"(≪甲896≫)
2. 방국명(方國名). "甲戌卜, ……囝角取逆芻?"(≪前4. 53. 2≫), "逆入十"(≪丙43≫)
3. '貞人'의 이름. "庚子卜, 逆貞 : 翌辛丑雨?"(≪前5. 26. 4≫)

遘(구)				[gòu]
	(≪寧滬1. 99≫)	(≪前1. 2. 6≫)	(≪後上14. 8≫)	(≪甲2187≫)

위의 갑골문은 '彳'과 '止' 그리고 '冓'를 구성 요소로 하고 있는데, 간혹 '彳' 또는 '止'를 생략한 간체(簡體)도 있다. 이는 사람들이 길을 가다가 서로 우연히 만난다는 뜻을 나타낸 것이다. 李孝定은 위의 글자들을 '遘'자로 수록하고는, "羅氏釋此爲遘, 是也.[2] : 羅振玉이 이 글자를 '遘'자라고 고석하였는데, 옳다."라고 하였다. 이 '遘'자에 대해 ≪說文解字≫에는, "遘, 遇也, 從辵, 冓聲. : '遘'는 우연히 만나다는 뜻이다. '辵'을 의부, '冓'를 성부로 구성되었다."라고 풀이하고 있다. ≪爾雅·釋詁≫에도, "遘, 遇也. : '遘'는 우연히 만나다는 뜻이다."라고 하고 있다.

갑골문에서도 만나다는 뜻으로 사용되었다. "戊寅卜, 貞 : 今日往其田, 叟不遘大雨? 茲御."(≪前2. 28. 8≫), "王往田, 湄日, 不遘大風"(≪後上14. 8≫)

---

1) 羅振玉 前揭書 ≪增訂殷墟書契考釋≫ 卷中 p.66下.
2) 李孝定 前揭書 ≪甲骨文字集釋≫ p.524.

| 通(통) | (≪甲709≫) | (≪粹1192≫) | (≪京都1857≫) | (≪庫1051≫) | [tōng] |

위의 갑골문에 대해 商承祚는, "㳄字从彳从用, 疑通字也.[1] : '㳄'자는 '彳'을 구성 요소로 하고, '用'을 구성 요소로 하고 있는데, '通'자라고 생각된다."라고 하였다. 이 갑골문 '通'자는 기본적으로 '彳'과 '用'을 구성 요소로 하고 있는데, 간혹 '止'를 덧붙인 것도 있다. 이 '通'자에 대해 ≪說文解字≫에는, "通, 達也. 從辵, 甬聲. : '通'은 통달하다는 뜻이다. '辵'을 의부, '甬'을 성부로 구성되었다."라고 풀이하고 있다.

갑골문에서의 뜻은 다음과 같다.

1. '수용(受用)하다'는 뜻으로 사용되었다고 짐작된다. "甲辰, 用羌, 通上甲十五牛?"(≪庫 1051≫)

2. 방국명(方國名). "辛未卜, 王一月羣通受祐?"(≪合332≫), "辛未卜, 王執通?"(≪粹 1192≫)

| 還(환) | (≪後下15. 16≫) | (≪後上 29.2≫) | (≪甲308≫) | [huán] |

위의 갑골문은 '目'과 '行' 그리고 '方'을 구성 요소로 하고 있는데, 간혹 '行'을 대신하여 '彳'을 구성 요소로 한 것도 있다. 唐蘭은 이 글자에 대해, "舊不識, 余謂是還之本字.[2] : 지난날에는 알지 못했는데, 내 생각에 이 글자는 '還'자의 본자(本字)인 것 같다."라고 하여, '還'자로 고석하였다. 이 '還'자에 대해 ≪說文解字≫에는, "還, 復也. 從辵, 睘聲. : '還'은 돌아오다는 뜻이다. '辵'을 의부, '睘'을 성부로 구성되었다."라고 풀이하고 있다.

갑골문에서도 돌아오다는 뜻으로 사용되었다. "貞 : 舌方還, 勿告于祖乙?"(≪後上29. 2≫)

1) 商承祚 ≪殷契佚存考釋≫(金陵大學中國文化研究所 影印本 1933. 南京) p.82上.

2) 唐蘭 ≪天壤閣甲骨文存并考釋≫(輔仁大學 1939. 北京) p.49下.

| 遣(견) | (≪甲2288≫) | (≪粹1219≫) | (≪續4. 34. 8≫) | (≪乙2882≫) | [qiǎn] |

위의 갑골문은 '自'와 '口' 그리고 두 손을 구성 요소로 하고 있는데, 간혹 '口'를 생략하기도 하였다. 徐中舒는 이 글자들을 '遣'자로 수록하고는, "從臼從自, 或又從口, 卽遣之本字.[1] : '臼'와 '自'를 구성 요소로 하고 있으며, 간혹 또 '口'를 구성 요소로 덧붙인 것도 있는데, 이는 곧 '遣'자의 본자(本字)이다."라고 하였다. 위에 예시한 갑골문에서의 '自'는 군대를 의미하는 '師'자의 뜻이라고 추정되며, 두 손은 지휘하다는 뜻을 나타내고, '口'는 명령을 내리는 것을 뜻하므로, 이 '遣'자의 본의는 (군대를) 파견하다는 뜻이라고 짐작된다. 이 '遣'자에 대해 ≪說文解字≫에는, "遣, 縱也. 從辵, 㬹聲. : '遣'은 풀어 놓다는 뜻이다. '辵'을 의부, '㬹'을 성부로 구성되었다."라고 풀이하고 있다.

갑골문에서의 뜻은 다음과 같다.

1. 파견하다. "……亙貞 : 王遣若"(≪續4. 34. 8≫), "……口其遣戕"(≪粹1219≫)
2. 자의(字義) 불분명. "貞 : 王有遣祖乙弗又王……?"(≪合213≫)

| 達(달) | (≪存上2011≫) | (≪庫38≫) | (≪京都624≫) | (≪佚429≫) | [dá] |

이 글자는 '彳'과 '大'와 '止'를 구성 요소로 하고 있는데, 간혹 '彳'을 '行'으로 대신한 것도 있고, 또 '止'를 생략한 것도 있다. ≪甲骨文編≫에는 이 글자들을 '達'자로 수록하고는, "按, 說文達之或體, 从大作达, 此與之同, 今定爲達字.[2] : 살펴보면, ≪說文解字≫의 '達'자의 혹체자는 '大'를 구성 요소로 하여 '达'로 쓰는데, 이 갑골문이 그것과 자형이 같으므로, 지금 이를 '達'자로 단정한다."라고 하고 있다. 이 갑골문 '達'자의 자형 결구는 사람들이 길에서 서로 부딪치지 않고 잘 다닌다는 뜻을 나타낸 것으로 추정된다. ≪說文解字≫에는 이 '達'자에 대해, "達, 行不相遇也. 從辵, 羍聲. 詩曰 : 挑兮達兮. 达, 達, 或從大, 或曰迭. : '達'은

1) 徐中舒 前揭書 ≪甲骨文字典≫ p.155.
2) 中國社會科學院考古硏究所 前揭書 ≪甲骨文編≫ p.67.

길을 가면서 서로 마주치지 않다는 뜻이다. ‘辵’을 의부, ‘羍’을 성부로 구성되었다. ≪詩經‧鄭風‧子衿≫에는, 「서로 왕래하며 만나는구나.」라고 하고 있다. ‘㺚’(达)은 ‘達’의 혹체자로서, ‘大’를 구성 요소로 하고 있다. 혹자는 이를 ‘迭’자의 이체자라고도 한다.”라고 풀이하고 있다.

갑골문에서의 뜻은 다음과 같다.

1. ‘이르다’ 또는 ‘다다르다’는 뜻으로 추정된다. “丙辰卜, 亞……達一月至……?”(≪佚429≫), “……達往……弋”(≪存上2011≫)

2. 인명(人名). “貞：勿命達?”(≪存下479≫), “……命達……”(≪後下22.1≫), “……達共……”(≪庫38≫)

| 追(추) | (≪鐵97.4≫) | (≪前5.27.1≫) | (≪後下40.7≫) | (≪京津4387≫) | [zhuī] |

위의 갑골문은 ‘㠯’와 ‘止’를 구성 요소로 하고 있는데, 羅振玉은 이 글자들을 ‘追’자로 수록하고는, “此省彳, 㠯卽師字. 㠯行以追之也.[1]：이 글자들은 ‘彳’이 생략되었으며, ‘㠯’는 곧 ‘師’자이다. 스승이 행하여 그것을 따르다는 뜻이다.”라고 하여, 정설이 되었다. 이로 미루어 보면, 이 ‘追’자의 본의는 스승을 뒤쫓아 따르다는 뜻임을 알 수 있다. 이 ‘追’자에 대해 ≪說文解字≫에는, “追, 逐也. 從辵, 㠯聲. : ‘追’는 쫓아 가다는 뜻이다. ‘辵’을 의부, ‘㠯’를 성부로 구성되었다.”라고 풀이하고 있다.

갑골문에서의 뜻은 다음과 같다.

1. 추격하다. 뒤쫓다. “癸未卜, 賓貞：叀卓往追羌?”(≪前5.27.1≫), “◎午卜, ……追羌?”(≪鐵97.4≫), “己亥, 歷貞：三族王其令追召方及于或……?”(≪京津4387≫)

2. 방국명(方國名). “貞：追弗其㠯牛?”(≪後下40.7≫)

1) 羅振玉 前揭書 ≪增訂殷墟書契考釋≫ 卷中 p.66下.

| 逐(축) | (≪前3. 32. 3≫) | (≪懷152≫) | (≪合集33216≫) | (≪明570≫) | [zhú] |

徐中舒는 위의 글자들을 '逐'자로 수록하고는, "甲骨文從趾於獸後以會追逐之意, 所從之獸, 爲豕·兔·鹿等.[1] : 갑골문은 발이 짐승 뒤에 있는 모양으로 구성하여 쫓아내다는 뜻을 나타내었는데, 구성 요소로 삼은 짐승은 돼지[豕]·토끼[兔]·사슴[鹿] 등이다."라고 하였다. 갑골문 '逐'자는 기본적으로 '止'와 '豕'를 구성 요소로 하고 있는데, '豕'를 '兔'나 '鹿' 또는 '犬'으로 대체한 것도 있고, 또 '彳'이나 '行'을 덧붙인 것도 있다. 이는 해당 동물을 뒤쫓는 것을 형상화한 것이다. 이 '逐'자에 대해 ≪說文解字≫에는 "逐, 追也. 從辵, 豕省聲. : '逐'은 뒤쫓다는 뜻이다. '辵'을 의부, 필획이 생략된 '豕'을 성부로 구성되었다."라고 풀이하고 있다.

갑골문에서도 뒤쫓다는 뜻으로 사용되었다. "逐鹿獲"(≪前3. 32. 2≫), "癸巳卜, 王逐鹿?"(≪前3. 32. 3≫), "辛未卜, 亘貞 : 往逐豕獲?"(≪甲3339≫)

| 遱(일) | (≪佚940≫) | (≪前5. 30. 1≫) | (≪存下509≫) | (≪存下195≫) | [rì] |

李孝定은 ≪前5. 30. 1≫의 '遱'을 '遱'자로 수록하고는, "其義似亦訓近.[2] : 이 글자의 자의(字義)는 역시 '가깝다'는 뜻으로 풀이해야 할 것 같다."라고 하였다. 갑골문 '遱'자는 '彳'과 두 개의 '至' 그리고 '止'를 구성 요소로 하고 있는데, 간혹 '彳' 또는 하나의 '至'를 생략한 것도 있다. 이는 사람이 가까이 접근하거나 도달하는 것을 형상화한 것인데, 여기에서의 두 개의 '至'는 원근(遠近)의 뜻을 나타내는 것으로 추정된다. 이 '遱'자에 대해 ≪說文解字≫에는 "遱, 近也. 從辵, 𦤶聲. : '遱'은 가까이 가다는 뜻이다. '辵'을 의부, '𦤶'을 성부로 구성되었다."라고 풀이하고 있다. 이에 대해 段玉裁는, "至部「𦤶, 到也.」, 重至與并至一也. : ≪說文解字≫ '至'부(部)에, 「𦤶」은 도달하다는 뜻이다.」라고 하고 있는데, '至'를 아래위로

---

1) 徐中舒 前揭書 ≪甲骨文字典≫ p.159.
2) 李孝定 前揭書 ≪甲骨文字集釋≫ p.549.

포개어 쓴 것과 옆으로 나란히 쓴 것은 동일한 것이다."라고 주(注)하였다.

갑골문에서의 뜻은 다음과 같다.

1. 걸어서 가다. "☒其遷至于攸若, 王占曰 : 大吉."(≪前5. 30. 1≫) : '攸'는 지명(地名).

2. 지명(地名). "丁丑卜, 狄貞 : 王其田遷往?"(≪甲3919≫)

逴(탁)   (≪粹1160≫)   [chuò]

≪甲骨文編≫에는 위의 글자를 '逴'자로 수록하고는, "按, 說文辵部有逴字, 與趠音義並同. 以从辵之字常省从彳例之, 此當是逴.[1] : 살펴보면, ≪說文解字≫ '辵'부에 '逴'자가 있는데, '趠'자와 자음(字音)·자의(字義)가 모두 같다. '辵'을 구성 요소로 한 글자는 늘 필획을 생략하여 '彳'을 구성 요소로 하는 예(例)로 미루어보면, 이 글자는 '逴'임이 틀림없다."라고 하고 있다. 이 갑골문은 '彳'과 '卓'을 구성 요소로 하고 있는데, 오른쪽 편방 윗부분의 '𠤎'은, 아득히 먼 방향을 표시(標示)하고, 아래 부분은 '子'자이다. 이로 미루어 추정하면, 이 글자의 자형은 자식이 멀리 가는 것을 형상화한 것이라고 짐작된다. 이 '逴'자에 대해 ≪說文解字≫에는 "逴, 遠也. 從辵, 卓聲. 一曰蹇也. 讀若掉苕之掉. : '逴'은 멀다는 뜻이다. '辵'을 의부, '卓'을 성부로 구성되었다. 일설에는 다리를 절다는 뜻이라고도 한다. '掉苕'의 '掉'자처럼 읽는다."라고 풀이하고 있다. 여기에서의 '掉苕'에 대해 段玉裁는, "掉苕未聞. : '掉苕'에 대해서는 들은 바가 없다."라고 주(注)하였는데, 지금은 무슨 뜻인지 알 수 없는 漢代 당시의 어휘라고 추정할 뿐이다.

갑골문에서도 멀리 가다는 뜻으로 사용되었다고 짐작된다. "其日 : 逴夷已"(≪粹1160≫)

迂(우)   (≪京津3957≫)   [yū]

예시한 글자는 '于'와 '止'를 구성 요소로 하고 있어서, '歪'로 예정(隷定)하여 쓸 수 있는데,

---

1) 中國社會科學院考古硏究所 前揭書 ≪甲骨文編≫ p.69.

갑골문에서의 '辵'자는 'ㄔ'과 '止'로 구성되었고, 이 '辵'자는 자주 'ㄔ'과 '止' 가운데 하나를 생략하기도 하므로, 이 글자는 ≪說文解字≫의 '迂'자임이 틀림없다. 이 '迂'자는 금문(金文)으로는 '𢓊'(≪居簋≫)로 쓰는데, 멀리 우회하다는 뜻이다.

≪說文解字≫에는 이 '迂'자에 대해, "迂, 避也. 從辵, 于聲. : '迂'는 에둘러 회피하다는 뜻이다. '辵'을 의부, '于'를 성부로 구성되었다."라고 풀이하고 있다.

갑골문에서의 뜻은 아직 명확하게 밝혀지지 않았다. "丁亥……貞：叀……迂……? 丁酉……兄……中……迂若?"(≪京津3957≫)

途(도)					[tú]
	(≪乙6386反≫)	(≪前6. 25. 2≫)	(≪前7. 24. 2≫)	(≪乙6419≫)	

위의 갑골문은 '余'와 '止'를 구성 요소로 하고 있는데, '止'는 '辵'과 통용되므로, '途'자임이 틀림없다. 이 글자에 대해 于省吾는, "契文之𨒅, 从止余聲. 以爲道途之途者本字也, 以爲屠殺之屠者借字也.[1] : 갑골문에서의 '𨒅'자는 '止'를 의부, '余'를 성부로 구성되었다. 이를 '道途'의 '途'자의 뜻으로 쓰는 것은 본자이고, '屠殺'의 '屠'자의 뜻으로 쓰는 것은 가차자이다."라고 하였다.

≪說文解字≫에는 '途'자는 수록되어 있지 않고, '涂'자가 수록되어 있는데, 이 '涂'자에 대해, "涂, 涂水. 出益州牧靡南山, 西北入繩. 從水, 余聲. : '涂'는 涂水라는 뜻이다. 益州郡 牧靡縣 南山에서 흘러나와서, 서북쪽으로 繩水[지금의 金沙江]로 흘러들어 간다. '水'를 의부, '余'를 성부로 구성되었다."라고 풀이하고 있다. 이에 대해 段玉裁는 "古道塗·塗墍字, 皆作涂. : 고대의 '道塗'와 '塗墍'의 '塗'자는 모두 '涂'로 썼다."라고 주(注)하였다. '涂'와 '途'는 고음(古音)이 서로 같고, 자의도 서로 통하였다.

갑골문에서의 뜻은 다음과 같다.

1. 길을 가다. "途若玆鬼"(≪前7. 23. 2≫)

2. '屠'와 통용. 도살하다. "貞：翌庚申我伐, 昜日庚申明陰, 王來途首? 雨小."(≪乙6419≫)

3. 인명(人名). "癸酉卜, 賓貞：命途擒? 八月."(≪前7. 32. 1≫)

---

1) 于省吾 前揭書 ≪殷契駢枝全編≫(≪雙劍誃殷契駢枝三編≫) p.23上.

| 復(복) | (≪前5. 13. 5≫) | (≪續5. 2. 4≫) | (≪鐵145. 1≫) | (≪英719≫) | [fù] |

李孝定은 이 글자를 '復'자로 수록하고는, "此不从彳, 复字重文.[1] : 이 글자는 '彳'을 구성 요소로 하지 않았는데, '复'자와 자형이 같다."라고 하였다. 이는 '复'자가 '復'자의 본자(本字)라는 말이다. 제5편의 '复'자에 대한 해설을 참고하기 바란다. 이 갑골문 '復'자는 '𠬝'과 '止'를 구성 요소로 하고 있는데, 이 '𠬝'은 '昌'의 변형(變形)으로 짐작되며, '夊'는 거꾸로 뒤집은 발 모양으로 바깥에서 돌아 오다는 뜻을 나타낸 것이다. 이 '復'자에 대해 ≪說文解字≫에는 "復, 往來也. 從彳, 复聲. : '復'은 갔다가 (돌아)오다는 뜻이다. '彳'을 의부, '复'을 성부로 구성되었다."라고 풀이하고 있다.

갑골문에서의 뜻은 다음과 같다.

1. 돌아오다. "乙酉卜, 爭貞 : 往復從臬幸工方? 二月."(≪前5. 13. 5≫)
2. 인명. "乙卯卜, 余乎復?"(≪鐵145. 1≫)

| 往(왕) | (≪佚537≫) | (≪後上16. 12≫) | (≪菁3. 1≫) | (≪前4. 17. 3≫) | [wǎng] |

羅振玉은 위의 글자들을 '往'자로 수록하고는, "卜辭从止从土, 知㞷爲往來之本字.[2] : 갑골복사의 '往'자는 '止'와 '土'를 구성 요소로 하고 있는데, 이로써 이 '㞷'자가 '往來'의 '往'자의 본자임을 알 수 있다."라고 설명하였다. 이 '往'자에 대해 ≪說文解字≫에는 "往, 之也. 從彳, 㞷聲. 𧗟, 古文從辵. : '往'은 가다는 뜻이다. '彳'을 의부, '㞷'을 성부로 구성되었다. '𧗟'(遉)은 '古文'인데, '辵'을 구성 요소로 하고 있다."라고 풀이하고 있다.

갑골문에서도 가다는 뜻으로 사용되었다. "辛亥卜, 㱿貞 : 勿隹王往伐工方?"(≪後上16. 12≫), "戊辰卜, 貞 : 王往于田? 三月."(≪後上32. 9≫), "……往于上甲隹父乙……"(≪存下187≫)

---

1) 李孝定 前揭書 ≪甲骨文字集釋≫ p.559.
2) 羅振玉 前揭書 ≪增訂殷墟書契考釋≫ 卷中 p.64上.

循(순)				[xún]
	《鐵163. 2》	《乙907》	《前7. 7. 4》	《甲2304》

위의 갑골문은 '目'과 'ㅣ' 그리고 '彳'을 구성 요소로 하고 있으며, 간혹 '彳'을 대신하여 '行'으로 쓴 것도 있다. 이 글자에 대한 고석은 크게 두 가지인데, 하나는 羅振玉이 이를 '得'자라고 고석한 것이고, 또 하나는 葉玉森이 이를 '循'자라고 고석한 것이다. 羅振玉은 이 글자들을 '德'자로 수록하고는, "卜辭中皆借爲得失字.[1] : 갑골복사에서는 모두 '得失'의 '得'자의 뜻으로 가차되었다."라고 하였다. 그리고 葉玉森은 이 글자들에 대해, "各辭中之$\overset{\text{ᚱ}}{}$, 如釋德, 似不可通, 訓得亦未安. 當卽循字. …… 循巡古通.[2] : 각 갑골복사 중의 "$\overset{\text{ᚱ}}{}$"자는 '德'자로 고석하면, 문맥이 통하지 않고, '得'자로 뜻풀이를 해도 순탄하지 않다. 이는 곧 '循'자임이 틀림없다. …… '循'자와 '巡'자는 고대에는 서로 통용되었다."라고 하였다. 여기에서는 葉玉森의 주장을 따르기로 한다. 이 '循'자에 대해 《說文解字》에는 "循, 行也. 從彳, 盾聲. : '循'은 (살피며) 다니다는 뜻이다. '彳'을 의부, '盾'을 성부로 구성되었다."라고 하고 있다.

갑골문에서는 '巡'자의 뜻으로 사용되었다. "庚辰卜, 王貞 : 朕循㞢? 六月."(《甲2304》), "貞 : 王勿循土方? 貞 : 王循土?"(《前7. 7. 4》)

彶(급)				[jí]
	《粹901》	《乙5123》	《乙9077》	

徐中舒는 이 글자들을 '彶'자로 수록하고는, "從彳從及, 與《說文》彶字篆文形同.[3] : '彳'과 '及'을 구성 요소로 하고 있는데, 《說文解字》의 '彶'자의 소전체와 자형이 같다."라고 설명하였다. 이 '彶'자의 자형은 길에서 사람을 붙잡는 모양을 형상화한 것이라 짐작된다.

이 '彶'자에 대해 《說文解字》에는 "彶, 急行也. 從彳, 及聲. : '彶'은 급히 가다는 뜻이다. '彳'을 의부, '及'을 성부로 구성되었다."라고 풀이하고 있다. 이에 대해 段玉裁는 "急彶疊韻. 凡用汲汲字, 乃彶彶之假借. : '急'과 '彶'은 첩운(疊韻)이다. 무릇 '汲汲'의 '汲'자의 뜻으

---

1) 羅振玉 前揭書 《增訂殷墟書契考釋》 卷中 p.72上.
2) 葉玉森 前揭書 《殷虛書契前編集釋》 卷4 p.24上.
3) 徐中舒 前揭書 《甲骨文字典》 p.159.

로 사용한 것은, 곧 '彶彶'의 '彶'의 가차이다."라고 주(注)하였다.

갑골문에서의 뜻은 다음과 같다.

1. 방국명(方國名)으로 짐작된다. "辛未貞 ： 不降彶……?"(≪粹901≫)

2. 인명(人名)으로 짐작된다.. "甲子卜, 彶令……?"(≪乙9077≫)

| 徛(봉) | (≪菁9. 4≫) | (≪後上10. 4≫) | (≪後上11. 11≫) | (≪續3. 31. 9≫) | [fēng] |

李孝定은 ≪後上10. 4≫의 '徛'자를 '逢'자로 수록하고는, "契文作徛, 與小篆同. 古文从
彳从辵無別, 徛逢古當爲一字.[1] ： 갑골문은 '徛'으로 썼는데, 소전체 '逢'자와 자형이 같다.
고문자에서는 '彳'을 구성 요소로 한 것과 '辵'을 구성 요소로 한 것은 다름이 없으므로, '逢'자
와 '逢'자는 고대에는 같은 글자였음이 틀림없다."라고 하였다. 갑골문 '逢'자는 '彳'과 'Ａ('止')
와 '丰'을 구성 요소로 하고 있다. 이는 발이 바깥에서 안쪽으로 향하여 길을 걷는 것을 형상화
한 것으로, 서로 마주치게 됨을 나타내고, '丰'은 성부로 짐작된다.

이 '逢'자에 대해 ≪說文解字≫에는 "逢, 使也. 從彳, 夆聲, 讀若蠭. ： '逢'은 심부름하다
는 뜻이다. '彳'을 의부, '夆'을 성부로 구성되었다. 독음은 '蠭'자처럼 읽는다."라고 풀이하고
있고; 또 '逢'자에 대해서는, "逢, 遇也. 從辵, 峰省聲. ： '逢'은 우연히 만나다는 뜻이다.
'辵'을 의부, 필획이 생략된 '峰'을 성부로 구성되었다."라고 풀이하고 있다.

갑골문에서는 지명(地名)으로 사용되었다. "癸未卜, 在逢貞 ： 王旬亡禍?"(≪後上10. 4≫),
"癸未卜, 在逢貞 ： 旬亡禍?"(≪續3. 31. 9≫)

| 彳(彳)(제) | (≪林2. 25. 17≫) | (≪掇2. 78≫) | (≪前5. 30. 1≫) | (≪前7. 38. 2≫) | [tí?] |

위의 갑골문은 '彳'과 '人'과 '辛'을 구성 요소로 하고 있는데, 자형 결구(結構)가 뜻하는
바가 무엇인지는 정확하게 알 수가 없다. ≪甲骨文編≫에는 이 글자에 대해, "容庚說从犀,

---

1) 李孝定 前揭書 ≪甲骨文字集釋≫ p.573.

通遲. 說文从犀, 乃淺人所改.[1] : 容庚은 '犀'를 구성 요소로 하고 있으며 '遲'자와 통한다고 하였다. ≪說文解字≫에는 '犀'를 구성 요소로 하였다고 하고 있는데, 이는 학식이 얕은 사람이 잘못 고친 것이다."라고 하고 있다.

≪說文解字≫에는 '𢔌'자는 수록되어 있지 않고, '徲'자가 수록되어 있는데, 이에 대해 段玉裁는 '徲'자 아래에서, "按廣韻徲杜奚切, 久待也. 無𢔌字. 玉篇·集韻有𢔌無徲. 未知孰是. : 살펴보면, ≪廣韻≫에는 「徲'자의 독음은 '杜奚'의 반절(反切)이며, 오래 기다리다는 뜻이다.」라고 하고 있으나, '𢔌'자는 수록되어 있지 않다. ≪玉篇≫과 ≪集韻≫에는 '𢔌'자는 수록되어 있으나 '徲'자는 수록되어 있지 않다. 어느 것이 옳은지 모르겠다."라고 주(注)하였다. 이는 '𢔌'·'徲' 두 글자 가운데 어느 것이 정자(正字)인지를 모르겠다는 말이다.

그리고 趙誠은 이 '𢔌'자에 대해, "𢔌卽後代的避字, 構形不明.[2] : '𢔌'자는 곧 후대의 '避'자인데, 자형 결구의 의미는 명확하게 알 수가 없다."라고 하였다. 이 '避'자에 대해 ≪說文解字≫에는, "避, 回也. 從辵, 辟聲. : '避'는 회피(回避)하다는 뜻이다. '辵'을 의부, '辟'을 성부로 구성되었다."라고 풀이하고 있다. 여기에서는 우선 趙誠의 주장을 따르기로 하고, 후일의 명확한 고증을 기다리기로 한다.

갑골문에서의 뜻은 다음과 같다.

1. (회)피하다. "其𢔌于之, 若"(≪前5. 30. 1≫)

2. 지명(地名). "王于𢔌使人于羑于之及伐望, 王受祐……"(≪掇2. 78≫)

3. 인명(人名). "令𢔌曰王族从蜀協王事, 六月"(≪前7. 38. 2≫)

| 得(득) | (≪前5. 29. 4≫) | (≪鐵29. 1≫) | (≪佚589≫) | (≪京津2253≫) | [dé] |

위의 글자는 기본적으로 '貝'와 '又'를 구성 요소로 하고 있으며, 여기에 '彳'을 덧붙여 쓰기도 하였는데, 이를 羅振玉이 '得'자로 고석하여[3] 정설이 되었다. 갑골문 '得'자의 자형은 (길에서) 손으로 조개를 줍는 모양을 형상화한 것이다. ≪說文解字≫에는, "得, 行有所導也. 從彳,

1) 中國社會科學院考古研究所 前揭書 ≪甲骨文編≫ p.75.
2) 趙誠 前揭書 ≪甲骨文簡明詞典≫ p.349를 참고.
3) 羅振玉 前揭書 ≪增訂殷墟書契考釋≫ 卷中 p.60上을 참고.

旱聲. 㝵, 古文省彳. : '得'은 보행에서 얻는 것이 있다는 뜻이다. '彳'을 의부, '旱'을 성부로 구성되었다. '㝵'(旱)은 '古文' '得'자인데, '彳'을 생략하였다."라고 풀이하고 있다.

갑골문에서의 뜻은 다음과 같다.

1. 얻다. 획득하다. "丙辰卜, 貞 : 弗其得羌?"(≪續5. 21. 1≫), "……[王] 古曰 : 吉. 其得隹七……"(≪前5. 29. 3≫)

2. 인명(人名). "其更得令"(≪前5. 29. 4≫)

| 律(률) | (≪合集28953≫) | (≪京都2033≫) | (≪懷827≫) | (≪懷1581≫) | [lǜ] |

徐中舒는 위의 ≪京都2033≫의 '彳'자를 '律'자로 수록하고는, "從彳從聿, …… 甲骨文字形與≪說文≫篆文同.[1] : '彳'과 '聿'을 구성 요소로 하고 있는데, …… 이 갑골문 자형은 ≪說文解字≫의 '律'자의 소전체와 같다."라고 하였다. 이 갑골문 '律'자는 손에 붓을 쥐고 글을 쓰는 것을 형상화한 것으로 짐작된다. ≪說文解字≫에는, "律, 均布也. 從彳, 聿聲. : '律'은 보편적으로 시행하는 규율이라는 뜻이다. '彳'을 의부, '聿'을 성부로 구성되었다."라고 풀이하고 있다. ≪爾雅·釋詁≫에는 "律, 法也. : '律'은 법률이라는 뜻이다."라고 하고 있다.

갑골문에서는 지명(地名)으로 사용되었다. "……日戊, 王弜過律, 其……亡戈, 弗每"(≪京都2033≫)

| 御(어) | (≪菁1. 1≫) | (≪佚492≫) | (≪粹231≫) | (≪燕72≫) | (≪前6. 6. 3≫) | [yù] |

≪甲骨文編≫에는 위의 글자들을 모두 '御'자로 수록하고는, "卜辭御从彳从卸.[2] : 갑골복사에서의 '御'자는 '彳'와 '卸'를 구성 요소로 하고 있다."라고 하고 있다. 갑골문 '御'자의

---

1) 徐中舒 前揭書 ≪甲骨文字典≫ p.166.
2) 中國社會科學院考古研究所 前揭書 ≪甲骨文編≫ p.76.

자형은 사람이 (길에서) 채찍을 쥐고 휘두르는 모양을 형상화한 것이라 짐작된다. ≪說文解字≫에는 이 '御'자에 대해, "御, 使馬也. 從彳卸. 馭, 古文御, 從又馬. : '御'는 말을 부리다는 뜻이다. '彳'과 '卸'를 구성 요소로 하고 있다. '馭'(馭)는 '古文' '御'자인데, '又'와 '馬'를 구성 요소로 하고 있다."라고 풀이하고 있다.

갑골문에서의 뜻은 다음과 같다.

1. 제명(祭名). '禦'자와 통용. "大御于祖乙, 其……"(≪粹231≫)

2. 지명(地名) 또는 방국명(方國名). "……在御允……"(≪粹119≫), "己卯卜, 王令禦方……?"(≪粹231≫)

3. '貞人'의 이름. "丁亥卜, 御貞：……?"(≪燕631≫)

4. 인명(人名) 또는 관직명(官職名)이라 짐작된다. "貞：叀婦好乎御伐?"(≪前6. 6. 3≫)

延(彳止)(천) (≪前1. 49. 5≫) (≪甲192≫) (≪後上11. 15≫) (≪乙9092≫) [chān]

徐中舒는 위의 글자들을 '延'자로 수록하고는, "從彳從止, 與≪說文≫篆文同. 延辵古本一字, 又甲骨文延亦讀如延, 延延本無別, 後世始分化.[1] : '彳'을 구성 요소로 하고 '止'를 구성 요소로 하고 있는데, (자형이) ≪說文解字≫의 '延'자의 소전체(小篆體)와 같다. '延'과 '辵'은 고대에서는 본래 한 글자였고, 또 갑골문에서의 '延'자는 또한 '延'자와 같은 뜻으로 읽으므로, '延'자와 '延'자도 본래 다름이 없었으며, 후세에 비로소 분화된 것이다."라고 하였다. 본편(本篇) 앞쪽의 '辵'자에 대한 해설을 참고하기 바란다.

이 갑골문 '延'자는 '彳止'자로 예정(隸定)하여 쓰는데, ≪說文解字≫에는 이 '延'자에 대해, "延, 安步延延也. 從廴止. : '延'은 천천히 걷다는 뜻이다. '廴'과 '止'를 구성 요소로 하고 있다."라고 풀이하고 있다.

갑골문에서의 뜻은 다음과 같다.

1. 천천히 계속되다. "癸酉卜, 爭貞：王腹不安, 亡延?(≪續5. 6. 1≫)", "☑子卜, 亘貞：今月不延雨?"(≪前1. 49. 5≫)

---

1) 徐中舒 前揭書 ≪甲骨文字典≫ p.180.

2. '貞人'의 이름. "甲午卜, 征貞 : 東土不其受年?"(≪乙3287≫)

3. 인명(人名)으로 짐작된다. "貞 : 勿令犬征田于京?"(≪金569≫)

4. 자의(字義) 불분명. "叀喪田省征, 至于征, 亡戈"(≪粹1013≫), "壬申卜, 逐貞 : 示壬歲, 其征于示癸?"(≪庫1220≫)

行(행)					[xíng]
	(≪戩8. 8≫)	(≪佚415≫)	(≪京都2541≫)	(≪後下2. 12≫)	

羅振玉은 위의 글자들을 '行'자로 수록하고는, "象四達之衢, 人所行也.[1] : 사방으로 트인 네거리를 형상화하였는데, 사람이 다니는 곳이다."라고 하였다. 이 갑골문 '行'자는 십자(十字) 교차로의 모양을 형상화한 자형이다. ≪說文解字≫에는 이 '行'자에 대해, "行, 人之步趨也. 從彳從亍. : '行'은 사람의 걸음걸이라는 뜻이다. '彳'과 '亍'을 구성 요소로 하고 있다."라고 풀이하고 있다.

갑골문에서의 뜻은 다음과 같다.

1. 걸어가다. "……史, 行東至河"(≪京津3104≫), "丁巳貞 : 小雨不行?"(≪佚415≫)

2. 방국명(方國名)으로 짐작된다. "行共"(≪後下2. 12≫)

3. '貞人'의 이름. "癸丑卜, 行貞 : 今夕亡禍? 在封卜."(≪佚271≫)

衛(위)					[wèi]
	(≪明藏716≫)	(≪合集556反≫)	(≪後下26. 1≫)	(≪戩40. 1≫)	

≪甲骨文編≫에는 위의 글자들을 해설 없이 '衛'자로 수록하고 있다.[2] 갑골문의 이 '衛'자는 기본적으로 '方'과 '止'와 '行'을 구성 요소로 하고 있는데, '止'를 1~3개 더 덧붙이거나 생략한 것도 있고, '行'을 '彳'으로 대체하거나 '方'을 생략한 것도 있다. 이는 위사(衛士)가 성읍(城邑)의 거리를 빙 돌며 순찰하는 것을 형상화한 자형 결구이다. ≪說文解字≫에는 이 '衛'자에 대해, "衛, 宿衛也. 從韋市行, 行, 列也. : '衛'는 숙위(宿衛)하다는 뜻이다.

1) 羅振玉 前揭書 ≪增訂殷墟書契考釋≫ 卷中 p.7下.
2) 中國社會科學院考古研究所 前揭書 ≪甲骨文編≫ p.82를 참고.

'韋'와 '帀' 그리고 '行'을 구성 요소로 하고 있는데, '行'은 행렬을 지어서 가다는 뜻이다."라고
풀이하고 있다.

갑골문에서의 뜻은 다음과 같다.

1. 방위(防衛)하다. "☒未卜, 充[貞] : ……命多射衛? 一月"(≪後下26. 1≫)

2. 제명(祭名). "甲申卜, 王大衛于多母[妌]?"(≪前8. 4. 7≫)

3. 지명(地名) 또는 방국명(方國名). "戌衛不雉衆."(≪佚5≫)

4. 인명(人名) 또는 관직명. "壬寅卜, 永貞 : 衛昌☒率用?"(≪合集556正≫), "貞 : 乎衛
   从哭北?"(≪續5. 23. 10≫)

齒(치)   (≪珠1431≫)   (≪前6. 32. 1≫)   (≪甲2319≫)   (≪乙7482≫)   [chǐ]

商承祚는 위의 갑골문에 대해, "象張口見齒之形.[1] : 입을 벌려 치아를 드러낸 모양을
형상화하였다."라고 하여, 이를 '齒'로 고석하였다. 갑골문 '齒'자는 앞니를 드러낸 모양을
형상화한 상형자이다. ≪說文解字≫에는 이 '齒'자에 대해, "齒, 口斷骨也. 象口齒之形,
止聲. 𣥺, 古文齒字. : '齒'는 입안의 잇몸에서 난 뼈라는 뜻이다. 입속 치아의 모양을 형상화
하였으며, '止'를 성부로 구성되었다. '𣥺'(齒)는 '古文' '齒'자이다."라고 풀이하고 있다.

갑골문에서도 치아(齒牙)라는 본의(本義)로 쓰이고 있다. "婦好弗疾齒"(≪乙3164≫),
"丁亥卜, 爭貞 : 王疾隹齒?"(≪乙7482≫)

足(족)   (≪甲1640≫)   (≪乙3184≫)   (≪前1. 50. 1≫)   (≪金373≫)   [zú]

'止'와 '口'를 구성 요소로 하고 있는데, 여기에서는 '足'자로 사용되지만, 본편(本篇) 앞쪽에
서 살펴본 바와 같이 '正'자로도 사용되었다. 갑골문에서 동형이자(同形異字)의 관계인 '足'과
'正'은 서로 구별되어 사용되었으며, 사람의 발을 뜻하는 글자로는 또한 '疋'자가 있는데, 본편

---

1) 商承祚 前揭書 ≪殷虛文字類編≫ 二卷 p.19上.

(本篇) 뒤쪽의 해설을 참고하기 바란다. ≪說文解字≫에서는 "足, 人之足也. 在體下. 從止口. : '足'은 사람의 발이라는 뜻이다. 인체의 아래 부분에 있다. '止'와 '口'를 구성 요소로 하고 있다."라고 풀이하고 있다.

갑골문에서의 뜻은 다음과 같다.

1. 사람의 발. "……其方疾足"(≪甲1640≫)

2. 충분하다. 충족하다. "帝命雨足年"(≪前1. 50. 1≫), "己酉卜, 黍年有足雨?"(≪前4. 40. 1≫), "乙亥卜, 爭……在 ……足雨?"(≪乙3184≫) : '足雨'란 충분한 우량(雨量)을 말한다.

| 跽(기) | (≪前6. 25. 1≫) | (≪存上1673≫) | [jì] |

≪甲骨文編≫에는 위의 글자들을 '跽'자로 수록하고는, "商承祚釋跽.[1] : 商承祚는 이 글자를 '跽'자라고 고석하였다."라고 하고 있다. 이 갑골문 '跽'자는 '己'와 '止'를 구성 요소로 하고 있는데, 이는 발이 엉덩이 아래를 받치는 모양을 형상화한 자형으로, 꿇어 앉다는 뜻을 나타내고 있다. 이 '跽'자에 대해 ≪說文解字≫에는 "跽, 長跪也. 從足, 忌聲. : '跽'는 윗몸을 곧추세우고 두 무릎을 땅에 대고 꿇어 앉다는 뜻이다. '足'을 의부, '忌'를 성부로 구성되었다."라고 풀이하고 있다.

갑골문에서는 '貞人'의 이름으로 사용되었다. "癸巳卜, 跽貞 : 旬亡禍? 六月."(≪存上1673≫)

| 疋(소) | (≪鐵138. 2≫) | (≪前1. 44. 3≫) | (≪珠542≫) | (≪合集6044≫) | [shū] |

李孝定은 이 글자들을 '疋'자로 수록하고는, "栔文上出諸形, 正上象腓腸, 下象其趾, 當釋爲疋. 古文疋足當是一字.[2] : 갑골문은 위에 예시한 여러 자형들인데, 윗부분은 바로 장딴지

---

1) 中國社會科學院考古研究所 前揭書 ≪甲骨文編≫ p.86.
2) 李孝定 前揭書 ≪甲骨文字集釋≫ p.640.

를 형상화하였고, 아래 부분은 발 모양을 형상화하였으므로, 당연히 '疋'자로 고석하여야 한다. 고문자에서는 '疋'자와 '足'자는 한 글자임이 틀림없다."라고 설명하였다. 이는 갑골문 '疋'자가 바로 사람의 발을 뜻하는 본자(本字)임을 말한 것이다. ≪說文解字≫에는 이 '疋'자에 대해, "疋, 足也. 上象腓腸, 下從止. 弟子職曰 : 問疋何止. 古文吕爲詩大雅字. 亦吕爲足字. 或曰胥字. 一曰疋記也. : '疋'는 발이라는 뜻이다. 윗부분은 장딴지를 형상화하였고, 아래 부분은 '止'를 구성 요소로 하고 있다. ≪管子·弟子職≫에는 「발을 어디에 두느냐고 물었다.」라고 있다. '古文'에서는 ≪詩經·大雅≫의 '雅'자로 쓰고 있다. 또한 '足'자로 쓰기도 한다. 혹자(或者)는 '胥'자라고도 한다. 또 일설에는 '疋'는 '注疏'의 '疏'자의 뜻이라고도 한다."라고 풀이하고 있다.

갑골문에서의 뜻은 다음과 같다.

1. 사람의 발. "貞 : 疒疋龍?"(≪乙1187≫)

2. 인명(人名). "貞 : 疋允葬?"(≪乙574≫), "辛未卜, 叀疋乎从弜?"(≪庫1812≫), "庚辰卜, 令疋于咸?"(≪前1. 44. 3≫), "貞 : 疋不其獲羌?"(≪合205≫)

品(품)	𝌋 (≪前5. 35. 4≫)	𝌋 (≪甲3588≫)	𝌋 (≪粹432≫)	𝌋 (≪戬1. 10≫)	[pǐn]

갑골문 '品'자 역시 세 개의 '口'를 구성 요소로 하고 있는데, 이 글자에 대해 徐中舒는, "甲骨文所從之凵形偏旁表多種意義, 品字所從之凵, 乃表示器皿. 從三凵者, 象以多種祭物實於皿中以獻神, 故有繁庶衆多之義.[1] : 갑골문에서 구성 요소로 하고 있는 '凵' 모양의 편방은 여러 가지 의미를 나타내는데, '品'이 구성 요소로 하고 있는 '凵'는 그릇을 나타낸다. 세 개의 '凵'를 구성 요소로 한 것은 여러 종류의 제물(祭物)을 그릇에 담아 신(神)에게 올리는 것을 형상화한 것이기 때문에 번다하게 많다는 뜻을 가지게 되었다."라고 설명하였다.

이 '品'자에 대해 ≪說文解字≫에는, "品, 衆庶也. 從三口. : '品'은 다중(多衆)이라는 뜻이다. 세 개의 '口'를 구성 요소로 하고 있다."라고 풀이하고 있다.

갑골문에서의 뜻은 다음과 같다.

---

1) 徐中舒 前揭書 ≪甲骨文字典≫ p.197.

1. 제품(祭品). 대부분 '酒'와 함께 사용되었다. "乙未, 酒系品, 上甲七……"(≪粹112≫), "……丁酉酒品"(≪粹432≫)

2. 제명(祭名). "辛酉卜, 貞 : 王賓品, 亡尤?"(≪前5. 35. 4≫)

3. 지명(地名). "乙卯, 在品……"(≪甲3588≫)

龠(약)				[yuè]
	(≪前5. 19. 4≫)	(≪存下74≫)	(≪粹226≫)	(≪佚397≫)

≪甲骨文編≫에는 위의 글자들을 '龠'자로 수록하고는, "郭沫若釋龠. 象編管之形, 从朏示管頭之空.[1] : 郭沫若이 '龠'자로 고석하였다. 대나무 관(管)을 엮은 모양을 형상화하였는데, '朏'을 구성 요소로 한 것은 대롱 끄트머리의 구멍을 나타낸 것이다."라고 하였다. 갑골문 '龠'자는 관을 엮어서 만든 생황(笙簧) 곧 피리 종류의 악기를 형상화한 자형이다.

≪說文解字≫에는 이 '龠'자에 대해, "龠, 樂之竹管, 三孔, 㠯和眾聲也. 從品龠. 侖, 理也. : '龠'은 대나무를 엮어서 만든 관악기인데, 구멍이 여러 개이며, 여러 악기의 소리를 화해(和諧)하는 데 사용하는 악기이다. '品'과 '侖'을 구성 요소로 하고 있다. '侖'은 악곡에 조리(條理)를 세운다는 뜻이다."라고 풀이하고 있다.

갑골문에서는 제명(祭名)으로 사용되었는데, 주로 '彡'과 함께 사용된다. "乙巳卜, 旅貞 : 王賓戔甲彡龠叙?"(≪粹226≫), "戊戌卜, 旅貞 : 王賓父丁彡龠亡禍?"(≪佚397≫), "乙巳卜, 貞 : 王賓龠亡禍?"(≪前5. 19. 4≫)

龢(화)				[hé]
	(≪前2. 45. 2≫)	(≪寧滬1. 73≫)	(≪京津4832≫)	(≪鐵25. 2≫)

갑골문 '龢'자 역시 '龠'과 '禾'를 구성 요소로 하고 있는데, 이는 관악기 모양에 '禾'를 성부(聲符)로 덧붙인 자형 결구이며, 이것 또한 관악기 생황(笙簧)의 한 종류를 의미한다. 고대의 전적(典籍)들에는 대부분 이 '龢'자를 '和'자로 대체하여 사용하고 있다. ≪說文解字≫

---

1) 中國社會科學院考古研究所 前揭書 ≪甲骨文編≫ p.87.

에는 이 '龢'자에 대해, "龢, 調也. 從龠, 禾聲. 讀與和同. : '龢'는 음악의 음이 조화를 잘 이룬다는 뜻이다. '龠'을 의부, '禾'를 성부로 구성되었다. 독음(讀音)은 '和'자처럼 읽는다." 라고 하고 있다. ≪集韻≫에는 "龢, 一曰小笙, 十三管也. : '龢'는 일설에는 '小笙' 즉 작은 생황이라고도 하는데, 13개의 관으로 되어 있다."라고 하고 있다.

갑골문에서는 제명(祭名)으로 사용되었다. "☒巳卜, 賓貞 : 上甲龢衆唐?"(≪前2. 45. 2≫)

册(책)					[cè]
	(≪前7. 39. 1≫)	(≪甲743≫)	(≪乙207≫)	(≪合集2824≫)	

위의 갑골문에서의 여러 개의 세로획은 죽간(竹簡)을 형상화한 것이고, 아주 얇은 사각형 또는 타원형의 모양은 죽간을 엮은 끈을 형상화한 것으로, '册'자임을 쉽게 알 수 있다. 이 갑골문 '册'자는 죽간의 아래 위를 끈으로 엮어서 연결한 것을 형상화한 상형자이며, 간책(簡册)이라는 뜻이다. ≪說文解字≫에는 이 '册'자에 대해, "册, 符命也. 諸侯進受於于王也. 象其札一長一短, 中有二編之形. 𥲤, 古文册, 從竹. : '册'은 부신(符信)으로 명령을 받다는 뜻이다. 제후가 조정에 나아가 왕에게서 받는 간책(簡册)이다. 그 간찰(簡札)의 길이는 길고 짧은 것이 일정하지 않으며, 중간의 두 가로획은 죽간을 엮어놓은 모양을 형상화한 것이다. '𥲤'(簎)은 '古文' '册'자인데, '竹'을 구성 요소로 하고 있다."라고 풀이하고 있다.

갑골문에서의 뜻은 다음과 같다.

1. '册册' 즉 '册命'의 뜻으로 사용되었다. "……爭貞 : 沚䣉册册, 王比伐土方?"(≪庫 1549≫), "……𣪊貞 : 沚䣉册册……?"(≪前7. 39. 1≫)

2. '删'과 통용. 베다. 자르다. "辛丑卜, 鉶三羊册十五牢?"(≪佚872≫)

3. 제명(祭名). "辛卯卜, 其册妣辛?"(≪南明673≫)

4. 관명(官名). 문서 담당 관리(官吏). "作册"(≪合268反≫)

5. 방국명(方國名). "册祝"(≪甲743≫), "册入"(≪乙207≫), "册至又正"(≪甲1665≫)

| 嗣(사) | (≪後下39. 16≫) | (≪存上1793≫) | (≪合集30691≫) | (≪金740≫) | [si] |

　李孝定은 위의 글자들을 '嗣'자로 수록하고는, "契文上出諸形, 魯氏並釋爲嗣, 謂假爲辭. 其說至確.[1] : 갑골문의 자형은 위에 예시한 여러 형태인데, 魯實先은 이들을 '嗣'자로 고석하고, '辭'자의 뜻으로 가차되었다고 하였다. 그의 주장은 대단히 정확하다."라고 하였다. 이는 갑골문 '嗣'자가 '大'와 '子'를 구성 요소로 한 것은 '長子'를 뜻하며, '册'은 '册辭'를 읽으며 책립(册立)하다는 의미가 있다는 말이다. 이 '嗣'자에 대해 ≪說文解字≫에는, "嗣, 諸侯嗣國也. 從册口, 司聲. 𤔧, 古文嗣, 從子. : '嗣'는 제후가 국군(國君)의 지위를 계승한다는 뜻이다. '册'과 '口'를 의부, '司'를 성부로 구성되었다. '𤔧'(孠)는 '古文' '嗣'자인데, '子'를 구성 요소로 하고 있다."라고 풀이하고 있다.

　갑골문에서는 제명(祭名) 또는 희생(犧牲)의 처리 방법의 하나로 사용되었다. "辛丑卜, 王其又祐伐大乙叀舊嗣, 用十五人?"(≪存上1793≫), "叀丙嗣用"(≪後下39. 16≫), "其求年于河叀舊嗣用"(≪明藏454≫)

---

1) 李孝定 前揭書 ≪甲骨文字集釋≫ p.640.

第3篇

品(집)			[jí]
(≪粹878≫)	(≪前6. 55. 2≫)	(≪存上980≫)	

위의 갑골문자는 네 개의 '口'를 구성 요소로 하고 있는데, 이 글자에 대해 徐中舒는, "從四口, 甲骨文中, 凵間亦作口, 故自字形觀之, 此字當與≪說文解字≫之品同.[1] : 네 개의 '口'를 구성 요소로 하고 있는데, 갑골문에서는 '凵'를 간혹 '口'로도 썼으므로, 자형으로 볼 때, 이 글자는 ≪說文解字≫의 '品'자와 같은 글자임이 틀림없다."라고 하였다. 여러 개의 입을 형상화하여 왁자지껄하게 떠든다는 뜻을 나타내었다고 짐작된다. 이 '品'자에 대해 ≪說文解字≫에는, "品, 衆口也. 從四口. 讀若戢. 一曰呶. : '品'은 여러 개의 입이라는 뜻이다. 네 개의 '口'를 구성 요소로 하고 있으며, 독음(讀音)은 '戢'자처럼 읽는다. 일설에는 왁자지껄하게 떠든다는 뜻이라고도 한다."라고 풀이하고 있다. 桂馥은 여기에서의 "一曰呶"에 대해, "呶乃字義.[2] : '呶'는 자의(字義)이다."라고 했는데, ≪說文解字≫에, "呶, 讙聲也. : '呶'는 시끄러운 소리라는 뜻이다."라고 풀이하고 있다. 입이 여럿이기에 시끄럽게 떠들게 되고, 이로 인해 '品'자는 '呶'자의 뜻을 나타내게 되었다는 말이다.

갑골문에서의 뜻은 아직 정확하게 밝혀지지 않았다. "又, 今口品黍年"(≪粹878≫), "☑品

---

1) 徐中舒 前揭書 ≪甲骨文字典≫ p.207.
2) 桂馥 ≪說文解字義證≫, 丁福保 前揭書 ≪說文解字詁林正補合編≫ 第3册 p.3-394.

[牽]……吉, 二”(≪存上980≫)

| 嚚(은) |  (≪前6. 55. 3≫) | [yín] |

위의 갑골문은 다섯 개의 ‘口’와 ‘臣’을 구성 요소로 하고 있다. 이 글자에 대해 李孝定은, “商承祚曰 : 象眾口之曉曉, 疑即嚚字. …… 商氏疑此爲嚚, 以㗊字作㗊例之, 其說是也.[1] : 商承祚는, 「여러 개의 입이 소리 지르는 것을 형상화하였는데, 이는 곧 ‘嚚’자가 아닌가 생각된다.」라고 하였다. …… 商承祚가 이를 ‘嚚’자라고 추정한 것은, ‘㗊’자를 ‘㗊’으로 쓴 예로 미루어 보아서 그 주장이 옳다고 본다.”라고 하였다. 이 ‘嚚’자에 대해 ≪說文解字≫에는, “嚚, 語聲也. 從㗊, 臣聲. 𤔔, 古文嚚 : ‘嚚’은 여러 말소리라는 뜻이다. ‘㗊’을 의부, ‘臣’을 성부로 구성되었다. ‘𤔔’(𤔔)은 ‘古文’ ‘嚚’자이다.”라고 하고 있다.

갑골문에서의 뜻은 아직 정확하게 고석이 되지 않았다. “……[沚]㚔……嚚……”(≪前6. 55. 3≫)

| 舌(설) |  (≪後上24. 10≫)　(≪餘9. 3≫)　(≪乙3299≫)　(≪乙3811≫) | [shé] |

위의 갑골문은 ‘舌’자인데, 입속의 혀를 내밀어서 침이 묻어 있는 모양을 형상화한 것이다. 참고로 ≪菁4. 1≫에 각(刻)된 ‘歓’자를 ‘𣢦’으로 쓴 것으로 살펴보면, 입에서 혀를 내밀고 있는 모양이 있는데, 혀의 모양이 거꾸로 새겨져 있다. ≪說文解字≫에는 이 ‘舌’자에 대해, “舌, 在口, 所㠯言別味者也. 從干口, 干亦聲. : ‘舌’은 입안에 있는데, 말을 하고 맛을 판별하는 기관(器官)이다. ‘干’과 ‘口’를 구성 요소로 하고 있는데, ‘干’은 또한 성부이기도 하다.”라고 풀이하고 있다.

갑골문에서의 뜻은 다음과 같다.

1. 사람의 혀. “甲辰卜, 古貞 : 疒舌隹有蚩?”(≪餘9. 3≫)

---

1) 李孝定 前揭書 ≪甲骨文字集釋≫ p.675.

2. 제명(祭名). "王舌父乙"(≪合148≫), "丁亥卜, 亘貞 : 王舌隹于……?"(≪乙3811≫)

3. 인명(人名). "丙子卜, 殼貞 : 乎舌酒河僚貑三羊, 卯五牛?"(≪後上24. 10≫), "……
   貞 : 聞[有]舌……?"(≪餘9. 3≫)

干(간)　　[gān]
(≪合集28059≫)　(≪前2. 27. 5≫)　(≪鄴三下39. 11≫)

위의 ≪鄴三下39. 11≫의 글자는 '單'자의 고자(古字)와 자형이 같다. 제2편의 '單'자에
대한 해설을 참고하기 바란다. 금문(金文)으로는 '♦'(≪虖簋≫)으로 쓰면서 "干戈"라고 하
고 있다. 이 글자의 자형은 방어용 무기인 방패의 모양을 형상화한 것이다. ≪詩經 · 大雅 · 公
劉≫의 "干戈戚揚"이라는 말 중의 '干'에 대해 鄭玄은 ≪詩箋≫에서 "干, 盾也. : '干'은
방패라는 뜻이다."라고 하였다. 이 '干'자에 대해 ≪說文解字≫에는, "干, 犯也. 從一, 從反
入. : '干'은 범(犯)하다는 뜻이다. '一'과 거꾸로 쓴 '入'을 구성 요소로 하고 있다."라고 풀이하
고 있다.

갑골문에서의 뜻은 다음과 같다.

1. 방패. 방어용 무기. "取干行女"(≪甲2926≫)

2. 지명(地名). "戊戌王卜, 貞 : 田干, 往來亡災? 王占曰 : 大吉. 在四月, 兹御獲亡犬
   十又三"(≪前2. 27. 5≫)

屰(역)　　[nì]
(≪前8. 6. 5≫)　(≪乙1786≫)　(≪乙3939≫)　(≪後下11. 15≫)

위의 갑골문 '屰'자는 사람의 머리가 아래쪽으로 향하도록 거꾸로 쓴 모양으로, '逆'의 고자(古
字)이다. 제2편의 '逆'자에 대한 해설을 참고하기 바란다. 이 '屰'자에 대해 ≪說文解字≫에는
"屰, 不順也. 從干下屮, 屰之也. : '屰'은 따르지 않다는 뜻이다. '干'을 구성 요소로 하고
있고, 아랫부분은 '屮'을 구성 요소로 하고 있는데, 거스르다는 뜻이다."라고 풀이하고 있다.

갑골문에서의 뜻은 다음과 같다.

1. 맞이하다. 영접하다. "乎執屰又商"(≪合150≫)

2. '貞人'의 이름. "壬午卜, 屰貞 : 今……亡……?"(≪後下11. 15≫)
3. 방국명(方國名). "貞 : 令旨从屰?"(≪乙3939≫), "……伐☐屰戋"(≪京津71≫)

| 丙(첨) | (≪合集9575≫) | (≪甲1167≫) | (≪粹622≫) | (≪明藏992≫) | [tiàn] |

위에 예시한 갑골문 '丙'자의 자형은 가운데에 무늬가 있는 자리의 모양을 형상화한 상형자이다. 이 '丙'자에 대해 ≪說文解字≫에는 "丙, 舌皃. 從谷省, 象形. 囨, 古文丙. 讀若三年導服之導. 一曰竹上皮, 讀若沾, 一曰讀若誓. 弼字從此. : '丙'은 혀(를 내민) 모양이다. 필획이 생략된 '谷'을 구성 요소로 하고 있으며, 상형자(象形字)이다. '囨'(囨)은 '古文' '丙'자이다. 독음(讀音)은 '三年導服'[상(喪)을 당한지 27개월 후에 상복(喪服)을 벗는 일의 '導'자처럼 읽는다. 일설에는 대나무 껍질이라는 뜻이라고도 하는데, 독음은 '沾'자처럼 읽는다. 또 다른 일설에는, 독음은 '誓'자처럼 읽는다고도 한다. '弼'자가 이 '丙'을 구성 요소로 하고 있다."라고 풀이하고 있다.

갑골문에서의 뜻은 다음과 같다.

1. 지명(地名). "……辰……殻貞 : 今日步于丙?"(≪明藏992≫)
2. 인명(人名). "……丙入……"(≪粹622≫)

| 宀(눌) | (≪前1. 36. 6≫) | (≪粹146≫) | (≪庫1719≫) | (≪撫續277≫) | [nè] |

위의 갑골문은 '內'와 '口'를 구성 요소로 하고 있는데, 이에 대해 孫海波는, "字當釋宀, 經典變爲吶.[1] : 이 글자는 당연히 '宀'자로 해석해야 하는데, 경전(經典)에서는 '吶'자로 변경하였다."라고 하였다. 이 글자의 자형은 말이 유창하지 못하고 어눌함을 나타낸 것인데, '訥'자와 통한다. 이 '宀'자에 대해 ≪說文解字≫에는 "宀, 言之訥也. 從口內. : '宀'은 말이 어눌하다는 뜻이다. '口'와 '內'를 구성 요소로 하고 있다."라고 풀이하고 있다.

---
1) 孫海波 ≪甲骨文編≫, 李孝定 前揭書 ≪甲骨文字集釋≫ p.691에서 재인용.

갑골문에서의 뜻은 아직 명확하게 밝혀지지 않고 있다. "侑于妣辛岗歲其至凡……"(≪前1. 36. 6≫), "若岗祖乙, 嗘王受祐?"(≪粹146≫)

| 商(상) |
(≪戩37. 7≫) |
(≪甲2416≫) |
(≪粹144≫) |
(≪掇1. 294≫) [shāng] |

羅振玉이 위에 예시한 갑골문을 '商'자로 고석하여[1] 정설이 되었는데, 이 갑골문 '商'자는 원래 '辛'과 '內'를 구성 요소로 하였다가, 나중에는 여기에 '口'를 구성 요소로 덧붙여 쓴 것으로 짐작된다. 이 '商'자에 대해 ≪說文解字≫에는, "商, 從外知內也. 從岗, 章省聲. 𪠡, 古文商. 𪠠, 亦古文商. 𪠣, 籀文商. : 商'은 외면(外面)으로부터 내면의 정황을 헤아리다는 뜻이다. '岗'을 의부, 필획이 생략된 '章'을 성부로 구성되었다. '𪠡'(𪠡)은 '古文' '商'자이며, '𪠠'(啇)도 역시 '古文' '商'자이다. '𪠣'(𪠣)은 주문(籀文) '商'자이다."라고 풀이하고 있다.

갑골문에서의 뜻은 다음과 같다.

1. '賞'자와 통용. "壬午王田于麥麓, 獲商戠犀, 王錫宰丰……"(≪佚581≫背)
2. 지명(地名). "甲戌卜, 㱿貞 : 今六月, 王入于商?"(≪前2. 1. 1≫), "……告于玆大邑商亡徝在禍……"(≪甲2416≫), "丙午卜, 在商貞 : 今日步于樂, 亡災?"(≪續3. 28. 5≫)
3. 방국명(方國名). '商方'. "叀商方步, 立于大乙戈羌方"(≪粹144≫)
4. 인명(人名). "癸巳卜, 貞 : 商再晉?"(≪甲2123≫)

| 句(구) |
(≪前8. 4. 8≫) [jù] |

商承祚는 위에 예시한 갑골문에 대해 "口在𠃌中, …… 當亦是句字也.[2] : '口'가 '𠃌' 속에 있는 모양인데, …… 이는 또한 '句'자임이 틀림없다."라고 하여, '句'자로 고석하였다. 이 글자의 자형 결구가 '口'가 '𠃌' 속에 있는 모양인 것으로 보면, 이 글자는 말이 굽어 꺾인다

1) 羅振玉 前揭書 ≪增訂殷虛書契考釋≫ 卷中 p.11上을 참고.
2) 商承祚 前揭書 ≪殷虛文字類編≫ 三卷 p.2上.

는 의미를 나타내는 것이라 짐작된다. 이 '句'자에 대해 ≪說文解字≫에는 "句, 曲也. 從口, 니聲. : '句'는 굽다는 뜻이다. '口'를 의부, '니'를 성부로 구성되었다."라고 풀이하고 있다.

갑골문에서의 뜻은 아직 명확하게 밝혀지지 않고 있다. "……一句……"(≪前8. 4. 8≫)

니(구)				[jiū]
	(≪乙2844≫)	(≪乙3805反≫)	(≪後下26. 5≫)	(≪掇1. 272≫)

위의 갑골문 '니'자에 대해 趙誠은, "象糾結之形, 卽後代糾字之初文, 本爲會意字.[1] : 뒤엉킨 모양을 형상화하였는데, 이는 곧 후세의 '糾'자의 초문(初文)이며, 본래 회의자이다."라고 설명하였다. ≪說文解字≫에는 이 '니'자에 대해, "니, 相糾繚也. 一曰瓜瓠結니起. 象形. : '니'는 서로 뒤엉키다는 뜻이다. 일설에는 박의 덩굴이 의지할 물체를 감고 올라가다는 뜻이라고도 한다. 상형자이다."라고 하고 있는데, 許愼의 자의(字義) 해설이 바로 이 글자의 본의이다.

갑골문에서는 인명(人名)으로 사용된 것으로 짐작된다. "尞于土方宰, 帝王有夢, 隹禍乎니左"(≪乙2844≫), "又古니往……"(≪乙3805≫), "步自🌿隹☒니……"(≪後下26. 5≫)

古(고)				[gǔ]
	(≪鐵127. 2≫)	(≪戩34. 4≫)	(≪後下33. 8≫)	(≪京都1095≫)

갑골문 '古'자는 '中'과 '口'를 구성 요소로 하고 있는데, '中' 대신 '申'을 구성 요소로 한 것은 '中'의 번체(繁體)로 짐작된다. 이 '古'자에 대해 ≪說文解字≫에는, "古, 故也. 從十口. 識前言者也. 𠖠, 古文古. : '古'는 먼 옛날이라는 뜻이다. '十'과 '口'를 구성 요소로 하고 있다. 여러 사람의 입으로 전해져서 전대(前代)의 말과 일들을 알게 됨을 나타낸다. '𠖠'(𠖠)는 '古文' '古'자이다."라고 풀이하고 있다. 朱駿聲은 이 글자의 자형 결구(結構)에 대해, "十口相傳爲古.[2] : '十口' 즉 '衆口' 곧 여러 사람의 입으로 서로 전해진 것이 '古'의 뜻이다."라고

---

1) 趙誠 前揭書 ≪甲骨文簡明詞典≫ p.76.
2) 朱駿聲 前揭書 ≪說文通訓定聲≫ p.410.

하였다.

갑골문에서의 뜻은 다음과 같다.

1. (왕을 위해 일을) 처리하다. "丙戌卜, 爭貞 : 叟不乍羹古王史? 二月"(≪前6. 18. 1≫)

2. 방국명(方國名). "古不其來犬"(≪乙5305≫)

3. '貞人'의 이름. "己亥卜, 古貞 : 有眾之? 十二月"(≪後下33. 8≫)

4. 인명(人名). "貞 : 勿乎古?"(≪合462≫)

| 十(십) | | (≪合集10514≫) | | (≪前1. 5. 5≫) | | (≪甲870≫) | | (≪鐵42. 1≫) | [shí] |

갑골문 '十'자는 기호나 부호로 만들어진 글자인데, 세로획 하나로써 숫자 '十'을 의미하며, 이는 가로획 하나로써 '一'을 의미하는 것과 구별된다. 금문(金文)에서도 '丨'으로 썼는데, 후에는 '十'의 모양으로 썼다. 이 '十'자에 대해 ≪說文解字≫에는, "十, 數之具也. 一爲東西, 丨爲南北, 則四方中央備矣. : '十'은 (10진법에서) 완벽하게 갖추어진 숫자라는 뜻이다. '一'은 동서를 의미하고, '丨'은 남북을 의미하는데, ('一'과 '丨'이 서로 교차하여 '十'이 되었으므로) 동서남북 사방과 중앙이 모두 갖추어진 것이다."라고 풀이하고 있다.

갑골문에서도 숫자 '10'의 뜻으로 사용되었다. "……十牢又五, 酒, 大甲"(≪前1. 5. 5≫), "其晉十牢又羌"(≪佚225≫), "十一示"(≪甲221≫). 그리고 합문(合文)으로 20은 '∪'(≪合集30689≫), 30은 '山'(≪前1. 35. 5≫), 40은 '卌'(≪合集9309≫), 50은 '𠂤'(≪合集9309≫), 60은 '𠂤'(≪合集17888≫)·'𠂤'(≪合集11054≫), 70은 '𠂤'(≪合集6057正≫), 80은 '𠂤'(≪合集580正≫), 90은 '𠂤'(≪合集10407正≫)으로 쓴다.

| 千(천) | | (≪前6. 46. 5≫) | | (≪後上31. 5≫) | | (≪粹1586≫) | | (≪乙6889≫) | [qiān] |

갑골문 '千'자는 '人'과 '一'을 구성 요소로 하고 있는데, '一'은 숫자를 표시(標示)하며, '人'자와 조합(組合)하여 '十百' 즉 열 개의 '百' 곧 '千'을 의미한다. 이 '千'자에 대해 ≪說文解字≫에는, "千, 十百也. 從十人聲 : '千'은 '十百' 즉 열 개의 백(百)이라는 뜻이다. '十'을

의부, '人'을 성부로 구성되었다."라고 풀이하고 있는데, 갑골문에서는 '十'을 구성 요소로 하고 있지 않다.

갑골문에서도 숫자 '千'의 뜻으로 사용되었다. "丁酉卜, 殻貞 : 今春王共人五千, 征土方, 受有祐? 三月"(≪後上31. 5≫), "丙午卜, 殻貞 : 登人千孚?"(≪陳156≫). 또 합문(合文) '二千'(≪後下43. 9≫)·'三千'(≪乙6581≫)·'五千'(≪前7. 15. 4≫) 등은 '千'자의 아랫부분의 '一'을 각각 '二'·'三'·'五'에 해당되는 갑골문자로 바꾸어 덧붙여 썼다.

위에 예시한 갑골문은 숫자 '二十'을 한 글자로 합쳐서 쓴 '合文'으로, 후세의 '卄'자이다. 금문(金文)으로는 '𝖀'(≪盂鼎≫)으로 쓴다. 이 '卄'자에 대해 ≪說文解字≫에는, "卄, 二十幷也. 古文省多. : '卄'은 두 개의 '十'자를 합쳐 놓은 것이다. 이는 '古文'인데, 번다(繁多)한 필획을 생략한 것이다."라고 풀이하고 있다.

갑골문에서도 숫자 20의 뜻으로 사용되었다. "丙午卜, 丁未又歲于丁卄牢?"(≪甲668)≫, "甲寅飮翌上甲王卄祀"(≪前3. 28. 4≫), "……卄屯小臣中示"(≪前7. 7. 2≫)

갑골문 '卅'자의 자형 결구 방식도 '卄'자와 동일한데, 이는 '三十'을 한 글자로 합쳐서 쓴 합문(合文)이다. 금문(金文)으로는 '𝖀'(≪臼鼎≫)으로 쓴다. 이 '卅'자에 대해 ≪說文解字≫에는, "卅, 三十幷也. 古文省. : '卅'은 세 개의 '十'자를 가로로 합쳐 놓은 것이다. 이는 '古文'인데, 필획이 생략되었다."라고 풀이하고 있다. 참고로, 갑골문에서의 숫자 '40'도 '卅' 자의 자형 결구와 같은데, '川川'(≪乙921≫)·'𝖀'(≪前4. 8. 3≫)·'𝖀'(≪拾8. 7≫) 등의 모양으로 쓰고 있다.

갑골문에서도 숫자 30의 뜻으로 사용되었다. "……貞 : 侑于庚, 卅小牢?"(≪鐵72. 1≫), "……妣庚伐卄, 卽卅"(≪前1. 35. 5≫)

言(언)				[yán]
(≪拾14. 10≫)	(≪合集26752≫)	(≪前5. 20. 3≫)	(≪乙766≫)	

  갑골문 '言'자는 '辛'과 '口'를 구성 요소로 하고 있다. 이 글자의 자형은 고대의 경쇠와 같은 방울의 모양을 형상화한 것인데, 아래의 '口'는 이를 거꾸로 뒤집은 모양이며, 위의 '辛'은 방울의 혀이다. 이 '言'자에 대해 ≪說文解字≫에는, "言, 直言曰言, 論難曰語. 從口, 辛聲. : '言'은, 직접 말하는 것을 '言'이라고 하고, 논난(論難)하는 것은 '語'라고 한다. '口'를 의부, '辛'을 성부로 구성되었다."라고 풀이하고 있다. 徐中舒는 이 '言'자에 대해, "告舌言三字初義相同, 後世乃分化爲三字.[1] : '告'·'舌'·'言' 세 글자는 당초의 자의(字義)가 동일하였으나, 후세에 세 글자로 분화되었다."라고 하였다. 제2편의 '告'자와 본편(本篇)의 '舌'자에 대한 해설을 참고하기 바란다.

  갑골문에서의 뜻은 다음과 같다.

  1. 말하다. "……隹 ……疾言……"(≪前5. 20. 3≫)

  2. 제명(祭名), 즉 고제(告祭)의 일종. "貞 : 王侑言祖丁足?"(≪乙4708≫)

  3. 인명(人名) 또는 관직명(官職名). "丙子卜, 㱿貞 : 乎言酚河尞三牢, 三羊, 卯五牛?" (≪粹47甲≫), "……貞 : 言……亡[遘]?"(≪拾14. 10≫)

誨(회)				[huì]
(≪粹989≫)	(≪粹1150≫)	(≪甲354≫)	(≪甲573≫)	

  ≪甲骨文編≫에는 위의 ≪甲573≫의 '𣎼'자를 '誨'자로 수록하고는, "卜辭用每爲誨.[2] : 갑골복사에서는 '每'자를 '誨'자의 뜻으로 사용한다."라고 하고 있다. 제1편의 '每'자에 대한 해설을 참고하기 바란다. 이 글자의 자형 결구(結構)는 '每'자와 같은데, '每'와 '誨'자는 첩운(疊韻)의 관계이다. '誨'자는 '言'을 구성 요소로 하여서, 가르치다는 뜻을 나타낸다. 이 '誨'자에 대해 ≪說文解字≫에는, "誨, 曉敎也. 從言每聲. : '誨'는 명확하게 가르치다는 뜻이다.

---

1) 徐中舒 前揭書 ≪甲骨文字典≫ p.222.
2) 中國社會科學院考古硏究所 前揭書 ≪甲骨文編≫ p.97.

'言'을 의부, '每'를 성부로 구성되었다."라고 풀이하고 있다. 이에 대해 段玉裁는 "曉敎者, 明曉而敎之也. : '曉敎'란 것은 명확하게 깨닫도록 가르치다는 뜻이다."라고 주(注)하였다.

갑골문에서도 '가르치다'는 뜻으로 사용되었다고 짐작된다. "辛亥卜, 今日辛, 王其田弗 誨?"(≪粹988≫), "叀馬乎取, 王弗誨."(≪甲354≫)

| 訊(신) | (≪續3. 31. 5≫) | (≪合集5377≫) | (≪英1549≫) | [xùn] |

위의 갑골문은 '口'와 손이 뒤로 묶인 사람을 구성 요소로 하고 있으며, 간혹 'ㄠ'를 덧붙인 것도 있는데, 금문(金文)으로는 '𤔲'(≪虢季子白盤≫)으로 쓴다. 이 갑골문자에 대해 葉玉森은, "當釋訊, 象罪人臨訊, 去其索, 置于側, 而鞠之也.[1] : 마땅히 '訊'자로 고석하여야 하는데, 자형은 죄인이 심문에 임할 때, 묶었던 밧줄을 제거하여 곁에 놓아두고 국문(鞠問)하는 것을 형상화하였다."라고 하여, 신문(訊問)하다는 뜻의 '訊'자로 고석하였다. 이 '訊'자에 대해 ≪說文解字≫에는, "訊, 問也. 從言, 卂聲. 𤔲, 古文訊, 從卤. : '訊'은 순문(詢問)하다는 뜻이다. '言'을 의부, '卂'을 성부로 구성되었다. '𤔲'(誎)은 '古文' '訊'자인데, '卤'을 구성 요소로 하고 있다."라고 풀이하고 있다. ≪英1549≫의 '𤔲'자는 제12편의 '如'자와 자형이 같은데, 참고하기 바란다.

갑골문에서도 신문(訊問)하다는 뜻으로 사용된 것으로 짐작된다. "乙丑, 王訊……父乙在 [尞]"(≪續3. 31. 5≫)

| 評(호) | (≪前7. 21. 1≫) | (≪甲621≫) | (≪鐵174. 3≫) | (≪拾1. 1≫) | [hū] |

'부르다'는 뜻의 '評'자에 대해 ≪說文解字≫에는, "評, 召也. 從言, 乎聲. : '評'는 외쳐 부르다는 뜻이다. '言'을 의부, '乎'를 성부로 구성되었다."라고 풀이하고 있다. 이에 대해 段玉裁는 "口部曰 : 召, 評也. 後人以呼代之, 呼行而評廢矣. : (≪說文解字≫) '口'부(部)

---

1) 李孝定 前揭書 ≪甲骨文字集釋≫ p.745에서 재인용.

에 이르기를, 「召'는 '評' 즉 큰소리로 부르다는 뜻이다.」라고 하고 있다. 후세(後世) 사람들은 '呼'자로 이 글자 즉 '評'자를 대체하였는데, 결국 '呼'자가 통용되고 '評'자는 폐기되었다.”라고 주(注)하였다. 이로 미루어 보면, '呼'자는 후기자(後起字)임을 알 수 있다. 그런데 갑골문에서는 '乎'로만 쓰고, 여기에 '言'이나 '口'를 덧붙이지 않는데, 이는 '乎'자가 본자(本字)임을 말해주는 것이다. 제5편의 '乎'자에 대한 해설을 참고하기 바란다.

갑골문에서의 뜻은 다음과 같다.

1. 소환(召喚)하다. 명령하다. “貞 : 登人三千乎伐工方, 受祐?”(≪續1. 10. 3≫)
2. 의문 어기조사. “丁未卜, 扶有咸戊學戊乎?”(≪京津2938≫)

誖(패)	<!-- -->	<!-- -->	<!-- -->	<!-- -->	[bèi]
	(≪前5. 4. 6≫)	(≪鐵168. 3≫)	(≪粹1426≫)	(≪京津1031≫)	

갑골문 '誖'자는 두 개의 '或'자로 구성되어 있다. 李孝定은 예시된 글자들을 '誖'자로 수록하면서 王襄의 고석을 인용하여, “說文解字誖籀文作鸷, 此疑其初字.[1] : ≪說文解字≫에서 '誖'자의 주문(籀文)을 '鸷'로 쓰고 있는데, 이것이 이 글자의 초기 문자인 것으로 짐작된다.” 라고 하였다. ≪說文解字≫에는, “誖, 亂也. 從言, 孛聲. 悖, 誖或從心. 鸷, 籀文誖, 從二或. : '誖'는 어지럽게 하다는 뜻이다. '言'을 의부, '孛'를 성부로 구성되었다. '悖'(悖)는 '誖'의 혹체자이며 '心'을 구성 요소로 하고 있다. '鸷'(鸷)는 '誖'의 주문(籀文)인데, 두 개의 '或'자를 구성 요소로 하고 있다.” 라고 풀이하고 있다.

갑골문에서는 지명(地名)으로 사용되었다. “癸丑貞 : 旬亡禍? 在誖.”(≪粹1426≫), “貞 : 勿乎眾人先于誖?”(≪京津1031≫), “貞 : 亦自般在誖乎⊠……?”(≪鐵168. 3≫)

競(경)	<!-- -->	<!-- -->	<!-- -->	<!-- -->	[jìng]
	(≪前5. 41. 5≫)	(≪甲2141≫)	(≪合集106正≫)	(≪合集1487≫)	

갑골문 '競'자의 아래 부분은 두 개의 '人'자를 구성 요소로 하고 있는데, 이 글자의 윗부분에

---

1) 李孝定 上揭書 ≪甲骨文字集釋≫ p.755.

대해 于省吾는, "在人則爲頭飾.[1] : 그것이 사람에게 있는 경우는 머리 장식이다."라고 하였다. 이 글자의 자형은 측면을 보고 있는 두 사람을 병렬해놓은 모양을 형상화한 것이다. 李孝定은 이에 대해, "疑象接踵有競逐之義.[2] : 발꿈치가 연접한 것을 형상화하여서, 다투어 뒤쫓다는 뜻을 갖게 된 것이라 짐작된다."라고 하였다. 이 '競'자에 대해 ≪說文解字≫에는 "競, 彊語也. 從誩二人. 一曰逐也. : '競'은 강렬하게 논쟁(論爭)하다는 뜻이다. '誩'과 두 '人'자를 구성 요소로 하고 있다. 일설에는 각축(角逐)하다는 뜻이라고도 한다."라고 풀이하고 있다.

갑골문에서의 뜻은 다음과 같다.

1. 제명(祭名)이라 짐작된다. "妣甲競妣庚"(≪京津4081≫), "……競[父己]牢"(≪甲2141≫)
2. 인명(人名). "辛亥卜, 貞 : 執囗競?"(≪甲2433≫), "貞 : 叀競令? 八月"(≪前5. 41. 5≫)

竟(경)   (≪甲916≫)   (≪乙8690≫)   [jìng]

이 갑골문 '竟'자의 윗부분은 '言'을 구성 요소로 하고 있고, 아랫부분은 '人'을 구성 요소로 하고 있는데, 사람이 통소를 부는 모양을 형상화한 것으로 짐작된다. 이 '竟'자에 대해 ≪說文解字≫에는, "竟, 樂曲盡爲竟. 從音儿. : '竟'은 악곡(樂曲)이 다하여 끝나는 것을 '竟'이라고 한다. '音'과 '儿'을 구성 요소로 하고 있다."라고 풀이하고 있다.

갑골문에서의 뜻은 아직 정확하게 밝혀지지 않았다. "丙寅卜, 不竟……?"(≪乙8690≫), "……弜竟"(≪甲916≫)

辛(건)   (≪粹987≫)   (≪後下36. 7≫)   (≪後下37. 6≫)   (≪合集20236≫)   [qiān]

위에 예시된 갑골문자에 대해 羅振玉은, "此卽許書部首之辛.[3] : 이는 곧 許愼의 ≪說文

---

1) 于省吾 ≪雙劍誃古文雜釋·釋競≫, 李孝定 上揭書 ≪甲骨文字集釋≫ p.757에서 재인용.
2) 李孝定 上揭書 ≪甲骨文字集釋≫ p.757.
3) 羅振玉 上揭書 ≪增訂殷虛書契考釋≫卷中 p.16上.

112   簡明 甲骨文 字典

解字≫의 부수자(部首字) '辛'자이다."라고 하여, 정설이 되었다. 이 '辛'자에 대해 ≪說文解字≫에는, "辛, 辠也. 從干二. 二, 古文上字. 讀若愆, 張林說. : '辛'은 죄과(罪過)라는 뜻이다. '干'과 '二'을 구성 요소로 하고 있는데, '二'은 '古文' '上'자이다. 독음(讀音)은 '愆'자처럼 읽는데, 이는 張林의 주장이다."라고 풀이하고 있다. 여기에서의 '辠'자에 대해 段玉裁는, "辠, 犯法也. : '辠'는 법에 저촉(抵觸)되다는 뜻이다."라고 주(注)하였다.

그런데 갑골문 '辛'자에 대해 李孝定은, "辛辛二字形近義同, 其始當爲一字.[1] : '辛'과 '辛'의 두 글자는 자형이 비슷하고 자의(字義)도 같은데, 애초에는 같은 글자였음이 분명하다."라고 하였다. 그리고 郭沫若은, "象古之剞劂, 卽刻鏤之曲刀形, 因亦用於剌鑿罪人或俘虜之額. 故借施黥之刑具剞劂表現罪愆之義.[2] : 자형은 고대(古代)의 새김칼인 곡도(曲刀)의 모양을 형상화하였는데, 이는 또한 죄인이나 포로의 이마에 죄를 새기는데도 사용하였다. 그래서 묵형(墨刑)을 가하는 형구(刑具)인 새김칼에서 가차(假借)하여 죄과(罪過)의 뜻을 나타내게 된 것이다."라고 했는데, 일리가 있는 주장이다.

갑골문에서의 뜻은 다음과 같다.

1. 사냥 도구의 일종. "王其乎戈, 擒虎, 辛彔牛."(≪粹987≫)
2. 인명(人名). "癸丑卜, 賓貞 : 東購令目卓辛?"(≪後下36. 7≫)
3. 방국명(方國名). "丙申卜, 王令山戈辛?"(≪前8. 3. 1≫)

妾(첩)				[qiè]
(≪前4. 25. 7≫)	(≪粹218≫)	(≪拾1. 8≫)	(≪京津2026≫)	

위의 갑골문 '妾'자는 머리에 장신구를 꽂은 여자가 무릎을 꿇고 앉아 있는 모양을 형상화한 자형이다. 이 '妾'자에 대해 ≪說文解字≫에는, "妾, 有辠女子給事之得接於君者. 從辛女. 春秋傳云 : 女爲人妾. 妾, 不娉也. : '妾'은 죄가 있는 여자로, 군주(君主)가 허락하여 군주를 위해 일하고, 아울러 군주와 접촉할 수 있는 여인이다. '辛'과 '女'를 구성 요소로 하고 있다. ≪春秋左氏傳≫ 僖公 17년 조(條)에는, 「딸을 낳으면 장차 다른 사람의 첩이 될 것이다.」라고 하고 있다. 첩은 문명(問名)의 예(禮)를 행할 필요가 없다."라고 풀이하고 있다.

1) 李孝定 前揭書 ≪甲骨文字集釋≫ p.762.
2) 郭沫若 ≪甲骨文字研究≫, 徐中舒 前揭書 ≪甲骨文字典≫ p.229에서 재인용.

갑골문에서의 뜻은 다음과 같다.

1. 배우자(配偶者). “癸丑王……宰, 示癸妾妣甲……”(≪拾1. 8≫)

2. 인생(人牲) 즉 제사의 희생으로 사용되었다. “乙巳, 自祖乙有妾侑大戊”(≪粹218≫)

對(대)

(≪合集18755≫) (≪甲740≫) (≪前4. 36. 4≫) (≪林二2. 25. 10≫)

[duì]

≪甲骨文編≫에는 위의 글자들을 모두 ‘對’자로 수록하고는, “从丵从人, 與金文同.[1] : ‘丵’를 구성 요소로 하고, ‘人’을 구성 요소로 하였는데, 이는 금문(金文)의 자형과 같다.”라고 하고 있다. 위의 갑골문 ‘對’자의 자형은 손으로 땅위의 나무를 잡고 있는 것을 형상화하였는데, 고대에는 이런 방법으로 영토를 나눈 경계를 표시(標示)하였다. ≪詩經 · 大雅 · 皇矣≫에, “帝作邦作對, 自大伯王季. : 상제(上帝)께서 나라를 세우고, 영토의 경계를 설정하여, 太伯으로부터 王季까지 이르렀도다.”라고 하고 있는데, 여기에서의 ‘對’자에 대해 高亨은, “邦, 借用封. 封, 邊疆也. 對, 與疆同意. 古代國家常在邊界上種植樹木以作標誌略似後代的柳條邊, 這叫做對.[2] : ‘邦’은 가차하여 ‘封’의 뜻으로 쓰였는데, ‘封’은 변경을 의미한다. ‘對’는 ‘疆’과 같은 뜻이다. 고대 국가에서는 항상 변경의 경계에 나무를 심어서 표지(標誌)로 삼았는데, 이는 후대의 버드나무를 세운 경계표지와 비슷하며, 이를 ‘對’라고 일컫는다.”라고 설명하였다. 이 ‘對’자에 대해 ≪說文解字≫에는, “對, 譍無方也. 從丵口, 從寸. 𡭊, 對或從士. 漢文帝巳爲責對而面言, 多非誠對, 故去其口巳從士也. : ‘對’는 질문에 바로 대답하며 방법에 얽매이지 않다는 뜻이다. ‘丵’과 ‘口’를 구성 요소로 하고, ‘寸’을 구성 요소로 하고 있다. ‘𡭊’(對)는 ‘對’의 혹체자로, ‘士’를 구성 요소로 하고 있다. 漢 文帝가 책문(責問)에 대해 대답하면서 면대(面對)하여 말하는데, 대부분 성실하게 대답하지 않았기 때문에, 그래서 ‘對’자의 ‘口’를 없애고, ‘士’를 구성 요소로 하도록 고쳤다.”라고 하고 있다.

갑골문에서는 영토의 경계라는 뜻으로 사용되었다. “于口西對”(≪甲740≫), “……其于西對”(≪前4. 36. 4≫), “……于東對, 王占曰 : 吉.”(≪林2. 25. 10≫)

---

1) 中國社會科學院考古研究所 前揭書 ≪甲骨文編≫ p.99.

2) 高亨 ≪詩經今注≫(上海古籍出版社 1987. 上海) p.390.

僕(복)		[pú]
	(≪後下20. 10≫)	

위의 갑골문을 羅振玉이 '僕'자로 고석하여[1] 정설이 되었다. 이 글자는 노복(奴僕)이 두 손으로 키를 잡고 키질하는 모양을 형상화한 자형 결구인데, 엉덩이 쪽의 꼬리는 의복의 장식이라 짐작된다. 금문(金文)으로는 '僕'(≪父丙卣≫)으로 쓰는데, 자형이 갑골문과 같다. 이 '僕'자에 대해 ≪說文解字≫에는, "僕, 給事者. 從人羹, 羹亦聲. 僕, 古文從臣. : '僕'은 노역을 제공하는 사람이라는 뜻이다. '人'과 '羹'을 구성 요소로 하고 있으며, '羹'은 또한 성부이기도 하다. '僕'(暯)은 '古文' '僕'자인데, '臣'을 구성 요소로 하고 있다."라고 풀이하고 있다.

갑골문에서의 뜻은 아직 정확하게 밝혀지지 않고 있다. "……僕卜……"(≪後下20. 10≫)

収(공)	≪甲1287≫	≪乙2424≫	≪燕90≫	≪合集6174≫	[ˈgǒng]

위의 갑골문은 두 손을 구성 요소로 하고 있는데, 이는 두 손을 위로 마주 들고 있는 모양을 형상화한 자형의 '収'자이다. 이 '収'자에 대해 ≪說文解字≫에는, "収, 竦手也. 從ナ又. 艸(拜), 楊雄說 : 丮從兩手. : '収'은 두 손을 맞잡다는 뜻이다. 'ナ'와 '又'를 구성 요소로 하고 있다. '艸'(拜)자에 대해 楊雄은, 「丮」자는 두 개의 '手'를 구성 요소로 하고 있다.」라고 했다."라고 풀이하고 있다. 이에 대해 段玉裁는, "此字謂竦其兩手-以有所奉也. …… 蓋訓纂篇如此作. 古文捧從二手, 此以古文捧爲収也. : 이 글자는 삼가 두 손을 맞잡고 무엇을 받듦을 말한다. …… (이 '重文'은) 아마 ≪訓纂篇≫에서 이렇게 쓰고 있는 것 같다. '捧'자의 '古文'이 두 개의 '手'를 구성 요소로 하고 있는데, 여기에서는 '捧'자의 '古文'을 '収'자라고 하고 있다."라고 주(注)하였다. 그리고 徐灝는, "収・共, 古今字; 共・拱, 亦古今字.[2] : '収'과 '共'은 고・금자(古今字)의 관계이고; '共'과 '拱'도 역시 고・금자의 관계이다."라고

1) 羅振玉 上揭書 ≪增訂殷虛書契考釋≫卷中 p.24上을 참고.
2) 徐灝 ≪說文解字注箋≫, 丁福保 前揭書 ≪說文解字詁林正補合編≫ 第3冊 p.3-787.

하였다. 이에 따라 일반적으로 '共'자로 인식되고 있는 '𦥑'(≪續5. 5. 3≫)자를, 이 '収'자의 번체(繁體)로 인식하기도 한다. 본편(本篇)의 '共'자에 대한 해설을 참고하기 바란다.

갑골문에서의 뜻은 다음과 같다.

1. 공납(供納)하다. 봉헌(奉獻)하다. "乎収牛多奠"(≪乙2424≫), "⋯⋯𣪊貞 : ⋯⋯収百豕羊?"(≪佚158≫)

2. 모으다. 징집(徵集)하다. 초치(招致)하다. "丁酉卜, 𣪊貞 : 今春王収人五千正土方, 受有祐? 三月."(≪後上31. 5≫), "癸巳卜, 𣪊貞 : 収人乎伐呂⋯⋯?"(≪合集6174≫)

| 丞(승) |  (≪鐵171. 3≫) | [chéng] |

이 갑골문은 구덩이와 꿇어앉아 있는 사람 1명 그리고 두 손으로 구성되어 있는데, 이는 두 손으로 구덩이에 빠진 사람을 구(救)해내는 모양을 형상화한 자형의 '丞'자이다. 商承祚는 이 글자에 대해, "字象由下抍之之形, 則許君之從収亦有由矣.[1] : (이 글자의) 자형은 아래에서 건져 올리는 모양을 형상화하였으므로, 이는 곧 許愼이 '収'을 구성 요소로 하고 있다고 한 것도 역시 이유가 있는 셈이다."라고 하였다. 이 '丞'자에 대해 ≪說文解字≫에는, "丞, 翊也. 從収, 從卩, 從山. 山高, 奉承之義. : '丞'은 보좌(輔佐)하다는 뜻이다. '収'을 구성 요소로 하고, '卩'을 구성 요소로 하고, '山'을 구성 요소로 하고 있다. 산이 높으므로, 위로 받들어 모신다는 뜻이다."라고 풀이하고 있다.

갑골문에서는 제명(祭名)으로 사용된 것으로 짐작되지만, 사례(辭例)가 너무 부족하다. "丞父乙⋯⋯弗艱"(≪鐵171. 3≫)

| 舁(기) |  (≪甲3473≫) (≪後下19. 3≫) (≪河595≫) (≪京津2862≫) | [qí] |

두 손과 '田'로 구성되어 있는데, 여기에서의 '田'은 농지의 '田'자가 아니고, 기물(器物)을

---

1) 商承祚 前揭書 ≪殷虛文字類編≫ 三卷 p.6下.

상징한다. 이 글자는 두 손으로 기물을 들고 있는 모양을 형상화한 '舁'자로, 들고 일어서다는 뜻을 나타내며, '興'자와 자의(字義)가 같다. 이 '舁'자에 대해 ≪說文解字≫에는, "舁, 擧也. 從𦥑, 𦥔聲. 春秋傳曰 : 晉人或以廣墜, 楚人舁之. 黃顥說 : 廣車陷, 楚人爲擧之. 杜林吕 爲騏驎字. : '舁'는 들(어 올리)다는 뜻이다. '𦥑'을 의부, '𦥔'를 성부로 구성되었다. ≪春秋左 氏傳≫ 宣公 12년 조(條)에 이르기를, 「晉나라 사람들 가운데 더러는 병거(兵車)와 함께 구덩이에 추락하였는데, 楚나라 사람들이 이들을 들어 올렸다.」라고 하고 있다. 이에 대해 黃顥는, 「병거가 구덩이에 빠지자 楚나라 사람들이 晉나라 사람들을 건져 올려준 것이다.」라고 했다. 그리고 杜林은 이 글자를 '騏驎'의 '騏'자로 간주하였다."라고 풀이하고 있다.

갑골문에서의 뜻은 다음과 같다.

1. '주다', '제수(除授)하다' 등의 뜻으로 사용되었다고 짐작된다. "……貞 : 王其舁職 ……?"(≪河595≫)

2. 방국명(方國名). "貞 : 多犬弗其及舁長?"(≪續2. 24. 1≫), "壬子卜, 王命雀☒代舁? 十月."(≪後下 19. 3≫)

| 弄(롱) | (≪乙1800≫) | (≪佚636≫) | (≪佚961≫) | (≪鐵188. 3≫) | [lòng] |

위에 예시한 갑골문은 기본적으로 '玉'과 두 손을 구성 요소로 하고 있는데, 대부분이 여기에 다 다시 암혈(岩穴)의 모양을 형상화한 듯한 '𠘡'를 위에 덧붙여 덮은 모양으로 쓰고 있다. 李孝定은 이 글자에 대해 唐蘭이, "弄之古文. : '弄'의 고문(古文)이다."이라고 한 말을 인용 하고는, "唐說是也. 字蓋象于岩穴中得玉, 兩手把玩之形. 故引申訓玩也.[1] : 唐蘭의 주장 이 옳다. 이 글자는 아마 암혈 속에서 옥(玉)을 획득하여 두 손으로 들고 이를 완상(玩賞)하는 모양을 형상화한 듯하다. 그래서 인신(引伸)하여 '玩'의 뜻이 되었다."라고 하여, '弄'자로 고석하였다. 이 '弄'자에 대해 ≪說文解字≫에는 "弄, 玩也. 從廾玉. : '弄'은 가지고 놀다는 뜻이다. '廾'과 '玉'을 구성 요소로 하고 있다."라고 풀이하고 있다.

갑골문에서는 방국명(方國名)으로 사용된 것으로 짐작된다. "雀其戈弄"(≪佚961≫)

1) 李孝定 前揭書 ≪甲骨文字集釋≫ p.790.

字				
羿(규)	《戩37. 11》	《甲1256》	《拾3. 5》	《寧滬1. 313》 [kuí]

　屈萬里는 위의 갑골문에 대해, "从肉从廾, 當卽羿字.[1] : '肉'을 구성 요소로 하고, '廾'을 구성 요소로 하고 있으므로, 바로 '羿'자임이 틀림없다."라고 하여, '羿'자라고 고석하였다. 이는 두 손으로 고기를 받쳐 들고 있는 모양을 형상화한 것이다. 그리고 徐中舒는, "此字象雙手持肉之形, 當會持肉以祭之義, 疑爲䰠(祭)之異文.[2] : 이 글자는 두 손으로 고기를 들고 있는 모양을 형상화하였는데, 당연히 고기를 가지고 제사를 올리다는 뜻일 것이며, '䰠' 즉 '祭'자의 이체자로 짐작된다."라고 주장하였다. 이 '羿'자에 대해 《說文解字》에는, "羿, 持弩拊. 從廾, 肉聲. 讀若逵. : '羿'는 쇠뇌의 손잡이라는 뜻이다. '廾'을 의부, '肉'을 성부로 구성되었다. 독음(讀音)은 '逵'자처럼 읽는다."라고 풀이하고 있다. 이에 대해 徐鉉은, "從肉未詳. : '肉'을 구성 요소로 하고 있는 것에 대해서는 알 수가 없다."라고 하였다.

　갑골문에서의 뜻은 다음과 같다.

1. 제명(祭名). "叀多母……羿"(《拾3. 5》)

2. 지명(地名). "癸未卜, 在羿貞 : 王旬亡禍?"(《後上11. 5》)

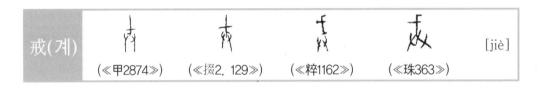

字				
戒(계)	《甲2874》	《掇2. 129》	《粹1162》	《珠363》 [jiè]

　위의 갑골문은 '戈'와 두 손을 구성 요소로 하고 있는데, 이는 두 손으로 창을 들고 있는 것을 형상화한 '戒'자이며, 경계(警戒)하여 보위(保衛)하다는 뜻을 나타낸다. 이 '戒'자에 대해 《說文解字》에는, "戒, 警也. 從廾戈. 持戈以戒不虞. : '戒'는 경계하다는 뜻이다. '廾'과 '戈'를 구성 요소로 하고 있다. 창을 들고 예측할 수 없는 일을 경계하다는 뜻을 나타낸다."라고 풀이하고 있다. 《詩經·小雅·采薇》의 "豈不日戒"라는 말 중의 '戒'자에 대해 鄭玄은 《詩箋》에서, "戒, 警敕軍事也. : '戒'는 군사(軍事)를 경계하다는 뜻이다."라고 하였다.

---

1) 屈萬里 《小屯殷虛文字甲編考釋》(中央研究院歷史語言研究所 1961. 臺北) p.234.
2) 徐中舒 前揭書 《甲骨文字典》 p.238.

갑골문에서의 뜻은 다음과 같다.

1. 제명(祭名). '禓祭'. "庚寅卜, 何貞 : 叀埶戒福于妣辛?"(≪遺珠363≫)
2. 교계(教誡)하다. "丁酉卜, 其以多方小子小臣, 其教戒?"(≪粹1162≫)

兵(병)					[bīng]
	(≪佚729≫)	(≪京津1531≫)	(≪後下29. 6≫)	(≪陳100≫)	

위의 갑골문은 '斤'과 두 손을 구성 요소로 하고 있는데, 이는 두 손으로 '斤' 즉 도끼를 들고 있는 모양을 형상화한 자형이다. 唐蘭이 이를 '兵'자로 고석하여[1] 정설이 되었다. ≪說文解字≫에는 이 '兵'자에 대해, "兵, 械也. 從廾持斤, 并力之皃. 佣, 古文兵, 從人廾干. 兵, 籒文. : '兵'은 병기(兵器)라는 뜻이다. 두 손으로 도끼를 잡고 있는 모양으로 구성되어 있는데, 이는 함께 힘을 합치는 모양을 나타낸다. '佣'(俅)은 '古文' '兵'자인데, '人' · '廾' · '干'을 구성 요소로 하고 있다. '兵'(戥)은 주문(籒文)이다."라고 풀이하고 있다.

갑골문에서는 군대(軍隊)라는 뜻으로 사용되었다. "甲子卜, 貞 : 出兵若?"(≪佚729≫), "甲……貞 : 勿出兵?"(≪京津1531≫)

龏(공)					[gōng]
	(≪續5. 6. 6≫)	(≪前4. 30. 1≫)	(≪乙1392≫)	(≪佚580≫)	

갑골문 '龏'자는 '収'과 '龍'을 구성 요소로 하고 있는데, 이는 두 손으로 용(龍)을 받들고 있는 모양을 형상화한 자형 결구이다. 이 '龏'자는 '恭'의 고자(古字)이며, 공경(恭敬)하다는 뜻이다. ≪說文解字≫에는 이 '龏'자에 대해, "龏, 慤也. 從廾, 龍聲. : '龏'은 공손(恭遜)하다는 뜻이다. '廾'을 의부, '龍'을 성부로 구성되었다."라고 풀이하고 있다. '龏'자와 '恭'자의 관계에 대해 高鴻晉은, "恭字初原作龏, 從収, 龍聲. 後廾變爲共, 故有龔字, 音義不別. 秦以後有恭字, 從心, 共聲, 音義乃同.[2] : '恭'자는 원래는 '龏'으로 썼는데, '収'을 의부,

---

[1] 唐蘭 ≪古文字學導論≫(河洛圖書出版社 1980. 臺北) 下編 p.29下를 참고.
[2] 高鴻晉 ≪頌器考釋≫, 湯可敬 前揭書 ≪說文解字今釋≫ p.378에서 재인용.

'龍'을 성부로 구성되었다. 후에 '廾'은 '共'으로 변해서 '龔'자가 생겨났는데, 자음(字音)과 자의(字義)는 구별이 없었다. 秦이후에 '恭'자가 생겼으며, '心'을 의부, '共'을 성부로 구성되었고, 자음과 자의는 여전히 같다."라고 하였다. 일리가 있는 주장이다.

갑골문에서의 뜻은 다음과 같다.

1. '凰'과 함께 제품(祭品)으로 사용되었다. "貞 : 乎有龔凰?"(≪乙1392≫)

2. 지명(地名) 또는 방국명(方國名). "辛未卜, 在龔貞 : 王今夕亡禍?"(≪前2. 13. 6≫), "貞 : 乎行取龔友于▨砳氏?"(≪前4. 30. 1≫), "叀龔伐"(≪佚580≫)

3. 인명(人名). "……充貞 : 令龔▨敎?"(≪前7. 31. 4≫)

具(구)				[jù]
(≪前8. 6. 4≫)	(≪甲3365≫)	(≪花東333≫)	(≪花東480≫)	

위의 갑골문 '具'자는 '収'과 '鼎'으로 구성되어 있는데, 이는 두 손으로 정(鼎)을 잡고 있는 모양을 형상화한 자형으로, 갖추어 놓다는 뜻을 나타낸다. 이 '具'자에 대해 ≪說文解字≫에는, "具, 共置也. 從廾貝省. 古㠯貝爲貨. : '具'는 가져다 놓다는 뜻이다. '廾'과 필획이 생략된 '貝'를 구성 요소로 하고 있다. 고대에는 '貝'를 화폐로 사용하였다."라고 풀이하고 있다. 후세에는 '器具'라는 뜻으로 사용되고 있다.

갑골문에서는 방국명(方國名)으로 사용된 것으로 짐작된다. "……具伐……不……"(≪甲3365≫)

共(공)		[gòng]
(≪續5. 5. 3≫)	(≪京都459A≫)	

두 손으로 어떤 물건을 위로 받쳐 들고 있는 모양을 형상화한 자형인데, 이는 두 손을 맞잡고 받쳐 들다는 뜻을 나타내는 '共'자로, '拱'의 고자(古字)이다. 이 '共'자에 대해 ≪說文解字≫에는, "共, 同也. 從廿廾. 觲, 古文共. : '共'은 함께 하다는 뜻이다. '廿'과 '廾'을 구성 요소로 하고 있다. '觲'(龔)은 '古文' '共'자이다."라고 풀이하고 있다.

이 갑골문 '共'자는 일반적으로, 본편(本篇)의 앞부분에서 살펴본 바와 같이, 두 손을 맞잡고 있는 모양으로 구성된 '収'자의 후기자(後起字)자로 인식하여, ≪續5. 5. 3≫에 각(刻)된 이 '𦥯'자를 '収'자의 번체(繁體)로 간주하기도 한다. 본편 앞쪽의 '収'자에 대한 해설을 참고하기 바란다.

| 異(이) | (≪前5. 38. 6≫) | (≪甲394≫) | (≪甲657≫) | (≪明藏418≫) | [yì] |

위의 갑골문 '異'자는 특별히 강조된 사람의 머리 부분을 두 손으로 위로 받쳐 들고 있는 모양을 형상화한 자형이며, 머리에 어떤 물건을 이다는 뜻을 나타내는 것이라고 짐작된다. 후세에 이 '異'자에다 성부 '𢧵'를 덧붙여서 '戴'자가 만들어졌다. 이 '異'자에 대해 ≪說文解字≫에는, "異, 分也. 從廾畀. 畀, 予也. : '異'는 나누다는 뜻이다. '廾'과 '畀'를 구성 요소로 하고 있다. '畀'는 주다라는 뜻이다."라고 풀이하고 있다.

갑골문에서의 뜻은 다음과 같다.

1. 제명(祭名), 곧 '禩祭'라 짐작된다. "甲子卜, ▨貞 : 王異其田亡災?"(≪甲3915≫), "辛丑卜, 彭貞 : 翌日壬王異其田盥湄日亡災?"(≪佚277≫), "……壬王異……盂田 弗……"(≪甲394≫)

2. '다르다', '특이(特異)하다'는 뜻이라 추정된다. "酚𝍎異"(≪甲657≫)

3. 인명(人名) 또는 방국명(方國名). "貞 : 異不其乎來?"(≪前6. 21. 6≫), "癸丑卜, 爭貞 : 異及工方?"(≪前7. 2. 1≫)

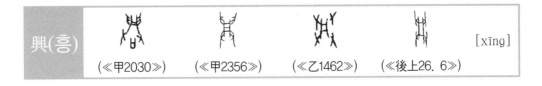

| 興(흥) | (≪甲2030≫) | (≪甲2356≫) | (≪乙1462≫) | (≪後上26. 6≫) | [xīng] |

위의 갑골문은 네 개의 손과 기물을 상징하는 '𦥑'를 구성 요소로 하고 있는데, 두 사람이 서로 마주보고 두 손을 뻗어서 하나의 기물을 함께 들고 있는 모양을 형상화한 자형 결구이다. 羅振玉이 이를 '興'자로 고석하여[1] 정설이 되었다. ≪說文解字≫에는 이 '興'자에 대해, "興,

1) 羅振玉 前揭書 ≪增訂殷虛書契考釋≫ 卷中 p.62를 참고.

起也. 從舁同, 同, 同力也. : '興'은 흥기(興起)하다는 뜻이다. '舁'와 '同'을 구성 요소로
하고 있으며, '同'은 힘을 합치다는 뜻을 나타낸다."라고 풀이하고 있다.

갑골문에서의 뜻은 다음과 같다.

1. 흥기(興起)하다. "丁卯卜, 賓貞 : 歲不興亡勹? 五月"(≪甲2124≫)

2. 제명(祭名)이라 짐작된다. "……興酌祖丁……父王受祐? 有."(≪甲2030≫), "乙未貞
   : 大御弜菁翌日其興?"(≪後上26. 6≫)

3. 방국명(方國名). "壬寅卜, 㱿貞 : 興方昌羌用自上甲至下乙?"(≪丙42≫), "貞 : 王隹
   興方伐?"(≪綴合151≫)

臾(要)(요)   [yāo]

(≪前2. 18. 4≫)

李孝定은 위에 예시한 글자를 '要'자로 수록하고는, "从⊙, 本象頭形. …… 要字象女子自
臼其要之形, 女子尙細要, 蓋自古已然.[1] : '⊙'을 구성 요소로 하고 있는데, 본래는 머리의
모양을 형상화한 것이다. …… (갑골문) '要'자는 여자가 자신의 허리를 두 손으로 깍지 끼고
있는 모양을 형상화하였는데, 여자들이 가는 허리를 갖기를 바라는 것은 아마도 고대에서부터
이미 그랬던 것 같다."라고 하여, '要'자로 고석하였다. 이 '要'자는 금문(金文)으로는 '𦥑'(≪要
簋≫)로 쓰고 있는데, ≪說文解字≫에는, "臾, 身中也. 象人嬰自臼之形. 從臼, 𦥇, 古文
臾. : '臾'는 신체의 가운데 부분을 뜻한다. 사람이 두 손으로 허리를 깍지 낀 모양을 형상화하
였고, '臼'를 구성 요소로 하고 있다. '𦥇'(嬰)는 '古文' '臾'자이다."라고 풀이하고 있다. 이
'臾'자는 지금은 '要'로 쓰고 있다.

갑골문에서의 뜻은 아직 명확하게 밝혀지지 않았다. "……要……五十在𤔔……"(≪前2.
18. 4≫)

---

1) 李孝定 前揭書 ≪甲骨文字集釋≫ p.833.

| 晨(晨)(신) | [chén] | | [chén] |

晨(晨)(신)　　　(≪前4. 10. 3≫)　(≪合集9477≫)　　　　　[chén]

위의 갑골문 '晨'자는 두 손과 '辰'을 구성 요소로 하고 있는데, 이 글자의 자형은 두 손으로 농기구를 사용하는 것을 형상화한 것이다. 이 '晨'자와 마찬가지로 '辰'을 구성 요소로 하고 있는 아래의 '農'자를 참고하기 바란다. ≪說文解字≫에는 이 '晨'자에 대해, "晨, 早昧爽也. 從臼辰. 辰, 時也. 辰亦聲. 鴺夕爲𠜱, 臼辰爲晨, 皆同意. : '晨'은 동이 틀 새벽 무렵이라는 뜻이다. '臼'와 '辰'을 구성 요소로 하고 있는데, '辰'은 시간을 표시한다. '辰'은 또한 성부이기도 하다. '鴺'과 '夕'이 합쳐져서 '𠜱'자가 되었고, '臼'와 '辰'이 합쳐져서 '晨'자가 되었는데, 이들은 모두 같은 형식으로 뜻을 나타낸 것이다."라고 풀이하고 있다.

갑골문에서는 농업 관련의 관직명으로 사용되었다. "……卜, 爭貞 : 令多晨衆𢦤𢦏戈?" (≪前4. 10. 3≫)

農[農](농)　　(≪前5. 47. 6≫)　(≪佚855≫)　(≪乙5329≫)　(≪合集583反≫)　　[nóng]

≪甲骨文編≫에는 위에 예시한 글자들을 '農'자로 수록하고는, "卜辭農字从林, 與說文古文同.[1] : 갑골복사에서의 '農'자는 '林'을 구성 요소로 하고 있는데, 이는 ≪說文解字≫의 '農'자의 '古文'과 같다."라고 하고 있다. 이 갑골문 '農'자는 '辰'과 '林'을 구성 요소로 하고 있는데, 간혹 '林'을 '森'으로 대체한 것도 있다. 이는 무명조개로 만든 농기구를 가지고 경작하는 모양을 형상화한 자형이다. 이 '農'자에 대해 ≪說文解字≫에는, "農, 耕人也. 從晨, 囱聲. 辳, 籒文農, 從林. 𦦣, 古文農. 蕽, 亦古文農. : '農'은 경작하는 사람이라는 뜻이다. '晨'을 의부, '囱'을 성부로 구성되었다. '辳'(辳)은 주문(籒文) '農'자인데, '林'을 구성 요소로 하고 있다. '𦦣'(𦦣)은 '古文' '農'자이고, '蕽'(蕽)도 역시 '古文' '農'자이다."라고 풀이하고 있다.

갑골문에서의 뜻은 다음과 같다.

---

1) 中國社會科學院考古研究所 前揭書 ≪甲骨文編≫ p.107.

1. 농신(農神). "甲寅卜, 王叀農示帝? 五月"(≪乙1182≫)
2. 제명(祭名). "癸亥卜, 貞 : 乙歲, 叀今農酚?"(≪前5. 47. 6≫)
3. 제품(祭品)(?). "乙酉卜, 即貞 : 告于母辛叀農?"(≪前5. 48. 1≫)
4. 지명(地名). "壬戌卜, 殼 : 乎多犬网鹿于農? 八月."(≪乙5329≫)

鬲(력)				[lì]
(≪甲2132≫)	(≪鐵31. 4≫)	(≪粹1543≫)	(≪明藏625≫)	

위쪽에는 둥근 주둥이가 있고, 복부(腹部) 아래쪽에는 속이 빈 세 개의 굽은 다리가 있는 솥의 모양을 형상화한 상형자로, 굽은 세 다리 솥이라는 취사(炊事) 도구의 하나인 '鬲'자이다. 이 글자에 대해 ≪說文解字≫에는, "鬲, 鼎屬也. 實五觳, 斗二升曰觳. 象腹交文, 三足. 䰛, 鬲或從瓦. 䰛歷, 漢令鬲, 從瓦厤聲. : '鬲'은 정(鼎) 부류에 속한다. 그 용적(容積)은 5곡(觳)인데, 1두(斗)[말] 2승(升)[되]을 1곡(觳)이라고 한다. 복부(腹部)에 있는 교차 무늬장식을 형상화하였고, 다리가 세 개다. '䰛'(䰛)은 '鬲'의 혹체자인데, '瓦'를 구성 요소로 하고 있다. '䰛'(歷)은 漢나라 법령에 있는 '鬲'자인데, '瓦'를 의부, '厤'을 성부로 구성되었다."라고 풀이하고 있다.

1. 력(鬲). 발이 셋인 솥 즉 '鼎' 부류의 제기(祭器). "……于父丁其尊鬲"(≪明藏625≫)
2. 인명(人名). "……貞 : 子鬲亡疾?"(≪鐵31. 4≫)

鬳(권)				[yàn]
(≪前7. 5. 2≫)	(≪後下8. 1≫)	(≪京津2977≫)	(≪甲2082≫)	

선사(先師) 金祥恒 교수는 ≪續甲骨文編≫에서 위에 예시한 글자들을 해설 없이 '鬳'자로 수록하였다.[1] 이 글자들은 기본적으로는 '鬲'과 같은 도구 위에 다시 음식 기구를 올려놓은 모양을 형상화한 상형자인데, 간혹 '虍'를 덧붙여 성부를 표시한 것도 있다. 이는 고대의 찜 기구의 하나인 시루를 나타낸 것이라 짐작된다. 이 '鬳'자에 대해 ≪說文解字≫에는, "鬳,

---

1) 金祥恒 前揭書 ≪續甲骨文編≫ 卷3 p.2上.

鬲屬. 從鬲, 虍聲. : ‘鷹’은 ‘鬲’의 한 부류이다. ‘鬲’을 의부, ‘虍’를 성부로 구성되었다.”라고 풀이하고 있다.

갑골문에서의 뜻은 다음과 같다.

1. ‘獻’자와 통용. 바치다. “乙卯卜, 賓貞 : 鷹龜翌日? 十三月”(≪前7. 5. 2≫), “乙卯卜, 狄貞 : 鷹羌其用妣辛……?”(≪甲2080≫)
2. 시루. 용기(容器)의 이름. “甲寅貞 : 來丁巳尊鷹于父丁, 宜三十牛?”(≪後上27. 10≫)
3. 인명(人名). “丙寅卜, 賓貞 : 令子鷹□□于四方? 十一月”(≪後下8. 1≫)

鬻(餗)(속)					[sù]
	≪鐵182. 3≫	≪粹138≫	≪粹468≫	≪佚895≫	

위에 예시한 갑골문은 기본적으로 ‘食’과 ‘束’과 ‘又’를 구성 요소로 하고 있는데, 간혹 ‘鬲’을 구성 요소로 하고 있는 것도 있다. 이는 손에 음식물을 들고 있는 모양의 자형이다. 이 글자에 대해 徐中舒는, “卽鬻(餗)之初文. …… 盛入鼎鬲器皿中之熟食. : 이는 곧 ‘鬻’ 즉 ‘餗’의 초문(初文)이다. …… ‘鼎’이나 ‘鬲’과 같은 기명(器皿) 속에 담겨 있는 익힌 음식이다.”라고 하여, ‘鬻’자로 고석하였다. 이 ‘鬻’자에 대해 ≪說文解字≫에는 “鬻, 鼎實. 惟葦及蒲. 陳留謂鍵爲鬻. 從𩰲, 速聲. 餗, 鬻或從食束, 束聲. : ‘鬻’은 정(鼎)에 담긴 음식물이라는 뜻이다. 갈대의 어린 순과 창포와 같은 부류의 채소들이다. 陳留 지방에서는 ‘鍵’ 즉 죽을 ‘鬻’이라고 한다. ‘𩰲’을 의부, ‘速’을 성부로 구성되었다. ‘餗’(餗)은 ‘鬻’의 혹체자인데, ‘食’과 ‘束’을 구성 요소로 하고 있고, ‘束’은 성부이다.”라고 풀이하고 있다.

갑골문에서의 뜻은 다음과 같다.

1. 음식물을 바치다. “丁酉卜, 爭貞 : 來丁, 來鬻王?”(≪後下22. 13≫)
2. 제명(祭名). “其鬻自祖乙”(≪南明572≫)
3. 제품(祭品). “甲辰卜, 鬻歲牢?”(≪粹468≫), “王其侑大乙叀鬻.”(≪粹138≫)

爪(조) [zhǎo]

(≪乙3471≫)

≪甲骨文編≫에는 위의 갑골문을 아무 설명 없이 '爪'자로 수록하고 있는데,[1] 이 글자는 측면에서 본 새의 발톱 모양을 형상화한 상형자이며, 금문(金文)으로는 ''(≪師克盨≫)로 쓰고 있다. 이 '爪'자에 대해 ≪說文解字≫에는, "爪, 丮也. 覆手曰爪. 象形. : '爪'는 발톱으로 움켜 잡다는 뜻이다. (일설에는) 손을 덮은 것을 '爪'라고 한다고도 한다. 상형(象形)이다." 라고 풀이하고 있다.

갑골문에서의 뜻은 아직 명확하게 밝혀지지 않았다. "壬辰……, ……古王……爪"(≪乙3471≫)

孚(부) [fú]

(≪乙6694≫)　(≪合集11499反≫)　(≪屯4287≫)　(≪合集765≫)

갑골문 '孚'자는 기본적으로는 '又'와 '子'를 구성 요소로 하고 있는데, 간혹 '彳'을 덧붙인 것도 있다. 이는 한 손으로 어린 아들을 사랑스럽게 쓰다듬는 모양을 형상화한 자형이다. 금문(金文)으로는 ''(≪師袁簋≫)로 쓰고 있다. 이 '孚'자에 대해 ≪說文解字≫에는, "孚, 卵卽孚也. 從爪子. 一曰信也. , 古文孚從禾. 禾, 古文保. 保亦聲. : '孚'는 알이 부화(孵化)하다는 뜻이다. '爪'와 '子'를 구성 요소로 하고 있다. 일설에는 미쁘다는 뜻이라고도 한다. ''(采)는 '古文' '孚'자인데, '禾'(呆)를 구성 요소로 하고 있다. '禾'는 '古文' '保'(保)'자이며, '保'는 또한 성부이다."라고 풀이하고 있다.

갑골문에서의 뜻은 아직 명확하게 밝혀지지 않았다. "貞 : 我用☒孚?"(≪乙6694≫)

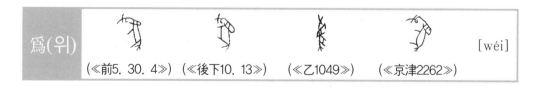

爲(위) [wéi]

(≪前5. 30. 4≫)　(≪後下10. 13≫)　(≪乙1049≫)　(≪京津2262≫)

羅振玉은 위에 예시한 갑골문을 '爲'자로 고석하면서, "卜辭作手牽象形. …… 意古者役象

1) 中國社會科學院考古研究所 前揭書 ≪甲骨文編≫ p.109.

以助勞, 其事或尙在服牛乘馬以前.[1] : 갑골복사에서는 손으로 코끼리를 끄는 모양으로 쓰고 있다. …… 고대에 코끼리를 부려서 일을 돕게 한 것을 의미한 것인데, 이런 일은 소를 부리거나 말을 타기 전에 있었던 것으로 생각된다."라고 하였다. 이 갑골문 '爲'자는 '手'와 '象'을 구성 요소로 하고 있는데, 이는 손으로 코끼리를 끄는 모양을 형상화한 자형이며, 사람을 도와서 일한다는 뜻을 나타낸다. 이 '爲'자에 대해 ≪說文解字≫에는, "爲, 母猴也. 其爲禽好爪. 下腹爲母猴形. 王育曰：爪, 象形也. 🔥, 古文爲, 象兩母猴相對形. : '爲'는 모후(母猴)[붉은 원숭이로, 목후(沐猴), 미후(獼猴), 마후(馬猴)라고도 함]라는 뜻이다. 그것이 들짐승으로 간주되는 것은 발톱을 잘 사용하기 때문이다. 글자의 아래쪽 복부(腹部)는 모후(母猴)의 모양을 하고 있다. 王育은, 「爪'는 모후(母猴)의 모양을 상형화한 것이다.」라고 하였다. '🔥'(𤓷)는 '古文' '爲'자인데, 두 마리의 모후가 서로 마주하고 있는 모양을 형상화하였다."라고 풀이하고 있다.

갑골문에서의 뜻은 다음과 같다.

1. 돕다. 하다. 되다. "丙申卜, 㱿貞 : 叀賓爲?"(≪前5. 30. 4≫), "乙丑卜, 㱿貞 : 我叀賓爲?"(≪後下10. 13≫), "王爲我家祖辛祐王?"(≪合132≫)

2. 인명(人名). "取爲"(≪乙2307≫)

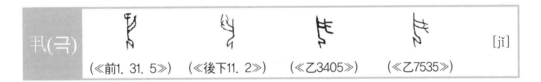

𠬞(극)	𣪊	𣪊	𣪊	𣪊	[jǐ]
	(≪前1. 31. 5≫)	(≪後下11. 2≫)	(≪乙3405≫)	(≪乙7535≫)	

무릎을 꿇고 앉은 사람이 두 손을 앞으로 내밀고 있는 모양을 형상화한 상형자인데, 이는 손에 어떤 물건을 쥐려는 뜻을 나타내는 것이라 짐작된다. 이 갑골문을 李孝定은 '𠬞'자로 고석하면서, "契文正象兩手有所𠬞據之形.[2] : 이 갑골문자가 바로 두 손에 무엇인가를 쥐고 있는 모양을 형상화하고 있다."라고 하였다. 이 '𠬞'자에 대해 ≪說文解字≫에는 "𠬞, 持也. 象手有所𠬞據也. 讀若戟. : '𠬞'은 손으로 잡고 있다는 뜻이다. 손에 무언가를 쥐고 있는 것을 형상화하였다. 독음(讀音)은 '戟'자처럼 읽는다."라고 풀이하고 있다.

갑골문에서는 인명(人名)으로 사용되었다. "丁卯卜, 賓貞 : 𠬞不死? 王占曰 : 吉."(≪乙

---

1) 羅振玉 前揭書 ≪增訂殷虛書契考釋≫卷中 p.60下.
2) 李孝定 前揭書 ≪甲骨文字集釋≫ p.867.

3405≫), "貞 : 卂其死?"(≪乙7535≫), "貞 : 幸卂生?"(≪後下11. 2≫)

| 埶(예) | (≪佚247≫) | (≪後下30. 11≫) | (≪甲2698≫) | ≪前2. 27. 4≫) | [yi] |

위에 예시한 갑골문은 사람이 두 손으로 식물을 심는 모양을 형상화한 자형인데, 商承祚는 이 글자에 대해, "此从手持木之形, 殆卽埶字.[1] : 이 글자는 손에 나무를 들고 있는 모양으로 구성되어 있는데, 바로 '埶'자라고 생각된다."라고 하였다. 이 '埶'자에 대해 ≪說文解字≫에 는, "埶, 種也. 從卂坴. 卂持種之. 詩曰 : 我埶黍稷. : '埶'는 심다는 뜻이다. '卂'과 '坴'을 구성 요소로 하고 있다. 묘목 따위를 손에 쥐고 심는다는 뜻이다. ≪詩經·小雅·楚茨≫에, 「서직(黍稷)을 심었다네.」라고 하고 있다."라고 풀이하고 있다.

갑골문에서의 뜻은 다음과 같다.

1. 제명(祭名). "甲子卜, 行貞 : 王賓埶福亡禍?"(≪後下30. 11≫), "甲子卜, 彭貞 : 王埶福?"(≪甲2698≫), "……其……父庚叀埶, 王受祐?"(≪甲1641≫)

2. 지명(地名) 또는 방국명(方國名). "戊申卜, 王往田埶?"(≪前2. 27. 4≫), "癸卯卜, 貞 : 埶其戎沚?"(≪遺964≫)

| 顡(孰)(숙) | (≪京津2676≫) | (≪合集30286≫) | [shú] |

이 갑골문은 집 모양의 건축물과 사람으로 구성되어 있는데, 이는 사람이 건물 안쪽을 향하여 무엇을 바치는 모양을 형상화한 자형으로, 음식을 바치다는 뜻이라고 짐작된다. 지금 이 글자는 '顡'자로 예정(隸定)하여 쓰는데, 이는 '孰'의 고자(古字)이며, 금문(金文)으로는 '𩰲'(≪伯怔簋≫)으로 쓰고 있다. 이 '顡'자에 대해 ≪說文解字≫에는, "顡, 食飪也. 從卂㐺. 易曰 : 孰飪. : '顡'은 음식을 익히다는 뜻이다. '卂'과 '㐺'을 구성 요소로 하고 있다. ≪周易·鼎卦·象≫에, 「음식을 끓여서 익힌다.」라고 하고 있다."라고 하고 있다. 이 글자에

---

1) 商承祚 前揭書 ≪殷虛文字類編≫ 三卷 p.9下.

대해 朱駿聲은, "字亦作熟, 加火.[1] : 이 글자는 또한 '熟'으로도 쓰는데, '火'자를 덧붙였다."
라고 하였다.

갑골문에서의 자의(字義)는 아직 명확하게 밝혀지지 않았다. "……埶……[人]?[卅]? ……"
(≪京津2676≫)

| 飵(재) | (≪甲2695≫) | (≪合集22706≫) | (≪英2503≫) | (≪前2. 10. 1≫) | [zài] |

徐中舒는 위의 갑골문을 '飵'자로 수록하고는, "從𣪊與從食同, 皆會手持熟食祭神之意,
乃飵之初文.[2] : '𣪊'을 구성 요소로 한 것은 '食'을 구성 요소로 한 것과 같은데, 이는 모두
손에 익힌 음식을 들고 신에게 제사를 드린다는 뜻을 나타내며, 이는 곧 '飵'의 초문(初文)이
다."라고 하였다. 이 갑골문 '飵'자는 사람이 두 팔과 손을 내밀어 익힌 음식을 받들고 있는
것을 형상화한 자형이며, 익힌 음식을 바치며 신(神)에게 제사를 지내는 의미를 나타낸다.
이 '飵'자에 대해 ≪說文解字≫에는, "飵, 設飪也. 從𣪊食, 才聲, 讀若載. : '飵'는 익힌
음식을 진설(陳設)하다는 뜻이다. '𣪊'과 '食'을 의부, '才'를 성부로 구성되었다. 독음(讀音)은
'載'자처럼 읽는다."라고 풀이하고 있다. 갑골문 '飵'자가 제명으로 쓰일 때는 대부분 '𤔲'로
예정(隸定)하여 쓰며, 이 제사는 商 왕실의 조상에게 올리는 주제(週祭) '五種祭祀' 중의
하나이다.

갑골문에서의 뜻은 다음과 같다.

1. 제명(祭名). 주제(週祭) '𤔲'. "乙酉卜, 叀今日酒𤔲于父乙?"(≪前4. 1. 3≫), "貞 :
   其𤔲今埶亡尤?"(≪甲2695≫)

2. 지명(地名). "戊寅王卜, 在飵貞 : 今日步于口亡災?"(≪前2. 10. 1≫)

1) 朱駿聲 前揭書 ≪說文通訓定聲≫ p.293.
2) 徐中舒 前揭書 ≪甲骨文字典≫ p.271.

| 虺(과) | (≪甲210≫) | (≪前5. 12. 5≫) | (≪合集7015≫) | (≪後下26. 17≫) | [huà] |

위의 갑골문은 '人'과 '戈'를 구성 요소로 하고 있는데, 이는 사람이 두 손으로 창을 들어 올리는 것을 형상화한 자형의 '虺'자이다. 徐中舒는 이 글자의 자형에 대해, "象人跪降獻戈之 形.[1] : 사람이 꿇어 앉아 창을 바치는 모습을 형상화하였다."라고 주장하였다. 이 '虺'자에 대해 ≪說文解字≫에는, "虺, 擊踝也. 從虺戈. 讀若踝. : '虺'는 '踝骨' 즉 복사뼈를 치다는 뜻이다. '虺'과 '戈'를 구성 요소로 하고 있다. 독음은 '踝'자처럼 읽는다."라고 풀이하고 있다.

갑골문에서는 '받들어 바치다'는 뜻으로 사용되었다. "☒亥卜, 王貞 : 乙酉虺?"(≪後下26. 17≫), "貞 : 基方虺? 貞 : 基方不其虺?"(≪前5. 12. 5≫)

| 鬥(투) | (≪前2. 9. 4≫) | (≪甲1092≫) | (≪乙6988≫) | (≪燕442≫) | [dòu] |

위의 갑골문 '鬥'자는 두 사람이 서로 마주 보고 서서 두 손으로 치고받으며 싸우는 모양을 형상화한 자형인데, 羅振玉은 이 글자에 대해, "卜辭諸字, 皆象二人相搏, 無兵仗也.[2] : 이들 갑골복사 중의 여러 글자들은 모두 두 사람이 서로 치고받는 모양을 형상화하였는데, 병장기는 보이지 않는다."라고 하였다. 이 '鬥'자에 대해 ≪說文解字≫에는, "鬥, 兩士相對, 兵杖在後, 象鬥之形. : '鬥'는 두 명의 사병(士兵)이 서로 마주 하여, 병장기(兵仗器)는 뒤에 두고, (맨손으로) 싸우는 모양을 형상화하였다."라고 풀이하고 있다.

갑골문에서의 자의(字義)는 다음과 같다.

1. 격투하다. 싸우다. "癸丑卜, 王☒不鬥衆……?"(≪南師2. 144≫)
2. 지명(地名). "貞 : 朕芻于鬥?"(≪乙6988≫), "乙巳卜, 爭貞 : 尞于河, 五牛, 沈十一 牛? 十月在鬥."(≪前2. 9. 3≫), "☒巳卜, 爭貞 : 丁未酢河? 在鬥."(≪前2. 9. 4≫)

---

1) 徐中舒 上揭書 ≪甲骨文字典≫ p.272.
2) 羅振玉 前揭書 ≪增訂殷虛書契考釋≫ 卷中 p.62下.

| 又(우) | (≪前1. 27. 4≫) | (≪甲504≫) | (≪甲795≫) | (≪京津4828≫) | [yòu] |

　갑골문 '又'자는 오른손을 옆에서 본 모양을 형상화한 자형의 상형자인데, 이는 '右'자와 자형은 같으나 서로 다른 글자로 사용된 동형이자(同形異字)의 예(例)에 해당된다. 이 '又'자에 대해 ≪說文解字≫에는, "又, 手也. 象形. 三指者, 手之列多略不過三也. : '又'는 손이라는 뜻이다. 상형자이다. 자형에 손가락이 세 개인 것은, 손을 표시하는 부류의 글자들에서 많다는 것을 셋으로 줄여서 나타내었기 때문이다."라고 풀이하고 있다.

　그리고 徐中舒는 갑골문 '又'자와 '右'자의 자형에 대해, "甲骨文象右手之形. 甲骨文正反每無別, 故又亦每作ϒ, 惟左右竝稱時, ϒ爲右, ϒ爲左則分別甚明.[1] : 갑골문은 오른손의 모양을 형상화하였다. 그런데 갑골문에서는 정반(正反)의 방향에 구별이 없었기 때문에, '又'자도 매번 'ϒ'로 쓰기도 하였는데, 다만 좌우를 병칭(竝稱)할 경우에만은 'ϒ'는 오른쪽을, 'ϒ'는 왼쪽을 나타내는 것으로 명확하게 분별하였다."라고 해설하였다.

　갑골문에서의 자의(字義)는 다음과 같다.

1. 그리고. 또(한). "其十人又五"(≪甲854≫)
2. '右'자와 통용. 오른쪽. "丁酉貞 : 王作三師又(右)中左?"(≪粹597≫)
3. '有'자와 통용. 가지다. 있다. "乙巳卜, 婦好又(有)子?"(≪前8. 2. 1≫)
4. '祐'자와 통용. 도우다. 보우(保祐)하다. "貞 : 弗其受有又(祐)?"(≪前1. 27. 4≫)
5. 제명(祭名). '侑'자와 통용. "乙巳貞 : 丁未又(侑)伐于父丁, ……?"(≪甲795≫), "又(侑)大甲三牢"(≪甲504≫)

| 叉(조) | (≪前2. 19. 3≫) | (≪後下37. 6≫) | (≪合集36902≫) | (≪乙3848≫) | [zhǎo] |

　위에 예시된 갑골문 '叉'자는, 사람의 손을 뜻하는 '又'와 강조하는 부위를 가리키는 부호로 사용된 두 개의 점이나 짧은 선으로 구성되어 있는데, 이 부호는 손톱을 표시(標示)한다.

---

1) 徐中舒 上揭書 p.280.

이 '叉'자에 대해 ≪說文解字≫에는, "叉, 手足甲也. 從又, 象叉形. : '叉'는 손톱과 발톱을 뜻한다. '又'와 손발톱 모양을 형상화한 것을 구성 요소로 하여, 손발톱 모양을 형상화하였다." 라고 풀이하고 있다.

갑골문에서는 지명(地名)으로 사용되었다. "……王卜, 在叉貞, ……于栗亡災? 在二月" (≪前2. 19. 3≫), "……王往叉▨步亡災?"(≪前2. 19. 5≫)

父(부)	⋀	⋀	⋀	⋀	[fù]
	≪甲801≫	≪戩6. 13≫	≪前7. 16. 4≫	≪鐵196. 1≫	

郭沫若은 위에 예시한 갑골문을 '父'자로 고석하면서, "父字……, 乃斧之初字. 石器時代 男子持石斧('丨'卽石斧之象形)以事操作, 故孳乳爲父母之父.[1] : '父'자는 …… '斧'자의 당초의 글자이다. 석기시대에 남자들은 돌도끼('丨'이 바로 돌도끼의 상형임)를 손에 들고 일을 했기 때문에, 여기에서 파생하여 '父母'의 '父'자가 되었다."라고 주장하였다. 이에 의하면, 이 갑골문 '父'자는 손에 돌도끼를 쥐고 있는 것을 형상화한 자형으로, '斧'자의 초문(初文)인데, 금문(金文)으로는 'ᛩ'(≪父癸鼎≫)로 쓰고 있다. 이 '父'자에 대해 ≪說文解字≫에는, "父, 巨也. 家長率敎者. 從又擧杖. : '父'는 법도를 견지하다는 뜻이다. 가장(家長)으로서 자녀들을 선도(先導)하고 교육하는 사람이다. 손에 막대기를 들고 있는 모양으로 구성되어 있다."라고 풀이하고 있다.

갑골문에서는 '父母'의 '父'의 의미로 사용되어 선왕(先王)을 지칭하고 있다. "戊午卜, 其兄于父甲……?"(≪甲801≫), "乙卯卜, 亘貞 : 今日王至敦夕酒子㝵侑于父乙?"(≪鐵196. 1≫)

叟(수)	⋀	⋀	⋀	⋀	[sǒu]
	≪前4. 28. 7≫	≪前4. 29. 1≫	≪存上22≫	≪京都278B≫	

≪甲骨文編≫에는 위에 예시한 갑골문을 '叟'자로 수록하고, "象人在屋中擧火.[2] : 사람이

1) 郭沫若 ≪甲骨文中所見之殷代社會≫, 李孝定 前揭書 ≪甲骨文字典集釋≫ p.897에서 재인용.
2) 中國社會科學院考古硏究所 前揭書 ≪甲骨文編≫ p.117.

집안에서 불을 들고 있는 것을 형상화하였다."라고 하였는데, 이들 갑골문 '叟'자는 '宀'과 '火'와 '又'를 구성 요소로 하고 있다. 이 '叟'자에 대해 ≪說文解字≫에는, "叟, 老也. 從又 災. �, 籀文從寸. 傻, 叟或從人. : '叟'는 나이 많은 남자라는 뜻이다. '又'와 '災'를 구성 요소로 하고 있다. '�'(㝮)는 주문(籀文)인데, '寸'을 구성 요소로 하고 있다. '傻'(傻)는 '叟'의 혹체자인데, '人'를 구성 요소로 하고 있다."라고 풀이하고 있다.

갑골문에서의 뜻은 다음과 같다.

1. 지명(地名)으로 짐작된다. "……自叟……"(≪存上22≫)
2. 인명(人名)으로 짐작된다. "乙未卜, 爭貞 : 鋄王口日叟?"(≪前4. 28. 7≫)

燮(섭)				[xiè]
(≪合集7074≫)	(≪合集28019≫)	(≪前5. 33. 4≫)	(≪合集18793≫)	

徐中舒는 위에 예시한 ≪前5. 33. 4≫의 갑골문에 대해, "從又持辛從焱, 當爲燮之初文.[1] : '又'와 '辛' 그리고 '焱'을 구성 요소로 하고 있는데, 이는 '燮'자의 초문(初文)임이 틀림없다."라고 하여, 이 글자를 '燮'자로 고석하였다. 이 '燮'자에 대해 ≪說文解字≫에는, "燮, 和也. 從言又, 炎聲. 讀若溼. 爕, 籀文, 燮從羊. : '燮'은 조화(調和)하다는 뜻이다. '言'과 '又'를 의부, '炎'을 성부로 구성되었다. 독음(讀音)은 '溼'자처럼 읽는다. '爕'은 주문(籀文)인데, 이 '爕'자는 '羊'을 구성 요소로 하고 있다."라고 풀이하고 있다.

갑골문에서는 '夕燮'이라는 말로 사용되었는데, 于省吾는 이 말에 대해, "亦均爲不吉之義.[2] : 역시 모두 다 불길(不吉)하다는 뜻이다."라고 하였다. "癸亥卜, 史貞 : 旬亡禍? 一日象甲子, 夕燮大㒸至于相."(≪簠雜116≫), "癸亥卜, 兄貞 : 旬亡……? 夕燮大㒸……"(≪前 5. 33. 4≫)

---

1) 徐中舒 前揭書 ≪甲骨文字典≫ p.284.
2) 于省吾 前揭書 ≪甲骨文字釋林≫ p.89.

| 尹(윤) | (≪甲744≫) | (≪前1. 52. 2≫) | (≪戩25. 13≫) | (≪存下22. 9≫) | [yǐn] |

위에 예시한 갑골문을 羅振玉이 '尹'자로 고석하여,[1] 정설이 되었다. 이 '尹'자는 '又'와 '丨'을 구성 요소로 하고 있는데, 이 글자에 대해 王鳳陽은, "字象手持杖形, 表有權威的人 · 統治者 · 指揮者 · 管理者.[2] : 이 글자는 손에 지팡이를 쥐고 있는 모양을 형상화하였는데, 이는 권위를 가진 사람 · 통치자 · 지휘자 · 관리자 등을 나타낸다."라고 하였다. 이 '尹'자에 대해 ≪說文解字≫에는, "尹, 治也. 從又丿. 握事者也. 𢑏, 古文尹. : '尹'은 다스리다는 뜻이다. '又'와 '丿'을 구성 요소로 하고 있다. 사물을 장악하고 있는 사람이라는 뜻이다. '𢑏'(帇)은 '古文' '尹'자이다."라고 풀이하고 있다.

갑골문에서의 뜻은 다음과 같다.

1. 직관명(職官名). 商 왕조의 최고위직이다. "貞 : 叀……尹命從啚蜀古王事?"(≪後下38. 1≫), "甲午貞 : 其令多尹作王寢?"(≪戩25. 13≫), "其……于伊尹牢"(≪甲744≫)

2. 방국명(方國名). "……尹方至"(≪前4. 41. 1≫)

3. '貞人'의 이름. "丁卯卜, 尹貞 : 王賓執福, 亡禍?"(≪前6. 15. 3≫), "庚寅卜, 尹貞 : 其田于……?"(≪後上15. 1≫)

| 歔(차) | (≪合集7011≫) | (≪甲807≫) | (≪後下18. 2≫) | (≪後上18. 9≫) | [cuó] |

갑골문 '歔'자는 기본적으로 '又'와 '虘'를 구성 요소로 하고 있는데, 간혹 '舛'을 덧붙인 것도 있다. 이 '歔'자에 대해 ≪說文解字≫에는, "歔, 叉卑也. 從又, 虘聲. : '歔'는 손으로 아래에 있는 물건을 움켜쥐다는 뜻이다. '又'를 의부, '虘'를 성부로 구성되었다."라고 풀이하고 있다. 이에 대해 段玉裁는 "叉卑者, 用手自高取下也. …… 方言 : 挏 · 攄, 取也. 南楚之間凡取物溝泥中謂之挏, 或謂之攄. : '叉卑'라는 것은, 손으로 위에서 아래에 있는 것을 (갈

1) 羅振玉 前揭書 ≪增訂殷虛書契考釋≫ 卷中 p.19下를 참고.
2) 王鳳陽 前揭書 ≪漢字學≫ p.916.

쥐로 뜨듯이) 움켜쥐는 것을 의미한다. …… ≪方言≫에는, 「‘抯’와 ‘攄’는 취(取)하다는 뜻이다. 南楚 지역에서는 무릇 봇도랑의 진흙 속에서 물체를 골라 잡는 것을 ‘抯’라고 하는데, 어떤 지역에서는 ‘攄’라고도 한다.」라고 하고 있다.”라고 주(注)하였다.

갑골문에서의 뜻은 다음과 같다.

1. 방국명(方國名). “……伐戈戲方……”(≪甲807≫)
2. 인명(人名). “叀戲令”(≪後上18. 2≫), “叀小臣戲”(≪南明760≫)

| 嫠(리) | (≪合集29578≫) | (≪粹303≫) | (≪佚806≫) | (≪京津4623≫) | [lí] |

예시된 갑골문자의 자형은 한 손에는 보리를 들고 있고, 또 다른 한 손으로는 이 보리를 두드려서 낱알을 떨어뜨리는 것을 형상화한 것으로, 보리를 수확하다는 뜻의 ‘嫠’자이다. 여기에서 인신(引伸)되어, 풍성한 수확의 기쁨을 나타낸다고 하여, 복지(福祉)의 뜻을 갖게 되었다. 이 ‘嫠’자는 ‘釐’자의 초문(初文)이다. 이 ‘嫠’자에 대해 ≪說文解字≫에는, “嫠, 引也. 從又, 未聲. : ‘嫠’는 끌어당기다는 뜻이다. ‘又’를 의부, ‘未’를 성부로 구성되었다.”라고 풀이하고 있다. ‘嫠’를 고대에는 ‘釐’로 썼는데, ‘釐’자에 대해 ≪說文解字≫에는, “釐, 家福. 從里未聲. : ‘釐’는 집안의 복이라는 뜻이다. ‘里’를 의부, ‘未’를 성부로 구성되었다.”라고 풀이하고 있다.

갑골문에서는 길상(吉祥)이나 복지(福祉)를 의미한다. “叙嫠”(≪粹303≫), “叙嫠其雨.”(≪粹1003≫)

| 及(급) | (≪前6. 62. 7≫) | (≪後下35. 1≫) | (≪甲807≫) | (≪英641≫) | [jí] |

위의 갑골문은 ‘人’과 ‘又’를 구성 요소로 하고 있는데, 이는 손으로 앞에 있는 사람을 잡는 모양을 형상화한 자형 결구로, 앞에 있는 사람을 잡다는 뜻의 ‘及’자이다. 이 ‘及’자에 대해 ≪說文解字≫에는 “及, 逮也. 從又人. 乁, 古文及, 秦刻石及如此. 弓, 亦古文及. 彶, 亦古

文及. : '及'은 '逮' 즉 '뒤따라가서 붙잡다'는 뜻이다. '又'와 '人'을 구성 요소로 하고 있다. '乁'('乀)은 '古文' '及'자이다. ≪秦刻石≫의 '及'자가 이와 같다. '弓'(弓)도 역시 '古文' '及'자이다. '𥝲'(蓮)도 역시 '古文' '及'자이다."라고 풀이하고 있다.

갑골문에서의 뜻은 다음과 같다.

1. 뒤쫓아 가서 따라잡다. "貞 : 犬追亘有及?"(≪綴合302正≫)
2. 이르다. 다다르다. "乙酉卜, 大貞 : 及玆二月有大雨?"(≪前3. 19. 2≫), "……戌弗及
   虘方"(≪甲807≫)

| 秉(병) | (≪珠465≫) | (≪存194≫) | (≪後下21. 13≫) | (≪合集18157≫) | [bǐng] |

위의 갑골문은 '禾'와 '又'를 구성 요소로 하고 있는데, 羅振玉은 이를 ≪秉仲鼎≫의 명문(銘文)과 비교하여 '秉'자로 고석하였다.[1] 이 '秉'자는 손에 벼를 잡고 있는 모양을 형상화한 자형으로, 농작물이 풍작이라는 뜻을 나타낸다. 이 '秉'자에 대해 ≪說文解字≫에는, "秉, 禾束也. 從又持禾. : '秉'은 벼 묶음이라는 뜻이다. '又' 즉 손에 '禾' 즉 벼를 잡고 있는 모양으로 구성되어 있다."라고 풀이하고 있다.

갑골문에서의 뜻은 다음과 같다.

1. 지명(地名). "……得四羌在秉, 十二月"(≪珠465≫)
2. 자의(字義) 불분명(不分明). "丁未, 其秉于且庚."(≪京都1804≫)

| 反(반) | (≪前2. 4. 1≫) | (≪簠地7≫) | (≪合集36537≫) | [fǎn] |

위의 갑골문은 '厂'과 '又'를 구성 요소로 하고 있는데, 손으로 산의 절벽을 붙잡고 오르는 모양을 형상화한 자형으로, 낮은 곳에서 높은 곳으로 올라가다는 의미의 '反'자이다. 이 '反'자에 대해 ≪說文解字≫에는, "反, 覆也. 從又厂. 反, 古文. : '反'은 뒤집다는 뜻이다. '又'와

---

1) 羅振玉 前揭書 ≪增訂殷虛書契考釋≫ 卷中 p.60上을 참고.

'厂'을 구성 요소로 하고 있다. '反'(反)은 '古文' '反'자이다."라고 풀이하고 있다.

갑골문에서는 지명(地名)으로 사용되었다. "癸巳王卜, 貞 : 旬亡禍? 在反."(≪續6. 1. 7≫), "癸巳卜, 在反貞 : 王旬亡禍? 在五月……"(≪前2. 4. 1≫)

| 夐(복) | (≪粹720≫) | (≪佚91≫) | (≪乙135≫) | (≪合集712≫) | [fú] |

무릎을 꿇고 앉은 사람과 '又'로 구성되어 있는데, 이는 한 손으로 다른 사람의 등을 눌러서 복종시키는 모양을 형상화한 자형의 '夐'자로, '服'의 본자(本字)이다. 이 '夐'자에 대해 ≪說文解字≫에는 "夐, 治也. 從又卪. 卪, 事之節也. : '夐'은 다스리다는 뜻이다. '又'와 '卪'을 구성 요소로 하고 있다. '卪'은 일 처리에서의 절도(節度)라는 뜻이다."라고 풀이하고 있다.

갑골문에서의 뜻은 다음과 같다.

1. 제사의 희생. '人牲'으로 사용되었다. "戊辰卜, 又夐, 妣己一女, 妣庚一女?"(≪粹720≫) : 이 복사에 대해 郭沫若은, "'又夐'者以俘爲牲, 兩言'一女'明所用者乃是女奚.[1] : '又夐'이란 포로를 희생으로 삼은 것이며, '一女'라는 말을 두 번 언급한 것은, 여기서 사용한 희생이 여자 종임을 밝힌 것이다."라고 하였다.

2. '俘'와 통용. 포로. "癸酉卜, 貞 : 方其征? 今二月夐不執. 余曰不其征, 允不"(≪乙135≫), "庚戌卜, 王貞 : 白☒允其夐角?"(≪佚91≫)

| 叡(췌) | (≪粹225≫) | (≪京津5100≫) | (≪續1. 20. 1≫) | (≪存49≫) | [zhuì] |

위의 갑골문은 '示'와 '木'과 '又'를 구성 요소로 하고 있는데, 이는 손에 나무를 들고 신(神) 앞에서 불태우는 것을 형상화한 자형의 '叡'자이다. 이 글자에 대해 王國維는, "從又持木于示前, 亦祭之名.[2] : '示' 즉 신(神) 앞에서 '又' 즉 손으로 '木' 즉 나무를 잡고 있는 모양으로

---

1) 郭沫若 前揭書 ≪殷契粹編·考釋≫ p.99.
2) 王國維 ≪戩壽堂所藏殷墟文字·考釋≫(上海倉聖明智大學 石印本 1917. 上海) p.12下.

구성되어 있는데, 이 또한 제사의 이름이다."라고 하였다. 이 '叡'자에 대해 ≪說文解字≫에는, "叡, 楚人謂卜問吉凶曰叡. 從又持祟. 讀若贅. : '叡'는 楚 지방 사람들은 점을 쳐서 길흉을 묻는 것을 '叡'라고 한다. '又'로 '祟'를 잡고 있는 모양으로 구성되어 있다. 독음(讀音)은 '贅'자처럼 읽는다."라고 풀이하고 있다.

갑골문에서도 제명(祭名)으로 사용되었다. "癸巳卜, 行貞 : 王賓叡, 亡尤?"(≪河472≫), "己丑貞 : 庚, 叡有于妣庚, 五牢?"(≪前1. 36. 3≫)

叔(숙)					[shū]
	(≪前1. 39. 3≫)	(≪甲1870≫)	(≪佚152≫)	(≪庫453≫)	

끈으로 묶은 화살 모양을 형상화한 자형으로, 금수(禽獸)를 쏘아서 잡는 수렵 도구일 것으로 짐작되는데, ≪甲骨文編≫에는 이 글자를 '叔'자로 수록하고는, "卜辭用弔爲伯叔之叔.[1] : 갑골복사에서는 '弔'자를 '伯叔'의 '叔'자로 사용하고 있다."라고 하고 있다. 제8편의 '弔'자에 대한 해설을 참조하기 바란다. 이 '叔'자에 대해 ≪說文解字≫에는, "叔, 拾也. 從又, 尗聲. 汝南名收芋爲叔. 杸, 叔或從寸. : '叔'은 수습하다는 뜻이다. '又'를 의부, '尗'을 성부로 구성되었다. 汝南지역에서는 토란을 거두어들이는 것을 '叔'이라고 한다. '杸'(村)은 '叔'의 혹체자(或體字)인데, '寸'을 구성 요소로 하고 있다."라고 풀이하고 있다.

갑골문에서의 뜻은 다음과 같다.

1. '伯叔'의 '叔'. 숙부(叔父). "貞 : 御叔于兄丁?"(≪前1. 39. 3≫)
2. 지명(地名). "……至叔……"(≪佚152≫)

取(취)					[qǔ]
	(≪前5. 9. 1≫)	(≪甲3045≫)	(≪鐵36. 3≫)	(≪珠442≫)	

위의 갑골문은 '耳'와 '又'를 구성 요소로 하고 있는 '取'자인데, 이는 손으로 귀를 베어서 취(取)하는 모양을 형상화한 자형 결구로, 상고시대에는 적과 싸워서 이기면, 적들의 귀를

---

1) 中國社會科學院考古硏究所 前揭書 ≪甲骨文編≫ p.122.

베어서 그 숫자를 기록하였다. 이 '取'자에 대해 ≪說文解字≫에는, "取, 捕取也. 從又耳. 周禮 : 獲者取左耳. 司馬法曰 : 載獻馘. 馘者, 耳也. : '取'는 포획하다는 뜻이다. '又'와 '耳'를 구성 요소로 하고 있다. ≪周禮·夏官·大司馬≫에는, 「포획한 대상은 왼쪽 귀를 베어서 취(取)한다.」라고 하고 있다. ≪司馬法≫에는, 「馘'을 헌상하였다.」라고 하고 있다. 여기에서의 '馘'은 (베어낸) 귀라는 뜻이다."라고 풀이하고 있다.

갑골문에서의 뜻은 다음과 같다.

1. 붙잡다. 거두어 들이다. "貞 : 勿取羊于戈?"(≪乙3581≫), "……彈取网"(≪前5. 9. 1≫)
2. 제명(祭名). "庚申卜, 殼貞 : 取河有从雨?"(≪粹57≫), "辛酉卜, 王兄于妣己酒取祖丁?"(≪甲3045≫)

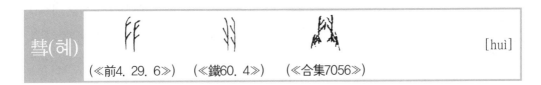

| 彗(혜) | 彳彳 | 彳彳彳 | 林 | [huì] |
| (≪前4. 29. 6≫) | (≪鐵60. 4≫) | (≪合集7056≫) |

徐中舒는 위에 예시한 갑골문에 대해, "彳彳象掃帚之形, 爲彗之初文.[1] : 彳彳는 청소용 빗자루의 모양을 형상화하였는데, '彗'의 초문(初文)이다."라고 하여, 이를 '彗'자로 고석하였다. 王延林은 한 걸음 더 나아가, "彗甲文作彳彳, 象掃竹之形. …… 本義爲掃帚, 引申爲掃除.[2] : '彗'는 갑골문으로는 '彳彳'로 쓰는데, 자형은 대나무 빗자루의 모양을 형상화하였다. …… 본의는 빗자루이며, 인신(引伸)되어 소제(掃除)하다는 뜻을 나타내게 되었다."라고 하였다. 이 '彗'자에 대해 ≪說文解字≫에는, "彗, 埽竹也. 從又持甡. 篲, 彗或從竹. 䨏, 古文彗, 从竹習. : '彗'는 대빗자루라는 뜻이다. '又' 즉 손으로 '甡'을 잡고 있는 모양으로 구성되어 있다. '篲'(篲)는 '彗'의 혹체자로, '竹'을 구성 요소로 하고 있다. '䨏'(篲)는 '古文' '彗'자인데, '竹'과 '習'을 구성 요소로 하고 있다."라고 풀이하고 있다.

갑골문에서의 뜻은 다음과 같다.

1. 부정(不淨)한 것을 제거하다. "庚戌卜, 貞 : 彗不乍艱?"(≪粹1245≫), "旬有叙王厂首中日彗禍旬"(≪前6. 17. 7≫)

1) 徐中舒 前揭書 ≪甲骨文字典≫ p.293.
2) 王延林 前揭書 ≪常用古文字字典≫ p.177.

2. 지명(地名). "……于彗受年?"(≪粹863≫), "☒亥卜, 口……今夕……禍在彗?"(≪續
   4. 17. 7≫)

3. 인명(人名). "乙丑卜, 殼貞 : ……擒彗……?"(≪鐵60. 4≫), "貞 : 延彗出……?"(≪林
   1. 7. 21≫)

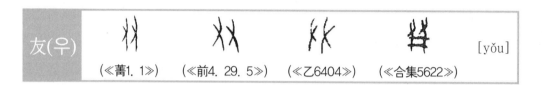

| 友(우) | (≪菁1. 1≫) | (≪前4. 29. 5≫) | (≪乙6404≫) | (≪合集5622≫) | [yǒu] |

기본적으로 같은 쪽의 두 손으로 구성되어 있고, 간혹 두 개의 가로획을 아래쪽에 덧붙여
두 손을 연결시킨 모양을 형상화한 것도 있는데, 이는 우호(友好)의 뜻을 나타내는 '友'자이다.
이 '友'에 대해 ≪說文解字≫에는, "友, 同志爲友. 從二又相交. 𠦙, 古文友. 習, 亦古文友.
: '友'는 뜻이 서로 같아야 '友' 즉 친구가 된다는 뜻이다. '二又' 즉 두 손이 서로 주고받는
모양으로 구성되었다. 𠦙(𦫽)는 '古文' '友'자이다. '習'(𦥑) 역시 '古文' '友'자이다."라고 풀이
하고 있다.

갑골문에서의 뜻은 다음과 같다.

1. 인명(人名). "王占曰 : 有……四日丙午, 友唐告曰 : 入于口"(≪前4. 29. 5≫), "……
   自西長友角告曰 : 㕣方出侵我……"(≪菁2≫)

2. 제명(祭名). '侑祭'. "貞 : 于友帝?"(≪明藏2365≫)

| ナ[左](좌) | (≪鐵10. 2≫) | (≪粹950≫) | (≪菁5≫) | (≪合集371反≫) | [zuǒ] |

위의 갑골문은 측면에서 본 왼손의 모양을 형상화한 자형이며, 본의는 왼손이라는 뜻의
'ナ[左]'자이다. 이 글자에 대해 ≪說文解字≫에는, "ナ, 左手也. 象形. : 'ナ'는 왼손이라는
뜻이다. 상형자이다."라고 풀이하고 있다. 그런데 갑골문에서는 정반(正反)의 구별이 분명하
지 않아서, '又'인 오른손도 '𠂇'로 쓰기도 했는데, 다만 좌우를 동시에 지칭할 때만은, '𠂇'는
우(右), '𠂇'는 좌(左)로 분명하게 구별하고 있다.

갑골문에서의 뜻은 다음과 같다.

1. 왼쪽. 좌(左). "丙申卜, 貞 : 肇馬左右中人, 三百, 六月"(≪前3. 31. 1≫)

2. 관직명(官職名). "癸丑卜, 暊貞 : 左赤馬……不……?"(≪鐵10. 2≫)

3. '𠂇'[有]와 통용. "左(有)豕擒……"(≪粹950≫)

4. '𠂇'[祐]와 통용. 신기(神祇)의 도움. "……王受左(祐)?"(≪粹497≫)

| 史(사) | (≪甲209≫) | (≪粹1244≫) | (≪燕126≫) | (≪京津4777≫) | [shǐ] |

위에 예시한 갑골문은 '史'자인데, 상고시대에는 '史'・'吏'・'事'의 세 글자는 자형도 같고 자의도 상통(相通)하였다. 이 가운데 '史'자를 거꾸로 쓴 글자가 '𠂢'자인데, 이는 손으로 붓을 잡고 있는 모양을 형상화한 것이며, 붓으로 사실을 기록하는 사람이 사관(史官)이라는 것을 나타낸다. 方述鑫 등은 여기에서 한걸음 더 나아가, "甲骨文象手持干形, 以搏取野獸. 古時 以捕猎爲事, 从又(手)持干卽有事意. 以事任人卽爲使, 將事之人卽爲吏, 故古時史・事・ 使・吏均同源, 後世始分.[1] : ('史'자의) 갑골문은 손에 '干'[방패]을 들고 있는 모양을 형상화 하고 있는데, 이는 들짐승을 포획하기 위한 것이다. 고대에는 포렵(捕獵)을 일로 삼았으므로, 손에 방패를 들고 있는 것은 '事' 즉 일이 있음을 뜻한다. 다른 사람에게 일을 시키는 것이 바로 '使'이고, 이 일을 처리하는 사람이 바로 '吏'이기 때문에, 고대에는 '史'・'事'・'使'・'吏' 네 글자는 모두 내원(來源)이 동일하였는데, 후세에야 비로소 나누어지게 되었다."라고 분석 하였다. 이 '史'자에 대해 ≪說文解字≫에는, "史, 記事者也. 從又持中. 中, 正也. : '史'는 사실을 기록하는 사람이라는 뜻이다. '又' 즉 손으로 '中'을 잡고 있는 모양으로 구성되었다. '中'은 '正' 즉 똑바르다는 뜻이다."라고 풀이하고 있다.

갑골문에서의 뜻은 다음과 같다.

1. 관직명(官職名). 사관(史官). 商代 최고위직의 하나. "癸巳卜, 其乎北御史衛?"(≪甲 1636≫)

2. '事'와 통용. '古朕史', '古王史' 등의 성어(成語)로 사용되었다. "甲戌卜, 王余令角歸古

---

1) 方述鑫 外 3人 ≪甲骨金文字典≫(巴蜀書社 1993. 成都) p.238.

朕史(事)?"(≪粹1244≫), "☑辰貞 : 令犬侯……古王史(事)?"(≪京津4777≫), "其御有史(事)王受祐?"(≪粹544≫) : 여기에서의 '古王史(事)'란, 왕의 일을 관리하거나, 왕의 일에 열심히 노력하다는 뜻이다.

3. '使'와 통용. "……㱿貞 : 婦好史人于眉?"(≪續4. 29. 1≫)
4. '貞人'의 이름. "丙戌卜, 史貞 : ……丁亥不雨?"(≪前6. 8. 7≫), "丙☑卜, 史貞 : ……?"(≪甲3409≫)

事(사)

(≪菁11. 20≫)

(≪乙2766≫)

(≪續5. 2. 2≫)

[shì]

위의 글자는 손에 붓을 쥐고 있는 모양을 형상화한 '事'자인데, '史'자와 자형이 같다. 앞의 '史'자에 대한 해설을 참조하기 바란다. 이 '事'자에 대해 ≪說文解字≫에는, "事, 職也. 從史, 㞢省聲. , 古文事. : '事'는 일을 맡아 하다는 뜻이다. '史'를 의부, 필획이 생략된 '㞢'를 성부로 구성되었다. ''(叓)는 '古文' '事'자이다."라고 풀이하고 있다.

갑골문에서는 일이라는 뜻으로 사용되었다. "己卯卜, 允貞 : 命多子族, 比犬侯璞周古王事? 五月"(≪續5. 2. 2≫), "……其古王事"(≪乙2766≫)

肄(이)

(≪甲1676≫)

(≪粹317≫)

(≪後上8. 15≫)

(≪佚255≫)

[yì]

위의 갑골문은 '希'와 '又'를 구성 요소로 하고 있다. 이 글자에 대해 于省吾는, " 字象以手刷洗希畜豪毛之形, 或以數點者, 象水滴之形.[1] : 이 글자는 손으로 털이 긴 가축을 씻어주는 모양을 형상화하였는데, 간혹 몇 개의 점(點)이 있는 것은 물방울의 모양을 형상화한 것이다."라고 하였다. 이는 예시된 갑골문자는 '㣇'자라는 말인데, 이 '㣇'자는 '肄'자의 초문(初文)이다. 이 글자의 왼쪽 편방 '希'자에 대해 ≪說文解字≫에는, "希, 修豪獸也. 一曰河内名豕也. : '希'는 털이 긴 짐승을 뜻한다. 일설에는, 河内지역에서는 '豕' 즉 돼지를 '希'라고 한다고

1) 于省吾 前揭書 ≪雙劍誃殷契駢枝≫ p.48下.

도 한다."라고 풀이하고 있다. 그리고 이 '肆'자에 대해서는, "肆, 習也. 從聿, 希聲. 𥼒, 籒文肆. 𦘦, 篆文肆. : '肆'는 학습하다는 뜻이다. '聿'을 의부, '希'를 성부로 구성되었다. '𥼒'는 주문(籒文) '肆'자이다. '𦘦'(㑌)는 전문(篆文) '肆'자이다."라고 풀이하고 있다.

갑골문에서의 뜻은 다음과 같다.

1. 연장(延長)하다. "庚戌卜, 何貞 : 妣辛歲其肆鼜?"(≪佚255≫), "貞 : 其肆鼜?"(≪後上8. 5≫), "……肆鼜"(≪粹317≫) : '肆鼜'란 복(福)이 길게 이어지다는 뜻이다.

2. 자의(字義) 불분명(不分明). "肆于之若王弗每"(≪粹1195≫), "其又父己肆……叀莫歆王受……"(≪鄴1. 40. 9≫)

聿(율)	丮	床	𦘔	𦘔	[yù]
	(≪前7. 23. 2≫)	(≪後下38. 1≫)	(≪京津1566≫)	(≪乙7900≫)	

위의 갑골문은 '人'과 '又'를 구성 요소로 하고 있는데, 이는 손으로 붓을 잡고 있는 모양을 형상화한 자형의 '聿'자이며, 글을 쓰다는 뜻을 나타낸다. 이 '聿'자에 대해 ≪說文解字≫에는, "聿, 所吕書也. 楚謂之聿, 吳謂之不律, 燕謂之弗. 從聿一. : '聿'은 글을 쓰는 도구 즉 붓이라는 뜻이다. 楚 지역에서는 '聿'이라고 하고, 吳 지역에서는 '不律'['筆'의 합음(合音)임]이라고 하며, 燕 지역에서는 '弗'이라고 한다. '聿'과 '一'을 구성 요소로 하고 있다."라고 풀이하고 있다. 羅振玉은 이 글자의 자형 결구(結構)에 대해서, "(甲文)象手持筆形, 乃象形, 非形聲也.[1] : (갑골문은) 손으로 붓을 잡고 있는 모양을 형상화한 것으로, 상형자이지 결코 형성자가 아니다."라고 하였다. 그리고 朱駿聲은 이 '聿'자에 대해, "秦以後皆作筆字.[2] : 秦代 이후에는 모두 '筆'자로 쓰고 있다."라고 하였다.

갑골문에서의 뜻은 다음과 같다.

1. 지명(地名). "……在聿……"(≪京津1566≫)

2. 인명(人名). "貞 : 甫聿令从▨古王事?"(≪後下38. 1≫)

1) 羅振玉 前揭書 ≪增訂殷虛書契考釋≫ 卷中 p.40下.
2) 朱駿聲 前揭書 ≪說文通訓定聲≫ p.635.

臤(견,간)		[qiān]
	(≪續1. 14. 3≫)	

‘臣’과 ‘又’를 구성 요소로 하고 있는데, 이는 손으로 눈을 추어올리는 모양을 형상화한 ‘臤’자이다. 이 ‘臤’자에 대해 ≪說文解字≫에는, “臤, 堅也. 從又, 臣聲. 讀若鏗鏘. 古文㠯 爲賢字. : ‘臤’은 견고하다는 뜻이다. ‘又’를 의부, ‘臣’을 성부로 구성되었다. 독음은 ‘鏗鏘’의 ‘鏗’자처럼 읽는다. 고문(古文)에서는 ‘賢’자로 간주하였다.”라고 풀이하고 있다. 이 ‘臤’자의 자의에 대해 段玉裁는, “謂握之固也, 故從又. : 손으로 단단하게 잡고 있는 것을 말한다. 그래서 ‘又’를 구성 요소로 하고 있다.”라고 주(注)하였다.

갑골문에서의 뜻은 아직 명확하게 밝혀지지 않았다. “貞 : 勿臤彡? 九月”(≪續1. 14. 3≫)

臣(신)				[chén]
	(≪甲2851≫)	(≪前6. 17. 6≫)	(≪菁3. 1≫)	(≪粹12≫)

이 갑골문은 사람의 눈을 세로로 그린 모양을 형상화한 상형자인데, 徐中舒는 이를 ‘臣’자로 고석하면서, “郭沫若謂「以一目代表一人, 人首下俯時則橫目形爲竪目形, 故以竪目形象 屈服之臣僕奴隷.」(≪甲骨文字研究 · 釋臣宰≫). 按郭說可從.[1] : 郭沫若은 그의 ≪甲骨文 字研究 · 釋臣宰≫에서, 「눈 하나로써 사람 한 명을 나타내는데, 사람이 머리를 아래로 숙일 때는 곧 가로로 된 눈모양이 세로로 되기 때문에, 세로로 된 눈 모양으로 굴복하는 신복(臣僕) 과 노예를 형상화한 것이다.」라고 하였다. 郭沫若의 주장은 따를만하다.”라고 하였다. 이 ‘臣’자에 대해 ≪說文解字≫에는, “臣, 牽也. 事君者. 象屈服之形. : ‘臣’은 견제를 당하는 사람이라는 뜻이다. 군주(君主)을 섬기는 사람이다. 굴복하는 모양을 형상화하였다.”라고 풀 이하고 있다.

갑골문에서는 ‘小臣’ · ‘少臣’ · ‘王臣’ 등의 관직명(官職名)으로 사용되었다. “貞 : 叀小臣 命眾黍? 一月”(≪前4. 30. 2≫), “……小臣……家……”(≪前4. 27. 3≫), “……子, 小臣 中……”(≪前4. 27. 6≫), “小耤臣”(≪前6. 17. 6≫), “……五豐臣在祖乙宗”(≪粹12≫),

1) 徐中舒 前揭書 ≪甲骨文字典≫ p.321.

"……少臣"(≪甲2904≫), "……王臣……"(≪鐵1. 1≫)

臧(장)

(≪菁8. 1≫) (≪林1. 6. 9≫) (≪合集3297反≫) (≪合集3963反≫) [zāng]

위의 갑골문은 '臣'과 '戈'를 구성 요소로 하고 있는데, 이 글자에 대해 郭沫若은, "當是臧之初文, 從爿爲聲符, 乃後起字.[1] : '臧'의 초문(初文)임이 틀림없으며, '爿'을 성부로 구성된 것은 후기자(後起字)이다."라고 하여, '臧'자로 고석하였다. 그리고 李孝定은, "象以戈盲其一目之形. 其本意爲奴隸. 方言三 : …… 亡奴曰臧.[2] : 창으로 눈 하나를 멀게 하는 모양을 형상화하였다. 본의는 노예이다. ≪方言≫ 권3에, 「……도망친 노예를 '臧'이라고 한다.」라고 하고 있다."라고 주장하였다. 이 '臧'자에 재해 ≪說文解字≫에는, "臧, 善也. 從臣, 戕聲. 𢧜, 籒文. : '臧'은 선량하다는 뜻이다. '臣'을 의부, '戕'을 성부로 구성되었다. '𢧜'(壓)은 주문(籒文)이다."라고 하고 있다.

갑골문에서도 선량하다는 뜻으로 사용되었다고 짐작된다. "王占曰 : 其獲, 其隹丙臧, 其隹乙臧."(≪菁8. 1≫), "……余臧……"(≪林1. 6. 9≫)

殳(수)

(≪合集22196≫) (≪合集6≫) (≪乙1655≫) (≪乙3511≫) [shū]

선사(先師) 金祥恒 교수는 ≪續甲骨文編≫에서 위의 갑골문을 해설 없이 '殳'자로 수록하였는데,[3] 이 갑골문 '殳'자는 손에 병기(兵器) 하나를 쥐고 있는 모양을 형상화한 자형 결구이다. 금문(金文)으로는 '殳'(≪遣曹鼎≫)로 쓰고 있다. ≪說文解字≫에는 이 '殳'자에 대해, "殳, 目杖殊人也. 周禮 : 殳目積竹, 八觚, 長丈二尺, 建於兵車, 旅賁目先驅. 從又, 几聲. : '殳'는 지팡이로 사람을 멀리 내쫓다는 뜻이다. ≪周禮≫에 이르기를, 「'殳'는 '積竹'[대나무의 일종]으로 만드는데, 팔모로 되어 있고, 길이는 1장(丈) 2척(尺)이며, 병거(兵車)에 세워서,

1) 郭沫若 前揭書 ≪卜辭通纂≫ p.374.
2) 李孝定 前揭書 ≪甲骨文字典集釋≫ p.996.
3) 金祥恒 前揭書 ≪續甲骨文編≫ 卷3 p.25上.

수레 위의 선봉대가 이를 들고 앞에서 말을 채찍질하여 달리는데 사용한다.」이라고 하고 있다. ‘又’를 의부, ‘几’를 성부로 구성되었다.”라고 풀이하고 있다.

갑골문에서의 뜻은 다음과 같다.

1. 병기(兵器)의 일종. “有其殳”(≪乙1655≫), “有殳”(≪乙3511≫)

2. ‘貞人’의 이름. “……殳貞：夕亡禍?”(≪京津1768≫)

| 殻(각) | (≪甲84≫) | (≪續1. 45. 2≫) | (≪前7. 10. 3≫) | (≪珠280≫) | [qiào] |

孫詒讓이 위의 갑골문을 ‘殻’자로 고석하여[1] 정설이 되었는데, 이 갑골문 ‘殻’자는 ‘殳’와 ‘𣢑’을 구성 요소로 하고 있으며, 이는 손으로 북을 치는 모양을 형상화한 자형이다. 이 ‘殻’자에 대해 ≪說文解字≫에는, “殻, 從上擊下也. 一曰素也. 從殳, 𣢑聲. ：‘殻’은 위에서 아래를 내리친다는 뜻이다. 일설에는 ‘素’ 즉 도토(陶土)라고도 한다. ‘殳’를 의부, ‘𣢑’을 성부로 구성되었다.”라고 하고 있다. 이에 대해 段玉裁는, “從上擊下, 正中其物, 确然有聲. ：위에서 아래로 내리쳐서, 해당 물체를 바로 맞히면, 확실하게 소리가 난다.”라고 주(注)하였다.

갑골문에서의 뜻은 다음과 같다.

1. 방국명(方國名) 또는 족명(族名). “我來十殻”(≪乙2306≫), “婦井示四屯殻”(≪外5≫)

2. ‘貞人’의 이름. “庚辰卜, 殻貞：侑于丁, 五牢?”(≪續1. 45. 2≫), “戊戌卜, 殻貞：自今至于壬寅雨?”(≪合291≫)

3. 인명(人名). ‘貞人’ 殻과 동일인인 것 같다. “㫃眔殻禍𠂤告”(≪乙3212≫)

| 毀(두) | (≪京津5080≫) | (≪後下7. 14≫) | (≪合集30315≫) | (≪合集35361≫) | [tóu] |

李孝定은 위의 갑골문들을 ‘毀’자로 수록하면서 ≪說文解字≫에서의 ‘毀’자에 대한 해설을 인용하고는, “栔文正从殳从豆.[2] ：갑골문이 바로 (≪說文解字≫의 해설처럼) ‘殳’를 구성

---

1) 孫詒讓 前揭書 ≪栔文擧例≫ 上卷 p.7을 참고.
2) 李孝定 前揭書 ≪甲骨文字集釋≫ p.1009.

요소로 하고, '豆'를 구성 요소로 하고 있다."라고 하였다. 이는 갑골문 '毀'자의 자형이 손에 추(錘)를 들고 치는 모양을 형상화하였음을 말하는 것이다. ≪說文解字≫에는 이 '毀'자에 대해, "毀, 繇擊也. 從殳豆聲, 古文投如此. : '毀'는 멀리 던지다는 뜻이다. '殳'를 의부, '豆'를 성부로 구성되었다. '古文' '投'자가 이와 같은 자형이다."라고 풀이하고 있다.

갑골문에서는 격살(擊殺)하다라는 뜻으로 쓰였다. "己卯卜, 貞 : 王賓祖乙奭妣己, 姬・鞞二人, 毀二人, 卯二牢亡尤?"(≪京津5080≫)

| 毀(구) | （≪菁10. 15≫） | （≪甲752≫） | （≪乙8810≫） | （≪後下7. 12≫） | [jiù] |

孫海波는 위의 글자들을 '毀'자로 수록하고는, "盛黍稷之器, 其制似盂. ……銘皆作毀, 經典以簋爲之.[1] : 서직(黍稷)을 담는 기물인데, '盂'[사발]와 비슷하게 만들었다. ……명문(銘文)에는 모두 '毀'로 썼고, 경전(經典)에는 이를 '簋'로 간주하였다."라고 주장하였는데, '毀'와 '簋'는 같은 글자이며, 후세에는 예기(禮器)로 사용되었다. 그리고 羅振玉은 이 글자들에 대해, "從彳持勺, 殆象勺形. : '彳' 즉 손으로 '勺'을 잡고 있는 모양으로 구성되어 있는데, 아마도 '勺'의 모양을 형상화한 듯하다."라고 하였다. 이 '毀'자에 대해 ≪說文解字≫에는, "毀, 揉屈也. 從殳𠧢. 𠧢, 古叀字. 廏字從此. : '毀'는 (대)나무를 부드럽게 구부리다는 뜻이다. '殳'와 '𠧢'을 구성 요소로 하고 있다. '𠧢'은 '古文' '叀'자이다. '廏'자는 '毀'를 구성 요소로 하고 있다."라고 풀이하였다.

갑골문에서는 음식을 담는 예기(禮器)라는 뜻으로 사용되었다. "戊……大貞 : ……毀……?"(≪後下7. 12≫), "弜不元, 元毀叀多尹卿"(≪甲752≫)

---

1) 孫海波 ≪甲骨文編≫(哈佛燕京學社 石印本 1934. Cambridge) 卷三 p.14下.

役(役)(역)		[yi]
	(≪後下26. 18≫) (≪前6. 4. 1≫) (≪前6. 12. 4≫) (≪掇二158≫)	

위의 갑골문은 '人'과 '殳'을 구성 요소로 하고 있는데, 손에 '杸' 즉 여덟 모로 된 창을 들고 사람을 치는 모양을 형상화한 자형의 '役' 즉 '役'자임을 쉽게 알 수 있다. 이 '役'자에 대해 ≪說文解字≫에는, "役, 戍也. 從殳彳. 𠈁, 古文役從人. : '役'은 변경을 지키다는 뜻이다. '殳'와 '彳'을 구성 요소로 하고 있다. '𠈁'(傻)은 '古文' '役'자인데, '人'을 구성 요소로 하고 있다."라고 하고 있다. 이를 통해 이 '役'자는 '役'의 '古文'임을 알 수 있다. 그리고 段玉裁는, "殳, 所以守也, 故其字從殳. 引伸之義, 凡事勞皆曰役. …… 彳, 取巡行之意. : '殳'는 수비 도구이므로 이 글자는 '殳'를 구성 요소로 하고 있다. 자의는 인신(引伸)되어서, 모든 일의 노고(勞苦)를 '役'이라고 하게 되었다. …… '彳'은 순행(巡行)하다는 뜻을 취한 것이다."라고 주(注)하였다.

갑골문에서의 뜻은 다음과 같다.

1. 사역(使役)하다. "甲戌卜, 㱿貞：王不役在……?"(≪後下26. 18≫), "貞：役隹有不正?"(≪前6. 4. 1≫)

2. '疫'과 통용. "丙子卜, 古貞：御役……?"(≪前6. 12. 4≫), "甲子卜, 㱿貞：疒役不延?"(≪乙7301≫)

殺(살)	禾 禾 秉 秂	[shā]
	(≪菁1. 1≫) (≪甲455≫) (≪粹302≫) (≪戩33. 9≫)	

≪甲骨文編≫에는 위의 갑골문을 '殺'자로 수록하고는, "說文殺字古文作𣏂, 與甲骨金文同.¹⁾ : ≪說文解字≫에서의 '殺'자의 '古文'을 '𣏂'로 쓰고 있는데, 이는 갑골문과 금문의 자형과 같다."라고 하고 있다. 그리고 李孝定은 이 글자에 대해, "郭釋爲希, 謂殺竄蔡敝古音相同, 互相通假, 而皆以希爲之, 其說是也.²⁾ : 郭沫若이 이를 '希'자로 해석하면서, '殺·

<hr>

1) 中國社會科學院考古研究所 前揭書 ≪甲骨文編≫ p.134.
2) 李孝定 前揭書 ≪甲骨文字集釋≫ p.1030.

'竄'·'蔡'·'察' 등은 고음(古音)이 같아 서로 통용 가차되었으며, 모두 '希'자로 매개하였다고 했는데, 그의 주장이 옳다."라고 하였다. 고대에 '蔡'자와 '殺'자가 통용된 것으로는, ≪春秋左氏傳≫ 昭公 원년(元年)에, "周公殺管叔而蔡蔡叔. : 周公이 管叔을 죽이고, 蔡叔을 죽였다."라고 하고 있는데, 이에 대해 楊伯峻은, "蔡蔡叔上一'蔡'字, ≪說文解字≫作㯩, 亦音蔡, 蔡㯩古音同.[1] : '蔡蔡叔'이라는 말 중에서 앞의 '蔡'자는, ≪說文解字≫에는 '㯩'로 쓰고 있으며, 독음 또한 '蔡'이라고 하고 있는데, '蔡'자와 '㯩'자는 고음(古音)이 같다."라고 한 것이 그 예(例)이다. 이 '殺'자에 대해 ≪說文解字≫에는, "殺, 戮也. 從殳, 杀聲. ······ 㡀, 古文殺. 㦿, 古文殺. 布, 古文殺. ······ : '殺'은 살육(殺戮)하다는 뜻이다. '殳'를 의부, '杀'을 성부로 구성되었다. ······㡀(㡀)은 '古文' 殺'자이다. '㦿'(㦿)은 '古文' '殺'자이다. '布'(布)은 '古文' 殺'자이다."라고 풀이하고 있다.

갑골문에서도 죽이다는 뜻으로 사용되었다. "丁巳卜, 行貞 : 王賓父丁殺十牛, 亡尤?" (≪粹302≫)

尋(심)				[xún]
	(≪合集33286≫)	(≪合集30297≫)	(≪合集14894≫)	(≪前5. 23. 2≫)

李孝定은 위의 갑골문자들을 '尋'자로 수록하고 고석하였는데,[2] 王延林은 이 글자에 대해, "象伸兩手度量物之長狀, 或爲兩手伸直之長相同於席子之長.[3] : 두 손을 뻗어 물건의 길이를 측정하는 모양을 형상화하였거나, 혹은 두 손을 뻗은 길이가 자리[席]의 길이와 같음을 나타낸 것이다."라고 하였다. 이 '尋'자에 대해 ≪說文解字≫에는, "尋, 繹理也. 從工口, 從又寸. 工口, 亂也. 又寸, 分理之也. 彡聲. 此與㩻同意. 度人之兩臂爲尋, 八尺也. : '尋'은 실의 끄트머리를 찾아내어 제대로 바로 풀다는 뜻이다. '工'과 '口'를 구성 요소로 하고 있고, '又'와 '寸'을 구성 요소로 하고 있다. '工'과 '口'는 문란하다는 뜻을 나타내고, '又'와 '寸'은 분별하여 제대로 다스리다는 뜻을 나타낸다. '彡'을 성부로 구성되었다. 이 글자는 '㩻'자와 뜻이 같다. (일설에는) 도량(度量)의 명칭으로서, 사람의 두 팔을 벌린 길이를 '尋'이라고 하며, 8척(尺)의 길이에 해당된다고 한다."라고 하고 있다.

---

1) 楊伯峻 ≪春秋左傳注≫(中華書局 1983. 北京) 第4冊 p.1213.
2) 李孝定 前揭書 ≪甲骨文字集釋≫ pp.1037~1038을 참고.
3) 王延林 前揭書 ≪常用古文字字典≫ p.193.

갑골문에서는 '渡' 즉 물을 건너다는 뜻으로 사용되었다. "乙亥卜, 行貞 : 王其𣵀舟于河, 亡災?"(≪前2. 26. 2≫)

| 專(전) |
(≪鐵216. 3≫) |
(≪續5. 24. 4≫) |
(≪寧滬1. 602≫) |
(≪明1538≫) | [zhuān] |

徐中舒는 위에 예시한 갑골문을 '專'자로 수록하고는, "甲骨文專从又或収, 示以手旋轉紡磚之意, 爲轉之本字.[1] : 갑골문 '專'자는 '又' 또는 '収'을 구성 요소로 하고 있는데, 이는 손으로 방전(紡磚)을 회전시킨다는 뜻을 나타내며, 이는 '轉'의 본자(本字)이다."라고 하였다. 이는 손으로 방추(紡錘)를 운전하는 모양을 형상화한 자형임을 말한 것이다. 이 '專'자에 대해 ≪說文解字≫에는, "專, 六寸簿也. 從寸, 叀聲. 一曰 : 專, 紡專. : '專'은 6촌(寸)의 홀(笏)이라는 뜻이다. '寸'을 의부, '叀'을 성부로 구성되었다. 일설에는 '專'은 '紡專' 즉 방전(紡磚)이라는 뜻이라고도 한다."라고 풀이하고 있다.

갑골문에서의 뜻은 다음과 같다.

1. 지명(地名) 또는 국명(國名). "貞 : 乎作圉于專?"(≪乙811≫)

2. '貞人'의 이름. "乙未卜, 專貞 : 今日雨."(≪續5. 24. 4≫), "癸卯卜, 專貞 : 旬亡禍?"(≪存1. 1687≫)

3. 인명(人名). 제후의 이름. "癸亥卜, 王貞 : 余从侯專? 八月"(≪前5. 9. 2≫)

| 尃(부) |
(≪甲2341≫) |
(≪乙2000≫) |
(≪後下15. 18≫) |
(≪粹149≫) | [fū] |

위의 갑골문은 '甫'와 '又' 또는 '収'을 구성 요소로 하고 있는 '尃'자인데, 금문(金文)으로는 '𤔲'(≪毛公鼎≫)로 쓰며, 반포(頒布)하다는 뜻을 나타낸다. 이 '尃'자에 대해 ≪說文解字≫에는, "尃, 布也. 從寸, 甫聲. : '尃'는 포시(布施) 곧 널리 펴다는 뜻이다. '寸'을 의부, '甫'를 성부로 구성되었다."라고 풀이하고 있다.

---

1) 徐中舒 前揭書 ≪甲骨文字典≫ p.329.

갑골문에서의 뜻은 다음과 같다.

1. 제후(諸侯)의 이름. "丙寅卜, 爭貞 : 乎龍先侯叀殺◻?"(《乙2000》), "……九示自
大乙至丁祖其從侯叀"(《粹149》)

2. 인명(人名). "癸亥卜, 叀往?"(《甲2341》)

攴(복)				[pū]
	《合集22536》	《撫續190》	《英1330》	

위의 갑골문은 손에 나무 지팡이를 들고 물건을 두드리는 모양을 형상화한 자형 결구인데,
《甲骨文編》에는 이 글자들을 '攴'자로 수록하고는, "此似从又从卜, 卜辭牧字般字並从
此, 今定爲攴字.[1] : 이 글자는 '又'와 '卜'를 구성 요소로 하고 있는 것 같은데, 갑골복사에서
의 '牧'자와 '般'자는 모두 이 글자를 구성 요소로 하고 있으므로, 이제 이 글자를 '攴'자로
단정한다."라고 하고 있다. 이 '攴'자에 대해 《說文解字》에는, "攴, 小擊也. 從又, 卜聲.
: '攴'은 약하게 두드리다는 뜻이다. '又'를 의부, '卜'을 성부로 구성되었다."라고 풀이하고
있다.

갑골문에서는 인명(人名)으로 사용된 것으로 짐작된다. "丁卯卜, 叀見攴?"(《撫續190》)

啓(계)					[qǐ]
	《前7. 24. 2》	《粹638》	《甲1859》	《後上30. 5》	

위의 갑골문은 기본적으로 '戶'와 '又'를 구성 요소로 하고, 여기에 '口'를 덧붙인 것도 있는
데, 이는 문을 열고서 입으로 말을 하는 것을 형상화한 '啓'자이다. 이 갑골문 '啓'자는 '又'를
생략한 '启'자와 자형이 비슷한데, 제2편의 '启'자에 대한 해설을 참조하기 바란다. 이 '啓'자에
대해 徐中舒는, "象以手啓戶之形, 故爲開啓之義. 引申之而有雲開見日之義, 後更加義符
日作啓.[2] : 손으로 '戶'[외짝문]를 여는 모양을 형상화하였으므로, (문을) 열다는 뜻을 갖게

---

1) 孫海波 前揭書 《甲骨文編》 p.137.
2) 徐中舒 前揭書 《甲骨文字典》 p.332.

되었다. 여기서 인신(引伸)하여서 구름이 걷히고 해가 난다는 뜻을 가지게 되었는데, 후세에 다시 의부(義符) '日'자를 덧붙여서 '啓'로 쓰게 되었다."라고 하였다. 제7편의 '啓'자에 대한 해설을 참고하기 바란다. ≪說文解字≫에는 이 '啓'자에 대해, "啓, 敎也. 從攴, 启聲. 論語 曰 : 不憤不啓. : '啓'는 교도하다는 뜻이다. '攴'을 의부, '启'를 성부로 구성되었다. ≪論語 · 述而篇≫에 이르기를,「스스로 통달하려고 발분 노력하지 않으면 계도(啓導)해주지 않는다.」 라고 하고 있다."라고 풀이하고 있다.

갑골문에서의 뜻은 다음과 같다.

1. '啓'자와 통용. 날이 개다. 비가 그치다. "貞 : 今夕不其啓?"(≪佚406≫), "貞 : 翌辛巳 有啓?"(≪合集13112≫), "……其啓其雨……"(≪粹638≫)

2. 보고하다. "丙辰卜, 爭貞 : 沚馘啓王从帝受我又?"(≪乙7826≫)

3. 방국명(方國名) 또는 지명(地名). "戊申卜, 永貞 : 塱乘出保在啓?"(≪庫1593≫), "王其田啓."(≪甲1447≫)

4. 인명(人名). "乙卯卜, 貞 ; 子啓亡疒?"(≪乙8728≫)

| 徹(철) | (≪前2. 9. 6≫) | (≪佚990≫) | (≪續2. 9. 9≫) | (≪河474≫) | [chè] |

위에 예시한 갑골문은 '又'와 '鬲'으로 구성되었으며, 손으로 '鬲'을 옮기는 것을 형상화한 자형이다. ≪甲骨文編≫에는 이 글자들을 '徹'자로 수록하고는, "此復省彳, 從丑從鬲, 象食 畢而徹去之誼.[1] : 여기서는 다시 '彳'이 생략되었고, '丑'과 '鬲'을 구성 요소로 하고 있는데, 식사를 마치고 철거하다는 뜻을 형상화하였다."라고 하고 있다. 이 '徹'자에 대해 ≪說文解字≫에는, "徹, 通也. 從彳從攴從育. 𢖎, 古文徹 : '徹'은 통하다는 뜻이다. '彳'을 구성 요소로 하고, '攴'을 구성 요소로 하고, '育'을 구성 요소로 하고 있다. '𢖎'(徹)은 '古文' '徹'자 이다."라고 풀이하고 있다.

갑골문에서의 뜻은 다음과 같다.

1. 지명(地名). "乙卯王卜, 在堆貞 : 今日步于徹亡災?"(≪前2. 9. 6≫), "……申之日,

---

1) 孫海波 前揭書 ≪甲骨文編≫ p.138.

王往于田, 从徹京允獲麑二, 雉十七, 十月"(≪佚990≫)

2. 자의(字義) 불분명(不分明). "貞 : 徹示畀土?"(≪外444≫), "亘食徹示不左, 十三
月"(≪續2. 9. 9≫)

| 敏(민) | （≪菁2. 1≫） | （≪前5. 17. 5≫） | [mǐn] |

羅振玉이 이를 '敏'자로 고석하였으나,[1] 자형 결구나 갑골복사의 사례(辭例)에 전혀 부합되
지 않는다. 葉玉森이 다시 이를 '婁'자로 고석하여,[2] 정설이 되었다. 이에 대해서는 제12편
'婁'자에 대한 해설로 대체한다.

| 效(효) | （≪甲786≫） | （≪鐵175. 1≫） | （≪後下10. 16≫） | （≪京津52078≫） | [xiào] |

위에 예시한 갑골문의 자형은 '矢'와 'ㅣ'과 '又'를 구성 요소로 하고 있는데, 이는 손에
아직 완성되지 못한 화살을 들고 있는 것을 형상화한 '效'자로, 모방(模倣)의 의미를 나타낸다.
여기에서의 '矢'는 후세에 자형이 변하여 '交'가 되었고, 이것이 성부(聲符)가 되었을 것으로
짐작된다. 이 '效'자에 대해 ≪說文解字≫에는, "效, 象也. 從攴, 交聲. : '效'는 본받다는
뜻이다. '攴'을 의부, '交'를 성부로 구성되었다."라고 풀이하고 있다.

갑골문에서는 인명(人名)으로 사용되었다. "丙寅卜, 子效臣田, 獲羌?"(≪鐵175. 1≫),
"癸巳貞 : 子效先步在尤? 一月"(≪甲786≫)

1) 羅振玉 前揭書 ≪增訂殷虛書契考釋≫ p.60下.
2) 葉玉森 ≪殷虛書契前編集釋≫(藝文印書館 1966. 臺北) 卷5 p.19上을 참고.

政(정)	 ≪燕686≫	[zhèng]

위의 갑골문은 '正'과 '攴'을 구성 요소로 하고 있는 '政'자인데, 갑골문에서의 '政'자는 '征'자와 통용되며, 여기에서의 '攴'은 손으로 정벌을 지휘하는 것을 뜻하는 것으로 짐작된다. 고대의 문헌에서도 '政'자가 '征'자와 통용되는 경우는 쉽게 찾을 수 있다. ≪周禮·地官·均人≫의 "掌均地政"이라는 말 중의 '政'자에 대해 鄭玄은, "政讀爲征, 征伐. : '政'은 '征'으로 읽으며, 정벌하다는 뜻이다."라고 한 것이 그 예(例)이다. 또 ≪說文解字·敍≫의 "其後諸侯力政"이라는 말 중의 '政'에 대해 王夢華는, "政, 通征, 攻伐.[1] : '政'은 '征'과 통용되며, 공격하여 정벌하다는 뜻이다."라고 한 것도 그렇다. 이 '政'자에 대해 ≪說文解字≫에는, "政, 正也. 從攴正, 正亦聲. : '政'은 바로잡다는 뜻이다. '攴'과 '正'을 구성 요소로 하고 있으며, '正'은 또한 성부(聲符)이기도 하다."라고 풀이하고 있다.

갑골문에서도 정벌하다는 뜻으로 사용된 것으로 짐작된다. "貞 : 于……未政……于岳?" (≪燕686≫)

攸(시)	≪前6. 11. 7≫　≪甲2489≫　≪拾3. 17≫　≪京津1037≫	[shī]

于省吾는 위의 갑골문에 대해, "字象以朴擊蛇, 其或以數點, 象血滴外濺形. ……字之本義爲以攴擊它(蛇), 其引伸義爲割解――乃後世陵遲之形的起源.[2] : 자형은 나무막대로 뱀을 때리는 것을 형상화하였는데, 그 가운데 어떤 글자는 몇 개의 점으로써 핏방울이 밖으로 튀는 모양을 형상화하였다. …… 이 글자의 본의는 '攴' 즉 나무막대로 뱀을 때리다는 뜻이며, 인신의(引伸義)는 해부하다는 뜻인데――이는 후세에 능지형(陵遲刑)의 기원(起源)이 되었다."라고 하여, 이를 '攸'자로 고석하였는데, 이 '攸'자는 '攺'로 쓰기도 한다. ≪說文解字≫에는 이 '攺'자에 대해, "攺, 敷也. 從攴, 也聲. 讀與施同. : '攺'는 널리 베풀다는 뜻이다.

---

1) 王夢華 ≪說文解字釋要≫(吉林敎育出版社 1990. 長春) p.78.
2) 于省吾 前揭書 ≪甲骨文字釋林≫ pp.161~167.

'攴'을 의부, '也'를 성부로 구성되었다. 독음은 '施'자와 같다."라고 풀이하고 있다. 또 徐中舒는, "典籍或借施爲攺. ≪集韻≫有肔字, 訓爲剚腸, 爲攺之後起字.[1] : 전적(典籍)에서는 간혹 '施'를 '攺'의 뜻으로 가차하기도 하였다. ≪集韻≫에는 '肔'자가 있는데, 창자를 가르다는 뜻이라고 풀이하였으며, 이는 '攺'의 후기자(後起字)인 셈이다."라고 하였다.

갑골문에서는 '해부하다', '가르다' 등의 뜻으로 사용되었는데, 이는 희생의 처리 방법의 하나이다. "其攺豕于妣丁"(≪菁9. 2≫), "癸亥卜, 㱿貞 : 攺羌百……?"(≪續2. 29. 3≫), "癸亥卜, 㱿貞 : 勿羊攺羌……?"(≪續5. 34. 3≫)

更(경)   (≪佚439≫)   (≪乙7680≫)   (≪京津2457≫)   (≪鄴三下50. 6≫)   [gēng]

위의 갑골문은 '丙'과 '攴'을 구성 요소로 하고 있는데, 이는 손에 채찍[鞭]을 들고 말을 달리게 하는 것을 형상화한 자형의 '更'자이다. 于省吾는 이 글자에 대해, "按, 更即古文鞭字.[2] : 살펴보면, '更'은 곧 '鞭'자의 고문(古文)이다."라고 주장하였다. 이 '更'자에 대해 ≪說文解字≫에는, "更, 改也. 從攴, 丙聲. : '更'은 고치다는 뜻이다. '攴'을 의부, '丙'을 성부로 구성되었다."라고 풀이하고 있다.

갑골문에서의 뜻은 다음과 같다.

1. 말을 채찍질하여 달리게 하다. "壬戌卜, 王更……虎……?"(≪前6. 64. 8≫), "戊午卜, 更……陷, 弗其擒?"(≪乙7680≫)
2. 인명(人名)으로 짐작된다. "丁酉卜, 更來……豕弗其☒在……?"(≪鐵138. 3≫)

攸(유)   (≪前6. 9. 3≫)   (≪粹1282≫)   (≪金597≫)   (≪佚923≫)   [yōu]

위의 갑골문은 '人'과 '攴'을 구성 요소로 하고 있는 '攸'자인데, 손에 지팡이를 들고 사람의

---

1) 徐中舒 前揭書 ≪甲骨文字典≫ p.335.
2) 于省吾 前揭書 ≪甲骨文字釋林≫ p.391.

등을 때리는 모양을 형상화한 자형이라고 짐작된다. 이 '攸'자에 대해 ≪說文解字≫에는,
"攸, 行水也. 從攴從人, 水省. 𣲏, 秦刻石繹山石文攸字如此. : '攸'는 물이 평온하게 흘러가
도록 하다는 뜻이다. '攴'을 구성 요소로 하고, '人'을 구성 요소로 하고 있고, 필획이 생략된
'水'를 구성 요소로 하고 있다. '𣲏'(汝)는 秦代에 석각(石刻)한 ≪繹山石文≫ 중의 '攸'자가
이와 같다."라고 풀이하고 있다.

갑골문에서의 뜻은 다음과 같다.

1. 지명(地名). "癸卯王貞 : 旬亡禍? 王占曰 : 吉. 王在攸"(≪後上10. 11≫), "己巳王卜,
   在⬜貞 : 今日步于攸亡災? 在十月, 有祐."(≪續3. 30. 7≫)
2. 방국명(方國名). "貞 : 告攸侯?"(≪金597≫)

粆(미) (≪佚604≫) [mǐ]

위의 갑골문은 '米'와 '又'를 구성 요소로 하고 있는데, 이는 손에 쌀을 쥐고 있는 모양을
형상화한 자형인 것으로 짐작된다. 이 갑골문자에 대해 商承祚는, "疑粆字, 國名.[1] : 아마도
'粆'자인 듯하며, 나라 이름이다."라고 하여, '粆'자라고 고석하였다. ≪說文解字≫에는 이
'粆'자에 대해, "粆, 撫也. 從攴, 米聲. 周書曰 : 亦未克粆公功. 讀若弭. 𢾅, 粆或從人.
: '粆'는 어루만지다는 뜻이다. '攴'을 의부, '米'를 성부로 구성되었다. ≪周書 · 洛誥≫에는,
「또한 周公 당신의 큰 공(功)을 위무(慰撫)할 수가 없습니다.」라고 하고 있다. 독음은 '弭'자처
럼 읽는다. '𢾅'(侎)는 혹체자이며, '人'을 구성 요소로 하고 있다."라고 풀이하고 있다.

갑골문에서는 제후국(諸侯國)의 이름으로 사용되었다. "甲辰卜, 粆侯戈雀?"(≪佚604≫)

敡(이) (≪福2≫) [yi]

李孝定은 위의 갑골문에 대해, "卜辭云敡龜, 當叚爲剔解龜也. 解龜以供占卜, 即龜策傳

---

1) 商承祚 ≪殷契佚存考釋≫(金陵大學中國文化硏究所 影印本 1933. 南京) p.78左.

所謂'因以吉日剔取其腹下甲'之意也.[1] : 갑골복사에서 '敡龜'라고 하고 있는데, 이는 곧 '剔解龜' 즉 거북을 해부하여 귀갑(龜甲)을 발라내다는 뜻으로 가차한 것이 분명하다. 이는 거북을 발라내어 점복용(占卜用)으로 바치는 것인데, ≪史記·龜策傳≫에서 이른 바, '길일(吉日)에 거북의 복부 아래쪽의 귀갑을 발라내어 취(取)한다'라고 한 그 뜻이다."라고 하였다. 이로써 이 글자는 '攴'을 의부, '易'를 성부로 구성된 '敡'자임을 알 수 있다. 이 '敡'자에 대해 ≪說文解字≫에는, "敡, 侮也. 從攴, 從易, 易亦聲. : '敡'는 업신여기다는 뜻이다. '攴'을 구성 요소로 하고, '易'를 구성 요소로 하고 있으며, '易'는 또한 성부이기도 하다."라고 풀이하고 있다.

갑골문에서는 '剔龜' 즉 귀갑(龜甲)을 발라내다는 뜻으로 사용된 것 같다. "……貞 : ▨自 敡龜……"(≪福2≫)

敗(패)	𤰔	𣀜		[bài]
	(≪乙7705≫)	(≪前3. 27. 5≫)	(≪前5. 22. 4≫) (≪前7. 36. 1≫)	

위에 예시한 갑골문은 기본적으로 '貝'와 '攴'을 구성 요소로 하고 있고, 혹체자로 '貝'를 '鼎'으로 대체한 것도 있으며, '貝'와 '攴'이 각각 두 개로 구성된 것도 있는데, 자형 결구로 보아 '敗'자임이 틀림없다. 이는 손에 지팡이를 들고 조개를 쳐서 부수는 모양을 형상화한 것이다. 이 '敗'자에 대해 ≪說文解字≫에는, "敗, 毀也. 從攴貝. 敗·賊皆從貝. 𣀜, 籒文 敗從賏. : '敗'는 훼손하다는 뜻이다. '攴'과 '貝'를 구성 요소로 하고 있다. '敗'와 '賊'은 모두 '貝'를 구성 요소로 하고 있다. '𣀜'(敗)는 주문(籒文) '敗'자이며, '賏'을 구성 요소로 하고 있다."라고 풀이하고 있다.

갑골문에서는 실패(失敗) 혹은 재화(災禍)라는 뜻으로 사용된 것 같다. "貞 : 亡敗?"(≪前3. 27. 5≫), "……敗……事劾受……"(≪前5. 22. 4≫), "……王曰 : 侯馬敗汝事, 劾受……"(≪前7. 36. 1≫)

1) 李孝定 前揭書 ≪甲骨文字集釋≫ p.1060.

攻(공)			[gōng]
	(≪柏根氏49≫)	(≪甲3171≫)	

위의 갑골문은 ‘工’과 ‘殳’를 구성 요소로 하고 있는데, 屈萬里는 이 글자에 대해, “當是攻字. 卜辭从攴之字, 亦往往从殳.[1] : (이 글자는) ‘攻’자가 틀림없다. 갑골복사에서 ‘攴’을 구성 요소로 하는 글자는 또한 자주 ‘殳’를 구성 요소로 하기도 한다.”라고 하여, ‘攻’자로 고석하였다. 또 王延林은 이 글자에 대해, “表手持錘敲擊工形, 其小點, 似錘打時濺物.[2] : 손에 추(錘)를 들고 ‘工’을 두드리는 모양을 나타내고 있는데, 작은 점들은 추로 두드릴 때 튀는 물질인 것 같다.”라고 하였다. 이로써 이 ‘攻’자의 자의(字義)는 두드리다는 뜻임을 알 수 있다. ≪說文解字≫에는 이 ‘攻’자에 대해, “攻, 擊也. 從攴, 工聲. : ‘攻’은 공격하다는 뜻이다. ‘攴’을 의부, ‘工’을 성부로 구성되었다.”라고 풀이하고 있다.

갑골문에서는 인명(人名)으로 사용되었다. “……禽子攻……”(≪甲3171≫)

楘(리)	卜	卜	卜	卜	[lí]
	(≪粹577≫)	(≪甲1637≫)	(≪後下33. 1≫)	(≪甲3915≫)	

李孝定은 이 갑골문 ‘楘’자에 대해, “卜辭嫠楘同文, 並假爲釐.[3] : 갑골복사에서는 ‘嫠’와 ‘楘’는 같은 글자이고, 둘 다 ‘釐’의 뜻으로 가차(假借)된다.”라고 하였다. 본편(本篇) 앞쪽의 ‘嫠’자에 대한 해설을 참조하기 바란다. 이 ‘楘’자에 대해 ≪說文解字≫에는, “楘, 坼也. 從攴, 從厂. 厂之性坼. 果孰有味亦坼, 故從未. : ‘楘’는 갈라지다는 뜻이다. ‘攴’을 구성 요소로 하고, ‘厂’을 구성 요소로 하고 있다. ‘厂’의 성질은 잘 갈라진다. 열매가 익어서 맛이 들면 역시 갈라지기 때문에, 그래서 ‘未’를 구성 요소로 하고 있는 것이다.”라고 풀이하고 있다.

갑골문에서의 자의(字義)는 본편(本篇) ‘嫠’자의 예(例)로 대체한다.

---

1) 屈萬里 ≪小屯殷虛文字甲編考釋≫ 前揭書 p.408
2) 王延林 前揭書 ≪常用古文字字典≫ p.205.
3) 李孝定 前揭書 ≪甲骨文字集釋編≫ p.1073.

| 畋(전) | (≪拾9. 7≫) | (≪乙324≫) | (≪乙454≫) | (≪前6. 11. 2≫) | [tián] |

≪甲骨文編≫에는 위의 갑골문자들을 모두 '畋'자로 수록하고 있다. 이 '畋'자는 '田'과 '攴'을 구성 요소로 하고 있고, 손에 농기구를 들고 있는 것을 형상화함으로써, 경작이라는 뜻을 나타낸 자형이다. 이 '畋'자에 대해 ≪說文解字≫에는, "畋, 平田也. 從攴田. 周書曰 : 畋尒田. : '畋'은 전지(田地)를 평평하게 갈다는 뜻이다. '攴'과 '田'을 구성 요소로 하고 있다. ≪周書·多方≫에, 「당신들의 전지(田地)를 평평하게 정돈하였다.」라고 하고 있다."라고 풀이하고 있다. 이에 대해 段玉裁는, "齊風, 無田甫田, 上田即畋字. : ≪詩經·齊風≫ 중에 '無田甫田'[저 큰 밭을 갈지 마라.]라는 구절이 있는데, 앞의 '田'자가 바로 '畋'자의 뜻이다."라고 주(注)하였다.

갑골문에서의 뜻은 다음과 같다.

1. 여자 농노(農奴). "乙未⊠女老畋"(≪乙428≫)
2. 인명(人名). "⊠辰卜, 車允畋貝今生……?"(≪乙324≫), "丁亥卜, 扶畋……?"(≪乙454≫)

| 攺,改(개) | (≪前4. 27. 2≫) | (≪菁11. 14≫) | (≪乙7030≫) | ≪京津5278≫ | [gǎi] |

위의 갑골문은 '巳'와 '攴'을 구성 요소로 하고 있는데, 갑골문에서의 '巳'자는 '子'자와 자형이 같다. 郭沫若은 이 글자에 대해, "殆象朴作敎刑之意, 子跪而執鞭以懲戒之也.[1] : (자형은) '朴' 즉 후박나무막대로 교육하며 벌을 주는 뜻을 형상화한 것 같으며, 이는 무릎을 꿇고 있는 자식을 채찍을 들어 징계(懲戒)하는 것을 나타낸 것이다."라고 하여, '攺'자로 고석하였다. 이로 미루어 보면, 이 글자는 자식을 가르쳐서 잘못을 고치다는 뜻임을 알 수 있다.

그런데 ≪說文解字≫에는 '改'·'攺' 두 글자가 수록되어 있다. '改'자에 대해서는 "改, 更也. 從攴, 己聲. : '改'는 고치다는 뜻이다. '攴'을 의부, '己'를 성부로 구성되었다."라고

---

1) 李孝定 前揭書 ≪甲骨文字集釋編≫ p.1077에서 재인용.

풀이하고 있다. 이에 대해 李陽冰은, "己有過攴之, 即改. : 자신에게 잘못이 있는 경우에 채찍질하는 것이 바로 '改'자의 뜻이다."라고 설명하였다. 그리고 '攺'자에 대해서는, "攺, 殺攺, 大剛卯, 㠯逐鬼魅也. 從攴, 巳聲. 讀若巳. : '攺'는 '殺攺'로, 정월(正月) 묘일(卯日)에 만들어서 귀신이 초래하는 재앙을 쫓기 위해 몸에 차는 물건인데, 귀신을 쫓는데 사용한다. '攴'을 의부, '巳'를 성부로 구성되었다. 독음은 '巳'자처럼 읽는다."라고 풀이하고 있다. 許慎의 이런 해설을 통해서 볼 때, 위에 예시된 갑골문자의 자형과 부합되는 글자는 '攺'자이고, 자의와 부합되는 글자는 '改'자이다. 이 문제에 대해 羅振玉은, "古金文(≪改簋蓋≫)及卜辭有从巳之攺, 無从己之改. 疑許書之改即攺字, 初非有二形也.[1] : 고대의 금문(≪改簋蓋≫)과 갑골문에는 '巳'를 구성 요소로 하는 '攺'자는 있으나, '己'를 구성 요소로 하는 '改'자는 없다. 아마도 許慎의 ≪說文解字≫에 있는 '改'자는 곧 '攺'자인 듯한데, 결코 처음부터 이렇게 두 가지 자형이 존재하지는 않았을 것이다."라고 정확하게 지적하였다.

갑골문에서도 '잘못을 고치다', '개정(改正)하다'는 뜻으로 사용되었다. "庚申卜, 古[貞] : 勿羊攺于南庚宰用?"(≪乙7030≫), "弜攺其唯小臣▨眔命, 王弗悔"(≪前4. 27. 2≫) : '弜攺'의 '弜'은 부정부사(否定副詞)이다.

敘(서)

(≪前6. 10. 3≫)

[xù]

위의 갑골문은 '又'와 '余'를 구성 요소로 하고 있는데, 羅振玉은 이를 '敘'자로 고석하였다.[2] 이 글자는 자형 결구로 보면, 손으로 '余' 즉 나무기둥으로 천정을 받친 집을 짓는 모양을 형상화한 것이라 짐작되지만, 정확한 본의에 대해서는 아직 밝혀지지 않고 있다. 제2편의 '余'자에 대한 해설을 참조하기 바란다. 이 '敘'자에 대해 ≪說文解字≫에는, "敘, 次弟也. 從攴, 余聲. : '敘'는 순서라는 뜻이다. '攴'을 의부, '余'를 성부로 구성되었다."라고 풀이하고 있다.

갑골문에서의 자의는 아직 명확하게 밝혀지지 않았다. "不……薛……敘"(≪前6. 10. 3≫)

---

1) 羅振玉 前揭書 ≪增訂殷虛書契考釋≫ 卷中 p.61下.
2) 羅振玉 前揭書 ≪增訂殷虛書契考釋≫ 卷中 p.60上을 참고.

| 牧(목) | (≪後下12. 13≫) | (≪珠758≫) | (≪乙1291反≫) | (≪寧滬1. 397≫) | [mù] |

위의 갑골문은 기본적으로 '牛' 또는 '羊'과 '攴'을 구성 요소로 하고 있으며, 간혹 여기에 다시 '彳'이나 '辵'을 덧붙인 것도 있다. 이는 손에 채찍을 들고 소나 양을 몰면서 방목(放牧)하는 모양을 형상화한 자형의 '牧'자이다. 이 '牧'자에 대해 ≪說文解字≫에는, "牧, 養牛人也. 從攴牛. 詩曰：牧人乃夢.：'牧'은 소를 기르는 사람이라는 뜻이다. '攴'과 '牛'를 구성 요소로 하고 있다. ≪詩經·小雅·無羊≫에, 「목인(牧人)이 이에 좋은 꿈을 꾸었네.」라고 하고 있다."라고 풀이하고 있다.

갑골문에서의 뜻은 다음과 같다.

1. 방목하다. 가축을 기르다. "甲戌卜, 賓貞：在易牧隻羌?"(≪珠758≫), "庚子卜, 貞：牧㠯羌延于丁曾用?"(≪後下12. 13≫), "貞：乎王牧羊?"(≪乙2626≫), "……麋其南牧擒, 其北牧擒"(≪寧滬1. 397≫)

2. 인명(人名) 또는 제후(諸侯) 이름. "☑亥卜, 賓貞：牧再冊……登人辈……?"(≪後下12. 14≫), "牧入十在鈞."(≪乙7191≫)

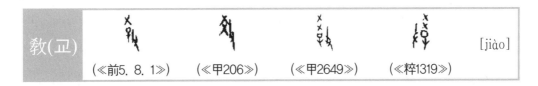

| 教(교) | (≪前5. 8. 1≫) | (≪甲206≫) | (≪甲2649≫) | (≪粹1319≫) | [jiào] |

위의 갑골문은 기본적으로 '爻'와 '子'와 '攴'을 구성 요소로 하고 있는데, 간혹 '子'를 생략한 것도 있으며, '爻'는 성부(聲符)이다. 이는 손에 지팡이를 들고 자식을 가르치는 모양을 형상화한 자형의 '教'자이다. 李孝定은 이 글자에 대해, "當云從攴從子, 爻聲, 會意兼形聲也. 作㸚者, 爲純形聲字, 與𢼀同意. 𢼀象子臥而受杖形, 爲純會意字. 此省象床之爿, 而加聲符爻.[1] : 마땅히 '攴'과 '子'를 의부, '爻'를 성부로 구성되었다고 해야 하는데, 이는 회의 겸 형성자이다. '㸚'로 쓴 것은 순수한 형성자이며, 𢼀(改)자와 뜻이 같다. '𢼀'자는 자식이 엎드려서 매를 맞는 모양을 형상화하였는데, 순수한 회의자이다. 이 '教'자는 상(床)을 형상화한 '爿'을 생략

---

1) 李孝定 上揭書 ≪甲骨文字集釋編≫ p.1089.

하고, 성부 '爻'를 덧붙였다."라고 하였다. 이 '教'자에 대해 ≪說文解字≫에는, "教, 上所施, 下所效也. 從攴孝. 𢼸, 古文教. 𤕝, 亦古文教. : '教'는 윗사람이 가르침을 베풀고, 아래 사람이 이를 본받아 실행한다는 뜻이다. '攴'과 '孝'를 구성 요소로 하고 있다. '𢼸'(𢼸)는 '古文' '教'자이다. '𤕝'(效)도 역시 '古文' '教'자이다."라고 풀이하고 있다.

갑골문에서의 뜻은 다음과 같다.

1. 가르치다. "丁酉卜, 其乎以多方小子ㆍ小臣, 其教戒?"(≪粹1162≫)
2. '貞人'의 이름. "癸亥卜, 教貞 : 旬亡禍?"(≪甲2649≫)
3. 지명(地名). "戊戌卜, 雀𡼬于教?"(≪甲206≫)

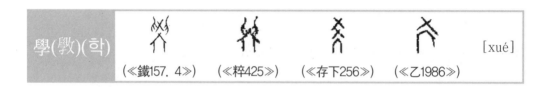

| 學(斅)(학) | (≪鐵157. 4≫) | (≪粹425≫) | (≪存下256≫) | (≪乙1986≫) | [xué] |

위에 예시한 갑골문은 기본적으로 '冖'과 두 손 그리고 '爻'를 구성 요소로 하고 있는데, 두 손을 생략하기도 하고, 또 '爻' 전체 또는 '乂'를 생략한 것도 있다. 이를 羅振玉이 '學'자로 고석하여[1] 정설이 되었다. 이 '學'자에 대해 王延林은, "甲文不從攴, 從兩手有模仿之義. ≪尙書大傳≫云 : 學, 效也.[2] : (이 '學'자는) 갑골문에서는 '攴'을 구성 요소로 하지 않고 있으며, 두 손을 구성 요소로 한 것은 모방(模倣)하다는 뜻을 나타낸다. ≪尙書大傳≫에 이르기를「'學'은 '效' 즉 본받다는 뜻이다.」라고 하고 있다."고 해설하였다. ≪說文解字≫에는 이 '學'자에 대해, "斅, 覺悟也. 從教冂, 冂, 尙矇也. 臼聲. 𧲈, 篆文斅省. : '斅'은 깨우치다는 뜻이다. '教'와 '冂'을 의부(義符)로 삼았는데, '冂'은 아직 몽매한 상태에 있음을 뜻한다. '臼'를 성부로 구성되었다. '𧲈'(學)은 전문(篆文)이며, '斅'자의 편방 '攴'이 생략되었다."라고 풀이하고 있다. 段玉裁는 이 '學'자에 대해서, "此爲篆文, 則斅古文也. : 이것이 전문(篆文) 이므로, '斅'자는 '古文'이다."라고 주(注)하였다.

갑골문에서의 뜻은 다음과 같다.

1. 배우다. 교도(敎導)하다. '教'와 통용. "丁巳卜, 㱿貞 : 王學眾二千于兌方, 受有祐?"

---

1) 羅振玉 前揭書 ≪增訂殷虛書契考釋≫ 卷中 p.61上을 참고.
2) 王延林 前揭書 ≪常用古文字字典≫ p.208.

(≪乙1986≫)

2. 인명(人名). '學戉'. "丁未卜, 技侑咸戉‧學戉乎?"(≪粹425≫), "貞：侑學戉?"(≪乙 2105≫)

卜(복)	┠	ㄳ	ㅓ	┠	[bǔ]
	(≪菁5. 1≫)	(≪鐵174. 3≫)	(≪戩38. 4≫)	(≪後上18. 3≫)	

위의 갑골문은 갑골을 소작(燒灼)하여 나타난 조문(兆紋)의 모양을 형상화한 '卜'자이다. 이 '卜'자에 대해 ≪說文解字≫에는, "卜, 灼剝龜也. 象灸龜之形. 一日：象龜兆之縱橫也. ㅒ, 古文卜. : '卜'은 귀갑을 불에 소작(燒灼)하여 갈라진 무늬라는 뜻이다. 귀갑을 구워 갈라진 모양을 형상화하였다. 일설에는 귀갑이 종횡으로 갈라진 조문(兆紋)의 모양을 형상화한 것이라고도 한다. 'ㅒ'(卜)은 '古文' '卜'자이다."라고 풀이하고 있다.

갑골문에서는 '복문(卜問)하다', '점복(占卜)하다'는 뜻으로 사용되었다. "癸丑卜, 殼貞： 旬亡禍? 王占日：……"(≪鐵247. 2≫), "癸卯卜, 亘貞：我受黍年?"(≪鐵248. 1≫)

貞(정)	貝	貝	貝	貝	[zhēn]
	(≪戩3. 1≫)	(≪甲2418≫)	(≪乙8982≫)	(≪鐵45. 2≫)	

위의 갑골문 '貞'자는 정(鼎)의 모양을 형상화하였는데, 원래는 음식물을 삶는 기구였으나, 나중에 예기(禮器)가 되었다. 이후에 이 '鼎'자 위에 '卜'을 덧붙여서 '貞'으로 쓰게 되었다. 이 '貞'자에 대해 ≪說文解字≫에는, "貞, 卜問也. 從卜貝. 貝, 吕爲贄. 一日：鼎省聲, 京房所說. : '貞'은 복문(卜問)하다는 뜻이다. '卜'과 '貝'를 구성 요소로 하고 있다. '貝'는 점복의 예물로 사용되었다. 일설에는, 필획이 생략된 '鼎'을 성부로 구성하였다고도 하는데, 이는 京房이 주장한 것이다."라고 풀이하고 있다.

갑골문에서도 정문(貞問)하다는 뜻으로 사용되었다. "丁卯卜, 尹貞：王賓執福亡禍?" (≪前6. 15. 3≫), "癸酉貞：旬亡禍?"(≪粹1451≫)

| 占(점) | (≪鐵77. 1≫) | (≪乙6664≫) | (≪後下4. 2≫) | (≪佚807≫) | [zhān] |

갑골문 '占'자는 기본적으로 '卜'과 '口'를 구성 요소로 하고 있는데, 복골(卜骨) 모양을 형상화한 기물 속에 이 '占'자를 쓴 것도 상당히 많다. 이 '占'자는 점을 쳐서 길흉을 묻다는 뜻이다. 이 '占'자에 대해 ≪說文解字≫에는, "占, 視兆問也. 從卜口. : '占'은, 조문(兆紋)을 보고 (길흉을) 묻다는 뜻이다. '卜'과 '口'를 구성 요소로 하고 있다."라고 풀이하고 있다.

갑골문에서도 '점치다', '점복(占卜)하다'는 뜻으로 사용되었다. "壬子卜, ☒占……?"(≪後下4. 2≫), "……貞 : 旬亡禍? 王占曰 ……"(≪鐵247. 2≫)

| 用(용) | (≪戩23. 9≫) | (≪甲874≫) | (≪前6. 67. 4≫) | (≪鐵116. 1≫) | [yòng] |

위의 갑골문 '用'자에 대해 于省吾는, "用字初文本象日常用器的桶形, 因而引伸爲施用之用.[1] : '用'자의 초기 문자는 본래 일상의 용기인 통(桶)의 모양을 형상화한 것이었고, 이로 인해 인신(引伸)되어 '施用'의 '用'의 뜻을 나타내게 되었다."라고 주장하였다. '用'과 '桶'은 상고음(上古音)에서 첩운(疊韻)으로, 서로 통용되었다. 이 '用'자에 대해 ≪說文解字≫에는, "用, 可施行也. 從卜中, 衛宏說. 㒸, 古文用. : '用'은 시행할 수 있다는 뜻이다. '卜'과 '中'을 구성 요소로 하고 있다. 이는 衛宏의 주장이다. '㒸'(㒸)은 '古文' '用'자이다."라고 풀이하고 있다. 이에 대해 段玉裁는, "卜中, 則可施行, 故取以會意. : 복문(卜問)하여 적중(的中)이 되면, 바로 시행할 수가 있기 때문에, 그래서 이 글자는 여기에서 뜻을 취한 회의자이다."라고 주(注)하였다.

갑골문에서도 '사용하다', '시용(施用)하다' 등의 뜻으로 사용되었다.

"辛未卜, 帝風, 不用雨"(≪佚227≫), "叀茲豐用"(≪佚241≫), "王其用羌于大乙, 卯叀牛, 王受祐?"(≪粹151≫)

---

1) 于省吾 前揭書 ≪甲骨文字釋林≫ p.360.

| 甫(보) | (≪林2. 14. 6≫) | (≪甲1051≫) | (≪乙861≫) | (≪拾2. 8≫) | [fǔ] |

위에 예시한 갑골문 '甫'자의 자형은 농지(農地)에서 생장(生長)하는 농작물의 싹 모양을 형상화한 것이다. 徐中舒는 이 글자에 대해, "從田從屮, 象田中有屮之形, 當爲圃之初文, 後隸定爲甫. ≪說文≫ : 甫, 男子之美稱也. 爲假借義. 後加囗爲園圃之圃. …… 後譌爲從用從父之甫.[1] : '田'과 '屮'를 구성 요소로 하고 있는데, 이는 밭에 싹이 난 모양을 형상화한 것으로, '圃'자의 초문(初文)임이 틀림없고, 나중에 잠정적으로 '甫'자로 예정(隸定)하였다. ≪說文解字≫에, 「甫는 남자에 대한 미칭(美稱)이다.」라고 한 것은, 이 글자의 가차의(假借義)이다. 후에 '囗'를 덧붙여서 '園圃'의 '圃'자가 되었다. …… 후세에 와변(訛變)되어 '用'과 '父'를 구성 요소로 하는 '甫'자가 되었다."라고 설명하였다. 이 '甫'자에 대해 ≪說文解字≫에는, "甫, 男子之美稱也. 從用父, 父亦聲. : '甫'는 남자에 대한 미칭(美稱)이다. '用'과 '父'를 구성 요소로 하고 있으며, '父'는 또한 성부이기도 하다."라고 풀이하고 있다.

갑골문에서의 뜻은 다음과 같다.

1. 지명(地名). "貞 : 令永兄保在甫? 六月."(≪甲3510≫)

2. 방국명(方國名). "甲戌卜, 賓貞 : 甫受黍年?"(≪乙6519≫)

3. 인명(人名). "癸卯卜, 賓貞 : 叀甫乎令沚蚩羌方? 七月."(≪前6. 60. 6≫), "貞 : 甫其有疒?"(≪粹1269≫)

| 葡(비) | (≪戩44. 13≫) | (≪前7. 15. 3≫) | (≪乙4208≫) | (≪京津862≫) | [bèi] |

羅振玉이 위에 예시한 갑골문을 '葡'자로 고석하여,[2] 정설이 되었다. 이 갑골문 '葡'자는 화살과 화살을 담는 기구로 구성되어 있는데, 이는 화살이 '箙' 즉 전통(箭筒) 속에 담겨 있는 모양을 형상화한 자형이다. 기구 속에 많은 화살이 담겨 있는 것에서 인신(引伸)되어

---

1) 徐中舒 前揭書 ≪甲骨文字典≫ p.355.
2) 羅振玉 前揭書 ≪增訂殷虛書契考釋≫ 卷中 p.45를 참고.

구비(具備)하다는 뜻이 되었다. 갑골문에서는 '萄'자와 '箙'자는 같은 글자이다. 이 '萄'자에 대해 ≪說文解字≫에는, "萄, 具也, 從用苟省. : '萄'는 갖추다는 뜻이다. '用'과 필획이 생략된 '苟'를 구성 요소로 하고 있다."라고 풀이하고 있다. 제5편의 '箙'자에 대한 해설을 참고하기 바란다.

갑골문에서의 뜻은 다음과 같다.

1. '貞人'의 이름. "癸卯卜, 萄貞 : 其有……王……祝?"(≪京津862≫)
2. 방국명(方國名). "貞 : 乎从奠取萄屇三邑?"(≪前7. 21. 4≫)

| 爻(효) | 𡘋 (≪甲3533≫) | 爻 (≪拾10. 6≫) | 爻 (≪後下41. 1≫) | 爻 (≪餘7. 2≫) | [yáo] |

위의 갑골문 '爻'자는 두 개의 표시(標示) 부호를 조합한 것인데, 이에 대해 王鳳陽은, "相交叉之形, 它在構字中多表相交或有孔之意, 如 '駁'·'學'之類.[1] : 서로 교차(交叉)하는 모양으로 되어 있는데, 이는 글자 결구에서 '駁'자나 '學'자 등과 같이, 서로 교차하거나 혹은 구멍이 있다는 뜻을 나타내는 경우가 많다."라고 설명하였다. 이 '爻'자에 대해 ≪說文解字≫에는, "爻, 交也. 象易六爻頭交也. : '爻'는 교차하다는 뜻이다. ≪周易≫의 육효(六爻)가 서로 교차하는 것을 형상화하였다."라고 풀이하고 있다.

갑골문에서의 뜻은 다음과 같다.

1. 뒤섞이다. 잡색(雜色)이다. "王弜爻馬, 亡疾?"(≪拾10. 6≫) : '爻馬'는 잡색의 말이라는 뜻이고, '亡疾'은 빠르지 못하다는 뜻이다.
2. '學'과 통용. "貞 : 侑于爻戊?"(≪後下41. 1≫) : '爻戊'는 '學戊'를 지칭한다.
3. 인명(人名)으로 짐작된다. "……爻入……"(≪甲3533≫)

---

1) 王鳳陽 前揭書 ≪漢字學≫ p.374.

爽(상)				[shuǎng]
	(≪合集36183≫)	(≪合集36237≫)	(≪後上4. 10≫)	

위에 예시한 갑골문에 대해서 于省吾는, "象人左右腋下有火, 故典籍中訓爽爲明者習見.[1] : 사람의 좌우 겨드랑이 아래에 불이 있는 것을 형상화하였는데, 이런 까닭으로 고대의 전적(典籍)에서 '爽'자를 '明'으로 뜻풀이한 것이 자주 보인다."라고 하여, 이를 '爽'자로 고석하였다. ≪說文解字≫에는, "爽, 明也. 從㸚大. 䫒, 篆文爽. : '爽'은 밝다는 뜻이다. '㸚'와 '大'를 구성 요소로 하고 있다. '䫒'(爽)은 전문(篆文) '爽'자이다."라고 풀이하고 있다.

그런데 갑골문에서의 이 글자는 배우자라는 뜻으로 사용되었으며, 지금은 일반적으로 '奭'자로 예정(隷定)하고 있으므로, 제4편의 '奭'자에 대한 해설로 대체한다.

---

1) 于省吾 前揭書 ≪甲骨文字釋林≫ p.47을 참고.

第 4 篇

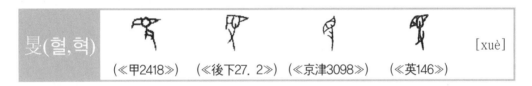

夏(혈, 혁)

(≪甲2418≫) (≪後下27. 2≫) (≪京津3098≫) (≪英146≫) [xuè]

　위에 예시한 갑골문은 '目'과 '攴' 또는 '又'를 구성 요소로 하고 있는 '夏'자이다. 이 글자는 손에 침을 들고 눈을 찌르는 모양을 형상화한 자형으로, 고대에는 눈을 찌르는 형벌을 일컫기도 하였다. 이 '夏'자에 대해 郭沫若은, "臣·民均古之奴隸也. …… 齊侯壺'人民'字(的民)均作一左目形而有刃物以刺之.[1] : '臣'과 '民'은 모두 고대의 노예이다. …… ≪齊侯壺≫에 새겨져 있는 '人民'이란 말 중의 '民'자는 모두 왼쪽 눈 모양에 칼날같이 뾰족한 물건으로 눈을 찌르는 모양으로 새겨 놓았다."라고 하였다. 이 '夏'자에 대해 ≪說文解字≫에는, "夏, 擧目使人也. 從攴目. 讀若颭. : '夏'은 눈을 들어 사람을 부린다는 뜻이다. '攴'과 '目'을 구성 요소로 하고 있다. 독음(讀音)은 '颭'자처럼 읽는다."라고 풀이하고 있다.

　갑골문에서는 인명(人名)으로 사용되었다. "貞 : 夏有疾?"(≪後下27. 2≫), "丁未卜, 甫令夏?"(≪京津3098≫)

---

1) 郭沫若 ≪甲骨文字研究·釋臣宰≫(科學出版社 1962. 北京) pp.61~66.

目(목)				[mù]
(≪戬11. 3≫)	(≪前4. 32. 6≫)	(≪甲215≫)	(≪佚524≫)	

좌우 눈 모양을 형상화한 상형자이며, 눈[目]을 뜻하는 '目'자이다. 이 '目'자에 대해 ≪說文解字≫에는, "目, 人眼也. 象形. 重, 童子也. 古文目. : '目'은 사람의 눈이라는 뜻이다. 상형자이다. [소전체(小篆體) '目'자의 테두리 안쪽의] 겹친 (가로)획은 눈동자를 나타낸다. ''(圓)은 '古文' '目'자이다."라고 풀이하고 있다.

갑골문에서의 뜻은 다음과 같다.

1. (사람의) 눈. "癸巳卜, 㲼貞 : 子漁疾目, 福告于父乙?"(≪佚524≫), "貞 : 王其疾目?"(≪合165正≫)

2. 정탐(偵探)하다. "貞 : 乎目呂方?"(≪前4. 32. 6≫), "貞 : 勿乎目呂方?"(≪金650≫) : '睪'자와 '見'자의 해설을 참조하기 바란다.

3. 방국명(方國名). "叀(唯)目田無災"(≪戬11. 3≫), "王其田㲼至于目北亡戈."(≪京4468≫)

4. 인명(人名). "貞 : 子目㧃不其契? 王占曰 : 隹茲勿契."(≪乙3069≫), "叀王令目歸"(≪撫續185≫)

眔(답)				[tà]
(≪後下26. 16≫)	(≪甲680≫)	(≪菁10. 18≫)	(≪合集30907≫)	

갑골문 '眔'자는 눈 아래에 3~6개의 점으로 구성되어 있는데, 이는 눈에서 눈물이 흘러내리는 모양을 형상화한 자형으로 짐작된다. 이에 대해 郭沫若은, "余謂此當係涕之古字, 象目垂涕之形.[1] : 나는 이 글자는 '涕'의 고자(古字)이며, 눈에서 눈물이 흐르는 모양을 형상화한 것이 틀림없다고 생각한다."라고 하였다. 이 '眔'자에 대해 ≪說文解字≫에는, "眔, 目相及也. 從目隶省. 讀若與隶同也. : '眔'은 눈빛이 어떤 사물에 닿다는 뜻이다. '目'과 필획이 생략된 '隶'를 구성 요소로 하고 있다. 독음은 '隶'자와 같이 읽는다."라고 풀이하고 있다.

---

1) 李孝定 上揭書 ≪甲骨文字集釋編≫ p.1136에서 재인용.

이에 대해 段玉裁는 "隶, 及也. : '隶'는 이르다[미치다]는 뜻이다."라고 주(注)하였다.

갑골문에서의 뜻은 다음과 같다.

1. 접속사 '與' 또는 '及'과 통용. ~와[과], 그리고, 및. "其侑丙兄眔子癸"(≪甲680≫), "其又妣丙眔大乙, 酓王受祐"(≪甲1609≫)

2. 제명(祭名)이라 짐작된다. "癸卯卜, 何貞 : 其眔祖乙?"(≪甲2882≫)

3. 인명(人名) 혹은 방국명(方國名). "叀戌馬乎眔往"(≪寧滬1. 507≫), "壬子卜, 爭貞 : 叀戌乎眔?"(≪甲2258≫), "丁酉卜, 貞 : 叀用眔?"(≪佚959≫), "眔令三侯"(≪後下26. 16≫)

| 相(상) | | | | [xiāng] |
| (≪簠雜89≫) | (≪前5. 25. 5≫) | (≪前7. 37. 1≫) | (≪乙4057≫) | |

위의 갑골문은 '木'과 '目'을 구성 요소로 하고 있는 '相'자인데, 이 '相'자에 대해 ≪說文解字≫에는, "相, 省視也. 從目木. 易曰 : 地可觀者, 莫可觀於木. 詩曰 : 相鼠有皮. : '相'은 자세히 살펴보다는 뜻이다. '目'과 '木'을 구성 요소로 하고 있다. ≪易經≫에는, 「땅에서 볼만한 것으로는, 나무보다 더 볼만한 것은 없다.」라고 하고 있다. ≪詩經·鄘風·相鼠≫에는, 「쥐를 살펴보면, 반드시 가죽이 있나니.[하물며 사람이 위의(威儀)가 없어서야.]」라고 하고 있다."라고 풀이하고 있다.

갑골문에서의 뜻은 다음과 같다.

1. 관찰하다. 살피다. "相日今允雨……"(≪前5. 25. 5≫)

2. 商 왕실의 선공(先公) 相土. "甲辰, 帚相示二屮岳"(≪佚999臼≫)

3. 인명(人名). "丙申卜, 古貞 : 乎相延……? 貞 : 乎甫相, 專牛?"(≪乙4057≫)

| 眣(질) | | | | [dié] |
| (≪前5. 9. 3≫) | (≪河472≫) | (≪京津1339≫) | (≪京都2363≫) | |

위에 예시된 갑골문은 '目'과 '矢'를 구성 요소로 하고 있는 '眣'자인데, 이는 화살로 눈을 찌르는 모양을 형상화한 자형 결구이다. 이 '眣'자에 대해 ≪甲骨文編≫에는, "卜辭眣正从矢

作眹.1) : 갑골복사에서의 '眹'자는 바로 '矢'를 구성 요소로 하여 '眹'으로 쓰고 있다."라고 하고 있다. 화살로 눈을 찌르는 것은 아마 商代의 형벌(刑罰)의 하나였을 것으로 짐작된다.

그런데 ≪說文解字≫에는 이 글자를 '眹'으로 쓰지 않고 '眹'로 쓰고는, "眹, 目不從正也. 從目, 失聲. : '眹'은 눈빛이 바르지 못하다는 뜻이다. '目'을 의부, '失'을 성부로 구성되었다." 라고 풀이하고 있다. 이에 대해 段玉裁는, "開成石經公羊二皆作眹. 疑此字從矢會意, 從失者, 其譌體. 以譌體改說文, 淺人無識之故也. : ≪開成石經 · 公羊傳≫의 두 곳에서 모두 '眹'자로 쓰고 있다. 아마도 이 글자는 '矢'를 구성 요소로 하는 회의자인 듯하며, '失'을 구성 요소로 한 것은 잘못 쓴 자체(字體)로 짐작된다. 이렇게 잘못 변(變)한 자체(字體)로 ≪說文解字≫를 고친 것은, 지식이 얕은 사람들이 이를 인식하지 못한 까닭이다."라고 주(注)하였다. 이로 미루어보면, ≪說文解字≫의 '眹'자는 '目'과 '矢'를 구성 요소로 하는 '眹'자로 고쳐져야 할 것이다. ≪說文解字≫에는 '眹'자는 수록되어 있지 않다.

갑골문에서의 뜻은 다음과 같다.

1. 방국명(方國名). "壬寅卜, ⊘侯弗戈眹?"(≪前5. 9. 3≫), "癸亥卜, ……侯其戈眹?" (≪京津1339≫)

2. 지명(地名). "癸巳卜, 行貞 : 王賓叔亡尤? 在自眹卜."(≪河472≫), "壬辰卜, 在自 眹?"(≪河666≫)

瞋(순)

[shùn]

(≪後下24. 6≫)

'目'과 '寅'을 구성 요소로 하고 있는데, 羅振玉은 ≪增訂殷虛書契考釋≫에서 이 글자를 해설 없이 '瞋'자로 수록하였다.2) 이 '瞋'자에 대해 ≪說文解字≫에는, "瞋, 開闔目數搖也. 從目, 寅聲. : '瞋'은 눈을 떴다 감았다 하며 눈동자를 빠르게 움직이다는 뜻이다. '目'을 의부, '寅'을 성부로 구성되었다."라고 풀이하고 있다. 이에 대해 段玉裁는 "開闔目, 玄應本作 目開閉. : '開闔目'을, 玄應의 판본(版本)에는 '目開閉'로 쓰고 있다."라고 주(注)하였다.

갑골복사에서의 이 글자의 자의(字義)는 아직 정확하게 밝혀지지 않았다. "……⊘瞋…… 一月"(≪後下24. 7≫)

1) 中國社會科學院考古硏究所 前揭書 ≪甲骨文編≫ p.160.
2) 羅振玉 前揭書 ≪增訂殷虛書契考釋≫ 卷中 p.57上.

| 㪅(구) | (≪戩33. 7≫) | (≪後上2. 7≫) | (≪後上4. 10≫) | (≪乙4642≫) | [jū] |

위에 예시된 갑골문을 于省吾는 '爽'자로 고석하였고,[1] 羅振玉은 '㪅'자로 고석하였는데,[2] 徐中舒는 이 글자에 대해, "象人雙手挾持二物之形, 所持之物雖有器形之不同, 但左右手下之二物均同形, 乃以二物相儷表示匹耦之意. 此字逐漸譌變爲≪說文≫之㪅, 據古音㪅當讀爲仇匹之仇, 經籍中仇或作述.[3] : 사람이 두 손에 두 개의 물건을 끼고 있는 모양을 형상화하였으며, 소지(所持)하고 있는 물건이 비록 기물 모양은 같지 않으나 좌우 손 아래의 물건은 모두 같은 모양인데, 이는 두 물건이 서로 한 쌍이 짝이 되는 뜻을 나타내는 것이다. 이 글자는 점차적으로 ≪說文解字≫의 '㪅'자로 와변되었는데, 상고음에서의 '㪅'자는 '仇匹'의 '仇'로 읽어야 하며, 경적(經籍)에서는 '仇'자를 간혹 '述'로 쓰기도 한다."라고 하여, 이 글자를 '㪅'자로 고석하였다. 徐中舒의 주장이 갑골복사의 사례(辭例)에 부합되므로, 여기에서는 이를 따르기로 한다. 이 '㪅'자에 대해 ≪說文解字≫에는, "㪅, 目袤也. 從眀, 從大. 大, 人也. : '㪅'는 사시(斜視) 눈이라는 뜻이다. '眀'를 구성 요소로 하고, '大'를 구성 요소로 하고 있다. (여기에서의) '大'는 사람을 뜻한다."라고 풀이하고 있다.

갑골문에서는 선왕(先王)의 배필이라는 뜻으로 사용되었다. "壬寅卜, 行貞 : 王賓大庚㪅妣壬劦亡尤?"(≪後上2. 7≫), "癸亥卜, 貞 : 王賓武丁㪅妣癸翌日亡尤?"(≪後上4. 10≫), "戊寅卜, 貞 : 王賓祖甲㪅妣戊彡日亡尤?"(≪後上4. 13≫), "甲戌卜, 其莘于伊㪅?(≪明藏422≫), "貞 : 于黃㪅尞?"(≪乙4642≫)

| 眉(미) | (≪京津2082≫) | (≪拾14. 3≫) | (≪前6. 7. 4≫) | (≪後下32. 18≫) | [méi] |

갑골문 '眉'자는 기본적으로 눈과 눈썹 모양으로 구성되어 있는데, 그 아래에 '人'을 덧붙인 것도 상당히 많다. 이는 눈 위에 눈썹이 있는 모양을 형상화한 자형의 상형자이다. 이 '眉'자에

1) 于省吾 前揭書 ≪甲骨文字釋林≫ p.47.
2) 羅振玉 前揭書 ≪增訂殷虛書契考釋≫ 卷中 p.51下.
3) 徐中舒 前揭書 ≪甲骨文字典≫ p.373.

대해 ≪說文解字≫에는, "眉, 目上毛也. 從目, 象眉之形. 上象額理也. : '眉'는 눈 위에 있는 털 즉 눈썹이라는 뜻이다. '目'을 구성 요소로 하고 있으며, 눈썹의 모양을 형상화하였다. 글자 윗부분은 이마의 주름을 형상화한 것이다."라고 풀이하고 있다.

갑골문에서의 뜻은 다음과 같다.

1. '昧'와 통용. "丙戌卜, 戊亞其尊其豊……茲雨眉日……?(≪南明445≫) : '眉日'은 '昧日', 곧 '旦日'을 뜻한다.

2. 지명(地名). "丙申卜, 爭貞 : 勻見眉不雨, 受年?"(≪前6. 7. 4≫), "己卯卜, 㱿貞 : 眉雨, 我不其受[年]?"(≪乙519≫)

3. 방국명(方國名). "……來自西……工方征我 ……眉亦戈口……"(≪前7. 17. 1≫), "……唐……入于眉……戈"(≪合63反≫)

4. 인명(人名). "☒子卜, 㱿貞 : ……子眉……?"(≪京津2082≫)

省(성)				[xǐng]
(≪前3. 23. 2≫)	(≪京都277≫)	(≪佚247≫)	(≪後下39. 2≫)	

위에 예시한 갑골문은 '目'과 를 구성 요소로 하고 있는데, ≪甲骨文編≫에는 이 글자에 대해, "卜辭用眚爲省.[1] : 갑골복사에서는 '眚'자를 '省'자의 뜻으로 사용하고 있다."라고 하고 있다. 또 商承祚는 이 글자에 대해, "爲省之本字, 象省察時, 目光四射之形.[2] : '省'의 본자(本字)이다. 성찰할 때, 눈빛을 사방으로 내뿜는 모양을 형상화하였다."라고 하여, '省'자로 고석하였다. 이 '省'자에 대해 ≪說文解字≫에는, "省, 視也. 從眉省, 從屮. 𥄉, 古文省, 從少囧. : '省'은 자세히 살펴보다는 뜻이다. 필획이 생략된 '眉'를 구성 요소로 하고, '屮'를 구성 요소로 하고 있다. '𥄉'(𥄕)은 '古文' '省'자인데, '少'와 '囧'을 구성 요소로 하고 있다."라고 풀이하고 있다.

갑골문에서의 뜻은 다음과 같다.

1. 시찰하다. 성찰하다. "翌日辛, 王其省田[藝]入不雨?"(≪佚247≫), "……貞 : 王往省牛?"(≪前3. 23. 2≫)

---

1) 中國社會科學院考古研究所 前揭書 ≪甲骨文編≫ p.162.
2) 商承祚 前揭書 ≪殷契佚存考釋≫ p.2.

2. 인명(人名). "庚寅卜, 貞：叀☒人命省在南圖？ 十月."(≪前4. 11. 5≫)

| 自(자) | (≪甲632≫) | (≪佚145≫) | (≪後下22. 10≫) | (≪乙2592≫) | [zì] |

위에 예시한 글자들에서 보는 바와 같이 갑골문 '自'자는 사람의 코 모양을 형상화한 상형자이다. 이 '自'자에 대해 ≪說文解字≫에는, "自, 鼻也. 象鼻形. 𦣹, 古文自. : '自'는 코라는 뜻이다. 코의 모양을 형상화하였다. '𦣹'(彡)는 '古文' '自'자이다."라고 풀이하고 있다. 코라는 뜻에서 인신(引伸)되어 자기(自己)라는 뜻을 나타내게 되었다.

갑골문에서의 뜻은 다음과 같다.

1. (사람의) 코. "貞：有疾自不佳壱？"(≪乙6385≫)
2. 자기(自己). 자신(自身). "乙未卜, 殼貞：勿佳王自正猶？"(≪遺481≫), "貞：叀王自往西？"(≪乙5323≫)
3. 개사(介詞)로, 시공(時空)의 기점(起點)을 나타낸다. ……로부터. "……卜, 貞：王賓自武丁至于武乙衣亡尤？"(≪後上20. 6≫), "亡其來, 自西"(≪佚145≫)

| 魯(로) | (≪甲3000≫) | (≪乙7781≫) | (≪後上31. 2≫) | (≪佚693≫) | [lŭ] |

'魚'와 '口'를 구성 요소로 하고 있는 '魯'자에 대해 于省吾는, "從魚從口, 口爲器形, 本象魚在器皿之中, 說文僞從白.[1] : '魚'와 '口'를 구성 요소로 하고 있으며, '口'는 그릇의 모양인데, 본래는 물고기가 그릇 안에 있는 것을 형상화한 것이었으나, ≪說文解字≫에서는 잘못하여 '白'을 구성 요소로 하고 있다."라고 하였다. 이 '魯'자에 대해 ≪說文解字≫에는, "魯, 鈍詞也. 從白, 魚聲. 論語曰：參也魯. : '魯'는 어리석음을 나타내는 말이다. '白'을 의부, '魚'를 성부로 구성되었다. ≪論語·先進篇≫에, 「曾參은 사람됨이 어리석고 순박하다.」라고 하고 있다."고 풀이하고 있다.

---

[1] 于省吾 前揭書 ≪甲骨文字釋林≫ p.52.

갑골문에서의 뜻은 다음과 같다.

1. 아름답고 좋다. "丁巳卜, 殼貞：黍田年魯?"(≪乙7781≫), "……卜, 王隹正商允魯?"
   (≪佚693≫), "王占日：吉魯."(≪乙7782反≫)

2. 방국명(方國名). "魯受黍[年]?"(≪合集9979≫)

3. 인명(人名). "壬午卜, 魯妼[嘉]? 壬午卜, 魯不其妼[嘉], 五月"(≪甲3000≫)

矯(智)(지)	𥇡 𥇡	[zhì]
	(≪前5. 17. 3≫) (≪合集38289≫)	

위의 갑골문 '智'자는 '示'와 '口'와 '矢'를 구성 요소로 하고 있다. 금문(金文)으로는 '𥏪'(≪智君子鑑≫)로 쓰는데, 자형이 갑골문과 비슷하다. 이 '智'자에 대해 ≪說文解字≫에는, "矯, 識詞也. 從白亏知. 𥏪, 古文智. : '矯'는 총명하다는 뜻을 나타내는 말이다. '白'과 '亏'와 '知'를 구성 요소로 하고 있다. '𥏪'(姍)는 '古文' '智'자이다."라고 풀이하고 있다. 지금 우리가 쓰고 있는 이 '智'자는 ≪集韻≫에 '矯'의 혹체자로 수록되어 있는 글자이다. 이 '智'자에 대해 王延林은, "古文中知智音義相同, 知智可訓識覺. …… '知道'‧'知識'皆引申義.[1] : 고문자(古文字)에서는 '知'와 '智'의 자음(字音)과 자의(字義)가 서로 같으며, '知'와 '智'는 깨우쳐 알다는 뜻이라고 풀이할 수 있다. …… '知道'와 '知識'은 모두 인신의(引伸義)이다."라고 하였다.

갑골문에서는 인명(人名)으로 사용된 것으로 짐작된다. "其既智冊王……肜日丁[卣]酓☒……☒王受祐? 王☒翌日, 吉"(≪前5. 17. 3≫)

百(백)		[bǎi]
	(≪前6. 42. 8≫) (≪後下43. 9≫) (≪甲878≫) (≪乙7131反≫)	

위의 갑골문 '百'자에 대하여 羅振玉은, "卜辭中記數一百作百, 其二百以上則加畫於百上而合書之.[2] : 갑골복사에서의 숫자 기록은 '一百'은 '百'으로 쓰고, '二百'이상은 '百'자 위에

---

1) 王延林 前揭書 ≪常用古文字字典≫ p.224.
2) 羅振玉 前揭書 ≪增訂殷虛書契考釋≫ 卷中 p.2下.

획을 덧붙여 합문(合文)으로 쓴다."라고 하였다. 그리고 갑골문에서는 '白'자와 '百'자는 동형이자(同形異字)의 관계인데, 이에 대해 李孝定은, "白或說象拇指之形, 當以伯仲爲初詣.[1] : 이 '白'자는, 어떤 사람은 엄지손가락의 모양을 형상화한 것이라고도 했는데, 이는 '伯仲'의 '伯'의 본의임이 틀림없다."라고 하였다. 제7편의 '白'자에 대한 해설을 참고하기 바란다. 이 '百'자에 대해 ≪說文解字≫에는, "百, 十十也. 從一白. 數, 十十爲一百. 百, 白也. 十百爲一貫. 貫, 章也. 百, 古文百. : '百'은 열 개의 '十'을 뜻한다. '一'과 '白'를 구성 요소로 하고 있다. 숫자에서 열 개의 '十'은 1백(百)이다. '百'은 '白'의 뜻이다. 열 개의 '百'이 1'貫'['串'과 같은 뜻으로, 고대에 구멍이 있는 동전(銅錢) 1천(千) 개를 꿴 것을 '1貫'이라고 함]이다. 이렇게 수(數)가 1천(千) 보다 커져도 셈이 분명해진다. '百'(百)은 '古文' '百'자이다."라고 풀이하고 있다.

갑골문에서는 숫자 백(百)이라는 뜻으로 사용되었다. "戊子卜, 賓貞 : 叀今夕用三百羌于丁用……?"(≪卜245≫), "八日辛亥, 允戋伐二千六百五十人在[疾]"(≪後下43. 9≫)

習(習)	羽 (≪甲920≫)	羽 (≪佚220≫)	羽 (≪撫續61≫)	羽 (≪寧滬1. 518≫)	[xí]

위의 갑골문은 '羽'와 '日'을 구성 요소로 하고 있는데, 郭沫若은 이 글자에 대해, "此字分明從羽從日, 蓋謂禽鳥於晴日學飛. 許之誤在譌日爲白而云白聲.[2] : (갑골문의) 이 글자는 분명히 '羽'와 '日'을 구성 요소로 하고 있으며, 아마도 날짐승이 맑은 날 낮에 나는 연습을 하는 것을 일컫는 듯하다. 許愼의 오류는 '日'을 '白'으로 잘못 바꾸어서, '白'을 성부로 구성되었다고 말한 것이다."라고 하여, '習'자로 고석하였다. 이 '習'자는 새가 하늘에서 비상(飛翔)하는 모양을 형상화한 자형이다. ≪說文解字≫에는 이 '習'자에 대해, "習, 數飛也. 從羽, 白聲. : '習'은 새가 나는 것을 여러 번 연습하다는 뜻이다. '羽'를 의부, '白'을 성부로 구성되었다."라고 풀이하고 있다.

갑골문에서는 '중복하다', '한 번 더 …하다'는 등의 뜻으로 사용되었다. "癸未卜, 習一卜, 習二卜?"(≪佚220≫), "習二卜"(≪撫續61≫)

---

1) 李孝定 上揭書 ≪甲骨文字集釋編≫ p.1218.
2) 郭沫若 前揭書 ≪卜辭通纂≫ p.156.

| 羽(우) | (≪鐵60. 4≫) | (≪前4. 29. 6≫) | (≪明藏472≫) | (≪佚270≫) | [yǔ] |

갑골문 '羽'자는 깃털의 모양을 형상화한 상형자인데, ≪甲骨文編≫에는 위에 예시한 ≪佚270≫의 갑골문에 대해, "此亦羽字, 象羽翼之形. 卜辭借用爲翌, 昱字从此.[1] : 이것도 역시 '羽'자인데, 새의 날개 모양을 형상화하였다. 갑골복사에서는 가차하여 '翌'자의 뜻으로 사용되었는데, 갑골문 '昱'자가 이를 구성 요소로 하고 있다."라고 하고 있다. 이 '羽'자에 대해 ≪說文解字≫에는, "羽, 鳥長毛也. 象形. : '羽'는 새의 날개에 있는 긴 털이라는 뜻이다. 상형자이다."라고 풀이하고 있다.

갑골문에서의 뜻은 다음과 같다.

1. '翌'자와 통용. 익일(翌日). 이튿날. 뒷날. [장래의 어느 날을 지칭하며, 이튿날만이 아니고, 며칠 후 혹은 10내지 20일 후에서 60일 후까지도 해당됨.] "☑辰卜, 翌丁巳, 先用三牢羌于酒用?"(≪佚199≫), "甲寅卜, 殼貞 : 翌乙卯易日?"(≪乙6385), "癸未卜, 翌丁亥兄丁一牛? 六月用"(≪林1. 14. 5≫)

2. 제명(祭名). "甲戌羽上甲, 乙亥羽報乙, 丙子羽報丙……"(≪粹113≫) : 제명(祭名)으로 쓰일 때는 일반적으로 '翌'으로 표기한다.

3. 지명(地名). "乙巳卜, 亘貞 : 羽不受年?"(≪前7. 43. 1≫)

4. 인명(人名). "乙酉貞 : 王其命羽, 以……从猷白公馬古王事?"(≪明藏472≫)

| 翊(익) | (≪戩36. 6≫) | (≪粹121≫) | (≪後下2. 6≫) | (≪京津4969≫) | [yi] |

徐中舒는 위에 예시한 갑골문자들을 '翊'자로 수록하고는, "經傳多假爲昱字, 卜辭用翊與羽·昱同.[2] : 경전(經傳)에서는 대부분 '昱'자의 뜻으로 가차해서 사용하고 있는데, 갑골복사에서는 '翊'자를 '羽'자와 '昱'자와 같은 뜻으로 사용하고 있다."라고 하였다. 이 '翊'자는 '立'과

---

1) 中國社會科學院考古硏究所 前揭書 ≪甲骨文編≫ p.167.
2) 徐中舒 前揭書 ≪甲骨文字典≫ p.387.

'羽'를 구성 요소로 하고 있는데, 이는 사람이 새를 날려 보내는 모양을 형상화한 자형 결구라고 생각된다. 이 '翊'자에 대해 ≪說文解字≫에는, "翊, 飛貌. 從羽, 立聲. : '翊'은 나는 모양이라는 뜻이다. '羽'를 의부, '立'을 성부로 구성되었다."라고 풀이하고 있다.

갑골문에서의 뜻은 다음과 같다.

1. 익일(翌日). "其求年于示壬, 叀翊日壬子酒, 又大雨"(≪粹121≫) : 내일 또는 장래의 어느 날을 말하기도 한다.

2. 제명(祭名). "癸卯王卜, 貞 : 旬亡禍? 王占曰 : 吉, 在十月又二, 甲辰翊日羑甲"(≪佚428≫), "……翊羌甲"(≪後下2. 8≫)

3. 인명(人名). "丁丑卜, 爭貞 : 令翊臼子商臣于薅?"(≪前2. 27. 7≫), "庚午卜, 爭貞 : 令翊从冓……?"(≪前6. 51. 2≫)

| 隹(추) | (≪前3. 21. 3≫) | (≪甲4≫) | (≪乙6672≫) | (≪後上18. 6≫) | [zhuī] |

≪甲骨文編≫에는 위에 예시한 갑골문자들을 '隹'자로 수록하고는, "隹用爲唯. 經典亦以惟·維字爲之.[1] : '隹'자는 '唯'자의 뜻으로 사용되었다. 경전(經典)에서도 '惟'자와 '維'자의 뜻으로 쓰고 있다."라고 하고 있다. 이 '隹'자에 대해 ≪說文解字≫에는, "隹, 鳥之短尾總名也. 象形. : '隹'는 꼬리가 짧은 새의 총칭이다. 상형자이다."라고 하고 있다.

갑골문에서는 '오직', '오로지' 등의 뜻으로 사용되었다. "辛亥卜, 㱿貞 : 勿隹王往伐工方?"(≪後上16. 12≫), "己卯卜, 㱿貞 : 雨? 王占曰 : 雨隹壬午允雨."(≪乙4524≫), "帝隹癸……其雨."(≪前3. 21. 3≫)

| 隻(척) | (≪鐵182. 1≫) | (≪前2. 35. 4≫) | (≪粹1307≫) | (≪後下12. 8≫) | [zhī] |

李孝定은 위의 갑골문에 대해, "卜辭隻字字形, 與金文小篆並同. 其義則爲獲, 捕鳥在手,

───────────────

1) 中國社會科學院考古研究所 前揭書 ≪甲骨文編≫ p.171.

獲之義也.[1] : 갑골복사의 '隻'자의 자형은, 금문과 소전과 모두 같다. 자의(字義)는 획득하다는 뜻인데, 손에 새를 잡고 있는 자형이 획득하다는 뜻을 나타낸다."라고 하였다. 이 갑골문 '隻'자는 '隹'와 '又'를 구성 요소로 하고 있는데, 이는 손에 새를 들고 있는 것을 옆에서 본 모양을 형상화한 자형 결구이다. 이 글자에 대해 ≪說文解字≫에는, "隻, 鳥一枚也. 從又持隹. 持一隹曰隻, 二隹曰雙. : '隻'은 새 한 마리라는 뜻이다. '又' 즉 손에 '隹' 즉 새를 잡고 있는 모양으로 구성되었다. 새 한 마리를 쥐고 있는 것은 '隻'이라 하고, 새 두 마리를 들고 있는 것은 '雙'이라고 한다."라고 풀이하고 있다.

갑골문에서의 뜻은 다음과 같다.

1. (주로 사냥에서) 획득하다. "戊戌王卜, 貞：田羌往來亡災? 王占曰：吉. 茲御隻鹿八."(≪前2. 34. 4≫), "……允隻犀七"(≪鐵182. 1≫)

2. 조류(鳥類)로, 제품(祭品)의 하나로 짐작된다. "貞：其登牛隻于唐?"(≪乙6723≫)

3. 지명(地名). "貞：亡尤? 在自隻卜"(≪河398≫)

4. 인명(人名). "甲辰卜, 賓貞：隻其疾?"(≪續2. 16. 4≫)

雀(작)   (≪前8. 9. 3≫)   (≪甲179≫)   (≪乙6310≫)   (≪佚758≫)   [què]

위의 갑골문은 '小'와 '隹'를 구성 요소로 하고 있는데, 王襄은 이를 "古雀字.[2] : '雀'의 고자(古字)이다."라고 하여, 정설이 되었다. 이 '雀'자에 대해 ≪說文解字≫에는, "雀, 依人小鳥也. 從小隹. 讀如爵同. : '雀'은 사람에게 의탁하여 머무르는 작은 새라는 뜻이다. '小'와 '隹'를 구성 요소로 하고 있다. 독음은 '爵'자와 같이 읽는다."라고 풀이하고 있다.

갑골문에서의 뜻은 다음과 같다.

1. 무관(武官)의 관직명(官職名). "丙午卜, 乎雀出于伐延龍? 九月."(≪鐵176. 2≫), "癸卯卜, 㱿貞：乎雀▨代亙戈? 十二月"(≪乙6310≫)

2. 제명(祭名)으로 짐작된다. "甲申, 雀父丁一羌一牢"(≪鐵35. 4≫)

3. 지명(地名). "癸卯卜, 雀其有禍?"(≪佚758≫)

---

1) 李孝定 前揭書 ≪甲骨文字集釋≫ p.1254.
2) 王襄 前揭書 ≪簠室殷契類纂·正編≫ 卷4 p.18上.

| 雉(치) | (≪粹1153≫) | (≪明藏99≫) | (≪掇2. 168≫) | (≪京都2129≫) | [zhì] |

≪甲骨文編≫에는 위에 예시한 글자들을 모두 '雉'자로 수록하고는, "不雉眾, 古雉夷通用, 夷古訓傷. 不雉眾, 猶言不傷眾也.[1] : (갑골문에서) '不雉眾'이라고 했는데, 고대에는 '雉'자와 '夷'자는 서로 통용되었으며, '夷'는 고대에는 '傷'자의 뜻으로 풀이하였다. 그러므로 '不雉眾'이란 '不傷眾'과 같은 말이다."라고 하고 있다. 갑골문 '雉'자는 기본적으로 '矢'와 '隹'를 구성 요소로 하고 있는데, '矢' 대신 '夷'를 구성 요소로 하고 있는 것도 있다. '夷'를 구성요소로 한 것은, 줄로 화살을 묶어서 쏜다는 것이다. 이는 화살을 사용하여 새를 쏘아서 포획하는 것을 형상화한 자형이다. 이 '雉'자에 대해 ≪說文解字≫에는, "雉, 有十四種; 盧諸雉, 鷮雉, 卜雉, 鷩雉, 秩秩海雉, 翟山雉, 韓雉, 卓雉, 伊雒而南曰翬, 江淮而南曰搖, 南方曰罱, 東方曰甾, 北方曰稀, 西方曰蹲. 從隹, 矢聲. 𨿘, 古文雉, 從弟. : '雉'는 14종류가 있다. '盧諸雉', '鷮雉', '卜雉', '秩秩海雉', '鷩雉', '翟山雉', '韓雉', '卓雉' 등이 있고, 그리고 伊·雒 이남에서 '翬雉'라고 하는 것, 江·淮 이남에서 '搖雉'라고 하는 것, 남방에서 '罱雉'라고 하는 것, 동방에서 '甾雉'라고 하는 것, 북방에서 '稀雉'라고 하는 것, 서방에서 '蹲雉'라고 하는 것 등이 있다. '隹'를 의부, '矢'를 성부로 구성되었다. '𨿘'(𨿘)는 '古文' '雉'자인데, '弟'를 구성 요소로 하고 있다."라고 풀이하고 있다.

갑골문에서의 뜻은 다음과 같다.

1. 멧닭. 꿩. 야계(野鷄). "隻(獲)豕五, 雉二."(≪明藏99≫)
2. 부상당하여 죽다. 상망(傷亡)하다. "伐衛不雉眾"(≪粹1153≫)
3. 지명(地名). "己未卜, 殼貞 : 我于雉?"(≪丙3≫)

| 雞(계) | (≪前2. 36. 7≫) | (≪粹976≫) | (≪京都2018≫) | (≪掇2. 59≫) | [jī] |

갑골문 '雞'자는 원래 ≪掇2. 59≫에 각(刻)된 '雞'자와 같이 순수한 상형자로, 닭의 모양을

---

1) 中國社會科學院考古研究所 上揭書 ≪甲骨文編≫ p.175.

형상화한 글자였는데, 후에 '奚'가 더해져서 성부(聲符)가 되면서, 형성자가 되었다. 이 '雞'자에 대해 ≪說文解字≫에는, "雞, 知時畜也. 從隹, 奚聲. 鷄, 籒文雞, 從鳥. : '雞'는 때를 알려주는 가축이다. '隹'를 의부, '奚'를 성부로 구성되었다. '鷄'(鷄)는 주문(籒文) '雞'자인데, '鳥'를 구성 요소로 하고 있다."라고 풀이하고 있다.

갑골문에서의 뜻은 다음과 같다.

1. 닭. "⋯⋯之日夕屮鳴雞"(≪海1. 1≫)
2. 지명(地名). "戊申卜, 貞 : 王其田雞, 往來亡災? 王占曰 : 吉兹御獲⋯⋯"(≪前2. 36. 7≫), "王其田雞"(≪粹976≫)

雛(주)   (≪乙1052≫)   [chú]

'鳥'와 '芻'를 구성 요소로 하고 있는데, 선사(先師) 金祥恒 교수는 ≪續甲骨文編≫에서 이 글자를 '雛'자로 수록하였다. 본의는 병아리라는 뜻이다. 이 '雛'자에 대해 ≪說文解字≫에는, "雛, 雞子也. 從隹, 芻聲. 鶵, 籒文雛, 從鳥. : '雛'는 병아리라는 뜻이다. '隹'를 의부, '芻'를 성부로 구성되었다. '鶵'(鶵)는 주문(籒文) '雛'자이며, '鳥'를 구성 요소로 하고 있다." 라고 풀이하고 있다.

갑골문에서는 갓난아기의 이름으로 사용되었다. "貞 : 今五乎取生雛夕娩?"(≪乙1052≫)

離(리)   (≪前6. 45. 4≫)   (≪前6. 45. 5≫)   (≪前6. 45. 6≫)   (≪後下37. 6≫)   [lí]

위에 예시한 갑골문 '離'자는 '隹' 즉 새와 새를 잡는 그물로 구성되어 있으며, 이는 새를 잡는 모양을 형상화한 자형 결구이다. 이 '離'자에 대해 ≪說文解字≫에는, "離, 離黃, 倉庚也. 鳴則蠶生. 從隹, 离聲. : '離'는 '離黃'으로, '倉庚鳥' 즉 꾀꼬리라는 뜻이다. 이 '倉庚鳥'가 울면 봄누에가 태어난다고 한다. '隹'를 의부, '离'를 성부로 구성되었다."라고 풀이하고 있다. 이에 대해서 段玉裁는, "釋鳥曰 : 倉庚, 鵹黃也. : ≪爾雅·釋鳥≫에, 「倉庚」은 '鵹黃'

이다.」라고 하고 있다.”라고 주(注)하였다.

갑골문에서의 뜻은 다음과 같다.

1. [조수(鳥獸)를] 잡다. 포획하다. “辛巳卜, 在粪, 今日王逐兕離? 允離七兕”(≪撫續 125≫)

2. 떠나(가)다. “貞 : 弗其離士方?”(≪後下37. 6≫)

3. ‘貞人’의 이름. “甲午卜, 離貞 : [亞]……?”(≪乙8172≫)

| 雝(옹) | (≪前2. 35. 6≫) | (≪前4. 29. 4≫) | (≪後下21. 11≫) | (≪乙1088≫) | [yōng] |

徐中舒는 위에 예시한 글자들을 ‘雝’자로 수록하고는, “從隹從口, 或又從水, 口本作○, 卽環形, 或作吕, 卽連環形. 甲骨文雝象鳥足爲繯絡所羈絆不能飛逸之形, 故從雝之字皆含有阻塞·雍蔽·擁抱·旋繞之義.[1] : ‘隹’와 ‘口’를 구성 요소로 하고 있으며, 간혹 또 ‘水’를 구성 요소로 한 것도 있는데, ‘口’는 본래 고리 모양의 ‘○’으로 썼던 것이고, 또 간혹 연결된 고리 모양의 ‘吕’으로 쓰기도 했다. 갑골문 ‘雝’자는 새의 발이 고삐에 묶여서 자유롭게 날지 못하는 모양을 형상화하였는데, 이 때문에 ‘雝’을 구성 요소로 하는 글자들은 모두 ‘阻塞’·‘雍蔽’·‘擁抱’·‘旋繞’ 등의 뜻을 함유하고 있다.”라고 하였다. 갑골문 ‘雝’자는 ‘隹’와 ‘吕’을 구성 요소로 하고 있으며, 간혹 ‘水’를 덧붙인 것도 있다. ‘吕’은 궁실(宮室)로 짐작되며, 궁실 밖에 물이 흐르고 있는 곳을 ‘璧雝’이라고 하고, 이 ‘璧雝’에 새가 있으므로, ‘隹’를 구성 요소로 하였을 것으로 짐작된다. 이 ‘雝’자에 대해 ≪說文解字≫에는, “雝, 雝鶛也. 從隹, 邕聲. : ‘雝’은 ‘雝鶛鳥’ 즉 할미새라는 뜻이다. ‘隹’를 의부, ‘邕’을 성부로 구성되었다.” 라고 풀이하고 있다.

갑골문에서의 뜻은 다음과 같다.

1. 지명(地名). “戊戌卜, 貞 : 王田雝, 往來亡災?”(≪前2. 35. 6≫)

2. 인명(人名). “癸酉卜, 賓貞 : 乎雝眅自嵩……?”(≪後下21. 11≫), “☒辰卜, 貞 : 子雝不作艱, 不葬?”(≪前4. 29. 4≫)

---

1) 徐中舒 前揭書 ≪甲骨文字典≫ p.397.

| 雇(고) | (≪前2. 6. 6≫) | (≪後上13. 2≫) | (≪乙8872≫) | (≪佚524≫) | [hù] |

羅振玉이 위의 갑골문을 ≪說文解字≫ '雇'자의 주문(籒文)과 자형 결구가 같은 것에 의거하여 이를 '雇'자로 고석하여,[1] 정설이 되었다. 이 갑골문 '雇'자는 '鳥'와 '戶'를 구성 요소로 하고 있고, 세가락매추라기라는 뜻이다. ≪說文解字≫에는 이 '雇'자에 대해, "雇, 九雇, 農桑候鳥, 扈民不婬者也. 從隹, 戶聲. …… 鸌, 雇或從雩. 雁, 籒文雇, 從鳥. : '雇'에는 9종류의 '雇鳥'가 있으며, 농사와 잠업(蠶業)의 시기를 알려주는 후조(候鳥)인데, 농민들이 농사의 시기를 잘못 지나치지 않도록 해준다. '隹'를 의부, '戶'를 성부로 구성되었다. …… '鸌'(鸌)는 '雇'의 혹체자이며, '雩'를 구성 요소로 하고 있다. '雁'(鳰)는 주문(籒文) '雇'자이며, '鳥'를 구성 요소로 하고 있다."라고 풀이하고 있다.

갑골문에서는 지명(地名)으로 사용되었다. "丙寅卜, 行貞：翊丁卯, 父丁[莫]歲宰? 在三月, 在雇."(≪粹300≫), "癸亥卜, 寅貞：王旬亡禍? 在九月, 正人方在雇."(≪前2. 6. 6≫)

| 鴻(홍) | (≪前2. 9. 6≫) | (≪續3. 31. 7≫) | (≪後上9. 12≫) | [hóng] |

위의 갑골문 '鴻'자는 '工'과 '鳥'를 구성 요소로 하고 있는데, 이 '鴻'자에 대해 ≪說文解字≫에는, "鴻, 鳥肥大鴻鴻然也. 從隹, 工聲. 鴻, 鴻或從鳥. : '鴻'은 새가 비대(肥大)하고 대단히 크다는 뜻이다. '隹'를 의부, '工'을 성부로 구성되었다. '鴻'(鴻)은 '鴻'의 혹체자로 '鳥'를 구성 요소로 하고 있다."라고 풀이하고 있다. 이에 의하면, 고문자에서는 '隹'를 구성 요소로 한 것과 '鳥'를 구성 요소로 한 것은 같은 것임을 다시 확인할 수 있다.

갑골문에서는 지명(地名)으로 사용되었다. "乙卯卜, 在鴻貞：今日步于徹亡災?"(≪前2. 9. 6≫), "甲寅卜, 在鴻貞：王今夕亡禍?"(≪續3. 31. 7≫)

---

1) 羅振玉 前揭書 ≪增訂殷虛書契考釋≫ 卷中 p.32下.

| 雈(환) | (≪前4. 18. 6≫) | (≪甲3001≫) | (≪甲3420≫) | (≪鄴三下46. 10≫) | [huán] |

孫詒讓이 위에 예시된 갑골문을 '雈'자로 고석하여,[1] 정설이 되었다. 이 갑골문 '雈'자는 '隹'와 '丫'을 구성 요소로 하고 있는데, 이는 머리에 뿔 모양의 털이 나 있는 부엉이의 모양을 형상화한 것이다. 상고음(上古音)에서의 '雈'과 '雚'은 '元'운부(韻部)에 속하는 첩운(疊韻)이기에, 이 두 글자는 서로 통용된다. 이 '雈'자에 대해 ≪說文解字≫에는, "雈, 鴟屬. 從隹從丫, 有毛角. 所鳴, 其民有旤. 讀若和. : '雈'은 올빼미 부류에 속한다. '隹'와 '丫'을 구성 요소로 하고 있는데, 머리에 뿔 모양의 털이 있음을 표시하였다. 이 새가 우는 지역에서는 백성들에게 장차 화(旤)가 있을 것이라고 했다. 독음은 '和'자처럼 읽는다."라고 풀이하고 있다.

갑골문에서의 뜻은 다음과 같다.

1. 시찰하다. 살펴보다. '觀'·'視'와 통용. "庚子卜, 貞 : 王其雈耤叀往?"(≪後下38. 16≫), "己亥卜, 貞 : 王往雈耤延往?"(≪甲3420≫)

2. 지난. 옛. '舊'와 통용. "叀雈(舊)晉用"(≪粹517≫)

3. 지명(地名). "☑丑……貞 : 婦妌田雈?"(≪甲3001≫), "丁丑貞 : 其迉御自雈?"(≪存 2. 770≫)

4. 인명(人名). "壬子衍卜, 雈不受祐?"(≪合167≫)

| 雚(관) | (≪鐵30. 1≫) | (≪佚431≫) | (≪粹147≫) | (≪明藏543≫) | [guàn] |

위에 예시한 갑골문은 앞의 '雈'자에 'ⅢⅡ'을 덧붙인 자형의 '雚'자인데, 사실은 이 '雚'과 '雈'은 같은 글자이다. '雚'자가 'ⅢⅡ'을 구성 요소로 하고 있는 것은, 새의 돌출된 눈을 나타낸 것이다. 이 '雚'자에 대해 ≪說文解字≫에는, "雚, 雚爵也. 從雈, ⅢⅡ聲. 詩曰 : 雚鳴于垤. : '雚'은 황새라는 뜻이다. '雈'을 의부, 'ⅢⅡ'을 성부로 구성되었다. ≪詩經·豳風·東山≫에,

1) 孫詒讓 前揭書 ≪契文舉例≫ 下卷 p.128을 참고.

「황새가 개미언덕에서 울고 있네.」라고 하고 있다.'라고 해설하고 있다. 위의 '萑爵'이라는 말에 대해서 段玉裁는, "爵當作雀. 萑今字作鸛. 鸛雀乃大鳥, 今本作小爵, 誤. : '爵'은 '雀'으로 써야 한다. '萑'자는 지금은 '鸛'으로 쓰고 있다. '鸛雀' 즉 황새는 큰 새인데, ≪說文解字≫의 현존의 판본에 '小爵'으로 쓴 것은 잘못된 것이다."라고 주(注)하면서, '萑爵'으로 고쳤다.

갑골문에서의 뜻은 다음과 같다.

1. 관찰하다. 시찰하다. '觀'과 통용. "庚子卜, 貞 : 王共萑耤叀往? 十二月"(≪後下28. 16≫), "……往萑河不若"(≪乙1719≫)

2. 제명(祭名). "☐☐卜, 王其遘萑又大乙弜又?"(≪南明543≫), "☐☐卜, 萑……壬三牢?"(≪佚431≫)

舊(구)				[jiù]
(≪甲2386≫)	(≪掇1. 390≫)	(≪前2. 5. 1≫)	(≪庫1516≫)	

위의 갑골문 '舊'자는 '萑'과 '臼'를 구성 요소로 하고 있는데, 간혹 '萑'을 '隹'로 대체한 것도 있으며, '臼'는 이 글자의 성부(聲符)이다. 이 글자는 원래 '萑'자와 같은 모양이었는데, 성부를 덧붙여서 '新舊'의 '舊'자가 되었고, 또한 '萑'자와도 구별되었다. 이 '舊'자에 대해 ≪說文解字≫에는, "舊, 雎舊, 舊留也. 從萑, 臼聲. 鵂, 舊或從鳥, 休聲. : '舊'는 '雎舊'로, '舊留鳥'이다. '萑'을 의부, '臼'를 성부로 구성되었다. '鵂'(鵂)는 '舊'의 혹체자인데, '鳥'를 의부, '休'를 성부로 구성되었다."라고 해설하고 있다.

갑골문에서의 뜻은 다음과 같다.

1. 오래되다. '新'과 상대(相對). "祖甲舊宗"(≪掇1. 390≫), "昔我舊臣"(≪庫1516≫)

2. 과거의 시간. 지난날. "乙未, 姷歲于祖乙牡卅牢, 惟舊歲"(≪甲2386≫)

3. 지명(地名). "☐未王卜, 貞 : 旬亡禍? 在十月祐祐正人方在舊"(≪前2. 5. 1≫), "……桑舊田不受祐"(≪京都2062≫)

| 蔑(멸) | (≪前1. 49. 3≫) | (≪甲883≫) | (≪珠344≫) | (≪佚828≫) | [miè] |

위에 예시한 갑골문은 머리와 눈을 강조한 사람 즉 '人'과 창 즉 '戈'를 구성 요소로 하고 있는 '蔑'자인데, 이는 창으로 사람을 베다는 뜻을 형상화한 자형이다. 이 갑골문 '蔑'자에 대해 徐中舒는, "𦰩象以眉目代首之人形, 戈貫其身, 則會以戈擊人之義, 與甲骨文伐字所會意同. 且蔑伐古音近, …… 故蔑伐實爲一字, 後世漸分化爲二字.1) : '𦰩'는 눈과 눈썹으로 머리를 대신 나타낸 사람 모양과, '戈' 즉 창으로 사람의 몸을 찌르는 것을 형상화하였는데, 이는 곧 창으로 사람을 공격하는 의미를 나타내는 것으로, 갑골문 '伐'자가 뜻하는 바와 같다. …… 사실은 '蔑'자와 '伐'자는 같은 글자였는데, 후세에 두 글자로 분화(分化)되었다."라고 주장하였다. 이 '蔑'자에 대해 ≪說文解字≫에는, "蔑, 勞目無精也. 從苜, 從戍. 人勞則蔑然也. : '蔑'은 피로하여 눈에 정기가 없다는 뜻이다. '苜'을 구성 요소로 하고, '戍'를 구성 요소로 하고 있다. 사람은 피로하면 두 눈에 정기가 없어진다."라고 풀이하고 있다.

갑골문에서의 뜻은 다음과 같다.

1. 부정사(否定詞) '無'와 통용. "戊午雨蔑"(≪佚327≫), "今……蔑雨"(≪佚828≫)
2. 인명(人名). "其有蔑眔伊尹"(≪甲883≫)

| 羊(양) | (≪甲644≫) | (≪粹287≫) | (≪甲2554≫) | (≪前4. 50. 5) | [yáng] |

위의 갑골문 '羊'자는 정면에서 본 양(羊)의 머리 모양을 형상화한 상형자인데, 양의 얼굴 윤곽과 뿔 그리고 귀로 양(羊)의 특징을 나타낸 자형 결구이다. 이 '羊'자에 대해 ≪說文解字≫에는, "羊, 祥也. 從丫, 象頭角足尾之形. 孔子曰 : 牛羊之字, 以形擧也. : '羊'은 길상(吉祥)하다는 뜻이다. '丫'을 구성 요소로 하고 있으며, 머리·뿔·발·꼬리의 모양을 형상화하였다. 孔子는, '牛'자와 '羊'자는 형체에 의거하여 자의(字義)를 나타내는 글자라고 하였다."라고 풀이하고 있다.

갑골문에서의 뜻은 다음과 같다.

---

1) 徐中舒 上揭書 ≪甲骨文字典≫ p.412를 참고.

1. 양(羊). 제사의 희생으로 사용되었다. "其又小丁叀羊"(≪粹287≫), "廿犬·廿羊·廿豕"(≪前3. 23. 6≫)

2. 상서롭다. 길상(吉祥)하다. "☒巳卜，王壬申不羊雨? 二月"(≪前4. 49. 1≫)

3. 인명(人名). "婦羊示十屯"(≪續6. 24. 9≫)

| 芈(미) | (≪前5. 47. 1≫) | (≪甲262≫) | (≪合集34225≫) | (≪京都762≫) | [mǐ] |

위에 예시한 글자들은 갑골문 '羊'자의 정면 머리 위에 'ⅴ'를 덧붙인 모양인데, ≪甲骨文編≫에는 이들을 모두 '芈'자로 수록하고 있다.[1] 이 갑골문 '芈'자의 구성 요소의 하나인 'ⅴ'는 양이 울 때 나오는 기운의 모양을 형상화한 것이라고 짐작된다. 이 '芈'자에 대해 ≪說文解字≫에는, "芈, 羊鳴也. 從羊, 象气上出, 與牟同意. : '芈'는 양이 울다는 뜻이다. '羊'을 구성 요소로 하고 있으며, (윗부분은) 기운이 위로 분출하는 것을 형상화하였는데, 이는 '牟'자의 자형 결구가 나타내는 의미와 같다."라고 풀이하고 있다.

갑골문에서는 방국명(方國名)으로 사용되었다. "戊戌卜，有伐芈?"(≪甲262≫), "貞：有芈自……北……?"(≪前5. 47. 1≫)

| 羔(고) | (≪鐵86. 3≫) | (≪後下41. 5≫) | [gāo] |

위의 갑골문은 '羊'과 4개의 점(點) '⁝⁝'를 구성 요소로 하고 있다. 이 글자에 대해 徐中舒는, "從羊從⁝⁝, ⁝⁝卽小, 以小羊會意爲羔. …… 篆文所從之火, 乃甲骨文所從⁝⁝之譌變.[2] : '羊'과 '⁝⁝'를 구성 요소로 하고 있는데, 이 '⁝⁝'는 곧 '小'자이므로, 이는 '小'와 '羊'으로 구성된 회의자 '羔'자이다. …… 전문(篆文)이 구성 요소로 하고 있는 '火'는 곧 갑골문이 구성 요소로 하고 있는 '⁝⁝'가 와변(譌變)된 것이다."라고 하여, '羔'자로 고석하였다. 이 '羔'자에 대해 ≪說文解字≫에는, "羔, 羊子也. 從羊, 照省聲. : '羔'는 새끼양이라는 뜻이다. '羊'을 의부,

---

1) 中國社會科學院考古研究所 前揭書 ≪甲骨文編≫ p.182.
2) 徐中舒 上揭書 ≪甲骨文字典≫ p.414

필획이 생략된 '照'를 성부로 구성되었다."라고 풀이하고 있다.

　갑골문에서는 제사의 희생으로 제공된 새끼양의 뜻으로 사용된 것 같다. "☒辰卜, 殷貞 : 䄷尞十貜羔卯?"(≪鐵86. 3≫)

美(미)					[měi]
	(≪前1. 29. 2≫)	(≪甲686≫)	(≪乙5327≫)	(≪存上1364≫)	

　商承祚가 위에 예시한 갑골문을 '美'자로 고석하여,[1] 정설이 되었다. 이 갑골문 '美'자는 사람의 머리 위를 깃털로 장식한 것을 형상화한 것으로, 미관(美觀)의 뜻을 나타낸 것이다. 이 '美'자에 대해 ≪說文解字≫에는, "美, 甘也. 從羊大. 羊在六畜主給膳也. 美與善同意. : '美'는 달다는 뜻이다. '羊'과 '大'를 구성 요소로 하고 있다. 양(羊)은 말·소·양·돼지·개·닭 등의 육축(六畜) 가운데 제사의 희생으로 바치는 주된 가축이다. '美'자는 '善'자와 자형 결구와 자의가 같다."라고 풀이하고 있다. 이에 대해 段玉裁는 "甘者, 五味之一, 而五味之美, 皆曰甘. 引申之凡好皆謂之美. : '甘'은 다섯 가지 맛 가운데 하나인데, 다섯 가지의 맛이 각기 좋은 것을 모두 '甘'이라고 한다. 여기서 인신(引伸)하여 무릇 좋은 것은 모두 '美'라고 한다."라고 주(注)하였다.

　갑골문에서의 뜻은 다음과 같다.

　1. 지명(地名). "庚戌卜, 貞 : 羌于美?"(≪乙5327≫)

　2. 인명(人名). "丙寅卜, 貞 : 來丁亥, 子美見氐歲于示, 于丁, 于女庚, 于帚……?"(≪前 1. 29. 2≫)

羌(강)					[qiāng]
	(≪前1. 41. 7≫)	(≪甲2458≫)	(≪佚165≫)	(≪甲119≫)	

　갑골문 '羌'자는 기본적으로 '丫'과 '人'을 구성 요소로 하고 있는데, 간혹 '累'를 덧붙인 것도 있다. 이는 사람의 머리 위에 양의 뿔로 장식하고 있는 것을 형상화한 자형이며, 양 치는

---

1) 商承祚 前揭書 ≪殷虛文字類編≫ 四卷 p.8上을 참고.

사람을 상징한다. 이 갑골문 '羌'자에 대해 徐中舒는, "殷代羌與商爲敵國, 故卜辭中多有伐羌·逐羌·獲羌等記載. 且每用羌爲人牲, 以供祭祀, 甲骨文羌字從繩縛從火諸形, 是爲人牲慘況之實錄.[1] : 殷代에 羌은 商과 적국이었기 때문에, 갑골복사에는 '伐羌'·'逐羌'·'獲羌' 등의 기록이 많다. 그리고 '羌人'을 희생으로 삼아서 제사에 올리기도 하였는데, 갑골문에 보이는 '羌'자가 '𠂤'처럼 밧줄로 동여맨 모양을 구성 요소로 하고 있는 것과 '火'를 구성 요소로 하고 있는 것 등은, 사람을 희생으로 삼았던 참상에 대한 실록이다."라고 하였다. ≪說文解字≫에는 이 '羌'자에 대해, "羌, 西戎, 羊穜也. 從羊儿, 羊亦聲. : '羌'은 서융족(西戎族)의 양을 치는 사람이라는 뜻이다. '羊'과 '儿'을 구성 요소로 하고 있으며, '羊'은 또한 성부이기도 하다."라고 풀이하고 있다.

갑골문에서의 뜻은 다음과 같다.

1. 강인(羌人). 강족(羌族) 사람. 제사의 희생(犧牲)으로 쓰인 '羌奴'. "乙巳卜, 賓貞 : 三羌用于祖乙?"(≪前1. 9. 6≫), "☒申卜, 殼貞 : 五羌, 卯五牛?"(≪前4. 50. 7≫)

2. 지명(地名). "☒巳卜, 在羌貞 : 王今夕亡禍?"(≪前2. 35. 2≫), "☒卯卜, 王其田羌?"≪佚827≫

3. 방국명(方國名). "己酉卜, 殼[貞] : 王叀北羌伐?"(≪前4. 37. 1≫), "叀商方步立于大乙戈羌方"(≪粹144≫)

4. 商 왕실의 선왕(先王) 이름. "……祭羌甲"(≪前1. 41. 7≫), "……于羌甲"(≪甲119≫) : '羌甲'은 선왕(先王) '沃甲'을 지칭한다.

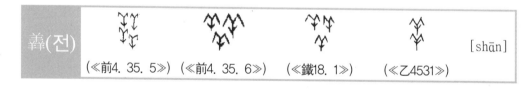

羴(전)				[shān]
	(≪前4. 35. 5≫)	(≪前4. 35. 6≫)	(≪鐵18. 1≫)	(≪乙4531≫)

≪甲骨文編≫에는 위에 예시한 글자들을 모두 '羴'자로 수록하고 있는데,[2] 이는 2~4마리의 양(羊)으로 양 무리를 상징하고, 이 양 무리에서 비린내와 노린내가 나는 것을 나타내도록 한 것이라고 짐작된다. 이 '羴'자에 대해 ≪說文解字≫에는, "羴, 羊臭也. 從三羊. 羶, 羴或從亶. : '羴'은 양(羊)의 노린내라는 뜻이다. 세 개의 '羊'자를 구성 요소로 하고 있다. '羶'(羶)

---

1) 徐中舒 上揭書 ≪甲骨文字典≫ p.417.
2) 中國社會科學院考古研究所 前揭書 ≪甲骨文編≫ p.185를 참고.

은 '羴'의 혹체자인데, '亶'을 구성 요소로 하고 있다."라고 풀이하고 있다. 이에 대해 段玉裁
는, "今經典多從或字. : 지금의 경전(經典)에서는 대부분 이 혹체자로 쓰고 있다."라고 주
(注)하였다.

갑골문에서의 뜻은 다음과 같다.

1. 노린내. "☒未卜, 羴其[肇][次]?"(≪前4. 35. 6≫)
2. 인명(人名). "貞 : 子羴不死?"(≪拾9. 1≫)

| 靃(확) | ≪菁10. 5≫ | ≪前2. 15. 7≫ | ≪佚559≫ | ≪乙7746≫ | [huò] |

위에 예시한 갑골문 '靃'자는 '雨'와 1~3개의 '隹'로 구성되어 있는데, 이는 무리지은 새들이
빠르게 날면서 내는 소리를 형상화한 것이라 짐작된다. 이 '靃'자에 대해 ≪說文解字≫에는,
"靃, 飛聲也. 從雨隹. 雨而隹飛者, 其聲靃然. : '靃'은 (새가) 날 때 나는 소리라는 뜻이다.
'雨'와 '隹'를 구성 요소로 하고 있다. 빗속에서 새가 짝을 이루어 빨리 날 때 나는 소리가
확연(靃然)하다는 뜻이다."라고 풀이하고 있다.

갑골문에서의 뜻은 다음과 같다.

1. 지명(地名). "癸丑卜, 在靃貞 : 王旬亡禍?"(≪續3. 29. 4≫)
2. 방국명(方國名). "⋯⋯貞 : 而伐靃☒舟?"(≪乙7746≫)

| 雥(잡) | ≪續1. 7. 6≫ | [zá] |

세 개의 '隹'자로 구성되어 있는데, 선사(先師) 金祥恒 교수는 ≪續甲骨文編≫에서 위의
갑골문을 해설 없이 '雥'자로 수록하였다.[1] 이는 새떼가 모여 있는 모양을 형상화한 자형이며,
새의 무리라는 뜻이다. 이 '雥'자에 대해 ≪說文解字≫에는, "雥, 群鳥也. 從三隹. : '雥'은
새의 무리라는 뜻이다. 세 개의 '隹'를 구성 요소로 하고 있다."라고 풀이하고 있다.

---

1) 金祥恒 前揭書 ≪續甲骨文編≫ 卷4 p.16上.

갑골문에서의 뜻은 아직 명확하게 밝혀지지 않았다. "叀唐雧王受祐"(≪續1. 7. 6≫)

| 雧[集](집) | (≪佚914≫) | (≪粹1591≫) | (≪後下6. 3≫) | (≪前5. 37. 1≫) | [jí] |

≪甲骨文編≫에는 위에 예시한 글자들을 '雧'자로 수록하고는, "从隹, 與說文集字或體同.[1] : '隹'를 구성 요소로 하고 있는데, 이는 ≪說文解字≫의 '雧'자의 혹체자 '集'자와 자형이 같다."라고 하고 있다. 이 갑골문 '雧'자는 기본적으로 '木'과 '隹'로 구성되어 있는데, '隹'를 '鳥'로 대체한 것도 상당히 많다. 이는 새가 나무 위에 깃들어 쉬는 모양을 형상화한 자형이기 때문이라고 짐작된다. 이 '雧'자에 대해 ≪說文解字≫에는, "雧, 群鳥在木上也. 從雥木. 集, 雧或省. : '雧'은 무리 지은 새들이 나무에 앉아 있다는 뜻이다. '雥'과 '木'을 구성 요소로 하고 있다. '集'(집)은 '雧'의 혹체자인데, 2개의 '隹'가 생략되었다."라고 풀이하고 있다.

갑골문에서의 뜻은 다음과 같다.

1. 새가 무리지어 깃들다. "夢集鳥"(≪佚914≫)
2. 지명(地名). "……迄自集……"(≪後下6. 3≫)

| 鳥(조) | (≪甲2624≫) | (≪前4. 17. 5≫) | (≪鐵43. 3≫) | (≪乙6664≫) | [niǎo] |

위의 갑골문 '鳥'자는 새의 모양을 형상화한 상형자인데, 조류의 총칭이다. 이 '鳥'자에 대해 ≪說文解字≫에는, "鳥, 長尾禽總名也. 象形. 鳥之足似匕, 從匕. : '鳥'는 긴 꼬리를 가진 날짐승의 총명(總名)이다. 상형자이다. 새의 발이 '匕'와 비슷하여, '匕'를 구성 요소로 하고 있다."라고 풀이하고 있다. 이런 자의(字義) 해설에 대해 段玉裁는, "短尾名隹, 長尾名鳥, 析言則然, 渾言則不別也. : 짧은 꼬리의 새는 '隹'라고 하고, 긴 꼬리의 새는 '鳥'라고 한다고 하였는데, 분석하여 말하면 그렇지만, 한 데 합쳐서 말하면 구별이 없다."라고 주(注)하였다.

---

1) 中國社會科學院考古研究所 前揭書 ≪甲骨文編≫ p.186.

갑골문에서의 뜻은 다음과 같다.

1. 새. 날짐승. 제사의 희생으로도 사용되었다. "貞 : 戛不我, 其來百鳥?"(≪掇2. 142≫), "貞 : 帝鳥, 三羊, 三豕, 三犬?"(≪前4. 17. 5≫)
2. 지명(地名) 또는 방국명(方國名). "……卜, 使人于鳥?"(≪鐵43. 3≫), "鳥□受年"(≪佚157≫)
3. 별 이름. '鳥星'. "……鳥星……"(≪乙6664≫)
4. 인명(人名). "甲戌貞 : 令鳥求□矢得?"(≪甲806≫)

鳳(봉)

(≪甲615≫)

(≪粹831≫)

(≪後上14. 8≫)

(≪續2. 15. 3≫)

[fèng]

위에 예시한 갑골문 '鳳'자는 원래는 상상 속의 신령스러운 봉황새를 그림으로 그려 만든 순수한 상형자였으나, 후세에 성부 '凡'을 덧붙여 형성자가 되었다. 이 '鳳'자에 대해 ≪說文解字≫에는, "鳳, 神鳥也. 天老曰 : 鳳之象也, 麐前鹿後, 蛇頸魚尾, 龍文龜背, 燕頷雞喙, 五色備舉. 出於東方君子之國, 翱翔四海之外, 過崐崘, 飲砥柱, 濯羽弱水, 莫宿風穴. 見則天下大安寧. 從鳥, 凡聲. , 古文鳳, 象形. 鳳飛, 群鳥從目萬數, 故目爲朋黨字. , 亦古文鳳. : '鳳'은 신조(神鳥)이다. (黃帝의 신하였던) 天老는, 「봉황의 모양은, 앞은 암기린 같고 뒤는 사슴 같으며, 목은 뱀 같고 꼬리는 물고기 같으며, 무늬는 용 같고 등짝은 거북 같으며, 턱은 제비 같고 부리는 닭 같은데, 5색을 다 갖추었다. 동방의 군자의 나라에서 나며, 사해 바깥을 날아다니는데, 곤륜산을 날아 지나고, 황하에 이르러 지주(砥柱)를 마시며, 약수(弱水)에서 날개를 씻고, 황혼이 되면 바람이 이는 곳에서 투숙한다. 봉황새가 나타나면 천하가 크게 안정된다.」라고 설명하였다. '鳥'를 의부, '凡'을 성부로 구성되었다. ''(朋)[朋]은 '古文' '鳳'자이며 상형자이다. 봉황새가 비상하면 다른 새들이 떼거리로 뒤따라 나는데, 그 수(數)가 만(萬)을 헤아리므로, 그래서 이를 가차하여 '朋黨'의 '朋'자가 되었다. '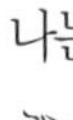'(鵬) 역시 '古文' '鳳'자이다."라고 풀이하고 있다. 이 '鳳'자에 대해 徐中舒도, "象頭上有叢毛冠之鳥, 殷人以爲知時之神鳥. …… 卜辭多借爲風字.[1] : 머리에 떨기 모양의 모관(毛冠)이 있는

1) 徐中舒 上揭書 ≪甲骨文字典≫ p.428.

새를 형상화하였는데, 殷나라 사람들은 시간을 알려주는 신조(神鳥)로 여겼다. …… 갑골복사에는 대부분 '風'자로 가차하여 쓰고 있다.'라고 하였다.

갑골문에서의 뜻은 다음과 같다.

1. 봉황새. "甲戌貞 : 其㞢鳳, 三羊, 三犬, 三豕?"(≪續2. 15. 3≫), "于帝史鳳二犬"(≪遺 935≫)

2. 바람. '風'과 통용. "其遘小鳳"(拾7. 9), "壬寅卜, 貞 : 今日王其田, 叀不遘大鳳?"(≪前 2. 30. 6≫), "不遘大鳳"(≪粹831≫)

鶾(한) (≪前6. 36. 2≫)		[hàn]

王國維는 이 글자에 대해, "古㪤獻爲一字, 此殆許書之鶾.[1] : 고대에는 '㪤'와 '獻'은 같은 글자였으며, 이것은 許愼의 ≪說文解字≫에 있는 '鶾'자로 짐작된다."라고 하였다. 그리고 ≪甲骨文編≫에는 이 글자를 '鶾'자로 수록하고는, "鶾卜辭從隹.[2] : '鶾'자는 갑골복사에서 '隹'를 구성 요소로 하고 있다."라고만 하였다. ≪說文解字≫에는 이 '鶾'자에 대해, "鶾, 雞肥鶾音者也. 從鳥, 倝聲. 魯郊㠯丹雞祝曰 : '㠯斯鶾音赤羽去魯侯之咎.' : '鶾'은 닭이 살이 찌고 울음소리가 길다는 뜻이다. '鳥'를 의부, '倝'을 성부로 구성되었다. ≪魯郊禮≫에 의하면, 魯나라 '郊禮'에서 붉은 색의 닭을 헌상하고 기도(祈禱)하여 고(告)하기를, 「이렇게 살찌고 울음소리가 긴 붉은 깃털의 닭을 사용하여 신명(神明)께 제사를 드리오니, 부디 魯侯의 재화(災禍)를 없애주시옵소서.」라고 하였다."라고 풀이하고 있다.

갑골문에서의 뜻은 아직 명확하게 밝혀지지 않았다. "……貞 : 鶾……"(≪前6. 36. 2≫)

鳴(명)					[míng]
	(≪前5. 46. 5≫)	(≪乙5405≫)	(≪後下613≫)	(≪存上616≫)

갑골문 '鳴'자도 '鳥'와 '口'를 구성 요소로 하고 있는데, 이는 새가 우는 모양을 형상화한

---

1) 李孝定 前揭書 ≪甲骨文字集釋≫ p.1385에서 재인용.
2) 中國社會科學院考古研究所 前揭書 ≪甲骨文編≫ p.189.

자형 결구이다. 이 '鳴'자에 대해 ≪說文解字≫에는, "鳴, 鳥聲也. 從鳥口. : '鳴'은 새(의 울음) 소리라는 뜻이다. '鳥'와 '口'를 구성 요소로 하고 있다."라고 풀이하고 있다. 이에 대해 段玉裁는, "引伸之, 凡出聲皆曰鳴. : 인신(引伸)되어서, 소리를 내는 것 모두를 '鳴'이라고 하게 되었다."라고 주(注)하였다.

갑골문에서의 뜻은 다음과 같다.

1. 울리다. 소리 나다. "庚戌卜, 朕耳鳴㞢御于祖庚……?"(≪乙5405≫)

2. 새 (울음) 소리. "庚申亦㞢☑有鳴鳥……犴圍羌戎"(≪合36≫)

3. 인명(人名). "癸未卜, 賓貞 : 命鳴眔方?"(≪前5. 46. 5≫), "丙子卜, 㱿貞 : 勿乎鳴 比戊吏眉? 三月"(≪存上616≫)

| 糞(분) | (≪後下8. 15≫) | (≪合集10956≫) | (≪合集35237≫) | (≪英361正≫) | [fèn] |

위에 예시한 갑골문은 두 손으로 키를 들고서 더러운 물건을 내다버리는 모양을 형상화한 자형의 '糞'자인데, 갑골문 '㘞'자 위의 세 점이 소전체에서는 '米'자 비슷한 모양으로 와변(譌變)되었다. 이 '糞'자에 대해 ≪說文解字≫에는, "棄除也. 從収推芈糞釆也. 官溥說 : 佀米而非米者, 矢字. : '포기하다', '제거하다'는 뜻이다. '収' 즉 두 손으로 '芈' 즉 키에 담긴 더러운 물건을 내다버리는 모양으로 구성되었다. 官溥는 「'米'자 같으나 '米'자가 아닌 저 글자는 '矢[屎]'자이다.」라고 설명하였다."라고 풀이하고 있다.

갑골문에서는 지명(地名)으로 사용되었다. "貞 : 狩勿至于糞? 九月."(≪京都263≫), "☑ 子王卜, ……出于糞?"(≪戩9. 16≫)

| 棄(기) | (≪後下7.13≫) | (≪後下21. 14≫) | [qì] |

위의 갑골문 '棄'자는 기본적으로 '子'와 '其' 그리고 두 손으로 구성되어 있는데, 이는 두 손으로 '簸箕' 즉 키를 들고서 그 속에 있는 '子' 즉 자식을 내던지는 모양을 형상화한 자형으로,

포기(抛棄)하다는 뜻을 나타낸다. 이 '棄'자에 대해 ≪說文解字≫에는, "棄, 捐也. 從収推苹棄也. 從㐬, 㐬, 逆子也. 㪅, 古文棄. 薾, 籀文棄. : '棄'는 버리다는 뜻이다. '収'을 구성 요소로 하고 있으며, 두 손으로 '苹' 즉 키를 들어 내버리는 모양으로 구성되었다. 그리고 '㐬'을 구성 요소로 하고 있는데, '㐬'은 '子'를 거꾸로 세운 모양이다. '㪅'(弃)는 '古文' '棄'자이다. '薾'(薾)는 주문(籀文) '棄'자이다."라고 풀이하고 있다.

갑골문에서는 방국명(方國名)으로 사용된 것으로 짐작된다. "……[不]若棄……方……" (≪後下21. 14≫)

| 冓(구) | 𢆶(≪戩17. 13≫) | (≪明藏522≫) | (≪佚391≫) | (≪後下13. 5≫) | [gòu] |

위에 예시한 갑골문 '冓'자에 대해 羅振玉은, "卜辭借爲遘遇字.[1] : 갑골복사에서의 '冓'자는 '遘遇'의 '遘'자로 가차되었다."라고 하였다. 예시한 앞쪽의 두 갑골문이 이 '冓'자의 기본 자형인데, 이것이 무엇을 의미하는지는 아직 명확하게 밝혀지지 않았으나, 여기에 '止'나 '辵'을 덧붙인 것은 서로 앞으로 나아가고 있다는 의미를 나타내는 것이라 짐작된다. 이 '冓'자에 대해 ≪說文解字≫에는, "冓, 交積材也. 象對交之形. : '冓'는 목재를 교차하여 쌓다는 뜻이다. 서로 마주하여 교차하는 모양을 형상화하였다."라고 풀이하고 있다.

갑골문에서의 뜻은 다음과 같다.

1. 조우(遭遇)하다. 만나다. "其冓小風"(≪拾7. 9≫), "其莫不冓雨"(≪粹695≫), "今日辛, 王其田不冓大風"(≪佚73≫)

2. 방국명(方國名). "癸丑卜, 㱿貞 : 冓受年?"(≪合248≫), "弜用義行弗遘方"(≪後下13. 5≫)

3. 인명(人名). "庚午卜, 爭貞 : 命翊從冓?"(≪前6. 51. 2≫), "……命冓……于侯"(≪甲57≫), "乎冓逐鹿于喪獲"(≪續3. 45. 3≫)

---

1) 羅振玉 前揭書 ≪增訂殷虛書契考釋≫ 卷中 p.12下.

再(재)		[zài]
	(≪前7. 1. 3≫)	

李孝定은 이 갑골문을 '再'자로 수록하고는, "契文亦冓省.[1] : 갑골문 ('再'자) 역시 '冓'자의 필획이 생략된 모양이다."라고 하였다. 이 '再'자에 대해 ≪說文解字≫에는, "再, 一舉而二也. 從一冓省. : '再'는 일거(一舉)에 둘로 중복된다는 뜻이다. '一'과 필획이 생략된 '冓'를 구성 요소로 하고 있다."라고 풀이하고 있다.

갑골문에서의 뜻은 아직 명확하게 밝혀지지 않았다. "……再允……"(≪前7. 1. 3≫)

爯(칭)				[chēng]
	(≪前7. 39. 1≫)	(≪鐵102. 2≫)	(≪甲1008≫)	(≪乙3412≫)

위의 갑골문 '爯'자는 '手'와 '㪅'를 구성 요소로 하고 있는데, 이는 손으로 '㪅'를 들어 올리는 모양을 형상화한 자형이다. 이 '爯'자에 대해 ≪說文解字≫에는, "爯, 并舉也. 從爪冓省. : '爯'은 한 손으로 두 물건을 함께 들어 올리다는 뜻이다. '爪'와 필획이 생략된 '冓'를 구성 요소로 하고 있다."라고 풀이하고 있다.

갑골문에서의 뜻은 다음과 같다.

1. 조칙(詔勅)을 내리다. 책명(册命)을 읽다. "☒卯卜, 爭貞 : 沚戛爯册, 王從伐土方受有祐?"(≪續3. 10. 2≫), "☒☒卜, 㱿貞 : 沚戛爯册王……?"(≪前7. 39. 1≫)
2. 인명(人名). "貞 : 爯以巫? 貞 : 爯弗其以巫?"(≪乙8165≫)

幼(유)				[yòu]
	(≪後下35. 1≫)	(≪庫1870≫)	(≪合集1941≫)	(≪英2185≫)

위의 갑골문은 '力'과 '幺'를 구성 요소로 하고 있는데, '幺'는 미세한 명주실을 의미하므로,

---

1) 李孝定 前揭書 ≪甲骨文字集釋≫ p.1404.

힘이 미약하다는 뜻을 나타낸다. 유아(幼兒)라는 의미는 후세의 인신(引伸)된 자의(字義)이다. 이 '幼'자에 대해 ≪說文解字≫에는, "幼, 少也. 從幺力. : '幼'는 어리다는 뜻이다. '幺'와 '力'를 구성 요소로 하고 있다."라고 풀이하고 있다.

갑골문에서의 뜻은 인명(人名)으로 사용되었다. "……古貞 : 幼漁在……"(≪後下35. 1≫) : '幼漁'가 인명(人名)이다.

| 丝(유) | (≪戩32. 1≫) | (≪前7. 19. 1≫) | (≪鐵178. 2≫) | (≪粹730≫) | [yōu] |

羅振玉은 위의 갑골문을 '丝'자로 고석하면서, "古金文用爲訓此之兹, 與卜辭同.[1] : 고대의 금문에서는 이 글자를 '此'로 뜻풀이하는 '兹'자의 뜻으로 사용되었는데, 이는 갑골복사와 같다."라고 하였다. 이 '丝'자는 두 묶음의 실타래의 모양을 형상화한 자형으로, 명주 실타래라는 뜻이다. ≪說文解字≫에는 이 '丝'자에 대해, "丝, 微也. 從二幺. : '丝'는 미세하다는 뜻이다. 두 개의 '幺'를 구성 요소로 하고 있다."라고 풀이하고 있다. 段玉裁는 이 '丝'자의 형의(形義)에 대해, "二幺者, 幺之甚也. : 두 개의 '幺'를 구성 요소로 한 것은 미약한 정도가 매우 심함을 의미한다."라고 주(注)하였다.

갑골문에서는 지시대명사 '此'의 뜻으로 사용되었다. "乙酉卜, 大貞 : 及丝二月有大雨?"(≪前3. 19. 2≫), "……丝風隹……十月"(≪鐵178. 2≫)

| 幽(유) | (≪粹549≫) | (≪粹550≫) | (≪後下9. 5≫) | (≪乙7122≫) | [yōu] |

≪甲骨文編≫에는 위의 갑골문을 모두 '幽'자로 수록하고는, "从丝从火, 古文火山二字形近, 故說文誤以爲从山.[2] : '丝'를 구성 요소로 하고, '火'를 구성 요소로 하고 있는데, 고문자(古文字)에서 '火'와 '山'자는 자형이 비슷하기 때문에, ≪說文解字≫에서는 '山'을 구성 요소로 하고 있다고 잘못 생각하였다."라고 하고 있다. 갑골문 '幽'자는 '丝'와 '火'를 구성 요소로

---

1) 羅振玉 前揭書 ≪增訂殷虛書契考釋≫ 卷中 p.76下.
2) 中國社會科學院考古研究所 前揭書 ≪甲骨文編≫ p.192.

하고 있는데, 이는 실가닥이 아주 미미하고 가늘어서, 불빛을 비춰야만 볼 수 있음을 의미한다. 이 '幽'자에 대해 ≪說文解字≫에는, "幽, 隱也. 從山絲, 絲亦聲. : '幽'는 숨겨져 있다는 뜻이다. '山'과 '絲'를 구성 요소로 하고 있으며, '絲'는 또한 성부이기도 하다."라고 풀이하고 있다.

갑골문에서는 검은 색이라는 뜻으로 사용되었다. "……幽牛……"(≪粹549≫), "叀幽牛, 吉."(≪粹550≫), "叀幽牛, 又黃牛"(≪乙7122≫)

| 叀(전) | (≪粹1081≫) | (≪戩6. 11≫) | (≪後上19. 7≫) | (≪後下9. 7≫) | [zhuàn] |

이 글자에 대한 고석은 '叀'·'叀'·'惠'·'甫'·'搏'·'專'자라는 여섯 가지 주장이 있었으나, 지금은 '叀'자라는 것이 정설이 되었다. 徐中舒는 이 글자에 대해, "象紡塼上有線總之形.[1] : 방직용 실패 위에 실오라기가 나와 있는 모양을 형상화하였다."라고 하였다. 이 '叀'자에 대해 ≪說文解字≫에는, "叀, 專小謹也. 從幺省, 從屮. 屮, 財見也. 田象謹形. 屮亦聲. ㅸ, 古文叀. ㅿ, 亦古文叀. : '叀'은 오로지 한 곳에 마음 써서 조심하고 근신한다는 뜻이다. 필획이 생략된 '幺'를 구성 요소로 하고 있고, '屮'를 구성 요소로 하고 있는데, '屮'는 초목이 돋아나서 이제 막 잎과 가지가 난 것이다. '田'은 근신하는 모양을 형상화하였다. '屮'는 또한 성부이기도 하다. 'ㅸ'(叀)은 '古文' '叀'자이다. 'ㅿ'(叀)도 역시 '古文' '叀'자이다."라고 풀이하고 있다.

갑골문에서는 '惟'와 통용되어 '다만', '오직' 등의 뜻의 어기사(語氣詞)로 사용되었다. "己未貞 : 叀元示又勺歲?"(≪後上19. 7≫), "己巳卜, 爭貞 : 叀王往伐工方, 受有祐?"(≪粹1081≫)

---

1) 徐中舒 上揭書 ≪甲骨文字典≫ p.452.

| 寘(치) | (≪前2. 30. 6≫) | (≪懷1857≫) | (≪珠125≫) | (≪存上2236≫) | [zhì] |

위의 갑골문을 羅振玉이 '寘'자로 고석하여[1] 정설이 되었는데, 이 글자는 농작물이 자라나 있는 농지에 두 사람과 '止'가 덧붙여져 있는 자형 결구이며, 이는 사람이 밭 가운데의 농작물 사이로 걸어가다는 뜻을 나타낸 것이다. 이 '寘'자에 대해 ≪說文解字≫에는, "寘, 礙不行也. 從叀引而止之也. 叀者, 如叀馬之鼻. 從冂, 此與牽同意. : '寘'는 막혀서 나아가지 못하다는 뜻이다. (소의 코뚜레인) '叀'을 구성 요소로 하고 있는데, 이는 견인하여 멈추게 하다는 뜻을 나타낸다. '叀'은 말[段玉裁는 '牛'라고 해야 옳다고 주(注)하였다.]의 코에 꿰어진 코뚜레를 형상화한 것이다. 그리고 '冂'을 구성 요소로 하고 있는데, 이는 '牽'자의 구성 요소인 '冂'이 소를 끄는 고삐를 의미하는 것과 같은 자형 결구의 뜻이다."라고 풀이하고 있다.

갑골문에서는 지명(地名)으로 사용되었다. "壬子卜, 貞 : 王田寘, 往來亡災?"(≪前2. 27. 8≫), "乙卯卜, 貞 : 其遘今日王田寘, 大風, 不遘大風?"(≪前2. 30. 6≫)

| 爰(원) | (≪甲2754≫) | (≪乙4699≫) | (≪明藏224≫) | (≪珠4894≫) | [yuán] |

위에 예시한 갑골문은 두 손과 'ㅣ'을 구성 요소로 하고 있는데, 이는 두 손으로 기물을 잡고 끌어당기는 모양을 형상화한 자형 결구로, 서로 끌어당기다는 뜻을 나타내는 '爰'자이다. 이 '爰'자는 '援'의 본자(本字)이다. 이 '爰'자에 대해 ≪說文解字≫에는, "爰, 引也. 從受從亏. 籒文㠯爲車轅字. : '爰'은 끌어당기다는 뜻이다. '受'을 구성 요소로 하고, '亏'를 구성 요소로 하고 있다. 주문(籒文)에서는 가차되어 '車轅'의 '轅'자로 쓰였다."라고 풀이하고 있다.

갑골문에서의 뜻은 다음과 같다.

1. …과[와]. 그리고. 및. "丁酉卜, 王族爰多子族立于古?"(≪明藏224≫)
2. 인명(人名). "戊戌卜, 賓貞 : 其爰東室?"(≪乙4699≫), "☒卯卜, 王……命夫爰 ……?"(≪前4. 25. 4≫)

---

1) 羅振玉 前揭書 ≪增訂殷虛書契考釋≫ 卷中 p.75下를 참고.

위에서 보는 바와 같이 갑골문 '受'자는 '収' 즉 두 손과 'ᅀ'를 구성 요소로 하고 있는데, 이는 손으로 어떤 물건을 주고받는 모양을 형상화한 자형 결구이다. 이 '受'자에 대해 ≪說文解字≫에는, "受, 相付也. 從受, 舟省聲. : '受'는 서로 주고받는다는 뜻이다. '受'를 의부, 필획이 생략된 '舟'를 성부로 구성되었다."라고 풀이하고 있다.

이 '受'에 대해 徐中舒는, "從受從ᅀ, ᅀ本應爲丹, 卽承槃, 祭享時用盛器物; 從受表示二人以手奉承槃相授受. 丹後譌爲ᅀ(舟). …… 乃據譌變後之形爲說.[1] : '受'를 구성 요소로 하고 'ᅀ'를 구성 요소로 하고 있는데, 이 'ᅀ'는 본래 '丹' 즉 소반임이 틀림없고, 이는 제사를 모실 때에 기물을 담는 데 사용하였다. '受'를 구성 요소로 한 것은 두 사람이 손으로 소반을 받들어 서로 주고받음을 나타내는 것이다. 이 '丹'는 나중에 잘못 'ᅀ'(舟)로 변하였다. …… (≪說文解字≫에서의 풀이도) 와변(譌變)된 뒤의 자형에 근거하여 해설하였다."라고 지적하였다.

갑골문에서의 뜻은 다음과 같다.

1. 받다. 주다. "貞 : 勿伐工帝不我其受祐?"(≪前6. 58. 4≫), "貞 : 妣庚受祐?"(≪乙5526≫), "丙辰卜, 爭貞 : 沚戛啓王从帝受我祐?"(≪乙7826≫), "辛未貞 : 受禾?"(≪後下6. 16≫)

2. 지명(地名). "……步亡災? 在受師."(≪後上15. 9≫)

李孝定은 위에 예시한 갑골문을 모두 '爭'자로 수록하고는, "栔文作ᅀ胡先生釋爭, 極塙.[2] : 갑골문에서 'ᅀ'으로 쓴 것을 胡光煒 선생이 '爭'자로 고석하였는데, 지극히 확실하다."라고

1) 徐中舒 前揭書 ≪甲骨文字典≫ p.456.
2) 李孝定 前揭書 ≪甲骨文字集釋≫ p.1448.

하였다. 갑골문 '爭'자는 두 개의 '又'와 'ᴗ'으로 구성되어 있는데, 이는 두 손으로 어떤 물건을 서로 뺏는 모양을 형상화한 자형 결구이다. 이 '爭'자에 대해 ≪說文解字≫에는, "爭, 引也. 從受厂. : '爭'은 (뺏기 위해) 끌어 당기다는 뜻이다. '受'와 '厂'을 구성 요소로 하고 있다."라고 풀이하고 있다.

갑골문에서는 '貞人'의 이름으로 사용되었다. "壬午卜, 爭貞 : ……"(≪續1. 53. 1≫), "己亥卜, 爭貞 : ……"(≪前7. 2. 3≫), "甲申卜, 爭貞 : ……"(≪前7. 43. 1≫)

| 歺(알) | (≪前4. 33. 6≫) | (≪甲346≫) | (≪戩23. 8≫) | (≪京津419≫) | [è] |

위에 예시한 갑골문 '歺'자는 살을 발라내고 남은 뼈의 모양을 형상화한 자형인데, 살을 발라내고 남은 뼈다귀라는 뜻이다. 이 '歺'자에 대해 ≪說文解字≫에는, "歺, 剺骨之殘也. 從半冎. 讀若櫱岸之櫱. 乊, 古文歺. : '歺'은 살을 발라내고 남은 뼈라는 뜻이다. '冎'의 윗부분 '冂'을 제거한 모양으로 구성되었다. 독음(讀音)은 '櫱岸'의 '櫱'자처럼 읽는다. '乊'(戶)은 '古文' '歺'자이다."라고 풀이하고 있다.

갑골문에서의 뜻은 다음과 같다.

1. 죽(이)다. "庚辰卜, 貞 : 宁肇魚帚不歺? 在兹"(≪前4. 33. 6≫), "戊申卜, 王御叔父 乙庚戌歺叔? 八月."(≪續1. 28. 8≫)

2. 지명(地名). "癸亥卜, 在歺兆𡘋? 貞 : 王旬亡禍?"(≪甲346≫)

| 死(사) | (≪合集17059≫) | (≪前5. 41. 3≫) | (≪甲1165≫) | (≪合集21890≫) | [sǐ] |

위의 갑골문 '死'자는, 사람이 뼈 옆에서 무릎을 꿇고 절하는 것을 형상화한 자형 결구이며, 사람이 죽었다는 뜻을 나타낸다. 이 '死'자에 대해 ≪說文解字≫에는, "死, 澌也. 人所離也. 從歺人. 㐞, 古文死如此. : '死'는 [사람의 정기(精氣)가] 다하여 없어지다는 뜻이다. 이는 사람의 형체와 혼백이 서로 헤어짐을 뜻한다. '歺'과 '人'을 구성 요소로 하고 있다. '㐞'(兟)는

'古文' '死'자인데, 이와 같은 자형으로 되어 있다."라고 풀이하고 있다.

갑골문에서의 뜻은 다음과 같다.

1. (사람이) 죽다. "己酉卜, 王弜隹死? 九月"(≪前5. 41. 3≫), "……六日壬午……夕
   死……"(≪甲1165≫)

2. '貞人'의 이름. "戊午卜, 死貞 : 不?"(≪乙4860≫)

凸(과) (≪粹1306≫) (≪掇1. 432≫) [guǎ]

≪甲骨文編≫과 ≪新甲骨文編≫에는 위에 예시한 갑골문을 '凸'자로 수록하고 있다.[1] 이 갑골문에 대해 于省吾는, "字本象骨架相支撑之形, 其左右的小竪劃, 象骨節轉折處突出形.[2] : 이 글자는 본래 뼈대가 서로 지탱(支撑)하는 모양을 형상화하였는데, 그 좌우에 있는 작은 세로획은 뼈마디가 꺾인 곳이 돌출한 모양을 형상화한 것이다."라고 설명하였다. 이에 의하면, 갑골문 '凸'자는 상형자이며, 뼈대라는 뜻을 나타냄을 알 수 있다. 이 '凸'자에 대해 ≪說文解字≫에는, "凸, 剔人肉, 置其骨也. 象形. 頭隆骨也. : '凸'는 사람의 살을 발라내고, 그 뼈를 남겨 두다는 뜻이다. 상형자이다. 머리에 융기한 뼈를 형상화한 것이다."라고 풀이하고 있다. 그러나 갑골문 '凸'자의 자형은 소전(小篆)의 자형과는 일치하지 않는다.

갑골문에서의 뜻은 다음과 같다.

1. 뼈. 골(骨). "貞 : 疒凸不隹蠱?"(≪乙3864≫), "貞 : 疒凸隹有蠱?"(≪金614≫)

2. 화(禍). 재화(災禍). "戊子卜, 今夕又凸?"(≪京都3114≫), "癸巳卜, 殻貞 : 旬亡
   凸?"(≪林1. 7. 2≫), "貞 : 茲邑其有降凸?"(≪合312≫)

3. 인명(人名). "劓小臣凸立"(≪甲2781≫), "剛令凸途叀子斐"(≪掇1. 432≫)

4. 방국명(方國名) 또는 지명(地名). "……于凸欠"(≪佚950≫)

---

1) 中國社會科學院考古研究所 前揭書 ≪甲骨文編≫ p.198과 劉釗·洪颺·張新俊 前揭書 ≪新甲骨文編≫ p.258을
   참고.
2) 于省吾 前揭書 ≪甲骨文字釋林≫ p.368.

剮(별)		[bié]
	《乙768》	

《甲骨文編》에는 위의 갑골문을 '剮'자로 수록하고 있는데,[1] 이 갑골문은 '冎'와 '刀'를 구성 요소로 하고 있는 자형이며, 이는 칼로 뼈를 깎는 모양을 형상화한 것이다. 이 '剮'자에 대해 《說文解字》에는, "剮, 分解也. 從冎, 從刀. : '剮'은 칼로 잘라서 나누다는 뜻이다. '冎'를 구성 요소로 하고, '刀'를 구성 요소로 하고 있다."라고 풀이하고 있다. 이 '剮'자는 지금 사용하고 있는 '別'의 본자(本字)이다.

갑골문에서의 자의(字義)는 아직 명확하게 밝혀지지 않았다. "貞：王往天戈至于賓剮?" (《乙768》)

骨(골)					[gǔ]
	《戩46. 5》	《後上19. 15》	《林1. 7. 2》	《後下17. 13》	

예시된 갑골문 '骨'자의 자형은 소의 견갑골(肩胛骨)의 모양을 형상화한 것인데, 상단(上端)은 골구(骨臼)의 모양을 형상화한 것이다. 李孝定은 이에 대해, "契文不从肉, 象牛肩胛骨之形. 許書冎字, 亦作骨之古文.[2] : 갑골문에서는 '肉'을 구성 요소로 하지 않았고, 소의 견갑골 모양을 형상화하였다. 許愼의 《說文解字》에 수록된 '冎'자는, '骨'자의 고문자(古文字)이다."라고 하였다. 이 '骨'자에 대해 《說文解字》에는, "骨, 肉之覈也. 從冎有肉. : '骨'은 살이 붙어 있는 중심 핵(核)이라는 뜻이다. '冎'와 거기에 붙은 '肉'으로 구성되어 있다."라고 풀이하고 있다.

갑골문에서의 뜻은 다음과 같다.

1. 견갑골(肩胛骨). "……弗骨"(《後下17. 13》)

2. '禍'와 통용. 화(禍). "貞：王夢兄丁不隹骨?"(《乙6408》), "癸巳卜, 殼貞：旬亡骨?"(《林1. 7. 2》), "貞：玆邑其有降骨?"(《合312》)

3. '貞人'의 이름. "丙辰卜, 骨貞：其宀于妣辛一牛?"(《後上19. 15》)

---

1) 中國社會科學院考古研究所 前揭書 《甲骨文編》 p.198을 참고.
2) 李孝定 前揭書 《甲骨文字集釋》 p.1501.

肉(육)				[ròu]
(≪甲1823≫)	(≪乙215≫)	(≪佚11≫)	(≪合補11468≫)	

위의 갑골문 '肉'자는 고기 덩이의 모양을 형상화한 상형자이다. 소전체(小篆體)는 '肉'으로 쓴다. 이 '肉'자에 대해 ≪說文解字≫에는, "肉, 胾肉也. 象形. : '肉'은 큰 덩이로 자른 고기라는 뜻이다. 상형자이다."라고 풀이하고 있다.

갑골문에서의 뜻은 다음과 같다.

1. 고기 덩이. 제품(祭品)으로 사용되었다. "丁酉卜, ……貞 : 肉來且……?"(≪明1924≫), "……有肉其[裁](求)"(≪粹518≫)

2. 제후(諸侯)의 이름. "……杲……肉侯"(≪佚11≫)

膏(고)				[gāo]
(≪前1. 29. 4≫)	(≪前2. 15. 1≫)	(≪後下5. 1≫)	(≪明2291≫)	

羅振玉이 위의 갑골문을 '膏'자로 고석하여,[1] 정설이 되었는데, 이 글자는 '高'와 '肉'을 구성 요소로 하고 있다. 이 '膏'자에 대해 ≪說文解字≫에는, "膏, 肥也. 從肉, 高聲. : '膏'는 살지다는 뜻이다. '肉'을 의부, '高'를 성부로 구성되었다."라고 풀이하고 있다. 이에 대해 段玉裁는, "肥當作脂. : '肥'는 당연히 '脂'로 써야 한다."라고 했으며, 朱駿聲은, "凝者曰脂, 釋者曰膏.[2] : 응고된 것은 '脂'라고 하고, 용해된 것은 '膏'라고 한다."라고 해설하였다.

갑골문에서는 지명(地名)으로 사용되었다. "庚辰, 步擒于母膏"(≪前1. 29. 4≫), "戊……膏……夕……"(≪前2. 15. 1≫)

---

1) 羅振玉 前揭書 ≪增訂殷虛書契考釋≫ 卷中 p.25下를 참고.
2) 朱駿聲 前揭書 ≪說文通訓定聲≫ p.329.

腹(복)		[fù]
	(≪合集5373≫) (≪甲587≫)	

　갑골문 '腹'자는 '身' 또는 '人'과 '复'을 구성 요소로 하고 있다. 이 '腹'자에 대해 李孝定은, "上出第一形从身, 复聲; 第二形从人, 复聲; 并是腹本字. 从身从人義同. …… 有身者, 腹部隆然墳起, 故腹字从之取義. 篆文改爲从肉, 不如从身與義較洽矣.[1] : 위에 제시한 첫째 자형은 '身'을 의부, '复'을 성부로 구성되었으며; 둘째 자형은 '人'을 의부, '复'을 성부로 구성되었는데, 둘 다 '腹'의 본자(本字)이다. '身'을 구성 요소로 하는 것과 '人'을 구성 요소로 하는 것은 자의가 같다. …… 임신한 사람은, 복부(腹部)가 불룩하게 나오기 때문에, '腹'자는 이를 구성 요소로 하여 자의를 취하였다. 전문(篆文)은 이를 고쳐서 '肉'을 구성 요소로 하였는데, 이는 '身'을 구성 요소로 하는 것만큼 자의에 부합하지 않는다."라고 주장하였다. 이 '腹'자에 대해 ≪說文解字≫에는, "腹, 厚也. 從肉, 复聲. : '腹'은 두텁다는 뜻이다. '肉'을 의부, '复'을 성부로 구성되었다."라고 풀이하고 있다.

　갑골문에서의 뜻은 다음과 같다.

　1. 사람의 배. 복부(腹部). "癸酉卜, 爭貞 : 王腹不安亡延?"(≪合集5373≫)

　2. '復'자와 통용되었다고 짐작된다. "弜腹……二牛"(≪甲587≫)

㞢(자)		[zì]
	(≪佚739≫)	

　위의 갑골문에 대해 商承祚는, "从戈从肉, 殆卽說文訓大臠之㞢, 肉祭也.[2] : '戈'와 '肉'으로 구성되어 있는데, 이는 곧 ≪說文解字≫에서 '大臠' 즉 큰 덩이로 저민 고기라는 뜻이라고 풀이한 '㞢'자라고 생각하며, 이는 고기로 지내는 제사이다."라고 하여, 이 글자를 '㞢'자로 고석하였다. 이로써 갑골문 '㞢'자는 고기를 저미는 것을 형상화한 자형임을 알 수 있다. 이 '㞢'자에 대해 ≪說文解字≫에는, "㞢, 大臠也. 從肉, 𢦒聲. : '㞢'는 큰 덩이로 저민 고기라

---

1) 李孝定　前揭書 ≪甲骨文字集釋≫ p.1509.
2) 商承祚　前揭書 ≪殷契佚存考釋≫ p.86下.

는 뜻이다. '肉'을 의부, '戋'를 성부로 구성되었다.”라고 해설하고 있다. 이에 대해 段玉裁는 “切肉之大者也. : 크게 저민 고기라는 뜻이다.”라고 주(注)하였다.

갑골문에서는 제명(祭名)으로 사용되었다. “甲辰卜, 囗貞 : 王賓戠亡尤?”(≪佚739≫)

| 刀(도) | ≪甲3085≫ | ≪粹1184≫ | ≪掇1. 463≫ | ≪合集33035≫ | [dāo] |

위의 갑골문 '刀'자는 칼의 모양을 형상화한 상형자이며, 손잡이와 칼날을 나타내고 있다. 이 '刀'자에 대해 ≪說文解字≫에는, “刀, 兵也. 象形. : '刀'는 병기의 하나이다. 상형자이다.”라고 설명하고 있다.

갑골문에서는 방국명(方國名)으로 사용되었다. “辛亥貞 : 王正刀方?”(≪合集33035≫), “庚戌貞 : 叀王自正刀方?”(≪粹1184≫), “癸卯卜, 刀方其出……?”(≪粹1188≫)

| 利(리) | ≪甲3914≫ | ≪佚457≫ | ≪粹1162≫ | ≪明1687≫ | [lì] |

위의 갑골문 '利'자는 '禾'와 '刀'를 구성 요소로 하고 있으며, 칼로 벼를 베는 모양을 형상화한 자형 결구로, 수확을 하기 위해 벼를 베다는 뜻이다. 이 '利'자에 대해 ≪說文解字≫에는, “利, 銛也. 刀和然後利. 從刀和省. 易曰 : 利者, 義之和也. 㓝, 古文利. : '利'는 가래라는 뜻이다. 칼은 화협(和協)하고 난 뒤에야 이(利)로운 것이다. '刀'와 필획이 생략된 '和'를 구성 요소로 하고 있다. ≪周易·乾·文言≫에, 「利는 '義'의 화협(和協)에서 비롯된다.」라고 하고 있다. '㓝'(秒)는 '古文' '利'자이다.”라고 해설하고 있다.

갑골문에서의 뜻은 다음과 같다.

1. 길리(吉利). 이익. “庚戌卜, 王曰貞 : 其利右馬?”(≪後下5. 15≫)
2. 지명(地名). “庚午卜, 狄貞 : 王其田于利亡災?”(≪甲3914≫)
3. 방국(方國)의 인명(人名). “利示三屯有……賓”(≪佚457臼≫)

初(초)		[chū]
	(≪前5. 39. 8≫)　(≪後下13. 8≫)　(≪京津4901≫)	

李孝定은 위의 갑골문을 '初'자로 수록하고는, "其義當訓始.[1] : 자의는 마땅히 시작하다는 뜻이라고 풀이해야 한다."라고 하였다. 이 갑골문 '初'자는 '衣'와 '刀'를 구성 요소로 하고 있는데, 이는 칼을 사용하여 옷을 재단하는 모양을 형상화한 자형 결구이다. 이 '初'자에 대해 ≪說文解字≫에는, "初, 始也. 從刀衣. 裁衣之始也. : '初'는 시작하다는 뜻이다. '刀'와 '衣'를 구성 요소로 하고 있다. 옷의 재단을 시작하다는 의미이다."라고 하고 있다.

갑골문에서는 '始' 즉 시작하다는 뜻으로 사용된 것이라 짐작된다. "……王初尞……改……"(≪前5. 39. 8≫)

剛(강)		[gāng]
	(≪前4. 30. 3≫)　(≪甲3510≫)　(≪後上23. 4≫)　(≪後下18. 12≫)	

위에 예시한 갑골문 '剛'자는 '岡'과 '刀'를 구성 요소로 하고 있는데, 이는 칼[刀]로 그물[岡]을 끊는 모양을 형상화한 자형 결구이며, 절단하다는 뜻을 나타낸다. 이 '剛'자에 대해 ≪說文解字≫에는, "剛, 彊斷也. 從刀, 岡聲. , 古文剛如此. : '剛'은 강한 힘으로 절단하다는 뜻이다. '刀'를 의부, '岡'을 성부로 구성되었다. ''(信)은 '古文' '剛'자인데, 이런 자형이다."라고 풀이하고 있다.

갑골문에서의 뜻은 다음과 같다.

1. 죽이다. '殺'과 통용. 희생의 처리 방법 중의 하나. "己未卜, 其剛羊十于西南?"(≪後上23. 4≫)

2. 인명(人名). "癸酉卜, 貞 : 剛其有疾?"(≪前6. 38. 1≫)

---

1) 李孝定 前揭書 ≪甲骨文字集釋≫ p.1521.

| 副(복) |  | [pì] |

| | (≪鐵2. 4≫) (≪後上28. 3≫) | |

    李孝定은 위에 예시한 ≪鐵2. 4≫의 글자를 '副'자로 수록하고는, "卜辭或假葡爲副.[1] : 갑골복사에서는 간혹 '葡'를 '副'자의 뜻으로 가차하기도 한다."라고 하였다. 위의 갑골문은 화살이 기물 안에 담겨있는 모양을 형상화한 자형 결구이다. 제3편의 '葡'자에 대한 해설을 참고하기 바란다. ≪說文解字≫에는 이 '副'자에 대해, "副, 判也. 從刀, 畐聲. 周禮曰 : 副辜祭. 𐂤, 籒文副, 從皕. : '副'은 (칼로) 갈라 나누다는 뜻이다. '刀'를 의부, '畐'을 성부로 구성되었다. ≪周禮·春官·大宗伯≫에, 「희생(犧牲)을 해부하여 지체(肢體)를 갈라서 제사를 지낸다.」라고 하고 있다. '𐂤'(皕)은 주문(籒文) '副'자인데, '皕'을 구성 요소로 하고 있다."라고 하고 있다.

    갑골문에서도 해부(解剖)하다는 뜻으로 사용된 듯하다. "丙午卜, ▨叀歲羌卅, 卯三牢, 副一牛于宗用? 八月"(≪林2. 3. 11≫), "其用大乙副牛"(≪甲679≫)

| 刪(산) | (≪乙6298≫) | [shān] |

    위의 갑골문은 '册'과 '刀'를 구성 요소로 하고 있는데, 이는 칼로 깎아서 '册'을 만드는 모양을 형상화한 자형 결구이다. 李孝定도 이를 '刪'자로 수록하고, '刀'와 '册'을 구성 요소로 하고 있는 회의자라고 하였다.[2] ≪說文解字≫에는, "刪, 剟也. 從刀册, 册, 書也. : '刪'은 깎(아내)다는 뜻이다. '刀'와 '册'을 구성 요소로 하고 있는데, '册'은 '書' 곧 간독(簡牘)이다."라고 풀이하고 있다.

    갑골문에서도 깎아내다는 뜻으로 사용된 듯하다. "甲戌卜, 帝余乎龍刪……?"(≪乙6298≫)

---

1) 李孝定 上揭書 ≪甲骨文字集釋≫ p.1525.
2) 李孝定 上揭書 ≪甲骨文字集釋≫ p.1527.

剝(박)	以 (《甲3153》)	[bō]

위의 갑골문은 '卜'과 '刀'를 구성 요소로 하고 있는데, ≪甲骨文編≫에는 이 글자를 '剝'자로 수록하고는, "說文剝字之或體從卜, 作㓷, 此與之同.[1]：≪說文解字≫에서의 '剝'자의 혹체자는 '卜'을 구성 요소로 하고 있고, '㓷'으로 쓰고 있는데, 이 글자가 그것과 같다."라고 하고 있다. 이 갑골문의 자형은 칼로 '卜'자를 새기는 모양을 형상화한 것이다. 이 '剝'자에 대해 ≪說文解字≫에는, "剝, 裂也. 從刀彔. 彔, 刻也. 彔亦聲. 一曰：剝, 割也. 㓷, 剝或從卜.：'剝'은 갈라 쪼개다는 뜻이다. '刀'와 '彔'을 구성 요소로 하고 있다. '彔'은 새기다는 뜻이다. '彔'은 또한 성부이기도 하다. 일설에는 '剝'은 쪼개다는 뜻이라고도 한다. '㓷'('㓷')은 '剝'의 혹체자인데, '卜'을 구성 요소로 하고 있다."라고 해설하고 있다.

갑골문에서의 뜻은 아직 명확하게 밝혀지지 않고 있다. "……剝……七月……(《甲3153》)

刖(월)		[yuè]
	(《前7. 10. 1》)　　(《合集581》)　　(《合集861》)　　(《粹1223》)	

위에 예시한 갑골문은 '肉'과 '刀'를 구성 요소로 하고 있는 '刖'자인데, 이는 칼로 고기를 잘라내는 모양을 형상화한 자형 결구이다. 간혹 사람과 톱과 사람 손으로 구성된 것도 있는데, 이는 한 손에 톱을 들고, 한쪽 발을 자르는 모양을 형상화한 자형 결구이다. '鋸足' 즉 발을 톱으로 자르는 것이 바로 고대의 월형(刖刑)이다. ≪史記 · 魯仲連鄒陽列傳≫에는, "昔卞和獻寶, 楚王刖之.[2]：옛날 卞和는 보옥(寶玉)을 헌상했음에도 楚王이 월형(刖刑)에 처했다."라고 하고 있다. 이 '刖'자에 대해 ≪說文解字≫에는, "刖, 絕也. 從刀, 月聲.：'刖'은 자르다는 뜻이다. '刀'를 의부, '月'을 성부로 구성되었다."라고 하고 있다.

갑골문에서의 뜻은 다음과 같다.

1. 지명(地名)이라 짐작된다. "……卜, 爭……刖往……不……?"(《前6. 20. 1》)

---

1) 中國社會科學院考古研究所 前揭書 ≪甲骨文編≫ p.200.
2) 司馬遷 ≪史記≫(鼎文書局 1977. 臺北) 卷83 p.2471.

2. 자의(字義) 불분명. "辛卯卜, 㱿貞 : 刖……?"(≪前7. 10. 1≫), "甲子貞 : 于下尸刖
   坐田?"(≪粹1223≫)

| 制(불) | (≪前4. 32. 8≫) | (≪摭續319≫) | (≪乙478≫) | (≪乙2262≫) | [fú] |

李孝定은 위의 갑골문을 '制'자로 수록하면서, "栔文亦从刀弗聲. …… 爲人名或方國之
名.1) : 갑골문 역시 '刀'를 의부, '弗'을 성부로 구성되었다. …… 인명(人名) 또는 방국명(方
國名)으로 쓰였다."라고 하였다. 이 갑골문 '制'자는 칼로 내리쳐서 자르는 모양을 형상화한
자형 결구이다. 이 '制'자에 대해 ≪說文解字≫에는, "制, 擊也. 從刀, 弗聲. : '制'은 내리쳐
서 자르다는 뜻이다. '刀'를 의부, '弗'을 성부로 구성되었다."라고 설명하고 있다.

갑골문에서는 지명(地名)이나 인명(人名)으로 사용된 것 같다. "癸亥卜, 貞 : 旬一月㞢雨
自東? 九日辛未, 大采各云自北霢延大風自西, 制雲率雨女䍩日"(≪乙478≫)

| 剩(칠) | (≪寧3. 76≫) | [chì] |

≪甲骨文編≫에는 위의 갑골문을 '剩'자로 수록하고는, "方國名.2) : 방국의 이름이다."라
고 하고 있다. 갑골문 '剩'자는 '黍'와 '刀'를 구성 요소로 하고 있으며, 칼[刀]로 기장[黍]을
베는 모양을 형상화한 자형이다. 이는 '利'자가 칼로 벼를 베다는 뜻인 것과 같은 이치이다.
이 '剩'자에 대해 ≪說文解字≫에는, "剩, 傷也. 從刀, 黍聲. : '剩'은 베어 쪼개다는 뜻이다.
'刀'를 의부, '黍'을 성부로 구성되었다."라고 풀이하고 있다.

갑골문에서는 방국명(方國名)으로 사용되었다. "丁卯卜, 貞 : 王伐剩?"(≪寧3. 76≫)

---

1) 李孝定 前揭書 ≪甲骨文字集釋≫ p.1531.
2) 中國社會科學院考古硏究所 前揭書 ≪甲骨文編≫ p.200.

| 劓(의) |  | [yì] |

《鐵250. 1》　　《前4. 32. 8》　　《乙3299》　　《燕173》

　　羅振玉이 위에 예시한 갑골문을 '劓'자로 고석하여,1) 정설이 되었다. 이 갑골문 '劓'자는 '自'와 '刀'를 구성 요소로 하고 있는데, 이는 칼로 코를 베는 모양을 형상화한 자형 결구이다. 고대에 코를 베는 형벌을 '劓'라고 하였다. 이 '劓'자에 대해 ≪說文解字≫에는, "劓, 刖鼻也. 從刀, 臬聲. 易曰 : 天且劓. 劓, 劓或從鼻. : '劓'는 코를 베는 형벌이라는 뜻이다. '刀'를 의부, '臬'을 성부로 구성되었다. ≪周易·睽卦≫에, 「이마에 묵형(墨刑)을 가하는 천형(天刑)에다가 또 코를 자르는 의형(劓刑)을 가하였다.」라고 하고 있다. '劓'(劓)는 '劓'의 혹체자로, '鼻'를 구성 요소로 하고 있다."라고 해설하고 있다.

　　갑골문에서는 부살(剖殺)의 뜻으로 사용되었다. "丁巳卜, 亘貞, 劓牛爵?"(≪鐵250. 1≫)

| 刃(인) |  | [rèn] |

《前4. 51. 1》

　　위의 갑골문 '刃'자는 '刀'와 'ヽ'로 구성되어 있는데, 'ヽ'는 칼날의 소재(所在)를 나타낸다. 이 '刃'자에 대해 ≪說文解字≫에는, "刃, 刀堅也. 象刀有刃之形. : '刃'은 칼의 날카로운 부분을 뜻한다. 칼에 날카로운 칼날이 있는 모양을 형상화하였다."라고 풀이하고 있다.

　　갑골문에서는 지명(地名)으로 사용되었다. "丁卯卜, 㲋貞 : 王往于刃不遘雨?"(≪前4. 51. 1≫)

| 韧(갈) |  | [qià] |

《甲1170》　　《合集14176》

　　위에 예시한 갑골문은 '刀'와 '丰'를 구성 요소로 하고 있는 '韧'자인데, 이는 칼로 나무에다

---

1) 羅振玉 前揭書 ≪增訂殷虛書契考釋≫ 卷中 p.57上을 참고.

톱니모양의 자국을 계각(契刻)하는 모양을 형상화한 자형 결구이다. 이 '㓞'자는 '契'자의 고자(古字)이다. 이 '㓞'자에 대해 ≪說文解字≫에는, "㓞, 巧㓞也. 從刀, 丯聲. : '㓞'은 정교하게 새기다는 뜻이다. '刀'를 의부, '丯'를 성부로 구성되었다."라고 풀이하고 있다.

갑골문에서의 뜻은 아직 정확하게 구명(究明)되지 않았다. "……㓞……▨▨"(≪甲1170≫)

耤(적) [jí]

(≪前6. 17. 6≫)

(≪前7. 15. 3≫)

(≪乙4057≫)

(≪後下28. 16≫)

위에 예시한 갑골문에 대해 徐中舒는, "象人側立推耒擧足刺地之形, 會蹈履而耕之意, 故其本義爲蹈爲履.[1] : ('耤'자는) 측립(側立)한 사람이 쟁기를 밀며 발을 들어 땅을 고르는 모양을 형상화하였는데, 이는 땅을 밟아 고르다는 뜻을 추출한 것이므로, '耤'자의 본의는 '蹈' 또는 '履' 즉 밟다는 뜻이다."라고 하였다. 이로서 갑골문 '耤'자는 사람이 두 손으로 쟁기를 잡고 농지를 경작하는 모양을 형상화한 자형 결구임을 알 수 있다. 이 '耤'자에 대해 ≪說文解字≫에는, "耤, 帝耤千畝也. 古者使民如借, 故謂之藉. 從耒, 昔聲. : '耤'이란 천자(天子)가 친히 백성을 거느리고 1천 무(畝)의 토지를 경작하다는 뜻이다. 고대에는 백성으로 하여금 경작하게 하는 일이 마치 민력(民力)을 차용(借用)하는 것과 같다고 하여서 '藉'이라고 일컬었다. '耒'를 의부, '昔'을 성부로 구성되었다."라고 해설하고 있다.

갑골문에서의 뜻은 다음과 같다.

1. 경작하다. "丙辰卜, 爭貞 : 乎耤于陮, 受有年?"(≪乙4057≫)
2. 농업 분야의 관직명(官職名). "己亥卜, 貞 : 命吳小耤臣?"(≪前 6. 17. 6≫)
3. 지명(地人)이라 짐작된다. "丙子卜, 乎……耤受年?"(≪前7. 15. 3≫)

---

1) 徐中舒 前揭書 ≪甲骨文字典≫ p.480.

| 角(각) | (≪菁1. 1≫) | (≪前4. 35. 3≫) | (≪鐵62. 3≫) | (≪乙3368≫) | [jiǎo] |

위의 갑골문 '角'자는, 짐승의 뿔 모양을 형상화한 상형자이다. 이 '角'자에 대해 ≪說文解字≫에는, "角, 獸角也. 象形. 角與刀魚相似. : '角'은 짐승의 뿔이라는 뜻이다. 상형자이다. '角'자의 소전체(小篆體)는 '刀'·'魚' 두 글자가 합쳐진 것과 비슷하다."라고 풀이하고 있다.

갑골문에서는 인명(人名)으로 사용되었다. "甲戌卜, 王余命角帚古朕事?"(≪佚15≫)

| 解(해) | (≪後下21. 5≫) | [jiě] |

'角'과 '牛'와 두 손으로 구성되어 있는데, 이 갑골문에 대해 王國維는, "⚹字, 余釋爲解, 祇以从兩手判牛角, 與从刀判牛角同意.[1] : ⚹를 나는 '解'자로 고석하는데, 그 이유는 두 손으로 소의 뿔을 쪼개는 것은, 칼로 소의 뿔을 쪼개는 것과 같은 뜻이기 때문일 뿐이다."라고 하여, 이 글자를 '解'자로 고석하였다. 이 '解'자에 대해 ≪說文解字≫에는, "解, 判也. 從刀判 牛角. 一日解廌, 獸也. : '解'는 가르다는 뜻이다. '刀' 즉 칼로 소의 뿔을 가르는 모양으로 구성되었다. 일설에는 '解'는 해치(解廌) 곧 해태를 뜻한다고도 한다."라고 풀이하고 있다.

갑골문에서의 뜻은 아직 명확하게 밝혀지지 않았다. "……殼……解……"(≪後下21. 5≫)

---

1) 商承祚 前揭書 ≪殷虚文字類編·王序≫ p.1下.

第 5 篇

竹(죽)					[zhú]
	(≪合集261≫)	(≪前8. 14. 2≫)	(≪後下24. 10≫)	(≪乙3650≫)	

위에 예시한 갑골문에 대한 학자들의 주장은 크게 두 가지로 나누어진다. 하나는 '丰'자라는 주장이고, 또 하나는 '竹'자라는 주장이다. 여기에서는 '竹'자라는 葉玉森의 주장만 살펴보고, '丰'자라는 주장에 대해서는 제9편의 '丰'자에 대한 해설에서 다시 살펴보기로 하겠다. 이 글자에 대해 葉玉森은, "予疑卽竹之象形. 古文篆作竹, 分爲二个. 卜辭象二小枝相聯, 上有个葉形.[1] : 내 생각으로는 바로 '竹' 즉 대나무의 상형인 것 같다. 고문자(古文字)인 전서(篆書)로 '竹'으로 쓰면서 두 개의 '个'로 나누었다. 갑골복사에서는 두 개의 작은 가지가 연이어 있고 그 끄트머리에 잎이 있는 모양이다."라고 하였다. 이 '竹'자에 대해 ≪說文解字≫에는, "竹, 冬生艸也. 象形. 下垂者箁箬也. : '竹'은 겨울에 나서 잎이 시들지 않고 겨울을 견디는 풀이다. 상형자이다. 아래로 늘어진 필획은 죽순의 껍질을 나타낸다."라고 해설하고 있다. 그러나 갑골복사에서 이 글자가 대나무의 뜻으로 사용된 사례(辭例)가 아직은 발견되지 않고 있고, 또 위에 예시한 갑골문 자형과 부합되는 '竹'을 구성 요소로 하고 있는 갑골문자도 보이지 않기 때문에, 아직은 葉玉森의 주장을 그대로 수긍하기가 어려운 실정이다.

---

1) 葉玉森 前揭書 ≪殷虛書契前編集釋≫ 卷2 p.65上.

箙(복)

				[fú]
(≪戬44. 13≫)	(≪乙4208≫)	(≪前7. 15. 3≫)	(≪林2. 3. 11≫)	

위의 갑골문 '箙'자는 기물 속에 화살이 담겨 있는 모양을 형상화한 자형 결구인데, ≪甲骨文編≫에는 이 글자에 대해, "卜辭葡字象盛矢箙中, 乃箙之本字, 箙爲後起字.[1] : 갑골복사에서의 '葡'자는 전통(箭筒) 안에 화살을 담아 놓은 것을 형상화하였는데, 이것이 '箙'의 본자(本字)이며, '箙'은 후기자(後起字)이다."라고 하고 있다. 이 '箙'자에 대해 ≪說文解字≫에는, "箙, 弩矢箙也. 從竹, 服聲. 周禮 : 仲秋獻矢箙. : '箙'은 화살을 담는 전통(箭筒)이라는 뜻이다. '竹'을 의부, '服'을 성부로 구성되었다. ≪周禮 · 夏官 · 司弓矢≫에, 「중추(仲秋)에는 화살을 담는 전통을 헌상한다.」라고 하고 있다."라고 해설하고 있다. 제3편의 '葡'자에 대한 해설을 참조하기 바란다.

갑골문에서의 뜻은 다음과 같다.

1. 희생의 처리 방법의 하나로 사용된 것이라 짐작된다. "丙午卜, 貞 : 卓尊歲羌卅卯三牢 · 箙一牛于宗? 用. 八月."(≪林2. 3. 11≫)
2. 지명(地名) 또는 방국명(方國名). "……箙受年?"(≪乙7009≫)
3. '貞人'의 이름. "丙子卜, 箙貞 : 曰……?"(≪前7. 15. 3≫)

箕(기)

				[jī]
(≪鐵34. 3≫)	(≪前1. 12. 7≫)	(≪京都934A≫)	(≪掇2. 399≫)	

위의 갑골문 '箕'자는 농기구 키의 실물 모양을 형상화한 상형자인데, 간혹 키를 올려놓거나 두 손으로 들고 있는 모양을 형상화한 것도 있다. 이 '箕'자에 대해 ≪說文解字≫에는, "箕, 所巳簸者也. 從竹𠀠. 象形. 丌其下也. , 古文箕. , 亦古文箕. , 亦古文箕. , 籒文箕. , 籒文箕. : '箕'는 알곡을 까부르는 키라는 뜻이다. '竹'과 '其'를 구성 요소로 하고 있다. 상형자이다. '丌'는 그 아래의 받침대이다. ''(𠀠)는 '古文' '箕'자이다. ''(𢀜)역시 '古文' '箕'자이다. ''(𠁁) 역시 '古文' '箕'자이다. ''(其)는 주문(籒文) '箕'자이다.

1) 中國社會科學院考古研究所 前揭書 ≪甲骨文編≫ p.205.

'⿷'(⿷)는 주문(籀文) '箕'자이다."라고 하고 있다. 이 '箕'자에 대해 徐中舒는, "甲骨文與古
文⿷字形略同.[1] : 갑골문과 '古文' '⿷'자의 자형이 대략 같다."라고 하였다.

갑골문에서의 뜻은 다음과 같다.

1. 지시대명사 '其'와 통용(通用). 그. 그것. "丙子卜, 貞：庚祖丁, 丁其牢羊牛?"(≪前1.
   12. 7≫)

2. 지명(地名). "辛巳卜, 在箕, 今日王逐兕擒, 允擒七兕? ……擒……百又六, 在箕."
   (≪掇2. 399≫)

典(전)	𠔼	𠔼	𠔼	𠔼	[diǎn]
	(≪合集7414≫)	(≪前2. 40. 7≫)	(≪後上10. 9≫)	(≪佚931≫)	

위에 예시한 갑골문 '典'자는 기본적으로 '册'과 두 손 그리고 '二'로 구성되어 있는데, 간혹
손 하나 또는 '二'를 생략한 것도 있다. 이에 대해 王延林은, "字象雙手奉册于基上.[2] :
이 글자는 두 손으로 받침대 위에다 '册'을 높이 받들어 올리는 모양을 형상화하였다."라고
하였다. 이 '典'자에 대해 ≪說文解字≫에는, "典, 五帝之書也. 從册在丌上, 尊閣之也. 莊
都說：典, 大册也. 𥰲, 古文典, 從竹. : '典'은 五帝의 서책이라는 뜻이다. '册'이 '丌' 위에
있는 모양으로 구성되었는데, 이는 전책(典册)을 '丌' 위에다 높이 올려놓았음을 상징한다.
莊都는, 「'典'이란 대책(大册)이라는 뜻이다.」라고 하였다. '𥰲'(𥰲)은 '古文' '典'자이며, '竹'을
구성요소로 하고 있다."라고 해설하고 있다.

갑골문에서는 '工典'·'𠕋典' 등의 제명(祭名)으로 사용되었다. "癸未卜, 王在豊貞：亡禍?
在六月, 甲申工典其酚"(≪後上10. 9≫), "☒亥王卜, 貞：旬亡禍?……甲子酚妹工典……
正人[方]"(≪前2. 40. 7≫), "壬申卜, 㱿貞：……禍? 𠕋典, 乎從"(≪前7. 6. 1≫), "……
𠕋典王從上下若受我祐"(≪前4. 37. 6≫) : 5종 주제(週祭)의 '工典'은 '貢典'으로 전책(典
册)을 헌상하며 축원하고 고(告)하는 전례(典禮)이고; '𠕋典'은 '𠕋册'으로, '册命'을 뜻하는
사전(祀典)의 하나이다.

---

[1] 徐中舒 上揭書 ≪甲骨文字典≫ p.487.
[2] 王延林 前揭書 ≪常用古文字字典≫ p.269.

| 奠(전) | (≪前2. 15. 2≫) | (≪甲2418≫) | (≪後下36. 3≫) | (≪乙1078反≫) | [diàn] |

위의 갑골문에 대해 羅振玉은 "从酋从丌並省, 象尊有薦, 乃奠字也.[1] : 각기 필획이 생략된 '酋'와 '丌'를 구성 요소로 하였는데, '尊'에 받침이 있는 모양을 형상화한 것으로, 이는 곧 '奠'자이다."라고 하여, 이를 '奠'자로 고석하였다. 이 갑골문 '奠'자는 '酉'와 '一'을 구성 요소로 하고 있는데, 금문(金文)으로는 '畀'(≪康鼎≫)으로 쓰고 있다. 이는 시렁 위에 술통을 받쳐 놓은 것을 형상화한 자형 결구이다. 이 '奠'자에 대해 ≪說文解字≫에는, "奠, 置祭也. 從酋; 酋, 酒也. 丌其下也. 禮有奠祭. : '奠'은 술과 음식을 갖춰 놓고 지내는 제사라는 뜻이다. '酋'를 구성 요소로 하고 있는데, '酋'는 술을 뜻한다. '丌'는 그 아래의 받침대이다. ≪禮經≫에는 '奠'을 '祭'의 뜻으로 쓴 것도 있다."라고 해설하고 있다.

갑골문에서의 뜻은 다음과 같다.

1. '甸'과 통용. 왕기(王畿) 밖의 지방 관직의 하나. "癸酉卜, 殼貞 : 命多奠依……?"(≪合 282≫)

2. 지명(地名) 또는 방국명(方國名). "丙辰卜, 在奠貞 : 今日王往……?"(≪前2. 15. 2≫), "……在奠王田自東往來亡災? 茲御獲鹿六, 禍亡."(≪前4. 36. 3≫)

| 工(공) | (≪前2. 40. 7≫) | (≪續1. 5. 1≫) | (≪甲1161≫) | (≪拾14. 7≫) | [gōng] |

≪甲骨文編≫에는 위의 갑골문을 모두 '工'자로 수록하고는, ≪甲1161≫의 '占'자 아래에는, "武丁時工字作占. : 商王 武丁 때에는 '工'자를 '占'으로 썼다."라고 하고; ≪前2. 40. 7≫의 '工'자 아래에는, "祖庚祖甲以後工字作工. : 祖庚·祖甲 이후에는 '工'자를 '工'으로 썼다."라고 하고 있다.[2] 그런데 위에 예시한 앞의 두 글자는 '規矩'의 '矩' 즉 곱자를 형상화한 모양이고, 뒤쪽의 두 글자는 도끼의 머리 부분을 형상화한 모양인데, 금문(金文) 가운데 '工'자

---

1) 羅振玉 前揭書 ≪增訂殷虛書契考釋≫ 卷中 p.73下.

2) 中國社會科學院考古研究所 前揭書 ≪甲骨文編≫ p.207.

를 '⼯'(≪矢方彝≫)으로 쓴 것이 있는 것으로 보아, '工'자는 도끼머리를 형상화한 것이라고 생각된다. 이 '工'자에 대해 ≪說文解字≫에는, "工, 巧飾也. 象人有規榘也. 與巫同意. ⼯, 古文工, 從彡. : '工'은 문식(文飾)이 공교(工巧)하다는 뜻이다. 사람이 손에 규구(規榘)를 들고 있는 모양을 형상화하였다. '巫'자의 자형 구조가 '工'을 구성 요소로 하고 있는 것과 같은 뜻이다. '⼯'(⼯)은 '古文' '工'자이며, '彡'을 구성 요소로 하고 있다."라고 하고 있다.

갑골문에서의 뜻은 다음과 같다.

1. 관명(官名). "庚寅卜, 爭貞 : 命登眾麂工衛有擒?"(≪甲1167≫) : '工衛'는 엽관(獵官) 으로 짐작된다.

2. '貢'과 통용. 바치다. 헌상하다. "戉其有工"(≪佚7≫), "貞 : 自亡其工?"(≪粹1216≫), "……甲戌妹工典其口隹王三祀."(≪續1. 5. 1≫)

3. 지명(地名). "貞 : 勿命在北工共人?"(≪續5. 26. 9≫)

| 巫(무) | | | ![後下42.4](≪後下42. 4≫) | | [wū] |

郭沫若은 위에 예시한 갑골문에 대해, "詛楚文巫咸字如是作.[1] : ≪詛楚文≫에 '巫咸'의 '巫'자를 이와 같이 쓰고 있다."라고 하여 '巫'자로 고석하여 정설이 되었다. 이 갑골문 '巫'자는 무녀(巫女)가 신귀(神鬼)에게 기구(祈求)할 때 사용하는 도구를 형상화한 상형자이다. 이 '巫'자에 대해 ≪說文解字≫에는, "巫, 巫祝也. 女能事無形, 目舞降神者也. 象人兩褎舞形, 與工同意. 古者巫咸初作巫. ⿱, 古文巫. : '巫'는 무축(巫祝)이라는 뜻이다. 여자로서 신기(神祇)를 받들어 섬길 줄 알고, 가무(歌舞)에 의거하여 신기(神祇)를 강림하게 할 수 있는 사람이다. 사람이 양쪽 소매로 춤을 추는 모양을 형상화하였는데, '工'자의 자형 결구와 같은 뜻이다. 고대에 巫咸이 처음으로 무술(巫術)을 만들었다. '⿱'(⿱)는 '古文' '巫'자이다."라고 풀이하고 있다.

갑골문에서의 뜻은 다음과 같다.

1. 무녀(巫女). "亥扶女巫"(≪甲2356≫)

---

1) 郭沫若 前揭書 ≪殷契粹編 · 考釋≫ p.12下.

2. 무신(巫神). "癸亥貞 : 今日帝于巫, 豕一·犬一?"(≪京都2298≫), "乙丑卜, 酚伐, 辛未于巫?"(≪掇 2. 50≫)

| 甘(감) | 〓 | 〓 | 〓 | 〓 | [gān] |
| | (≪前1. 52. 5≫) | (≪乙1010≫) | (≪後上12. 4≫) | (≪後上12. 5≫) | |

위의 갑골문 '甘'자는 '口'와 '一'을 구성 요소로 하고 있는데, '一'은 음식물을 의미하며, 입속에 머금고 있는 음식물의 모양을 형상화한 자형 결구이다. 이 '甘'자에 대해 ≪說文解字≫에는, "甘, 美也. 從口含一; 一, 道也. : '甘'은 맛이 좋다는 뜻이다. '口' 즉 입에 '一'을 머금고 있는 모양으로 구성되어 있는데, '一'은 '味道' 즉 맛을 뜻한다."라고 하고 있다.

갑골문에서는 지명(地名)으로 사용되었다. "貞 : 王往于甘?"(≪後上12. 5≫), "王往出于甘"(≪後上12. 4≫), "癸丑, 丁自甘來☒亡禍?"(≪乙1010≫)

| 旨(지) | 〓 | 〓 | 〓 | 〓 | [zhǐ] |
| | (≪前4. 35. 7≫) | (≪甲3065≫) | (≪續3. 26. 3≫) | (≪後下1. 4≫) | |

위의 갑골문은 'ヒ'와 '口'를 구성 요소로 하고 있는데, 간혹 '口'를 '日'로 대체한 것도 있다. 李孝定은 이 글자들을 '旨'자로 수록하고는, "篆文从甘之字, 古文多从口.[1] : 전문(篆文)에서 '甘'을 구성 요소로 한 글자는, 고문자(古文字)에서는 '口'를 구성 요소로 한 것이 많다."라고 하여, '旨'자로 고석하였다. 이 '旨'자에 대해 ≪說文解字≫에는, "旨, 美也. 從甘, ヒ聲. 旨, 古文旨. : '旨'는 맛이 좋다는 뜻이다. '甘'을 의부, 'ヒ'를 성부로 구성되었다. '旨'(香)는 '古文' '旨'자이다."라고 풀이하고 있다.

갑골문에서의 뜻은 다음과 같다.

1. 제사의 희생(犠牲). "丁卯……狩正……擒獲百六十, 二百十四豕, 十旨"(≪後下1. 4≫) : '旨'가 어떤 동물을 지칭하는지는 아직 밝혀지지 않았다.

2. 방국명(方國名). "丁巳貞 : 王正旨方?"(≪寧1. 424≫), "丙午卜, 賓貞 : 旨弗其古王事?"(≪續3. 26. 3≫)

---

1) 李孝定 前揭書 ≪甲骨文字集釋≫ p.1644.

曰(왈)		[yuē]

羅振玉은 위의 갑골문을 '曰'자로 수록하고는, "卜辭从一不作乚, …… 乃有象口出气形者.[1] : 갑골복사에서는 [≪說文解字≫의 해설과는 다르게] ('曰'자의) 구성 요소 '一'을 '乚'로 쓰지 않고 있는데, …… 이는 입에서 기류(氣類)가 나오는 모양을 형상화한 것이다."라고 하였다. 이들 갑골문 '曰'자도 '甘'자와 같이 '口'와 '一'을 구성 요소로 하고 있는데, '一'이 입 안이 아니라 입 밖에 나온 모양을 형상화한 자형 결구이다. 이 '曰'자에 대해 ≪說文解字≫에는, "曰, 詞也. 從口乚. 象口气出也. : '曰'은 어조사이다. '口'와 '乚'을 구성 요소로 하고 있다. 입에서 기류(氣類)가 나오는 것을 형상화하였다."라고 해설하고 있다.

갑골문에서의 뜻은 다음과 같다.

1. 말하다. 일컫다. "……王占曰 : 吉."(≪前7. 9. 3≫), "東方曰析, 風曰劦."(≪掇2. 158≫)

2. '貞人'의 이름. "甲申卜, 曰貞 : ☒☒往☒來?"(≪乙43≫)

3. 자의(字義) 불분명. "貞 : 王其有曰多尹若?"(≪乙867≫), "勿曰雀來夏"(≪合283≫)

冊(책)		[cè]

徐中舒는 위의 갑골문을 '冊'자로 수록하고는, "甲骨文從冊從☐, 象以笐盧盛冊之形, 蓋以冊告神也.[2] : ('冊'자의) 갑골문은 '冊'과 '☐'를 구성 요소로 하고 있는데, 이는 대나무 그릇에 '冊'을 담은 모양을 형상화한 것으로, 신(神)에게 '冊'을 바치며 고(告)하는 것이라 짐작된다."라고 하였다. 이로 미루어보면, 여기에서의 '口'는 '冊'을 담는 기물을 형상화한 것임을 알 수 있다. 이 '冊'자에 대해 ≪說文解字≫에는, "冊, 告也. 從曰, 從冊, 冊亦聲. : '冊'은 [간책(簡冊)을 진상하며] 고계(告誡)하다는 뜻이다. '曰'을 구성 요소로 하고, '冊'을 구성 요소로 하고 있는데, '冊'은 또한 성부이기도 하다."라고 풀이하고 있다. 이에 대해 段玉裁

---

1) 羅振玉 前揭書 ≪增訂殷虛書契考釋≫ 卷中 p.58上.
2) 徐中舒 前揭書 ≪甲骨文字典≫ p.499.

는 "簡牘曰册, 以簡告誡曰曹. 册行而曹廢矣. : 간독(簡牘)을 '册'이라고 하고, 간독으로 고계 (告誡)하는 것을 '曹'이라고 한다. '册'자는 통용되고 '曹'자는 폐기되었다."라고 주(注)하였다.

갑골문에서의 뜻은 다음과 같다.

1. '册'과 통용. 간독(簡牘). "己卯卜, 㱿貞 : 御婦好于父乙, 羊又豕曹十牢?"(≪乙3383≫)
2. 간책(簡册)으로 고(告)하다. "弜□□叀舊曹用"(≪珠655≫)
3. '刪'과 통용. 베다. 희생(犧牲)의 처리 방법 중의 하나. "乙酉卜, 賓貞 : 史人于河沈三羊 曹三牛? 三月."(≪粹36≫)

| 轉(曹)(조) | (≪前2. 5. 5≫) | (≪珠414≫) | [cáo] |

李孝定은 위의 갑골문을 '轉'자로 수록하고는, "契文從棘從屮, 象以笘盧盛兩橐之形.[1] : 갑골문에서는 '棘'와 '屮'를 구성 요소로 하고 있으며, 대나무 그릇에 두 개의 자루를 담은 모양을 형상화하였다."라고 하였다. 이 '轉'자는 '曹'자의 고자(古字)인데, ≪說文解字≫에는 이 '曹'자에 대해, "曹, 獄兩曹也. 從棘, 在廷東也. 從曰, 治事者也. : '曹'는 송사(訟事)의 원고와 피고라는 뜻이다. '棘'를 구성 요소로 하고 있는데, 이는 둘 다 법정의 동쪽에 위치하는 것을 나타낸다. '曰'을 구성 요소로 하고 있는데, 이는 (말로써) 송사를 처리하는 사람을 의미한다."라고 풀이하고 있다.

갑골문에서는 지명(地名)으로 사용되었다. "壬寅卜, 在曹貞 : 王步于□ □亡災?"(≪前2. 5. 5≫), "□未卜, 在□貞 : 王步轉□亡災?"(≪珠414≫)

| 乃(내) | (≪菁7. 1≫) | (≪後下36. 3≫) | (≪甲2121≫) | (≪乙5689≫) | [nǎi] |

위의 갑골문 '乃'자는 기류(氣流)가 굴곡된 모양을 형상화한 상형자이다. 이 '乃'자에 대해 ≪說文解字≫에는, "乃, 曳詞之難也. 象气之出難. 㲾, 古文乃. 艿, 籀文乃. : '乃'는 말을

---

1) 李孝定 前揭書 ≪甲骨文字集釋≫ p.1608.

내뱉기가 어렵다는 뜻이다. 입김이 나오기가 어려운 모양을 형상화하였다. '彅'(弓)는 '古文' '乃'자이다. '孖'(孖)는 주문(籀文) '乃'자이다."라고 하고 있다.

갑골문에서의 뜻은 다음과 같다.

1. 부사 '迺'와 통용. 이에. 곧. "☒亥貞 : 王命吳以子方乃奠于幷?"(≪後下36. 3≫)
2. 제2인칭 대명사 '你'와 통용. 너. "戊戌卜, 殼貞 : 王曰侯虎往余不[束]其合氏乃事 歸?"(≪菁7. 1≫)

卤(잉)	🜊	🜊	🜊	🜊	[réng]
	(≪鐵240. 3≫)	(≪前6. 58. 5≫)	(≪甲1225≫)	(≪後下22. 16≫)	

≪甲骨文編≫에는 위의 갑골문을 모두 '卤'자로 수록하고는, "卜辭卤從U, 其義乃同.[1] : 갑골복사에서의 '卤'자는 'U'를 구성 요소로 하고 있는데, 그 자의(字義)는 '乃'자와 같다."라고 하고 있다. 이 '卤'자에 대해, ≪說文解字≫에는, "卤, 驚聲也. 從乃省, 卤聲. 籀文卤不省. 或曰 : 卤, 往也. 讀若仍. 🜊, 古文卤. : '卤'은 놀라서 내지르는 소리라는 뜻이다. 필획이 생략된 '乃'를 의부, '卤'를 성부로 구성되었다. 주문(籀文) '卤'자는 필획이 생략되지 않았다. 혹자(或者)는 「'卤'은 가다는 뜻이다.」라고 하기도 한다. 독음은 '仍'자처럼 읽는다. '🜊'(卤)은 '古文' '卤'자이다."라고 풀이하고 있다.

그런데 원래 이 '卤'자의 성부(聲符) '卤'는 '西'자의 주문(籀文)이어서, 송본(宋本) ≪說文解字≫에는 "卤聲"을 "西聲"으로 쓰고 있고, 또 ≪爾雅 · 釋詁≫에는 "仍 · 迺 · 疾, 乃也."라고 하여, '乃'자로 '迺'자를 해석하고 있기 때문에, 후세에는 이 '卤'자를 '迺'로 쓰기도 한다.

갑골문에서의 뜻은 다음과 같다.

1. '乃'와 통용. 이에. 곧. "于壬, 王卤田不雨"(≪粹999≫)
2. 지명(地名). "庚戌卜, 何……寮于卤?"(≪鐵240. 3≫)

---

1) 中國社會科學院考古硏究所 前揭書 ≪甲骨文編≫ p.211.

丂(교)					[kǎo]
	(≪存2. 340≫)	(≪合集36777≫)	(≪合集35240≫)	(≪合集228≫)	

徐中舒는 예시한 갑골문을 모두 '丂'자로 수록하고는, "所象形不明, 與≪說文≫丂字篆文略同.[1] : 형상화한 것이 무엇인지 알 수 없으나, (자형이) ≪說文解字≫의 '丂'자의 소전체와 비슷하다."라고 하였다. 이 '丂'자에 대해 ≪說文解字≫에는, "丂, 氣欲舒出. 勹上碍於一也. 丂, 古文㠯爲亏字, 又㠯爲巧字. : '丂'는 숨을 서서히 내쉬려고 하다는 뜻이다. '勹'는 내쉬려는 숨인데, 그 위쪽의 '一'에 가로막힌 것을 형상화하였다. '丂'자는 고문(古文)에서는 '亏'자로 간주되기도 하고, 또 '巧'자로 간주되기도 한다."라고 풀이하고 있다. 이에 대해 段玉裁는, "亏與丂音不同而字形相似, 字義相近, 故古文或以丂爲亏. : '亏'자와 '丂'자는 자음은 다르지만 자형이 비슷하고, 자의도 비슷하기 때문에, 고문(古文)에서는 간혹 '丂'자를 '亏'자로 간주하기도 하였다."라고 주(注)하였다.

갑골문에서는 지명(地名)으로 사용되었다. "丁酉卜, 貞 : 在丂妸來……二人从丁用?" (≪存2. 340≫), "在丂……步于長亡災"(≪前2. 7. 4≫)

甹(병)			[pīng]
	(≪京津2652≫)	(≪合集18841≫)	

≪甲骨文編≫에는 위의 갑골문자를 해설 없이 '甹'자로 수록하고 있다.[2] 이 갑골문 '甹'자는 '甶'와 '丂'를 구성 요소로 하고 있으며, 자형은 ≪說文解字≫의 '甹'자와 비슷한데, 이런 자형 결구가 무엇을 의미하는지는 알 수가 없다. 이 '甹'자에 대해 ≪說文解字≫에는, "甹, 亟詞也. 從丂從甶. 或曰 : 甹, 俠也. 三輔謂輕財者爲甹. : '甹'은 빠르거나 급하다는 뜻을 나타내는 말이다. '丂'를 구성 요소로 하고, '甶'를 구성요소로 하고 있다. 혹자는, 「'甹'은 호협(豪俠)하다는 뜻이다.」라고 하기도 한다. 西漢시대의 長安 경기(京畿) 일대에서는 재물을 가벼이 여기는 사람을 '甹'이라고 일컬었다."라고 해설하고 있다.

갑골문에서의 자의는 아직 명확하게 밝혀지지 않고 있다. "乙卯……甹……"(≪京津2652≫)

---

1) 徐中舒 前揭書 ≪甲骨文字典≫ p.503.
2) 中國社會科學院考古研究所 前揭書 ≪甲骨文編≫ p.213.

寧(녕)				[níng]
	(≪甲4722≫)	(≪前4. 31. 4≫)	(≪合集13372≫)	(≪合集5791≫)

羅振玉이 위에 예시한 갑골문을 '寧'자로 고석하여,[1] 정설이 되었다. 갑골문 '寧'자는 기본적으로 '宀'과 '皿' 그리고 '丂'를 구성 요소로 하고 있는데, '宀'을 생략한 것도 많다. 이 '寧'자에 대해 ≪說文解字≫에는, "寧, 願詞也. 從丂, 寍聲 : '寧'은 기원을 나타내는 말이다. '丂'를 의부, '寍'을 성부로 구성되었다."라고 풀이하고 있다. 그런데 ≪說文解字≫ '宀'부에는 '寍'자도 수록되어 있는데, 許愼은 이 글자에 대해, "寍, 安也. 從宀, 心在皿上. 人之飮食器, 所以安人. : '寍'은 편안하다는 뜻이다. '宀'을 구성 요소로 하고, '心'이 '皿'의 위에 있는 모양으로 구성되어 있다. '皿'은 사람이 음식을 먹는데 사용하는 기물이므로, 사람을 편안하게 하는 도구이다."라고 해설하였다. 이에 대해 段玉裁는, "今字多假寧爲寍, 寧行而寍廢矣. : 지금의 글자는 대부분 '寧'을 '寍'의 뜻으로 가차하고 있어서, '寧'자가 사용되고 '寍'자는 폐기되었다."라고 주(注)하였다. 이는 위에 예시한 갑골문은 사실은 '寍'자의 초문(初文)임을 정확하게 지적한 것이다.

갑골문에서의 뜻은 다음과 같다.

1. 안녕하다. 편안하다. "戊辰卜, 貞 : 今夕師亡禍寧?"(≪前4. 31. 4≫)
2. 지명(地名). "在寧……武于……往來亡災"(≪後上11. 1≫)

可(가)				[kě]
	(≪甲3324≫)	(≪金202≫)	(≪撫續10≫)	(≪京都42B≫)

갑골문 '可'자에 대해 林義光은, "從口丂, 與号同義. 當爲訶之古文, 大言而怒也.[2] : '口'와 '丂'를 구성 요소로 하고 있으며, '号'자와 자의가 같다. 이는 '訶'자의 고자(古字)가 분명하며, 큰 소리로 말하며 화를 내다는 뜻이다."라고 주장하였다. 이 '可'자에 대해 ≪說文解字≫에는, "可, 肯也. 從口[丂와 대칭의 모양], 亦聲. : '可'는 옳게 여겨서 허락하다

---

1) 羅振玉 前揭書 ≪增訂殷虛書契考釋≫ 卷中 p.72下를 참고.
2) 王延林 前揭書 ≪常用古文字字典≫ p.279에서 재인용.

는 뜻이다. '口'와 'ㄅ'를 구성 요소로 하고 있으며, 'ㄅ'는 또한 성부이기도 하다."라고 해설하고 있다. 이에 대해 朱駿聲은, "[可], 按許詞也.[1] : ['可'자는] 살펴보면, 허락하는 말이라고 생각된다."라고 하였다.

갑골문에서의 뜻은 다음과 같다.

1. 가능하다. (허락의 의미로) 할 수 있다. "叀可用于宗父甲王受祐"(《金202》), "……不可……"(《甲3324》), "……弜可祖丁必"(《撫續10》)

2. 방국명(方國名) 또는 지명(地名). "……自可至于……"(《撫續149》)

兮(혜)	屮	屮	⺡	⺍	[xī]
	(《甲690》)	(《粹715》)	(《鐵74. 3》)	(《前8. 10. 1》)	

李孝定은 위의 갑골문을 '兮'자로 수록하고는, "卜辭每言'在兮'(《前2. 11. 3》)爲地名, 或與昏對擧爲紀時字.[2] : 갑골복사에서 '在兮'라고 하는 말은 모두 지명(地名)이고, 간혹 '昏'자와 상대하여 시간을 표기하는 글자로 쓰이기도 한다."라고 하였다. 이 '兮'자의 자형 결구에 대해서는 아직 분명하게 밝혀지지 않고 있다. 《說文解字》에는 이 '兮'자에 대해, "兮, 語所稽也. 從丂八, 象气越丂也. : '兮'는 어기(語氣)가 잠시 멈추는 것을 뜻한다. '丂'와 '八'을 구성 요소로 하고 있으며, '八'은 숨이 위로 퍼져나가는 것을 형상화한 것이다."라고 풀이하고 있다. 이에 대해서 段玉裁는, "兮稽疊韻. 稽部曰留止也. 語于此少駐也. : '兮'와 '稽'는 첩운이다. '稽'부(部)에서, 「稽는 정지하여 멈추다는 뜻이다.」라고 하고 있다. 말을 여기에서 잠시 멈춘다는 뜻이다."라고 주(注)하였다.

갑골문에서의 뜻은 다음과 같다.

1. 시간 명사(名詞). "……郭兮至昏不雨"(《粹715》), "中日至郭兮啓"(《甲547》) : '郭兮'는 오후 4시경, '中日'은 '中午' 즉 정오(正午)를 말한다.

2. 지명(地名). "丁酉 [王卜], 在兮貞 : 在……?"(《甲2562》)

---

1) 朱駿聲 前揭書 《說文通訓定聲》 p.493.
2) 李孝定 前揭書 《甲骨文字集釋》 p.1630.

| 乎(호) | ᵞ (≪甲621≫) | ᵞ (≪菁6. 1≫) | ᵞ (≪前7. 1. 3≫) | ᵞ (≪京津2222≫) | [hū] |

≪甲骨文編≫에는 위의 갑골문을 모두 '乎'자로 수록하고는, "卜辭乎用爲呼.¹⁾ : 갑골복사에서는 '乎'를 '呼'자의 뜻으로 사용하고 있다."라고 하고 있다. 갑골문 '乎'자의 자형은 숨이 막힘없이 위로 퍼져서 발성(發聲)되는 모양을 형상화하였는데, 이는 '呼'자의 본자(本字)이다. 이 '乎'자에 대해 ≪說文解字≫에는, "乎, 語之餘也. 從兮, 象聲上越揚之形也. : '乎'는 어구(語句)의 여성(餘聲)이라는 뜻이다. '兮'를 구성 요소로 하고 있으며, 소리가 상승하여 퍼져나가는 모양을 형상화하였다."라고 풀이하고 있다.

갑골문에서의 뜻은 다음과 같다.

1. 명령하다. 소환(召喚)하다. "乎多臣伐呂方"(≪前4. 31. 3≫), "貞 : 登人三千, 乎伐工方受有祐?"(≪續1. 10. 3≫), "貞 : 乎伐工[方]受有祐?"(≪後上16. 3≫)
2. 의문어기조사. "丁未卜, 引侑咸戈學戊乎?"(≪粹425≫)

| 亏[于](우) | ᵞ (≪戩4. 1≫) | ᵞ (≪前1. 44. 2≫) | ᵞ (≪甲3941≫) | ᵞ (≪乙9067≫) | [yú] |

羅振玉이 금문(金文)의 자형과 비교하여 위의 갑골문 모두를 '于'자로 고석하여,²⁾ 정설이 되었다. 갑골문 '于'자 가운데 'ᵞ'를 덧붙인 것도 상당히 많은데, 이는 숨의 흐름을 형상화한 것으로, '呼'의 본자(本字)가 아닌가 생각된다. 이 '于'자에 대해 ≪說文解字≫에는, "亏, 於也. 象气之舒亏. 從丂, 從一. 一者, 其气平之也. : '亏'는 '於'의 뜻이다. 기류가 평평하고 곧게 퍼지는 것을 형상화하였다. '丂'와 '一'을 구성 요소로 하고 있다. '一'은 입에서 나온 숨이 평평하고 곧음을 나타낸다."라고 풀이하고 있다.

갑골문에서는 소재(所在)를 나타내는 개사(介詞)로 사용되었다. "乙亥卜, 争貞 : 求于咸, 十牛?"(≪前1. 44. 2≫), "癸巳貞 : 旣尞于河于岳?"(≪佚146≫)

---

1) 中國社會科學院考古硏究所 前揭書 ≪甲骨文編≫ p.215.
2) 羅振玉 前揭書 ≪增訂殷虛書契考釋≫ 卷中 p.77下를 참고.

| 粤(월) | 𦊆 (≪前5. 39. 6≫) | 𥁕 (≪後下8. 16≫) | 𥁕 (≪後下13. 9≫) | 𦉪 (≪林1. 10. 10≫) | [yuè] |

李孝定은 위의 글자들을 '粤'자로 수록하면서, 羅振玉이 이를 '粤'자로 고석한 것을 옳다고 하고는, 갑골문 '粤'자의 자형은 '雨'와 '于'로 구성되었는데, 간혹 '尸'를 덧붙인 것도 있다고 하였다.[1] 이 '粤'자에 대해 ≪說文解字≫에는, "粤, 亏也. 審愼之詞者. 從亏, 從宷. 周書曰 : 粤三日丁亥. : '粤'는 발어사(發語詞) '亏'와 같은 뜻이다. 말을 정확하고 신중하게 하는 어조사이다. '亏'와 '宷'를 구성 요소로 하고 있다. ≪周書·召誥≫에, '粤三日丁亥 : 셋째 날 정해일(丁亥日)'라고 하고 있다."라고 풀이하고 있다.

갑골문에서의 뜻은 아직 정확하게 밝혀지지 않고 있다. "貞 : 其[勹]☒侯氏粤☒卯二牛?" (≪前5. 39. 6≫), "庚辰[卜], 貞 : 翊日酓……粤卅……卯三牢?"(≪林1. 10. 10≫), "戊戌 粤示九屯"(≪後下13. 9≫)

| 喜(희) | 𝌎 (≪合集527臼≫) | 𝌎 (≪乙4597反≫) | 𝌎 (≪前1. 1. 3≫) | 𝌎 (≪粹1211≫) | [xǐ] |

徐中舒는 위의 갑골문자를 '喜'자로 수록하고는, "從壴從口, 與≪說文≫喜字篆文略同. …… 唐蘭謂'喜者['字'자의 오류로 짐작된다.――필자 주(註)]象以凵盛壴, 凵象笙盧, 壴卽 鼓形. 按其說可從.[2] : '壴'와 '口'를 구성 요소로 하고 있는데, ≪說文解字≫의 '喜'자의 전문(篆文) 자형과 대략 같다. …… 唐蘭은 이에 대해 「'喜'자는 '凵'에 '壴'가 담겨 있는 모양을 형상화하였는데, 이 '凵'는 대나무 바구니를 형상화한 것이고, '壴'는 곧 북 모양이다.」라고 하였다. 살펴보면, 唐蘭의 주장이 믿을 만하다."라고 하였다. 이 '喜'자에 대해 ≪說文解字≫ 에는, "喜, 樂也. 從壴, 從口. 歖, 古文喜, 從欠, 與歡同. : '喜'는 즐겁다는 뜻이다. '壴'를 구성 요소로 하고, '口'를 구성 요소로 하고 있다. '歖'(歖)'는 '古文' '喜'자이며, '欠'을 구성 요소로 하고 있는데, 이는 '歡'자의 자형 결구와 뜻이 같다."라고 풀이하고 있다.

1) 李孝定 前揭書 ≪甲骨文字集釋≫ p.1641.
2) 徐中舒 上揭書 ≪甲骨文字典≫ p.513.

갑골문에서의 뜻은 다음과 같다.

1. 지명(地名). "戊子卜, 王在自喜卜?"(≪粹1211≫)

2. '貞人'의 이름. "辛亥卜, 喜貞 : 翊壬子示壬……? 十月"(≪前1. 1. 3≫)

郭沫若은 위에 예시된 갑골문을 '壴'자로 고석하고, 이 '壴'자는 '鼓'자의 초문(初文)이라고 주장하여,[1] 정설이 되었다. 갑골문 '壴'자는 '↓'와 '口' 그리고 '山'를 구성 요소로 하고 있는데, '↓'는 북의 장식 또는 북에 달린 고리를 형상화한 것이고, 간혹 '日'로 대체되기도 한 '口'는 북의 몸체를 형상화한 것이며, '山'는 북의 '虡' 즉 북을 거는 틀의 기둥을 형상화한 것이다. 이 '壴'자는 기둥에 걸어 놓은 북의 모양을 형상화한 자형 결구이고, '鼓'의 본자(本字)이다. 이 '壴'자에 대해 ≪說文解字≫에는, "壴, 陳樂立而上見也. 從屮豆. : '壴'는 악기[북]를 진설하면서, 바로 세워서 윗부분의 장식을 볼 수 있도록 한 것이다. '屮'와 '豆'를 구성 요소로 하고 있다."라고 풀이하였다.

갑골문에서의 뜻은 다음과 같다.

1. 제명(祭名). 북을 치며 지내는 제사. '彭'과 통용. "戊戌貞 : 告其壴肜于……六……?"(≪佚233≫), "丁酉卜, 大貞 : 告其壴于唐衣亡[禍]? 九月"(≪後下39. 4≫)

2. 지명(地名) 또는 방국명(方國名). "己亥卜, 行貞 : 王賓父丁歲宰亡尤? 在壴"(≪甲2869≫), "在自壴卜"(≪文547≫)

3. '貞人'의 이름. "癸未卜, 壴貞 : 旬亡禍?"(≪佚299≫)

4. 인명(人名). "戊子貞 : 婦壴又子?"(≪乙4504≫)

---

1) 郭沫若 前揭書 ≪卜辭通纂≫ p.54를 참고.

| 彭(팽) | (≪甲1158≫) | (≪前5. 34. 1≫) | (≪戩43. 1≫) | (≪佚278≫) | [péng] |

'壴'와 '彡'을 구성 요소로 하고 있는데, 여기에서의 '彡'에 대해 李孝定은, "爲鼓聲之標識.[1] : 북소리의 표지이다."라고 하였다. 이에 의하면, '彡'은 북을 칠 때 생기는 음파(音波)를 형상화한 것이며, 따라서 '彭'은 북소리를 형상화한 의성어라는 말이다. 이 '彭'자에 대해 ≪說文解字≫에는, "彭, 鼓聲也. 從壴, 從彡. : '彭'은 북소리라는 뜻이다. '壴'를 구성 요소로 하고, '彡'을 구성 요소로 하고 있다."라고 풀이하고 있다.

갑골문에서의 뜻은 다음과 같다.

1. 방국명(方國名) 또는 지명(地名). "癸丑王卜, 在彭貞 : 旬亡禍?"(≪續6. 1. 6≫), "辛丑卜, 亘貞 : 乎取彭……?"(≪前5. 34. 1≫), "甲申卜, 其彭……?"(≪佚584≫)

2. '貞人'의 이름. "乙卯卜, 彭貞 : 今夕亡禍?"(≪甲1158 ≫), "癸未卜, 彭貞 : 旬亡禍?"(≪佚278≫)

| 鼓(고) | (≪甲1164≫) | (≪餘10. 2≫) | (≪佚106≫) | (≪京都1839≫) | [gǔ] |

위의 갑골문 '鼓'자는 '壴'와 '攴'을 구성 요소로 하고 있는데, 북채를 손에 잡고 북을 치는 모양을 형상화한 자형 결구이다. 이 '鼓'자에 대해 ≪說文解字≫에는, "鼓, 郭也. 春分之音, 萬物郭皮甲而出, 故曰鼓. 從壴, 從屮又. 屮象垂飾, 又象其手擊之也. …… 𩏑, 籀文鼓, 從古. : '鼓'는 가죽으로 둘레를 덮어씌운 악기 즉 북이라는 뜻이다. 이는 춘분 때에 들리는 뇌성 같은 소리인데, 만물이 껍질에 둘러 싸여서 자라나오기 때문에 '鼓'라고 하는 것이다. '壴'를 구성 요소로 하고, '屮'와 '又'를 구성 요소로 하고 있다. '屮'는 늘어뜨린 장식을 형상화한 것이고, '又'는 손에 북채를 잡고 북을 치는 모양을 형상화한 것이다. …… '𩏑'(鼖)는 주문(籀文) '鼓'자인데, '古'를 구성 요소로 하고 있다."라고 해설하고 있다. 徐中舒는, "壴象鼓形, 爲名詞, 鼓象擊鼓之形, 爲動詞.[2] : '壴'는 북 모양을 형상화하였으며, 명사이고, '鼓'

---

1) 李孝定 前揭書 ≪甲骨文字集釋≫ p.1656.
2) 徐中舒 上揭書 ≪甲骨文字典≫ p.517.

는 북을 치는 모양을 형상화하였으며, 동사이다.”라고 하였다. 이는 ‘壴’자와 ‘鼓’자를 정확하게 구분한 것이다.

갑골문에서의 뜻은 다음과 같다.

1. 제명(祭名). 북을 치며 거행하는 제사. “辛亥卜, 出貞 : 其鼓彡告于唐, 牛一?”(《餘10. 2》), “叀五鼓上帝若王……”(《甲1164》)
2. 방국명(方國名). “壬午卜, 㱿貞 : 亘其戈鼓? 八月”(《合272》)
3. 인명(人名). “庚戌卜, 我貞 : 婦鼓……?”(《乙1424》)

| 豆(두) | (《甲1613》) | (《乙7978反》) | (《後上6. 4》) | (《珠380》) | [dòu] |

위의 갑골문은 음식물을 담는 그릇 종류의 기물을 형상화한 ‘豆’자이며, 周代에는 제사에 사용되는 예기(禮器)가 되었다. 이 ‘豆’자에 대해 《說文解字》에는, “豆, 古食肉器也. 從口, 象形. 8, 古文豆. : ‘豆’는, 고대에 식육(食肉)을 담는데 사용한 그릇이라는 뜻이다. ‘口’를 구성 요소로 하고 있는데, 상형자이다. ‘8’(昰)는 ‘古文’ ‘豆’자이다.”라고 풀이하고 있다. 이에 대해 湯可敬은, “從口, 口象器體. 上象蓋, 下象脚.[1] : ‘口’를 구성 요소로 하고 있는데, ‘口’는 그릇의 몸통을 형상화한 것이다. 윗부분은 뚜껑을 형상화하였고, 아랫부분은 다리를 형상화한 것이다.”라고 주해(註解)하였다.

갑골문에서는 지명(地名)으로 사용되었다. “甲子卜, 叀豆田于之芈?”(《甲1613》), “辛巳卜, 行貞 : 王賓父丁歲宰☒亡尤? 在豆.”(《珠380》)

| 㞢(권) | (《甲899》) | (《前4. 20. 2》) | (《續1. 26. 3》) | (《鐵230. 1》) | [juàn] |

위의 갑골문은 ‘豆’와 두 손과 ‘禾’를 구성 요소로 하고 있는데, 간혹 ‘禾’를 생략하거나 ‘米’로 대체한 것도 있다. 《甲骨文編》에는 이 글자들을 모두 ‘㞢’자로 수록하고는, “此作以豆盛米

---

1) 湯可敬 前揭書 《說文解字今釋》 p.663.

兩手奉而進之之形. 說文釋爲豆屬, 非其朔矣.[1] : 이 글자는 '豆'에다 쌀을 담아서 두 손으로 받들어 이를 진헌하는 모양으로 쓰고 있다. ≪說文解字≫에는 이 글자를 '豆'와 같은 종류의 식기(食器)라고 해석하였으나, 그 원래의 뜻이 아니다."라고 하고 있다. 이는 쌀이나 기장 등의 알곡을 담은 '豆'를 두 손으로 받들어 신(神)에게 진헌하는 모양을 형상화한 자형 결구라는 말이다. 이 '登'자에 대해 ≪說文解字≫에는, "登, 豆屬. 從豆, 矞聲. : '登'은 '豆'와 같은 종류의 그릇이라는 뜻이다. '豆'를 의부, '矞'을 성부로 구성되었다."라고 하고 있다.

갑골문에서는 제명(祭名)으로 사용되었다. "辛未卜, 酚登祖乙乙亥?"(≪甲899≫), "甲申卜, 貞 : 王賓登祖甲亡尤?"(≪續1. 26. 3≫)

| 舜(등) | ≪甲2779≫) | ≪戩37. 5≫) | ≪粹269≫) | ≪佚266≫) [dēng] |

위의 갑골문 '登'자는 '豆'와 '収' 즉 두 손으로 구성되어 있는데, 간혹 몇 개의 점(點)을 덧붙여서 음식물을 나타낸 것도 있다. 이 글자들에 대해 羅振玉은, "此殆卽爾雅瓦豆謂之登」之登字. 卜辭從兩手奉豆形.[2] : 이는 곧 ≪爾雅≫의 「질그릇으로 만든 '豆'를 '登'이라고 한다.」는 '登'자인 것 같다. 갑골복사에서의 '登'자는 두 손으로 제기 '豆'를 받든 모양을 형상화 하였다."라고 하여, 이를 '登'자로 고석하였다. 이 '登'자에 대해 ≪說文解字≫에는, "舜, 禮器也. 從廾持肉在豆上. 讀若鐙同. : '舜'은 예기(禮器)의 하나이다. 두 손으로 고기를 들어 제기(祭器) '豆' 위에 놓는 모양으로 구성되었다. 독음은 '鐙'자와 같이 읽는다."라고 풀이하고 있다. ≪甲骨文編≫에는 이 글자에 대해, "卜辭不從肉, 用爲蒸進之蒸.[3] : 갑골복사에서는 '肉'을 구성 요소로 하고 있지 않으며, '蒸進'의 '蒸'의 뜻으로 쓰이고 있다."라고 하고 있다. 이 '舜'자는 후세에는 '登'으로 쓰고 있다.

갑골문에서의 뜻은 다음과 같다.

1. 제명(祭名). "癸酉卜, 河貞 : 翊甲午舜于父甲卿?"(≪佚266≫)
2. 진헌하다. "……叀舜黍延于南庚, 茲用"(≪粹269≫)

---

1) 中國社會科學院考古研究所 前揭書 ≪甲骨文編≫ p.221.
2) 羅振玉 前揭書 ≪增訂殷虛書契考釋≫ 卷中 p.39上.
3) 中國社會科學院考古研究所 前揭書 ≪甲骨文編≫ p.222.

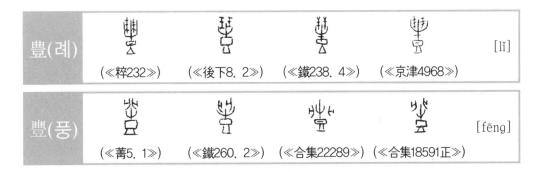

| 豊(례) | (≪粹232≫) | (≪後下8. 2≫) | (≪鐵238. 4≫) | (≪京津4968≫) | [lǐ] |
| 豐(풍) | (≪菁5. 1≫) | (≪鐵260. 2≫) | (≪合集22289≫) | (≪合集18591正≫) | [fēng] |

　예시한 두 부류의 갑골문자들을 살펴보면, 그릇 속에 담겨져 있는 물건이 두 꿰미의 '玉'인 것과 두 개의 '亡'자로 된 것으로 나눌 수 있다. 옥(玉) 꿰미 이외에 '亡'자 모양의 것이 무엇을 지칭하는지 알 수가 없다. 이들 갑골문자들에 대한 학자들의 의견은 크게 세 가지로 나뉘어져 있다. 하나는 둘 다 '豊'자라는 주장이고; 또 하나는 위와 같이 둘로 나눌 수는 있지만, '豊'자와 '豐'자는 동자(同字)라는 주장이며; 나머지 하나는 위에 예시한 것과 같이 완전히 다른 두 글자라는 것이다.[1] 앞의 두 주장은 갑골학 연구 초기에 제시된 주장이고, 맨 마지막의 주장은 후반기에 나온 주장이다. ≪說文解字≫에는 '豊'자에 대해서는, "豊, 行禮之器也. 從豆, 象形. 讀與禮同. : '豊'은 행례(行禮)에 사용하는 기명(器皿)이라는 뜻이다. '豆'를 구성 요소로 하고 있는 상형자이다. 독음은 '禮'와 같이 읽는다."라고 풀이하고 있다. 그리고 '豐'자에 대해서는, "豐, 豆之豐滿也. 從豆, 象形. 一曰鄕飮酒有豐侯者. 𧯀, 古文豐. : '豐'은 '豆'에 물품을 가득 채워 풍만하다는 뜻이다. '豆'를 구성 요소로 하고 있으며, 상형자이다. 일설에는 ≪鄕飮酒禮≫에 「豐'이라는 제후국이 있었다.」라고도 하고 있다. '𧯀'(豐)은 '古文' '豐'자이다."라고 풀이하고 있다.

　이들 갑골문자의 고석 문제에 대해 徐中舒는, "('豊'字)從珏在凵中從豆, 象盛玉以奉神祇之器. 引申之奉神祇之酒醴謂之醴, 奉神祇之事謂之禮. 初皆用豊, 後世漸分化. …… 甲骨文又有𧯀字, 字形與𧯀近, 或釋𧯀爲豐, 或雖釋豐, 又謂𧯀爲一字. 今按卜辭中𧯀𧯀用法有別, 故仍別爲二字.[2] : ('豊'자는) '珏' 즉 옥(玉) 꿰미가 '凵' 즉 그릇 속에 있는 모양으로 구성되어 있고, '豆'를 구성 요소로 하고 있는데, 이는 옥을 담아서 신기(神祇)에게 바치는 기물을 형상화한 것이다. 여기에서 인신(引伸)되어 신기(神祇)에게 바치는 주례(酒醴)를 '醴'

---

1) 李孝定 前揭書 ≪甲骨文字集釋≫ pp.1679~1684를 참고.

2) 徐中舒 前揭書 ≪甲骨文字典≫ p.523.

라 하고, 신기를 받드는 일을 '禮'라고 하게 되었다. 애초에는 이들 모두를 '豊'자로 썼는데, 후세에 점차 분화되었다. …… 갑골문에는 또 '豊'자도 있는데, 자형이 '豊'자와 비슷하다. 혹자는 '豊'자를 '豊'으로 고석하기도 하였고, 또 다른 혹자는 비록 '豊'으로 고석하기는 했어도 '豊'·'豊' 두 글자는 같은 글자라고 주장하기도 하였다. 지금 살펴보면, 갑골복사에서 '豊'자와 '豊'자는 용법에서 서로 차이가 있으므로, 두 개의 다른 글자로 구별하는 것이 옳다고 본다."라고 주장했다. 완벽한 고증은 아니지만, 지금으로서는 우선 이렇게 구별하기로 하고, 더욱 자세한 고석은 훗날을 기다리기로 한다. 제1편의 '禮'자에 대한 해설을 참고하기 바란다.

갑골문에서의 '豊'자는 '酒醴'의 뜻으로 사용되었다. "丙戌卜, 叀新豊用?"(≪粹232≫) 갑골문에서의 '豊'자의 뜻은 다음과 같다.

1. 지명(地名). "癸未卜, 王在豊貞 : 旬亡禍? 在六月甲申……示典其飮肜"(≪後上10. 9≫)

2. 인명(人名). "壬子婦豊示屯掃"(≪南1. 22≫)

3. 자의(字義) 불분명. "丁亥貞 : 豊示丁咎不?"(≪乙8696≫), "丁亥貞 : 豊丁示咎不?" (≪乙8861≫), "☒子卜, 父甲豊?"(≪甲3629≫)

위의 갑골문 '虎'자는 호랑이의 머리 모양을 형상화한 자형 결구이다. 이 '虎'자에 대해 ≪說文解字≫에는, "虎, 虎文也. 象形. : '虎'는 호랑이의 무늬라는 뜻이다. 상형자이다."라고 풀이하고 있다. 갑골문의 '虎'자는 일부분으로 전체를 나타내는 방식의 상형자이다.

갑골문에서는 지명(地名)으로 사용되었다. "七月在虎"(≪乙8013≫)

위에 예시한 갑골문은 '虎'와 '且'를 구성 요소로 하고 있는데, ≪甲骨文編≫에는 이를

'虘'자로 수록하고는 방국명(方國名)이라고 하고 있다.[1] 이 '虘'자에 대해 ≪說文解字≫에는, "虘, 虎不柔不信也. 從虍, 且聲. 讀若鄌縣. : '虘'는 호랑이가 유약(幼弱)하지도 않고 튼실하지도 않다는 뜻이다. '虍'를 의부, '且'를 성부로 구성되었다. 독음은 '鄌縣'의 '鄌'자처럼 읽는다."라고 풀이하고 있다.

갑골문에서는 방국명(方國名)으로 사용되었다. "伐及虘方"(≪鄴三下43. 4≫)

| 虎(호) | (≪甲2422≫) | (≪前4. 44. 6≫) | (≪乙2908≫) | (≪佚375≫) | [hǔ] |

위의 갑골문에 대해 羅振玉이 '虎'자로 고석하여,[2] 정설이 되었다. 갑골문 '虎'자는 사실적인 그림에 가까운 호랑이의 전체 모양을 형상화한 상형자이다. 이 '虎'자에 대해 ≪說文解字≫에는, "虎, 山獸之君. 從虍, 從儿. 虎足象人足也. 𠗂, 古文虎, 𧇂, 亦古文虎. : '虎'는 산속에 사는 야수(野獸)의 왕이다. '虍'를 구성 요소로 하고, '儿'을 구성 요소로 하고 있다. 호랑이의 발은 사람의 발로 형상화되었다. '𠗂'(𠗂)는 '古文' '虎'자이다. '𧇂'(𧇂) 역시 '古文' '虎'자이다."라고 풀이하고 있다.

갑골문에서의 뜻은 다음과 같다.

1. 호랑이. 범. "戊午卜, 㱿貞 : 我狩……允擒獲虎一, 鹿四十, 豕百六四……?"(≪乙2908≫)

2. 방국명(方國名). "……其途虎方告于祖乙, 十一月"(≪佚945≫)

3. 제후(諸侯)의 이름. "貞 : 今……倉侯虎, 伐兒方受有祐?"(≪前4. 44. 6≫), "貞 : 叀侯虎从?"(≪佚375≫)

1) 中國社會科學院考古硏究所 前揭書 ≪甲骨文編≫ p.223.
2) 羅振玉 前揭書 ≪增訂殷虛書契考釋≫ 卷中 p.30上을 참고.

| 虤(현) | 《存下517》 《後下3. 8》 《京都2329》 | [yán] |

예시한 갑골문은 두 개의 '虎'자로 구성되었는데, 두 마리의 호랑이가 서로 거꾸로 등진 모양을 형상화한 자형 결구의 '虤'자이다. 이 '虤'자에 대해 ≪說文解字≫에는, "虤, 虎怒也. 從二虎. : '虤'은 호랑이가 성내다는 뜻이다. 두 개의 '虎'자를 구성 요소로 하고 있다."라고 풀이하고 있다. 이에 대해 朱駿聲은, "會意, 兩虎[鬥]也.[1] : 회의자이며, 두 마리의 호랑이가 싸우다는 뜻이다."라고 주장하였다. 그러나 徐中舒는, "象二虎顚倒相背之形, 所會意不明, 或謂象二虎相鬪, 但二虎顚倒相背, 實未見相鬪之意.[2] : 두 마리의 호랑이가 서로 거꾸로 등지고 있는 모양을 형상화하였는데, 그 의미가 불분명하다. 혹자는 두 마리 호랑이가 서로 싸우는 모양을 형상화하였다고 하였으나, 두 마리 호랑이가 서로 거꾸로 등지고 있는 것에서 는, 서로 싸운다는 뜻을 나타낸다고 할 수는 없다."라고 주장하였다.

갑골문에서는 지명(地名)으로 사용되었다. "貞 : 旬亡禍? 在虤"(≪後下3. 8≫), "…… 亥……于虤"(≪存下517≫)

| 皿(명) | 《前5. 3. 7》 《甲2473》 《乙8662》 《燕798》 | [mǐn] |

위의 갑골문은 음식물을 담는 기구의 모양을 형상화한 '皿'자인데, 이는 지금 사용하고 있는 받침이 있는 큰 사발 종류의 식기(食器)이다. 이 '皿'자에 대해 ≪說文解字≫에는, "皿, 飯食 之用器也. 象形. 與豆同意. 讀若猛 : '皿'은 반식(飯食)을 담는 용기(用器)이다. 상형자이다. '豆'자의 자형 결구와 뜻이 같다. 독음은 '猛'자처럼 읽는다."라고 풀이하고 있다.

갑골문에서의 뜻은 다음과 같다.

1. '猛'과 통용. 맹렬하다. 드세다. "乙巳卜, 中貞 : 于方北人皿雨?"(≪明166≫)

2. 지명(地名). "……出皿……"(≪燕798≫)

3. 궁실(宮室) 이름. "甲午卜, 貞 : 在☒大邑商皿宮衣絲……亡禍寧?"(≪綴182≫)

1) 朱駿聲 前揭書 ≪說文通訓定聲≫ p.716.
2) 徐中舒 前揭書 ≪甲骨文字典≫ p.532.

| 盂(우) | (≪戩11. 7≫) | (≪甲357≫) | (≪甲2416≫) | (≪甲3939≫) | [yú] |

羅振玉이 위의 갑골문을 금문의 자형과 비교하여 '盂'자로 고석하였는데,[1] 이는 사발을 옆에서 본 모양을 형상화한 자형이며, 이 '盂'는 고대에 음식물을 담는데 사용했던 기물로, '皿'과 '于'를 구성 요소로 하고 있다. 이 '盂'자에 대해 ≪說文解字≫에는, "盂, 飮器也. 從皿, 亏聲. : '盂'는 마시는 음식을 담는 그릇을 뜻한다. '皿'을 의부, '亏'를 성부로 구성되었다."라고 풀이하고 있다.

갑골문에서의 뜻은 다음과 같다.

1. 방국명(方國名). "丁卯王卜, 貞 : ……其从多田于多伯正盂方伯……?"(≪甲2416≫), "乙巳王貞 : 啓乎祝曰盂方共人其出……?"(≪林2. 25. 6≫)

2. 지명(地名). "辛亥卜, 狄貞 : 王田盂, 往來亡災?"(≪佚288≫), "……王田盂于[倞]獲白兕"(≪甲3939≫)

| 盛(성) | (≪後下24. 3≫) | [chéng] |

李孝定은 이 갑골문에 대해, "孫氏釋此爲盛, 可从. …… 竊疑廷盛之朔誼爲滿, 與益同誼. 此殆象水外溢之形. 盛爲形聲, 益則爲會意.[2] : 孫海波가 이 글자를 '盛'자라고 고석하였는데, 따를 만하다. …… 내 생각에, '盛'자의 당초의 자의(字義)는 가득차다는 뜻이고, '益'자와 같은 뜻이었던 것 같다. 이 '盛'자는 물이 바깥으로 넘치는 모양을 형상화한 것으로 짐작된다. '盛'자는 형성자이고, '益'자는 회의자이다."라고 하였다. 이는 갑골문 '盛'자는 '皿'과 '水'와 '成'을 구성 요소로 하였고, '成'은 성부(聲符)이며, 자형은 물이 그릇에서 넘쳐 나는 것을 형상화한 것이라는 말이다. 이 '盛'자에 대해 ≪說文解字≫에는, "盛, 黍稷在器中曰祀者也. 從皿, 成聲. : '盛'은 그릇에 담아서 제사에 사용하는 서직(黍稷)을 의미한다. '皿'을 의부,

1) 羅振玉 前揭書 ≪增訂殷虛書契考釋≫ 卷中 p.39下.
2) 李孝定 前揭書 ≪甲骨文字集釋≫ pp.1705.

'成'을 성부로 구성되었다."라고 풀이하고 있다.

갑골문에서의 자의(字義)는 아직 명확하게 밝혀지지 않았다. "貞 : 丁宗日盛亡匄?"(≪後下24. 3≫)

| 盧(로) | (≪甲3652≫) | (≪粹109≫) | (≪拾4. 18≫) | (≪佚935≫) | [lú] |

위의 갑골문은 '虍'와 '凩'를 구성 요소로 하고 있는데, 郭沫若은 이 글자가 ≪趙曹鼎≫에 각(刻)된 금문(金文) '盧'자와 자형이 같은 것에 근거하여 '盧'자로 고석하면서, "此乃鑪之初文, 下象鑪形, 上從虍聲也.[1] : 이는 곧 '鑪'자의 초문(初文)으로, 아랫부분은 화로의 모양을 형상화하였고, 윗부분은 '虍'로 구성되었는데, 이는 성부(聲符)이다."라고 하였다. 이 '盧'자에 대해 ≪說文解字≫에는, "盧, 飯器也. 從皿, 膚聲. 𥂖, 籀文盧. : '盧'는 밥을 담는 그릇이다. '皿'을 의부, '膚'를 성부로 구성되었다. '𥂖'(盧)는 주문(籀文) '盧'자이다."라고 풀이하고 있다.

갑골문에서의 뜻은 다음과 같다.

1. 제사의 희생의 처리 방법의 하나. "壬戌卜, 侑母壬盧豕?"(≪甲2902≫)
2. 제명(祭名)으로 짐작된다. "……盧彤毛自上甲."(≪粹109≫), "庚申卜, 盧翌飲甲子……?"(≪甲886≫)
3. 방국명(方國名). "盧方"(≪存下1947≫), "甲午卜, 叀翊日乙王其帥盧伯……?"(≪甲3652≫), "……貞 : 王……伐盧……?"(≪拾4. 18≫)

| 益(익) | (≪後下24. 3≫) | (≪鐵223. 4≫) | (≪珠393≫) | (≪續5. 19. 4≫) | [yì] |

위의 갑골문은 '水'와 '皿'을 구성 요소로 하고 있는 '益'자인데, 물이 그릇에 가득차서 밖으로 넘쳐나는 모양을 형상화한 자형 결구로, '溢'의 본자(本字)이고, 本義는 (물이) 넘치다는 뜻이

---

1) 郭沫若 前揭書 ≪殷契粹編·考釋≫ p.20上.

다. 이 '益'자에 대해 ≪說文解字≫에는, "益, 饒也. 從水皿. 水皿, 益之意也. : '益'은 넉넉하다는 뜻이다. '水'와 '皿'을 구성 요소로 하고 있다. 그릇에 물이 가득 차는 것이 '益'자의 뜻이다."라고 풀이하고 있다.

갑골문에서의 뜻은 다음과 같다.

1. 희생의 사용 방법의 하나. "丙戌卜, 貞 : 丁亥飲益豕曆牢, 丁巳……?"(≪乙4810≫)

2. 가득 담다. "☒寅卜, 出貞 : 翊日丁卯漁益算……?"(≪續5. 19. 4≫), "己巳卜, 大貞 : 翊辛未漁益算?"(≪珠393≫), "貞 : 翊丁卯漁益?"(≪後下24. 3≫)

3. 자의(字義) 불분명(不分明). "☒午卜, 出……日延益?"(≪鐵223. 4≫)

盡(진)				[jin]
	(≪合集3518≫)	(≪前1. 44. 7≫)	(≪前8. 5. 1≫)	(≪後下13. 10≫)

위의 갑골문 '盡'자는 '皿'과 '𣧑'와 '手'를 구성 요소로 하고 있다. ≪甲骨文編≫에는 이 글자에 대해, "象人手持牛尾滌器之形, 食盡器斯滌矣. 故有終盡之意. 說文云聿聲非.[1] : 사람이 손에 소꼬리를 가지고 그릇을 씻는 모양을 형상화하였는데, 음식을 다 먹고서 그릇을 씻는 것이다. 그래서 끝까지 다 하다는 뜻을 갖게 되었다. ≪說文解字≫에서 '聿'을 성부(聲符)로 구성되었다고 하고 있는 것은 옳지 않다."라고 하고 있다. 이 '盡'자에 대해 ≪說文解字≫에는, "盡, 器中空也. 從皿, 聿聲. : '盡'은 그릇 속이 비었다는 뜻이다. '皿'을 의부, '聿'을 성부로 구성되었다."라고 풀이하고 있다.

갑골문에서의 뜻은 다음과 같다.

1. 재화(災禍)라는 뜻이라고 짐작된다. "丙寅隹不千降盡."(≪前8. 5. 1≫)

2. 인명(人名). '盡戊'. "貞 : 侑于盡戊?"(≪前1. 44. 7≫), "貞 : 侑于盡戊?"(≪前1. 45. 1≫)

---

1) 中國社會科學院考古研究所 前揭書 ≪甲骨文編≫ p.227.

盥(관)					[guàn]
	(≪拾13. 14≫)	(≪後下41. 10≫)	(≪前6. 42. 1≫)	(≪京津3085≫)	

　　위에 예시한 갑골문 '盥'자는 '手'와 '皿'을 구성 요소로 하고 있는데, 점(點)을 덧붙여 물[水]을 나타낸 것도 있다. 이는 손을 그릇 속에 넣고 씻는 모양을 형상화한 것이다. ≪說文解字≫에는 이 '盥'자에 대해, "盥, 澡手也. 從臼水臨皿也. 春秋傳曰 : 奉匜沃盥. : '盥'은 손을 씻는다는 뜻이다. '臼' 즉 두 손으로 '水' 즉 물을 받아서 '皿' 즉 기명(器皿)에 임(臨)하는 모양으로 구성되었다. ≪春秋左氏傳≫ 僖公 23년 조(條)에는, 「주전자를 받쳐 들고 물을 따르며 손을 씻게 했다.」라고 하고 있다."라고 해설하고 있다.

　　갑골문에서는 제명(祭名)으로 사용된 것으로 짐작되지만, 확실하지 않다. "貞 : ……盥示……?"(≪前6. 42. 1≫)

去(거)					[qù]
	(≪前1. 47. 7≫)	(≪鐵71. 4≫)	(≪戩45. 5≫)	(≪佚217≫)	

　　갑골문 '去'자는 '大'와 '口'를 구성 요소로 하고 있다. 이 '去'자의 자형 결구에 대해 王鳳陽은, "去, 古'筥'字, 盛飯器, 上'大'象蓋, 下'凵'象器身.[1] : '去'는 '筥'의 고자(古字)이며, 밥을 담는 그릇이다. 윗부분의 '大'는 뚜껑을 형상화한 것이고, 아랫부분의 '凵'는 그릇의 몸통을 형상화한 것이다."라고 하였다. 이는 갑골문 '去'자의 자형 결구와 부합되는 주장이다. 이 '去'자에 대해 ≪說文解字≫에는, "去, 人相違也. 從大, △聲. : '去'는 사람이 서로 떠나가다는 뜻이다. '大'를 의부, '△'를 성부로 구성되었다."라고 해설하고 있다.

　　갑골문에서의 뜻은 다음과 같다.

1. (떠나)가다. "丁未卜, 爭[貞] : 王往去戔于敦?"(≪後上12. 10≫), "貞 : 王去束于葦?"(≪存上794≫), "貞 : 有去?"(≪前1. 47. 7≫), "貞 : 亡其去?"(≪鐵95. 3≫)

2. 지명(地名) 또는 방국명(方國名). "辛未[卜], [在]去貞 : [王步]于唐[亡災]?"(≪前2. 11. 2≫), "貞 : 翌之巳步[有]去雨?"(≪後下12. 10≫), "貞 : 乎去伯牛抶?"(≪乙4538≫)

---

1) 王鳳陽 前揭書 ≪漢字學≫ p.923.

| 血(혈) | 《前4. 33. 2》 | 《鐵176. 4》 | 《後下18. 11》 | 《京津1272》 | [xuè] |

위에 예시한 갑골문에 대해 羅振玉은, "此从◊者, 血在皿中. 側視之則爲一, 俯視之則成
◊矣.[1] : 이 글자가 '◊'을 구성 요소로 한 것은 피가 '皿' 속에 있음을 나타낸 것이다. 옆에서
보면, '一'로 보이고, 아래로 내려다보면 '◊' 모양이 된다."라고 하여, 이를 '血'자로 고석하였
다. 이 '血'자에 대해 《說文解字》에는, "血, 祭所薦牲血也. 從皿, 一象血形. : '血'은 제사
에서 희생으로 바치는 짐승의 피라는 뜻이다. '皿'을 구성 요소로 하고 있으며, '一'은 피의
모양을 형상화한 것이다."라고 풀이하고 있다.

갑골문에서의 뜻은 다음과 같다.

1. '血室'. 희생의 피로 거행하는 제사의 장소. "乙巳卜, 兄貞 : 尊告血室 ……?"(《前4.
   33. 2》), "貞 : 翊辛未, 其侑于血室三大牢? 九月"(《鐵176. 4》)
2. 희생(犧牲)의 처리 방법 중의 하나. "戊寅卜, 貞 : 三卜, 用血二牢, 꿈伐卄뿔, 卅牢,
   卅及, 二口于妣庚, 三……?"(《前8. 12. 6》)
3. 제명(祭名). "貞 : 王賓祖乙血歲亡尤?"(《南南2. 230》)
4. 지명(地名). "癸卯卜, 在血貞 : 王旬亡禍?"(《甲26》)
5. '血子'. 자의(字義) 불분명(不分明). "☒丑卜, 旅貞 : 血子歲王其賓?"(《後下18. 11》)
   : 여기에서의 '血子'에 대해 徐中舒는 제사의 대상이라고 주장하였다.[2]

| 甹(정) | 《甲700》 | 《存下742》 | 《明藏487》 | 《撫續3》 | [tíng] |

예시한 갑골문의 자형은 기본적으로 '血'과 '丂'를 구성 요소로 하고 있는데, 이는 '甹'자의
소전체(小篆體)와 비슷하다. 陳夢家는 이 글자를 '甹'자로 예정(隸定)하고는, "甹, 卽後世的
寧字.[3] : '甹'자는 곧 후세의 '寧'자이다."라고 하였다. 이 '甹'자에 대해 《說文解字》에는,

---

1) 羅振玉 前揭書 《增訂殷虛書契考釋》 卷中 p.31上.
2) 徐中舒 前揭書 《甲骨文字典》 p.551을 참고.
3) 陳夢家 前揭書 《殷虛卜辭綜述》(中華書局 1988. 北京) p.7

"甹, 定息也. 從血, 甹省聲. 讀若亭. : ‘甹’은 안정(安定)하며 휴식하다는 뜻이다. ‘血’을 의부, 필획이 생략된 ‘甹’을 성부로 구성되었다. 독음은 ‘亭’자처럼 읽는다.”라고 풀이하고 있다. 그러나 이 ‘甹’자의 자형 결구의 의미에 대해서는 아직 명확하게 밝혀지지 않고 있다.

갑골문에서의 뜻은 다음과 같다.

1. 안녕(安寧)하다. “貞 : 今夕王甹?”(≪鄴1.41.15≫)

2. 멈추다. 쉬(게 하)다. “乙亥卜, 甹雨若?”(≪存2. 742≫), “其甹風”(≪粹827≫)

3. 제명(祭名). “庚戌卜, 甹于四方其五犬?”(≪明藏487≫)

4. 지명(地名). “……卜, 在甹師……?”(≪後上15. 11≫), “鄭來廿在甹”(≪乙2245≫)

卹(술)	[xù]
(≪佚631≫)	

≪甲骨文編≫에는 위의 갑골문을 ‘卹’자로 수록하고는, “从皿.1) : ‘皿’을 구성 요소로 하고 있다.”이라고만 하고 있다. 이 갑골문 ‘卹’자는 ‘皿’과 ‘人’을 구성 요소로 하고 있다. 이 ‘卹’자에 대해 ≪說文解字≫에는, “卹, 憂也. 從血, 卪聲. 一曰鮮少也. : ‘卹’은 우려하다는 뜻이다. ‘血’을 의부, ‘卪’을 성부로 구성되었다. 일설에는 아주 적다는 뜻이라고 하기도 한다.”라고 풀이하고 있다.

갑골문에서는 방국명(方國名)으로 사용되었다. “……伐卹芇”(≪佚631≫)

主(주)	[zhǔ]
(≪前2. 21. 3≫)　(≪前4. 48. 4≫)	

이 글자에 대해 商承祚는, “此从木, 盖象燔木爲火, 殆即主字.2) : 이 글자는 ‘木’을 구성 요소로 하고 있으며, 나무를 태워서 불을 만드는 것을 형상화한 것 같은데, 아마도 ‘主’자인 듯하다.”라고 하였다. ≪說文解字≫에는 이 ‘主’자에 대해, “主, 鐙中火主也. 從呈, 象形.

---

1) 中國社會科學院考古研究所 前揭書 ≪甲骨文編≫ p.231.

2) 商承祚 前揭書 ≪殷虛文字類編≫ 五卷 p.11上.

從丶, 丶亦聲. : '主'는 등잔 안의 불심지라는 뜻이다. '坣'를 구성 요소로 하고 있는데, 이는 등잔(燈盞)을 형상화한 상형자이다. 또 '丶'를 구성 요소로 하고 있는데, '丶'는 또한 성부이기도 하다."라고 풀이하고 있다. 이에 대해 段玉裁는, "從丶, 謂火主. …… 丶・主古今字, 主・炷亦古今字 : '丶'를 구성 요소로 하고 있는데, 이를 '火主' 즉 심지라고 한 것이다. …… '丶'와 '主'는 고・금자(古今字)의 관계이고, '主'와 '炷'도 역시 고・금자(古今字)의 관계이다."라고 주(注)하였다.

갑골문에서는 지명(地名)으로 사용되었다. "卜, 行[貞] : ……其步……良于主?"(《前2. 21. 3》)

丹(단)	甘	甘	甘	甘	[dān]
	《乙3387》	《乙6451》	《京津3050》	《京津3649》	

선사(先師) 金祥恒 교수는 《續甲骨文編》에서 이 글자를 아무 설명 없이 '丹'자로 수록하였고,[1] 李孝定은 이를 소개하며 따를 만하다고 하였다.[2] 이 '丹'자에 대해 《說文解字》에는, "丹, 巴越之赤石也. 象采丹井, 丶象丹形. 甘, 古文丹. 彤, 亦古文丹. : '丹'은 巴郡(지금의 四川省 동부지역)과 南越(지금의 廣東 廣西 지역 일대)에서 출토되는 주사(朱砂)이다. (외부의 테두리는) 주사를 채굴하는 우물의 모양을 형상화한 것이며, '丶'는 주사의 모양을 형상화한 것이다. '甘'(目)은 '古文' '丹'자이다. '彤'(彤) 역시 '古文' '丹'자이다."라고 풀이하고 있다.

갑골문에서의 뜻은 다음과 같다.

1. 지명(地名). "己卯卜, 王在丹?"(《京津3649》)
2. 방국명(方國名). "呼比丹伯"(《京津3649》)

---

1) 金祥恆 前揭書 《續甲骨文編》 5卷 p.18.
2) 李孝定 前揭書 《甲骨文字集釋》 p.1737.

| 青(청) | | [qīng] |

《簠徴·典禮22》

위에 예시한 갑골문에 대해 王襄은, ", 或釋青, 青室同于禮記月令青陽太廟之說.[1] : ''자는 혹자는 '青'자로 고석하였으며, '青室'이란 ≪禮記·月令≫의 명당(明堂) 동쪽의 당명(堂名)이 '青陽'인 '太廟'와 같다는 주장이 있다."라고 하였다. 금문(金文)의 '青'자를 '靑'(≪吳方彝≫)으로 쓰는데, 이 갑골문의 자형과 비슷한 것으로 보아, 王襄의 고석을 믿을 수 있겠다. ≪說文解字≫에는 이 '青'자에 대해, "青, 東方色也. 木生火, 從生丹. 丹青之信, 言必然. 𩇧, 古文青. : ('木' 즉 나무의 색깔이 '青'색이므로) '青'은 동쪽을 상징하는 색(色)이다. 나무는 불을 생기게 할 수 있으므로, '生'과 '丹'을 구성 요소로 하고 있다. '丹青之信'이란 필연(必然)임을 말하는 것이다. '𩇧'(𤯔)은 '古文' '青'자이다."라고 풀이하고 있다.

갑골문에서는 종묘의 '青室'을 뜻하는 말로 사용되었다. "丁亥, 史其酒告青室"(≪簠徴·典禮22≫)

| 井(정) | | | ![jing](《後上18.5》) | | [jǐng] |

《甲2913》 《粹1163》 《後上18. 5》 《京津303》

위의 갑골문 '井'자는 우물 입구의 모양을 형상화한 상형자이다. 이 '井'자에 대해 ≪說文解字≫에는, "井, 八家爲一井. 象構韓形, ·, 甕象也. 古者伯益初作井. : '井'은 여덟 집이 하나의 우물을 공유하였다. 네 개의 나무를 얽어매어 만든 난간을 우물 위에 매어놓은 모양을 형상화하였으며, [소전체(小篆體) 가운데의] '·'은 두레박을 상징한다. 상고시대 堯임금의 대신(大臣) 伯益이 처음으로 우물을 만들었다."라고 풀이하고 있다.

그런데 이 '井'자의 자형에 대해 徐中舒는, "篆文增·者, 示其爲汲水所用之器, 籍以別捕獸用陷井之井.[2] : 전문(篆文)에서 가운데에 '·'을 덧붙인 것은, 물을 긷는 데 사용하는 기구 즉 두레박을 나타낸 것이며, 이를 통해서 짐승을 포획하는데 사용했던 함정(陷井)의

1) 王襄 ≪簠室殷契徵文考釋·典禮≫(天津傳物院 1925. 天津) p.3.
2) 徐中舒 前揭書 ≪甲骨文字典≫ p.555.

'井'자와 구별하였다."라고 설명하였다.

갑골문에서의 뜻은 다음과 같다.

1. 방국명(方國名). "癸卯卜, 賓貞 : 井方于唐宗戠?"(≪後上18. 5≫), "己巳貞 : 執井方?"(≪粹1163≫)

2. 인명(人名). '諸婦'의 이름. "貞 : 婦井疒隹有蚩?"(≪珠516≫), "婦井來"(≪甲2912≫), "婦井黍不其隹"(≪後下40. 15≫)

| 皀(흡) | (≪前5. 48. 2≫) | (≪粹917≫) | (≪存下764≫) | (≪甲878≫) | [bī] |

≪甲骨文編≫에는 위의 갑골문자들을 아무 해설 없이 '皀'자로 수록하고 있는데,[1] 徐中舒는 이 글자에 대해, "象圓形食器之形, 當爲簋之本字. 甲骨文旣·卽·卿等字從之.[2] : 원형의 식기 모양을 형상화하였는데, '簋'의 본자(本字)임이 틀림없다. 갑골문 '旣'·'卽'·'卿'자 등이 이 글자를 구성 요소로 하고 있다."라고 하였다. 이 '皀'자에 대해 ≪說文解字≫에는, "皀, 穀之馨香也. 象嘉穀在裹中之形, 匕所㠯扱之. 或說 : 皀, 一粒也. 又讀若香. : '皀'은 곡식의 고소한 향기라는 뜻이다. ('白'은) 좋은 알곡이 껍질 속에 들어 있는 모양을 형상화한 것이며, '匕'는 밥을 푸는 도구이다. 또 다른 일설에는 '皀'은 하나의 낟알이라는 뜻이라고도 한다. 또 다른 독음은 '香'자처럼 읽는다."라고 풀이하고 있다.

갑골문에서의 뜻은 각(刻)된 갑골(甲骨)이 심하게 잔결(殘缺)되어 아직 명확하게 밝혀지지 않았다. "弱皀"(≪甲878≫), "皀弱"(≪粹917≫)

| 卽(즉) | (≪甲868≫) | (≪粹4≫) | (≪粹84≫) | (≪後上27. 13≫) | [jí] |

羅振玉은 위의 갑골문을 '卽'자로 고석하고는 "象人就食形.[3] : 사람이 음식 앞에 다가

---

1) 中國社會科學院考古研究所 前揭書 ≪甲骨文編≫ p.233.

2) 徐中舒 前揭書 ≪甲骨文字典≫ p.557.

3) 羅振玉 前揭書 ≪增訂殷虛書契考釋≫卷中 p.55上.

간 모양을 형상화하였다.”라고 설명하였다. 이 ‘卽’자에 대해 ≪說文解字≫에는, “卽, 卽食也. 從皀, 卪聲. : ‘卽’은 음식 앞에 다가가다는 뜻이다. ‘皀’을 의부, ‘卪’을 성부로 구성되었다.”라고 풀이하고 있다.

갑골문에서의 뜻은 다음과 같다.

1. 나아가다. 다가가다. “夒卽宗”(≪粹4≫)

2. 제명(祭名). “卽于岳”(≪後上24. 2≫)

3. 인명(人名). “辛未貞 : 叀戉命卽幷……?”(≪甲868≫)

4. ‘貞人’의 이름. : “甲☒卜, 即貞 : 王賓亡禍?”(≪河419≫)

既(기)　　(≪鐵161. 1≫)　　(≪戩22. 10≫)　　(≪前7. 24. 1≫)　　(≪佚695≫)　　[jì]

≪甲骨文編≫에는 위의 갑골문자들이 아무 설명 없이 ‘既’자로 수록되어 있는데,[1] 羅振玉은 이들을 ‘既’자로 고석하고는, “既象人食既.[2] : ‘既’자는 사람이 식사를 끝낸 모양을 형상화하였다.”라고 설명하여, 정설이 되었다. 이 ‘既’자는, 음식 그릇 앞에 머리를 돌린 사람이 무릎을 꿇고 앉은 모양을 형상화한 자형 결구이며, 이는 식사가 끝났음을 나타낸다. 이 ‘既’자에 대해 ≪說文解字≫에는, “既, 小食也. 從皀, 旡聲. ≪論語≫曰 : 不使勝食既. : ‘既’는 작은 먹거리라는 뜻이다. ‘皀’을 의부, ‘旡’를 성부로 구성되었다. ≪論語‧鄕黨篇≫에, 「육식(肉食)을 미식(米食) 보다 많이 하게 하지 않는다.」라고 하고 있다.”라고 풀이하고 있다. 갑골문 ‘既’자에 대해 李孝定은, “契文象人食已, 顧左右而將去之也. 引申之義爲盡.[3] : 갑골문은 사람이 식사를 끝내고 좌우를 돌아보고서 막 자리를 떠나려는 것을 형상화하였다. 인신(引伸)된 뜻이 ‘盡’ 즉 다하다는 뜻이다.”라고 설명하였다.

갑골문에서의 뜻은 다음과 같다.

1. 정지하다. 멈추다. “庚寅雨中日既”(≪京都3114≫)

2. 끝나다. 완성하다. “既伐大啓”(≪前7. 24. 1≫)

---

1) 中國社會科學院考古研究所 前揭書 ≪甲骨文編≫ p.234.

2) 羅振玉 前揭書 ≪增訂殷虛書契考釋≫卷中 p.55上.

3) 李孝定 前揭書 ≪甲骨文字集釋≫ pp.1751~1752.

3. 제명(祭名)이라 짐작된다. "王占曰 : 叀既……"(≪佚974≫)

4. 무관(武官)을 지칭하는 인명(人名)으로 짐작된다. "……卜, 王勿……既征……?"(≪佚695≫), "乙亥[卜], 㪔貞 : ……[犬]既征……?"(≪鐵161. 1≫)

㠱(석)			[shì]
	(≪戩6. 8≫)	(≪續2. 9. 9≫)	

≪甲骨文編≫에는 ≪戩6. 8≫의 갑골문을 아무 설명 없이 '㠱'자로 수록하고 있는데,[1] 李孝定은 이 '㠱'자가 각(刻)된, 위의 두 편(片)의 갑골이 심하게 잔결(殘缺)되어, 이 글자의 자의를 알 수가 없다고 하였다.[2] ≪說文解字≫에는 이 '㠱'자에 대해, "㠱, 飯剛柔不調相䉖. 從皀, 一聲. 讀若適. : '㠱'은 밥이 되거나 진 정도가 서로 조화롭지 못하여 찰지게 서로 엉기지 못하다는 뜻이다. '皀'을 의부, '一'을 성부로 구성되었다. 독음은 '適'자처럼 읽는다." 라고 풀이하고 있다.

갑골문에서는 제명(祭名)으로 사용된 것으로 짐작된다. "……己㠱徹示不左(又)三月"(≪續2. 9. 9≫), "……父丁[及]其㠱"(≪戩6. 8≫)

鬯(창)					[chàng]
	(≪甲2766≫)	(≪京津4027≫)	(≪前1. 9. 7≫)	(≪後上28. 3≫)	

徐中舒는 위에 예시한 갑골문자들을 '鬯'자로 수록하고는, "象盛鬯酒容器之形. …… 下從∨乃器足.[3] : 울창주를 담는 용기의 모양을 형상화하였다. …… 아랫부분은 '∨'를 구성 요소로 하고 있는데, 이는 기물(器物)의 다리이다."라고 하였다. 이 갑골문 '鬯'자는 기물에 곡물을 담아서 양주(釀酒)하는 모양을 형상화한 자형 결구이다. 이 '鬯'자에 대해 ≪說文解字≫에는, "鬯, 吕秬釀鬱艸, 芬芳攸服, 吕降神也. 從凵; 凵, 器也. 中象米, 匕所以扱之. 易曰 : 不喪匕鬯. : '鬯'은 검은 기장과 울금(鬱金) 향초(香草)로 술을 빚어서, 그 향기가

---

1) 中國社會科學院考古硏究所 前揭書 ≪甲骨文編≫ p.235.

2) 李孝定 前揭書 ≪甲骨文字集釋≫ p.1753.

3) 徐中舒 前揭書 ≪甲骨文字典≫ p.562.

널리 퍼지게 하여 강신(降神)을 하는데 사용하는 것이다. '△'을 구성 요소로 하고 있는데, '△'은 그릇이다. 가운데 부분의 '※'는 쌀을 형상화한 것이다. 'ヒ'는 음식을 뜰 때 사용하는 구기이다. ≪周易·震卦≫에는 「구기 속의 울창주를 빠뜨리지 않는다.」라고 하고 있다."라고 풀이하고 있다.

갑골문에서의 뜻은 다음과 같다.

1. 제명(祭名). "……卜, 何……鬯祖辛?"(≪甲2766≫), "鬯于父乙"(≪鐵157. 2≫)
2. 제품(祭品). 술을 지칭하기도 하고, 일정량(一定量)의 술을 담는 용기(容器)를 지칭하기도 한다. "……其登舞新鬯二升一☒……"(≪戩25. 10≫), "丁亥卜, 殻貞：昔乙酉簸旅御……大丁·大甲·祖乙, 百鬯·百羌·卯三百?"(≪後上28. 3≫)

爵(작)　　(≪前5. 5. 1≫)　　(≪鐵250. 1≫)　　(≪後下5. 15≫)　　(≪京津419≫)　　[jué]

李孝定은 위에 예시한 갑골문들을 '爵'자로 수록하고는, "契文爵字卽象傳世酒器爵斝之爵, 兩柱. 側視之, 但見一柱, 故字祇象一柱. 有流·腹空·三足·有耳之形.[1]：갑골문의 '爵'자는 바로 대대로 전해오는 주기(酒器) '爵斝'의 '爵'을 형상화하였는데, (윗부분에는) 두 개의 기둥이 있다. 이를 측면에서 보면 하나의 기둥만 보이기 때문에, 글자는 하나의 기둥만 형상화하였다. 술을 따르는 수구(水口)가 있고, 복부(腹部)는 비었으며, 세 개의 발과 귀가 있는 모양이다."라고 해설하였다. 이 '爵'자에 대해 ≪說文解字≫에는, "爵, 禮器也. 象雀之形. 中有鬯酒, 又持之也. 所㠯以飮器象雀者, 取其鳴節節足足也. 鬻, 古文爵如此, 象形. : '爵'은 예기(禮器)의 하나이다. (윗부분은) 참새의 모양을 형상화하였다. 중간 부분에는 울창주가 있으며, '又'는 그 주기(酒器)를 손으로 잡고 있음을 나타낸다. 술을 마실 때 사용하는 기물인데, 참새의 모양을 형상화한 까닭은, 술을 따를 때 나는 소리가 참새가 '짹짹'하며 우는 소리와 같기 때문이다. '鬻'(鬲)은 '古文' '爵'자로, 자형이 이와 같으며, 이는 상형자이다."라고 풀이하고 있다.

갑골문에서의 뜻은 다음과 같다.

1) 李孝定 前揭書 ≪甲骨文字集釋≫ p.1758.

1. 주기(酒器)의 하나. "庚戌卜, 王曰貞 : 其爵用?"(≪後下5. 15≫)

2. 제명(祭名). "貞 : 勿爵示?"(≪京津419≫)

3. 방국명(方國名). "癸未卜, 貞 : 王旬亡禍, 在七月. 王正☒扎商在爵?"(≪前2. 3. 5≫)

4. 인명(人名). "乙丑卜, 貞 : 帚爵夕子亡疒……?"(≪乙8893≫)

食(식)					[shí]
	(≪甲1289≫)	(≪乙317≫)	(≪前6. 35. 2≫)	(≪佚443≫)	

羅振玉은 이 갑골문에 대해 "此从𠭤, 以卜辭中鄕字从𠭤例之, 知爲食字矣.[1] : 이 글자는 '𠭤'을 구성 요소로 하고 있는데, 갑골복사 가운데 '鄕'자가 '𠭤'을 구성 요소로 하고 있는 예(例)로 미루어, 이 글자가 '食'자임을 알게 되었다."라고 하여, '食'자로 고석하였다. 그리고 徐中舒는 또, "象簋上有蓋之形, 乃日用饗飧之具, 以盛食物, 故引申爲凡食之稱.[2] : 궤(簋) 위에 뚜껑이 있는 모양을 형상화하였는데, 이는 곧 매일 아침 저녁 음식을 제공하는데 사용하는 기구(器具)로, 음식물을 담는데 사용하였기 때문에 인신(引伸)하여 모든 먹거리를 지칭하게 되었다."라고 하였다. 이 '食'자에 대해 ≪說文解字≫에는, "仚, 亼米也. 從皀, 亼聲. 或說 : 亼皀也. : '仚'은 모아 놓은 쌀이라는 뜻이다. '皀'을 의부, '亼'을 성부로 구성되었다. 또 다른 일설에는 '亼'과 '皀'을 구성 요소로 하고 있다고도 한다."라고 풀이하고 있다.

갑골문에서의 뜻은 다음과 같다.

1. 먹다. "……月一正. 日食麥……."(≪後下1. 5≫)

2. '蝕'과 통용(通用). 일식(日蝕) 또는 월식(月蝕). "……月有食……八月"(≪甲1289≫), "癸酉卜, 日月有食, 隹若?"(≪佚374≫)

3. 시간 명사. '大食'과 '小食'. '大食'은 오전 9시 전후, '小食'은 오후 4시 전후를 말하는데, 하루 두 끼 식사 시간이다. "貞 : 叀大食?"(≪甲1660≫), "丙辰, 小食"(≪乙478≫), "癸丑卜, 貞 : 旬甲寅大食雨自北? 乙卯小食大啓, 丙辰……日大雨自南"(≪合78≫)

---

1) 羅振玉 前揭書 ≪增訂殷虛書契考釋≫卷中 p.71.
2) 徐中舒 前揭書 ≪甲骨文字典≫ p.570.

≪甲骨文編≫에는 위의 갑골문자들을 '饔'자로 수록하고는, "(唐蘭)以爲卽饔之本字. ……卜辭諸饔字則讀皆如収, 蓋供給之義.[1] : (唐蘭은 이를) '饔'의 본자(本字)라고 하였다. …… 갑골복사의 여러 '饔'자는 모두 '収'자처럼 읽는데, 공급(供給)하다는 뜻인 것 같다."라고 하고 있다. 이 갑골문 '饔'자는 두 손으로 음식 그릇을 들고 있는 모양을 형상화한 자형인데, 이에서 음식을 제공하다는 뜻임을 알 수 있다. ≪說文解字≫에는 이 '饔'자에 대해, "饔, 孰食也. 從食, 雝聲. : '饔'은 익힌 음식이라는 뜻이다. '食'을 의부, '雝'을 성부로 구성되었다."라고 풀이하고 있다. 이 '饔'자는 지금은 대부분 '饔'으로 쓴다.

갑골문에서는 공급하다는 뜻으로 사용되었다. "丁酉卜, 殼貞 : 勿饔人三千……?"(≪鐵258. 1≫), "貞 : 饔人三千乎伐工方受有祐?"(≪續1. 10. 3≫)

위의 갑골문은 '羊'과 '攴'을 구성 요소로 하고 있는데, 이는 손에 지팡이를 들고 양을 모는 모양을 형상화한 자형 결구이므로, 넓은 의미로 '牧'자라고도 할 수 있으나, 예시한 글자들이 '羊'을 구성 요소로 하고 있으므로, '養'자로 예정(隸定)하여 쓰기로 한다. 이 '養'자에 대해 ≪說文解字≫에는 "養, 供養也. 從食, 羊聲. 羔, 古文養. : '養'은 공양(供養)하다는 뜻이다. '食'을 의부, '羊'을 성부로 구성되었다. '羔'(羖)은 '古文' '養'자이다."라고 풀이하고 있다.

갑골문에서는 공양(供養)하다는 뜻으로 사용된 것으로 짐작되나, 더 많은 자료와 자세한 고증이 필요하다. "辛未貞 : 于大甲告養?"(≪誕2≫), "……分養……"(≪前5. 45. 7≫)

---

1) 中國社會科學院考古硏究所 前揭書 ≪甲骨文編≫ p.237.

| 饗(향) | (≪前4. 22. 6≫) | (≪拾6. 8≫) | (≪合集5239≫) | (≪懷1483≫) | [xiǎng] |

위에 예시한 갑골문은 두 사람이 음식 그릇을 마주하고 앉아서 음식을 먹는 모양을 형상화한 자형 결구인데, 羅振玉은 이를 '饗'자로 고석하면서, "皆象饗食時賓主相嚮之狀, 卽饗字也. 古公卿之卿·鄕黨之鄕·饗食之饗, 皆爲一字, 後世析而爲三.[1] : (갑골문과 금문) 모두 음식을 먹을 때 손님과 주인이 서로 마주하고 있는 모양을 형상화하였는데, 이는 곧 '饗'자이다. 고대에는 '公卿'의 '卿'자와 '鄕黨'의 '鄕'자 및 '饗食'의 '饗'자가 모두 한 글자였으나, 후세에 와서 이를 셋으로 나누었다."라고 하였다. 이 '饗'자에 대해 ≪說文解字≫에는, "饗, 鄕人飮酒也. 從食從鄕, 鄕亦聲. : '饗'은 마을 사람들이 서로 마주하여 술을 마신다는 뜻이다. '食'을 구성 요소로 하고, '鄕'을 구성 요소로 하고 있는데, '鄕'은 또한 성부이기도 하다."라고 풀이하고 있다.

갑골문에서의 뜻은 아직 명확하게 밝혀지지 않았다. "王先獸迺饗畢, 有鹿."(≪拾6. 8≫)

| 合(합) | (≪菁7. 1≫) | (≪前7. 36. 1≫) | (≪甲3399≫) | (≪河702≫) | [hé] |

李孝定은 위의 갑골문자들을 '合'자로 수록하고는, "器蓋脗合無閒, 故引申爲凡會合之稱. 字當爲盒之古文, 字又從皿者, 累增之偏旁也. 許以合口說之, 乃其引申義.[2] : 그릇과 뚜껑이 꼭 합쳐져서 빈틈이 없기 때문에 인신(引伸)되어 회합(會合)을 범칭(凡稱)하게 되었다. 이 글자는 '盒'자의 고자(古字)가 틀림없으며, 이 글자에 다시 '皿'을 구성 요소로 한 것은 편방(偏旁)을 더 증가시킨 것이다. 許愼이 '合口'로 해설한 것은 인신의(引伸義)이다."라고 주장하였다. 이 '合'자에 대해 ≪說文解字≫에는, "合, 亼口也. 從亼口. : '合'은 두 개의 입을 합치다는 뜻이다. '亼'과 '口'를 구성 요소로 하고 있다."라고 풀이하고 있다.

갑골문에서의 뜻은 다음과 같다.

---

1) 羅振玉 前揭書 ≪增訂殷虛書契考釋≫卷中 p.71上.
2) 李孝定 前揭書 ≪甲骨文字集釋≫ p.1775.

1. 회합하다. 합치다. "戊戌卜, 殻貞 : 王曰侯虎生余不爾, 其合呂乃吏歸?"(≪菁7. 1≫)
2. 지명(地名). "……在合卜, ……?"(≪河702≫)
3. '貞人'의 이름. "戊戌卜, 合貞 : 今夕亡禍?"(≪甲3399≫)

今(금)　　(≪鐵109. 3≫)　(≪前1. 32. 2≫)　(≪前7. 40. 1≫)　(≪佚402≫)　　[jīn]

　위의 갑골문을 羅振玉이 '今'자로 고석하여,[1] 정설이 되었다. 이 갑골문 '今'자는 'A'과 '一'을 구성 요소로 하고 있는데, 이 자형 결구가 의미하는 것이 무엇인지 불분명하지만, 'A'을 구성 요소로 하고 있는 것으로 보아서, 언어와 관련이 있을 것으로 짐작된다. 이 '今'자에 대해 ≪說文解字≫에는, "今, 是時也. 從亼乀, 乀, 古文及. : '今'은 바로 이때라는 뜻이다. '亼'과 '乀'을 구성 요소로 하고 있는데, '乀'은 '古文' '及'자이다."라고 풀이하고 있다.
　갑골문에서의 뜻은 다음과 같다.
1. 현재와 가까운 시간. "貞 : 今月不用?"(≪鐵109. 3≫), "今日王……"(≪前7. 40. 1≫)
2. '今來'라는 말로 사용되어 다가올 시간을 지칭한다. "戊午卜, 爭貞 : 今[來]辛酉乎酌河?" (≪前1. 32. 2≫)

會(회)　　(≪粹466≫)　　(≪合集18128≫)　(≪合集27435≫)　　[huì]

　李孝定은 위에 예시한 ≪粹466≫의 '會'자를 '會'자로 수록하고는, "契文此字郭釋爲會, 可从. …… 金文……似象合(盒)中盛物之形. 又疑象合(盒)於盒蓋之外器身二層重叠之形, 故有會合之義. 然苦無佐証耳.[2] : 갑골문에서의 이 글자를 郭沫若이 '會'자로 고석하였는데, 따를 만하다. …… 금문은 …… 합(盒) 속에 물건을 담은 모양을 형상화한 것 같다. 또 합(盒) 이 뚜껑 바깥 쪽 그릇 몸체와 이층으로 중첩된 모양을 형상화한 것 같기도 한데, 이 때문에

1) 羅振玉 前揭書 ≪增訂殷虛書契考釋≫卷中 p.77上을 참고.
2) 李孝定 前揭書 ≪甲骨文字集釋≫ p.1779.

'會合'의 뜻을 지니게 된 것으로 짐작된다. 그러나 이를 뒷받침할 증거가 없어 힘들 따름이다.”
라고 하였다. 이 '會'자에 대해 ≪說文解字≫에는, “會, 合也. 從亼, 曾省. 曾, 益也. 㱿,
古文會如此. : '會'는 회합(會合)하다는 뜻이다. '亼'과 필획이 생략된 '曾'을 구성 요소로
하고 있으며, '曾'은 증익(增益)하다는 뜻이다. '㱿'('佮')는 '古文' '會'자인데, 자형이 이와
같다.”라고 풀이하고 있다.

갑골문에서의 뜻은 다음과 같다.

1. 회합(會合)하다. “☒辰卜, 又來會于向?”(≪甲3630≫) : '向'은 지명(地名)이다.

2. 자의 불분명. “其會肜……”(≪粹466≫)

| 倉(창) | (≪通別二10. 8≫) | (≪合集9645≫) | (≪屯3731≫) | [cāng] |

위의 갑골문은 '𠓛'과 '凵'와 '티'를 구성 요소로 하고 있는 '倉'자이다. 위의 '𠓛'은 덮개를,
가운데의 '티'는 외짝문을, 아래의 '凵'는 받침대를 형상화한 자형 결구인데, 이는 덮개와 받침
대가 서로 합쳐진 모양으로, 식량 창고의 모양을 나타낸 것이다. 이 '倉'자에 대해 ≪說文解字≫
에는, “倉, 穀藏也. 蒼黃取而藏之, 故謂之倉. 從食省, 口象倉形. 仝, 奇字倉. : '倉'은
곡식을 저장하는 곳이라는 뜻이다. 곡식이 익어서 그 빛깔이 창황색(蒼黃色)이 될 때에 수확하
여 저장하기 때문에 '倉'이라고 한다. 필획이 생략된 '食'과 '口'를 구성 요소로 하고 있는데,
'口'는 곳집의 모양을 형상화한 것이다. '仝'('仝')은 '奇字'[1] '倉'자이다.”라고 풀이하고 있다.

갑골문에서는 제품(祭品)으로 사용된 것으로 짐작된다. “派……倉用”(≪通別二10. 8≫)

---

[1] '奇字'란 ≪說文解字≫에서 사용하는 자체(字體)에 대한 전용(專用) 명사로, '古文' 가운데 자형이 기이(奇異)한
글자를 지칭하는데, '古文'의 이체자(異體字)라고 할 수 있으며, 일반 명사와의 구분을 위해 '古文'의 예(例)에
준하여 '奇字'로 표기함을 밝혀 둔다.

入(입)					[rù]
	(≪甲2697≫)	(≪前4. 29. 5≫)	(≪鐵281. 3≫)	(≪合集27765≫)	

위의 갑골문 '入'자의 자형 결구에 의거하여 본의를 유추하기가 어려운데, 일종의 손짓으로 나타내는 부호가 아닌가 짐작할 뿐이다. 이 '入'자에 대해 ≪說文解字≫에는, "入, 內也. 象從上俱下也. : '入'은 밖에서 안으로 진입하다는 뜻이다. 위에서 아래로 모두 내려오는 것을 형상화하였다."라고 풀이하고 있다.

갑골문에서의 뜻은 다음과 같다.

1. 납입하다. "雀入二百五十"(≪乙3269≫)

2. 들어오다. 진입하다. "庚戌卜, 內貞 : 王入于商, 亡作禍?"(≪乙8346≫), "甲戌卜, 殼貞 : 今六月王入于商?"(≪前2. 1. 1≫)

3. 지명(地名). "……亡不若在入, 二月"(≪南明215≫), "癸酉卜, 貞 : ……在入? 三月" (≪鄴三下359≫)

內(내)	内	内	内	内	[nèi]
	(≪鐵13. 2≫)	(≪甲3336≫)	(≪乙4667≫)	(≪掇2. 350≫)	

위의 갑골문은 '冂'과 '入'을 구성 요소로 하고 있는데, '內'자로 고석된 지 오래다. 이 '內'자는 금문(金文)으로는 '内'(≪舀壺≫)로 쓰고 있는데, 이는 갑골문 자형의 '冂'을 '宀'으로 대체한 것이지만, 이 두 요소는 서로 통용할 수 있다. 이 '內'자에 대해 ≪說文解字≫에는, "內, 入也. 從冂入. 自外而入也. : '內'는 밖에서 안으로 들어 가다는 뜻이다. '冂'과 '入'을 구성 요소로 하고 있다. 밖에서 안으로 진입하다는 뜻이다."라고 풀이하고 있다.

갑골문에서의 뜻은 다음과 같다.

1. '貞人'의 이름. "戊寅卜, 內貞 : 乎……?"(≪乙4667≫)

2. 인명(人名). "庚申卜, 古貞 : 王命內?"(≪乙4256≫)

| 缶(부) | （≪前3. 33. 4≫） | （≪後上9. 7≫） | （≪合集9408≫） | （≪合集20524≫） | [fǒu] |

위에 예시한 갑골문 '缶'자는 술이나 물 등을 담을 수 있는 도기(陶器)를 형상화한 상형자이다. 이 '缶'자에 대해 ≪說文解字≫에는, "缶, 瓦器, 所㠯盛酒漿, 秦人鼓之㠯節謌. 象形. : '缶'는 와기(瓦器)이다. 술과 장(漿)을 담는 데 사용하였고, 秦지역 사람들은 이를 두드려서 노래의 박자를 맞추는데 사용하였다. 상형자이다."라고 풀이하고 있다.

갑골문에서의 뜻은 다음과 같다.

1. '保'와 통용. 보호하다. "帝不缶于王"(≪鐵191. 4≫)

2. 방국명(方國名). "癸亥卜, 㱿貞：翌乙丑多臣戈缶?"(≪丙1≫), "丁卯卜, 㱿貞：王敦缶于蜀? 二月"(≪後上9. 7≫)

3. 인명(人名). "己未卜, 㱿貞：缶其來見王? 一月"(≪合301≫), "缶不其獲豕, 十月"(≪前3. 33. 4≫)

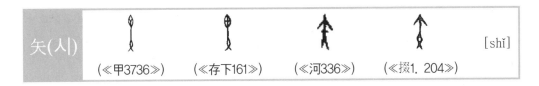

| 矢(시) | （≪甲3736≫） | （≪存下161≫） | （≪河336≫） | （≪掇1. 204≫） | [shǐ] |

孫海波는 위의 갑골문자들에 대해, "字與篆文矢字極相似, 疑卽矢字.[1] : (갑골문의 이) 글자는 전문(篆文) 즉 소전체(小篆體) '矢'자와 자형이 극히 비슷한데, 바로 '矢'자라고 생각된다."라고 하였다. 이 갑골문 '矢'자의 자형은 화살을 형상화한 상형자이다. 이 '矢'자에 대해 ≪說文解字≫에는, "矢, 弓弩矢也. 從入, 象鏑栝羽之形. 古者夷牟初作矢. : '矢'는 활과 쇠뇌에 사용되는 화살이라는 뜻이다. '入'를 구성 요소로 하고 있으며, 화살촉과 활시위를 꽂는 곳과 화살을 장식한 새의 깃 모양을 형상화하였다. 상고시대에 夷牟가 처음으로 화살을 만들었다."라고 풀이하고 있다. 여기에서 許愼이 "從入"이라고 한 것에 대해 徐中舒는, "≪說文≫謂'從入', 乃誤以鏑形爲入字.[2] : ≪說文解字≫에서 '入'을 구성 요소로 하고 있다고

---

1) 孫海波 ≪甲骨文錄考釋≫, 李孝定 前揭書 ≪甲骨文字集釋≫ p.1804에서 재인용.

2) 徐中舒 前揭書 ≪甲骨文字典≫ p.581.

하였는데, 이는 화살촉의 모양을 '入'자로 잘못 생각한 것이다."라고 지적하였다.

갑골문에서의 뜻은 다음과 같다.

1. 제명(祭名). "丁巳卜, 行貞 : 小丁歲眔矢歲彫?"(≪河336≫)
2. 지명(地名). "貞 : 牛涉于東矢?"(≪存下161≫)

躲(射)(사)				[shè]
(≪菁7. 1≫)	(≪鐵78. 1≫)	(≪拾6. 3≫)	(≪乙7661≫)	

위의 갑골문을 羅振玉이 '射'자로 고석하여,1) 정설이 되었다. '弓'과 '矢'를 구성 요소로 하고 있는데, 활시위를 당겨서 화살을 쏘는 모양을 형상화한 자형 결구이다. ≪說文解字≫에는 이 '射'자에 대해, "躲, 弓弩發于身, 而中于遠也. 從矢, 從身. 𤰇, 篆文躲, 從寸; 寸, 法度也, 亦手也. : '躲'는 활과 쇠뇌로 화살을 사수(射手)의 몸에서 발사하여 멀리 있는 것을 맞추다는 뜻이다. '矢'를 구성 요소로 하고, '身'을 구성 요소로 하고 있다. '𤰇'(射)는 전문(篆文) '躲'자이며, '寸'을 구성 요소로 하고 있는데, '寸'은 화살을 쏘는 데는 규격과 법도가 있음을 의미하며, 또한 화살을 쏘는 손을 의미하기도 한다."라고 풀이하고 있다. ≪說文解字≫에서 '身'을 구성 요소로 하고 있다고 한 것은, 자형이 비슷하여 '弓'을 '身'자로 오인한 것이다.

갑골문에서의 뜻은 다음과 같다.

1. 화살을 쏘다. "王其躲, 歗鹿亡戈, 擒"(≪拾6. 3≫)
2. 무관(武官)의 관직명(官職名). "貞 : 翌己卯令多躲? 二月"(≪後上30. 15≫), "勿令卓吕三百躲."(≪乙7661≫)

侯(후)				[hóu]
(≪甲183≫)	(≪佚93≫)	(≪前7. 31. 4≫)	(≪珠355≫)	

예시한 갑골문은 과녁을 의미하는 '厂'과 '矢'를 구성 요소로 하고 있는데, 이는 화살로 과녁을 쏘는 모양을 형상화한 '侯'자이며, 과녁이라는 뜻이다. 이 '侯'자에 대해 ≪說文解字≫

---

1) 羅振玉 前揭書 ≪增訂殷虛書契考釋≫卷中 p.43下를 참고.

에는, "侯, 春饗所射侯也. 從人, 從厂, 象張布, 矢在其下. 天子射熊虎豹, 服猛也. 諸侯射熊虎, 大夫射麋. 麋, 惑也. 士射鹿豕, 爲田除害也. 其祝曰 : 毋若不寧侯, 不朝于王所, 故伉而射汝也. 㑃, 古文侯. : '侯'는 봄에 향음주례(鄕飮酒禮)를 거행할 때 사용하는 과녁이라는 뜻이다. '人'을 구성 요소로 하고, '厂'을 구성 요소로 하고 있는데, '厂'은 넓게 펼친 과녁으로 쓰인 천을 형상화한 것이며, '矢'가 그 사포(射布) 아래에 있는 결구이다. 천자(天子)의 사례(射禮)에는 곰·호랑이·표범의 가죽으로 장식한 사포를 사용하였는데, 이는 흉맹(凶猛)한 것을 제압할 수 있음을 의미한다. 제후는 곰과 호랑이 가죽으로 장식한 사포를 사용하였고, 대부(大夫)는 '麋' 즉 큰 사슴 가죽으로 장식한 사포를 사용하였는데, 이 '麋'자는 미혹(迷惑)을 뜻한다. 사인(士人)은 사슴과 돼지를 그려 장식한 사포를 사용하였는데, 이는 농토에서의 제해(除害)를 의미한다. 그리고 화살을 쏘면서 축원(祝願)의 말로 이르기를, 「안정되지 못한 제후들이 천자(天子)가 계시는 곳에 조현(朝見) 배알하러 오지 않은 까닭으로 인해서, 내가 화살을 들어 쏘는 일이 없도록 하여라!」라고 한다. '㑃'(医)는 '古文' '侯'자이다."라고 풀이하고 있다.

갑골문에서는 방국(方國)의 수장(首長) 또는 제후(諸侯)라는 뜻으로 사용되었다. "貞 : 勿隹侯虎从?"(≪佚375≫), "貞 : 今……從倉侯虎伐免方受有又?"(≪前4. 44. 6≫), "…… 侯虎允來哲有事豆, 五月"(≪前4. 45. 1≫), "貞 : 乎从虎侯?"(≪乙2661≫), "侯來告馬" (≪乙192≫)

高(고)	髙	髙	髙	髙	[gāo]
	(≪前2. 12. 3≫)	(≪後上3. 6≫)	(≪後上6. 7≫)	(≪懷136≫)	

≪甲骨文編≫에는 위에 예시한 갑골문자들을 아무런 설명 없이 '高'자로 수록하고 있는데,[1] 이 갑골문 '高'자에 대해 徐中舒는, "象高地穴居之形. 冂爲高地, 𠙵爲穴居之室, 介爲上覆遮蓋物以供出入之階梯. …… 蓋高之得義, 乃由穴居之高引申.[2] : 높은 지대(地帶)에 있는 혈거(穴居)의 모양을 형상화하였다. '冂'은 높은 땅을 나타내며, '𠙵'는 혈거의 거실(居

---

1) 中國社會科學院考古硏究所 前揭書 ≪甲骨文編≫ pp.244~245를 참고.
2) 徐中舒 前揭書 ≪甲骨文字典≫ pp.590~591.

室)을 의미하고, '介'는 위에 덮개를 씌워 가린 것인데, 출입용 사다리가 되게 하였다. ……
(이 '高'자가) '높다'는 자의를 가지게 된 것은, 혈거가 높은 곳에 있었다는 사실에서 인신(引伸)
된 것이라 여겨진다."라고 해설하였다. 이 '高'자에 대해 ≪說文解字≫에는 "高, 崇也. 象臺
觀高之形. 從冂口, 與倉舍同意. : '高'는 숭고(崇古)하다는 뜻이다. 누대(樓臺)와 누각이
높이 솟은 모양을 형상화하였다. '冂'과 '口'를 구성 요소로 하고 있는데, '口'는 '倉'자와 '舍'자
의 아랫부분이 '口'를 구성 요소로 하고 있는 자형 결구가 의미하는 바와 같다."라고 풀이하고
있다.

갑골문에서의 뜻은 다음과 같다.

1. 商 왕실의 먼 선조에 대한 호칭. 고조(高祖). "庚子卜, 殸貞 : 王有[枋]于高妣己·妣
   母?"(≪後上6. 7≫), "高祖后"(≪後上3. 6≫), "叀高祖夒祝用, 王受又友"(≪粹1≫)
2. 지명(地名). "癸亥卜, 問其卽宗于高?"(≪甲717≫), "戊寅卜, 在高貞 : 王田衣逐亡
   災?"(≪前2. 12. 3≫)

| 亳(박) | (≪前2. 2. 5≫) | (≪粹21≫) | (≪金584≫) | (≪後上6. 4≫) | [bó] |

羅振玉이 위의 갑골문을 금문(金文) 자형에 근거하여 '亳'자로 고석하여,[1] 정설이 되었다.
앞에서 살펴본 갑골문 '高'자의 자형에서 맨 아래쪽의 '口'가 생략되고, '壬'이 덧붙여졌는데,
이는 상고시대의 혈거(穴居)의 모양을 형상화한 것이라 짐작된다. 이 '亳'자에 대해 徐中舒는,
"象人爲之穴居形. 殷代早期皆爲穴居. 介象穴上正出之階梯及其上覆蓋之形, 冂象丘上累
土之高, 屮象有橫梁之楷柱.[2] : 사람이 만든 혈거(穴居)의 모양을 형상화하였다. 殷代 조기
(早期)에는 모두들 혈거생활을 하였다. '介'은 움집 위로 똑바로 돌출한 사다리와 그 위의
덮개 모양을 형상화한 것이며, '冂'은 언덕 위에 흙을 쌓아서 높인 것을 형상화한 것이고,
'屮'은 가로로 거치대를 만들어 넘어지지 않게 한 버팀목 기둥을 형상화한 것이다."라고 하였다.
≪說文解字≫에는 이 '亳'자에 대해, "亳, 京兆杜陵亭也. 從高省, 乇聲. : '亳'은 京兆지방의

---

1) 羅振玉 前揭書 ≪增訂殷虛書契考釋≫卷中 p.11下를 참고.
2) 徐中舒 前揭書 ≪甲骨文字典≫ p.592.

杜陵亭을 뜻한다. 필획이 생략된 '高'를 의부, '乇'을 성부로 구성되었다."라고 풀이하고 있다.
갑골문에서의 뜻은 다음과 같다.

1. 지명(地名). "甲寅王卜, 在亳貞 : 今日……瑪亡災?"(≪後上9. 12≫), "正人方在亳"
   (≪金584≫)

2. 인명(人名). "壬戌卜, 貞 : 亡剛子亳?"(≪乙4544≫)

央(앙)				[yāng]
	(≪前1. 31. 1≫)	(≪前4. 46. 2≫)	(≪甲3512≫)	(≪後下4. 7≫)

丁山은 위의 갑골문에 대해, "字象人頭上荷枷形, 董作賓釋央, 是也.[1] : 글자의 자형이
사람 머리 위에 칼[고대의 형구(刑具)]을 쓰고 있는 모양을 형상화하고 있으며, 董作賓은
이를 '央'자로 고석하였는데, 옳다."라고 하여, 이를 '央'자로 고석하였다. 이 '央'자에 대해
徐中舒는, "從大上加凵, 象人戴枷之形, 爲殃之本字. 戴枷其頭在中央, 故引申而有中央之
意.[2] : '大'자 위에 '凵'를 덧붙인 모양으로 구성되어 있는데, 이는 사람이 형틀의 하나인
칼을 목에 쓰고 있는 모양을 형상화한 것으로, '殃'의 본자(本字)이다. 칼은 머리가 중앙에
오도록 써야 하므로, 여기서 인신(引伸)하여 중앙이라는 뜻을 지니게 되었다."라고 해설하였
다. ≪說文解字≫에는 이 '央'자에 대해, "央, 中也. 從大在冂之內. 大, 人也. 央旁同意.
一曰 : 久也. : '央'은 중앙이란 뜻이다. '大'가 '冂' 안에 있는 모양으로 구성되었다. '大'는
서 있는 사람을 뜻한다. '央'과 '旁'은 자형 결구의 뜻이 같다. 일설에는 오래다는 뜻이라고도
한다."라고 풀이하고 있다.

갑골문에서는 인명(人名)으로 사용되었다. "乙卯卜, 亘貞 : 今日王至于敦月酒子央侑于
父乙?"(≪鐵196. 1≫), "癸未卜, 爭貞 : 子央隹其有疾? 三月"(≪甲3512≫)

---

1) 丁山 ≪甲骨文所見氏族及其制度≫, 李孝定 前揭書 ≪甲骨文字集釋≫ p.1825에서 재인용.
2) 徐中舒 前揭書 ≪甲骨文字典≫ p.595.

| 亯(郭)(곽) | (≪前4. 11. 1≫) | (≪甲547≫) | (≪粹717≫) | (≪京都3241≫) | [guō] |

王國維가 위의 갑골문자들을 '亯' 즉 '郭'자로 고석하여[1] 학계의 정설이 된지 오래다. 이 글자는 '囗'와 두 개 또는 네 개의 '倉'으로 구성되었는데, '囗'는 성곽을 형상화한 것이고, '倉'은 성곽 위에 세운 정자(亭子)를 형상화한 것이다. 따라서 이 글자의 본의는 성곽(城郭)이라는 뜻이다. ≪說文解字≫에는 이 '亯'자에 대해, "亯, 度也. 民所度居也. 從回, 象城亯之重, 兩亯相對也. 或但從囗. : '亯'은 거주(居住)하다는 뜻이다. 사람이 거주하는 곳이라는 뜻이다. '回'를 구성 요소로 하고 있는 것은, 내성(內城)과 외곽(外亯)이 한 층 또 한 층으로 중첩된 모양을 형상화한 것이고, 두 개의 정자(亭子)가 서로 마주하고 있다. 혹체자는 '回'가 아니라 단 하나의 '囗'를 구성 요소로 하고 있다."라고 풀이하고 있다. 이에 대해 段玉裁는, "按城亯字今作郭, 郭行而亯廢矣. : 살펴보면, '城亯'의 '亯'자를 지금은 '郭'으로 써서, '郭'자는 통용되고 '亯'자는 폐기(廢棄)되었다."라고 주해(註解)하여, 이 '亯'자는 '郭'자의 고자(古字) 내지 본자(本字)임을 알게 하였다.

갑골문에서의 뜻은 다음과 같다.

1. 성벽(城壁). "辛卯卜, 殼貞 : 基方作亯其……?"(≪合121≫), "己丑子卜, 貞 : 余又乎出亯?"(≪京都3241≫)

2. 시간 명사. '亯(郭)兮'로 쓰여, 오후 4시 전후를 지칭한다. "郭兮啓中日至……"(≪甲547≫), "郭兮至昏不雨"(≪粹717≫) : '中日'은 정오(正午), '昏'은 황혼 무렵을 지칭한다.

3. 인명(人名). "乙亥貞 : ☒令亯以眾朕……受祐?"(≪後下27. 14≫)

| 京(경) | (≪鐵93. 4≫) | (≪甲3510≫) | (≪前2. 38. 4≫) | (≪後下39. 11≫) | [jīng] |

≪甲骨文編≫에는 위에 예시한 갑골문자들을 아무 논증 없이 '京'자로 수록하고 있는데,[2]

---

1) 朱芳圃 ≪甲骨學文字編≫(臺灣商務印書館 1983. 臺北) 卷五 p.10의 인용을 참고.

2) 中國社會科學院考古研究所 前揭書 ≪甲骨文編≫ p.246.

이 갑골문의 자형은 앞에서 살펴본 '高'자와 비슷하고, 자의(字義)도 대략 같다고 생각된다. 이에 대해 徐中舒는 "象人爲穴居形. 冂象丘上累土之高, 仐象穴上正出之階梯及屋頂形, 丨象充作楷柱之立木.[1] : 사람이 만든 혈거(穴居)의 모양을 형상화하였다. '冂'은 언덕 위에 흙을 높게 쌓은 것을 형상화하였고, '仐'은 동굴 위로 똑바로 낸 계단과 지붕 위의 모양을 형상화한 것이며, '丨'은 버팀목 기둥으로 충당하기 위해 세운 나무를 형상화한 것이다."라고 분석하였다. 이 '京'자에 대해 ≪說文解字≫에는 "京, 人所爲絕高丘也. 從高省, 丨象高形. : '京'은 사람이 만든 가장 높은 언덕이라는 뜻이다. 필획이 생략된 '高'를 구성 요소로 하고 있으며, '丨'은 높은 모양을 형상화한 것이다."라고 풀이하고 있다. 나중에 '京'을 '京城'의 뜻으로 사용한 것은 인신의(引伸義)이다.

갑골문에서의 뜻은 다음과 같다.

1. 높은 언덕. "貞 : 翌辛亥乎婦姸宜于磐京?"(≪餘7. 1≫)
2. 지명(地名). "癸卯卜, 賓貞 : 命郭系在京奠?"(≪甲3510≫), "辛丑卜, 貞 : 王田于亯京, 往來亡災?"(≪前2. 38. 4≫)

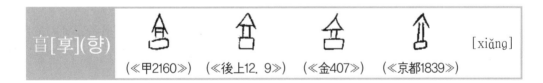

| 亯[享](향) | (≪甲2160≫) | (≪後上12. 9≫) | (≪金407≫) | (≪京都1839≫) | [xiǎng] |

위에 예시한 갑골문자는 기본적으로 '仐'과 '口'를 구성 요소로 하고 있는데, 이 글자 역시 혈거(穴居)의 모양을 형상화한 '亯' 즉 '享'자이다. 여기에서의 '口'는 거실이고, 위의 '仐'은 지붕인데, 이 글자의 자형 결구는 거실을 강조하고 있다. 이 거실은 휴식 공간이기도 하고, 또 음식물을 조리하는 곳이기도 하다. 이 때문에 이 공간은 때로는 제향(祭享)의 장소로 쓰이기도 하였다. 이 '亯'자에 대해 ≪說文解字≫에는, "亯, 獻也. 從高省, 曰象進孰物形. 孝經曰 : 祭則鬼亯之. 亯, 篆文亯. : '亯'은 진헌(進獻)하다는 뜻이다. 필획이 생략된 '高'와 '曰'을 구성 요소로 하고 있는데, '曰'은 익힌 음식물을 진헌하는 모양을 형상화한 것이다. ≪孝經·孝治章≫에는, 「제사를 올리면 귀신이 와서 음식물을 향용(享用)하게 된다.」라고 하고 있다. '亯'(亯)은 전문(篆文) '亯'자이다."라고 풀이하고 있다. 이에 대해 段玉裁는, "據

---

1) 徐中舒 前揭書 ≪甲骨文字典≫ p.598.

玄應書則𦤷者籀文也, 小篆作亯. 故隷書作亨・作享, 小篆之變也. ：玄應의 저서인 ≪一切經音義≫에 의거하면, '𦤷'자는 주문(籀文)이고, 소전(小篆)으로는 '亯'으로 썼다. 따라서 예서(隷書)로 '亨'으로 쓰기도 하고, '享'으로도 쓰는 것은 소전(小篆)의 변체(變體)이다."라고 하였다. 이로서 지금 우리가 쓰고 있는 '享'자는 '𦤷'의 후기자(後起字)임을 알 수 있다.

갑골문에서의 뜻은 다음과 같다.

1. '祭享'의 뜻으로 사용되었다. "癸卯貞：飮大宜于☒𦤷伐?"(≪後上21. 6≫)

2. 지명(地名). "乙卯卜, 殼貞：今日王勿往于𦤷?"(≪後上12. 9≫), "貞：今月其……星在𦤷?"(≪金407≫)

3. 인명(人名). "貞：侑于子𦤷?"(≪外262≫)

위에 예시한 갑골문 '羣'자는 기본적으로 '𦤷'과 '羊'을 구성 요소로 하고 있다. 위에서 살펴본 바와 같이 이 '𦤷'은 '𦤷'자인데, 여기에서는 이 글자의 아랫부분이 제사의 희생으로 제공되는 '羊'이 구성 요소로 되어 있는 것으로 보아, 제향(祭享)의 전용 장소 즉 종묘를 형상화한 것이라 짐작된다. 이 '羣'자에 대해 ≪說文解字≫에는, "羣, 孰也. 從𦤷羊. 讀若純. 一曰：𩚫也. 𦤷, 篆文羣. ：'羣'은 순숙(純熟)하다는 뜻이다. '𦤷'과 '羊'을 구성 요소로 하고 있다. 독음은 '純'자처럼 읽는다. 일설에는 죽(𩚫)이라는 뜻이라고도 한다. '𦤷'(羣)은 전문(篆文) '羣'자이다."라고 풀이하고 있다. 이에 대해 段玉裁는, "今俗云純熟, 當作此字. 純醇行而羣廢矣. …… 凡從羣者, 今隷皆作享, 與𦤷之隷無別. ：지금 세속에서 '純熟'이라고 하는데, '純'자는 당연히 이 글자 곧 '羣'자로 써야 한다. '純'자와 '醇'자가 통용되고 '羣'자는 폐기되었다. …… 무릇 '羣'을 구성 요소로 하고 있는 것은, 지금 예서(隷書) 즉 표준 자형으로는 모두 '享'으로 쓰는데, 이는 '𦤷'자의 예서(隷書)와도 다름이 없다."라고 주(注)하였다. 이 갑골문 '羣'자의 자의(字義)에 대해 徐中舒는, "經典多假羣爲敦, 故甲骨文之羣, 王國維亦讀爲敦, 訓爲廹爲伐, 可從.[1] ：경전(經典)에서는 대부분 '羣'자를 '敦'의 뜻으로 가차하고

1) 徐中舒 上揭書 ≪甲骨文字典≫ p.602.

있기 때문에, 갑골문의 '辜'자도 王國維는 '敦'으로 읽고, '廻'자와 '伐'자의 뜻으로 풀이하였는데, 따를만한 주장이다."이라고 하였다.

갑골문에서의 뜻은 다음과 같다.

1. '敦'과 통용. 토벌(討伐)하다. 닥치다. "丁卯卜, 殼貞 : 王辜缶于蜀?"(≪粹1175≫), "辛卯卜, 大貞 : 洹弘弗辜邑? 七月"(≪遺393≫)

2. 지명(地名). "戊子卜, 貞 : 王田辜往來亡災?"(≪續3. 16. 7≫), "癸未卜, 賓貞 : 旬亡禍? 六月在辜"(≪續4. 45. 8≫)

旱(후)

[hòu]

(≪後下32. 11≫)

위의 갑골문자는 주둥이가 크고 목이 좁은 용기(用器)에 곡물(穀物)이 들어있는 모양을 형상화한 상형자인데, 唐蘭이 이를 '厚'자로 고석(考釋)하였다.[1] ≪說文解字≫에는 이 '厚'자에 대해, "旱, 厚也. 從反亯. : '旱'는 두텁다는 뜻이다. '亯'자를 거꾸로 뒤집은 모양으로 구성되어 있다."라고 풀이하고 있고; '厚'자에 대해서는, "山陵之旱也. 從厂, 從旱. 垕, 古文 厚從后土. : 산릉(山陵)이 두텁다는 뜻이다. '厂'을 구성 요소로 하고, '旱'를 구성 요소로 하고 있다. '垕'(垕)는 '古文' '厚'자인데, '后'와 '土'를 구성 요소로 하고 있다."라고 풀이하고 있다. 이에 대해 段玉裁는 "山陵之厚, 故其字從厂. 今字凡旱薄字皆作此. : 산릉(山陵)이 두텁다는 뜻이기 때문에, 이 글자는 '厂'을 구성 요소로 하고 있다. 지금 사용하는 글자는 무릇 '旱薄'의 '旱'자를 모두 이렇게 쓴다."라고 주(注)하였다.

갑골문에서의 자의(字義)는 아직 명확하게 밝혀지지 않고 있다. "……卜, 旱"(≪後下32. 11≫)

---

1) 唐蘭 前揭書 ≪殷虛文字記≫ p.32를 참고.

畐(복)					[bì]
	《粹245》	《前4. 23. 8》	《存下757》	《京津4241》	

위의 갑골문자는 목이 길고 배가 둥글고 불룩한 모양의 기물을 형상화한 상형자인데, ≪甲骨文編≫에는 이 글자들을 '畐'자로 수록하고는, "卜辭畐用爲福.[1] : 갑골복사에서의 '畐'자는 '福'자의 뜻으로 사용되었다."라고 하고 있다. 이 '畐'자에 대해 ≪說文解字≫에는, "畐, 滿也. 從高省, 象高厚之形. 讀若伏. : '畐'은 가득하다는 뜻이다. 필획이 생략된 '高'를 구성요소로 하고 있는데, 높고 두터운 모양을 형상화하였다. 독음은 '伏'자처럼 읽는다."라고 풀이하고 있다.

갑골문에서의 뜻은 다음과 같다.

1. 제명(祭名). '福'과 통용. "丁亥卜, 貞 : 王賓畐, 亡尤?"(≪前4. 23. 8≫)
2. 지명(地名). "……叀御各于畐用, 王受祐?"(≪存下757≫)

良(량)					[liáng]
	《合集4956》	《乙5162》	《前2. 21. 3》	《懷495》	

商承祚는 위에 예시한 갑골문자에 대해 "季良父盉作⚮, 與此略同. 疑此亦良字.[2] : ≪季良父盉≫의 명문(銘文)에 ('良'자를) '⚮'으로 썼는데, 이 갑골문과 비슷하다. 이 갑골문 역시 '良'자일 것이라 생각된다."라고 하여, '良'자로 고석하였다. ≪說文解字≫에는 '良'자에 대해, "良, 善也. 從富省, 亡聲. 目, 古文良. 𣎴, 亦古文良. 𥫳, 亦古文良. : '良'은 선량하다는 뜻이다. 필획이 생략된 '富'을 의부, '亡(亡)'을 성부로 구성되었다. '目'(目)은 '古文' '良'자이다. '𣎴'(目)자 역시 '古文' '良'자이다. '𥫳'(畣)자 역시 '古文' '良'자이다."라고 풀이하고 있다.

갑골문에서의 뜻은 다음과 같다.

1. 인명(人名). '諸婦'의 이름. "壬辰卜, 㱿貞 : 婦良有子?"(≪乙2510≫)
2. 지명(地名). "丁巳卜, 行貞 : 王其田亡災? 在良"(≪前2. 21. 3≫)

---

1) 中國社會科學院考古硏究所 前揭書 ≪甲骨文編≫ p.249.
2) 商承祚 前揭書 ≪殷虛文字類編≫五卷 p.17上.

㐭(름)

(≪甲574≫) (≪前5. 6. 2≫) (≪京津2120≫) (≪粹915≫) [lǐn]

孫詒讓은 갑골문 ''자를 '㐭'자라고 고석하였는데,[1] 이 글자는 주춧돌로 짐작되는 큰 돌 위에 나무를 얽어 만든 창고 건물 모양을 형상화한 것이라 여겨진다. ≪甲骨文編≫에는 이 '㐭'자에 대해, "卜辭㐭與啚, 皆用爲鄙.[2] : 갑골복사에서의 '㐭'과 '啚'자는 모두 '鄙'자의 뜻으로 쓰이고 있다."라고 하고 있다. 이 '鄙'자는 변경 지역을 뜻한다. ≪說文解字≫에는 이 '㐭'자에 대해, "㐭, 穀所振入也. 宗廟粢盛, 蒼黃㐭而取之, 故謂之㐭. 從入, 從回, 象屋形, 中有戶牖. 廩, 㐭或從广從稟. : '㐭'은 곡식을 거두어 들여 저장하는 곳이다. 종묘에서 제사에 사용하는 곡물은 빛깔이 푸르누름할 때 이를 조심스럽게 취(取)해야 하기 때문에 '㐭'이라고 일컫는다. '入'을 구성 요소로 하고, '回'를 구성 요소로 하고 있다. ('回'는) 거두어 저장하는 건물 모양을 형상화한 것이고, ('回') 속의 '口'는 가운데에 창문이 있음을 나타낸 것이다. '廩'(廩)은 '㐭'의 혹체자(或體字)인데, '广'을 구성 요소로 하고, '稟'을 구성 요소로 하고 있다."라고 풀이하고 있다.

갑골문에서의 뜻은 다음과 같다.

1. 지명(地名). "己巳卜, 貞 : 命𡖊省在南㐭, 十月"(≪前5. 6. 2≫), "……南㐭省, 十月"(≪前4. 11. 6≫)
2. 인명(人名). "婦妌子曰㐭"(≪合287≫)

啚(비)

(≪菁2. 1≫) (≪續5. 7. 9≫) (≪甲3401≫) (≪乙839≫) [bǐ]

孫詒讓이 금문(金文) 자형과 비교하여 위의 갑골문을 '啚'자로 고석하여,[3] 정설이 되었다. 이 '啚'자는 자형이 '㐭'자와 비슷하고, 자의(字義)도 서로 같은데, 곡식을 저장하는 창고를

1) 孫詒讓 ≪契文擧例≫ (齊魯書社 1997. 濟南) 卷下 p.36下를 참고.

2) 中國社會科學院考古研究所 前揭書 ≪甲骨文編≫ p.250.

3) 孫詒讓 ≪契文擧例≫ (齊魯書社 1997. 濟南) 卷下 p.36下를 참고.

뜻한다. ≪說文解字≫에는, "啚, 嗇也. 從口, 從亩. 亩, 受也. 圖, 古文啚如此. : '啚'는 아끼다는 뜻이다. '口'를 구성 요소로 하고, '亩'을 구성 요소로 하고 있는데, '亩'은 받(아들이)다는 뜻이다. '圖'(晶)는 '古文' '啚'자인데, 이런 모양이다."라고 풀이하고 있다.

갑골문에서의 '啚'는 '鄙'로 통용되며, 지명(地名)으로 사용되었다. "……東啚戈二邑 ……"(≪菁2. 1≫), "癸酉卜, 古貞 : ……取虎于救啚?"(≪續5. 7. 9≫)

| 嗇(색) | (≪前4. 41. 3≫) | (≪鐵242. 2≫) | (≪乙4529≫) | (≪粹1161≫) | [sè] |

羅振玉이 위의 갑골문자를 '嗇'자로 고석하여,[1] 정설이 되었다. 하나 또는 다수의 '禾'와 '田' 또는 '亩'을 구성 요소로 하고 있는데, 하나의 강조된 '禾' 또는 다수의 '禾'를 구성 요소로 한 것은, 창고에 화곡(禾穀)이 가득 찼음을 나타낸 것이라 짐작된다. 이 '嗇'자에 대해 ≪說文解字≫에는, "嗇, 愛濇也. 從來亩. 來者, 亩而臧之. 故田夫謂之嗇夫. 一曰棘省聲. 畓, 古文嗇從田. : '嗇'은 애석(愛惜)해하다는 뜻이다. '來'와 '亩'을 구성 요소로 하고 있는데, 맥곡(麥穀)인 '來'를 창름(倉廩)에 거두어 저장하였음을 뜻한다. 그래서 농부를 '嗇夫'라고 부른다. 일설에는 필획이 생략된 '棘'을 성부로 하였다고도 한다. '畓'(畓)은 '古文' '嗇'자인데, '田'을 구성 요소로 하고 있다."라고 풀이하고 있다.

갑골문에서의 뜻은 다음과 같다.

1. 지명(地名). "貞 : 乎逐在嗇鹿獲?"(≪乙3431≫), "貞 : 翌庚申, 王令獲鹿于嗇?"(≪乙 6235≫)

2. 인명(人名). "庚戌卜, 王乎嗇射虎……獲?"(≪鐵242. 2≫)

1) 羅振玉 前揭書 ≪增訂殷虛書契考釋≫卷中 p.35上을 참고.

來(래)				[lái]
	(《乙6378》)	(《鐵24. 2》)	(《甲790》)	(《佚897》)

　　徐中舒는 위의 갑골문자들을 '來'자로 수록하고, "象來麰之形, 卜辭用爲行來字.[1] : 보리의 모양을 형상화하였는데, 갑골복사에서는 '行來'의 '來'자의 뜻으로 사용되고 있다."라고 하였다. 이는 갑골문 '來'자는 보리의 뿌리·줄기·잎 등의 모양을 형상화한 상형자라는 말이다. 《說文解字》에는, "來, 周所受瑞麥來麰也. 二麥一夆, 象其芒束之形. 天所來也, 故爲行來之來. 詩曰 : 詒我來麰. : '來'는 周나라 지역에서 받아들인 상서롭고 우량한 보리인 소맥(小麥)과 대맥(大麥)이다. 두 개의 보리 이삭과 하나의 봉우리 모양으로, '麥芒' 즉 보리 까끄라기와 '麥束' 즉 보리가시의 모양을 형상화하였다. ('來'는) 하늘이 내려주신 것이라고 하여 '行來'의 '來'로 사용하게 되었다. 《詩經·周頌·思文》에, 「우리에게 소맥과 대맥을 보내주셨네.」라고 하고 있다."라고 풀이하고 있다.

　　갑골문에서의 뜻은 다음과 같다.

1. 오다. '往來'의 '來'. "貞 : 其有來艱自西?"(《乙6378》), "☒辰王卜, 貞 : 田敦往來亡災? 王占曰 : 吉. 茲御獲鹿二."(《前2. 26. 5》)
2. 미래의 시간. "……來日酊"(《京津4219》)
3. 지명(地名). "己酉卜, 行貞 : 王其步, 自彭于來亡災?"(《後上12. 12》)

麥(맥)				[mài]
	(《前2. 10. 3》)	(《戩10. 8》)	(《佚518》)	(《珠404》)

　　위의 갑골문 '麥'자는 뿌리·잎·줄기·이삭 등을 모두 갖춘 완전한 한 포기의 보리 모양을 형상화한 상형자이다. 이 '麥'자에 대해 《說文解字》에는, "麥, 芒穀, 秋穜厚薶, 故謂之麥. 麥金也. 金王而生, 火王而死. 從來, 有穗者也, 從夊. : '麥'은 까끄라기와 가시가 있는 곡식이다. 가을에 파종하고, 두텁게 덮어 묻는데, 이 때문에 '麥'이라고 부른다['薶(埋)'와 '麥'은 疊韻이다]. '麥'은 오행(五行) 중 '金'에 속하는데, '金'이 왕성한 가을에 생장(生長)하

---

1) 徐中舒 前揭書 《甲骨文字典》 p.616.

고, '火'가 왕성한 여름에 죽는다. '來'를 구성 요소로 하고 있는데, 이는 이삭이 있는 곡물이기 때문이다. 또한 '夊'를 구성 요소로 하고 있다."라고 풀이하고 있다. 여기에서의 '從來有穗者'라는 말에 대해 段玉裁는, "有穗猶有芒也. 有芒故從來. 來象芒束也. : 이삭이 있다는 것은 까끄라기가 있다는 것과 같은데, 까끄라기가 있으므로 '來'를 구성요소로 하고 있는 것이다. '來'는 까끄라기와 가시를 형상화한 것이다."라고 주(注)하였다. 그리고 李孝定은, "來 · 麥當是一字. …… 𐤀本象到止形, 於此但象麥根. 以𐤀段爲行來字, 故更製繁體之𐤀以爲來麰之本字.[1] : '來'와 '麥'은 한 글자임이 틀림없다. …… '𐤀'는 본래 '止'를 거꾸로 뒤집은 모양인데, 여기에서는 보리의 뿌리를 형상화했을 뿐이다. '𐤀'를 '行來'의 '來'로 가차하였기 때문에, 번체(繁體)의 '𐤀'자를 다시 만들어서 '來麰' 즉 소맥과 대맥을 뜻하는 본자(本字)로 삼았다."라고 하였다.

갑골문에서의 뜻은 다음과 같다.

1. 보리. "……月一, 正日食麥, 甲子……"(≪後下1. 5≫)
2. 지명(地名). "癸巳王卜, 在麥貞 : 旬亡禍? 王占曰 : 吉."(≪前2. 10. 3≫), "癸巳王卜, 在麥貞 : 旬亡禍? 王占曰 : 吉."(≪珠404≫), "壬午, 王田于麥麓……"(≪佚518≫) : 지금의 太行山 남쪽에 있었던 수렵 지역의 하나였다.

| 夊(쇠) | (≪前8. 4. 2≫) | (≪乙2110≫) | (≪乙6690≫) | (≪後下18. 4≫) | [suī] |

≪甲骨文編≫에는 위에 예시한 갑골문자들을 '夊'자로 수록하고 있는데,[2] 이는 '止'자를 거꾸로 뒤집어 쓴 자형이다. 이 '夊'자에 대해 ≪說文解字≫에는, "夊, 行遲曳夊夊也. 象人兩脛有所躧也. : '夊'는 느리게 질질 끌듯 가다는 뜻이다. 사람이 짚신을 신고 두 다리를 질질 끌며 걷는 모양을 형상화하였다."라고 풀이하고 있다.

갑골문에서의 뜻은 다음과 같다.

1. 제품(祭品)의 하나. 무엇을 지칭하는지는 아직 밝혀지지 않았다. "辛卯……夊及示"

1) 李孝定 前揭書 ≪甲骨文字集釋≫ p.1892.
2) 中國社會科學院考古研究所 前揭書 ≪甲骨文編≫ p.253.

(≪前8. 4. 2≫), "御石于安豕有十夂"(≪乙6690≫)

2. '貞人'의 이름. "己亥卜, 夂貞 : 王賓歲, 亡尤?"(≪甲27≫)

3. 인명(人名)으로 짐작된다. "夂冂冂入二在☒"(≪丙13≫)

				[fù]
复(복)	(≪前5. 13. 5≫)	(≪鐵145. 1≫)	(≪粹1058≫)	(≪續5. 2. 4≫)

孫詒讓이 위의 갑골문을 '复'자로 고석하여,[1] 정설이 되었다. 이 갑골문 '复'자는 발로 걸어서 성읍(城邑)을 빙 돌며 왕래하는 모양을 형상화한 자형이다. 이 '复'자에 대해 ≪說文解字≫에는, "复, 行故道也. 從夂, 畐省聲. : '复'은 이미 걸었던 길을 다시 걷다는 뜻이다. '夂'를 의부, 필획이 생략된 '畐'을 성부로 구성되었다."라고 풀이하고 있다. 이에 대해 段玉裁는, "彳部又有復, 復行而复廢矣. 疑彳部之復, 乃後增也. : (≪說文解字≫의) '彳'부(部)에 또 '復'자가 있는데, '復'자는 통용되고 '复'자는 폐기되었다. 아마도 '彳'부의 '復'자는 나중에 덧붙인 것으로 짐작된다."라고 주(注)하였다.

그런데 갑골문 '复'자는 '畐'을 구성 요소로 하고 있지 않다. 이 '复'자에 대해 徐中舒는, "🗛象穴居之兩側有台階上出之形, 夂象足趾. 台階所以供出入, 夂在其上, 則會往返出入之意. : '🗛'은 혈거의 두 옆면에 계단을 위로 낸 모양을 형상화한 것이며, '夂'는 발걸음을 형상화한 것이다. 계단은 출입에 사용하기 위한 것이고, 발이 그 위에 있는 것은, 왕래하고 출입한다는 뜻을 합친 것이다."라고 해석하였다.

갑골문에서의 뜻은 다음과 같다.

1. 왕래하다. "己巳卜, 爭貞 : 王复日……?"(≪粹1058≫), "乙酉卜, 爭貞 : 往复從臬幸工方? 二月"(≪前5. 13. 5≫)

2. 인명(人名). "乙卯卜, 余乎复?"(≪鐵145. 1≫)

---

1) 孫詒讓 前揭書 ≪契文舉例≫ 卷上 p.8上을 참고.

夒(노)		[náo]
	《甲2336》)　　(《前6. 18. 4》)　　(《拾6. 9》)　　(《粹1》)	

　　王國維는 위의 갑골문을 '夒'자라고 고석하고, 이 '夒'자는 다음의 '夔'자와 동자(同字)이며, 상고음(上古音)에서 '夔'자와 '嚳'자는 자음(字音)이 비슷하여 통용됨에 근거하여, 복사에서의 '夒'는 商 왕실의 선공(先公) 帝嚳을 지칭한다고 주장하였고,[1] 이 주장은 오래 전에 이미 학계의 정설이 되었다. 이 글자는 측면에서 본 원숭이의 모양을 형상화한 상형자이다. 이 '夒'자에 대해 《說文解字》에는, "夒, 貪獸也. 一曰：母猴, 似人. 從頁, 巳・止・夂, 其手足. ：'夒'는 탐욕스러운 짐승의 하나이다. 일설에는 사람과 비슷한 미후(獼猴)라고도 한다. '頁'을 구성 요소로 하고, 또 '巳'・'止'・'夂'를 구성 요소로 하여 손과 발을 나타내었다." 라고 풀이하고 있다. 여기에서의 '母猴'에 대해서 段玉裁는, "單呼猴, 累呼母猴, 其實一也. 母猴與沐猴・獼猴, 一語之轉. 母非父母字. ：한 글자로는 '猴'라고 하고, 복수(複數)의 글자로는 '母猴'라고 하는데, 사실은 같은 말이다. '母猴'와 '沐猴'・'獼猴'는 같은 말의 발음이 전변(轉變)된 것이다. 여기서의 '母'는 '父母'의 '母'자가 아니다."라고 주(注)하였다. 그리고 '巳'・'止'・'夂'에 대해서도, 段玉裁는 "巳・止, 象其似人手; 夂, 象其足. ：'巳'와 '止'는 사람 손을 닮은 것을 형상화한 것이고; '夂'는 그 발을 형상화한 것이다."라고 하였다.

　　갑골문에서의 뜻은 다음과 같다.

1. 미후(獼猴). "……其獲夒"(《拾6. 9》)
2. 인명(人名). 商 왕실의 선공(先公)인 帝嚳을 지칭. "貞：求年于夒九牛?"(《佚886》), "……賓貞：壬寅寮于夒……牢? 十月"(《前6. 18. 4》), "叀高祖夒祝用, 王受祐?"(《粹1》)

夔(기)	🐾	[kúi]
	(《鐵100. 2》)[《續6. 19. 4》・《戩42. 2》・《佚120》과 동일(同一)]	

　　《甲骨文編》에는 《鐵100. 2》의 이 글자를 단독으로 '夔'자로 수록하고는, "唐蘭釋夒.

---

1) 王國維 <卜辭中所見先公先王考>, 前揭書 《觀堂集林》 卷9 pp.411~413을 참고.

: 唐蘭이 '夒'자라고 고석하였다."[1]라고만 하고 있다. 이 '夒'자에 대해 ≪說文解字≫에는, "神魖也. 如龍一足. 從夊, 象有角手人面之形. : '夒'는 신기(神奇)한 괴물의 하나를 뜻한다. 용(龍)과 비슷하고 발이 하나다. '夊'를 구성 요소로 하고 있고, 뿔·손·사람의 얼굴 모양을 형상화한 것으로 구성되어 있다."라고 풀이하고 있다. 이에서 보는 바와 같이 ≪說文解字≫에는 '夒'자와 '夒'자를 완전히 서로 다른 글자로 설명하고 있으나, 갑골문에서는 자형도 비슷하고, 두 글자 모두 商 왕실의 帝嚳을 지칭하고 있어서, 앞에서 살펴본 바와 같이 王國維는 이 두 글자를 동자(同字)로 보았다. 그리고 ≪說文解字≫를 절대적으로 신봉했던 章太炎은 이 두 글자에 대해, "夒即猴身, 其字上象有角, 下即夒字, 夒亦母猴, 則夒特母猴有角者爾.[2] : '夒'는 원숭이의 몸을 뜻하는데, 글자 윗부분은 뿔을 형상화하였고, 아래 부분은 '夒'자인데, '夒'는 또한 '母猴'이므로, '夒'는 특별히 '母猴' 중에서 뿔이 있는 것일 뿐이다."라고 하여, 더욱 명확하게 이 두 글자의 관계를 설명하였다.

갑골문에서의 뜻은 앞의 '夒'자와 같이 帝嚳을 지칭하고 있다. "……入爻自夒……[般庚]至[新]……"(≪鐵100. 2≫)

舞(무)	ﾔ	大	芥	🌿	[wǔ]
	(≪前7. 35. 2≫)	(≪鐵120. 3≫)	(≪京都3085≫)	(≪甲2858≫)	

≪甲骨文編≫에는 위의 갑골문자들을 '舞'자로 수록하고는, "象人兩手曳牛尾而舞之形, 後世用爲無.[3] : 사람이 두 손으로 소꼬리를 끌면서 춤추는 모양을 형상화하였는데, 후세에는 '無'자로 사용되었다."라고 하고 있다. 이 갑골문 '舞'자의 자형은 사람을 뜻하는 '大'와 춤 도구를 의미하는 '㭎'로 구성되어 있고, 춤(추다)의 뜻이다. 이 '舞'자에 대해 ≪說文解字≫에는, "舞, 樂也. 用足相背. 從舛, 無聲. 翍, 古文舞, 從羽亾. : '舞'는 춤을 위한 음악의 한 형식이다. 두 발을 서로 대칭되게 밟는다는 의미이다. '舛'을 의부, '無'를 성부로 구성되었다. '翍'(翍)는 '古文' '舞'자로, '羽'와 '亾'(亡)를 구성 요소로 하고 있다."라고 풀이하고 있다.

갑골문에서의 뜻은 다음과 같다.

1) 中國社會科學院考古研究所 前揭書 ≪甲骨文編≫ p.254.

2) 李孝定 前揭書 ≪甲骨文字集釋≫ pp.1905~1906에서 재인용.

3) 中國社會科學院考古研究所 前揭書 ≪甲骨文編≫ p.254.

1. 춤(추다). "己未卜, 殼貞：我舞?"(≪粹1312≫), "乙未卜, 今月奏舞, 有從雨?"(≪前 3. 20. 4≫)

2. 춤을 관장하는 관직(官職) 이름. "貞：乎取舞臣?"(≪乙2373≫), "貞：勿乎多老舞? 貞：乎多老[舞]? 王占曰：其有雨……"(≪前7. 35. 2≫)

| 韋(위) | (≪後下18. 2≫) | (≪燕3≫) | (≪乙2118≫) | (≪前5. 47. 1≫) | [wěi] |

李孝定은 위의 갑골문자들을 '韋'자로 수록하고는, '圍'의 고자(古字)라고 하였다.[1] 이 갑골문 '韋'자는 기본적으로 두 개의 '止'와 '囗'로 구성되어 있는데, 이 '囗'는 성읍(城邑)을 의미한다. 이런 자형 결구는 두 발로 성읍을 돌아다니는 모양을 형상화한 것이라 짐작된다. 이 '韋'자에 대해 ≪說文解字≫에는, "韋, 相背也. 從舛, 囗聲. 獸皮之韋, 可㠯以束物枉戾相韋背, 故借㠯爲皮韋. 𣎆, 古文韋. : '韋'는 서로 위배(違背)되다는 뜻이다. '舛'을 의부, '囗'를 성부로 구성되었다. 짐승의 숙피(熟皮)는, 구부려서 서로 어긋난 사물을 묶어서 교정(矯正)하는데 사용하므로, 가차하여 '皮韋'의 '韋'자로 사용하게 되었다. '𣎆'(𣎆)는 '古文' '韋'자이다." 라고 풀이하고 있다. 段玉裁는 이 글자에 대해, "今字違行, 而韋之本義廢矣. : 지금 이 글자의 의미로는 '違'자가 통용됨에 따라, '韋'의 본의는 폐기되었다."라고 주(注)하였다.

갑골문에서의 뜻은 다음과 같다.

1. '貞人'의 이름. "丁巳卜, 韋貞：舌方其𪎭戲?"(≪前5. 47. 1≫), "壬戌卜, 韋貞： 翊乙丑王勿出? 王占曰：乙余……"(≪燕3≫)

2. 방국명(方國名) 또는 지명(地名). "戊寅卜, 在韋𪍌自人亡𢦏?"(≪京都2141≫)

3. 인명(人名). "癸丑卜, ……子韋?"(≪後下18. 2≫)

---

1) 李孝定 前揭書 ≪甲骨文字集釋≫ p.1929.

| 弟(제) | (≪燕128≫) | (≪乙484≫) | (≪庫1506≫) | (≪乙8818≫) | [dì] |

吳其昌은 위의 갑골문자에 대해, "以形體言之, 弟字明爲叔字之省變. 金文叔作 **箕**, 弟作 **箕**, 同象有繒繳纏繞於簳蒿之形.[1] : 형체로 말하자면, '弟'자는 '叔'자의 생략되고 변형된 모양이 분명하다. 금문 '叔'자는 '**箕**'으로 쓰고, '弟'자는 '**箕**'로 썼는데, 이는 꼭 같이 주살의 줄에 두 가닥으로 볏짚대가 묶여 있는 모양을 형상화하였다."라고 고석하여, 정설이 되었다. 이 '弟'자에 대해 ≪說文解字≫에는, "弟, 韋束之次弟也. 從古文之象. **箕**, 古文弟, 從古文 韋省, ╱聲. : '弟'는 가죽 끈으로 사물을 묶는 차례라는 뜻이다. [소전(小篆)의 자형은] '古文' 의 자형 모양으로 구성되어 있다. '**箕**'(丯)는 '古文' '弟'자인데, 필획이 생략된 '古文' '韋'자를 의부, '╱'을 성부로 구성되었다."라고 풀이하고 있다.

갑골문에서는 지명(地名)으로 사용된 것이라 짐작된다. "貞 : 啓弟?"(≪乙8722≫), "辛巳 貞 : 啓弟?"(≪乙8818≫) : '啓'는 날씨가 개다는 뜻이다.

| 乘[桀](승) | (≪前7. 38. 1≫) | (≪粹1109≫) | (≪燕596≫) | (≪佚875≫) | [chéng] |

예시한 갑골문은 사람을 의미하는 '大'와 '木'을 구성 요소로 하고 있는데, 王國維가 이를 '乘'자로 고석하여,[2] 정설이 되었다. 이 갑골문 '乘'자는 사람이 나무 위에 올라 있는 모양을 형상화한 자형 결구로, 높이 오르다는 뜻을 나타내는데, 여기에서 인신(引伸)되어 후세에는 '차에 오르다', '승차(乘車)하다' 등의 뜻으로 사용되었다. ≪說文解字≫에는, "桀, 覆也. 從入桀; 桀, 黠也. 軍法入桀曰桀. **夰**, 古文桀, 從几. : '桀'은 눌러서 덮다는 뜻이다. '入'과 '桀'을 구성 요소로 하고 있는데, '桀'은 강(強)하다는 뜻이다. 군법서(軍法書)에서는 약한 병력으로 강한 군대를 이기는 것을 '乘'이라고 한다. '**夰**'(夰)은 '古文' '乘'자인데, '几'를 구성 요소로 하고 있다."라고 풀이하고 있다.

---

1) 吳其昌 ≪金文名象疏證·兵器篇≫, 李孝定 前揭書 ≪甲骨文字集釋≫ p.1931에서 재인용.
2) 王國維 前揭書 ≪戩壽堂所藏殷虛文字·考釋≫ p.26下를 참고.

갑골문에서는 '望乘'이라는 무관(武官)의 관직명(官職名)으로 사용되었다. "庚子卜, 賓貞 : 翌甲辰臣望乘羌來?"(≪燕596≫), "丙戌卜, 爭貞 : 今[秋]王从望乘伐下危, 我受有祐?" (≪鐵249. 2≫), "……王从望乘伐下危受有[祐]?"(≪前7. 38. 1≫) : '下危'는 방국명(方 國名)이다.

第 6 篇

木(목)				[mù]
	≪甲600≫	≪珠890≫	≪明藏619≫	≪燕598≫

　위의 갑골문 '木'자는 뿌리와 줄기 및 가지를 모두 나타낸 나무의 모양을 형상화한 상형자이다. 이에 대해 徐中舒는, "甲骨文木字上象枝, 中象幹, 下象根, 實不從屮. 卜辭中無用作本義之例, 只在從木之字中, 如桑·桌等字中尚保留木之本義.[1] : 갑골문 '木'자의 윗부분은 나뭇가지를 형상화한 것이고, 가운데 부분은 줄기를 형상화한 것이며, 아래 부분은 뿌리를 형상화한 것이므로, '木'자는 원래 '屮'를 구성 요소로 하지 않았다. 복사(卜辭)에서는 '木'의 본의로 사용된 예는 없으며, 단지 '木'을 구성 요소로 하고 있는 글자들 중에서, 예를 들면 '桑·桌' 등의 글자들 가운데에 나무라는 '木'의 본의가 보존되어 있을 뿐이다."라고 하였다. 이 '木'자에 대해 ≪說文解字≫에는, "木, 冒也. 冒地而生, 東方之行. 從屮, 下象其根. : '木'은 마구 뒤집는다는 뜻이다. 땅을 뒤집고서 생장하는데, 이는 동쪽 방향의 물질을 대표한다. '屮'를 구성 요소로 하고 있으며, 글자의 아래 부분은 그 뿌리를 형상화한 것이다."라고 풀이하고 있다.

　갑골문에서의 뜻은 다음과 같다.

---

1) 徐中舒 前揭書 ≪甲骨文字典≫ p.639.

1. 지명(地名). "壬午卜, 王田木, 王來亡災? 弘吉."(≪後上15. 5≫)

2. 방국명(方國名). "壬午貞 : 癸未王令木方之? 王令木其福告"(≪甲600≫)

3. 인명(人名)으로 짐작된다. "貞 : 叀木命衛一月?"(≪燕598≫)

4. 자의(字義)가 불분명하며, 제사(祭祀)의 대상이다. "貞 : 尞于木三豭三羊?"(≪南1. 50≫)

5. 제명(祭名) '米' 즉 '尞'의 생략형. "己丑卜, 木夕雨?"(≪京都2391≫)

| 杏(행) | (≪林2. 18. 2≫) (≪合集17524≫) | [xìng] |

李孝定은 위의 갑골문 '杏'자에 대해, "從木從 H, 不從口, 乃眞杏字.[1] : '木'과 'H'를 구성 요소로 하고 있고, '口'를 구성 요소로 하지 않았는데, 이것이 진짜 '杏'자이다."라고 하였다. 그러나 위의 갑골문에서의 'H'가 무엇을 의미하는지는 밝혀지지 않았지만, 입을 뜻하는 것은 아닌 것 같다. 이 '杏'자에 대해 ≪說文解字≫에는, "杏, 杏果也. 從木, 向省聲. : '杏'은 살구나무라는 뜻이다. '木'을 의부, 필획이 생략된 '向'을 성부로 구성되었다."라고 풀이하고 있다.

갑골문에서는 인명(人名)으로 사용되었다. "帚杏三屯"(≪林2. 18. 2≫)

| 杜(두) | (≪七P67≫) | [dù] |

≪甲骨文編≫에는 위에 예시한 ≪七P67≫의 이 '杜'자를 해설 없이 '杜'자로 수록하고 있는데,[2] 이 글자는 '木'과 '土'를 구성 요소로 하고 있으며, 금문(金文) '杜'자는 '杜'(≪格伯簋≫)로 쓴다. 이 '杜'자에 대해 ≪說文解字≫에는, "杜, 甘棠也. 從木, 土聲. : '杜'는 '甘棠' 즉 팥배나무라는 뜻이다. '木'을 의부, '土'를 성부로 구성되었다."라고 풀이하고 있는데, 이에

---

1) 李孝定 上揭書 ≪甲骨文字集釋≫ p.1779.
2) 中國社會科學院考古研究所 前揭書 ≪甲骨文編≫ p.259.

대해 段玉裁는, "棠不實, 杜實而可食則謂之甘棠 : ‘棠’은 수나무여서 열매를 맺지 않으며, ‘杜’는 암나무로 열매를 맺는데, 이 열매는 먹을 수도 있기에 이를 ‘甘棠’이라고 일컬었다."라고 주(注)하였다. 郭璞은 ≪爾雅注·釋木≫에서, "杜, 今之杜梨. : ‘杜’는 지금의 ‘杜梨’ 즉 팥배나무이다."라고 하였다. 갑골문 문례(文例)는 이 글자 하나만 판독될 뿐이다.

| 柳(류) | (≪續3. 31. 6≫) | (≪英2566≫) | (≪合集36526≫) | [liǔ] |

선사(先師) 金祥恒 교수는 위의 갑골문을 해설 없이 ‘柳’자로 수록하였는데,[1] 이 글자는 ‘木’과 ‘卯’를 구성 요소로 하고 있다. ≪說文解字≫에는 이 ‘柳’자에 대해, "柳, 少楊也. 從木, 丣聲. 丣, 古文酉. : ‘柳’는 수양버드나무라는 뜻이다. ‘木’을 의부, ‘丣’를 성부로 구성되었다. ‘丣’는 ‘古文’ ‘酉’자이다."라고 풀이하고 있다. ‘柳’자의 자의에 대해 段玉裁는, "楊之細莖小葉者曰柳. : ‘楊’의 줄기가 가늘고 잎이 작은 것을 ‘柳’라고 한다."라고 했는데, 이는 수양버드나무를 말한 것이다. 그리고 이 글자의 성부 ‘古文’ ‘酉’자에 대해 李孝定은, "丣與古文酉字之形, 迥不相侔, 而與古文篆文之卯反近, 疑實從卯也.[2] : ‘丣’는 ‘古文’ ‘酉’자와는 모양이 너무 다르고, ‘古文’과 전문(篆文) ‘卯’자와 오히려 비슷한 것으로 미루어 보아, 실제로 ‘卯’를 구성 요소로 한 것이라 짐작된다."라고 주장하였다.

갑골문에서는 지명(地名)으로 사용되었다. "……在𡇚貞 : [王田]柳往來……? 茲獲有麋四十八, 犬一"(≪續3. 31. 6≫)

| 杞(기) | (≪前2. 8. 7≫) | (≪乙8895≫) | (≪後上13. 1≫) | (≪後上37. 5≫) | [qǐ] |

羅振玉은 위의 갑골문을 ‘杞’자로 수록하면서, "杞伯敦作𣏕, 从己在木下, 與此同.[3] : (‘杞’자를) ≪杞伯敦≫에 ‘𣏕’로 쓰고 있는데, 이는 ‘己’가 ‘木’ 아래에 있는 모양으로 구성된

---

1) 金祥恒 前揭書 ≪續甲骨文編≫ 卷6 p.1上.

2) 李孝定 前揭書 ≪甲骨文字集釋≫ p.1943.

3) 羅振玉 前揭書 ≪增訂殷虛書契考釋≫卷中 p.35下.

것이, 이 갑골문과 자형 결구가 같다."라고 고석하여, 정설이 되었다. 이 '杞'자에 대해 ≪說文解字≫에는, "杞, 枸杞也. 從木, 己聲. : '杞'는 구기자나무라는 뜻이다. '木'을 의부, '己'를 성부로 구성되었다."라고 풀이하고 있다.

갑골문에서의 뜻은 다음과 같다.

1. 지명(地名). "壬辰卜, 在杞貞 : 今日王步於商, 亡災?"(≪前2. 8. 7≫)
2. 방국명(方國名). "丁酉卜, 㱿貞 : 杞侯執弗其骨凡有疾?"(≪後下37. 5≫)

| 柏(백) |
(≪佚195≫) |
(≪京都1926≫) | [bǎi] |

李孝定은 ≪佚195≫의 '⚇'자를 '柏'자로 수록하고는, 이 글자가 '木'과 '白'을 구성 요소로 하고 있는 것에 근거하여, "栔文作枲, 古文偏旁位置無定, 當卽柏字.[1] : 갑골문으로는 '枲'으로 썼는데, 고문자(古文字)에서의 편방의 위치는 고정되어 있지 않으므로, 이 글자는 바로 '柏'자임이 틀림없다."라고 하였다. 이 '柏'자에 대해 ≪說文解字≫에는, "柏, 鞠也. 從木, 白聲. : '柏'은 측백나무라는 뜻이다. '木'을 의부, '白'을 성부로 구성되었다."라고 풀이하고 있다. 이에 대해 段玉裁는, "釋木曰 : 柏, 椈. 襍記 : 暢臼以椈. 鄭曰 : 椈, 柏也. 按, 椈者, 鞠之俗. : ≪爾雅·釋木≫에는 「柏'은 '椈' 즉 측백나무라는 뜻이다.」라고 하고 있다. ≪禮記·雜記≫에 '暢臼以椈'이라는 말 중의 '椈'에 대해서 鄭玄은, 「椈'은 '柏' 즉 측백나무라는 뜻이다.」라고 주(注)하였다. 살펴보면, '椈'이란 '鞠'의 속자(俗字)이다."라고 주(注)하였다.

갑골문에서는 지명(地名)으로 사용되었다. "辛亥……貞 : 又獲在柏☒?"(≪佚195≫)

| 樹(수) |
(≪續3. 30. 2≫) |
(≪前2. 7. 6≫) |
(≪前2. 8. 2≫) |
(≪前2. 12. 4≫) | [shù] |

위의 갑골문은 '木'과 '⿰豆' 및 '力'을 구성 요소로 하고 있는데, 羅振玉은 이 글자를 '樹'자로 고석하면서, "樹與尌當是一字. …… 石鼓文尌字, 從又, 以手植之也. 此從力, 樹物使植立

---

1) 李孝定 前揭書 ≪甲骨文字集釋≫ p.1947.

必用力, 與又同意.[1] : '樹'자와 '尌'자는 같은 글자임이 틀림없다. …… 석고문의 '尌'자는 '又'를 구성요소로 하고 있는데, 손으로 이를 세워서 심는다는 뜻을 나타낸다. 이 갑골문은 '力'을 구성 요소로 하고 있는데, 이는 나무 같은 물체를 똑바로 서 있도록 하려면 반드시 힘을 써야 하며, 이는 '又'와 같은 뜻이다."라고 하였다. 이 '樹'자에 대해 ≪說文解字≫에는 "樹, 木生植之總名也. 從木, 尌聲. 𣗊, 籒文. : '樹'는 나무가 생장(生長)하여 직립(直立)한 것의 총칭(總稱)이다. '木'을 의부, '尌'를 성부로 구성되었다. '𣗊'(尌)는 주문(籒文)이다."라고 풀이하고 있다.

갑골문에서는 지명(地名)으로 사용되었다. "癸酉卜, 在樹貞 : 王[其田]往來亡災?"(≪前 2. 8. 2≫), "庚申王卜, 在☐貞 : 今日步于樹亡災?"(≪掇2. 19≫)

| 朱(주) | 𣎵 (≪後上12. 8≫) | 𣎳 (≪珠121≫) | 𣎴 (≪合集36743≫) | 𣎵 (≪合補11103) | [zhū] |

徐中舒는 위에 예시한 앞쪽의 두 갑골문을 '朱'자로 수록하고는, "商承祚謂甲骨文朱象系珠形, 中之橫劃或點象珠形. 兩端象三合繩分張之形. 古多重赤色珠, 故朱得有赤義, 爲珠之初文.[2] : (≪中央研究院歷史語言研究所集刊≫第一本 一分册〈釋朱〉에서) 商承祚는, 「갑골문의 '朱'자는 구슬을 꿴 모양을 형상화하였는데, 가운데의 가로획이나 점은 구슬의 모양을 형상화한 것이다. 그리고 양쪽 끝은 세 가닥의 끈이 펼쳐진 것을 합쳐 놓은 모양을 형상화한 것이다. 고대에는 대부분 붉은색의 구슬을 중시하였기 때문에, '朱'자가 붉은색이란 뜻을 가지게 되었으며, 이는 '珠'자의 초문(初文)이다.」라고 하였다."라고 하면서, ≪說文解字≫의 '赤心木'이란 풀이는 후세에 생겨난 뜻이라고 하였다. ≪說文解字≫에는 이 '朱'자에 대해, "朱, 赤心木, 松柏屬. 從木, 一在其中. : '朱'는 적심목(赤心木) 즉 주목(朱木)이라는 뜻인데, 송백(松柏) 속(屬)이다. '木'을 구성 요소로 하고 있으며, 그 중심에 '一'이 있는 모양으로 구성되었다."이라고 풀이하고 있다.

갑골문에서는 지명(地名)으로 사용되었다. "☐☐卜, 賓[貞] …… 在朱……?"(≪後上12.

1) 羅振玉 前揭書 ≪增訂殷虛書契考釋≫卷中 p.63上.
2) 徐中舒 前揭書 ≪甲骨文字典≫ p.644.

8≫), "戊午卜, 貞 : 王田朱, 往來亡災? 王占曰 : 吉. 玆禦獲犀十, 虎一, 狼一."(≪遺珠121≫)

條(조)	𢖜	𣏟	𣓀	𣓀	[tiáo]
	(≪前1. 46. 4≫)	(≪粹1143≫)	(≪鐵249. 2≫)	(≪前5. 25. 3≫)	

예시한 갑골문에 대해 于省吾는, "此當象木條形, 即條之古文也. 說文條從木攸聲. 𣏟本爲象形字, 孳演已久, 加攸爲聲符, 遂成條字. 蓋由象形文, 演變爲形聲字. …… 郭沫若謂象盆中艸木欣欣向榮之形, 是也.[1] : 이 글자는 나뭇가지 모양을 형상화한 것이 틀림없으며, 이는 곧 '條'자의 고자(古字)이다. ≪說文解字≫에, '條'자는 '木'을 의부, '攸'를 성부로 구성되었다고 하고 있다. '𣏟'은 본래 상형자인데, 다양하게 변화한지 이미 오래되었으며, '攸'를 성부로 덧붙여서 마침내 '條'자가 되었다. 상형자에서 형성자로 변(變)한 것일 것이다. …… 郭沫若이 화분안의 초목이 무성한 모양을 형상화한 것이라고 한 것은 옳다."라고 하였다. 이에 의하면, 이 글자는 '條'자이고, 본의는 나뭇가지라고 할 수 있다. ≪說文解字≫에는 이 '條'자에 대해, "條, 小枝也. 從木, 攸聲. : '條'는 작은 나뭇가지라는 뜻이다. '木'을 의부, '攸'를 성부로 구성되었다."라고 풀이하고 있다. 段玉裁는 이런 자의(字義) 해설에 대해, "毛傳曰 : 枝曰條. 渾言之也. 條爲枝之小者, 析言之也. : ≪詩毛傳≫에, 「나뭇가지를 '條'라고 한다.」라고 하고 있는데, 이는 통칭(通稱)하여 말한 것이고, '條'는 나뭇가지 중에서 작은 것을 의미한다고 한 것은 자세히 분석해서 말한 것이다."라고 하였다.

갑골문에서는 '今條'·'來條' 등의 말로 쓰여, 가을이라는 뜻으로 사용되었다. "丙戌卜, 爭貞 : 今條王从望乘伐下危我受有祐?"(≪鐵249. 2≫), "壬寅卜, 今條方其出?"(≪粹1143≫) : '下危'는 방국명(方國名)이다.

---

1) 于省吾 前揭書 ≪殷契駢枝全編(雙劍誃殷契駢枝)≫ pp.5下~6上.

| 枚(매) | (≪合集19078≫) | (≪合集29957≫) | (≪戩4. 7≫) | (≪粹1060≫) | [méi] |

위의 갑골문은 '木'과 '攴'을 구성 요소로 하고 있는데, 이는 손에 지팡이를 들고 나무를 치는 모양을 형상화한 자형 결구이다. 郭沫若은 이 글자를 '枚'자로 인식하고는, "枚舟, 蓋猶言汎舟或操舟.[1] : '枚舟'는 아마도 '汎舟' 혹은 '操舟'와 같은 말인 듯하다."라고 해석하였다. 이 '枚'자에 대해 ≪說文解字≫에는, "枚, 榦也. 可爲杖. 從木攴. 詩曰 : 施于條枚. : '枚'는 나무줄기라는 뜻이다. 지팡이를 만들 수 있다. '木'과 '攴'을 구성 요소로 하고 있다. ≪詩經 · 大雅 · 旱麓≫에, 「나무 가지와 줄기에 덩굴져서 구불구불 뻗어가네.」라고 하고 있다."라고 풀이하고 있다.

갑골문에서는 '枚舟'로 쓰여, (배를) '젓다', '띄우다' 등의 뜻으로 사용되었다. "癸巳卜, 复枚舟?"(≪粹1060≫), "…枚舟…?"(≪戩4. 7≫)

| 格(격) | (≪前5. 24. 6≫) | (≪前5. 24. 7≫) | (≪粹1278≫) | (≪甲256≫) | [gé] |

'止'와 '口'를 구성 요소로 하고 있는데, ≪甲骨文編≫에는 위의 ≪甲256≫의 갑골문을 '格'자로 수록하고는, "卜辭用各爲格.[2] : 갑골복사에서는 '各'을 '格'자의 뜻으로 사용하고 있다."라고 하고 있다. ≪說文解字≫에는 이 '格'자에 대해, "格, 木長貌. 從木, 各聲. : '格'은 나뭇가지가 자라난 모양이다. '木'을 의부, '各'을 성부로 구성되었다."라고 풀이하고 있다.

갑골문에서의 자의(字義)는 제1권에서 살펴본 '各'자에 대한 해설로 대신한다.

---

1) 郭沫若 前揭書 ≪殷契粹編 · 考釋≫ p.138.
2) 中國社會科學院考古研究所 前揭書 ≪甲骨文編≫ p.260.

槁(槁)(고)	[gǎo]
(≪懷824≫)　(≪拾5. 13≫)	

　위의 갑골문은 '木'과 '高'를 구성 요소로 하고 있는 '槁'자인데, '木'을 '林'으로 대체한 것도 있다. 이 '槁'자에 대해 ≪說文解字≫에는, "槁, 木枯也. 從木, 高聲. : '槁'는 나무가 말라 시들다는 뜻이다. '木'을 의부, '高'를 성부로 구성되었다."라고 풀이하고 있다. '槁'와 '槁'는 편방의 위치만 다른 동자(同字)이다.

　　갑골문에서는 지명(地名)으로 사용되었다. "……貞 : 槁宕▨王其酒?"(≪拾5. 13≫)

杲(고)	[gǎo]
(≪合集20592≫)　(≪乙1161≫)　(≪佚11≫)	

　李孝定은 위에 예시한 ≪乙1161≫과 ≪佚11≫의 갑골문을 '杲'자로 수록하고는, "金氏續文編六卷二葉下杲下所收除上列二文外, 又收乙.四四八八.一文.[1] : 金氏[선사(先師) 金祥恒 교수]는 ≪續甲骨文編≫ 卷6 p.2下의 '杲'자 아래에 위에 열거한 두 글자 이외에 또 ≪乙4488≫의 글자 하나를 수록하고 있다."라고 하여, 이 글자를 '杲'자로 고석하였다. 이 갑골문 '杲'자는 '日'과 '木'을 구성 요소로 하고 있는데, 해가 나무 위에서 비추고 있는 자형 결구로, 밝다는 뜻을 나타낸 것이다. 따라서 이 글자는 다음에 살펴볼 '杳'자와 상대된다. 이 '杲'자에 대해 ≪說文解字≫에는, "杲, 晙也. 從日在木上. 讀若槁. : '杲'는 (해가 떠서) 밝다는 뜻이다. 해가 나무 위에 있는 모양으로 구성되었다. 독음은 '槁'자처럼 읽는다."라고 풀이하고 있다.

　　갑골문에서는 지명(地名)으로 사용된 것으로 짐작된다. "……杲卜, 亘貞 : 自今允於庚申 其雨?"(≪乙1161≫)

---

1) 李孝定 前揭書 ≪甲骨文字集釋≫ p.1981.

| 杳(묘) | (≪甲850≫) | (≪前4. 16. 3≫) | (≪戩44. 12≫) | (≪後下39. 16≫) | [yǎo] |

위의 갑골문은 '木'과 '口' 또는 '⊙'을 구성 요소로 하고 있는 '杳'자인데, 이는 앞에서 살펴본 '杲'자와 자형 결구가 상반되게 해가 나무 아래에 있는 자형 결구이므로, 햇빛이 없어 어둡다는 뜻을 나타낸다. 이 '杳'자에 대해 ≪說文解字≫에는, "杳, 冥也. 從日在木下. : '杳'는 어둡다는 뜻이다. 해가 나무 아래에 있는 모양으로 구성되었다."라고 풀이하고 있다.

갑골문에서의 뜻은 아직 명확하게 밝혀지지 않았으나, 희생의 처리 방법의 하나인 것으로 짐작된다. "癸酉卜, 杳羊?"(≪後下39. 16≫)

| 宋(망) | (≪前2. 19. 5≫) | (≪乙1481≫) | [máng] |

'木'과 '亡'을 구성 요소로 하고 있는데, 商承祚가 아무런 논증 없이 이 글자를 ≪殷虛文字類編≫에 '宋'자로 수록하여,[1] 정설이 되었다. 이 '宋'자에 대해 ≪說文解字≫에는, "宋, 棟也. 從木, 亡聲. 爾雅曰 : 宋廇謂之梁. : '宋'은 마룻대라는 뜻이다. '木'을 의부, '亡'을 성부로 구성되었다. ≪爾雅·釋宮≫에, 「宋廇」는 '梁'[대들보]라는 말이다.」라고 하고 있다."라고 풀이하고 있다.

갑골문에서는 지명(地名)으로 사용된 것으로 짐작된다. "……在……貞 : ……王步……宋……災?"(≪前2. 19. 5≫)

| 柵(책) | (≪合集6647≫) | (≪乙3025≫) | (≪後下29. 12≫) | [zhà] |

徐中舒는 위의 세 개의 갑골문자를 '柵'자로 수록하면서 ≪說文解字≫의 '柵'자에 대한 해설을 인용하고서는, "甲骨文正象編豎木之形, 爲柵之初文.[2] : 갑골문이 바로 세로로 세운

---

1) 商承祚 前揭書 ≪殷虛文字類編≫ 卷6 p.2를 참고.
2) 徐中舒 前揭書 ≪甲骨文字典≫ p.647.

나무를 엮은 모양을 형상화하였는데, '柵'자의 초문(初文)이다."라고 하였다. 갑골문 '柵'자는 두 그루 또는 세 그루의 나무와 하나 또는 두 개의 가로획으로 구성되어 있는데, 이는 여러 그루의 나무를 울타리 모양으로 짠 형태를 형상화한 자형 결구이다. 이 '柵'자에 대해 ≪說文解字≫에는, "柵, 編豎木也. 從木, 册聲. : '柵'은 나무를 수직으로 엮어 세운 것이다. '木'을 의부, '册'을 성부로 구성되었다."라고 풀이하고 있다.

갑골문에서는 나무울타리라는 뜻으로 사용된 것 같다. "……王余……柵……"(≪後下29. 12≫)

| 櫛(즐) |
(≪前2. 17. 3≫) |
(≪前2. 17. 5≫) |
(≪後上15. 14≫) |
(≪林1. 22. 7≫) | [zhi] |

王國維는 위의 갑골문자에 대해 "此即弟子職云:「櫛之遠近, 乃承厥火」, 又云:「右手執燭, 左手正櫛」之櫛字.[1] : 이는 곧 ≪管子·弟子職≫에「화톳불의 유지 시간을 보아서 횃불로 이어가다.」라고 한 말과, 또「오른 손으로는 횃불을 들고, 왼손으로는 화톳불을 다독였다.」이라고 한 말 중의 '櫛'자이다."라고 하여, '櫛'자로 고석하였다. 이 '櫛'자에 대해 ≪說文解字≫에는, "櫛, 梳比之總名也. 從木, 節聲. : '櫛'은 빗의 총칭(總稱)이다. '木'을 의부, '節'을 성부로 구성되었다."라고 풀이하고 있다. '梳比'에 대해서 段玉裁는, "疏者爲梳, 密者爲比. ≪釋名≫曰:梳, 言其齒疏也. 數言比, 比於梳, 其齒差數也. : (빗살이) 성긴 것은 '梳'이고, 조밀한 것은 '比'이다. ≪釋名≫에, 「梳는 빗살이 성긴 것을 말한다. 그리고 수가 많아서 조밀한 것은 '比'라고 하는데, '比'는 '梳'보다 그 살의 숫자가 많다」고 했다."라고 주(注)하였다.

갑골문에서는 지명(地名)으로 사용되었다. "庚子王卜, 在淩師貞:今日步於櫛亡災? 在正月獲, 亡尤十又一"(≪綴218≫), "辛丑王卜, 在櫛☐貞:今日步於☐亡☐災?"(≪前2. 17. 3≫)

---

1) 李孝定 前揭書 ≪甲骨文字集釋≫ p.1987에서 재인용.

朩(화)	(≪前4. 53. 4≫)	(≪甲3507≫)	(≪乙8282≫)	(≪佚898≫)	[huá]

羅振玉은 위의 갑골문을 '朩'자로 수록하면서 ≪說文解字≫의 '朩'자에 대한 해설을 인용하고는, "與卜辭所載, 不知同誼否.[1] : (≪說文解字≫의 해설이) 갑골복사에 기재된 것과 같은 뜻인지의 여부를 모르겠다."라고 하였다. 이 갑골문 '朩'자의 자형 결구가 무엇을 의미하는지는 아직도 정확하게 밝혀지지 않고 있다. ≪說文解字≫에는 이 '朩'자에 대해, "朩, 兩刃甫也. 從木丫, 象形. 宋魏曰朩也. 釪, 或從金亐. : '朩'는 양면이 날로 된 가래라는 뜻이다. '木'과 '丫'을 구성 요소로 하고 있으며, 상형자이다. '宋'・'魏'지역에서는 '朩'라고 한다. '釪'(釪)는 '朩'의 혹체자이며, '金'과 '亐(于)'를 구성 요소로 하고 있다."라고 풀이하고 있다.

갑골문에서의 뜻은 다음과 같다.

1. 인명(人名). "貞 : 勿乎朩夷?"(≪佚898≫), "子朩"(≪乙8282≫)
2. 지명(地名). "貞 : ……朩石有从雨? 戊戌雨."(≪前4. 53. 4≫), "在朩……逐……災"(≪前2. 11. 5≫)

杞(杞)(사)	(≪後上11. 6≫)	(≪後下33. 10≫)	(≪存下65≫)	(≪佚418≫)	[sì]

≪甲骨文編≫에는 위의 갑골문자들을 '杞'자로 수록하고는, "從木從巳, 唐寫本說文有此字, 今本無之. 集韻以爲耜或字.[2] : '木'과 '巳'를 구성 요소로 하고 있는데, 唐寫本 ≪說文解字≫에는 이 글자가 있으나, 지금의 판본에는 없다. ≪集韻≫에는 '耜'의 혹체자로 간주하고 있다."라고 하고 있다. 이는 상고음(上古音)에서 '巳'와 '㠯(以)'는 동음(同音)으로 통용된 것에 기초한 주장이다. 그런데 段玉裁의 ≪說文解字注≫에는 '梠'자가 수록되어 있고, 여기에는 "梠, 甫也. 從木, 㠯聲. 一曰 : 徙土輂. 齊人語也. 裡, 或從里. : '梠'는 가래라는 뜻이다. '木'을 의부, '㠯'를 성부로 구성되었다. 일설에는 토석(土石)을 운반하는 기구의 하나

---

1) 羅振玉 前揭書 ≪增訂殷虛書契考釋≫卷中 p.46下.
2) 中國社會科學院考古硏究所 前揭書 ≪甲骨文編≫ p.263.

인데, 이는 齊나라 지역의 말이라고 한다. '杹'(梩)는 혹체자이며, '里'를 구성 요소로 하고 있다."라고 하고 있다.

갑골문에서의 뜻은 다음과 같다.

1. 지명(地名). "……在杞"(≪後上11. 6≫)

2. 인명(人名). '諸婦'의 이름. "婦杞示有十屯賓"(≪存下65≫), "婦杞示甲屯又一月賓"
   (≪後下33. 10≫)

槃(盤)(반)		[pán]
(≪戩45. 1≫)		

위에 예시한 갑골문은 '般'과 'ㅂ'를 구성 요소로 하고 있는데, 'ㅂ'를 구성 요소로 한 것은 '皿'을 구성 요소로 한 것과 같은 의미이다. 이 글자에 대해 王國維는, "疑盤字, 從ㅂ與從皿同意. 古出字作ᅜ亦作ᄤ. …… ㅂ象盛物之器也.[1] : (이 글자는) '盤'자라고 생각되는데, 'ㅂ'를 구성 요소로 한 것은 '皿'을 구성 요소로 한 것과 같은 뜻이다. '出'의 고자(古字)를 'ᅜ'로 쓰는데, 또한 'ᄤ'로 쓰기도 한다. …… 'ㅂ'는 사물을 담는 기물을 형상화한 것이다."라고 하여, 이 글자를 '盤'자로 고석하였는데, '盤'자는 '槃'자의 주문(籀文)이다. 이 '槃'자에 대해 ≪說文解字≫에는, "槃, 承槃也. 從木, 般聲. 鎜, 古文, 從金. 盤, 籀文從皿. : '槃'은 사물을 받치는 쟁반이라는 뜻이다. '木'을 의부, '般'을 성부로 구성되었다. '鎜'(盤)은 '古文'인데, '金'을 구성 요소로 하였다. '盤'(盤)은 주문(籀文)인데, '皿'을 구성 요소로 하고 있다."라고 풀이하고 있다. 이에 대해 段玉裁는 "承槃者, 承水器也. …… 今字皆作盤. : '承槃'이란 물그릇을 받치는 쟁반이다. …… 지금은 이 글자를 모두 '盤'으로 쓴다."라고 주(注)하였다.

갑골문에서는 지명(地名) 또는 방국명(方國名)으로 쓰인 것으로 짐작된다. "貞 : 隻槃?"
(≪戩45. 1≫)

---

1) 王國維 前揭書 ≪戩壽堂所藏殷墟文字 · 考釋≫ p.70下.

| 柄(병) | （≪乙7160≫） | （≪乙7377≫） | [bǐng] |

徐中舒는 위의 ≪乙7377≫의 갑골문을 '柄'자로 수록하고는, "從木從丙, 與≪說文≫篆文略同.[1] : '木'과 '丙'을 구성 요소로 하고 있는데, 이는 ≪說文解字≫의 전문(篆文)과 자형이 대체적으로 같다."라고 하였다. 이 '柄'자에 대해 ≪說文解字≫에는, "柄, 柯也. 從木, 丙聲. 棅, 或從秉. : '柄'은 도끼 자루라는 뜻이다. '木'을 의부, '丙'을 성부로 구성되었다. '棅'(棅)은 혹체자인데, '秉'을 구성 요소로 하고 있다."라고 풀이하고 있다. 이에 대해 段玉裁는 "柄之本義專謂斧柯, 引申爲凡柄之稱. : '柄'의 본의는 전적으로 도끼의 자루를 일컬었는데, 인신(引伸)되어 모든 손잡이 자루에 대한 명칭이 되었다."라고 주(注)하였다.

갑골문에서는 지명(地名)으로 사용되었다. "丁巳卜, 勿☒多☒于柄?"(≪乙7377≫), "辛卯……柄……王衣……亡災?"(≪明1132≫)

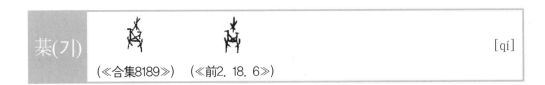

| 棊(기) | （≪合集8189≫） | （≪前2. 18. 6≫） | [qí] |

李孝定은 위의 ≪前2. 18. 6≫의 갑골문을 '棊'자로 수록하고는, "栔文作棊, 與篆文形近. 羅釋糞(前四卷糞下引其說), 葉唐二氏釋棊, 於字形爲近.[2] : 갑골문으로는 '棊'로 쓰는데, 소전체의 자형과 비슷하다. 이 글자를 羅振玉은 '糞'자라고 고석하였으나(앞쪽의 제4편의 '糞'자 아래에 그의 주장을 인용하였음), 葉玉森과 唐蘭 두 사람은 이를 '棊'자라고 고석하였는데, 자형상으로 비슷하다."라고 하였다. 위에 예시한 갑골문의 자형 역시 '木'과 '其'와 두 손으로 구성되어 있어, 李孝定의 주장이 옳다고 생각된다. 이 '棊'자에 대해 ≪說文解字≫에는, "棊, 博棊. 從木, 其聲. : '棊'는 '博棊' 즉 '簙棊'[쌍륙(雙六)과 비슷한 고대의 놀이의 하나]라는 뜻이다. '木'을 의부, '其'를 성부로 구성되었다."라고 풀이하고 있다.

갑골문에서는 지명(地名)으로 사용되었다. "壬申卜, 貞 : 乎御在臭……在棊?"(≪前2. 18. 6≫)

---

1) 徐中舒 前揭書 ≪甲骨文字典≫ p.649.
2) 李孝定 前揭書 ≪甲骨文字集釋≫ p.2000.

槷(얼)	𣐻	[niè]
	(≪前5. 13. 5≫)	

위의 갑골문은 '自'와 '木'을 구성 요소로 하고 있는데, 羅振玉은 이를 '槷'자로 고석하고는, "卜辭有此字, 但不知與許書同誼否.[1] : 갑골복사에 이 글자 즉 '槷'자가 있는데, 다만 자의 (字義)가 許愼의 ≪說文解字≫와 같은지의 여부는 모르겠다."라고 하였다. 이 '槷'자에 대해 ≪說文解字≫에는, "槷, 射壟旳也. 從木, 自聲. : '槷'은 화살을 겨냥해서 쏘는 과녁이라는 뜻이다. '木'을 의부, '自'를 성부로 구성되었다."라고 풀이하고 있다. '槷'자의 자형에 대해 段玉裁는 "李陽冰曰 : 自非聲. : 李陽冰은, 「自는 성부(聲符)가 아니다.」이라고 하였다."라 고 주(注)하였다.

갑골문에서는 방국명(方國名) 또는 지명(地名)으로 사용된 것이라 짐작된다. "乙酉卜, 爭 貞 : 往复从槷㚔呂方? 二月"(≪前5. 13. 5≫)

樂(악)		[yuè]
	(≪菁9. 3≫)　　(≪續3. 28. 5≫)　(≪後上10. 5≫)　(≪京津3728≫)	

李孝定은 위의 갑골문자들을 '樂'자로 수록하면서 ≪說文解字≫의 '樂'자에 대한 해설을 인용하고는, "栔文作上出之形, 羅說是也. 本象琴瑟, 許訓云云, 引申之義也.[2] 갑골문으로 는 위의 여러 자형으로 쓰는데, 羅振玉의 해설이 옳다. 본래 금슬(琴瑟)을 형상화하였는데, 許愼이 해설한 자의(字義)는 인신(引伸)된 뜻이다."라고 하였다. 갑골문 '樂'자는 '絲'와 '木' 을 구성 요소로 하고 있는데, '木'은 악기를 만드는 재료를 나타내고, '絲'는 현악기(絃樂器)의 줄을 나타낸다. 이는 나무로 만든 고대의 금슬(琴瑟) 부류의 현악기의 모양을 형상화한 자형 결구이다. 이 '樂'자에 대해 ≪說文解字≫에는, "樂, 五聲八音總名. 象鼓鞞. 木, 虡也. : '樂'은 오성(五聲)['宮'·'商'·'角'·'徵'·'羽'] 팔음(八音)['絲'·'竹'·'金'·'石'·'匏'· '土'·'革'·'木']의 총칭(總稱)이다. 윗부분 가운데의 큰 북과 양쪽 옆의 작은 북의 모양을

---

1) 羅振玉 前揭書 ≪增訂殷虛書契考釋≫卷中 p.44下.
2) 李孝定 前揭書 ≪甲骨文字集釋≫ p.2003.

형상화하였고, '木'은 이 세 개의 북을 거는 걸대이다."라고 풀이하고 있다.

갑골문에서의 뜻은 다음과 같다.

1. 지명(地名) 또는 방국명(方國名). "乙酉卜, 在樂貞 : 今日王步於喪亡災?"(≪續3. 28.
   5), "癸亥卜, 在樂貞 : 王旬亡禍?"(≪掇2. 489≫)
2. '貞人'의 이름. "癸未卜, 樂貞 : 翊甲申雨?"(≪粹748≫)

| 采(채) | (≪前5. 36. 1≫) | (≪粹1043≫) | (≪鐵242. 1≫) | (≪佚276≫) | [cǎi] |

위에 예시한 갑골문은 '手'와 '木'을 구성 요소로 하고 있으며, 나무 위에는 열매가 맺혀 있다. 이는 손으로 나무의 열매를 따는 모양을 형상화한 자형 결구이다. 羅振玉이 이 글자를 '采'자로 고석하여[1] 정설이 되었다. ≪說文解字≫에는, "采, 捋取也. 從木, 從爪. : '采'는 손으로 집어서 따다는 뜻이다. '木'을 구성 요소로 하고, '爪'를 구성 요소로 하고 있다."라고 풀이하고 있다.

갑골문에서는 '大采'[오전 8시 전후] · '小采'[오후 6시 전후] 등의 말로 쓰여, 시간 명사로 사용되었다. "壬戌卜, 雨今日小采允大雨延☒蓋日隹啟?"(≪佚276≫), "乙卯卜, 㲋貞 : 今日王往於敦之日大采雨, 王不步?"(≪粹1043≫)

| 析(석) | (≪河721≫) | (≪乙1568≫) | (≪掇2. 158≫) | (≪金472≫) | [xī] |

≪甲骨文編≫에는 위의 갑골문자들을 해설 없이 '析'자로 수록하고 있다.[2] 이들 갑골문은 '木'과 '斤'을 구성 요소로 하고 있는데, 이는 도끼를 사용하여 벌목(伐木)하는 모양을 형상화한 것이다. ≪說文解字≫에는 이 '析'자에 대해, "析, 破木也. 一曰折也. 從木, 從斤. : '析'은 나무를 가르다는 뜻이다. 일설에는 절단하다는 뜻이라고도 한다. '木'을 구성 요소로 하고,

---

1) 羅振玉 上揭書 ≪增訂殷虛書契考釋≫卷中 p.61上.
2) 中國社會科學院考古硏究所 前揭書 ≪甲骨文編≫ p.262.

'斤'을 구성 요소로 하고 있다."라고 풀이하고 있다.

갑골문에서의 뜻은 다음과 같다.

1. 동방(東方)의 신명(神名). "貞 : 帝于東方曰析, 風曰協?"(《合261》), "東方曰析, 風曰劦"(《掇2. 158》)

2. 지명(地名). "庚申卜, 王在析卜……?"(《河721》)

| 某(엽) | (《前4. 41. 5》) | (《粹1034》) | (《乙960》) | (《後下22. 15》) | [yè] |

위의 갑골문은 '木'과 '✿'을 구성 요소로 하고 있는데, 郭沫若은 이 갑골문에 대해, "羅釋爲果. 案, 當是某, 葉之初文. 象木之枝頭著葉.[1] : 羅振玉은 이를 '果'자로 고석하였다. 살펴보면, 이는 '某'자임이 틀림없고, '葉'자의 초문(初文)이다. 나뭇가지 끝에 잎이 달린 것을 형상화하였다."라고 하였다. 이 '葉'자에 대해 《說文解字》에는, "某, 楄也. 某, 薄也. 從木, 世聲. : '某'은 각목이라는 뜻이다. '某'은 또한 얇은 목판이라는 뜻이라고도 한다. '木'을 의부, '世'를 성부로 구성되었다."라고 풀이하고 있다.

이 '某'자는 갑골문에서는 지명(地名)으로 사용되었다. "辛巳貞 : 王惠癸未步自某雁?"(《粹1034》), "貞 : 王勿往于某京?"(《乙1215》)

| 休(휴) | (《後上12. 8》) | (《英353》) | (《續3. 27. 2》) | (《合集8162》) | [xiū] |

위의 갑골문은 '人'과 '木'을 구성 요소로 하고 있으며, 사람이 나무에 기대어 그 아래에서 쉬고 있는 모양을 형상화한 자형 결구인데, 商承祚가 이를 '休'자로 고석하여,[2] 정설이 되었다. 이 '休'자에 대해 《說文解字》에는, "休, 息止也. 從人依木. 庥, 休或從广. : '休'는 휴식하다는 뜻이다. 사람이 나무에 기댄 모양으로 구성되어 있다. '庥'(庥)는 '休'의 혹체자로,

---

1) 郭沫若 前揭書 《卜辭通纂》 p.89.
2) 商承祚 前揭書 《殷虛文字類編》 三卷 p.3下.

'厂'을 구성 요소로 하고 있다."라고 풀이하고 있다.

갑골문에서는 지명(地名)으로 사용되었다. "庚子卜, 賓貞 : 王往休?"(≪合集8155≫), "壬寅卜, 兄貞 : 王往休? 十月"(≪續3. 27. 2≫)

東(동)				[dōng]
(≪甲816≫)	(≪續1. 53. 1≫)	(≪合集34067≫)	(≪合集6906≫)	

徐中舒는 위에 예시한 갑골문자들을 '東'자로 수록하고는, "象橐中實物以繩約括兩端之形, 爲橐之初文. 甲骨文金文俱借爲東方之東.[1] : 바닥이 없는 자루 속에 물건을 넣고 끈으로 양 끝을 묶은 모양을 형상화하였는데, 이는 '橐'자의 초문(初文)이다. 갑골문과 금문 모두 이를 가차하여 '東方'의 '東'자의 뜻으로 쓰고 있다."라고 하였다. 이는 갑골문 '東'자는 '橐'자의 본자(本字)이고, 본의는 자루라는 뜻인데, 가차하여 동쪽이라는 방위 명사로 사용되고 있다는 말이다. ≪說文解字≫에는, "東, 動也. 從木. 官溥說 : 從日在木中 : '東'은 생동(生動)하다는 뜻이다. '木'을 구성요소로 하고 있다. 官溥는, 「해가 나무 가운데 있는 모양으로 구성되어 있다」고 하였다."라고 풀이하고 있다.

갑골문에서의 뜻은 다음과 같다.

1. 동쪽. 동방(東方). "東土受年"(≪合集9735≫), "其自東來雨"(≪前6. 57. 8≫), "之日王往於田從東允獲豕三, 十月"(≪林2. 22. 10≫)

2. 궁실명(宮室名). "戊戌卜, 賓貞 : 其爰東室?"(≪乙4699≫), "于東寢, 辛丑于西寢"(≪合集34067≫)

3. 신명(神名). 동방(東方)의 신(神). "甲申卜, 賓貞 : 尞於東, 三豕三羊……?"(≪續1. 53. 1≫)

4. 동모(東母). 전설의 신명(神名). "壬申卜, 貞 : 㞢于東母西母, 若?"(≪後上28. 5≫), "己酉卜, 㱿貞 : 尞於東母九牛?"(≪續1. 53. 2≫), "己酉卜, 㱿貞 : 尞于東母, 九牛?"(≪合集14337正≫)

---

1) 徐中舒 前揭書 ≪甲骨文字典≫ p.662.

棘(조)		[cáo]
	(≪後上15. 15≫)	

위에 예시한 갑골문은 두 개의 '東'자를 합쳐서 만든 것으로, '棘'자임을 쉽게 알 수 있는데, 이 글자에 대해 丁山은, "徐灝日：楚辭招魂分曹並進, 王逸注「曹, 偶也.」史記扁鵲倉公傳 曹偶四人, 索隱日：「曹偶猶等輩也.」此當是曹之本義. 山則謂曹之本義爲嘈, 曹偶之義正 合棘字.[1]：徐灝는,『≪楚辭·招魂≫의 '分曹並進'이란 말 중의 '曹'자에 대해 王逸은「'曹' 는 짝이란 뜻이다.」라고 주(注)하였다. ≪史記·扁鵲倉公傳≫의 '曹偶四人'이란 말 중의 '曹 偶'에 대해 ≪史記索隱≫에는「'曹偶'는 '等輩'[같은 무리]와 같은 뜻이다.」라고 주해(註解)하 고 있다. 이것이 '曹'자의 본의임이 틀림없다.」라고 하였다. 그러나 나는 '曹'자의 본의는 '嘈' 즉 지껄이다는 뜻이며, '曹偶'의 의미가 바로 '棘'자의 본의에 부합된다라고 하겠다."라고 하였 다. 이 '棘'자에 대해 ≪說文解字≫에는, "棘, 二東, 曹從此. 闕. ：'棘'는 두 개의 '東'자로 이루어졌다. '曹'자가 이것('棘')을 구성요소로 하고 있다. 자의와 자음 해설을 궐(闕)한다."라 고 풀이하고 있다.

갑골문에서는 방국명(方國名)으로 사용되었다. "貞 ：……伐棘其戈?"(≪後上15. 15≫)

林(림)	![][img] ![][img] ![][img] ![][img]	[lín]
	(≪前2. 8. 1≫)　　(≪粹726≫)　　(≪京都2308≫)　(≪合集20017≫)	

위의 갑골문은 두 그루의 나무가 나란히 서 있는 모양을 형상화한 자형 결구로, '林'자임을 쉽게 알 수 있다. 이는 두 그루의 나무로 숲을 나타낸 것이다. ≪說文解字≫에는 이 '林'자에 대해, "林, 平土有叢木曰林. 從二木. ：'林'은 평지(平地) 위에 나무가 모여 있는 것을 '林'이 라고 일컫는다. 두 개의 '木'자로 구성되어 있다."라고 풀이하고 있다.

갑골문에서의 뜻은 다음과 같다.

1. 지명(地名). "己丑貞 ： 于林夕飮?"(≪京都2308≫)

2. 방국명(方國名). "庚寅卜, 在[召]帥貞 ： 王朕林方亡災?"(≪前2. 16. 3≫)

---

1) 李孝定 上揭書 ≪甲骨文字集釋≫ p.2033에서 재인용.

3. 인명(人名). "叀林令"(≪京都398≫)

| 楚(초) | ≪粹1547≫ | ≪粹1315≫ | ≪粹842≫ | ≪粹73≫ | [chǔ] |

위의 갑골문 '楚'자는 기본적으로 '林'과 '足'을 구성 요소로 하고 있는데, 이는 숲이 우거진 모양을 형상화한 자형 결구로, 소전체(小篆體) '楚'자의 자형과 거의 같다. 이 '楚'자에 대해 ≪說文解字≫에는, "楚, 叢木. 一名荊也. 從林, 疋聲. : '楚'는 무더기로 모여 자란 나무들이란 뜻이다. 또 다른 명칭으로는 가시나무라고도 한다. '林'을 의부, '疋'를 성부로 구성되었다." 라고 풀이하고 있다. 고대에는 '疋'자와 '足'자는 동자(同字)였다.

갑골문에서의 뜻은 다음과 같다.

1. 지명(地名). "岳于楚"(≪粹73≫), "于楚有雨"(≪粹547≫)
2. 방국명(方國名). "楚子來告"(≪川大H11. 83≫), "其敕楚"(≪川大H11. 4≫)

| 麓(록) | ≪粹664≫ | ≪甲598≫ | ≪乙8688≫ | ≪佚518背≫ | [lù] |

위의 갑골문 '麓'자는 '林'과 '鹿'으로 을 구성되어 있는데, '鹿'자를 '彔'으로 대체한 것도 많다. 여기에서의 '彔'은 '鹿'의 뜻으로 가차(假借)된 것이다. 葉玉森은 여기에서의 '彔'자에 대해, "彔即鷺省.[1] : '彔'은 '鷺'의 필획이 생략된 것이다."라고 주장하였다. 상고음(上古音) 에서 '彔'과 '鹿', '鷺'과 '麓'은 '屋'부의 첩운(疊韻)관계이며, 각기 서로 통용된다. 이 '麓'자에 대해 ≪說文解字≫에는, "麓, 守山林吏也. 從林, 鹿聲. 一日林屬於山爲麓. 春秋傳曰 : 沙麓崩. 鷺, 古文從彔. : '麓'은 산림을 지키는 관리(官吏)라는 뜻이다. '林'을 의부, '鹿'을 성부로 구성되었다. 일설에는 삼림이 산에 연이어 있는 것을 '麓'이라고 한다고도 한다. ≪春秋左氏傳≫ 僖公14년 조(條)에, 「沙山의 기슭이 붕괴되었다.」라고 하고 있다. '鷺'(鷺)은 '古文' '麓'자인데, '彔'을 구성 요소로 하고 있다."라고 풀이하고 있다. 산기슭이라는 뜻은 '麓'자의

---

1) 葉玉森 ≪殷虛書契前編集釋≫(藝文印書館 1966. 臺北) 卷6 p.1左.

인신의(引伸義)이다.

갑골문에서는 산기슭이라는 뜻으로 사용되었다. "壬申卜, 貞 : 王田于演麓, 往來亡災?"(≪合集37452≫), "戊申卜, 貞 : 王田于西麓, 往來亡災? 玆御獲犀一·犬四."(≪前2. 28. 3≫)

| 森(삼) | (≪後下3. 2≫) | (≪金472≫) | [sēn] |

위의 갑골문은 세 개의 '木'자로 구성되어 있는데, 이는 나무가 매우 많은 모양을 형상화한 자형 결구이다. 두 개의 '木'자로 구성된 것은 '林'자이고, 세 개의 '木'자로 구성된 것은 '森'자이다. 이 '森'자의 본의는 삼림(森林)이라는 뜻이다. ≪說文解字≫에는, "森, 木多貌. 從林, 從木. 讀若曾參之參. : '森'은 나무가 많은 모양이다. '林'을 구성 요소로 하고, '木'을 구성 요소로 하고 있다. 독음은 '曾參'의 '參'자처럼 읽는다."라고 풀이하고 있다.

갑골문에서는 지명(地名)으로 사용되었다. "…在森…三牢"(≪後下3. 2≫)

| 才(재) | (≪合集7≫) | (≪合集19946反≫) | (≪前7. 19. 2≫) | (≪合集28168≫) | [cái] |

위에 예시한 갑골문자들을 ≪甲骨文編≫에는 '才'자로 수록하고, "才用爲在.[1] : '才'자는 '在'자의 뜻으로 쓰였다."라고 하고 있다. 그리고 李孝定은, "契文才字變體頗多, 然以作 ♈ 爲正, 象 ♈[屮]在地下初出土上之形.[2] : 갑골문 '才'자는 변형된 자체(字體)가 상당히 많은데, '♈'로 쓴 것을 정자(正字)로 간주하며, 이는 '♈' 즉 풀이 땅 밑에서 처음 땅위로 돋아나오는 모양을 형상화한 것이다."라고 분석하였다. 본의는 풀이 처음 돋아난다는 뜻이다. 이 '才'자에 대해 ≪說文解字≫에는, "才, 艸木之初也. 從丨上貫一, 將生枝葉也. 一, 地也. : '才'는 초목이 처음 돋아난다는 뜻이다. '丨'이 위쪽으로 '一'을 관통하는 모양으로 구성되었고, 장차

---

1) 中國社會科學院考古硏究所 前揭書 ≪甲骨文編≫ p.269.
2) 李孝定 前揭書 ≪甲骨文字集釋≫ p.2049.

가지와 잎이 돋아날 것임을 나타내고 있다. '一'은 지면(地面)을 의미한다."라고 풀이하고
있다.

그런데 갑골문에서의 '才'자는 모두가 '在'자의 뜻으로 사용되었는데, 이는 상고음(上古音)
에서 이 두 글자는 모두 '之'부에 속하며, 첩운(疊韻) 관계로 서로 통용되었기 때문이다. 이로
인해 갑골문을 해서(楷書)로 옮겨 쓸 때에는 대부분 '在'로 쓰고 있다.

갑골문에서의 뜻은 다음과 같다.

1. '在'와 통용. 행위가 미치는 장소·시간·범위 및 대상 등을 나타낸다. "貞：乎逐在齒鹿
   隻?"(《乙3431》), "癸巳王卜, 在桑貞：旬亡禍?"(《續3. 31. 9》), "貞：翊乙巳,
   祭於小乙亡屯? 在九月"(《粹280》)

2. '戈'와 통용. 재앙(災殃). 재화(災禍). "辛丑貞：王其狩亡才(戈)?"(《屯南1128》)

桑(상)					[sāng]
	(《後上11. 11》)	(《續3. 31. 9》)	(《合集6959》)	(《合集10058》)	

羅振玉이 위의 갑골문자들에 대해 "象桑形.[1]：뽕나무의 모양을 형상화하였다."라고 하여,
이를 '桑'자로 고석하였는데, 정설이 되었다. 이 '桑'자에 대해 《說文解字》에는, "桑, 蠶所
食葉木, 從叒木：'桑'은 누에가 먹는 뽕잎나무이다. '叒'과 '木'을 구성요소로 하고 있다."라고
풀이하고 있다.

갑골문에서는 지명(地名) 또는 방국명(方國名)으로 사용되었다. "辛巳卜, 殻貞：乎雀辜
桑?"(《綴合249》), "癸巳王卜, 在桑貞：旬亡禍?"(《續3. 31. 9》), "癸巳卜, 在八桑貞
：王旬亡禍? 在四月"(《後上11. 11》)

之(屮)(지)					[zhī]
	(《前1. 53. 1》)	(《鐵16. 1》)	(《乙570》)	(《甲170》)	

徐中舒는 위의 갑골문자들을 '之'자로 고석하면서, "從屮在一上, 屮爲人足, 一爲地, 象

---

1) 羅振玉 前揭書 《增訂殷虛書契考釋》 卷中 p.35下.

人足於地上有所往也. 故≪爾雅 · 釋詁≫: '之, 往也.' 當爲其初義.[1]. : ''가 '一' 위에 있는 모양으로 구성되었는데, ''는 사람의 발이고, '一'은 땅을 나타낸다. 이는 사람의 발이 땅 위에서 갈 곳이 있음을 형상화한 것이다. 그래서 ≪爾雅 · 釋詁≫에도 '之'는 가다는 뜻이라고 하고 있는데, 이것이 이 글자의 애초의 뜻임이 틀림없다."라고 하였다. 이 갑골문 '之'자는 '' 즉 '止'와 '一'을 구성 요소로 하고 있다. 이 '之'자는 금문(金文)으로는 ''(≪散盤≫)로 쓰고, 소전(小篆)으로는 ''로 쓰는데, 모두 풀이 땅 위로 돋아나온 모양을 형상화한 것이다. ≪說文解字≫에는 이 '之'자에 대해, "㞢, 出也. 象艸過屮, 枝莖漸益大, 有所之也. 一者, 地也. : '㞢'는 자라 나다는 뜻이다. 풀이 '屮' 즉 새싹의 단계를 지나고, 가지와 줄기가 점점 커져서 뻗어나가는 모양을 형상화하였다. '一'은 땅을 나타낸다."라고 풀이하고 있다. 段玉裁는 앞에서 살펴본 '才'자의 주(注)에서 초목이 자라나는 순서를 나타내는 네 글자를 구분하여 말하기를, "凡艸木之字, 才者, 初生而枝葉未見也. 屮者, 生而有莖有枝也. 㞢者, 枝莖益大也. 出者, 益茲上進也. 此四字之先後次弟. : 무릇 초목을 뜻하는 글자 중에서, '才'는 처음 싹이 나서 줄기와 잎이 아직 돋지 않은 상태이며, '屮'는 싹이 나고 줄기와 가지도 생긴 상태이고, '㞢'는 줄기와 가지가 더욱 자라난 상태이며, '出'은 더욱 무성해지며 위로 자라난 상태이다. 이는 이들 네 글자의 순서이다."라고 하였다.

갑골문에서의 뜻은 다음과 같다.

1. 제3인칭 지시대명사. 그[이](것). "貞 : 今日壬申其雨之日允雨?"(≪乙3414≫), "之夕允不雨"(≪前7. 14. 3≫) : '之日' · '之夕'은 '是日' · '是夕'과 같은 말이다.
2. 지명(地名). "……于父乙示余見凷在之"(≪前7. 33. 1≫), "……亘貞 : 于之……?"(≪前1. 53. 1≫)
3. 인명(人名). "貞 : 命之……?"(≪乙3400≫)

㞢(황)

(≪菁3. 1≫) (≪鐵57. 2≫) (≪甲539≫) (≪佚333≫)

[huáng]

예시한 갑골문자들은 앞에서 살펴본 제2편의 '往'자의 자형과 구별이 되지 않으며, 자의(字

1) 徐中舒 前揭書 ≪甲骨文字典≫ p.678.

義)도 동일하다. ≪甲骨文編≫에는 예시한 갑골문자들을 '㞢'자로 수록하고는, "㞢用爲往.[1] : '㞢'자는 '往'자의 뜻으로 사용되었다."라고 하고 있다. 그리고 羅振玉은, "卜辭從止從土, 知㞢爲往來之本字.[2] : 갑골복사에서는 '止'와 '土'를 구성 요소로 하고 있는데, 이 '㞢'자가 '往來'의 '往'자의 본자(本字)임을 알 수 있다."라고 하였다. 이 '㞢'자에 대해 ≪說文解字≫에는, "㞢, 艸木妄生也. 從屮在土上. 讀若皇. : '㞢'은 초목이 제멋대로 자라다는 뜻이다. '屮'가 '土' 위에 있는 모양으로 구성되었다. 독음은 '皇'자처럼 읽는다."라고 풀이하고 있다. 자형 결구로 미루어 보면, '往來'의 '往'자의 애당초의 글자는 '屮'를 의부, '王'을 성부로 구성된 '㞢'자라고 생각된다. 제2편의 '往'자에 대한 해설을 참고하기 바란다.

갑골문에서는 '往' 즉 가다는 뜻으로 사용되었다. "戊子卜, 何貞 : 王其田㞢來亡災?"(≪前 4. 14. 3≫), "王其㞢逐鹿隻"(≪前3. 32. 5≫)

帀(잡)	𣎵	𣎴	𣎵	𣎴	[zā]
	(≪甲752≫)	(≪掇1. 436≫)	(≪後下30. 8≫)	(≪英337≫)	

≪甲骨文編≫에는 예시한 글자들을 아무런 언급도 없이 '帀'자로 수록하였는데,[3] ≪說文解字≫에는 이 '帀'자에 대해, "帀, 匈也. 從反屮而帀也. 周盛說. : '帀'은 한 바퀴 빙 두르다는 뜻이다. '屮'자를 거꾸로 뒤집어 놓은 모양으로 되어 있는데, 이것이 '帀'자이다. 이는 周盛의 주장이다."라고 풀이하고 있다.

갑골문에서의 뜻은 아직 명확하게 밝혀지지 않았다. "弜帀鄕叀多尹鄕"(≪甲752≫), "辛亥𠂤, 貞 : 帀……?"(≪後下30. 8≫)

---

1) 中國社會科學院考古研究所 前揭書 ≪甲骨文編≫ p.270.

2) 羅振玉 前揭書 ≪增訂殷虛書契考釋≫卷中 p.64上.

3) 中國社會科學院考古研究所 前揭書 ≪甲骨文編≫ p.272.

自[師](사)					[shī]
	(《前4. 36. 3》)	(《鐵4. 3》)	(《佚586》)	(《H11. 4》)	

≪新甲骨文編≫에는 위의 갑골문자들 가운데 '師'자로는 西周의 갑골인 ≪H11. 4≫의 '𣄰'자만 수록하고는, "卜辭用自爲師.[1] : 갑골복사에서는 '自'를 '師'자의 뜻으로 사용하고 있다."라고 하고 있다. 이 '自'자는 흙으로 이루어진 언덕 모양을 형상화하여 세워 놓은 상형자이다. ≪說文解字≫에는 이 '師'자에 대해, "師, 二千五百人爲師. 從帀, 從自. 自, 四帀衆意也. 㠯, 古文師. : '師'는 2,500명의 인원이 1'師'가 된다. '帀'을 구성 요소로 하고, '自'를 구성 요소로 하고 있다. '自'와 '四帀' 즉 사방 주위는 모두 다중(多衆)이라는 뜻을 나타낸다. '㠯'(枣)는 '古文' '師'자이다."라고 풀이하고 있다.

갑골문에서의 뜻은 다음과 같다.

1. 군대(軍隊). "▨辰卜, 貞 : 王自伐?"(≪鐵4. 3≫), "丁酉貞 : 王乍三自右中左?"(≪粹 597≫)

2. 지명(地名). "王田自東, 往來亡災, 玆御獲鹿六"(≪前4. 36. 3≫), "……行貞 : 王其 田亡災? 在二月在自……"(≪佚271≫)

3. '貞人'의 이름. "乙亥卜, 自貞 : ……?"(≪佚586≫)

4. 인명(人名). "貞 : 叀自般乎伐?"(≪掇2.185≫), "癸巳卜, 古貞 : "自般涉于河東 ……?"(≪綴23≫) : '師般'은 무관(武官)의 이름이다.

出(출)					[chū]
	(《前7. 43. 2》)	(《粹100》)	(《後上29. 10》)	(《合集29076》)	

갑골문 '出'자는 '止'와 '凵' 또는 '口'를 구성 요소로 하고 있는데, 이는 발로 동굴 속에서 걸어 나오는 모양을 형상화한 자형 결구이다. 이 '出'자에 대해 ≪說文解字≫에는, "出, 進也. 象艸木益滋上出達也. : '出'은 나아가다는 뜻이다. 초목이 점점 자라서 위로 자라나오는 모양을 형상화하였다."라고 풀이하고 있다.

1) 劉釗·洪颺·張新俊 ≪新甲骨文編≫(福建人民出版社 2009. 福州) p.363.

갑골문에서의 뜻은 다음과 같다.

1. (밖으로) 나오다. “貞：王勿出田?”(≪乙3561≫), “己巳卜, 亘貞：翌庚午王出?”(≪合集5063≫)

2. 나타나다. 출현(出現)하다. “……出虹……于河, 在十二月”(≪前7. 43. 2≫), “其出雨于喪”(≪合集29076≫)

3. (해나 달이) 뜨다. “辛未又于出日, 茲不用.”(≪合集33006≫)

4. ‘貞人’의 이름. “己巳卜, 出貞：御王于上甲? 十二月”(≪粹100≫), “乙巳卜, 出貞：遂六兕擒?”(≪後上10. 10≫)

索(삭)				[suǒ]
	(≪續1. 10. 5≫)	(≪花東125≫)	(≪明義士墨本≫)	

于省吾는 위에 예시한 갑골문을 ‘索’자로 고석하면서, “索本象繩索形. 其上端或上下端岐出者, 象束端之餘.[1]：‘索’자는 본래 새끼줄의 모양을 형상화한 것이다. 글자의 상단(上端) 혹은 상·하단(上下端)에 갈래지어 나온 것은 끝을 묶고 남은 부분을 형상화한 것이다.”라고 하였다. 이 ‘索’자에 대해 ≪說文解字≫에는, “索, 艸有莖葉, 可作繩索. 從糸. 杜林說：糸亦朱木字. ：‘索’은 풀에 줄기와 잎이 있어서, 이를 사용하여 새끼를 만들 수가 있다. ‘糸’과 ‘糸’을 구성 요소로 하고 있다. 杜林은, 「糸」은 또한 ‘朱木’의 ‘木’자이다.」라고 하였다.”라고 풀이하고 있다. 여기에서의 ‘朱木字’에 대해 段玉裁는, “未詳. 疑當作索亦朱市字. 市者, 篆文韍也. ：자세한 뜻을 알 수 없다. 이는 ‘索亦朱市字’[‘索’은 또한 ‘朱市’의 ‘市’(불)자이다.]로 써야 할 것 같다. ‘市’은 전문(篆文) ‘韍’자이다.”라고 설명하였다.

갑골문에서의 이 ‘索’자는 제명(祭名)으로 사용되었다. “丙午卜, 貞：索于大甲于亦于一丁三牢?”(≪續1. 10. 5≫)

---

1) 于省吾 前揭書 ≪殷契駢枝全編(雙劍誃殷契駢枝三編)≫ p.35上.

羅振玉은 예시한 갑골문의 자형이 금문(金文) '南'자와 비슷한 것에 근거하여 '南'자로 고석하였으나,1) 자의(字義)에 대해서는 언급하지 않았다. 이 '南'자에 대해 《說文解字》에는, "南, 艸木至南方有枝任也. 從宋, 羊聲. 𢆉, 古文. : '南'은 초목이 남쪽으로 가면 그 잎이 무성해지는데, 가지가 있어서 이를 감당할 수 있게 된다는 뜻이다. '宋'을 의부, '羊'을 성부로 구성되었다. '𢆉'(𢆉)은 '古文'이다."라고 풀이하고 있다.

徐中舒는 이 '南'자에 대해, "甲骨文南字下部𢆉. 𢆉象倒置之瓦器, 上部之丫象懸掛瓦器之繩索, 唐蘭以爲古代瓦製之樂器(《殷虛文字記·釋青殼》), 可從. 借爲南方之稱, 卜辭或用作祭祀之乳幼牲畜名.2) : 갑골문의 '南'자의 아랫부분은 '𢆉'이다. 이 '𢆉'은 거꾸로 놓인 질그릇을 형상화한 것이고, 윗부분의 '丫'은 질그릇을 매달아 놓은 새끼줄을 형상화하였다. 唐蘭은 이를 고대의 와제(瓦製) 악기라고 인식하였는데(《殷虛文字記·釋青殼》), 이것은 따를만한 주장이다. 이 글자는 가차되어 남방(南方)에 대한 명칭이 되었으며, 갑골복사에서는 간혹 제사에 희생으로 쓰이는 젖먹이 가축의 이름으로 사용되기도 하였다."라고 하였다.

갑골문에서의 뜻은 다음과 같다.

1. 방위사(方位詞)의 하나. 남쪽. "王于南門逆羌"(《合集32036》), "甲午卜, 亘貞 : 南土受年?"(《合集9738》), "乙酉卜, 兄貞 : 叀今夕告于南室?"(《前3. 33. 7》)

2. 제품(祭品)의 하나. 젖먹이 생축(牲畜). "尞于東西侑伐卯南黃牛"(《合278》), "貞 : 奉年于王亥……尞三小牢, 卯九牛三南三羌?"(《京津609》)

3. 지명(地名). '南單'·'南奠'·'南丰'·'南宣' 등으로 사용되었다. "貞 : 勿遣在南奠?"(《合集7884》), "丁巳卜, 于南宣?"(《掇1. 459》), "庚辰卜, 爭貞 : 爰南單?"(《乙3787》)

4. 商의 선왕(先王) '南庚'. "乙亥卜, 賓貞 : 御于南庚?"(《前1. 13. 2》)

---

1) 羅振玉 前揭書 《增訂殷虛書契考釋》卷中 p.14上.
2) 徐中舒 前揭書 《甲骨文字典》 p.684.

위의 갑골문 '生'자는 'ᵰ'와 '一'을 구성 요소로 하고 있는데, 이는 풀이 땅 위로 자라나온 모양을 형상화한 자형 결구이며, 후세에는 대부분 '出生'의 뜻으로 사용되었다. 이 '生'자에 대해 ≪說文解字≫에는, "生, 進也. 象艸木生出土上. : '生'은 (자라) 나오다는 뜻이다. 초목이 나서 땅 위로 나오는 모양을 형상화하였다."라고 풀이하고 있다.

갑골문에서의 뜻은 다음과 같다.

1. 낳다. 출생(出生)하다. "辛巳貞 : 其求生于妣庚·妣丙牡牝百豕?"(≪粹396≫)

2. 살아 있다. 날 것. "癸酉卜, 出生豕?"(≪掇1. 311≫), "乎取生芻鳥"(≪乙1052≫)

3. 다음. 다가올. "辛未卜, 爭貞 : 王于生七月入于商?"(≪前2. 1. 2≫), "兹月至生月又大雨"(≪合集29995≫) : '生月'은 '來月' 즉 다음 달이라는 뜻이다.

郭沫若은 위에 예시한 글자들을 '封'자로 고석하면서, "以林木爲界之象形.[1] : 숲의 나무를 경계(境界)로 삼은 상형이다."이라고 하였다. 그리고 李孝定은, "字象植樹土上, 以明經界.[2] : 이 글자는 흙 위에다 나무를 심어서 경계를 명시(明示)한 것을 형상화하였다."라고 하였다. 또 徐中舒는 이에 대해, "從ᵰ從ᵔ, ᵔ象土形, 故ᵿ象封土成堆, 植木其上之形, 爲封之初文. …… 古代植樹於土堆之上以爲封域, 丰字正象其形. …… 古文封與甲骨文丰字形略同.[3] : 'ᵰ'과 'ᵔ'를 구성 요소로 하고 있다. 'ᵔ'는 흙 모양을 형상화한 것이기 때문에, 'ᵿ'은 흙을 쌓아서 언덕을 만든 다음에 그 위에다 나무를 심은 모양을 형상화한 것이며, 이는 '封'자의 초문(初文)이다. …… 고대(古代)에는 흙더미 위에다 나무를 심어서 봉토(封土)의

---

1) 郭沫若 前揭書 ≪殷契粹編·考釋≫ p.62.

2) 李孝定 前揭書 ≪甲骨文字集釋≫ p.3997.

3) 徐中舒 前揭書 ≪甲骨文字典≫ p.689.

경계로 삼았는데, '丰'자는 바로 그 모양을 형상화한 것이다. …… '古文' '封'자가 갑골문 '丰'자와 자형이 대략 같다."라고 설명하였다.

그런데 위에 예시한 갑골문은 자형으로는 ≪說文解字≫의 '丰'자임이 틀림없는데, 자의(字義)로는 '封'자의 뜻으로만 쓰이고 있다. 제13편의 '封'자에 대한 해설을 참고하기 바란다. '丰'자에 대해 ≪說文解字≫에는, "丰, 草盛丰丰也. 從生, 上下達也. : '丰'은 초목이 풍성하다는 뜻이다. '生'을 구성 요소로 하고 있으며, ['生'자의 가운데 세로획을 아래로 연장하여] 아래 위가 통달함을 나타낸다."라고 풀이하고 있다. 또 '封'자에 대해서는 "封, 爵諸侯之土也. 從之土, 從寸. 寸, 守其制度也. 公侯百里, 伯七十里, 子男五十里. 𡉚, 籀文封, 從丰土. 坒, 古文封省. : '封'은 제후에게 작위(爵位)의 등급에 따라서 내리는 땅이라는 뜻이다. '之'와 '土'를 구성 요소로 하고, '寸'을 구성 요소로 하고 있는데, '寸'은 분봉(分封)의 제도를 준수한다는 뜻을 나타낸다. 공작(公爵)과 후작(侯爵)은 사방 100리(里)의 땅을 봉했고, 백작(伯爵)은 사방 70리의 땅을 봉했으며, 자작(子爵)과 남작(男爵)은 사방 50리의 땅을 봉했다. '𡉚'(坒)은 주문(籀文) '封'자인데, '丰'과 '土'를 구성 요소로 하고 있다. '坒'(坒)은 '古文' '封'자인데, 필획이 생략되었다."라고 풀이하고 있다.

갑골문에서의 뜻은 다음과 같다.

1. 방국(方國)의 봉역(封域). '一丰方'·'二丰方'·'三丰方'·'四丰方' 등의 형태로 쓰였다. "貞 : 戉侑石一丰方?"(≪林1. 25. 12≫), "……賓, 祖乙爽妣己……于二丰方……"(≪後上2. 16≫), "己酉王卜, 貞 : 余征三封方?"(≪後上18. 2≫), "……余其從侯☒伐四封方"(≪續3. 13. 1≫)
2. 인명(人名). '宰丰'. "……王賜宰丰……"(≪佚518背≫)

| 束(속) | (≪甲2289≫) | (≪京津2679≫) | (≪乙9004≫) | (≪珠402≫) | [shù] |

위에 예시한 갑골문 '束'자는 '木'과 '幺'를 구성 요소로 하고 있는데, 이는 노끈으로 나무를 묶은 모양을 형상화한 자형 결구이다. 이 '束'자에 대해 ≪說文解字≫에는, "束, 縛也. 從囗木. : '束'은 묶다는 뜻이다. '囗'와 '木'을 구성 요소로 하고 있다."라고 풀이하고 있다.

갑골문에서의 자의(字義)는 제사와 관련이 있는 듯하나, 아직 명확하게 밝혀지지 않았다.

"癸酉卜, 其束三示?"(≪珠402≫), "又歲壬, 束示"(≪甲430≫)

剌(랄)

(≪甲624≫)   (≪甲1779≫)   (≪坊間1. 71≫)   (≪合集27885正≫)   [là]

위에 예시한 갑골문은 '束'과 '刀'를 구성 요소로 하고 있는 '剌'자인데, 이는 묶은 것을 칼로 자르는 모양을 형상화한 자형 결구이다. 이 '剌'자에 대해 ≪說文解字≫에는, "剌, 戾也. 從束, 從刀. 刀束者, 剌之也. : '剌'은 어그러지다는 뜻이다. '束'을 구성 요소로 하고, '刀'를 구성 요소로 하고 있다. '刀束'이란 어그러뜨리다는 뜻이다."라고 풀이하고 있다.

갑골문에서의 뜻은 다음과 같다.

1. 베어 죽이다는 뜻이라고 짐작된다. "……橐……剌"(≪甲1779≫)

2. 인명(人名). "丁巳卜, 叀小臣剌㠯◻于中室?"(≪甲624≫)

橐(탁)

(≪前6. 32. 4≫)   (≪燕403≫)   (≪英1996≫)   (≪合集547≫)   [tuó]

徐中舒는 위에 예시한 갑골문자들을 '橐'자로 수록하였는데,[1] 갑골문에서의 '橐'자는 '束' 자와 같은 글자이므로, 이 '橐'자에 대한 해설은 본편(本篇) 앞쪽의 '束'자에 대한 해설로 대신한다.

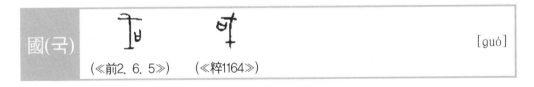

國(국)

(≪前2. 6. 5≫)   (≪粹1164≫)   [guó]

갑골문에서는 '國'자는 '域'자와 통용되고, '或'자는 이 두 글자의 초문(初文)이므로, 이 '國' 자에 대한 해설은 제12편의 '或'자에 대한 해설로 대신한다.

---

1) 徐中舒 前揭書 ≪甲骨文字典≫ p.695.

| 囿(유) | （≪乙8526≫） | （≪京都3146≫） | （≪前4. 53. 4≫） | （≪前4. 12. 3≫） | [yòu] |

선사(先師) 金祥恒 교수는 위의 갑골문을 해설 없이 '囿'자로 수록하였는데,[1] '囗'와 다수의 '屮' 또는 '木'을 구성 요소로 하고 있으며, 간혹 '囗'와 '又'를 구성 요소로 하고 있는 것도 있다. 이는 전원(田園)에 식물이 생장하고 있는 모양을 형상화한 자형 결구이다. 이 '囿'자에 대해 ≪說文解字≫에는, "囿, 苑有垣也. 從囗, 有聲. 一曰：所㠯養禽獸曰囿. 🔲, 籒文囿. : '囿'는 낮은 울타리를 친 동산이라는 뜻이다. '囗'를 의부, '有'를 성부로 구성되었다. 일설에는 금수(禽獸)를 기르는 곳을 '囿'라고 한다고도 한다. '🔲'(圏)는 주문(籒文) '囿'자이다."라고 풀이하고 있다.

갑골문에서의 뜻은 다음과 같다.

1. 지명(地名). "乙未卜, 貞：麥在龍囿🔲受有年? 二月"(≪前4. 53. 4≫), "🔲酉卜, 貞：翊……王往……囿, 亡……?"(≪前4. 12. 3≫)

2. 인명(人名). "癸卯卜, 亘貞：乎囿叀之……?"(≪前7. 20. 1≫)

| 因(인) | （≪前5. 83. 3≫） | （≪後下43. 3≫） | （≪存上2218≫） | （≪佚577≫） | [yīn] |

갑골문 '因'자 역시 소전체(小篆體)와 마찬가지로 '囗'와 '大'를 구성 요소로 하고 있는데, 이는 사람이 우리 안에 갇혀 있는 것을 형상화한 자형 결구이다. 이 '因'자에 대해 ≪說文解字≫에는, "因, 就也. 從囗大. : '因'은 근거를 두고 의지하다는 뜻이다. '囗'와 '大'를 구성 요소로 하고 있다."라고 풀이하고 있다.

그런데 徐中舒는 갑골문 '因'자에 대해, '囗'와 '大'를 구성 요소로 하고 있는데, '囗'는 네모난 자리[席]를 형상화한 것이고, '大'는 '茵'['因'의 주문(籒文)]의 아랫부분 '囗' 속의 편직(編織) 무늬를 형상화한 '▨'가 잘못 변화된 것으로, 이는 '茵'자의 초문(初文)이라고 주장하였다.[2]

---

1) 金祥恒 前揭書 ≪續甲骨文編≫ 卷6 p.14下.

2) 徐中舒 前揭書 ≪甲骨文字典≫ p.696을 참고.

갑골문에서의 자의(字義)는 아직 명확하게 밝혀지지 않았다. "癸未卜, 貞 : 戠不因?"(≪前 5. 38. 3≫), "辛日壬午王貞 : 受不因?"(≪佚577≫)

| 囚(수) | (≪甲3367≫) | (≪佚752≫) | (≪前4. 24. 1≫) | (≪前4. 29. 4≫) | [qiú] |

갑골문 '囚'자 또한 전서(篆書)와 같이 '囗'와 '人'을 구성 요소로 하고 있는데, 이는 사람이 우리 안에 갇혀 있는 모양을 형상화한 자형 결구이다. 이 '囚'자에 대해 ≪說文解字≫에는, "囚, 繫也. 從人, 在囗中. : '囚'는 잡아서 매어 놓다는 뜻이다. '人'이 '囗'안에 있는 모양으로 구성되어 있다."라고 풀이하고 있다.

갑골문에서의 뜻은 다음과 같다.

1. 구금하다. "辛丑卜, 㲋貞 : 靈妃不囚?"(≪前4. 24. 1≫)
2. 지명(地名). "戊戌卜, 行貞 : 王其田于囚亡災?"(≪後上15. 2≫)
3. 인명(人名). "☒未卜, 囚有疾?"(≪甲3367≫)

| 困(곤) | (≪粹61≫) | [kùn] |

위의 갑골문은 '囗'와 '木'을 구성 요소로 하고 있는데, 郭沫若이 이를 논증 없이 '困'자로 수록하여,[1] 정설이 되었다. 이 '困'자에 대해 李孝定은, "今按困者, 梱之古文也. 木部 : 梱, 門橜也. 從木, 困聲.[2] : 지금 살펴보면, '困'이란 '梱'자의 고문(古文)이라고 여겨진다. '木'부에 「梱'은 문지방이라는 뜻이다. '木'을 의부, '困'을 성부로 구성되었다.」이라고 하고 있다."라고 주장하였다. 이 '困'자에 대해 ≪說文解字≫에는, "困, 故廬也. 從木, 在囗中. 朱, 古文困. : '困'은 오래된 오두막이라는 뜻이다. '木'이 '囗' 안에 있는 모양으로 구성되어 있다. '朱'(朱)은 '古文' '困'자이다."라고 풀이하고 있다.

갑골문에서의 뜻은 다음과 같다.

1) 郭沫若 前揭書 ≪殷契粹編·考釋≫ p.14上.
2) 李孝定 前揭書 ≪甲骨文字集釋≫ p.2121.

1. 인명(人名)으로 짐작된다. "子困亡德"(≪綴合390≫)
2. 자의(字義) 불분명. "乙酉貞 ： 取河其困于日雨?"(≪粹61≫)

| 圂(혼) | 圂 (≪前4. 16. 7≫) | 圂 (≪乙811≫) | 圂 (≪佚692≫) | 圂 (≪後下3. 15≫) | [hùn] |

위의 갑골문은 '囗'와 1∼2개의 '豕'를 구성 요소로 하고 있는데, 이는 우리 안에 돼지가 있는 것을 형상화한 자형 결구이다. 羅振玉은 이 글자에 대해, "从豕在囗中, 乃豕笠也.[1] ： '豕'가 '囗' 안에 있는 모양으로 구성되어 있는데, 이는 곧 돼지우리라는 뜻이다."라고 하여, 이를 '圂'자로 고석하였다. ≪說文解字≫에는 이 '圂'자에 대해, "圂, 豕厠也. 從囗, 象豕在囗中也. 會意. ： '圂'은 돼지우리라는 뜻이다. '囗'를 구성 요소로 하고 있으며, '囗'[둘러친 우리] 안에 '豕'가 있는 모양을 형상화하였다. 회의자이다."라고 풀이하고 있다.

갑골문에서의 뜻은 다음과 같다.

1. 돼지우리. "貞 ： 乎作圂于專, 勿作圂于專?"(≪乙811≫)
2. 지명(地名). "貞 ： 于圂?"(≪前4. 16. 7≫)

| 員(원) | 員 (≪佚11≫) | 員 (≪乙443≫) | 員 (≪後下1. 11≫) | 員 (≪中大107≫) | [yuán] |

≪甲骨文編≫에는 위에 예시한 글자들을 모두 '員'자로 수록하고는, "卜辭員字从貞. …… 或从鼎. 卜辭鼎貞二字通用.[2] ： 갑골복사에서의 '員'자는 '貞'을 구성 요소로 하고 있다. …… ('員'자는) 간혹 '鼎'을 구성 요소로 하고 있기도 하다. 갑골복사에서의 '鼎'·'貞' 두 글자는 통용된다."라고 하고 있는데, 정설이 되었다. 이 '員'자에 대해 ≪說文解字≫에는, "員, 物數也. 從貝, 囗聲. 鼎, 籒文, 從鼎. ： '員'은 물건의 수량이라는 뜻이다. '貝'를 의부, '囗'을 성부로 구성되었다. '鼎'(鼎)은 주문(籒文)인데, '鼎'을 구성 요소로 하고 있다."라고 풀이하고 있다. 이 '員'자의 자의에 대해 段玉裁는, "本爲物數, 引伸爲人數. 俗稱官員. ……

---

1) 羅振玉 前揭書 ≪增訂殷虛書契考釋≫ 卷中 p.13上.
2) 中國社會科學院考古硏究所 前揭書 ≪甲骨文編≫ p.277.

數木曰枚·曰梃, 數竹曰箇, 數絲曰紽·曰總, 數物曰員. : 본래는 물건의 수량을 나타내었는데, 인신(引伸)되어 사람의 수를 나타내게 되었다. 세속에서는 관원(官員)을 말한다. …… 나무를 세는 수량사(數量詞)는 '枚'·'梃'이라고 하고, 대[竹]를 세는 수량사는 '箇'라고 하고, 실을 세는 수량사는 '紽'·'總'이라고 하며, 물건을 세는 수량사는 '員'이라고 한다."라고 주(注)하여, 수량사로 구분하였다.

갑골문에서의 뜻은 다음과 같다.

1. 지명(地名). "貞 : 往自員得?"(≪金402≫)

2. 인명(人名). "庚子卜, 爭貞 : 命員取玉于龠?"(≪續5. 22. 2≫), "庚戌卜, 王命員于玆?"(≪佚11≫)

| 貝(패) | (≪前5. 10. 3≫) | (≪甲777≫) | (≪乙971≫) | (≪合集11428≫) | [bèi] |

위에 예시한 갑골문 '貝'자는 바다 조개의 모양을 형상화한 상형자이다. 이 '貝'자에 대해 ≪說文解字≫에는 "貝, 海介蟲也. 居陸名贆, 在水名蜬. 象形. 古者, 貨貝而寶龜, 周而有泉, 至秦廢貝行錢. : '貝'는 바다에 사는 '介蟲' 즉 갑각류(甲殼類)의 동물이다. 육지에서 사는 것은 '贆[biāo]'라고 하고, 강에 있는 것은 '蜬[hán]'이라고 한다. (조개껍질의 모양을 형상화한) 상형자이다. 고대에 이 패각(貝殼)을 재화(財貨)로 삼고, 귀갑(龜甲)을 진보(珍寶)로 삼았는데, 周代의 화폐제도에는 '泉'이 있었고 (그래서 '貝殼'을 폐기하지 않았으나), 秦代에 이르러서는 '貝殼'을 폐기하고 '錢'을 통용하였다."라고 풀이하고 있다. '貝'는 옛날에 화폐(貨幣)로 사용되었다.

갑골문에서의 뜻은 다음과 같다.

1. '貨貝'. 화폐(貨幣) 또는 장식품. 제품(祭品)의 하나. "甲申卜, 賓貞 : 雩丁亡貝?"(≪合集11423≫), "取有貝"(≪合集11425≫), "庚戌[卜], 貞 : 易多母侑貝朋?"(≪合集11428≫)

2. 지명(地名). "貞 : 牧于貝?"(≪前5. 10. 3≫)

貣(특)		[tè]
	(≪後下22. 11≫)	

商承祚가 위의 갑골문을 '貣'자로 고석하여,[1] 정설이 되었다. 금문(金文)으로는 '𧶠'(≪郘大弔斧≫)으로 쓰는데, 자형 결구가 위에 예시한 갑골문과 마찬가지로 '戈'와 '貝'를 구성 요소로 하고 있다. 이는 창으로 조개를 치는 모양을 형상화한 것이다. 이 '貣'자에 대해 ≪說文解字≫에는, "貣, 從人求物也. 從貝, 弋聲. : '貣'은 다른 사람에게서 물건을 구걸하다는 뜻이다. '貝'를 의부, '弋'을 성부로 구성되었다."라고 풀이하고 있다.

갑골문에서의 뜻은 아직 정확하게 밝혀지지 않았다. "……貣……"(≪後下22. 11≫)

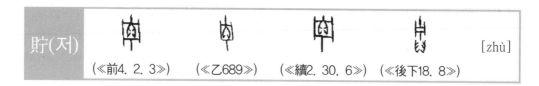

貯(저)				[zhù]
(≪前4. 2. 3≫)	(≪乙689≫)	(≪續2. 30. 6≫)	(≪後下18. 8≫)	

위의 갑골문은 '宁'와 '貝'를 구성 요소로 하고 있는데, 羅振玉은 이 글자에 대해, "象內貝于宁中形或貝在宁下, …… 宁貯古爲一字.[2] : '宁' 속에 '貝'를 넣어 둔 모양이거나, 또는 '貝'가 '宁'의 아래에 놓인 것을 형상화하였다. …… '宁'자와 '貯'자는 고대에는 같은 글자였다."라고 하여, '貯'자로 고석하였다. 이 '貯'자에 대해 ≪說文解字≫에는, "貯, 積也. 從貝, 宁聲. : '貯'는 모아서 쌓다는 뜻이다. '貝'를 의부, '宁'를 성부로 구성되었다."라고 풀이하고 있다.

갑골문에서의 뜻은 다음과 같다.

1. 방국명(方國名) 또는 종족명(種族名). "貯入十"(≪合集10151≫), "乙未卜, 睯貞：自貯入赤瑪其利不束吉?"(≪後下18. 8≫)

2. 인명(人名). "令貯从侯告"(≪京都3145≫)

---

1) 商承祚 前揭書 ≪殷虛文字類編≫ 6卷 p.7上을 참고.

2) 羅振玉 前揭書 ≪增訂殷虛書契考釋≫ 卷中 p.12下.

| 賓(빈) | (≪鐵245.1≫) | (≪甲304≫) | (≪戩43.4≫) | (≪前1.5.4≫) | [bīn] |

王國維는 위의 갑골문을 '賓'자로 고석하면서, "上從屋, 下從人從止, 象人至屋下, 其義爲賓. 各客二字從夊, 意皆如此. 金文及小篆易從止爲從貝者, 乃後起之字. 古者賓客至, 必有物以贈之, 其贈之之事謂之賓, 故其字從貝.[1] : 윗부분은 집을 구성 요소로 하고 있고, 아랫부분은 사람을 구성 요소로 하고, '止'를 구성 요소로 하고 있는데, 이는 사람이 집 아래에 당도한 것을 형상화한 것이며, 그 뜻은 손님이다. '各'과 '客' 두 글자도 '夊'를 구성 요소로 하고 있는데, 그 의미도 모두 이와 같다. 금문(金文)과 소전(小篆)에서 '止'를 구성 요소로 하고 있는 것을 '貝'를 구성 요소로 하고 있는 것으로 바꾼 것은, 후기자(後起字)이다. 고대에는 손님이 올 때 반드시 선물을 가져와서 증여하였는데, 그 증여하는 일을 '賓'이라고 하였기 때문에, 이 글자가 '貝'를 구성요소로 하고 있는 것이다."라고 설명하였다. 이 '賓'자에 대해 ≪說文解字≫에는, "賓, 所敬也. 從貝, 宀聲. 𡧍, 古文. : '賓'은 정중하게 공경할 사람이라는 뜻이다. '貝'를 의부, '宀'을 성부로 구성되었다. '𡧍'(賓)은 '古文'이다."라고 풀이하고 있다.

갑골문에서의 뜻은 다음과 같다.

1. 빈객(賓客)이라는 뜻으로 짐작된다. "乙丑卜, 㱿貞 : 我叀賓爲?"(≪後下10.13≫), "丁卯卜, 㱿貞 : 我勿爲賓?"(≪南明145≫)

2. 제명(祭名). '儐'과 통용. '儐祭'. "貞 : 咸不賓于帝?"(≪合集1420≫), "丙子卜, 貞 : 王儐外丙祭亡尤?"(≪前1.5.4≫)

3. '貞人'의 이름. "乙巳卜, 賓貞 : 福于父乙?"(≪合集1901≫), "戊申卜, 賓貞 : 有……啓?"(≪鐵245.1≫)

4. 인명(人名). '子賓'. "壬辰貞 : 乎子賓御屮母于父乙?"(≪乙6732≫)

---

1) 王國維 前揭書 ≪觀堂集林≫ 卷1 p.43.

| 賒(사) | (≪庫600≫) | (≪庫600≫) | [shē] |

　≪甲骨文編≫에는 위의 갑골문을 해설 없이 '賒'자로 수록하고 있는데,[1] 이 글자는 상하(上下) 구조로 '余'와 '貝'를 구성 요소로 하고 있다. 이 '賒'자에 대해 ≪說文解字≫에는, "賒, 貰買也. 從貝, 余聲. : '賒'는 외상으로 사다는 뜻이다. '貝'를 의부, '余'를 성부로 구성되었다."라고 풀이하고 있다. 이에 대해 段玉裁는 "貰買者, 在彼爲貰. 在我則爲賒也. : '貰買'란, 저쪽(상대방 쪽)에서는 빌려주는 것이고, 내 쪽에서는 빌리는 것이다."라고 주(注)하였다. '貰'는 돈을 내고 빌리는 것이며, '賒'는 빚지는 것이다.

　갑골문에서의 뜻은 아직 명확하게 밝혀지지 않았다. "……爭……賒……女. 爭……女……賒"(≪庫600≫)

| 責(책) | (≪乙39≫) | (≪乙1545≫) | (≪乙8895≫) | (≪乙8897≫) | [zé] |

　선사(先師) 金祥恒 교수는 ≪續甲骨文編≫에서 위의 갑골문자들을 아무 논증 없이 '責'자로 수록하였다.[2] 이 갑골문은 '朿'와 '貝'를 구성 요소로 하고 있는데, 금문(金文)으로는 '責'(≪秦公簋≫)으로 쓴다. 이 '責'자에 대해 ≪說文解字≫에는, "責, 求也. 從貝, 朿聲. : '責'은 찾아가서 요구하다는 뜻이다. '貝'를 의부, '朿'를 성부로 구성되었다."라고 풀이하고 있다.

　갑골문에서의 뜻은 다음과 같다.

　1. '책망하다', '책임을 추구하다' 등의 뜻이라 짐작된다. "癸巳卜, 令收責杞?"(≪乙8895≫)

　2. 희생(犧牲)의 처리 방법의 하나. "丁丑責豕. 狄責"(≪乙8897≫)

　3. 지명(地名) 또는 방국명(方國名)으로 짐작된다. "丙午卜, 克責?"(≪甲2342≫), "庚辰貞 : 卤从索責, 亡禍?"(≪乙105≫)

1) 中國社會科學院考古硏究所 前揭書 ≪甲骨文編≫ p.279.
2) 金祥恒 前揭書 ≪續甲骨文編≫ 卷6 p.17下.

資[商](상)	〔그림〕 (《佚518背》)	[shāng]

《甲骨文編》에는 위에 예시한 《佚518背》의 갑골문 '〔그림〕'자를 '資'자로 수록하고는, "資不从貝.[1] : 이 갑골문 '資'자는 '貝'를 구성 요소로 하지 않았다."라고 하고 있다. 이는 '商'자의 이체자이며, 금문(金文)으로는 '〔그림〕'(《臣辰卣》)으로 쓰는데, 이 금문은 '貝'를 구성요소로 하고 있다. 제3편의 '商'자에 대한 해설을 참고하기 바란다. 이 '資'자에 대해 《說文解字》에는, "資, 行賈也. 從貝, 商省聲. : 資은 (사방으로 화물을) 통용하여 장사를 하다는 뜻이다. '貝'를 의부, 필획이 생략된 '商'을 성부로 구성되었다."라고 풀이하고 있다. 이에 대해 段玉裁는 "經傳皆作商, 商行而資廢矣. …… 析言之, 則行賈日資. : 경전(經傳)에는 모두 '商'으로 쓰고 있는데, '商'자가 통용되면서 '資'자는 폐기되었다. …… 자세히 분석하여 말하자면, 사방의 화물을 통용시키며 하는 상행위(商行爲)를 '資'이라고 일컫는다."라고 주(注)하였다.

甲骨文에서의 뜻은, '賞'의 뜻으로 사용되었다. "壬午王田于麥麓, 獲資(商)哉犀, 王錫宰丰……"(《佚581背》)

買(매)	〔그림〕 (《甲276》)	〔그림〕 (《佚462》)	〔그림〕 (《乙5329》)	〔그림〕 (《粹1552》)	[mǎi]

위에 예시한 갑골문은 '貝'와 '网'을 구성 요소로 하고 있다. 商承祚는 이 글자에 대해, "象以罔取貝之形.[2] : 그물로 조개를 잡는 모양을 형상화하였다."라고 하여, '買'자로 고석하였는데, 정설이 되었다. 이 '買'자에 대해 《說文解字》에는, "買, 市也. 從网貝. 孟子日 : 登壟斷而网市利. : '買'는 물건을 사들이다는 뜻이다. '网'과 '貝'를 구성 요소로 하고 있다. 《孟子・公孫丑下》에 「높은 곳에 올라 좌우를 살펴보고서, 장사하기 좋은 곳에서 이익을 망라(網羅)하려고 한다.」라고 하고 있다."라고 풀이하고 있다.

갑골문에서는 물물 교환으로 구매하다는 뜻으로 사용되었다. "買狽馬牢……羌"(《粹

---

1) 中國社會科學院考古硏究所 前揭書 《甲骨文編》 p.280.
2) 商承祚 前揭書 《殷契佚存考釋》 p.66下.

1552≫), "戊寅……丙乎雀買"(≪乙5329≫)

賏(영)					[yīng]
	(≪甲777≫)	(≪後下8. 5≫)	(≪前6. 26. 7≫)	(≪前5. 4. 7≫)	

예시한 갑골문의 자형은 두 꾸러미의 '貝'를 연이은 모양을 형상화한 것으로, ≪說文解字≫
의 '賏'자임이 틀림없다. 그런데 ≪甲骨文編≫에는 이들을 '朋'자로 수록하면서, "說文以鳳字
古文爲朋, 與古文朋字之形不類, 疑有譌奪. 今系朋字於貝部之後.[1] : ≪說文解字≫에는
'鳳'자의 '古文'을 '朋'이라 하였는데, 이 갑골문은 '古文' '朋'자의 자형과 같은 부류가 아니며,
뭔가 잘못 누락된 것이 있는 것 같다. 이에 지금 이 '朋'자를 '貝'부(部) 뒤에 덧붙여 둔다."라고
하고 있다. 그리고 徐中舒도 이에 대해, "朋貝之朋實爲賏字之譌.[2] : '朋貝'의 '朋'자는 사실
은 '賏'자를 잘못 쓴 것이다."라고 하였다. 이에 의하면 후세의 '貝朋'이라는 말은 '貝賏'으로
써야 하는데, ≪說文解字≫에서 '鳳'자의 '古文'을 '朋'으로 쓴다고 하여, 이를 '貝賏'으로
쓰지 않고 '貝朋'으로 쓰게 되었다는 말이다. ≪說文解字≫에는 이 '賏'자를 수록하고서, "賏,
頸飾也. 從二貝. : '賏'은 목에 거는 장식품이다. 두 개의 '貝'로 구성되었다."라고 풀이하고
있다. 이로 미루어보면, 이 '賏'자는 고대에 조개 꾸러미의 단위에 대한 명칭으로, 후세의
'貝朋'의 뜻임을 알 수 있다.

갑골문에서의 뜻은 다음과 같다.

1. 조개 꾸러미. 화폐(貨幣)로 쓰이기도 하였다. "庚戌……貞 : 錫多母有貝賏?"(≪後下8.
   5≫), "妭用賏"(≪前6. 26. 7≫) : '妭'는 인명(人名)이다.

2. 제품(祭品)으로 사용되었다. "己巳卜, 賓貞 : 翊丁未, 酒▨歲……于丁……尊有賏?"
   (≪前5. 4. 7≫)

---

1) 中國社會科學院考古研究所 前揭書 ≪甲骨文編≫ p.280.
2) 徐中舒 前揭書 ≪甲骨文字典≫ p.708.

邑(읍)					[yi]
	(≪前7. 5. 1≫)	(≪燕179≫)	(≪後上18. 2≫)	(≪佚653≫)	

위의 갑골문 '邑'자는 '囗'와 무릎 꿇고 앉은 사람의 모양으로 구성되어 있는데, 여기에서의 '囗'는 강토(疆土) 내의 성읍(城邑)을 상징한다. 이는 사람이 모여서 거주하는 장소인 성읍의 모양을 형상화한 자형 결구이다. 이 '邑'자에 대해 ≪說文解字≫에는, "邑, 國也. 從囗. 先王之制, 尊卑有大小, 從卪. : '邑'은 나라라는 뜻이다. '囗'를 구성 요소로 하고 있다. 선왕(先王)의 제도에서는 ['公侯伯子男'의] 존비(尊卑)가 달랐기 때문에, 그에 따라서 크고 작은 강역(疆域)으로 나뉘어 있었고, [이런 존비와 대소의 결정은 왕명(王命)에서 나오므로] 그로 인해 '卪'을 구성 요소로 하고 있는 것이다."라고 풀이하고 있다. 段玉裁는 "國也"라는 말에 대해, "≪左傳≫凡稱人曰'大國', 凡自稱曰'敝邑', 古國 · 邑通稱. : ≪春秋左氏傳≫에, 무릇 타인에 대해서는 '大國'이라고 칭하고, 자신에 대해서는 '敝邑'이라고 칭하는데, 고대에는 '國'과 '邑'이 통용되는 칭호였다."라고 주(注)하였다.

갑골문에서의 뜻은 다음과 같다.

1. 성읍(城邑). "丁未卜, 㱿貞 : 我乍邑?"(≪燕179≫), "……在大邑商, 王占曰 : 大吉. 在九月遘上甲……五牛"(≪後上18. 2≫), "丁未卜, 大邑受禾?"(≪佚653≫)

2. 인명(人名). "庚申卜, 出貞 : 令邑垃飮河?"(≪文362≫), "乙亥邑示二屯小埽"(≪續6. 19. 9≫), "貞 : 邑來告? 五月"(≪鄴1. 39. 5≫), "貞 : 勿令邑? 十月"(≪京津2191≫)

邦(방)					[bāng]
	(≪前4. 17. 3≫)	(≪乙6978≫)	(≪簠歲17≫)	(≪簠歲18≫)	

위의 갑골문은 강역(疆域)을 의미하는 '田'과 수목을 나타내는 '屮'을 구성 요소로 하고 있는데, 이는 강역에 나무로 경계를 삼은 것을 형상화한 자형 결구이다. 이 글자에 대해 王國維는, "古封邦一字. …… 字從丰田即邦字, 邦土即邦社.[1] : 고대의 '封'자와 '邦'자는 같은 글자이

---

1) 王國維≪海寧王靜安先生遺書≫第17册, 李孝定 前揭書 ≪甲骨文字集釋≫ p.2167에서 재인용.

다. …… (갑골문에서) 글자가 '丰'과 '田'을 구성 요소로 하고 있는 것은 곧 '邦'자이고, '邦土'란 바로 '邦社'이다."라고 하여, '邦'자로 고석하였다. 이 '邦'자에 대해 ≪說文解字≫에는, "邦, 國也. 從邑, 丰聲. 𤽬, 古文. : '邦'은 제후의 봉국(封國)이라는 뜻이다. '邑'을 의부, '丰'을 성부로 구성되었다. '𤽬'(𤽬)은 '古文'이다."라고 풀이하고 있다.

갑골문에서의 뜻은 다음과 같다.

1. 방국(邦國). 제후(諸侯)의 나라. "貞 : 勿求年于邦土?"(≪前4. 17. 3≫), "丙子卜, 賓貞 : 求年于邦?"(≪簠歲17≫)

2. 인명(人名). "……子邦立……"(≪乙6978≫)

鄙(비)　　(≪鐵68. 4≫)　　[bǐ]

위의 갑골문은 '囗'와 '㐭'을 구성 요소로 하고 있는데, 여기에서의 '囗'는 강역(疆域)을 나타내며, 이는 강역에 창고가 있음을 형상화한 자형 결구이다. ≪甲骨文編≫에는 이 갑골문을 '鄙'자로 수록하면서, "卜辭用啚爲鄙.[1] : 갑골복사에서의 '啚'자는 '鄙'자의 뜻으로 사용되었다."라고 하고 있다. 이 '鄙'자에 대해 ≪說文解字≫에는, "鄙, 五酇爲鄙, 從邑, 啚聲. : '鄙'는 500'家'를 '鄙'라고 한다. '邑'을 의부, '啚'를 성부로 구성되었다."라고 풀이하고 있다.

갑골문에서의 자의(字義)는 제5편의 '啚'자에 대한 해설을 참고하기 바란다.

䢽(항)　　(≪餘2. 2≫)　　[xiàng]

위의 갑골문은 두 사람이 서로 마주보고 있는 모양으로 구성되어 있는데, 이는 서로 마주보고 입을 벌려 말을 하는 모양을 형상화한 자형으로, ≪說文解字≫에 수록된 '䢽'자이다. ≪說文解字≫에는 "䢽, 鄰道也. 從邑, 從邑. …… 𨠌. : '䢽'은 마을 안의 길이라는 뜻이다.

---

1) 中國社會科學院考古研究所 前揭書 ≪甲骨文編≫ p.281.

'邑'을 구성 요소로 하고, '吕'을 구성 요소로 하고 있다. …… 자음(字音)에 대한 해설은 궐(闕)한다."라고 풀이하고 있다. 段玉裁는 이 글자에 대해, "隸變作邹. : 예서(隸書)로는 '邹'으로 변형하여 쓰고 있다."라고 주(注)하였다.

갑골문에서는 인명(人名)으로 사용되었다. "癸巳卜, 令牧䣅?"(≪餘2. 2≫)

䣊(鄕)(향)	𘟖	𘟗	𘟘	[xiāng]
	(≪前1. 36. 3≫)	(≪前4. 22. 8≫)	(≪甲2799≫)	

'亯'을 구성 요소로 하고 있고, 또한 서로 마주보고 무릎 꿇고 앉은 두 사람을 구성 요소로 하고 있는데, 이는 두 사람이 식기(食器) 앞에서 마주보고 음식을 먹는 모양을 형상화한 '䣊'자로, '饗'의 고자(古字)이며, 주식(酒食)을 대접한다는 뜻이다. ≪說文解字≫에는, "䣊, 國離邑, 民所封鄕也. 嗇夫別治. 從䣆, 皀聲. 封圻之內, 六鄕六卿治之. : '䣊'은 도성(都城)에서 비교적 멀리 떨어진 곳의 읍(邑)인데, 백성들이 모이고 회귀(回歸)하는 곳이다. [漢代의 규정에는,] 향관(鄕官) 색부(嗇夫)가 각기 이를 관장하여 다스리도록 했다. '䣆'을 의부, '皀'을 성부로 구성되었다. [周代의 규정에는,] 국도(國都) 사방의 경기(京畿)를 6개의 '鄕'으로 나누고, 6경(卿)이 각각 이를 관리하도록 하였다."라고 풀이하고 있다. 이 '䣊'자는 지금은 '鄕'으로 예정(隸定)하여 쓰는데, 갑골문에서는 '卿'자와 통용된다. 제5편의 '饗'자와 제9편의 '卿'자에 대한 해설을 참조하기 바란다.

갑골문에서의 뜻은 다음과 같다.

1. 관명(官名). '卿'자와 통용되며, '卿'으로 표기한다. "庚辰卜, 大貞 : 來丁亥其𤔼丁于大室☒西卿?"(≪前1. 36. 3≫), "貞 : 卿史于寮北宗不大雨?"(≪前4. 21. 7≫)
2. 지명(地名). "……其來王自鄕"(≪前4. 22. 5≫)

第 7 篇

日(일)		[rì]

위의 갑골문 '日'자는 해의 모양을 형상화한 상형자인데, 갑골판(甲骨版)에 칼로 글자를 계각(契刻)하였기 때문에 둥글지 않고 모가 난 모양의 글자가 많은 편이다. 이 '日'자에 대해 ≪說文解字≫에는, "日, 實也. 太陽之精不虧. 從○一. 象形. ☉, 古文, 象形. : '日'은 밝은 빛이 꽉 찬 것을 나타낸다. 태양의 정화(精華)는 이지러짐이 없다. '○'과 '一'을 구성 요소로 하고 있다. 상형자이다. '☉'(日)은 '古文'이며, 상형자이다."라고 풀이하고 있다. 갑골문에서의 뜻은 다음과 같다.

1. 태양(太陽). 해. "庚子貞 : 日又戠告于河?"(≪存1. 1941≫), "癸酉貞 : 日夕有食, 隹若? 癸酉貞 : 日夕有食, 非若?"(≪佚374≫), "出入日歲三牛"(≪粹17≫), "乙巳卜, 帝日叀丁?"(≪庫985≫), "……貞 : 日有食?"(≪林1. 10. 5≫)

2. 오늘. 당일(當日). 하루. "壬辰貞 : 今日壬啓?"(≪拾8. 8≫), "于來日己飮妣己"(≪京都1791≫)

3. (대)낮. '夕'과 상대된다. "丙寅卜, 日風不禍?"(≪粹1417≫), "……日不雨"(≪粹766≫)

4. 시간 명사. "中日大啓"(≪甲1561≫), "莫于日中卤往不雨"(≪粹682≫); "貞 : 王其省盂田湄日不雨?"(≪粹929≫), "丙戌卜, 戊亞其尊其豐……茲雨眉日?"(≪南明

445≫) : '中日' 혹은 '日中'은 '正午'의 시각이며; '湄日' 혹은 '眉日'은 '昧日'과 같은 말로, 해가 뜰 무렵을 의미한다.

5. 제명(祭名). '日祭'. "癸亥卜, 貞 : 王賓示癸劦日亡尤?"(≪後上1. 9≫)

時(시)	𣊬(≪前4. 5. 7≫)	𣊬(≪前6. 24. 7≫)	𣊬(≪後下24. 3≫)	[shí]

商承祚가 위에 예시한 갑골문의 자형이 '之'와 '日'을 구성 요소로 하고 있는 것이 ≪說文解字≫의 '時'자의 '古文'과 자형 결구가 같음에 근거하여 '時'자로 고석하여,[1] 정설이 되었다. ≪說文解字≫에는 이 '時'자에 대해, "時, 四時也. 從日, 寺聲. 𣅹, 古文時, 從日㞢作. : '時'는 사계절이라는 뜻이다. '日'을 의부, '寺'를 성부로 구성되었다. '𣅹'(旹)는 '古文' '時'자인데, '日'과 '㞢'를 구성 요소로 한 것으로 쓴다."라고 풀이하고 있다. 이로써 이 '古文' '時'자는 자형 결구가 갑골문과 같음을 알 수 있다.

갑골문에서도 어떤 시간을 뜻하는 것으로 짐작되지만, 명확한 자의(字義)는 아직 밝혀지지 않았다. "……盆……時允……魚八月"(≪前4. 5. 7≫), "☐☐卜, 叀……羽王☐燕時……叀吉"(≪前6. 43. 6≫)

昕(흔)	☐(≪甲458≫)	☐(≪佚899≫)	☐(≪京津3261≫)	☐(≪京都3113≫)	[xīn]

위의 갑골문에 대해 屈萬里는 "字从囧从斤, 疑是昕之本字.[2] : (이) 글자는 '囧'을 구성 요소로 하고, '斤'을 구성 요소로 하고 있는데, '昕'의 본자(本字)라고 여겨진다."라고 하여, 이 글자를 '昕'자로 고석하였다. 이 갑골문 '昕'자는 '囧' 또는 '日'과 '斤'을 구성 요소로 하고 있는 자형 결구로, 새벽녘에 해가 곧 뜨려고 하는 때라는 뜻을 나타낸다. ≪說文解字≫에는 이 '昕'자에 대해, "昕, 旦明也, 日將出也. 從日, 斤聲. 讀若希. : '昕'은 날이 밝아지려하다는

---

1) 商承祚 前揭書 ≪殷虛文字類編≫ 七卷 p.1下를 참고.
2) 屈萬里 ≪小屯殷虛文字甲編考釋≫(中央研究院歷史語言研究所 1961. 臺北) p.72.

뜻으로, 해가 곧 뜨려고 하는 때라는 뜻이다. '日'을 의부, '斤'을 성부로 구성되었다. 독음은 '希'자처럼 읽는다.”라고 풀이하고 있다.

갑골문에서는 지명(地名)으로 사용되었다. “壬午卜, 有甫在昕東北獲……?”(≪京都 3113≫)

晉(진) (≪拾13. 1≫) [jìn]

≪甲骨文編≫에는 위의 갑골문을 '晉'자로 수록하고 있는데,[1] 이 글자는 두 개의 '矢'와 '日'을 구성 요소로 하고 있다. 이 '晉'자는 금문(金文)으로 '晉'(≪晉人簋≫)으로 쓰는데, 갑골문과 자형 결구가 같다. ≪說文解字≫에는, “晉, 進也. 日出而萬物進. 從日, 從臸. 易曰 : 明出地上晉. : '晉'은 자라서 나아가다는 뜻이다. 해가 떠오르니 만물이 자라서 나아가다는 뜻이다. '日'을 구성 요소로 하고, '臸'을 구성 요소로 하고 있다. ≪周易 · 象傳≫에, 「밝은 태양이 지상으로 떠오르니, (만물이) 자라서 나아간다.」라고 하고 있다.”라고 풀이하고 있다.

갑골문에서의 뜻은 아직 명확하게 밝혀지지 않았다. “……晉𣪠……”(≪佚600≫), “…… 晉𣪠……”(≪拾13. 1≫)

啓(계) (≪甲864≫)   (≪粹648≫)   (≪寧滬1. 3≫)   (≪京津3805≫)   [qǐ]

위의 갑골문은 '日'과 '戶'와 '又'를 구성 요소로 하고 있는데, 王國維가 이를 '啓'자로 고석하여,[2] 정설이 되었다. 이 글자는 손으로 문을 열고 해를 바라보는 모양을 형상화한 자형 결구이며, '启'와 '啓'는 이 글자의 이체자이다. 제3편의 '啓'자에 대한 해설을 참조하기 바란다. 이 '啟'자에 대해 ≪說文解字≫에는, “啟, 雨而晝姓也. 從日, 啓省聲. : '啟'는 비가 내리고

---

1) 中國社會科學院考古研究所 前揭書 ≪甲骨文編≫ p.284.
2) 王國維 前揭書 ≪戩壽堂所藏殷虛文字 · 考釋≫ p.60下.

나서 낮의 날씨가 개다는 뜻이다. '日'을 의부, 필획이 생략된 '啟'를 성부로 구성되었다."라고
풀이하고 있다.

갑골문에서는 날씨가 개다는 뜻으로 사용되었다. "☑戌卜, 今日庚至翊大啟?"(《粹648》)

| 昃(측) | (《菁4. 1》) | (《乙32》) | (《掇1. 394》) | (《合集20965》) | [zè] |

위에 예시한 갑골문은 '大'와 '日'을 구성 요소로 하고 있는데, 羅振玉이 이를 '厢' 즉 '昃'자
로 고석하여,[1] 정설이 되었다. 이 갑골문 '厢'자는 해가 서쪽으로 기울어서 사람의 그림자를
비스듬하게 비추고 있는 모양을 형상화한 자형 결구이다. 이 '昃'자에 대해 《說文解字》에는,
"厢, 日在西方時側也. 從日, 仄聲. 易日 : '日厢之離' : '昃'은 해가 서쪽에 있는 때로,
한쪽으로 기울었다는 뜻이다. '日'을 의부, '仄'을 성부로 구성되었다. 《周易·離卦》에,
「해가 서쪽으로 기울 때 나타나는 산신(山神)의 짐승이다.」라고 하고 있다."라고 풀이하고
있다. 《說文解字》의 이 '厢'자는 지금은 '昃'으로 예정(隸定)하여 쓰고 있다.

갑골문에서는 해가 서쪽으로 기울기 시작하는 '昃時' 즉 오후 2시쯤을 나타낸다. "……
著……大啟, 昃亦雨"(《乙32》), "中[日], 昃不雨, 昃至郭不雨"(《掇1. 394》) : '郭'은
'郭兮'로, 오후 4시쯤이다.

| 昏(혼) | (《甲558》) | (《粹715》) | (《佚292》) | (《京津4450》) | [hūn] |

위의 갑골문 '昏'자는 '氏'와 '日'을 구성 요소로 하고 있는데, '氏'는 '氐'로도 쓰며, '氏'에는
(아래로) 떨어지다는 뜻이 있다. 이 갑골문 '昏'자는 해가 서쪽으로 지다는 뜻을 형상화한
자형으로, 날이 점차 어두워지는 초저녁의 해질 무렵을 뜻한다. 이 '昏'자에 대해 《說文解字》
에는, "昏, 日冥也. 從日氏省, 氏者, 下也. 一日 : 民聲. : '昏'은 해가 져서 어두워지는
때라는 뜻이다. '日'과 필획이 생략된 '氏'를 구성 요소로 하고 있는데, '氏'는 떨어지다는

---

1) 羅振玉 前揭書 《增訂殷虛書契考釋》 卷中 p.6上을 참고.

뜻이다. 일설에는 '民'을 성부로 구성되었다고도 한다."라고 풀이하고 있다.

갑골문에서는 시간을 나타내는데, 황혼 무렵을 말한다. "郭兮至昏不雨"(≪粹715≫), "旦至于昏不雨"(≪京津4450≫)

晦(회)	 (≪甲573≫)	[huì]

이 글자의 자형은 '每'자와 동일하며, 갑골문에서는 '每'자를 '晦'자의 뜻으로 가차하여 쓰고 있다. 제1편의 '每'자에 대한 해설을 참조하기 바란다. ≪說文解字≫에는 이 '晦'자에 대해, "晦, 月盡也. 從日, 每聲. : '晦'는 한 달이 끝나는 마지막 날 곧 그믐이라는 뜻이다. '日'을 의부, '每'를 성부로 구성되었다."라고 풀이하고 있다.

갑골문에서도 날씨가 어두워졌다는 뜻을 나타낸다. "弜省田弗每"(≪甲573≫), "辛亥卜, 今日辛, 王其田弗每?"(≪粹988≫)

昱(욱)	 (≪甲465≫)　(≪前7. 32. 4≫)　(≪後下2. 7≫)　(≪掇1. 415≫)	[yù]

위의 갑골문은 '日'과 '羽'를 구성 요소로 하고 있는데, ≪甲骨文編≫에는 이 글자에 대해, "昱从日从羽. 羽古翌字.[1] : '昱'자는 '日'을 구성 요소로 하고, '羽'를 구성 요소로 하고 있다. '羽'자는 '翌'의 고자(古字)이다."라고 하고 있다. 이는 이 '昱'자는 '翌'의 후기자(後起字)라는 말이다. 제4편의 '翊'자와 '羽'자에 대한 해설을 참조하기 바란다. 이 '昱'자에 대해 ≪說文解字≫에는, "昱, 日明也. 從日, 立聲. : '昱'은 날이 밝다는 뜻이다. '日'을 의부, '立'을 성부로 구성되었다."라고 풀이하고 있다. 이 글자의 자의 해설에 대해 段玉裁는, "各本作明日, 今依衆經音義及玉篇訂. : ('日明'을) 각 판본에는 '明日'이라고 쓰고 있는데, 지금 ≪衆經音義≫ 및 ≪玉篇≫에 의거하여 바로 잡는다."라고 주(注)하였다.

갑골문에서의 뜻은 다음과 같다.

---

1) 中國社會科學院考古研究所 前揭書 ≪甲骨文編≫ p.285.

1. 다음날. 익일(翌日)[꼭 이튿날에 한정되지 않고, 장래의 어느 날을 지칭함]. "丙午卜, 昱日丁未啓?"(≪後下2. 7≫), "乙酉卜, 大貞 : 翌丁亥易日?"(≪鐵22. 3≫), "癸酉貞 : 昱乙亥飮勹于大乙?"(≪掇1. 415≫)

2. 제명(祭名). "癸亥卜, 王貞 : 旬亡禍? 乙丑昱于大乙在五月."(≪佚906≫)

| 昔(석) | ≪菁6. 1≫ | ≪乙1968≫ | ≪後上28. 3≫ | ≪甲2913≫ | [xī] |

葉玉森은 위의 갑골문자에 대해, "契文乃象洪水, 卽古巛字从日. 古人殆不忘洪水之巛, 故制昔字, 取誼於洪水之日.[1] : 이 갑골문은 홍수를 형상화하였으며, 이는 곧 '巛'의 고자(古字)로 '日'을 구성 요소로 하고 있다. 고인(古人)들은 아마 홍수의 재앙을 잊지 않고 있었기 때문에 '昔'자를 만들면서 홍수가 난 날에서 자의(字義)를 취(取)했던 것 같다."라고 하여, '昔'자로 고석하였는데, 이것이 정설이 되었다. 갑골문 '昔'자는 홍수가 해를 덮어버린 모양을 형상화한 자형 결구이다. 이 '昔'자에 대해 ≪說文解字≫에는, "昔, 乾肉也. 從殘肉, 日以晞之, 與俎同意. 𦡀, 籍文, 從肉. : '昔'은 말린 고기라는 뜻이다. 자잘하게 부스러진 고기 모양을 구성 요소로 하고, '日'을 구성 요소로 한 것은 태양에 이를 건조시킨다는 것으로, '俎'자와 자형 결구의 뜻이 같다. '𦡀'(籍)은 주문(籀文)으로, '肉'을 구성 요소로 하고 있다."라고 풀이하고 있다.

갑골문에서의 뜻은 다음과 같다.

1. 시간 명사로, 어제 또는 과거(過去)를 지칭한다. "丁亥卜, 㱿貞 : 昔乙酉服施御大丁 · 大甲 · 祖乙百鬯百羌, 卯三百……?"(≪後上28. 3≫)

2. 제명(祭名)으로 짐작되지만, 구체적인 내용은 아직 밝혀지지 않았다. "庚申卜, 㱿貞 : 昔祖丁不黍隹南?"(≪乙1968≫)

---

1) 葉玉森 ≪說契≫, 李孝定 前揭書 ≪甲骨文字集釋≫ p.2209에서 재인용.

| 暈(운) | ≪甲3062≫ | ≪乙1070≫ | ≪粹822≫ | ≪佚750≫ | [yùn] |

예시한 갑골문은 '日' 즉 태양의 사방(四方) 주변에 운기(雲氣)가 돌고 있는 모양을 형상화한 자형 결구이다. 이 글자에 대해 郭沫若은, "葉玉森釋暈. 案, 以葉說爲近是.[1] : 葉玉森은 '暈'자로 고석하였다. 살펴보면, 葉玉森의 주장이 사실에 가깝다고 여겨진다."라고 하였다. 이 '暈'자는 태양의 주변에 운기(雲氣)가 있어 햇빛이 밝지 않다는 뜻을 나타내는데, ≪說文解字≫에는 이 글자가 수록되어 있지 않고, 徐鉉의 대서본(大徐本)에 '新附字'로 수록되어 있다. 대서본(大徐本) ≪說文解字≫에, "暈, 日月气也. 從日, 軍聲.[2] : 暈'은 해와 달의 무리라는 뜻이다. '日'을 의부, '軍'을 성부로 구성되었다."라고 하고 있다.

갑골문에서는 해무리라는 뜻으로 사용된 것으로 짐작된다. "……旬……各云……雨暈" (≪甲256≫), "……大暈四月"(≪粹822≫), "☒酉暈之雨"(≪佚750≫)

| 旦(단) | ≪甲185≫ | ≪粹700≫ | ≪京津4450≫ | ≪京津4048≫ | [dàn] |

위의 갑골문 '旦'자는 '日'과 '口'를 구성 요소로 하고 있는데, 이 글자에 대해 徐中舒는, "從日從口, 口卽日之影. …… 以日與影相接之形表示日初升之時.[3] : '日'과 '口'를 구성 요소로 하고 있는데, '口'는 곧 태양의 그림자이다. …… 태양과 그림자가 서로 연이은 모양으로 태양이 처음 떠오르는 때를 나타내었다."라고 하였다. 그리고 容庚은, "象日初出未離於地也.[4] : 해가 처음 뜰 때, 땅에서 아직 떨어지지 않은 것을 형상화하였다."라고 하였다. 이로써 이 '旦'자의 본의는 해 뜰 무렵이라는 뜻임을 알 수 있다. ≪說文解字≫에는, "旦, 朙也. 從日見一上. 一, 地也. : '旦'은 날이 밝아지다는 뜻이다. '日'이 '一' 위로 출현하는 모양으로 구성되었으며, '一'은 땅을 뜻한다."라고 풀이하고 있다. 이에 대해 段玉裁는, "明當作朝.

---

1) 郭沫若 前揭書 ≪殷契粹編·考釋≫ p.560.

2) 丁福保 前揭書 ≪說文解字詁林正補合編≫ 第六冊 p.6-118, 總p.4245.

3) 徐中舒 前揭書 ≪甲骨文字典≫ p.730.

4) 容庚 ≪金文編≫(大通書局 1971. 臺北) p.459.

下文云：「朝者, 旦也」, 二字互訓. : '明'은 '朝'로 써야 한다. 이 다음에 「朝'란, '旦' 즉 아침이라는 뜻이다.」라고 하여, 두 글자가 호훈(互訓)하고 있기 때문이다."라고 주(注)하였다.

갑골문에서의 뜻은 다음과 같다.

1. 아침. 해 뜰 무렵. "旦至於昏不雨"(《京津4450》), "……食不雨, 旦不雨"(《粹700》)

2. 제명(祭名). "己酉卜, 㱃貞 : 翊日父甲旦其十牛?"(《京津4048》)

㫃(언)	(《前5. 5. 7》)	(《甲944反》)	(《粹282》)	(《後上2. 21》) [yǎn]

羅振玉이 위에 예시한 갑골문에 대해, "蓋㫃字全爲象形. 卜辭作 , 與古金文同.[1] : 대체로 '㫃'자는 전체적인 상형자이다. 갑골복사에서는 ' '으로 쓰는데, 고대(古代)의 금문과 자형이 같다."라고 하여, '㫃'자로 고석하였다. 이 '㫃'자는 깃대 상단에 장식과 깃발이 있는 모양을 형상화한 자형이며, 기치(旗幟)라는 뜻이다. 이 '㫃'자에 대해 《說文解字》에는, "㫃, 旌旗之游, 㫃蹇之貌. 從屮曲而垂, 下㫃相出入也. 讀若偃. 古人名㫃, 字子游. , 古文㫃字, 象旌旗之游及㫃之形. : '㫃'은 정기(旌旗)의 깃발에 매단 장식이 바람에 휘날리는 모양이다. '屮'가 구부러져 아래로 늘어진 모양으로 구성되어 있고, 아래로 늘어진 깃발 장식이 (바람에 나부끼며) 들락날락하는 모양이다. 독음은 '偃'자처럼 읽는다. 고인(古人) 중에 이름이 '㫃'인 사람이 있는데, 자(字)는 '子游'이다. ' '(㫃)은 '古文' '㫃'자인데, 정기와 그 상단의 장식이 휘날리는 모양을 형상화하였다."라고 풀이하고 있다.

갑골문에서의 뜻은 다음과 같다.

1. 방국명(方國名) 또는 지명(地名)으로 짐작된다. "叀㫃唐(?)用"(《粹282》), "于竉□ 㫃"(《粹1196》)

2. 인명(人名)으로 짐작된다. "甲子卜, 王㫃卜, 大㫃?"(《前5. 5. 7》)

---

1) 羅振玉 前揭書 《增訂殷虛書契考釋》 卷中 p.46上.

| 游(유) | (≪前2. 26. 7≫) | (≪鐵132. 1≫) | (≪後上14. 1≫) | (≪佚149≫) | [yóu] |

위의 갑골문은 기치(旗幟)와 '子'를 구성 요소로 하고 있는데, ≪甲骨文編≫에는 아무런 설명 없이 이 글자들을 '游'자로 수록하고 있다.[1] 이 글자는 사람을 의미하는 '子'가 기치를 손으로 잡고 있는 모양을 형상화한 자형으로, 군대가 행군하다는 뜻을 나타낸다. 이 '游'자를 금문(金文)으로는 '🔯'(≪觚文≫)로 쓰는데, 이는 사람이 기를 잡고 있는 것을 형상화한 자형이다. 후세에 여기에 '水'를 구성 요소로 첨가하여 '游'로 쓰면서, 형성자로 변하였다. 이 '游'자에 대해 ≪說文解字≫에는, "游, 旌旗之流也. 從㲃, 汙聲. 🔯, 古文游. : '游'는 정기(旌旗)의 깃발에 다는 장식용 술이다. '㲃'을 의부, '汙'를 성부로 구성되었다. '🔯'(遊)는 '古文' '游'자이다."라고 풀이하고 있다.

갑골문에서는 지명(地名)으로 사용되었다. "壬子卜, 貞：王田于游往來亡災? 茲御獲鹿十."(≪前2. 26. 7≫), "弜射游鹿"(≪佚149≫), "⊠酉卜, 出[貞]：王其田……游亡災?"(≪後上14. 1≫)

| 旋(선) | (≪後上28. 3≫) | (≪後下35. 5≫) | (≪佚96≫) | (≪掇2. 130≫) | [xuán] |

徐中舒는 위에 예시한 갑골문자들을 '周旋'의 '旋'자로 고석하였다.[2] 이 글자는 기본적으로 기치(旗幟)와 '止'를 구성 요소로 하고 있는데, 간혹 '口'를 덧붙인 것도 있다. 이는 사람이 기치를 들고 주위를 빙 도는 모양을 형상화한 자형 결구이다. 이 '旋'자에 대해 ≪說文解字≫에는, "旋, 周旋, 旌旗之指麾也. 從㲃疋, 疋, 足也. : '旋'은 '周旋'으로, 정기(旌旗)의 지휘를 따르다는 뜻이다. '㲃'과 '疋'을 구성 요소로 하고 있는데, '疋'은 '足' 즉 다리라는 뜻이다."라고 풀이하고 있다.

갑골문에서의 뜻은 다음과 같다.

1) 中國社會科學院考古硏究所 前揭書 ≪甲骨文編≫ p.289.
2) 徐中舒 前揭書 ≪甲骨文字典≫ p.733.

1. 주위를 빙 돌다. "辛酉卜, 王貞 : 余丙示旋于征?"(≪後下35. 5≫)
2. 인명(人名). "叀伐乎旋執于之畢王受祐."(≪掇2. 130≫), "……旋有疾……"(≪佚 96≫), "……子旋命王弗……"(≪後下26. 6≫)

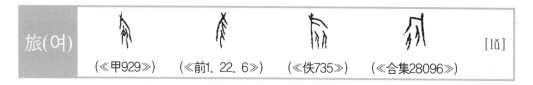

| 旅(여) | (≪甲929≫) | (≪前1. 22. 6≫) | (≪佚735≫) | (≪合集28096≫) | [lǚ] |

羅振玉이 위의 갑골문을 '旅'자로 고석하여,[1] 정설이 되었다. 이 글자는 깃발 아래에 한 무리의 사람들이 모여 있는 모양으로 구성되어 있는데, 이는 한 무리의 사람들이 군기(軍旗) 아래에 집합한 것을 형상화한 것으로, 군대가 출정한다는 뜻을 나타낸다. 이 '旅'자에 대해 ≪說文解字≫에는, "旅, 軍之五百人. 從㫃從从, 从俱也. 㫃, 古文旅. 古文昌爲魯衛之魯. : '旅'는 군인(軍人) 500명이라는 뜻이다. '㫃'을 구성 요소로 하고 '从'을 구성 요소로 하고 있다. '从'은 많은 사람들이 모여 있다는 뜻이다. '㫃'(㫃)는 '古文' '旅'자이다. 고문(古文)에서 는 '㫃'를 '魯衛'의 '魯'자로 간주하였다."라고 풀이하고 있다.

갑골문에서의 뜻은 다음과 같다.

1. 군려(軍旅). 군대. "己未卜, 殸貞 : 缶其嗇我旅? 一月."(≪庫310≫), "乙巳卜, 王乎 取旅?"(≪佚735≫)
2. '貞人'의 이름. "己酉卜, 旅貞 : 翌庚戌兄庚歲?"(≪存1. 511≫)

| 族(족) | (≪京津4387≫) | (≪後下42. 6≫) | (≪合集6343≫) | (≪粹258≫) | [zú] |

≪甲骨文編≫에는 위의 갑골문자들을 아무런 해설 없이 '族'자로 수록하고 있다.[2] 이 '族' 자는 기치(旗幟)와 '矢'를 구성 요소로 하고 있는데, 이는 화살을 군기(軍旗) 아래에 모아놓은 것을 형상화한 자형 결구로, 부족의 군대 조직이라는 뜻이라 짐작된다. 이 '族'자에 대해 ≪說

1) 羅振玉 前揭書 ≪增訂殷虛書契考釋≫ 卷中 pp.20下~21上.
2) 中國社會科學院考古硏究所 前揭書 ≪甲骨文編≫ p.291.

文解字≫에는, "族, 矢鏃也. 束之族族也. 從㫃, 從矢. 㫃所㠯標衆, 衆矢之所集. : '族'은 화살촉이라는 뜻이다. 한 묶음으로 묶어서 모아 놓은 것이다. '㫃'을 구성 요소로 하고, '矢'를 구성 요소로 하고 있다. '㫃'은 무리를 나타내는 표지이므로, (이는) 많은 화살을 모아 놓은 곳이라는 뜻이다."라고 풀이하고 있다. 이 '族'자에 대해 徐中舒는, "從㫃從矢, 㫃所以標衆, 矢所以殺敵. 古代同一家族或氏族卽爲一戰鬪單位, 故以㫃矢會意爲族.[1] : '㫃'을 구성 요소로 하고 '矢'를 구성 요소로 하고 있는데, '㫃'은 무리를 나타내는 표지이고, '矢'는 적을 살상하는 도구이다. 고대에는 가족이나 씨족이 하나의 전투 단위였으므로, '㫃'과 '矢'의 의미를 합친 것으로 '族'자를 만들었다."라고 하였다.

갑골문에서는 '王族'·'(多)子族'·'三族'·'五族' 등의 형식으로 군대(軍隊)라는 뜻으로 사용되었다. "庚申卜, 㱿貞 : 勿乎王族从▨?"(≪綴合302≫), "戊午卜, 自侑子族?"(≪綴合61≫), "己亥[卜], 歷貞 : 三族王其命追召方及?"(≪京津4387≫), "……命五族伐羌"(≪後下42. 6≫)

冥(명)	 (≪粹1235≫)	 (≪合集181≫)	 (≪鐵186. 1≫)	 (≪合集7850≫) [míng]

이 글자에 대해서는 이설(異說)이 상당히 많은데, 郭沫若은 이를 '𩖶'자로 고석하였으나,[2] 여기에서는 잠정적으로 李孝定이 '冥'자로 고석하여[3] 수록한 것을 따르기로 한다. 이 '冥'자에 대해 ≪說文解字≫에는, "冥, 窈也. 從日六, 從冖. 日數十. 十六日而月始虧, 冥也. 冖亦聲. : '冥'은 유현(幽玄)하다는 뜻이다. '日'과 '六'을 구성 요소로 하고 있고, '冖'을 구성 요소로 하고 있다. 날짜를 계산하는 규율은 '甲'에서 '癸'까지의 10개의 천간(天干)이 한 주기가 된다. 그리고 매달 16일은 달이 기울어지기 시작하기 때문에, 어두워진다. '冖'은 또한 성부(聲符)이기도 하다."라고 풀이하고 있다.

갑골문에서의 뜻은 다음과 같다.

1. 해산(解産)하다. '娩'자와 통용. "……婦姘冥"(≪粹1235≫), "壬戌卜, 賓貞 : 婦好冥

1) 徐中舒 前揭書 ≪甲骨文字典≫ p.735.
2) 郭沫若 前揭書 ≪殷契粹編≫ p.160下를 참고.
3) 李孝定 前揭書 ≪甲骨文字集釋≫ p.2237을 참고.

妍[嘉]"(≪佚556≫)

2. 지명(地名). "王入于冥"(≪鐵186. 1≫) : '冥'은 지금의 '曲阜'라는 주장도 있다.

晶(정)		[jīng]

(≪甲675≫)　　(≪後下9. 1≫)　　(≪佚506≫)　　(≪合集18649≫)

徐中舒는 위의 갑골문자들을 '晶'자로 수록하고는, "象衆星羅列之形, 爲星之本字. 後世以此爲精光之義, 復加聲符生爲星辰字, 用法遂別.[1] : 여러 개의 별이 나열된 모양을 형상화하였는데, '星'의 본자(本字)이다. 후세에 이 글자를 빛의 정화(精華)를 뜻한다고 생각하고, 여기에다 다시 성부 '生'을 덧붙여서 '星辰'의 '星'자로 삼았으며, 끝내는 용법도 구별하게 되었다."라고 하였다. 이는 여기에서의 '口' 또는 '日'은 모두 하늘의 별[星] 모양을 형상화한 것이며, 이 '晶'자는 '星'자의 본자라는 말이다. 이 '晶'자에 대해 ≪說文解字≫에는, "晶, 精光也. 從三日. : '晶'은 지극히 빼어난 빛이라는 뜻이다. 세 개의 '日'을 구성 요소로 하고 있다."라고 풀이하고 있다. 이에 대해 朱駿聲은, "不從三日, 乃象星三兩相聚之形, 或曰晶旣古星字.[2] : 세 개의 '日'자를 구성 요소로 한 것이 아니고, 별 두셋이 서로 모여 있는 모양을 형상화한 것인데, 어떤 사람들은 '晶'은 곧 '星'의 고자(古字)라고도 한다."라고 하였다.

갑골문에서는 '星'과 통용되어, 별이라는 뜻으로 사용되었다. "……貞 : 王曰先……大星?"(≪佚506≫), "七日己巳夕☒……新大星並火"(≪後下9. 1≫), "……木星……"(≪乙8375≫)

曐(星)(성)		[xīng]

(≪乙6386≫)　　(≪金407≫)　　(≪英887≫)　(≪前7. 26. 3≫)

위에 예시한 갑골문 '星'자는 두 개 또는 다섯 개의 '口'와 '生'을 구성 요소로 하고 있는데, 여기에서의 '口' 역시 별 모양을 형상화한 것이며, '生'은 성부(聲符)로 덧붙여진 것이다. 이

1) 徐中舒 前揭書 ≪甲骨文字典≫ p.741.
2) 朱駿聲 前揭書 ≪說文通訓定聲≫ p.851.

'星'자에 대해 ≪說文解字≫에는, "曐, 萬物之精, 上爲列星. 從晶, 從生聲. 一曰象形, 從○. 古○復注中, 故與日同. 𝌆, 古文. 星, 或省. : '曐'은 만물의 정화(精華)이다. 천상(天上)에 늘어서 있는 수많은 별들이다. '晶'을 의부, '生'을 성부로 구성되었다. 일설에는 수많은 별을 형상화한 상형자로, 'ㅇ'을 구성 요소로 하고 있다고도 한다. 고대에 'ㅇ' 가운데에 점(點)을 찍었기 때문에 '日'자와 같게 되었다. '𝌆'(曐)은 '古文'이다. '星'(星)은 혹체자인데, 필획이 생략된 모양이다."라고 풀이하고 있다.

갑골문에서의 뜻은 다음과 같다.

1. 별. 성신(星辰). "……七日己巳夕鐘……侑新大星並火"(≪後下9. 1≫), "……卯……月[陽]……日……大星"(≪乙6386反≫)

2. (날씨가) 개다. 청명하다. '晴'과 통용. "貞 : 翌戊申毋其星?"(≪柏12≫), "貞 : 今夕其星在宮?"(≪金407≫)

月(월)					[yuè]
	(≪戬20. 7≫)	(≪乙6819≫)	(≪燕540≫)	(≪前2. 23. 2≫)	

갑골문 '月'자는 초승달 또는 상·하현달 모양을 형상화한 상형자이다. 徐中舒는 갑골문 '月'자의 자형에 대해, "象半月之形. 月虧闕之時較多, 故取象半月以別於日. …… 月又爲夜之象徵, 故卜辭假月爲夕, 且每以加點與否以別月夕. 一至四期之月字多不加點, 五期之月字則以加點爲常, 僅有少數例外.[1] : 반달의 모양을 형상화하였다. 달은 이지러져 있는 때가 비교적 많으므로, 반달의 모양을 형상화함으로써 '日'자와 구별하였다. …… 달은 또한 밤의 상징이므로, 갑골복사에서는 '月'을 '夕'으로 가차하여 사용하였는데, 점을 찍었는지 여부로 '月'과 '夕'을 구별하기도 한다. 갑골문 제1기에서 제4기까지는 ('夕'자에는 점을 찍고) '月'자에는 대부분 점을 찍지 않았고, 제5기에는 ('夕'자에는 대부분 점을 찍지 않고) '月'자는 점을 찍는 것이 일반적이었는데, 소수의 예외가 있을 뿐이었다."라고 설명하였다. 그리고 羅振玉은 이 '月'자를 고석하면서 '歲月'의 '月'과 '日月'의 '月' 그리고 '某月'의 '月'로 자의(字義)를 구분하였다.[2] 이 '月'자에 대해 ≪說文解字≫에는, "月, 闕也. 大会之精. 象形. : '月'은

---

1) 徐中舒 前揭書 ≪甲骨文字典≫ p.743.
2) 羅振玉 前揭書 ≪增訂殷虛書契考釋≫ 卷中 pp.6下∼7上.

(차고 나면) 이지러지는 것이다. 태음(太陰)의 정화(精華)이다. 꽉 차지 않은 모양을 형상화한 상형자이다."라고 풀이하고 있다. 본편(本篇) 아래쪽의 '夕'자에 대한 해설을 참고하기 바란다.

갑골문에서의 뜻은 다음과 같다.

1. (천체로서의) 달. "之夕月有食"(≪丙56反≫), "癸未卜, 爭負 : 旬亡禍? 三日乙酉夕, 月有食, 聞……八月"(≪甲1289≫)

2. (시간 명사로서의) 달. 월(月). "貞 : 亡尤? 在二月."(≪戩20. 7≫), "貞 : 今月不雨? 十一月."(≪燕540≫)

3. 제명(祭名). '月祭'. "丙寅卜, 貞 : 其月於父丁?"(≪前1. 26. 3≫)

| 有(유) | (≪甲2809≫) | (≪乙9004≫) | (≪佚383背≫) | (≪京津881≫) [yǒu] |

≪甲骨文編≫에는 위의 갑골문자들을 '有'자로 수록하면서, "此字不知偏旁所从, 以文義覈之, 確與有無之有同義.[1] : 이 글자는 구성 요소로 쓰인 편방을 알 수 없는데, 갑골문의 뜻으로 핵실(覈實)하면, '有無'의 '有'자와 뜻이 같음이 확실하다."라고 하고 있다. 이 글자의 자형 결구에 대해서는 아직 정론이 없지만, 갑골문에서의 자의(字義)는 '又'·'有'·'侑' 등의 뜻으로 사용되고 있다는 사실은 모두가 인정하고 있다. 여기에서는 이 글자와 통용되는 위의 세 글자를 대표하기에는 '有'자가 가장 적당하여, 우선 ≪甲骨文編≫에서의 주장을 따라 '有' 자로 표기하기로 한다. 이 '有'자에 대해 ≪說文解字≫에는, "有, 不宜有也. 春秋傳曰 : 日月有食之. 從月, 又聲. : '有'는 있어서는 안 된다는 뜻이다. ≪春秋左氏傳≫ 隱公 3년 조(條)에, 「해와 달에게는 일식(日蝕)과 월식(月蝕)이 있다.」라고 하고 있다. '月'을 의부, '又'를 성부로 구성되었다."라고 풀이하고 있다. 그러나 금문(金文) '有'자를 대부분 '![金文 有字]'(≪盂鼎≫)로 쓰는데, 이는 (오른)손을 뜻하는 '又'와 고기 '肉'으로 구성되어 있는 것으로 보면, 許愼의 '有'자에 대한 자형 해설은 이런 사실과는 부합되지 않는다.

갑골문에서의 뜻은 다음과 같다.

1. '有無'의 '有'. 있다. 소유하다. "乙酉卜, 大貞 : 及茲二月有大雨?"(≪前3. 19. 2≫), "貞 : 我其受有又?"(≪撫續 2≫)

---

1) 中國社會科學院考古研究所 前揭書 ≪甲骨文編≫ p.294.

2. '又'와 통용. 또. 그리고. "有伐于上甲十有五卯十宰有五."(≪乙3411≫), "貞：牢有一
    牛?"(≪甲2809≫)

3. 제명(祭名). '侑'와 통용. "甲申卜，大貞：有父乙一牛用? 八月."(≪佚599≫)

| 龗(롱) | (≪甲240≫) | (≪京都3027≫) | (≪前6. 46. 2≫) | (≪佚968≫) | [lóng] |

위의 갑골문에 대해 陳邦懷는, "此字當卽龗之古文. …… 卜辭龗字從又, 象人手牽龍頭
形.[1]：이 글자는 '龗'의 고자(古字)임이 틀림없다. …… 갑골복사의 '龗'자는 '又'를 구성
요소로 하고 있는데, 이는 사람이 손으로 용(龍)의 머리를 끄는 모양을 형상화한 것이다."라고
하여, '龗'자로 고석하였는데, 정설이 되었다. 이 '龗'자가 '又'와 '龍'을 구성 요소로 하고
있는 것은 '爲'자가 손으로 코끼리를 끄는 것을 형상화한 것과 자형 결구가 같은데, 제3편의
'爲'자에 대한 해설을 참고하기 바란다. ≪說文解字≫에는 이 '龗'자에 대해, "龗, 兼有也.
從有, 龍聲. 讀若聾.：'龗'은 겸유(兼有)하다는 뜻이다. '有'를 의부, '龍'을 성부로 구성되었
다. 독음은 '聾'자처럼 읽는다."라고 풀이하고 있다.

갑골문에서의 자의(字義)는 아직 명확하게 밝혀지지 않았다. "丙申卜, 㱾弜用龗大祐?"
(≪甲240≫), "☑未卜, …… 龗 …… 受?"(≪前6. 46. 2≫)

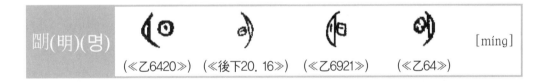

| 朙(明)(명) | (≪乙6420≫) | (≪後下20. 16≫) | (≪乙6921≫) | (≪乙64≫) | [míng] |

갑골문 '明'자는 '日'과 '月'을 구성 요소로 하고 있으며, 이는 해와 달이 서로 비추는 것을
의미하는 자형 결구이다. 이 '明'자에 대해 ≪說文解字≫에는, "朙, 照也. 從月囧. ⊃, 古文
明從日.：'朙'은 밝게 비추다는 뜻이다. '月'과 '囧'을 구성 요소로 하고 있다. '⊃'(明)은
'古文' '明'자이며, '日'을 구성 요소로 하고 있다."라고 풀이하고 있다. ≪說文解字≫ '朙'자의
편방 '囧'은 창문을 형상화한 것인데, 이는 밤에 달빛이 실내로 비춰 들어오다는 의미를 나타낸

---

1) 陳邦懷 ≪殷虚書契考釋小淺≫, 李孝定 前揭書 ≪甲骨文字集釋≫ p.2265에서 재인용.

것이다.

갑골문에서는 시간 명사로 쓰여, 하늘이 막 밝아지는 때, 즉 날이 새는 때를 말한다. "甲申卜, 自王令嗇尸日明旌于高?"(≪後下20. 16≫), "翊其明雨, 不其明雨"(≪乙6420≫)

| 囧(경) | (≪戩37. 3≫) | (≪甲903≫) | (≪後下23. 5≫) | (≪合集695≫) | [jiǒng] |

위에 예시한 갑골문 '囧'자는 창문의 모양을 형상화한 상형자이다. 이 '囧'자에 대해 ≪說文解字≫에는, "囧, 窗牖麗樓闓朙也. 象形. 讀若獷. 賈侍中說 : 讀與朙同. : '囧'은 창의 격자무늬가 교차하여 환하다는 뜻이다. 상형자이다. 독음은 '獷'자처럼 읽는다. 賈侍中은「독음은 '朙'자와 같다.」이라고 하였다."라고 풀이하고 있다.

갑골문에서는 지명(地名)으로 사용되었다. "戊寅卜, 賓貞 : 王往呂眾黍于囧?"(≪前5. 20. 2≫), "己巳貞 : 王其[登], 南囧米叀乙亥……?"(≪甲903≫)

| 盟(盟)(맹) | (≪存上494≫) | (≪撫續64≫) | (≪甲2363≫) | (≪粹79≫) | [méng] |

郭沫若이 ≪殷契粹編 · 考釋≫에서 위의 갑골문을 해설 없이 '盟' 즉 '盟'자로 수록하여,[1] 정설이 되었다. 이 글자는 '囧'과 '皿'을 구성 요소로 하고 있으며, '盟'의 고자(古字)이다. 이 '盟'자에 대해 ≪說文解字≫에는, "盟, 周禮日 : 國有疑則盟. 諸侯再相與會, 十二歲一盟. 北面詔天之司慎司命. 盟, 殺牲歃血, 朱盤玉敦, 吕立牛耳. 從囧, 皿聲. 盟, 篆文從朙. 盟, 古文從明. : '盟' 즉 회맹(會盟)은 [두 가지인데, 하나는 비정기적인 것으로] ≪周禮 · 秋官 · 司盟≫에,「방국(邦國) 사이에 의심이 생기면 회맹을 거행한다.」이라고 하고 있다. [또 하나는 정기적(定期的)인 것으로] 제후들이 두 번의 조회(朝會) 기간에 한 차례씩 서로 모이는데, 12년에 한 번의 회맹을 거행한다. [회맹 때에는 모두들] 얼굴을 북쪽으로 향하여 하늘에 계시는 '司慎'과 '司命' 등의 여러 신(神)에게 맹약(盟約)을 고한다. '盟' 즉

---

1) 郭沫若 前揭書 ≪殷契粹編 · 考釋≫ p.16下.

회맹에는, 신에게 제사를 지내는데 사용할 소·양·돼지 등의 희생을 죽여서 그 피를 마시고, 주홍색 접시와 옥(玉)으로 만든 제기(祭器) '敦'에다 소의 귀를 담는다. '囧'을 의부, '皿'을 성부로 구성되었다. '盟'(盟)은 전문(篆文)으로, '皿'을 구성 요소로 하고 있다. '盟'(盟)은 '古文'으로, '明'을 구성 요소로 하고 있다."이라고 풀이하고 있다. 이로써 지금은 '古文' '盟'자를 정자(正字)로 사용하고 있음을 알 수 있다.

갑골문에서도 회맹(會盟)의 뜻으로 사용된 것으로 짐작된다. "甲辰貞 : 其大御王自上甲盟用白猳九下示……?"(≪粹79≫), "辛亥……飮御……百牢……盟三牢"(≪存下282≫)

夕(석)   (≪甲616≫)   (≪乙7795≫)   (≪粹230≫)   (≪後下26. 10≫)   [xī]

위의 갑골문 '夕'자의 자형 결구에 대해서는 본편(本篇) '月'자에 대한 해설로 대신하며, 이 '夕'자의 본의는 저녁이라는 뜻이다. 이 '夕'자에 대해 ≪說文解字≫에는, "夕, 莫也. 從月半見. : '夕'은 해질녘이라는 뜻이다. 반달로 뜻을 나타내고 있다."이라고 해설하고 있다. 여기에서의 '莫'자는 지금의 '莫' 즉 '暮'의 본자(本字)이다.

갑골문에서의 뜻은 다음과 같다.

1. 저녁. 밤. 야간. "壬辰卜, 旅貞 : 今夕亡禍? 三月"(≪京都1618≫), "……己未夕鏜庚申月有食……"(≪金594≫)

2. 제례(祭禮). "甲寅卜, 史貞 : 王賓夕亡禍?"(≪六元211≫)

夗(원)   (≪乙1799≫)   (≪合集1824反≫)   [yuàn]

≪甲骨文編≫에는 위에 예시한 ≪乙1799≫의 '夗'자를 아무 설명 없이 '夗'자로 수록하고 있다.[1] 이 '夗'자는 '夕'과 '卩'을 구성 요소로 하고 있다. ≪說文解字≫에는, "夗, 轉臥也. 從夕卩. 臥有卩也. : '夗'은 몸을 돌려서 옆으로 눕다는 뜻이다. '夕'과 '卩'을 구성 요소로

---

1) 中國社會科學院考古硏究所 前揭書 ≪甲骨文編≫ p.297.

하고 있다. 옆으로 누우면 무릎을 구부리게 된다."라고 풀이하고 있다.

갑골문에서의 자의(字義)는 아직 명확하게 밝혀지지 않았다. "▨酉……析……排夗▨父丁……"(≪乙1799≫)

| 外(외) |
(≪前1. 5. 2≫) |
(≪前1. 5. 4≫) |
(≪合集22878≫) | [wài] |

갑골문에서의 '外'자는 단독으로 쓰이지 않고 '合文'으로 쓰이는데, 자형이 'ト'자와 동일하다. 구체적으로 商 왕실의 선왕(先王) '外丙'·'外壬'을 각각 'ㅑ∧'(≪前1. 5. 4≫)·'工∧'(≪合集22878≫) 즉 'ト丙'·'ト壬'으로 쓰고 있다. 이로 미루어보면, 이 합문(合文) 'ㅑ∧'과 '工∧'에서의 'ト'은 '內外'의 '外'로만 해독할 수밖에 없다. 이 '外'자에 대해 ≪說文解字≫에는, "外, 遠也. ト尚平旦, 今若夕ト, 於事外矣. 㚈, 古文外. : '外'는 멀다는 뜻이다. 점복(占ト)은 동틀 무렵을 숭상하는데, 지금 밤에 점복을 하는 것은 점복에 있어서는 예외에 해당된다. '㚈'(㚈)는 '古文' '外'자이다."라고 풀이하고 있다.

갑골문에서는 '外丙'·'外壬'과 같이 商의 선왕(先王) 이름으로 사용되었다. "……ト, 貞 : 王賓外丙彡亡尤?"(≪前1. 5. 1≫), "丙子ト, 貞 : 王賓外丙祭亡尤?"(≪前1. 5. 4≫)

| 夙(夙)(숙) |
(≪前6. 16. 3≫) |
(≪粹370≫) |
(≪乙2525≫) |
(≪鐵229. 4≫) | [sù] |

羅振玉이 위의 갑골문을 '夙' 즉 '夙'자로 고석하여,[1] 정설이 되었다. 이 갑골문 '夙'자는 '人'과 '丙' 또는 '月'을 구성 요소로 하고 있다. 갑골문에서 '丙'을 구성 요소로 하고 있는 것은, 사람이 자리 위에 있는 모양을 형상화한 것이다. 이 '夙'자에 대해 ≪說文解字≫에는, "夙, 早敬也. 從丮夕. 持事雖夕不休, 早敬者也. 㩱, 古文. 㩱, 古文. : '夙'은 아침 일찍 엄숙하고 경건하게 일에 임한다는 뜻이다. '丮'과 '夕'을 구성 요소로 하고 있다. 이는 손에 일이 쥐여져 있으면 비록 저녁이 되어도 쉬지 않으며, 이른 아침 일찍 엄숙하고 경건하게

---

1) 羅振玉 前揭書 ≪增訂殷虛書契考釋≫ 卷中 p.5下를 참고.

일에 임하는 것을 나타낸다. '佪'(佰)은 '古文'이다. '佪'(佪) 역시 '古文'이다."라고 풀이하고 있다. 둘째로 제시한 '古文'의 자형에 대해 段玉裁는, "谷部㐬本亦古文, 佪亦夙之古文, 宿从佪聲. : (≪說文解字≫) '谷'부의 '㐬'자도 역시 본래 '古文'이고, '佪'자 역시 '夙'의 '古文'이며, '宿'자 곧 '宿'자는 '佪'을 성부로 구성되어 있다."라고 설명하였다. 그런데 이 갑골문 '夙'자의 자형이 '月'과 '丮'을 구성 요소로 하고 있는 것은, 사람이 달 아래에서 일거리를 들고 있는 모양을 형상화한 것이라고 할 수 있다. 지금 이 '夙'자는 '夙'으로 예정(隸定)하여 쓴다. 본편(本篇) 아래쪽의 '宿'자에 대한 해설을 참고하기 바란다.

갑골문에서의 뜻은 다음과 같다.

1. 제명(祭名)으로 짐작된다. "夙于父乙"(≪乙2525≫), "夙祖乙▨"(≪甲1053≫)

2. 지명(地名). "……夙受年"(≪前6. 16. 3≫)

多(다)　(≪甲1167≫)　(≪鐵249. 2≫)　(≪後上20. 7≫)　(≪續5. 2. 2≫)　[duō]

徐中舒는 위의 갑골문 '多'자에 대해, "從二夕, 夕象塊肉形. …… 古時祭祀分胙肉, 分兩塊則多義自見.[1] : ('多'자는) 두 개의 '夕'으로 구성되어 있는데, '夕'은 고기 덩어리를 형상화한 것이다. …… 고대에 제사에서 제사 고기를 나누면서 두 덩어리로 나누면 많다는 의미가 저절로 드러나게 된다."라고 설명하였다. 이 '多'자는 두 개의 '夕'이 아니라 두 덩어리의 고기를 형상화한 자형 결구의 회의자이다. ≪說文解字≫에는 이 '多'자에 대해, "多, 緟也. 從緟夕. 夕者, 相繹也, 故爲多. 緟夕爲多, 緟日爲疊. 夗, 古文並夕. : '多'는 중첩(重疊)하다는 뜻이다. '夕'자를 중첩한 모양으로 구성되었다. '夕'이란 무궁무진하게 서로 풀어내는 것인데, 그래서 많다고 하는 것이다. '夕'자를 중첩하면 '多'자가 되고, '日'자를 중첩하면 '疊'자가 된다. '夗'(夗)는 '古文'인데, 두 개의 '夕'자를 병렬시킨 것이다."라고 풀이하고 있다.

갑골문에서의 뜻은 다음과 같다.

1. 많다. "丙戌卜, 賓貞 : 今三月多雨?"(≪鐵249. 2≫)

2. 다수(多數). 여럿. "叀多生饗"(≪甲380≫), "丙午貞 : 多婦亡疒?"(≪乙8816≫) "癸

---

1) 徐中舒 前揭書 ≪甲骨文字典≫ p.752.

酉卜, 爭貞 : 命多射……?"(≪甲1167≫)

3. 방국명(方國名). "貞 : ……王其出自漁于多若?"(≪佚926≫), "乎多其有來"(≪綴合 165反≫)

4. 인명(人名). '婦多'. "壬午貞 : 婦多亡禍?"(≪乙8882≫)

| 冊(관) | 후(≪後下37. 2≫) | 후(≪林2. 3. 16≫) | 후(≪京津1305≫) | 후(≪甲3113≫) | [guàn] |

≪甲骨文編≫에는 위의 글자들을 모두 '冊'자로 수록하고는, "象方盾形.[1] : 네모난 방패의 모양을 형상화하였다."라고 하고 있다. 이 갑골문 '冊'자는 고대 방어용 병기의 하나인 방패의 모양을 형상화한 상형자이다. 이 '冊'자에 대해 ≪說文解字≫에는, "冊, 穿物持之也. 從一橫 ⺆. ⺆, 象寶貨之形. 讀若冠. : '冊'은 물체를 꿰뚫어서 손에 들고 있는 것이다. '一'로 '⺆'을 가로로 꿰뚫은 모양으로 구성되어 있다. '⺆'은 보화(寶貨)의 모양을 형상화한 것이다. 독음은 '冠'자처럼 읽는다."라고 풀이하고 있다. 이 '冊'자의 자형 결구는 ≪說文解字≫의 소전(小篆) 은 가로로 꿰뚫은 모양이나, 갑골문은 세로로 꿰뚫은 모양으로 되어 있다.

갑골문에서의 뜻은 다음과 같다.

1. 방국명(方國名). "……冊不戋周十二月"(≪鐵26. 1≫), "辛亥卜, 貞 : 冊其取方? 八月"(≪卜606≫)

2. 인명(人名) 또는 제후(諸侯)의 이름. "三日乙酉, 有來自東𡚬乎冊告旁肇"(≪後下37. 2≫), "……侯冊……來"(≪林2. 3. 16≫)

3. 자의(字義) 불분명. "辛亥卜, 妣庚冊?"(≪京都3021≫)

| 函(함) | (≪粹1564≫) | (≪後下22. 5≫) | (≪後下22. 6≫) | (≪京津4467≫) | [hán] |

위에 예시한 갑골문은 '囗'와 '矢'를 구성 요소로 하고 있으며, 화살을 담는 기구 안에 화살을

---

1) 中國社會科學院考古硏究所 前揭書 ≪甲骨文編≫ p.300.

넣어둔 모양을 형상화한 자형 결구이다. 이 글자에 대해 王國維는, "🏹象倒矢在函中. ……
小篆甬字由此譌變. 🏹殆卽古文函字.[1] : '🏹'자는 '函' 안에 화살이 거꾸로 들어 있는 것을
형상화하였다. …… 소전(小篆) '甬'자는 이로부터 잘못 변형(變形)된 것이다. '🏹'자는 아마
'函'의 고자(古字)인 것 같다."라고 하여, 이를 '甬'자로 고석하였다. ≪說文解字≫에는 이
'甬'자에 대해, "甬, 舌也. 舌體巳巳. 從巳, 象形. 巳亦聲. 肭, 俗甬, 從肉今. : '甬'은
혀라는 뜻이다. 혀의 형체는 마치 꽃봉오리가 아직 피지 않고 깊숙이 안쪽에 품어져 있는
모양이다. '巳'을 구성 요소로 하고 있고, 그 아랫부분은 혀의 모양을 형상화한 것인데, '巳'은
또한 성부이기도 하다. '肭'(肭)은 '甬'의 속자(俗字)인데, '肉'과 '今'을 구성요소로 하고 있
다."라고 풀이하고 있다. 이 '甬'자에 대해 段玉裁는, "小徐云 : 說文篆如此. 李陽冰非之,
謂當作函. : 徐鍇는 「≪說文解字≫의 소전은 이것 즉 '甬'과 같다.」라고 하였다. 李陽冰은
이를 옳지 않다고 생각하고, '函'으로 써야 한다고 하였다."라고 주(注)하였다. 이로 인해
지금은 '函'으로 쓴다.

갑골문에서는 지명(地名)으로 사용되었다. "貞 : 叀函豕逐獲?"(≪後下22. 6≫), "叀伐妣
于函"(≪後下22. 5≫), "王擒函麋, 吉"(≪京津4467≫)

卤(초)	∂	∂	🌿	🌿🌿	[tiáo]
	(≪佚801≫)	(≪甲1139≫)	(≪粹795≫)	(≪乙3390≫)	

≪甲骨文編≫에는 위에 예시한 자형 결구가 각기 다른 갑골문들을 모두 주기(酒器)의 하나
인 '卤'자로 수록하고 있는데,[2] 이는 ≪佚801≫의 '∂'자처럼 쓴 것을 본자(本字)로 간주하고,
나머지 글자들을 모두 이체자로 간주한 것이라 짐작된다. 이 '∂'자는 '卣'라는 술통의 모양을
형상화한 상형자이며, '皿'을 구성 요소로 덧붙인 것도 상당히 많다. 이 '卤'자에 대해 ≪說文解
字≫에는, "卤, 艸木實垂卤卤然. 象形. 讀若調. 🌿, 籒文從三卤作. : '卤'는 초목의 열매가
아래로 주렁주렁 달려 있다는 뜻이다. 상형자이다. 독음은 '調'자처럼 읽는다. '🌿'(𠧄)는 주문
(籒文)으로, 세 개의 '卤'로 구성된 모양으로 쓴다."라고 풀이하고 있다. 그런데 ≪說文解字≫

1) 李孝定 前揭書 ≪甲骨文字集釋≫ p.2295에서 재인용.
2) 中國社會科學院考古研究所 前揭書 ≪甲骨文編≫ pp.301~302를 참고.

에는 '鹵'자는 수록되어 있으나 '卣'자는 수록되어 있지 않은데, 갑골문을 통하여 이 두 글자는 사실은 같은 글자임을 알 수 있다.

갑골문에서의 뜻은 다음과 같다.

1. 술통. '卣'자와 통용. "……鬯三鹵……十月"(≪甲1139≫)

2. 지명(地名). "貞 : 亦鹵雨?"(≪鐵66. 1≫)

3. 제명(祭名)으로 짐작된다. "癸酉卜, 鹵大甲?"(≪後下17. 16≫)

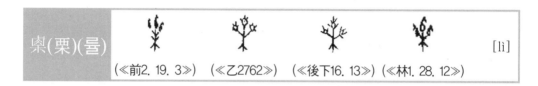

桌(栗)(률)　　(≪前2. 19. 3≫)　(≪乙2762≫)　(≪後下16. 13≫)　(≪林1. 28. 12≫)　[lì]

위의 갑골문은 나무에 과실이 달려 있는 모양을 형상화한 '桌'자인데, 이 글자는 나무에 달려 있는 과실 바깥에 털 가시가 있는 모양을 형상화한 자형 결구이다. 이 글자에 대해 李孝定은, "契文象木實有芒之形, 以其形與鹵近, 故篆誤从鹵.[1] : 갑골문은 나무 열매에 까끄라기가 있는 모양을 형상화하였는데, 그 모양이 '鹵'와 비슷하여서, 소전(小篆)은 그릇되게 '鹵'를 구성 요소로 하였다."라고 하였다. 이 '桌'자에 대해 ≪說文解字≫에는, "桌, 栗木也. 從鹵木, 其實下垂, 故從鹵. 𪓿, 古文桌, 從西, 從二鹵. 徐巡說 : 木至西方戰栗也. : '桌'은 밤나무라는 뜻이다. '鹵'와 '木'을 구성 요소로 하고 있으며, 그 열매가 아래로 드리워져 있기 때문에 '鹵'를 구성 요소로 한 것이다. '𪓿'(䉖)은 '古文' '桌'자인데, '西'를 구성 요소로 하고, 두 개의 '鹵'를 구성 요소로 하고 있다. 徐巡이 이르기를, 「나무는 서방(西方)으로 가면 전율(戰慄)한다.」라고 하였다."라고 풀이하고 있다. 이 '桌'자는 지금은 '栗'로 예정(隷定)하여 쓴다.

갑골문에서의 뜻은 다음과 같다.

1. 지명(地名). "……王卜, 在丑貞 : ……于桌亡災? 在二月"(≪前2. 19. 3≫), "貞 : 乎取般狩桌?"(≪後下16. 13≫)

2. 인명(人名). "命☒從桌古王事"(≪乙2762≫)

---

1) 李孝定 前揭書 ≪甲骨文字集釋≫ p.2313.

| 稟(粟)(속) | (≪後上7. 10≫) | (≪佚563≫) | (≪寧滬2. 106≫) | (≪鄴三下42. 7≫) | [sù] |

위에 예시한 갑골문자는 벼와 같은 농작물의 이삭에 열매가 가득 달려 있는 모양을 형상화한 자형 결구이다. 商承祚는 이 글자에 대해, "當爲粟之本字.[1] : '粟'의 본자(本字)임이 틀림없다."라고 하여, '粟'자라고 고석하였다. ≪說文解字≫에는 이 '粟'자에 대해, "稟, 嘉穀實也. 從卣, 從米. 孔子曰 : 粟之爲言續也. 鼻, 籀文稟. : '稟'은 아주 좋은 곡물의 열매라는 뜻이다. '卣'를 구성 요소로 하고, '米'를 구성 요소로 하고 있다. 孔子가 이르기를, 「'稟'은 '續'자의 뜻으로 가차되기도 한다.」라고 하였다. '鼻'(稟)은 주문(籀文) '稟'자이다."라고 풀이하고 있다. 이 '稟'자는 지금은 '粟'으로 예정(隷定)하여 쓴다.

갑골문에서는 알곡이라는 뜻으로 쓰여, 제품(祭品)의 하나로 사용되었다. "☐☐卜, 其延𦥺 粟于羌甲?"(≪鄴3. 42. 7≫), "丙辰卜, 其粟于福?"(≪寧滬2. 106≫), "☐申卜, 聲粟其𦥺 兄辛?"(≪後上7. 10≫)

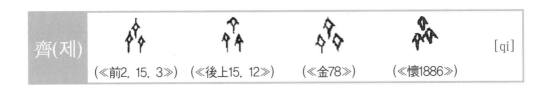

| 齊(제) | (≪前2. 15. 3≫) | (≪後上15. 12≫) | (≪金78≫) | (≪懷1886≫) | [qí] |

≪甲骨文編≫에는 위에 예시된 글자들을 논증 없이 모두 '齊'자로 수록하고 있다.[2] 이 갑골문 '齊'자들은 농작물에 달려 있는 열매를 강조하여 형상화한 자형 결구인데, 셋으로써 많다는 뜻을 나타낸 것이다. 이 '齊'자에 대해 ≪說文解字≫에는 "齊, 禾麥吐穗上平也. 象形. : '齊'는 '禾麥'이 이삭을 피워 윗부분이 고르고 가지런하다는 뜻이다. 상형자이다."라고 풀이하고 있다. 段玉裁는 이 '齊'자에 대해, "從二者, 象地有高下也. 禾麥隨地之高下爲高下, 似不齊而實齊. 參差其上者, 蓋明其不齊而齊也. : [소전(小篆)의 자형이] '二'를 구성 요소로 하고 있는 것은, 땅의 높낮이가 다름을 형상화한 것이다. '禾麥'은 땅의 높낮이에 따라서 높낮이가 다르게 되므로, 마치 가지런하지 않은 것 같지만 실제로는 가지런한 것이다. 그

1) 商承祚 前揭書 ≪殷虛文字類編≫ 七卷 p.8上.
2) 中國社會科學院考古研究所 前揭書 ≪甲骨文編≫ pp.302~303을 참고.

윗부분이 들쑥날쑥한 것은, 가지런하지 않아 보여도 사실은 가지런함을 알려 주는 것일 것이다."라고 주(注)하였다.

갑골문에서의 뜻은 다음과 같다.

1. 지명(地名). "癸丑王卜, 貞：旬亡禍在齊自誅?"(≪後上15. 12≫), "癸巳卜, 貞：王旬亡禍? 在二月. 在齊自隹王來正人方."(≪前2. 15. 3≫)

2. 자의(字義) 불분명. "己亥卜, 賓貞：不牛示齊黃?"(≪林2. 25. 16≫)

| 束(자) | (≪乙8897≫) | (≪粹976≫) | (≪粹1134≫) | (≪合集5129≫) | [ci] |

예시한 갑골문자들의 자형은 나무에 가시가 나있는 모양을 형상화하였다. 이 글자들에 대해 徐中舒는, "象一鋒或三鋒·四鋒之利器, 當爲束之初文.[1]：(이 글자는) 뾰족한 날끝이 하나 혹은 셋 넷이 나 있는 날카로운 기물을 형상화하였는데, '束'자의 초문(初文)임이 틀림없다."라고 하였다. 이 '束'자에 대해 ≪說文解字≫에는, "束, 木芒也. 象形. 讀若刺.：'束'는 나무 가시라는 뜻이다. 상형자이다. 독음은 '刺'자처럼 읽는다."라고 풀이하고 있다. 이에 대해 段玉裁는, "束, 今字作刺, 刺行而束廢矣.：'束'자는 지금은 '刺'로 쓴다. '刺'자가 통용되고, '束'자는 폐기되었다."라고 주(注)하였다.

갑골문에서의 뜻은 다음과 같다.

1. '刺'와 통용. 자살(刺殺)하다. 희생(犧牲)의 처리 방법의 하나. "貞：我……凡牛束羊束豕束?"(≪乙3428≫), "叀束西㠱"(≪粹976≫)

2. 방국명(方國名). "庚寅卜, 貞：叀束人令省在南啚? 十二月."(≪前4. 2. 5≫), "☑卯卜, 貞：束尹亡禍?"(≪前6. 37. 4≫)

3. 인명(人名). '亞束'. "十婦于亞束"(≪乙8897≫)

---

1) 徐中舒 前揭書 ≪甲骨文字典≫ p.765.

片(편)					[piàn]
	(≪鐵150. 1≫)	(≪乙2772≫)	(≪乙8808≫)	(≪掇2. 132≫)	

≪甲骨文編≫에는 위에 예시한 갑골문자들을 '片'자로 수록하고는, "象床形. : 상(床)의 모양을 형상화하였다."라고 하고 있다.[1] 이 글자는 (평)상의 모양을 형상화한 상형자이다. 李孝定은 이 '片'자에 대해, "爲牀之古文也.[2] : ('片'자는) '牀'자의 고자(古字)이다."라고 하였는데, ≪說文解字≫에는, "片, 判木也. 從半木. : '片'은 두 쪽으로 나눈 나무라는 뜻이다. [소전(小篆)의 자형은] '木'자의 (오른쪽) 반의 모양으로 구성되었다."라고 풀이하고 있다. 이런 해설에 대해 徐中舒는, "象牀形, 爲牀之初文. 本應橫寫作Ⅱ, 上象牀版, 下象足桄之形. 爲適應竪行排列, 遂竪寫作ㅂ·ㅂ, 後世漸分爲片·爿二字. ≪說文≫有片無爿. …… 段玉裁復於片部之末補爿字, 謂「反片爲爿, 讀若牆.」 按, 段說爿讀若牆, 可從. …… 且牆·牀音近, 更可證甲骨文ㅂ·ㅂ確爲牀之初文. 至說「反片爲爿」則不確.[3] ; (이 글자는) 평상의 모양을 형상화하였는데, '牀'의 초문(初文)이다. 본래는 의당 'Ⅱ'으로 가로로 써서, 윗부분은 상판(牀版)을 형상화하고, 아랫부분은 다리의 모양을 형상화했어야 했다. 그런데 글자를 세로로 배열해야 하는 것에 적응하기 위해 결국 'ㅂ'·'ㅂ'으로 썼고, 후세에 와서 점차 '片'과 '爿'의 두 글자로 나누어지게 되었다. ≪說文解字≫에는 '片'자는 있고, '爿'자는 없다. …… 段玉裁는 다시 '片'부(部)의 끝에다 '爿'자를 보충해 넣고서는, 「'片'자를 반대로 쓴 것이 '爿'자이고, 독음은 '牆'자처럼 읽는다.」라고 하였다. 살펴보면, 段玉裁가 '爿'자의 독음을 '牆'자처럼 읽는다고 한 것은 따를 만하다. …… 더욱이 '牆'과 '牀'은 자음(字音)이 비슷하므로, 갑골문 'ㅂ'과 'ㅂ'이 '牀'자의 애초의 글자임을 더욱더 확실히 증명해준다 하겠다. 다만, '片'자를 반대로 쓴 것이 '爿'자라고 한 주장은 정확하지 않다."라고 하였다.

갑골문에서의 뜻은 다음과 같다.

1. 제명(祭名)으로 짐작된다. "片母庚"(≪乙8808≫)

2. 지명(地名). "戊戌貞 : 有敉于片, 伊侯古圄?"(≪掇2. 132≫)

3. 자의(字義) 불분명. "貞 : 亡其片? 貞 : 亡其片?"(≪綴合449≫)

---

1) 中國社會科學院考古研究所 前揭書 ≪甲骨文編≫ p.303.

2) 李孝定 前揭書 ≪甲骨文字集釋≫ p.2331.

3) 徐中舒 前揭書 ≪甲骨文字典≫ p.768.

鼎(정)					[dǐng]
	(《戩47. 4》)	(《甲2851》)	(《乙9073》)	(《續5. 16. 4》)	

羅振玉이 위의 갑골문자에 대해, "象兩耳腹足之形, 與古金文同.[1] : ('鼎'의) 양쪽 귀 그리고 배와 발의 모양을 형상화하였는데, 자형이 고대의 금문(金文)과 같다."이라고 하여, '鼎'자로 고석하였는데, 정설이 되었다. 이 '鼎'자는 羅振玉의 주장과 같이 두 개의 귀와 몸통과 발을 갖춘 '鼎'의 모양을 형상화한 상형자이다. 이 '鼎'은 아주 먼 옛날에는 질그릇으로 만든 것도 있었는데, 商代에 이미 구리로 만든 것도 있었다. 이 '鼎'은 처음에는 취사도구였으나, 후대(後代)에는 예기(禮器)로 사용되었는데, 갑골문에서는 '鼎'을 '貞'의 뜻으로 가차하기도 하였다. 이 '鼎'자에 대해 《說文解字》에는, "鼎, 三足兩耳和五味之寶器也. 象析木㠯炊, 貞省聲. 昔禹收九牧之金, 鑄鼎荊山之下, 入山林川澤者, 离魅蝄蜽莫能逢之, 㠯協承天休. 《易》卦 : 巽木於下者爲鼎. 古文㠯貝爲鼎. 籒文㠯鼎爲貝. : '鼎'은 세 개의 다리와 두 개의 귀로 되어 있으며, 오미(五味)를 조화시키는 진귀한 기물(器物)이다. 나무를 쪼개어 취사(炊事)하는 모양을 형상화하였고, 필획이 생략된 '貞'을 성부(聲符)로 구성되었다. 옛날 禹임금이 구주(九州)의 장관(長官)들이 진공(進貢)한 쇠붙이들을 거두어들여, 荊山 아래에서 '鼎'을 주조하였는데, 산림·강하(江河)·호택(湖澤)에 진입한 사람들이나 이매(魑魅)·망량(魍魎)도 모두 그를 만날 수가 없었던 것은, 하늘이 내린 크나큰 은덕을 받았기 때문이었다. 《周易·卦象》에, 나무를 가지고 불에 들어가는 것이 '鼎'괘(卦)라고 하고 있다. '古文'으로는 '貝'자를 '鼎'자로 간주하고, 주문(籒文)에서는 '鼎'자를 '貝'자로 간주한다."라고 풀이하고 있다.

갑골문에서의 뜻은 다음과 같다.

1. 솥. 정(鼎). "戊寅卜, 王鼎?"(《續5. 16. 4》)
2. '貞'과 통용. "丁未卜, 鼎(貞) : 大庚禍告王?"(《乙9073》)

---

[1] 羅振玉 前揭書 《增訂殷虛書契考釋》 卷中 p.38上.

徐中舒는 위에 예시한 갑골문자들을 '克'자로 수록하고는, "象鼓槌之形.[1]: 북채의 모양을 형상화하였다."라고 하였다. 그리고 羅振玉은 이 글자에 대해, "象人戴冑形. …… 克本訓勝, 許訓肩, 殆引申之誼矣.[2]: 사람이 투구를 쓴 모양을 형상화하였다. …… '克'자는 본래 '이기다'는 뜻인데, 許愼은 '肩' 즉 어깨에 메고 감당해내다는 뜻이라고 풀이했는데, 아마도 인신의(引伸義)일 것이다."라고 하였다. 이런 자형 결구는 싸움에서 이긴 사람을 의미한다. 이 '克'자에 대해 ≪說文解字≫에는, "克, 肩也. 象屋下刻木之形. 亨, 古文克. 𥝢, 亦古文克.: '克'은 어깨에 메고 감당해 내다는 뜻이다. 지붕아래에서 각목(刻木)하는 모양을 형상화하였다. '亨'(㐭)은 '古文' '克'자이다. '𥝢'(㲸) 또한 '古文' '克'자이다."라고 풀이하고 있다.

갑골문에서의 뜻은 다음과 같다.

1. (싸움에서) 이기다. 승리하다. "☒其弗克"(≪前3. 27. 3≫), "甲戌卜, 殸貞 : 雀壬子口正其方克?"(≪乙5582≫)

2. 인명(人名). "癸未卜, 內貞 : 克亡禍?"(≪京都260≫), "貞 : 子克征?"(≪拾15. 5≫), "……克不其至"(≪京津2172≫)

李孝定은 위의 갑골문자들을 '彔'자로 수록하고는, "竊疑此爲井鹿盧之初字. 上象桔槔, 下象汲水器, 小點象水滴形, 今字作轆, 與轤字連文.[3]: 내 생각으로는, 이것은 우물의 두레박을 연결하는 고패를 뜻하는 애당초의 글자인 것 같다. 윗부분은 두레박틀을 형상화했고, 아랫부분은 물을 긷는 기구를 형상화하였으며, 작은 점들은 물방울의 모양을 형상화한 것인데,

---

1) 徐中舒 前揭書 ≪甲骨文字典≫ p.773.

2) 羅振玉 前揭書 ≪增訂殷虛書契考釋≫ 卷中 p.69上下.

3) 李孝定 前揭書 ≪甲骨文字集釋≫ p.2331.

지금은 이 글자를 ‘轆’으로 쓰며, ‘轤’자와 연이어 쓴다.”라고 하였다. 徐中舒도 이 글자를 ‘彔’자로 수록하고, “疑象井轆轤之形, 爲轆之初文.[1] : 우물의 두레박 고패의 모양을 형상화한 것으로, ‘轆’의 초기 문자로 짐작된다.”라고 하였다. 예시한 갑골문자들은 ‘彔’자이며, 이 ‘彔’자는 ‘轆’의 본자(本字)이고, ‘轆轤’ 즉 두레박을 매단 고패라는 뜻이다. 이 ‘彔’자에 대해 ≪說文解字≫에는, “彔, 刻木彔彔也. 象形. : ‘彔’은, 뚜렷하게 셀 수 있도록 나무에 새기다는 뜻이다. 상형자이다.”라고 풀이하고 있다.

갑골문에서의 뜻은 다음과 같다.

1. ‘麓’자와 통용. “其田雝彔弗每亡災”(≪林2. 4. 19≫)

2. 지명(地名). “壬寅(卜), 貞 : 翊癸卯王亦東彔出有犀?”(≪後下13. 14≫)

3. 인명(人名). “丁酉中彔卜, 在兮貞 : ……?”(≪甲2562≫), “彔入”(≪乙543≫)

禾(화)				[hé]
(≪甲191≫)	(≪前3. 29. 3≫)	(≪戩26. 4≫)	(≪京都2983≫)	

위에 예시한 ‘禾’자는 벼의 모양을 형상화한 상형자인데, 이 글자에 대해 羅振玉은, “上象穗與葉, 下象莖與根. 許君云 : 從木𥝬省, 誤以象形爲會意矣.[2] : 윗부분은 이삭과 잎을 형상화하였고, 아랫부분은 줄기와 뿌리를 형상화하였다. 許愼은 ‘木’과 필획이 생략된 ‘𥝬’를 구성 요소로 하고 있다고 했는데, 이는 상형자를 회의자로 잘못 생각한 것이다.”라고 하였다. 그리고 ≪說文解字≫에는 이 ‘禾’자에 대해, “禾, 嘉穀也. 曰二月始生, 八月而孰, 得之中和, 故謂之禾. 禾, 木也. 木王而生, 金王而死. 從木, 從𥝬省. 𥝬象其穗. : ‘禾’는 아주 좋은 곡식이라는 뜻이다. 2월에 싹이 나서 자라기 시작하여, 8월에 익는데, 사계절의 중화(中和)의 기운을 얻었기 때문에 ‘禾’라고 하는 것이다. ‘禾’는 목속(木屬)의 식물이다. 봄철에 ‘木’의 기운이 왕성할 때에 생장(生長)하고, 가을에 ‘金’의 기운이 왕성할 때에 죽는다. ‘木’을 구성 요소로 하고, 필획이 생략된 ‘𥝬’를 구성 요소로 하고 있다. ‘𥝬’는 그 이삭을 형상화한 것이다.”라고 풀이하고 있다.

---

1) 徐中舒 前揭書 ≪甲骨文字典≫ p.774.
2) 羅振玉 前揭書 ≪增訂殷虛書契考釋≫ 卷中 p.34上.

갑골문에서의 뜻은 다음과 같다.

1. 벼. "壬申貞 : 燊禾于河?"(≪後上22. 3≫), "庚午卜, 貞 : 禾有及雨? 三月"(≪前3. 29. 3≫), "辛卯卜, 求禾甲三牛?"(≪粹858≫)

2. 방국명(方國名). "……爭貞 : 令上絲眔禾侯……?"(≪後下8. 6≫)

3. 인명(人名). "丁未卜, 貞 : 婦禾妥? 四月"(≪散19≫)

| 朮(秫)(출) | (≪乙3394≫) | (≪乙5044≫) | (≪佚710≫) | (≪合集3238正≫) | [shú] |

≪甲骨文編≫에는 위의 갑골문자들을 '秫'자로 수록하고는, "與秫字或體同.1) : (≪說文解字≫의) '秫'자의 혹체자와 (자형이) 같다."라고 하고 있다. 그리고 唐蘭은, "秫字當從禾朮聲, 朮字或假作穀名, …… 後人加禾作秫耳.2) : '秫'자는 '禾'를 의부, '朮'을 성부로 구성된 것이 분명한데, '朮'자는 간혹 곡식이름으로 가차되었고, …… 후세 사람들이 '禾'를 덧붙여서 '秫'로 썼을 뿐이다."라고 하였다. 이 '秫'자에 대해 ≪說文解字≫에는, "秫, 稷之黏者. 從禾, 朮, 象形. 朮, 秫或省禾. : '秫'은 찰기가 있는 기장이라는 뜻이다. '禾'와 '朮'을 구성 요소로 하고 있는데, '朮'자는 상형자이다. '朮'(朮)은 '秫'의 혹체자인데, 편방(偏旁) '禾'를 생략하였다."라고 풀이하고 있다.

갑골문에서는 인명(人名)으로 사용되었다고 짐작된다. "丁丑卜, 賓貞 : 父乙允朮多子? 貞 : 父乙允朮多子?"(≪乙3394≫)

| 采(穗)(수) | (≪鐵10. 2≫) | (≪菁10. 19≫) | (≪林2. 26. 7≫) | (≪明450≫) | [suì] |

위의 갑골문자들은 기본적으로 '又'·'禾'·'刀'의 세 글자를 구성 요소로 하고 있고, 여기에 다시 '土'를 덧붙인 것이 많은데, 이는 농지에서 손에 칼을 들고 벼를 베는 모양을 형상화한

---

1) 中國社會科學院考古研究所 前揭書 ≪甲骨文編≫ p.308.
2) 唐蘭 前揭書 ≪殷虛文字記≫ p.43.

자형 결구이다. ≪甲骨文編≫에는 이 글자들을 모두 '采'자로 수록하고는, "郭沫若釋采, 即穗本字.[1] : (이 글자를) 郭沫若은 '采'자라고 고석하였는데, 이는 곧 '穗'의 본자(本字)이다."라고 하고 있다. 이 '采'자에 대해 ≪說文解字≫에는, "采, 禾成秀, 人所收者也. 從爪禾. 穗, 俗從禾, 惠聲. : '采'는 벼가 성숙하여 사람들이 거둔 이삭이라는 뜻이다. '爪'와 '禾'를 구성 요소로 하고 있다. 穗(穗)는 '采'의 속자(俗字)인데, '禾'를 의부, '惠'를 성부로 구성되었다."라고 풀이하고 있다.

갑골문에서의 뜻은 아직 명확하게 밝혀지지 않았다. "癸丑卜, 瞏貞 : 有赤馬其采不[爾]?"(≪鐵10. 2≫), "乙未卜, 瞏貞 : ……馬其采卜[爾]?"(≪林2. 26. 7≫)

康(穗)(강)					[kāng]
	(≪前1. 37. 1≫)	(≪乙817≫)	(≪粹345≫)	(≪京津5047≫)	

위의 갑골문 '穗'자는 '庚'과 '⁝ ⁝' 모양으로 된 네 개의 점(點)을 구성 요소로 하고 있는데, '⁝ ⁝'는 나락의 껍질인 겨를 형상화한 것이고, '庚'은 성부이다. 이 '穗'자에 대해 ≪說文解字≫에는, "穗, 穀之皮也. 從禾米, 庚聲. 穅, 穗或省作. : '穗'은 곡식의 껍질이라는 뜻이다. '禾'와 '米'를 의부, '庚'을 성부로 구성되었다. 穅(康)은 '穗'의 혹체자인데, 편방 '禾'를 생략하여 썼다."라고 풀이하고 있다.

그런데 徐中舒는 이 글자에 대해, "郭沫若謂「康象有耳可搖之樂器, 其下之點表示樂器之發聲振動.」…… 又謂「康文旣不從米, 意亦絕無穗義, 此康字必以和樂爲其本義, 穗乃後起字. 蓋從禾康聲, 古人同音通用, 不必康卽是穗也.」按, 其說可從.[2] : 郭沫若은, 「康'은 손잡이인 귀가 있어서 흔들 수 있는 악기를 형상화한 것이며, 그 아래쪽의 점들은 악기가 소리를 내면서 진동하는 것을 나타낸 것이다.」이라고 하였다. …… 또 이르기를, 「康'자는 원래 '米'를 구성 요소로 하지 않았으며, 자의(字義) 역시 '穗' 즉 겨라는 뜻이 전혀 없었고, 이 '康'자는 필시 '和樂'이 그 본의였으며, '穗'은 후기자(後起字)였을 것이다. 아마 (이 '穗'자가) '禾'를 의부, '康'을 성부로 구성되었고, 고인(古人)들은 동음이면 통용하였으므로, 굳이

---

1) 中國社會科學院考古研究所 前揭書 ≪甲骨文編≫ p.308.
2) 徐中舒 前揭書 ≪甲骨文字典≫ p.781.

'康'자가 바로 '穅'이라고 해야 할 필요는 없었을 것이다.」라고 하였다. 살펴보면, 그의 주장이 따를 만하다고 여겨진다."라고 하였다.

갑골문에서는 '康'으로 사용되었다.

1. 商의 선왕(先王) '康祖丁'. "☒亥卜, 貞 : 王賓康祖丁祭亡尤?"(≪前1. 24. 1≫), "……
   康祖丁其牢"(≪京津5047≫)
2. 인명(人名). '婦康'. "貞 : 婦康又子今六月?"(≪乙817≫)

穫(확)		[huò]
	(≪甲444≫)	

위의 갑골문은 '雚鳥' 즉 황새의 모양을 형상화한 '雚'자이다. ≪甲骨文編≫에는 이 ≪甲444≫의 ' '자를 '穫'자로 수록하고는, "卜辭用雚爲穫.1) : 갑골복사에서는 '雚'자를 '穫'자의 뜻으로 사용하고 있다."라고 하고 있다. 이 '雚'자는 '隻'자와 통용되는데, 제4편의 '隻'자와 '雚'자의 해설을 참고하기 바란다. 이 '穫'자에 대해 ≪說文解字≫에는, "穫, 刈穀也. 從禾, 蒦聲. : '穫'은 작물을 베다는 뜻이다. '禾'를 의부, '蒦'을 성부로 구성되었다."라고 풀이하고 있다.

갑골문에서는 제품(祭品)으로 사용된 것이라 짐작된다. "丁亥卜, 叀穫宗用? 丁亥, 叀穫……"(≪甲444≫)

秂(年)(년)					[nián]
	(≪鐵248. 1≫)	(≪甲2827≫)	(≪佚54≫)	(≪後下40. 14≫)	

위의 갑골문 '年'자는 '禾'와 '人'을 구성 요소로 하고 있다. 이 '年'자에 대해 ≪說文解字≫에는, "秂, 穀孰也. 從禾, 千聲. 春秋傳曰 : 大有年. : '年'은 오곡(五穀)이 익다는 뜻이다. '禾'를 의부, '千'을 성부로 구성되었다. ≪春秋左氏傳≫ 宣公 16년 조(條)에, 「5곡(穀)이 모두 크게 잘 익었다.」이라고 하고 있다."라고 풀이하고 있다. 이에 대해 段玉裁는, "爾雅曰

---

1) 中國社會科學院考古研究所 前揭書 ≪甲骨文編≫ p.308.

: 夏曰歲, 商曰祀, 周曰年, 唐虞曰載. 年者, 取禾一孰也. : ≪爾雅≫에 이르기를, 「夏代에는 '歲'라고 했고, 商代에는 '祀'라고 했으며, 周代에는 '年'이라고 했고, 唐虞 때는 '載'라고 하였다.」라고 하고 있다. '年'이란 벼가 한 번 익어서 거두는 것을 뜻한다."라고 주(注)하였다. 그리고 徐中舒는, "從禾從人, 會年穀豐熟之意. …… ≪說文≫篆文從千乃人之譌.[1] : '禾'를 구성 요소로 하고, '人'을 구성 요소로 하고 있는데, 이는 한 해의 농작물이 풍요롭게 잘 익었다는 의미이다. ≪說文解字≫의 전문(篆文)에 '千'을 구성 요소로 한 것은, '人'을 잘못 쓴 것이다."라고 하였다.

갑골문에서의 뜻은 다음과 같다.

1. 풍년(豐年). '求年', '受年', '受黍年', '受稻年' 등으로 쓰고 있다. "辛酉卜, 賓貞 : 求年于河?"(≪鐵216. 1≫), "丙午卜, 爭貞 : 我受年? 一月"(≪佚550≫), "癸卯卜, 亘貞 : 我受黍年?"(≪鐵248. 1≫), "貞 : 我不其受稻年?"(≪存1. 180≫)

2. 시간 명사. 년(年). "☒戌卜, 出貞 : 自今十年有五王豐?"(≪續1. 44. 5≫)

秦(진)	 (≪戩37. 7≫)	 (≪甲571≫)	 (≪後下37. 8≫)	 (≪京津3937≫)	[qín]

위의 갑골문은 두 손과 공이와 '秝'으로 구성되어 있는 '秦'자인데, 이는 두 손으로 절굿공이를 잡고 벼를 찧는 모양을 형상화한 자형 결구이다. 이 '秦'자에 대해 ≪說文解字≫에는, "秦, 伯益之後所封國, 地宜禾. 從禾舂省. 一曰 : 秦, 禾名. 𥠼, 籀文秦, 從秝. : '秦'은 伯益의 후예(後裔)가 봉(封)해진 나라인데, 이곳은 벼가 생장(生長)하기에 아주 알맞다. '禾'와 '臼'를 생략한 '舂'을 구성 요소로 하고 있다. 일설에는 '秦'은 벼 품종의 이름이라고도 한다. '𥠼'(秦)은 주문(籀文) '秦'자인데, '秝'을 구성 요소로 하고 있다."라고 풀이하고 있다. 이에 대해 段玉裁는 "按, 此字不以舂禾會意爲本義, 以地名爲本義者, 通人所傳如是也. : 살펴보면, 이 글자는 '舂'과 '禾'의 뜻을 합친 것이 본의(本義)가 아니고, 지명을 본의라고 하였는데, 이는 이른바 '通人'이 이렇게 전(傳)한 것이다."라고 주(注)하였다. 이는 許慎의 입장을 대변한 것이라고 여겨진다.

---

1) 徐中舒 前揭書 ≪甲骨文字典≫ p.782.

갑골문에서의 뜻은 다음과 같다.

1. 제명(祭名)으로 짐작된다. "……貞：于岳秦?"(≪後下39．2≫), "弜秦宗于妣庚"(≪甲
   571≫)

2. 지명(地名)으로 짐작된다. "戊戌卜，賓貞：乎取……秦?"(≪後下37．8≫)

秝(력) (≪林1．18．14≫) (≪金396≫) [lì]

≪甲骨文編≫에는 위의 두 갑골문을 해설 없이 '秝'자로 수록하고 있는데,[1] 이 갑골문은
두 개의 '禾'를 나란히 병열한 모양의 자형 결구이다. 이 '秝'자에 대해 ≪說文解字≫에는,
"秝, 稀疏適秝也. 從二禾. 讀若歷. : '秝'은 성근 정도가 적당하다는 뜻이다. 두 개의 '禾'로
구성되어 있다. 독음은 '歷'자처럼 읽는다."라고 풀이하고 있다. 이 '秝'자의 자의에 대해 段玉
裁는, "禾之疏密有章也. : 벼의 성글고 조밀함이 조화롭다는 뜻이다."라고 주(注)하였다.

갑골문에서의 자의(字義)는 아직 명확하게 밝혀지지 않았다. "叀祖丁秝無用又正……"
(≪京都1930≫)

黍(서) (≪鐵248．1≫) (≪前4．40．2≫) (≪甲2665≫) (≪粹879≫) [shǔ]

위의 갑골문 '黍'자는 기본적으로 기장의 모양을 형상화한 자형인데, 여기에 다시 한 두
개의 '水'를 덧붙인 것이 대부분이다. 이 '黍'자에 대해 羅振玉은, "黍爲散穗與稻不同, 故作
M之狀以象之.[2] : '黍'는 이삭이 퍼져있는 것이 벼와 다르기 때문에, '**M**'의 모양으로 이를
형상화하였다."라고 하였다. ≪說文解字≫에는, "黍, 禾屬而黏者也. 昌大暑而種, 故謂之
黍. 從禾, 雨省聲. 孔子曰：黍可爲酒. 故從禾入水也. : '黍'는 벼 속(屬)으로, 찰기가 있는
곡물이다. 대서(大暑) 시기에 심기 때문에 '黍'라고 일컫는다. '禾'를 의부, 필획이 생략된

1) 中國社會科學院考古研究所 前揭書 ≪甲骨文編≫ p.312.
2) 羅振玉 前揭書 ≪增訂殷虛書契考釋≫ 卷中 p.34下.

'雨'를 성부로 구성되었다. 孔子가 이르기를, 「기장은 술을 빚을 수 있는데, 이 때문에 (이 글자가) '禾'・'入'・'水'를 구성 요소로 하고 있는 것이다.」라고 하였다."라고 풀이하고 있다. 여기에서 "大暑而種"이라고 한 것에 대해서 段玉裁는, "諸書皆言種黍以夏至, 說文獨言以 大暑, 蓋言種暑之極時, 其正時實夏至也. 玉裁謂：種植有定時, 古今所同, 非可叚借. 許 書經轉寫妄增一字耳. 以暑種故謂之黍, 猶二月生, 八月孰得中和, 故謂之禾, 皆以疊韵訓 釋. ：여러 서적에 모두 기장은 하지(夏至)에 심는다고 했는데, 유독 ≪說文解字≫에서만 대서(大暑)라고 하고 있는데, 이는 아마 더위가 극심할 때 심는다고 한 것으로, 그 올바른 시기는 사실은 하지였을 것이다. 내 생각으로는, 곡물의 심는 시기는 정해진 때가 있고, 이는 고금(古今)이 같기 때문에 가차를 할 수도 없다고 여겨진다. 이는 許愼이 ≪說文解字≫에서 경전을 옮겨 쓰면서 함부로 ('大'라는) 글자 하나를 첨가한 것일 뿐이다. '暑' 즉 더울 때 심기 때문에 '黍'라고 하고; 2월에 나서 8월에 익는 것은 '中和'를 얻은 것이어서 '禾'라고 하였는데, 이는 모두 첩운(疊韻)의 글자로 훈석(訓釋)한 것이다."라고 주(注)하였다.

갑골문에서의 뜻은 다음과 같다.

1. 기장. "甲子卜, 㱿貞：我受黍年?"(≪前4. 40. 1≫), "癸卯卜, 亘貞：我受黍年?"(≪鐵 248. 1≫)

2. 기장을 심다. "戊寅卜, 賓貞：王往吕眔黍于囧?"(≪前5. 20. 2≫)

| 米(미) |
≪甲870朱書≫ |
≪甲903≫ |
≪鐵72. 3≫ |
≪粹228≫ | [mǐ] |

위의 갑골문 '米'자에 대해 徐中舒는, "⁝⁝⁝象米粒形, 中增一橫劃蓋以與沙粒・水點相 別.[1] ：'⁝⁝⁝'은 쌀알을 형상화한 것이고, 중간에 가로획 '一'을 덧붙인 것은 대개 모래알이나 물방울 등과 서로 구별하기 위한 것일 것이다."라고 설명하였다. 그리고 羅振玉은, "象米粒瑣 碎縱橫之狀, 古金文從米之字, 皆如此作.[2] ：껍질 벗긴 곡식의 낟알이 부서져서 사방으로 흩어져 있는 모양을 형상화하였는데, 고대의 금문(金文)에서 '米'를 구성 요소로 하는 글자는 모두 이와 같이 썼다."라고 하였다. 이 '米'자에 대해 ≪說文解字≫에는, "米, 粟實也. 象禾實

---

1) 徐中舒 前揭書 ≪甲骨文字典≫ p.792.
2) 羅振玉 前揭書 ≪增訂殷虛書契考釋≫ 卷中 p.34下.

之形.：'米'는 곡식의 껍질을 벗긴 알곡이라는 뜻이다. 벼 알곡의 모양을 형상화하였다."라고 해설하고 있다.

갑골문에서의 뜻은 다음과 같다.

1. 벼의 알곡. 곡식의 알곡. "己巳貞 : 王其登南囧米叀乙亥?"(≪甲903≫)
2. '敉'와 통용. 위무(慰撫)하다. "貞 : 令糸米衆?"(≪鐵72. 3≫)
3. 제품(祭品)으로 사용된 것으로 짐작된다. "甲申貞 : 王米于㠯祖乙?"(≪粹227≫)

舂(용)

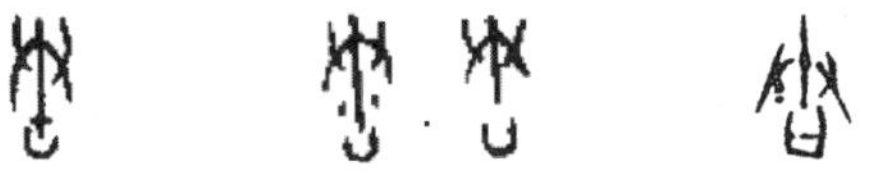

[chōng]

(≪鄴三下43. 6≫) (≪京津4265≫) (≪合集9336≫)

위의 갑골문 '舂'자는 '収'과 '杵'와 '臼'를 구성 요소로 하고 있는데, 이는 두 손으로 공이를 잡고 절구에서 곡식을 찧는 모양을 형상화한 자형 결구이다. 이 '舂'자에 대해 ≪說文解字≫에는 "舂, 擣粟也. 從収, 持杵㠯臨臼, 杵省. 古者雝父初作舂.：'舂'은 곡물을 찧다는 뜻이다. '収' 즉 두 손으로 '杵' 곧 공이를 잡고서 '臼' 즉 절구에서 절구질을 하고 있는 모양으로 구성되어 있는데, '杵'는 필획이 생략되었다. 상고시대에 雝父가 처음으로 절구를 만들었다." 라고 해설하고 있다.

갑골문에서의 뜻은 다음과 같다.

1. 정벌하다는 뜻으로 사용된 것으로 짐작된다. "王其乎眾戍舂受人叀亩土人眔⍁人亡戈"(≪鄴三43. 6≫)
2. 자의(字義) 불분명(不分明). "癸巳卜, 爭貞 : 旬……甲午有聞曰戊……使舂复, 七月在……壴葬"(≪續5. 2. 4≫)

臽(함)

[xiàn]

(≪乙8716≫) (≪珠34≫) (≪乙8859≫) (≪續2. 16. 4≫)

于省吾는 위의 갑골문자에 대해, "象人跽于坎中, 即臽字.[1] : 사람이 구덩이 안에 꿇어

---

1) 于省吾 前揭書 ≪殷契駢枝全編(雙劍誃殷契駢枝三編)≫ p.27下.

앉아 있는 모양을 형상화하였으며, 이는 곧 '臽'자이다."라고 고석하였다. 이 갑골문 '臽'자는 사람이 구덩이 속에 파묻혀 있는 자형인데, 사람 옆의 점들은 흙을 뜻하며, 사람은 남자도 있고, 여자도 있다. 이 '臽'자에 대해 ≪說文解字≫에는, "臽, 小阱也. 從人在臼上. : '臽'은 작은 구덩이라는 뜻이다. '人'[사람]이 '臼'[구덩이] 위에 있는 모양으로 구성되어 있다."라고 풀이하고 있다. 이에 대해 徐中舒는 "≪說文≫篆文從臼乃凵之譌.[1] : ≪說文解字≫의 전문 (篆文) 자형이 '臼'를 구성 요소로 하고 있는데, 이는 곧 '凵'이 와변(譌變)된 것이다."라고 주장하였다.

갑골문에서도 사람을 매장(埋葬)하다는 뜻으로 사용되었다. 이는 사람을 제물(祭物)로 사용하는 방법 중의 하나다. "甲辰……至戊臽人"(≪後下16. 11≫), "丙申卜, 王貞 : 勿善臽于門? 辛丑用, 十二月"(≪珠34≫)

| 耑(단) | (≪甲113≫) | (≪後下7. 3≫) | (≪掇2. 463≫) | (≪前4. 42. 1≫) | [duān] |

羅振玉은 위의 갑골문을 '耑'자로 고석하면서, "卜辭耑字增'''象水形, 水可養植物者也. 上從止, 象植物初茁漸生歧葉之狀形.[2] : 갑골복사의 '耑'자는 ''''를 첨가하여 물의 모양을 형상화하였는데, 물은 식물을 자라게 할 수 있는 것이다. 윗부분은 '止'를 구성 요소로 하고 있는데, 이는 식물이 처음 싹트고 점차 가지와 잎이 나오는 모양을 형상화한 것이다."라고 해설하였다. 이에 의하면 '耑'자의 본의는 식물이 생장을 시작하다는 뜻이다. 생장하다는 뜻에서 인신(引伸)하여 '발단', '시초' 등의 뜻을 나타내게 되었다. ≪說文解字≫에는 "耑, 物初生之題也. 上象生形, 下象根也. : '耑'은 사물이 처음 생겨날 때의 꼭대기 부분을 뜻한다. 글자의 윗부분은 생장하는 모양을 형상화하였고, 아래 부분은 뿌리모양을 형상화한 것이다." 라고 풀이하고 있다. '耑'자의 가운데 부분 '一'은 땅을 나타낸다.

한편 갑골문 '耑'자의 자형에 대해 徐中舒는, "上部 …… 與止字形近但稍異, 疑爲生字.[3] : (글자의) 윗부분은 …… '止'자와 모양이 비슷하지만 조금 다른데, 아마도 '生'자일 것으로

---

1) 徐中舒 前揭書 ≪甲骨文字典≫ p.794.
2) 羅振玉 前揭書 ≪增訂殷虛書契考釋≫ 卷中 p.35下.
3) 徐中舒 前揭書 ≪甲骨文字典≫ p.797.

짐작된다.”라고 하였는데, 정확한 주장이다.

갑골문에서는 방국명(方國名)으로 사용되었다. “甲申卜, 王貞 : 侯其戈峀?”(≪掇2. 463≫)

위의 갑골문 ‘宀’자는 가옥(家屋)의 정면의 모양을 간략하게 형상화한 상형자이다. 李孝定은 이 글자에 대해, “象屋正視之形. …… 字當與宮室同意.[1] : 집을 정면에서 본 모양을 형상화하였다. …… 이 글자는 ‘宮室’ 즉 가옥과 같은 뜻이다.”라고 하였다. 이 ‘宀’자에 대해 ≪說文解字≫에는, “宀, 交覆突屋也. 象形. : ‘宀’은 동서와 남북 네 방향의 물받이가 서로 교차하여 드리워지도록 지은 ‘深屋’이다. 상형자이다.”라고 풀이하고 있다. 여기에서의 ‘深屋’에 대해 段玉裁는, “古者屋四注, 東西與南北, 皆交覆也. 有堂有室, 是爲深屋. : 고대의 가옥에는 (지붕추녀에서) 물이 흘러내리도록 만든 네 곳의 물받이가 있었는데, 동서쪽과 남북쪽이 서로 교차하여 드리우도록 하였다. ‘堂’ 즉 집 중앙의 남향의 대청과 ‘室’ 즉 집 중앙의 북향의 거실을 갖춘 집이 ‘深屋’이다.”라고 하였다.

갑골문에서의 이 ‘宀’자와 숫자 ‘六’의 자형이 같거나 비슷한데, 이 두 글자 상호간의 구별은 갑골문 문례(文例)에 의거할 수밖에 없다.

갑골문에서도 ‘집’, ‘가옥’ 등의 뜻으로 사용되었다. “丁卯卜, 乍宀于☒?”(≪綴合295≫), “辛亥卜, 乍宀?”(≪乙8896≫), “于東宀”(≪京津4345≫)

위의 갑골문 ‘家’자는 ‘宀’과 ‘豕’를 구성 요소로 하고 있는데, 옛날에는 돼지의 축사와 집의 모양이 서로 비슷하였다. 돼지가 우리 속에 있는 모양을 형상화하였는데, 사람이 거주하는

---

1) 李孝定 前揭書 ≪甲骨文字集釋≫ p.2427.

장소를 지칭하는 말로 사용되었다. 이 '家'자에 대해 ≪說文解字≫에는, "家, 尻也. 從宀, 豭省聲. 𩰖, 古文家. : '家'는 거처라는 뜻이다. '宀'을 의부, 편방 '叚'를 생략한 '豭'를 성부로 구성되었다. '𩰖'(家)는 '古文' '家'자이다."라고 풀이하고 있다.

갑골문에서의 뜻은 다음과 같다.

1. 사람의 거처. 집. "王爲我家祖辛弗又王"(≪綴合132≫)

2. 종묘(宗廟). "貞 : 其[枋]于上甲家其……?"(≪拾1. 7≫), "……于母辛家……[庭]酒 之日不𩵋六月"(≪前1. 30. 7≫)

3. 지명(地名). "辛巳卜, 貞 : 王其田亡𢦏在家?"(≪粹960≫)

4. 인명(人名). "甲申卜, 賓貞 : 命家囗仔……?"(≪掇2. 10≫)

宅(택)   (≪前1. 30. 5≫)   (≪菁7. 1≫)   (≪乙8685反≫)   (≪京津2231≫)   [zhái]

羅振玉은 위에 예시한 갑골문의 자형이 금문(金文) ≪晉邦盫≫의 '宅'자와 ≪說文解字≫에서의 '宅'자의 '古文'과 같거나 비슷함에 근거하여 이들을 '宅'자로 고석하여,[1] 정설이 되었다. 이 '宅'자에 대해 ≪說文解字≫에는, "宅, 人所託尻也. 從宀, 乇聲. 𡩉, 古文宅. 庒, 亦古文宅. : '宅'은 사람이 몸을 의탁하여 거처하는 곳이라는 뜻이다. '宀'을 의부, '乇'을 성부로 구성되었다. '𡩉'(𡧛)은 '古文' '宅'자이다. '庒'(庄) 역시 '古文' '宅'자이다."라고 풀이하고 있다.

갑골문에서의 뜻은 다음과 같다.

1. 거처(居處). 처소(處所). "貞 : 今二月宅東帚?"(≪卜595≫), "三帚宅新寢[衣宅]." (≪前1. 30. 5≫)

2. 인명(人名). "丁酉卜, 殼貞 : 乎宅𡧛?"(≪南南2. 22≫)

---

1) 羅振玉 前揭書 ≪增訂殷虛書契考釋≫ 卷中 p.12上.

| 室(실) | (≪鐵50. 1≫) | (≪甲624≫) | (≪乙4699≫) | (≪粹1251≫) | [shì] |

위의 갑골문 '室'자도 소전체(小篆體)와 같이 '宀'과 '至'를 구성 요소로 하고 있는데, 이는 집에 이르러 쉬다는 뜻을 나타낸 것이라 생각된다. 이 '室'자에 대해 ≪說文解字≫에는, "室, 實也. 從宀, 至聲. 室屋皆從至, 所止也. : '室'은 '內實' 즉 사람과 사물로 가득찬 내실(內室) 이라는 뜻이다. '宀'을 의부, '至'를 성부로 구성되었다. '室'·'屋'자 모두 '至'를 구성 요소로 하고 있으며, '至'는 멈추어 쉬는 곳이라는 뜻을 나타낸다."라고 풀이하고 있다. 이에 대해 段玉裁는, "以疊韻爲訓, 古者前堂後室. ≪釋名≫曰 : 室, 實也. 人物實滿其中也. 引伸之, 則凡所居皆曰室. ≪釋宮≫曰 : 宮謂之室, 室謂之宮, 是也. : 첩운(疊韻)의 글자로 자의(字義)를 해설하였는데, 고대에는 '堂'은 앞에, '室'은 뒤에 위치하였다. ≪釋名≫에 이르기를, 「'室'은 '實'자의 뜻이다. 사람과 사물로 그 안이 가득 찬다는 의미이다.」라고 하고 있는데, 이에서 인신(引伸)하여, 무릇 모든 거처를 '室'이라고 하게 되었다. ≪爾雅·釋宮≫에 이르기를, 「'宮'은 '室'이라고 하고, '室'은 '宮'이라고 한다.」라고 하고 있는데, 바로 이와 같다."라고 주(注)하였다.

갑골문에서는 '中室'·'血室'·'文室'·'司室'·'大室'·'東室'·'南室' 등과 같이 쓰여, 종묘에서 제사를 거행하는 공간이라는 뜻으로 사용되었다. "丁巳卜, 叀小臣刺吕勹于中室?" (≪甲624≫), "貞 : 酒[枋]于血室亡尤?"(≪鐵50. 1≫), "丁丑卜, 彭貞 : 于文室?"(≪甲 2684≫), "壬辰卜, 貞 : 設司室?"(≪佚843≫), "己丑卜, 矢貞 : 其福告于大室?"(≪金 46≫), "戊戌卜, 賓貞 : 其受東室?"(≪乙4699≫), "乙酉卜, 兄貞 : 叀今月告于南室?"(≪前 3. 33. 7≫)

| 宣(선) | (≪戩49. 9≫) | (≪後上24. 7≫) | (≪掇1. 459≫) | [xuān] |

위의 갑골문 '宣'자는 '宀'과 '亘'을 구성 요소로 하고 있으며, '亘'은 성부이다. 이 '宣'자는 금문(金文)으로는 '宣'(≪曾子仲宣鼎≫)으로 쓰는데, 高鴻縉은 이에 대해, "按此宣揚之宣之

本字. 從雲氣在天下舒卷自如之象. …… 宣字從宀, …… 乃通光透氣之室也.[1]: 살펴보면, 이는 '宣揚'의 '宣'자의 본자(本字)이다. 운기(雲氣)가 하늘 아래에서 자유자재로 둥글게 말았다가 흩어지는 모양으로 구성되어 있다. …… '宣'자는 '宀'을 구성 요소로 하고 있는데, …… 이는 빛과 공기가 통하는 거실(居室)을 의미한다."라고 하였다. ≪說文解字≫에는, "宣, 天子宣室也. 從宀, 亘聲. : '宣'은 천자(天子)의 '宣室' 즉 넓고 큰 정실(正室)이라는 뜻이다. '宀'을 의부, '亘'을 성부로 구성되었다."라고 풀이하고 있다.

갑골문에서의 뜻은 다음과 같다.

1. 제사를 거행하는 방. 丁巳卜, 於南宣占, 大吉?"(≪掇1. 459≫)
2. 방국명(方國名). "弜宣方寮"(≪後上24. 7≫)

| 向(향) | (≪前2. 29. 7≫) | (≪甲506≫) | (≪後上13. 12≫) | (≪粹975≫) | [xiàng] |

위에 예시한 갑골문 '向'자는 '宀'과 창문을 형상화한 '口'를 구성 요소로 하고 있는데, 이는 남향집에 북향으로 낸 창호(窓戶)를 형상화한 자형 결구이다. 이 '向'자의 본의는 북향의 창(窗)이며, 여기에서 인신(引伸)하여 방향을 나타내는 말로 사용되었다. 이 '向'자에 대해 ≪說文解字≫에는 "向, 北出牖也. 從宀, 從口. 詩曰 : 塞向墐戶. : '向'은 북쪽을 향해 낸 창이라는 뜻이다. '宀'을 구성 요소로 하고, '口'를 구성 요소로 하고 있다. ≪詩經·豳風·七月≫에, 「북향 창은 막고, 문틈은 진흙을 발라 봉하네.」라고 하고 있다."라고 풀이하고 있다.

갑골문에서는 지명(地名)으로 사용되었다. "乙酉卜, 貞 : 王其田向亡戋?"(≪粹975≫), "癸亥卜, 在向貞 : 王旬亡禍?"(≪粹1456≫), "甲寅卜, 翌日乙王其逐于向亡戋?"(≪京都2027≫)

1) 周法高 外3人≪金文詁林≫(홍콩中文大學 1974. 홍콩) 卷七 pp.4574~4575.

寍(녕)			[níng]
	(≪京津5355≫)	(≪甲2722≫)	

≪甲骨文編≫에는 위의 두 갑골문자를 '寍'자로 수록한 다음, ≪京津5355≫의 '寍'자 아래에는, "不從心, 疑寧字印脫. : '心'을 구성 요소로 하고 있지 않은데, 아마도 '寧'자를 계각(契刻)하면서 탈락된 것으로 짐작된다."이라 하고; 또 ≪甲2722≫의 '寧'자 아래에는, "卜辭用寧爲寍. : 갑골복사에서는 '寧'을 '寍'의 뜻으로 사용하고 있다."라고 하고 있다.[1] 이 '寍'자에 대해 ≪說文解字≫에는, "寍, 安也. 從宀, 心在皿上. 人之飮食器, 所㠯安人. : '寍'은 마음이 편안하다는 뜻이다. '宀'을 구성 요소로 하고 있고, '心'이 '皿'의 위에 있는 모양으로 구성되어 있다. ('皿'은) 사람들이 마시고 먹는 데 사용하는 기구인데, 사람을 안정하게 하는 물건이다."라고 풀이하고 있다. 이에 대해 段玉裁는, "此安寧正字, 今則寧行而寍廢矣. : 이 글자는 '安寧'의 '寧'의 정자(正字)인데, 지금은 '寧'자가 통용되고 '寍'자는 폐기되었다."라고 주(注)하였다. 그런데 ≪說文解字≫에서는, '寧'은 '願詞'라고 풀이하고, '寍'은 '安'의 뜻이라고 풀이하여, 두 개의 글자로 구별하였으나, 갑골문에서는 이 두 글자는 동자(同字)이고, 안녕(安寧)의 뜻으로 사용되고 있다. 제5편의 '寧'자에 대한 해설을 참고하기 바란다. "……今……寍禍……"(≪京津5355≫)

定(정)					[dìng]
	(≪前4. 24. 6≫)	(≪佚992≫)	(≪珠503≫)	(≪合集36850≫)	

갑골문 '定'자는 '宀'과 '足'을 구성 요소로 하고 있는데, 이는 사람이 집 안으로 걸어 들어가다는 뜻을 나타낸다. ≪說文解字≫에는 이 '定'자에 대해, "定, 安也. 從宀, 正聲. : '定'은 안정하다는 뜻이다. '宀'을 의부, '正'을 성부로 구성되었다."라고 풀이하고 있다. 갑골문은 '足'을, ≪說文解字≫의 소전(小篆)은 '正'을 구성 요소로 하고 있는데, 갑골문에서의 '足'자와 '正'자는 자형이 같은, '同形異字'이다.

갑골문에서의 뜻은 다음과 같다.

---

1) 中國社會科學院考古硏究所 前揭書 ≪甲骨文編≫ p.316.

1. 지명(地名). "癸丑卜, 在定貞 : 王旬亡禍?"(≪佚992≫)
2. '貞人'의 이름. "己未卜, 定貞 : 今夕亡禍? 五月"(≪珠503≫)

| 安(안) | (≪甲288≫) | (≪乙6432≫) | (≪拾10. 17≫) | (≪佚847≫) | [ān] |

위에 예시한 갑골문 '安'자는 '宀'과 '女'를 구성 요소로 하고 있는데, 한 사람의 여인이 집안에서 무릎을 꿇고 앉아 있는 모양을 형상화하였다. 이 '安'자에 대해 ≪說文解字≫에는, "安, 竫也. 從女, 在宀中. : '安'은 안정(安竫)되다는 뜻이다. '女' 즉 여자가 '宀' 즉 집안에 있는 모양으로 구성되어 있다."라고 풀이하고 있다. 段玉裁는 다른 판본(版本)에 "靜也"라고 하고 있는 것을, "竫也"라고 고치고는, "各本作靜, 今正. 立部曰 : 竫者, 亭安也. 與此爲轉注. 靑部 : 靜者, 審也, 非其義. : 각 판본에는 '靜'자로 썼는데, 지금 이를 바로 잡는다. '立'부에, 「竫은 '亭安'의 뜻이다.」라고 하고 있는데, 이 글자와 전주(轉注)관계임을 나타낸다. '靑'부에는, 「靜은 '審'의 뜻이다.」라고 하고 있는데, 이는 이 글자의 자의(字義)가 아니다."라고 주(注)하였다.

갑골문에서의 뜻은 다음과 같다.

1. 평안하다. "癸酉卜, 爭貞 : 王腹不安亡延?"(≪續5. 6. 1≫), "貞 : 亡其安?"(≪拾10. 17≫)
2. 지명(地名). "壬戌卜, 貞 : 王其田安亡戈?"(≪撫68≫)
3. 인명(人名). "己未卜, 亘貞 : 子安亡[戈]?"(≪乙2090≫)

| 寶(보) | (≪甲3330≫) | (≪粹1489≫) | (≪合集6451≫) | (≪後下18. 3≫) | [bǎo] |

위의 갑골문 '寶'자는 기본적으로 '宀'과 '貝'와 '玉'을 구성 요소로 하고 있는데, 이에 대해 羅振玉은, "貝與玉在宀內, 寶之誼已明, 古金文及篆文增缶此省.[1] : '貝'와 '玉'이 '宀'안에

1) 羅振玉 前揭書 ≪增訂殷虛書契考釋≫ 卷中 p.41上.

있는 모양에서, '寶'의 뜻은 이미 분명해졌으며, 고대의 금문(金文)과 전문(篆文)에서는 '缶'를 덧붙였으나, 여기 갑골문에서는 생략되었다."라고 하였다. ≪說文解字≫에는, "寶, 珍也. 從宀玉貝, 缶聲. 圓, 古文寶, 省貝. : '寶'는 진귀한 보물이라는 뜻이다. '宀'·'王'·'貝'를 의부, '缶'를 성부로 구성되었다. '圓'(𡧗)는 '古文' '寶'자이며, '貝'를 생략한 모양이다."라고 풀이하고 있다.

갑골문에서는 인명(人名)으로 사용된 것으로 짐작된다. "壬寅帚寶示三屯岳"(≪粹1489≫), "庚午帚寶示三屯☒"(≪後下18. 3≫)

| 宰(재) | (≪粹1196≫) | (≪乙8688≫) | (≪佚518≫) | (≪掇1. 131≫) | [zǎi] |

郭沫若이 ≪殷契粹編≫에서 논증 없이 위의 갑골문을 '宰'자로 예정(隸定)하여 썼고,[1] 금문(金文) ≪吳方彝≫의 자형이 갑골문과 ≪說文解字≫의 소전(小篆) '宰'자와 거의 동일하여 '宀'과 '辛'을 구성 요소로 하고 있는 '宰'자라는 것이 공인되었다. 그러나 이 '宰'자의 본래의 자형 결구의 의미에 대해서는 아직까지 정설이 없는 상태이다. ≪說文解字≫에는, "宰, 辠人 在屋下執事者. 從宀, 從辛. 辛, 辠也. : '宰'는 지붕 아래에서 일을 하는 죄인이라는 뜻이다. '宀'을 구성 요소로 하고, '辛'을 구성 요소로 하고 있다. '辛'은 죄인이라는 뜻이다."라고 풀이하고 있다.

갑골문에서의 뜻은 다음과 같다.

1. 관직명(官職名). "……王錫宰丰……"(≪佚518≫), "宰丰"(≪乙8688≫)
2. 지명(地名). "其[羅]於在宰"(≪粹1196≫)
3. 자의(字義) 불분명. "旬有不宰"(≪掇1. 131≫)

1) 郭沫若 前揭書 ≪殷契粹編·考釋≫ p.155上.

위의 갑골문은 금문(金文) '宜'자 즉 '圖'(≪秦公簋≫)자와 자형 결구가 거의 같다. 이 금문 '宜'자에 대해 容庚은 "象置肉於且上之形, 疑與俎爲一字.[1] : '且' 위에 고기를 올려놓은 모양을 형상화하였는데, 아마도 제품(祭品)을 올려놓는 예기(禮器) '俎'와 같은 글자로 짐작된다."라고 하였다. 이는 갑골문에서의 '宜'자와 '俎'자는 동자(同字)라는 말이다. 제14편의 '俎'자에 대한 해설을 참고하기 바란다. 이 '宜'자에 대해 ≪說文解字≫에는, "宜, 所安也. 從宀之下一之上, 多省聲. 𡪀, 古文宜. 宜, 亦古文宜. : '宜'는 사람의 마음을 편안하게 하는 곳이라는 뜻이다. '宀'의 아래, '一'의 위를 의부로 하고, 필획이 생략된 '多'를 성부로 구성되었다. '𡪀'(宜)는 '古文' '宜'자이다. '宜'(宜) 역시 '古文' '宜'자이다."라고 풀이하고 있다. 이에 대해 段玉裁는, "一猶地也. : '一'은 땅이라는 뜻이다."라고 주(注)하였다. ≪說文解字≫의 둘째 '古文'의 자형이 갑골문과 금문의 자형과 비슷하다.

갑골문에서의 뜻은 다음과 같다.

1. 제사에 쓰이는 희생(犧牲)의 처리 방법의 하나. 貞 : 尞社一牛宜牢?"(≪續1. 1. 5≫), "丁卯卜, 丙尞于河十牛宜十牛?"(≪後上24. 4≫)

2. 제명(祭名). "丙辰卜, 骨貞 : 其宜于妣辛一牛?"(≪後上19. 15≫)

위의 갑골문은 '宀'과 '人', 그리고 바닥에 까는 자리의 모양을 형상화한 '囧'을 구성 요소로 하고 있다. 이는 사람이 집안에서 자리 위에 누워있는 모양을 형상화한 자형 결구로, 자리에 누워서 쉰다는 뜻을 나타낸 것이다. 羅振玉은 이 글자들을 '宿'자로 고석하면서, "案, 古金文及卜辭夙字, 皆从夕从丮, 疑佰·佰爲古文宿字, 非夙也.[2] : 살펴보면, 고대의 금문과 갑

---

1) 容庚 前揭書 ≪金文編≫ p.418(總450).

2) 羅振玉 前揭書 ≪增訂殷虛書契考釋≫ 卷中 pp.55下~56上.

골복사에서의 '𠬝'자는 모두 '夕'과 '𠬝'을 구성 요소로 하고 있어서, '𠋫'·'𠋫' 두 글자는 '宿'의 고자(古字)이지, '夙'자는 결코 아니라고 생각된다."라고 하였다. 본편(本篇) 앞쪽의 '𠬝'자에 대한 해설을 참조하기 바란다. 이 '宿'자에 대해 ≪說文解字≫에는, "宿, 止也. 從宀, 𠋫聲. 𠋫, 古文夙. : '宿'은 지숙(止宿)하다는 뜻이다. '宀'을 의부, '𠋫'을 성부로 구성되었다. '𠋫'은 '古文' '夙'자이다."라고 풀이하고 있다. 그리고 ≪周禮·地官·遺人≫에, "三十里有宿, 宿有路室. : 30리마다 '宿'이 있으며, '宿'에는 멈추어서 묵을 수 있는 객사(客舍)가 있다."라고 하고 있는데, 여기에서의 '宿'자에 대해 鄭玄은 "宿可止宿. : '宿'이란 멈추어서 숙박할 수 있다는 뜻이다."라고 주(注)하였다.

갑골문에서는 다음과 같은 뜻으로 사용되었다.

1. 사람의 숙주(宿住) 장소. "貞 : 其宿其□亡災?"(≪甲3318≫), "于▨宿亡災"(≪寧滬 1. 384≫)

2. 제명(祭名)이라 짐작된다. "貞 : 祖辛不宿于父乙?"(≪綴合137≫)

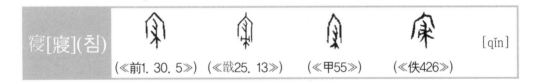

| 寢[寝](침) |
(≪前1. 30. 5≫) |
(≪戩25. 13≫) |
(≪甲55≫) |
(≪佚426≫) | [qǐn] |

위의 갑골문은 '宀'과 '帚'를 구성 요소로 하고 있는데, 이 글자들에 대해 葉玉森은, "按, 契文多假帚爲歸, 𠬝並契文寢. 从宀从帚當爲歸屋之義. 古人日入而息, 歸屋以寢.[1] : 살펴보면, 갑골문에서는 '帚'를 '歸'자의 뜻으로 가차한 경우가 많은데, '𠬝'과 '寢'은 모두 갑골문 '寢'자이다. '宀'을 구성 요소로 하고 '帚'를 구성 요소로 하고 있으므로, 집으로 돌아오다는 뜻임이 틀림없다. 상고시대 사람들은 해가 지면 쉬었는데, 집으로 돌아와서 침수(寢睡)하게 된다."라고 하였다. 이는 이 '寢'자는 누워 자다는 뜻이라는 말이다. 이 '寢'자에 대해 ≪說文解字≫에는, "寢, 臥也. 從宀, 㑴聲. 𡪢, 籀文寢省. : '寢'은 누워 자다는 뜻이다. '宀'을 의부, '㑴'을 성부로 구성되었다. '𡪢'(㝲)은 주문(籀文) '寢'자인데, '㝲'에서 '人'을 생략하였다."라고 풀이하고 있다. 이 주문(籀文)의 자형이 갑골문과 비슷한데, '又'를 덧붙였다.

갑골문에서도 침소(寢所)의 뜻으로 사용되었다. "甲午貞 : 其命多伊乍王寢?"(≪戩25.

1) 葉玉森 ≪說契≫, 李孝定 前揭書 ≪甲骨文字集釋≫ pp.2465~2466에서 재인용.

13≫), "貞 : 今二月宅東寢?"(≪卜595≫)

| 宕(탕) | (≪前1. 30. 7≫) | (≪甲653≫) | (≪寧滬1. 396≫) | (≪後上15. 3≫) | [dàng] |

　　위의 갑골문은 '宀'과 '石'을 구성 요소로 하고 있는데, 이 글자들을 ≪甲骨文編≫에는 해설 없이 '宕'자로 수록하고 있다.1) '石'을 구성 요소로 한 것은 석광(石鑛)의 뜻을 나타낸다. 이 '宕'자에 대해 ≪說文解字≫에는, "宕, 過也. 一曰 : 洞屋. 從宀, 碭省聲. 汝南項有宕鄉. : '宕'은 방탕하여 거리낌이 없다는 뜻이다. 일설에는 앞뒤가 서로 통하는 동굴집이라는 뜻이라고도 한다. '宀'을 의부, 편방 '昜'이 생략된 '碭'을 성부로 구성되었다. 汝南郡 項縣에 宕鄉이 있다."라고 풀이하고 있다. 이에 대해 段玉裁는 "宕之言放蕩也. : '宕'은 방탕함을 일컫는다." 라고 하고, 또 '洞屋'에 대해서는 "洞屋謂通迥之屋, 四圍無障蔽也. : '洞屋'이란 앞뒤가 서로 통하는 집을 일컫는데, 사방에 막힘이 없다."라고 주(注)하였다.

　　갑골문에서는 전렵(田獵) 지역의 지명(地名)으로 사용되었다. "……宕田, 亡戋?"(≪甲653≫), "……田于宕"(≪後上15. 3≫), "叀宕犬先从亡戋?"(≪寧滬1. 396≫)

| 宋(송) | (≪前2. 13. 4≫) | (≪甲207≫) | (≪京津2094≫) | (≪京都3122≫) | [sòng] |

　　위에 예시한 글자는 '木'과 '宀'을 구성 요소로 하고 있어 '宋'자임을 쉽게 알 수 있다. 이 '宋'자에 대해 徐中舒는, "從宀從木, 象以木爲梁柱而成地上居宅之形.2) : '宀'과 '木'을 구성 요소로 하고 있으며, 나무로 들보와 기둥을 만들어서, 땅위에 거택(居宅)을 만든 모양을 형상화하였다."라고 하였다. ≪說文解字≫에는, "宋, 凥也. 從宀木. 讀若送. : '宋'은 거주하다는 뜻이다. '宀'과 '木'을 구성 요소로 하고 있다. 독음은 '送'자처럼 읽는다."라고 풀이하고 있다.

1) 中國社會科學院考古硏究所 前揭書 ≪甲骨文編≫ p.318.
2) 徐中舒 前揭書 ≪甲骨文字典≫ p.810.

갑골문에서의 뜻은 다음과 같다.

1. 지명(地名). "辛巳卜, 于宋獲犀"(≪前2. 13. 4≫)

2. 인명(人名). "乙巳卜, 王侑子宋"(≪京津2094≫)

| 窫(점) | (≪合集5991≫) | (≪佚624≫) | (≪燕764≫) | (≪京津2490≫) | [diàn] |

위의 갑골문 '窫'자는 기본적으로 '宀'과 '執'을 구성 요소로 하고 있는데, 경우에 따라서는 '止'를 덧붙이기도 하였다. 이 '窫'자에 대해 李孝定은, "疑與圉爲同字, 象拘罪人於屋下也. 增止者當爲繁文.[1] : 아마도 '圉'자와 같은 글자가 아닌가 짐작되는데, 자형은 죄인을 지붕 아래에다 구금(拘禁)한 모양을 형상화하였다. '止'를 덧붙인 것은 번체(繁體)임이 틀림없다." 라고 하였다. ≪說文解字≫에는, "窫, 屋傾下也. 從宀, 執聲. : '窫'은 집이 아래로 기울다는 뜻이다. '宀'을 의부, '執'을 성부로 구성되었다."라고 풀이하고 있다.

갑골문에서의 뜻은 아직 정확하게 밝혀지지 않았다. "……窫……三月"(≪佚624≫), "……卜, 貞 : 庚窫?"(≪京津2490≫)

| 宗(종) | (≪前8. 15. 1≫) | (≪粹247≫) | (≪佚419≫) | (≪後下27. 1≫) | [zōng] |

이 갑골문은 '宀'과 '示'를 구성 요소로 하고 있는 '宗'자인데, 여기에서의 '示'는 신주(神主)를 나타낸다. 이 '宗'자에 대해 徐中舒는, "從宀從示, 象祖廟中有神主之形.[2] : '宀'을 구성 요소로 하고, '示'를 구성 요소로 하고 있으며, 조묘(祖廟) 안에 신주(神主)를 모셔 놓은 모양을 형상화하였다."라고 해설하였다. 그리고 ≪說文解字≫에는, "宗, 尊・祖廟也. 從宀示. : '宗'은 존숭(尊崇)하다는 뜻이며, 조묘(祖廟)라는 뜻이다. '宀'과 '示'를 구성 요소로 하고 있다."라고 풀이하고 있다. 이를 종합하면, 이 '宗'자는 신주(神主)를 모신 사당(祠堂)이라는

---

1) 李孝定 前揭書 ≪甲骨文字集釋≫ p.2476.

2) 徐中舒 前揭書 ≪甲骨文字典≫ p.811.

뜻이다. 許愼이 '宗'자의 자의(字義)를 "尊祖廟也"라고 한 것에 대해 段玉裁는, "宗尊雙聲. 按, 當云 : 尊也. 祖廟也. : '宗'과 '尊'은 쌍성(雙聲) 관계이다. 살펴보면, 마땅히 '尊也, 祖廟也.'라고 해야 한다."라고 주(注)하였는데, 위의 해석도 이에 근거하였다.

갑골문에서도 조묘(祖廟)의 뜻으로 사용되었다. 통칭의 '(某)宗' 이외에 '大宗', '小宗', '中宗', '右宗', '亞宗', '西宗', '北宗' 등이 있다. "甲戌卜, 乙亥王其每于大乙宗?"(≪存1. 1787≫), "貞 : 于宗, 酒卅小牢? 九月"(≪後上20. 8≫), "丁亥卜, 在大宗, 有⦾伐羌十, 六牢自上甲?"(≪佚131≫), "丁亥卜, 在小宗……?"(≪前8. 15. 1≫), "中宗……"(≪粹247≫), "其即于右宗有大雨"(≪粹685≫), "……乍亞宗其……"(≪後下27. 1≫), "甲午王卜, 貞 : 其于西宗⦾示壬? 王占曰 : 吉弘"(≪前4. 18. 1≫), "……北宗不雨……"(≪前4. 21. 7≫)

宙(주)
[zhòu]
(≪乙763≫)

≪甲骨文編≫에는 위에 예시한 (≪乙763≫)의 갑골문을 해설 없이 '宙'자로 수록하고 있는데,[1] ≪說文解字≫에는 이 '宙'자에 대해, "宙, 舟輿所極覆也. 從宀, 由聲. : '宙'는, 배와 수레가 저쪽에 도달하여 이쪽으로 다시 되돌아 오다는 뜻이다. '宀'을 의부, '由'를 성부로 구성되었다."라고 풀이하고 있다. 그리고 段玉裁는 이런 자의(字義) 해설에 대해, "覆者, 反也. 與復同, 往來也. 舟輿所極覆者, 謂舟車自此至彼而復還此如循環然. 故其字從由. : '覆'은 되돌리다는 뜻이다. '復'자와 같으며, 갔다가 다시 오다는 뜻이다. '舟輿所極覆'이라고 한 것은, 배와 수레가 순환(循環)하는 것처럼 이쪽에서부터 저쪽까지 갔다가 다시 이쪽으로 되돌아오는 것을 일컫는다. 그래서 이 글자는 '由'를 구성 요소로 하고 있다."라고 해석하였다.

갑골문에서의 이 글자의 자의(字義)는 아직 명확하게 밝혀지지 않았다. "丁丑貞 : ⦾宙?"(≪乙763≫)

---

1) 中國社會科學院考古硏究所 前揭書 ≪甲骨文編≫ p.320.

| 宮(궁) | (≪甲573≫) | (≪前2. 43. 7≫) | (≪前6. 23. 5≫) | (≪前4. 15. 2≫) | [gōng] |

　　羅振玉은 위의 갑골문을 '宮'자로 고석하면서, "从呂从呂, 象有數室之狀, 从囲象此室達於彼室之狀, 皆象形也.[1] : '呂'·'呂'을 구성 요소로 한 것은, 여러 개의 방이 있는 모양을 형상화한 것이고; '囲'을 구성 요소로 한 것은, 이 방이 저 방으로 통하는 모양을 형상화한 것인데, 모두 상형자이다."라고 하였다. 여기에서의 '呂'는 '呂'자가 아니라, 한 벌로 된 방(房) 모양을 형상화한 것이다. 이 '宮'자에 대해 ≪說文解字≫에는, "宮, 室也. 從宀, 躬省聲. : '宮'은 '宮室' 곧 집이라는 뜻이다. '宀'을 의부, 편방(偏旁) '身'이 생략된 '躬'을 성부로 구성되었다."라고 풀이하고 있다. 이에 대해 段玉裁는, "釋宮曰 : 宮謂之室, 室謂之宮. …… 按, 宮言其外之圍繞, 室言其內. 析言則殊, 統言不別也. : ≪爾雅·釋宮≫에 이르기를, 「'宮'은 '室'의 뜻이며, '室'은 '宮'의 뜻이라고 한다.」라고 하고 있다. …… 살펴보면, '宮'은 그 외부를 에워싼 부분을 일컫고, '室'은 그 안쪽을 일컫는다. 분석하여 말하면 호칭이 다르지만, 통틀어 말하면 구별이 없다."라고 주(注)하였다.

　　갑골문에서의 뜻은 다음과 같다.

1. 궁실(宮室). 왕의 거처(居處). "癸巳卜, 在黃林陳天邑商公宮衣茲夕亡禍寧?"(≪綴合182≫), "在獻天邑商公宮衣"(≪菁10. 1≫)

2. 지명(地名). 수렵(狩獵) 구역의 하나. "戊午卜, 貞 : 王田宮往來亡災?"(≪前2. 43. 7≫), "庚戌卜, 瞉貞 : 亞其往宮往來亡災?"(≪戩46. 14≫)

| 呂(려) | (≪存2. 380≫) | (≪乙1980≫) | (≪林1. 5. 8≫) | (≪陳160≫) | [lǚ] |

　　위의 갑골문은 두 개의 '口'를 구성 요소로 하고 있는데, 자형 결구가 의미하는 것이 무엇인지에 대해서는 아직 정론이 없다. 우선 여기에서는 이 글자의 자형을 두 개의 '口'로 구성된 것으로 보아 '呂'자로 예정(隷定)하고, 許愼의 주장을 따르기로 한다. 이 '呂'자에 대해 ≪說文

---

1) 羅振玉 前揭書 ≪增訂殷虛書契考釋≫ 卷中 p.12上.

解字≫에는, "呂, 脊骨也. 象形. 昔太嶽爲禹心呂之臣, 故封呂侯. , 篆文呂, 從肉, 旅聲. : '呂'는 척추 뼈라는 뜻이다. 상형자이다. 옛날 太嶽官은 禹임금의 심장과 등뼈 같은 신하였으므로, 呂侯로 봉(封)해졌다. ''(膂)는 전문(篆文) '呂'자이며, '肉'을 의부, '旅'를 성부로 구성되었다."라고 풀이하고 있다. 이 '呂'자의 자형에 대해 徐中舒는, "象宮室正面所見門窗之形, 上口象屋頂斜面上所開之通氣窗孔形, 下口象於圍牆中部開設之門戶, 合二者則呈呂形, 乃宮室之外露部份. 故呂・魯古字音義實同, 皆與暴露之露同義.[1] : 궁실(宮室)의 정면에 보이는 창문(窗門)의 모양을 형상화하였는데, 위쪽의 '口'는 집의 꼭대기 경사진 면에 뚫은 통풍 창구멍을 형상화한 것이고, 아래쪽의 '口'는 빙 둘러친 담벽 가운데 부분에 만들어 놓은 문(門)을 형상화한 것으로, 이 둘을 합치면 '呂' 모양이 되고, 이는 궁실의 외부로 노출된 부분이 된다. 그러므로 '呂'와 '魯'는 고대의 자음과 자의가 실제로 같았으며, 둘 다 '暴露'의 '露'자와 같은 뜻이었다."라고 설명하였다.

갑골문에서의 뜻은 다음과 같다.

1. 제명(祭名). '旅'・'魯'와 통용되어, '旅祭'・'魯祭'의 뜻으로 사용되었는데, 이는 종묘 바깥에서 제품을 진열하여 거행하는 제사이다. "貞 : 希馬呂于多馬?"(≪存下 380≫), "……呂示"(≪乙8956≫)

2. 지명(地名) 또는 방국명(方國名). "于呂王酉田亡弋"(≪粹984≫), "癸卯卜, 賓貞 : 旬亡[禍]方正于呂▨?"(≪陳160≫), "貞 : 呂不其受年?"(≪乙1980≫)

寮(簝)(료)				[liáo]
	(≪前4. 31. 5≫)	(≪續3. 28. 7≫)	(≪粹1212≫)	(≪佚395≫)

위의 갑골문은 '宀'과 '木' 그리고 '火'를 구성 요소로 하고 있는데, 이는 집안에서 나무를 불태우는 모양을 형상화한 자형 결구로, 불을 밝히다는 뜻을 나타낸 것으로 짐작된다. ≪甲骨文編≫에는 이 글자에 대해, "左傳・穀梁傳・國語注並云 : 同官曰寮. 從宀不從穴, 與卜辭同.[2] : ≪春秋左氏傳≫・≪春秋穀梁傳≫・≪國語≫의 주(注)에 다 같이 「함께 벼슬하는

---

1) 徐中舒 前揭書 ≪甲骨文字典≫ p.834.
2) 中國社會科學院考古硏究所 前揭書 ≪甲骨文編≫ p.328.

사람을 '寮'라고 한다.」라고 하고 있다. '宀'을 구성 요소로 하고, '穴'을 구성 요소로 하지 않았는데, 이는 갑골복사와 같다."라고 하여, 이 글자를 '寮'자로 고석하였다. 이에 의하면, 이 '寮'자는 후세의 '同僚'의 '僚'의 본자(本字)라는 말이다. ≪說文解字≫에는 '寮'자는 수록되어 있지 않고, '竂'자가 수록되어 있는데, 이 '竂'자에 대해, "竂, 穿也. 從穴, 尞聲. 論語有公伯竂.：'竂'는 (창구멍을) 뚫다는 뜻이다. '穴'을 의부, '尞'를 성부로 구성되었다. ≪論語·憲問篇≫에는 公伯竂라는 사람이 있다."라고 풀이하고 있다.

갑골문에서의 뜻은 다음과 같다.

1. 직관(職官)의 통칭(通稱). "制令其唯大史寮令"(≪前5. 39. 8≫)
2. 지명(地名). "丁未卜, 行貞：王賓歲, 亡尤? 在白寮"(≪粹1212≫)

| 突(돌) | 𥧐 | 𥧐 | 𥧐 | [tū] |
| | (≪拾5. 6≫) | (≪佚775≫) | (≪合集33568≫) | |

李孝定은 위의 갑골문을 '突'자로 수록하고는, "契文正从穴从犬.[1]：이 갑골문이 바로 '穴'과 '犬'을 구성 요소로 하고 있다."라고 하였다. 이는 개가 동굴 속으로 들어가는 모양을 형상화한 자형으로, 갑자기 마주치다는 뜻을 나타낸다. 이 '突'자에 대해 ≪說文解字≫에는, "突, 犬從穴中暫出也. 從犬在穴中. 一曰：滑也.：'突'은 개가 동굴 속에서 갑자기 나오다는 뜻이다. '犬' 즉 개가 '穴' 즉 동굴 안에 있는 모양으로 구성되어 있다. 일설에는 파내다는 뜻이라고도 한다."라고 풀이하고 있다. 그러나 갑골문의 자형은 개의 머리가 안쪽을 향해 있으며, 바깥쪽으로 향한 자형은 아직 보이지 않는다.

갑골문에서의 뜻은 아직 명확하게 밝혀지지 않았다. "……亞突帚……曾"(≪拾5. 6≫), "突亞畐"(≪佚775≫)

---

1) 李孝定 前揭書 ≪甲骨文字集釋≫ p.2507.

| 寢[夢](몽) | 𦭓 (≪前4. 18. 3≫) | 𦭓 (≪鐵113. 4≫) | 𦭓 (≪甲690≫) | 𦭓 (≪佚916≫) | [mèng] |

≪甲骨文編≫에는 위의 갑골문을 '寢'자로 수록하고는, "象人依牀而睡, 寢之初文.[1] : 사람이 침상에 기대어 잠자는 모양을 형상화하였는데, 이는 '寢'자의 초문(初文)이다."라고 하였다. 그리고 李孝定은 이 갑골문 '寢'자에 대해, "象一人臥而手舞足蹈夢魘之狀.[2] : 한 사람이 침상에 누워 손과 발을 휘저으며 가위눌리는 모양을 형상화하였다."라고 하였다. ≪說文解字≫에는 이 '寢'자에 대해, "寢, 寐而覺者也. 從宀從疒, 夢聲. 周禮 : 㠯日月星辰占六寢之吉凶, 一曰正寢, 二曰罢寢, 三曰思寢, 四曰寤寢, 五曰喜寢, 六曰懼寢. : '寢'은 잠을 자면서 깨어 있다는 뜻이다. '宀'과 '疒'을 의부, '夢'을 성부로 구성되었다. ≪周禮·春官·占夢≫에는, 「해와 달과 별들의 변화를 이용하여 여섯 가지 종류의 꿈의 길흉(吉凶)을 점쳤는데, 첫째는 감정의 변화 없이 평안하고 자연스런 정상적인 꿈이고, 둘째는 경악(驚愕)하며 꾸는 꿈이며, 셋째는 사념(思念)으로 인해서 꾸는 꿈이고, 넷째는 깨어 있을 때 보았던 것으로 꾸는 꿈이며, 다섯째는 기뻐서 꾸는 꿈이고, 여섯째는 무서워서 꾸는 꿈이다.」이라고 하고 있다."라고 풀이하고 있다. 이 글자에 대해 段玉裁는, "今字叚夢爲之, 夢行而寢廢矣. : 지금 이 글자는 '夢'자를 가차하여 사용하는데, '夢'자가 통용되고 '寢'자는 폐기되었다."라고 주(注)하였다. ≪說文解字≫ '夕'부(部)에 '夢'자에 대해, "夢, 不朙也. 從夕, 瞢省聲. : '夢'은 밝지 않다는 뜻이다. '夕'을 의부, 필획이 생략된 '瞢'을 성부로 구성되었다."이라고 하고 있다.

갑골문에서는 꿈(꾸다)이라는 뜻으로 사용되었다. "庚子卜, 賓貞 : 王夢百牛隹禍?"(≪簠人6≫), "辛未卜, 設貞 : 王夢兄戊河從不隹禍? 二月"(≪鐵121. 3≫), "貞 : 王夢婦好不隹薛?"(≪鐵113. 4≫), "貞 : 亞多鬼夢亡疾? 四月"(≪前4. 18. 3≫)

---

1) 中國社會科學院考古硏究所 前揭書 ≪甲骨文編≫ p.328.
1) 中國社會科學院考古硏究所 前揭書 ≪甲骨文編≫ p.328.
2) 李孝定 前揭書 ≪甲骨文字集釋≫ p.2514.

寐(매) [mèi]

(≪前6. 29. 2≫)   (≪佚148≫)   (≪乙1046≫)   (≪乙9070≫)

≪甲骨文編≫에는 위의 갑골문을 ‘寐’자로 수록하고 있는데,[1] 이 글자들은 ‘宀’과 ‘木’과 ‘人’을 구성 요소로 하고 있으며, 간혹 ‘女’로 ‘人’을 대신한 것도 있고, 또 ‘口’를 첨가한 것도 있다. 이 ‘寐’자에 대해 ≪說文解字≫에는, “寐, 臥也. 從瘳省, 未聲. : ‘寐’는 누워 자다는 뜻이다. ‘夢’을 생략한 ‘瘳’을 의부, ‘未’를 성부로 구성되었다.”라고 풀이하고 있다.

갑골문에서는 지명(地名)으로 사용되었다. “……來征我于玆寐”(≪佚148≫), “……雀于寐”(≪乙1046≫)

疒(疒)(녁) [nè]

(≪鐵5. 3≫)   (≪前5. 44. 2≫)   (≪後下11. 8≫)   (≪粹1268≫)

徐中舒는 위에 예시한 갑골문자들을 ‘疒’자로 수록하고는, “從亻從爿, 爿象牀形, 亻之旁或有數點, 象人有疾病, 倚箸於牀而有汗滴之形.[2] : ‘亻’을 구성 요소로 하고 ‘爿’을 구성 요소로 하였는데, ‘爿’은 침상의 모양을 형상화한 것이고; ‘亻’자 옆에 몇 개의 점(點)이 있는 것도 있는데, 이는 사람이 병이 나서 침상에 기대어 땀방울을 흘리는 모양을 형상화한 것이다.”이라고 설명하였다. 이 ‘疒’자에 대해 ≪說文解字≫에는, “疒, 倚也. 人有疾痛也, 象倚箸之形. : ‘疒’은 기대다는 뜻이다. 사람이 질병으로 아파서 (침상에) 기대고 있는 모양을 형상화하였다.”라고 풀이하고 있다. 이 ‘疒’자는 소전체(小篆體)를 예서화(隸書化)한 것이고, 이의 해서체(楷書體)는 ‘疒’으로 쓴다.

갑골문에서도 질병의 뜻으로 사용되었다. “丁亥卜, 貞：子魚其有疒?”(≪前5. 44. 2≫), “貞：疒齒御于父乙?”(≪前1. 25. 1≫), “貞：婦好不延疒?”(≪後下11. 8≫), “貞：婦好禍凡有疒?”(≪乙7163≫) : ‘子魚’는 武丁의 아들 이름이며, ‘禍凡有疒’은 ‘재앙으로 병에 걸리다’는 뜻의 성어(成語)이다.

---

1) 中國社會科學院考古研究所 前揭書 ≪甲骨文編≫ p.329.
2) 徐中舒 前揭書 ≪甲骨文字典≫ p.837.

| 疾(질) | (≪後下35. 2≫) | (≪乙35≫) | (≪乙383≫) | (≪合集36766≫) | [jí] |

위의 갑골문은 '人'과 '矢'를 구성 요소로 하고 있는데, 이 글자에 대해 ≪甲骨文編≫에는, "受兵傷之疾作疾, 象人腋下箸矢之形.[1]: 병기(兵器)에 의해 부상을 입은 병을 '疾'로 쓰는데, 사람의 겨드랑이 아래에 화살을 맞은 모양을 형상화하였다."라고 하였다. 이에 의하면, 이 '疾'자의 본의는 병기에 상처를 입어 생긴 병이라는 뜻이다. 나중에는 병기로 인한 상처라는 뜻은 폐기되고, '疾病'을 의미하는 '病'의 통칭으로 사용되었다. ≪說文解字≫에는 이 '疾'자에 대해, "疾, 病也. 從疒, 矢聲. 𤕫, 籀文疾. 𠙇, 古文. : '疾'은 질병이라는 뜻이다. '疒'을 의부, '矢'를 성부로 구성되었다. '𤕫'(矤)은 주문(籀文) '疾'자이다. '𠙇'은 '古文'('疾'자)이다."라고 풀이하고 있다.

갑골문에서의 뜻은 다음과 같다.

1. 병(病). 질병(疾病). "癸酉卜, 貞 : 亥☒禍凡又疾? 十二月"(≪綴合364≫), "辛亥卜, 貞 : 犬禍凡疾印?"(≪乙383≫)
2. 급속(急速)하다. "雨不疾十二月"(≪乙35≫)

| 疛(주) | (≪甲3280≫) | (≪合集13362正≫) | (≪合集3942≫) | (≪懷1656≫) | [zhǒu] |

徐中舒는 위의 갑골문을 '疛'자로 수록하고는, "從𠙻從人從又, 象人臥牀上以手撫腹之形, 會小腹有病之義. 𠙻象牀形, 從又與從寸古每可通.[2]: '𠙻'과 '人'과 '又'를 구성 요소로 하고 있는데, 사람이 침상에 누워 손으로 배를 어루만지는 모양을 형상화하여, 아랫배에 병이 났다는 뜻을 나타내고 있다. '𠙻'은 침상의 모양을 형상화하였으며, '又'를 구성 요소로 한 것은 고대에는 '寸'을 구성 요소로 한 것과 매번 서로 통용할 수 있다."라고 하였다. 이 '疛'자에 대해 ≪說文解字≫에는 "疛, 小腹病. 從疒, 肘省聲. : '疛'는 아랫배 병이라는 뜻이다.

---

1) 中國社會科學院考古硏究所 前揭書 ≪甲骨文編≫ p.330.
2) 徐中舒 前揭書 ≪甲骨文字典≫ p.839.

'疒'을 의부, 편방(偏旁) '肉'이 생략된 '肘'를 성부로 구성되었다."라고 하고 있다.

갑골문에서의 뜻은 다음과 같다.

1. 아랫배 병(病). "丙辰卜, 殼貞：婦好疛延㞢?"(≪甲2040≫), "丁酉卜, 爭貞：乎短 疛克?"(≪乙2244≫)

2. 방국명(方國名). "勿乎王族凡于疛"(≪續3. 9. 7≫)

3. 인명(人名). "癸未卜, 殼貞：疛㠯羌?"(≪綴合241≫)

| 同(동) | (≪甲3916≫) | (≪菁10. 2≫) | (≪京都3016≫) | (≪續3. 28. 6≫) | [tóng] |

위의 갑골문자들을 李孝定은 '同'자로 수록하고는, "絜文上似从凡不从㫃.[1] : 갑골문(의 위쪽 편방)은 '凡'을 구성 요소로 하였고, '㫃'을 구성 요소로 하지는 않은 것 같다."라고 하였다. 이 '同'자에 대해 ≪說文解字≫에는, "同, 合會也. 從㫃口. : '同'은 서로 합쳐져서 꼭 맞다는 뜻이다. '㫃'과 '口'를 구성 요소로 하고 있다."라고 풀이하고 있다. "從㫃從口"라고 한 것에 대해서 段玉裁는, "口皆在所覆之下, 是同之意也. : '口'가 언제나 그 덮개 아래에 있는데, 이것이 '同'의 뜻이다."라고 주(注)하였다. 그리고 徐中舒는, "㫃≪說文≫篆文譌作 㫃.[2] : '㫃'을 ≪說文解字≫의 전문(篆文)에는 '㫃'으로 잘못 썼다."라고 주장하였다.

갑골문에서의 뜻은 다음과 같다.

1. 함께(하다). 모이다. "丁丑卜, 狄貞：其用玆卜異其涉眔同?"(≪甲3916≫), "同出擒"(≪續3. 28. 6≫)

2. 자의(字義) 불분명. "壬辰卜, 同父乙◻史?"(≪京都3016≫)

---

1) 李孝定 前揭書 ≪甲骨文字集釋≫ p.2529.

2) 徐中舒 前揭書 ≪甲骨文字典≫ p.848.

| 靑(강) | (≪乙3063反≫) | (≪京津1104≫) | (≪京都725≫) | (≪後下41. 5≫) | [què] |

위에 예시한 갑골문자에 대해 갑골학 연구 초기에는 이견(異見)이 많았으나, 지금은 '靑'자라는 것이 정설이다. 李孝定은 이 글자들을 '靑'자로 수록하고는, 于省吾의 주장을 인용하면서, 고대(古代)에는 '靑'을 '穀'의 뜻으로 가차(假借)하였다고 했다.[1] 또 다른 일설로는 이 글자를 '南'자로 고석하였는데, 제6편의 '南'자에 대한 해설을 참조하기 바란다. 이 '靑'자에 대해 ≪說文解字≫에는, "靑, 幬帳之象. 從冂, 屮其飾也. : '靑'은 군용(軍用) 휘장(揮帳)의 상형(象形)이다. '冂'과 '屮'를 구성 요소로 하고 있는데, '屮'는 휘장 위의 장식물이다."라고 풀이하고 있다.

갑골문에서는 무엇인지는 모르지만 제품(祭品)의 하나로 사용되었다. "大甲大庚……丁祖乙祖……一羊一靑"(≪後上5. 1≫), "……卯三靑沉"(≪後下41. 5≫)

| 网(罔)(망) | (≪甲3112≫) | (≪庫653≫) | (≪庫737≫) | (≪後下8. 12≫) | [wǎng] |

위의 갑골문자들은 물고기를 잡거나 사냥하는 데 사용하는 그물의 모양을 형상화한 '网'자이다. ≪說文解字≫에는 이 '网'자에 대해, "网, 庖犧氏所結繩吕田吕漁也. 從冂, 下象网交文. 罔, 网或加亡. 䍏, 或从糸. 冈, 古文网, 从冂亡聲. 网, 籒文从冂. : '网'은, 庖犧氏가 결승(結繩)을 하여 짠 도구로 전렵(田獵)과 어렵(漁獵)에 사용하였다. '冂'을 구성 요소로 하고 있으며, 아랫부분['乂']은 그물을 서로 교직(交織)한 무늬를 형상화하였다. '罔'(罔)은 '网'의 혹체자로, '亡'자를 덧붙였다. '䍏'(䍏)은 혹체자로, '糸'를 구성 요소로 하고 있다. '冈'(冈)은 '古文' '网'자인데, '冂'을 의부, '亡'을 성부로 구성되었다. '网'(网)은 주문(籒文)으로, '冂'을 구성 요소로 하고 있다."라고 풀이하고 있다.

갑골문에서는 그물이라는 본의(本義)로 사용되었다. "弜网鹿弗擒"(≪京都2116≫), "……网雉獲十五"(≪綴合354≫)

---

1) 李孝定 前揭書 ≪甲骨文字集釋≫ pp.2535를 참고.

위의 갑골문은 '网'과 '隹'를 구성 요소로 하고 있는 '羅'자인데, 이는 그물로 새를 잡는 모양을 형상화한 자형 결구이다. 이 '羅'자에 대해 ≪說文解字≫에는, "羅, 㠯絲罟鳥也. 從网, 從維. 古者芒氏初作羅. : '羅'는 실로 그물을 짜서 새를 잡다는 뜻이다. '网'을 구성 요소로 하고, '維'를 구성 요소로 하고 있다. 고대에 庖犧氏의 신하였던 芒氏가 처음으로 새를 잡는 그물을 제작하였다."라고 풀이하고 있다.

갑골문에서는 방국명(方國名)으로 사용되었다. "乙亥卜, 貞 : 今日乙亥王羣羅馘?"(≪庫 1094≫), "乙卯卜, 爭貞 : 旨戈羅?"(≪乙5395≫)

위에 예시한 갑골문은 허리에 차고 다니는 수건의 모양을 형상화한 '巾'자인데, 금문(金文)으로도 '巾'(≪𦥑壺≫)으로 쓰는 상형자이다. ≪說文解字≫에는 이 '巾'자에 대해, "巾, 佩巾也. 從冂, 丨象系也. : '巾'은 몸에 차고 다니는 수건이라는 뜻이다. '冂'과 '丨'을 구성 요소로 하고 있으며, '丨'은 몸에 차도록 연결한 끈을 형상화한 것이다."라고 풀이하고 있다.

갑골문에서의 뜻은 아직 명확하게 밝혀지지 않았다. "己卯⊠, 㱿貞 : 弜允巾……?"(≪庫 416≫), "……巾⊠車……"(≪前7. 5. 3≫)

羅振玉이 위의 갑골문자들을 '帚'자로 고석하여[1] 정설이 되었다. 이 '帚'자는 가늘고 긴

---

1) 羅振玉 前揭書 ≪增訂殷虛書契考釋≫ 卷中 p.48上을 참고.

나무나 나무 가지를 묶어서 만든 빗자루의 모양을 형상화한 상형자이다. 이 '帚'자에 대해 ≪說文解字≫에는, "帚, 所㠯糞也. 從又持巾埽𠙶內. 古者少康初作箕帚秫酒. 少康, 杜康也, 葬長垣. : '帚'는 소제(掃除) 도구의 하나이다. '又' 즉 손으로 '巾'을 잡고서 '𠙶' 즉 경계의 안쪽을 소제하는 모양으로 구성되었다. 고대에 少康이 처음으로 키[箕]와 빗자루와 '秫酒' 즉 차조 술을 만들었는데, 少康은 바로 杜康이며, 長垣에 묻히었다."라고 풀이하고 있다. 이 '帚'자에 대해 徐中舒는, "象帚形. 古以某種植物爲帚, 今猶編秫稭爲之. …… ≪說文≫以帚從又持巾, 又爲甲骨文帚字上部之彐所譌, 巾爲甲骨文帚字下部之朮所譌. 甲骨文或增𠙶 · 一者乃繁畫.[1] : 비의 모양을 형상화하였다. 고대에는 모종(某種)의 식물로 비를 만들었는데, 이는 지금 수수나 짚을 엮어 비를 만드는 것과 같다. …… ≪說文解字≫에 '帚'자는 '又'를 구성 요소로 하고, '巾'을 가지고 있는 모양으로 구성되었다고 하고 있는데, 이 '又'는 갑골문의 '帚'자 윗부분의 彐를 잘못 인식한 것이고, '巾'은 갑골문 '帚'자의 아래 부분의 朮를 잘못 인식한 것이다. 갑골문에는 간혹 '𠙶'나 '一'을 덧붙인 것도 있는데, 이는 번거롭게 획을 더한 것이다."라고 하였다.

갑골문에서의 뜻은 다음과 같다.

1. 인명(人名). '婦'로 읽는다. "甲申卜, 㱿貞 : 乎婦好先共人于龐?"(≪前5. 12. 3≫), "乙丑卜, 賓貞 : 王叀婦好命征人?"(≪佚527≫), "壬午卜, 㱿貞 : 婦妌娩嘉?"(≪續 1. 53. 1≫), "貞 : 御帚妌于母庚?"(≪鐵210. 1≫) : '婦好'는 武丁의 처(妻), '婦妌'은 '諸婦'의 한 사람이다.

2. '歸'의 뜻으로 사용되었다. "辛未卜, 王帚?"(≪京2030≫), "丁未貞 : 王其令塱乘帚其告于祖乙一牛父丁一……?"(≪綴334≫)

3. 신명(神名)으로 짐작된다. "貞 : 于帚御卓? 三月"(≪甲2121≫)

| 帛(백) |
(≪前2. 12. 4≫) | [bó] |

≪甲骨文編≫에는 위의 갑골문 하나를 '帛'자로 수록하고 있는데,[2] 이 글자는 '白'과 '巾'을

---

1) 徐中舒 前揭書 ≪甲骨文字典≫ p.865.
2) 中國社會科學院考古硏究所 前揭書 ≪甲骨文編≫ p.336.

구성 요소로 하고 있으며, '白'을 구성 요소로 한 것은 아마도 백색(白色)의 비단을 의미하는 것으로 짐작된다. 이 '帛'자를 금문(金文)으로는 '帛'(≪大簋≫)으로 쓰는데, 갑골문과 자형이 같다. ≪說文解字≫에는, "帛, 繒也. 從巾, 白聲. : '帛'은 명주 비단이라는 뜻이다. '巾'을 의부, '白'을 성부로 구성되었다."라고 풀이하고 있다.

갑골문에서는 지명(地名)으로 사용되었다. "癸酉卜, 在帛貞 : 王步鼓亡災?"(≪前2. 12. 4≫)

白[伯, 百](백)　　≪鐵43. 1≫　≪甲456≫　≪乙8688≫　≪粹1180≫　[bái]

위의 글자들을 羅振玉이 '白'자로 고석하여[1] 정설이 되었는데, 이 '白'자의 본형(本形)에 대해서는 학자들의 의견이 다양하다. 李孝定은 郭沫若이 이 '白'자의 자형은 엄지손가락을 형상화한 것이라고 고석한 내용을 인용하고는 "郭氏謂白象將指之形, 其說可从.[2] : 郭沫若이 '白'자는 '將指'[3] 즉 엄지손가락을 형상화하였다고 했는데, 그의 주장이 따를 만하다."라고 하였다. 이에 의하면, 이 글자가 '白色'의 의미로 사용된 것은 가차의(假借義)임을 알 수 있다. ≪說文解字≫에는 이 '白'자에 대해, "白, 西方色也. 侌用事, 物色白. 從入, 合二. 二, 侌數. 𦣹, 古文白. : '白'은 (음양오행설에서) 서방(西方)에 속하는 색이다. 응달의 어두운 곳에서 사물을 사용하면, 물체의 색이 쉽게 탈색되어 흰색이 된다. '入'자가 '二'자를 싸안고 있는 모양으로 구성되어 있다. '二'는 음수(陰數)이다. '𦣹'(𦣹)은 '古文' '白'자이다."라고 풀이하고 있다. "從入"이라는 말에 대해서 段玉裁는, "出者陽也, 入者陰也. 故從入. : '出'은 양(陽)에 해당되고, '入'은 음(陰)에 해당되므로, '入'을 구성 요소로 한 것이다."라고 주(注)하였다. 그런데 갑골문에서의 '伯'자와 '百'자의 자형도 이 '白'자와 꼭 같은데, '伯'자는 인신의(引伸義), '百'자는 가차의(假借義)이다. 제4편의 '百'자와 제8편의 '伯'자에 대한 해설을 참고하기 바란다.

갑골문에서의 뜻은 다음과 같다.

---

1) 羅振玉 前揭書 ≪增訂殷虛書契考釋≫ 卷中 p.25上.

2) 李孝定 前揭書 ≪甲骨文字集釋≫ pp.2596~2597을 참고.

3) ≪說文解字≫에 "拇, 將指也."라고 하고 있다.

1. 백색(白色). 흰색. "叀白羊又大雨"(≪粹786≫), "乙酉卜, 御新于父戊白豭?"(≪乙4603≫)
2. '百'자와 통용. "……寮白(百)人"(≪鐵43. 1≫)
3. '伯'자와 통용. "……王來征盂方白(伯)炎……"(≪後上18. 6≫)
4. 지명(地名) 혹은 방국명(方國名). "癸未卜, 在白貞 : 王……亡禍?"(≪後上10. 1≫)

敝(폐) [bì]

(≪前6. 11. 4≫)

(≪後上10. 2≫)

(≪存下811≫)

(≪京津4454≫)

위에 예시한 갑골문자들은 '㡀'와 '攴'을 구성 요소로 하고 있는 '敝'자인데, 이는 손에 어떤 기물을 들고 수건이나 옷을 찢는 모양을 형상화한 자형 결구이다. ≪說文解字≫에는 이 '敝'자에 대해, "敝, 帗也. 一曰 : 敗衣. 從㡀, 從攴, 㡀亦聲. : '敝'는 한 폭(幅)의 수건이라는 뜻이다. 일설에는 낡아서 다 떨어진 옷이라는 뜻이라고도 한다. '㡀'를 구성 요소로 하고, '攴'을 구성 요소로 하고 있는데, '㡀'는 또한 성부이기도 하다."라고 풀이하고 있다.

갑골문에서는 지명(地名)으로 사용되었다. "乙丑……貞 : 翌丁卯其狩敝麓亦▢?"(≪前6. 11. 5≫), "癸卯王貞 : 旬亡禍? 王占曰 : 吉. 王在敝."(≪後上10. 2≫), "王其田敝……"(≪京津4454≫), "……其田敝"(≪存下811≫)

第 8 篇

人(인)					[rén]
	(≪菁5. 1≫)	(≪甲2940≫)	(≪戩12. 12≫)	(≪佚527≫)	

위의 갑골문 '人'자는 서 있는 사람의 옆모습을 형상화한 상형자이다. 이 '人'자에 대해 ≪說文解字≫에는, "人, 天地之性冣貴者也. 此籀文. 象臂脛之形. : '人'은 천지(天地) 간(間)의 생물 중에서 가장 존귀한 존재이다. 이는 주문(籀文)이다. 팔과 다리의 모양을 형상화하였다."라고 풀이하고 있다.

갑골문에서의 뜻은 다음과 같다.

1. 사람. 인간. "丁酉卜, 㲉貞 : 今春王共人五千正土方受有祐? 三月"(≪後上31. 6≫)
2. 방국명(方國名). '人方'. "癸亥卜, 黃貞 : 王旬亡禍? 在九月, 正人方在雇."(≪前2. 6. 6≫), "癸酉王卜, 貞 : 旬亡禍? 王來征人方."(≪林1. 1. 10≫)

保(보)					[bǎo]
	(≪甲3510≫)	(≪珠524≫)	(≪拾9. 5≫)	(≪英1555≫)	

위의 갑골문은 '人'과 '子'를 구성 요소로 하고 있는 '保'자인데, 사람이 어린 아이를 등에

업고 있는 모양을 형상화한 자형이다. 이 '保'자에 대해 ≪說文解字≫에는, "保, 養也. 從人, 采省聲. 采, 古文孚. 𤘈, 古文不省. 柔, 古文. : '保'는 양육하다는 뜻이다. '人'을 의부, '爪'가 생략된 '采'를 성부로 구성되었다. '采'는 '古文' '孚'자이다. '𤘈'(保)는 '古文' '保'자인데, 필획이 생략되지 않았다. '柔'(柔)는 '古文' '保'자이다."라고 풀이하고 있다. 이 '保'자에 대해 唐蘭은, "抱者懷于前, 保者負于背. …… 負子於背謂之保, 引申之則負者爲保, 更引申之則有保養之義.[1] : '抱'는 앞으로 가슴에 안는 것이고, '保'는 등에 업는 것이다. …… 자식을 등에 업는 것을 '保'라고 하는데, 여기에서 인신(引伸)되어 업는 것 모두를 '保'라고 하게 되었으며, 다시 더 인신되어서는 보양(保養)의 뜻을 가지게 되었다."라고 하였다.

갑골문에서의 뜻은 다음과 같다.

1. 보우(保祐)(하다). 보장(保障)(하다). 보증(保證)(하다). "貞 : 乙保黍年?"(≪乙7781≫), "……古貞 : 黃尹保我事? ……尹弗保我事?"(≪綴合422≫), "戊申卜, 永貞 : 聖乘有保在啓?"(≪庫1593≫)

2. 선공(先公) 선왕(先王)과 옛 현신(賢臣)들의 신령(神靈)에 대한 범칭(凡稱).[2] "癸未卜, 出貞 : 侑于保叀辛卯飲?"(≪存上1601≫), "乙丑卜, 賓貞 : 侑報保?"(≪甲3510≫)

3. 자의(字義) 불분명. "己卯卜, 㱿貞 : 壬父乙婦好生保?"(≪珠524≫), "……卜, 賓……大甲保?"(≪乙6389≫)

企(기)					[qi]
	(≪甲1011≫)	(≪前5. 27. 7≫)	(≪庫1091≫)	(≪佚818≫)	

위의 갑골문은 '人'과 '止'를 구성 요소로 하고 있는데, 羅振玉이 이를 '企'자로 고석하여,[3] 정설이 되었다. 이 '企'자는 사람의 발을 돌출시켜서 발꿈치를 부각시킨 자형 결구로, 발돋움하다는 뜻을 나타낸다. ≪說文解字≫에는 이 '企'자에 대해, "企, 擧踵也. 從人止. 𧿧, 古文企, 從足. : '企'는 발꿈치를 들다는 뜻이다. '人'과 '止'를 구성 요소로 하고 있다. '𧿧'(企)는 '古文' '企'자이며, '足'을 구성 요소로 하고 있다."라고 풀이하고 있다. 이 '企'자에 대해 李孝定

---

1) 唐蘭 前揭書 ≪殷虛文字記≫ p.58.
2) 徐中舒 前揭書 ≪甲骨文字典≫ p.877에 근거하였다.
3) 羅振玉 前揭書 ≪增訂殷虛書契考釋≫ 卷中 p.64上.

은, "古文字每于以見義部分特加强調, 如見之從目, 聞之從耳, 企之從足, 皆是也. 許云'止聲'非是.[1] : 고문자(古文字)는 매번 자의(字義)를 드러내는 부분을 특별히 강조하고 있는데, 예를 들면 '見'자의 구성 요소 '目', '聞'자의 구성 요소 '耳', '企'자의 구성 요소 '足'과 같은 것 등이 모두 그렇다. 그리고 [대·소서본(大小徐本) ≪說文解字≫에서] 許愼이 '止'를 성부(聲符)로 하고 있다고 한 것은 잘못된 것이다."라고 주장하였다.

갑골문에서의 뜻은 다음과 같다.

1. 기망(企望)하다. 정사(偵伺)하다. "貞 : 告聽企束于高?"(≪卜383≫), "戊子卜, 貞 : 翌庚寅延聽企束?"(≪陳31≫)

2. 제명(祭名) 또는 제의(祭儀)로 짐작된다. "貞 : 今日……夕企?"(≪甲1011≫), "……企炆?"(≪佚818≫)

3. 인명(人名)으로 짐작된다. "辛丑卜, 扶戠弜史企?"(≪庫1091≫)

伯(백)   [bó]

(≪後下4. 11≫)

≪甲骨文編≫에는 위에 예시한 ≪後下4. 11≫의 갑골문자를 '伯'자로 수록하고는, "卜辭用白爲伯.[2] : 갑골복사에서는 '白'을 '伯'의 뜻으로 사용하고 있다."라고 하고 있다. 제7편의 '白'자에 대한 해설을 참조하기 바란다. 이 '伯'자에 대해 ≪說文解字≫에는, "伯, 長也. 從人, 白聲. : '伯'은 연장자라는 뜻이다. '人'을 의부, '白'을 성부로 구성되어 있다."라고 풀이하고 있다.

갑골복사에서는 방국(方國)이나 지방 행정 구역의 수령(首領)에 대한 관직 이름으로 사용되었다. "……東耎告曰兒伯……"(≪後下4. 11≫), "……盂方伯炎……"(≪粹1190≫)

---

1) 李孝定 前揭書 ≪甲骨文字集釋≫ p.2615.
2) 中國社會科學院考古研究所 前揭書 ≪甲骨文編≫ p.340.

위의 갑골문 '伊'자는 '人'과 '尹'을 구성 요소로 하고 있는데, 이는 사람이 손에 지팡이를 짚고 있는 모양을 형상화한 것으로, 소전체(小篆體) '伊'자의 자형 결구와 같다. ≪說文解字≫에는 이 '伊'자에 대해, "伊, 殷聖人阿衡也. 尹治天下者. 從人尹. 𠈌, 古文伊, 從古文死. : '伊'는 殷代의 성인(聖人) 阿衡인데, 천하를 올바르게 다스린 사람이다. '人'과 '尹'을 구성 요소로 하고 있다. '𠈌'(𠈌)는 '古文' '伊'자인데, '古文' '死'를 구성 요소로 하고 있다."라고 풀이하고 있다. 제3편의 '尹'자에 대한 해설을 참조하기 바란다.

갑골문에서는 湯임금의 신하였던 '伊尹'을 지칭한다. "乙亥貞 : 其侑伊尹二牛?"(≪佚 374≫), "弜奉于伊尹亡雨"(≪寧滬1. 114≫), "…… 又歲于伊"(≪寧滬1. 237≫)

위에 예시한 갑골문은 '人'과 '旬'을 구성 요소로 하고 있는데, 徐中舒는 이 글자를 '侚'자로 수록하고는, "從人從旬, 與≪說文≫篆文略同.[1] : '人'을 구성 요소로 하고, '旬'을 구성 요소로 하고 있는데, (자형이) ≪說文解字≫의 전문(篆文)과 대략 같다."라고 하여, 이 글자를 '侚'자로 고석하였다. 이 '侚'자에 대해 ≪說文解字≫에는, "侚, 疾也. 從人, 旬聲. : '侚'은 몹시 빠르다는 뜻이다. '人'을 의부, '旬'을 성부로 구성되었다."라고 풀이하고 있다. 다만 이 '侚'자가 보이는 유일한 갑골편인 ≪後下21. 1≫의 복사(卜辭)가 심하게 잔결(殘缺)되어 있어서, 갑골문에서의 자의(字義)는 아직 명확하게 밝혀지지 않고 있다.

---

1) 徐中舒 前揭書 ≪甲骨文字典≫ p.882.

傞(경)			[jing]
	(≪甲3939≫)		

李孝定은 위의 갑골문자를 '傞'자로 수록하고는, ≪說文解字≫의 '傞'자에 대한 해설을 인용한 다음, "桀文同.[1] : 갑골문과 같다."라고만 하였다. 이는 이 갑골문 역시 '人'과 '京'을 구성 요소로 하고 있다는 말이다. ≪說文解字≫에는 이 '傞'자에 대해, "傞, 彊也. 從人, 京聲. : '傞'은 굳세다는 뜻이다. '人'을 의부, '京'을 성부로 구성되었다."라고 풀이하고 있다.

갑골문에서는 지명(地名)으로 사용되었다. "于傞……獲白犀"(≪甲3939≫)

傰(붕)					[péng]
	(≪前4. 30. 2≫)	(≪續3. 47. 1≫)	(≪燕656≫)	(≪甲3142≫)	

羅振玉이 위의 갑골문자들을 '傰'자로 고석하여,[2] 정설이 되었는데, 이 '傰'자는 '人'과 '朋'을 구성 요소로 하고 있다. 이 '傰'자에 대해 ≪說文解字≫에는, "傰, 輔也. 從人, 朋聲. 讀若陪位. : '傰'은 보조(輔助)하다는 뜻이다. '人'을 의부, '朋'을 성부로 구성되었다. 독음은 '陪位'의 '陪'자처럼 읽는다."라고 풀이하고 있다. 이 '傰'자에 대해 李孝定은, "治說文者多以此爲朋友之本字, 不知此仍朋之異文也. 蓋朋象朋貝亦既頸飾, 傰則象人著頸飾之形. …… 許訓輔乃由頸飾義所引申.[3] : ≪說文解字≫를 연구하는 학자들 대부분이 이 글자를 '朋友'의 '朋'자의 본자(本字)라고 생각하였으며, 이 글자가 '朋'자의 이체자(異體字)임을 여전히 모르고 있다. '朋'은 조개껍질 꿰미를 형상화한 것으로, 역시 목에 거는 장식품이고, '傰'은 곧 사람이 목에 이를 장식으로 착용하고 있는 모양을 형상화한 것일 것이다. …… 許愼이 이 글자의 뜻을 '輔'라고 한 것은 목의 장식이라는 자의(字義)에서 인신(引伸)된 것이다."라고 했다.

갑골문에서는 인명(人名)으로 사용되었다. "己丑卜, 賓貞 : 令射傰衛? 一月"(≪續3. 47. 1≫), "貞 : 令傰? 一月"(≪前4. 30. 2≫)

---

1) 李孝定 前揭書 ≪甲骨文字集釋≫ p.2625.
2) 羅振玉 前揭書 ≪增訂殷虛書契考釋≫ 卷中 p.21下.
3) 李孝定 前揭書 ≪甲骨文字集釋≫ pp.2627~2627.

何(하)

(≪前1. 47. 3≫) (≪續6. 9. 6≫) (≪粹543≫) (≪懷962≫) [hé]

徐中舒는 위의 갑골문을 '何'자로 수록하고는, "象人荷戈之形.[1] : 사람이 창을 메고 있는 모양을 형상화하였다."라고 하였다. 예시한 갑골문의 자형은 확실히 '人'과 '戈'를 구성 요소로 하고 있고, 사람이 창을 어깨에 메고 있는 모양을 형상화한 것으로 되어 있다. 이 '何'자에 대해 ≪說文解字≫에는, "何, 儋也. 一曰 : 誰也. 從人, 可聲. : '何'는 어깨에 메다는 뜻이다. 일설에는 의문사(疑問詞) 누구라는 뜻이라고도 한다. '人'을 의부, '可'를 성부로 구성되었다."라고 풀이하고 있다.

갑골문에서의 뜻은 다음과 같다.

1. 인명(人名). "先曰何"(≪京津3099≫), "……扶命何"(≪京津3099≫)
2. '貞人'의 이름. "乙丑卜, 何貞 : 王賓報乙祭不冓……?"(≪後上8. 11≫), "乙卯卜, 何貞 : 侑礿歲于唐亡壱, 十二月."(≪前1. 47. 3≫)
3. 방국명(方國名)으로 짐작된다. "壬辰卜, 方其辜見何?"(≪續6. 9. 6≫)

儐(빈)

(≪前7. 27. 4≫) (≪續3. 47. 7≫) (≪京津1025≫) (≪林2. 1. 12≫) [bìn]

위의 갑골문은 '人'과 '賓'을 구성 요소로 하고 있는 '儐'자인데, ≪說文解字≫에는, "儐, 導也. 從人, 賓聲. , 儐或從手. : '儐'은 손님을 인도(引導)하다는 뜻이다. '人'을 의부, '賓'을 성부로 구성되었다. ''(擯)은 '儐'의 혹체자인데, '手'를 구성 요소로 하고 있다."라고 풀이하고 있다.

그런데 갑골문에서의 '賓'·'儐'·'嬪' 세 글자는 동자(同字)이다. 제6편의 '賓'자에 대한 해설을 참조하기 바란다. 이 '儐'자는 갑골문에서는 제명(祭名) 즉 '儐祭'의 뜻으로 사용되었다. "貞 : 翊乙巳, 子漁骨凡儐有祖歲?"(≪續3. 47. 7≫)

---

1) 徐中舒 前揭書 ≪甲骨文字典≫ p.884.

| 依(의) | (≪乙4761≫) | (≪前7. 2. 3≫) | (≪續1. 52. 6≫) | (≪粹1246≫) | [yī] |

위의 갑골문은 '人'과 '衣'를 구성 요소로 하고 있는데, 이는 사람이 옷 속에 들어 있는 모양을 형상화한 '依'자이다. 李孝定은 이 글자에 대해, "字象人體著衣之形, '倚也'其引申義也. 其本義當爲動字, 即'解衣衣人'之第二'衣'字之義也.[1] : 이 글자는 사람 몸이 옷에 싸여 있는 모양을 형상화하였는데, (≪說文解字≫에서) '倚也'(의지하다)라고 한 것은, 이 글자의 인신의(引伸義)이다. 본의는 동사임이 틀림없고, 바로 옷을 벗어서 남에게 입히다는 뜻의 '解衣衣人'이라는 말 중의 두 번째 '衣'자의 뜻 즉 '옷을 입히다'는 뜻이다."라고 하였다. ≪說文解字≫에는 이 '依'자에 대해, "依, 倚也. 從人, 衣聲. : '依'란 의지하다는 뜻이다. '人'을 의부, '衣'를 성부로 구성되었다."라고 풀이하고 있다.

갑골문에서의 이 '依'자는 인명(人名)으로 사용되었다. "癸酉卜, 殼貞 : 令多奠依爾墉?"(≪合282≫), "貞 : 依敦郭?"(≪粹1246≫), "己亥卜, 爭貞 : 勿乎依辜墉?"(≪前7. 2. 3≫)

| 侸(수) | (≪甲2123≫) | (≪庫1213≫) | (≪鐵172. 4≫) | (≪鐵182. 3≫) | [shù] |

'人' 또는 '女'와 '豆'를 구성 요소로 하고 있는데, ≪甲骨文編≫에는 이 글자들을 '侸'자로 수록하고는, "從人從豆, 羅振玉以爲即說文之侸字. 玉篇有此字. …… 侸或從卩作𠊟, 含有災害之意. 唐蘭云𠊟字當讀若豎.[2] : '人'과 '豆'를 구성 요소로 하고 있는데, 羅振玉은 이 글자를 ≪說文解字≫의 '侸'자로 간주하였다. ≪玉篇≫에 이 글자가 수록되어 있다. …… '侸'자의 혹체자는 '卩'을 구성 요소로 하여 '𠊟'로 쓰기도 하는데, 재해(災害)의 뜻을 내포하고 있다. 唐蘭은 '𠊟'자의 독음은 '豎'자처럼 읽어야 한다고 했다."라고 하고 있다. 이 '侸'자에 대해 ≪說文解字≫에는, "侸, 立也. 從人, 豆聲. 讀若樹. : '侸'는 수립(樹立)하다는 뜻이다. '人'을 의부, '豆'를 성부로 구성되었다. 독음은 '樹'자처럼 읽는다."라고 풀이하고 있다.

---

1) 李孝定 前揭書 ≪甲骨文字集釋≫ p.2633.

2) 中國社會科學院考古硏究所 前揭書 ≪甲骨文編≫ p.341.

갑골문에서는 재앙(災殃) 또는 재난(災難)의 뜻으로 사용되었다. "丁未卜, 王貞 : 多鬼夢亡來侟?"(≪庫1213≫), "癸丑卜, 出貞 : 旬有祟其自西來侟?"(≪鐵182. 3≫)

偁(칭)				[chēng]
(≪前7. 37. 1≫)	(≪乙6399≫)	(≪寧1. 509≫)	(≪甲2752≫)	

羅振玉이 위의 갑골문을 '偁'자로 고석하여[1] 정설이 되었다. 이 '偁'자의 자형은 '人'과 물고기 형상의 물건을 구성 요소로 하고 있는데, 간혹 사람의 손을 덧붙인 것도 있다. 이는 사람이 손으로 어떤 물건을 들어 올리고 있는 모양을 형상화한 것이다. 이 '偁'자에 대해 ≪說文解字≫에는, "偁, 揚也. 從人, 冉聲. : '偁'은 물건을 들어 올리다는 뜻이다. '人'을 의부, '冉'을 성부로 구성되었다."라고 풀이하고 있다.

갑골문에서의 뜻은 다음과 같다.

1. '貞人'의 이름. "庚午卜, 偁貞 : 雨?"(≪粹743≫)
2. 인명(人名). "貞 : 牛寅偁往?"(≪乙6399≫), "……戌偁于寧"(≪寧1. 509≫)

散(미)		[wēi]
(≪陳23≫)	(≪京都2146≫)	

徐中舒는 위의 두 갑골문자를 '散'자로 수록하고는, "從長從攴.[2] : '長'을 구성 요소로 하고, '攴'을 구성 요소로 하고 있다."라고 하고는, ≪說文解字≫의 자형 해설이 정확하지 않다고 주장하였다. 이 갑골문 '散'자는 손에 막대기를 들고 장발(長髮)의 사람을 때리는 것을 형상화한 자형으로, 고대(古代)의 형벌의 하나인 듯하다. 이 '散'자에 대해 ≪玉篇≫에는, "散, 古文殺. : '散'는 '古文' '殺'자이다."라고 하고 있는데, ≪說文解字≫에는, "散, 眇也. 從人從攴, 豈省聲. : '散'는 미소(微小)하다는 뜻이다. '人'과 '攴'을 의부로, 필획이 생략된 '豈'를 성부로 구성되었다."라고 풀이하고 있다. 이에 대해 段玉裁는, "眇者, 小也. 引伸爲凡

---

1) 羅振玉 前揭書 ≪增訂殷虛書契考釋≫ 卷中 p.53下를 참고.
2) 徐中舒 前揭書 ≪甲骨文字典≫ p.887.

細之僞. 微者, 隱行也. 微行而徹廢矣. : '眇'란 작다는 뜻이다. 인신(引伸)되어서 모든 미세한 것을 일컫는다. '微'란 다른 사람들 눈에 띄지 않게 움직이다는 뜻이다. '微'자가 통용되고 '徹'자는 폐기되었다."라고 하였다.

갑골문에서의 뜻은 다음과 같다.

1. '甲徹'로 사용되어 商 왕실의 선공(先公) 上甲을 지칭한다. "……甲徹……"(≪陳23≫)
2. 인명(人名). "叀徹用……戈戲方不雉眔"(≪京都2146≫)

| 作(작) | (≪鐵81. 3≫) | (≪前7. 38. 1≫) | (≪乙570≫) | (≪京703≫) | [zuò] |

≪甲骨文編≫에는 위의 ≪鐵81. 3≫의 갑골문자를 '作'자로 수록하고는, "卜辭用乍爲作.[1] : 갑골복사에서는 '乍'자를 '作'자의 뜻으로 사용한다."라고 하고 있다. 제12편 '乍'자에 대한 해설을 참고하기 바란다. 이 '作'자의 자형 결구에 대해서는 아직 정론(定論)이 없지만, 이에 대해 徐中舒는, "象作衣之初僅成領襟之形.[2] : 옷을 지을 때의 처음에 깃과 섶 부분만 완성한 모양을 형상화한 것이다."라고 주장하였다. ≪說文解字≫에는 이 '作'자에 대해, "作, 起也. 從人, 乍聲. : '作'은 기립(起立)하다는 뜻이다. '人'을 의부, '乍'를 성부로 구성되었다."라고 풀이하고 있다.

갑골문에서의 뜻은 다음과 같다.

1. 만들다. 일으키다. (집을) 짓다. "……乍宀于沘"(≪綴合295≫), "貞：作大邑于唐土(社)?"(≪金611≫), "作册"(≪京703≫), "庚戌卜, 貞：彗不作艱?"(≪粹1245≫)
2. 연사(連詞) '則'과 통용. 곧. 즉. "貞：酓歸其乍肇?"(≪鐵81. 3≫), "我其祀賓乍帝降若……"(≪前7. 38. 1≫)
3. 인명(人名). "貞：作其來?"(≪乙806≫)

---

1) 中國社會科學院考古硏究所 前揭書 ≪甲骨文編≫ p.342.
2) 徐中舒 前揭書 ≪甲骨文字典≫ p.888.

| 侵(침) |
(≪菁1. 1≫) |
(≪拾5. 12≫) |
(≪菁2. 1≫) |
(≪菁1. 1≫) | [qīn] |

　　≪甲骨文編≫에는 위에 예시된 갑골문자들을 모두 '侵'자로 수록하고는, "从牛从曼, 侵字異文.[1] : '牛'를 구성 요소로 하고, '曼'를 구성 요소로 하고 있는데, 이는 '侵'자의 이체자이다."라고 하고 있다. 제3편의 '曼'자에 대한 해설을 참고하기 바란다. 이 갑골문 '侵'자는 기본적으로 '牛'와 '帚'를 구성 요소로 하고 있는데, 간혹 손을 뜻하는 '又'를 덧붙인 것도 있다. 이는 손에 빗자루를 들고 소를 부리고 있는 모양을 형상화한 것이다. ≪說文解字≫에는 이 '侵'자에 대해, "侵, 漸進也. 從人又持帚, 若埽之進. 又, 手也. : '侵'은 점차적으로 나아가다는 뜻이다. '人'을 구성 요소로 하고 있고, '又'로 '帚'를 쥐고 있는 모양으로 구성되어 있는데, 이는 빗자루로 청소(清掃)하듯이 천천히 나아가다는 뜻을 나타낸다. '又'는 '手' 즉 손을 뜻한다."라고 풀이하고 있다. 이 글자의 자의(字義)에 대해 徐中舒는, "疑象以帚敺牛之意, 卜辭假爲侵伐字.[2] : 빗자루로 소를 몰다는 뜻을 형상화한 것으로 생각되는데, 갑골복사에서는 이를 '侵伐'의 '侵'자로 가차(假借)하였다."라고 하였다.

　　갑골문에서는 '침범하다', '침탈(侵奪)하다' 등의 뜻으로 사용되었다. "土方征于我東鄙, 戈二邑; 工方亦侵我西鄙田"(≪菁2. 1≫), "……土方侵我田十人"(≪菁3. 1≫)

| 任(임) |
(≪粹1545B≫) |
(≪後上6. 8≫) |
(≪存下320≫) |
(≪乙4667≫) | [rén] |

　　위의 갑골문자들은 '人'과 '壬'을 구성 요소로 하고 있는데, 郭沫若이 이를 '任'자로 고석하여,[3] 정설이 되었다. 이 '任'자에 대해 ≪說文解字≫에는, "任, 保也. 從人, 壬聲. : '任'은 보증하여 천거하다는 뜻이다. '人'을 의부, '壬'을 성부로 구성되었다."라고 풀이하고 있다. 이 '任'자의 자의(字義)를 대서본(大徐本)에는 "符也"라고 하고 있는데, 徐鍇는 ≪說文解字

1) 中國社會科學院考古研究所 前揭書 ≪甲骨文編≫ p.343.
2) 徐中舒 前揭書 ≪甲骨文字典≫ p.889.
3) 郭沫若 前揭書 ≪殷契粹編·考釋≫ p.207上을 참고.

繫傳≫에서 이를 "保也"로 고쳐 쓰고는, "相保任也. : 서로 보임(保任)하다는 뜻이다."라고 주(注)하였고, 沈濤는 ≪說文古本攷≫에서, "保任, 古人恒語. : '保任'은 옛날 사람들이 늘 사용하던 말이다."라고 하였다.1) 그리고 段玉裁는 "(保)如今言保擧是也. : ('保'는) 지금 '保擧'라고 하는 것이 바로 이것이다."라고 했다. '保擧'는 '보증하여 천거하다'라는 의미이다.

갑골문에서는 관직명(官職名)으로 사용되었다. "……多任……"(≪京津799≫), "……以多田亞任"(≪粹1545B≫), "丁巳卜, 吏貞 : 乎任夕虎退? 十月"(≪後上6. 8≫)

倪(현)		[xiàn]
(≪明422≫)		

徐中舒는 위의 갑골문을 '倪'자로 수록하고는, "從人從見, 與≪說文≫篆文同.2) : '人'을 구성 요소로 하고, '見'을 구성 요소로 하고 있는데, 이는 ≪說文解字≫의 ('倪'자의) 소전(小篆)과 같다."라고 하였다. 이 '倪'자에 대해 ≪說文解字≫에는, "倪, 諭也. 一日 : 間見. 從人從見. 詩曰 : 倪天之妹. : '倪'은 비유(譬喻)하다는 뜻이다. 일설에는 틈새로 언뜻 보다는 뜻이라고도 한다. '人'을 구성 요소로 하고, '見'을 구성 요소로 하고 있다. ≪詩經·大雅·大明≫에, 「마치 천제(天帝)의 여동생 같네.」라고 하고 있다."라고 풀이하고 있다. 段玉裁는 여기에 인용된 시구(詩句)에 대해, "毛傳曰 : 倪, 磬也. 此以今語釋古語. 倪者古語, 磬者今語. 二字雙聲. : ≪毛傳≫에 이르기를, 「倪'은 '磬'자의 뜻이다.」라고 하고 있는데, 이는 현금(現今)의 말로써 옛말을 해석한 경우이다. '倪'은 고어(古語)이고, '磬'은 지금의 말인데, 이들 두 글자는 쌍성(雙聲)이다."라고 주(注)하였다.

갑골문에서의 뜻은 아직 명확하게 밝혀지지 않았다. "壬寅[卜], 貞 : [文]……倪?"(≪明421≫)

---

1) 丁福保 前揭書 ≪說文詁林說文解字詁林正補合編≫ 第7冊 p.7-191에서 재인용.
2) 徐中舒 前揭書 ≪甲骨文字典≫ p.890.

使(사)　（≪甲68≫）　　　　　　　　　　　　　　　　　　　[shǐ]

　　위의 갑골문은 '吏'자와 자형이 같은데, ≪甲骨文編≫에는 이 글자를 '使'자로 수록하고, "卜辭用吏爲使.1) : 갑골복사에서는 '吏'자를 '使'자의 뜻으로 사용하고 있다."라고 하고 있다. 제1편의 '吏'자에 대한 해설을 참조하기 바란다. 이 '使'자에 대해 ≪說文解字≫에는, "使, 令也. 從人, 吏聲. : '使'는 명령하다는 뜻이다. '人'을 의부, '吏'를 성부로 구성되었다."라고 풀이하고 있다. 이에 대해 段玉裁는, "大徐令作伶, 誤. 令者, 發號也. 釋詁 : 使, 從也. 其引申之義也. : 대서본(大徐本)에는 '令'을 '伶'으로 썼는데, 이는 잘못이다. '令'이란 호령하다는 뜻이다. ≪爾雅·釋詁≫에는, 「使」란 따르다는 뜻이다.」라고 했는데, 이는 인신의(引伸義)이다."라고 주(注)하였다.

　　徐中舒는 이 갑골문 '使'자의 자형은, 상단(上端)에 '杈' 즉 작살이 달린 수렵용 도구를 손에 들고 있는 형상으로 되어 있는데, 고대에는 수렵활동이 생산적인 일이었으므로, '又' 즉 손으로 '干' 즉 도구를 잡고 있는 모양으로 일을 하다는 뜻을 나타내었다고 하면서, "史·事·吏·使初爲一字, 後世漸分化, 意義各有所專.2) : '史'·'事'·'吏'·'使'는 애초에는 같은 글자였으나, 후세에 점차 분화되었고, 그 뜻도 각각 전문화되었다."라고 하였다.

　　갑골문에서의 뜻은 다음과 같다.

　1. ……하게 하다. 시키다. "……[命]使人……"(≪甲68≫), "乙酉卜, 賓貞 : 使人于河沈 三羊, 晉三牛? 三月"(≪粹36≫)

　2. 파견하다. 출사(出使)하다. "王使人于沚若"(≪乙1355≫), "貞 : 勿乎鳴从戉使咼? 三月."(≪存上616≫)

　3. 인명(人名). "壬辰卜, 內貞 : 五月使有至?"(≪乙5303≫)

---

1) 中國社會科學院考古研究所 前揭書 ≪甲骨文編≫ p.343.
2) 徐中舒 前揭書 ≪甲骨文字典≫ p.891.

傳(전)				[zhuàn]
	(≪後下7. 13≫)	(≪佚728≫)	(≪合集9100≫)	

이 갑골문은 '叀'과 '人'과 '又'를 구성 요소로 하고 있는데, ≪甲骨文編≫에는 아무런 해설 없이 '傳'자로 수록하고 있다.[1] 금문(金文) '傳'자는 '傳'(≪傳尊≫)으로 쓰는데, 자형이 갑골문과 같다. 이 '傳'자에 대해 ≪說文解字≫에는, "傳, 遽也. 從人, 專聲. : '傳'은 역참용의 수레라는 뜻이다. '人'을 의부, '專'을 성부로 구성되었다."라고 풀이하고 있다. 이에 대해 段玉裁는, "按, 傳者, 如今之驛馬. : 살펴보면, '傳'이란 지금의 역마(驛馬)와 같다."라고 주(注)하였다. 그리고 갑골문 '傳'자에 대해 徐中舒는, "從人從專. …… 專爲紡專字, 從專之字皆有轉動之義.[2] : '人'을 구성 요소로 하고, '專'을 구성 요소로 하고 있다. …… '專'은 '紡專' 즉 물레의 '專'자인데, '專'을 구성 요소로 하는 글자는 모두 회전한다는 뜻을 가지고 있다."라고 풀이하였다.

갑골문에서의 자의(字義)는 아직 명확하게 밝혀지지는 않았으나, 于省吾는 파발용 수레라는 뜻이라고 추정하였다.[3] "……傳曰盂伯"(≪後下7. 13≫)

仔(자)	𣂏	𣂏	𣂏	𣂏	[zī]
	(≪珠524≫)	(≪庫1593≫)	(≪乙6389≫)	(≪掇2. 10≫)	

위에 예시한 갑골문은 '人'과 '子'를 구성 요소로 하고 있는 '仔'자인데, 갑골문의 자형은 앞에서 살펴본 '保'자와 비슷하다. ≪甲骨文編≫에는 이 갑골문자들을 '仔'자로 수록하고, "卜辭仔子同用.[4] : 갑골복사에서는 '仔'자와 '子'자는 같은 뜻으로 사용되었다."라고 하고 있다. ≪說文解字≫에는 이 '仔'자에 대해, "仔, 克也. 從人, 子聲. : '仔'는 이겨내다는 뜻이다. '人'을 의부, '子'를 성부로 구성되었다."라고 풀이하고 있다. 段玉裁는 이에 대해, "周頌曰 : 佛時仔肩. 克也. 箋云 : 仔肩, 任也. 按, 克, 勝也, 勝與任義似異而同. : ≪詩經·

1) 中國社會科學院考古硏究所 前揭書 ≪甲骨文編≫ p.343.

2) 徐中舒 前揭書 ≪甲骨文字典≫ p.892.

3) 于省吾 前揭書 ≪甲骨文字釋林≫ p.280을 참고.

4) 中國社會科學院考古硏究所 前揭書 ≪甲骨文編≫ p.344.

周頌≫에 '佛時仔肩'이라고 하고 있는데, 여기에서의 '仔肩'은 '克'자의 뜻이다. 鄭玄의 ≪詩箋≫에는, 「'仔肩'이란 임무를 감당해 내다는 뜻이다.」라고 하고 있다. 살펴보면, '克'이란 이겨내다는 뜻이므로, '勝'과 '任'은 자의(字義)가 다른 것 같지만 사실은 같다."라고 주(注)하였다.

갑골문에서는 '子' 즉 아들이라는 뜻으로 사용되었다. "己卯卜, 殼貞 : 壬父乙婦好生仔?"(≪珠524≫), "戊申卜, 永貞 : 望乘有仔在啟?"(≪庫1593≫)

伐(벌)	𢼄	𢼅	𢼆	𢼇	[fá]
	(≪合集888≫)	(≪前7. 15. 4≫)	(≪後上22. 6≫)	(≪存下224≫)	

羅振玉이 위의 갑골문을 '伐'자로 고석하여,[1] 정설이 되었다. 이 글자는 '人' 또는 '大'와 '戈'를 구성 요소로 하고 있는데, 이는 창으로 사람의 목을 베는 모양을 형상화한 자형 결구이며, 사람의 목을 베는 고대의 형벌의 하나이다. 王鳳陽은 이 '伐'자에 대해, "伐, 砍擊, 象以戈擊人之形.[2] : '伐'이란 내리쳐서 베다는 뜻인데, 창으로 사람을 치는 모양을 형상화하였다."라고 하였다. '蔑'도 역시 '伐'의 뜻으로 해석하는데, 제4편의 '蔑'자에 대한 해설을 참조하기 바란다. ≪說文解字≫에는 이 '伐'자에 대해, "伐, 擊也. 從人持戈. 一曰敗也, 亦斫也. : '伐'은 격살(擊殺)하다는 뜻이다. '人'(사람)이 '戈'(창)을 쥐고 있는 형상으로 구성되어 있다. 일설에는 깨뜨리다는 뜻이라고도 하는데, 이 역시 베다는 뜻이다."라고 풀이하고 있다. 徐中舒는 이 갑골문 '伐'자에 대해, "甲骨文伐字異形頗多, …… 象以戈擊人之形, …… 象以鉞或斤殺人之形. …… 象人持戈鉞, 示有殺伐之擧, 或示有專殺之權.[3] : 갑골문 '伐'자는 이체자(異體字)가 상당히 많은데, …… 창으로 사람을 격살하는 모양을 형상화한 것도 있고, …… '鉞'이나 '斤'과 같은 도끼로 사람을 죽이는 모양을 형상화한 것도 있다. …… 사람이 창이나 도끼를 손에 든 모양을 형상화하여, 베어 죽이는 행동을 나타내거나, 아니면 마음대로 베어 죽일 수 있는 권력을 가지고 있음을 나타내기도 한다."라고 하면서, 베어 죽임을 당하고 베어 죽이는 행위의 차이는 있지만, 이 글자들이 모두 베어 죽이다는 뜻을 나타내는 것은 같다고

---

1) 羅振玉 前揭書 ≪增訂殷虛書契考釋≫ 卷中 p.68下를 참고.
2) 王鳳陽 上揭書 ≪漢字學≫ p.944.
3) 徐中舒 前揭書 ≪甲骨文字典≫ p.893.

주장하였다.

갑골문에서의 뜻은 다음과 같다.

1. 정벌(征伐)하다. "乎多臣伐呂方"(≪前4. 31. 3≫), "乙巳卜, 爭貞 : 叀王往伐呂方, 受有祐?"(≪後上17. 2≫)

2. 희생(犧牲)으로 헌상하는 사람의 처리 방법. "甲辰貞 : 又祖乙伐十羌?"(≪粹246≫), "戊寅卜, 爭貞 : 雨其伐……?"(≪後上22. 6≫)

3. 희생으로 헌상하는 사람의 수(數)를 나타내는 수량사(數量詞). 희생 1인(人)이 1'伐'이다. "貞 : 上甲叀王囗用五伐小宰用?"(≪乙8462≫), "五伐五宰"(≪後上21. 12≫)

4. 제명(祭名). "壬午卜, 殼貞 : 侑伐上甲十又五卯十小宰?"(≪乙3411≫)

5. 인명(人名). "乙未卜, 貞 : 于伐告秋?"(≪存196≫), "丁巳卜, 賓御子伐于父乙?"(≪後上22. 6≫)

俘(부)	𠬝	𠬝	𠬝	𠬝	[fú]
	(≪菁6. 1≫)	(≪甲2049≫)	(≪存731≫)	(≪簠征41≫)	

위의 갑골문은 '手'와 '子'와 '彳'을 구성 요소로 하고 있는데, 이는 길에서 손으로 사람을 붙잡고 있는 모양을 형상화한 것으로, 羅振玉은 이를 '俘'자로 고석하였다.[1] 이 '俘'자의 자의(字義)는 '伐'자와는 비슷하나, '孚'자와는 다른데, 제3편의 '孚'자에 대한 해설을 참조하기 바란다. 이 '俘'자에 대해 ≪說文解字≫에는, "俘, 軍所獲也. 從人, 孚聲. 春秋傳曰 : 曰爲俘馘. : '俘'는 군대가 포획한 적군(敵軍)이라는 뜻이다. '人'을 의부, '孚'를 성부로 구성되었다. ≪春秋左氏傳≫ 成公 3년 조(條)에 이르기를, 「이에 당신의 포로가 되고 말았습니다.」라고 하고 있다."라고 풀이하고 있다.

갑골문에서는 포로로 잡(히)다는 뜻으로 사용되었다. "四日庚申, 亦有來媾自北, 子囗告曰 : 昔甲辰, 方征于蚍俘人十又五, 五日戊申, 方亦征俘人十又六人. 六月在囗"(≪菁6. 1≫), "……蚍……亦征俘……六月"(≪續5. 8. 1≫)

---

1) 羅振玉 前揭書 ≪增訂殷虛書契考釋≫ 卷中 p.23下를 참고.

위의 갑골문은 '人'과 '旦'을 구성 요소로 하고 있는데, ≪甲骨文編≫과 ≪新甲骨文編≫에는 이 글자를 해설 없이 '但'자로 수록하고 있다.[1] 이 '但'자에 대해 ≪說文解字≫에는, "但, 裼也. 從人, 旦聲. : '但'은 웃통을 벗어 맨몸을 드러내다는 뜻이다. '人'을 의부, '旦'을 성부로 구성되었다."라고 풀이하고 있다. 段玉裁는 이에 대해, "衣部曰 : 裼者, 但也. 二篆爲轉注. 古但裼字如此, 袒則訓衣縫解. ······ 今之經典, 凡但裼字皆改爲袒裼矣. : (≪說文解字≫) '衣'부(部)에, 「裼」은 '但'자의 뜻이다.」라고 하고 있는데, 이들 두 전서자(篆書字)는 전주(轉注) 관계이다. 고대에는 '但裼'의 '但'자를 이렇게 썼고, '袒'은 옷의 솔기가 터지다는 뜻으로 해석하였다. ······ 지금의 경전(經典)에서는, 무릇 '但裼'이라는 글자를 모두 '袒裼'으로 고쳐 쓰고 있다."라고 주(注)하였다. 이 '但'자는 지금은 접속사나 부사로만 쓰이고 있다.

갑골문에서는 인명(人名)으로 사용된 것으로 짐작된다. "貞 : 屰但于敦?"(≪拾11. 19≫)

咎(구)

(≪合集4421≫)　　(≪合集21555≫)　　(≪乙1174≫)　　(≪乙1532≫)　　[jiù]

위의 갑골문자들은 '止'와 '人'을 구성 요소로 하고 있는데, 간혹 여기에 '口'를 덧붙인 것도 있다. 李孝定은 이 글자에 대해 , "桉古文从口之字, 或从 , 或又省而不用. 此字从人从夊或从各, 當即許書之咎字.[2] : 살펴보면, '口'를 구성 요소로 한 고문자(古文字)는 ' '를 구성 요소로 하기도 하고, 또 어떤 것은 이를 생략하여 쓰지 않기도 한다. 이 글자는 '人'과 '夊'를 구성 요소로 하고 있고, 간혹 '各'을 구성 요소로 한 것도 있는데, 이는 바로 ≪說文解字≫에 수록된 '咎'자임이 틀림없다."라고 하여, '咎'자로 고석하였다. ≪說文解字≫에는 이 '咎'자에 대해, "咎, 災也. 從人各, 各者, 相違也. : '咎'는 재화(災禍)라는 뜻이다. '人'과 '各'을 구성 요소로 하고 있는데, '各'이란 서로 위배되다는 뜻이다."라고 풀이하고 있다.

1) 中國社會科學院考古硏究所 前揭書 ≪甲骨文編≫ p.346과 劉釗 · 洪颺 · 張新俊 前揭書 ≪新甲骨文編≫ p.462를 참고.
2) 李孝定 前揭書 ≪甲骨文字集釋≫ p.2665.

갑골문에서는 재화(災禍) 또는 재화를 내리다는 뜻으로 사용된 것으로 짐작된다. "戊申又咎"(≪乙1608≫), "乙亥, 妣庚唯咎"(≪綴合265≫)

弔(조)				[diào]
(≪前1. 39. 3≫)	(≪前3. 32. 3≫)	(≪續6. 27. 4≫)	(≪京津1292≫)	

위에 예시한 갑골문자를 羅振玉은 '叔'자로 고석하였고,[1] 唐蘭은 '弔'자로 고석하였다.[2] 그리고 ≪甲骨文編≫에는 이 글자들을 모두 '弔'자로 수록하고는, "古弔叔一字.[3] : 고대에는 '弔'자와 '叔'자는 같은 글자였다."라고 하고 있다. 이는 갑골복사에서의 이들 두 글자의 자형이 서로 비슷한 것에서 비롯된 것이다. 第3편의 '叔'자에 대한 해설을 참조하기 바란다. 위의 갑골문자들은 사람이 주살의 줄을 몸에 감고 있는 모양을 형상화한 자형이므로, '弔'자로 고석하는 것이 옳다고 생각된다. 이 '弔'자에 대해 ≪說文解字≫에는, "弔, 問終也. 從人弓. 古之葬者, 厚衣之曰薪. 故人持弓會敺禽也. 弓蓋往復弔問之義. : '弔'는 문상(問喪)하다는 뜻이다. '人'과 '弓'을 구성 요소로 하고 있다. 고대에는 사람을 안장(安葬)할 때, 섶과 장작을 두껍게 쌓아서 시신(屍身)을 덮었다. 그래서 사람이 활을 손에 쥐고 있는 모양으로 자형을 만들어서, 시신을 먹으려는 금수(禽獸)를 쫓아낸다는 의미를 나타내었다. 이 '弓'은 서로 조문(弔問)하러 오고감을 뜻한다고도 한다."라고 풀이하고 있다.

갑골문에서의 자의(字義)는 다음과 같다.

1. '貞人'의 이름. "丁丑卜, 弔貞 : ……?"(≪甲1576≫)

2. 39인명(人名). '叔'과 통용. "貞 : 御弔于兄丁?"(≪前1. 39. 3≫), "弔弗逐"(≪前3. 32. 3≫)

3. 자의(字義) 불분명. "……弗其弔羌龍"(≪京津1292≫)

---

1) 羅振玉 前揭書 ≪增訂殷虛書契考釋≫ 卷中 p.44上을 참고.

2) 唐蘭 ≪古文字學導論≫(河洛圖書出版社 1980. 臺北) 下編 p.20下를 참고.

3) 中國社會科學院考古研究所 前揭書 ≪甲骨文編≫ p.346.

| 	| 疑(의) | | | | | [yí] |

이 글자는 사람이 머리를 돌려 뒤를 바라보는 모양을 형상화한 자형인데, 지팡이를 짚은 모양을 덧붙인 것도 있고, 또 거리를 뜻하는 '彳'을 덧붙인 것도 있다. 이 글자에 대해 羅振玉은, "象人仰首旁顧形, 疑之象也.[1] : 사람이 머리를 들고 주변을 둘러보는 모양을 형상화하였는데, 의심스러워하는 모양이다."라고 풀이하였다. 그리고 ≪甲骨文編≫에는 이 갑골문자들을 '疑'자로 수록하고는, "象人擧首凝思之形.[2] : 사람이 머리를 들어 생각에 잠긴 모양을 형상화하였다."라고 하고 있다. 이들의 주장에 의하면, 이 '疑'자의 자의(字義)는 생각에 잠기다는 뜻임을 알 수 있다. ≪說文解字≫에는 이 '疑'자에 대해, "疑, 未定也. 從匕, 矢聲. 矢, 古文矢字. : '疑'는 머뭇거리며 결정하지 못하다는 뜻이다. '匕'를 의부, '矢'를 성부로 구성되었다. '矢'는 '古文' '矢'자이다."라고 풀이하고 있다. 이 '疑'자에 대해 徐中舒는 "疑疑初本一字.[3] : '疑'와 '疑'는 당초에는 본래 같은 글자였다."라고 하였다.

갑골문에서의 뜻은 다음과 같다.

1. 헤아리다. 추측하다. 아마. "貞 :……王占曰 : 疑兹气雨之日允雨, 三月"(≪前7. 36. 2≫)

2. '貞人'의 이름. "辛巳卜, 疑貞 : 叀于祝亡老?"(≪存上507≫), "庚辰卜, 疑貞 : 今夕亡禍?"(≪粹1376≫)

3. 인명(人名). "……貞 : 疑㠯……?"(≪京都2540≫)

| 	| 化(화) | | | | | [huà] |

두 개의 '人'자가 서로 거꾸로 서 있는 모양을 형상화한 자형인데, 선사(先師) 金祥恒 교수는

1) 羅振玉 前揭書 ≪增訂殷虛書契考釋≫ 卷中 p.55下.
2) 中國社會科學院考古研究所 前揭書 ≪甲骨文編≫ p.348.
3) 徐中舒 前揭書 ≪甲骨文字典≫ p.912.

≪續甲骨文編≫에 이 글자를 해설 없이 '化'자로 수록하였다.[1] 이 '化'자에 대해 ≪說文解字≫에는, "化, 敎行也. 從匕人, 匕亦聲. : '化'는 교화(敎化)하여 행하다는 뜻이다. '匕'와 '人'을 구성 요소로 하고 있는데, '匕'는 또한 성부이기도 하다."라고 풀이하고 있다. ≪說文解字≫에서 '匕'자의 자의(字義)를 "變也"라고 하였는데, 여기에서 이 '化'자의 자형을 "從匕從人"이라고 한 것에 대해서 段玉裁는, "上匕之而下從匕謂之化. 化篆不入人部而入匕部者, 不主謂匕於人者, 主謂匕人者也. 今以化爲變匕字矣. : 위에서 변화하고, 아래에서 따라서 변화하는 것을 '化'라고 한다. '化'자의 전문(篆文)을 '人'부(部)에 넣지 않고 '匕'부에 넣은 것은, 다른 사람에 의해 변화하는 것을 위주로 말하는 것이 아니고, 다른 사람을 변화하게 하는 것을 위주로 말하기 때문이다. 지금은 '化'를 '變匕'를 뜻하는 글자로 쓰고 있다."라고 주(注)하였다.

갑골문에서의 뜻은 다음과 같다.

1. 방국명(方國名). "乙巳卜, 㲃貞 : 朕各化不其協王事?"(≪乙8209≫), "……大云…… 北西……化隹……鳳"(≪京津2920≫)

2. 인명(人名). "貞 : 髙正化亡禍? 古王事"(≪乙8339≫), "貞 : 乎化……?"(≪乙4051≫)

匕(비)   (≪甲355≫)   (≪乙3823反≫)   (≪撫續113≫)   (≪拾1. 10≫)   [bǐ]

이는 국자를 옆에서 본 모양을 형상화한 자형으로, '匕'자이다. 李孝定은 이 글자에 대해, "實爲匕柶之象形字也. …… 亦謂之調羹, 實古人取飯載牲之具.[2] : 사실은 숟가락의 상형자이다. …… 또한 국자를 일컫기도 하는데, 사실은 상고시대 사람들이 밥을 뜨거나 제사의 희생을 담을 때 사용하던 도구이다."라고 주장하였다. 이 '匕'자에 대해 ≪說文解字≫에는, "匕, 相與比敘也. 從反人. 匕亦所㠯用比取飯. 一名柶. : '匕'는 서로 비교하여 차례로 배열하다는 뜻이다. '人'자를 뒤집어놓은 모양으로 구성되었다. '匕'는 또한 밥을 뜨는 데 사용하는 도구이기도 하다. 일명(一名) '柶' 즉 숟가락이라고도 한다."라고 풀이하고 있다.

갑골문에서의 뜻은 다음과 같다.

1) 金祥恆 前揭書 ≪續甲骨文編≫ 8卷 p.8上.
2) 李孝定 前揭書 ≪甲骨文字集釋≫ pp.2679~2680.

1. 선조(先祖)의 배비(配妣)에 대한 호칭인 '妣'와 통용. 이 경우에는 일반적으로 '妣'로 표기한다. "己亥卜, 殸貞 : 飮妣庚……?"(≪鐵46. 1≫), "……貞 : 其求生于妣庚 · 妣丙在祖乙宗?"(≪拾1. 10≫), "不隹妣甲"(≪前1. 31. 6≫), "高妣丙"(≪前1. 33. 3≫), "多妣"(≪乙171≫)

2. 희생(犧牲)의 처리 방법의 하나. "弜戠夕其飮匕牛"(≪粹460≫), "叀匕豕"(≪寧滬1. 283≫)

从(종)	$\int\int$	$\int\int$	$\uparrow\uparrow$	$\uparrow\uparrow$	[cóng]
	(≪前7. 6. 4≫)	(≪乙5075≫)	(≪鐵249. 2≫)	(≪粹1113≫)	

위의 갑골문은 두 개의 '人'자로 구성되어 있는데, 두 사람이 앞뒤로 서서 뒷사람이 앞사람을 따라가는 모양을 형상화한 '从'자이다. ≪說文解字≫에는 이 '从'자에 대해, "从, 相聽也. 從二人. : '从'은 서로 듣고 따르다는 뜻이다. 두 개의 '人'자로 구성되어 있다."라고 풀이하고 있다. 段玉裁는 이에 대해, "聽者, 聆也. 引伸爲相許之偁. 言部曰 : 許, 聽也. 按, 从者今之 從字, 從行而从廢矣. : '聽'이란 듣고 따르다는 뜻이다. 인신되어서 서로 허락함을 일컫게 되었다. (≪說文解字≫의) '言'부(部)에 「許는 듣다는 뜻이다.」라고 하고 있다. 살펴보면, '从'자는 지금의 '從'자인데, '從'자가 통용되면서, '从'자는 폐기되었다."라고 주(注)하였다. 지금의 '簡化字'는 '從'을 '从'으로 쓴다. 갑골문에서의 '从'자와 '比'자는 자형을 분별할 수 없는데, 복사의 문례(文例)로 구분할 수밖에 없다. 이 때문에 ≪甲骨文編≫에는, "古从比同 字.[1] : 고대에는 '从'자와 '比'자는 동자(同字)였다."라고 하고 있다. 본편(本篇) 뒤쪽의 '比' 자에 대한 해설을 참조하기 바란다.

갑골문에서의 뜻은 다음과 같다.

1. 뒤따르다. "己卯卜, 允貞 : 令多子族从犬侯璞周古王事? 五月"(≪續5. 2. 2≫), "…… 卜, 殸貞 : 王从望乘伐下危受祐?"(≪粹1113≫)

2. 개사(介詞)로, '……로부터'라는 뜻으로 사용되고 있다. "丙辰卜, 爭貞 : 王往省从西 若?"(≪乙7826≫)

---

1) 中國社會科學院考古硏究所 前揭書 ≪甲骨文編≫ p.350.

3. '縱'과 통용. "丙辰卜, 貞 : 今日奏舞有从雨? 雨."(≪粹744≫)

| 從(종) |  | | | [cóng] |

(≪京津1372≫)　　(≪合集5716≫)　　(≪合集27435≫)

위에 예시한 갑골문은 '彳'과 '从'을 구성 요소로 하고 있는데, 이는 두 사람이 길을 가고 있는 모양을 형상화한 '從'자이며, 이 역시 뒤따르다는 뜻을 나타낸다. ≪說文解字≫에는 이 '從'자에 대해, "從, 隨行也. 從从辵, 从亦聲. : '從'은 수행하다는 뜻이다. '从'과 '辵'을 구성 요소로 하고 있는데, '从'은 또한 성부이기도 하다."라고 풀이하고 있다.

갑골문에서의 뜻은 아직 명확하게 밝혀지지 않았다. "甲申[卜], 貞 : 從……?"(≪京津1372≫)

| 并(병) |  | | | | [bìng] |

(≪戩33. 13≫)　　(≪甲774≫)　　(≪鐵59. 2≫)　　(≪後下34. 3≫)

위의 갑골문 '并'자는 두 개의 '人'과 '一'을 구성 요소로 하고 있는데, 간혹 '一'을 '二'로 대체한 것도 있다. 여기에서의 '一' 혹은 '二'는 땅을 형상화한 것이다. 이 '并'자는 두 사람이 땅 위에 앞뒤로 나란히 서 있는 모양을 형상화한 자형이고, 본의는 나란히 줄지어 서서 서로 따르다는 뜻이다. 이 '并'자에 대해 ≪說文解字≫에는, "并, 相從也. 從从, 幵聲. 一曰 : 从持二干爲羿. : '并'은 서로 뒤따르다는 뜻이다. '从'을 의부, '幵'을 성부로 구성되어 있다. 일설(一說)에는 두 사람이 두 개의 '干'을 잡고 있는 것이 '羿'자라고도 한다."라고 풀이하고 있다.

갑골문에서는 지명(地名)으로 사용되었다. "己亥卜, 貞 : 王其田并亡戈?"(≪甲774≫), "辛丑貞 : 王命吳昌子方奠于并?"(≪後下34. 3≫)

| 比(비) |  | | | | [bǐ] |

(≪京都1822≫)　　(≪京津1265≫)　　(≪京津1266≫)　　(≪合集6615≫)

이 글자는 두 사람이 나란히 서 있는 모양을 형상화한 자형 결구인데, ≪甲骨文編≫에는 이 글자들을 '比'자로 수록하고는, "卜辭比从同字.[1] : 갑골복사에서는 '比'자와 '从'자는 같은 글자이다."라고 하고 있다. 앞의 '从'자에 대한 해설을 참고하기 바란다. ≪說文解字≫에는 이 '比'자에 대해, "比, 密也. 二人爲从, 反从爲比. 竹, 古文比. : '比'는 친밀하다는 뜻이다. 두 개의 '人'자가 나란히 서 있는 것은 '从'자이고, 이 '从'을 반대로 돌려놓은 것은 '比'자이다. '竹'(林)는 '古文' '比'자이다."라고 풀이하고 있다. 段玉裁는 이에 대해, "其本義謂相親密也. : 그 본의는 서로 친밀함을 일컫는다."라고 주(注)하였다.

갑골문에서의 뜻은 다음과 같다.

1. '妣'와 통용. "庚辰, 侑于比庚牢"(≪京都1822≫)

2. '从'과 통용. "辛酉卜, 爭貞 : 王比望乘伐下危?"(≪京津1266≫)

北(배,북)	𣥠	𣥠	𣥠	𣥠	[bèi]
	(≪菁2. 1≫)	(≪甲3506≫)	(≪後下24. 1≫)	(≪拾11. 18≫)	

위에 예시한 갑골문은 두 개의 '人'을 구성 요소로 하고 있는데, 옆모습의 두 사람이 서로 등지고 있는 모양을 형상화한 자형 결구의 '北'자이다. 이 '北'자에 대해 徐中舒는, "象二人相背之形, 引申爲背脊之背. 又中原以北建築多背北向南, 故又引申爲北方之北.[2] : 두 사람이 서로 등지고 있는 모양을 형상화하였는데, 여기에서 인신(引伸)하여 '背脊'의 '背'를 의미하게 되었다. 또한 중원(中原) 이북에서의 건축은 대부분 북쪽을 등지고 남향으로 하였기 때문에 여기서 다시 인신하여 '北方'의 '北'을 의미하게 되었다."라고 설명하였다. ≪說文解字≫에는, "北, 乖也. 從二人相背. : '北'은 서로 어긋나다는 뜻이다. 두 개의 '人'자가 서로 등지고 있는 모양으로 구성되어 있다."라고 풀이하고 있다. 이에 대해 段玉裁는, "乖者, 戾也. 此于其形得其義也. …… 韋昭注國語曰 : 北者, 古之背字. : '乖'란 어그러지다는 뜻이다. 이 글자는 그 자형에서 자의(字義)를 얻은 경우이다. …… 韋昭는 ≪國語≫를 주(注)하면서, 「北'란 '背'의 고자(古字)이다.」라고 하였다."라고 주(注)하였다.

갑골문에서의 뜻은 다음과 같다.

1. 북방(北方). 북쪽. "己酉卜, 殼王叀北羌伐?"(≪前4. 37. 1≫), "己亥卜, 丙貞 : 王有

---

1) 中國社會科學院考古硏究所 前揭書 ≪甲骨文編≫ p.351.

2) 徐中舒 前揭書 ≪甲骨文字典≫ p.921.

石在鹿北東作邑于之……?"(《乙3212》), "辛亥卜, 內貞：帝于北方……?"(《綴合
361》), "北方受禾"(《佚956》)

2. 신기(神祇)의 이름. '北巫'. "戊子卜, 寧風北巫犬?"(《明藏45》), "辛亥卜, 帝北巫?"
(《鄴3. 46. 5》)

3. 지명(地名). '北汆'. "貞：北汆亡其眔?"(《南坊3. 70》)

| 丘(구) | ∪
 (《前5. 8. 2》) | ⋀⋀
 (《佚733》) | ∨
 (《珠993》) | ⋀⋀
 (《明藏395》) | [qiū] |

위의 갑골문은 작은 흙 언덕에 두 개의 봉우리가 나란히 있는 모양을 형상화한 자형인데,
商承祚가 이 글자를 '丘'자로 고석하여,[1] 정설이 되었다. 이 '丘'자의 본의는 '土丘' 즉 흙언덕
이라는 뜻이다. 《說文解字》에는, "丘, 土之高也. 非人所爲也. 從北, 從一. 一, 地也.
人尻在北南, 故從北. 中邦之尻, 在昆侖東南. 一曰：四方高, 中央下爲北. 象形. 坖,
古文從土. ：'丘'는 흙이 높이 쌓인 언덕이라는 뜻이다. 사람이 인위적으로 만든 것이 아니다.
'北'을 구성 요소로 하고, '一'을 구성 요소로 하고 있다. '一'은 땅을 의미한다. 사람들이
'丘'의 남쪽 면에 거주하기 때문에 '北'을 구성 요소로 하였다. 중국에서는 집단 거주지의
인가(人家)가 崑崙山의 동남쪽에 있다. 일설(一說)에는 사방이 높고, 중앙이 낮은 것을 '北'라
고도 한다. 상형자이다. '坖'(坖)는 '古文'이며, '土'를 구성 요소로 하고 있다."라고 풀이하고
있다. 이 '丘'자에 대해 徐中舒는, "象穴居兩側高出地面之出入孔之形. …… 《說文》以丘
非人所爲, 非是, 說形亦不確. 丘爲居穴, 由人爲而成, 又因丘多選擇高亢乾燥處鑿建, 其
出入之孔較高, 引申之, 土之高者亦稱丘.[2] : (이 글자는) 혈거(穴居) 양쪽의 높게 돌출된
지면에 낸 출입용 구멍의 모양을 형상화한 것이다. …… 《說文解字》에는 '丘'를 사람이
만든 것이 아니라고 하였는데, 옳지 않으며, 자형의 해설도 정확하지 않다. '丘'는 사람이
거주하는 움집이므로, 사람이 만든 것이고, 또 '丘'는 대부분 높고 건조한 곳을 선택하여 땅을
파고 지은 것이기 때문에, 그 출입용 구멍은 비교적 높은 곳에 위치하게 되는 바, 여기에서
인신(引伸)하여 흙이 높이 쌓인 곳 또한 '丘'라고 칭하게 된 것이다."라고 주장하였다.

---

1) 商承祚 前揭書 《殷契佚存考釋》 p.86上을 참고.
2) 徐中舒 前揭書 《甲骨文字典》 p.924.

갑골문에서의 뜻은 다음과 같다.

1. '小丘臣'으로 일컫는 관직명(官職名). "……小丘臣……"(≪佚733≫)

2. '丘商'·'丘雷'·'丘紹' 등의 지명(地名). "辛丑卜, 殼貞：姼乎黍丘商?"(≪續4. 26. 1≫), "乙丑卜, 殼貞：口丘商? 四月"(≪乙5265≫), "癸未卜, 行貞：今夕亡禍? 在正月在丘雷下"(≪南明395≫), "貞：朕芻于丘紹?"≪乙7119≫)：'丘商'은 '商丘' 로, 商의 농전(農田)을 말한다.

| 伀(음) | 彳彳彳
 (≪甲2858≫) | [yín] |

이 글자는 세 개의 '人'자로 구성되어 있는데, 이는 옆모습을 보이고 있는 세 사람이 나란히 서 있는 모양을 형상화한 자형 결구이다. 이 갑골문의 자형은 ≪說文解字≫에 수록된 '伀'자의 소전(小篆)의 자형과 꼭 같으므로, '伀'자임이 틀림없다. 그리고 자형 중의 '三人'의 '三'이라는 숫자는 많다는 뜻을 나타내므로, '三人'은 곧 '眾人'을 말한다. 이 '伀'자에 대해 ≪說文解字≫ 에는, "伀, 眾立也. 從三人. 讀若欽崟. ：'伀'은 여러 사람이 나란히 서 있다는 뜻이다. 세 개의 '人'자로 구성되어 있다. 독음은 '欽崟'의 '崟'자처럼 읽는다."라고 풀이하고 있다. 이에 대해 段玉裁는, "玉篇作眾也. 會意. 國語曰：人三爲眾. ：(이 글자의 자의를) ≪玉篇≫ 에는 '眾也'라고 쓰고 있다. 회의자(會意字)이다. ≪國語≫에는 「사람이 셋이면 '眾'의 뜻이 된다.」라고 하고 있다."라고 주(注)하였다. 그런데 徐中舒는 이 갑골문 '伀'자에 대해, "與 ≪說文≫伀字篆文同, 但實爲从字之異體.[1] ：(갑골문은) ≪說文解字≫의 '伀'자의 전문(篆 文)과 같으나, 사실은 '从'자의 이체자(異體字)이다."라고 주장하였다.

갑골문에서는 '眾人'의 뜻으로 사용되었다. "舞, 今日伀舞"(≪甲2858≫)

---

1) 徐中舒 上揭書 p.926.

| 眾(중) | (≪前7. 30. 2≫) | (≪鐵72. 3≫) | (≪京津1031≫) | (≪後下27. 14≫) | [zhòng] |

이 갑골문은 '日'과 '伙'을 구성 요소로 하고 있는데, 이는 여러 사람이 태양 아래에서 일을 하고 있는 모양을 형상화한 자형 결구로, 여러 사람이 함께 일하다는 뜻을 나타낸 것이라 짐작된다. 商承祚가 이 갑골문을 '眾'자로 고석하여,[1] 정설이 되었다. 이 '眾'자에 대해 ≪說文解字≫에는, "眾, 多也. 從伙目, 眾意. : '眾'은 많다는 뜻이다. '伙'과 '目'을 구성 요소로 하고 있는데, 이는 많다는 뜻을 나타낸다."라고 풀이하고 있다.

갑골문에서는 '眾' 또는 '眾人'의 뜻으로 사용되었다. "戊寅卜, 賓貞 : 王往氏眾黍于囧?" (≪前5. 20. 2≫), "貞 : 叀小臣命眾添? 一月"(≪前4. 30. 2≫), "……殼貞 : 王大命眾人 曰(劦田)受……?"(≪前7. 30. 2≫)

| 壬(정) | (≪乙899≫) | (≪珠524≫) | (≪林2. 19. 17≫) | (≪後下38. 1≫) | [tǐng] |

이 글자는 '人'과 '土'를 구성 요소로 하고 있는데, 이는 흙무더기 위에 사람이 서 있는 모양을 형상화한 자형 결구이다. ≪甲骨文編≫에는 해설 없이 이 글자들을 '壬'자로 수록하고 있다.[2] 이 '壬'자에 대해 ≪說文解字≫에는, "壬, 善也. 從人士, 士, 事也. 一日 : 象物出地 挺生也. : '壬'은 훌륭하다는 뜻이다. '人'과 '士'를 구성 요소로 하고 있는데, '士'는 일을 (처리)하다는 뜻이다. 일설(一說)에는 식물이 지면으로 꼿꼿하게 자라나오는 모양을 형상화하 였다고도 한다."라고 풀이하고 있다. 이 '壬'자에 대해 李孝定은 "人在土上壬然而立, 英挺勁 拔, 故引申之得有善也之誼也. 許云從土, 土之誤也.[3] : 사람이 흙 위에 우뚝 서 있는 것이, 영준하고 빼어나다는 뜻이므로, 여기에서 인신하여 '善也'라는 뜻을 얻게 되었다. 그런데 許愼 이 '士'를 구성 요소로 하였다고 한 것은 '土'의 잘못이다."라고 하였다.

1) 商承祚 前揭書 ≪殷虛文字類編≫ 8卷 p.4下.

2) 中國社會科學院考古硏究所 前揭書 ≪甲骨文編≫ p.354.

3) 李孝定 前揭書 ≪甲骨文字集釋≫ p.2710.

그런데 이 '壬'자는 소전체(小篆體)로는 '𡈼'으로 쓰고, 해서체(楷書體)로는 '壬'으로 쓴다. 우리말로 '정'으로 읽어야 하는 이 '壬'자의 자형이 천간(天干)의 하나인 '壬'(임)자로 혼용되어, 자형만으로는 구별하기가 매우 어렵다.

갑골문에서의 뜻은 다음과 같다.

1. '기구하다', '바라다'는 뜻이라 짐작된다. "甲戌卜, 㱿貞 : 雀壬子𥪡正基方克?"(≪乙5582≫)

2. 제명(祭名)으로 짐작된다. "己卯卜, 㱿貞 : 壬父乙婦好生仔?"(≪遺珠524≫)

3. 인명(人名). "甲午卜, 㱿貞 : 勿命壬?"(≪續5. 22. 4≫), "自命壬長"(≪林2. 19. 17≫)

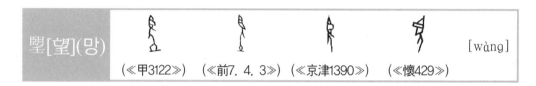

| 朢[望](망) | (≪甲3122≫) | (≪前7. 4. 3≫) | (≪京津1390≫) | (≪懷429≫) | [wàng] |

위에 예시한 갑골문 '望'자는 기본적으로 '目'과 '人'과 '土'와 '一'을 구성 요소로 하고 있는데, '土'와 '一'은 각각 또는 모두 생략한 것도 있다. 이는 한 사람이 높은 곳에 올라가서 눈을 들어 멀리 둘러보고 있는 모양을 형상화한 자형이다. 이 글자는 '見'·'光'자와 자형 결구가 같거나 비슷하다. 본편(本篇) 뒤쪽의 '見'자와 제10편 '光'자에 대한 해설을 참조하기 바란다. 이 '望'자에 대해 ≪說文解字≫에는, "朢, 月滿也. 與日相望, 侣朝君. 從月從臣從壬, 壬朝廷也. 𦝩, 古文朢, 省. : '朢'은 달이 가득 차다는 뜻이다. 해와 멀리서 서로 바라보는 것이 마치 신하가 군왕(君王)을 멀리서 뵙는 것과 같다. '月'을 구성 요소로 하고, '臣'을 구성 요소로 하고, '壬'을 구성 요소로 하고 있는데, '壬'은 조정(朝廷)을 의미한다. '𦝩'(𦝩)은 '古文' '朢'자이며, 편방 '月'이 생략되었다."라고 풀이하고 있다. 이 '朢'자에 대해 段玉裁는, "此與望各字. 望从朢省聲, 今則望專行, 而朢廢矣. : 이 글자와 '望'자는 각각의 글자이다. '望'자는 필획이 생략된 '朢'자를 성부(聲符)로 구성되었는데, 지금은 '望'자만 통용되고, '朢'자는 폐기되었다."라고 주(注)하였다.

갑골문에서의 뜻은 다음과 같다.

1. 지명(地名). "癸酉卜, 在望貞 : 王旬亡禍? 在十月"(≪續3. 31. 4≫)

2. 인명(人名). '望乘'. "……爭貞 : 今秋王從望乘伐下危受有祐?"(≪續3. 11. 5≫), "辛卯卜, 爭貞 : 勿命望乘先歸[至]? 十月"(≪前7. 4. 3≫)

監(감)				[jiān]
(≪佚932≫)	(≪撫續190≫)	(≪英741≫)	(≪合集30792≫)	

　이 갑골문은 '目'과 '人'과 '皿'을 구성 요소로 하고 있는데, 이는 한 사람이 물을 담아 놓은 기명(器皿) 앞에 꿇어앉아서 고개를 숙이고 얼굴을 비춰보고 있는 모양을 형상화한 자형 결구이며, 내려다 보다는 뜻을 나타낸다. 이 글자는 唐蘭이 '監'자로 고석하여,[1] 정설이 되었다. ≪說文解字≫에는 이 '監'자에 대해, "監, 臨下也. 從臥, 㐁省聲. 𤽄, 古文監, 從言. : '監'은 위에서 아래로 내려다보다는 뜻이다. '臥'를 의부, '㐁'을 생략한 㐁을 성부로 구성되었다. '𤽄'(䚷)은 '古文' '監'자인데, '言'을 구성 요소로 하고 있다."라고 풀이하고 있다. 이 '監'자는 원래 거울을 뜻하는 '鑒'자의 본자(本字)이다.

　갑골문에서의 뜻은 다음과 같다.

　1. 지명(地名). "……于監炊大吉"(≪佚932≫)
　2. 인명(人名)으로 짐작된다. "……命監凡"(≪撫續190≫)

身(신)				[shēn]
(≪合集822正≫)	(≪懷504≫)	(≪合集13666正≫)	(≪合集13669≫)	

　이 글자는 사람의 복부(腹部)를 강조한 인체(人體)를 간략히 형상화한 자형인데, 李孝定은 이 글자에 대해, "契文从人而隆其腹, 象人有身之形, 當是身之象形初字.[2] : 갑골문은 복부(腹部)가 융기(隆起)한 '人'으로 구성되어 있는데, 이는 사람이 임신한 모양을 형상화한 것으로, 사람의 몸 모양을 형상화한 '身'자의 애당초의 글자임이 틀림없다."라고 하였다. 이 '身'자에 대해 ≪說文解字≫에는, "身, 躬也. 從人, 申省聲. : '身'은 사람의 온몸이라는 뜻이다. '人'을 의부, 필획이 생략된 '申'을 성부로 구성되었다."라고 해설하고 있다.

　그런데 徐中舒는 이 갑골문 '身'자에 대해, "從人而隆其腹, 以示其有孕之形. 本義當爲姙娠. 或作腹內有子形, 則其義尤顯. 孕婦之腹特大, 故身亦可指腹. 腹爲人體主要部份, 引

1) 唐蘭 前揭書 ≪殷虛文字記≫ pp.76下~77下를 참고.
2) 李孝定 前揭書 ≪甲骨文字集釋≫ p.2719.

申之人之全體亦可稱身.[1] : '人'을 구성 요소로 하면서 복부를 불룩하게 하여, 회임한 모양을 보여주고 있다. 본의는 임신하다는 뜻임이 틀림없다. 간혹 복부 내에 아이가 있는 모양으로 쓰기도 하였는데, 이는 그 뜻이 더욱 두드러진다. 임신한 부인의 배는 특별히 크기 때문에, 이 '身'자는 복부를 지칭할 수도 있다. 또 복부는 인체의 주요 부분이기에, 여기에서 인신(引伸)되어, 사람의 몸 전체도 '身'이라고 부를 수 있다."라고 주장하였다.

갑골문에서의 뜻은 다음과 같다.

1. 임신(하다). "丙申卜, 㱿貞 : 婦好身弗㠯婦葬?"(≪乙6691≫), 乙亥卜, 㱿貞 : 王曰有身娶引日娶?"(≪佚586≫)

2. 복부(腹部). 배. "貞……御身于妣?"(≪乙3378≫), "貞 : 勿于父乙告疒身?"(≪乙5839≫), "貞 : 王疒身隹妣己蠱?"(≪乙7797≫)

| 衣(의) | (≪前6. 44. 6≫) | (≪佚490≫) | (≪甲1549≫) | (≪粹85≫) | [yī] |

羅振玉이 위에 예시한 갑골문을 '衣'자로 고석하여,[2] 정설이 되었다. 이 '衣'자는 웃옷의 모양을 형상화한 상형자인데, 옷깃과 두 소매 그리고 옷섶이 나타나 있다. ≪說文解字≫에는 이 '衣'자에 대해, "衣, 依也. 上曰衣, 下曰裳. 象覆二人之形. : '衣'는 사람이 의탁하여 몸을 가리는 것이라는 뜻이다. 윗몸에 입는 것은 '衣'라고 하고, 아랫몸에 입는 것은 '裳'이라고 한다. 이 글자는 ('人'으로) 두 개의 '人'자를 덮은 모양을 형상화하였다."라고 풀이하고 있다.

갑골문에서의 뜻은 다음과 같다.

1. 제명(祭名). 합제(合祭)인 '衣祭'를 지칭한다. "甲辰卜, 貞 : 王賓求祖乙・祖丁・祖甲・康祖丁・武乙衣, 亡尤?"(≪後上20. 5≫), "貞 : 翌甲……㣇自上甲衣, 亡蠱? 七月"(≪後下34. 1≫)

2. 지명(地名). 전렵지(田獵地)의 하나. "戊午卜, 貞 : 王其田衣逐, 亡災?"(≪甲1549≫), "乙[丑]卜, 狄貞 : 王其田衣, 亡災?"(≪甲3914≫)

---

1) 徐中舒 前揭書 ≪甲骨文字典≫ p.931.
2) 羅振玉 前揭書 ≪增訂殷虛書契考釋≫ 卷中 p.42下를 참고.

| 卒(졸) | (≪前4. 6. 3≫) | (≪鐵23. 3≫) | (≪乙811≫) | (≪合集6161≫) | [zú] |

위의 갑골문 '卒'자는 '衣'와 '爻'를 구성 요소로 하고 있는데, 이는 의복에 무늬 장식이 들어 있는 모양을 형상화한 자형 결구이다. 이 글자에 대해 王襄은, "古卒字, …… 均象其衣之題識.[1] : '卒'의 고자(古字)인데, …… 모두 의복에 새긴 표지(標識)를 형상화한 것이다." 라고 하였다. 이 '卒'자에 대해 ≪說文解字≫에는, "卒, 隷人給事者爲卒. 古旨染衣題識, 故從衣一. : '卒'은 예인(隷人)과 급사자(給事者) 등이 '卒'이다. 고대에 표지(標識)가 새겨진 옷을 입었기 때문에 '衣'와 'ㅡ'을 구성 요소로 하고 있다."라고 풀이하고 있다.

갑골문에서의 뜻은 다음과 같다.

1. 제명(祭名)으로 짐작된다. "勿卒黃伊戠"(≪乙5305≫)

2. 지명(地名). "貞 : 于庚午步于卒?"(≪乙811≫)

3. 인명(人名). "乙亥卜, 爭貞 : 生月王勿卒入戠?"(≪前4. 6. 3≫), "己巳卜, 爭貞 : 侯告冉册, 王勿卒口?"(≪粹1325≫), "貞 : 勿卒歸◻?"(≪鐵23. 3≫)

| 裘(求)(구) | (≪前7. 6. 3≫) | (≪後下8. 8≫) | [qiú] |

≪甲骨文編≫에는 위에 예시한 갑골문자들을 모두 '裘'자로 수록하고는, "不从求, 象皮裘之形.[2] : '求'를 구성 요소로 한 것이 아니고, 가죽옷의 모양을 형상화한 것이다."라고 설명하고 있다. 이 갑골문 '裘'자는 털이 밖으로 드러난 가죽옷 상의(上衣)의 모양을 형상화한 자형 결구이다. ≪說文解字≫에는 이 '裘'자에 대해, "裘, 皮衣也. 從衣, 象形. 與衰同意. �, 古文裘. : '裘'는 가죽옷이라는 뜻이다. '衣'를 구성 요소로 하고 있는 상형자이다. '衰'자가 풀로 만든 비옷의 모양을 형상화한 것과 자형 결구의 의미가 같다. '求'(求)는 '古文' '裘'자이다."라고 풀이하고 있다.

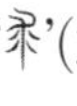

---

1) 王襄 前揭書 ≪簠室殷契徵文考釋·雜事≫ p.13下.

2) 中國社會科學院考古研究所 前揭書 ≪甲骨文編≫ p.356.

갑골문에서는 인명(人名)으로 사용되었다고 짐작된다. "……往裘……"(≪前7. 6. 3≫), "……裘往"(≪後下8. 8≫)

老(로)		[lǎo]
	(≪鐵76. 3≫)　　(≪珠1008≫)　　(≪燕654≫)　　(≪明1203≫)	

商承祚는 위의 갑골문에 대해, "象老者倚杖之形.[1] : 늙은이가 지팡이를 짚고 있는 모양을 형상화하였다."라고 하여, '老'자로 고석하였다. 또 ≪甲骨文編≫에는 위에 예시한 갑골문자들을 '老'자로 수록하고는, "象人老佝背之形.[2] : 사람이 늙어서 등이 굽은 모양을 형상화하였다."라고 하고 있다. 이 '老'자에 대해 ≪說文解字≫에는, "老, 考也. 七十曰老. 從人毛匕, 言須髮變白也. : '老'는 '考' 즉 노인이라는 뜻이다. 나이 70세를 '老'라고 한다. '人'과 '毛'와 '匕'[화]를 구성 요소로 하고 있는데, 이는 수염과 머리털이 흰색으로 변함을 말한다."라고 풀이하고 있다.

갑골문에서의 뜻은 다음과 같다.

1. 관직명(官職名). "癸卯卜, 밥貞 : 乎多老……? 貞 : 勿乎多老舞?"(≪前7. 35. 2≫)
2. 자의(字義) 불분명(不分明). "……凡疾四日……未夕啓老"(≪後下35. 2≫)

耊(耊)(질)		[dié]
	(≪後下20. 14≫)	

위의 갑골문은 편방(偏旁) '匕'를 생략한 '老'와 '至'를 구성 요소로 하고 있는데, 商承祚가 이 갑골문을 '耊'자로 고석하여,[3] 정설이 되었다. 이 '耊'자는 높은 연세의 노인이라는 뜻이다. ≪說文解字≫에는, "耊, 年八十曰耊. 從老省, 至聲. : '耊'은 나이 80세를 '耊'이라고 한다. '匕'가 생략된 '老'를 의부, '至'를 성부로 구성되었다."라고 풀이하고 있다.

갑골문에서의 뜻은 아직 명확하게 밝혀지지 않았다. "貞 : 戊……耊?"(≪後下20. 14≫)

1) 商承祚 前揭書 ≪殷虛文字類編≫ 8卷 p.7上.
2) 中國社會科學院考古硏究所 前揭書 ≪甲骨文編≫ p.357.
3) 商承祚 前揭書 ≪殷虛文字類編≫ 8卷 p.7上.

| 考(고) | 《前2. 2. 6》 | 《乙8896》 | 《後下35. 5》 | 《存下391》 | [kǎo] |

《甲骨文編》에는 이 갑골문자들을 논증 없이 모두 '考'자로 수록하였는데,1) 《說文解字》의 '老'자와 이 '考'자에 대한 해설을 살펴보면, 이 두 글자는 동일 부수(部首)에서의 호훈(互訓)이라는 許愼 자신의 정의(定義)에 의거한 전주자(轉注字)이고, 본의는 노인(老人)이라는 뜻이다. 이 '考'자에 대해 《說文解字》에는, "考, 老也. 從老省, 丂聲. : '考'는 노인이라는 뜻이다. '匕'가 생략된 '老'를 의부, '丂'를 성부로 구성되어 있다."라고 풀이하고 있다.

갑골문에서의 뜻은 다음과 같다.

1. 지명(地名). "癸丑卜, 婦妌在考?"(《乙8896》)
2. 부친이라는 뜻이라 짐작된다. "辛酉卜, 王貞 : 余考……?"(《後下35. 5》)

| 尸(시) | 《前7. 30. 2》 | 《粹1187》 | 《合集832》 | 《合集6459》 | [shī] |

위의 갑골문자의 자형은 '人'자와 비슷한데, 하체(下體)가 굴곡된 것이 다른 점이다. 徐中舒는 이 글자를 '尸'자로 고석하면서, "與人字形相近, 以其下肢較彎曲爲二者之別.2) : (이 글자는) '人'자와 자형이 비슷하지만, 하지(下肢)가 조금 구부려져 있는 것으로 두 글자를 구별한다."라고 하였다. 이 '尸'자에 대해 《說文解字》에는, "尸, 陳也. 象臥之形. : '尸'는 진열하다는 뜻이다. 사람이 누워있는 모양을 형상화하였다."라고 풀이하고 있다. 이에 대해 徐灝는, "尸本人臥之偁, 因人死而長臥不起, 亦謂之尸. 久之引伸義行而本義廢.3) : '尸'는 본래 사람이 누워있는 것을 지칭하였는데, 사람이 죽어서 오래도록 누워서 일어나지 못하는 것도 역시 '尸'라고 일컬었다. 오래 지나자 인신의(引伸義)가 통용되고 본의는 폐기되었다."라고 하였다.

갑골문에서의 뜻은 다음과 같다.

---

1) 中國社會科學院考古研究所 前揭書 《甲骨文編》 p.357.
2) 徐中舒 前揭書 《甲骨文字典》 p.942.
3) 徐灝 《說文段注箋》, 丁福保 前揭書 《說文詁林說文解字詁林正補合編》 第7冊 p.7-605에서 재인용.

1. '人'과 통용(通用). "辛丑貞 : ……尸三千盡……?"(≪粹1299≫)
2. 방국명(方國名). '夷'와 통용(通用). "庚寅卜, 賓貞 : 今☒王其步伐尸?"(≪乙7818≫), "侯告伐尸方"(≪粹1187≫)

尾(미) (≪乙4293≫) [wěi]

'人'과 '巫'를 구성 요소로 하고 있는데, 사람의 꽁무니 부위에 꼬리 장식이 붙어 있는 모양을 형상화한 자형 결구이다. ≪甲骨文編≫에는 위의 글자를 해설 없이 '尾'자로 수록하고 있다.[1] 이 '尾'자가 사람 '人'을 구성 요소로 한 것은 사람에게 꼬리가 있어서가 아니라, 고대(古代)의 복식(服飾)에 꼬리 장식이 있었음을 나타낸 것이라 짐작된다. ≪說文解字≫에는, "尾, 微也. 從到毛在尸後. 古人或飾系尾, 西南夷皆然. : '尾'는 미세하다는 뜻이다. 거꾸로 뒤집은 '毛' 자를 '尸'자 뒤에 쓴 모양으로 구성되어 있다. 고대 사람들은 간혹 장식으로 꼬리 장식을 달았는데, 서남 지역의 이민족들 모두가 이렇게 하고 있다."라고 풀이하고 있다.

갑골문에서의 '尾'자는 방국명(方國名)으로 사용된 것으로 짐작된다. "己卯卜, 古貞 : ☒幸 往劉自宀? 王占曰 : 其隹丙戌幸有尾其隹幸……"(≪乙4293≫)

舟(주) (≪粹1059≫) (≪甲637≫) (≪前7. 21. 3≫) (≪寧滬1. 183≫) [zhōu]

李孝定은 위의 갑골문자들을 '舟'자로 수록하고, "契文亦象舟形.[2] : 갑골문 역시 배의 모양을 형상화하였다."라고 하였다. 이 '舟'자는 원시적 수준의 목선(木船)의 모양을 형상화하였다. ≪說文解字≫에는, "舟, 船也. 古者共鼓貨狄剡木爲舟, 剡木爲楫, 以濟不通. 象形. : '舟'는 배라는 뜻이다. 고대에 共鼓와 貨狄은 각각 나무 가운데를 파내어 배를 만들고, 나무를 깎아서 노를 만들었는데, 이로써 통과할 수 없던 물을 건넜다. 상형자이다."라고 풀이

---

1) 中國社會科學院考古研究所 前揭書 ≪甲骨文編≫ p.358.
2) 李孝定 前揭書 ≪甲骨文字集釋≫ p.2757.

하고 있다.

갑골문에서의 뜻은 다음과 같다.

1. 배. "☑丑卜, 行貞 : 王其帥舟于滴亡災?"(≪後上15. 8≫)

2. 지명(地名). "于舟烄雨"(≪甲637≫)

彤[肜](침)　(≪甲13≫)　[chēn]

≪甲骨文編≫에는 위에 예시한 ≪甲13≫의 '彡'자를 '肜'자로 수록하고는, "卜辭用彡爲肜祭之肜.[1] : 갑골복사에서는 '彡'을 '肜祭'의 '肜'의 뜻으로 사용하고 있다."라고 하고 있다. 이 '肜祭'는 제사(祭祀)를 지낸 다음날 연이어 지내는 제사이다. 그런데 ≪說文解字≫에는 '肜'자는 수록되어 있지 않고, '肜'자가 수록되어 있는데, "肜, 船行也. 從舟, 彡聲. : '肜'은 배가 나아가다는 뜻이다. '舟'를 의부, '彡'을 성부로 구성되었다."라고 하고 있다. 이 '肜'자에 대해 段玉裁는 "夏日復胙, 商日肜, 周日繹, 卽此字. 取舟行延長之意也. 其音以戎切. 其字毛詩箋作融. : 夏代에는 '復胙', 商代에는 '肜', 周代에는 '繹'이라 하였는데, 바로 이 글자이다. 이는 배가 연이어 길게 나아가다는 뜻을 취(取)한 것이다. 이 글자의 자음(字音)은 '以戎'의 반절(半切)이다. 이 글자를 鄭玄의 ≪毛詩箋≫에는 '融'으로 쓰고 있다."라고 주(注)하였다. 이는 소전체(小篆體) '肜'자는 商代의 '肜'자라는 말이다. 따라서 이 '肜'자의 갑골문에서의 자의(字義)에 대해서는 제9편의 '彡'자에 대한 해설로 대체한다.

朕(짐)　(≪前4. 38. 7≫)　(≪甲2304≫)　(≪佚106≫)　(≪續5. 11. 4≫)　[zhèn]

위의 갑골문은 '舟'와 'ㅣ'과 두 손을 구성 요소로 하고 있는데, 羅振玉이 이를 '朕'자로 고석하여,[2] 정설이 되었다. 갑골문 '朕'자의 자형이 '舟'를 구성 요소로 하고 있는 것으로

---

1) 中國社會科學院考古研究所 前揭書 ≪甲骨文編≫ p.358.

2) 羅振玉 前揭書 ≪增訂殷虛書契考釋≫ 卷中 p.18下를 참고.

보아, 여기에서의 '丨'은 아마도 배의 노를 상징하는 것으로 짐작되므로, 이 글자의 자의(字義)는 배를 움직이다는 뜻이라고 생각된다. ≪說文解字≫에는, "朕, 我也. 闕. : '朕'은 내[我]라는 뜻이다. 나머지의 해설을 궐(闕)한다."라고 풀이하고 있다. 이에 대해 段玉裁는 "此說解旣闕, 而妄人補我也二字, 未知許說字之例也. 按, 朕在舟部, 其解當曰舟縫也. 從舟, 灷聲. 何以知爲舟縫也? …… 戴先生曰 : 舟之縫理曰朕, 故札續之縫亦謂之朕, 所以補許書之佚文也.": 이 글자에 대한 해설을 원래 유보한 것인데, 許愼의 문자 해설의 통례(通例)를 모르는 경망한 사람이 '我也' 두 글자를 보충해 넣은 것이다. 살펴보면, '朕'자가 '舟'부(部)에 수록되어 있으므로, 그 해설은, 「舟縫也. 從舟, 灷聲.[배의 이음새라는 뜻이다. '舟'를 의부, '灷'을 성부로 구성되었다.]」라고 해야 한다. (자의가) 배의 이음새라는 것을 어떻게 아는가? …… 戴震은 「배의 이음새를 '朕'이라고 하는데, 간찰(簡札)의 이음새 역시 '朕'이라고 한다.」라고 한 것이 許愼의 ≪說文解字≫의 빠뜨린 글을 보충하는 근거이다."라고 주(注)하였다.

갑골문에서의 뜻은 다음과 같다.

1. 제1인칭대명사로, 당시 商王의 자칭(自稱)으로 쓰였다. "庚辰卜, 王貞 : 朕德☒?"(≪前 4. 4. 7≫), "庚辰卜, 王貞 : 朕德☒?"(≪甲2304≫), "己卯卜, 王貞 : 鼓其取宋伯㱿鼓[骨]古朕事? 宋伯㱿從鼓二月"(≪佚106≫), "余令角妇古朕事"(≪粹1244≫), "王姜……古朕事"(≪京津2245≫) : '古朕事'란 당시 商王을 모시다는 뜻의 성어(成語)이다. 이 '朕'자가 황제(皇帝)의 자칭이 된 것은 秦始皇이 이를 전용(專用)하면서부터가 아니라 商代에 이미 사용되었음을 알 수 있다.

2. 방국명(方國名). "丁未卜, 爭貞 : 朕各化亡禍?"(≪綴合236≫), "貞 : 王令……朕方?"(≪庫501≫)

般(반)	𦨶	𦨶	𦨶	𦨶	[bān]
	(≪甲590≫)	(≪前2. 5. 4≫)	(≪拾2. 14≫)	(≪掇2. 185≫)	

위에 예시된 갑골문은 '凡'과 '攴'을 구성 요소로 하고 있는데, 郭沫若이 이를 '般'자로 고석하여,[1] 정설이 되었다. 그리고 李孝定은, "般字本从凡从攴, 象凡[槃]之旋, 譌而从舟

---

1) 郭沫若 前揭書 ≪卜辭通纂≫ p.29下, 165上을 참고.

遂有象舟之旋之義. 且契文即有从舟作✦者, 知凡舟二字混用, 殷世已然矣.[1] : ‘般’자는 본래 ‘凡’을 구성 요소로 하고, ‘攴’을 구성 요소로 하였는데, 이는 소반(小盤)을 돌리는 모양을 형상화한 것이었으나, 잘못 변하여 ‘舟’를 구성 요소로 하여 배를 돌리다는 뜻을 나타내게 되었다. 그리고 갑골문 가운데에 ‘舟’를 구성 요소로 하여 ‘✦’으로 쓴 것도 있는데, 이로써 ‘凡’과 ‘舟’가 서로 혼용되는 것은 殷代에 이미 그랬음을 알 수 있다.”라고 하였다. 갑골문 ‘般’자의 자형은 손에 노를 잡고 배를 돌리는 모양을 형상화하였는데, ‘朕’자의 자형 결구와 비슷하다. ≪說文解字≫에는, “般, 辟也. 象舟之旋. 從舟, 從殳. 殳, 令舟旋者也. 𦨶, 古文般, 從攴. : ‘般’은 물러나며 몸을 돌리다는 뜻이다. 배가 선회하는 모양을 형상화하였다. ‘舟’를 구성 요소로 하고, ‘殳’를 구성 요소로 하고 있다. ‘殳’는 배를 선회시키는 사람이다. ‘𦨶’(舣)은 ‘古文’ ‘般’자이며, ‘攴’을 구성 요소로 하고 있다.”라고 풀이하고 있다.

갑골문에서의 뜻은 다음과 같다.

1. 商王 盤庚. 갑골문으로는 ‘般庚’으로 썼다. “庚申卜, 貞 : 王賓般庚翊日亡尤?”(≪前1. 15. 4≫)

2. 인명(人名). ‘般’ 또는 ‘自般’. “戊辰卜, 賓貞 : 乎自般☒大……?”(≪後上11. 16≫), “貞 : 今般取于屍王用若?”(≪乙4071≫)

服(복)		[fú]
	(≪林1. 24. 5≫)	

위의 갑골문은 ‘凡’과 ‘人’과 ‘又’를 구성 요소로 하고 있는데, ≪甲骨文編≫에는 ≪林1. 24. 5≫의 이 글자를 아무런 설명 없이 ‘服’자로 수록하고 있다.[2] 이는 아마 사람이 소반을 받쳐 들고 접대하는 모양을 형상화한 것이라 짐작된다. ≪說文解字≫에는, “服, 用也. 一曰 : 車右騑所㠯舟旋. 從舟, 𠬝聲. 𦩂, 古文服, 從人. : ‘服’은 사용하다는 뜻이다. 일설에는 수레를 오른쪽으로 선회할 때 사용하는 오른쪽 곁마라고도 한다. ‘舟’를 의부, ‘𠬝’을 성부로 구성되었다. ‘𦩂’(舣)은 ‘古文’ ‘服’자이며, ‘人’을 구성 요소로 하고 있다.”라고 풀이하고 있다.

---

1) 李孝定 前揭書 ≪甲骨文字集釋≫ pp.2773~2774.
2) 中國社會科學院考古硏究所 前揭書 ≪甲骨文編≫ p.360.

갑골문에서는 지명(地名)으로 사용되었다. "……在服"(≪林1. 24. 5≫)

方(방)	屮	才	卜	羊	[fāng]
	(≪前5. 23. 2≫)	(≪京津5281≫)	(≪鐵184. 3≫)	(≪佚40≫)	

徐中舒는 위의 갑골문에 대해 "羊象耒之形, 上短橫象柄首橫木, 下長橫卽足所蹈履處, 旁兩短劃或卽飾文. 古者秉耒而耕, 刺土曰推, 起土曰方.[1] : '羊'은 '耒' 즉 쟁기의 모양을 형상화하였는데, 윗부분의 짧은 가로획은 자루 끝의 횡목을 형상화한 것이고, 아래의 긴 가로획은 발로 딛는 곳이며, 양옆의 짧은 세로획은 아마도 장식인 듯하다. 고대에는 '耒'를 사용하여 땅을 갈았는데, 흙을 파는 것은 '推'라고 하고, 흙을 퍼올리는 것은 '方'이라고 하였다."라고 하였다. 이에 의하면, 이 글자는 '方'자이고, 본의는 땅을 가는 데 사용하는 농기구 쟁기라는 뜻이다. ≪說文解字≫에는, "方, 倂船也. 象兩舟省總頭形. 汸, 方或從水. : '方'은 두 척의 배를 하나로 아우르다는 뜻이다. (아랫부분은) 두 개의 '舟'자를 생략하여 하나로 아우른 형상이고, (윗부분은) 두 개의 뱃머리를 끈으로 함께 묶은 형상이다. '汸(汸)'은 '方'의 혹체자이며, '水'를 구성 요소로 하고 있다."라고 풀이하고 있다.

갑골문에서의 뜻은 다음과 같다.

1. 방위(方位). 방향. "庚戌卜, 寧于四方其五犬?"(≪明藏487≫), "辛卯卜, 邲彤飮其又于四方?"(≪明藏681≫)

2. 방위(方位)의 신(神). "辛亥卜, 內貞 : 帝于南方曰……?"(≪合261≫), "辛亥卜, 內貞 : 帝于北方……?"(≪合261≫)

3. 방국(方國)의 총명(總名). 방국명(方國名). "庚申卜, 殸貞 : 王勿征工方上下弗若, 不我其受祐?"(≪前5. 22. 2≫), "……土方我受[又]"(≪前5. 23. 2≫), "丙子卜, 賓貞 : 方其大出? 七月"(≪前5. 28. 6≫)

---

1) 徐中舒 前揭書 ≪甲骨文字典≫ pp.953~954.

| 兀(올) | （≪甲3372≫） | （≪鐵45. 3≫） | （≪乙5290≫） | （≪存下555≫） | [wù] |

위의 갑골문은 '一'이 사람 '人'자 위에 있는 모양으로 되어 있는데, 이들을 ≪甲骨文編≫에는 해설 없이 '兀'자로 수록하고 있다.[1] ≪說文解字≫에는, "兀, 高而上平也. 從一, 在儿上. 讀若夐. 茂陵有兀桑里. : '兀'은 높으면서 위는 평평하다는 뜻이다. '一'이 사람 '儿'의 위에 있는 모양으로 구성되어 있다. 독음은 '夐'자처럼 읽는다. 茂陵縣에 兀桑里가 있다."라고 풀이하고 있다.

갑골문에서는 인명(人名)으로 사용되었다. "乎兀"(≪乙5290≫), "甲辰卜, 王用[二]婦兀?"(≪甲3372≫) : '諸婦'의 이름이다.

| 兒(아) | （≪前7. 40. 2≫） | （≪後下4. 11≫） | （≪京津1341≫） | （≪存下17≫） | [ér] |

徐中舒는 위의 갑골문자들을 모두 '兒'자로 수록하고는, "象小兒頭大而囟門未合之形, 與 ≪說文≫篆文同.[2] : 어린아이의 머리는 큰데 정수리가 아직 닫히지 않은 모양을 형상화하였으며, ≪說文解字≫의 전문(篆文)과 자형이 같다."라고 하였다. 이 '兒'자에 대해 ≪說文解字≫에는, "兒, 孺子也. 從儿, 象小兒頭囟未合. : '兒'는 젖먹이 아이라는 뜻이다. '儿'을 구성 요소로 하고 있으며, 어린 아이의 정수리가 아직 닫히지 않은 모양을 형상화하였다."라고 풀이하고 있다.

갑골문에서는 방국명(方國名)으로 사용되었다. "甲午卜, 亘貞 : 翊乙未易日? 王占日 : 有[崇], 丙其有來嬉, 三日丙申, 允有來嬉自東, 妻告日 : 兒……"(≪前7. 40. 2≫), "…… 東妻告日 : 兒伯……"(≪後下4. 11≫)

---

1) 中國社會科學院考古硏究所 前揭書 ≪甲骨文編≫ p.362.
2) 徐中舒 前揭書 ≪甲骨文字典≫ p.957.

羅振玉은 위의 갑골문자에 대해, "卜辭允字, 象人回顧形, 殆言行相顧之意與.[1] : 갑골복사에서 '允'자는 사람이 뒤돌아보는 모양을 형상화하였는데, 아마도 언행(言行)을 되돌아본다는 뜻일 듯하다."라고 하여, '允'자로 고석하였다. ≪說文解字≫에는 이 '允'자에 대해, "允, 信也. 從㠯儿. : '允'은 신실(信實)하다는 뜻이다. '㠯'와 '儿'을 구성 요소로 하고 있다."라고 풀이하고 있다.

갑골문에서는 과연(果然)이라는 뜻으로 사용되었다. "辛亥卜, 簸翊壬雨? 允雨."(≪前7. 44. 1≫), "……八日辛亥, 允弋伐二千六百五十人, 在[疾]"(≪後下43. 9≫)

徐中舒는 위의 글자들을 '兌'자로 수록하고는, "從八從兄, 與≪說文≫篆文同.[2] : '八'과 '兄'을 구성 요소로 하고 있는데, ≪說文解字≫의 전문(篆文)과 자형이 같다."라고 하였다. 이 '兌'자에 대해 ≪說文解字≫에는, "兌, 說也. 從儿, 㕙聲. : '兌'는 희열(喜悅)하다는 뜻이다. '儿'을 의부, '㕙'를 성부로 구성되었다."라고 풀이하고 있다.

갑골문에서도 기뻐하다는 뜻으로 사용되었다. "戊申卜, 馬其先王兌從? 大吉"(≪粹1154≫), "☑亥卜, 翌日戊王兌田大啟?"(≪鄴三下37. 5≫)

위의 갑골문은 '口'와 '人'을 구성 요소로 하고 있는데, 羅振玉은 이 글자들을 모두 아무

1) 羅振玉 前揭書 ≪增訂殷虛書契考釋≫ 卷中 p.54上.
2) 徐中舒 前揭書 ≪甲骨文字典≫ p.959.

해설 없이 '兄'자로 수록하여,[1] 정설이 되었다. 이 '兄'자에 대해 ≪說文解字≫에는, "兄, 長也. 從儿, 從口. : '兄'은 번성하고 불어나다는 뜻이다. '儿'을 구성 요소로 하고 '口'를 구성 요소로 하고 있다."라고 풀이하고 있다. 이에 대해 段玉裁는, "兄之本義訓益, 許所謂長也. 許不云茲者, 許意言長, 則可晐長幼之義也. …… 引伸之, 則≪爾雅≫曰：男子先生爲兄, 後生爲弟. 先生之年自多於後生者, 故以兄名之. : '兄'의 본의를 '益'이라고 풀이하였는데, 이는 許愼이 말한 '長也'라는 뜻이다. 許愼이 ('兄'자의 뜻을) '茲'[무성해지다]라고 하지 않고, '長'이라고 한 의도는, '長幼'의 '長'의 뜻이 포함되도록 하기 위함이다. …… 여기에서 인신(引伸)하면, 바로 ≪爾雅≫에 「남자(男子)가 먼저 태어나면 '兄'이 되고, 나중에 태어나면 '弟'가 된다.」라고 하는 뜻이 된다. 먼저 태어나면 나중에 태어난 사람보다 자연히 나이가 많게 되므로 '兄'이라고 이름붙인 것이다."라고 하였다.

갑골문에서의 뜻은 다음과 같다.

1. 형(兄). "辛未卜, 殼貞 : 王疾兄戉何從不隹禍? 二月"(≪鐵121. 3≫)
2. '貞人'의 이름. "乙酉卜, 兄貞 : 叀今夕告于南室?"(≪前3. 33. 7≫)
3. 제명(祭名). '祝'과 통용. "戊申卜, 其兄于父甲叀己……?"(≪甲801≫)

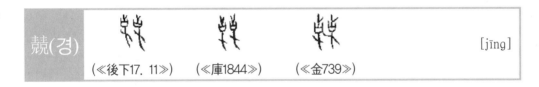

競(경)　(≪後下17. 11≫)　(≪庫1844≫)　(≪金739≫)　[jīng]

≪甲骨文編≫에서 위의 글자들을 아무런 논증 없이 '競'자로 수록하여,[2] 정설이 되었으나, 이 글자의 자형 결구의 의미에 대해서는 아직 정확하게 밝혀지지 않았다. ≪說文解字≫에는, "競, 競也. 從二兄, 二兄競意, 從丰聲. 讀若矜. 一曰：兢, 敬也. : '競'은 강경(强勁)하다는 뜻이다. 두 개의 '兄'자를 의부(義符)로 하고 있는데, 두 개의 '兄'은 서로 생장 번성함을 경쟁하다는 뜻을 나타낸다. '丰'을 성부로 구성되었다. 독음은 '矜'자처럼 읽는다. 일설에는 이는 '兢'자로, 경계하고 조심하다는 뜻이라고도 한다."라고 풀이하고 있다.

갑골문에서의 뜻은 아직 정확하게 밝혀지지 않았다. "戊午卜, 王競其亦啬? 二月"(≪庫1844≫), "☑未卜, ……競?"(≪後下17. 11≫)

---

1) 羅振玉 前揭書 ≪增訂殷虛書契考釋≫ 卷中 p.23上.
2) 中國社會科學院考古硏究所 前揭書 ≪甲骨文編≫ p.365.

| 先(선) | (≪前7. 4. 3≫) | (≪甲218≫) | (≪佚860≫) | (≪後下24. 9≫) | [xiān] |

羅振玉은 위의 갑골문자들을 아무 설명 없이 '先'자로 수록하였는데,1) 이 글자는 '止' 또는 '屮'와 '人'을 구성 요소로 하고 있다. 이는 발이 사람의 머리 위 곧 앞쪽에 있는 자형 결구로, 사람이 앞서 가다는 뜻을 나타낸다. ≪說文解字≫에는 이 '先'자에 대해, "先, 前進也. 從儿之. : '先'은 전진(前進)하다는 뜻이다. '儿'과 '之'를 구성 요소로 하고 있다."라고 풀이하고 있다.

갑골문에서의 뜻은 다음과 같다.

1. 먼저. 앞. "辛卯卜, 爭貞 : 勿命望先歸[至]？十月"(≪前7. 4. 3≫)

2. '先祖'·'先公'·'先王' 등의 '先'과 같이 돌아가신 사람에 대한 존칭. "癸卯王卜, 貞 : 其祝多先祖余受祐? 王占曰 : 弘吉. 隹卄[祀]"(≪佚860≫), "戊申卜, 馬其先王兒從? 大吉."(≪粹1154≫)

| 見(견) | (≪前7. 32. 4≫) | (≪續1. 38. 1≫) | (≪菁10. 9≫) | (≪京津602≫) | [jiàn] |

'目'과 '儿' 또는 '人'을 구성 요소로 하고 있는데, 사람이 눈높이에서 사물을 보는 모양을 형상화한 자형으로, 이는 '見'자이며, 자의(字義)는 눈으로 살펴보다는 뜻이다. ≪說文解字≫에는, "見, 視也. 從目儿. : '見'은 보다는 뜻이다. '目'과 '儿'을 구성 요소로 하고 있다."라고 풀이하고 있다. 이 '見'자의 자의에 대해 段玉裁는, "析言之有視而不見者, 聽而不聞者, 渾言之則視與見, 聞與聽一也. : 자세히 분석해서 말하면, '視' 즉 보아도 '不見' 즉 보이지 않는 것이 있고, 들어도 들리지 않는 것이 있다. 합쳐서 말하면, '視'와 '見' 그리고 '聞'과 '聽'은 같다."라고 주(注)하였다. 다음의 '視'자에 대한 해설을 참고하기 바란다.

갑골문에서의 뜻은 다음과 같다.

1. (살펴)보다. 순시하다. 검시하다. "貞 : 乎往見于河有來?"(≪庫1572≫), "己酉卜, 賓

---

1) 羅振玉 前揭書 ≪增訂殷虛書契考釋≫ 卷中 p.64下.

貞：今日王步兆見雨亡災? 一月”(≪續6. 10. 4≫), “見于河允亡來?”(≪京津602≫),
“☒戌卜, 貞：卓見百牛☒用自上示?”(≪前7. 32. 4≫)

2. 알현(謁見)하다. “己未卜, 㱿貞：缶其來見王一同……?”(≪掇合301≫)

3. 접견(接見)하다. “☒午……貞：[婦]好允見有老……?”(≪戩35. 1≫)

視(시)
(≪前2. 7. 2≫)
[shi]

≪甲骨文編≫에는 위의 갑골문을 아무 설명 없이 ‘視’자로 수록하고 있는데,[1] 李孝定은
이 글자에 대해, “此字陳氏釋可从, 字从目示聲, 與許書古文一體同.[2]：이 글자는 陳邦懷
의 고석이 따를 만하며, 글자는 ‘目’을 의부, ‘示’를 성부로 구성되었는데, 許愼의 ≪說文解
字≫의 ‘視’자의 ‘古文’ 하나와 형체가 같다.”라고 하였다. 이 ‘視’자에 대해 ≪說文解字≫에
는, “視, 瞻也. 從見, 示聲. 𥄑, 古文視. 𥆛, 亦古文視.：‘視’는 굽어보다는 뜻이다. ‘見’을
의부, ‘示’를 성부로 구성되었다. ‘𥄑’(眂)는 ‘古文’ ‘視’자이다. ‘𥆛’(眡) 역시 ‘古文’ ‘視’자이
다.”라고 풀이하고 있다. ‘視’자의 자의(字義) 해설에 대해 段玉裁는, “目部曰：瞻, 臨視也.
視不必皆臨, 則瞻與視小別矣. 渾言不別也.：‘目’부에, 「瞻은 직접 임(臨)하여 보다는 뜻이
다.」라고 하고 있다. ‘視’란 반드시 직접 임할 필요는 없으므로, ‘瞻’과 ‘視’는 조금 구별된다고
하겠다. 그러나 합쳐서 말하자면 이 둘은 서로 구별되지 않는다.”라고 주(注)하였다.

그런데 ≪新甲骨文編≫에는 ‘目’과 ‘儿’을 구성 요소로 한 것은 ‘見’자로, ‘目’과 ‘人’을 구성
요소로 한 것은 ‘視’자로 명확하게 구분하여 수록하고 있음을 참고로 밝혀 둔다.[3]

갑골문에서는 지명(地名)으로 사용되었다고 짐작된다. “王正在視”(≪前2. 7. 2≫)

---

1) 中國社會科學院 考古研究所 前揭書 ≪甲骨文編≫ p.368.

2) 李孝定 前揭書 ≪甲骨文字集釋≫ p.2813.

3) 劉釗·洪颺·張新俊 前揭書 ≪新甲骨文編≫ pp.494~497을 참고.

| 觀(관) | (≪甲1850≫) | (≪粹452≫) | (≪後下6. 6≫) | (≪佚229≫) | [guān] |

이 글자는 제4편에서 살펴본 '崔'·'雚'자와 같은 글자로, 부엉이의 모양을 형상화한 상형자이다. 두 개의 '口'를 구성 요소로 하고 있는데, 이는 두 개의 커다란 눈을 돌출시켜서 이 새의 특징을 나타낸 것이다. 徐中舒는 "卜辭用崔·雚爲觀.[1] : 갑골문에서는 '崔'과 '雚'을 '觀'의 뜻으로 사용하였다."라고 하였다. 이에 의하면, 이 '觀'자는 후기자(後起字)임을 알 수 있다. ≪說文解字≫에는 이 '觀'자에 대해, "觀, 諦視也. 從見, 雚聲. 䚉, 古文觀, 从囧. : '觀'은 자세히 보다는 뜻이다. '見'을 의부, '雚'을 성부로 구성되었다. '䚉'(籲)은 '古文' '觀'자인데, '囧'을 구성 요소로 하고 있다."라고 풀이하고 있다.

갑골문에서의 뜻은 다음과 같다.

1. 관찰하다. "癸卯卜, 貞 : 王旬亡禍? 在六月乙巳壬典觀."(≪前4. 43. 4≫), "王其觀"
   (≪後下6. 6≫)

2. 제품(祭品)의 하나. '酒'와 함께 사용되었다. "乙酉酒雚, 其受祐,……大吉"(≪粹452≫)

| 欠(흠) | (≪前4. 33. 6≫) | (≪乙4836≫) | (≪庫1945≫) | (≪明1880≫) | [qiàn] |

위에 예시한 갑골문 '欠'자는 사람이 꿇어앉아서 입을 벌리고 공기를 내보내는 모양을 형상화한 자형 결구로, 사람이 하품을 하며 입으로 공기를 내보내다는 뜻이다. 이 '欠'자에 대해 ≪說文解字≫에는, "欠, 張口气悟也. 象气從儿上出之形. : '欠'은 입을 벌려서 막혀있던 공기를 풀어 내보내다는 뜻이다. '气'가 '儿'의 위로 나오는 모양을 형상화하였다."라고 풀이하고 있다.

갑골문에서의 뜻은 다음과 같다.

1. 인명(人名). "欠來不其來"(≪丙30≫), "乎子欠來……"(≪乙4835反≫)

2. 자의(字義) 불분명. "☑丑卜, 殼貞 : 欠……凡于祖丁九……?"(≪乙4275≫)

---

1) 徐中舒 前揭書 ≪甲骨文字典≫ p.969.

歐(알)		[wā]
	(≪佚950≫)	

李孝定은 위의 갑골문을 '歐'자로 수록하고는, "咼即骨之古文, 歐即許書歐字也.[1]: '咼'은 '骨'의 고문(古文)이며, '歐'은 許慎의 ≪說文解字≫에 수록되어 있는 '歐'자이다."라고 하였다. 이 '歐'자에 대해 ≪說文解字≫에는, "歐, 咽中息不利也. 從欠, 骨聲. : '歐'은 목구멍에 숨이 차다는 뜻이다. '欠'을 의부, '骨'을 성부로 구성되었다."라고 하고 있다.

갑골문에서는 지명(地名)으로 사용되었다. "……于歐……"(≪佚950≫)

歙(飲)(음)					[yǐn]
	(≪菁4. 1≫)	(≪甲205≫)	(≪乙2482≫)	(≪佚648≫)	

위에 예시한 갑골문자는 사람이 머리를 숙이고서 술잔에다 혀를 내밀고 술을 마시는 모양을 형상화한 자형 결구이다. 이 글자에 대해 商承祚는, "當爲歙字. 象人就酒器而歙.[2]: '歙'자임이 틀림없다. 사람이 술그릇을 들고 마시는 모양을 형상화하였다."라고 하여, '歙'자로 고석하였다. 이 '歙'자에 대해 ≪說文解字≫에는, "歙, 歠也. 從欠, 酓聲. 㱃, 古文歙, 從今水. 㱃, 古文歙, 從今食. : '歙'은 마시다는 뜻이다. '欠'을 의부, '酓'을 성부로 구성되었다. '㱃'(㱃)은 '古文' '歙'자인데, '今'과 '水'를 구성 요소로 하고 있다. '㱃'(㱃)은 '古文' '歙'자인데, '今'과 '食'을 구성 요소로 하고 있다."라고 풀이하고 있다.

갑골문에서의 뜻은 다음과 같다.

1. 술을 마시다. "貞 : 王歙有壱?"(≪綴合229≫)

2. 제명(祭名). 술을 헌상하며 지내는 제사. "王占曰 : 有[祟]八日庚戌有各云自東, 冒母昊, 亦有出虹自北, 歙于河"(≪菁4. 1≫)

---

1) 李孝定 前揭書 ≪甲骨文字集釋≫ p.2827.

2) 商承祚 前揭書 ≪殷契佚存考釋≫ p.81上.

次(선)					[xiàn]
	(≪前6. 35. 6≫)	(≪甲2907≫)	(≪後下42. 6≫)	(≪合集17934≫)	

徐中舒는 위의 갑골문자들을 '次'자로 수록하고는, "象人口液外流形. …… 引申爲泛溢之意, 後世別作羨.[1] : 사람 입에서 침이 바깥으로 흐르는 모양을 형상화하였다. …… 인신(引申)되어 가득차서 넘치다는 뜻이 되었고, 후세에 와서는 별도로 '羨'자를 만들었다."라고 하였다. 이 갑골문 '次'자를 과거에는 '次'자로 고석하기도 하였으나, 지금은 '次'자로 간주하는 것이 일반적이다. 이 '次'자에 대해 ≪說文解字≫에는, "次, 慕欲口液也. 從欠水. 㳄, 次或從侃. 㳄, 籒文次. : '次'은 선모(羨慕)하고 욕심이 나서 침을 흘리다는 뜻이다. '欠'과 '水'를 구성 요소로 하고 있다. '㳄'(㳄)은 '次'의 혹체자로, '侃'을 구성 요소로 하고 있다. '㳄'(㳄)은 주문(籒文) '次'자이다."라고 풀이하고 있다. 이에 대해 段玉裁는, "俗作涎, 郭注≪爾雅≫作唌. : 세속에서는 '涎'으로 쓰는데, 郭璞의 ≪爾雅注≫에는 '唌'으로 쓰고 있다."라고 주(注)하였다.

갑골문에서의 뜻은 다음과 같다.

1. 물이 범람하다. "乙卯卜, 貞 : ☒泉來水次?"(≪存下154≫)
2. 제명(祭名)으로 짐작된다. "甲戌[卜], 扶于來丁酉父乙次?"(≪甲2907≫), "叀七牛次用王受又"(≪撫續88≫)
3. 인명(人名). "王叀次命五族伐羌"(≪後下42. 6≫)

---

1) 徐中舒 前揭書 ≪甲骨文字典≫ p.987.

第 9 篇

頁(혈)					[yè]
	(≪珠320≫)	(≪乙8780≫)	(≪乙8815≫)	(≪合集22215≫)	

위에 예시한 갑골문자들은 꿇어 앉아 있는 사람의 모양을 형상화한 자형인데, 그 머리 부분을 돌출시켜 강조함으로써 사람 머리라는 뜻을 나타내고 있다. 이 글자에 대해 李孝定은 "古文頁·百·首當爲一字. 頁象頭及身, 百但象頭, 首象頭及其上髮, 小異耳. 此並髮·頭·身三者皆象之.[1] : 고문자(古文字)에서 '頁'·'百'·'首'는 같은 글자였음이 분명하다. '頁'은 머리와 신체를 형상화하였고, '百'는 머리만 형상화했으며, '首'는 머리와 그 위에 난 머리카락을 형상화하였는데, 작은 차이가 있을 뿐이다. 이 갑골문 '頁'자는 머리카락·머리·신체 세 가지를 모두 형상화하였다."라고 하여, '頁'자라고 고석하였다. ≪說文解字≫에는 이 '頁'자에 대해, "頁, 頭也. 從百, 從儿. 古文䭈首如此. : '頁'은 머리라는 뜻이다. '百'를 구성 요소로 하고, '儿'을 구성 요소로 하고 있다. '古文' '䭈首'[머리가 땅에 닿도록 조아리며 절하다]의 '首'자가 이와 같다."라고 풀이하고 있다. 본편(本篇) 아래의 '百'자와 '首'자에 대한 해설을 참고하기 바란다.

갑골문에서의 뜻은 다음과 같다.

---

1) 李孝定 前揭書 ≪甲骨文字集釋≫ p.2837.

1. 사람의 머리. "己巳卜, 雀不其昌頁? 己巳卜, 雀昌頁? 十二月."(《乙4718》)
2. '貞人'의 이름. "……卜, 頁[貞] : ……叀……?"(《珠320》)
3. 자의(字義) 불분명. "四子父丁頁"(《乙8780》), "五子父丁頁."(《乙8815》)

百(수)   (《前6. 17. 7》)   (《珠268》)   (《後下7. 12》)   (《掇1. 87》)   [shǒu]

李孝定은 위의 갑골문자들을 '百'자로 수록하고는, "二文並讀書九切, 二者實爲一字. 許君盖以二者各有从屬之字, 故分爲二部, 各爲部首耳.[1] : (百·首) 두 글자는 모두 '書九'의 반절(反切)로 읽으며, 두 글자는 사실은 같은 글자이다. 許愼은 이 두 글자가 모두 각기 종속된 글자가 있기 때문에 두 부류(部類)로 나누어 각기 부수로 삼았을 뿐이다."라고 하였다. 위의 갑골문은 머리털을 제외한 머리 모양을 형상화한 상형자이다. 이 '百'자에 대해 《說文解字》에는, "百, 頭也. 象形. : '百'는 머리라는 뜻이다. 상형자이다."라고만 하고 있다.

갑골문에서도 머리라는 뜻으로 사용되었다. "甲辰卜, 出貞 : 王疾百亡延?"(《後下7. 12》), "☒☒卜, 殼[貞] : 有疒百?"(《珠268》)

面(면)   (《甲416》)   (《甲2375》)   [miàn]

이 갑골문은 '目'과 '囗'를 구성 요소로 하고 있는데, '目'[눈]을 둘러싸고 있는 '囗'는 얼굴의 윤곽을 나타낸 것으로, '面'자이다. 《說文解字》에는 이 '面'자에 대해, "面, 顏前也. 從百, 象人面形. : '面'은 얼굴 앞부분이라는 뜻이다. '百'를 구성 요소로 하고, ('囗'는) 사람의 얼굴(과 뒷골의 경계가 나누어진) 모양을 형상화하였다."라고 풀이하고 있다. 이 '面'자에 대해 徐中舒는 "目乃面部最主要之特點, 故從目. …… 疑《說文解字》誤目爲百, 而隷從目, 乃存古體.[2] : 눈은 얼굴에서 가장 중요한 특점이므로 이를 구성요소로 한 것이다. ……

---

1) 李孝定 前揭書 《甲骨文字集釋》 p.2849.
2) 徐中舒 前揭書 《甲骨文字典》 p.993.

≪說文解字≫에서는 아마도 ‘目’을 ‘百’로 잘못 인식한 것으로 짐작되는데, ‘目’을 구성 요소로 한 것으로 예정(隷定)한 것은, 고대의 자체(字體)를 보존한 것이다.”라고 설명하였다.

갑골문에서의 뜻은 다음과 같다.

1. 방국명(方國名). “己卯卜, 王咸戔☒余曰隹☒尸伐面……?”(≪後下15. 5≫)

2. 자의(字義) 불분명. “……面允……”(≪甲2375≫), “値面[黑]”(≪甲416≫)

| 首(수) | ≪前6. 7. 1≫ | ≪乙3401≫ | ≪乙6419≫ | ≪合集6033反≫ | [shǒu] |

위의 갑골문 ‘首’자는 머리카락과 함께 머리 전체의 모양을 형상화한 상형자이며, 본편(本篇) 앞에서 살펴본 ‘百’자와 동자(同字)이다. 이 ‘首’자에 대해 ≪說文解字≫에는, “首, 古文百也. 巛象髮, 髮謂之鬊, 鬊即巛也. : ‘首’는 ‘百’의 ‘古文’이다. ‘巛’은 머리털[髮]을 형상화한 것이며, ‘髮’은 ‘鬊’이라고도 하므로, ‘鬊’이 바로 ‘巛’자이다.”라고 풀이하고 있다.

갑골문에서의 뜻은 다음과 같다.

1. 머리. “旬有祟王疾首中日羽”(≪合集13613≫)

2. 지명(地名). “甲戌卜, 㱿貞 : 翊乙亥王㽙首亡禍?”(≪乙3401≫)

| 彡(삼) | ≪甲870朱書≫ | ≪粹107≫ | ≪前1. 2. 3≫ | ≪合集22726≫ | [shān] |

≪甲骨文編≫의 제8권에는 ≪甲13≫의 ‘彡’자를 ‘肜’자로 수록하고는, “卜辭用彡爲肜祭之肜. : 갑골복사에서는 ‘彡’을 제사(祭祀)를 지낸 다음날에 연이어 지내는 제사인 ‘肜祭’의 ‘肜’의 뜻으로 사용하고 있다.”라고 하고 있으며; 또 제9권에는 위에 예시한 갑골문들을 ‘彡’자로 수록하고, “彡用爲肜祭之肜. : ‘彡’은 제사 다음날에 다시 지내는 제사라는 뜻의 ‘肜祭’의 ‘肜’자로 사용되었다.”라고 하고 있다.[1] 제8편의 ‘肜’자에 대한 해설을 참조하기 바란다. ≪說文解字≫에는, 이 ‘肜’자에 대해서는 “肜, 船行也. 從舟, 彡聲. : ‘肜’은 배가 다니다는 뜻이

---

1) 中國社會科學院考古研究所 前揭書 ≪甲骨文編≫ p.358 및 p.371.

다. '舟'를 의부, '彡'을 성부로 구성되었다."라고 하고 있으나, '肜祭'의 '肜'자는 수록되어 있지 않으며, '彡'자에 대해서는, "彡, 毛飾畫文也. 象形. : '彡'은 모발(毛髮) · 채식(彩飾) · 필획(筆劃) · 화문(花紋) 등을 뜻한다. 상형자이다."라고 하고 있다. 이에 대해 徐中舒는 "以筆所畫之文爲彡, 然實際亦應包括刀刻 · 刺繡等之紋飾. 器物衣飾之紋皆連綿銜接, 故引伸有相續不絕之義. 卜辭借用爲肜.[1] : 붓으로 그린 무늬가 '彡'의 뜻이지만, 실제로는 칼로 새긴 것과 자수(刺繡) 등의 무늬 장식도 포함해야 한다. 기물과 의복의 장식 무늬는 그 모양이 모두 서로 연이어 있으므로 여기서 인신(引伸)하여 서로 연속되어 끊이지 않는다는 뜻도 가지게 되었다. 갑골복사에서는 가차하여 '肜'의 뜻으로 사용되었다."라고 설명하였다.

그런데 董作賓은 이 '彡'자에 대해, "以彡爲相續不絕, 似是後起之義. 在殷代當是伐鼓而祭之義. …… 彡之義殆爲鼓聲, 此可於彭字證之. 彭在卜辭爲地名及貞人名, 字作⚎ · ⚎, 左爲鼓形, 右象其聲, 卽彡字也. 彭之初誼, 殆擬鼓聲之彭彭, 故伐鼓而祭, 卽謂之彡矣.[2] : '彡'자를 서로 연이어 끊어지지 않다는 뜻이라고 하는 것은 뒤에 생겨난 뜻인 것 같다. 殷代에는 북을 치며 거행하는 제사라는 뜻임이 틀림없다. …… '彡'의 자의(字義)는 북소리인 것 같은데, 이는 '彭'자를 통해서 증명할 수 있다. '彭'은 갑골복사에서 지명이나 '貞人'의 이름이고, 갑골문으로는 ⚎ · ⚎으로 쓰는데, 왼쪽 편방은 북의 모양이고 오른쪽은 그 소리를 형상화한 것으로, 바로 '彡'자이다. '彭'자의 본의(本義)는 '둥둥'하는 북소리를 의미하므로, 북을 치며 거행하는 제사를 바로 '彡'이라고 일컫는다."라고 하였다. ≪說文解字≫에는 '壴'부(部)의 이 '彭'자에 대해, "彭, 鼓聲也. 從壴, 從彡. : '彭'은 북소리라는 뜻이다. '壴'를 구성 요소로 하고, '彡'을 구성 요소로 하고 있다."라고 하고 있다. 이 갑골문에 대해 李孝定은, "據彭字亦从彡聲求之, 知壴彭肜所从得聲之彡, 實卽契文之⚌⚌, 乃彭之古文所以象鼓聲者, 董先生所說是也. 字實非訓象毛飾畫文而讀所銜切之彡, 其形雖同, 而音義各別也. 鼓聲彭彭相續不絕, 以此爲祭謂之彡祭, 引申而有尋繹不絕之義耳.[3] : '彭'자 역시 '彡'을 성부로 구성된 것에 의거하여 탐구하면, '彭' · '肜' · '肜' 등의 글자들이 성부로 구성한 '彡'은, 사실은 바로 갑골문의 '⚌' · '⚌'자이고, 이는 곧 '彭'자의 고문자(古文字)들이며, 북소리를 형상화한 것이므로, 董선생님(董作賓)의 주장이 옳다. ('彡' · '⚌' · '⚌' 등의) 이 갑골문자는

---

1) 徐中舒 前揭書 ≪甲骨文字典≫ p.995.
2) 董作賓 前揭書 ≪董作賓先生全集≫ 第6册 p.100.
3) 李孝定 上揭書 ≪甲骨文字集釋≫ pp.2763~2764.

사실은 (≪說文解字≫에서) '毛飾畫文'을 형상화한 것이라고 자의(字義) 해설을 하고 독음은 '所衘'의 반절(反切)이라고 풀이한 '彡'자가 아니다. 비록 자형은 같지만, 자음(字音)과 자의는 각기 다르다. 북소리가 '둥둥' 끊임없이 계속되는 것으로 거행하는 제사를 '彡祭'라고 하며, 이에서 인신(引伸)되어 연이어 끊임없다는 뜻을 나타내게 되었을 뿐이다."라고 정리하였다.

갑골문에서는 제명(祭名) 곧 '彡祭'로, 商代 특유의 주제(週祭) '五種祭祀[1]'의 하나로 사용되었다. "癸卯王卜, 貞：旬亡禍? 在四月. 王占曰：大吉. 甲辰彡大甲"(≪後上19. 4≫), "癸酉卜, 貞：王賓祭示彡, 亡尤?"(≪前1. 2. 3≫), "丁酉卜, 尹貞：王賓祖丁彡, 亡尤? 在二月"(≪粹307≫)

| 文(문) | (≪前1. 18. 1≫) | (≪甲3940≫) | (≪乙6821反≫) | (≪合集18682≫) | [wén] |

사람의 몸에 무늬가 있는 모양을 형상화한 자형인데, 羅振玉이 이를 '文'자로 고석하여,[2] 정설이 되었다. 똑바로 서 있는 사람의 가슴에 문신(文身)을 한 모양이다. ≪說文解字≫에는, "文, 錯畫也. 象交文. : '文'은 교차하여 새긴 무늬라는 뜻이다. 교차한 무늬의 모양을 형상화하였다."라고 풀이하고 있다.

갑골문에서의 뜻은 다음과 같다.

1. 商 왕실의 선왕(先王) '文武丁'을 지칭한다. "……文武丁伐十人, 卯六牢……"(≪前1. 18. 4≫), "……文武丁……"(≪甲3940≫)
2. 지명(地名). "癸酉卜, ……文邑?"(≪甲3614≫)
3. 인명(人名) "……文入十……"(≪乙6820反≫)

---

1) 이 '五種祭祀'에 대해서는 許進雄의 ≪殷卜辭中五種祭祀的研究≫(臺灣大學文學院 1968. 臺北)을 참고 바람.
2) 羅振玉 前揭書 ≪增訂殷虛書契考釋≫ 卷上 p.4下.

后(후)	 (≪前2. 24. 8≫)	 (≪戩3. 11≫)	 (≪京津4033≫)	[hòu]

≪甲骨文編≫에는 ≪前2. 24. 8≫의 ‘’자를 ‘后’자로 수록하고, “卜辭用毓爲后.[1] : 갑골복사에서는 ‘毓’자를 ‘后’자의 뜻으로 사용하고 있다.”라고 하고 있다. 이는 갑골문 ‘’자는 ‘毓’자인데, ‘后’자의 뜻으로 사용된다는 말이다. 이 ‘毓’자는 ‘育’자의 혹체자인데, 이에 대해서는 제14편의 ‘育’자에 대한 해설을 참조하기 바란다.

‘后’자에 대해 ≪說文解字≫에는, “后, 繼體君也. 象人之形, 從口. 易曰 : 后目施令告四方. : ‘后’는 왕위를 계승한 군주(君主)라는 뜻이다. 사람의 모양을 형상화하였고, ‘口’를 구성요소로 하였다. ≪周易 · 姤卦 · 象≫에, 「군왕(君王)이 명령을 내려서 사방에 알리게 된다.」라고 하고 있다.”라고 풀이하고 있다. 그리고 이 ‘后’자에 대해 羅振玉은 王國維의 주장을 인용하여, “后字本象人形, 厂當卽𠤎之譌變, 𠙵則倒子形之譌變也. 后字之誼本從毓誼引申, 其後産子之字專用毓育二形. 繼體君之字專用𠩵形, 遂成二字, 又譌𠩵爲后.[2] : ‘后’자는 본래 사람의 모양을 형상화한 것으로, ‘厂’은 ‘𠤎’이 잘못 변형된 것임이 분명하고, ‘𠙵’도 ‘子’의 도치된 모양이 잘못 변형된 것이다. ‘后’자의 뜻은 본래 ‘毓’ 즉 아이를 낳다는 뜻에서 인신(引伸)된 것인데, 그 후 아이를 출산하다는 뜻으로는 ‘毓’ · ‘育’ 두 자형이 전용(專用)되었다. 그리고 ‘繼體君’ 즉 왕위를 계승한 군주(君主)라는 뜻으로는 ‘𠩵’의 자형이 전용됨으로써 마침내 두 개의 글자가 만들어진 것인데, 여기서 다시 ‘𠩵’를 잘못 변형하여 ‘后’자로 만들었다.”라고 하였다. 이에 의하면, ≪說文解字≫의 ‘后’자의 자의(字義) 해설은 본의가 아니라, ‘毓’자의 자형 와변(訛變)에 의한 인신의(引伸義)임을 알 수 있다.

갑골문에서의 뜻은 다음과 같다.

1. 선비(先妣)에 대한 존칭(尊稱). “庚戌卜, 何貞 : 翊辛亥又后妣辛饗?”(≪佚266≫)
2. ‘多后’로 사용되어 商 왕실의 선공(先公) 선왕(先王)을 지칭한다. “癸未王卜, 貞 : 酌彡日自上甲至多后衣亡壱? 自[祸]在四月, 隹王二祀.”(≪前3. 27. 7≫)
3. 지명(地名). “其求年在后, 王受年”(≪京津3895≫)

---

1) 中國社會科學院考古研究所 前揭書 ≪甲骨文編≫ p.373.

2) 羅振玉 前揭書 ≪增訂殷虛書契考釋≫ 卷上 p.52下.

| 司(사) |
(≪前4. 27. 8≫) |
(≪佚843≫) |
(≪乙7009≫) |
(≪後下9. 13≫) | [sī] |

葉玉森은 이 글자를 '司'자로 고석하면서, "司卽祠. 羅氏考釋謂商稱年曰祀, 又曰祠. 是也.[1] : '司'는 곧 '祠'자의 뜻이다. 羅振玉은 이를 고석하여 이르기를, 「商代에는 '年'을 일러 '祀'라고 하였고, 또 '祠'라고 하기도 했다」라고 했다. 이는 옳은 고석이다."라고 하였다. ≪說文解字≫에는, "司, 臣司事於外者. 從反后. : '司'는 신하로서 밖에서 일을 처리하는 사람이라는 뜻이다. '后'자를 반대로 뒤집어 놓은 형상으로 되어 있다."라고 풀이하고 있다. 그러나 ≪甲骨文編≫에는 위에 예시한 바와 같이 '司'자와 대칭되는 자형도 '后'로 수록되어 있지 않고 모두 '司'자로 수록되어 있는데,[2] 이는 갑골문자의 특징 중의 하나로서, 대칭되는 자형(字形)의 정반형(正反形)은 동자(同字)라는 점을 고려하였기 때문이었을 것이다.

갑골문 '司'자에 대해 徐中舒는, "從刁從ㅂ, 刁象倒置之柶, 柶所以取食. 以倒柶覆於口上會意爲進食. 自食爲司, 食人食神亦稱司, 故祭祀時獻食於神祇亦稱司, 後起字爲祠. 氏族社會中食物爲共同分配, 主持食物分配者亦稱司.[3] : ('司'자는) '刁'를 구성 요소로 하고, 'ㅂ'를 구성 요소로 하고 있는데, '刁'는 도치된 숟가락의 모양을 형상화하였고, 숟가락은 음식을 먹는 도구이다. 도치된 숟가락이 입 위를 덮는 것으로 음식을 먹다는 뜻을 도출하고 있다. 스스로 먹는 것이 '司'인데, 다른 사람이나 신(神)에게 먹이는 것도 '司'로 칭하였다. 그래서 제사에서 신기(神祇)에게 음식을 진헌(進獻)하는 것도 역시 '司'라고 했는데, 이의 후기자(後起字)로 '祠'자를 조자(造字)하게 되었다. 씨족사회에서 음식물은 공동으로 나누었는데, 이 음식 분배를 주관하는 사람도 역시 '司'라고 칭하였다."라고 하였다.

갑골문에서의 뜻은 다음과 같다.

1. '祠'와 통용. 제사(祭祀). "王貞 : ☒司祖丁王?"(≪甲1197≫), "庚寅卜, 出王品司癸巳不? 二月."(≪甲241≫)

2. 제사의 장소. '司室'. "壬辰卜, 貞 : 設司室?"(≪前4. 27. 8≫)

3. 선비(先妣)의 이름. '司母'. "……卜, 瞋貞 : ……侑司母?"(≪佚466≫)

1) 葉玉森 前揭書 ≪殷虛書契前編集釋≫ 2卷 p.28下.

2) 中國社會科學院考古研究所 前揭書 ≪甲骨文編≫ p.373.

3) 徐中舒 前揭書 ≪甲骨文字典≫ p.998.

| 卩(절) | 𠂤 (≪前5. 18. 5≫) | 𠃉 (≪英935反≫) | 𠂊 (≪甲2451≫) | 𠂉 (≪續1. 44. 1≫) | [jié] |

꿇어앉은 사람의 옆모습을 형상화한 자형인데, 羅振玉이 이를 '卩'자로 고석하여[1] 정설이 되었다. ≪說文解字≫에는, "卩, 瑞信也. 守國君者用玉卩, 守都鄙者用角卩, 使山邦者用虎卩, 土邦者用人卩, 澤邦者用龍卩, 門關者用符卩, 貨賄用璽卩, 道路用旌卩. 象相合之形. : '卩'은 부절(符節)이라는 뜻이다. 방국(邦國)을 지키는 제후는 옥(玉)부절(符節)을 사용하고, 도성(都城)과 변계(邊界)를 지키는 대부(大夫)는 물소 뿔 부절을 사용하며, 산악 지역의 나라로 출사(出使)하는 사람은 호랑이가 새겨진 부절을 사용하고, 평원에 있는 나라로 출사하는 사람은 사람의 모양이 새겨진 부절을 사용하며, 호택(湖澤) 지역의 나라로 출사하는 사람은 용이 새겨진 부절을 사용하고, 문(門)과 관(關)을 지키는 사람은 대나무로 만든 부절을 사용하며, 화폐(貨貝)와 재물의 교환을 관리하는 사람은 인장(印章)이 새겨진 부절을 사용하고, 도로와 교통을 관리하는 사람은 5색 깃털로 장식된 부절을 사용한다. (가운데를 갈라서) 서로 부합되는 모양을 형상화하였다."라고 풀이하고 있다.

갑골문 '卩'자에 대해 徐中舒는, "象人席地而坐之坐姿. 段玉裁謂 : 古人之跪與坐皆卻著於席, 而跪聳其體, 坐下其臀.[≪說文≫居字下注] 跪爲殷人祭祀時跪拜姿態, 坐爲燕居閒處姿態, 因皆爲雙膝著於地之形, 故得同以𠂊象之而不復區別. 𠂊字因有祭祀時禮拜之義.[2] : ('卩'자는) 사람이 땅에 자리를 깔고 앉은 자세를 형상화하였다. 段玉裁는 「고대인(古代人)들의 '跪'와 '坐'라는 것은 모두 무릎을 자리에 닿게 하되, '跪'는 몸체를 우뚝 세우고, '坐'는 볼기를 낮추는 자세이다.」[≪說文解字≫의 '居'자에 대한 주(注)]라고 하였다. '跪'는 殷나라 사람들이 제사를 지낼 때에 절을 하는 자세이고, '坐'는 평상시에 한가하게 거처할 때의 자세이지만, 둘 다 양 무릎을 땅에 대고 있는 모양이기 때문에 다같이 '𠂊'의 형상으로 나타내어서 다시 서로 구별하지 않은 것이다. '𠂊'자는 이 때문에 제사를 지낼 때에 예를 갖추어 절을 한다는 뜻을 가지게 되었다."라고 하였다.

---

1) 羅振玉 前揭書 ≪增訂殷虛書契考釋≫ 卷中 p.19上을 참고.

2) 徐中舒 前揭書 ≪甲骨文字典≫ pp.999~1000.

갑골문에서는 제사를 지낼 때에 예(禮)를 행하다는 뜻으로 사용되었다. "丁卯卜, 用今卩于兄己?"(≪續1. 44. 1≫)

| 令(령) | (≪前5. 4. 3≫) | (≪甲597≫) | (≪粹506≫) | (≪後上17. 1≫) | [lìng] |

위의 갑골문은 'A'과 꿇어앉아 있는 사람으로 구성되어 있는데, 이 글자를 羅振玉이 '令'자로 고석하여,[1] 정설이 되었다. 이는 입으로 아랫사람에게 명령을 내리는 것을 형상화한 자형 결구이다. 이 '令'자에 대해 ≪說文解字≫에는, "令, 發號也. 從亼卩. : '令'은 명령을 내리다는 뜻이다. '亼'과 '卩'을 구성 요소로 하고 있다."라고 풀이하고 있다. 이에 대해 林義光은, "卩卽人字. 從口在人上, 象口發號·人跪伏以聽也.[2] : '卩'은 '人'자이다. '口'가 '人'자 위에 있는 모양으로 구성되어 있는데, 이는 입으로 명령을 내리고 사람이 꿇어 엎드려서 이를 듣고 받드는 것을 형상화한 것이다."라고 하였다.

갑골문에서의 뜻은 다음과 같다.

1. 명령하다. "……殼貞 : 翊辛未伐令工(方)?"(≪後上17. 1≫), "☒未貞 : 王其令望乘帚其告(于)祖乙一牛, 父丁一(牛)?"(≪粹506≫)

2. 지명(地名). "貞 : 帝于令?"(≪前3. 24. 6≫)

| 吅(叩)(손) | (≪前6. 5. 4≫) | (≪粹1389≫) | (≪甲3541≫) | (≪佚897≫) | [zhuàn] |

두 사람이 앞뒤로 꿇어앉은 모양을 형상화한 자형인데, 이 글자에 대해 羅振玉은 ≪前6. 5. 4≫의 '吅'자를 '吅'자로 수록하고, "從二人跪而相從之狀, 疑卽古文巽字也.[3] : 두 사람이 꿇어앉아서 서로 따르는 모양으로 구성되어 있는데, 바로 '古文' '巽'자로 짐작된다."라고

1) 羅振玉 前揭書 ≪增訂殷虛書契考釋≫ 卷中 p.54上을 참고.

2) 林義光 ≪文源≫, 丁福保 前揭書 ≪說文解字詁林正補合編≫ 第7冊 p.7-1094에서 재인용.

3) 羅振玉 前揭書 ≪增訂殷虛書契考釋≫ 卷中 p.54下.

하였다. ≪說文解字≫에는 이 '卪'자에 대해, "卪, 二卪也. 巽從此. 闕. : '卪'은 두 개의 부절 '卪'자가 나란한 모양으로, 전부라는 뜻을 나타낸다. '巽'자 즉 '巽'자가 이를 구성 요소로 하고 있다. 독음에 대한 해설은 궐(闕)한다."라고 풀이하고 있다.

갑골문에서의 뜻은 다음과 같다.

1. 제사에 헌상된 사람 희생(犧牲). "戊寅卜, 祐妣庚五卪十牢? 不用."(≪佚897≫)

2. '貞人'의 이름. "壬子卜, 卪貞 : 今月禍亡?"(≪粹1380≫)

3. 인명(人名)으로 짐작된다. "貞 : 卪其有禍?"(≪乙6782≫)

| 印(인) 抑(억) | (≪前4. 46. 3≫) | (≪乙111≫) | (≪佚674≫) | (≪合集8329≫) | [yin] |

≪甲骨文編≫에는 이 글자들을 모두 '印'자로 수록하고, "从爪从卪, 象以手抑人而使之跪跽之形. 古印卬一字, 印訓按訓屈訓枉訓止, 其義亦由抑按引申而來.[1] : '爪'와 '卪'을 구성 요소로 하고 있는데, 손으로 다른 사람을 눌러서 그를 꿇어앉힌 모양을 형상화하였다. 고대에는 '印'과 '卬'자는 같은 글자였으며, '印'자를 '누르다', '굴복하다', '굽히다', '제지(制止)하다' 등의 뜻이라고 풀이하는데, 이런 자의(字義)들 역시 '억누르다'는 뜻에서 인신(引伸)되어 나온 것이다."라고 하고 있다. 위의 갑골문 '印'자는 '手'와 '卪'을 구성 요소로 하고 있는데, 이는 손으로 다른 사람을 누르는 모양을 형상화한 자형 결구이다. 그런데 이 '印'자는 후세에는 '누르다'는 뜻에서 인신되어 인장(印章)이라는 뜻의 명사로 사용되었다. 이 때문에 ≪說文解字≫에는 '印'자와 '归'자로 나뉘어져 있는데, 인장이라는 뜻으로는 '爪'가 '卪'의 위쪽에 위치한 '印'자로 쓰고, 누르다는 뜻으로는 '爪'가 '卪'의 오른쪽에 위치한 '归'['抑'의 본자(本字)]자로 쓰고 있다. 그리고 '印'자에 대해서는, "執政所持信也. 從爪卪. : 집정자(執政者)가 소지(所持)하는 인신(印信)이라는 뜻이다. '爪'와 '卪'을 구성 요소로 하고 있다."라고 풀이하고 있으며; '归'자에 대해서는, "按也. 從反印. 抑, 俗從手. : 누르다는 뜻이다. 뒤집은 '印'자의 모양으로 구성되었다. '抑'(抑)은 '归'의 속자(俗字)인데, '手'를 구성 요소로 하고 있다."라고 풀이하고 있다.

---

1) 中國社會科學院考古硏究所 前揭書 ≪甲骨文編≫ p.377.

이에 대해 羅振玉은, "卜辭𣪊字, 從爪, 從人跽形, 象以手抑人而使之跽. 其誼如許書之抑, 其字形則如許書之印. …… 許書印·抑二字古爲一字. …… 反印爲抑, 殆出晚季, 所以別於印信字也.[1] : 갑골복사 '𣪊'자는 '爪'와 꿇어앉은 사람의 모양을 구성 요소로 하고 있는데, 이는 손으로 사람을 눌러서 꿇어앉힌 모양을 형상화한 것이다. 따라서 그 뜻은 許愼의 ≪說文解字≫의 '抑'자와 같고, 자형은 ≪說文解字≫의 '印'자와 같다. …… ≪說文解字≫의 '印'·'抑' 두 글자는 고대에는 같은 글자였다. …… '印'을 뒤집어 쓴 것이 '抑'자인데, 이는 아마도 후세에 나왔을 것이며, '印信'의 '印'자와 구별하기 위함일 것이다."라고 하였다.

갑골문에서의 뜻은 다음과 같다.

1. 지명(地名). "戊戌卜, 其[阴]翊己印啟不見雲?"(≪乙445≫)
2. 방국명(方國名). "戊申卜, 方父丁自南其征印?"(≪乙151≫), "王貞：馬方……口喪印?"(≪前4. 46. 3≫)

卯(경)				[qīng]
	(≪乙1277≫)	(≪餘2. 2≫)	(≪合集27281≫)	

위의 갑골문자는 두 사람이 마주 보고 앉아 있는 모양을 형상화한 자형인데, 이는 ≪說文解字≫에 수록된 '卯'자의 소전체(小篆體)와 같다. ≪說文解字≫에는, "卯, 事之制也. 從卩卩. 闕. : '卯'은 일을 처리하는 제도라는 뜻이다. '卩'과 '卩'를 구성 요소로 하고 있다. 독음에 대한 해설은 궐(闕)한다."라고 풀이하고 있다. ≪甲骨文編≫에는 ≪乙1277≫의 𣪊자를 '卯'자로 수록하고는, "卜辭卯𣪊同字.[2] : 갑골복사에서의 '卯'과 '𣪊'은 같은 글자이다."라고 하고 있다. 그리고 羅振玉은 갑골문 𣪊자를 '卯'자로 수록하고는, "卜辭𣪊字從二人相向. …… 此爲嚮背之嚮字. 卯象二人相嚮.[3] : 갑골복사의 '𣪊'자는 두 사람이 서로 마주 향한 모양으로 구성되어 있다. …… 이는 '嚮背'의 '嚮'자이다. '卯'자는 두 사람이 서로 마주 향한 모양을 형상화한 것이다."라고 하였다. 이는 제6편의 '鄕'자에 대한 해설에서 언급한 바와 같이 갑골문에서의 '鄕'·'嚮'·'饗'자는 서로 통용된 사실에 근거한 주장들이다. 이에

---

1) 羅振玉 前揭書 ≪增訂殷虛書契考釋≫ 卷中 pp.54下~55上.

2) 中國社會科學院考古硏究所 前揭書 ≪甲骨文編≫ p.378.

3) 羅振玉 前揭書 ≪增訂殷虛書契考釋≫ 卷中 p.54下.

따라 徐中舒는 "象二人張口相向之形, 爲囂背之囂初字. : 두 사람이 입을 벌리고 서로 마주 향하고 있는 모양을 형상화하였는데, '囂背'의 '囂'자의 초기의 글자이다."라고 하였다.

갑골문에서는 '饗'의 뜻으로 사용된 것으로 짐작된다. "……貞 : [登]卯六人?"(≪乙1277≫)

卿(경)					[qīng]
	(≪甲427≫)	(≪佚266≫)	(≪燕588≫)	(≪前1. 36. 3≫)	

꿇어앉아 마주 보고 있는 두 사람과 식기(食器) 하나를 구성 요소로 하고 있는데, ≪甲骨文編≫에는 이 글자들이 모두 '卿'자로 수록되어 있고, "象二人向食之形, 引申以爲宴饗之饗. 因其有相向之義, 故又用爲公卿之卿.[1] : 두 사람이 음식을 마주 보고 있는 모양을 형상화하였는데, 여기서 인신하여, '宴饗'의 '饗'자가 되었다. 그리고 서로 마주 향하고 있다는 뜻도 있기 때문에, 또한 '公卿'의 '卿'자로도 사용되었다."라고 하고 있다. 이는 '卿'자와 '饗'자는 고대에 같은 글자였다는 말인데, 제5편의 '饗'자와 제6편의 '鄕'자에 대한 해설을 참고하기 바란다.

이 '卿'자에 대해 ≪說文解字≫에는, "卿, 章也. 六卿 : 天官冢宰 · 地官司徒 · 春官宗伯 · 夏官司馬 · 秋官司寇 · 冬官司空. 從卯, 皀聲. : '卿'은 진선(眞善)을 표창(表彰)하고, 사리에 맞고 밝게 처리하는 사람이라는 뜻이다. ≪周禮≫의 6경(卿)에는, '天官冢宰' · '地官司徒' · '春官宗伯' · '夏官司馬' · '秋官司寇' · '冬官司空' 등이 있다. '卯'을 의부, '皀'을 성부로 구성되어 있다."라고 풀이하고 있다. 徐中舒는 이 '卿'자에 대해, "從卯從皀, 皀爲食器, 象二人相嚮共食之形, 爲饗之初字. 饗 · 鄕(後起字爲饗) · 卿初爲一字. 蓋宴饗之時須相嚮食器而坐, 故得引申爲鄕, 更以陪君王共饗之人分化爲卿.[2] : '卯'을 구성 요소로 하고 '皀'을 구성 요소로 하고 있는데, '皀'은 식기이고, 두 사람이 마주 향하여 함께 음식을 먹는 모양을 형상화한 것으로, '饗'자의 초문(初文)이다. '饗' · '鄕'[후기자(後起字)가 '饗'자이다.] · '卿'은 애당초에는 같은 글자였다. 아마 향연에서는 식기를 향하여 서로 마주 향하고 앉아야 했으며, 그 때문에 인신하여 '鄕'자의 뜻을 가지게 되었는데, 더 나아가 군왕(君王)을 모시고 함께 음식을 대접하는 사람을 따로 '卿'으로 분리한 것으로 짐작된다."라고 풀이하고

---

1) 中國社會科學院考古硏究所 前揭書 ≪甲骨文編≫ p.378.
2) 徐中舒 前揭書 ≪甲骨文字典≫ p.1014.

있다. 또 羅振玉은 '鄕'자에 대한 해설에서, "象饗食時賓主相嚮之狀, 卽饗字也. 古公卿之卿·鄕黨之鄕·饗食之饗, 皆爲一字.[1] : 향연에서 음식을 대접할 때 손님과 주인이 서로 마주하고 있는 모양을 형상화하였는데, 바로 '饗'자이다. 고대에는 '公卿'의 '卿'자와 '鄕黨'의 '鄕'자 그리고 '饗食'의 '饗'자가 모두 같은 글자였다."라고 하였다.

갑골문에서의 뜻은 다음과 같다.

1. 관명(官名). "貞 : 卿史于寮北宗不大雨?"(≪前4. 21. 7≫), "……乎歸克卿王事."(≪甲 427≫)

2. '饗'과 통용. 조상(祖上)에게 향사(饗祀)하다. "庚戌卜, 何貞 : 翊辛亥, 其毓妣辛饗?"(≪佚266≫), "庚子, 王饗于祖辛"(≪京都293≫)

3. '饗'과 통용. 향연(饗宴). "甲寅卜, 彭貞 : 其饗多子?"(≪甲2734≫)

4. '嚮'과 통용. "……于西方東嚮"(≪粹1252≫), "其北嚮"(≪綴106≫)

辟(벽)   (≪戩37. 12≫)   (≪前4. 15. 7≫)   (≪乙6768≫)   (≪甲3238≫)   [bì]

위의 갑골문자는 꿇어앉은 사람과 '辛'을 구성 요소로 하고 있는 '辟'자인데, 여기에서의 '辛'은 부월(斧鉞)의 모양을 형상화한 것이다. 이 글자는 꿇어앉은 사람에게 도끼를 사용하여 형벌을 가하는 모양을 형상화한 자형 결구인 것으로 미루어 보면, 도끼를 사용하는 '斧刑'의 뜻일 것이라 짐작된다. 이 '辟'자에 대해 ≪說文解字≫에는, "辟, 法也. 從卩辛, 節制其辠也. 從口, 用法者也. : '辟'은 법도(法度)라는 뜻이다. '卩'과 '辛'을 구성 요소로 하고 있는데, 이는 사람들이 죄를 범하는 것을 절제(節制)하다는 뜻을 나타낸다. 그리고 '口'를 구성 요소로 한 것은, 법을 집행하는 사람을 의미한다."라고 풀이하고 있다.

갑골문에서의 뜻은 다음과 같다.

1. 폐신(嬖臣). '辟臣'. "……卜, 多辟臣其……?"(≪粹1280≫), "其辟臣叀亞"(≪京 4144≫)

2. 지명(地名). "壬其☒方白于自辟."(≪掇1. 397≫)

3. 인명(人名). '子辟'. "庚午卜, 壬于母庚祐子辟?"(≪續1. 41. 5≫)

---

1) 羅振玉 前揭書 ≪增訂殷虛書契考釋≫ 卷中 p.17上.

| 旬(순) | (≪戩29. 11≫) | (≪鐵70. 1≫) | (≪佚29≫) | (≪存556≫) | [xún] |

王國維가 이 글자를 '旬'자라고 고석하여,[1] 정설이 된지 오래다. 이 글자의 자형 결구(結構)에 대해 徐中舒는, "從⌒象加一指事符號, ⌒象迴環之形, 乃亘之省變, 或省作⌒, 同. 故以表示由甲至癸十日周匝循環而爲旬.[2] : '⌒'을 구성 요소로 하고, 그 위에 지사(指事) 부호 '一'을 덧붙인 것을 형상화하였는데, 이 '⌒'은 갔다가 되돌아오는 모양을 형상화한 것으로, 이는 곧 '亘'자를 생략 변형한 것이며, 간혹 '⌒'으로 생략하여 쓰기도 하는데, 같은 것이다. 그래서 '甲'에서 '癸'까지 10일을 두루 순환하여 1순(旬)이 된다는 뜻을 나타낸다."라고 하였다. 이 '旬'자에 대해 ≪說文解字≫에는, "旬, 徧也. 十日爲旬. 從勹日. 𠣌, 古文. : '旬'은 한 바퀴 두루 돌다는 뜻이다. 10일(日)이 1'旬'이다. '勹'와 '日'을 구성 요소로 하고 있다. '𠣌'(旬)은 '古文'이다."라고 풀이하고 있다.

갑골문에서의 뜻은 다음과 같다.

1. 10일(日). 1순(旬). "癸未卜, 行貞 : 旬亡禍? 在二月"(≪粹1439≫), "癸未卜, 彭貞 : 旬亡禍?"(≪佚278≫)

2. 제명(祭名). "丙子卜, 賓貞 : 旬于祖乙?"(≪乙5783≫)

3. 지명(地名)으로 짐작된다. "貞 : 中子乎田于旬?"(≪明藏192≫)

| 勹(포) | (≪粹979≫) | (≪珠912≫) | (≪拾6. 6≫) | (≪掇1. 403≫) | [bào] |

선사(先師) 金祥恒 교수는 위의 글자들을 해설 없이 '勹'자로 수록하였다.[3] 복부(腹部)에 사람이 들어있는 모양으로 구성되어 있는데, 이는 배 속에 아이를 잉태한 모양을 형상화한 자형으로 짐작된다. 李孝定은 이 글자에 대해, "疑此與包古爲一字, 許云 : 包象人裹妊,

---

1) 王國維 前揭書 ≪觀堂集林≫ 卷6 <釋旬> pp.285~286을 참고.

2) 徐中舒 前揭書 ≪甲骨文字典≫ pp.1016~1017.

3) 金祥恒 前揭書 ≪續甲骨文編≫ 卷9 p.5上.

此則象人在腹中之形, 與孕同意. 勹包聲同韻近.[1] : 이 글자는 '包'자와 고대에는 같은 글자 였던 것 같다. 許愼은 「包'는 사람이 회임한 것을 형상화한 것이다.」라고 하였다. 이 글자는 배 속에 사람이 들어있는 모양을 형상화하고 있으며, '孕'자와 같은 뜻이다. '勹'와 '包'는 성모(聲母)가 같고, 운모(韻母)도 비슷하다."라고 하였다. 본의는 아이를 회임하다는 뜻이라 생각된다. ≪說文解字≫에는, "勹, 覆也. 从勹人. : '勹'은 덮다는 뜻이다. '勹'와 '人'을 구성 요소로 하고 있다."라고 풀이하고 있다. 이에 대해 段玉裁는, "此當爲抱子抱孫之正字. 今俗作抱. : 이 글자는 '抱子'·'抱孫'의 '抱'의 정자(正字)임이 틀림없다. 지금은 세속에서는 '抱'로 쓴다."라고 주(注)하였다. 그리고 갑골문 '勹'자에 대해 徐中舒는, "甲骨文象人之胞胎 形, 當爲包之初文. …… 勹包形同義近, 當爲一字, 許氏强分爲二.[2] : ('勹'자의) 갑골문은 사람이 아이를 잉태한 모양을 형상화하였는데, '包'자의 초문(初文)임이 틀림없다. …… '勹' 자와 '包'자는 자형도 같고 자의도 비슷하여, 동자(同字)임이 틀림없는데, 許愼이 강제로 두 글자로 나누었다."라고 주장하였다.

갑골문에서는 지명(地名)으로 사용되었다. "辛卯卜, 貞 : 王其田勹亡戈?"(≪粹979≫), "戊申卜, 貞 : 王田于勹麓往來亡災? 玆獲[犀]𠃌四, 其延螢"(≪前2. 28. 3≫)

苟(극) 　　　(≪前8. 7. 1≫)　　　(≪甲2581≫)　　　(≪乙7283≫)　　　(≪後下36. 6≫)　　　[ji]

이 글자는 사람 머리 위에 뿔 모양이 붙어 있는 형상으로 구성되어 있는데, ≪甲骨文編≫에 는 이 글자들을 '苟'자로 수록하고는, "不從口, 形與羌近. 又疑苟從羌得聲.[3] : '口'를 구성 요소로 하고 있지 않으며, 자형이 '羌'자와 비슷하다. 또한 '苟'자는 '羌'을 구성 요소로 하고, 이 '羌'을 성부로 구성된 것이라 짐작된다."라고 하고 있다. 이 '苟'자에 대해 ≪說文解字≫에 는, "苟, 自急勅也. 從芋省, 從勹口. 勹口, 猶愼言也. 從羊, 與義善美同意. 𦱶, 古文不省. : '苟'는 스스로 서둘러 경계하다는 뜻이다. 필획이 생략된 '芋'을 구성 요소로 하고, '勹'와 '口'를 구성 요소로 하고 있다. 이 '勹'와 '口'는 말을 신중하게 하다는 뜻이다. '羊'을 구성

1) 李孝定 前揭書 ≪甲骨文字集釋≫ p.2901.
2) 徐中舒 前揭書 ≪甲骨文字典≫ p.1018.
3) 中國社會科學院考古硏究所 前揭書 ≪甲骨文編≫ p.381.

요소로 한 것은, '義'·'善'·'美'자 등에서 구성 요소로 사용되어 길상(吉祥)의 뜻을 나타낸
것과 같다. '蒼'(蒼)는 '古文'인데, 필획이 생략되지 않았다."라고 풀이하고 있다. 갑골문 '茍'
자에 대해 徐中舒는, "象狗兩耳上聳·蹲踞警惕之形, 爲儆(警)之初文.[1]: 개가 두 귀를
위로 세우고 웅크리고 앉아서 경계하는 모양을 형상화하였는데, 이는 '儆(警)'자의 초문(初文)
이다."라고 하였다.

갑골문에서의 뜻은 다음과 같다.

1. 지명(地名). "庚辰卜, 貞 : 眑茍……亡禍?"(≪前8. 7. 1≫)
2. 인명(人名). "己巳卜, 叀茍命?"(≪後下36. 6≫)

| 鬼(귀) | ≪甲3343≫ | ≪乙6684≫ | ≪菁5. 1≫ | ≪前4. 18. 6≫ | [guǐ] |

羅振玉이 위의 갑골문자들을 '鬼'자로 고석하여,[2] 정설이 되었다. 이 '鬼'자는 '田'과 'ㅅ'을
구성 요소로 하고 있는데, 간혹 '示'를 덧붙인 것도 있다. 이는 머리 모양이 기이한 사람의
모양을 형상화한 자형 결구로, 몸은 사람과 같고 커다란 얼굴을 가진 이상한 물체를 나타내고
있으며, 이로써 사람과는 같지 않은 귀신을 의미하게 되었다. 이 '鬼'자에 대해 ≪說文解字≫
에는, "鬼, 人所歸爲鬼. 從儿, 由象鬼頭. 從厶, 鬼陰气賊害, 故從厶. 禓, 古文從示. :
'鬼'는 사람이 하늘과 땅으로 돌아가서 변화하여 되는 것이 '鬼'이다. '儿'과 '田'을 구성 요소로
하고 있는데, '田'은 귀신의 머리 모양을 형상화한 것이다. 또 '厶'를 구성 요소로 하고 있는데,
귀신의 음기(陰氣)는 사람에게 해(害)를 끼치므로, '厶'를 구성 요소로 한 것이다. '禓'(禓)는
'古文'인데, '示'를 구성 요소로 하고 있다."라고 풀이하고 있다.

갑골문에서의 뜻은 다음과 같다.

1. 귀신. 인귀(人鬼). "貞 : 亞多鬼夢亡疾? 四月."(≪前4. 18. 3≫)
2. 방국명(方國名). '鬼方'. "己酉卜, 賓貞 : 鬼方昜亡禍? 五月."(≪乙6684≫), "己酉
   卜, 內鬼方昜禍? 五月."(≪甲3342≫)
3. 인명(人名). "己巳不, 賓貞 : 鬼獲羌? 一月."(≪乙865≫)

---

1) 徐中舒 前揭書 ≪甲骨文字典≫ p.1020.
2) 羅振玉 前揭書 ≪增訂殷虛書契考釋≫ 卷中 p.15上.

| 鬽(매) | （≪合集14288≫） | （≪拾4. 11≫） | （≪乙5397≫） | [mèi] |

위의 갑골문자에 대해 葉玉森은, "疑許書之鬽, 從鬼彡, 彡鬼毛.[1] : 許愼의 ≪說文解字≫에 수록된 '鬽'자인 것 같은데, '鬼'와 '彡'을 구성 요소로 하고 있으며, '彡'은 귀신의 털이다."라고 하여, '鬽'자라고 고석하였다. 이 글자는 '田'과 '儿'과 털[毛]을 상징하는 몇 개의 점으로 구성되어 있는데, 이는 머리에 털이 나있는 귀신의 모양을 형상화한 자형이다. 이 '鬽'자에 대해 ≪說文解字≫에는, "鬽, 老物精也. 從鬼彡. 彡, 鬼毛. 魅, 或從未. 彖, 籕文, 從彖首, 從尾省聲. : '鬽'는 오래된 사물이 변한 요괴라는 뜻이다. '鬼'와 '彡'을 구성 요소로 하고 있는데, '彡'은 귀신의 털을 나타낸다. '魅'(魅)는 혹체자로, '未'를 구성 요소로 하고 있다. '彖'(彖)는 주문(籕文)으로, '彖'의 머리 부분 'ㅋ'를 의부, 필획이 생략된 '尾'를 성부로 구성되었다."라고 풀이하고 있다.

갑골문에서는 '鬼鬽' 즉 도깨비라는 뜻으로 사용되었다. "王占曰 : 兹鬼鬽. 戊貞 : 五旬有一日庚申……?"(≪乙5397≫)

| 甶(불) | （≪甲507≫） | （≪珠437≫） | [fú] |

≪甲骨文編≫에는 위의 두 글자를 아무런 해설 없이 '甶'자로 수록하고 있는데, 이는 앞에서 살펴본 '鬼'·'鬽'자의 머리 모양과 같은 것으로 보아, ≪說文解字≫ 중의 '甶'자임을 알 수 있다. 이 '甶'자는 귀신의 머리 모양을 형상화한 상형자이다. ≪說文解字≫에는, "甶, 鬼頭也. 象形. : '甶'은 귀신의 머리라는 뜻이다. 상형자이다."라고 풀이하고 있다.

갑골문에서의 뜻은 다음과 같다.

1. 제사의 희생의 하나로 짐작된다. "羌方甶其用王受祐"(≪甲507≫)
2. 지명(地名). "丁卯卜, 囗貞 : 甶其雨……?"(≪珠437≫)

---

1) 李孝定 前揭書 ≪甲骨文字集釋≫ p.2905에서 재인용.

| 畏(외) | (≪合集19484≫) | (≪鐵146. 2≫) | (≪乙669≫) | (≪合集17442≫) | [wèi] |

이 글자에 대해 羅振玉은, "此則从鬼手持卜, 鬼而持攴可畏孰甚.[1] : 이 글자는 '鬼'를 구성 요소로 하고 손에는 '卜'을 쥐고 있는 모양으로 구성되어 있는데, 귀신에다가 채찍까지 들고 있으니, 그 두려움이 매우 심할 것이다."라고 하여, '畏'자로 고석하였다. 이 '畏'자에 대해 ≪說文解字≫에는, "畏, 惡也. 從甶虎省. 鬼頭而虎爪, 可畏也. 𢗊, 古文省. : '畏'는 겁이 나서 혐오하다는 뜻이다. '甶'과 필획이 생략된 '虎'를 구성 요소로 하고 있다. 이는 귀신의 머리와 호랑이의 발톱이어서, 정말 두려울만하다. '𢗊'(㽟)는 '古文'으로, 필획이 생략되었다."라고 풀이하고 있다.

갑골문에서는 인명(人名)으로 사용되었다. "貞 : 畏其有禍?"(≪乙669≫), "癸未卜, 王貞 : 畏夢余勿御?"(≪續6. 7. 12≫)

| 山(산) | (≪合集7860≫) | (≪乙9103≫) | (≪合集5431≫) | (≪英418≫) | [shān] |

위의 갑골문은 산봉우리가 나란히 서 있는 모양을 형상화한 자형의 '山'자임을 쉽게 알 수 있다. 이 '山'자에 대해 ≪說文解字≫에는, "山, 宣也. 謂能宣散气, 生萬物也. 有石而高. 象形. : '山'은 '宣' 즉 베풀어 펴다는 뜻이다. 땅 기운을 펴서 통하도록 하여 각 방향으로 산포(散布)하여 만물을 생장(生長)하게 할 수 있는 것을 말한다. 돌이 있어서 높고 험준하다. 상형자이다."라고 풀이하고 있다. 여기에서의 "有石"에 대해서 王筠은, "無石曰丘, 有石曰 山.[2] : 돌이 없는 것은 '丘'라고 하고, 돌이 있는 것은 '山'이라고 한다."라고 구별하였다. 그리고 李孝定은 "惟契文山字 · 火字形體無別, 當於文義別之.[3] : 다만 갑골문의 '山'자와 '火'자는 그 형체가 구별되지 않아서, 문장의 뜻에 의거하여 분별해야 한다."라고 했다.

갑골문에서의 뜻은 다음과 같다.

---

1) 羅振玉 前揭書 ≪增訂殷虛書契考釋≫ 卷中 p.62上.

2) 王筠 ≪說文句讀≫, 丁福保 前揭書 ≪說文解字詁林正補合編≫ 第8冊 p.8-2에서 재인용.

3) 李孝定 前揭書 ≪甲骨文字集釋≫ p.2913.

1. 산(山). "壬午卜, 扶奏山日南雨?"(≪乙9067≫)

2. 산신(山神). "尞山"(≪乙9103≫), "庚午卜, 其求于山?"(≪鄴三384≫), "……山歲酌二月"(≪甲3389≫)

3. 지명(地名). "庚申卜, 正在□山卜……?"(≪粹1326≫)

嶽(岳)(악)					[yuè]
	(≪合集4972≫)	(≪菁10. 8≫)	(≪合集5520≫)	(≪合集32833≫)	

갑골문 연구 초기에 羅振玉이 위의 갑골문자를 '羔'자로 고석하여[1], 많은 학자들이 이를 따랐는데, 얼마 지나지 않아 孫詒讓이 이를 '嶽'자로 고석하여,[2] 정설이 되었다. 이는 이 글자 아랫부분의 '山'자의 자형이 '火'자와 구별하기가 어려운 것에서 야기된 문제였다. 이 '嶽'자에 대해 ≪說文解字≫에는, "嶽, 東, 岱; 南, 霍; 西, 華; 北, 恒; 中, 大室. 王者之所㠯巡狩所至. 從山, 獄聲. ⦙, 古文, 象高形. : '嶽'은 동악(東嶽)은 岱山[泰山], 남악(南嶽)은 衡山, 서악(西嶽)은 華山, 북악(北嶽)은 恒山, 중악(中嶽)은 '大室' 즉 嵩山이다. 이는 왕자(王者)가 순수(巡狩)할 때에는 반드시 들리는 곳이다. '山'을 의부, '獄'을 성부로 구성되었다. '⦙'(岳)은 '古文'인데, 산의 높은 모양을 형상화하였다."라고 해설하고 있다. 갑골문의 자형은 이 '嶽'자의 '古文' '岳'자와 비슷하다. 갑골문 '嶽'자에 대해 李孝定은, "篆文爲後起形聲字, 古文則象形字也. 契文諸體與許書古文略同, 並象層巒疊嶂山外有山之形, 孫氏釋岳本極允當.[3] : (≪說文解字≫의) 전문(篆文)은 후세(後世)에 만든 형성자(形聲字)이고, '古文'은 상형자이다. 갑골문의 여러 자형들은 許愼의 ≪說文解字≫의 '古文'과 대략 비슷하고, 또 높고 가파른 산들이 층층이 겹쳐서 산 밖에 또 산이 있는 모양을 형상화하였는데, 孫詒讓이 '岳'자로 고석한 것은 본래 지극히 옳았다."라고 정리하였다.

갑골문에서는 산신(山神)의 신명(神名) 곧 '岳神'의 뜻으로 사용되었다. "丁酉卜, 其求年于岳?"(≪佚891≫), "癸酉卜, 貞：尞于岳三小宰, 卯三宰?"(≪前7. 25. 3≫), "貞：桒年于岳?"(≪前1. 50. 1≫), "庚戌卜, 爭貞：岳蚩我?"(≪乙5271≫)

1) 羅振玉 前揭書 ≪增訂殷虛書契考釋≫ 卷中 p.28上을 참고.

2) 孫詒讓 ≪名原≫, 李孝定 前揭書 ≪甲骨文字集釋≫ pp.2915~2916의 인용을 참고.

3) 李孝定 前揭書 ≪甲骨文字集釋≫ p.2940.

| 嵒(암) | (≪前7. 7. 2≫) | (≪粹1493≫) | (≪京津305≫) | (≪簠地30≫) | [yán] |

羅振玉이 ≪增訂殷虛書契考釋≫에서 이 글자를 아무 해설 없이 '嵒'자로 수록하여,[1] 정설이 되었는데, 이 글자는 산봉우리에 여러 사물이 있는 모양을 형상화한 자형 결구로, 산이 험준(險峻)함을 나타낸다. 이 '嵒'자에 대해 ≪說文解字≫에는, "嵒, 山巖也. 從山, 品聲. 讀若吟. : '嵒'은 산의 낭떠러지라는 뜻이다. '山'을 의부, '品'을 성부로 구성되어 있다. 독음은 '吟'자처럼 읽는다."라고 풀이하고 있다.

갑골문에서는 지명(地名)으로 사용되었다. "辛丑迄自嵒"(≪粹1493≫), "迄自嵒卄屯, 小臣中示系"(≪前7. 7. 2≫)

| 庭(정) | (≪菁3. 1≫) | (≪前6. 29. 6≫) | (≪佚994≫) | (≪後上12. 1≫) | [tíng] |

위의 갑골문자는 '宀'과 '耵'을 구성 요소로 하고 있는데, 于省吾는 이 글자에 대해, "耵古聽字, 庭古廷字. 契文以耵爲聽聞聽治之聽, 以庭爲廣廷之廷; 亦省作耵. 周人假廷爲庭, 廷行而庭廢矣.[2] : '耵'은 '聽'의 고자(古字)이고, '庭'은 '廷'의 고자(古字)이다. 갑골문에서는 '耵'을 '聽聞'·'聽治'의 '聽'자, '庭'을 '廣廷'의 '廷'자를 의미하는 글자로 썼으며, 또 '庭'자는 '宀'을 생략하여 '耵'으로 쓰기도 하였다. 周代의 사람들은 '廷'을 가차하여 '庭'자의 뜻으로 썼는데, 이로서 '廷'자가 통용되고 '庭'자는 폐기되었다."라고 하였다. 그리고 徐中舒는, "從宀從聽, 爲庭之初文. 甲骨文從宀從广每無別. …… 經籍或謂堂下之地爲庭, 故後世更作廳以存庭之初義.[3] : (이 글자는) '宀'을 구성 요소로 하고, '聽'을 구성 요소로 하고 있는데, '庭'자의 초문(初文)이다. 갑골문에서는 '宀'을 구성 요소로 한 것과 '广'을 구성 요소로 한 것은 매번 다름이 없다. …… 경적(經籍)에서는 간혹 당하(堂下)의 땅을 '庭' 즉 마당이라고

---

1) 羅振玉 前揭書 ≪增訂殷虛書契考釋≫ 卷中 p.58上.

2) 于省吾 前揭書 ≪殷契騈枝全編≫(≪雙劍誃殷契騈枝三編·釋耵庭≫) p.20下.

3) 徐中舒 前揭書 ≪甲骨文字典≫ p.1029.

일컫기도 하는데, 이 때문에 후세에는 이를 '廳'자로 고쳐 써서 '庭'자의 처음의 자의(字義)를 보존하도록 하였다."라고 하여, 이 글자를 '庭'자로 고석하였다. 고대에는 '廷'은 '庭'과 서로 통용되었으며, 이 '庭'자는 '宮庭(궁정)'의 의미로 사용되었다.

이 '庭'자에 대해 ≪說文解字≫에는, "庭, 宮中也. 從广, 廷聲. : '庭'은 집 안이라는 뜻이다. '广'을 의부, '廷'을 성부로 구성되었다."라고 풀이하고 있다. 段玉裁는 '庭'자의 자의에 대해, "宮者, 室也. 室之中曰庭. : '宮'이란 '室'의 뜻이다. '室'의 가운데를 '庭'이라고 한다."라고 주(注)하였다.

갑골문에서의 뜻은 다음과 같다.

1. '宮庭' 즉 마당. "王其饗在庭"(≪佚220≫), "……三日丙申……在庭"(≪佚994≫), "乙酉卜, 爭貞 : ……小乙于庭羌三人?"(≪粹281≫)
2. 인명(人名). "☒未卜, 貞 : 王其命召庭?"(≪後上12. 1≫)

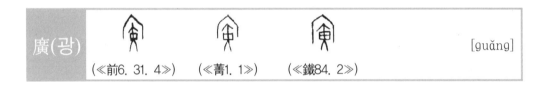

| 廣(광) | (≪前6. 31. 4≫) | (≪菁1. 1≫) | (≪鐵84. 2≫) | [guǎng] |

위의 갑골문은 '宀'과 '黃'을 구성 요소로 하고 있는데, 郭沫若은 이 글자에 대해, "此乃從宀黃聲之字, 即廣字之異.[1] : 이는 곧 '宀'을 의부, '黃'을 성부로 구성된 글자인데, 바로 '廣'자의 이체(異體)이다."라고 하였다. 갑골문에서의 '宀'과 '广'은 언제나 통용된다는 것이 여기에서도 증명이 된다. 이 '廣'자에 대해 ≪說文解字≫에는, "廣, 殿之大屋也. 從广, 黃聲. : '廣'은 사방에 벽이 없는 큰 건물이라는 뜻이다. '广'을 의부, '黃'을 성부로 구성되었다."라고 풀이하고 있는데, ≪說文解字≫에서 해설한 자의(字義)가 바로 이 '廣'자의 본의이다.

갑골문에서의 뜻은 다음과 같다.

1. 제명(祭名). "貞 : 勿御廣于母庚? 一月."(≪鐵84. 2≫)
2. 인명(人名). "貞 : 廣不囚?"(≪前6. 31. 4≫), "己卯要子廣入俎羌十……"(≪菁1. 1≫) : '子廣'은 '武丁'의 아들이다.

---

1) 郭沫若 前揭書 ≪卜辭通纂·畋游≫ p.158上.

羅振玉은 위의 갑골문을 해설 없이 '龐'자로 수록하였다.[1] 이 글자는 '广'과 '龍'을 구성 요소로 하고 있는데, 간혹 두 손 즉 '収'을 덧붙여 '龍'을 떠받드는 모양으로 구성된 것도 있다. 이는 집안에 용(龍)이 있는 모양을 형상화한 자형 결구인데, 이로써 집이 높고 크다는 뜻을 나타낸다고 짐작된다. 이 '龐'자에 대해 ≪說文解字≫에는, "龐, 高屋也. 從广, 龍聲. : '龐'은 높은 집이라는 뜻이다. '广'을 의부, '龍'을 성부로 구성되었다."라고 풀이하고 있다.

갑골문에서는 지명(地名)으로 사용되었다. "甲申卜, 殼貞 : 乎婦好先共人于龐?"(≪前5. 12. 3≫), "庚辰卜, 爭貞 : 黍于龐?"(≪續5. 34. 5≫)

위의 갑골문은 산(山)의 벼랑 모양을 형상화한 자형이기도 하고; 산의 벼랑에는 돌이 있으므로, 또한 돌의 모양을 형상화한 것이기도 하다. 선사(先師) 金祥恒 교수는 ≪續甲骨文編≫에서 가운데 두 글자를 해설 없이 '厂'자로 수록하였다.[2] 이 '厂'자에 대해 ≪說文解字≫에는, "厂, 山石之厓巖, 人可尻. 象形. 厈, 籒文從干. : '厂'은 산 위에 돌로 형성된 벼랑이라는 뜻이며, (그 아래의 동굴에는) 사람이 거주할 수가 있다. 상형자이다. '厈'(厈)은 주문(籒文) '厂'자이며, '干'을 구성 요소로 하고 있다."라고 풀이하고 있다. 갑골문 '厂'자에 대해 李孝定은, "从石之字, 契文多从𠂆, 此當即石之古文.[3] : '石'을 구성 요소로 한 글자는 갑골문에서는 대부분 '𠂆'을 구성 요소로 하고 있는데, 이것은 '石'자의 고문자(古文字)임이 틀림없다."라고 하였다.

갑골문에서의 뜻은 다음과 같다.

1. 지명(地名)으로 짐작된다. "丁亥……岳厂有北雨"(≪前4. 53. 4≫)

1) 羅振玉 前揭書 ≪增訂殷虛書契考釋≫ 卷中 p.73下.

2) 金祥恒 前揭書 ≪續甲骨文編≫ 卷9 p.6下.

3) 李孝定 前揭書 ≪甲骨文字集釋≫ p.2957.

2. 자의(字義) 불분명. "……取其保厂……"(≪後下14. 8≫)

| 石(석) | （≪合集376正≫） | （≪合集22099≫） | （≪乙4925≫） | （≪京津2463≫） | [shí] |

이 갑골문 '石'자는 '厂'과 ' '를 구성 요소로 하고 있는데, 여기에서의 ' '는 돌덩이를 나타내므로, 이는 산의 벼랑 아래에 돌덩이가 있는 모양을 형상화한 자형 결구이다. 이 '石'자에 대해 ≪說文解字≫에는, "石, 山石也. 在厂之下;   , 象形. : '石'은 산에 있는 돌이라는 뜻이다. '厂'의 아래에 있으며, ' '는 돌의 모양을 형상화한 것이다."라고 풀이하고 있다.

갑골문에서의 뜻은 다음과 같다.

1. 돌. 석(石). 신격화(神格化)되기도 한다. "己亥卜, 內貞: 王有石在鹿北東作邑于之?"
    (≪乙3212≫)

2. 방국명(方國名). "貞: 雀圼石方?"(≪乙4693≫), "癸巳卜, 石亡……?"(≪乙4678≫)

3. 인명(人名). "石御于妣庚"(≪乙4925≫), "戊午卜, 貞: 婦石力? 十三月."(≪乙5405≫)

| 磬(경) | （≪前7. 42. 1≫） | （≪存746≫） | （≪戩10. 1≫） | （≪餘12. 1≫） | [qìng] |

羅振玉이 위의 글자들을 '磬'자로 고석하여[1] 정설이 되었는데, 이 글자는 손에 추(錘)를 들고 경쇠를 치는 모양을 형상화한 자형 결구이며, 고대(古代)의 악기의 하나인 경쇠라는 뜻이다. 이 '磬'자에 대해 ≪說文解字≫에는, "磬, 樂石也. 從石, 声象縣虡之形, 殳所㠯擊之也. 古者毋句氏作磬. 䃽, 籒文省. 㲈, 古文從巠. : '磬'은 타격해서 음악을 연주하는 석기(石器)라는 뜻이다. '石'과 '声'을 구성 요소로 하였는데, '声'은 석경(石磬)을 매다는 걸이의 모양을 형상화한 것이고, '殳'는 석경을 치는 기구를 나타낸다. 고대에 毋句氏가 석경을 만들었다. '䃽'(殸)은 주문(籒文) '磬'자인데, '石'이 생략되었다. '㲈'(硜)은 '古文' '磬'자인데, '巠'을 구성 요소로 하고 있다."라고 풀이하고 있다.

---

1) 羅振玉 前揭書 ≪增訂殷虛書契考釋≫ 卷中 p.40上.

갑골문에서의 뜻은 다음과 같다.

1. 경쇠. "……賓貞：王磬二月?"(≪前7. 42. 1≫)

2. 지명(地名). "戊申卜, 貞：今日王田磬, 不遘雨?"(≪前2. 43. 5≫)

長(장)	(≪後上19. 6≫)	(≪林2. 26. 7≫)	[cháng]

商承祚는 위의 갑골문에 대해, "此字與說文解字長之古文作**屵炱**二形相近.[1]：이 글자는 ≪說文解字≫의 '長'자의 '古文' 두 글자를 '**屵**'과 '**炱**'으로 쓴 자형과 서로 비슷하다."라고 하여, '長'자로 고석하였다. 이 글자는 사람의 머리 위에 긴 머리카락이 있는 모양을 형상화하여 긴 머리털을 강조한 자형 결구이며, 긴 머리털이라는 뜻인데, 여기에서 인신(引伸)되어 '長短'의 '長' 즉 길다는 뜻을 나타내게 되었다. 이 '長'자에 대해 ≪說文解字≫에는, "長, 久遠也. 從兀, 從匕, 亾聲. 兀者, 高遠意也. 久則變匕. 亾者, 到亾也. **屵**, 古文長. **炱**, 亦古文長 : '長'은 멀고 오래 되다는 뜻이다. '兀'과 '匕'를 의부로 하고, '亾'을 성부로 구성되었다. '兀'은 높고 멀다는 뜻이다. ('匕'는) 오래되어 변화되었음을 나타낸다. '亾'이란 거꾸로 쓴 '亾'자이다. '**屵**'(兂)은 '古文' '長'자이다. '**炱**'(髟)도 역시 '古文' '長'자이다."라고 풀이하고 있다.

갑골문에서의 뜻은 다음과 같다.

1. 지명(地名) 또는 방국명(方國名). "癸巳卜, 在長貞：王弜于射往來亡災?"(≪前2. 8. 3≫), "長不其受年."(≪乙4658≫), "貞：乎取長伯?"(≪綴合180≫)

2. 인명(人名). "戊辰卜, 爭貞：長亡禍劦王事?"(≪乙2907≫)

3. 남방(南方) 풍명(風名). "南方日𠈃風日長"(≪合集14294≫), "辛亥卜, 內貞：帝于南方日長"(≪合集14295≫)

---

1) 商承祚 前揭書 ≪殷虛文字類編≫ 卷九 p.5下.

| 勿(물) | 𠃌 (≪前7. 35. 23≫) | 𠃌 (≪甲640≫) | 𠃌 (≪乙5790≫) | 𠃌 (≪後上16. 8≫) | [wù] |

≪甲骨文編≫에는 위의 갑골문자들을 '勿'자로 수록하고는, "象以耒翻土, 土粒着於刃上 土色駁黑. 故勿訓雜色.[1] : 쟁기로 흙을 갈아엎는 모양을 형상화하였는데, 흙 알갱이가 쟁기 의 날에 붙어 있고, 흙의 색은 얼룩얼룩한 검정이다. 이 때문에 '勿'은 잡색이라는 뜻으로 훈독(訓讀)한다."라고 하고 있다. 그리고 이 '勿'자에 대해 ≪說文解字≫에는, "勿, 州里所建 旗, 象其柄有三游. 襍帛, 幅半異, 所㠯趣民, 故遽偁勿勿. 𣃦, 勿或從㫃. : '勿'은 '大夫'와 '士'가 세우는 기치(旗幟)인데, (오른쪽 필획은) 깃대를 형상화하였고, ('彡'은) 기치의 가장자 리에 붙어서 휘날리도록 매단 세 줄의 장식용 오리를 형상화한 것이다. 이 비단 오리의 색상은 잡색이며, 전폭(全幅)의 반은 적색(赤色)이고 반은 흰색으로 서로 다른데, 이는 백성들로 하여금 한데 모이도록 재촉하는 신호로 사용되었으며, 이런 까닭으로 급작스럽다는 뜻을 나타 내게 되었고, 이 '急遽'라는 말은 '勿勿'이라고도 한다. '𣃦'(旓)은 '勿'의 혹체자로, '㫃'을 구성 요소로 하고 있다."라고 풀이하고 있다. 段玉裁는 '州里'에 대해서는, "當作大夫·士. : '大夫·士'라고 써야 한다."라고 주(注)하였고; '趣民'에 대해서는, "趣者, 疾也. 色純則緩, 色駮則急, 故襍帛所以促民. : '趣'란 매우 빠르다는 뜻이다. 순색(純色)은 완만함을 의미하 고, 잡색(雜色)은 급박함을 나타내기 때문에, 잡색의 천을 사용하여 백성들을 재촉하는 것이 다."라고 주(注)하였다.

갑골문에서의 뜻은 다음과 같다.

1. 잡색(雜色). "癸丑……父甲……勿牛?"(≪甲1803≫), "祖勿牛"(≪佚333≫)

2. 부정(否定) 부사(副詞). "庚申卜, 殼貞 : 王勿正呂方上下弗若不?"(≪後上16. 8≫), "貞 : 勿乎多老舞?"(≪前7. 35. 2≫)

---

[1] 中國社會科學院考古研究所 前揭書 ≪甲骨文編≫ p.386.

易(양)   (≪前4. 3. 4≫)   (≪甲456≫)   (≪乙6684≫)   (≪合集20631≫)   [yáng]

'日'과 'ㅜ'를 구성 요소로 하고 있는데, 간혹 '日'을 '　'로 대체한 것도 있다. 이는 해가 구름 위로 올라오는 모양을 형상화한 자형 결구의 '昜'자로, 해가 떠오르다는 뜻을 나타낸다. 이 글자에 대해 李孝定은 "契文从日在ㄟ[此疑可之異體, 可古柯字]上, 象日初昇之形.[1] : 이 갑골문은 '日' 즉 태양이 'ㄟ'[이 글자는 '可'자의 이체자(異體字)로 짐작되는데, '可'는 '柯'의 고자(古字)이다.] 위에 있는 모양으로 구성되어 있는데, 이는 해가 처음 떠오르는 모양을 형상화한 것이다."라고 하여, 이 글자를 '昜'자로 고석하였다. 이 '昜'자에 대해 ≪說文解字≫에는, "昜, 開也. 從日一勿. 一曰飛揚, 一曰長也, 一曰彊者眾貌. : '昜'은 밝아지다는 뜻이다. '日'과 '一'과 '勿'을 구성 요소로 하고 있다. 일설에는, 높이 날아 오르다는 뜻이라고도 하고; 또 일설에는 생장(生長)하다는 뜻이라고도 하며, 또 다른 일설에는 강한 것들이 많은 모양이라는 뜻이라고도 한다."라고 풀이하고 있다.

갑골문에서의 뜻은 다음과 같다.

1. 지명(地名). "甲戌卜, 賓貞 : 在昜牧獲羌?"(≪珠758≫)
2. 방국명(方國名) 또는 종족명(種族名). "辛巳不, 㱿貞 : 叀昜伯⊠从?"(≪前4. 3. 4≫), "己酉卜, 賓貞 : 鬼方昜亡禍? 五月"(≪乙6684≫)

冄(冉)(염)   (≪合集7434≫)   (≪合集8088反≫)   (≪合集28078≫)   [rǎn]

≪新甲骨文編≫에는 위의 갑골문자들을 아무런 설명 없이 '冄'자로 수록하고 있는데,[2] 이 글자는 사람의 수염을 형상화한 상형자이다. 이 '冄'자에 대해 ≪說文解字≫에는, "冄, 毛冄冄也. 象形. : '冄'은 털이 부드럽게 아래로 드리운 모양이다. 상형자이다."라고 풀이하고 있다. 이 '冄'자에 대해 王筠은, "釋名 : 在頰耳旁曰髥, 隨口動搖, 冄冄然也.[3] : ≪釋名≫

---

1) 李孝定 前揭書 ≪甲骨文字集釋≫ p.2973.
2) 劉釗·洪颺·張新俊 前揭書 ≪新甲骨文編≫ p.528.
3) 王筠 ≪說文句讀≫, 丁福保 前揭書 ≪說文解字詁林正補合編≫ 第8冊 p.8-272에서 재인용.

에 이르기를, 「뺨의 귀 옆에 있는 것을 '髯' 즉 구레나룻이라고 하는데, 입의 움직임에 따라서 움직이는 모양이 '冉冉然'하다.」라고 하고 있다."라고 하였다. 이 '冉'자는 지금은 '冉'으로 예정(隷定)하여 쓰고 있다.

갑골문에서의 자의(字義)는 아직 명확하게 밝혀지지 않았다. "……四日丙申……冉"(≪合集8088≫), "辛……冉……溝⊿……月"(≪合集28078≫)

而(이)					[ér]
	(≪粹260甲≫)	(≪鐵191.1≫)	(≪乙7746≫)	(≪後下38.7≫)	

선사(先師) 金祥恒 교수는 위의 글자들을 ≪續甲骨文編≫에서 논증 없이 '而'자로 수록하였는데,[1] 李孝定은 이 글자에 대해, "契文正象頤下毛之形.[2] : 갑골문은 바로 턱 아래에 있는 털 즉 수염의 모양을 형상화하고 있다."라고 하였다. 이 '而'자의 본의는 턱수염이라는 뜻이다. ≪說文解字≫에는, "而, 須也. 象形. 周禮曰 : 作其鱗之而. : '而'는 수염이라는 뜻이다. 상형자이다. ≪周禮·考工記·梓人≫에, 「그 비늘과 수염을 세우게 한다.」라고 하고 있다."라고 풀이하고 있다.

갑골문에서의 뜻은 다음과 같다.

1. 구체적으로 무엇인지는 알 수 없는 제품(祭品)의 하나. "……乘羌……獲廿又……五而二"(≪後下38.7≫), "而于祖丁·羌甲一羌于祖甲一"(≪粹260甲≫)
2. 지명(地名) 또는 방국명(方國名). "戊午卜, ……而弗其昌我中女?"(≪鐵200.3≫), "貞 : 王叀而白龜从伐⊿方?"(≪乙2948≫)

豕(시)					[shǐ]
	(≪佚43≫)	(≪拾5.14≫)	(≪後下39.8≫)	(≪鐵62.1≫)	

羅振玉이 위의 갑골문자들을 '豕'자로 고석하여,[3] 정설이 되었다. 이 갑골문 '豕'자는 머

---

1) 金祥恒 前揭書 ≪續甲骨文編≫ 卷9 p.10上.

2) 李孝定 前揭書 ≪甲骨文字集釋≫ p.2975.

3) 羅振玉 前揭書 ≪增訂殷虛書契考釋≫ 卷中 p.28上.

리·몸통·배·앞발과 뒷발·꼬리를 모두 다 갖춘 돼지의 전체의 모양을 형상화한 상형자이다. 이 '豕'자에 대해 ≪說文解字≫에는, "豕, 彘也. 竭其尾, 故謂之豕. 象毛足而後有尾. 讀與豨同. …… 𤯔, 古文. : '豕'는 돼지라는 뜻이다. (화를 낼 때는) 꼬리를 곤두세우기 때문에, '豕'라고 일컫는다. 털과 머리와 네 개의 발 그리고 뒤쪽에 꼬리가 있는 모양을 형상화하였다. 독음은 '豨'자와 같이 읽는다. …… '𤯔'(豕)는 '古文'이다."라고 풀이하고 있다. 段玉裁는 '毛足'의 '毛'자에 대해, "毛, 當作頭四二字. : '毛'자는 '頭四' 두 글자로 써야 한다."라고 주(注)하였는데, 정확한 지적이므로, 우리말 번역에서 이를 따랐다.

갑골문에서의 뜻은 다음과 같다.

1. 돼지. 제사의 희생(犧牲)으로도 사용되었다. "己未卜, 亘貞 : 逐豕隻?"(≪合集10228≫), "壬辰卜, 王貞 : 命侯取豕貝二涉?"(≪鐵62. 1≫), "……豕四十一, 麑百"(≪佚43≫), "癸未貞 : 叀今乙酉又父歲于祖乙五豕?"(≪合集32512≫)

2. 방국명(方國名). "己酉卜, 貞 : 雀往征豕弗其𦤀?"(≪鐵181. 3≫)

3. 인명(人名). "戊申卜, 貞 : 叀庚令豕?"(≪乙3350≫), "☒酉卜, 豕其協王中?"(≪戩46. 3≫)

縠(혹)	
	(≪乙1968≫)
	[hù]

≪甲骨文編≫에는 이 갑골문자 하나를 '縠'자로 수록하고는, "卜辭用青爲縠.[1] : 갑골복사에서는 '青'을 '縠'의 뜻으로 사용하고 있다."라고 하고 있다. 이 '縠'자에 대해 ≪說文解字≫에는, "縠, 小豚也. 從豕, 縠聲. : '縠'은 새끼 돼지라는 뜻이다. '豕'를 의부, '縠'을 성부로 구성되어 있다."라고 풀이하고 있다. 이 글자의 갑골문 자형은 '南'자의 자형과 같은데, 제6편의 '南'자에 대한 해설을 참조하기 바란다.

갑골문에서는 제사의 희생으로 사용되었다. "庚申卜, 縠貞 : 昔祖丁不黍隹縠?"(≪乙1968≫)

---

1) 中國社會科學院考古硏究所 前揭書 ≪甲骨文編≫ p.389.

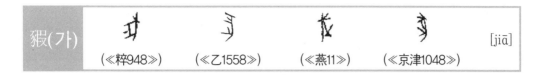

豭(가) [jiā]

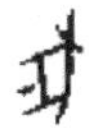
(≪粹948≫)

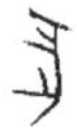
(≪乙1558≫)

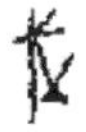
(≪燕11≫)

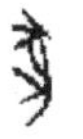
(≪京津1048≫)

위의 갑골문 자형은 ‘豕’자에 점 또는 빗금 하나를 배나 사타구니 부분에 덧붙인 모양으로 되어 있는데, 이는 동물의 수컷을 나타내므로, 수퇘지의 모양을 형상화한 자형 결구이다. 徐中舒는 이 글자에 대해, “象牡豕有勢之形, 爲豭之初文, 豭乃後起之形聲字.[1] : 수퇘지에 생식기가 있는 모양을 형상화하였는데, 이는 ‘豭’자의 초문(初文)이며, ‘豭’자는 곧 뒤늦게 만들어진 형성자(形聲字)이다.”라고 하였다. 이 ‘豭’자에 대해 ≪說文解字≫에는, “豭, 牡豕也. 從豕, 叚聲. : ‘豭’는 수퇘지라는 뜻이다. ‘豕’를 의부, ‘叚’를 성부로 구성되었다.”라고 풀이하고 있다.

갑골문에서도 수퇘지의 뜻으로 사용되었으며, 당연히 제사의 희생이 되기도 하였다. “貞 : 我逐豭有祐?”(≪粹948≫), “辛巳卜, 品貞 : 埋三犬, 尞五犬, 五豭, 卯四牛? 一月.”(≪前7. 3. 3≫)

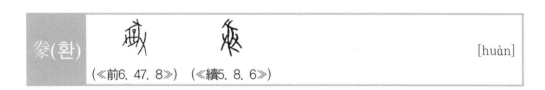

豢(환) [huàn]

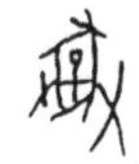
(≪前6. 47. 8≫)

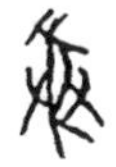
(≪續5. 8. 6≫)

위의 갑골문자는 돼지라는 뜻의 ‘豕’와 두 손을 의미하는 ‘収’을 구성 요소로 하고 있는데, 李孝定은 이 글자에 대해, “此爲會意字. 古豕爲野生, 今从雙手示握持之, 以見豢養之義.[2] : 이 글자는 회의자이다. 고대에는 돼지는 야생(野生)이었으나, 여기서는 두 손으로 돼지를 움켜잡고 있는 모양으로 구성되어 있으며, 이로써 곡식으로 가축을 기르다는 뜻을 나타낸다.”라고 하여, ‘豢’자로 고석하였다. ≪說文解字≫에는 이 ‘豢’자에 대해, “豢, 目穀圈養豕也. 從豕, 季聲. : ‘豢’은 곡물을 사용하여 우리 속에서 돼지를 기르다는 뜻이다. ‘豕’를 의부, ‘季’을 성부로 구성되었다.”라고 풀이하고 있다.

갑골문에서는 우리 속에서 곡물로 사육된 돼지 또는 제명(祭名)으로 사용된 것으로 짐작된

---

1) 徐中舒 前揭書 ≪甲骨文字典≫ p.1049.
2) 李孝定 前揭書 ≪甲骨文字集釋≫ p.2983.

다. "庚午卜, 大貞 : 王其豩亡尤? 九月."(≪續2. 16. 1≫), "辛酉卜, 侑其豩?"(≪續5. 8. 6≫)

豕(축)				[chù]
	(≪乙8517≫)	(≪合集19999≫)	(≪合集2441≫)	(≪京津609≫)

≪新甲骨文編≫에는 예시한 글자들을 본편(本篇) 앞에서 살펴본 '瑴'자와 구별하여 '豕'자로 수록하고 있다.[1] 李孝定은 이 글자에 대해, "契文上出諸形, 聞氏釋豕, 是也. 豕聲蜀聲之字, 多有去陰之訓, 古語蓋然, 當以豕爲本字.[2] : 위에 예시한 갑골문의 여러 자형들에 대해 聞一多는 이를 '豕'자로 고석하였는데, 옳다. '豕'자나 '蜀'자를 성부로 구성된 글자들은 대부분 생식기를 거세하다는 뜻을 가지고 있는데, 고어(古語)에서 대부분이 그러하며, 이 뜻으로는 '豕'자가 본자(本字)임이 틀림없다."라고 하였다. 이 '豕'자에 대해 ≪說文解字≫에는, "豕, 豕絆足行豕豕也. 从豕繫二足. : '豕'은 돼지가 발이 묶여 매우 힘들게 걷다는 뜻이다. '豕'를 구성 요소로 하고 두 발이 묶인 모양으로 구성되었다."라고 하고 있다.

갑골문에서도 거세된 돼지라는 뜻으로 사용되어, 제사의 희생으로 제공되었다. "……妣己燎二豕, 卯二牛?"(≪合集2441≫), "☒午卜, 王侑……白豕?"(≪合集19999≫)

豩(빈)				[bīn]
	(≪合集32985≫)	(≪拾1. 5≫)	(≪合集7002≫)	(≪京都268≫)

이 갑골문은 두세 마리의 돼지로 구성되어 있는 것으로 보아, '豩'자임을 쉽게 알 수 있다. '豩'자에 대해 ≪說文解字≫에는, "豩, 二豕也. 豳從此. 闕. : '豩'은 두 마리의 돼지라는 뜻이다. '豳'자는 이를 구성 요소로 하고 있다. 그 자음(字音)과 자의에 대한 해설은 궐(闕)한다."라고 풀이하고 있다. 이 '豩'자는 '豳'자의 고자(古字)이다.

갑골문에서의 뜻은 다음과 같다.

---

1) 劉釗·洪颺·張新俊 前揭書 ≪新甲骨文編≫ p.531을 참고.
2) 李孝定 前揭書 ≪甲骨文字集釋≫ p.2986.

1. 돼지의 한 종류로 짐작되며, 제사의 희생으로 사용되었다. “叀豩叀龍”(≪拾1. 5≫), “豩三, 羊 · 犬三, 帝”(≪甲3634≫)
2. 지명(地名). “劦母巳于豩, 一月”(≪合集7002≫)

彘(체)

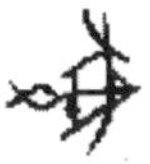
(≪前4. 51. 3≫)
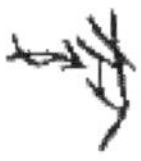
(≪乙2683≫)
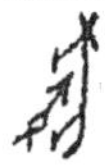
(≪懷1499≫)
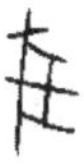
(≪寧滬2. 37≫)

[zhì]

위의 글자들은 ‘豕’와 ‘矢’를 구성 요소로 하고 있는데, 羅振玉은 이 글자들에 대해, “从豕身箸矢, 乃彘字也. 彘殆野豕, 非射不可得.[1] : 돼지가 몸에 화살을 맞은 모양으로 구성되어 있는데, 이는 곧 ‘彘’자이다. ‘彘’는 멧돼지인 것 같은데, 이는 화살을 쏘지 않으면 잡을 수가 없다.”라고 하였다. 이 ‘彘’자에 대해 ≪說文解字≫에는, “彘, 豕也. 後蹄廢謂之彘. 從彑, 從二匕, 矢聲. 彘足與鹿足同. : ‘彘’는 (멧)돼지라는 뜻이다. 뒷발굽이 퇴화하여 없어진 것을 ‘彘’라고 일컫는다. ‘彑’와 두 개의 ‘匕’를 의부, ‘矢’를 성부로 구성되었다. 멧돼지의 발과 사슴의 발[두 개의 ‘匕’로 나타낸 것]은 모양새가 같다.”라고 풀이하고 있다.

갑골문에서의 뜻은 다음과 같다.

1. 멧돼지. 제사의 희생으로도 사용되었다. “貞 : 叀矢彘?”(≪前4. 51. 3≫), “癸巳卜, 爭貞 : 侑白彘于妣癸不祐? 王占曰 : 吉. 勿又”(≪寧滬2. 37≫) : 여기에서의 ‘白’은 곧 ‘百’의 뜻이다.
2. ‘貞人’의 이름. “丁卯卜, 彘貞 : 王往于[刅]不遘雨?”(≪前4. 51. 1≫)
3. 인명(人名). “乙卯卜, 古貞 : 乎彘朕在東·……?”(≪乙6011≫)

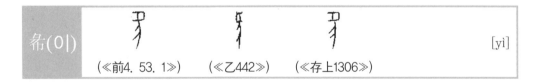

𢑚(이)

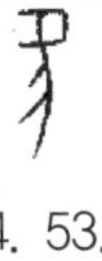
(≪前4. 53. 1≫)
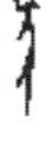
(≪乙442≫)
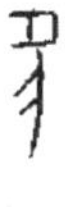
(≪存上1306≫)

[yì]

위의 갑골문을 ≪甲骨文編≫에는 ‘豩’자 바로 뒤에 ‘𢑚’자로 수록하고 있고,[2] 李孝定의

1) 羅振玉 前揭書 ≪增訂殷虛書契考釋≫ 卷中 p.28下.
2) 中國社會科學院考古研究所 前揭書 ≪甲骨文編≫ p.391.

≪甲骨文字集釋≫과 徐中舒의 ≪甲骨文字典≫에는 '豚'자 바로 뒤에 수록하고 있다.[1] 李孝定과 徐中舒가 수록한 '希'자와 '絲'자의 자소(字素)인 '希'자의 갑골문 자형이 동일하지 않은데, 이에 대한 설명이 없거나 부족하다. 그런데 ≪新甲骨文編≫에는 위에 예시한 갑골문을 '希'자로 수록하고 있고,[2] 또 이 다음의 '絲'자의 갑골문도 자소(字素) '希'자의 자형이 이와 동일하므로, 여기에서는 우선 이를 따르기로 한다.

이 '希'자에 대해 ≪說文解字≫에는, "希, 脩豪獸. 一曰河內名豕也. 從彑, 下象毛足. 讀若弟. , 籒文. , 古文. : '希'는 털이 긴 야수라는 뜻이다. 일설에는 河內 지역에서는 돼지를 '希'라고 한다고 한다. '彑'를 구성 요소로 하고, 아랫부분은 털과 다리를 형상화하였다. 독음은 '弟'자처럼 읽는다. ''(𢑧)는 주문(籒文)이다. ''(𢑏)는 '古文'이다."라고 풀이하고 있다.

갑골문에서의 뜻은 다음과 같다.

1. '祟'와 통용되어 재화(災禍)의 뜻으로 사용되었다. "允有來入齒……夕鑿丙戌日乙酉有希……"(≪鐵185. 1≫), "王占曰有希六……"(≪前7. 21. 3≫)
2. 지명(地名). "丁酉卜, 亘貞 : □□于希?"(≪前4. 53. 1≫)

絲(사)  [sì]

(≪前1. 48. 3 ≫) (≪甲3563≫) (≪乙7799≫) (≪京津2583≫)

≪甲骨文編≫에는 위의 갑골문자들을 ≪說文解字≫에는 수록되어 있지 않은 '豩'자로 수록하고 있는데,[3] 이 갑골문에 대해 李孝定은, "徐灝段注箋絲下云 : 「希與豕同, 从二豕, 陳牲之義也. 古通作肆. …… 」其說是也.[4] : 徐灝의 ≪說文解字注箋≫에는 '絲'자 아래에 「'希'와 '豕'은 동자(同字)이며, (이 글자가) 두 개의 '豕'으로 구성된 것은 희생의 동물들을 진설하다는 뜻을 나타낸 것이다. 옛날에는 '肆'와 통용되었다. ……」라고 하고 있다. 그의 주장이 옳다."라고 하여, 이 글자를 '絲'자로 고석하였다. ≪說文解字≫에는 이 '絲'자에 대해,

1) 李孝定 前揭書 ≪甲骨文字集釋≫ p.3011 및 徐中舒 前揭書 ≪甲骨文字典≫ p.1059를 참고.
2) 劉釗 · 洪颺 · 張新俊 前揭書 ≪新甲骨文編≫ p.533을 참고.
3) 中國社會科學院考古研究所 前揭書 ≪甲骨文編≫ p.392.
4) 李孝定 前揭書 ≪甲骨文字集釋≫ p.3003.

"絺, 希屬. 從二希. 𦟛, 古文絺. ≪虞書≫曰：絺類于上帝. ：'絺'는 '希' 즉 털이 긴 야수의 일종이다. 두 개의 '希'를 구성 요소로 하고 있다. 𦟛(絺)는 '古文' '絺'자이다. ≪尚書·虞書≫에는 「이에 상제(上帝)에게 '類祭'를 거행하였다.」라고 하고 있다."라고 풀이하고 있다.

갑골문에서의 자의(字義)는 다음과 같다.

1. 제명(祭名). 희생을 진설하여 거행하는 제사. "乙未[卜], 爭貞：……其侑絺?"(≪乙3355≫)

2. 지명(地名). "𢎥至于絺"(≪京都2059≫), "貞：于絺先麗? 一月."(≪前1. 48. 3≫)

豚(돈)	𧰧	𧰧	𧰧	𧰧	[tún]
	(≪前3. 23. 6≫)	(≪寧滬1. 112≫)	(≪後上25. 2≫)	(≪粹27≫)	

위의 갑골문은 '豕'와 '肉'을 구성 요소로 하고 있는데, 이 글자에 대해 徐中舒는 "從豕從肉, 與≪說文≫豚字篆文同.[1]：'豕'와 '肉'을 구성 요소로 하고 있는데, ≪說文解字≫에 수록된 '豚'자의 전문(篆文)과 자형이 같다."라고 하여, '豚'자로 고석하였다. ≪說文解字≫에는 이 '豚'자에 대해, "𧱤, 小豕也. 從古文豕, 從又持肉以給祠祀也. 𧱎, 篆文, 從肉豕. ：'豚'은 새끼 돼지라는 뜻이다. '古文' '豕'를 구성 요소로 하고, '又'[손]에 '肉'[고기]를 들고서 제사에 헌상하는 형상으로 구성되어 있다. '𧱎'(豚)은 전문(篆文)으로, '肉'과 '豕'를 구성 요소로 하고 있다."라고 풀이하고 있다.

갑골문에서도 새끼 돼지의 뜻으로 사용되었는데, 이 역시 제사의 제품(祭品)의 하나였다. "叀犬又豚用"(≪粹592≫), "……尞叀白(百)豚"(≪後上25. 2≫), "十五豚"(≪前3. 23. 6≫)

舄(兕)(시)	𩿒	𩿒	𩿒	𩿒	[si]
	(≪前7. 34. 1≫)	(≪乙764≫)	(≪甲620≫)	(≪掇1. 421≫)	

≪甲骨文編≫에는 위의 갑골문자들을 모두 '舄'자로 수록하고는, "唐蘭釋兕.[2]：唐蘭은

1) 徐中舒 前揭書 ≪甲骨文字典≫ p.1058.
2) 中國社會科學院考古研究所 前揭書 ≪甲骨文編≫ p.393.

이를 '兕'자로 고석하였다."라고 하고 있다. 이 갑골문 '舃'자는 몸집에 비해 머리가 두드러지게 크고, 외뿔을 가진 들소의 모양을 형상화한 상형자이다. 이 '舃'자에 대해 ≪說文解字≫에는, "舃, 如野牛, 青色, 其皮堅厚, 可制鎧. 象形. 䍸頭, 與禽离頭同. 𠑹, 古文從儿. : '舃'는 형체가 들소 같으며, 털은 청색이고, 그 가죽은 질기고 두터워 갑옷을 만들 수 있다. 상형자이다. 소전(小篆)에서 이 '舃'자의 머리 부분은 '禽'자와 '离'자의 머리 부분과 모양이 같다. 𠑹(兕)는 '古文'인데, '儿'을 구성 요소로 하고 있다."라고 풀이하고 있다. 이 '舃'자는 예서(隸書)로는 '䍸'로 써야 하며, '古文' '兕'자는 지금은 '兕'로 쓰고 있다.

갑골문에서의 뜻은 다음과 같다.

1. 외뿔들소. 제사(祭祀)의 희생으로 사용되기도 하였다. "其葦壬申允狩葦隻兕六豕十有 六麑百有九十有九"(≪合集10407≫)

2. 지명(地名). "衁風于兕雨"(≪掇1. 421≫)

| 易(역) | 𡲬
(≪鐵85. 1≫) | 𡲬
(≪前7. 4. 1≫) | 𣂚
(≪後下8. 5≫) | 𣂚
(≪佚518≫) | [yì] |

이 글자의 자형 결구가 의미하는 것에 대해서는 아직 정설이 없으나, 이 글자를 '易'으로 예정(隸定)하여 쓰는 것에는 이견(異見)이 없다. 이 '易'자에 대해 ≪說文解字≫에는, "易, 蜥易, 蝘蜓, 守宮也. 象形. 祕書說 : 日月爲易. 象侌易也. 一曰從勿. : '易'은 '蜥易', '蝘蜓', '守宮'으로, 도마뱀이라는 뜻이다. 상형자이다. ≪祕書≫에는, 「日'과 '月'이 합쳐져 서 '易'자가 되었는데, 이는 음양(陰陽)의 변화를 상징한다.」라고 하고 있다. 일설에는 '旗勿' 의 '勿'을 구성 요소로 하고 있다고도 한다."라고 풀이하고 있다. 이 '易'자에 대해 徐中舒는, "原字……象兩酒器相頃酒承受之形, 故會賜與之義, 引伸之而有更易之義. …… 經傳作 錫·賜, 皆後起字.[1] : 본래의 글자는……두 개의 주기(酒器)를 서로 기울여서 따르는 술을 받는 모양을 형상화한 것인데, 이 때문에 주다는 뜻을 나타내게 되었고, 여기서 인신(引伸)하 여 바꾸다는 뜻을 가지게 되었다. …… 경전(經傳)에는 '錫'이나 '賜'로 썼는데, 모두 후기자(後 起字)이다."라고 주장하였다.

1) 徐中舒 前揭書 ≪甲骨文字典≫ p.1063.

갑골문에서의 뜻은 다음과 같다.

1. 주다. 상(賞)을 내리다. “庚戌……貞 ： 易多母有貝朋?”(≪後下8. 5≫)

2. 바꾸다. “甲子卜, 㱿貞 ： 王疒齒亡易?”(≪前4. 4. 2≫)

3. ‘易日’로 사용되어, 구름이 많아서 흐렸다 개었다 하는 날씨를 나타낸다. “辛巳卜, 王步乙酉易日?”(≪合集34010≫), “乙亥卜, 賓[貞] ： 翊乙亥酒系易日? 乙亥酒允易日.”(≪前7. 4. 1≫)

4. 희생의 처리 방법의 하나. “貞 ： 易殯白? 九月.”(≪前6. 42. 8≫)

5. 지명(地名). “貞 ： 于易?”(≪前6. 32. 1≫)

| 象(상) | (≪前3. 31. 3≫) | (≪乙960≫) | (≪粹610≫) | (≪後下5. 11≫) | [xiàng] |

羅振玉이 위의 갑골문자를 ‘象’자로 고석하여,[1] 정설이 되었다. 위의 갑골문은 코끼리의 몸집 전체를 형상화한 상형자인데, 크고 긴 코와 머리·몸통·앞뒤의 발·꼬리 등을 다 갖추고 있는 자형 결구이다. 이 ‘象’자에 대해 ≪說文解字≫에는, “象, 南越大獸, 長鼻牙, 三年一乳. 象耳牙四足之形. ： ‘象’은 南越 일대에 사는 몸집이 큰 짐승이고, 긴 코와 긴 이빨을 가졌으며, 3년에 한 번 새끼를 낳아 기르는 동물이다. 귀와 이빨 그리고 네 발의 모양을 형상화하였다.”라고 풀이하고 있다. 徐中舒는 이 ‘象’자에 대해, “象大象之形. 甲骨文以長鼻巨齒爲其特徵. …… ≪呂氏春秋·古樂篇≫ ： 殷人服象, 爲虐於東夷. 又據考古發掘知殷商時代河南地區氣候尙暖, 頗適於兕象之生存, 其後氣候轉寒, 兕象遂漸南遷矣.[2] ： 큰 코끼리의 모양을 형상화하였다. 갑골문 ‘象’자는 긴 코와 거대한 이빨을 글자의 특징으로 하고 있다. …… ≪呂氏春秋·古樂篇≫에, 「殷나라 사람들은 코끼리를 부렸는데, 이를 이용하여 동이족(東夷族)을 해(害)하였다.」라고 하고 있다. 또 고고발굴을 통해서 알게 된 바로는, 殷商시대 河南지역은 기후가 매우 따뜻하여서 물소나 코끼리가 생존하기에 아주 적합하였으나, 그 후 기후가 추워져서 물소와 코끼리도 마침내 점차 남쪽으로 옮겨 갔다.”라고 설명하였다.

갑골문에서의 뜻은 다음과 같다.

---

1) 羅振玉 前揭書 ≪增訂殷虛書契考釋≫ 卷中 p.30下를 참고.
2) 徐中舒 前揭書 ≪甲骨文字典≫ p.1065.

1. 코끼리. "……賓貞 : 圼象侑祖乙?"(≪合集8983≫), "今夕其雨……獲象"(≪合集 10222≫)

2. 방국명(方國名). "丁丑伐象"(≪乙1002≫), "于癸亥省象易日"(≪粹610≫)

3. 인명(人名). "丙寅卜, 古貞 : 乎象凡果?"(≪乙960≫)

第10篇

馬(마)	┄	┄	┄	┄	[mǎ]
	《前4. 46. 2》	《甲2695》	《佚643》	《粹1156》	

羅振玉이 위의 갑골문자들을 '馬'자로 고석하여[1] 정설이 된지 오래다. 갑골문 '馬'자는, 옆에서 본 말의 전체 모양을 형상화하였는데, 머리ㆍ갈기ㆍ몸통ㆍ발ㆍ꼬리 등을 다 갖춘 자형 결구이다. 이 '馬'자에 대해 《說文解字》에는, "馬, 怒也, 武也. 象馬頭髦尾四足之形. 影, 古文. 影, 籒文馬, 與影同有髦. : '馬'는, 머리를 치켜들고 눈을 부라리고 있는 동물이고, 용맹한 동물이다. 말의 머리와 갈기 그리고 꼬리와 네 발의 모양을 형상화하였다. '影'(影) 는 '古文'이다. '影'(影)는 주문(籒文) '馬'자인데, '影'['古文' '馬'자]와 같이 갈기가 있다."라고 풀이하고 있다. 李孝定은 이 '馬'자에 대해, "契文象頭ㆍ髦ㆍ二足及尾之形. 作二足者, 側視之也.[2] : 갑골문은 머리ㆍ갈기ㆍ두 발ㆍ꼬리의 모양을 형상화하였다. 발이 두 개인 것은 옆에서 본 것이다."라고 하였다.

갑골문에서의 뜻은 다음과 같다.

1. 말[馬]. "甲辰卜, 㱿貞 : 奚來白馬? 王占曰 : 吉. 其來"(《乙3449》), "貞 : ☒乎取

---

1) 羅振玉 前揭書 ≪增訂殷虛書契考釋≫ 卷中 p.29上.
2) 李孝定 前揭書 ≪甲骨文字集釋≫ p.3033.

白馬氏?"(≪乙5305≫)

2. 무관(武官)의 관직명(官職名). "丙寅卜, 叀馬小臣?"(≪粹1156≫), "貞：命多馬羌?"
(≪粹1554≫), "乎多馬逐鹿獲"(≪乙4615≫), "貞：其命馬亞射鹿"(≪甲2695≫)

3. 방국명(方國名). "甲辰卜, 爭貞：我伐馬方帝?"(≪乙5408≫), "▨未卜, 賓貞：馬方
其征?"(≪京津1681≫)

4. 인명(人名). "……卜, 其乎馬先弗每不?"(≪鄴三409≫)

馴(리)[驪](려)		[li]
	(≪前4. 47. 5≫)　(≪佚970≫)　(≪合集36985≫)	

　위의 갑골문자는 '利'와 '馬'를 구성 요소로 하고 있는데, 이 글자에 대해 羅振玉은, "漢書西
域傳：西與犁靬條支接. 注：犁讀與驪同. 古利麗同音, 故馴字後亦從麗作與!1)：≪漢
書·西域傳≫에, '西與犁靬條支接'이라고 했는데, 顏師古는 이에 대해, 「犁」는 '驪'와 독음
이 같다.」라고 주(注)하였다. 고대에는 '利'와 '麗'는 자음(字音)이 같았기 때문에 '馴'자는
후세에 따로 '麗'를 구성 요소로 하고 있는 글자를 만들었던 것 같다."라고 하여, '驪'자로
고석하였다. 이는 '馴'와 '驪'는 동자(同字)이고, '驪'가 후기자(後起字)라는 말이다. ≪說文解
字≫에는, "驪, 馬深黑色. 從馬, 麗聲.：'驪'는 짙은 검정색의 말이라는 뜻이다. '馬'를 의부,
'麗'를 성부로 구성되어 있다."라고 풀이하고 있다.

　갑골문에서도 검정말이라는 뜻으로 사용되었다. "叀驪眔大馬牢亡災? 弘吉."(≪佚970≫),
"叀驪眔▨子亡災"(≪前4. 47. 5≫)

駁(박)		[bó]
	(≪前4. 47. 3≫)　　(≪甲298≫)　　(≪合集36836≫)	

　위의 갑골문자는 '馬'와 '爻'를 구성 요소로 하고 있으므로, '駁'자임이 틀림없다. 이 '駁'자에
대해 李孝定은, "馬名, 蓋即雜色馬之專名. 引申以爲凡不純之偁.2)：말의 이름이며, 아마

---

1) 羅振玉 前揭書 ≪增訂殷虛書契考釋≫ 卷中 p.29上.

2) 李孝定 前揭書 ≪甲骨文字集釋≫ p.3037.

도 여러 색깔이 섞여있는 얼룩말을 일컫는 전용(專用) 명사인 듯하다. 여기에서 인신(引伸)하여 순색(純色)이 아닌 것에 대한 범칭(凡稱)이 되었다."라고 하였다. ≪說文解字≫에는, "駁, 馬色不純. 從馬, 爻聲. : '駁'은 말의 털색이 순색(純色)이 아니라는 뜻이다. '馬'를 의부, '爻'를 성부로 구성되었다."라고 풀이하고 있다.

갑골문에서도 얼룩말이라는 뜻으로 사용된 듯하다. "☑戌卜, 貞 : 王……[慶]駁……?"(≪前4. 47. 3≫), "叀幷駁"(≪甲298≫)

騽(習)	𦏧 (≪前2. 5. 7≫)	𦏧 (≪前4. 47. 5≫)	𦏧 (≪乙1654≫)	[xí]

위의 갑골문 '騽'자는 기본적으로 '馬'와 '羽'와 '日'을 구성 요소로 하고 있는데, 간혹 '日'을 생략한 것도 있다. 郭沫若은 이 글자에 대해, "此字分明從羽從日, 蓋謂禽鳥於晴日學飛. 許之誤在譌日爲白而云'白聲', 聲紐俱不合.[1] : 이 글자['習'자]는 분명히 '羽'와 '日'을 구성 요소로 하고 있으므로, 아마도 날짐승이 맑은 날에 날기를 학습하는 것을 일컫는 것 같다. 許愼의 잘못은 '日'을 '白'이라고 잘못 생각하여서, '白'을 성부(聲符)라고 한 것인데, 이는 성모(聲母)가 모두 서로 부합되지 않기 때문이다."라고 하였다. 이 '騽'자에 대해 ≪說文解字≫에는, "騽, 馬豪骭也. 從馬, 習聲. : '騽'은 말의 무릎과 정강이 사이에 나있는 긴 털이라는 뜻이다. '馬'를 의부, '習'을 성부로 구성되었다."라고 풀이하고 있다. 段玉裁는 여기에서의 '豪骭'에 대해서, "高誘注淮南日 : 骭, 自膝以下 · 脛以上也. 豪骭謂骭上有脩豪也. : 高誘는 ≪淮南注≫에서, 「骭」이란 무릎 아래 · 정강이 위를 뜻한다.」라고 하였다. '豪骭'이란 '骭'부위에 나있는 긴 털을 일컫는다."라고 하였다. ≪爾雅 · 釋畜≫에는, "驪馬黃脊, 騽. : 등성이만 누런색인 검정말이 '騽'이다."라고 하고 있다.

갑골문에서도 말의 한 종류로, 등성이가 누런색인 검정말이라는 뜻으로 사용되었다. "☑☑卜, 在潢貞 : 王其㞷大[犀]……犬馬眔騽亡災擒?"(≪前2. 5. 7≫), "叀☑眔騽亡災"(≪前4. 47. 5≫), "……白騽"(≪乙1654≫)

---

1) 郭沫若 前揭書 ≪卜辭通纂·考釋≫ p.156 第730片 釋文.

| 驅(구) | 馭 ≪前2. 8. 3≫ | 馭 ≪前2. 42. 3≫ | 馭 ≪前5. 41. 6≫ | 駇 ≪粹119≫ | [qū] |

위의 갑골문은 '馬'와 '攴'을 구성 요소로 하고 있는데, 손에 채찍을 들고 말을 때리는 모양을 형상화한 자형 결구로, 말을 채찍질하여 달리게 하다는 뜻이다. 李孝定은 이 글자들을 '驅'자로 수록하고는, "契文从馬, 从攴. 與馭字从又略異, 而爲會意字則同. 蓋馭爲使馬, 故从又, 駇則鞭之使前, 故從攴耳.[1] : 갑골문은 '馬'를 구성 요소로 하고, '攴'을 구성 요소로 하고 있다. 이는 '馭'자가 '又'를 구성 요소로 하고 있는 것과는 약간 다르지만, 회의자(會意字)로서는 동일하다. 아마도 '馭'는 말을 몰다는 뜻이기 때문에 '又'를 구성 요소로 한 것 같으며, '駇'는 몰기 전에 채찍질을 하기 때문에 '攴'을 구성 요소로 한 것 같다."라고 하였다. 이 '驅'자에 대해 ≪說文解字≫에는, "驅, 驅馬也. 從馬, 區聲. 駈, 古文驅從攴. : '驅'는 말을 내몰다는 뜻이다. '馬'를 의부, '區'를 성부로 구성되었다. 駈(駈)는 '古文' '驅'자인데, '攴'을 구성 요소로 하고 있다."라고 풀이하고 있다. 段玉裁는 자의(字義) 해설을 "馬馳也"라고 한 것을 위와 같이 "驅馬也"로 바르게 고쳤다.

갑골문에서의 뜻은 다음과 같다.

1. 말을 채찍질하여 내몰다. "☑卯卜, 貞 : ……驅于言京往來亡災?"(≪前2. 42. 3≫), "癸巳卜, 在長貞 : 王饭于往來亡災? 驅☑十, 冬."(≪前2. 8. 3≫)
2. 지명(地名). "八千人在驅, 允."(≪粹119≫)

| 鴷(렬) | 鴷 ≪河312≫ | [liè] |

徐中舒는 위에 예시한 ≪河312≫의 갑골문을 '鴷'자로 수록하고는, "從馬從卨, 魯實先謂爲鴷之初文. 蓋剡从夕聲, 夕乃从卨省聲, 宜其初文爲卨馬,≪殷契新詮之三≫ 按魯說可從.[2] : (이 갑골문자는) '馬'를 구성 요소로 하고 '卨'을 구성 요소로 하고 있는데, 魯實先은 이 글자에

1) 李孝定 前揭書 ≪甲骨文字集釋≫ p.3041.
2) 徐中舒 前揭書 ≪甲骨文字典≫ pp.1070.

대해, 「駤」자의 초문(初文)이다. 아마 '㸸'자는 '㸦'을 성부(聲符)로 구성되었고, '㸦'자는 필획이 생략된 '㫊'을 성부로 구성되었기 때문에, 이 글자의 초문(初文)은 '馬'자임이 틀림없을 것이다.(≪殷契新詮之三≫을 참고)」라고 하였다. 살펴보건대, 魯實先의 주장이 따를 만하다.”라고 하였다. 이 '駤'자에 대해 ≪說文解字≫에는, “駤, 次弟馳也. 從馬, 㸸聲. : '駤'은 말이 행렬과 순서에 따라 내닫다는 뜻이다. '馬'를 의부, '㸸'을 성부로 구성되었다.”라고 풀이하고 있다.

갑골문에서는 말의 이름으로 사용된 것으로 짐작된다. “甲午卜, 王馬☒駤其禦于父甲亞?”(≪河312≫)

執[馽](칩)   [zhí]

(≪甲1166≫)   (≪甲1268≫)   (≪存下917≫)   (≪鄴三44. 9≫)

위의 갑골문은 '幸'과 '人'과 '幺'를 구성 요소로 하고 있다. 이 글자에 대해 王鳳陽은, “古'摯'字, 絆馬索, 套于馬前後腿上, 使馬只能移動, 不能奔馳的馬具. 依附馬象形.[1] : '摯'의 고자(古字)인데, 말의 발을 묶는 끈이며, 말의 앞뒤 다리에 씌워서, 말이 천천히 이동할 수만 있고, 질주할 수 없도록 해놓은 마구(馬具)이다. 말에 부착한 것을 형상화하였다.”라고 하였다. 그리고 李孝定은 위에 예시한 ≪鄴三44. 9≫의 갑골문을 '馽'자로 예정(隷定)하여 수록하면서, “案契文象拘係辠人并加手梏之形.[2] : 살펴보면, 갑골문은 죄인을 구속하여 수갑을 채운 모양을 형상화하였다.”라고 하였다. 이 '馽'자는 '執'자의 예서(隷書)이다. '執'자에 대해 ≪說文解字≫에는, “執, 絆馬足也. 從馬, ○其足. 春秋傳曰 : 韓厥執執前. 讀若輒. 繁, 執或從糸, 㚀聲. : '執'은 말의 발을 묶다는 뜻이다. '馬'와 '○'을 구성 요소로 하고 있는데, '○'은 말의 발을 줄로 동여맨 것을 상징한다. ≪春秋左氏傳≫ 成公 2년 조(條)에, 「韓厥이 말의 발을 묶는 줄을 가지고 齊 頃公의 앞으로 다가갔다.」라고 하고 있다. 독음은 '輒'자처럼 읽는다. '繁'(縶)은 '執'의 혹체자이며, '糸'를 의부, '㚀'을 성부로 구성되었다.”라고 풀이하고 있다.

갑골문에서는 인명(人名)으로 사용된 것 같다. “貞 : 王弜逆執?”(≪鄴三44. 10≫), “庚辰王卜, 在☒貞 : 今日其逆旅[以]執于東單亡災?”(≪存下917≫)

---

1) 王鳳陽 前揭書 ≪漢字學≫ p.932.

2) 李孝定 前揭書 ≪甲骨文字集釋≫ p.3045.

| 騂(騂)(성) | (≪戩24. 5≫) | (≪甲295≫) | (≪佚981≫) | (≪鄴三42. 9≫) | [xīng] |

이 갑골문은 '羊'과 '牛'를 구성 요소로 하고 있는데, 간혹 '羊'자 하나와 몇 개의 점(點)을 더 덧붙인 것도 있으므로, '㸳'자로 예정(隷定)하여 쓴다. ≪甲骨文編≫에는 이들 갑골문자들을 '騂'자로 수록하고는, "不從馬.[1] : [갑골문에서 이 '㸳'자는] '馬'를 구성 요소로 하지 않았다."라고 하고 있다. 이 글자는 ≪說文解字≫에는 수록되어 있지 않는데, 徐鉉이 ≪說文解字≫를 정간(訂刊)하면서 '新附字'로 새로 덧붙여서 수록하고는, "騂, 馬赤色也. 從馬, 觲省聲.[2] : '騂'은 적색(赤色)의 말이라는 뜻이다. '馬'를 의부, '角'을 생략한 '觲'을 성부로 구성되었다."라고 풀이하였다. 徐中舒는 羅振玉이 '㸳'자는 '騂'자의 본자(本字)라고 주장한 것에 동의하면서, "騂字≪說文≫所無, 新附有騂字, 卽騂之初字, 而騂當爲後起之形聲字.[3] : '騂'자는 ≪說文解字≫에 수록되어 있지 않고, 徐鉉의 ≪說文解字≫ '新附字'에 '騂'자가 수록되어 있는데, (이 '騂'자가) 바로 '騂'의 초기 글자이고, '騂'자는 후기자(後起字)로서 형성자(形聲字)임이 틀림없다."라고 하였다.

갑골문에서는 제사의 희생으로 사용되었다. "丙午卜, 貞 : 康祖丁其牢㸳? 玆用."(≪前1. 12. 7≫), "父甲歲㸳玆用"(≪戩24. 5≫)

| 廌(치) | (≪後下33. 4≫) | (≪明藏472≫) | (≪明藏633≫) | (≪京津3876≫) | [zhì] |

孫海波는 위에 예시한 갑골문자들을 '廌'자로 수록하면서 '廌'자에 대한 ≪說文解字≫의 해설을 인용하고는, "此正象一角之形.[4] : 이들 글자들이 바로 외뿔 동물의 모양을 형상화하였다."라고 하였다. 이 '廌'자에 대해 ≪說文解字≫에는, "廌, 解廌獸也. 佀牛一角, 古者決訟令觸不直. 象形. 從豸省. : '廌'는 해치(獬豸)라는 짐승이라는 뜻이다. 소[牛]와 비슷하고

---

1) 中國社會科學院考古硏究所 前揭書 ≪甲骨文編≫ p.398.

2) 徐鉉 ≪說文解字≫, 丁福保 前揭書 ≪說文解字詁林正補合編≫ 第8冊 p.8-516에서 재인용.

3) 徐中舒 前揭書 ≪甲骨文字典≫ pp.1070~1071.

4) 孫海波 ≪甲骨文編≫(哈佛燕京學社石印本 1934.) 10卷 p.2上, 李孝定 前揭書 ≪甲骨文字集釋≫ p.3045에서 재인용.

뿔이 하나인데, 고대에는 소송을 판결할 때, 정직하지 못한 사람을 들이 받도록 시켰다. (윗부분은 그 머리와 뿔을 형상화한) 상형이며, (아랫부분은) 필획이 생략된 '豸'를 구성 요소로 하고 있다."라고 풀이하고 있다.

갑골문에서도 야수(野獸)의 일종인 해치의 뜻으로 사용되었다. "乙酉貞：王其令劕[以]…… 从鈇白公薦古王事?"(≪明藏472≫), "不乎其☒有薦……"(≪京津3876≫), "其歸薦[龍]" (≪後下33. 4≫)

鹿(록)				[lù]
(≪前4. 8. 1≫)	(≪乙989≫)	(≪佚383≫)	(≪後上30. 13≫)	

羅振玉이 이 글자들을 '鹿'자로 고석하여[1] 정설이 되었다. 이는 측면에서 본 사슴의 모양을 형상화한 것이며, 뿔·머리·몸통·발·꼬리가 있다. 이 '鹿'자에 대해 ≪說文解字≫에는, "鹿, 獸也. 象頭角四足之形. 鳥鹿足相比, 從匕. : '鹿'은 짐승의 이름이다. 머리와 뿔과 네 발의 모양을 형상화하였다. 새와 사슴은 발 모양이 서로 비슷하며, 모두 '匕'를 구성 요소로 하고 있다."라고 풀이하고 있다.

갑골문에서도 사슴이라는 뜻으로 사용되었다. "癸酉卜, 王其逐鹿?"(≪合集10950≫), "狩獲擒鹿五十又六"(≪前4. 8. 1≫), "射鹿獲"(≪後上30. 13≫)

麟(린)	[lín]
(≪拾13. 2≫)	

李孝定은 위의 글자를 '麟'자로 수록하면서, 孫海波의 ≪甲骨文編≫에도 '麟'자로 수록하고 있다고 밝히고, 다시 葉玉森이, "疑古麟字. : 아마도 고대(古代)의 '麟'자인 것 같다."라고 한 말을 인용하였다.[2] 이 '麟'자에 대해 ≪說文解字≫에는, "麟, 大牝鹿也. 從鹿, 粦聲. : '麟'은 큰 암사슴이라는 뜻이다. '鹿'을 의부, '粦'을 성부로 구성되었다."라고 풀이하고 있다.

1) 羅振玉 前揭書 ≪增訂殷虛書契考釋≫ 卷中 p.29下.
2) 李孝定 前揭書 ≪甲骨文字集釋≫ p.3055를 참고.

갑골문에서의 자의(字義)는 아직 명확하게 밝혀지지 않았다. "王……乎求方麟"(≪拾13. 2≫)

| 麐(린) | ≪前4. 47. 3≫ | ≪存下915≫ | [lín] |

위의 갑골문은 '鹿'과 '文'을 구성 요소로 하고 있는데, 이 글자에 대해 羅振玉은, "此字……似鹿而角異, 从吝省聲, 殆即麐字.[1] : 이 글자는 …… 사슴과 비슷하지만 뿔 모양이 다르며, '口'가 생략된 '吝'을 성부로 구성되어 있는데, 바로 '麐'자라고 짐작된다."라고 하였다. ≪說文解字≫에는, "麐, 牝麒也. 從鹿, 吝聲. : '麐'은 암컷 기린이라는 뜻이다. '鹿'을 의부, '吝'을 성부로 구성되었다."라고 풀이하고 있다. 段玉裁는 ≪上林賦≫에 대한 張揖의 주해(註解)를 인용하면서, "雄曰麒, 雌曰麟. : 수컷은 '麒'라고 하고, 암컷은 '麟'이라고 한다."라고 주(注)하였다. 그리고 徐中舒는, ≪說文解字≫의 '麐'·'麒'·'麟'에 대한 해설을 차례로 인용하고서, "麐麟音同, 是麟本當作麐.[2] : '麐'과 '麟'은 자음(字音)이 같으므로, '麟'은 본래 '麐'으로 썼음이 틀림없다."라고 하였다.

갑골문에서의 뜻은 다음과 같다.

1. 기린의 암컷. "☑戌卜, 貞 : 王……麐駁馱?"(≪前4. 47. 3≫), "……又白麐于大乙用 [鴨]白卯……"(≪存下915≫)

2. 지명(地名)으로 짐작된다. "庚戌卜, 貞 : 王……于麐駁?"(≪存下915≫)

| 麋(미) | ≪甲2695≫ | ≪拾6. 11≫ | ≪佚930≫ | ≪林2. 14. 10≫ | [mí] |

≪甲骨文編≫에는 위의 글자들을 모두 '麋'자로 수록하고, "卜辭麋从眉得聲.[3] : 갑골복사에서의 '麋'자는 '眉'를 성부(聲符)로 구성되었다."라고 하고 있다. 이 글자들은 사슴의 일종인 큰사슴의 모양을 형상화한 상형자인데, 머리·뿔·몸통·다리·꼬리가 있는 것은 '鹿'

---

1) 羅振玉 前揭書 ≪增訂殷虛書契考釋≫ 卷中 p.30上.

2) 徐中舒 前揭書 ≪甲骨文字典≫ p.1081.

3) 中國社會科學院考古研究所 前揭書 ≪甲骨文編≫ p.402.

즉 사슴과 같으나, 뿔의 모양으로 구별된다. 이 '麞'자에 대해 ≪說文解字≫에는, "麞, 鹿屬. 從鹿, 米聲. 麞冬至解其角. : '麞'는 사슴 속(屬)의 동물이다. '鹿'을 의부, '米'를 성부로 구성되었다. '麞'는 동지(冬至)가 되면 그 뿔이 떨어진다."라고 풀이하고 있다.

갑골문에서의 뜻은 다음과 같다.

1. 큰사슴. 미록(麞鹿). "貞 : 其令馬亞射麞?"(≪甲2695≫), "壬申卜, 殼貞 : 甫擒麞, 丙子陷? 允擒二百又九. 一月"(≪前4. 4. 2≫)
2. 방국명(方國名). "我弗其征麞"(≪林2. 14. 10≫)

麕(균)				[jūn]
	(≪前4. 48. 8≫)	(≪前7. 28. 4≫)	(≪京津1345≫)	

羅振玉이 위의 갑골문자들을 '麕'자로 고석하여[1] 정설이 되었다. 이 '麕' 역시 사슴 부류의 야생(野生) 동물의 이름이며, '獐' 즉 노루를 말하는데, '河麛'[jǐ]·'牙獐'이라고 하기도 한다. 암수 모두 뿔은 없고, 털은 길고 누런색인데, '麇'으로도 쓴다. 이 '麕'자에 대해 ≪說文解字≫에는, "麕, 麇也. 從鹿, 囷省聲. 𪊴, 籒文不省. : '麕'은 노루라는 뜻이다. '鹿'을 의부, '口'를 생략한 '囷'을 성부(聲符)로 구성되었다. '𪊴'(麇)은 주문(籒文)인데, 성부(聲符)의 필획을 생략하지 않았다."라고 풀이하고 있다. '麇'은 곧 '獐'의 이체자이다.

갑골문에서는 방국명(方國名) 또는 인명(人名)으로 사용된 것 같다. "……賓貞 : 麕告曰 : 方[古]今春凡受有祐?"(≪前7. 28. 4≫), "……麕告曰 : 方……"(≪京津1345≫)

麑(예)					[ní]
	(≪前4. 47. 7≫)	(≪佚43≫)	(≪掇1. 139≫)	(≪英1782≫)	

위의 갑골문자들은 어린 사슴의 모양을 형상화한 상형자이다. ≪甲骨文編≫에는 이 글자들을 '麑'자로 수록하고, "卜辭麑不从兒, 無角. 象形.[2] : 갑골복사에서의 '麑'자는 '兒'를 구성

---

1) 羅振玉 前揭書 ≪增訂殷虛書契考釋≫ 卷中 p.29下.
2) 中國社會科學院考古研究所 前揭書 ≪甲骨文編≫ p.403.

요소로 하지 않았고, 뿔이 없다. 상형자이다."라고 하고 있다. ≪國語·魯語上≫의 "獸長麑麃"이라는 말에 대해 韋昭는, "鹿子曰麑, 麃子曰麃.[1] : 사슴의 새끼는 '麑'라고 하고, 큰사슴의 새끼는 '麃'이라고 한다."라고 주(注)하였다. 이 '麑'자에 대해 ≪說文解字≫에는, "麑, 狻麑獸也. 從鹿, 兒聲. : '麑'는 '狻麑' 즉 어린 사슴으로, 들짐승의 하나이다. '鹿'을 의부, '兒'를 성부로 구성되었다."라고 풀이하고 있다.

갑골문에서도 이 글자의 본의인 어린 사슴이라는 뜻으로 사용되었다. "戊申王卜, 貞 : 田叀往? 王占曰 : 吉. 在九月丝御獲鹿二, 麑三."(≪續3. 16. 10≫), "……豕四十一·麑百"(≪佚43≫), "鹿六…麑…"(≪前4. 47. 7≫)

| 麤麤(주) | (≪前8. 10. 1≫) (≪林2. 26. 9≫) | [cū] |

위의 갑골문자는 두 마리의 '鹿'으로 구성되어 있는데, 이는 두 마리의 사슴이 나란히 가는 모양을 형상화한 자형 결구로, 빨리 달리다는 뜻을 나타낸다. ≪甲骨文編≫에는 이 두 글자를 '麤'자로 수록하고는, "卜辭麤, 從二鹿.[2] : 갑골복사에서의 '麤'자는 두 마리의 '鹿'으로 구성되어 있다."라고 하고 있다. 이 '麤'자에 대해 ≪說文解字≫에는, "麤, 行超遠也. 從三鹿. : '麤'는 사슴이 달릴 때 아주 멀리 도약한다는 뜻이다. 세 개의 '鹿'자로 구성되어 있다."라고 풀이하고 있다.

갑골문에서는 지명(地名)으로 사용된 것 같다. "丁亥子卜, 貞 : 我☒田麤從三?"(≪前8. 10. 1≫)

| 兔(토) | (≪前1. 16. 3≫) (≪甲270≫) (≪乙918≫) (≪京都2297≫) | [tù] |

羅振玉이 위의 갑골문자들을 '兔'자로 고석하여,[3] 정설이 되었다. 이는 토끼의 모양을

---

1) 韋昭 ≪國語韋氏解≫(世界書局 1975. 臺北) p.126.
2) 中國社會科學院考古硏究所 前揭書 ≪甲骨文編≫ p.404.
3) 羅振玉 前揭書 ≪增訂殷虛書契考釋≫ 卷中 p.31上을 참고.

형상화한 자형으로, 머리·몸통·발·꼬리 등이 갖추어져 있다. 이 '兔'자에 대해 ≪說文解字≫에는, "兔, 兔獸也. 象兔踞, 後其尾形, 兔頭與㲋頭同. : '兔'는 토끼라는 뜻이며, 들짐승의 하나이다. 웅크리고 앉은 모양과 뒷부분의 꼬리를 형상화하였는데, '兔'자의 머리 부분은 '㲋'자의 머리 부분과 같다."라고 풀이하고 있다. 그런데 徐中舒는 '兔'자의 자형에 대하여, "甲骨文皆象兔立形而非象踞形.[1] : 갑골문은 모두 토끼가 서 있는 모양을 형상화하였으며, (≪說文解字≫에서 말한 바와 같이) 웅크리고 있는 모양을 형상화하지 않았다."라고 하였다.

갑골문에서의 뜻은 다음과 같다.

1. 토끼. "☑子卜, 翊辛丑, 王逐兔?"(≪前6. 49. 6≫), "……御兔……"(≪甲270≫)
2. 방국명(方國名). "甲申卜, 央貞 : 兔其有禍?"(≪前6. 48. 7≫)
3. 인명(人名). "甲申卜, 貞 : 王賓兔告曰 : 亡尤?"(≪前1. 16. 3≫)

逸(일)				[yì]
	(≪前3. 32. 3≫)	(≪前5. 28. 5≫)	(≪鐵45. 3≫)	

위의 갑골문은 '兔'와 '止'를 구성 요소로 하고 있는데, '止'는 '辵'과 서로 통용되므로, 이 글자는 '逸'자임을 쉽게 알 수 있다. 금문(金文) '逸'자는 '𨓚'(≪秦子矛≫)로 쓰는데, '兔'와 '辵'을 구성 요소로 하고 있다. 이 '逸'자에 대해 ≪說文解字≫에는, "逸, 失也. 從辵兔. 兔謾訑善逃也. : '逸'은 달아나다는 뜻이다. '辵'과 '兔'를 구성 요소로 하고 있다. 토끼는 속이기를 잘하며 달아나기에 능하다."라고 풀이하고 있다. 이에 대해 段玉裁는, "亡逸者, 本義也. : 달아나다는 것이 이 글자의 본의다."라고 주(注)하였다.

갑골문에서도 달아나다는 뜻으로 사용되었다. "己巳卜, 狩弗其逸?"(≪餘5. 1≫), "癸巳卜, 王逸鹿?"(≪前3. 32. 3≫), "……其鹿[允]逸兀弗"(≪鐵45. 3≫)

1) 徐中舒 前揭書 ≪甲骨文字典≫ p.1093.

| 犬(견) | 《前7. 25. 4》 | 《甲1023》 | 《明藏259》 | 《鐵76. 3》 | [quǎn] |

위의 갑골문 '犬'자는 개의 몸통 전체의 모양을 형상화한 상형자인데, 복부(腹部)가 홀쭉하고 꼬리가 위로 구부러진 모양을 특징으로 하고 있다. 이 '犬'자에 대해 ≪說文解字≫에는, "犬, 狗之有縣蹏者也. 象形. 孔子曰：'視犬之字如畫狗也'. : '犬'은 개 중에서 땅에 닿지 않는 발가락 하나를 가지고 있는 것을 말한다. 상형자이다. 孔子가 이르기를, 「'犬'자를 보면, '狗'를 그린 것과 같다.」라고 하였다."라고 풀이하고 있다. '犬'자에 대한 이런 해설에 대해 徐灝는, "縣蹏, 蓋指獵犬言. …… 惟獵犬足上有一趾不履地.[1] : '縣蹏'란 아마도 사냥개를 지칭한 것 같다. …… 오직 사냥개의 발에만 땅에 닿지 않는 발굽이 하나 있다."라고 설명하였다. 그리고 段玉裁는, "有縣蹏謂之犬, 叩氣吠謂之狗, 皆於音得義. : 땅에 닿지 않는 발가락 하나가 있는 것은 '犬'이라고 하고, 입김으로 짖는 것은 '狗'라고 하는데, 모두 자음(字音)에서 자의를 얻게 된 것이다."라고 하였다.

갑골문에서의 뜻은 다음과 같다.

1. 개. 제사의 희생(犧牲)으로도 사용되었다. "辛巳卜, 品貞：埋三犬, 尞五犬·五豭, 卯四牛? 一月."(≪前7. 3. 3≫)

2. 전렵(田獵)의 관직명(官職名). '多犬'·'犬中' 등으로 호칭되었다. "壬戌卜, 㱿貞：乎多犬岡鹿于麑? 八月."(≪乙5329≫), "戊辰卜, 在𢎞犬中告麋王其射亡災? 擒"(≪粹935≫)

3. 방국(方國)의 제후(諸侯)의 이름. "貞：乎犬延昌多……?"(≪明藏259≫), "己卯卜, 允貞：命多子族从犬侯璞周古王事? 五月"(≪續5. 2. 2≫)

| 尨(방) | 《甲159》 | 《前4. 52. 3》 | 《佚946》 | [máng] |

이 글자는 '犬'과 털을 의미하는 '彡'을 구성 요소로 하고 있는데, 이는 털이 긴 개의 모양을

---

1) 徐灝 ≪說文解字注箋≫, 丁福保 前揭書 ≪說文解字詁林正補合編≫ 第8册 p.8-580에서 재인용.

형상화한 자형이다. 羅振玉은 이 글자들을 ‘尨’자로 고석하면서, “象犬腹下脩毛垂狀, 當爲尨字.[1] : 개의 배 아래로 긴 털이 드리운 모양을 형상화하였는데, ‘尨’자가 틀림없다.”라고 하였다. 이 ‘尨’자에 대해 ≪說文解字≫에는, “尨, 犬之多毛者. 從犬彡. 詩曰 : 無使尨也吠. : ‘尨’은 털이 많은 개라는 뜻이다. ‘犬’과 ‘彡’을 구성 요소로 하고 있다. ≪詩經·召南·野有死麕≫에, 「긴 털이 많은 저 개가 짖지 않도록 하려무나.」라고 하고 있다.”라고 풀이하고 있다.

　갑골문에서의 뜻은 다음과 같다.

　1. 털이 긴 개. “……一尨”(≪佚946≫)

　2. 인명(人名). “……貞 : 命尨……?”(≪前4. 52. 3≫)

狺(은)　　(≪合集23688≫)　　(≪簠帝4≫)　　[yín]

　≪甲骨文編≫에는 아무 해설 없이 위에 예시한 ≪簠帝4≫의 글자를 ‘狺’자로 수록하고 있다.[2] 이 갑골문은 ‘犬’과 ‘斤’을 구성 요소로 하고 있는 것이 틀림없는데, 자형 결구로는 ≪說文解字≫의 ‘狺’자와 같다. ≪說文解字≫에는, “狺, 犬吠聲. 從犬, 斤聲. : ‘狺’은 개 짖는 소리라는 뜻이다. ‘犬’을 의부, ‘斤’을 성부로 구성되었다.”라고 풀이하고 있다.

　갑골문에서의 뜻은 다음과 같다.

　1. 지명(地名). “壬戌卜, 爭貞 : 既出狺尞于土宰?”(≪續1. 1. 5≫)

　2. 자의(字義) 불분명. “叀狺乎从侯☒”(≪後下5. 10≫)

狩(수)　　(≪鐵10. 3≫)　　(≪摭續122≫)　　(≪合集10407≫)　　(≪合集20762≫)　　[shòu]

　위의 갑골문은 ‘犬’과 사냥 도구로 보이는 ‘丫’를 구성 요소로 하고 있는데, 이는 개를 이용한 사냥을 의미하는 글자로 짐작된다. 李孝定은 ≪鐵10. 3≫의 ‘𤡔’자를 ‘狩’자로 수록하고는,

---

1) 羅振玉 前揭書 ≪增訂殷虛書契考釋≫ 卷中 p.28上을 참고.

2) 中國社會科學院考古研究所 前揭書 ≪甲骨文編≫ p.406.

"契文獸狩同文.[1] : 갑골문에서의 '獸'와 '狩'는 같은 글자이다."라고 하였다. 제14편의 '獸'자에 대한 해설을 참고하기 바란다. 이 '狩'자에 대해 ≪說文解字≫에는, "狩, 火田也. 從犬, 守聲. 易曰：明夷于南狩. : '狩'는 불을 이용한 전렵(田獵)이라는 뜻이다. '犬'을 의부, '守'를 성부로 구성되었다. ≪易經·明夷·九三爻≫에, 「우는 사다새는 남쪽으로 사냥을 갈 때 다친다.」라고 하고 있다."라고 풀이하고 있다. 이에 대해 段玉裁는 대·소서본(大小徐本) ≪說文解字≫에 "犬田也"라고 한 것을 "火田也"로 고쳐 쓰고는, "釋天曰：冬獵謂狩. 周禮·左傳·公羊·穀梁·夏小正傳·毛詩傳皆同. 又釋天曰：火田謂狩. 許不偁冬獵而偁火田者, 火田必于冬. : ≪爾雅·釋天≫에, 「겨울 사냥을 '狩'라고 한다.」라고 하고 있다. ≪周禮≫·≪春秋左氏傳≫·≪春秋公羊傳≫·≪春秋穀梁傳≫·≪夏小正傳≫·≪毛詩傳≫ 등에서의 해설도 모두 같다. 그리고 또 ≪爾雅·釋天≫에는, 「火田' 즉 불을 사용하는 사냥을 '狩'라고 한다.」라고 하고 있다. 許愼이 여기서 '冬獵'이라고 하지 않고 '火田'이라고 한 것은, '火田'은 반드시 겨울에 행해지기 때문이다."라고 하였다.

갑골문에서의 뜻은 다음과 같다.

1. 수렵(狩獵). "……往出狩[獲]……"(≪鐵10. 3≫), "貞：王往狩?"(≪乙2352≫)
2. 자의(字義) 불분명. "☐丑貞：王狩祖乙?"(≪佚118≫)

| 臭(취) | (≪鐵196. 3≫) | (≪前5. 47. 4≫) | (≪明藏2354≫) | (≪合集4650≫) | [xiù] |

위의 갑골문은 '自'와 '犬'을 구성 요소로 하고 있는 '臭'자인데, 개의 코를 돌출시킨 모양을 형상화한 자형 결구로, 냄새를 맡다는 뜻을 나타낸다. 이 '臭'자에 대해 ≪說文解字≫에는, "臭, 禽走臭而知其跡者, 犬也. 從犬自. : '臭'란, 금수(禽獸)가 도망가도 그 냄새를 맡아서 종적을 알 수 있는 것이 개라는 뜻이다. '犬'과 '自'를 구성 요소로 하고 있다."라고 풀이하고 있다. 徐鉉은 이에 대해, "自, 古鼻字. 犬走以鼻知臭, 故從自.[2] : '自'는 '鼻'의 고자(古字)이다. 개는 사냥할 짐승이 도망가고 나서도 코로 그 냄새를 맡아서 알 수 있으므로, '自'를 구성 요소로 하였다."라고 했다.

---

1) 李孝定 前揭書 ≪甲骨文字集釋≫ p.3097.

2) 徐鉉 ≪說文解字≫, 丁福保 前揭書 ≪說文解字詁林正補合編≫ 第8冊 p.8-635에서 재인용.

갑골문에서의 뜻은 다음과 같다.

1. 인명(人名)으로 짐작된다. "貞 : 御臭于母庚?"(≪前5. 47. 4≫), "辛亥卜, 賓貞 : 勿取臭眔及?"(≪明藏2354≫)

2. 자의(字義) 불분명. "甲申卜, 亘貞 : 臭氏☐……?"(≪鐵196. 3≫)

| 獲(획) | (≪甲90≫) | (≪合集185≫) | (≪合集6947正≫) | (≪合集9572≫) | [huò] |

이 글자는 '隹'와 '又'를 구성 요소로 하고 있는데, ≪甲骨文編≫에는 ≪甲90≫의 '🐦'자를 '獲'자로 수록하고는, "卜辭用隻爲獲.[1] : 갑골복사에서는 '隻'자를 '獲'의 뜻으로 사용하고 있다."라고 하고 있다. 제4편의 '隻'자에 대한 해설을 참고하기 바란다. ≪說文解字≫에는, "獲, 獵所獲也. 從犬, 蒦聲. : '獲'은 수렵에서 포획한 내용물이라는 뜻이다. '犬'을 의부, '蒦'을 성부로 구성되었다."라고 풀이하고 있다. 羅振玉은 이 글자에 대해, "此从隹从又, 象捕鳥在手之形. 與許書訓鳥一枚之隻字同形.[2] : (갑골문의) 이 글자는 '隹'를 구성 요소로 하고, '又'를 구성 요소로 하고 있으며, 새를 잡아서 손에 들고 있는 모양을 형상화하였다. 이는 ≪說文解字≫에 '새 한 마리'라고 뜻풀이를 한 '隻'자와 자형이 같다."라고 하였다. 이로써 새 한 마리라고 하는 것은 뒤에 생성된 '隻'의 뜻임을 알 수 있다.

갑골문에서는 수렵으로 포획하다는 뜻으로 사용되었다. "乙未卜, 亘貞 : 逐豕獲?"(≪前3. 33. 3≫)

| 獻(헌) | (≪前8. 11. 2≫) | (≪甲2082≫) | [xiàn] |

이 갑골문은 '鬲'과 '犬'을 구성 요소로 하고 있는데, 王襄은 이 글자에 대해, "古獻字从犬从鬳省.[3] : 고대(古代)의 '獻'자는 '犬'을 구성 요소로 하고 있고, 또 '虍'가 생략된 '鬳'을 구성

---

1) 中國社會科學院考古硏究所 前揭書 ≪甲骨文編≫ p.407.

2) 羅振玉 前揭書 ≪增訂殷虛書契考釋≫ 卷中 p.70下.

3) 王襄 ≪簠室殷契類纂≫, 李孝定 前揭書 ≪甲骨文字集釋≫ p.3103에서 재인용.

요소로 하고 있다."라고 하여, 이를 '獻'자로 고석하였다. 그리고 李孝定은, "竊疑从犬从鼎爲
會意, 以犬爲鼎實羹獻之意也.[1] : 내 생각으로는, '犬'을 구성 요소로 하고, 또 '鼎'을 구성
요소로 한 회의자이며, 개를 '鼎'에 채운 '羹獻'이라는 의미이다."라고 하였다. 이 '獻'자에
대해 ≪說文解字≫에는, "獻, 宗廟犬名羹獻, 犬肥者以獻. 從犬, 鬳聲. : '獻'은 종묘에서의
제사에 사용하는 개를 '羹獻'이라고 부르는데, 살진 개를 경건하게 진헌(進獻)하는 것이다.
'犬'을 의부, '鬳'을 성부로 구성되었다."라고 풀이하고 있다. 이에 대해 段玉裁는, "曲禮曰
: 凡祭宗廟之禮犬曰羹獻. 按, 羹之言良也, 獻本祭祀奉犬牲之偁, 引伸之爲凡薦進之偁.
: ≪禮記·曲禮≫에, 「무릇 종묘에서의 제사에 봉헌하는 개를 '羹獻'이라고 한다.」라고 하고
있다. 살펴보면, '羹'은 '良' 즉 좋다는 의미를 말한 것이고, '獻'은 본래 제사에서 개를 희생으로
봉헌하는 것을 지칭한 것인데, 여기서는 인신(引伸)하여 모든 예물의 진헌을 일컫게 된 것이
다."라고 주(注)하였다.

갑골문에서도 진헌하다는 뜻으로 사용된 것 같다. "丁酉酉☒獻"(≪前8. 11. 2≫), "乙卯
卜, 狄貞 : 獻羌其用妣辛☒?"(≪甲2082≫)

狂(광)   (≪甲615≫)   (≪後上14. 8≫)   [kuáng]

'犬'과 '坒'을 구성 요소로 하고 있는데, ≪甲骨文編≫에는 예시한 갑골문자를 '狂'자로
수록하고는, "狂, 卜辭用往來之往.[2] : '狂'자는 갑골복사에서 '往來'의 '往'자의 뜻으로 사용
되었다."라고 하고 있다. 이는 개가 왔다 갔다 한다는 의미에서 인신(引伸)되어 미쳐서 돌아
다니다는 뜻을 나타내게 되었음을 알게 해준다. 이 '狂'자에 대해 ≪說文解字≫에는, "狂,
狾犬也. 從犬坒聲. , 古文從心. : '狂'은 미친개라는 뜻이다. '犬'을 의부, '坒'을 성부로
구성되었다. (悻)은 '古文'인데, '心'을 구성 요소로 하고 있다."라고 풀이하고 있다.

갑골문에서는 '往來'의 '往'자의 뜻으로 사용되었다. "王狂田, 湄日不遘大風"(≪後上14.
8≫, ≪甲615≫)

1) 李孝定 上揭書 p.3103.
2) 中國社會科學院考古研究所 前揭書 ≪甲骨文編≫ p.407.

狄(적)					[dí]
	(≪合集31554≫)	(≪誠235≫)	(≪甲1032≫)	(≪佚288≫)	

위의 갑골문자들은 모두 '犬'과 '大'를 구성 요소로 하고 있는데, 屈萬里는 이 글자에 대해, "狄, 从犬大聲, 疑是古狄字.[1] : '狄'자는 '犬'을 의부, '大'를 성부로 구성되었는데, 고대(古代)의 '狄'자가 아닌가 생각된다."라고 하여, '狄'자로 고석하였다. 그리고 李孝定은 이에 대해, "大爲火篆體形近, 契文作狄, 篆譌爲狄耳.[2] : '大'자는 '火'자의 소전체(小篆體)와 자형이 비슷하여, 갑골문에서는 '狄'으로 썼는데, 전서(篆書)에서 이를 '狄'으로 잘못 썼을 뿐이다."라고 하였다. 이 '狄'자에 대해 ≪說文解字≫에는, "狄, 北狄也. 本犬種, 狄之爲言淫辟也. 從犬, 亦省聲. : '狄'은 북쪽의 적족(狄族)이라는 뜻이다. 본래 견융족(犬戎族)이었다. '狄'이란 사악하고 괴팍하다는 말이다. '犬'을 의부, 필획이 생략된 '亦'을 성부로 구성되었다."라고 풀이하고 있다.

갑골문에서는 '貞人'의 이름으로 사용되었다. "癸酉卜, 狄貞 : 旬亡禍?"(≪佚278≫), "辛亥卜, 狄貞 : 王田盂往來亡災?"(≪佚288≫)

猶(유)					[yóu]
	(≪存下731≫)	(≪存下731≫)	(≪合集33076≫)	(≪懷1638≫)	

이 갑골문은 '犬'과 '酋'를 구성 요소로 하고 있는데, ≪甲骨文編≫에는 위에 예시한 ≪存下731≫의 두 글자를 '猶'자로 수록하고 있다. 금문(金文) '猶'자는 '猷'(≪克鼎≫)로 쓰는데, 이 역시 '酋'와 '犬'을 구성 요소로 하고 있다. 이는 원숭이 부류의 동물이다. 이 '猶'자에 대해 ≪說文解字≫에는, "猶, 玃屬. 從犬, 酋聲. 一日隴西謂犬子爲猷. : '猶'는 미후(獼猴)의 한 부류이다. '犬'을 의부, '酋'를 성부로 구성되었다. 일설에는 隴西에서는 개의 새끼 즉 강아지를 '猷'라고 일컫는다고도 한다."라고 풀이하고 있다.

갑골문에서는 방국명(方國名)으로 사용되었다. "戊辰卜, 弗口猶?"(≪存下731≫)

---

1) 屈萬里 ≪殷虛文字甲編考釋≫(中央研究院歷史語言研究所 1961. 臺北) p.154.

2) 李孝定 前揭書 ≪甲骨文字集釋≫ p.3109.

狼(랑)		[láng]
	《前6. 48. 4》	

위의 갑골문은 '犬'과 '良'을 구성 요소로 하고 있는데, 羅振玉이 이를 '狼'자로 고석하여[1] 정설이 되었다. 이 '狼'자는 소전체(小篆體)로는 '榪'으로 쓰는데, 자형 결구가 갑골문과 같으며, '良'은 성부(聲符)이고, '良'자는 '亾'(亡)이 성부이다. 이리라는 동물을 의미한다. 이 '狼'자에 대해 《說文解字》에는, "狼, 佀犬, 銳頭白頰, 高岳廣後. 從犬, 良聲. : '狼'은 개와 비슷한데, 뾰족한 머리와 흰 뺨을 가졌으며, 몸체는 앞이 높고 뒤는 넓다. '犬'을 의부, '良'을 성부로 구성되었다."라고 풀이하고 있다.

갑골문에서도 야생 동물 이리라는 뜻으로 사용되었을 것이라 짐작된다. "……允狼……"(《前6. 48. 4》)

狽(패)	《粹1552》	《合集18370》	《合集18371》	《合集18372》	[bèi]

이 글자는 '犬'과 '貝'를 구성 요소로 하고 있는데, 《甲骨文編》에는 이 글자에 대해, "从犬从貝, 說文所無, 今狼跟之跟作狽.[2] : '犬'과 '貝'를 구성 요소로 하고 있는데, 《說文解字》에는 없는 글자이며, 지금은 '狼跟'의 '跟'자를 '狽'로 쓴다."라고 하고 있다. 여기에서의 '狼狽'는 이리의 한 부류를 지칭한다고 짐작된다.

갑골문에서의 뜻은 다음과 같다.

1. 이리의 한 부류. "買……狽牢馬 ……每"(《粹1552》)
2. 인명(人名)으로 짐작된다. "狽犬告曰 : 又大……"(《京津4408》), "叀狽系……京"(《珠93》)

---

1) 羅振玉 前揭書 《增訂殷虛書契考釋》 卷中 p.31上을 참고.
2) 中國社會科學院考古研究所 前揭書 《甲骨文編》 p.408.

위의 갑골문 '火'자는 불꽃의 모양을 형상화하였는데, 李孝定은 이 글자에 대해, "契文正象炎上之形.[1] : 갑골문은 바로 불이 타오르는 모양을 형상화하였다."라고 하였다. 갑골문자에서의 '火'자와 '山'자는 자형이 아주 비슷하여 일반적으로 앞뒤의 문맥으로 구분하는데, 자형으로는 글자의 아랫부분이 '山'자는 대체로 편평하고, '火'자는 둥글다는 정도의 차이가 있을 뿐이다. 제9편의 '山'자의 자형을 참조하기 바란다. 이 '火'자에 대해 ≪說文解字≫에는, "火, 燬也. 南方之行, 炎而上. 象形. : '火'는 불이라는 뜻이다. 오행(五行)[金·木·水·火·土] 중에서 남방의 물질을 나타내며, 불꽃이 왕성하게 위로 타오르는 모양이다. 상형자이다."라고 풀이하고 있다.

갑골문에서의 뜻은 다음과 같다.

1. 불. "辛亥卜,……[赤]火王受又?"(≪京津4634≫), "貞 : 隹火五月?"(≪後下37. 4≫)
2. '禍'자와 통용. 재화(災禍). "癸酉貞 : 旬亡火[禍]?"(≪粹1428≫)
3. 화성(火星). 별 이름. "七日己巳夕□……有新大星并火[星]"(≪後下9. 1≫)
4. 인명(人名). "己……貞 : 火▨王事?"(≪寧滬1. 496≫), "……螯火婦姓子, 葬七……"(≪續4. 28. 3≫)

위에 예시한 갑골문자들에 대해 羅振玉은, "从木在火上, 木旁諸點象火燄上騰之狀.[2] : 나무가 불 위에 놓인 모양으로 구성되어 있으며, 나무 옆에 있는 여러 개의 점(點)들은, 불꽃이 위로 타 오르는 모양을 형상화하였다."라고 하여, '尞'자로 고석하였다. ≪說文解字≫에는 이 '尞'자에 대해, "尞, 柴祭天也. 從火眘. 眘, 古文慎字, 祭天所以慎也. : '尞'는 섶나무를 태워서 하늘에 제사를 지낸다는 뜻이다. '火'와 '眘'을 구성 요소로 하고 있다. '眘'은 '愼'자의

---

1) 李孝定 前揭書 ≪甲骨文字集釋≫ p.3140.
2) 羅振玉 前揭書 ≪增訂殷虛書契考釋≫ 卷中 p.16上.

'古文'인데, 하늘에 제사지내는 것이므로 근신(勤愼)해야 하기 때문이다."라고 풀이하고 있다. 段玉裁는 이 '尞'자의 자의(字義)에 대해, "示部柴下曰 : 燒柴尞祭天也. 是柴·尞二篆爲轉注也. 燒柴而祭, 謂之柴, 亦謂之尞. : ≪說文解字≫ '示'부(部)의 '柴'자 아래에, 「섶나무를 태워서 하늘에 '尞祭'를 지낸다는 뜻이다.」라고 하고 있다. 이로써 '柴'와 '尞' 두 글자는 전주(轉注)관계이다. 섶나무(柴)를 불태워서 제사를 지내는 것을 '柴'라고 하고, 또 '尞'라고도 한다."라고 주(注)하였다.

갑골문에서도 제명(祭名)으로 사용되었다. "☒巳卜, 其尞于岳?"(≪佚841≫), "☒丑其又上甲尞六羊"(≪拾1. 3≫), "……尞于土……"(≪續1. 1. 5≫)

閃(린)	𨮼	𨮼	𨮼	𨮼	[lìn]
	(≪後下41. 15≫)	(≪粹192≫)	(≪金189≫)	(≪後下41. 15≫)	

위의 갑골문은 '門'과 '火'를 구성 요소로 하고 있는데, 商承祚는 이 글자에 대해, "卜辭亦有閃字, 不知與許書同誼否.[1] : 갑골복사에도 '閃'자가 있는데, 자의(字義)가 許愼의 ≪說文解字≫와 같은지는 모르겠다."라고 하였다. 자형 결구로는 문(門) 안에 불이 있음을 나타낸다. 이 '閃'자에 대해 ≪說文解字≫에는, "閃, 火貌. 從火, 㒳省聲. 讀若粦. : '閃'은 불의 모양을 뜻한다. '火'를 의부, 필획이 생략된 '㒳'을 성부로 구성되었다. 독음은 '粦'자처럼 읽는다."라고 풀이하고 있다.

갑골문에서는 지명(地名)으로 사용되었다. "閃尞叀小宰"(≪粹192≫), "弜尞于閃亡雨"(≪金189≫)

炊(교)	𤑔	𤑔	𤑔	𤑔	[jiǎo]
	(≪前5. 33. 2≫)	(≪戩47. 3≫)	(≪拾8. 2≫)	(≪甲895≫)	

위의 갑골문은 '火'와 '交'를 구성 요소로 하고 있는데, 이는 사람을 불태우는 모양을 형상화한 자형 결구이며, 점(點)들은 화염(火焰)을 나타낸다. 이 글자에 대해 羅振玉은, "此字从交

---

1) 商承祚 前揭書 ≪殷虛文字類編≫ 10卷 p.9上.

下火, 當唧許書之㶴字.[1] : 이 글자는 '交' 아래에 불이 있는 모양으로 구성되어 있는데, 許愼의 ≪說文解字≫ 중의 '㶴'자임이 틀림없다."라고 고석(考釋)하였다. 이 '㶴'자에 대해 ≪說文解字≫에는, "㶴, 交木然也. 從火, 交聲. : '㶴'는 포개어 쌓은 나무를 태운다는 뜻이다. '火'를 의부, '交'를 성부로 구성되었다."라고 풀이하고 있다. 段玉裁는 이 '㶴'자의 자의(字義)에 대해 "玉篇日 : 交木然之, 以尞紫天也. : ≪玉篇≫에 「나무를 포개어 쌓아 태우고, 섶나무를 태워서 하늘에 제사를 지낸다는 뜻이다.」라고 하고 있다."라고 주(注)하였다. 이는 이 '㶴'자가 제명(祭名)의 뜻도 있음을 밝힌 것이다. 徐中舒는 이 '㶴祭'에 대해, "古有焚人牲求雨之俗. ≪左傳≫僖公二十一年「夏大旱, 公欲焚巫尩.」 殆卽㶴祭之遺風.[2] : 고대(古代)에 사람을 제사의 희생으로 불태워서 비를 간구하는 습속이 있었다. ≪春秋左氏傳≫ 僖公 21년 조(條)에, 「여름에 큰 가뭄이 들자, 魯 僖公이 여무(女巫)를 불태우려고 했다.」라고 하고 있다. 이것은 아마도 '㶴祭'의 유풍(遺風)인 것 같다."라고 하였다.

갑골문에서도 사람을 희생으로 불태워서 지낸 기우제(祈雨祭)의 뜻으로 사용되었다. "戊戌卜, 隹㶴風雨?"(≪甲637≫), "貞 : 㶴奴有從雨?"(≪前5. 33. 2≫), "其㶴高有雨, 十牢, 王受祐?"(≪粹657≫), "㶴[此]有雨"(≪拾8. 2≫)

熹(희)　　(≪前5. 8. 5≫)　(≪後下41. 7≫)　(≪京都2286≫)　(≪粹232≫)　[xī]

위의 갑골문은 '壴'와 '火'를 구성 요소로 하고 있는데, 이 글자에 대해 唐蘭은, "古從壴之字, 後世多從喜, 非先從喜而後省爲壴也.[3] : 고대에 '壴'를 구성 요소로 한 글자들은 후세에는 대부분 '喜'를 구성 요소로 하게 되었는데, 이는 결코 먼저 '喜'를 구성 요소로 하였다가 나중에 '口'가 생략된 '壴'를 구성 요소로 한 것이 아니다."라고 하여, 이를 '熹'자로 고석하였다. 이 '熹'자에 대해 ≪說文解字≫에는, "熹, 炙也. 從火, 喜聲. : '熹'는 불로 고기를 굽다는 뜻이다. '火'를 의부, '喜'를 성부로 구성되었다."라고 풀이하고 있다. 이 '熹'자는 '饎'와 통용되는데, '饎'자에 대해 ≪說文解字≫에는, "饎, 酒食也. 從食, 喜聲. 詩日 : 可以饋饎. :

1) 羅振玉 前揭書 ≪增訂殷虛書契考釋≫ 卷中 p.50下.
2) 徐中舒 前揭書 ≪甲骨文字典≫ pp.1113~1114.
3) 唐蘭 ≪殷虛文字記≫(中華書局 1981. 北京) p.69下.

‘饎’는 술과 음식이라는 뜻이다. ‘食’을 의부, ‘喜’를 성부로 구성되었다. ≪詩經 · 大雅 · 泂酌≫에, 「밥을 짓고 술을 빚을 수 있겠네.」라고 하고 있다.”라고 풀이하고 있다.

갑골문에서는 ‘饎’자의 뜻으로 사용되었는데, 이는 술과 음식으로 지내는 제사(祭祀)의 명칭이다. “己卯卜, 貞 : [彈]人延于丁宗熹?”(≪前5. 8. 5≫), “乙酉卜, 叀祖乙熹用?”(≪粹232≫)

| 袞(은) |
(≪餘15. 3≫) | [ēn] |

위의 갑골문자는 ‘火’와 ‘衣’를 구성 요소로 하고 있는데, ≪甲骨文編≫에는 이 글자를 해설 없이 ‘袞’자로 수록하고 있다.[1] 이 ‘袞’자는 소전(小篆)으로는 ‘袞’으로 쓰는데, 자형 결구가 갑골문과 같이 옷 속에 불이 있는 모양을 형상화하였다. ≪說文解字≫에는, “袞, 炮炙也, 曰微火溫肉. 從火, 衣聲. : ‘袞’은 털이 붙은 고기를 통째로 굽다는 뜻인데, 약한 불로 고기를 따뜻하게 데우는 것이다. ‘火’를 의부, ‘衣’를 성부로 구성되었다.”라고 풀이하고 있다.

갑골문에서의 자의(字義)는 아직 명확하게 밝혀지지 않았다. “……袞……”(≪餘15. 3≫)

| 鮴(조) |
(≪乙8818≫) |
(≪粹1151≫) |
(≪後下33. 1≫) |
(≪撥1. 435≫) | [jiāo] |

이 갑골문은 ‘火’와 ‘龜’를 구성 요소로 하고 있는데, ‘龜’자 위의 뿔 모양에 대해서는 아직 자세히 알 수가 없다. 李孝定은 이를 ‘鮴’자로 고석하여 수록하였는데,[2] 잠정적으로 이 주장을 따르기로 한다. 이는 거북을 불에 굽는 모양을 형상화한 것으로 보아, 이 ‘鮴’자의 본의는 귀갑(龜甲)을 초작(焦灼)하다는 뜻이라 짐작된다. ≪說文解字≫에는, “鮴, 灼龜不兆也. 從火龜. 春秋傳曰 : 卜戰, 龜鮴, 不兆. 讀若焦. : ‘鮴’는 귀갑(龜甲)을 불에 구웠는데 복조(卜

---

1) 中國社會科學院考古研究所 前揭書 ≪甲骨文編≫ p.412.
2) 李孝定 前揭書 ≪甲骨文字集釋≫ pp.3167~3168을 참고.

兆)가 나타나지 않다는 뜻이다. '火'와 '龜'를 구성 요소로 하고 있다. ≪春秋左氏傳≫의 定公 9년과 哀公 2년 조(條)에, 「전쟁에 대한 정복(貞卜)에서 귀갑(龜甲)을 불에 구웠는데 조문(兆紋)이 나타나지 않았다.」라고 하고 있다. 독음은 '焦'자처럼 읽는다."라고 풀이하고 있다.

갑골문에서의 뜻은 다음과 같다.

1. 귀갑(龜甲)을 초작(焦灼)하다. "癸丑卜, 于熏命?"(≪掇1. 435≫)
2. '春秋'의 '秋'와 통용. 가을. "叀今熏"(≪粹1151≫), "庚申卜, 今熏亡⬚之? 七月"(≪乙 8818≫)

| 妻(신) |
(≪前5. 33. 1≫) | [jìn] |

이 글자는 'Ⅰ'과 '又'와 '火'를 구성 요소로 하고 있다. 羅振玉은 이 글자를 '妻'자로 고석하면서, "此從又持Ⅰ, 以撥餘火. 象形, 非形聲也.[1] : 이 글자는 '又' 즉 손에 'Ⅰ'을 쥐고서 남은 불씨를 쑤시는 모양으로 이루어져 있다. 상형자이지, 형성자(形聲字)는 결코 아니다."라고 하였다. 이 '妻'자에 대해 ≪說文解字≫에는, "妻, 火之餘木也. 從火, 聿聲. 一曰薪也. : '妻'은 불에 타다가 남은 나무라는 뜻이다. '火'를 의부, '聿'을 성부로 구성되었다. 일설에는, 땔나무라는 뜻이라고도 한다."라고 풀이하고 있다. 段玉裁는 "俗作燼"이라고 하였는데, 이는 '燼'은 '妻'의 속자(俗字)라는 말이다.

갑골문에서는 지명(地名)으로 사용된 것 같다. "……我貞 : 邑妻……?"(≪前5. 33. 1≫)

| 焚(분) |
(≪甲598≫) |
(≪鐵87. 1≫) |
(≪京津1437≫) |
(≪後下4. 5≫) | [fén] |

'火'와 '林'을 구성 요소로 하고 있는데, 간혹 '木' 또는 '艸'로 '林'을 대체한 것도 있다. 이는 숲이 불타는 모양을 형상화한 자형 결구의 '焚'자이다. ≪甲骨文編≫에는 위에 예시한 갑골문자들을 '焚'자로 수록하고는, "卜辭焚不从楙, 象以火燒林.[2] : 갑골복사의 '焚'자는

---

1) 羅振玉 前揭書 ≪增訂殷虛書契考釋≫ 卷中 p.50上下.
2) 中國社會科學院考古研究所 前揭書 ≪甲骨文編≫ p.412.

'㸚'을 구성 요소로 하고 있지 않으며, 불로 숲을 불사르는 것을 형상화하였다."라고 하고 있다. 이 '焚'자에 대해 ≪說文解字≫에는, "焚, 燒田也. 從火林. : '焚'은 산림을 불태우고 전렵(田獵)하다는 뜻이다. '火'와 '林'을 구성 요소로 하고 있다."라고 풀이하고 있다. 이에 대해 段玉裁는, "各本篆作燓, 解作从火㸚, 㸚亦聲, 今正. 按玉篇廣韻有焚無燓. …… 玄應書引說文 : 焚, 燒田也. 字从火, 燒林意也. : 각 판본에는 표제자 전서(篆書)를 '燓'으로 쓰고, '从火㸚, 㸚亦聲'이라고 해설하였는데, 지금 이를 (위와 같이) 바로 잡는다. 살펴보면, ≪玉篇≫과 ≪廣韻≫에는 '焚'자는 수록되어 있지만 '燓'자는 없다. …… 玄應의 ≪一切經音義≫에는 ≪說文解字≫를 인용하여, '焚, 燒田也. 字从火, 燒林意也.'라고 하고 있다."라고 주(注)하였다. 그리고 羅振玉은, "今證之卜辭, 亦从林, 不从㸚, 可爲段說左證.[1] : 지금 갑골복사를 증거로 해서 보면, 역시 '林'을 구성 요소로 하고 있고, '㸚'을 구성 요소로 하고 있지 않은데, 段玉裁의 주장에 대한 증거로 삼을 만하다."라고 하여, 段玉裁의 주해(註解)를 뒷받침하였다.

갑골문에서의 뜻은 다음과 같다.

1. 산림을 불태워 전렵(田獵)하다. "翌戊子焚于西."(≪乙6738≫)
2. 전렵(田獵)의 지명(地名). "☒寅卜, 王叀辛焚求麀彔亡[災]?"(≪甲598≫)

| 烖(재) | （≪乙959≫） | （≪誠明2≫） | （≪後下8. 18≫） | [zāi] |

위의 갑골문은 '宀'과 '火'를 구성 요소로 하고 있는데, 간혹 '中'(在)와 '火'를 구성 요소로 하고 있는 것도 있다. 이는 집이 불타는 모양을 형상화한 자형 결구이다. ≪甲骨文編≫에는 이 글자를 '烖'자로 수록하고는, "从宀火, 與說文烖字或體同.[2] : '宀'과 '火'를 구성 요소로 하고 있는데, 이는 ≪說文解字≫에 수록된 '烖'자의 혹체자와 동일(同一)하다."라고 하고 있다. ≪說文解字≫에는, "烖, 天火曰烖. 從火, 戈聲. 宎, 或從宀火. 灾, 籒文從巛. 灾, 古文從才. : '烖'는 자연(自然)에서 발생하는 화재를 '烖'라고 일컫는다. '火'를 의부, '戈'를 성부로 구성되었다. '宎'(灾)는 혹체자이며, '宀'와 '火'를 구성 요소로 하고 있다. '灾'(災)는

1) 羅振玉 前揭書 ≪增訂殷虛書契考釋≫ 卷中 p.50下.
2) 中國社會科學院考古硏究所 前揭書 ≪甲骨文編≫ p.413.

주문(籒文)인데, '巛'를 구성 요소로 하고 있다. '𣧑'(扸)는 '古文'인데, '才'를 구성 요소로 하고 있다."라고 풀이하고 있다.

갑골문에서는 '災害'의 '災'자의 뜻으로 사용되었다. "……屯烖……"(≪後下8. 18≫)

| 光(광) | (≪前3. 33. 5≫) | (≪甲391≫) | (≪乙2007≫) | (≪林2. 21. 5≫) | [guāng] |

이 글자는 '火'와 '人'을 구성 요소로 하고 있는데, 앉아 있는 사람의 머리 위에 불꽃이 놓인 모양을 형상화한 자형의 '光'자이며, 불을 돌출시킴으로써 빛이 밝다는 뜻을 나타내고 있다. 이 '光'자에 대해 ≪說文解字≫에는, "光, 朙也. 從火在儿上, 光明義也. 燹, 古文. 灻, 古文. : '光'은 밝다는 뜻이다. '火'[불]이 '儿'[사람] 위에 놓인 모양으로 구성되었는데, 광명(光明)의 뜻을 나타낸다. '燹'(燹)은 '古文'이다. '灻'(茨)은 '古文'이다."라고 풀이하고 있다.

갑골문에서의 뜻은 다음과 같다.

1. 지명(地名). "甲辰卜, 亘貞 : 今三月光乎來? 王占曰 : 其乎來, 迄至隹乙旬又二日, 乙卯允有來自光氐羌, 芻五十"(≪珠620≫) : 앞의 '光'자는 인명(人名)이고, 뒤의 '光'자는 지명(地名)이다.

2. 인명(人名). 중요 무관(武官)인 것 같다. "……卜, 賓貞 : 光來?"(≪林2. 21. 5≫), "光不其伐羌"(≪前3. 33. 5≫), "貞 : 光隻羌?"(≪合集182≫), "王其从望稱册光及伐望, 王弗悔有戋"(≪撫續141≫)

| 威(멸) | (≪後下16. 4≫) | (≪後下18. 9≫) | [miè] |

于省吾는 ≪後下18. 9≫의 '𤓭'자에 대해, "从火从戉, 當即說文威之初文.[1] : '火'를

---

[1] 于省吾 前揭書 ≪殷契駢枝全編≫(≪雙劍誃殷契駢枝續編≫) p.36下.

구성 요소로 하고, '戌'을 구성 요소로 하고 있는데, ≪說文解字≫에 수록된 '威'자의 초문(初文)임이 틀림없다."라고 하였다. 이에 의하면, 이 글자는 '戌'과 '火'를 구성 요소로 하고 있는데, 이는 기구(器具)를 사용하여 불을 끄는 모양을 형상화한 자형 결구이며, 본의는 불을 끄다는 뜻이라는 말이다. ≪說文解字≫에는 이 '威'자에 대해, "威, 滅也. 從火戌, 火死於戌, 陽氣至戌而盡. 詩曰：赫赫宗周, 褒姒滅之. : '威'은 불이 꺼지다는 뜻이다. '火'와 '戌'을 구성 요소로 하고 있는데, 오행(五行) 중의 불은 음력 '戌月' 즉 9월에 소진(消盡)되는데, 그 까닭은 양기(陽氣)가 9월이 되면 다하기 때문이다. ≪詩經·小雅·正月≫에, 「혁혁(赫赫)한 西周의 鎬京이여, 褒姒가 멸망시키는구나!」라고 하고 있다."라고 풀이하고 있다.

갑골문에서는 인명(人名)으로 사용되었다. "貞：威不囚?"(≪後下18. 9≫), "貞：威☒囚?"(≪後下16. 4≫)

| 炎(염) | ≪粹1190≫ | ≪後上13. 5≫ | ≪後上18. 6≫ | ≪後下9. 4≫ | [yán] |

위의 갑골문자는 두 개의 '火'로 구성되어 있는데, 화염이 불타는 모양을 형상화한 자형으로, 불 위에 불이 있는 모양의 '炎'자임을 쉽게 알 수 있다. 이 '炎'자에 대해 ≪說文解字≫에는, "炎, 火光上也. 從重火. : '炎'은 불꽃이 위로 오르다는 뜻이다. '火'를 중첩시킨 모양으로 구성되어 있다."라고 풀이하고 있다.

갑골문에서는 방백(方伯)의 이름으로 사용되었다. "在三月甲申祭小甲, 隹王來征盂方伯炎……"(≪後上18. 6≫), "……余其從多田, 于多白征盂方白炎, 叀衣……"(≪甲2416≫) : '盂方'의 방백(方伯) 이름이 '炎'이다.

| 焱(염) | ≪乙6891≫ | ≪乙8852≫ | ≪乙8880≫ | [yàn] |

이 글자는 세 개의 '火'로 구성되어 있는 '焱'자이다. 이 '焱'자에 대해 ≪說文解字≫에는, "焱, 火藜也. 從三火. : '焱'은 불꽃이라는 뜻이다. 세 개의 '火'를 구성 요소로 하고 있다."라고 풀이하고 있다. 이에 대해 段玉裁는, "凡物盛則三之. : 무릇 사물이 왕성한 것은 셋으로

나타낸다."라고 주(注)하였다.

갑골문에서는 제명(祭名)으로 사용되었다. "妣庚叀焱用羌"(≪乙8880≫), "妣庚用焱羌"(≪乙8852≫) : '焱'은 羌族을 희생으로 불태워 지낸 제사의 이름이다.

| 赤(적) | (≪鐵10. 2≫) | (≪菁9. 5≫) | (≪乙2908≫) | (≪後下18. 8≫) | [chì] |

사람을 상징하는 '大'와 '火'를 구성 요소로 하고 있는데, 사람을 불태우는 모양을 형상화한 자형이다. 羅振玉은 이를 '赤'자로 고석하면서, "从大火, 與許書同.[1] : '大'와 '火'를 구성 요소로 하고 있는데, 許愼의 ≪說文解字≫의 (赤'자의) 자형 결구와 같다."라고 하였다. 큰 불이라는 것에서 적색(赤色)이라는 뜻을 나타내게 된 것이다. ≪說文解字≫에는, "赤, 南方色也. 從大, 從火. 烾, 古文從炎土. : '赤'은 남방(南方)의 색이다. '大'를 구성 요소로 하고, '火'를 구성 요소로 하고 있다. '烾'(坴)은 '古文'이며, '炎'과 '土'를 구성 요소로 하고 있다."라고 풀이하고 있다.

갑골문에서도 적색(赤色)이라는 뜻으로 사용되었다. "癸丑卜, 㫄貞 : 有赤馬▨?"(≪鐵10. 2≫), "乙未卜, 㫄貞 : 自貝入赤瑪其▨不用吉?"(≪後下18. 8≫)

| 大(대) | (≪鐵175. 4≫) | (≪甲387≫) | (≪粹112≫) | (≪佚73≫) | [dà] |

이 갑골문 '大'자는 정면으로 서 있는 사람의 모양을 형상화한 자형 결구로, 본의는 사람이라는 뜻이며, 사람이 가장 크게 보이는 자세에서 크다는 뜻을 나타내게 되었다. 이 '大'자에 대해 ≪說文解字≫에는, "大, 天大地大, 人亦大焉. 象人形. 古文仦也. : '大'는 하늘도 크고 땅도 크지만, 사람도 역시 크다는 뜻이다. 사람의 모양을 형상화하였다. 이는 '仦'의 '古文'이다."라고 풀이하고 있다.

갑골문에서의 뜻은 다음과 같다.

---

1) 羅振玉 前揭書 ≪增訂殷虛書契考釋≫ 卷中 p.25上.

1. 크다. "今日辛王其田, 不遘大風"(≪佚73≫)

2. '太'와 통용. 선왕(先王)의 묘호(廟號)로 사용되었다. "……卜, 王貞 : ……求大甲……四羊一牛? 求正"(≪鐵175. 4≫), "辛丑卜, 乙巳歲于大庚?"(≪乙6690≫), "侑于大戊三牢"(≪前1. 7. 2≫)

3. '大采'(오전 8시경) · '大食'(아침밥을 먹을 무렵)으로 사용되어, 시간을 나타낸다. "貞 : 翊庚辰不雨, 庚辰⬚大采?"(≪鐵242. 1≫), "乙卯卜, 㱿貞 : 今日王往于敦之日大采雨? 王不步."(≪粹1043≫甲), "大食不雨"(≪粹999≫)

4. 지명(地名). "丁卯卜, 貞 : 王田大往來亡災?"(≪前2. 27. 8≫)

5. '貞人'의 이름. "甲子卜, 大貞 : ……?"(≪佚881≫)

| 夾(협) | (≪河670≫) | (≪撫續169≫) | (≪合集4666≫) | (≪合集5634≫) | [jiā] |

위의 갑골문 '夾'자는 기본적으로 어른을 상징하는 '大'자와 나이 어린 사람을 상징하는 '人'자 둘로 구성되어 있는데, 간혹 '人'자 하나를 생략한 경우도 있다. 이는 어른 한 사람이 나이 어린 사람 하나 또는 둘과 함께 있는 모양을 형상화한 자형 결구로, 어른이 나이 어린 사람의 부축을 받는다는 뜻을 나타낸다. ≪說文解字≫에는, "夾, 持也. 從大夾二人. : '夾'은 부축하여 잡다는 뜻이다. '大'와 양쪽에 끼어 있는 두 사람으로 구성되어 있다."라고 풀이하고 있다.

갑골문에서의 뜻은 다음과 같다.

1. 방국명(方國名). "貞 : 叀大事夾令? 七月."(≪甲3536≫), "貞 : 旬亡禍? ……允有來艱自西朕告曰……⬚夾方相二邑, 十三月."(≪㱿27≫)

2. 지명(地名). "丁丑卜, 王在夾卜……?"(≪河670≫), "甲申卜, 王在夾卜?"(≪撫續169≫)

3. 자의(字義) 불분명. "庚午卜, 角其夾?"(≪鐵71. 3≫)

| 夸(과) | ≪合集4813≫ | ≪合集19117≫ | ≪粹1027≫ | [kuā] |

위의 갑골문은 ‘大’와 ‘于’를 구성 요소로 하고 있는데, ≪粹1027≫의 갑골문은 ≪合集≫의 것과는 달리 좌우로 결합된 형태이다. ≪甲骨文編≫에는 ≪粹1027≫의 갑골문을, ≪新甲骨文編≫에는 ≪合集≫의 갑골문을 각각 ‘夸’자로 수록하고 있다.[1] 이는 금문(金文) ‘夸’자를 ‘夸’(≪伯夸父盨≫)로 쓰는 것과 자형 결구가 꼭 같다. 이 ‘夸’자에 대해 ≪說文解字≫에는, “夸, 奢也. 從大, 于聲. : ‘夸’는 자랑하다는 뜻이다. ‘大’를 의부, ‘于’를 성부로 구성되었다.” 라고 풀이하고 있다.

갑골문에서는 인명(人名)으로 사용된 것 같다. “叀冊夸冊用”(≪粹1027≫)

| 夷(이) | ≪合集832≫ | ≪粹1187≫ | ≪新寫150≫ | [yí] |

李孝定은 예시한 갑골문자를 ‘夷’자로 수록하고는, “古文夷祇作ᢢ, 象人高坐之形, 與席地而坐者異. 蓋東夷之人其坐如此. …… 其作夷者, 後起之異體.[2] : 고문자(古文字)에서의 ‘夷’자는 ᢢ로만 썼는데, 이는 사람이 높게 앉아 있는 모양을 형상화한 것으로, 바닥에 자리를 깔고 앉은 것과는 다르다. 아마 동이족(東夷族) 사람들은 이런 모양으로 앉았던 것 같다. …… 이를 ‘夷’로 쓴 것은, 후세에 만든 이체자이다.”라고 하였다. 이는 갑골문 ‘夷’자는 다리를 구부린 모양을 형상화한 자형인데, 갑골문 ‘尸’자와 자형이 같음을 설명한 말이다. 제8편의 ‘尸’자에 대한 해설을 참조하기 바란다. 이 ‘夷’자에 대해 ≪說文解字≫에는, “夷, 東方之人也. 從大, 從弓. : ‘夷’는 동방(東方)의 이민족을 지칭한다. ‘大’를 구성 요소로 하고, ‘弓’을 구성 요소로 하고 있다.”라고 풀이하고 있다.

갑골문에서는 방국명(方國名)으로 사용되었다. “侯告伐夷方”(≪粹1187≫)

---

1) 中國社會科學院考古研究所 前揭書 ≪甲骨文編≫ p.419 및 劉釗·洪颺·張新俊 前揭書 ≪新甲骨文編≫ p.573을 참고
2) 李孝定 前揭書 ≪甲骨文字集釋≫ p.3207.

이 글자는 사람을 상징하는 '大'와 점 두 개를 구성 요소로 하고 있는데, 점 두 개는 양쪽 겨드랑이 부위에 위치하고 있다. 羅振玉은 이 글자를 해설 없이 '亦'자로 수록하였는데,[1] 이는 '腋'자의 본자(本字)이며, 본의는 사람의 겨드랑이라는 뜻이다. ≪說文解字≫에는 이 '亦'자에 대해, "亦, 人之臂亦也. 從大, 象兩亦之形. : '亦'은 사람의 겨드랑이라는 뜻이다. '大'를 구성 요소로 하고 있으며, 양쪽 겨드랑이 모양을 형상화하였다."라고 풀이하고 있다.

갑골문에서는 부사(副詞)로서 '역시'·'또한' 등의 뜻으로 사용되었다. "王占曰 : 其有雨, 甲辰……丙午亦雨多"(≪前7. 35. 2≫), "大食其亦用九牛"(≪粹1000≫), "壬戌卜, 亘貞 : 龠其亦有征?"(≪鐵258. 3≫)

≪甲骨文編≫에는 이 글자들을 해설 없이 모두 '矢'자로 수록하고 있는데,[2] 사람이 머리를 옆으로 기울인 모양을 형상화한 자형이며, 본의는 머리를 옆으로 기울이다는 뜻이다. ≪說文解字≫에는, "矢, 傾頭也. 從大, 象形. : '矢'은 머리를 옆으로 기울이다는 뜻이다. '大'를 구성 요소로 하고 있으며, 상형자이다."라고 풀이하고 있다.

갑골문에서는 '王矢'로 쓰여, 商代 선공(先公)을 지칭하는 명호(名號)로 사용되었다. "壬辰卜, 殼貞 : 于王矢? 有王矢伐卯宰?"(≪乙5317≫), "貞 : ☑于王矢宰?"(≪前1. 45. 3≫)

---

1) 羅振玉 前揭書 ≪增訂殷虛書契考釋≫ 卷中 p.25上을 참고.

2) 中國社會科學院考古研究所 前揭書 ≪甲骨文編≫ p.423을 참고.

| 吳(오) |  | [wú] |

《前4. 29. 4》

위의 갑골문은 '口'와 '大'를 구성 요소로 하고 있는데, '口'를 돌출시킨 자형이다. 선사(先師) 金祥恒 교수는 《續甲骨文編》에서 이 글자를 아무 해설 없이 '吳'자로 수록하였는데,1) 이에 대해 李孝定은, "契文吳字, 與許書古文同, 金說可从.2) : 갑골문 '吳'자는 《說文解字》 중의 '吳'자의 '古文'과 같은데, 金祥恒 교수의 주장은 따를 만하다."라고 하였다. 《說文解字》 에는, "吳, 大言也. 從矢口. 㕻, 古文如此. : '吳'는 큰 소리로 떠들다는 뜻이다. '矢'과 '口'를 구성 요소로 하고 있다. '㕻'(㕻)는 '古文'으로, 자형이 이와 같다."라고 풀이하고 있다. 이에 대해 段玉裁는, "大言之上各本有姓也亦郡也一曰吳八字, 乃妄人所增, 今刪正. 檢韵 會本正如是. : '大言'의 앞에 각 판본에는 '姓也, 亦郡也. 一曰吳'라는 여덟 글자가 덧붙여져 있는데, 이는 망인(妄人)이 덧붙인 것이어서 지금 삭제하여 바로 잡는다. 《韵會》가 근거한 판본으로 대조하면 바로 이와 같다."라고 주(注)하였다. 금문(金文) '吳'자는 '㚞'(《吳盤》) 로 쓰는데, 머리를 옆으로 기울인 사람의 입을 강조한 모양이다.

갑골문에서는 지명(地名)으로 사용되었다. "☒辰卜, ☒貞 : 吳……雝……不作……媐 不……囚?"(《前4. 29. 4》)

| 夭(요) | | | [yāo] |

《甲2810》　　　《乙768》　　　《後下4. 13》

이 글자는 사람이 두 팔을 벌리고 흔들며 달려가는 모양을 형상화한 자형의 '夭'자이다. 금문(金文) '奔'자를 '㚚'(《孟鼎》)으로 쓴 것이 있는데, 이에 대해 容庚은, "从夭从三止, 奔之意也.3) : '夭'와 세 개의 '止'를 구성 요소로 하고 있는데, 달려가다는 뜻을 나타낸다."라 고 하였다. 이 '夭'자에 대해 《說文解字》에는, "夭, 屈也. 從大, 象形. : '夭'는 굴(屈)하다

1) 金祥恒 前揭書 《續甲骨文編》 卷10 p.19下를 참고.

2) 李孝定 前揭書 《甲骨文字集釋》 p.3217.

3) 容庚 《金文編》(大通書局 1971. 臺北) 卷10 p.10下.(本文p.554.)

는 뜻이다. '大'를 구성 요소로 하고 있으며, 상형자이다."라고 풀이하고 있다.

갑골문에서의 뜻은 다음과 같다.

1. 지명(地名). "貞 : 王往夨伐至于賓◻?"(≪乙768≫)
2. 인명(人名). '亞夨'. "貞 : 其命亞夨馬?"(≪甲2810≫)

交(교) (≪甲806≫) (≪甲961≫) (≪掇2.66≫) (≪存上1461≫) [jiāo]

갑골문 '交'자는 두 다리를 꼬고 서 있는 사람의 모양을 형상화하였는데, 본의는 교차하다는 뜻이다. ≪說文解字≫에는 이 '交'자에 대해, "交, 交脛也. 從大, 象交形. : '交'는 정강이를 꼬다는 뜻이다. '大'를 구성 요소로 하고 있으며, (다리를) 교차하고 있는 모양을 형상화하였다."라고 풀이하고 있다.

갑골문에서는 인명(人名)으로 사용된 것 같다. "甲戌貞 : 命靈自在蠶[祟]交得?"(≪甲806≫)

壺(호) (≪乙2924≫) (≪燕85臼≫) (≪前5. 5. 5≫) (≪英751≫) (≪英2674≫) [hú]

갑골문 '壺'자는 위에 뚜껑이 있고, 옆에는 귀가 있는 항아리의 모양을 형상화한 자형 결구이다. 이에 대해 李孝定은, "契文諸壺字, 上象蓋, 旁有兩耳. 從〇者, 盖象腹, 上環紋, 下象其圈足, 或象旁有提梁之形, 或象腹上紋飾.[1] : 갑골문의 여러 '壺'자는 윗부분은 뚜껑을 형상화하였고, 양옆에는 두 개의 귀가 있다. '〇'을 구성 요소로 하고 있는 것은 복부(腹部)를 형상화한 것 같으며, 윗부분에는 고리 모양의 무늬가 있고, 아래쪽에는 둥그런 발이 있으며, 어떤 것은 옆쪽에 손잡이가 있는 모양을 형상화하기도 하였고, 또 어떤 것은 배 부분에 있는 무늬 장식을 형상화하기도 하였다."라고 하였다. 이 '壺'자에 대해 ≪說文解字≫에는, "壺, 昆吾圜器也. 象形. 從大, 象其蓋也. : '壺'는 '昆吾'라고도 하며, 원형(圓形)의 기물(器物)이

---

1) 李孝定 前揭書 ≪甲骨文字集釋≫ p.3221.

라는 뜻이다. 상형자이다. (윗부분은) '犬'를 구성 요소로 했는데, 이는 뚜껑을 형상화한 것이다."라고 풀이하고 있다.

갑골문에서의 뜻은 다음과 같다.

1. 방국명(方國名). "丁亥, 壺示屯救"(≪燕85背≫)
2. 인명(人名). "壺子曰喪"(≪庫1506≫)

| 夲[幸](녑) | (≪甲2809≫) | (≪佚34≫) | (≪前4. 32. 5≫) | (≪林2. 13. 2≫) | [niè] |

이 갑골문은 고대(古代)의 형구(刑具)인 수갑의 모양을 형상화하였다. ≪甲骨文編≫에는 이 글자들을 '夲'자로 수록하고는, "象刑具以梏人兩手.[1] : 사람의 두 손에 쇠고랑을 채우는 형구(刑具)를 형상화하였다."라고 하였다. 이에 의하면, 이 '夲'자의 본의는 손을 구속하는 형구라는 뜻이다. ≪說文解字≫에는, "夲, 所㠯驚人也. 從大, 從丫. 一曰大聲也. …… 一曰讀若瓠. 一曰俗語㠯盜不止爲夲, 讀若爾. : '夲'은 사람을 두려워하고 놀라도록 하기 위해 사용하는 형구(刑具)라는 뜻이다. '犬'를 구성 요소로 하고, '丫'을 구성 요소로 하고 있다. 일설에는 큰 소리라는 뜻이라고도 한다. …… 일설에는 독음을 '瓠'자처럼 읽는다고도 한다. 또 일설에는, 속어(俗語)로서, 도둑질을 멈추지 않는 것을 '夲'이라고도 하며, 독음은 '爾'자처럼 읽는다."라고 풀이하고 있다.

이 '夲'자에 대해 徐中舒는, "≪說文≫謂夲讀若爾, 夲實卽爾之本字(參見于省吾≪甲骨文字釋林 · 釋夲≫). 夲本刑具, 因用於拘執俘虜 · 罪隷, 故卜辭中引伸之而有執義.[2] : ≪說文解字≫에서 '夲'의 독음을 '爾'자처럼 읽는다고 했는데, '夲'은 사실은 '爾'의 본자(本字)이다(于省吾의 ≪甲骨文字釋林 · 釋夲≫을 참조하기 바람). '夲'은 본래 형구(刑具)인데, 포로나 죄인 · 노예 등을 잡는데 사용하였기 때문에 복사에서는 인신(引伸)되어서 '執' 즉 죄인을 잡다는 뜻을 가지게 되었다."라고 주장하였다.

갑골문에서는 수갑을 사용하여 체포(逮捕)하다는 '執'의 뜻으로 사용되었다. "貞 : 弗其夲羌? 二月"(≪甲2809≫), "……夲羌十人……"(≪林2. 13. 2≫), "乙酉卜, 爭貞 : 往复以

---

1) 中國社會科學院考古硏究所 前揭書 ≪甲骨文編≫ p.424.
2) 徐中舒 前揭書 ≪甲骨文字典≫ p.1169.

梟幸工方？ 二月"(≪前5. 13. 5≫), "☒戌卜，賓貞：戈幸亘?"(≪粹1165≫)

| 執(집) | (≪前8. 8. 2≫) | (≪甲3913≫) | (≪粹1163≫) | (≪京津1472≫) | [zhí] |

'幸'과 '人'을 구성 요소로 하고 있는데, 사람의 두 손이 모두 수갑에 묶여 있는 모양을 형상화한 자형이며, 이는 죄인을 잡다는 뜻의 '執'자이다. ≪說文解字≫에는 이 '執'자에 대해, "執, 捕辠人也. 從丮幸, 幸亦聲. : '執'은 죄인을 나포(拿捕)하다는 뜻이다. '丮'과 '幸'을 구성 요소로 하고 있으며, '幸'은 또한 성부이기도 하다."라고 풀이하고 있다. 그런데 이 '執'자에 '又'를 덧붙인 글자가 '摯'자인데, 이로써 이 두 글자는 자원(字源)이 동일함을 알 수 있다. 제12편의 '摯'자에 대한 해설을 참조하기 바란다.

갑골문에서의 뜻은 다음과 같다.

1. 죄인을 잡다, 체포하다. 적(敵)을 포획하다, 포로로 잡다. "☒☒卜, 王乎執羌其……?" (≪前8. 8. 2≫), "己巳貞：執井方?"(≪粹1163≫)

2. 사냥으로 동물을 잡다. 사냥감을 포획하다. "……執[犀]……"(≪粹941≫), "……執[麋]獲……"(≪京津1472≫)

3. 제명(祭名)으로 짐작된다. "貞：告執于南室三牢?"(≪明藏239≫)

4. 인명(人名). "壬戌卜, 狄貞：叀馬亞乎執?"(≪甲3913≫), "叀罟命執"(≪前6. 17. 4≫)

| 圉(어) | (≪前7. 19. 2≫) | (≪京都369≫) | (≪甲2415≫) | (≪後下41. 1≫) | [yǔ] |

≪甲骨文編≫에는 위의 갑골문자들을 '圉'자로 수록하고는, "或从執, 象拘人于於囹圄之中.[1] : 간혹 '執'을 구성 요소로 하기도 하는데, 이는 사람을 감옥에 구금한 것을 형상화한 것이다."이라고 하고 있다. 이 갑골문 '圉'자는 '口'와 '幸'과 '人'을 구성 요소로 하고 있는데,

---

1) 中國社會科學院考古硏究所 前揭書 ≪甲骨文編≫ p.425.

'人'을 생략하기도 하였다. 이는 죄인이 감옥에 갇혀 있는 모양을 형상화한 자형이다. ≪說文解字≫에는, "圉, 囹圉, 所㠯拘辠人. 從口㚔. 一曰圉垂也. 一曰圉人掌馬者. : '圉'는 '囹圉'로, 죄인을 구금하는 곳이라는 뜻이다. '口'와 '㚔'을 구성 요소로 하고 있다. 일설에는 '圉'는 '圉守' 즉 변경(邊境)을 의미한다고도 한다. 또 일설에는 '圉人'으로, 말의 사육을 관장하는 사람을 지칭한다고도 한다."라고 풀이하고 있다. 이 '圉人'에 대해 王筠은, "夏官圉人 : 掌養馬芻牧之事.[1] : ≪周禮·夏官·圉人≫에 「말을 사육하고 건초와 방목(放牧)에 관한일을 관장한다.」라고 하고 있다."라고 설명하였다.

갑골문에서는 감옥이라는 뜻으로 사용되었다. "……五日丁未, 在敦圉羌"(≪前7. 19. 2≫), "圉二人"(≪京津1402≫), "……圉羌……"(≪甲2415≫)

報(보)   (≪甲427≫)   (≪前6. 29. 5≫)   (≪後下23. 9≫)   (≪京津4141≫)   [bào]

위에 예시한 갑골문 '報'자는 '㚔'과 '人'과 '手'를 구성 요소로 하고 있는데, 한 손으로 쇠고랑을 찬 죄인을 잡고 있는 모양을 형상화한 자형이며, 죄인을 판결하다는 뜻을 나타내고 있다. ≪說文解字≫에는, "報, 當辠人也. 從㚔, 從㐁. 㐁, 服辠也. : '報'는 죄인을 판결하다는 뜻이다. '㚔'을 구성 요소로 하고, '㐁'을 구성 요소로 하고 있으며, '㐁'은 죄를 인정하다는 뜻이다."라고 풀이하고 있다. 그런데 갑골문에서는 '匚'자가 '報'자와 통용되는 경우가 많은데, 이에 대해서는 제12편의 '匚'자에 대한 해설을 참고하기 바란다.

갑골문에서의 뜻은 다음과 같다.

1. '죄인을 판결하다', '잡아 가두다' 등의 뜻으로 사용된 듯하다. "丁酉卜, 古貞 : 兄報☒ [戮]?"(≪前6. 29. 5≫)

2. 인명(人名). "弜報乎歸克卿王事"(≪甲427≫)

---

1) 王筠 ≪說文句讀≫, 丁福保 前揭書 ≪說文解字詁林正補合編≫ 第8冊 p.8-1000에서 재인용.

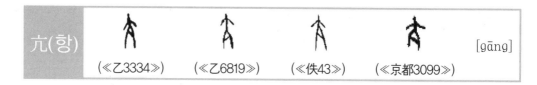

亢(항) [gāng]

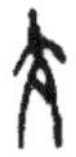
(≪乙3334≫)

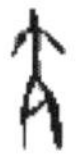
(≪乙6819≫)

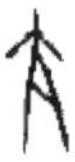
(≪佚43≫)

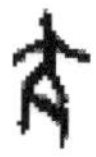
(≪京都3099≫)

이 글자는 목 부분을 돌출시킨 사람의 모습을 형상화하였는데, ≪甲骨文編≫에는 아무 해설 없이 예시한 갑골문자들을 '亢'자로 수록하고 있다.[1] 이 '亢'자를 금문(金文)으로는 ''(≪亢簋≫)으로 쓰는데, 이 역시 목 부분을 돌출시켜 자의(字義)를 나타내고 있다. ≪說文解字≫에는, "亢, 人頸也. 從大省, 象頸脈形. , 亢或從頁. : '亢'은 사람의 목이라는 뜻이다. [소전체(小篆體)의 윗부분은] 필획이 생략된 '大'를 구성 요소로 하고 있으며, [아랫부분은] 경동맥(頸動脈)의 모양을 형상화하였다. '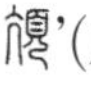'(頏)은 '亢'의 혹체자인데, '頁'을 구성 요소로 하고 있다."라고 풀이하고 있다.

갑골문에서는 인명(人名)으로 사용되었다. "命亢往于"(≪乙3334≫), "貞 : 命亢口象若?"(≪乙6819≫), "…亢…"(≪佚43≫)

皋(홀) [hū]

(≪前3. 22. 7≫)

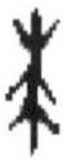
(≪甲1259≫)

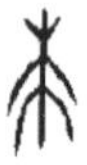
(≪鐵54. 2≫)

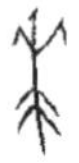
(≪佚32≫)

이 글자의 자형 결구가 뜻하는 바가 무엇인지에 대해서는 아직 명확하게 밝혀지지 않았다. 李孝定은 위에 예시한 갑골문자들을 '皋'자로 수록하고는, "契文當釋求.[2] : 갑골문 ''자는 당연히 '求'자로 해석해야 한다."라고 하였다. ≪說文解字≫에는, "皋, 疾也. 從夲, 卉聲. 拜從此. : '皋'은 재빠르다는 뜻이다. '夲'를 의부, '卉'를 성부로 구성되었다. '拜'(拜)자는 이 글자를 구성 요소로 하고 있다."라고 풀이하고 있다. 이 '皋'자에 대해 林義光은, "(皋)卽賁之古文, 象華飾之形.[3] : ('皋'은) '賁'자의 고자(古字)이며, 아름답게 장식한 모양을 형상화하였다."라고 하였는데, 참고할 만하다.

갑골문에서는 대부분 '求'로 해석하여 기구(祈求)하다는 뜻으로 사용되었다. "己巳卜, 皋于

1) 中國社會科學院考古硏究所 前揭書 ≪甲骨文編≫ p.426을 참고.
2) 李孝定 前揭書 ≪甲骨文字集釋≫ p.3239.
3) 林義光 ≪文源≫, 丁福保 前揭書 ≪說文解字詁林正補合編≫ 第8册 p.8-1016에서 재인용.

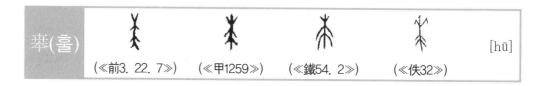

九示?"(≪前3. 22. 7≫), "甲申卜, 亘貞 : ▨莽于大甲?"(≪甲32≫), "庚午卜, 莽雨于岳?"(≪佚40≫)

畏(구)				[jǔ]
(≪珠564≫)	(≪珠565≫)	(≪合集20281≫)		

위의 갑골문은 '人'과 두 개의 '目'을 구성 요소로 하고 있는데, 두 눈을 돌출시키고 있는 사람의 모양을 형상화한 자형이며, 두 개의 '目'은 좌우를 관찰하고 있음을 나타내고 있다. 李孝定은 이 글자를 '畏'자로 수록하고는, "眲畏二字, 音同義亦極近, 當本是一字.[1] : '眲' · '畏' 두 글자는 자음이 동일하고, 자의(字義) 역시 극히 비슷한데, 본래 같은 글자였음이 틀림없다."라고 하였다. 이 '畏'자에 대해 ≪說文解字≫에는, "畏, 舉目驚畏然也. 從亦, 從眲, 眲亦聲. : '畏'는 놀라서 눈을 들어 두리번거리는 모양이다. '亦'를 구성 요소로 하고, '眲'를 구성 요소로 하고 있는데, '眲'는 또한 성부(聲符)이기도 하다."라고 풀이하고 있다.

갑골문에서의 자의(字義)는 아직 명확하게 밝혀내지 못하고 있다. "……畏……"(≪珠564≫)

奚(해)				[xī]
(≪前2. 42. 3≫)	(≪合集32524≫)	(≪綴合28A≫)	(≪前6. 19. 2≫)	

하나 또는 두 개의 '手'와 '幺'와 '人'을 구성 요소로 하고 있는데, 한 손으로 다른 사람의 머리를 잡고서, 일을 하도록 명령하는 모양을 형상화한 것이다. 이 글자에 대해 羅振玉은, "予意罪隸爲奚之本誼, 故從手持索以拘罪人. 其從女者, 與從大同.[2] : 내 생각으로는 죄를 지은 노예가 '奚'자의 본의(本義)이며, 그래서 손에 끈을 잡고 죄인을 묶는 모양으로 구성되어 있다. 이 글자가 '女'를 구성 요소로 하고 있는 것은, '大'를 구성 요소로 하는 것과 같다."라고 하였다. 이에 의하면, '奚'자의 본의는 계집종이라는 뜻이다. 이 '奚'자에 대해 ≪說文解字≫에

---

1) 李孝定 前揭書 ≪甲骨文字集釋≫ p.3243.
2) 羅振玉 前揭書 ≪增訂殷虛書契考釋≫ 卷中 p.23下.

는, "奚, 大腹也. 從大, 𦣻省聲. 𦣻, 籒文系字. : '奚'는 큰 배[腹]라는 뜻이다. '大'를 의부, 필획이 생략된 '𦣻'를 성부로 구성되었다. '𦣻'는 주문(籒文) '系'자이다."라고 풀이하고 있다. 갑골문에서는 '嫨'자와 통용되어 계집종이라는 뜻으로 사용되기도 한다. 제12편의 '嫨'자에 대한 해설을 참고하기 바란다.

갑골문에서의 뜻은 다음과 같다.

1. '嫨'와 통용. 계집종. 제사의 희생으로도 사용되었다. "庚午卜, 侑奚大乙卅?"(≪綴合28≫A)
2. 지명(地名). "壬申卜, 貞 : 王田奚往來亡災? 王占曰 : 吉. 獲□十三"(≪前2. 42. 3≫), "貞 : 于……奚?(≪明藏2097≫)
3. 인명(人名). "癸丑卜, 亘貞 : 王从奚伐□?"(≪乙7741≫)

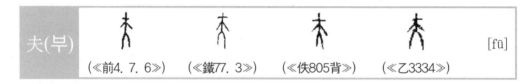

夫(부)

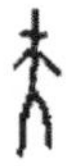
(≪前4. 7. 6≫)

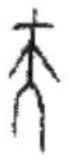
(≪鐵77. 3≫)

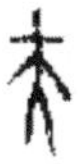
(≪佚805背≫)

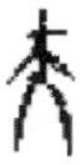
(≪乙3334≫)

[fū]

≪甲骨文編≫에는 이 글자들을 모두 '夫'자로 수록하고, "與大通用, 夫甲卽大甲.[1] : '大'자와 통용되는데, '夫甲'이란 곧 '大甲'이다."라고 하고 있다. 이 갑골문 '夫'자는 '大'자 상단에 가로획을 가로질러 첨가한 모양인데, ≪說文解字≫에는, "夫, 丈夫也. 從大一. 一旨象先. 周制, 八寸爲尺, 十尺爲丈. 人長八尺, 故曰丈夫. : '夫'는 '丈夫' 즉 성년(成年)의 남자라는 뜻이다. '大'와 '一'을 구성 요소로 하고 있다. '一'로써 비녀를 형상화하였다. 周나라의 제도로는, 8촌(寸)이 1척(尺)이고, 10척(尺)이 1장(丈)이다. 사람이 자라서 8척(尺)이 되면, [周나라 제도로 1장(丈)이 되어서] 그래서 '丈夫'라고 하는 것이다."라고 풀이하고 있다.

갑골문에서의 뜻은 다음과 같다.

1. 전렵(田獵) 지역의 지명(地名). "丁卯卜, 貞 : 王田夫往來亡災?"(≪前2. 27. 8≫), "勿乎臣往夫"(≪乙3334≫)
2. '夫甲'으로 쓰여 商 왕실의 선왕(先王) '大甲' 즉 '太甲'을 지칭한다. "……于夫甲, 十三月"(≪前4. 7. 6≫), "貞 : 夫甲…宗?"(≪簠帝38≫)

1) 中國社會科學院考古研究所 前揭書 ≪甲骨文編≫ p.427.

| 夶(반) | (≪掇1. 416≫) | (≪掇2. 76≫) | (≪明藏2149≫) | (≪京津138≫) | [bàn] |

이 갑골문 '夶'자는 두 개의 '夫' 또는 두 개의 '大'로 구성되어 있는데, '夫'와 '大' 모두 사람을 의미하며, 이는 두 사람이 나란히 서 있는 모양을 형상화한 자형 결구이다. 이 '夶'자에 대해 ≪說文解字≫에는, "夶, 竝行也. 從二夫. 輦字從此. 讀若伴侶之伴. : '夶'은 어깨를 나란히 하고 가다는 뜻이다. 두 개의 '夫'자를 구성 요소로 하고 있다. '輦'자도 이 글자를 구성 요소로 하고 있다. 독음은 '伴侶'의 '伴'자처럼 읽는다."라고 풀이하고 있다.

갑골문에서는 제품(祭品)과 함께 사용되었으나, 자의(字義)는 아직 정확하게 밝혀지지 않았다. "丙午卜, 中丁歲夶酒?"(≪掇1. 416≫), "弜夶酘"(≪掇2. 76≫)

| 立(립) | (≪粹1218≫) | (≪前7. 22. 1≫) | (≪後下9. 6≫) | (≪續4. 4. 5≫) | [lì] |

위의 갑골문 '立'자는 사람을 뜻하는 '大'와 '一'을 구성 요소로 하고 있는데, 여기에서의 '一'은 땅을 상징한다. 이는 정면을 향하고 있는 사람이 땅 위에 서 있는 모양을 형상화한 자형 결구이다. ≪說文解字≫에는, "立, 住也. 從大, 在一之上. : '立'은 멈춰 서 있다는 뜻이다. '大'가 '一' 위에 서 있는 모양으로 구성되었다."라고 풀이하고 있다.

갑골문에서의 뜻은 다음과 같다.

1. 서다. 세우다. 수립하다. "辛亥貞 : 生月乙亥酒系立中?"(≪粹398≫), "貞 : 來甲辰立中……?"(≪前7. 16. 1≫), "庚寅卜, 永貞 : 王叀立中若? 十一月"(≪前7. 22. 1≫), "貞 : 王立?"(≪乙3331≫)

2. 일에 임하다. "辛亥卜, 爭貞 : 収(共)眾人立大史于西奠玫……?"(≪林2. 11. 16≫)

3. 제명(祭名)으로 짐작된다. "庚戌卜, 㱿貞 : 王立黍受年?"(≪丙74≫), "叀商方步立于大乙戈羌方"(≪粹144≫)

4. '貞人'의 이름. "乙酉卜, 在減, 立貞 : 王步于淮亡災?"(≪金574≫)

5. 인명(人名). "立入十"(≪乙5049≫), "丁未卜, 貞 : 令立見方? 一月"(≪粹1292≫)

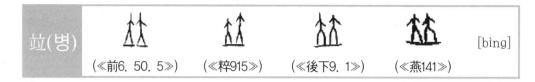

| 竝(병) | (≪前6. 50. 5≫) | (≪粹915≫) | (≪後下9. 1≫) | (≪燕141≫) | [bìng] |

위의 갑골문은 두 개의 '立'자를 구성 요소로 하고 있는데, 이는 두 사람이 땅 위에 나란히 서 있는 모양을 형상화한 자형의 '竝'자임을 쉽게 알 수 있다. 이 '竝'자에 대해 ≪說文解字≫에는, "竝, 併也. 從二立. : '竝'은 어깨를 나란히 하고 서다는 뜻이다. 두 개의 '立'자를 구성 요소로 하고 있다."라고 풀이하고 있다.

갑골문에서의 뜻은 다음과 같다.

1. 그리고. 또(한). "七日己巳夕口……有新大星竝火[星]"(≪後下9. 1≫)
2. 인명(人名). "辛巳卜, 古入命竝箙?"(≪燕141≫)

| 心(심) | (≪前4. 30. 2≫) | (≪撫續338≫) | (≪合集905正≫) | (≪合集7182≫) | [xīn] |

위의 갑골문 '心'자는 사람의 심장 모양을 형상화한 상형자인데, 본의는 사람의 마음이라는 뜻이다. 이 '心'자에 대해 ≪說文解字≫에는, "心, 人心, 土藏也. 在身之中, 象形. 博士說 : 以爲火藏. : '心'은 사람의 심장이며, 오행(五行)의 '土'에 속하는 장기(臟器)이다. 몸의 가운데에 위치하며, 상형자이다. 박사(博士)들의 주장으로는 '火'에 속하는 장기(臟器)라고 하였다."라고 풀이하고 있다.

갑골문에서의 뜻은 다음과 같다.

1. 마음. 심정(心情). 생각. "庚戌……貞 : 王心若口其隹辥?"(≪拾9. 11≫), "己酉卜, 賓貞 : 王心不一?"(≪甲3510≫), "貞 : 王心囗……亡來……自?"(≪前4. 30. 2≫)
2. 지명(地名). "貞 : 涉心……狩?"(≪乙6377≫)

慶(경)		[qìng]
	(≪後上11. 2≫)　　(≪合集24474≫)　　(≪合集36550≫)	

　　≪新甲骨文編≫에는 위에 예시된 갑골문자들을 모두 '慶'자로 수록하고 있는데,1) 이 글자는 '鹿'과 '心'을 구성 요소로 하고 있다. 금문(金文) '慶'자는 '𢊒'(≪五祀衛鼎≫) 또는 '𢊒'(≪秦公簋≫) 등으로 쓰는데, 이 역시 '鹿'과 '心'을 구성 요소로 하고 있다. 容庚은 이 글자들에 대해, "秦公簋, 高弘有慶, 从鹿从文. 有慶成語, 經傳常見之.2) : ≪秦公簋≫에 '高弘有慶'이라는 말이 각(刻)되어 있는데, 여기에서의 '慶'자는, '鹿'을 구성 요소로 하고, '文'을 구성 요소로 하고 있다. '有慶'이란 성어(成語)인데, 경전(經傳)에 자주 보인다."라고 하였다.

　　≪說文解字≫에는, "慶, 行賀人也. 從心攵, 從鹿省. 吉禮, 以鹿皮爲摯, 故從鹿省. : '慶'은 다른 사람을 축하해주러 가다는 뜻이다. '心'과 '攵'를 의부, 필획이 생략된 '鹿'을 성부로 구성되었다. 길례(吉禮)에는 사슴 가죽을 예물(禮物)로 삼았기 때문에, 그래서 필획이 생략된 '鹿'을 구성 요소로 하고 있는 것이다."라고 풀이하고 있다.

　　갑골문에서는 지명(地名)으로 사용되었다. "乙未卜, 行貞 : 王其田亡災? 在二月, 在慶卜."(≪後上11. 2≫), "丙申卜, 行貞 : 王其田亡災? 在慶."(≪後上11. 2≫)

悔(회)		[huǐ]
	(≪甲1221≫)　　(≪粹1195≫)	

　　李孝定은 갑골문 '每'자 한 글자를 '悔'자로 수록하고는, "卜辭假每爲之, 不從心, 每字重文. 卜辭恒言'其每'·'弗每', 均此義也.3) : 갑골복사에서는 '每'자를 가차하여 이 글자 즉 '悔'자의 뜻으로 쓰는데, '心'을 구성 요소로 하고 있지 않으며, '每'자의 '重文' 즉 이체자이다. 복사에서 항상 '其每' 또는 '弗每'라고 말하는 것도 모두 이 뜻이다."라고 하였다. 여기에서의 '每' 즉 '悔'자는 뉘우치다는 뜻으로 사용하였다. 제1편의 '每'자에 대한 해설을 참고하기 바란

1) 劉釗·洪颺·張新俊 前揭書 ≪新甲骨文編≫ p.590을 참고.
2) 容庚 前揭書 ≪金文編≫ 卷10 p.16上.(本文p.565.)
3) 李孝定 前揭書 ≪甲骨文字集釋≫ p.3257.

다. 이 '悔'자에 대해 ≪說文解字≫에는, "悔, 悁也. 從心, 每聲. : '悔'는 회한(悔恨)하다는 뜻이다. '心'을 의부, '每'를 성부로 구성되었다."라고 풀이하고 있다. 王筠은 '悔'자의 자의에 대해, "恨者, 怨人之詞; 悔者, 自怨之詞.[1] : '恨'이란 타인을 원망하다는 뜻의 말이고; '悔'란 스스로를 탓하는 뜻의 말이다."라고 설명하였다.

갑골문에서는 회한(悔恨)하다는 뜻으로 사용되었다. "弜田王其每"(≪甲1221≫), "☒于之若, 王弗每."(≪粹1195≫)

---

1) 王筠 ≪說文句讀≫, 丁福保 前揭書 ≪說文解字詁林正補合編≫ 第8册 p.8-1294에서 재인용.

第 11 篇

水(수)	《前2. 4. 3》	《甲903》	《乙1577》	《存下 150》	[shuǐ]

　위의 갑골문은 물이 흘러가는 모양을 형상화한 자형의 '水'자이다. 《說文解字》에는, "水, 準也. 北方之行. 象衆水竝流, 中有微陽之氣也. : '水'는 평평(平平)하다는 뜻이다. 오행(五行) 중에서 북방을 대표하는 물질이다. (양쪽의 점들은) 많은 물들이 함께 흐르는 것을 형상화하였고, 가운데 부분은 속에 깊이 숨겨진 양기(陽氣)를 형상화하였다."라고 풀이하고 있다. 이에 대해 徐中舒는, "∫象水流之形, 其旁之點象水滴, 故其本義爲水流, 引伸爲凡水之稱. : (가운데의) '∫'은 물이 흐르는 모양을 형상화하였고, 그 옆의 점들은 물방울을 형상화하였기 때문에, 이 글자의 본의는 물이 흐르다는 뜻이고, 여기에서 인신(引伸)하여 물에 대한 범칭(凡稱)이 되었다."라고 하고는, 《說文解字》의 풀이는 "後世陰陽家所附會. : 후세의 음양가(陰陽家)들이 견강부회한 것이다."라고 하였다.1)

　갑골문에서의 뜻은 다음과 같다.

1. 물. 홍수(洪水). "貞：其有大水?"(《後下3. 4》), "丙戌卜, 貞：弜自在先不水?"(《前2. 4. 3》), "……油其來水……"(《前4. 13. 5》)

---

1) 徐中舒 前揭書 《甲骨文字典》 p.1183.

2. 하천(河川)을 지칭. "己亥卜, 賓貞：王至于今水尞于河, 三小牢沈三牛?"(≪後上25. 3≫), "尞于有水叀犬"(≪乙1577≫), "商水大……"(≪存下 150≫), "戊子貞：其尞 于亘水泉……三牢宜牢?"(≪甲903≫)：'今水'·'有水'·'商水'·'亘水' 등은 강(江) 이름으로, 제사의 대상(對象)이라 짐작된다.

3. 자의(字義) 불분명. "辛御水于土牢"(≪鐵14. 3≫)

河(하)					[hé]
	(≪甲1885≫)	(≪前4. 46. 4≫)	(≪菁4. 1≫)	(≪佚376≫)	

위의 갑골문 '河'자는 '水'와 '丂'를 구성 요소로 하고 있으며, '丂'를 성부(聲符)로 구성된 형성자(形聲字)이고, 본의는 '黃河'라는 강(江) 이름이다. 이 '河'자에 대해 ≪說文解字≫에 는, "河, 河水. 出敦煌塞外昆侖山, 發原注海. 從水, 可聲.：'河'는 黃河라는 뜻이다. 敦煌 새외(塞外)의 昆侖山에서 출원하는데, 水源에서 출발하여, 渤海로 흘러 들어간다. '水'를 의부, '可'를 성부로 구성되었다."라고 풀이하고 있다. 張舜徽는 이 '河'자에 대해, "徒以上游 穿行黃土高原, 挾泥沙以至平原, 故水性重濁, 終年渾黃, 因又名曰黃河. 河本此水專名, 因引申爲凡水之通稱.[1]：다만 상류(上流)의 황토 고원을 지나면서 진흙과 모래가 섞여서 평원에 이르고, 그래서 수질이 매우 탁하며, 연중(年中) 내내 혼탁하여 황색을 띠게 되고, 이로 인해 이름을 또 '黃河'라고 하기도 한다. '河'는 본래 이 강(江)을 일컫는 고유명사였는데, 인신(引伸)되어 무릇 모든 강에 대한 통칭이 되었다."라고 하였다.

갑골문에서의 뜻은 다음과 같다.

1. '黃河'에 대한 고유명사. "丁未卜, 爭[貞]：……告曰：馬方河東來."(≪前4. 46. 4≫)

2. 황하(黃河)의 신(神). '河神'. "丁未卜, 其求年于河? 叀辛亥酒……"(≪甲1885≫), "己亥卜, 賓貞：王至于今水尞于河, 三小牢沈三牛?"(≪後上25. 4≫), "己巳卜, 彭 貞：御于河, 羌十三人?"(≪甲2491≫)

3. '貞人'의 이름. "辛亥卜, 河貞：……?"(≪佚108≫)

---

1) 張舜徽 ≪說文解字約注≫(河南人民出版社 987. 武昌) 권21 p.1下.

沮(저)			[jū]
	≪拾1. 14≫	≪庫1672≫	

위의 갑골문은 '水'와 '且'를 구성 요소로 하고 있는 '沮'자인데, 이 '沮'자에 대해 ≪說文解字≫에는, "沮, 沮水. 出漢中房陵, 東入江. 從水, 且聲. : '沮'는 '沮水'라는 뜻이다. 漢中房陵에서 출원하여, 동쪽으로 長江으로 흘러들어 간다. '水'를 의부, '且'를 성부로 구성되었다."라고 풀이하고 있다.

갑골문에서의 뜻은 다음과 같다.

1. '祖'와 통용. "甲戌……沮丁, 二牛"(≪拾1. 14≫). 여기에서의 '沮丁'은 곧 '祖丁'을 지칭한다.

2. 지명(地名). "壬辰王卜, 在☒貞：其至于☒蘿沮[師]往來亡災?"(≪庫1672≫)

涂(도)					[tú]
	≪續2. 1. 5≫	≪續5. 4. 3≫	≪合集28012≫	≪合集28167≫	

이 글자는 '水'와 '余'를 구성 요소로 하고 있는 '涂'자인데, ≪說文解字≫에는, "涂, 涂水. 出益州牧靡南山, 西北入澠. 從水, 余聲. : '涂'는 '涂水'라는 뜻이다. 益州 牧靡 南山에서 출원하여, 서북쪽의 澠水로 흘러들어 간다. '水'를 의부, '余'를 성부로 구성되었다."라고 풀이하고 있다. 이에 대해 徐中舒는, "從水從余, 與≪說文≫涂字篆文同. …… 卜辭中之涂與≪說文≫之涂水無關. : (갑골문 '涂'자는) '水'를 구성 요소로 하고, '余'를 구성 요소로 하고 있는데, ≪說文解字≫의 '涂'자의 전문(篆文)과 자형이 같다. …… 갑골복사에서의 '涂'자는 ≪說文解字≫의 '涂水'와 무관(無關)하다."라고 하였다. 이는 갑골문에서의 '涂'자의 자의(字義)는 강(江) 이름 '涂水'가 아니라는 말이다.

갑골문에서는 강(江) 이름이 아니라 일반 지명(地名)으로 사용되었다. "丁未卜, 爭貞 : 勿遘先氏戊彭在涂?"(≪續2. 1. 5≫), "貞 : ☒至涂于[菁]……?"(≪續5. 4. 3≫)

洛(락)					[luò]
	(≪懷448≫)	(≪合集36959≫)	(≪甲346≫)	(≪存下 974≫)	

위의 갑골문 '洛'자는 '水'와 '各'을 구성 요소로 하고 있는데, 이 '洛'자에 대해 ≪說文解字≫에는, "洛, 洛水. 出左馮翊歸德北夷畍中, 東南入渭. 從水, 各聲. : '洛'은 '洛水'라는 뜻이다. 左馮翊郡 歸德縣 북쪽의 夷族의 변경 지역에서 출원하여, 동남쪽으로 渭水로 흘러들어간다. '水'를 의부, '各'을 성부로 구성되었다."라고 풀이하고 있다.

갑골문에서의 뜻은 다음과 같다.

1. 지명(地名). "癸丑……在洛訊貞 : [旬亡]禍?……王[占曰] : 吉."(≪存下 974≫)
2. '貞人'의 이름. "癸丑[卜], 洛貞 : 旬亡禍?"(≪甲346≫)

汝(여)					[rǔ]
	(≪乙8816≫)	(≪拾9. 2≫)	(≪京津2007≫)	(≪佚379曰≫)	

위의 갑골문자는 '水'와 '女'를 구성 요소로 하고 있는 '汝'자인데, 이 '汝'자에 대해 ≪說文解字≫에는, "汝, 汝水. 出弘農盧氏還歸山, 東入淮. 從水, 女聲. : '汝'는 '汝水'라는 뜻이다. 弘農郡 盧氏縣의 還歸山에서 출원하여, 동쪽으로 淮水로 흘러들어 간다. '水'를 의부, '女'를 성부로 구성되었다."라고 풀이하고 있다.

갑골문에서는 '諸婦'의 이름 '婦汝'로 사용되었다. "……婦汝……"(≪京津2007≫), "貞 : 汝娩不其[嘉]?"(≪拾9. 2≫), "戊寅婦汝示二屯□蘞"(≪佚379曰≫)

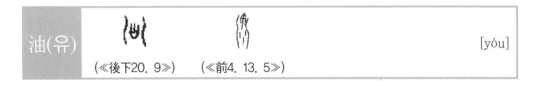

油(유)			[yóu]
	(≪後下20. 9≫)	(≪前4. 13. 5≫)	

위의 갑골문 '油'자는 소전체(小篆體)와 마찬가지로 '水'와 '由'를 구성 요소로 하고 있는데, 이 '油'자에 대해 ≪說文解字≫에는, "油, 油水. 出武陵孱陵西, 東南入江. 從水, 由聲. : '油'는 '油水'라는 뜻이다. 武陵郡 孱陵縣 서쪽 경계에서 출원하여, 동남쪽의 長江으로

흘러들어 간다. '水'를 의부, '由'를 성부로 구성되었다."라고 풀이하고 있다. 段玉裁는 '東南'에 대해, "南當作北. : '南'자는 '北'으로 써야 마땅하다."라고 하였다.

갑골문에서는 일반 지명(地名)으로 사용된 것 같다. "……油其來水"(≪前4. 13. 5≫)

| 淮(회) | (≪前2. 16. 3≫) | (≪續3. 30. 6≫) | (≪英2564≫) | (≪合集41762≫) | [huái] |

위의 갑골문 '淮'자는 '水'와 '隹'를 구성 요소로 하고 있는데, 이 '淮'자에 대해 ≪說文解字≫에는, "淮, 淮水. 出南陽平氏桐柏大復山, 東南入海. 從水, 隹聲. : '淮'는 '淮水'라는 뜻이다. 南陽郡 平氏縣 桐柏大復山에서 출원하여, 동남쪽으로 바다로 흘러 들어간다. '水'를 의부, '隹'를 성부로 구성되었다."라고 풀이하고 있다.

갑골문에서는 지명(地名)으로 사용되었다. "己亥卜, 貞 : 王狩于淮往來亡災?"(≪前2. 24. 5≫), "丙戌卜, 在淮貞 : ……?"(≪金574≫) : 지금의 淮陰 부근으로 짐작된다.

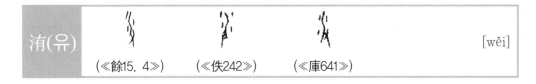

| 洧(유) | (≪餘15. 4≫) | (≪佚242≫) | (≪庫641≫) | [wěi] |

위의 갑골문은 '水'와 '又'를 구성 요소로 하고 있는데, 여기에서의 '又'는 '有'와 같으므로, 이 글자는 '洧'자임이 틀림없다. 이 '洧'자에 대해 ≪說文解字≫에는, "洧, 洧水. 出潁川陽城山, 東南入潁. 從水, 有聲. : '洧'는 '洧水'라는 뜻이다. 潁川郡 陽城山에서 출원하여, 동남쪽으로 潁水로 흘러 들어간다. '水'를 의부, '有'를 성부로 구성되었다."라고 풀이하고 있다. '洧水'는 지금의 河南省 雙洎河일 가능성이 크다.

갑골문에서는 인명(人名)으로 사용되었다. "貞 : 洧不其……虫?"(≪庫641≫), "丁酉……洧……其……"(≪餘15. 4≫)

<table>
<tr><td>濼(락)</td><td>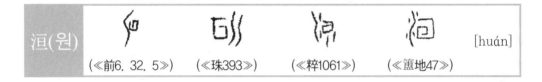</td><td>[luò]</td></tr>
<tr><td></td><td>(≪前4. 13. 7≫)</td><td></td></tr>
</table>

≪甲骨文編≫에는 위의 갑골문자 하나를 '濼'자로 수록하고는, "从林.[1] : '林'를 구성 요소로 하고 있다."라고만 하고 있다. 이 갑골문은 두 개의 '水'와 '樂'을 구성 요소로 하고 있다는 말이다. 이 '濼'자에 대해 ≪說文解字≫에는, "濼, 齊魯間水也. 從水, 樂聲. 春秋傳 曰 : 公會齊侯于濼. : '濼水'는 齊나라와 魯나라 사이에 있는 강이다. '水'를 의부, '樂'을 성부로 구성되었다. ≪春秋左氏傳≫ 桓公 18년 조(條)에, 「魯 桓公이 齊 襄公과 濼水에서 회맹(會盟)을 하였다.」라고 하고 있다."라고 풀이하고 있다.

갑골문에서도 '濼水'라는 강(江) 이름으로 사용된 것 같다. "……氐多……濼……"(≪前4. 13. 7≫)

<table>
<tr><td>洹(원)</td><td>![](</td><td>![](</td><td>![](</td><td>![](</td><td>[huán]</td></tr>
<tr><td></td><td>(≪前6. 32. 5≫)</td><td>(≪珠393≫)</td><td>(≪粹1061≫)</td><td>(≪簠地47≫)</td><td></td></tr>
</table>

이 갑골문은 '水'와 '亘'을 구성 요소로 하고 있어, '洹'자임을 쉽게 알 수 있다. 이 '洹'자에 대해 ≪說文解字≫에는, "洹, 洹水. 在齊魯間. 從水, 回聲. : '洹'은 '洹水'라는 뜻이다. 齊나라와 魯나라 사이에 있다. '水'를 의부, '回'을 성부로 구성되었다."라고 풀이하고 있다. 이 '洹水'에 대해 羅振玉은, "殷代水名存於卜辭中, 今可確知其地者, 僅此而已.[2] : 殷代의 강 이름 중에 갑골복사에 남아있는 것 가운데 지금 그 지역을 확실히 알 수 있는 것은, 겨우 이것뿐이다."라고 하였고; 徐中舒는, "河南洹水, 又名安陽河, 流經小屯殷虛.[3] : 河南省의 洹水는 '安陽河'라고도 하며, 小屯의 殷虛를 경유하여 흐른다."라고 하였다.

갑골문에서의 뜻은 다음과 같다.

1. 洹水. "辛卯卜, 大貞 : 洹弘弗辜邑? 七月"(≪珠393≫), "……殷貞 : 洹其作茲邑 禍?"(≪續4. 28. 4≫), "戊子貞 : 其尞于洹泉……三牢宜牢?"(≪甲903≫) : '洹泉'은

---

1) 中國社會科學院考古研究所 前揭書 ≪甲骨文編≫ p.434.

2) 羅振玉 上揭書 ≪增訂殷虛書契考釋≫ 卷中 p.11上.

3) 徐中舒 前揭書 ≪甲骨文字典≫ p.1190.

‘洹水’의 근원으로 짐작된다.

2. ‘東洹’・‘西洹’. 洹水 부근의 지명(地名)으로 짐작된다. “……東洹弗……王各夕”(≪粹1061≫), “癸亥……貞：其……西洹……?”(≪庫1019≫)

洋(양)					[xiáng], [yáng]
	(≪鐵86. 3≫)	(≪拾9. 1≫)	(≪京津2086≫)	(≪庫林1215≫)	

위의 갑골문은 ‘水’와 ‘羊’을 구성 요소로 하고 있는데, 양(羊)이 물속에 빠진 모양을 형상화한 자형이다. ≪甲骨文編≫에는 이들을 ‘洋’자로 수록하고는, “說文洋水名. 此象沈羊于水之形, 應與沈爲一字, 非篆文之洋.[1]：≪說文解字≫에는 ‘洋’을 강 이름이라고 해설하고 있다. 이 글자는 양(羊)이 물에 빠진 모양을 형상화하였는데, 이는 ‘沈’과 같은 글자임이 분명하며, 결코 전문(篆文) 즉 ≪說文解字≫의 ‘洋’자는 아니다.”라고 하고 있다. 본편(本篇) 뒤쪽의 ‘沈’자에 대한 해설을 참조하기 바란다. ‘沈’자는 ‘沉’자와 같은 글자이고, 본의는 물에 빠지다는 뜻이다. 이 ‘洋’자에 대해 ≪說文解字≫에는, “洋, 洋水. 出齊臨朐高山, 東北入鉅定. 從水, 芉聲.：洋은 ‘洋水’라는 뜻이다. 齊郡 臨朐縣 高山에서 출원하여, 북쪽의 鉅定湖로 흘러들어간다. ‘水’를 의부, ‘芉’을 성부로 구성되었다.”라고 풀이하고 있다.

갑골문에서의 뜻은 다음과 같다.

1. 양(羊)을 침수(沈水)시키다. 희생(犧牲)의 처리 방법의 하나이다. “☒辰卜, 㲉貞：羊尞十牲洋卯?”(≪鐵87. 3≫)

2. 제명(祭名). “丁亥卜, 洋祖丁歲亡?”(≪續1. 20. 1≫)

3. ‘貞人’의 이름. “癸巳卜, 洋貞：今夕亡禍?”(≪庫1215≫)

4. 인명(人名). “……貞：子洋不囚?”(≪拾9. 1≫)

---

1) 中國社會科學院考古硏究所 前揭書 ≪甲骨文編≫ p.434.

이 갑골문은 '水'와 '帚'을 구성 요소로 하고 있는 '寖'자인데, ≪說文解字≫에는 이 '寖'자에 대해, "寖, 寖水. 出魏郡武安, 東北入呼沱水. 從水, 寴聲. 寴, 籒文寖. : '寖'은 '寖水'라는 뜻이다. 魏郡 武安縣에서 출원하여, 동북쪽으로 呼沱水로 흘러들어 간다. '水'를 의부, '寴'을 성부로 구성되었다. '寴'은 주문(籒文) '寖'자이다."라고 풀이하고 있다.

갑골문에서는 지명(地名)으로 사용되었다. "癸未卜,……寖亡? 十月"(≪佚845≫)

위의 갑골문자는 '水'와 '貝' 즉 조개를 구성 요소로 하고 있는데, 屈萬里는 이 글자에 대해 "從水貝聲, 當是浿字.[1] : '水'를 의부, '貝'를 성부로 구성되었는데, '浿'자임이 틀림없다."라고 하였다. 여기에서는 잠정적으로 이를 따르기로 한다. 이 '浿'자에 대해 ≪說文解字≫에는, "浿, 浿水. 出樂浪鏤方, 東入海. 從水, 貝聲. 一日出浿水縣. : '浿'는 '浿水'라는 뜻이다. 樂浪郡 鏤方縣에서 출원하여, 동쪽으로 바다로 흘러 들어간다. '水'를 의부, '貝'를 성부로 구성되었다. 일설에는 '浿水縣'에서 출원한다고도 한다."라고 풀이하고 있다.

갑골문에서의 뜻은 아직 명확하게 밝혀지지 않았다. "☒未卜,……魚……浿?"(≪甲275≫)

이 갑골문은 '水'와 '夅'을 구성 요소로 하고 있는데, 이 '夅'은 아래로 향하고 있는 두 개의 '止'로, 하강(下降)하다는 뜻을 나타낸다. 따라서 이 갑골문은 물이 아래로 내려 가다는 뜻의

---

1) 屈萬里 前揭書 ≪小屯殷虛文字甲編考釋≫ p.33.

'洚'자이다. ≪說文解字≫에는 이 '洚'자에 대해, "洚, 水不遵道. 一曰下也. 從水, 夅聲. : '洚'이란 (홍수처럼) 물이 제 물길을 지키지 않는다는 뜻이다. 일설에는 아래로 흘러 내려 가다는 뜻이라고도 한다. '水'를 의부, '夅'을 성부로 구성되었다."라고 풀이하고 있다.

갑골문에서는 제명(祭名)으로 사용되었다고 짐작된다. "☑巳卜, 王洚祖丁屮南庚?"(≪佚 678≫)

| 衍(연) | ⟨≪甲3049≫⟩ | ⟨≪前4. 12. 8≫⟩ | ⟨≪前8. 5. 5≫⟩ | ⟨≪後下42. 5≫⟩ | [yǎn] |

위의 갑골문은 '水'와 '行'을 구성 요소로 하고 있는데, 이는 물이 길게 흐르는 모양을 형상화 한 자형 결구의 '衍'자이다. ≪說文解字≫에는 이 '衍'자에 대해, "衍, 水朝宗于海也. 從水行. : '衍'은 강물이 물길을 따라 제대로 흐르는 것이 마치 제후들이 천자(天子)를 조현(朝見)하듯 이, 바다를 향해 흘러 모여 든다는 뜻이다. '水'와 '行'을 구성 요소로 하고 있다."라고 풀이하고 있다. 이에 대해 羅振玉은, "此从川, 示百川之歸海.[1] : 이 갑골문은 '川'을 구성 요소로 하고 있는데, 이는 수많은 '川' 즉 하천(河川)들이 바다로 회귀함을 나타낸다."라고 하였다.

갑골문에서의 뜻은 다음과 같다.

1. 지명(地名). "己丑, 丁來于步衍"(≪乙4577≫)
2. '貞人'의 이름. "丙子卜, 衍貞 : 乙用一牛?"(≪後下42. 5≫)
3. 인명(人名). '諸婦' '婦衍'. "戊子卜, 貞 : 婦衍有子?"(≪乙4504≫)

| 演(연) | ⟨≪後上10. 8≫⟩ | ⟨≪前2. 32. 3≫⟩ | ⟨≪前2. 32. 4≫⟩ | [yǎn] |

이 갑골문은 '水'와 '寅'을 구성 요소로 하고 있는데, 商承祚가 이를 '演'자로 고석하여[2] 정설이 되었다. ≪說文解字≫에는, "演, 長流也. 一曰水名. 從水, 寅聲. : '演'은 강물이

---

1) 羅振玉 前揭書 ≪增訂殷虛書契考釋≫ 卷中 p.9上.
2) 商承祚 前揭書 ≪殷虛文字類編≫ 11卷 p.2下를 참고.

길게 멀리 흐른다는 뜻이다. 일설에는 강 이름이라고도 한다. '水'를 의부, '寅'을 성부로 구성되었다."라고 풀이하고 있다.

갑골문에서는 지명(地名)으로 사용되었다. "甲午卜, 在演貞 : 王步于朱亡災?"(≪後上10. 8≫), "……田于演, 往來獲麋十又八"(≪前2. 32. 4≫)

況(황) (≪佚956≫) [kuàng]

≪甲骨文編≫에는 아무런 해설 없이 ≪佚956≫의 갑골문을 '況'자로 수록하고 있는데,[1] 이 글자는 '水'와 '兄'을 구성 요소로 하고 있다. 이 '況'자에 대해 ≪說文解字≫에는, "況, 寒水也. 從水, 兄聲. : '況'은 차가운 물이라는 뜻이다. '水'를 의부, '兄'을 성부로 구성되었다."라고 풀이하고 있다.

갑골문에서는 지명(地名)으로 사용되었다. "……于況……"(≪佚956≫)

沖(충) (≪後下36. 6≫) (≪明藏520≫) [chōng]

위의 갑골문자는 '水'와 '中'을 구성 요소로 하고 있는데, 王襄이 이를 '沖'자로 고석하여,[2] 정설이 되었다. 이 '沖'자에 대해 ≪說文解字≫에는, "沖, 涌搖也. 從水, 中聲. 讀若動. : '沖'은 '물이 위로 솟구치며 요동치다는 뜻이다. '水'를 의부, '中'을 성부로 구성되었다. 독음은 '動'자처럼 읽는다."라고 풀이하고 있다.

갑골문에서는 인명(人名)으로 사용되었다. "……命沖……宗"(≪後下36. 6≫)

---

1) 中國社會科學院考古研究所 前揭書 ≪甲骨文編≫ p.435를 참고.
2) 王襄 ≪簠室殷契類纂≫(天津博物院 石印本 1920. 天津) <正編> 11卷 p.49下를 참고.

灂(착)		[zhuó]
	(≪粹1456≫)	

徐中舒는 위의 갑골문을 '灂'자로 수록하고는, "從水從爵, 與≪說文≫灂字篆文略同.[1] : '水'를 구성 요소로 하고, '爵'을 구성 요소로 하고 있는데, ≪說文解字≫의 '灂'자의 소전체와 자형이 대략 같다."라고 하였다. 이 '灂'자에 대해 ≪說文解字≫에는, "灂, 水之小聲也. 從水, 爵聲. : '灂'은 흐르는 물소리가 가늘고 작다는 뜻이다. '水'를 의부, '爵'을 성부로 구성되었다."라고 풀이하고 있다.

갑골문에서는 지명(地名)으로 사용되었다. "癸未卜, 在灂貞 : 王旬亡禍?"(≪粹1456≫)

淵(연)	[image]	[yuān]
	(≪合集29401≫) (≪後上15. 2≫)	

商承祚가 위의 갑골문자를 '淵'자로 고석하여,[2] 정설이 되었다. 이 '淵'자에 대해 ≪說文解字≫에는, "淵, 回水也. 從水, 象形. 左右, 岸也; 中, 象水貌. 㶫, 淵或省水. 圀, 古文從囗水. : '淵'은 선회(旋回)하며 흐르는 물이라는 뜻이다. '水'를 구성 요소로 하고 있으며, 상형자이다. (세로의) 좌우 두 획은 언덕을 나타내고; 가운데 부분은 물의 모양을 형상화한 것이다. '㶫'(㶫)은 '淵'의 혹체자인데, '水'를 생략한 자형이다. '圀'(囦)은 '古文' '淵'자인데, '囗'와 '水'를 구성 요소로 하고 있다."라고 풀이하고 있다. 이 '淵'자에 대해 徐中舒는, "圀從囗中有水, 囗象水之四圍, 其中有水者, 以會潭水之意, 與≪說文≫淵字古文形同. …… 典籍或以淵爲水深之義. ≪廣雅·釋訓≫ : 淵, 深也. 亦與回水之義同. 蓋水回則象其深也. : '圀'자는 '囗' 속에 '水'가 있는 것으로 구성되어 있는데, '囗'는 물을 사방으로 에워싸고 있고, 그 속에 물이 있는 것을 형상화한 회의자로서, 담수(潭水)라는 뜻을 나타낸다. 이는 ≪說文解字≫에 수록되어 있는 '古文' '淵'자와 자형이 같다. …… 고대의 전적에서는 간혹 '淵'을 물이 깊다는 뜻으로 사용하기도 하였다. ≪廣雅·釋訓≫에, 「淵'은 물이 깊다는 뜻이다.」라고

---

1) 徐中舒 前揭書 ≪甲骨文字典≫ p.1194.
2) 商承祚 前揭書 ≪殷虛文字類編≫ 11卷 p.3上을 참고.

하고 있는데, 이 역시 '回水'라는 말과 그 뜻이 같다. 물이 선회한다는 것은 곧 물이 깊다는 것을 상징하기 때문이다."라고 설명하였다.

갑골문에서는 지명(地名)으로 사용되었다. "戊戌卜, 行貞 : 王其田于淵亡災?"(≪後上15. 2≫)

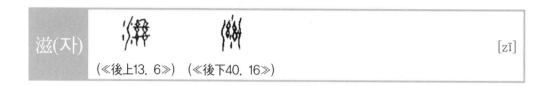

| 滋(자) | (≪後上13. 6≫) | (≪後下40. 16≫) | [zī] |

≪甲骨文編≫에는 ≪後下40. 16≫의 갑골문을 아무런 해설 없이 '滋'자로 수록하고 있는데,[1] 이 글자는 '水'와 '絲'를 구성 요소로 하고 있고, '絲'는 성부이며, 본의는 물이 불어나다는 뜻이다. ≪說文解字≫에는, "滋, 益也. 從水, 茲聲. 一曰滋水, 出牛飮山白陘谷, 東入呼沱. : '滋'는 물이 불어나다는 뜻이다. '水'를 의부, '茲'를 성부로 구성되었다. 일설에는 '滋水'라는 강 이름이며, 牛飮山 白陘谷에서 출원하여, 동쪽으로 呼沱水로 흘러 들어간다고도 한다."라고 풀이하고 있다. 이에 대해 段玉裁는, "艸部茲下曰 : 艸木多益也. 此字從水茲, 爲水益也. 凡經傳增益之義多用此字. : (≪說文解字≫) '艸'부(部)의 '茲'자 아래에, 「초목이 많이 불어나다는 뜻이다.」라고 하고 있다. 이 글자는 '水'와 '茲'를 구성 요소로 하고 있으므로, 물이 불어나다는 뜻이다. 무릇 경전(經傳)에서는 증가하다는 뜻으로 대부분 이 글자를 사용하고 있다."라고 하였다.

갑골문에서는 지명(地名)으로 사용되었다. "戊……貞 : 翊[日]王步于滋……?"(≪後上16. 3≫), "……友于滋……"(≪後下40. 16≫)

| 沚(지) | (≪前7. 29. 1≫) | (≪戩33. 13≫) | (≪乙696≫) | (≪佚22≫) | [zhǐ] |

위의 갑골문자들은 '止'를 구성 요소로 하고 있고, 그 주위에 물방울을 나타내는 점(點)들로 구성되어 있는데, 갑골문에서 '水'를 구성 요소로 하는 글자들의 일반적인 조자(造字) 방식이

---

1) 中國社會科學院考古硏究所 前揭書 ≪甲骨文編≫ p.436을 참고.

므로, 이 글자는 '沚'자임을 쉽게 알 수 있다. ≪說文解字≫에는, "沚, 小渚曰沚. 從水, 止聲. 詩曰：于沼于沚. : '沚'는 작은 모래섬을 '沚'라고 한다. '水'를 의부, '止'를 성부로 구성되었다. ≪詩經 · 召南 · 采蘩≫에, 「저기 저 강가의 작은 모래섬에서라네.」라고 하고 있다."라고 풀이하고 있다. 여기에서의 '渚'에 대해서는, ≪爾雅 · 釋水≫에, "水中可居者曰 洲, 小洲曰渚, 小渚曰沚. : 강 가운데에 거주할 수 있는 곳을 '洲'라고 하고, '洲'보다 작은 것을 '渚'라고 하고, '渚'보다 작은 것을 '沚'라고 한다."라고 하고 있다.

갑골문에서의 뜻은 다음과 같다.

1. 방국명(方國名) 또는 지명(地名). "貞：몸方弗辜沚?"(≪佚51≫), "戊子卜, 賓貞：王……逐[集]于沚亡災?"(≪存下166≫), "貞：方允其來于沚?"(≪前7. 29. 1≫)

2. 인명(人名). "丁巳卜, 殼貞：王叀沚馘从伐土方?"(≪戩12. 13≫), "乙卯卜, 爭貞：沚馘再册王从伐土方受有祐?"(≪續3. 10. 2≫), "乎从臣沚侑晋卅邑"(≪乙696≫) : 복사 중의 '沚馘'는 무관(武官), '臣沚'는 문신(文臣)으로 짐작된다.

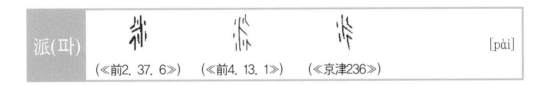

| 派(파) | ≪前2. 37. 6≫) | ≪前4. 13. 1≫) | ≪京津236≫) | [pài] |

위에 예시한 갑골문 '派'자는 '水'와 '彳'을 구성 요소로 하고 있는데, 강물이 갈라져서 흘러가는 모양을 형상화한 자형이다. 이 '派'자에 대해 ≪說文解字≫에는, "派, 別水也. 從水辰, 辰亦聲. : '派'는 물이 가닥으로 갈라져서 흐르다는 뜻이다. '水'와 '辰'를 구성 요소로 하고 있으며, '辰'는 또한 성부이기도 하다."라고 풀이하고 있다. 이에 대해 段玉裁는, "≪韵會≫曰 : 派, 本作辰, 從反永. 引鍇云 : 今人又增水作派. : ≪韵會≫에 이르기를, 「'派'는 본래 '辰'로 썼는데, 이는 '永'을 반대로 뒤집은 모양으로 구성된 것이다.」라고 하면서, 徐鍇의 주장을 인용하여 말하기를, 「지금 사람들은 여기에다 다시 '水'를 덧붙여서 '派'로 쓴다.」라고 하고 있다."고 주(注)하였다. 이에 따라 李孝定도 이 '派'자에 대해, "古永 · 辰 · 派當爲一字, 至殷時蓋已衍爲永派二字別水, 多者其流必長, 是其義亦相因也.[1] : 고대에는 '永' · '辰' · '派'는 한 글자였음이 틀림없는데, 殷代에 이르러서는 이미 '永'자와 '派'자는 물이 갈라져

---

1) 李孝定 前揭書 ≪甲骨文字集釋≫ p.3326.

흐른다는 뜻으로 널리 쓰였던 것 같으며, 물이 많으면 그 흐름은 필시 길어질 것이므로, 그 자의(字義)도 역시 서로에게서 근거하게 된 것이다."라고 했다. 본편(本篇) 뒤쪽의 '永'자에 대한 해설을 참고하기 바란다.

갑골문에서의 뜻은 다음과 같다.

1. '貞人'의 이름. "癸巳卜, 派貞 : 王旬亡禍? 在六月……"(≪前3. 28. 5≫)
2. 인명(人名). "戊辰卜, 賓貞 : 命派坚田于(岳)?"(≪前2. 37. 6≫), "丙申卜, 貞 : 命派……?"(≪京津236≫)

汜(사)	汜	[si]
(≪前4. 13. 6≫)		

이 갑골문은 '水'와 '巳'를 구성 요소로 하고 있는데, 羅振玉은 ≪增訂殷虛書契考釋≫에서 이를 아무런 해설 없이 '汜'자로 수록하였다.[1] ≪說文解字≫에는, "汜, 水別復入水也. 從水, 巳聲. 詩曰 : 江有汜. 一曰汜窮瀆也. : '汜'는 물이 주류(主流)에서 지류(支流)로 갈라져 흐르다가 다시 주류로 흘러 들어간다는 뜻이다. '水'를 의부, '巳'를 성부로 구성되었다. ≪詩經·召南·江有汜≫에, 「長江에는 주류에서 갈라져 나왔다가 다시 주류로 흘러들어가는 지류가 하나 있네.」라고 하고 있다. 일설에는 '汜'는 물의 흐름이 끊어진 도랑이라는 뜻이라고도 한다."라고 풀이하고 있다. 李孝定은 이 '汜'자의 자의(字義)에 대해, "言水之決出而復入者, 于義爲長.[2] : 물이 갈라져 나와서 다시 흘러 들어가는 것이라고 하는 것이, 자의 측면에서 좋은 것 같다."라고 하였다.

갑골문에서의 자의(字義)는 아직 정확하게 밝혀지지 않았다. "……今…汜……"(≪前4. 13. 6≫), "……兹汜……"(≪明藏167≫)

---

1) 羅振玉 前揭書 ≪增訂殷虛書契考釋≫ 卷中 p.10上.
2) 李孝定 前揭書 ≪甲骨文字集釋≫ p.3329.

㵽(규)				[guǐ]
	(《京津1556》)			

≪甲骨文編≫에는 아무 해설 없이 이 글자를 '㵽'자로 수록하고 있는데,[1] 이 글자의 자형 결구가 '水'와 '癸'를 구성 요소로 하고 있는 것으로 보면, 정확하다고 생각된다. ≪說文解字≫에는 이 '㵽'자에 대해, "㵽, 㵽辟, 流水處也. 從水, 癸聲. : '㵽'는 '㵽辟'으로, 물이 솟아 흐르는 곳이라는 뜻이다. '水'를 의부, '癸'를 성부로 구성되었다."라고 풀이하고 있다. 段玉裁는 이 자의(字義) 해설에 대해, "流, 鉉作深, 非. 釋水曰 : 㵽闢流川. : '流水處'의 '流'자를 徐鉉은 '深'자로 썼는데, 옳지 않다. ≪爾雅·釋水≫에, 「㵽闢은 흐르는 하천이라는 뜻이다.」라고 하고 있다."라고 주(注)하였다.

갑골문에서는 지명(地名)으로 사용된 것 같다. "……永于㵽……"(≪京津1556≫)

濘(녕)	(《後上11. 1》)	(《甲607》)	(《後下24. 1》)	(《合集34042》)	[níng]

李孝定은 ≪甲骨文字集釋≫에서 ≪後上11. 1≫의 '濘'자를 '濘'자로 수록하고는, "是濘當以絕小水爲本義, 今人謂濘爲泥濘, 乃濘之引申義. : '濘'자의 본의(本義)는 당연히 '극히 작은 개천'이라는 뜻이며, 지금 사람들이 진창을 '濘'이라고 일컫는데, 이는 '濘'의 인신의(引伸義)이다."라고 하였다. ≪說文解字≫에는, "濘, 滎濘也. 從水, 寧聲. : '濘'은 '滎濘' 즉 극히 작은 실개천이라는 뜻이다. '水'를 의부, '寧'을 성부로 구성되었다."라고 풀이하고 있다. 이 '滎濘'이라는 말에 대해서는, ≪說文解字≫에, "滎, 滎濘, 絕小水也. 從水, 熒省聲. : '滎'은 '滎濘'으로, 극히 작은 개천이라는 뜻이다. '水'를 의부, '水'를 생략한 '熒'을 성부로 구성되었다."라고 풀이하고 있다. '滎'자의 자의(字義) 해설에 대해 段玉裁는, "中斷日絕. 絕者, 窮也. 引申爲極至之用. 絕小水者, 極小水也. : 중단(中斷)을 '絕'이라고 한다. '絕'이란 다하다는 뜻이다. 인신(引伸)하여 극에 이르다는 뜻으로 사용된다. '絕小水'라고 한 것은 극히 작은 개천이라는 뜻이다."라고 주(注)하였다.

---

1) 中國社會科學院考古硏究所 前揭書 ≪甲骨文編≫ p.437.

갑골문에서는 전렵지(田獵地)의 지명(地名)으로 사용되었다. "……在潭……鈇于往來亡災"(≪後上11. 1≫), "妣于潭自"(≪後下24. 1≫)

潢(황)	𤄷	𤃭	𤂖	𤄡	[huáng]
	(≪前2. 5. 7≫)	(≪前2. 6. 1≫)	(≪合集31685≫)	(≪合集37514≫)	

위에 예시한 갑골문 '潢'자는 '水'와 '黃'을 구성 요소로 하고 있는데, 이런 자형 결구가 나타내는 의미가 무엇인지는 아직 밝혀지지 않은 상태이다. 이 '潢'자에 대해 ≪說文解字≫에는, "潢, 積水池. 從水, 黃聲. : '潢'은 물이 고인 웅덩이라는 뜻이다. '水'를 의부, '黃'을 성부로 구성되었다."라고 풀이하고 있다. 이에 대해 段玉裁는, "左傳 : 潢污行潦之水. 服虔日 : 畜小水謂之潢. 水不流謂之污. 行潦, 道路之水. : ≪春秋左氏傳≫의 '潢污行潦之水'라는 말에 대해 服虔은, 「작은 물이 고인 것은 '潢'이라고 하고, 물이 흐르지 않는 것을 '污'라고 하며, '行潦'는 길에 괸 물이다.」라고 하였다."라고 주(注)하였다.

갑골문에서는 지명(地名)으로 사용되었다. "……卜, 在潢貞 : 王其⊠大(犀)……亡災擒?"(≪前2. 5. 7≫), "己亥卜, 在潢貞 : 王今夕亡禍?"(≪前2. 6. 1≫)

湄(미)	𤄷	𤃭	𤂖	𤄡	[méi]
	(≪甲573≫)	(≪粹927≫)	(≪後上14. 8≫)	(≪京津3838≫)	

위의 갑골문은 '水'와 '眉'를 구성 요소로 하고 있는 것으로 보아 '湄'자임을 알 수 있는데, ≪說文解字≫에는, "湄, 水艸交爲湄. 從水, 眉聲. : '湄'는 물과 풀이 서로 어우러진 기슭을 '湄'라고 한다. '水'를 의부, '眉'를 성부로 구성되었다."라고 풀이하고 있다.

갑골문에서는 '湄日'·'旦湄' 등으로 쓰여, 동이 틀 무렵의 시간을 나타내는 말로 사용되었다. "王其田, 湄日不遭大風"(≪後上14. 8≫), "今日辛, 王其田湄日亡災, 不雨"(≪粹929≫), "……日戊……旦湄至于昏不雨"(≪京3838≫)

| 汓(수) | 《甲159》 | 《乙787》 | 《乙9032》 | 《綴合41》 | [qiú] |

屈萬里가 이 글자를 '汓'자로 고석하여,[1] 정설이 되었다. 이 '汓'자는 '水'와 '子'를 구성 요소로 하고 있는데, 아이가 물속에서 놀고 있는 모양을 형상화한 자형이며, 본의는 물에서 놀다는 뜻이다. 《說文解字》에는, "汓, 浮行水上也. 從水子. 古文或㠯汓爲沒字. 泅, 汓或從囚聲. : '汓'는 물위에 떠서 헤엄쳐 가다는 뜻이다. '水'와 '子'를 구성 요소로 하고 있다. 고대에는 간혹 '汓'를 '沒'[침몰하다]자로 간주하기도 하였다. '泅'(泅)는 '汓'의 혹체자로, '囚'를 성부로 구성되었다."라고 풀이하고 있다.

갑골문에서의 뜻은 다음과 같다.

1. 헤엄쳐 가다. "癸丑卜, 不汓?"(《乙9032》)
2. 자의(字義) 불분명. "丙午卜, 何貞 : 翊丁未其又[升]歲御汓祖丁?"(《綴合41》)

| 砅(례) | 《前2. 11. 5》 | 《前5. 31. 4》 | 《乙8075》 | 《英547正》 | [lì] |

위의 갑골문은 '水'와 '萬'을 구성 요소로 하고 있다. 《甲骨文編》에는 이 글자들을 '砅'자로 수록하고는, "說文砅字或體从厲作濿, 石鼓文作濿, 此與之同.[2] : 《說文解字》에 수록된 '砅'자의 혹체자는 '厲'를 구성 요소로 하여 '濿'로 쓰고 있고, 《石鼓文》에는 '濿'으로 쓰고 있는데, 이 갑골문이 이와 동일하다."라고 하고 있다. 이 '砅'자에 대해 《說文解字》에는, "砅, 履石渡水也. 從水石. 詩曰 : 深則砅. 濿, 砅或從厲. : '砅'는 돌다리를 딛고 물을 건너다는 뜻이다. '水'와 '石'을 구성 요소로 하고 있다. 《詩經·邶風·匏有苦葉》에 이르기를, 「물이 깊으면 돌다리를 딛고 건넌다네.」라고 하고 있다. '濿'(濿)는 '砅'의 혹체자인데, '厲'를 구성 요소로 하고 있다."라고 풀이하고 있다.

갑골문에서는 지명(地名)으로 사용되었다. "戊戌卜, 在砅今日不延雨?"(《前2. 11. 5》),

---

1) 屈萬里 前揭書 《殷虛文字甲編考釋》 p.25를 참고.

2) 中國社會科學院考古研究所 前揭書 《甲骨文編》 p.438.

“☐戌卜, 貞 : 今日其雨, 其田砅不遘雨?”(≪前5. 31. 4≫), “乎子爵從砅有鹿”(≪乙8075≫)

休(닉)　　　(≪佚616≫)　　　[ni]

　선사(先師) 金祥恒 교수는 ≪續甲骨文編≫에서 이 글자를 해설 없이 '休'자로 수록하였다.[1] 이 글자는 '人'과 '水'를 구성 요소로 하고 있는데, ≪說文解字≫의 소전체(小篆體)도 갑골문의 자형 결구와 동일하게 '㲎'으로 쓴다. ≪說文解字≫에는, "休, 沒也. 從水人. 讀與溺同. : '休'은 물에 빠지다는 뜻이다. '水'와 '人'을 구성 요소로 하고 있다. 독음은 '溺'자와 같다."라고 풀이하고 있다. 이에 대해 段玉裁는, "此沈溺之本字也. 今人多用溺水水名字爲之. 古今異字耳. : 이 글자가 '沈溺'의 '溺'자의 본자(本字)이다. 지금은 대부분 '溺水'라는 강 이름으로 사용한다. 고금(古今)의 글자가 서로 다를 뿐이다."

　갑골문에서의 자의(字義)는 아직 분명하게 밝혀지지 않았다. "休……它……乎……"(≪佚616≫)

潦(료)　　(≪河680≫)　　(≪合集24422≫)　　[lǎo]

　'水'와 '尞'를 구성 요소로 하고 있는데, ≪甲骨文編≫에는 ≪河680≫의 '㶚'를 '潦'자로 수록하고 있다.[2] ≪說文解字≫에는, "潦, 雨水也. 從水, 尞聲. : '潦'는 빗물이라는 뜻이다. '水'를 의부, '尞'를 성부로 구성되었다."라고 풀이하고 있다.

　갑골문에서는 지명(地名)으로 사용되었다. "丙戌卜, 王在潦?"(≪河680≫)

---

1) 金祥恒 前揭書 ≪續甲骨文編≫ 卷11 p.5上을 참고.
2) 中國社會科學院考古研究所 前揭書 ≪甲骨文編≫ p.438.

| 濩(확) | ≪前1. 3. 5≫ | ≪前5. 36. 3≫ | ≪佚912≫ | ≪佚918≫ | [huò] |

羅振玉이 위의 갑골문자들을 '濩'자로 고석하여,[1] 정설이 되었다. '水'와 '隹'를 구성 요소로 하고 있는데, 이 '隹'는 '蒦'자의 뜻으로 가차(假借)되었다. 이 '濩'자에 대해 ≪說文解字≫에는, "濩, 雨流霤下皃. 從水, 蒦聲. : 濩은 빗물이 처마로 흘러 떨어지는 모양이라는 뜻이다. '水'를 의부, '蒦'을 성부로 구성되었다."라고 풀이하고 있다. 이에 대해 段玉裁는, "霤, 屋水流下也. 今俗語呼簷水溜下曰滴濩. : '霤'는 지붕의 물이 흘러 떨어진다는 뜻이다. 지금 속어(俗語)로는 처마의 물이 흘러내리는 것을 '滴濩' 즉 낙숫물이라고 한다."라고 주(注)하였다.

갑골문에서는 제명(祭名)으로 사용되었다. "乙丑卜, 貞 : 王賓大乙濩亡尤?"(≪前1. 3. 5≫), "乙卯卜, 貞 : 王賓祖乙濩……?"(≪佚918≫)

| 涿(탁) | ≪戩28. 4≫ | ≪粹1447≫ | ≪後下19. 9≫ | ≪京津2839≫ | [zhuó] |

이 글자는 '水'와 '豕'을 구성 요소로 하고 있는데, ≪甲骨文編≫에는 이를 해설 없이 '涿'자로 수록하고 있다.[2] ≪說文解字≫에는, "涿, 流下滴也. 從水, 豕聲. 上谷有涿鹿縣. 㝬, 奇字涿, 從日乙. : '涿'은 흘러 떨어지는 물방울이라는 뜻이다. '水'를 의부, '豕'을 성부로 구성되었다. 上谷郡에는 涿鹿縣이 있다. '㝬'(㝬)은 '古文' '奇字'의 '涿'자인데, '日'과 '乙'을 구성 요소로 하고 있다."라고 풀이하고 있다.

갑골문에서는 '貞人'의 이름으로 사용되었다. "丁卯卜, 涿貞 : 王賓敪亡尤?"(≪後下19. 9≫), "癸酉卜, 涿貞 : 旬亡禍?"(≪粹1447≫)

---

1) 羅振玉 前揭書 ≪增訂殷虛書契考釋≫ 卷中 p.68下를 참고.
2) 中國社會科學院考古研究所 前揭書 ≪甲骨文編≫ pp.438~439를 참고.

沈(침)	(≪前1. 24. 3≫)	(≪存上1889≫)	(≪粹587≫)	(≪英2475≫)	[chén]

위의 갑골문자는 '水'와 '牛'를 구성 요소로 하고 있는데, 이는 소가 강물 속에 빠져 있는 것을 형상화한 자형이다. 羅振玉은 이 글자에 대해, "此象沉牛于水中, 殆即埋沈之沈字, 此爲 本字.[1] : 이 글자는 물속에 소를 빠뜨려 놓은 모양을 형상화하였는데, 이것이 바로 '埋沈'의 '沈'자이며, 이것이 본자(本字)라고 짐작된다."라고 하였다. 갑골문 '沈'자에 대해 徐中舒는, "從水從牛, 牛或倒作, 或作羊·宰, 並同. 象沈牛羊於水之形. ≪周禮·大宗伯≫:「以貍沈 祭山林川澤.」[2] : '水'를 구성 요소로 하고, '牛'를 구성 요소로 하고 있으며, '牛'는 거꾸로 되어 있거나, '羊'·'宰'으로 쓰기도 했는데, 이는 모두 같은 뜻이다. 소나 양을 물에 빠뜨려 놓은 모양을 형상화하였다. ≪周禮·大宗伯≫에는 「희생을 물에 빠뜨려 산림과 천택(川澤)에 제사를 지낸다.」라고 하고 있다."라고 하였다. 본편(本篇) 앞쪽의 '洋'자에 대한 해설을 참고하 기 바란다.

≪說文解字≫에는, "沈, 陵上滈水也. 從水, 冘聲. 一日濁默也. : '沈'은 산(山) 능선의 오목한 부위에 고여 있는 물이라는 뜻이다. '水'를 의부, '冘'을 성부로 구성되었다. 일설에는 더러운 때라고도 한다."라고 풀이하고 있다. 許愼의 이런 해설은 갑골문의 자형과는 전혀 부합되지 않는다.

갑골문에서는 물에 빠뜨리는 희생의 처리 방법으로 사용되었다. "乙巳卜, 争貞：燎于河五 牛, 沈十牛? 十月在鬥."(≪前2. 9. 3≫), "沈牛三"(≪存上1889≫), "沈三牛"(≪粹587≫)

涵(涵)(함)	(≪甲1414≫)	(≪京津4466≫)	(≪京都2012≫)	[hán]

屈萬里는 위의 갑골문자에 대해 "當是涵字.[3] : '涵'자임이 틀림없다."라고 하였다. 그리고

---

1) 羅振玉 前揭書 ≪增訂殷虛書契考釋≫ 卷中 p.16上.

2) 徐中舒 前揭書 ≪甲骨文字典≫ p.1204.

3) 屈萬里 前揭書 ≪殷虛文字甲編考釋≫ p.194.

李孝定은, "契文从, 古函字, 象函矢之形. 從水, 函聲, 與小篆同.[1] : 갑골문은 ''을 구성 요소로 하고 있는데, 이는 '函'의 고자(古字)로서, 화살을 상자에 담아 놓은 모양을 형상화한 것이다. '水'를 의부, '函'을 성부로 하고 있는데, 이는 소전체(小篆體)의 자형과 같다."라고 하였다. ≪說文解字≫에는, "涵, 水澤多也. 從水, 函聲. 詩曰 : 僭始既涵. : '涵'은 늪이 많다는 뜻이다. '水'를 의부, '函'을 성부로 구성되었다. ≪詩經‧小雅‧巧言≫에, 「참언(讒言)이 들어가자마자 용납해버렸네.」이라고 하고 있다."라고 풀이하고 있다. ≪玉篇‧水部≫에는, "涵, 或作涵. : '涵'은 혹체자로 '涵'으로 쓰기도 한다."라고 하였다.

갑골문에서는 지명(地名)으로 사용되었다. "王田涵湄日亡災, 擒"(≪京都2012≫), "弜田涵其每. 叀涵湄日亡災."(≪京津4466≫)

淫(濕)(合)					[shī]
(≪前2. 3. 4≫)	(≪合集8356≫)	(≪合集28228≫)	(≪後下27. 15≫)		

商承祚는 위에 예시한 글자에 대해 "此省土从止, 象足履淫, 與从土之詣同.[2] : 이 갑골문은 '土'를 생략하고 '止'를 구성 요소로 하였는데, 이는 발로 습지(濕地)를 밟고 있는 모양을 형상화한 것으로, '土'를 구성 요소로 하는 것과 의미가 같다."라고 하여, '淫'자로 고석하였다. ≪說文解字≫에는, "淫, 幽淫也. 從一, 覆也. 覆土而有水, 故淫也. 從㬎省聲. : '淫'은 대단히 축축하다는 뜻이다. '一'을 구성 요소로 하고 있는 것은 덮어 씌우다는 뜻을 나타낸다. 흙으로 덮여 있는데 그 아래에 물이 있기 때문에 축축한 것이다. 필획이 생략된 '㬎'을 성부로 구성되었다."라고 풀이하고 있다. 이 글자에 대해 段玉裁는 "今字作濕. : 지금 이 글자는 '濕'으로 쓴다."라고 주(注)하였다.

갑골문에서는 지명(地名)으로 사용되었다. "……亡災, 在淫"(≪前2. 3. 4≫), "王其……淫……"(≪後下27. 15≫)

1) 李孝定 前揭書 ≪甲骨文字集釋≫ p.3353.
2) 商承祚 前揭書 ≪殷虛文字類編≫ 11卷 p.5上.

| 洎(계) | (≪存下28≫) | (≪乙2592≫) | (≪中大36≫) | (≪合集7047≫) | [jì] |

≪甲骨文編≫에는 위의 글자들을 해설 없이 '洎'자로 수록하고 있다.[1] '水'와 '自'를 구성 요소로 하고 있는데, ≪說文解字≫에는, "洎, 灌釜也. 從水, 自聲. : '洎'는 가마에 물을 붓다는 뜻이다. '水'를 의부, '自'를 성부로 구성되었다."라고 풀이하고 있다. 갑골문의 자형 결구는 소전체(小篆體)와 같다.

갑골문에서의 뜻은 다음과 같다.

1. '諸婦'의 이름. "婦洎"(≪存下28≫)
2. 인명(人名). "貞 : 洎疾?"(≪乙2592≫)

| 汰(태) | (≪前5. 41. 8≫) | (≪佚704≫) | (≪京津2069≫) | (≪後下19. 14≫) | [tài] |

위의 갑골문은 점으로 표시된 물 즉 '水'와 '大'를 구성 요소로 하고 있는데, '大'는 '太'와 통용되므로, 일반적으로 '汰'로 쓴다. ≪說文解字≫에는, "汰, 淅㶕也. 從水, 大聲. : '汰'는 물로 일어 씻어내다는 뜻이다. '水'를 의부, '大'를 성부로 구성되었다."라고 풀이하고 있다. 이 글자에 대해 段玉裁는 "按凡沙汰・淘汰用淅米之義引伸之. 或寫作汏, 多點者誤也. : 살펴보면, 무릇 '沙汰'・'淘汰'는 쌀을 일어 씻어내다는 뜻에서 인신(引伸)된 뜻을 사용한 것이다. 간혹 '汏'로 쓰기도 하는데, 점(點)을 더한 것은 잘못된 것이다."라고 주(注)하였다. 그러나 지금은 '汰'로 쓰는 것이 일반적이다. 王筠은 이에 대해, "(汰・淅・㶕)謂一事而三名也.[2] : ('汰'・'淅'・'㶕'은) 같은 일을 일컫는 세 가지 명칭이다."라고 하였다.

갑골문에서의 뜻은 다음과 같다.

1. 인명(人名). "……命取射子汰……"(≪前5. 41. 8≫), "子汰……逐鹿獲"(≪後下19. 14≫), "……御子汰……八月"(≪京津2069≫)

---

1) 社會科學院考古研究所 前揭書 ≪甲骨文編≫ p.439.
2) 王筠 ≪說文句讀≫, 丁福保 前揭書 ≪說文解字詁林正補合編≫ 第9冊 p.9-534.

2. 자의(字義) 불분명. "……汏玉于祖丁 · 父乙"(≪佚704≫)

淡(담) [dàn]
(≪後上10. 8≫)

위에 예시한 갑골문은 '水'와 '炎'을 구성 요소로 하고 있는데, ≪甲骨文編≫에는 이 글자하나를 해설 없이 '淡'자로 수록하고 있다.[1] 이 '淡'자에 대해 ≪說文解字≫에는, "淡, 薄味也. 從水, 炎聲. : '淡'은 담백한 맛이라는 뜻이다. '水'를 의부, '炎'을 성부로 구성되었다."라고 풀이하고 있다.

갑골문에서는 지명(地名)으로 사용되었다. "甲午卜, 在淡貞 : 王步于柰亡災?"(≪後上10. 8≫)

洒(쇄,세) [xǐ]
(≪前2. 10. 3≫) (≪前6. 6. 7≫) (≪後上11. 8≫) (≪存下983≫)

위의 갑골문은 '水'와 '西'를 구성 요소로 하고 있는데, 羅振玉이 ≪增訂殷虛書契考釋≫에서 이들을 해설 없이 '洒'자로 수록하였다.[2] ≪說文解字≫에는, "洒, 滌也. 從水, 㢿聲. 古文㠯爲灑埽字. : '洒'는 씻다는 뜻이다. '水'를 의부, '㢿'를 성부로 구성되었다. '古文'에서는 '灑埽'의 '灑'자로 간주하였다."라고 풀이하고 있다.

갑골문에서는 지명(地名)으로 사용되었다. "癸酉卜, 在洒貞 : 王旬亡(禍)?"(≪後上11. 8≫), "……在▨師貞 : ……于洒亡災?"(≪前2. 18. 3≫)

---

1) 社會科學院考古研究所 前揭書 ≪甲骨文編≫ p.440을 참고.
2) 羅振玉 前揭書 ≪增訂殷虛書契考釋≫ 卷中 p.16上.

沐(목)			[mù]
	《粹1174》	《河639》	

≪甲骨文編≫에는 위에 예시한 갑골문을 '沐'자로 수록하고 있는데,[1] 이 글자는 '水'와 '木'을 구성 요소로 하고 있다. ≪說文解字≫에는 이 '沐'자에 대해, "沐, 濯髮也. 從水, 木聲. : '沐'은 머리를 감다는 뜻이다. '水'를 의부, '木'을 성부로 구성되었다."라고 풀이하고 있다. ≪說文解字≫에 의하면 '濯'자 역시 씻다는 뜻이다. 그리고 이 '沐'자는 지금은 목욕(沐浴)하다는 뜻으로 사용되고 있는데, 갑골문에서의 뜻은 다음과 같다.

1. 지명(地名). "癸酉卜, 暊貞 : 其歸沐才于川[宗]示?"(≪河639≫)
2. '貞人'의 이름. "丙午卜, 沐貞 : 翊丁未子囗戈? [基]方."(≪粹1174≫)

沬(매)			[huì]
	《後下12. 5》	《寧滬2. 52》	

위의 갑골문자는 '人'과 '水'와 '皿'을 구성 요소로 하고 있는데, 한 사람이 그릇 앞에 꿇어앉아서 얼굴을 씻고 있는 모양을 형상화한 자형이다. 羅振玉은 이 글자에 대해 "此象人散髮就皿洒面之狀形. …… 許書作沬, 乃後起之字, 今隷作頮.[2] : 이 글자는 사람이 머리를 풀어헤치고 그릇에 대고 얼굴을 씻는 모양을 형상화하였다. …… 許慎의 ≪說文解字≫에는 '沬'로 쓰고 있는데, 이는 후기자(後起字)이며, 지금 해서(楷書)로는 '頮'로 쓴다."라고 고석(考釋)하였다.

≪說文解字≫에는, "沬, 洒面也. 從水, 未聲. 𦗻, 古文沬, 從収水, 從頁. : '沬'는 얼굴을 씻다는 뜻이다. '水'를 의부, '未'를 성부로 구성되었다. '𦗻'(頮)는 '古文' '沬'자이며, '収'과 '水'를 구성 요소로 하고, '頁'을 구성 요소로 하고 있다."라고 풀이하고 있다. 이에 대해 段玉裁는, "說文作頮, 從兩手匊水而洒其面, 會意也. 內則作靧, 從面貴聲, 葢漢人多用靧字. 沬頮本皆古文, 小篆用沬而頮專爲古文, 或奪其収, 因作湏矣. : ≪說文解字≫에서 '頮로 쓴

---

1) 社會科學院考古研究所 前揭書 ≪甲骨文編≫ p.440을 참고.
2) 羅振玉 前揭書 ≪增訂殷虛書契考釋≫ 卷中 p.67下.

것은, 두 손으로 물을 떠서 자기의 얼굴을 씻는 모양으로 구성된 것으로, 회의자(會意字)이다. ≪禮記·內則≫에는 '靧'로 쓰고 있는데, 이는 '面'을 의부, '貴'를 성부로 구성된 것이며, 아마도 漢代 사람들은 대부분 '靧'자를 썼던 것 같다. '沬'와 '頮'자는 본래 모두 '古文'이었으나, 소전(小篆)에서 '沬'자를 사용하여 '頮'자만 '古文'으로 남게 되었으며, 간혹 여기에서 '収'자를 탈락시킴으로 인하여 '湏'로도 쓰게 되었다."라고 주(注)하였다.

갑골문에서는 인명(人名)으로 사용되었다. "辛亥卜, 殼貞 : 乎沬▨麦不隹? 六月."(≪寧滬2. 52≫), "我……沬……其……"(≪後下12. 5≫)

| 濤(도) | (≪前2. 28. 4≫) | (≪合集10984≫) | [tāo] |

위에 예시한 ≪前2. 28. 4≫의 갑골문을 ≪甲骨文編≫에는 '濤'자로 수록하고 있는데,[1] 이 '濤'자는 徐鉉의 대서본(大徐本)에만 새로 덧붙인 '新附字'로 수록되어 있으며, 여기에서 徐鉉은 "濤, 大波也. 從水, 壽聲.[2] : 濤란 큰 물결이라는 뜻이다. '水'를 의부, '壽'를 성부로 구성되었다."라고 해설하였다. ≪淮南子·人閒訓≫의 "起波濤"라는 말에 대해 高誘는, "波者湧起, 還者爲濤.[3] : '波'란 치솟아 일어나는 것이고, 그것이 제자리로 되돌아오는 것이 '濤'이다."라고 주(注)하였다.

갑골문에서는 지명(地名)으로 사용되었다. "……田于濤"(≪前2. 28. 4≫)

| 㳀(추) | (≪英540≫) | (≪庫267≫) | (≪合集33136≫) | (≪京都2327≫) | [zhuǐ] |

이 갑골문은 두 개의 '水'자로 구성되어 있어서, '㳀'자임을 쉽게 알 수 있다. ≪說文解字≫에는, "㳀, 二水也. 闕. : 㳀는 두 갈래의 강이라는 뜻이다. 독음에 대한 해설은 궐(闕)한다."라고 풀이하고 있다. 이에 대해 段玉裁는, "即形而義在焉. 此謂闕其聲也. : 자형에 바로

---

1) 社會科學院考古研究所 前揭書 ≪甲骨文編≫ p.440을 참고.

2) 徐鉉 ≪說文解字≫, 丁福保 前揭書 ≪說文解字詁林正補合編≫ 第9冊 p.9-635.

3) ≪新編諸子集成≫(世界書局 1975. 臺北) 第7冊 ≪淮南子·人閒訓≫ 卷18 p.321.

자의(字義)가 내재(內在)하고 있다. 여기에서는 독음에 대한 해설을 궐(闕)한다고 말한 것이다."라고 주(注)하였다.

갑골문에서는 지명(地名)으로 사용되었다. "……于林伐……"(≪京都2327≫), "甲戌貞 : 鷙自林圍?"(≪庫267≫)

| 㹫(涉)(섭) | (≪甲411≫) | (≪乙7693≫) | (≪佚699≫) | (≪京津4470≫) | [shè] |

위의 갑골문자들은 '水'와 '步'를 구성 요소로 하고 있는데, 이는 사람의 두 발이 물속에 있는 것을 형상화한 자형으로, 사람이 걸어서 강을 건넌다는 뜻을 나타내는 '涉'자이다. ≪說文解字≫에는, "㹫, 徒行瀨水也. 從林步. 㺲, 篆文從水. : '㹫'은 걸어서 물을 건넌다는 뜻이다. '林'와 '步'를 구성 요소로 하고 있다. '㺲'(涉)은 전문(篆文)으로, '水'를 구성 요소로 하고 있다."라고 풀이하고 있다.

갑골문에서도 물을 건넌다는 뜻으로 사용되었다. "癸巳卜, 古貞 : 命自般涉于河東……?"(≪綴23≫), "于庚子王涉若?"(≪甲411≫), "其……涉河……"(≪佚699≫), "王涉滴射有鹿, 擒"(≪續3. 44. 3≫), "王其田涉滴至于☒亡哉?"(≪京津4470≫)

| 川(천) | (≪前8. 12. 4≫) | (≪甲1674≫) | (≪佚727≫) | (≪合集22098≫) | [chuān] |

羅振玉은 위의 갑골문자들에 대해, "象有畔岸而水在中, 疑是川字.[1] : (양쪽에) 강 언덕이 있고 물이 그 속에 있는 것을 형상화하였는데, 아마도 '川'자인 것 같다."라고 하였다. 이 '川'자에 대해 ≪說文解字≫에는, "川, 毌穿通流水也. 虞書曰 : 濬〈 ≪距≪≪. 言深〈 ≪≪之水會爲川也. : '川'은 관통하여 막힘없이 흐르는 물이라는 뜻이다. ≪尙書·虞書·皐陶謨≫에, '濬〈 ≪距≪≪'이라는 말이 있는데, 이는 전답 사이로 흐르는 깊은 '〈'과 '≪≪'의 물이 모여서 '川'이 되는 것을 말한다."라고 풀이하고 있다.

---

1) 羅振玉 前揭書 ≪增訂殷虛書契考釋≫ 卷中 p.9上.

갑골문에서의 뜻은 다음과 같다.

1. 물. 수(水). “丙子, 貞：不川?”(≪寧滬1. 482≫)：‘不川’은 곧 ‘不水’로, 홍수(洪水)가 발생하지 않다는 뜻이다.

2. 지명(地名). “戊寅子卜, 丁歸在川人?”(≪前8. 6. 3≫), “己亥子卜, 貞：在川人歸?” (≪前8. 12. 4≫)

| 巛(렬) | (≪前4. 33. 7≫) | (≪菁11. 6≫) | (≪後下32. 1≫) | (≪河785≫) | [liè] |

商承祚는 위의 갑골문 ‘巛’자에 대해 “此字从水从巛, 疑即洌字之省.[1]：이 글자는 ‘水’와 ‘巛’을 구성 요소로 하고 있는데, 아마도 ‘洌’자의 생략형으로 짐작된다.”라고 하였다. ≪說文解字≫에는, “巛, 水流巛巛也. 從巛, 列省聲.：‘巛’은 물의 흐름이 갈라진 모양이다. ‘巛’ (川)을 의부, ‘刀’가 생략된 ‘列’을 성부로 구성되었다.”라고 풀이하고 있다. 許慎의 이런 해설로 고대(古代)에는 ‘巛’자와 ‘巛’자는 같은 글자였음을 알 수 있다.

갑골문에서의 뜻은 다음과 같다.

1. ‘烈’과 상통(相通). “貞：其亦巛雨?”(≪京津419≫), “貞：敔其大巛?”(≪前4. 33. 7≫)：여기에서의 ‘巛雨’는 폭우(暴雨)를 뜻하는 것으로 짐작된다.

2. 제명(祭名)으로 짐작된다. ‘裂’과 통용(通用). “己亥卜, 賓貞：巛用來羌?”(≪甲59≫)

3. 자의(字義) 불분명. “……得巛……”(≪河785≫)

| 囧(옹) | (≪鐵210. 3≫) | (≪前5. 9. 5≫) | (≪甲3073≫) | (≪後下41. 3≫) | [yōng] |

이 글자는 두 개의 ‘□’를 구성 요소로 하고 있으며, 서로 겹쳐진 모양인데, ≪甲骨文編≫에는 이들을 ‘囧’자로 수록하고는, “此古文囧. 卜辭雝宮等字并从此得聲.[2]：이것은 ‘囧’자의 고문자(古文字)이다. 갑골복사에서 ‘雝’·‘宮’ 등의 글자가 이 글자를 성부(聲符)로 구성되었

1) 商承祚 前揭書 ≪殷虛文字類編≫ 11卷 p.3上.

2) 社會科學院考古研究所 前揭書 ≪甲骨文編≫ p.447.

다."라고 하고 있다. 이로 보면, 갑골문 '邕'자는 '巛'(川)이나 '水'를 구성 요소로 하지 않았고, 성읍(城邑)을 상징하는 '囗'가 서로 중첩된 모양을 형상화한 자형 결구임을 알 수 있다.

≪說文解字≫에는, "邕, 邑四方有水, 自邕成池者, 是也. 從巛, 從邑. 讀若雝. '㠱', 籒文邕.: '邕'은 성읍(城邑)의 사방에서 물이 흘러 들어와서 자연적으로 빙 둘러 선회하여, 성지(城池)를 이룬 것이 이것 즉 '邕'자이다. '巛'을 구성 요소로 하고, '邑'을 구성 요소로 하고 있다. 독음은 '雝'자처럼 읽는다. '㠱'(嵒)'은 주문(籒文) '邕'자이다."라고 풀이하고 있다. 段玉裁는 이런 자의(字義) 해설에 대해, "邑, 各本無, 依韵會補. 成, 各本作城, 誤, 依廣韵·韵會正. 自邕當作自擁, 轉寫之誤. 擁者, 抱也. 池沼多由人工所爲, 惟邑之四旁有水來自擁抱旋繞成池者, 是爲邕. 以擁釋邕, 以疊韵爲訓也. 故其字从川邑. 引申之, 凡四面有水皆曰邕.: '邑'자는 각 판본(版本)에는 없는데, ≪韵會≫에 의거하여 보충하였다. '成'자는 각 판본에서는 '城'으로 쓰고 있는데, 이는 잘못이어서, ≪廣韵≫·≪韵會≫ 등에 의거하여 바로잡았다. '自邕'은 '自擁'으로 써야 하는데, 이는 전사(轉寫) 과정에서의 잘못이다. '擁'이란 품어 안다는 뜻이다. 지소(池沼)는 대부분이 인공으로 만들어졌는데, 성읍(城邑)의 사방 주위에서 물이 흘러 들어와서 자연적으로 빙둘러 못을 이룬 것이 이 '邕'이라는 것이다. '擁'으로 '邕'을 해석하였는데, 이는 첩운(疊韻)의 글자로 뜻풀이를 한 것이다. 그래서 이 글자는 '川'과 '邑'을 구성 요소로 하고 있다. 여기에서 인신(引伸)하여, 무릇 사면(四面)이 물로 둘러싸인 것을 모두 '邕'이라고 일컫는다."라고 주(注)하였다.

갑골문에서의 뜻은 다음과 같다.

1. 성읍(城邑). "壬子卜, 取邕? 壬子卜, 勿取邕?"(≪甲3073≫)
2. 인명(人名). "……卜, 王來乎邕旻?"(≪後下41. 3≫)

巛(재)	≈≈	⩊⩊	川	州	[zāi]
	(≪鐵53. 1≫)	(≪續5. 19. 10≫)	(≪前2. 26. 2≫)	(≪甲2189≫)	

羅振玉은 위의 글자들을 '巛'자로 수록하고는, "象水壅之形, 川壅則爲巛也. 其作≋≋등狀者, 象橫流氾濫也.[1] : 물이 막힌 모양을 형상화하였는데, '川' 즉 하천이 가로막힌 것이

---

1) 羅振玉 前揭書 ≪增訂殷虛書契考釋≫ 卷中 p.10上.

바로 '巛'자이다. '⩨'·'⩩' 등의 형태로 쓴 것은 가로로 흘러 범람하는 것을 형상화한 것이
다."라고 하였다. 이 '巛'자에 대해 ≪說文解字≫에는, "巛, 害也. 從一雝川. 春秋傳曰：
川雝爲澤凶. : '巛'는 수해(水害)라는 뜻이다. '一'이 '川'(巛)의 한가운데를 막고 있는 모양으
로 구성되었다. ≪春秋左氏傳≫ 宣公 12년 조(條)에 이르기를, 「내[川]가 막히면 못이 되는
데, 이는 흉한 징조이다.」라고 하고 있다."라고 풀이하고 있다. 갑골문 '巛'자에 대해 徐中舒
는, "象洪水橫流之形. 一期作⩨, 二·三期則⩨·巛並作, 自四期後增從才爲聲符. 初當
爲水害之專字, 引伸而災禍之意.[1] : 홍수가 가로 흐르는 모양을 형상화하였다. 갑골복사의
제1기에는 '⩨'로 썼고, 제2·3기에는 '⩨'와 '巛'를 함께 썼으며, 제4기 이후부터 '才'를
덧붙이고서 이를 성부로 삼았다. 초기에는 당연히 수해(水害)의 전용(專用) 글자였으나, 나중
에 인신(引伸)하여 '災禍'의 뜻을 나타내게 되었다."라고 하였다.

갑골문에서는 수재(水災)의 뜻으로 사용되었다. "己酉卜, 賓貞：今日王其步見雨亡巛?"
(≪續6. 10. 4≫), "乙亥卜, 行貞：王其□于河亡巛?"(≪前2. 26. 2≫), "貞：其有巛?"
(≪續5. 9. 10≫)

| 州(주) | 〗〗 | 〗〗 | 〗〗 | 〗〗 | [zhōu] |
| | (≪前4. 13. 4≫) | (≪乙5327≫) | (≪粹262≫) | (≪南輔24≫) | |

≪甲骨文編≫에는 이 글자들을 '州'자로 수록하고는, "與說文古文同.[2] : ≪說文解字≫에
수록된 '州'자의 '古文'과 자형이 같다."라고 하고 있다. ≪說文解字≫에는, "州, 水中可尻居
者曰州. 水匊繞其旁, 從重川. 昔堯遭洪水, 民尻水中高土, 故曰九州. 詩曰：在河之州.
一曰：州, 疇也. 各疇其土而生也. 〦, 古文州. : '州'는 물 가운데 거주할 수 있는 곳을
'州'라고 한다. 사방 주위의 물이 그 옆을 둘러싸고 있고, 두 개의 '川'자를 중첩한 것으로
구성되어 있다. 옛날 堯임금이 홍수를 만났을 때, 백성들이 물 가운데의 높은 땅에 거주하게
되었고, 이 때문에 이곳을 '九州'라고 일컫게 되었다. ≪詩經·周南·關雎≫에, 「황하의
사주(沙州)에 있네.」라고 하고 있다. 일설에는, '州'는 경작하는 밭두둑이라는 뜻이라고도

---

1) 徐中舒 前揭書 ≪甲骨文字典≫ p.1230.
2) 社會科學院考古硏究所 前揭書 ≪甲骨文編≫ p.449.

한다. 사람들이 각자 자신의 토지를 경작하여 생계를 이었다는 것이다. '州'(从)는 '古文' '州'자이다."라고 풀이하고 있다.

갑골문에서는 '州臣'으로 사용되었는데, 수리(水利)를 담당하는 관직명(官職名)으로 추정된다. "乙酉卜, 賓貞 : 州臣[有]往自囗得?"(≪粹262≫), "貞 : 州臣不[其]得?"(≪南輔24≫)

| 泉(천) | ≪前4. 17. 1≫ | ≪存下154≫ | ≪甲903≫ | ≪後下39. 15≫ | [quán] |

이 갑골문자는 샘에서 물이 흐르는 모양을 형상화한 자형인데, 이 글자에 대해 羅振玉은, "象从石罅涓涓流出之狀.[1] : 바위 틈에서 물이 졸졸 흘러나오는 모양을 형상화하였다."라고 하여, '泉'자로 고석하였다. 이 '泉'자에 대해 ≪說文解字≫에는, "泉, 水原也. 象水流出成川形. : '泉'은 물의 근원이라는 뜻이다. 물이 흘러나와 내를 이루는 모양을 형상화하였다."라고 풀이하고 있다.

갑골문에서의 뜻은 다음과 같다.

1. 샘물. "乙卯卜, 貞 : 今秋泉來水次?"(≪存下154≫), "戊子貞 : 其尞于洹泉囗三宰宜宰?"(≪甲903≫)

2. 지명(地名). "……卜, ……步自泉……囗亡災?"(≪後下39. 15≫)

| 永(영) | ≪前2. 37. 6≫ | ≪餘16. 4≫ | ≪甲2414≫ | ≪佚746≫ | [yǒng] |

위에 예시한 갑골문 '永'자는 강물이 갈라져서 흐르는 모양을 형상화한 자형인데, 흐르는 물이 길게 이어지는 형상으로, 본의는 물이 길게 흐르다는 뜻이고, 여기에서 인신(引伸)되어 영구(永久)하다는 뜻을 나타내게 되었다. ≪說文解字≫에는 이 '永'자에 대해, "永, 水長也. 象水巠理之長永也. 詩曰 : 江之永矣. : '永'은 물의 흐름이 길다는 뜻이다. 수맥(水脈)과

---

1) 羅振玉 前揭書 ≪增訂殷虛書契考釋≫ 卷中 p.9下.

물결의 기다란 모양을 형상화하였다. ≪詩經·周南·漢廣≫에, 「장강(長江) 같이 그렇게 길구나.」라고 하고 있다.”라고 풀이하고 있다. 이 갑골문 '永'자에 대해 徐中舒는, “從彳從人, 人之旁有水點, 會人潛行水中之意, 爲泳之原字. …… 後世爲與永字區別, 遂反永而爲辰. …… 甲骨文正反每無別, 故永辰初爲一字.[1] : '彳'을 구성 요소로 하고, '人'을 구성 요소로 하고 있고, '人'자 옆에 물을 상징하는 점들이 있는 것으로, 사람이 물속에서 잠행(潛行)하는 뜻을 나타내는데, 이는 '泳'의 원래 글자이다. …… 후세에 '永'자와 구별하기 위해 '永'자를 뒤집어 놓은 자형으로 '辰'자를 만들었다. …… 갑골문에서는 자형의 정반(正反)은 모두 구별되지 않기 때문에, '永'과 '辰'는 애초에는 같은 글자였다.”라고 하였다. 본편(本篇) 앞쪽의 '派'자에 대한 해설을 참조하기 바란다.

갑골문에서의 뜻은 다음과 같다.

1. '貞人'의 이름. “癸未卜, 永貞 : 王旬亡禍? 在正月……”(≪前1. 19. 5≫), “癸亥卜, 永貞 : 旬亡禍?”(≪甲2414≫)

2. 인명(人名). “戊辰卜, 賓貞 : 命永貴田于[岳]?”(≪前2. 37. 6≫)

| 谷(곡) | (≪前2. 5. 4≫) | (≪前4. 12. 5≫) | (≪佚113≫) | (≪後下3. 3≫) | [gǔ] |

위에 예시한 갑골문 '谷'자는 '㕣'과 '口'를 구성 요소로 하고 있는데, 산골짜기에 출입구가 있는 모양을 형상화한 자형으로, 산골짜기라는 뜻을 나타내고 있다. 이 '谷'자에 대해 ≪說文解字≫에는, “谷, 泉出通川爲谷. 從水半見出于口. : '谷'은 샘물의 출구에서부터 냇물과 합류하는 곳까지를 '谷'이라고 한다. 반쯤 드러난 '水'자가 '口'자의 위쪽에 출현한 모양으로 구성되었다.”라고 풀이하고 있다. 이에 대해 李孝定은, “契文从㕣, 與金文及今隸同. 許云從水半見, 于形不類. 疑字本從㕣口, 會意, 兩山分處是爲谷矣. 口則象谷口也.[2] : 갑골문 '谷'자는 '㕣'을 구성 요소로 하고 있는데, 금문(金文) 및 지금의 해서체(楷書體)와 자형이 같다. 許愼이 말한 반쯤 드러난 '水'자로 구성되었다는 것은 실제의 자형과는 전혀 부합되지

---

1) 徐中舒 前揭書 ≪甲骨文字典≫ p.1235.

2) 李孝定 前揭書 ≪甲骨文字集釋≫ p.3415.

않는다. 이 글자는 아마도 본래 '仌'과 '口'를 구성 요소로 한 회의자(會意字)로, 두 개의 산이 나누어진 곳이 '谷'인 것 같다. '口'는 곧 골짜기의 입구를 형상화한 것이다."라고 했다.

갑골문에서는 지명(地名)으로 사용되었다. "甲寅卜, 王曰貞 : 翊乙卯其田亡災于谷?"(≪佚113≫), "☐申卜, 賓[貞] : ……在谷……及?"(≪前2. 5. 4≫)

仌(빙)   (≪續3. 36. 7≫)   [bīng]

위의 갑골문 '仌'자는 얼음의 모양을 형상화한 자형이다. ≪說文解字≫에는, "仌, 凍也. 象水凝之形. : '仌'은 얼다는 뜻이다. 물이 응고한 모양을 형상화하였다."라고 풀이하고 있다. 그런데 ≪說文解字≫에는 이 '仌'자 바로 다음에 '冰'자를 따로 수록하고는, "冰, 水堅也. 從水仌. 𩆢, 俗冰從疑. : '冰'은 물이 응결(凝結)하여 단단한 얼음이 된다는 뜻이다. '水'와 '仌'을 구성 요소로 하고 있다. '𩆢'(凝)은 '冰'의 속자(俗字)이며, '疑'를 구성 요소로 하고 있다."라고 풀이하고 있다. 이에 대해서 段玉裁는 "以冰代仌, 用別製凝字. 經典凡凝字皆冰 之變也. : '冰'자로써 '仌'자를 대신하고, 별도로 '凝'자를 만들어 사용하였다. 경전(經典)에서 의 모든 '凝'자는 모두 '冰'자의 변체(變體)이다."라고 주(注)하였다. 그리고 桂馥은, "顧炎武 曰 : 仌於隷·楷不能獨成文, 故後人加水焉.[1] : 顧炎武는, 「仌'은 예서나 해서(楷書)에서 단독으로 글자가 될 수 없었기 때문에, 후세 사람들이 '水'를 덧붙인 것이다.」라고 했다."라고 하였다.

갑골문에서는 지명(地名)으로 사용되었다. "……曰 : 往冰……毓……"(≪續3. 36. 7≫)

冬(동)   (≪合集916≫)   (≪合集6057反≫)   (≪合集10395≫)   (≪庫664≫)   [dōng]

위에 예시한 갑골문을 대부분의 학자들이 '冬'자라고 하면서, '終'으로 해석하고 있으나, 자형 결구에 대해서는 아직 정확한 고석(考釋)이 이루어지지 않고 있다. '冬'자에 대해 ≪說文

---

1) 桂馥 ≪說文解字義證≫, 丁福保 前揭書 ≪說文解字詁林正補合編≫ 第9冊 p.9-723에서 재인용.

解字≫에는, "冬, 四時盡也. 從仌, 從夂. 夂, 古文終字. 𠔔, 古文冬, 從日. : '冬'은 사계절의 끝 계절이라는 뜻이다. '仌'을 구성 요소로 하고, '夂'을 구성 요소로 하고 있다. '夂'은 '古文' '終'자이다. '𠔔'(𠔕)은 '古文' '冬'자이며, '日'을 구성 요소로 하고 있다."라고 풀이하고 있다. 이에 대해 徐中舒는, "象絲繩兩端或束結, 或不束結, 以表終端之意, 爲終之初文.[1] : 실이나 끈의 양끝을 형상화하였으되, 끝을 묶은 것도 있고, 묶지 않은 것도 있지만, 이로써 맨 끝이라는 뜻을 나타내었는데, 이는 '終'자의 초문(初文)이다."라고 자형을 해설하였다.

갑골문에서도 '다하다', '끝나다' 등의 '終'자의 뜻으로 사용되었고. "至……冬日[陰]……雨"(≪庫664≫)

雨(우)					[yǔ]
	(≪鐵32. 3≫)	(≪前4. 9. 6≫)	(≪戩16. 1≫)	(≪乙9067≫)	

羅振玉이 이들 갑골문을 '雨'자로 고석하여[2] 정설이 되었다. 이 '雨'자는 빗방울들이 하늘에서 점점이 떨어지는 모양을 형상화한 자형이다. ≪說文解字≫에는, "雨, 水從雲下也. 一象天, 冂象雲, 水霝其閒也. 𩁹, 古文. : '雨'는 물이 구름에서 떨어진다는 뜻이다. '一'은 하늘을 형상화하였고, '冂'은 구름을 형상화하였는데, 물은 그 사이에서 방울져서 떨어진다. '𩁹'는 '古文'이다."라고 풀이하고 있다.

갑골문에서도 비의 뜻으로 사용되었다. "乙酉卜, 大貞 : 及玆二月有大雨?"(≪前3. 19. 2≫), "其自南來雨"(≪後上32. 6≫)

靁(雷)(뢰)					[léi]
	(≪前3. 19. 3≫)	(≪粹1570≫)	(≪乙529≫)	(≪後下42. 7≫)	

이 글자에 대해서는 于省吾가 '靁'자로 고석하여[3] 학계의 정설이 되었다. ≪說文解字≫에

---

1) 徐中舒 前揭書 ≪甲骨文字典≫ p.1239.

2) 羅振玉 前揭書 ≪增訂殷虛書契考釋≫ 卷中 p.5上.

3) 于省吾 前揭書 ≪殷契騈枝全編≫(≪雙劍誃殷契騈枝三編≫) pp.2~3을 참고.

는, "靁, 黔陽薄動生物者也. 從雨, 畾象回轉形. 𤴐, 籀文靁, 閒有回, 回靁聲也. 𤴐, 古文靁. 𤴐, 古文靁. : '靁'란, 음기(陰氣)와 양기(陽氣)가 서로 접근하여 움직임으로써 생겨나는 뇌우(雷雨)인데, 이 뇌우는 만물이 자생(滋生)하도록 하는 것이다. '雨'와 '畾'를 구성 요소로 하고 있는데, '畾'는 우레가 회전(回轉)하는 모양을 형상화하였다. '𤴐'는 주문(籀文) '靁'자이며, 중간에 '回'자가 있는데, 이 '回'는 우레의 소리를 형상화한 것이다. '𤴐'는 '古文' '靁'자이다. '𤴐'는 '古文' '靁'자이다."라고 풀이하고 있다. 이 '靁'자는 지금은 '雷'로 쓴다.

갑골문에서의 뜻은 다음과 같다.

1. 우레. "貞 : 及今二月雷?"(≪乙529≫), "……乙……雨, 七日壬申雷, 辛巳雨, 壬午亦 [雨]"(≪前3. 19. 3≫)

2. 지명(地名). "……卜, 行[貞] : 夕亡……正月在雷?"(≪粹1570≫)

3. 인명(人名). '雷婦'로 '諸婦'의 이름이다. "癸酉余卜, 貞 : 雷婦有子?"(≪後下42. 7≫)

䨮(雪)(설)	 (≪乙199≫)	 (≪後下1. 13≫)	 (≪京津3115≫)	 (≪乙7311反≫)	[xuě]

이 글자는 '雨'와 '羽'를 구성 요소로 하고 있는데, 趙誠은 이를 '雪'자라고 하면서, "从雨从彗, 象雨雪之形. 從文字構形可知商代人已經把雨和雪看成是同類現像.[1] : '雨'를 구성 요소로 하고, '彗'를 구성 요소로 하고 있는데, 진눈개비의 모양을 형상화하였다. 문자의 자형 결구를 통해서, 商代 사람들은 이미 비[雨]와 눈[雪]을 자연계의 동류 현상으로 간주하였음을 알 수 있다."라고 하였다. 이에 앞서 商承祚도 일찍이 이를 '雪'자로 고석하였다.[2] ≪說文解字≫에는, "䨮, 冰雨, 說物者也. 從雨, 彗聲. : '䨮'은 비가 응결(凝結)한 것으로, 만물이 다 좋아하는 것이다. '雨'를 의부, '彗'를 성부로 구성되었다."라고 풀이하고 있다.

갑골문에서도 눈[雪] 또는 눈이 내리다는 뜻으로 사용되었다. "庚子卜, 雪?"(≪後下1. 13≫), "……卜, 王……甲申……乙雨? 大雪, 寅大啓, 卯大鳳, 自北云."(≪佚388≫), "甲辰卜, 雪?"(≪京津3115≫)

1) 趙誠 前揭書 ≪甲骨文簡明詞典≫ p.189.

2) 商承祚 ≪殷契佚存考釋≫(金陵大學中國文化硏究所 影印本 1933. 南京) 第388片 p.55下를 참고.

雹(박)

				[báo]
(≪乙971≫)	(≪乙2438≫)	(≪簠天91≫)	(≪掇2. 1≫)	

이 글자에 대해 趙誠은 "从雨从, 象下雹子之形. 卜辭記載的雹子和現代的情況差不多 : 一. 和雨有關; 二. 可能造成災禍. …… 字到後代才變成從雨包聲的雹, 爲形聲字.[1] : '雨'를 구성 요소로 하고, '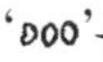'을 구성 요소로 하고 있는데, 이는 우박이 떨어지는 모양을 형상화한 것이다. 갑골복사에 기재된 우박은 현대의 상황과 거의 같다. 첫째는 비[雨]와 관계가 있고; 둘째는 재화(災禍)를 조성할 수 있다는 점이다. …… ''자는 후대에 이르러 비로소 '雨'를 의부, '包'를 성부로 구성된 '雹'자로 변하여, 형성자(形聲字)가 되었다."라고 하였다. ≪說文解字≫에는, "雹, 雨仌也. 從雨, 包聲. , 古文雹如此. : '雹'은 비가 얼은 것 즉 우박이라는 뜻이다. '雨'를 의부, '包'를 성부로 구성되었다. ''(靁)은 '古文'인데, 자형이 이와 같다."라고 풀이하고 있다.

갑골문에서는 우박 또는 우박이 내리다는 뜻으로 쓰였다. "丙午卜, 韋貞 : 生十月雨, 其隹雹? 丙午卜, 韋貞 : 生十月不其隹雹雨?"(≪掇2. 1≫), "丁丑卜, 争貞 : 雨雹, 帝不?"(≪乙2438≫), "……亘貞 : 丁亥易日丙戌雹……?"(≪簠天91≫)

霝(령)

				[líng]
(≪甲806≫)	(≪拾3. 7≫)	(≪後上16. 11≫)	(≪懷238≫)	

위의 갑골문은 '雨'와 '吅'을 구성 요소로 하고 있는데, 여기에 물방울이나 비를 상징하는 점(點)들이 덧붙여진 자형 결구로서, 비가 내리는 모양을 형상화한 것으로 짐작된다. 이 글자에 대해 羅振玉은 아무 해설 없이 '霝'자로 수록하였다.[2] ≪說文解字≫에는, "霝, 雨零也. 從雨, 㗊象霝形. 詩曰 : 霝雨其濛. : '霝'은 비가 조용히 내리다는 뜻이다. '雨'와 '㗊'를 구성 요소로 하고 있는데, '㗊'은 빗방울이 떨어지는 모양을 형상화하였다. ≪詩經 · 豳風 · 東山≫에, 「느리고 가는 비가 흐릿하게 내리네.」라고 하고 있다."라고 풀이하고 있다.

---

1) 趙誠 前揭書 ≪甲骨文簡明詞典≫ p.189.

2) 羅振玉 前揭書 ≪增訂殷虛書契考釋≫ 卷中 p.5下를 참고.

갑골문에서의 뜻은 다음과 같다.

1. 가랑비. "丙午卜, 韋貞 : 生十月不其隹霝雨?"(≪京津1≫)

2. 인명(人名). '霝妃'로 사용되었다. "庚寅卜, 賓貞 : 霝妃亡不若?"(≪續5. 34. 4≫),
   "辛丑卜, 㱿貞 : 霝妃不葬?"(≪後上16. 11≫), "貞 : 御霝妃于龍?"(≪拾3. 7≫)

零(락)
(≪合集24257≫)
[luò]

≪甲骨文編≫에는 위에 예시한 ≪河677≫ 즉 ≪合集24257≫의 ' '자를 '零'자로 수록하고 있는데,[1] 이 글자는 '雨'와 '各'을 구성 요소로 하고 있다. ≪說文解字≫에는, "零, 雨零也. 從雨, 各聲. : '零'은 비가 조용히 내리다는 뜻이다. '雨'를 의부, '各'을 성부로 구성되었다."라고 풀이하고 있다. 段玉裁는 자의(字義) 해설을 "雨零也"라고 한 것을 "雨零也"라고 고쳐 쓰고는, "此下雨本字, 今則落行而零廢矣. : 이 글자['零'자]는 비가 내리다는 뜻을 나타내는 본자(本字)인데, 지금은 '落'자가 통용되고 '零'자는 폐기되었다."라고 주(注)하였다.

갑골문에서는 지명(地名)으로 사용되었다. "在[師]零卜"(≪河677≫)

霖(림)
(≪前4. 9. 8≫)   (≪前4. 47. 2≫)
[lín]

위의 갑골문은 '雨'와 '林'을 구성 요소로 하고 있는데, 羅振玉은 아무 설명 없이 이 글자들을 '霖'자로 수록하였다.[2] ≪說文解字≫에는, "霖, 凡雨三日已往爲霖. 從雨, 林聲. : '霖'은 비가 3일 이상 계속 내리는 것을 '霖'이라고 한다. '雨'를 의부, '林'을 성부로 구성되었다."라고 풀이하고 있다.

갑골문에서는 지명(地名)으로 사용되었다. "王逐霖麛"(≪前4. 47. 2≫)

---

1) 社會科學院考古硏究所 前揭書 ≪甲骨文編≫ p.449.

2) 羅振玉 前揭書 ≪增訂殷虛書契考釋≫ 卷中 p.5上을 참고.

霋(처)				[qī]
	《續4. 20. 12》	《前3. 19. 5》	《英2591》	《合集18192》

위에 예시한 갑골문은 '雨'와 '妻'를 구성 요소로 하고 있는데, 《說文解字》에는, "霋, 霽謂之霋. 從雨, 妻聲. : '霋'는 '霽' 즉 비가 그치는 것을 '霋'라고 일컫는다. '雨'를 의부, '妻'를 성부로 구성되었다."라고 풀이하고 있다. 그러나 徐中舒는 이에 대해, "《說文》 …… 霽訓「雨止」, 而甲骨文別有啓字爲雨止而姓之義, 卜辭辭例中亦未見霋有雨止之義. 《玉篇》 : 「霋, 雲行貌.」雲行爲天陰將雨之狀, 甲骨文霋自辭例觀之, 殆近此義.[1] : 《說文解字》에는 …… '霽'를 「비가 그치다」라고 뜻풀이를 하였는데, 갑골문에는 비가 그치고 날이 개다는 뜻의 '啓'자가 따로 있으며, 갑골복사의 사례(辭例) 중에서도 '霋'자에 비가 그치다는 뜻이 있는 경우가 아직은 보이지 않는다. 한편 《玉篇》에, 「霋는 구름이 움직이는 모양이라는 뜻이다.」라고 하고 있다. 구름이 움직인다는 것은 하늘이 흐리고 비가 올 것이라는 형상인 바, 갑골문의 '霋'자 자체(自體)의 사례(辭例)로 살펴보면, 이런 뜻에 가까운 것 같다."라고 풀이하고 있다.

갑골문에서는 구름이 낀 흐린 날씨라는 뜻으로 쓰였으리라고 짐작된다. "辛丑卜, 貞 : 今夕霋絲……?"(《續4. 20. 2》), "辛卯卜, 貞 : 今日延霋?"(《前3. 19. 5》)

霾(매)				[mái]
	《甲2840》	《前6. 49. 2》	《前7. 11. 3》	《明758》

《甲骨文編》에는 위의 글자들을 '霾'자로 수록하고는, 이 글자의 자형 결구에 대해 , "从貍省聲.[2] : 필획이 생략된 '貍'를 성부(聲符)로 구성되었다."라고 하고 있다. 이는 '雨'를 의부, 필획이 생략된 '貍'를 성부로 구성된 형성자라는 말이다. 이 '霾'자에 대해 《說文解字》에는, "霾, 風而雨土爲霾. 從雨, 貍聲. 詩曰 : 終風且霾. : '霾'는 바람과 함께 흙비가 내리다는 뜻이다. '雨'를 의부, '貍'를 성부로 구성되었다. 《詩經·邶風·終風》에, 「바람도

---

1) 徐中舒 前揭書 《甲骨文字典》 p.1246.

2) 社會科學院考古研究所 前揭書 《甲骨文編》 p.454.

불고 흙비까지 내렸다네.」라고 하고 있다.”라고 풀이하고 있다.

갑골문에서는 바람과 함께 흙비가 내려 하늘이 캄캄한 상태를 뜻하고 있다. “貞：兹雨不隹
霾？ 貞：雨隹霾？”(≪甲2840≫), “……有作……隹霾……”(≪前6. 49. 2≫)

| 雩(우) | (≪前5. 39. 6≫) | (≪英431≫) | (≪乙971≫) | (≪後下13. 9≫) | [yú] |

위의 갑골문은 ‘雨’와 ‘于’를 구성 요소로 하고 있는 ‘雩’자인데, 하늘에 기우제(祈雨祭)를
지내다는 뜻이다. 이 ‘雩’자에 대해 ≪說文解字≫에는, “雩, 夏祭, 樂於赤帝以祈甘雨也.
從雨, 亏聲. 𩂣, 雩或從羽. 雩羽舞也. : ‘雩’는 여름에 지내는 제사인데, 赤帝에게 악무(樂
舞)로써 단비를 기원하는 것이다. ‘雨’를 의부, ‘亏’를 성부로 구성되었다. ‘𩂣’(𩂣)는 ‘雩’의
혹체자로서, ‘羽’를 구성 요소로 하고 있다. ‘雩’는 우모(羽毛)를 들고 추는 춤이다.”라고 풀이
하고 있다.

갑골문에서의 뜻은 다음과 같다.

1. 제명(祭名). “甲申卜, 賓貞：雩丁亡貝？ 貞：雩丁其有貝？”(≪丙61≫)
2. 방국명(方國名). “己卯雩示三屯[岳]”(≪佚161≫), “戊戌雩示九屯”(≪後下13. 9臼≫)

| 雲(운) | (≪粹838≫) | (≪續2. 4. 11≫) | (≪掇2. 455≫) | (≪合集12484≫) | [yún] |

이 갑골문자는 하늘에 있는 구름의 모양을 형상화한 상형자로, ≪說文解字≫에 수록된 ‘雲’
의 ‘古文’과 자형이 같은데, ‘雲’의 본자(本字)이다. ≪說文解字≫에는, “雲, 山川气也. 從雨,
云象雲回轉形. 𠃛, 古文省雨. 𩃉, 亦古文雲. : ‘雲’은 산천의 기운이라는 뜻이다. ‘雨’와 ‘云’을
구성 요소로 하고 있는데, ‘云’은 구름이 회전하는 모양을 형상화한 것이다. ‘𠃛’(云)은 ‘古文’
‘雲’자인데, ‘雨’를 생략하였다. ‘𩃉’도 역시 ‘古文’ ‘雲’자이다.”라고 풀이하고 있다.

갑골문에서는 구름 또는 ‘雲神’ 즉 구름의 신(神)이라는 뜻으로 쓰였다. “……亘貞：兹雲延
雨？”(≪掇2. 445≫), “……柰, 各雲自……延大風自西……”(≪粹838≫), “貞：尞于帝

雲?"(≪續2. 4. 11≫)

魚(어)					[yú]
	≪前4. 55. 7≫	≪後下6. 15≫	≪摭續131≫	≪京津1510≫	

　위에 예시한 갑골문 '魚'자는 물고기의 모양을 형상화한 상형자인데, 머리·지느러미·몸통·꼬리 등의 각 부위를 다 갖추고 있다. 이 '魚'자에 대해 ≪說文解字≫에는, "魚, 水蟲也. 象形. 魚尾與燕尾相似. : '魚'는 물에서 사는 동물이라는 뜻이다. 상형자이다. 소전체(小篆體)에서는 '魚'자의 꼬리 모양과 '燕'자의 꼬리 모양은 서로 비슷하다."라고 풀이하고 있다.

　갑골문에서는 물고기라는 뜻으로 사용되었다. "戊寅, 王狩京魚擒"(≪前1. 29. 4≫), "……狩魚……"(≪京津1510≫), "……王……湄日……魚擒"(≪摭續131≫), "貞：今……其雨在甫魚?"(≪前4. 55. 7≫)

灡(어)					[yú]
	≪前6. 50. 7≫	≪後上28. 11≫	≪後下35. 1≫	≪前5. 45. 4≫	

　갑골문 '漁'자는 기본적으로 '水'와 '魚'를 구성 요소로 하고 있으며, 여기에 간혹 그물이나 낚시줄을 덧붙인 것도 있는데, 이는 물고기를 잡는 모양을 형상화한 것이다. ≪說文解字≫에는, "灡, 捕魚也. 從鱟水. 𣲒, 篆文灡從魚. : '灡'는 물고기를 잡다는 뜻이다. '鱟'와 '水'를 구성 요소로 하고 있다. '𣲒(漁)'는 篆文 '灡'자이며, '魚'를 구성 요소로 하고 있다."라고 풀이하고 있다.

　갑골문에서의 뜻은 다음과 같다.

1. 물고기를 잡다. "壬弜漁其狩"(≪粹656≫), "……其漁……"(≪粹1309≫)

2. 지명(地名). "貞：弗其擒九月在漁?"(≪前5. 45. 4≫)

3. 인명(人名). '子漁'로 쓰였다. "貞：翊乙未乎子漁[侑]于父乙宰?"(≪續1. 29. 1≫), "貞：叀子漁[登]于大示?"(≪後上28. 11≫)

| 燕(연) | (≪前6. 43. 6≫) | (≪合集12523≫) | (≪合集5280≫) | (≪懷389≫) | [yàn] |

갑골문 '燕'자는 제비의 모양을 형상화한 상형자이며, 머리·날개·꼬리 등을 갖추고 있다. ≪說文解字≫에는, "燕, 燕燕, 玄鳥也. 籋口, 布翅, 枝尾, 象形. : '燕'은 '燕燕'으로, 제비라는 뜻인데, 검은 색의 새이다. 족집게 같은 입에, 비단 천과 같은 날개에다 갈라진 모양의 꼬리를 하고 있다. 상형자이다."라고 풀이하고 있다. '燕燕'이라는 말에 대해 段玉裁는, "各本無燕燕二字, 今補. 乙下曰 : 燕燕也. 齊魯謂之乙. : 각 판본에는 '燕燕'이란 두 글자가 없는데, 지금 보충한다. '乙'부(部) '乙'자 아래에, 「燕燕'이다. 齊魯지역에서는 '乙'이라 한다.」라고 하고 있다."라고 주(注)하였다. 이는 漢代에는 제비에 대한 표준어는 '燕燕'이고, '乙'은 齊魯지역의 방언이라는 말이다.

갑골문에서도 제비라는 뜻으로 사용되었다. "擒獲燕十, 豕一, 麋一"(≪存上746≫), "辛巳……王于翊……往逐……燕不……"(≪前6. 44. 7≫), "貞 : 叀吉燕?"(≪前6. 44. 5≫)

| 龍(룡) | (≪甲1632≫) | (≪合集4056≫) | (≪前4. 53. 4≫) | (≪佚219≫) | [lóng] |

갑골문 '龍'자는 머리 부분이 돌출된 용(龍)의 모양을 형상화한 상형자인데, 머리와 몸통과 다리와 꼬리 등이 있는 것으로 짐작되나, 상상(想像)에 의한 전설속의 동물이다. ≪說文解字≫에는, "龍, 鱗蟲之長, 能幽能朙, 能細能巨, 能短能長. 春分而登天, 秋分而潛淵. 從肉, 肎肉飛之形, 童省聲. : '龍'은 비늘이 있는 동물 중의 우두머리이다. 천지(天地)를 어둡게 하거나 밝게 할 수도 있고, 자기의 몸집을 가늘게 하거나 굵게 할 수도 있고, 길게 하거나 짧게 할 수도 있다. 춘분(春分)에 하늘에 올랐다가, 추분(秋分)에 심연(深淵)으로 잠입(潛入)한다. '肉'과 '肎'을 의부로 하고 있는데, '肎'은 고기가 비등(飛騰)하는 모양이며, '里'를 생략한 '童'을 성부로 구성되었다."라고 풀이하고 있다.

갑골문에서의 뜻은 다음과 같다.

1. 용(龍). 신기명(神祇名). "壬寅卜, 賓貞 : 若茲不雨, 帝隹茲邑龍不若? 王固曰 : 帝隹茲邑龍不若."(≪珠620≫)

2. 재난(災難). 화환(禍患). "乙巳卜, 殼貞：有疒身不其龍?"(≪乙4071≫), "……爭貞
   ：婦好龍?"(≪粹1231≫)

3. 방국명(方國名). "貞：勿乎婦妌伐龍方?"(≪續4. 26. 3≫), "貞：及龍方?"(≪存下
   30. 2≫), "王叀龍方伐"(≪乙3797≫)

4. 지명(地名). "乙未卜, 貞：黍在龍圃, [麥]受有年?"(≪前4. 53. 4≫), "……龍田有
   雨"(≪佚219≫)

5. '龍甲' 즉 商 왕실의 선조(先祖)의 시호(謚號)로 사용되었다. "……卜, 殼貞：御婦好于
   龍甲?"(≪戩8. 12≫)

龖(견)   (≪佚386≫)   [jiān]

이 글자는 '龍'과 '幵'으로 구성되어 있는데, 唐蘭이 이를 '龖'자로 고석하였다.[1] ≪說文解
字≫에는, "龖, 龍耆脊上龖龖也. 從龍, 幵聲.：'龖'은 용의 등에 난 굳고 단단한 등갈기이
다. '龍'을 의부, '幵'을 성부로 구성되었다."라고 풀이하고 있다.

갑골문에서의 자의(字義)는 아직 정확하게 밝혀지지 않았다. "……龖……"(≪佚386≫)

非(비)   (≪合集16927≫)   (≪合集34479≫)   (≪合集17963≫)   (≪屯2597≫)   [fēi]

이 글자의 자형 결구가 나타내는 뜻이 무엇인가에 대해서는 아직 명확한 고석이 이루어지지
않은 상태이나, 대부분의 학자들이 '非'자라고 주장하면서, 𢔭(≪續5. 11. 6≫)·𥄂(≪合集
1550≫) 등으로 쓴 글자들을 '非'자의 번체(繁體)로 간주하였다. 그러나 于省吾와 李孝定은
위에 예시한 자형의 글자들만 '非'자로 간주하고, 여기에 두 손을 나타내는 '収'이 덧붙여진
𢔭(≪續5. 11. 6≫)·𥄂(≪合集1550≫) 등의 글자들은 '排'자로 구분하였다.[2] 여기서는

1) 唐蘭 前揭書 ≪殷虛文字記≫ p.34下를 참고.

2) 于省吾 前揭書 ≪殷契駢枝全編≫(≪雙劍誃殷契駢枝三編≫) p.29와 李孝定 上揭書 ≪甲骨文字集釋≫ p.3492
   및 p.3553을 참고.

우선 于省吾와 李孝定의 주장을 따르기로 한다. 제12편의 '排'자에 대한 해설을 참고하기 바란다. ≪說文解字≫에는, "非, 韋也. 從飛下掖, 取其相背也. : '非'는 서로 배치되다는 뜻이다. '飛'자 아랫부분의 날개 모양으로 구성되었는데, 서로 배치되다는 뜻을 취(取)하였다." 라고 하고 있다.

갑골문에서의 뜻은 다음과 같다.

1. 부정사(否定詞). "非禍"(≪存下 444≫), "非隹烄"(≪甲799≫)

2. 방국명(方國名) 또는 지명(地名). "己巳卜, 中貞 : 于方非人皿雨?"(≪明藏166≫)

第 12 篇

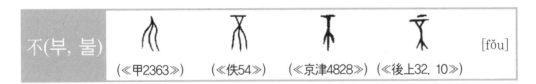

不(부, 불)					[fǒu]
	《甲2363》	《佚54》	《京津4828》	《後上32. 10》	

위에 예시한 갑골문 '不'자는 꽃받침의 모양을 형상화한 상형자라는 것이 학계의 정설이다. 羅振玉은 이에 대해 "象花不形, 花不爲不之本誼[1] : 꽃받침의 모양을 형상화하였으며, 꽃받침이 '不'자의 본의이다."라고 하였다. 그리고 王國維는, "帝者, 蔕也. 不者, 柎也. 古文或作 柎柎, 但象花蕚全形.[2] : '帝'는 '蔕(꽃받침)'의 뜻이다. '不'는 '柎(꽃받침)'의 뜻이다. 고문자(古文字)로는 '柎' 또는 '柎'로 쓰기도 하는데, 이는 꽃받침 전체의 모양을 형상화하였을 뿐이다."라고 하였다.

《說文解字》에는 이 '不'자에 대해, "不, 鳥飛上翔不下來也. 從一, 一猶天也. 象形. : '不'는 새가 위로 날아올라서 빙빙 돌며 내려오지 않다는 뜻이다. '一'을 구성 요소로 하고 있는데, '一'은 하늘과 같은 뜻이다. 상형자이다."라고 풀이하고 있다. 이 '不'자에 대해 徐中舒는, "象花蕚之柎形, 乃柎之本字. …… 卜辭假爲否定詞, 經籍亦然, 用其本義者僅《棠棣》 一見.[3] : 꽃받침의 꽃자루의 모양을 형상화하였으며, 이는 곧 '柎'의 본자(本字)이다. ……

---

1) 羅振玉 前揭書 《增訂殷虛書契考釋》 卷中 p.35下.

2) 王國維 前揭書 《觀堂集林》 卷6 <釋天> p.11上(總283).

3) 徐中舒 前揭書 《甲骨文字典》 p.1268.

갑골복사에서는 가차되어 부정(否定) 부사(副詞)가 되었고, 고대의 경적(經籍)에서도 역시 그러한데, 본의(本義)로 사용된 것은 오로지 ≪詩經·小雅·棠棣≫ 한 곳 뿐이다."라고 하였다.

갑골문에서의 뜻은 다음과 같다.

1. 부정(否定) 부사(副詞). "癸卯卜, 䛙貞：我不其受年?"(≪佚54≫), "貞：不至于商? 五月"(≪前2. 2. 3≫)

2. 문장 끝에 사용하여 의문문(疑問文)을 만든다. "丙戌卜, 貞：自今日至庚寅雨不?"(≪前 3. 19. 1≫)

3. 방국명(方國名). "庚申卜, 王貞：余伐不?"(≪丙1≫), "勿乎從犬于不"(≪乙5803≫)

4. 인명(人名). "貞：子不, 其有疾?"(≪前4. 32. 2≫), "☑午卜, 韋貞：御子不?"(≪續 5. 9. 1≫)

至(지)	(≪甲841≫)	(≪乙7795≫)	(≪前7. 9. 3≫)	(≪佚21≫)	[zhi]

위의 갑골문은 '矢'와 '一'을 구성 요소로 하고 있는데, '一'은 땅을 나타낸다. 羅振玉은 이에 대해 "象矢遠來降至地之形.[1] : 화살이 멀리서 날아와서 땅에 내려 닿는 모양을 형상화 하였다."라고 주장하였다. 이 '至'자에 대해 ≪說文解字≫에는, "至, 鳥飛從高下至地也. 從 一, 一, 猶地也. 象形. 不上去而至下, 來也. 𡊃, 古文至. : '至'는 새가 날아서 높은 곳으로부 터 아래로 지면에 이르다는 뜻이다. '一'을 구성 요소로 하고 있는데, '一'은 땅과 같은 뜻이다. 상형자이다. '不'는 새가 위로 날아 올라가는 것이고, '至'는 아래로 내려오는 것인데, 오다는 뜻이다. '𡊃'(至)는 '古文' '至'자이다."라고 풀이하고 있다.

갑골문에서의 뜻은 다음과 같다.

1. 이르다. 당도하다. "王至喪"(≪京津4607≫) : '喪'은 지명(地名)이다.

2. 개사(介詞) '于' 앞에 쓰여, 어느 시간의 끝점이나 제사 등의 범위를 나타낸다. "丙子卜, 永貞：自今至于庚辰其雨?"(≪續4. 11. 3≫), "己卯卜, 翊庚辰[侑]于大庚至于中丁 一宰?"(≪後下40. 11≫)

---

1) 羅振玉 ≪雪堂金石文字跋尾≫, 李孝定 前揭書 ≪甲骨文字集釋≫ p.3501에서 재인용.

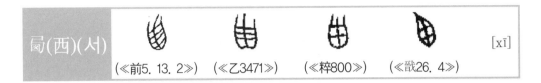

| 閪(西)(서) | (≪前5. 13. 2≫) | (≪乙3471≫) | (≪粹800≫) | (≪戩26. 4≫) | [xī] |

王國維가 위의 글자들을 '西'자로 고석하여[1] 정설이 되었는데, 그는 이 글자를 새둥지의 모양을 형상화한 상형자라고 하였다. ≪說文解字≫에는, "閪, 鳥在巢上也. 象形. 日在閪方 而鳥閪, 故因以爲東閪之閪. 㯞, 閪或從木妻. 卥, 古文閪. 𠧧, 籀文閪. : '閪'는 새가 둥지 위에 깃들다는 뜻이다. 상형자이다. 해가 서쪽으로 이동해 있으니, 새가 둥지에 깃들이는데, 이런 까닭으로 '閪'는 '東閪'의 '閪'를 뜻하게 되었다. '㯞'(棲)는 '閪'의 혹체자이며, '木'과 '妻'를 구성 요소로 하고 있다. '卥'(卤)는 '古文' '閪'자이다. '𠧧'(卤)는 주문(籀文) '閪'자이 다."라고 풀이하고 있다.

갑골문에서의 뜻은 다음과 같다.

1. 방위 명사로서, '서쪽', '서방(西方)'이라는 뜻이다. "來雨自西"(≪粹800≫), "西土受 年, 吉"(≪粹907≫), "己未卜, 其剛羊十于西南?"(≪後上23. 4≫)

2. '西寢'. 궁실(宮室) 이름. "辛丑卜, 于西寢?"(≪京4614≫)

3. '西單'. 지명(地名). "粟[格]雲自北, 西單雷……"(≪前7. 26. 3≫)

| 戶(호) | (≪甲589≫) | (≪後下36. 3≫) | (≪鄴三41. 6≫) | (≪懷1267≫) | [hù] |

≪甲骨文編≫에는 위에 예시한 갑골문자들을 모두 해설 없이 '戶'자로 수록하고 있는데,[2] 이 글자들은 외짝 문(門)의 모양을 형상화하고 있다. 고문자(古文字)에서는, 한 짝으로 된 것은 '戶'라고 하고, 두 짝으로 된 것은 '門'이라고 한다. 이 '戶'자에 대해 ≪說文解字≫에는, "戶, 護也. 半門曰戶. 象形. 屎, 古文户, 從木. : '戶'는 실내(室內)를 보호하다는 뜻이다. '門'의 반(半)을 '戶'라고 한다. 상형자이다. '屎'(屎)는 '古文' '戶'자이며, '木'을 구성 요소로 하고 있다."라고 풀이하고 있다.

1) 王國維 前揭書 ≪觀堂集林≫ 卷6 <釋西> p.12下(總286)를 참고.

2) 社會科學院考古研究所 前揭書 ≪甲骨文編≫ p.464.

갑골문에서의 뜻은 다음과 같다.

1. 외짝 문. 문호(門戶). "己巳卜, 其啓[庭]西戶祝于妣[辛]?"(≪鄴三41. 6≫), "貞: 丁宗戶盛亡口?"(≪後下24. 3≫)

2. 지명(地名)으로 짐작된다. "岳于三戶"(≪後下36. 3≫)

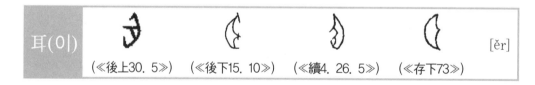

| 門(문) | 門門 (≪甲840≫) | 門門 (≪前4. 15. 6≫) | 門門 (≪前4. 16. 1≫) | 門門 (≪佚468≫) | [mén] |

위의 갑골문은 두 짝으로 이루어진 문(門) 모양을 형상화한 자형이다. 이에 대해 羅振玉은, "象兩扉形, 次象加鍵, 三則上有楣也.[1] : 두 짝의 사립문 모양을 형상화하였으며, 둘째 글자는 걸쇠를 덧붙인 모양을 형상화하였고, 셋째 글자는 위에 문미(門楣)가 있는 모양으로 되어 있다."라고 하였다. 이 '門'자에 대해 ≪說文解字≫에는, "門, 聞也. 從二戶. 象形. : '門'은 안팎으로 서로 듣다는 뜻이다. 두 개의 '戶'를 구성 요소로 하고 있다. 상형자이다."라고 풀이하고 있다.

갑골문에서의 뜻은 다음과 같다.

1. 문(門). "王于宗門逆羌"(≪甲896≫), "于南門日"(≪佚468≫), "于南門"(≪甲840≫), "辛亥卜, 㱿貞 : 于乙門令? 辛亥卜, 㱿貞 : 勿于乙門令?"(≪粹1043甲≫) : '門令'은 '門榜令' 즉 문에 붙여놓은 고시(告示)라는 뜻이다.

2. 지명(地名). "貞 : 叀門田不……?"(≪京津4477≫)

| 耳(이) | (≪後上30. 5≫) | (≪後下15. 10≫) | (≪續4. 26. 5≫) | (≪存下73≫) | [ěr] |

위에 예시한 갑골문 '耳'자는 사람의 귀 모양을 형상화한 상형자이다. 이 '耳'자에 대해 ≪說文解字≫에는, "耳, 主聽者也. 象形. : '耳'는 청각(聽覺)을 주관하는 기관(器官)이라는 뜻이다. 상형자이다."라고 풀이하고 있다.

---

1) 羅振玉 前揭書 ≪增訂殷虛書契考釋≫ 卷中 p.12下.

갑골문에서의 뜻은 다음과 같다.

1. 귀. 청각(聽覺) 기관(器官). "貞：疾耳隹有卡?"(≪珠271≫), "丁丑, 兄示四屯耳"(≪後下15.10≫), "……婦井霝自……卯七, 耳五十"(≪續4. 26. 5≫)：제품(祭品)으로도 사용되었다.

2. 방국명(方國名). "甲子卜, 亞戈耳龍每啓其啓弗每又雨?"(≪後上30. 5≫)

3. '貞人'의 이름. "癸卯卜, 耳貞：其求……?"(≪殷虛卜辭綜述≫圖版22. 5)

4. 인명(人名). "丁丑兄示四屯耳"(≪後下15. 10≫), "癸酉卓示十屯耳"(≪粹508≫)

聖(성)					[shèng]
	(≪明665≫)	(≪英1802≫)	(≪乙5161≫)	(≪乙6533≫)	

≪甲骨文編≫에는 이 갑골문자들을 해설 없이 모두 '聖'자로 수록하고 있다.[1] 이 '聖'자는 '人'과 '耳'와 '口'를 구성 요소로 하고 있는데, 귀와 입을 돌출시킨 사람의 모양을 형상화한 자형으로, 귀로 듣는 청각(聽覺)과 입으로 말하는 것을 드러냄으로써, 사람의 영민(靈敏)함과 재능을 나타낸다. 이 '聖'자에 대해 ≪說文解字≫에는, "聖, 通也. 從耳, 呈聲. ：'聖'은 두 귀가 제대로 잘 통(通)하다는 뜻이다. '耳'를 의부, '呈'을 성부로 구성되었다."라고 풀이하고 있다. 이에 대해 朱駿聲은 "耳順之謂聖.[2] : 듣는 일에 막힘이 없이 잘 통함을 일컬어 '聖'이라고 한다."라고 하였다. 그리고 李孝定은 "聖之初誼爲聽覺官能之敏銳, 故引申訓通. 賢聖之義, 又其引申也. …… 聽聲聖三字同源, 其始當本一字.[3] : '聖'자의 애당초의 뜻은 청각 기능이 예민하다는 것이었고, 그래서 여기서 인신(引伸)하여 통(通)하다는 뜻이 되었다. 성현(聖賢)이라는 자의는 여기에서 다시 인신된 것이다. …… '聽'·'聲'·'聖' 세 글자는 그 자원(字源)이 같으며, 그 시초에는 본래 한 글자였음이 분명하다."라고 하였다.

갑골문에서는 '聽'의 뜻으로 사용된 듯하다. "[有]聖"(≪乙5161≫), "……我亡其聖"(≪乙6533≫)

---

1) 社會科學院考古研究所 前揭書 ≪甲骨文編≫ p.466을 참고.

2) 朱駿聲 ≪說文通訓定聲≫(中華書局 1998. 北京) p.880.

3) 李孝定 前揭書 ≪甲骨文字集釋≫ p.3519.

聽(청)	(≪前6. 54. 6≫)	(≪戩45. 9≫)	(≪乙3396≫)	(≪鐵2. 3≫)	[tīng]

위의 갑골문은 '耳'와 두 개의 '口'를 구성 요소로 하고 있는데, 하나의 '口'를 구성 요소로 하고 있는 것도 상당히 많다. ≪甲骨文編≫에는 이들을 모두 '聑'자로 수록하고는, "从耳从口, 說文所無, 魏石經古文以爲聽字.[1] : '耳'를 구성 요소로 하고, '口'를 구성 요소로 하고 있는데, ≪說文解字≫에는 수록되어 있지 않은 글자이지만, ≪魏石經·古文≫에는 '聽'자로 간주하고 있다."라고 하고 있다. 이에 대해 郭沫若은, "案古聽聲聖乃一字, 其字即作聑. 從口耳會意. 言口有所言, 耳得之而爲聲. 其得聲之動作則爲聽. 聖聲聽均後起之字也.[2] : 살펴보면, 고대에는 '聽'·'聲'·'聖'은 같은 글자였으며, 그 글자는 곧 '聑'으로 썼다고 본다. 이 글자는 '口'와 '耳'를 구성 요소로 하는 회의자(會意字)이다. 이는 '口' 즉 입으로 말하는 바가 있고, '耳' 즉 귀가 이를 받아들여서 '聲' 즉 소리가 된다는 말이다. 이 '聲'을 받아들이는 동작이 바로 '聽'이 되는 것이다. '聖'·'聲'·'聽'은 모두 이의 후기자(後起字)이다."라고 하였다. 이 '聽'자에 대해 ≪說文解字≫에는, "聽, 聆也. 從耳悳, 壬聲. : '聽'은 [소리가 귀에 막힘이 없이 제대로 통하는 것으로] 듣다는 뜻이다. '耳'와 '悳'을 의부, '壬'을 성부로 구성되었다."라고 풀이하고 있다. 한편, '聆'자에 대해 ≪說文解字≫에는, "聽也. 從耳, 令聲. : 듣다는 뜻이다. '耳'를 의부, '令'을 성부로 구성되었다."라고 풀이하고 있다.

갑골문에서의 뜻은 다음과 같다.

1. 듣다. "癸亥卜, 歸其有聽?"(≪鐵2. 3≫), "己未卜, 亘貞 : 王聽不隹禍?"(≪戩45. 9≫), "貞 : 王聽不?"(≪前6. 54. 6≫)

2. 제명(祭名)이라 짐작된다. "丁卯卜, 扶王聽父戊?"(≪乙409≫)

3. 방국명(方國名) 또는 지명(地名). "聽亡其出"(≪乙1263≫), "貞 : 勿伐在聽?"(≪甲3356≫)

4. 인명(人名). "……令聽……系沚"(≪珠279≫)

---

1) 社會科學院考古研究所 前揭書 ≪甲骨文編≫ p.466.

2) 郭沫若 前揭書 ≪卜辭通纂·畋游≫ p.137上.

| 聲(성) | (≪後上7. 10≫) | (≪粹1225≫) | [shēng] |

위에 예시한 ≪粹1225≫의 '聲'자에 대해 趙誠은, "象以殳擊磬, 會聲聞于耳之意, 當是聲之本字. 簡體寫作声.[1] : '殳' 즉 막대로 경쇠를 치는 것을 형상화하였는데, 소리를 귀로 듣는다는 뜻을 함축하였으므로, '聲'자의 본자(本字)임이 틀림없다. 간체(簡體)로는 '声'으로 쓴다."라고 하였다. 이는 '聲'자는 '磬'과 '耳'와 '口'를 구성 요소로 하고 있다는 말이다. 이 '聲'자에 대해 ≪說文解字≫에는, "聲, 音也. 從耳, 殸聲. 殸, 籀文磬. : '聲'은 소리라는 뜻이다. '耳'를 의부, '殸'을 성부로 구성되었다. '殸'은 주문(籀文) '磬'자이다."라고 풀이하고 있다.

갑골문에서의 이 '聲'자의 자의(字義)에 대해서는 아직 명확하게 밝혀지지 않았다. "☑申卜, 聲粟其祷兄辛?"(≪後上7. 10≫), "……貞 : ……口聲口……禍?"(≪粹1225≫)

| 聞(문) | (≪甲1289≫) | (≪前7. 31. 2≫) | (≪餘9. 3≫) | (≪明藏763≫) | [wén] |

위의 갑골문은 '人'과 '耳'를 구성 요소로 하고 있는데, 손과 함께 귀를 돌출시켜서 주의해서 소리를 듣는다는 뜻을 나타내고 있는 자형 결구이다. 唐蘭은 이를 '聞'자의 본자(本字)라고 고석하였다.[2] 이 '聞'자에 대해 ≪說文解字≫에는, "聞, 知聲也. 從耳, 門聲. 𦖫, 古文從昏 : '聞'이란 소리를 알아 듣는다는 뜻이다. '耳'를 의부, '門'을 성부로 구성되었다. '𦖫'(䎽)은 '古文'인데, '昏'을 구성 요소로 하고 있다."라고 풀이하고 있다.

갑골문에서의 뜻은 다음과 같다.

1. 소리를 알아듣다. "庚子卜, 永貞 : 妣己聞?"(≪合227≫), "……貞 : 聞有告?"(≪續5. 10. 7≫), "……月有食聞……八月"(≪甲1289≫)

2. 소식(消息). "貞 : 呂方亡聞"(≪珠345≫), "王占曰 : 其[有]來聞其隹甲不"(≪前7.

1) 趙誠 前揭書 ≪甲骨文簡明詞典≫ p.279.
2) 唐蘭 ≪古文字學導論≫(河洛圖書出版社 1980. 臺北) 下編 p.45下.

31. 2≫)

3. 인명(人名). "貞 : 焂聞有从雨?"(≪續5. 14. 2≫)

聾(롱)
(≪佚234≫)
[lóng]

선사(先師) 金祥恒 교수는 ≪續甲骨文編≫에서 이 글자를 해설 없이 '聾'자로 수록하였다.[1] 이에 대해 李孝定은, "其義雖未詳, 然於文从耳从龍, 當是聾字. 金說可从. 金文聾鼎作祗, 與此同.[2] : 비록 자의(字義)는 정확하게 알 수 없지만, 글자가 '耳'와 '龍'을 구성 요소로 하고 있으므로, '聾'자임이 틀림없다. 金祥恒의 주장은 따를 만하다. 금문(金文)으로는 '祗'(≪聾鼎≫)으로 쓰고 있는데, 자형이 이와 같다."라고 하였다. ≪說文解字≫에는 이 '聾'자에 대해, "聾, 無聞也. 從耳, 龍聲. : '聾'은 알아듣지 못한다는 뜻이다. '耳'를 의부, '龍'을 성부로 구성되었다."라고 풀이하고 있다.

갑골문에서의 뜻은 아직 명확하게 밝혀지지 않았다. "☒丑卜, ……聾……?"(≪佚234≫)

聑(접)
(≪續3. 31. 3≫)
[tiē]

≪甲骨文編≫에는 위의 갑골문을 해설 없이 '聑'자로 수록하고 있는데,[3] 이 글자는 두 개의 귀가 서로 등지고 있는 모양을 형상화한 자형 결구이다. 이 '聑'자에 대해 ≪說文解字≫에는, "聑, 安也. 從二耳. : '聑'은 온당하고 편안하다는 뜻이다. 두 개의 '耳'를 구성 요소로 하고 있다."라고 풀이하고 있다. 이에 대해 段玉裁는, "會意. 二耳之在人首, 帖妥之至者也. 凡帖妥當作此字. 帖, 其叚借字也. : 회의자이다. 사람의 머리에 두 귀가 있는 것은, 타당의 극치라는 뜻이다. 무릇 '帖妥'의 '帖'자는 이 글자로 써야 한다. '帖'은 이 글자의 가차자(假借字)이다."라고 하였다. 그리고 徐中舒는, "以左右二耳竝列之形會全神貫注而審聽之意.

---

1) 金祥恒 前揭書 ≪續甲骨文編≫ 卷12 p.5下.

2) 李孝定 前揭書 ≪甲骨文字集釋≫ p.3537.

3) 中國社會科學院考古硏究所 前揭書 ≪甲骨文編≫ p.466.

…… 雙耳審聽多出現於環境安靜無聲狀態之中, 訓安乃引伸義.[1] : 좌우의 두 귀를 병렬한 형태로써 온 정신을 기울여서 자세히 듣는다는 뜻을 나타내고 있다. …… 두 귀로 자세히 듣는 일은 대부분 환경이 편안하고 조용하며 소리가 없는 상태에서 나타나기 때문에, 편안하다는 뜻으로 풀이하였으며, 이는 인신의(引伸義)이다.”라고 하였다.

갑골문에서는 지명(地名)으로 사용되었다. “……在珊……”(≪續3. 31. 3≫)

| 排(배) | (≪前7. 10. 3≫) | (≪佚374≫) | (≪續5. 11. 6≫) | (≪合集1550≫) [pái] |

이 글자의 자형 결구가 나타내는 뜻이 무엇인가에 대해서는 아직 명확한 고석이 이루어지지 않은 상태이나, 대부분의 학자들이 ‘’(≪合集16927≫)·‘’(≪合集34479≫) 등을 ‘非’의 본자(本字)라고 주장하면서, 위에 예시한 글자들은 ‘非’자의 번체(繁體)로 간주하였다. 그러나 于省吾와 李孝定은 위에 예시한 글자들을 따로 분리하여 ‘排’자라고 주장하였는데,[2] 여기서는 우선 이들 두 사람의 주장을 따르기로 하며, 제11편의 ‘非’자에 대한 해설을 참고하기 바란다. 이 ‘排’자에 대해 ≪說文解字≫에는, “排, 擠也. 從手, 非聲. : ‘排’는 손으로 물체를 밀어서 간격을 벌려 놓다는 뜻이다. ‘手’를 의부, ‘非’를 성부로 구성되었다.”라고 풀이하고 있다.

갑골문에서의 뜻은 다음과 같다.

1. 부정사(否定詞) ‘非’ 또는 ‘匪’의 뜻으로 사용되었다. “丁丑貞 : 旬又祟, 排禍?”(≪粹 1262≫), “癸酉貞 : 日月有食, 排若?”(≪佚374≫)

2. 지명(地名) 또는 방국명(方國名). “乙丑卜, 㱿 ……在排豕獲?”(≪續5. 11. 6≫), “……卜, 在卯貞 : ……王步……排亡災?”(≪前2. 10. 4≫) “乙丑貞 : 今日王步自東 于排?”(≪撫續164≫), “癸未卜, 旬亡禍排?”(≪京津4758≫)

---

1) 徐中舒 前揭書 ≪甲骨文字典≫ p.1292.

2) 于省吾 前揭書 ≪殷契駢枝全編≫(≪雙劍誃殷契駢枝三編≫) p.29와 李孝定 前揭書 ≪甲骨文字集釋≫ p.3553을 참고.

扶(부)	[fú]

（≪後下19. 4≫）

李孝定은 이 글자에 대해, "契文象二人相扶肸之形. 古文大天夫均象人形, 偏旁中每得通用, 篆文又省一人形而存其手, 易天爲夫, 遂作扶耳.[1] : 갑골문 '扶'자는 두 사람이 서로 돕는 모양을 형상화하였다. 고문자(古文字)에서 '大'·'天'·'夫' 세 글자는 모두 사람의 모양을 형상화한 것으로, 편방(偏旁)으로는 늘 서로 통용되는데, 소전체(小篆體)에서는 또한 사람의 모양 하나를 생략하고 그 손만 남겨 두었고, '天'은 '夫'로 바꾸어서 마침내 '扶'로 썼을 뿐이다."라고 하여, 이를 '扶'자로 고석하였다. ≪說文解字≫에는 이 '扶'자에 대해, "扶, 左也. 從手, 夫聲. 㩇, 古文扶. : '扶'는 돕다는 뜻이다. '手'를 의부, '夫'를 성부로 구성되었다. '㩇'(扙)는 '古文' '扶'자이다."라고 풀이하고 있다.

갑골문에서의 뜻은 다음과 같다.

1. '貞人'의 이름. "甲申卜, 扶貞 : 侑父乙一牛用? 八月"（≪佚599≫）
2. 자의(字義) 불분명. "戊子其☒叀扶用, 十月"（≪後下19. 4≫）

摯(지)				[zhi]
（≪前6. 29. 5≫）	（≪明藏621≫）	（≪甲427≫）	（≪京津4141≫）	

위의 갑골문은 '幸'과 '人'과 '又'를 구성 요소로 하고 있다. 이에 대해 孫海波는, "此象罪人被執以手抑之之形.[2] : 이 글자는 죄인이 잡혀서 손으로 억제당하는 모양을 형상화한 것이다."라고 하였다. 그리고 李孝定은, "契文象睾人被桎梏以手執之之形, 許訓握持, 乃引申誼.[3] : 갑골문은 죄인이 차꼬와 수갑에 채여 손이 묶인 모양을 형상화하였는데, 許慎이 이를 '握持' 즉 '꽉 움켜쥐다'라고 뜻풀이를 한 것은 곧 이의 인신의(引伸義)이다."라고 설명하였다. ≪說文解字≫에는, "摯, 握持也. 從手執. : '摯'는 손으로 꽉 움켜잡다는 뜻이다. '手'와

---

1) 李孝定 上揭書 ≪甲骨文字集釋≫ p.3555.
2) 孫海波 前揭書 ≪甲骨文編≫ 卷12 p.4下.
3) 李孝定 上揭書 ≪甲骨文字集釋≫ p.3563.

'埶'을 구성 요소로 하고 있다."라고 풀이하고 있다.

그런데 위에 예시한 갑골문에서는 '𦥑'(≪前5. 36. 4≫) · '𦥑'(≪甲1268≫) 등의 글자는 '摯'자에서 '又' 즉 손을 생략한 '執'자이므로, 이를 통해 '執'과 '摯' 두 글자는 자원(字源)이 동일함을 알 수 있다. 제10편의 '執'자에 대한 해설을 참고하기 바란다.

갑골문에서의 뜻은 다음과 같다.

1. 죄인을 잡다. "丁酉卜, 古貞 : 兄摯☒戔?"(≪前6. 29. 5≫)
2. 인명(人名). "𢎗摯乎歸克卿王事"(≪甲427≫)

搏(박)		[bó]
	(≪甲2341≫)	

이 글자는 '甫'와 '手'로 구성되어 있는데, ≪甲骨文編≫에는 이 글자를 '搏'자로 수록하고, "卜辭用尃爲搏.[1] : 갑골문에서는 '尃'자를 '搏'자의 뜻으로 쓰고 있다."라고 하고 있다. 금문(金文)으로는 '搏'(≪多友鼎≫)으로 쓰는데, 이는 갑골문 '尃'자에 '干'이 덧붙여져 있는 자형이다. '搏'자에 대해 ≪說文解字≫에는, "搏, 索持也. 從手, 尃聲. 一曰至也. : '搏'이란 수색하여 붙잡다는 뜻이다. '手'를 의부, '尃'를 성부로 구성되었다. 일설에는 이르다는 뜻이라고도 한다."라고 풀이하고 있다. 이 글자의 자의(字義) 해설에 대해 段玉裁는, "索, 各本作索, 今正. 入室搜曰索. 索持謂摸索而持之. …… 又按搏擊與索取無二義. 凡搏擊者, 未有不乘其虛怯, 扼其要害者. : '索'을 각 판본에서는 '索'으로 쓰고 있는데, 지금 바로 잡는다. 실내로 들어가서 수색하는 것을 '索'이라고 한다. '索持'는 찾아서 붙잡는 것을 일컫는다. …… 다시 살펴보면, '搏擊'은 '索取'와 뜻이 다르지 않다. 무릇 '搏擊'이란, 상대의 허겁(虛怯)함을 틈타지 않고서는 해치려는 자를 잡을 수가 없는 것이다."라고 주(注)하였다.

갑골문에서는 인명(人名)으로 사용되었다. "癸亥卜, 搏往?"(≪甲2341≫)

---

1) 社會科學院考古研究所 前揭書 ≪甲骨文編≫ p.467.

| 撣(탄) | (≪甲2433≫) | (≪甲2772≫) | [dǎn] |

위에 예시한 갑골문 '撣'자는 '單'과 '手'를 구성 요소로 하고 있는데, 수렵(狩獵) 도구를 손에 들고 있는 모양을 형상화한 자형이다. 이 '撣'자에 대해 ≪說文解字≫에는, "撣, 提持也. 從手, 單聲. 讀若行遲驒驒. : '撣'은 높이 들어 올려 잡다라는 뜻이다. '手'를 의부, '單'을 성부로 구성되었다. 독음은 '行遲驒驒'의 '驒'자처럼 읽는다."라고 풀이하고 있다.

갑골문에서는 지명(地名)으로 사용되었다. "戊辰卜, 豆貞 : 有來[執]自撣今日其[延]于祖丁?"(≪甲2772≫), "……[執]自撣……"(≪甲2433≫)

| 掔(견) | (≪前7. 3. 2≫) | (≪拾8. 5≫) | (≪林1. 21. 1≫) | (≪河119≫) | [qiān] |

葉玉森은 위의 갑골문에 대해, "史記楚世家 : 肉袒掔羊. 掔與牽同. 卜辭从臣; 臣, 俘虜也. 从二又, 象兩手引臣, 即牽之本誼. 掔牽爲古今文.[1] : ≪史記·楚世家≫의 '肉袒掔羊'이라는 말 중의 '掔'은 '牽'과 뜻이 같다. 갑골복사에서의 이 글자는 '臣'을 구성 요소로 하고 있는데, 이 '臣'은 포로(捕虜)라는 뜻이다. 두 개의 '又'를 구성 요소로 하고 있는데, 두 손으로 '臣'을 끄는 것을 형상화한 자형이며, 이것이 바로 '牽'의 본의(本義)이다. '掔'과 '牽'은 고·금문(古今文)의 관계이다."라고 하였다. 이는 이 글자의 자형 결구를 '臣'과 '二又'로 구성된 것으로 본 것이다. 그리고 ≪甲骨文編≫에는 위에 예시한 글자들을 모두 '掔'자로 수록하고, "象兩手引目之形.[2] : 두 손으로 눈을 당기는 모양을 형상화하였다."라고 하고 있는데, 이는 이 글자의 자형을 '目'과 두 손으로 구성된 것으로 보고, 두 손으로 눈을 서로 반대 방향으로 비틀다는 뜻을 나타낸다고 말한 것이다.

≪說文解字≫에는, "掔, 固也. 從手, 臤聲. 讀若詩赤舃掔掔. : '掔'은 견고(堅固)하다는 뜻이다. '手'를 의부, '臤'을 성부로 구성되었다. 독음은 ≪詩經·豳風·狼跋≫의 '赤舃掔掔'

---

1) 葉玉森 前揭書 ≪殷虛書契前編集釋≫ 卷2 p.51下.
2) 社會科學院考古硏究所 前揭書 ≪甲骨文編≫ p.468.

의 '掔'자처럼 읽는다."라고 풀이하고 있다. 이런 자의(字義) 해설에 대해 段玉裁는, "掔之言
堅也, 緊也, 謂手持之固也. 或假借爲牽. : '掔'은 '堅' 즉 단단하다는 뜻이고, 또 '緊' 즉
굳다는 뜻이라고 한 것인데, 이는 손으로 단단히 잡는 것을 일컫는다. 혹은 '牽'자의 뜻으로
가차되기도 한다."라고 주(注)하였다.

갑골문에서의 뜻은 다음과 같다.

1. 지명(地名). "辛卯卜, 王在[師]掔卜……?"(≪河225≫), "丁丑卜, 求于掔雨?"(≪河
   119≫), "在掔"(≪林1. 21. 1≫)

2. 인명(人名). "壬戌卜, 爭貞 : 迄命掔田于先侯? 十月"(≪前2. 28. 2≫), "癸……貞
   : 命掔……侯……? 十二月"(≪前6. 14. 6≫), "乙酉卜, 爭貞 : 共衆人乎从掔古王
   事?"(≪前7. 3. 2≫)

扔(잉)   [réng]

(≪前8. 6. 1≫)

李孝定은 ≪甲骨文字集釋≫에서 위의 갑골문자를 '扔'자로 수록하고, 王襄이 이를
'扔'자로 고석하였다고 소개하면서, "此从又乃聲, 王說可从.[1] : 이 글자는 '又'를 의부,
'乃'를 성부로 구성되었는데, 王襄의 주장이 따를 만하다."라고 하였다. ≪說文解字≫에
는, "扔, 捆也. 從手, 乃聲. : '扔'은 옛것을 답습하다는 뜻이다. '手'를 의부, '乃'를 성부로
구성되었다."라고 풀이하고 있다. 이에 대해 段玉裁는, "捆, 各本作因, 今正. 扔與仍音義
同. : '捆'을 각 판본에서는 '因'으로 썼는데, 지금 바로 잡는다. '扔'은 '仍'과 자음(字音)
과 자의가 같다."라고 주(注)하였다.

갑골문에서의 뜻은 아직 정확하게 밝혀지지 않았다. "癸未[卜], 扶命羊妣丙扔[有]崇友?"
(≪前8. 6. 1≫)

1) 李孝定 上揭書 ≪甲骨文字集釋≫ p.3573.

| 扡(타) | (≪甲2284≫) | (≪甲2985反≫) | (≪前6. 51. 4≫) | (≪前6. 67. 2≫) | [tuō] |

위의 갑골문은 '手'와 뱀의 형상(形狀)의 것으로 구성되어 있는데, 이 글자에 대해 王襄은, "古扡字.[1] : '扡'의 고자(古字)이다."라고 하였다. 그리고 屈萬里는, "象拖蛇之狀, 隸定之則作𢭃, 當是扡字.[2] : 뱀을 끄는 모양을 형상화하였는데, 잠정적으로 '𢭃'로 예정(隸定)하여 쓰기로 하였는데, '扡'자가 분명하다."라고 하였다. 이들에 의하면, 이 글자의 본의는 뱀을 잡다는 뜻이며, 여기에서 인신(引伸)되어서 '견인하다'·'끌다' 등의 뜻을 나타내게 되었다. ≪說文解字≫에는, "扡, 曳也. 從手, 它聲. : '扡'는 끌다는 뜻이다. '手'를 의부, '它'를 성부로 구성되었다."라고 풀이하고 있다. 이에 대해 段玉裁는, "曳之義略同𢭤. : '曳'자의 자의(字義)는 '𢭤'자와 대략 같다."라고 주(注)하였다. 그런데 이 '扡'자는 지금은 대부분 '拖'로 쓴다.

갑골문에서는 인명(人名)으로 사용된 것으로 짐작된다. "……勿命……比扡."(≪前6. 51. 4≫)

| 掤(붕) | (≪金741≫) | (≪乙213≫) | (≪乙372≫) | (≪乙493≫) | [bīng] |

≪甲骨文編≫에는 아무런 해설도 없이 위의 갑골문자들을 '掤'자로 수록하고 있는데,[3] 이 글자는 '手'와 '朋'을 구성 요소로 하고 있다. ≪說文解字≫에는 이 '掤'자에 대해, "掤, 所㠯覆矢也. 從手, 朋聲. 詩曰 : 抑釋掤忌. : '掤'은 화살 통을 덮는 데 사용하는 기구이다. '手'를 의부, '朋'을 성부로 구성되었다. ≪詩經·鄭風·大叔于田≫에 「전통(箭筒)의 뚜껑을 벗기네.」라고 하고 있다."라고 풀이하고 있다. 여기에서 인용된 ≪詩經≫의 '抑釋掤忌'라는 시구(詩句) 중의 '掤'자에 대해 高亨은, "掤, 箭筒的蓋子.[4] : '掤'은 화살 통의 뚜껑이라는

---

1) 王襄 前揭書 ≪簠室殷契類纂≫ <正編> 12卷 p.53下.
2) 屈萬里 前揭書 ≪殷虛文字甲編考釋≫ p.288.
3) 社會科學院考古研究所 前揭書 ≪甲骨文編≫ p.468을 참고.
4) 高亨 ≪詩經今注≫(上海古籍出版社 1987. 上海) p.111.

뜻이다.”라고 주(注)하였다.

갑골문에서는 사냥 구역의 지명(地名)으로 사용되었다. “辛丑卜, 狩柵?”(≪綴合367≫)

扝(우)		[yū]
	(≪後上15. 4≫)	

위의 갑골문은 ‘手’와 ‘于’를 구성 요소로 하고 있는데, 李孝定은 이 글자를 ‘扝’자로 수록하면서 ≪說文解字≫의 ‘扝’자에 대한 해설을 인용하고는, “契文同. 原辭漫漶, 不詳其義.[1] : 갑골문도 이와 같다. 원래의 갑골복사가 너무 희미하여 그 뜻을 알 수가 없다.”라고 하였다. ≪說文解字≫에는, “扝, 指摩也. 從手, 亏聲. : ‘扝’는 지휘하다는 뜻이다. ‘手’를 의부, ‘亏’을 성부로 구성되었다.”라고 풀이하고 있다.

갑골문에서의 뜻은 아직 분명하게 밝혀지지 않았다. “王其田兕☒扝河”(≪後上15. 4≫)

女(녀)				[nǚ]
(≪前8. 9. 2≫)	(≪甲2426≫)	(≪乙298≫)	(≪餘10. 1≫)	

위에 예시한 갑골문자는 여자가 무릎을 꿇고 앉은 모양을 측면에서 본 형상이며, 두 손을 교차하여 어떤 일을 하고 있다는 뜻을 나타내고 있다. 이 글자들을 羅振玉은 ≪增訂殷虛書契考釋≫에서 아무 해설 없이 ‘女’자로 수록하였는데,[2] ≪說文解字≫에는 이 ‘女’자에 대해, “女, 婦人也. 象形. 王育說. : ‘女’는 부인(婦人)이라는 뜻이다. 상형자이다. 이는 王育의 주장이다.”라고 풀이하고 있다. 이런 자의(字義) 해설에 대해 段玉裁는, “渾言之, 女亦婦人. : 통틀어 얘기하면, ‘女’ 역시 부인(婦人)이라는 뜻이다.”라고 주(注)하였다. 갑골복사에서는 ‘女’와 ‘母’는 통용되는데, 뒤에 나오는 ‘母’자에 대한 해설을 참고하기 바란다.

갑골문에서의 뜻은 다음과 같다.

1. 여자 노비(奴婢). “☒午卜, 㲃[貞] : 御帚于……奴女二?”(≪前5. 29. 5≫), “戊辰卜, 又艮妣己一女, 妣庚一女?”(≪粹720≫)

---

1) 李孝定 上揭書 ≪甲骨文字集釋≫ p.3581.

2) 羅振玉 上揭書 ≪增訂殷虛書契考釋≫ 卷中 p.23上.

2. '母'와 통용되어 신기(神祇)의 이름에 사용되었다. "乙酉卜, 㱿貞 : 尞于東女九牛?"
   (≪續1. 53. 2≫) : '東女'는 '東母'를 지칭한다.

3. '母'의 뜻으로 사용되어 商 왕실의 선왕(先王)의 배우자를 지칭한다. "☒辰貞 : 其求生
   祖丁女妣己?"(≪後上26. 6≫), "……大甲女妣辛……"(≪粹182≫)

姓(성)				[xing]
	(≪佚445≫)	(≪前6. 28. 2≫)	(≪前6. 28. 3≫)	

이 갑골문은 자형이 '女'와 '生'을 구성 요소로 하고 있는 것으로 보아, '姓'자임을 알 수
있다. 이 '姓'자에 대해 ≪說文解字≫에는, "姓, 人所生也. 古之神聖人, 母感天而生子,
故偁天子, 因生㠯爲姓. 從女生, 生亦聲. 春秋傳曰 : 天子因生㠯賜姓. : '姓'은 사람이
출생한 자신의 가족의 성(姓)이라는 뜻이다. 고대의 신성(神聖)한 성인(聖人)들은, 그들의
모친이 하늘을 감동하게 하여 아들을 낳게 된 것이므로, '天子'라고 칭하였고, 출생의 유래에
따라 성(姓)을 정하였다. '女'와 '生'을 구성 요소로 하고 있는데, '生'은 또한 성부(聲符)이기도
하다. ≪春秋左氏傳≫ 隱公 8년 조(條)에, 「천자(天子)는 출생의 유래에 의거하여 제후에게
성(姓)을 부여하였다.」라고 하고 있다."라고 풀이하고 있다. 이에 대해 徐灝는, "姓之本義謂
生, 故古通作生. 其後因生以賜姓, 遂爲姓氏字.[1] : '姓'자의 본의는 '生'이라고 말한 것인데,
이 때문에 고대에는 '生'으로 통용하여 썼다. 그 후에 출생의 유래에 따라 성(姓)을 하사하게
되면서 드디어 성씨(姓氏)를 의미하는 글자가 되었다."라고 설명하였다.

갑골문에서의 뜻은 아직 명확하게 밝혀지지 않았다. "……姓……"(≪前6. 28. 3≫),
"……姓娩不其[嘉]月"(≪佚445≫)

姜(강)					[jiāng]
	(≪甲182≫)	(≪乙5405反≫)	(≪明藏247≫)	(≪河303≫)	

이 글자는 '女'와 '羊'을 구성 요소로 하고 있는데, 王襄이 이를 "古姜字.[2] : 고대의 '姜'자이

---

1) 徐灝 ≪說文解字注箋≫, 丁福保 前揭書 ≪說文解字詁林正補合編≫ 第10冊 p.10-5에서 재인용.

2) 王襄 前揭書 ≪簠室殷契類纂≫ <正編> 12卷 p.54上.

다.”라고 고석하였다. 그리고 趙誠은, “姜, 象女子頭上有羊角之形, 指從羌族俘虜來的女俘.[1] : ‘姜’자는, 여자의 머리에 양의 뿔이 있는 모양을 형상화하였는데, 이는 羌族에게서 포로로 사로잡혀 온 여자 포로를 가리킨다.”라고 하였다. ≪說文解字≫에는, “姜, 神農尻姜水, 因曰爲姓. 從女, 羊聲. : ‘姜’은 神農氏가 姜水 유역에 살았으므로, ‘姜’을 성(姓)으로 하였다. ‘女’를 의부, ‘羊’을 성부로 구성되었다.”라고 풀이하고 있다. 고대에는 ‘羌’자와 통용되기도 하였는데, 제4편의 ‘羌’자에 대한 해설을 참고하기 바란다.

갑골문에서의 뜻은 다음과 같다.

1. ‘羌’자와 통용. 강족(羌族). “帝于小乙三姜”(≪河303≫), “己未卜, 王[侑]兄廿姜?” (≪甲182≫) : 제사의 희생(犧牲)으로 사용되었다.

2. 방국명(方國名). ‘姜方’. “己未卜, 王[有]兄伐姜?”(≪甲182≫)

3. 인명(人名). ‘諸婦’의 이름. “……婦姜……”(≪乙6585反≫)

| 姬(희) | (≪合集33291≫) | (≪京都2584≫) | (≪前1. 35. 6≫) | (≪粹386≫) | [jī] |

위의 갑골문은 ‘女’와 ‘臣’를 구성 요소로 하고 있는데, 이 글자에 대해 李孝定은, “契文从 𦍋, 與从女同, 从臣. 于氏釋姬, 可从.[2] : 갑골문에서 ‘𦍋’를 구성 요소로 한 것은 ‘女’를 구성 요소로 한 것과 같으며, 또 ‘臣’를 구성 요소로 하고 있다. 이를 于省吾는 ‘姬’자로 고석하였는데, 따를 만하다.”이라고 하였다. 이 ‘姬’자에 대해 ≪說文解字≫에는, “姬, 黃帝尻姬水, 因水爲姓. 從女, 臣聲. : ‘姬’는 黃帝가 姬水 주변에 거주했던 까닭으로 그 강 이름 ‘姬’를 성(姓)으로 삼았다. ‘女’를 의부, ‘臣’를 성부로 구성되었다.”라고 풀이하고 있다.

갑골문에서는 제명(祭名)으로 사용되었다. “庚子卜, 貞 : 王賓妣庚姬亡尤?”(≪京都2584≫), “……姬妣庚……篡二……二牢”(≪前1. 35. 6≫), “……其侑姬于妣辛”(≪粹386≫)

---

1) 趙誠 前揭書 ≪甲骨文簡明字典≫ p.164.
2) 李孝定 前揭書 ≪甲骨文字集釋≫ p.3594.

娶(취)		[qǔ]
	(≪菁7. 1≫)	

선사(先師) 金祥恒 교수는 ≪續甲骨文編≫에서 이 글자를 해설 없이 '娶'자로 수록하였는데,[1] 이 글자는 분명히 '女'와 '取'를 구성 요소로 하고 있으며, ≪說文解字≫의 소전(小篆)의 자형도 이와 같다. ≪說文解字≫에는, "娶, 取婦也. 從女, 取聲. : '娶'는 아내를 맞아들이다는 뜻이다. '女'를 의부, '取'를 성부로 구성되었다."라고 풀이하고 있다. 이에 대해 段玉裁는, "取彼之女爲我之婦也. 經典多假取爲娶. : 다른 사람의 여식을 취(取)하여 나의 아내로 삼다는 뜻이다. 경전에서는 대부분 '取'를 '娶'의 뜻으로 가차하였다."라고 주(注)하였다.

갑골문에서는 '諸婦'의 이름으로 사용되었다. "甲辰卜, 爭貞 : 娶娩?"(≪菁7. 1≫)

妻(처)		[qī]
	(≪前5. 17. 5≫)　(≪菁3. 1≫)　(≪乙1916≫)　(≪後下23. 9≫)	

위의 갑골문은 장발(長髮)의 여재[女]와 손[又]으로 구성되어 있는데, 葉玉森이 이를 '妻'자로 고석하여[2] 정설이 되었다. 이에 대해 李孝定은, "契文與篆文全同. 許云从屮者, 乃髮形之訛變, 盖象以手束髮. 或加筓之形, 女已及筓, 可爲人妻之意也. 羅氏釋敏, 於卜辭辭例, 皆不可通.[3] : 갑골문의 자형은 소전체(小篆體)와 완전히 같다. 許愼이 '屮'을 구성 요소로 하였다고 한 것은 아마도 머리 모양에 대한 와변일 것이며, 손으로 머리를 묶는 모양을 형상화한 것이다. 혹시는 비녀를 꽂는 모양일 것 같은데, 여자가 비녀를 꽂을 나이가 되었다는 것은 남의 아내가 될 수 있을 정도가 되었음을 뜻하기 때문이다. 羅振玉이 이 글자를 '敏'자로 고석한 것은 복사의 사례(辭例)들에 비춰볼 때 모두 통(通)하지 않는다."라고 설명하였다.

≪說文解字≫에는, "妻, 婦與己齊者也. 從女從屮從又. 又, 持事, 妻職也. 屮聲. 𡡓, 古

---

1) 金祥恒 前揭書 ≪續甲骨文編≫ 卷12 p.7下.
2) 葉玉森 前揭書 ≪殷虛書契前編集釋≫ 卷5 p.19上을 참고.
3) 李孝定 前揭書 ≪甲骨文字集釋≫ p.3600.

文妻, 從省女. 肖, 古文賢字. : '妻'는 부인으로, 자기 자신 즉 남편과 동등한 사람이라는 뜻이다. '女'와 '屮'과 '又'를 구성요소로 하고 있다. '又'는 일을 손에 쥐고 있음을 뜻하는데, 이는 아내의 직분이라는 뜻이다. '屮'을 성부(聲符)로 구성되었다. '𡜐'(妛)는 '古文' '妻'자이며, '肖'와 '女'를 구성 요소로 하고 있다. '肖'는 '古文' '賢'자이다."라고 풀이하고 있다.

갑골문에서의 뜻은 다음과 같다.

1. 배우자. 처(妻). "示壬妻妣庚"(≪丙205≫), "丁丑卜, 賓貞 : 子雉其御王于丁妻二妣己壴羊三𣆪羌十?"(≪佚181≫)

2. 날씨가 개다. '霽'와 통용. "癸巳卜, 爭貞 : 日若兹妻隹年禍? 三月"(≪前5. 17. 5≫)

3. 방국명(方國名). "王⿴囗日 : 有希其有來艱气至九日辛卯允有來艱, 自北奴妻姤告日 : 土方侵我田十人"(≪菁3. 1≫)

| 婦(부) | ≪甲668≫ | ≪乙8713≫ | ≪燕723≫ | ≪京津2027≫ | [fù] |

이 갑골문은 '女'와 '帚'를 구성 요소로 하고 있는 '婦'자인데, ≪甲668≫의 '𣚊'자에 대해 ≪甲骨文編≫에는 "卜辭用帚爲婦.[1] : 갑골복사에서는 '帚'자를 '婦'자의 뜻으로 쓰고 있다."라고 하고 있다. 고대에 집안에서 비를 들고 청소하는 사람이 대부분 여자인 까닭에 이 '婦'자가 '帚'를 구성 요소로 하고 있는 것이다. ≪說文解字≫에는, "婦, 服也. 從女持帚, 灑掃也. : '婦'는 가사(家事)를 담당한다는 뜻이다. 여자가 비를 들고 있는 모양으로 구성되었으며, 깨끗이 청소한다는 뜻을 나타낸다."라고 풀이하고 있다. 이에 대해 唐蘭은, "當作從女帚聲, 帚之孳乳字也. …… 婦者, 殆今王之配與.[2] : (≪說文解字≫의 '婦'자의 자형 해설은) '从女帚聲'이라고 써야 하며, 이는 '帚'자에서 자생(滋生)된 글자이다. …… (갑골복사에서의) '婦'란 아마 말하는 그 당시의 商王의 배우자인 것 같다."라고 하였다.

갑골문에서의 뜻은 다음과 같다.

1. 아내. 부인(婦人). (남자의) 배우자. '王婦'로 사용되었다. "……王婦……"(≪京津2027≫)

---

1) 社會科學院考古研究所 前揭書 ≪甲骨文編≫ p.470.

2) 唐蘭 前揭書 ≪殷虛文字記≫ p.20下.

2. '婦好'로 쓰여 '武丁'의 배우자를 지칭한다. "己亥卜, 辛丑甌婦好祀?"(≪甲668≫),
"婦好伐……土方"(≪庫237≫)

妃(비)					[fēi]
	(≪前4. 24. 4≫)	(≪續5. 34. 4≫)	(≪後上16. 11≫)	(≪拾3. 7≫)	

예시된 글자들 모두 '女'와 '巳'로 구성되어 있는데, 羅振玉이 이를 '妃'자로 고석하여[1]
정설이 되었다. ≪說文解字≫에는, "妃, 匹也. 從女己. : '妃'는 배필(配匹)이라는 뜻이다.
'女'와 '己'를 구성 요소로 하고 있다."라고 풀이하고 있다. 이에 대해 段玉裁는, "人之配偶亦
曰匹. 妃, 本上下通稱, 後人以爲貴稱耳. …… 各本下有聲字, 今刪. 此會意字, 以女儷己
也. : 일반 사람의 배우도 역시 '匹'이라고 한다. '妃'는 본래 신분의 상하(上下) 모두에 대한
통칭이었는데, 후인(後人)들이 존귀한 사람에게 쓰는 칭호라고 여겼을 뿐이다. …… 각 판본
에는 ('己'자) 아래에 '聲'자가 있는데, 지금 삭제한다. 이 글자는 회의자(會意字)로, 여자를
내 짝으로 삼는다는 뜻이다."라고 주(注)하였다.

이 '妃'자에 대해 徐中舒는, "從女從巳. 羅振玉謂此殆妃匹之本字(≪增訂殷虛書契考釋
中≫). 按羅說可從. 妣所從之𢀒, 乃祀之本字, 非戊己之己.[2] : '女'와 '巳'를 구성 요소로
하고 있다. 羅振玉은 ≪增訂殷虛書契考釋中≫에서, 이 글자는 '妃匹'의 '妃'의 본자(本字)일
것이라고 하였다. 살펴보면, 羅振玉의 주장이 따를 만하다고 여겨진다. 갑골문 '妣'의 구성
요소인 '𢀒'는 '祀'의 본자(本字)이지, 결코 '戊己'의 '己'자가 아니다."라고 해설하였다.

갑골문에서는 '諸婦'의 인명(人名) '霝(零)妃'로 사용되었다. "辛丑卜, 殼貞 : [霝]妃不
囚?"(≪前4. 24. 3≫), "庚寅卜, 賓貞 : [霝]妃亡不若?"(≪續5. 34. 4≫), "……霝妃不
囚"(≪後上16. 11≫), "貞 : 御[霝]妃于龍?"(≪拾3. 7≫)

---

1) 羅振玉 上揭書 ≪增訂殷虛書契考釋≫ 卷中 p.22下를 참고.
2) 徐中舒 前揭書 ≪甲骨文字典≫ p.1305.

妊(임)					[rèn]
	《前8. 14. 3》	《乙1329》	《乙5269》	《陳101》	

위의 갑골문은 '女'와 '壬'을 구성 요소로 하고 있는데, 商承祚가 이를 '妊'자로 고석하여[1] 정설이 되었다. 《說文解字》에는, "妊, 孕也. 從女壬, 壬亦聲. : '妊'은 잉태(孕胎)하다는 뜻이다. '女'와 '壬'을 구성 요소로 하고 있으며, '壬'은 또한 성부이기도 하다."라고 풀이하고 있다.

갑골문에서는 '諸婦'의 이름 '婦妊'으로 사용되었다. "☐子卜, 貞 : 婦妊?"(《陳101》), "叀帚御婦妊妣壬"(《前8. 14. 3》), "丙辰乎婦妊"(《乙1329》)

母(모)					[mǔ]
	《甲230》	《鐵127. 1》	《明藏255》	《燕607》	

위의 갑골문 '母'자는 '女'자에 유방을 돌출시킨 모양으로 구성되어 있는데, 가끔 유방을 돌출시키는 대신 성숙한 여인의 모습으로 대체한 것도 있다. 이런 자형은 자식에게 젖을 먹일 수 있는 여인의 모양을 형상화한 것이다. 《說文解字》에는, "母, 牧也. 從女, 象褱子形. 一曰象乳子也. : '母'는 자식을 먹여 키우다는 뜻이다. '女'를 구성 요소로 하고 있는데, 자식을 품에 안고 있는 모양을 형상화하였다. 일설에는, 자식에게 젖을 먹이는 모양을 형상화한 것이라고도 한다."라고 풀이하고 있다. 갑골문에서는 '母'자와 '女'자의 자형이 구별되지 않는 경우도 있는데, 이런 경우는 앞뒤의 문맥으로 구분할 수밖에 없다. 본편(本篇) 앞쪽의 '女'자에 대한 해설을 참조하기 바란다.

갑골문에서의 뜻은 다음과 같다.

1. 모친(母親). 어머니. "辛丑卜, 殼貞 : 兄于母庚?"(《鐵127. 1》)

2. 商 왕실 선왕(先王)의 배우자(配偶者). "☐辰貞 : 其求生于祖丁母妣己?"(《後上26. 6》)

---

1) 商承祚 前揭書 《殷虛文字類編》 12卷 p.3下를 참고.

| 妣(비) | (≪甲355≫) | (≪後下36. 6≫) | (≪乙5075≫) | (≪後上17. 6≫) | [bǐ] |

　　≪說文解字≫에는 ‘妣’자에 대해, “妣, 殁母也. 從女比聲. �, 籒文妣省. : ‘妣’는 돌아가신 모친이라는 뜻이다. ‘女’를 의부, ‘比’를 성부로 구성되었다. ‘𠥘’(妣)는 주문(籒文) ‘妣’자인데, 필획(筆劃)이 생략되었다.”라고 풀이하고 있다. 段玉裁는 이에 대해, “殁, 正作歾, 終也. 曲禮曰 : 生曰父, 曰母, 曰妻. 死曰考, 曰妣, 曰嬪. : ‘殁’은 정자(正字)로는 ‘歾’로 쓰며, 죽다는 뜻이다. ≪禮記ㆍ曲禮≫에는, 「살아계실 때는 각각 ‘父’ㆍ‘母’ㆍ‘妻’라고 일컫고, 돌아가시고 나면 ‘考’ㆍ‘妣’ㆍ‘嬪’이라고 일컫는다.」라고 하고 있다.”라고 주(注)하였다. 그런데 갑골문에서는 ‘匕’ 또는 ‘比’자를 ‘妣’의 뜻으로 사용하고 있으므로, 여기에서의 ‘妣’자에 대한 해설은 제8편의 ‘匕’자와 ‘比’자에 대한 해설로 대신한다.

| 妹(매) | (≪前4. 25. 5≫) | (≪戩35. 8≫) | (≪京都1882≫) | (≪英2592≫) | [mèi] |

　　위의 갑골문은 ‘女’와 ‘未’를 구성 요소로 하고 있는데, 羅振玉은 이에 대해, “妹从女, 此从母者, 古文母與女通用.[1] : ‘妹’자는 ‘女’로 구성되어 있는데, 이 갑골문이 ‘母’로 구성되어 있는 것은, 고문자(古文字)에서는 ‘母’자와 ‘女’자는 통용되었기 때문이다.”라고 하였다. ≪說文解字≫에는, “妹, 女弟也. 從女, 未聲. : ‘妹’는 여동생이라는 뜻이다. ‘女’를 의부, ‘未’를 성부로 구성되었다.”라고 풀이하고 있다.

　　갑골문에서의 뜻은 다음과 같다.

1. ‘昧’와 통용. ‘昧爽’ 즉 하늘이 막 밝아지기 전(前)의 때. “……妹其雪”(≪粹818≫), “妹雪”(≪續4. 24. 13≫)

2. 지명(地名). “王其田妹, 湄日不吉”(≪甲2073≫)

3. 인명(人名). ‘諸婦’의 이름. “乙未, 婦妹示屯争”(≪戩35. 8≫)

1) 羅振玉 上揭書 ≪增訂殷虛書契考釋≫ 卷中 p.23上.

姪(질)					[zhí]
	(≪合集18055≫)	(≪前4. 26. 5≫)	(≪前4. 26. 6≫)	(≪續4. 28. 2≫)	

≪甲骨文編≫에는 위의 갑골문자를 아무런 해설 없이 '姪'자로 수록하고 있는데,1) 이 글자는 '女'와 '至'를 구성 요소로 하고 있다. '姪'자에 대해 ≪說文解字≫에는, "姪, 女子謂兄弟之子也. 從女, 至聲. : '姪'은 여자가 남자 형제의 자식을 일컫는 말이다. '女'를 의부, '至'를 성부로 구성되었다."라고 풀이하고 있다. 이에 대해 段玉裁는, "各本作兄之女也, 不完, 今依爾雅正. 釋親曰 : 女子謂晜弟之子爲姪. : 각 판본에는 '兄之女也'라고 하고 있는데, 완벽하지 못하여, 지금 ≪爾雅≫에 의거하여 바로 잡는다. ≪爾雅·釋親≫에는, 「여자가 남자 형제의 자식을 일컬어 '姪'이라고 한다.」이라고 하고 있다."라고 하였다. 그리고 朱駿聲은, "受姪稱者, 男女皆可通, 而稱人姪者, 必婦人也.2) : '姪'이라고 불리는 사람은 남녀 모두에게 해당될 수 있으나, '姪'이라고 부르는 사람은 반드시 여자여야 한다."라고 하였다.

갑골문에서는 '諸婦'의 이름으로 사용되었다. "己亥卜, 王余弗其子[婦]姪子?"(≪前1. 25. 3≫), "……壬……婦姪[嘉]七月"(≪續4. 28. 2≫)

姼(치)	𦦨	𦦨	𦥑	𦥑	[chǐ]
	(≪乙8877≫)	(≪乙8896≫)	(≪合集22322≫)	(≪合集22324≫)	

위의 갑골문 '姼'자는 '女'와 '多'를 구성 요소로 하고 있는 것이 ≪說文解字≫의 소전체(小篆體)의 자형과 꼭 같다. ≪說文解字≫에는, "姼, 美女也. 從女, 多聲. 𡛥, 姼或從氏. : '姼'는 미녀(美女)라는 뜻이다. '女'를 의부, '多'를 성부로 구성되었다. '𡛥'(妭)는 '姼'의 혹체자이며, '氏'를 구성 요소로 하고 있다."라고 풀이하고 있다.

갑골문에서는 '諸婦'의 이름으로 사용되었다. "癸亥卜, 婦姼亡禍?"(≪乙8877≫), "癸丑卜, 婦姼在老?"(≪乙8896≫)

---

1) 社會科學院考古研究所 前揭書 ≪甲骨文編≫ p.473을 참고.

2) 朱駿聲 前揭書 ≪說文通訓定聲≫ p.620.

嫨(혜)				[xī]
	《前1. 3. 4》	《乙1283》	《後下33. 9》	

이 갑골문 '嫨'자는 자형 결구가 기본적으로 '奚'자와 같고, 번체(繁體)의 경우에 '女'가 덧붙여졌다. 갑골복사에서는 '奚'자를 '嫨'자의 뜻으로 사용하고 있는데, 제10편의 '奚'자에 대한 해설을 참조하기 바란다. ≪說文解字≫에는, "嫨, 女隷也. 從女, 奚聲. : '嫨'는 여자 하인이라는 뜻이다. '女'를 의부, '奚'를 성부로 구성되었다."라고 풀이하고 있다. 이에 대해 段玉裁는, "周禮作奚, 假借字也. …… 鄭曰 : 奚, 女奴也. : ≪周禮≫에는 '奚'로 쓰고 있는데, 가차자이다. …… 鄭玄은, 「'奚'는 여자 노비라는 뜻이다.」라고 하였다."라고 주(注)하였다.

갑골문에서는 여자 노비라는 뜻으로 사용되었고, 제사의 희생으로 쓰이기도 하였다. "丁卯卜, 賓貞 : 嫨羌白用于丁?"(≪後下33. 9≫), "貞 : 小女矢嫨?"(≪前1. 3. 4≫)

婢(비)	𤰔	𤰔	𤰔	[bì]
	《寧滬1. 231》	《京津5080》	《續1. 25. 2》	

위의 갑골문은 '女'와 '卑'를 구성 요소로 하고 있는데, 이 글자의 자형 결구는 '婢'자의 소전체(小篆體)와 비슷하다. ≪說文解字≫에는, "婢, 女之卑者也. 從女卑, 卑亦聲. : '婢'는 신분이 비천한 여자라는 뜻이다. '女'와 '卑'를 구성 요소로 하고 있으며, '卑'는 또한 성부이기도 하다."라고 풀이하고 있다. 이에 대해 段玉裁는, "婢爲賤人也. 而曲禮 : 自世婦以下, 自稱曰婢子. : '婢'는 신분이 비천한 사람이다. ≪禮記·曲禮≫에, 「'世婦'부터 그 아래는 스스로를 '婢子'라고 칭한다.」라고 하고 있다."라고 주(注)하였다.

갑골문에서도 비천한 신분의 여자라는 뜻으로 사용되었고, 제사의 희생으로 쓰이기도 하였다. "己卯卜, 貞 : 王賓祖乙奭妣己姬婢二人, 歲二人, 卯二牢, 亡尤?"(≪京津5080≫)

娀(융)	孹 (≪前2. 11. 3≫)				[sōng]

이 글자는 '女'와 '戎'을 구성 요소로 하고 있는데, 商承祚가 이를 '娀'자로 고석하였다.1)
≪說文解字≫에는, "娀, 帝高辛之妃, 偰母號也. 從女, 戎聲. 詩曰 : 有娀方將. : '娀'은
帝嚳 高辛氏의 배비(配妃)이며, 偰의 모친에 대한 명호(名號)이다. '女'를 의부, '戎'을 성부
로 구성되었다. ≪詩經・商頌・長發≫에, 「有娀氏의 나라가 막 광대(廣大)해지기 시작하는
때로다.」라고 하고 있다."라고 풀이하고 있다. 이에 대해 段玉裁는, "湯之先祖有娀氏女簡
狄, 配高辛氏帝, 帝率與之祈於郊禖而生契. …… 按, 有娀, 諸家說爲國名. …… 長發傳曰
: 有娀, 契母也. : 湯임금의 선조(先祖)인 有娀氏의 딸 簡狄은 帝嚳 高辛氏의 배비(配妃)가
되었으며, 帝嚳이 그와 함께 교외에서 매제(禖祭)를 지내며 기구(祈求)하여 契를 낳았다.
…… 살펴보면, '有娀'은 여러 학자들이 나라 이름이라고 주장하였다. …… ≪詩經・商頌・長
發≫에 대해 ≪毛傳≫에서는 「有娀은 契의 모친이다.」라고 한 것 같다."라고 주(注)하였다.
　갑골문에서는 '諸婦'의 이름으로 사용되었다. "☑辰王卜, 在兮……[婦]娀[毓]娀[嘉]……?
[王]占曰 : 吉. 在三月."(≪前2. 11. 3≫)

娥(아)	萫 (≪鐵98. 4≫)	萫 (≪戩17. 16≫)	萫 (≪續3. 48. 3≫)	萫 (≪乙8896≫)	[é]

위의 갑골문자는 '女'와 '我'를 구성 요소로 하고 있는데, 羅振玉이 이를 '娥'자로 고석하여2)
정설이 되었다. ≪說文解字≫에는, "娥, 帝堯之女, 舜妻娥皇字也. 從女, 我聲. 秦晉謂好曰
娙娥. : '娥'는 堯임금의 딸이며, 舜임금의 처(妻) 娥皇의 별명(別名)이다. '女'를 의부, '我'를
성부로 구성되었다. 秦나라와 晉나라 지역에서는 아름답다는 말을 '娙娥'라고 한다."라고 풀이
하고 있다.
　갑골문에서의 뜻은 다음과 같다.

---

1) 商承祚 前揭書 ≪殷虛文字類編≫ 12卷 p.4下를 참고.
2) 羅振玉 上揭書 ≪增訂殷虛書契考釋≫ 卷中 p.22下를 참고.

1. 신기(神祇)의 이름. "癸未卜, 殼貞 : 漁侑御于娥……月?"(≪續3. 48. 3≫), "貞 : 娥弗蚩王?"(≪乙5313≫), "貞 : 于娥告?"(≪佚890≫)

2. 인명(人名). "己酉卜, 王占娥㞢允其于一月……?"(≪續5. 7. 5≫)

娿(아)					[ē]
	(≪合集1336臼≫)	(≪甲2685≫)	(≪京都1092A≫)	(≪簠典49≫)	

唐蘭은 이 글자에 대해, "疑當釋妸卽娿字.[1] : (이 갑골문은) '妸' 즉 '娿'자로 해석하여야 한다고 생각된다."라고 하여, 정설이 되었다. 이 '娿'자에 대해 ≪說文解字≫에는, "娿, 女字 也. 從女, 可聲. 讀若阿. : '娿'는 여자의 자(字)[2]이다. '女'를 의부, '可'를 성부로 구성되었 다. 독음은 '阿'자처럼 읽는다."라고 풀이하고 있는데, 이 '娿'자는 '婀'와 통용된다.

갑골문에서는 '諸婦'의 이름으로 사용되었다. "戊寅婦娿示一屯岳"(≪京都1092≫), "戊婦 娿示三屯"(≪簠典49≫)

妷(의)		[yī]
	(≪前3. 24. 4≫)	

이 갑골문은 '女'와 '衣'를 구성 요소로 하고 있는데, 王襄은 이에 대해, "古妷字.[3] : 고대의 '妷'자이다."라고 하여, '妷'자로 고석하였다. ≪說文解字≫에는, "妷, 女字也. 從女, 衣聲. 讀若衣. : '妷'는 여자의 자(字)이다. '女'를 의부, '衣'를 성부로 구성되었다. 독음은 '衣'자처 럼 읽는다."라고 풀이하고 있다.

갑골문에서의 뜻은 아직 명확하게 밝혀지지 않았다. "庚戌卜, 貞 : 帝其降莫一妷?"(≪前 3. 24. 4≫)

---

1) 唐蘭 ≪天壤閣甲骨文存並考釋≫, 李孝定 前揭書 ≪甲骨文字集釋≫ p.3641에서 재인용.

2) 남녀 구분 없이 본명(本名)을 대신하는 이름이다.

3) 王襄 前揭書 ≪簠室殷契類纂·正編≫ 卷12 p.54下.

| 媚(미) | (≪菁3. 1≫) | (≪前6. 28. 6≫) | (≪存下 302≫) | (≪佚706≫) | [mèi] |

李孝定은 ≪甲骨文字集釋≫에서 위의 글자들을 모두 '媚'자로 수록하고는, "竊謂此爲會意兼形聲之字. 女之美莫如目, 故契文特于女首著一大目, 又并其眉而象之, 契文象形.[1] : 내 생각에는 이 글자는 회의(會意) 겸(兼) 형성자(形聲字)로 여겨진다. 여자의 아름다움은 눈 만한 것이 없으므로, 갑골문에서는 특별히 여자의 머리에 커다란 눈 하나와 그 눈썹을 구비하여 이를 형상화하였는데, 갑골문은 상형자이다."라고 하였다. 이에 의하면 이 '媚'자는 '女'와 '眉'를 구성 요소로 하고 있고, 본의는 눈과 눈썹이 깔끔하고 빼어난 여자라는 뜻임을 알 수 있다. ≪說文解字≫에는, "媚, 說也. 從女, 眉聲. : '媚'는 애모(愛慕)하다는 뜻이다. '女'를 의부, '眉'를 성부로 구성되었다."라고 풀이하고 있다. 이에 대해 段玉裁는, "說今悅字也. : '說'은 지금의 '悅'자이다."라고 주(注)하였다.

갑골문에서의 뜻은 다음과 같다.

1. 방국명(方國名)으로 짐작된다. "貞 : [有]伐☒媚?"(≪乙5849≫)
2. 인명(人名). "丁未卜, 貞 : 媚侑于丁?"(≪存下 302≫), "翊己酉☒媚[有]"(≪前6. 28. 6≫), "隹媚"(≪佚706≫)

| 好(호) | (≪鐵31. 1≫) | (≪粹1229≫) | (≪續4. 29. 3≫) | (≪林2. 10. 17≫) | [hǎo] |

위의 갑골문은 '女'와 '子'를 구성 요소로 하고 있는데, 羅振玉이 이를 '好'자로 고석하여[2] 정설이 되었다. ≪說文解字≫에는, "好, 媄也. 從女子. : '好'는 아름답다는 뜻이다. '女'와 '子'를 구성 요소로 하고 있다."라고 풀이하고 있다. 이에 대해 段玉裁는, "好, 本謂女子, 引申爲凡美之稱. : '好'는 본래 여자에 대해 말한 것인데, 인신(引伸)되어 아름다움에 대한 범칭(凡稱)이 되었다."라고 주(注)하였다.

---

1) 李孝定 前揭書 ≪甲骨文字集釋≫ p.3645.
2) 羅振玉 前揭書 ≪增訂殷虛書契考釋≫ 卷中 p.73上을 참고.

갑골문에서는 인명(人名)으로, 武丁의 배우(配偶) '婦好'를 지칭한다. "丁酉卜, 賓貞：婦好娩[嘉]?"(≪續4. 29. 3≫), "乙酉卜, 殼貞：勿乎婦好先于龐共人?"(≪粹1229≫), "婦好伐……土方"(≪庫237≫)

笂(??)				[??]
(≪菁2. 1≫)	(≪粹1491≫)	(≪乙105≫)	(≪後下35. 2≫)	

商承祚·朱芳圃 등의 학자들은 위에 예시된 글자들을 '姍'자로 고석하였으나,[1] 李孝定은, "从女从⺮, ⺮乃竹字, …… 隸定作笂, 說文所無.[2] : '女'와 '⺮'을 구성 요소로 하고 있는데, '⺮'은 '竹'자이므로, …… 잠정적으로 '笂'으로 쓰기로 하는데, ≪說文解字≫에는 수록되어 있지 않다."라고 하였다. 그리고 趙誠은, "从女竹聲, 帚笂之私名.[3] : '女'를 의부, '竹'을 성부로 구성되었으며, '婦笂'이라는 개인의 이름이다."라고 하였다.

갑골문에서는 '婦笂'·'妻笂' 등의 여자의 인명(人名)으로 사용되었다. "……妻笂告曰：土方牧我田十人."(≪菁3. 1≫), "……己婦笂示五屯小㝬"(≪粹1491≫)

委(위)			[wěi]
(≪乙4770≫)	(≪乙4869≫)	(≪合集18051≫)	

≪甲骨文編≫에는 위에 예시한 갑골문자들을 모두 해설 없이 '委'자로 수록하고 있는데,[4] 이 글자는 '女'와 '禾'를 구성 요소로 하고 있다. 이 '委'자에 대해 ≪說文解字≫에는, "委, 隨也. 從女禾聲 : '委'는 구불구불하다는 뜻이고, 따르다는 뜻이다. '女'를 의부, '禾'를 성부로 구성되었다."라고 풀이하고 있다.

갑골문에서는 지명(地名)으로 사용되었다. "貞：不其啓委?"(≪乙4770≫)

---

1) 商承祚 前揭書 ≪殷虛文字類編≫ 12卷 p.5上과 朱芳圃 ≪甲骨學文字編≫(臺灣商務印書館 1983. 臺北) 12卷 p.5上을 참고.

2) 李孝定 前揭書 ≪甲骨文字集釋≫ p.3703.

3) 趙誠 前揭書 ≪甲骨文簡明詞典≫ p.49.

4) 中國社會科學院考古研究所 前揭書 ≪甲骨文編≫ p.476을 참고.

| 姃(정) | (≪戩35. 4≫) | (≪後上31. 10≫) | (≪鐵198. 4≫) | (≪後下37. 1≫) | [jing] |

위에 예시한 갑골문은 '女'와 '井'을 구성 요소로 하고 있는데, 羅振玉이 이를 '姃'자로 고석하여[1] 정설이 되었다. ≪說文解字≫에는, "姃, 靜也. 從女, 井聲. : '姃'은 정결(貞潔)하다는 뜻이다. '女'을 의부, '井'을 성부로 구성되었다."라고 풀이하고 있다.

갑골문에서는 '諸婦'의 이름 '婦姃'으로 사용되었다. "壬午卜, 爭貞 : 婦姃娩[嘉]?"(≪續1. 53. 1≫), "甲寅卜, 古貞 : 婦姃受黍年?"(≪後上31. 10≫)

| 如(여) | (≪前5. 30. 3≫) | (≪鐵72. 4≫) | (≪庫544≫) | (≪掇2. 64反≫) | [rú] |

이 갑골문은 '女'와 '口'를 구성 요소로 하고 있는데, 李孝定은 이 글자에 대해 , "契文作上出諸形, 自羅釋𡥩爲如, 學者从之. …… 字象一人面縛而臨之以口, 乃訊之初字.[2] : 갑골문으로는 위에 제시한 여러 자형으로 쓰는데, 羅振玉이 ≪鐵163. 1≫의 '𡥩'를 '如'자로 고석하였고, 학자들이 이 주장을 따르고 있다. …… 자형은 한 사람이 얼굴을 동여맨 채 '口'로써 이에 대응하는 것을 형상화하였는데, 이는 곧 '訊'자의 초문(初文)이다."라고 하였다. 제3편의 '訊'자에 대한 해설을 참조하기 바란다.

이 '如'자에 대해 ≪說文解字≫에는, "如, 從隨也. 從女, 從口. : '如'는 따르다는 뜻이다. '女'를 구성 요소로 하고, '口'를 구성 요소로 하고 있다."라고 풀이하고 있다. 이에 대해 段玉裁는, "從隨即隨從也. 隨從必以口. 從女者, 女子從人者也. : '從隨'란 바로 '隨從'이라는 말이다. 수종(隨從)하는 일은 반드시 '口' 즉 입으로 하게 된다. '女'를 구성 요소로 하고 있는 것은, 여자는 다른 사람을 따라야 하는 사람이기 때문이다."라고 주(注)하였다.

갑골문에서의 뜻은 다음과 같다.

---

1) 羅振玉 上揭書 ≪增訂殷虛書契考釋≫ 卷中 p.23上을 참고.

2) 李孝定 前揭書 ≪甲骨文字集釋≫ p.3659.

1. 수종(隨從)하다는 뜻으로 사용된 것으로 짐작된다. "戊申卜, 貞 : 王其如?"(≪鐵72. 4≫), "其如若……禍"(≪庫544≫)

2. '貞人'의 이름. "壬申卜, 如[貞] : 又[勻]伐高妣己?"(≪粹398≫)

3. 인명(人名). '諸婦'의 이름. "……婦如示四……"(≪掇2. 64反≫)

| 姝(착) | ≪拾9. 3≫ | ≪拾9. 4≫ | ≪京津2014≫ | ≪明2119≫ | [chuò] |

위의 글자들은 '女'와 '束'을 구성 요소로 하고 있는데, ≪甲骨文編≫에는 이들을 해설 없이 '姝'자로 수록하고 있다.[1] 이 '姝'자에 대해 ≪說文解字≫에는, "姝, 謹也. 從女, 束聲. 讀若謹敕數數. : '姝'은 근신(謹愼)하다는 뜻이다. '女'를 의부, '束'을 성부로 구성되었다. 독음은 '謹敕數數'의 '數'[cù]자처럼 읽는다."라고 풀이하고 있다. 이에 대해서 段玉裁는, "謹者, 愼也. 按, 史記申屠嘉傳 : 姝姝廉謹. 說者多云姝即姝字. …… 錢氏大昕云 : 數數 即姝姝. : '謹'이란 삼가다는 뜻이다. 살펴보건대, ≪史記 · 申屠嘉傳≫에, '姝姝廉謹'이라 고 했는데, 이에 대한 해설에서 많은 이들이 '姝'은 곧 '姝'자라고 하였다. …… 錢大昕은, 「數數'은 곧 (≪史記≫에서 말한) '姝姝'이다.」라고 하였다."라고 주(注)하였다.

갑골문에서는 '諸婦'의 이름인 '婦姝'으로 사용되었다. "貞 : 婦姝[嘉]?"(≪京津2014≫), "☑申[卜], 貞 : 婦姝娩?"(≪拾9. 3≫), "☑午卜, ……婦姝子不囚?"(≪拾9. 4≫) : '囚'는 '死'자의 뜻이다.

| 嬪(빈) | ≪菁3. 1≫ | ≪前7. 27. 4≫ | ≪京津150≫ | ≪乙7521反≫ | [pín] |

위의 갑골문은 '宀'과 '女' 그리고 '止'를 구성 요소로 하고 있는데, 간혹 '女'를 '人'으로 대체하거나 '止'를 생략한 것도 있다. 羅振玉이 이를 '嬪'자로 고석하여[2] 정설이 되었다. '止'는 발을 나타내는데, 이는 앞으로 나아가서 영접한다는 의미이다. 따라서 이 글자는 실내에

---

1) 中國社會科學院考古研究所 前揭書 ≪甲骨文編≫ p.477을 참고.

2) 羅振玉 上揭書 ≪增訂殷虛書契考釋≫ 卷中 p.21上을 참고.

서 손님을 영접하는 것을 형상화한 자형 결구이다. 제6편의 '賓'자에 대한 해설을 참조하기
바란다.

≪說文解字≫에는, "嬪, 服也. 從女, 賓聲. : '嬪'은 남자를 모시는 부인이라는 뜻이다.
'女'를 의부, '賓'을 성부로 구성되었다."라고 풀이하고 있다. 이에 대해 段玉裁는, "大雅曰
：摯仲女任, 自彼殷商, 來嫁于周, 曰嬪于京. 傳曰：嬪, 婦也. 按, 婦者, 服也. 故釋嬪亦曰
服也. : ≪詩經·大雅·大明≫에 이르기를,「摯國의 둘째 여식 太任은 저쪽 殷商에서 周로
시집왔는데, 이를 경성(京城)에서 모셨다고 한다네.」라고 하고 있다. 이에 대해 ≪毛詩傳≫에
는,「嬪은 '婦'자의 뜻이다.」라고 하고 있다. 살펴보면, (≪說文解字≫에) '婦'는 '服'자의
뜻이라고 하고 있으므로, '嬪'도 역시 '服'자의 뜻이라고 해석한 것이다."라고 주(注)하였다.
이 '嬪'자에 대해 徐中舒는, "甲骨文賓·儐·嬪一字.[1] : 갑골문의 '賓'·'儐'·'嬪'은 같은
글자이다."라고 해설하였다.

갑골문에서는 제명(祭名)으로 사용되었다. "乙亥卜, 賓貞：王嬪歲亡𢀰?"(≪前7. 20.
2≫), "乙未允王嬪……婦井"(≪乙7521反≫), "☒寅卜, 章貞：嬪婦好? 貞：弗其嬪婦
好?"(≪前7. 27. 4≫) : 이는 '婦好'가 '嬪祭'의 대상(對象)인 것이다.

| 晏(안) | (≪前8. 2. 1≫) | (≪乙3201≫) | [yàn] |

이 갑골문은 '日'과 '女'를 구성 요소로 하고 있는데, 이는 소전체(小篆體)의 자형과 같다.
董作賓이 이 글자를 '晏'자로 고석하여[2] 정설이 되었다. 이 '晏'자에 대해 ≪說文解字≫에는,
"晏, 安也. 從女從日. 詩曰：曰晏父母. : '晏'은 편안하다는 뜻이다. '女'를 구성 요소로
하고, '日'을 구성 요소로 하고 있다. ≪詩經≫에,「부모님의 마음을 편하게 하네.」라고 하고
있다."라고 풀이하고 있다. 이에 대해서, 段玉裁는, "安者, 竫也. 今經傳無晏字. : '安'은
안정하다는 뜻이다. 지금의 경전(經傳)에는 '晏'자가 없다."라고 주(注)하였다.

갑골문에서의 뜻은 다음과 같다.

1. 방국명(方國名)으로 짐작된다. "晏其來"(≪乙5305≫)

---

1) 徐中舒 前揭書 ≪甲骨文字典≫ p.1316.
2) 董作賓 前揭書 ≪董作賓先生全集≫ 甲編 第二冊 ≪帚矛說--骨臼刻辭研究≫ p.641을 참고.

2. '諸婦'의 이름. "己巳卜, 貞 : 婦晏有子隹……?"(≪前8. 2. 1≫), "乙酉卜, ☑貞 : 命晏……?"(≪乙3201≫)

侑(유)
(≪甲396≫)
[yòu]

이 글자는 오른손의 모양을 형상화한 '又'자인데, 李孝定은 ≪甲骨文字集釋≫에서 이를 '侑'자로 수록하고는, "卜辭助祭之義字作又, 或作坐, 又字重文.[1] : 갑골복사에서 제사를 돕는다는 뜻의 글자는 '又'로 쓰며, 간혹 '坐'로 쓰기도 하는데, 이는 '又'자의 이체자이다."이라고 하였다. 이 '侑'자에 대해 ≪說文解字≫에는, "侑, 耦也. 從女, 有聲. 讀若祐. 𠊎, 侑或從人. : '侑'는 서로 돕는 짝이라는 뜻이다. '女'를 의부, '有'를 성부로 구성되었다. 독음은 '祐'자처럼 읽는다. '𠊎'(侑)는 '侑'의 혹체자이며, '人'을 구성 요소로 하고 있다."라고 풀이하고 있다. 段玉裁는 이에 대해, "耕有耦者, 取相助也. 故引申之, 凡相助曰耦. 侑之義取乎此. …… 毛詩則假右爲之. : 경작(耕作)하는 데는 짝이 있어야 서로 도움을 받게 된다. 그러므로 여기서 인신(引伸)하여, 무릇 서로 돕는 것을 '耦'라고 한다. '侑'의 뜻도 여기에서 취(取)한 것이다. …… ≪毛詩≫에서는 '右'를 이 뜻으로 가차하였다."라고 주(注)하였다.

갑골문에서는 제명(祭名)으로 사용되었다. "丁未[卜], 貞 : 申……又(侑)[勺]……?"(≪甲396≫)

嬰(영)
(≪乙8711≫)   (≪乙8896≫)   (≪乙8896≫)
[yīng]

≪甲骨文編≫에는 위의 갑골문자들을 '嬰'자로 수록하고는 "从𣎴 : '𣎴'을 구성 요소로 하고 있다."라고 하고 있다.[2] 이는 '女'와 '𣎴'을 구성 요소로 하고 있다는 말이다. 이 '嬰'자에 대해 ≪說文解字≫에는, "嬰, 繞也. 從女賏. 賏, 貝連也. : '嬰'은 목에 두르다는 뜻이다.

---

1) 李孝定 前揭書 ≪甲骨文字集釋≫ p.3667.
2) 中國社會科學院考古研究所 前揭書 ≪甲骨文編≫ p.478.

'女'와 '賏'을 구성 요소로 하고 있다. '賏'은 조가비를 연이은 것이다."라고 풀이하고 있다. 이에 대해 段玉裁는, "各本作頸飾也, 今正. 貝部：賏, 頸飾也.：각 판본에는 ('繞也'를) '頸飾也'라고 쓰고 있는데, 지금 바로잡는다. ≪說文解字≫ '貝'부(部)에, 「賏은 목의 장식품 이다.」라고 하고 있다."라고 주(注)하였다. 갓난아이라는 뜻은 후세에 형성된 자의(字義)다.

갑골문에서의 뜻은 아직 명확하게 밝혀지지 않았다. "匃何……嬰"(≪乙8711≫), "[認]何 又耑嬰. [匃]何又丁虫嬰."(≪乙8896≫)

妝(장)	위의 갑골문 이미지	[zhuāng]

(≪京津1682≫)　(≪鄴初下38. 6≫)

위의 갑골문은 '爿'과 '女'를 구성 요소로 하고 있는데, 자형 결구가 ≪說文解字≫의 '妝'자 와 동일하다. 이 '妝'자에 대해 ≪說文解字≫에는, "妝, 飾也. 從女, 爿聲.：'妝'은 여자가 화장을 하다는 뜻이다. '女'를 의부, '爿'을 성부로 구성되었다."라고 풀이하고 있다. 이 글자의 자형 해설에서 대·소서본(大小徐本)에는 "從女, 牀省聲"이라고 하고 있는데, 段玉裁는 위 와 같이 정정(訂正)하였다. 이에 대해 王筠은, "牀下云爿聲, 此亦當然.[1]：≪說文解字≫ '牀'자 아래에 '爿聲'이라고 하고 있으므로, 이 역시 그렇게 해야 한다."라고 하여, 段玉裁의 주장을 뒷받침하였다.

갑골문에서는 '巫妝'이라는 인명(人名)으로 사용되었다. "貞：巫妝不御?"(≪鄴初下38. 6≫)

媟(설)	갑골문 이미지들	[xiè]

(≪前3. 33. 8≫)　(≪乙1222≫)　(≪佚67≫)　(≪後上6. 9≫)

李孝定은 이 글자들을 '媟'자로 수록하고, "从女从枼, 乃媟字.[2]：'女'를 구성 요소로 하고, '枼'을 구성 요소로 하고 있는데, 이는 곧 '媟'자이다."라고 고석하였다. 이 '媟'자에

---

1) 王筠 ≪說文句讀≫, 丁福保 前揭書 ≪說文解字詁林正補合編≫ 第10册 p.10-173(總p.8222)에서 재인용.

2) 李孝定 前揭書 ≪甲骨文字集釋≫ p.3670.

대해 ≪說文解字≫에는, "媒, 嬻也. 從女, 某聲. : '媒'은 업신여기다는 뜻이다. '女'를 의부, '某'을 성부로 구성되었다."라고 풀이하고 있다.

갑골문에서는 '諸婦'의 이름 '婦媒'로 사용되었다. "甲子卜, 殼貞 : 婦媒娩[嘉]? 四月." (≪續4. 28. 4≫), "貞 : 婦媒有子?"(≪前3. 33. 8≫)

婪(람)	[lán]
(≪佚707≫)	

이 갑골문자는 '女'와 '林'을 구성 요소로 하고 있는데, 商承祚가 이를 '婪'자로 고석하였다.[1] 이 '婪'자에 대해 ≪說文解字≫에는, "婪, 貪也. 從女, 林聲. 杜林說 : 卜者擧相詐譣 爲婪. 讀若潭. : '婪'은 탐욕스럽다는 뜻이다. '女'를 의부, '林'을 성부로 구성되었다. 杜林은, 「점복자(占卜者)가 징조(徵兆)를 거짓으로 알려주는 것이 '婪'이다.」라고 하였다. 독음은 '潭' 자처럼 읽는다."라고 풀이하고 있다. 이에 대해 段玉裁는, "此與心部之惏, 音義皆同. : 이 글자는 '心'부(部)의 '惏'자와 자음(字音) 및 자의가 모두 같다."라고 주(注)하였다.

갑골문에서의 뜻은 아직 명확하게 밝혀지지 않았다. "……婪隹鹿……"(≪佚707≫)

媿(괴)			[kuì]
(≪明2142≫)	(≪乙424≫)	(≪乙8000≫)	

위의 갑골문은 '女'와 '田'을 구성 요소로 하고 있는데, 여기에서의 '田'은 귀신의 머리를 상징한 것이다. 이 글자에 대해 徐中舒는, "田下從ㅑ從ᆼ無別, 故此字釋鬼, 而此字之構形復 與≪說文≫媿字篆文略同, 故亦可釋媿.[2] : '田' 아래에 'ㅑ'을 구성 요소로 한 것과 'ᆼ'를 구성 요소로 한 것은 다르지 않기 때문에, 이 글자는 '鬼'자로 해석되었다. 그런데, 이 글자의 결구 모양은 또 ≪說文解字≫ '媿'자의 전문(篆文) 자형과 대략 같기 때문에 또한 '媿'자로도 해석할 수 있다."라고 하였다. 제9편의 '鬼'자에 대한 해설을 참조하기 바란다. 이 '媿'자에

---

1) 商承祚 前揭書 ≪殷契佚存考釋≫ p.85上을 참고.
2) 徐中舒 前揭書 ≪甲骨文字典≫ p.1318.

대해 ≪說文解字≫에는, "媿, 慙也. 從女鬼聲. 𧏛, 媿或從恥省. : '媿'는 부끄럽게 여기다는 뜻이다. '女'를 의부, '鬼'를 성부로 구성되었다. '𧏛'(愧)는 '媿'의 혹체자로서, '耳'를 생략한 '恥'를 구성 요소로 하고 있다."라고 풀이하고 있다. 이로써 '媿'자는 '愧'의 본자(本字)이며, '慙'은 '慚'의 이체자인데, 지금은 '愧'로 쓰고, '媿'는 폐기되었음을 알 수 있다.

갑골문에서의 뜻은 아직 명확하게 밝혀지지 않았다. "……往☒不朱媿入日"(≪乙8000≫), "……媿……來"(≪乙424≫)

奻(난)	𡚒	𡜃	𡜃	𡜃	[n(u)án]
	(≪乙496≫)	(≪乙4465反≫)	(≪乙4702反≫)	(≪合集454正≫)	

이 갑골문은 두 개의 '女'를 구성 요소로 하고 있는데, 선사(先師) 金祥恒 교수는 ≪續甲骨文編≫에서 ≪乙4465反≫의 글자를 '奻'자로 수록하였다.[1] 이 '奻'자에 대해 ≪說文解字≫에는, "奻, 訟也. 從二女. : '奻'은 다투다는 뜻이다. 두 개의 '女'자를 구성 요소로 하고 있다."라고 풀이하고 있다. 이에 대해 段玉裁는, "訟者, 爭也. : '訟'이란 다투다는 뜻이다."라고 주(注)하였다.

갑골문에서는 '諸婦'의 이름으로 사용되었다. "辛未卜, 㱿貞 : 婦奻娩[嘉]? 王占曰 : 其隹庚娩[喜], 三月."(≪綴合94正≫), "王占曰 : 直……奻來"(≪乙4702反≫), "……婦奻來"(≪乙7151≫)

妥(타)	𡚴	𡚴	𡚴	𡚴	[tuǒ]
	(≪乙7863≫)	(≪粹1240≫)	(≪京津1406≫)	(≪珠541≫)	

李孝定은 이 글자에 대해, "从女从爪, 說文所無. 段氏云 : 从爪女, 會意, 是也. 盖以手撫女, 有安撫之意.[2] : '女'를 구성 요소로 하고, '爪'를 구성 요소로 하고 있는데, ≪說文解字≫에는 수록되어 있지 않다. 段玉裁는 (이 글자를 보충하고는) 「爪'와 '女'를 구성 요소로 하는

---

1) 金祥恒 前揭書 ≪續甲骨文編≫ 卷12 p.12上.
2) 李孝定 前揭書 ≪甲骨文字集釋≫ p.3679.

회의자(會意字)이다.」라고 하였는데, 옳다. 아마 손으로 여자를 어루만지는 자형이기 때문에 안무(按撫)하다는 뜻을 나타내게 된 것 같다."라고 하였다.

이 글자는 대서본(大徐本) ≪說文解字≫에는 수록되어 있지 않고, 段玉裁의 ≪說文解字注≫에는 수록되어 있는데, "妥, 安也. 從爪女. 妥與安同意. : '妥'는 편안하다는 뜻이다. '爪'와 '女'를 구성 요소로 하고 있다. '妥'는 '安'과 뜻이 같다."라고 하고 있다. 그리고 이에 대해 段玉裁는, "說文失此字, 偏旁用之, 今補. 釋詁曰 : 妥·安, 止也. 又曰 : 妥·安, 坐也. …… 毛詩·禮經·禮記皆以安坐訓妥 : ≪說文解字≫에는 이 글자를 빠뜨렸으나, 편방(偏旁)에 사용되었기에, 지금 보충하였다. ≪爾雅·釋詁≫에, 「妥'와 '安'은 머물다는 뜻이다.」라고 하고 있고, 또 「妥'와 '安'은 앉아 있다는 뜻이다.」라고 하고 있다. …… ≪毛詩≫·≪禮經≫·≪禮記≫에 모두 '妥'는 '편안하다', '앉아 있다'는 뜻이라고 풀이하고 있다."라고 주(注)하였다.

갑골문에서는 '諸婦'의 이름 '婦妥', '諸子'의 이름 '子妥', '小臣'의 이름 '小臣妥' 등과 같이 인명(人名)으로 사용되었다. "乙巳卜, 貞 : 婦妥子亡若?"(≪粹1240≫), "▨寅……婦妥子……"(≪綴合432≫), "子妥▨凡"(≪乙6273≫), "叀小臣妥▨不▨自魚"(≪粹1275≫)

| 民(민) | | | | | [mín] |

위의 갑골문 '民'자는 '目'과 '十'을 구성 요소로 하고 있는데, 이는 날이 있는 물건으로 눈을 찌르는 모양을 형상화한 자형이다. 이 글자에 대해 郭沫若은 금문(金文)의 자형(字形)들을 예로 들면서, "均作一左目形, 而有刃物以刺之. 古人民盲每通訓, 如≪賈子·大政下編≫ : 「民之爲言萌也, 萌之爲言盲也.」 今觀民之古文, 則民盲殆是一事. 然其字均作左目, 而以之爲奴隸之總稱. …… 周人初以敵囚爲民時, 乃盲其左目以爲奴徵.[1] : [예(例)로 든 금문(金文)들은] 모두 왼쪽 눈의 모양으로 썼고, 날이 있는 물건으로 이를 찌르는 형상이다. 고대인(古代人)들은 '民'자와 '盲'자는 늘 자의(字義)가 서로 통한다고 하였는데, 예를 들면 ≪賈子·大政下編≫에는 「民은 '萌'자의 뜻임을 말하고, '萌'은 '盲'자의 뜻임을 말하는 것이

---

1) 郭沫若 前揭書 ≪甲骨文字硏究·釋臣宰≫ pp.3下~4上(總pp.66~67).

다.」라고 하고 있는 것과 같다. 지금 ‘民’자의 고문자(古文字)를 살펴보면, ‘民’자는 ‘盲’자와 거의 같다. 그런데 이들 ‘民’자들은 모두 왼쪽 눈으로 되어 있고, 이를 노예의 총칭으로 사용하였다. …… 周나라 사람들은 초기에 적의 포로들을 ‘民’으로 삼을 때, 왼쪽 눈을 멀게 해서 노예의 징표로 삼았었다.”라고 자세히 설명하였다.

이 ‘民’자에 대해 ≪說文解字≫에는, “民, 衆萌也. 從古文之象. 𡳿, 古文民. : ‘民’이란 여러 어리석고 무지(無知)한 사람들이라는 뜻이다. ‘古文’의 형체(形體)를 기초로 하여 만들어졌다. ‘𡳿’(먕)은 ‘古文’ ‘民’자이다.”라고 풀이하고 있다. 이에 대해 段玉裁는, “凡許書有從古文之形者四, 曰革, 曰弟, 曰民, 曰酉. : 무릇 許愼의 ≪說文解字≫에 ‘古文’의 자형을 따랐다는 글자가 넷인데, ‘革’·‘弟’·‘民’·‘酉’자 등이다.”라고 하였다.

갑골문에서는 ‘奴隷’로 취급되었는데, 제사의 희생(犧牲)으로도 사용되었다. “……卯民……奠王”(≪綴合91≫), “祝……民克……奠王”(≪乙118≫), “……卜, 卯民……其奠王?”(≪乙455≫) : 여기서의 ‘卯’는 부살(剖殺)하다는 뜻이다.

乂(예)	𠓼	𢆶	乂	乂	[yì]
	(≪乙2860反≫)	(≪合集822正≫)	(≪前1. 44. 7≫)	(≪後上22. 1≫)	

≪後上22. 1≫의 ‘乂’자에 대해 王襄은 “乂古乂字.[1] : ‘乂’자는 ‘乂’의 고자(古字)이다.”라고 고석하여, 정설이 되었다. ≪說文解字≫에는, “乂, 芟艸也. 從丿乀相交. 𠛬, 乂或從刀. : ‘乂’는 풀을 베다는 뜻이다. ‘丿’과 ‘乀’을 서로 교차한 모양으로 구성되었다. ‘𠛬’(刈)는 ‘乂’의 혹체자이며, ‘刀’를 구성 요소로 하고 있다.”라고 풀이하고 있다.

갑골문에서의 뜻은 다음과 같다.

1. 제명(祭名). “癸巳卜, 貞 : 有[勹]伐于伊, 其乂大乙彡?”(≪後上22. 1≫), “癸卯卜, 大……乂于京[目]……?”(≪後下39.11≫)
2. 지명(地名). “貞 : 王勿狩于乂?”(≪前1. 44. 7≫)

1) 王襄 前揭書 ≪簠室殷契類纂·正編≫ 卷12 p.55上.

| 弗(불) | (≪前7. 2. 1≫) | (≪戩13. 4≫) | (≪佚190≫) | (≪前5. 34. 1≫) | [fú] |

위의 갑골문은 '‖'와 '己'를 구성 요소로 하고 있는데, 羅振玉은 이 글자들을 해설 없이 '弗'자로 수록하였다. 이 '弗'자에 대해 ≪說文解字≫에는, "弗, 矯也. 從丿乀, 從韋省. : '弗'은 바로 잡다는 뜻이다. '丿'과 '乀'을 구성 요소로 하고, 필획이 생략된 '韋'를 구성 요소로 하고 있다."라고 풀이하고 있다. 이에 대해 段玉裁는, "矯, 各本作撟, 今正. 撟者, 舉手也. 引申爲高舉之用. 矯者, 揉箭箝也. 引申爲矯拂之用. …… 丿乀皆有矯意. : '矯'자를 각 판본에서는 '撟'로 썼는데, 지금 바로 잡는다. '撟'는 손을 들다는 뜻인데, 여기에서 인신(引伸) 되어 높이 들다는 뜻으로 사용된다. '矯'는 화살대를 끼워 넣어 부드럽게 하다는 뜻이며, 여기 에서 인신되어 바로 잡다는 뜻으로 사용된다. …… '丿'과 '乀'은 모두 바로 잡다는 뜻이 있다." 라고 주(注)하였다. 그리고 徐中舒는, "後世用弗爲否定詞, 其本義遂失.[1] : 후세에는 '弗'을 부정사(否定詞)로 사용하게 됨에 따라 그 본의(本義)는 상실되고 말았다."라고 하였다.

갑골문에서는 부정(否定) 부사(副詞)로 사용되었는데, '不'자와 용법이 비슷하다. "壬戌卜, 狄貞 : 弗及吉?"(≪甲3913≫), "癸亥卜, 出貞 : 子弗疾?"(≪佚921≫), "丁酉卜, 貞 : 子弗疾? 有疾?"(≪庫1542≫)

| 氏(씨) | (≪後下21. 6≫) | (≪前7. 39. 2≫) | [shì] |

≪甲骨文編≫에는 ''(≪鐵140. 1≫)·''(≪粹755≫)·''(≪乙12≫)·''(≪拾12. 3≫) 등의 글자들과 ''(≪後下21. 6≫)·''(≪前7. 39. 2≫) 등의 글자들을 모두 함께 '氏'자로 수록하고는, "于省吾釋氏云 : 卜辭氏字應讀作底. 底, 致也. 卜辭氏字皆有致義.[2] : 于省吾는 ≪雙劍誃殷契騈枝·釋氏≫에서, 「갑골복사에서의 '氏'자는 '底'자의 뜻으로 읽 어야 한다.」라고 하였다. '底'는 '致(보내다)'의 뜻이다. 갑골복사의 '氏'자는 모두 '致'자의

---

1) 徐中舒 前揭書 ≪甲骨文字典≫ p.1354.

2) 中國社會科學院考古硏究所 前揭書 ≪甲骨文編≫ p.487.

뜻이 있다."라고 하고 있다. 그런데 李孝定은 ≪甲骨文字集釋≫에서 '𐎛'(≪後下21. 6≫)·
'𐎛'(≪前7. 39. 2≫)로 쓴 두 글자는 '氏'자로, 나머지는 '氒'자로 수록하고 있다.[1] 李孝定이
구분하여 나눈 이 두 부류의 글자들은 자형 결구가 전혀 다름이 분명하므로, 여기에서도 李孝
定의 주장을 따라 두 글자로 나누어 살펴보기로 하겠다. 본편(本篇) 뒤쪽의 '氒'자에 대한
해설을 참조하기 바란다.

　위에 예시한 글자들에 대해 王襄은 "古氏字.[2] : '氏'의 고자(古字)이다."라고 하였다. 이
'氏'자에 대해 ≪說文解字≫에는, "氏, 巴蜀名山岸脅之㫄箸欲落墮者曰氏, 氏崩, 聲聞數
百里. 象形. 乁聲. 楊雄賦：響若氏隤. : '氏'는 巴·蜀지역에서는 곧 붕괴해서 떨어지려고
하는 산(山) 비탈 경사진 곳에 붙어 있는 바위를 '氏'라고 한다. '氏'가 붕괴해서 떨어지는
소리는 수백 리(里)까지 들릴 정도이다. 위쪽의 상형 부분을 의부, '乁'를 성부로 구성되었다.
楊雄의 '賦'에, 「氏가 붕괴하여 추락하는 것처럼 크게 울리네.」라고 한 것이 있다."라고
풀이하고 있다. 갑골문 '氏'자에 대해 李孝定은, "郭氏就古文字形及古代器物以證氏是爲匙
之古文, 其用爲姓氏(是)字者, 並爲叚借, 發千古之覆, 誠屬確不可易.[3] : 郭沫若이 고문자
의 자형과 고대의 기물[의 명문(銘文)]에 의거하여 '氏'와 '是'는 '匙'의 고자(古字)이며, 이
글자가 '姓氏'의 '氏'자로 쓰이는 것은 모두가 가차(假借)임을 증명하였는데, 이는 천고(千古)
의 기존 주장을 전복시킨 것으로, 정말로 바뀔 수 없는 확실한 주장이다."라고 하였다.

　갑골문에서의 뜻은 아직 명확하게 밝혀지지 않았다. "婼氏"(≪後下21. 6≫), "壬申卜,
𤿣𤿣正氏?"(≪前7. 39. 2≫)

氒(궐)	𠂆	𠃌	𠂤	𠂤	[jué]
	(≪甲2908≫)	(≪菁3. 1≫)	(≪乙117≫)	(≪京津2512≫)	

　王襄은 이 글자에 대해, "古氒字. …… 段氏改本·金文, 借爲厥字, 訓其.[4] : '氒'의
고자(古字)이다. …… 段玉裁의 ≪說文解字注≫와 금문(金文)에서는 이를 '厥'자로 가차하

1) 李孝定 前揭書 ≪甲骨文字集釋≫ p.3723과 3737을 참고.
2) 王襄 前揭書 ≪簠室殷契類纂·正編≫ 卷12 p.55下.
3) 李孝定 前揭書 ≪甲骨文字集釋≫ pp.3727~3728.
4) 王襄 前揭書 ≪簠室殷契類纂·正編≫ 卷12 p.55下.

고, 자의(字義)를 '其'자의 뜻이라고 하고 있다."라고 하였다. 이 '㞢'자에 대해 ≪說文解字≫
에는, "㞢, 木本. 從氏丁. 本大於末也. 讀若厥. : '㞢'은 나무의 밑동이라는 뜻이다. '氏'와
'丁'를 구성 요소로 하고 있다. 나무의 밑동은 나무 가지 끝보다 크다. 독음은 '厥'자처럼
읽는다."라고 풀이하고 있다. 갑골문 '㞢'자에 대해 徐中舒는, "郭沫若謂㞢乃矢楛之楛初文.
…… 按, 郭說可從. …… 按≪說文≫所說木本乃借義.[1] : 郭沫若은 '㞢'이 곧 '矢楛'의
'楛'의 초문(初文)이라고 하였다. …… 살펴보면, 郭沫若의 주장은 따를 만하다고 여겨진다.
…… 살펴보면, ≪說文解字≫에서 설명한 나무의 밑동이라는 뜻은 곧 가차의(假借義)이다."
라고 하였다.

갑골문에서의 뜻은 다음과 같다.

1. 지명(地名). "在㞢"(≪甲2908≫)
2. 인명(人名)으로 짐작된다. "辛未, 从㞢"(≪乙174≫), "己未……出……从㞢"(≪佚
   816≫)
3. 자의(字義) 불분명. "……有希有夢, 五日丁丑王賓中丁㞢陞庭昌十月"(≪菁1≫) : 徐
   中舒에 의하면 추측을 나타내는 '其'의 뜻이라고 한다.

| 氏(저) | (≪鐵188. 3≫) | (≪前7. 3. 1≫) | (≪粹755≫) | (≪拾12. 3≫) | [dǐ] |

李孝定은 위에 예시한 글자들을 '氏'자로 수록하고는, "契文作ᵡ若ᵧ, 象人側立乎有所提
挈之形, 其初義當爲提.[2] : 갑골문에서 'ᵡ'로 쓴 것은 'ᵧ'로 쓴 것과 같은데, 이는 사람이
손에 물건을 들고 옆으로 서 있는 모양을 형상화 한 것으로, 이의 초의(初義)는 손에 들다는
뜻임이 틀림없다."라고 하였다. 이 글자에 대한 고석(考釋)과 해설은 여러 학자들의 의견이
매우 다양한데, 여기에서는 李孝定의 주장을 따르기로 한다. 이 '氏'자에 대해 ≪說文解字≫
에는, "氏, 至也, 本也. 從氏下箸一. 一, 地也. : '氏'는 다다르다는 뜻이고, 근본(根本)이라
는 뜻이다. '氏'자 아래에 '一'을 덧붙인 모양으로 구성되어 있다. '一'은 땅을 뜻한다."라고
풀이하고 있다.

---

1) 徐中舒 前揭書 ≪甲骨文字典≫ p.1356.
2) 李孝定 前揭書 ≪甲骨文字集釋≫ p.3751.

갑골문에서의 뜻은 다음과 같다.

1. 보내(오)다. "……王……氏人……允氏……三百"(≪鐵188. 3≫), "氏卅馬"(≪乙
   3381≫), "有來自南氏龜"(≪乙6670≫),

2. 인솔하다. "丁未卜, 爭貞：勿令[畢]氏衆伐呂方?"(≪粹1082≫)

戈(과)   [gē]

(≪前6. 38. 3≫)   (≪甲622≫)   (≪珠458≫)   (≪後上10. 11≫)

갑골문 '戈'자는 베거나 찌르는 데 사용하던 옛날의 무기(武器)인 창 모양을 형상화한 상형자이다. 이 글자에 대해 羅振玉은 "案戈全爲象形, ㄧ象柲, 一象戈, 非从弋也.[1]：살펴보면, '戈'자는 전체적인 상형자인데, 'ㄧ'은 창자루를 형상화한 것이고, '一'은 창날을 형상화한 것이지, 결코 '弋'을 구성 요소로 한 것이 아니다."라고 하였다. 이 '戈'자에 대해 ≪說文解字≫에는, "戈, 平頭戟也. 從弋, 一衡之. 象形：'戈'는 끝머리가 평평한 '戟' 즉 날이 두 개인 창이라는 뜻이다. '弋'에 가로획 하나를 관통시킨 모양으로 구성되었다. 상형자이다."라고 풀이하고 있다. 이에 대해 王鳳陽은, "象側視戈形, 援·胡·柄·鐏俱全.[2]：'戈'를 측면에서 본 모양을 형상화하였으며, 손잡이·창날가지·창자루·물미[땅에 꽂기 위해서 창대 끝에 끼워 맞추는 끝이 뾰족한 쇠] 등이 모두 구비되어 있다."라고 하였다.

갑골문에서의 뜻은 다음과 같다.

1. 과(戈). 창. 의장용(儀仗用)으로 제사의 희생(犧牲)과 함께 사용하였다. "其烄, 戈一斧九"(≪粹1000≫), "壬寅卜, 求其伐歸叀北囗用廿示一牛, 二示羊氏四戈龙?"(≪粹221≫)

2. 방국명(方國名). "貞：叀黃令戈方?"(≪存上533≫), "甲子卜, 王从東戈乎侯戈?"(≪甲622≫)

3. 지명(地名). "囗辰卜, 在戈貞：王沚亡[禍]? 今……"(≪後上10. 11≫), "癸亥卜, 王戈受年? 十二月"(≪乙4718≫)

4. 인명(人名). '子戈'. "壬子, 貞：子戈亡禍?"(≪京津3147≫)

---

1) 羅振玉 前揭書 ≪增訂殷虛書契考釋≫ 卷中 p.46上下.
2) 王鳳陽 前揭書 ≪漢字學≫ p.926.

| 戕(肇)(조) | 𢦏 | 𢦏 | 𢦏 | [zhào] |

≪鐵63. 4≫)　(≪前3. 31. 2≫)　(≪合集264正≫)

'戈'와 '𠃜'를 구성 요소로 하고 있는 위의 갑골문에 대해 丁山은 "字从戈从戶, 當是肇之初文. …… 甲骨文𢦏字正寫, 象以戈破戶之形. 使戶爲國門之象徵, 則戕之本誼, 應爲攻城以戰之朕兆.[1] : 글자가 '戈'와 '戶'를 구성 요소로 하고 있으므로, '肇'자의 초문(初文)임이 틀림없다. …… 갑골문에서는 '𢦏'자가 정문(正文)으로 쓰는 것인데, 이는 '戈'[창]로 '戶'[문]를 파괴하는 모양을 형상화한 것이다. '戶'는 국문(國門)의 상징으로 삼았으므로, '戕'의 본의(本義)는 성(城)을 공격하여 전쟁을 시작하는 조짐(兆朕)을 뜻함이 틀림없다."라고 하여, '肇'자로 고석하였는데, 정설이 되었다.

이 '肇'자에 대해 ≪說文解字≫에는, "上諱. : 황제(皇帝) 함자(銜字)이기 때문에 피휘(避諱)한다."이라고 풀이하고 있는데, 이에 대해 段玉裁는, "上諱者, 漢和帝諱也. …… 玉裁案古有肇無肇. 从戈之肇, 漢碑或从殳, 俗乃从攵作肇, 而淺人以竄入許書攴部中. …… 李舟切韻云 : 肇, 擊也. 其字从戈, 肁聲. 形音義皆合. 直小切. 許諱其字, 故不爲之解. 今經典肇字俗譌从攵, 不可不正. 攴部妄竄之肇, 今已芟去. : '上諱'란 (後)漢 和帝의 함자(銜字)이다. …… 내가 살펴본 바로는, 고대에는 '肇'자는 있었지만 '肇'자는 없었다. '戈'를 구성 요소로 한 '肇'자는 漢代의 비문(碑文)에서는 간혹 '殳'를 구성 요소로 한 것이 있었으며, 이에 세속에서 '攵'을 구성 요소로 하여 '肇'로 썼는데, 학식이 천박한 사람이 함부로 許愼의 ≪說文解字≫ '攴'부(部)에 삽입하게 된 것이다. …… 李舟의 ≪切韻≫에는, 「肇는 공격하다는 뜻이다.」라고 하고 있다. 이 글자는 '戈'를 의부, '肁'를 성부로 구성되었다. 글자의 형·음·의(形音義)가 모두 부합된다. 독음은 '直小'의 반절(反切)이다. 許愼이 이 글자의 사용을 피휘(避諱)하여서 해설을 하지 않았다. 그런데 지금의 경전(經典)에는 '肇'자의 속자로 잘못 '攵'을 구성 요소로 하고 있는데, 바로잡지 않으면 안 된다. '攴'부에 함부로 삽입된 '肇'자는 이미 삭제하였다."라고 주(注)하였다.

갑골문에서의 뜻은 다음과 같다.

1. (전쟁에서) 선봉(先鋒)이 되다. 앞서서 시작하다. 먼저 하다. "貞 : 肇旁射百三?"(≪綴合253≫), "丙申卜, 貞 : 肇馬左右中人三百? 六月"(≪前3. 31. 2≫), "肇叀人百三"

---

[1] 丁山 ≪甲骨文所見氏族及其制度≫(中華書局 1988. 北京) p.126.

(≪鐵63. 4≫), "貞：隹帝肇王广?"(≪乙7304≫)

2. 제명(祭名). "貞：肇丁用百羊, 百九十九豭? 十月"(≪甲3518≫), "☒亥卜, 古貞
：肇于唐?"(≪六元19≫)

3. 인명(人名)으로 짐작된다. "甲辰卜, 㱿貞：肇我……?"(≪綴合152≫), "貞：乎肇王
母來?"(≪丙62≫), "不遘肇"(≪粹335≫)

戎(융)
(≪前8. 11. 3≫)　　(≪京津4000≫)
[róng]

위의 갑골문은 '戈'와 '甲'을 구성 요소로 하고 있는데, 羅振玉은 이 글자에 대해, "卜辭與古
金文从戈从十, 十古文甲字, 今隸戎字.[1]：갑골복사와 고대 금문(金文)은 '戈'와 '十'을
구성 요소로 하고 있는데, '十'은 고문자(古文字)에서의 '甲'자이므로, 지금의 해서체(楷書體)
의 '戎'자이다."라고 고석하여, 정설이 되었다. 금문(金文)에서는 '㦰'(≪多友鼎≫)으로 쓰는
데, 자형 결구가 갑골문과 같다. ≪說文解字≫에는, "㦰, 兵也. 從戈甲. 帘, 古文甲字.
：'㦰'은 병기(兵器)라는 뜻이다. '戈'와 '甲'을 구성 요소로 하고 있다. '帘'(命)은 '古文' '甲'자
이다."라고 풀이하고 있다. 고대(古代)에는 '弓'[활]·'矛'[자루가 길고 가지가 없는 창]·'殳'
[날이 없는 창]·'戈'[한쪽 옆에만 날이 있는 창]·'戟'[창끝이 두 가닥으로 갈라진 창] 등의
다섯 병기를 총칭(總稱)하여 '五戎'이라 하였다.

갑골문에서도 병기(兵器)라는 본의(本義)로 사용된 듯하다. "☒☒卜, 戎缶冬十月三?"
(≪前8. 11. 3≫), "……貞：……戎……左?"(≪京津4000≫)

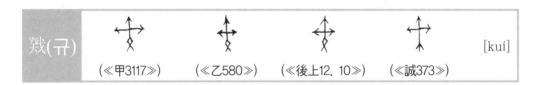

癸(규)
(≪甲3117≫)　　(≪乙580≫)　　(≪後上12. 10≫)　　(≪誠373≫)
[kuí]

이 글자는 세 개의 뾰족한 창끝과 자루가 긴 창의 모양을 형상화한 자형인데, 이에 대해
羅振玉은, "字正象三鋒, 下象箸地之柄, 與鄭誼合. 十爲癸之本字, 後人加戈耳.[2]：이 글

---

1) 羅振玉 前揭書 ≪增訂殷虛書契考釋≫ 卷中 p.43上.
2) 李孝定 上揭書 ≪甲骨文字集釋≫ p.3761에서 재인용.

자는 바로 세 개의 뾰족한 창끝을 형상화하였고, 아랫부분은 땅에 닿아 있는 자루를 형상화하였는데, 바로 ≪尙書·顧命≫에 대한 鄭玄의 주해(註解)의 뜻과 부합된다. 갑골문 '↑'자는 '戣'의 본자(本字)이며, 후세 사람들이 '戈'를 덧붙였을 뿐이다."라고 고석(考釋)하였다. ≪說文解字≫에는, "戣, 周制侍臣執戣, 立于東垂. 兵也. 從戈, 癸聲. : '戣'는, 周나라의 제도에서는 시위(侍衛)하는 신하는 삼봉모(三鋒矛)인 '戣'를 들고 동당(東堂)의 측변(側邊)에 선다. 이는 병기(兵器)의 일종이다. '戈'를 의부, '癸'를 성부로 구성되었다."라고 풀이하고 있다.

갑골문에서는 지명(地名)으로 사용되었다. "貞 : 王去戣?"(≪前6. 37. 3≫), "丁未卜, 爭[貞] : 王往去戣于[敦]?"(≪後上11. 10≫)

| 戝(간) | 甫 | 甫 | 甫 | 甫 | [gān] |
| | (≪前5. 39. 2≫) | (≪甲522≫) | (≪乙2948≫) | (≪佚604≫) | |

방어용 무기(武器)의 하나인 방패의 모양을 형상화한 상형자인데, 이 글자에 대해 于省吾는, "甫當後世戝字.[1] : '甫'은 후세의 '戝'자임이 틀림없다."라고 하였다. ≪說文解字≫에는, "戝, 盾也. 從戈, 旱聲. : '戝'은 방패의 일종이다. '戈'를 의부, '旱'을 성부로 구성되었다."라고 풀이하고 있다. 朱駿聲의 ≪說文通訓定聲≫에는, "經傳皆以干爲之. …… 按, 小者曰戝, 中者曰瞂, 大者曰櫓, 總名曰盾. 竿者, 所以犯人. 戝者, 所以自衛.[2] : 경전(經傳)에는 모두 '干'으로 썼다. …… 살펴보면, 작은 것을 '戝'이라고 하고, 중간 것을 '瞂'이라고 하며, 큰 것을 '櫓'라고 하고, 총명(總名)으로는 '盾'이라고 한다. '竿'은 남을 공격하는 도구이고, '戝'은 스스로를 방어하는 도구이다."라고 설명하였다. 참고로, 위에 예시한 갑골문들을 ≪新甲骨文編≫과 ≪甲骨文字典≫에는 위에서 살펴본 '戎'자로 수록하고 있다.[3]

갑골문에서의 뜻은 다음과 같다.

1. 방국명(方國名) 또는 종족명(種族名). "丁亥卜, 貞 : 多馬从戝?"(≪京津1372≫), "癸丑卜, 王貞 : 戝其及方?"(≪外338≫), "癸卯卜, 王……缶……蔑……征戝……弗其……命三日丙……?"(≪前5. 39. 2≫), "數……丙有戝"(≪佚604≫)

1) 于省吾 前揭書 ≪殷契騈枝全編≫(≪雙劍誃殷契騈枝≫) p.33.

2) 朱駿聲 前揭書 ≪說文通訓定聲≫ p.329.

3) 劉釗·洪颺·張新俊 前揭書 ≪新甲骨文編≫ pp.689~690과 徐中舒 前揭書 ≪甲骨文字典≫ p.1359를 참고.

2. 침범하다. 전쟁을 일으키다. "壬申卜, 殼貞：亘戕其戋我?"(≪合282≫), "辛未卜, 殼貞：王戕步受又?"(≪明藏2337≫), "貞：戈不其冓戕?"(≪續1. 17. 1≫), "戊午卜, 賓貞：旁方其圍作戕?"(≪文631≫)

| 戍(수) | (≪後下13. 5≫) | (≪粹1153≫) | (≪寧滬1. 507≫) | (≪京都2142≫) | [shù] |

위에 예시한 갑골문은 '戈'와 '人'을 구성 요소로 하고 있는데, '戈'[창] 아래에 사람이 서 있는 모양을 형상화한 자형이다. 王襄이 일찍이 이 글자를 '戍'자로 고석하여[1] 정설이 되었다. ≪說文解字≫에는, "戍, 守邊也. 從人持戈. : '戍'는 변계(邊界)를 지키다는 뜻이다. '人'[사람]이 '戈'[창]를 들고 있는 모양으로 구성되어 있다."라고 풀이하고 있다.

갑골문에서의 뜻은 다음과 같다.

1. 수수(戍守)하다. 수위(守衛)하다. 지키다. "弜巳衆戍[春]受人亡戈"(≪鄴三46. 7≫), "戍衞不雉衆"(≪粹1153≫)

2. 무관(武官)의 관직명(官職名). '五族戍'와 '戍馬'. "☒丑卜, 五族戍弗雉王?"(≪鄴3. 39. 10≫), "叀戍馬☒乎允王受祐"(≪粹1156≫), "戍叀義行用遘羌方有戈"(≪後下 13. 5≫), "叀戍馬乎眔往"(≪寧滬1. 507≫)

| 或(역) | (≪戬33. 13≫) | (≪鐵117. 3≫) | (≪粹1164≫) | (≪京津4395≫) | [yù] |

'戈'와 '囗'[wéi]를 구성 요소로 하고 있는데, '囗'는 강역(疆域)을 나타낸다. 이 글자에 대해 徐中舒는, "從戈從口, 口本應作囗, 甲骨文偏旁口·囗每多混用. 孫海波謂囗象城 形, 以戈守之, 國之義也. 古國皆訓城. 按孫說可從.[2] : '戈'를 구성 요소로 하고, '口'를 구성 요소로 하고 있는데, '口'는 본래 '囗'로 써야 하나, 갑골문 편방으로서의 '口'와 '囗'는

---

1) 王襄 ≪簠室殷契徵文考釋·征伐≫(天津博物院 1925. 天津) p.5上을 참고.
2) 徐中舒 前揭書 ≪甲骨文字典≫ pp.1361~1362.

매번 대부분 혼용하고 있다. 孫海波는, 「'口'는 성(城) 모양을 형상화한 것으로, '戈'로써 이를 지킨다는 뜻을 나타내는데, 이는 '國'자의 뜻이다. 고대의 '國'자는 모두 '城'이라고 뜻풀이를 한다.」라고 하였다. 내 생각에는 孫海波의 주장은 따를 만하다고 여겨진다."라고 하였다.

≪說文解字≫에는, "或, 邦也. 從口戈, 㠯守其一, 一地也. 域, 或或從土. : '或'은 邦國이라는 뜻이다. '口'와 '戈'를 구성 요소로 하고 있으며, '戈'로써 '一'을 지킨다는 뜻인데, '一'은 땅이라는 뜻을 나타낸다. '域'(域)은 '或'의 혹체자로, '土'를 구성 요소로 하고 있다."라고 풀이하고 있다. 段玉裁는 이에 대해, "邑部曰 : 邦者, 國也. 蓋或國在周時爲古今字. : (≪說文解字≫의) '邑'부에, 「'邦'은 '國' 즉 제후(諸侯)의 나라라는 뜻이다.」라고 하고 있다. 아마도 '或'과 '國'은 周代에는 고 · 금자(古今字)의 관계였던 것 같다."라고 주(注)하였다.

갑골문에서는 인명(人名)으로 사용되었다. "己丑卜, 貞 : 亩以沚或伐𢼄受祐?"(≪粹1164≫), "辛巳貞 : 王从沚或?"(≪戩33. 13≫), "癸酉貞 : 王从沚或伐[召方]?"(≪京津4395≫) : '沚或'은 商의 '沚[戛]'에 상당(相當)하는 인물이다.

戕(장)

(≪粹1219≫)

[zāng]

위의 갑골문은 '爿'과 '戈'를 구성 요소로 하고 있는데, 郭沫若이 이를 해설 없이 '戕'자로 해석하였다.[1] 이 '戕'자에 대해 ≪說文解字≫에는, "戕, 槍也. 它國臣來殺君曰戕. 從戈, 爿聲. : '戕'은 해치다는 뜻이다. 다른 나라의 신하가 와서 국군(國君)을 죽이는 것을 '戕'이라고 한다. '戈'를 의부, '爿'을 성부로 구성되었다."라고 풀이하고 있다.

갑골문에서는 방국(邦國)의 인명(人名)으로 사용한 것 같다. "……口其遣戕"(≪粹1219≫)

𢦏(재)

(≪前4. 37. 4≫)

(≪甲2948≫)

(≪後上22. 1≫)

(≪庫1095≫)

[zāi]

羅振玉이 이 글자를 '𢦏'자로 고석하여[2] 정설이 되었다. 갑골문 '𢦏'자는 '戈'와 '在'를

1) 郭沫若 ≪殷契粹編·考釋≫(日本朋友書店 1977. 京都) p.158上을 참고.

2) 羅振玉 前揭書 ≪增訂殷虛書契考釋≫ 卷中 p.69上을 참고.

구성 요소로 하고 있는데, 간혹 '十'를 구성 요소로 하고 있는 것도 있으며, '災'자와 통용된다. ≪說文解字≫에는, "𢦏, 傷也. 從戈, 才聲. : '𢦏'란 상해(傷害)라는 뜻이다. '戈'를 의부, '才'를 성부로 구성되었다."라고 풀이하고 있다.

갑골문에서의 뜻은 다음과 같다.

1. 전화(戰禍). 전쟁으로 인한 재화(災禍). "壬申卜, 㱿貞 : 戈𢦏湔方?"(≪綴31≫), "貞 : 伐[工]方𢦏?"(≪粹1075≫), "其𢦏氾方"(≪後上22. 1≫)

2. '災'와 통용. 재해(災害). 재난(災難). "丙子卜, 于丁丑𢦏?"(≪庫1095≫), "辛酉貞 : 王往田亡𢦏?"(≪佚988≫)

𢧜(첨)				[jiān]
≪前1. 32. 7≫	≪甲868≫	≪乙7312≫	≪明藏204≫	

이 글자는 '戈'와 두 개의 '人'을 구성 요소로 하고 있는데, 羅振玉은 이 글자들을 설명 없이 '𢧜'자로 수록하였다.[1] 이 '𢧜'자에 대해 ≪說文解字≫에는, "𢧜, 絕也. 從从持戈. 一曰田器古文. 讀若咸. 一曰讀若詩攕攕女手. : '𢧜'은 단절(斷絕)하다는 뜻이다. '从' 즉 두 사람이 '戈' 즉 창을 잡고 있는 모양으로 구성되어 있다. 일설에는 밭을 가는 농기구를 뜻하는 글자의 '古文'이라고도 한다. 독음은 '咸'자처럼 읽는다. 일설에는 독음이 ≪詩經·衛風·葛屨≫ 중의 '攕攕女手'의 '攕'자처럼 읽는다고도 한다."라고 풀이하고 있다. 이에 대해 段玉裁는, "絕者, 刀斷絲也. 引申爲凡斷之稱. 斷之亦曰𢧜, 與殲義相近. …… 一說田器字之古文如此作也. 田器字見于全書者, 銛·鈂·鈐·鎌皆田器, 與𢧜同音部, 未宷爲何字之古文, 疑銛字近之. : '絕'이란 칼로 명주실을 절단하는 것이다. 여기서 인신(引伸)하여 절단에 대한 범칭(凡稱)이 되었다. 절단하는 것을 또한 '𢧜'이라고도 하는데, '殲'자와 뜻이 비슷하다. …… 일설에는 '田器' 즉 농기구를 의미하는 고문자(古文字)를 이렇게 쓴다고도 한다. 그런데 농기구를 의미하는 글자로서 이 책(≪說文解字≫) 전체에 보이는 것으로는, '銛'·'鈂'·'鈐'·'鎌' 등이 모두 '田器'이고, '𢧜'자와 동음부(同音部)에 속하는 것이, 이 중에서 어느 글자의 고문자인지 분별할 수 없는데, 아마도 '銛'자와 비슷하다고 짐작된다."라고 주(注)하였다.

---

1) 羅振玉 上揭書 卷中 p.69上을 참고.

갑골문에서는 인명(人名)으로 사용되었다. "☐酉卜, ☐貞 : 命𢦏篕……?"(≪摭續183≫), "辛未貞 : 叀𢦏命既竝?"(≪甲868≫), "庚寅卜, 賓貞 : 𢦏有華?"(≪明藏204≫)

武(무) [wǔ]

(≪前1. 17. 3≫)

(≪甲3946≫)

(≪佚427≫)

(≪乙2998≫)

위의 갑골문은 '戈'와 '止'를 구성 요소로 하고 있는데, ≪說文解字≫의 소전체(小篆體) '武'자의 자형 결구와 꼭 같다. ≪說文解字≫에는, "武, 楚莊王曰 : 夫武定功戢兵, 故止戈爲武. : '武'란 楚 莊王이 말한 바, 「무릇 무력(武力)은 전공(戰功)을 확정하고 전쟁을 종식시키는 것이다. 그래서 '止'와 '戈' 두 글자를 합쳐서 '武'자를 만들었다.」라고 한 것이다."라고 풀이하고 있다. 여기에서 인용한 楚 莊王의 말은, ≪春秋左氏傳≫ 宣公 12년 조(條)에, "楚子曰 : 夫文止戈爲武."라고 한 것을 許愼이 단장취의(斷章取義)한 것이다.

이 '武'자에 대해 徐中舒는 "按武取止戈之意, 不確. 所從止乃足趾之趾本字. 甲骨文從止多表示行動之義. 于省吾謂武從止從戈, 本義爲征伐示威. 征伐者必有行, 止卽示行也. 征伐者必以武器, 戈卽武器. 按于說可從.[1] : 살펴보면, '武'자가 '止'와 '戈'의 뜻을 취(取)했다는 것은 정확하지 않다. 구성 요소인 '止'는 곧 '足趾'의 '趾'의 본자(本字)이기 때문이다. 갑골문에서 '止'를 구성 요소로 한 것은 대부분 행동의 뜻을 나타낸다. 于省吾는 「'武'자는 '止'를 구성 요소로 하고, '戈'를 구성 요소로 하고 있으며, 본의(本義)는 정벌에 나서 시위(示威)하다는 뜻이다. 정벌자는 반드시 행진을 하는데, '止'가 바로 행진을 나타내는 것이다. 그리고 정벌자는 반드시 무기를 사용하는데, '戈'가 바로 무기이다.」라고 하였다. 살펴보면, 于省吾의 주장이 따를 만하다."라고 설명하였다.

갑골문에서의 뜻은 다음과 같다.

1. 商 왕조의 선왕(先王) '武丁'과 '武乙'에 대한 칭위(稱謂). "丙戌卜, 貞 : 武丁, 丁其牢?"(≪前1. 17. 3≫), "甲辰卜, 貞 : 王賓求祖乙 · 祖丁 · 祖甲 · 康祖丁 · 武乙衣亡尤?"(≪後上20. 5≫)
2. 방국명(方國名), "……武來告"(≪乙2998≫), "貞 : 𠂤武芻?"(≪綴合165≫)

1) 徐中舒 前揭書 ≪甲骨文字典≫ p.1365.

　이 갑골문자는 ‘戈’와 ‘𧥣’(言) 또는 생략형의 ‘𠮷’을 구성 요소로 하고 있는데, 대부분의 학자들이 이를 ‘戠’자로 고석하고 있다. 李孝定은 “契文从戈从言, 或从言省. 古言音偏旁中得通. 羅氏釋戠, 是也. 商氏說字義, 甚是.[1] : 갑골문은 ‘戈’를 구성 요소로 하고, ‘言’을 구성 요소로 하고 있는데, 간혹 필획이 생략된 ‘言’을 구성 요소로 한 것도 있다. 고대에 ‘言’과 ‘音’은 편방으로는 서로 통용되었다. 羅振玉이 이를 ‘戠’자로 고석하였는데, 옳다. 商承祚는 이 글자의 자의를 설명하였는데, 매우 옳다.”라고 하였다. 이 ‘戠’자의 자의(字義)에 대해 商承祚는, “禹貢厥土赤埴墳. 釋文埴, 鄭作戠. 是埴戠同聲假借. 釋名釋地, 土黃而細密曰埴. 是戠乃黃色也.[2] : ≪尙書·禹貢≫에서의 ‘厥土赤埴墳’이라는 말 중의 ‘埴’자를 ≪經典釋文≫에는 ‘埴’자로 썼는데, 鄭玄은 ‘戠’자로 썼다. 이는 ‘埴’자와 ‘戠’자의 자음(字音)이 같아서 가차(假借)한 것이다. ≪釋名·釋地≫에는, 「흙이 누렇고 세밀한 것을 ‘埴[찰진 황토]이라고 한다.」라고 하고 있다. 따라서 이 ‘戠’자도 황색(黃色)을 의미한다.”라고 설명하였다. ≪說文解字≫에는, “戠, 闕. 從戈, 從音. : ‘戠’에 대해서는 자의(字義)·자음(字音)에 대한 해설을 궐(闕)한다. ‘戈’를 구성 요소로 하고, ‘音’을 구성 요소로 하고 있다.”라고 풀이하고 있다.

　갑골문에서의 뜻은 다음과 같다.

1. 황색(黃色). “壬午王田于麥麓隻商(賞)戠兕王易……”(≪佚518≫), “其戠牛茲用”(≪前1. 21. 4≫)

2. ‘膱’과 통용. 육포(肉脯). 제품(祭品)으로도 사용하였다. “其牢又戠”(≪珠397≫)

3. ‘識’자와 통용. 태양의 흑점(黑點). “庚辰貞 : 日戠, 其告于河?”(≪粹55≫), “辛巳貞 : 日又戠, 其告于父丁?”(≪後上29. 6≫)

4. 제명(祭名). ‘膱’ 즉 육포를 제품(祭品)으로 바치는 제사. “☒辰卜, 王翊辛巳又戠于祖辛牝?”(≪佚390≫)

5. 인명(人名). “乙丑卜, 王勿善侑子戠?”(≪存下462≫)

---

1) 李孝定 前揭書 ≪甲骨文字集釋≫ p.3787.
2) 商承祚 前揭書 ≪殷契佚存考釋≫ p.71上.

戔(잔,전)				[jiān]
(《前6. 38. 4》)	(《珠1373》)	(《京津2177》)	(《林2. 5. 14》)	

위의 갑골문은 두 개의 '戈'를 구성 요소로 하고 있는데, 羅振玉은 이 글자를 '戔'자로 고석하고는, "卜辭从二戈相向, 當爲戰爭之戰, 乃戰之初字. 兵刃相接, 戰之意昭然可見.[1] : 갑골복사에서 두 개의 '戈'가 서로 마주 향(向)하고 있는 모양으로 구성되어 있는데, '戰爭'의 '戰'자임이 틀림없으며, 이는 곧 '戰'자의 초기 글자이다. 무기의 날이 서로 교차하고 있어서, 전쟁의 뜻이 분명하게 나타남을 알 수 있다."이라고 해설하였다.

《說文解字》에는, "戔, 賊也. 從二戈. 周書曰 : 戔戔巧言. : '戔'이란 해치다는 뜻이다. 두 개의 '戈'를 구성 요소로 하고 있다. 《尚書 · 周書 · 秦誓》에는, 「천박(淺薄)하고 환심을 사려는 듣기 좋은 말이다.」라고 하고 있다."라고 풀이하고 있다. 이에 대해 段玉裁는, "此與殘 音義皆同, 故殘用以會意. 今則殘行而戔廢矣. …… 周易: 束帛戔戔. 子夏傳作殘殘. : 이 '戔'자는 '殘'자와 자음(字音)과 자의가 모두 같은데, 이 때문에 '殘'은 회의자로 사용하였다. 오늘날은 '殘'자는 통용되고, '戔'자는 폐기되었다. …… 《周易》에 '束帛戔戔'이라고 한 것을, 子夏의 《易傳》에는 '殘殘'으로 쓰고 있다."라고 주(注)하였다.

갑골문에서의 뜻은 다음과 같다.

1. 정벌(征伐)하다. "貞 : 勿乎戔[工]方?"(《林2. 5. 14》)
2. 商의 13대 선왕(先王) '戔甲'의 칭위(稱謂)로 사용되었는데, 이는 곧 고서(古書)에 보이는 '河亶甲'이다. "☐卯卜, 貞 : ……戔甲彡亡尤?"(《前4. 21. 3》)
3. 인명(人名). "庚戌卜, 爭貞 : 命戔歸衆有示十屯?"(《京津2177》), "……登人三千乎戔……"(《前6. 38. 4》)

戉(월)				[yuè]
(《甲3181》)	(《粹1120》)	(《林2.13.4》)	(《京津1303》)	

도끼 모양을 형상화한 상형자인 위의 갑골문자에 대해 徐中舒는, "象鉞形. 今字增金旁作

1) 羅振玉 前揭書 《增訂殷虛書契考釋》 卷中 p.69上.

鉞. …… 按, 戉字爲獨體象形字, ≪說文≫强分爲「從戈, ㇄聲」, 不確.[1] : 도끼의 모양을 형상화하였다. 지금 이 글자는 편방(偏旁) '金'을 덧붙여 '鉞'로 쓰고 있다. …… 살펴보면, '戉'자는 독체(獨體) 상형자인데, ≪說文解字≫에서는 억지로 '從戈, ㇄聲'이라고 분석하였으나, 이는 정확하지 않다."라고 주장하였다.

≪說文解字≫에는, "戉, 斧也. 從戈, ㇄聲. 司馬灋曰 : 夏執玄戉, 殷執白戚, 周左杖黃戉, 又把白髦. : '戉'은 도끼라는 뜻이다. '戈'를 의부, '㇄'을 성부로 구성되었다. ≪司馬灋≫에, 「夏나라는 검은색의 '戉'을 손에 들고, 殷나라는 흰색의 '戚'을 손에 들고, 周나라는 왼손에 황색의 '戉'을 들고, 오른손에 흰색의 '髦'를 든다.」라고 하고 있다."라고 풀이하고 있다.

갑골문에서의 뜻은 다음과 같다.

1. 방국명(方國名). "己巳卜, 㱿貞 : [呂]方弗允戋戉?"(≪前7. 8. 1≫), "▨▨卜, 㱿貞 : 呂方允戋戉?"(≪粹1071≫)

2. 인명(人名). "戊子卜, 寶貞 : 戉其專伐……?"(≪鐵216. 3≫), "▨丑卜, 㱿貞 : 命戉來?"(≪前6. 30. 2≫), "甲寅卜, ▨貞 : 戉其獲征土方?"(≪戢12. 14≫) : 商의 무장(武將)으로 짐작된다.

我(아)				[wǒ]
(≪前5. 46. 7≫)	(≪甲949≫)	(≪後下42. 3≫)	(≪乙4604≫)	

이 글자에 대해 李孝定은, "契文我象兵器之形, 以其柲似戈, 故與戈同, 非從戈也.[2] : 갑골문의 '我'자는 무기의 모양을 형상화하였는데, 그 자루 부분이 '戈'와 비슷하여서 '戈'와 같은 모양을 하고 있지만, 이 글자가 '戈'를 구성 요소로 하고 있는 것은 아니다."라고 해설하였다. 갑골문 '我'자의 자형은 긴 손잡이와 억센 톱니가 있는 무기의 모양을 형상화하였는데, 본의(本義)는 폐기된지 오래되었고, 줄곧 제1인칭대명사로 가차되어 사용되고 있다. 이 때문에 ≪說文解字≫에서도 이 '我'자에 대해, "我, 施身自謂也. 或說我, 頃頓也. 從戈才, 才, 古文垂也. 一曰古文殺字. 𢦠, 古文我. : '我'는 자기 자신을 일컫는다. 또 다른 일설에는 '我'는 머리가 옆으로 기울다는 뜻이라고도 한다. '戈'와 '才'를 구성 요소로 하고 있는데,

---

1) 徐中舒 前揭書 ≪甲骨文字典≫ p.1377.

2) 李孝定 前揭書 ≪甲骨文字集釋≫ p.3799.

'𠦝'는 '古文' '垂'자이다. 또 일설에는 '我'를 '古文' '殺'자라고도 한다. '㦰'(𢦏)는 '古文' '我'자이다."라고 풀이하고 있다.

갑골문에서의 뜻은 다음과 같다.

1. 제1인칭 대명사. 나. "貞 : 祖辛不我[壱]?"(≪前1. 11. 5≫)

2. 우리나라. 商 또는 殷 나라의 자칭(自稱). "壬子卜, 殼貞 : [呂]方出, 隹我有乍禍?"(≪續3. 10. 2≫), "庚申卜, 貞 : 我受黍年? 三月."(≪前3. 30. 3≫), "丙午卜, 爭貞 : 我受年? 一月."(≪佚550≫)

3. '貞人'의 이름. "戊午卜, 我貞 : 今秋我入商?"(≪後下42. 3≫), "辛巳卜, 我貞 : 我又史令? 十月."(≪前8. 3. 3≫)

| 義(의) | (≪甲3445≫) | (≪後下13. 5≫) | (≪掇2. 45≫) | (≪掇2. 132≫) | [yì] |

'我'와 '羊'을 구성 요소로 하고 있는데, 羅振玉은 위의 갑골문자들을 아무 해설 없이 '義'자로 수록하였다.[1] 이 '義'자에 대해 ≪說文解字≫에는, "義, 己之威儀也. 從我從羊. 羛, ≪墨翟書≫義從弗. 魏郡有羛陽鄕, 讀若錡. 今屬鄴本內黃北二十里鄕也. : '義'는 스스로의 장엄한 의용(儀容)과 행동거지(行動擧止)라는 뜻이다. '我'를 구성 요소로 하고, '羊'을 구성 요소로 하고 있다. '羛'(羛)는 ≪墨翟書≫에 쓰인 '義'자인데, '弗'을 구성 요소로 하고 있다. 魏郡에 羛陽鄕이라는 곳이 있는데, 이 '羛'자의 독음은 '錡'자처럼 읽는다. 지금은 鄴縣에 속하는데, 본래는 內黃縣 북쪽 20리 떨어진 곳에 있었다."라고 풀이하고 있다. 이 '義'자의 자형에 대해 段玉裁는, "威儀出於己, 故從我. …… 從羊者, 與善美同意. : 위의(威儀)는 스스로에게서 나오는 것이므로 '我'를 구성 요소로 하였다. …… '羊'을 구성 요소로 한 것은 '善 · 美'와 같은 뜻이다."라고 주(注)하였다. 그리고 李孝定은 또, "按羊有美善之意者, 以其假爲祥也. 契文亦从我从羊.[2] : 살펴보면, '羊'자가 '美'와 '善'의 뜻을 갖게 된 것은 '祥'자의 뜻으로 가차되었기 때문이다. 갑골문 역시 '我'를 구성 요소로 하고, '羊'을 구성 요소로

1) 羅振玉 前揭書 ≪增訂殷虛書契考釋≫ 卷中 p.72上을 참고.
2) 李孝定 前揭書 ≪甲骨文字集釋≫ p.3801.

하고 있다."라고 설명하였다.

갑골문에서는 지명(地名)으로 사용되었다. "戌叀義行用遘羌方又戈"(≪後下13. 5≫), "[古]昌伊侯于義中牧"(≪掇2. 132≫)

| 直(직) | (≪戩11. 8≫) | (≪續5. 6. 2≫) | (≪佚57≫) | (≪掇1. 549≫) | [zhí] |

≪甲骨文編≫에는 위의 갑골문자들을 해설 없이 모두 '直'자로 수록하고 있다.[1] '目'과 'ㅣ'을 구성 요소로 하고 있는데, 눈 위의 'ㅣ'을 강조한 자형 결구이며, 이는 눈빛이 직시(直視)하고 있음을 의미하는 것으로 짐작된다. ≪說文解字≫에는, "直, 正見也. 從十目乚. �, 古文直, 或從木如此. : '直'은 똑바로 보다는 뜻이다. '十'과 '目'과 '乚'을 구성 요소로 하고 있다. '�'(�)은 '古文' '直'자인데, 간혹 이와 같이 '木'을 구성 요소로 하기도 한다."라고 풀이하고 있다. 이 '直'자의 자형 결구에 대해 段玉裁는, "謂以十目視乚. 乚者, 無所逃也. : 이는 열 개의 눈으로 '乚'[yǐn]을 살펴본다는 것을 말한다. '乚'이란 놓치는 것이 없음을 뜻한다."라고 주(注)하였다.

갑골문에서는 '곧바로', '직접', '곧장' 등의 뜻으로 사용되었다. "貞 : 庚申王直出? 貞 : 庚申勿直出?"(≪佚57≫), "庚戌卜, 王希直大乙?"(≪掇1. 549≫)

| 凵(亡)(망) | (≪鐵260. 2≫) | (≪甲2695≫) | (≪戩30. 3≫) | (≪佚29≫) | [wáng] |

위의 갑골문자들에 대해 徐中舒는 "字形所象不明, 其初義不可知. …… 甲骨文非從入從乚, 故≪說文≫說形不確.[2] : 자형이 형상화하고 있는 것이 불분명하고, 애초의 자의(字義)도 알 수가 없다. …… 갑골문은 '入'과 '乚'을 구성 요소로 하고 있지 않으므로 ≪說文解字≫에서의 자형 해설은 정확하지 않은 것이다."라고 설명하였다. ≪說文解字≫에는, "凵, 逃也.

1) 中國社會科學院考古研究所 前揭書 ≪甲骨文編≫ pp.497~498을 참고.
2) 徐中舒 前揭書 ≪甲骨文字典≫ p.1386.

從入㇄. : '㇄'은 도망(逃亡)하다는 뜻이다. '入'과 'ㄴ'을 구성 요소로 하고 있다."라고 풀이하고 있다. 소전체(小篆體) '㇄'자의 자형은 은폐된 장소에 도피하고 있는 모양을 형상화한 것인데, 여기에서 인신(引伸)되어 '無'의 뜻을 나타내게 되었다.

  갑골문에서는 부정(否定) 부사(副詞)로서, '有無'의 '無'의 뜻으로 쓰였다. "癸丑卜, 爭貞 : 旬亡禍?"(≪佚29≫), "☑卯卜, 貞 : ……炎甲彡亡尤?"(≪前4. 21. 3≫), "辛酉貞 : 王往田亡戈?"(≪佚988≫), "于壬田湄日亡災?"(≪佚444≫), "……在戈貞 : 王沚亡[禍]今……?"(≪後上10. 11≫)

乍(사)　(≪前7. 38. 1≫)　(≪甲1013≫)　(≪餘7. 2≫)　(≪粹236≫)　[zhà]

  이 글자의 자형 결구와 본의(本義)에 대해서는 아직 명확하게 밝혀지지 않았으나, 이 글자를 '乍'자로 고석(考釋)하는 것에는 학자들의 의견이 일치하고 있다. ≪說文解字≫에는, "乍, 止亡䛐也. 從亡一. 一, 有所礙也. : '乍'는 도망을 제지(制止)하다는 뜻이다. '亡'과 '一'을 구성 요소로 하고 있는데, '一'은 저해하는 바가 있음을 뜻한다."라고 풀이하고 있다. 이에 대해 段玉裁는, "有人逃亡, 而一止之, 其言曰乍. …… 亡與止亡者, 皆必在倉猝, 故引申爲倉猝之稱. : 누군가 도망치는데, '一'로써 이를 제지하는 것을 '乍'라고 한다. …… 도망하는 사람과 이를 제지하는 사람은 모두 창졸간의 일이므로, 여기서 인신(引伸)하여 '倉猝'이란 뜻을 지칭(指稱)하게 되었다."라고 주(注)하였다. 그런데 갑골문에서의 자형과 자의(字義)는 '作'자와 동일하므로, 여기에서는 중복 서술을 피하고, 제8편의 '作'자에 대한 해설로 대체하고자 한다.

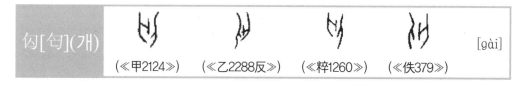

匃[匄](개)　(≪甲2124≫)　(≪乙2288反≫)　(≪粹1260≫)　(≪佚379≫)　[gài]

  위의 갑골문은 '人'과 '亡'을 구성 요소로 하고 있는데, 羅振玉이 이를 '匃'자로 고석하여1)

---

1) 羅振玉 前揭書 ≪增訂殷虛書契考釋≫ 卷中 p.53下를 참고.

정설이 되었다. ≪說文解字≫에는 이 '匄'자에 대해, "匄, 气也. 亡人爲匄, 逯安説. : '匄'는 구걸(求乞)하다는 뜻이다. '亡'과 '人'이 합쳐져서 '匄'자가 되었는데, 이는 逯安의 주장이다." 라고 풀이하고 있다. 자의(字義)에 대해 段玉裁는, "气者, 雲气也. 用其聲假借爲气求. : '气'란 운기(雲氣)라는 뜻이다. 그런데 그 성음(聲音)으로 인하여 '气[乞]求' 즉 빌다는 뜻으로 가차하였다."라고 주(注)하였다. '气'는 '乞'의 이체자(異體字)이다.

갑골문에서의 뜻은 다음과 같다.

1. 구걸하다. 빌다. "丁卯卜, 賓貞 : 歲不興亡匄? 五月"(≪甲2124≫), "貞 : 王其有匄于 祖丁?"(≪乙4687≫)

2. 인명(人名). "己卯卜, 爭貞 : 于命匄[工]方? 八月"(≪佚379≫), "辛▨[卜], 㱿貞 : 乎匄▨于方……?"(≪前5. 7. 6≫)

區(구)				[qū]
	(≪甲584≫)	(≪甲1054≫)	(≪乙6404≫)	(≪合集34676≫)

위에 예시한 갑골문은 '品'과 'ㄴ'을 구성 요소로 하고 있는데, 선사(先師) 金祥恒 교수는 ≪續甲骨文編≫에서 이들을 해설 없이 '區'자로 수록하였다.[1] ≪說文解字≫에는, "區, 踦 區, 藏隱也. 從品在匚中. 品, 衆也. : '區'는 '踦區'로, 수장(收藏)하여 은닉(隱匿)하다는 뜻이다. '品'이 'ㄷ' 속에 있는 모양으로 구성되어 있는데, '品'은 많은 물건들이라는 뜻이다."라고 풀이하고 있다. 갑골문 '區'자에 대해 李孝定은 "契文从品在ㄱ下或在ㄴ上, 亦有藏隱之 意. 金氏收作區, 可从.[2] : 갑골문은 '品'이 'ㄱ' 아래 또는 'ㄴ' 위에 있는 모양으로 구성되어 있는데, 이 역시 거두어 숨겨 놓다는 뜻을 가지고 있다. 金祥恒 교수가 '區'자로 수록한 것은 따를 만하다."라고 설명하였다.

갑골문에서 사용된 뜻은 다음과 같다.

1. 수렵(狩獵) 지역의 지명(地名). "貞 : 王其狩區?"(≪乙6404≫)

2. 자의(字義) 불분명. "弜區▨"(≪甲584≫), "▨丑卜, ……其……區?"(≪甲1054≫)

---

1) 金祥恒 前揭書 ≪續甲骨文編≫ 卷12 p.25下를 참고.

2) 李孝定 前揭書 ≪甲骨文字集釋≫ p.3815.

| 医(예) | 达 (≪前2. 23. 1≫) | 씅 (≪河9≫) | 훼 (≪天96≫) | [yi] |

위의 갑골문 '医'자는 'ㄴ'과 '矢'를 구성 요소로 하고 있는데, 이는 화살이 기물(器物) 속에 담겨 있는 모양을 형상화한 자형이다. 제5편의 '箙'자에 대한 설명을 참조하기 바란다. ≪說文解字≫에는, "医, 臧弓弩矢器也. 從匚矢, 矢亦聲. ≪春秋國語≫曰：兵不解医. ：'医'는 활[弓]·쇠뇌[弩]·화살[矢]을 담는 기구라는 뜻이다. '匚'와 '矢'를 구성 요소로 하고 있는데, '矢'는 또한 성부(聲符)이기도 하다. ≪國語·齊語≫에, 「무기는 거두어 놓아야 하는데, 활·쇠뇌·화살 등을 넣어둔 '医'를 풀어 놓지 말아야 한다.」라고 하고 있다."라고 풀이하고 있다. 지금 중국에서는 이 '医'자를 '醫藥'의 '醫'자의 간화자(簡化字)로 규정하고 있다.

갑골문에서는 지명(地名)으로 사용되었다. "戊寅卜, 貞：田于医往來[亡災]?"(≪河9≫), "丁丑卜, 貞：⊿逐辟医彔麋·馬·犬……?"(≪前2. 23. 1≫)

| 匚(방) | ⊐ (≪甲2123≫) | 〔 (≪後上6. 7≫) | ⊌ (≪粹1203≫) | ⊐ (≪珠628≫) | [fāng] |

이 갑골문은 물건을 담는 기물(器物)의 모양을 형상화한 상형자인데, 羅振玉이 이를 '匚'자로 고석하여[1] 정설이 되었다. ≪說文解字≫에는 이 '匚'자에 대해, "匚, 受物之器. 象形. 讀若方. ㄷ籀文匚. ：'匚'은 물건을 담는 기물이다. 상형자이다. 독음은 '方'자처럼 읽는다. 'ㄷ'은 주문(籀文) '匚'자이다."라고 풀이하고 있다. 갑골문 '匚'자에 대해 李孝定은, "按此字當以許說爲本義. 受物之器爲通名, 以爲受主之匣, 特其諸用之一耳.[2] ：살펴보면, 이 글자는 許愼의 해설을 본의로 삼아야 한다. 물건을 담아놓는 기물이라는 것은 통명(通名)이고, 이를 신주(神主)를 담아놓는 기물로 쓰는 것은 여러 용도 가운데 하나일 뿐이기 때문이다."라고 하였다. 그리고 徐中舒는, "象受物之器形, 乃殷人宗廟中盛神主之器, 其本義爲匣. ≪說文≫：匣, 宗廟盛主器也.[3] ：물건을 담는 기물의 모양을 형상화하였는데, 이는 殷나라

---

1) 羅振玉 前揭書 ≪增訂殷虛書契考釋≫ 卷中 p.39下를 참고.
2) 李孝定 前揭書 ≪甲骨文字集釋≫ p.3827.
3) 徐中舒 前揭書 ≪甲骨文字典≫ p.1391.

사람들이 종묘에서 신주(神主)를 담아두는 기물로, 그 본의는 '匣' 즉 주독(主櫝)이다. ≪說文解字≫에는, 「'匣'은 종묘에서 신주를 담아두는 기물 즉 주독(主櫝)이다.」라고 풀이하고 있다."라고 설명하였다.

갑골문에서의 뜻은 다음과 같다.

1. 제명(祭名). '祊'과 통용. "庚子卜, 貞：[有]匸于南室?"(≪甲2123≫), "庚子卜, 㱿貞：王[有]匸于高妣己, 妣[庚]母?"(≪後上6. 7≫), "庚子[卜], 㱿貞：[有]匸于高妣己……來……?"(≪粹399≫)：여기에서의 '匸'은 '祊祭' 즉 '報祭'를 뜻하는데, 이에 대해서는 제10편의 '報'자에 대한 해설을 참고하기 바란다.

2. 주독(主櫝). 신주(神主)를 넣어두는 궤. 이 경우에는 '報'로 읽으며, 商 왕실의 선공(先公)의 묘호(廟號)로 쓰였다. "乙未, 酒系……報丙三, 報丁三示……"(≪後上8. 14≫), "丙申卜, 又三匸二示?"(≪珠628≫), "祝三匸叀羊"(≪粹118≫)：여기에서의 '三匸'는 商 왕실의 선공(先公) '報乙'·'報丙'·'報丁'을 지칭한다.

| 匡(匡)(광) | (≪鐵199. 2≫) | (≪鐵205. 2≫) | (≪英721≫) | (≪庫273≫) | [kuāng] |

위의 갑골문은 '匸'과 '羊'을 구성 요소로 하고 있는데, 이 글자를 王襄은, "古匡字. …… 此从羊, 羊坒同聲, 故相假.[1]：(이는) '匡'의 고자(古字)이다. …… 이 갑골문자는 '羊'을 구성 요소로 하고 있는데, '羊'과 '坒'은 성음(聲音)이 같아서 서로 가차되었다."라고 하여, '匡'자로 고석(考釋)하였다. ≪說文解字≫에는, "匡, 飯器, 筥也. 從匸, 坒聲. 筺, 匡或從竹.：'匡'은 밥그릇으로, '筥'이다. '匸'을 의부, '坒'을 성부로 구성되었다. '筺'(筐)은 '匡'의 혹체자로, '竹'을 구성 요소로 하고 있다."라고 풀이하고 있다. '王'·'坒'·'羊'은 상고음(上古音) '陽'부(部)에 속하며, 가차하여 통용이 가능하였다.

갑골문에서의 뜻은 아직 정확하게 밝혀지지 않았다. "甲午……戊今……☒匡……羌"(≪鐵199. 2≫), "……王匡……"(≪鐵205. 2≫), "癸酉卜, 王匡隹入于商?"(≪庫273≫)

---

1) 王襄 前揭書 ≪簠室殷契類纂·正編≫ 卷12 p.57上.

匬(유)				[yú]
	《前6. 35. 4》	《菁9. 8》	《京津1533》	

위의 갑골문은 '匚'과 '亼'를 구성 요소로 하고 있는데, 이 글자들을 ≪甲骨文編≫에는 '匬'
자로 수록하고는, "从余, 匬字古文1) : '余'를 구성 요소로 하고 있는데, '匬'자의 고자(古字)
이다."라고 하고 있다. ≪說文解字≫에는, "匬, 甌匬, 器也. 從匚, 俞聲. : '匬'는 '甌匬'로,
용기(容器)의 하나인 사발이라는 뜻이다. '匚'을 의부, '俞'를 성부로 구성되었다."라고 풀이하
고 있다. 이에 대해 段玉裁는, "甌者, 小盆也. 甌匬二字爲名, 則非甌也. : '甌'는 작은
동이이다. (이는) '甌匬'라는 두 글자로 된 명칭이므로, '甌'는 아니다."라고 주(注)하였다.
  갑골문에서는 지명(地名)으로 사용되었다. "壬午卜, 殸貞 : 日方出于匬, 允其出? 十一
月."(≪菁9. 8≫), "貞 : 方不出于匬? 十一月."(≪前6. 35. 4≫)

甾(甾)(치)					[zī]
	《甲3690》	《前2. 38. 2》	《合集5441》	《合集177》	

이 글자는 '缶' 즉 질장군의 모양을 형상화한 자형인데, 이는 옛날에 액체를 담던 질그릇이
다. 주둥이는 작고 배 부분이 커다란 모양인데, 후세에는 구리로 만든 것도 있다. 于省吾는
위에 예로 든 갑골문자들을 모두 동일한 글자라고 하면서 이들을 '甾'자로 고석하였다.2) ≪說
文解字≫에는, "甾, 東楚名缶曰甾. 象形. 𠧞, 古文. : '甾'는, 楚나라 동쪽 지역에서는 '缶'
를 명명(命名)하여 '甾'라고 한다. 상형자이다. '𠧞'(甾)는 '古文' '甾'자이다."라고 풀이하고
있다. 이 '甾'자는 지금은 '甾'로 쓴다.
  갑골문에서의 뜻은 다음과 같다.
  1. 일하다. 처리하다. "貞 : 行甾王事?"(≪佚1≫), "甲午, 王往逐𧰧, 小臣甾車馬……?
    (≪菁1. 1≫)
  2. 지명(地名). "余一人田甾正盂方……"(≪前2. 38. 2≫), "余一人……田甾征……自
    上下于……"(≪陳92≫)

---

1) 中國社會科學院考古研究所 前揭書 ≪甲骨文編≫ p.500.
2) 于省吾 前揭書 ≪殷契駢枝全編≫(≪雙劍誃殷契駢枝續編≫) pp.39∼42를 참고.

3. 자의(字義) 불분명. "甲子卜, 𪚈求于甕?"(≪續1. 1. 1≫), "丁未卜, 王貞 : 用不隹喪羊𪚈若?"(≪前8. 11. 4≫)

| 弓(궁) | (≪合集32391≫) | (≪甲2501≫) | (≪林2. 26. 4≫) | (≪後下13. 15≫) | [gōng] |

이는 고대(古代)의 주요 무기(武器)의 하나인 활의 모양을 형상화한 '弓'자이다. ≪說文解字≫에는, "弓, 窮也. 㠯近窮遠者. 象形. 古者揮作弓. ≪周禮≫六弓 : 王弓·弧弓, 㠯躲甲革甚質; 夾弓·庾弓, 㠯躲干侯鳥獸; 唐弓·大弓, 㠯授學躲者. : '弓'이란 끝까지 다하다는 뜻이다. 가까이에서 쏘아서 멀리 있는 것에 이르도록 하는 것[무기(武器)]이다. 상형자이다. 상고시대에 黃帝의 신하 '揮'가 활을 만들었다. ≪周禮·夏官·司弓矢≫에 '六弓'은, 「王弓'과 '弧弓'은 가죽으로 된 개갑(鎧甲)이나 경목(硬木)으로 만든 점판(墊板) 과녁을 쏘는 데 사용하는 것이고, '夾弓'과 '庾弓'은 호지(胡地)의 들개 가죽이나 기타 조수(鳥獸)의 가죽으로 만든 과녁을 쏘는 데 사용하는 것이며, '唐弓'과 '大弓'은 활쏘기를 배우는 사람들에게 나눠주기 위한 것이다.」라고 기록되어 있다."라고 풀이하고 있다.

갑골문에서의 뜻은 다음과 같다.

1. 활. 궁(弓). "己卯卜, 貞 : 彈弓延于丁宗熹?"(≪前5. 8. 5≫) : 제사의 의장용(儀仗用)이며, '彈弓'이란 활을 당기다는 뜻이다.

2. 인명(人名). "弓歸"(≪林2. 26. 4≫)

| 彊(강) | (≪後下2. 17≫) | (≪後下4. 7≫) | [qiáng] |

'弓'과 '畕'을 구성 요소로 하고 있는데, ≪甲骨文編≫에는 위의 ≪後下4. 7≫의 갑골문을 아무 해설 없이 '彊'자로 수록하고 있다.[1] 이 '彊'자에 대해 ≪說文解字≫에는, "彊, 弓有力也. 從弓, 畺聲. : '彊'은 활의 힘이 세다는 뜻이다. '弓'을 의부, '畺'을 성부로 구성되었다."라

---

1) 中國社會科學院考古硏究所 前揭書 ≪甲骨文編≫ p.501.

고 풀이하고 있다. 상고음(上古音)에서 '强'과 '彊'은 함께 '陽'부(部)에 속하는 첩운(疊韻)이어서, 자의(字義)가 상통(相通)한다.

갑골문에서의 자의(字義)는 아직 분명하게 밝혀지지 않았다. "……彊……"(≪後下2. 17≫)

| 弘(홍) | (≪鐵159. 1≫) | (≪前5. 15. 2≫) | (≪存下229≫) | (≪後上18. 7≫) | [hóng] |

羅振玉이 위의 갑골문자들을 금문(金文) ≪毛公鼎≫의 명문(銘文)과 비교하여 '弘'자로 고석하였다.[1] ≪說文解字≫에는, "弘, 弓聲也. 從弓, 厶 聲. 厶, 古文厷字. : '弘'이란 활이 내는 소리라는 뜻이다. '弓'을 의부, '厶'을 성부로 구성되었다. '厶'은 '古文' '厷'자이다."라고 풀이하고 있다. 이 갑골문 '弘'자의 자형에 대해 趙誠은, "象在弓背隆起處加一斜畫以爲標誌, 表示最强有力的地方, …… 引伸有洪大·弘毅之義.[2] : 활 뒤쪽의 융기한 곳에 사선(斜線)의 획 하나를 덧붙여 표지(標誌)로 삼은 것을 형상화하여서, 가장 힘이 센 곳을 나타내었으며, …… 여기에서 인신되어 '홍대(洪大)하다', '굳세다' 등의 뜻을 나타내게 되었다."라고 설명하였다.

갑골문에서의 뜻은 다음과 같다.

1. 크다. 강하다. "見, 弘吉"(≪鐵159. 1≫), "……王卜, 貞 : 旬亡禍? 王占曰 : 弘吉." (≪後上18. 7≫), "洹弘弗辜邑"(≪珠393≫)

2. 제명(祭名). "弘祖辛"(≪京津823≫), "弘自祖乙歲三牛"(≪京都2275≫)

3. 인명(人名). "丙寅卜, 古貞 : 叀弘命取[子犬]? 寧三月"(≪存下229≫), "伯弘"(≪京津823≫) : 방백(方伯)의 이름으로 짐작된다.

| 彈(탄) | (≪前5. 8. 3≫) | (≪前5. 8. 4≫) | (≪合集9410正≫) | (≪懷1582≫) | [dàn] |

≪新甲骨文編≫에는 아무 해설 없이 위에 예시한 갑골문자들을 '彈'자로 수록하고 있는

---

1) 羅振玉 前揭書 ≪增訂殷虛書契考釋≫ 卷中 p.44下를 참고.
2) 趙誠 前揭書 ≪甲骨文簡明詞典≫ p.280.

데,[1] 여기에서는 우선 잠정적으로 이를 따른다. 참고로, ≪甲骨文編≫ 역시 아무 해설 없이 위에 예시한 갑골문자들뿐만 아니라 ≪新甲骨文編≫에서 바로 다음에 '發'자로 예시한 '彡'(≪鐵162. 2≫)자 부류의 갑골문자들을 함께 '彈'자로 수록하고 있다.[2] 이 글자들은 활 모양에 작은 동그라미를 그려 넣어 탄환(彈丸)을 상징하였다고 추정된다. ≪說文解字≫에는, "彈, 行丸也. 從弓, 單聲. 𤻲, 或說彈從弓持丸如此. : '彈'이란 탄환(彈丸)을 쏘다는 뜻이다. '弓'을 의부, '單'을 성부로 구성되었다. '𤻲'(弓)은 '彈'의 혹체자로, 탄궁(彈弓)에 탄환을 이와 같이 재운 모양으로 구성되었다고도 한다."라고 풀이하고 있다.

갑골문에서는 '탄환을 쏘다'는 뜻으로 사용된 것으로 짐작된다. "癸卯卜, 貞 : 彈𨻶百, 牛百卅?"(≪前5. 8. 4≫), "癸亥卜, 賓貞 : 翌丁卯酒, 彈牛百于[丁]?"(≪粹528甲≫)

| 發(발) | 彡 (≪前5. 8. 2≫) | 彡 (≪甲1916≫) | 彡 (≪鐵162. 2≫) | 彡 (≪甲2695≫) | [fā] |

徐中舒는 ≪甲骨文字典≫에서 위의 ≪前5. 8. 2≫와 ≪甲1916≫의 두 글자만 '發'자로 예시하고는, "象弓弦顫動之形. 矢發後弓弦必顫動, 故以表躰發之意. 舊釋弦, 不確.[3] : 화살 줄이 떨리는 모양을 형상화하였다. 화살이 발사된 뒤에 화살 줄은 반드시 떨리기 때문에 이로써 화살을 발사(發射)한 의미를 나타내는 것이다. 지난날에는 이를 '弦'자로 고석하였는데, 이는 정확한 것이 아니다."라고 설명하였다. ≪說文解字≫에는, "發, 躰發也. 從弓, 癹聲. : '發'은 발사(發射)하다는 뜻이다. '弓'을 의부, '癹'을 성부로 구성되었다."라고 해설하고 있다.

갑골문에서는 인명(人名)으로 사용되었다. "貞 : 勿乎發出……?"(≪鐵163. 2≫), "貞 : 乎丘發?"(≪乙4055≫)

---

1) 劉釗·洪颺·張新俊 前揭書 ≪新甲骨文編≫ p.708을 참고.

2) 中國社會科學院考古研究所 前揭書 ≪甲骨文編≫ p.502를 참고. 劉釗·洪颺·張新俊 前揭書 ≪新甲骨文編≫ pp.708~709를 참고.

3) 徐中舒 前揭書 ≪甲骨文字典≫ p.1399.

弜(강)					[jiàng]
	《甲1206》	《粹22》	《後下33. 5》	《存下749》	

　　두 개의 '弓'[활]을 겹쳐놓은 모양을 형상화하였는데, 羅振玉은 이를 '弜'자로 고석하였다.[1] 《說文解字》에는, "弜, 彊也, 重也. 從二弓. 闕. : '弜'은 '강(强)하다', '무겁다'는 뜻이다. 두 개의 '弓'을 구성 요소로 하고 있다. 자음(字音)에 대한 해설은 궐(闕)한다."라고 풀이하고 있다. 한편, 이 '弜'자에 대해 王國維는, "弜者, 柲之本字. 旣夕禮有柲. 注：柲, 弓檠. 弛則縛之於弓裏, 備損傷. …… 柲, 所以輔弓, 形略如弓, 故从二弓. …… 弜之本義爲弓檠, 引申之則爲輔爲重, 又引申之則爲彊.[2] : '弜'이란 '柲'의 본자(本字)이다. 《儀禮 · 旣夕禮》에 '柲'자가 있는데, 이 '柲'자에 대해 鄭玄은, 「柲란 활을 바로 잡는 기구인 도지개라는 뜻이다. 이것은 활시위를 벗기고 나서 활에다 매어 놓아서 활이 손상되지 않도록 대비하는 것이다.」라고 주(注)하였다. …… '柲'는 이렇게 활의 모양을 바로 잡는데 사용하는 기구이므로, 그 형태가 활과 대략 같은 모양인데, 이 때문에 이 글자는 두 개의 '弓'을 구성 요소로 하고 있다. …… '弜'의 본의(本義)는 활 도지개라는 뜻이며, 여기에서 인신(引伸)되어 '輔'와 '重'의 뜻을 나타내게 되었고, 또다시 인신되어 '彊'의 뜻을 나타내게 된 것이다."라고 주장하였다.

　　갑골문에서의 뜻은 다음과 같다.

1. 원하지 않는다는 뜻을 나타내는 부사(副詞)로, '勿'자의 용법과 비슷하다. "癸酉卜, 弜求受禾?"(《後下33. 5》), "庚寅卜, 王弜入戠?"(《粹626》), "癸未卜, 貞：弜求妣辛?"(《京津4093》)

2. 방국명(方國名). "祖丁劦在弜, 王受又?"(《佚217》), "其戋弜"(《甲987》)

3. 인명(人名). "丙辰卜, 丁巳弜勿出?"(《庫1809》), "王命弜"(《南南2. 82》)

系(계)					[xì]
	《鐵92. 3》	《前7. 4. 1》	《鄴三43. 4》	《後上8. 14》	

　　위에 예시한 글자는 '手'와 '絲'를 구성 요소로 하고 있는데, 이는 손에 명주실타래를 매달고

---

1) 羅振玉 前揭書 《增訂殷虛書契考釋》 卷中 p.43下를 참고.

2) 王國維 前揭書 《觀堂集林》 卷6 <釋弜> p.13下(總p.288).

있는 모양을 형상화한 자형으로, 갑골문 '系'자이다. 이에 대해 羅振玉은, "卜辭作手持絲形, 與許書籒文合.[1] : 갑골복사에서는 손에 명주실을 들고 있는 모양으로 쓰고 있는데, 이는 許愼의 ≪說文解字≫의 '系'자의 주문(籒文)과 자형이 합치된다."라고 고석하였다. ≪說文解字≫에는 이 '系'자에 대해, "系, 縣也. 從糸, ノ聲. …… 𦃃, 系或從㲉處. 𩇓, 籒文系從爪絲. : '系'는 연이어 매달다는 뜻이다. '糸'을 의부, 'ノ'을 성부로 구성되었다. '𦃃'(𦃃)는 '系'의 혹체자인데, '㲉'와 '處'를 구성 요소로 하고 있다. '𩇓'(𩇓)는 주문(籒文) '系'자인데, '爪'와 '絲'를 구성요소로 하고 있다."라고 풀이하고 있다.

갑골문에서의 뜻은 다음과 같다.

1. 제명(祭名). 명주실타래를 헌상하며 지내는 제사(祭祀)이다. "乙亥卜, 賓貞：翊乙亥酒系易日, 乙亥酒允易日?"(≪前7. 4. 1≫), "乙未酒系品上甲十報乙三報丙三報丁三……"(≪粹112≫), "甲戌卜, 王日貞：勿告于帝丁不系?"(≪粹376≫)

2. 방국명(方國名) 또는 인명(人名). "系方☒虘方作或"(≪鄴三43. 4≫), "其乎系𣏗𠭯……"(≪粹495≫), "气自昌廿屯小臣中示系"(≪前7. 7. 2≫)

孫(손)	╈	╉╊	╋╌	╉╊	[sūn]
	(≪前7. 15. 2≫)	(≪甲2001≫)	(≪後下22. 7≫)	(≪京津4768≫)	

위에 예시한 글자는 '子'와 '系'를 구성 요소로 하고 있는데, 王襄이 이를 '孫'자로 고석하여[2] 정설이 되었다. 이 글자는 자손이 끝없이 연속됨을 형상화한 자형이라 짐작된다. ≪說文解字≫에는, "孫, 子之子曰孫. 從子系. 系, 續也. : '孫'은 아들의 아들을 '孫'이라고 한다. '子'와 '系'를 구성 요소로 하고 있다. '系'는 연속(連續)하다라는 뜻이다."라고 풀이하고 있다. 이 '孫'자에 대해 徐中舒는, "從𣃩(子)從𢆶(糸), 爲孫字初文. 古代於先祖之祭壇上, 必高懸若干繩結以紀其世系, 甲骨文'孫'字從𢆶, 𢆶象繩形. 蓋父子相繼爲世, 子之世系於父下, 孫之世系於子下. 此乃古代結繩遺俗之反映.[3] : '𣃩'(子)를 구성 요소로 하고, '𢆶'(糸)를 구성

1) 羅振玉 前揭書 ≪增訂殷虛書契考釋≫ 卷中 p.61上.

2) 王襄 前揭書 ≪簠室殷契類纂·正編≫ 卷12 p.57下를 참고.

3) 徐中舒 前揭書 ≪甲骨文字典≫ p.1047.

요소로 하고 있는데, 이는 '孫'자의 초문(初文)이다. 고대에는 선조의 제단 위에 반드시 어느 정도 길이의 끈을 묶어서 높이 매달아서 그 세계(世系)를 나타내었는데, 갑골문의 '孫'자는 '𠃋'를 구성 요소로 하였고, '𠃋'는 끈의 모양을 형상화한 것이다. 이는 아마도 부자(父子)가 세대를 이어감을 나타낸 것으로 보이며, 아들이 부친 다음을 잇고, 손자가 아들 다음을 잇는 것이다. 이것은 바로 고대의 결승(結繩)의 유속(遺俗)이 반영된 것이다."라고 주장하였다.

갑골문에서의 뜻은 아직 불분명한데, 자손(子孫)이란 뜻과 관계가 있을 것이라 짐작된다. "多子孫田"(≪後下14. 7≫), "卜, ……孫……受祐?"(≪京津4768≫), "帝弗孫其……" (≪燕732≫), "……弗孫茲……"(≪前7. 15. 2≫), "……毓……及…孫"(≪後下22. 7≫)

第13篇

| 糸(멱) | (≪粹816≫) | (≪乙124≫) | (≪乙6733≫) | (≪存上80≫) | [mi] |

위에 예시한 갑골문은 실타래를 묶은 모양을 형상화한 자형인데, 위 또는 위아래의 양쪽 끝을 묶고 남은 실가닥을 형상화한 것도 있다. 이에 대해 羅振玉은 "此與許書篆文合. 𢎡象束餘之緒, 或在上端, 或在下端, 無定形.[1] : 이 갑골문은 許愼의 ≪說文解字≫의 소전체(小篆體)와 자형이 부합된다. '𢎡'는 묶고 남은 실가닥을 형상화한 것인데, 어떤 경우는 상단에 있고, 어떤 경우는 하단에 있는데, 정해진 모양은 없다."라고 하였다. ≪說文解字≫에는, "糸, 細絲也. 象束絲之形. 讀若覛. 𢇻, 古文糸. : '糸'은 세사(細絲)라는 뜻이다. 실을 묶은 모양을 형상화하였다. 독음은 '覛'자처럼 읽는다. '𢇻'(糸)은 '古文' '糸'자이다."라고 풀이하고 있다.

갑골문에서의 뜻은 다음과 같다.

1. 가늘고 작다. 세소(細小)하다. "不雨. 乙糸雨少"(≪粹816≫)

2. 인명(人名)으로 짐작된다. "乙酉嵒示十屯糸"(≪存上1. 80≫), "庚辰貞 : 卣比糸責亡禍?"(≪綴合85≫)

---

1) 羅振玉 前揭書 ≪增訂殷虛書契考釋≫ 卷中 p.42上.

| 絕(절) | (≪乙8370≫) | (≪拾9. 9≫) | (≪前1. 45. 5≫) | (≪合集16225≫) | [jué] |

위의 갑골문 '絕'자는 실이 하나 또는 세 개의 횡선에 의해 끊어지는 모양을 형상화하였는데, 이에 대해 徐中舒는, "象斷絲之形. 與≪說文≫絕字古文𢇍形近.[1] : 실을 끊은 모양을 형상화하였다. 이는 ≪說文解字≫의 '絕'자의 '古文' '𢇍'자와 자형이 비슷하다."라고 설명하였다.

≪說文解字≫에는 이 '絕'자에 대해, "絕, 斷絲也. 從刀糸, 卩聲. 𢇍, 古文絕. 象不連體, 絕二絲. : '絕'이란 실을 잘라 끊다는 뜻이다. '刀'와 '糸'을 의부, '卩'을 성부로 구성되었다. '𢇍'(𢇍)은 '古文' '絕'자인데, 서로 연결되지 않은 형체를 형상화한 것으로, 실타래를 둘씩 끊어놓은 것을 나타내고 있다."라고 풀이하고 있다.

갑골문에서는 '亡絕'·'勿絕'이라고 하여, '亡尤'처럼 재화(災禍)라는 뜻으로 쓰였다. "丁亥卜, 丙貞：子☐亡絕在禍?"(≪乙8370≫), "丁酉[卜], 貞：㪔勿絕? 十月"(≪前5. 11. 4≫)

| 續(속) | (≪後下21. 15≫) | [xù] |

≪甲骨文編≫에는 위의 갑골문을 '續'자로 수록하고는, "从庚从貝, 與續字古文同.[2] : '庚'을 구성 요소로 하고, '貝'를 구성 요소로 하고 있는데, '續'자의 '古文'과 같다."라고 하고 있다. 이는 ≪說文解字≫에 수록된 '續'자의 '古文'과 자형 결구가 같다는 말이다. ≪說文解字≫에는, "續, 連也. 從糸賣聲. 𧷴, 古文續, 從庚貝. : '續'이란 연접(連接)하다는 뜻이다. '糸'을 의부, '賣'를 성부로 구성되었다. '𧷴'(𧷴)은 '古文' '續'자인데, '庚'과 '貝'를 구성 요소로 하고 있다."라고 풀이하고 있다.

갑골문에서의 뜻은 아직 명확하게 밝혀지지 않았다. "貞：王……續……來自……?"(≪後下21. 15≫)

---

1) 徐中舒 前揭書 ≪甲骨文字典≫ p.1410.
2) 中國社會科學院考古研究所 前揭書 ≪甲骨文編≫ p.505.

| 紹(소) | (≪前1. 24. 3≫) | (≪乙7119≫) | (≪合集16448≫) | (≪佚344≫) | [shào] |

위의 갑골문은 '糸'과 '刀'를 구성 요소로 하고 있는데, 칼로 실을 끊는 모양을 형상화한 자형이다. 이 글자에 대해 李孝定은, "契文作紉, 象以刀斷絲之形. 其本義當爲絶, 與絶古當 爲一字. …… 初誼爲絶而許訓繼者, 亦猶治之訓亂也.[1] : 갑골문으로는 '紉'로 썼는데, 칼로 실을 끊는 모양을 형상화하였다. 이 글자의 본의는 절단(絶斷)하다는 뜻임이 틀림없으며, 고대에는 '絶'자와 동일한 글자였음이 틀림없다. …… (이 '紹'자의) 애당초의 뜻은 절단하다는 뜻이었음에도 許愼이 '繼' 즉 잇다는 뜻이라고 한 것은, 이 역시 '治'자를 '亂'자로 뜻풀이를 한 것과 같다."라고 하여, '紹'자로 고석하였다. ≪說文解字≫에는 이 '紹'자에 대해, "紹, 繼也. 從糸, 召聲. 一曰紹, 緊糾也. 𢇷, 古文紹, 從邵. : '紹'는 잇다는 뜻이다. '糸'을 의부, '召'를 성부로 구성되었다. 일설에는 '紹'란 촘촘하게 땋다라는 뜻이라고도 한다. '𢇷'(𢇷) 는 '古文' '紹'자이며, '邵'을 덧붙인 '邵'를 구성 요소로 하고 있다."라고 풀이하고 있다. 이에 대해 段玉裁는, "緊者, 纏絲急也. 糾者, 三合繩也. : '緊'이란 실의 꼬임이 촘촘하다는 뜻이 다. '糾'는 세 가닥의 끈을 합쳐서 땋는 것이다."라고 주(注)하였다.

갑골문에서는 지명(地名)으로 사용되었다. "貞：奠于丘紹?"(≪前1. 24. 3≫), "貞：般芻 于丘紹?"(≪乙7119≫), "癸巳……貞：[先]紹?"(≪佚344≫)

| 紊(문) | (≪佚266≫) | [wèn] |

이 글자는 '文'과 '糸'을 구성 요소로 하고 있는데, 徐中舒는 이 글자를 '紊'자로 수록하고는, "從文從糸, 與≪說文≫紊字篆文同.[2] : '文'을 구성 요소로 하고, '糸'을 구성 요소로 하고 있으며, ≪說文解字≫의 소전체(小篆體) '紊'자와 자형 결구가 동일하다."라고 하였다. 이 '紊'자에 대해 ≪說文解字≫에는, "紊, 亂也. 從糸, 文聲. 商書曰：有條而不紊. : '紊'이란

---

1) 李孝定 前揭書 ≪甲骨文字集釋≫ p.3874.
2) 徐中舒 前揭書 ≪甲骨文字典≫ p.1411.

어지럽다는 뜻이다. '糸'을 의부, '文'을 성부로 구성되었다. ≪商書・盤庚上≫에, 「조리(條理)가 있어서 문란(紊亂)하지 않았다.」라고 하고 있다."라고 풀이하고 있다. 이를 종합하면, 이 '紊'자의 본의(本義)는 실을 어지럽게 헝클어 놓다라는 뜻임을 알 수 있다.

갑골문에서는 난동(亂動)의 뜻으로 사용된 듯하다. "丁未卜, 何貞：紊八人允其止?"(≪佚266≫)

終(종)				[zhōng]
	(≪前5. 28. 2≫)	(≪菁2. 1≫)	(≪乙3340≫)	(≪存下76≫)

위의 갑골문자는 끈의 끝부분에 끝매듭을 해놓은 모양을 형상화한 자형인데, ≪甲骨文編≫에는 이 글자들을 '終'자로 수록하고는, "此終字不从糸, 與說文古文同.[1]：(갑골문의) 이 '終'자는 '糸'을 구성 요소로 하고 있지 않으며, ≪說文解字≫의 '終'자의 '古文'과 자형이 같다."라고 하고 있다. ≪說文解字≫에는, "終, 絿絲也. 從糸, 冬聲. 㸚, 古文終.：'終'이란 실을 단단히 묶다는 뜻이다. '糸'을 의부, '冬'을 성부로 구성되었다. '㸚'(㐬)은 '古文' '終'자이다."라고 풀이하고 있다. 段玉裁는 이런 해설에 대해, "按, 絿字恐誤, 疑下文緟字之譌, 取其相屬也. 廣韻云：終, 極也, 窮也, 竟也. 其義皆當作冬, 冬者, 四時盡也. 故其引申之義如此.：살펴보면, '絿'자는 오류인 것 같으며, 아마도 바로 다음에 나오는 ('聚合하다'는 의미의) '緟'자를 잘못 쓴 것 같은데, 자의(字義)가 비슷한 글자들을 연이어 수록하기 때문이다. ≪廣韻≫에, 「'終'이란 '極'[극에 달하다]의 뜻이고, '窮'[다하다]의 뜻이며, '竟'[끝나다]의 뜻이다.」라고 하고 있다. 이 글자들의 자의(字義)는 모두 '冬'이라고 써야 하며, '冬'이란 사계절이 다하는 것이기 때문이다. 그래서 이들의 인신의(引伸義)가 이와 같은 것이다."라고 주(注)하였다. 이에 대해 徐中舒도, "甲骨文冬爲終之本字.[2]：갑골문의 '冬'자는 '終'자의 본자(本字)이다."라고 하였다. 제11편의 '冬'자에 대한 해설을 참조하기 바란다.

갑골문에서의 뜻은 다음과 같다.

1. '끝내다' 또는 '떠나다'는 뜻이라 짐작된다. "丙辰卜, 㱿貞：帝隹其終玆邑?"(≪丙66≫)
2. '冬'과 통용. '冬日'・'冬月' 등으로 쓰였다. "辛未卜, 丙翊壬申昜, 壬冬日[陰]?"(≪存

---

1) 中國社會科學院考古研究所 前揭書 ≪甲骨文編≫ p.505.
2) 徐中舒 前揭書 ≪甲骨文字典≫ p.1412.

| 綠(록) |  (≪河800≫) | [lǜ] |

이 글자에 대해 楊樹達은, "字左从糸, 右从彔, 乃綠字也.[1] : 이 갑골문자는 왼쪽은 '糸'을 구성 요소로 하고, 오른쪽은 '彔'을 구성 요소로 하고 있으므로, 이는 곧 '綠'자이다."라고 고석하여, 정설이 되었다. ≪說文解字≫에는, "綠, 帛青黃色也. 從糸, 彔聲. : '綠'은 비단의 색이 청황색(青黃色)이라는 뜻이다. '糸'을 의부, '彔'을 성부로 구성되었다."라고 풀이하고 있다.

갑골문에서의 뜻은 아직 분명히 밝혀지지 않았다. "……綠……"(≪河800≫)

| 紟(금) |  (≪前6. 33. 2≫) | [jīn] |

李孝定은 이 글자를 '紟'자로 수록하고는 아래의 許慎의 해설을 인용한 다음, "契文亦从糸 今聲.[2] : 갑골문 역시 '糸'을 의부, '今'을 성부로 구성되었다."라고 하였다. ≪說文解字≫에는, "紟, 衣系也. 從糸, 今聲. 縏, 籒文從金. : '紟'은 옷고름이라는 뜻이다. '糸'을 의부, '今'을 성부로 구성되었다. '縏'(縘)은 주문(籒文) '紟'자인데, '金'을 구성 요소로 하고 있다."라고 풀이하고 있다. 이에 대해 段玉裁는, "聯合衣襟之帶也. 今人用銅鈕. : 옷깃을 여미는 띠, 즉 옷고름이다. 지금 사람들은 구리단추를 사용한다."라고 주(注)하였다.

갑골문에서의 뜻은 아직 정확하게 밝혀지지 않았다. "乙未……紟……"(≪前6. 33. 2≫)

---

1) 楊樹達 ≪耐林廎甲文說·卜辭瑣記≫(上海群聯書店 1954. 上海) p.65下.

2) 李孝定 前揭書 ≪甲骨文字集釋≫ p.3883.

編(편)		[biān]
	《粹496》	

　　郭沫若은 이 글자에 대해 "冊, 疑編之古文. 从冊从糸.[1] : 갑골문 '冊'자는 '編'자의 고자(古字)로 짐작되는데, '冊'을 구성 요소로 하고, '糸'을 구성 요소로 하고 있다."라고 하였다. 《說文解字》에는, "編, 次簡也. 從糸, 扁聲. : '編'이란 죽·목간(竹木簡)을 차례대로 실로 엮어 배열한다는 뜻이다. '糸'을 의부, '扁'을 성부로 구성되었다."라고 풀이하고 있다. 이에 대해 段玉裁는, "以絲次弟竹簡而排列之曰編. 孔子讀易, 韋編三絶. 冊字下曰 : 象其札一長一短, 中有二編之形. : 죽간을 차례로 실로 엮어 배열하는 것을 '編'이라고 한다. 孔子는 《易經》을 읽을 때, 책을 엮은 끈이 세 번이나 끊어졌다고 한다. (《說文解字》의) '冊'자 아래에, 「죽간의 패찰(牌札)의 길이가 각기 다른 것을 형상화하였는데, 가운데에는 두 번 엮은 모양으로 되어 있다.」라고 하고 있다."라고 주(注)하였다.

　　갑골문에서의 뜻은 아직은 불분명하다. "丁巳卜, 出貞 : 今日益編……之日允……衣?"(《粹496》)

紂(주)		[zhòu]
	《陳154》	

　　위의 갑골문은 '糸'과 '又'를 구성 요소로 하고 있는데, 《甲骨文編》에는 이 글자를 '紂'자로 수록하고는, "从又.[2] : '又'를 구성 요소로 하고 있다."라고만 하고 있다. 이는 '紂'자의 소전체(小篆體)의 자형 결구와 약간 다른 점을 말한 것이다. 《說文解字》에는, "紂, 馬緧也. 從糸, 肘省聲. : '紂'란 '馬緧' 즉 마차를 끄는 말 뒤쪽에 매는 껑거리끈이라는 뜻이다. '糸'을 의부, 왼쪽 편방 '肉'을 생략한 '肘'를 성부로 구성되었다."라고 풀이하고 있다. '紂'와 '緧'는 상고시대에는 음운(音韻) 관계로 가차하여 통용되었다.

　　갑골문에서의 뜻은 아직 정확하게 밝혀지지 않았다. "……紂……月"(《陳154》)

1) 郭沫若 前揭書 《殷契粹編·考釋》 p.73上.
2) 中國社會科學院考古研究所 前揭書 《甲骨文編》 p.506.

綏(수)		[suī]

(≪前5. 19. 1≫)

이 갑골문은 '手'와 '女'를 구성 요소로 하고 있다. 李孝定은 예시한 이 '빛'(≪前5. 19. 1≫)자만을 '綏'자로 수록하고는, "契文金文皆以妥爲綏, 不从糸.[1] : 갑골문과 금문 모두 '妥'자를 '綏'자의 뜻으로 사용하였는데, '糸'을 구성 요소로 하고 있지 않다."라고 하였다. 제12편의 '妥'자에 대한 해설을 참고하기 바란다. ≪說文解字≫에는, "綏, 車中靶也. 從糸, 妥聲. : '綏'는 수레 안에 장치된 탑승용 손잡이로 사용하는 고삐라는 뜻이다. '糸'을 의부, '妥'를 성부로 구성되었다."라고 풀이하고 있다. 이에 대해 段玉裁는, "靶, 各本作把. 玉篇作車中靶也. …… 論語曰 : 升車, 必正立執綏. 周生烈曰 : 正立執綏, 所以爲安. 按引申爲凡安之偁. : '靶'를 각 판본에서는 '把'로 썼다. ≪玉篇≫에는 '車中靶也'라고 쓰고 있다. …… ≪論語 · 鄕黨≫에, 「수레에 오르면, 반드시 똑바로 서서 손잡이용 고삐를 잡아야 한다.」라고 하고 있는데, 周生烈은, 「똑바로 서서 손잡이용 고삐를 잡으라고 한 까닭은 안전을 위해서이다.」라고 해설하였다. 살펴보면, 여기에서 인신되어 편안함을 지칭하게 된 것이다."라고 주(注)하였다.

갑골문에서는 '편안하다'는 뜻으로 사용된 것 같다. "貞 : 永妥?"(≪前5. 19. 1≫)

彝(이)					[yí]

(≪前5. 1. 3≫)　　(≪佚714≫)　　(≪後下7. 4≫)　　(≪掇2. 158≫)

羅振玉은 이 글자에 대해 "卜辭中彝字, 象兩手持雞, 與古金文同.[2] : 갑골복사에서의 '彝'자는 두 손으로 닭을 잡고 있는 모양을 형상화하였는데, 이는 고대의 금문과 같다."라고 하여, '彝'자로 고석하였다. 이로 보면, '彝'자의 본의(本義)는 두 손으로 닭을 받들어 헌상하다는 뜻이라 짐작된다. ≪說文解字≫에는, "彝, 宗廟常器也. 從糸; 糸, 綦也. 収, 持之. 米, 器中實也. 從互. 象形. 此與爵相似. 周禮 : 六彝 : 雞彝 · 鳥彝 · 黃彝 · 虎彝 · 蜼

---

1) 李孝定 前揭書 ≪甲骨文字集釋≫ p.3887.
2) 羅振玉 前揭書 ≪增訂殷虛書契考釋≫ 卷中 p.36上.

彝·斝彝, 吕待祼將之禮. 𧤴·𦀚, 皆古文彝. : '彝'란 종묘에 항상 비치해두는 예기(禮器)라는 뜻이다. '糸'을 구성 요소로 하고 있는데, '糸'은 덮개로 사용하는 사직품(絲織品)을 의미한다. '収'은 손에 들다는 뜻을 나타낸다. '米'는 제기(祭器) 속에 채운 실물(實物)이다. '互'를 구성 요소로 하고 있다. 상형자이다. 이 글자는 '爵'자와 자형 결구가 비슷하다. ≪周禮·春官·司尊彝≫에는 '六彝'로, 「雞彝'[닭이 그려진 이기(彝器)]·'鳥彝'[새가 그려진 이기]·'黃彝'[황동(黃銅)으로 눈을 조각한 이기]·'虎彝'[호랑이가 그려진 이기]·'蜼彝'[원숭이가 그려진 이기]·'斝彝'[벼가 그려진 이기(彝器)]가 있다.」라고 하고 있다. 이들 예기(禮器)들은 술로 땅을 적시며 조상들에게 제례(祭禮)를 올리고, 제후들을 접대하여 술을 마시는 데 사용하였다. '𧤴'(鑫)와 '𦀚'(鑫)는 모두 '古文' '彝'자이다."라고 풀이하고 있다.

한편, 李孝定은 ≪甲骨文字集釋≫에서, "契文作上出諸形, 與金文同. 均象兩手捧雞或鳥之形. …… 盖古者宗廟祭祀以雞·鳥爲犧, 乃習見之事實. …… 於是於製爲彝器時遂有於雞·鳥取象者矣. …… 又金文彝字多於雞·鳥形喙端之下着二三小點者, 乃象鬱鬯之形. …… 雞·鳥之喙卽爲器物之流, 故於其下着二三小點以象之也, 篆譌爲米. …… 篆文从互, 乃雞·鳥之首及喙之形譌.[1] : 갑골문은 위의 여러 자형으로 썼는데, 금문과 같다. 이들은 모두 두 손으로 닭이나 새를 받들어 올리는 모양을 형상화하였다. …… 아마 고대에는 종묘의 제사에서 닭이나 새를 희생(犧牲)으로 삼는 일이 자주 볼 수 있는 사실이었던 것 같다. …… 이 때문에 이기(彝器)를 제작할 때에 닭이나 새의 모양에서 그 형상을 취(取)했을 것이다. …… 또 금문(金文) '彝'자는 대부분 닭이나 새 모양의 부리 끝에 두 세 개의 작은 점을 찍었는데, 이는 울창주의 모양을 형상화한 것이다. …… 닭이나 새의 부리는 곧 기물의 수구(水口)에 해당되므로, 그 아래에 두 세 개의 작은 점을 찍어서 이를 형상화하였는데, 소전체는 이를 '米'로 잘못 썼다. …… 그리고 소전체는 '互'를 구성 요소로 하였는데, 이는 곧 닭이나 새의 머리와 부리의 모양을 잘못 쓴 것이다."라고 설명하였다.

갑골문에서의 뜻은 다음과 같다.

1. 제명(祭名). "癸丑……來乙王彝于祖乙?"(≪佚714≫), "彝在中丁宗, 在三月."(≪續1. 12. 6≫)

2. 서방(西方)의 풍신(風神) 이름. "貞：帝于西方日彝風日丰?"(≪合集14295≫), "西方日丰風日彝."(≪京津520≫)

---

1) 李孝定 前揭書 ≪甲骨文字集釋≫ pp.3892~3894.

| 絲(사) | (≪通別二. 5. 3≫) | (≪後下8. 7≫) | (≪簠天38≫) | (≪燕51≫) | [sī] |

갑골문 '絲'자는 두 개의 실타래를 나란히 세운 모양을 형상화한 상형자인데, 羅振玉은 이 글자에 대해, "象束絲形, 兩端則束餘之緒也.[1] : 실을 묶은 모양을 형상화하였으며, 양쪽 끝은 묶고 남은 끄트머리이다."라고 하였다. ≪說文解字≫에는, "絲, 蠶所吐也. 從二糸. : '絲'는 누에가 토해내는 실 즉 생사(生絲)라는 뜻이다. 두 개의 '糸'을 구성 요소로 하고 있다."라고 풀이하고 있다.

갑골문에서는 관직명(官職名)으로 사용된 것으로 짐작된다. "……爭貞 : 令上絲眾禾侯 ⊠?"(≪後下8. 6≫), "……爭[貞] : 上絲⊠侯……?"(≪後下8. 7≫), "戊子卜, [疑]貞 : 王曰 : 余其曰多尹, 其令二侯, 上絲眾倉侯其……周?"(≪通別二. 5≫)

| 率(솔) | (≪甲308≫) | (≪前2. 43. 3≫) | (≪存1131≫) | (≪合集3327≫) | [shuài] |

徐中舒는 위의 갑골문자에 대해, "象絞麻爲索之形, 旁點爲麻枲之餘. 孫詒讓釋率, 可從. 按率字當是繂字本字.[2] : (이 글자는) 삼을 꼬아서 만든 동아줄의 모양을 형상화한 것이며, 옆에 있는 점들은 삼실의 남은 부분들을 나타낸다. 孫詒讓은 이를 ≪契文擧例≫에서 '率'자로 고석하였는데, 따를만한 주장이다. 살펴보면, '率'자는 '繂'[굵은 동아줄]자의 본자(本字)임이 틀림없다."라고 하였다. ≪說文解字≫에는, "率, 捕鳥畢也. 象絲网, 上下其竿柄也. : '率' 은 새를 잡는 그물이라는 뜻이다. (가운데 부분은) 실로 짠 그물을 형상화하였으며, 위아래 부분은 그물의 막대와 손잡이에 해당한다."라고 풀이하고 있다.

갑골문에서의 뜻은 다음과 같다.

1. 통솔하다. 거느리다. "……卜, 㲄貞 : [工]方還, 率伐不? 王告于祖乙其征, 匃又七月."(≪明藏79≫), "……率……師……"(≪南無124≫)

---

1) 羅振玉 前揭書 ≪增訂殷虛書契考釋≫ 卷中 p.42上.
2) 徐中舒 前揭書 ≪甲骨文字典≫ p.1423.

2. 희생(犧牲)의 처리 방법의 하나. "貞 : 其牽賓至于多兄?"(≪撫續41≫)

3. 지명(地名). "戊辰王卜, 貞 : 田牽往來亡災? 獲狁在"(≪前2. 43. 3≫)

虫(훼)					[huǐ]
	(≪前1. 16. 6≫)	(≪乙8718≫)	(≪鐵178. 3≫)	(≪前2. 24. 8≫)	

위의 갑골문 '虫'자는 뱀 모양을 형상화한 상형자로, 뾰족한 모양의 머리와 몸통과 꼬리를 나타내고 있다. 이에 대해 李孝定은, "古虫它同字, 均象蛇形.[1] : 고대에는 '虫'와 '它'는 같은 글자였으며, 모두 뱀 모양을 형상화하였다."라고 했는데, 본편(本篇) 뒤쪽의 "它"자에 대한 해설을 참고하기 바란다. ≪說文解字≫에는, "虫, 一名蝮, 博三寸, 首大如擘指. 象其臥形. 物之㣼細, 或行或飛, 或毛或蠃, 或介或鱗, 㠯虫爲象. : '虫'는 일명(一名) '蝮虺'라고 하며, 몸통의 넓이가 3촌(寸)이고, 머리는 엄지손가락 정도의 크기이다. 소전(小篆)의 자형은 엎드려 있는 모양을 형상화하였다. 살아 있는 동물 가운데 미소(微小)한 것인데, 어떤 것은 걷기도 하고, 어떤 것은 날기도 하며, 어떤 것은 긴 털이 있고, 어떤 것은 털이 전혀 없는 벌거숭이이며, 또 어떤 것은 단단한 갑각(甲殼)이 나있고, 어떤 것은 비늘이 있는데, 이런 것들을 나타내는 글자를 만들 때는 모두 '虫'자로 형상화하였다."라고 풀이하고 있다.

갑골문에서의 뜻은 다음과 같다.

1. 제명(祭名)으로 짐작된다. "自甲虫……至于毓亡虫"(≪前2. 24. 8≫)

2. 인명(人名). "貞 : 勿虫取牛弗其氏?"(≪鐵178. 3≫)

蜀(촉)					[shǔ]
	(≪鐵5. 3≫)	(≪甲3340反≫)	(≪乙9044≫)	(≪後下30. 10≫)	

이 갑골문은 머리 가운데 눈을 특별히 부각시켰으며, 일종의 파충류의 모양을 형상화한 자형인데, 商承祚가 이를 '蜀'자로 고석하여[2] 정설이 되었다. 이 '蜀'자에 대해 ≪說文解字≫에는, "蜀, 葵中蠶也. 從虫, 上目象蜀頭形; 中象其身蜎蜎. 詩曰 : 蜎蜎者蜀. : '蜀'은

---

1) 李孝定 前揭書 ≪甲骨文字集釋≫ p.3909.

2) 商承祚 前揭書 ≪殷虛文字類編≫ 13卷 p.3上을 참고.

뽕나무 속에 있는 누에와 같은 모양의 해충(害蟲)의 일종이다. '虫'를 구성 요소로 하고 있으며, 윗부분의 '目'은 '蜀蟲'의 머리 모양을 형상화하였고, 가운데 부분의 'ㄱ'는 구부러진 몸통의 모양을 형상화하였다. ≪詩經·豳風·東山≫에, 「구불구불 휘어진 '蜀蟲'이로구나.」라고 하고 있다."라고 풀이하고 있다. 이에 대해 段玉裁는 "葵爾雅釋文引作桑. …… 許言蠶者, 蜀似蠶也. : '葵'자를 ≪經典釋文·爾雅≫에는 ≪說文解字≫를 인용하면서 '桑'자로 쓰고 있다. …… 許愼이 '蠶'이라고 한 것은 '蜀'이 누에와 비슷하다는 말이다."라고 주(注)하였다. 그리고 李孝定은 갑골문 '蜀'자의 자형에 대해, "上目象蜀頭, 古文多以目代首者.[1] : (글자의) 윗부분에 있는 '目'은 '蜀蟲'의 머리모양을 형상화하였는데, 고문자(古文字)에서는 눈으로 머리를 대신한 경우가 많다."라고 설명하였다.

갑골문에서의 뜻은 다음과 같다.

1. 지명(地名). "……日王往逐在蜀豕允九"(≪甲3340反≫)

2. 방국명(方國名). "癸酉卜, 貞 : 至蜀亡禍?"(≪乙9044≫)

3. 인명(人名). "貞 : 叀尹命比昌蜀古王事?"(≪後下38. 1≫)

出(虫, 蚩)(치)   (≪鐵6. 3≫) (≪前7. 10. 1≫) (≪甲359≫) (≪寧滬1. 480≫)   [chī]

이 글자는 '止'와 '虫'를 구성 요소로 하고 있는데, '虫'는 뱀의 형상이다. 徐中舒는 이 갑골문에 대해, "從止從虫, 象蛇囓足趾之形, 引申之故有災禍之義. 或增從彳, 表行道時遇蛇也. ᠈, ≪說文≫篆文訛爲從之. ≪說文≫:「蚩, 虫也. 從虫, 之聲.」: '止'와 '虫'를 구성 요소로 하고 있으며, 뱀이 발을 무는 모양을 형상화하였는데, 여기서 인신(引伸)하여 재화(災禍)라는 뜻을 나타내게 되었다. 간혹 '彳'을 구성 요소로 덧붙여서, 길을 갈 때 뱀을 만나는 것을 나타내었다. '᠈'를 ≪說文解字≫의 소전(小篆)은 잘못하여 '之'를 구성 요소로 하고 있다. ≪說文解字≫에는, 「蚩는 뱀이라는 뜻이다. '虫'를 의부, '之'를 성부로 구성되었다.」라고 풀이하고 있다."라고 설명하면서, 이 글자를 '蚩'자로 고석하였다.[2] 그런데 위에

---

1) 李孝定 前揭書 ≪甲骨文字集釋≫ p.3912.

2) 徐中舒 前揭書 ≪甲骨文字典≫ p.1425. 참고로 段玉裁의 ≪說文解字注≫에는 이 '蚩'자에 대해, "蚩, 蚩蟲也, 從虫, 屮聲."이라고 하고 있음을 밝혀 둔다.

예시한 갑골문은 자형 결구로 보면 '蛊'로 예정(隸定)하여야 한다고 생각되지만, 《說文解字》에는 수록되어 있지 않고, 또 '虫'와 '它'는 동자(同字)로 인식되므로, '㞢'로 쓰는 것이 일반적이다. 참고로 羅振玉은 위에 예시한 글자들을 '它'자로 고석하였다.[1] 본편(本篇) 뒤쪽의 '它'자에 대한 해설을 참고하기 바란다.

갑골문에서는 재화(災禍) 또는 재해(災害)라는 뜻으로 사용되었다. "壬戌卜, 亘貞 : 有疾齒隹有㞢?"(《續5. 5. 4》), "貞 : …… 劦于小乙亡㞢? 在十月."(《合集23123》), "貞 : 隹帝㞢我年?"(《合集10124》), "父乙㞢王?"(《乙4516》)

虹(홍)				[hóng]
(《前7. 43. 2》)	(《珠452》)	(《菁4. 1》)	(《簠雜109》)	

이 글자에 대해 徐中舒는, "象虹形, 爲虹字初文. …… 《釋名 · 釋天》 :「蝃(螮)蝀, 其見每於日在西而見於東, 啜飲東方之水氣也.」虹能飲水已見於卜辭. …… 又《山海經 · 海外東經》 :「螮螮在其北, 各有兩首.」螮螮, 郭注謂卽虹. 故甲骨文虹字作兩首, 且有巨口, 以其能飲也.[2] : (이 갑골문은) 무지개의 모양을 형상화하였는데, '虹'자의 초문(初文)이다 …… 《釋名 · 釋天》에, 「무지개는 매번 해가 서쪽에 있을 때 동쪽에 보이는데, 동방의 물기운을 마신다.」라고 하고 있는데, 무지개가 물을 마실 수 있다는 것은 갑골복사에도 이미 보인다.(《菁4. 1》) …… 그리고 《山海經 · 海外東經》에도, 「螮螮」은 북쪽에 있으며, 각기 두 개의 머리를 가지고 있다.」라고 하고 있는데, 郭璞은 '螮螮'은 바로 무지개를 말한다고 주(注)하였다. 그래서 갑골문의 '虹'자는 두 개의 머리가 있는 모양으로 되어 있고, 또한 커다란 입이 있어서 물을 마실 수 있음을 나타내고 있다."라고 주장하였다.

《說文解字》에는, "虹, 螮蝀也. 狀似蟲. 從虫, 工聲. 明堂月令曰 : 虹始見. 蚰, 籀文虹, 從申. 申, 電也. : '虹'은 '螮蝀' 즉 무지개라는 뜻이다. 구부러진 모양이 벌레와 비슷하다. '虫'를 의부, '工'을 성부로 구성되었다. 《禮記 · 月令》에, 「무지개가 비로소 나타났다.」라고 하고 있다. '蚰'(蚰)은 주문(籀文) '虹'자이며, '申'을 구성요소로 하고 있는데, '申'은 번개라는 뜻이다."라고 풀이하고 있다. 이에 대해 段玉裁는, "螮蝀, 虹也. 毛傳同. : '螮蝀'은

---

1) 羅振玉 前揭書 《增訂殷虛書契考釋》 卷中 p.34上을 참고.
2) 徐中舒 前揭書 《甲骨文字典》 p.1426.

무지개라는 뜻이다. ≪毛詩傳≫의 주해(註解)도 같다."라고 주(注)하였다.

갑골문에서도 무지개라는 뜻으로 사용되었다. "……有出虹自北飮于河"(≪菁4. 1≫), "……有設虹于西……"(≪前7. 7. 1≫), "……昃亦有出虹自……于河, 在十二月."(≪前7. 43. 2≫), "……大雨自東……虹西……"(≪乙8503≫)

| 蚰(곤) | (≪前4. 52. 4≫) | (≪林1. 7. 16≫) | (≪乙3214≫) | (≪後上9. 11≫) | [kūn] |

이 글자는 두 마리의 '虫'를 나란히 나열한 모양을 형상화하였는데, ≪說文解字≫의 '蚰'자와 자형 결구가 동일하다. '蚰'자에 대해 ≪說文解字≫에는, "蚰, 蟲之總名也. 從二虫. 讀若昆. : '蚰'은 벌레의 총명(總名)이다. 두 개의 '虫'자로 구성되었다. 독음은 '昆'자처럼 읽는다."라고 풀이하고 있다. 이에 대해 段玉裁는, "凡經傳言昆蟲, 即蚰蟲也. …… 二虫爲蚰, 三虫爲蟲, 蚰之言昆也. : 무릇 경전(經傳)에서 말하는 '昆蟲'은 바로 이 '蚰蟲'을 의미한다. …… '虫'가 둘인 것은 '蚰'이고, '虫'가 셋인 것은 '蟲'인데, '蚰'은 '昆'을 말한다."라고 주(注)하였다.

갑골문에서의 뜻은 다음과 같다.

1. 지명(地名). "丁未卜, 王其逐在蚰鹿獲? 允獲, 在二月."(≪乙3214≫), "……蚰豕…" (≪林1. 7. 16≫)

2. 商 왕실의 선공(先公) 또는 곤충(昆蟲)을 총괄하는 신명(神明). "辛卯卜, 尞于蚰? 壬辰卜, 翊甲午尞于蚰, 羊又猳?"(≪前4. 52. 4≫), "壬辰卜, 翊甲午尞于蚰羊又猳?" (≪後上9. 11≫) : 구체적으로 누구인지는 알 수 없으나, 제사의 대상임은 틀림없다.

| 蠱(고) | (≪前6. 42. 6≫) | (≪乙1926≫) | (≪京都454A≫) | (≪合集17190≫) | [gǔ] |

이 글자는 '虫'와 '皿'을 구성 요소로 하고 있는데, '皿' 속에 둘 또는 하나의 '虫'가 들어있는 모양을 형상화한 것으로, 商承祚는 이를 '蠱'자로 고석하였다.[1] 이 '蠱'자에 대해 ≪說文解

---

1) 商承祚 前揭書 ≪殷虛文字類編≫ 13卷 p.3下를 참고.

字≫에는, "蠱, 腹中蟲也. 春秋傳曰 : 皿蟲爲蠱. 晦淫之所生也. 梟磔死之鬼亦爲蠱. 從蟲, 從皿; 皿, 物之用也. : '蠱'는 뱃속 벌레의 독(毒)에 중독되다는 뜻이다. ≪春秋左氏傳≫ 昭公 원년(元年) 조(條)에, 「皿과 蟲을 결합하여 만든 것이 '蠱'자이다.」, 「이런 고독(蠱毒)은 야간의 음란(淫亂)한 때에 생겨나는 것이다.」라고 하고 있다. 참수당하고 거꾸로 매달려 죽은 귀신과 사지(四肢)가 찢겨져 죽은 귀신도 역시 '蠱'로 변한다. '蟲'을 구성 요소로 하고, '皿'을 구성 요소로 하고 있는데, '皿'은 기물(器物)로 사용된 것이다."라고 풀이하고 있다.

갑골문에서는 재해(災害)의 의미로 사용되었다. "貞 : 不隹蠱?"(≪前6. 42. 6≫), "貞 : 母丙亡蠱?"(≪乙1926≫), "貞 : 隹媚蠱?"(≪乙3424≫), "有疾齒隹蠱[虎]"(≪乙7310≫)

風(풍)	∦	𛀁	𮚑	𮚑𛁒	[fēng]
	(≪餘7. 11≫)	(≪拾7. 9≫)	(≪甲3918≫)	(≪甲3918≫)	

갑골문에서는 직접적으로 바람을 의미하는 '風'자는 보이지 않고, 대부분 다른 글자를 가차하여 '風'자의 뜻을 나타내고 있는데, 이에 대해 ≪甲骨文編≫에는, '∦'(≪餘7. 11≫)·'𛀁'(≪拾7. 9≫)·'𮚑'(≪甲3918≫) 등의 글자들을 모두 '風'자로 수록하고는 배열한 차례대로, 「卜辭用凡爲風. : 갑골복사에서는 '凡'자를 '風'자로 사용하고 있다.」, 「卜辭用鳳爲風. : 갑골복사에서는 '鳳'자를 '風'자로 사용하고 있다.」, 「卜辭用𩾇爲風. : 갑골복사에서는 '𩾇'자를 '風'자로 사용하고 있다.」, 「從鳳從兄, 說文所無, 卜辭用爲風字. : 이 글자는 '鳳'을 구성 요소로 하고, '兄'을 구성 요소로 하고 있으나, ≪說文解字≫에는 수록되지 않았으나, 갑골복사에서는 (이 '𩾇'자를) '風'자로 사용하고 있다.」라고 하고 있다.[1] 이는 갑골문에서는 '凡'·'鳳'·'𩾇' 등의 글자들을 가차하여 '風'자의 뜻으로 사용하고 있다는 말이다. 제4편 '鳳'자에 대한 해설과 제12편 '凡'자에 대한 해설을 참고하기 바란다.

이 '風'자에 대해 ≪說文解字≫에는, "風, 八風也. 東方曰朙庶風, 東南曰清朙風, 南方曰景風, 西南曰涼風, 西方曰閶闔風, 西北曰不周風, 北方曰廣莫風, 東北曰融風. 從虫, 凡聲. 風動蟲生, 故蟲八日而匕. 𩙿, 古文風. : '風'은 팔방의 바람이라는 뜻이다. 동쪽에서 불어오는 것은 '朙庶風'이라고 하고, 동남쪽에서 불어오는 것은 '清朙風', 남쪽에서 불어오는

---

1) 中國社會科學院考古研究所 前揭書 ≪甲骨文編≫ pp.510~511.

것은 '景風', 서남쪽에서 불어오는 것은 '涼風', 서쪽에서 불어오는 것은 '閶闔風', 서북쪽에서 불어오는 것은 '不周風', 북쪽에서 불어오는 것은 '廣莫風', 동북쪽에서 불어오는 것은 '融風'이라고 한다. '虫'를 의부, '凡'을 성부로 구성되었다. 바람이 불어서 움직이면 벌레가 생겨나게 되고, 이 때문에 벌레는 8일이 되면 변화하여 모양을 갖추게 된다. '𩖾'(凬)은 '古文' '風'자이다."라고 풀이하고 있다. '虫'를 구성 요소로 한 것에 대해서 徐灝는, "風無形可象, 因其所生之物以製字, 故從虫.[1] : '風'은 형상화할 형체가 없기 때문에, 바람으로 생겨나는 생물을 사용하여 글자를 만드느라 '虫'를 구성 요소로 한 것이다."라고 설명하였다.

갑골문에서는 '風' 즉 바람이라는 뜻으로 사용되었다. "其遘小風"(≪拾7. 9≫), "癸亥卜, 狄貞 : 有大風?"(≪甲3918≫), "乙亥卜, 貞 : 今日不風?"(≪後上31. 13≫), "……不風"(≪粹830≫)

| 它(타) | (≪合集14353≫) | (≪合集10063≫) | (≪合集10065≫) | (≪懷898≫) | [tā] |

徐中舒는 위의 갑골문 자형에 대해, "象蛇之頭·身·尾形. …… 虫·它初爲一字, 而≪說文≫誤分爲二字.[2] : 뱀의 머리와 몸체 및 꼬리 등의 모양을 형상화하였다. …… '虫'와 '它'는 애당초에는 동일한 글자였는데, ≪說文解字≫에서 잘못하여 두 글자로 나누었다."라고 하였다. 본편(本篇) 앞쪽의 '虫'자에 대한 해설을 참고하기 바란다. ≪說文解字≫에는, "它, 虫也. 從虫而長, 象冤曲垂尾形. 上古艸尻患它, 故相問無它乎. 蛇, 它或從虫. : '它'는 뱀이라는 뜻이다. '虫'자에서 그 꼬리를 길게 연장한 모양으로 구성되어 있는데, 구불구불한 몸체에다 꼬리를 드리운 모양을 형상화하였다. 상고시대에 사람들이 초야(草野)에 기거하여 뱀에 대한 우려가 많았으며, 이 때문에 서로에게 '無它乎'[뱀을 만나지 않았는가?]라고 물어보곤 하였다. '蛇'(蛇)는 '它'의 혹체자이며, '虫'를 구성 요소로 하고 있다."라고 풀이하고 있다.

갑골문에서의 뜻은 다음과 같다.

1. 재해(災害). "甲寅卜, 賓貞 : 王亡它? 六月."(≪甲1654≫), "辛酉卜, 爭貞 : 今日王步于[敦]亡它?"(≪前2. 26. 3≫)

1) 徐灝 ≪說文解字注箋≫, 丁福保 前揭書 ≪說文解字詁林正補合編≫ 第10册 p.10-1016.
2) 徐中舒 前揭書 ≪甲骨文字典≫ p.1430.

2. 기타(其他). "辛酉卜, 賓貞 : 勿于它示葬?"(≪續3. 1. 1≫), "庚申卜, 飲自上甲一牛
至示癸一牛, 自大乙九示一牢柂示一牛?"(≪京都2979≫), "……大……十宰匕五宰
它示三宰, 八月."(≪後上28. 6≫) : 여기에서의 '它示'는 '大宗' 이외의 방계(傍系)
선왕(先王)을 지칭한다.

| 龜(귀) | 《前7. 5. 2》 | 《甲984》 | 《乙6670》 | 《粹1495》 | [guī] |

위의 갑골문은 거북의 모양을 형상화하였으며, 머리·몸통·네 발·꼬리를 모두 다 갖추고
있다. 이 글자에 대해 羅振玉은, "卜辭諸龜字, 皆象昂首被甲短尾之形. 或僅見其前足者,
後足隱甲中也. 其增水者, 殆亦龜字.[1] : 갑골복사의 여러 '龜'자는 모두 머리를 들고 있으며,
등껍데기를 덮어쓰고 짧은 꼬리의 모양을 형상화하고 있다. 간혹 앞다리만 보이는 것이 있는
데, 이는 뒷다리를 껍데기 속에 숨긴 것이다. 그리고 '水'를 덧붙인 것도 '龜'자로 짐작된다."라
고 하여, '龜'자로 고석하였다.

≪說文解字≫에는, "龜, 舊也. 外骨內肉者也. 從它, 龜頭與它頭同. 天地之性, 廣肩無
雄, 龜鼈之類, 以它爲雄. 象足甲尾之形. , 古文龜 : '龜'는 연세(年歲)가 장구(長久)
하다는 뜻이다. 바깥에 뼈가 있고, 속에 살이 있는 동물이다. '它'를 구성 요소로 하고 있는데,
거북의 머리는 '它' 즉 뱀의 머리와 모양이 같다. 천지(天地)의 본성은, 넓은 어깨와 큰 허리를
가지고 있는 동물은 수컷이 없는데; 귀별(龜鼈)과 같은 부류의 동물은 뱀을 웅성(雄性)으로
삼는다. ''는 발과 배갑(背甲)과 꼬리의 모양을 형상화하였다. ''(鼀)는 '古文' '龜'자이
다."라고 풀이하고 있다.

갑골문에서의 뜻은 다음과 같다.

1. 거북. 귀갑(龜甲). "丙午卜, 其用龜?"(≪前4. 54. 7≫), "乙卯卜, 賓貞 : 鬲龜翊日?
十三月"(≪前7. 5. 2≫), "有來自南氏龜"(≪乙6670≫) : 거북은 商 왕실의 공납품(貢
納品)이었으며, '用龜'는 '殺龜'의 뜻이고, '鬲龜'는 거북을 솥에다 삶는 일을 말한다.
2. 인명(人名) 또는 관직명(官職名). "壬申龜示三屯岳"(≪粹1495≫), "貞 : 隹龜令?"

1) 羅振玉 前揭書 ≪增訂殷虛書契考釋≫ 卷中 p.33下.

(≪燕192≫)

| 蠽(??) | ≪鐵153. 2≫ | ≪甲3642≫ | ≪粹12≫ | ≪後下12. 14≫ | [??] |

위의 갑골문은 거북의 머리 위에 뿔 모양의 것이 덧붙여져 있는 형상의 글자이다. 이 글자에 대해 李孝定은, "从龜省从屮, 說文所無. 唐氏謂卽萬象名義之蠽, 叚爲秋字, 其說甚是.[1] : 필획이 생략된 '龜'자를 구성 요소로 하고 '屮'을 구성 요소로 하고 있는데, ≪說文解字≫에는 수록되어 있지 않다. 唐蘭은 이는 바로 ≪萬象名義≫에 수록되어 있는 '蠽'자이며, 가차되어 '秋'자의 뜻으로 사용되었다고 주장했는데, 그의 주장이 매우 옳다."라고 설명하였다. 그리고 ≪甲骨文編≫ 역시 위에 예시된 글자들을 '蠽'자로 수록하고는, "唐蘭釋蠽, 龜屬. 按說文無此字, 今附於龜後.[2] : 唐蘭은 이를 '蠽'자로 고석하였는데, 이는 거북의 한 종류이다. 살펴보면, ≪說文解字≫에는 이 글자가 수록되지 않았기에, 지금 '龜'부(部) 뒤에 배열한다."라고 하고 있다. 이를 종합하면, 이 '蠽'자의 본의는 거북의 한 종류이고, 갑골복사에서는 가차되어 '秋'자의 뜻으로 사용되었다는 말이다. 제7편 '秋'자에 대한 해설을 참조하기 바란다.

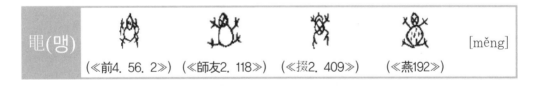

| 黽(맹) | ≪前4. 56. 2≫ | ≪師友2. 118≫ | ≪掇2. 409≫ | ≪燕192≫ | [měng] |

李孝定은 위의 글자들을 '龜'자로 수록하고는, "契文象蛙之大腹四足形, 與籒文近. 孫海波文編收此作龜. 按龜之與黽契文形近, 其別在尾之有無. 篆文亦有尾, 乃形譌, 非當有也.[3] : 갑골문은 개구리의 큰 복부와 네 다리 모양을 형상화하였는데, 주문(籒文) '黽'자와 자형이 비슷하다. 孫海波는 ≪甲骨文編≫에 이 글자들을 수록하면서 '龜'자라고 썼다. 살펴보면, '龜'자는 '黽'자의 갑골문과 자형이 비슷하지만, 그 구별은 꼬리의 유무에 있다. 그런데

---

1) 李孝定 前揭書 ≪甲骨文字集釋≫ p.3944.

2) 中國社會科學院考古研究所 前揭書 ≪甲骨文編≫ p.513.

3) 李孝定 前揭書 ≪甲骨文字集釋≫ p.3945.

≪說文解字≫의 전문(篆文)에도 꼬리가 있는데, 이는 형체가 와변된 것으로, 있어서는 안 되는 것이다."라고 하였다. ≪說文解字≫에는, "黽, 鼃黽也. 從它, 象形. 黽頭與它頭同. 𪓐, 籒文黽. : '黽'은 '耿黽'이라는 개구리 즉 맹꽁이라는 뜻이다. '它'를 구성 요소로 하고 있으며, 커다란 배를 형상화한 상형자이다. '黽'의 머리는 '它' 즉 뱀의 머리와 같다. '𪓐'(䵶)은 주문(籒文) '黽'자이다."라고 풀이하고 있다.

갑골문에서의 자의(字義)는 아직 명확하게 밝혀지지 않았다. "……黽𠂤執"(≪前4. 56. 2≫)

鼉(타)				[tuó]
	(≪後下33. 13≫)	(≪續5. 27. 5≫)	(≪合集1870反≫)	

葉玉森은 이 글자에 대해, "似從龜從單省, 或卽鼉字.[1] : (이 글자는) '龜'를 구성 요소로 하고, 필획이 생략된 '單'을 구성 요소로 하고 있는 것 같은데, 바로 '鼉'자일 것이라 짐작된다." 라고 하였다. ≪說文解字≫에는, "鼉, 水蟲, 佀蜥易, 長丈所. 皮可爲皷. 從黽, 單聲. : '鼉'는 물속에 사는 동물로, 모양은 도마뱀과 비슷하며, 길이는 1장(丈)남짓이다. 가죽으로는 북을 만들 수 있다. '黽'을 의부, '單'을 성부로 구성되었다."라고 풀이하고 있다. 이 '鼉'라는 동물은 도마뱀과 비슷한 악어의 일종이다.

갑골문에서의 뜻은 아직 명확하게 고석(考釋)되지 않았다. "……吉, 不鼉其……"(≪後下 33. 11≫), "……鼉其[衞]……"(≪續5. 27. 5≫)

鼄(蛛)(주)					[zhū]
	(≪甲1165≫)	(≪前6. 24. 3≫)	(≪前7. 6. 1≫)	(≪佚724≫)	

위에 예시한 갑골문의 자형 결구에 대해 徐中舒는, "此字所象何形, 各家異說歧出. …… 李孝定謂 …… 𧕦諸形之腹部大半橫着二或一, 此實象蛛在網上之形, 二若一者其緯 也.[2] : 이 글자가 무엇을 형상화한 것인지에 대해서는 각 학자들의 주장이 서로 다르다.

---

1) 朱芳圃 前揭書 ≪甲骨學文字編≫ 13卷 p.4上에서 재인용.
2) 徐中舒 前揭書 ≪甲骨文字典≫ p.1442.

…… 이에 대해 李孝定은, 「…… ‘𧑒’·‘𧑒’ 등의 여러 자형들의 복부를 대부분 ‘＝’ 또는 ‘一’로 가로지르고 있는데, 이는 사실은 거미가 거미줄 위에 있는 모양을 형상화한 것으로, ‘＝’는 ‘一’과 같이 그 거미줄의 가로 줄이다.」라고 하였다.”라고 하여, ‘黿’자로 고석하였다. ≪說文解字≫에는, “黿, 鼄黿也. 從黽, 朱聲. 蛛, 黿或從虫. ：‘黿’는 ‘鼄黿’로, 거미라는 뜻이다. ‘黽’을 의부, ‘朱’를 성부로 구성되었다. ‘蛛’(蛛)는 ‘黿’의 혹체자인데, ‘虫’를 구성 요소로 하고 있다.”라고 풀이하고 있다.

갑골문에서의 뜻은 다음과 같다.

1. “不午黿” 등으로 고석되는 성어(成語)로 쓰이는데, 일설에는 길(吉)하다는 뜻이라고 하지만, 아직 정설이 없다. “不午黿”(≪鐵23. 2≫), “不午黿”(≪甲2241≫)
2. 인명(人名). “大日壬, 十月死黿”(≪甲1165≫)

二(이)	≡	≡	≡	≡	[èr]
	(≪甲5402≫)	(≪後上27. 4≫)	(≪粹416≫)	(≪菁3. 1≫)	

이 갑골문자는 가로획 두 개를 아래위로 겹쳐서 만든 숫자 ‘二’이다. ≪說文解字≫에는, “二, 地之數也. 從耦一. 弍, 古文二. ：‘二’는 땅의 숫자를 나타낸다. 짝을 이룬 두 개의 ‘一’을 구성 요소로 하고 있다. ‘弍’(弍)는 ‘古文’ ‘二’자이다.”라고 풀이하고 있다. 이에 대해 段玉裁는, “耦一者, 网其一也. 网畫當均長. 今人上短下長, 便是古文上字. 三篆亦三畫均長. ：‘耦一’이란, 두 개의 ‘一’을 짝지은 것이다. 두 획의 길이는 당연히 같아야 한다. 지금 사람들이 위 획은 짧고 아래 획은 길게 쓰는데, 이는 ‘古文’ ‘上’자이다. ‘三’자의 소전체 역시 세 획의 길이가 같다.”라고 주(注)하였다. 참고로 위 획이 길고 아래 획이 짧은 것은 ‘下’자이다.

갑골문에서도 숫자 ‘二’의 뜻으로 사용되었다. “丙寅卜, 爭貞：侑于黃奭, 二羌?”(≪合集409≫), “祖辛歲二牢”(≪後上27. 4≫), “……于我東啚戈二邑……”(≪菁3. 1≫), “……貞：[方]二月”(≪後下8. 1≫)

| 亟(극) | 𠃛 (≪前4. 46. 3≫) | 𠃛 (≪後下6. 1≫) | 𠃛 (≪天80≫) | 𠃛 (≪籭雜130≫) | [jí], [qí] |

위의 갑골문은 '二'와 '人'을 구성 요소로 하고 있는데, 간혹 '二' 대신 '一'을 구성 요소로 하고 있는 것도 있다. 이 글자들에 대해 于省吾는, "亟古極字, 𠃛又爲亟之初文. 亟字中从人, 而上下有二橫畫, 上極於頂, 下極於踵, 而極之本義昭然可觀矣.[1] : '亟'은 '極'의 고자(古字)인데, '𠃛'은 또한 '亟'의 초기 문자이다. '亟'자의 가운데 부분은 '人'을 구성 요소로 하고 있고, 아래위로 두 개의 가로획이 있는데, 위로는 머리 정수리에 닿아 있고, 아래로는 발꿈치에 닿아 있으니, 이로써 '極'의 본의를 분명하게 알 수 있다."라고 하였다. 그런데 가로획 두 획은 사람의 머리와 발꿈치 보다는 하늘과 땅을 상징한 것이며, 따라서 이 '亟'자의 본의는 극점(極點)이라고 생각된다. ≪說文解字≫에는, "亟, 敏疾也. 從人口又二; 二, 天地也. : '亟'이란 민첩하다는 뜻이다. '人'과 '口'와 '又'와 '二'를 구성 요소로 하고 있는데, '二'는 천지를 상징한다."라고 풀이하고 있다.

갑골문에서의 뜻은 아직 명확하게 밝혀지지 않았다. "戊……王隹……亟豕……"(≪天80≫), "……曰: 有希亟其有……"(≪籭雜130≫), "丙辰卜, 即貞: 叀亟出于夕御馬?"(≪後下6. 1≫) : 참고로 여기에서의 '亟'자를 '극히 빠르다' 또는 '極·盡'의 뜻이라고 주장하는 사람도 있음을 밝혀둔다.

| 恒(항) | 𠀼 (≪鐵199. 3≫) | 𠀼 (≪明2369≫) | 𠀼 (≪前7. 11. 2≫) | 𠀼 (≪粹77≫) | [héng] |

위의 갑골문은 활과 활시위의 모양을 형상화한 글자인데, 王國維는 이 글자에 대해, "卜辭人名, 於王亥外, 又有王𠀼. …… 案, 𠀼卽恒字.[2] : 갑골복사의 인명(人名)에는 王亥 이외에 또 '王𠀼'이 있다. …… 살펴보면, 이 '𠀼'은 곧 '恒'자이다."라고 하여, 이를 '恒'자로 고석하였다. ≪說文解字≫에는 이 '恒'자에 대해, "恒, 常也. 從心舟在二之間上下. 心吕舟施, 恒也.

---

1) 于省吾 前揭書 ≪甲骨文字釋林≫ p.95.

2) 王國維 前揭書 ≪觀堂集林≫ 卷9 p.5下.

𠄨, 古文恒, 從月. 詩曰 : 如月之恒. : '恒'이란 장구(長久)하다는 뜻이다. '心'과 '舟'를 구성 요소로 하고 있는데, '舟'가 '二' 즉 천지간을 상하로 왕복함을 나타낸다. 생각하는 마음 즉 '心'을 배 즉 '舟'에 의지하여 운행하되, 오래 동안 쇠(衰)하거나 변하지 않는 것이 '恒'의 뜻이다. '𠄨'(𢀰)은 '古文' '恒'자이며, '月'을 구성 요소로 하고 있다. ≪詩經·小雅·天保≫에, 「마치 달빛이 상현(上弦)에 이른 것 같네.」라고 하고 있다."라고 풀이하고 있다. 이에 대해 段玉裁는, "常, 當作長. 古長久字祇作長. : '常'은 '長'으로 써야 한다. 옛날에는 장구하다는 의미의 글자는 오직 '長'으로만 썼다."라고 주(注)하였다. 이를 갑골문과 비교하면, '心'과 '舟'와 '二'를 구성 요소로 하고 있는 소전(小篆)의 자형은 후기자(後起字)임을 알 수 있다.

갑골문에서는 '王恒'으로 쓰였는데, 이는 商 왕실의 선공(先公)의 이름이다. "貞 : [侑]于王恒?"(≪鐵199. 3≫), "貞 : [侑]于王恒?"(≪後上9. 10≫), "貞 : 勿[侑]于王恒?"(≪後下7. 7≫)

亘(선,긍)	𦥔	𦥓	𢀳	𦥕	[xuān]
	≪前4. 13. 1≫	≪鐵250. 1≫	≪甲903≫	≪粹193≫	

위의 갑골문은 사물이 회전하는 모양을 형상화하였는데, 이 글자에 대해 孫詒讓은, "此'𦥔'·'𦥓', 卽亘形之省; '𢀳'·'𦥕', 又省一, 卽'回'古文也.[1] : 이 '𦥔'·'𦥓'자는 곧 '亘'자의 자형 일부를 생략한 것인데, '𢀳'·'𦥕'자는 여기에서 다시 '一'을 생략한 것이고, 이는 곧 '回'자의 '古文'이다."라고 하였다. ≪說文解字≫에는, "亘, 求回也. 從二, 從𢀳; 𢀳, 古文回, 象回回之形, 上下所求物也. : '亘'은 빙빙 돌며 찾다는 뜻이다. '二'를 구성 요소로 하고, '𢀳'를 구성 요소로 하고 있는데, '𢀳'는 '古文' '回'자이며, 회전(回轉)하는 모양을 형상화하였고, 상하의 '二'는 찾으려는 물체를 나타낸다."라고 풀이하고 있다. 이에 대해 段玉裁는, "回者, 轉也. : '回'란 회전하다는 뜻이다."라고 하였다.

갑골문에서의 뜻은 다음과 같다.

1. 강(江) 이름. "戊子貞 : 其三桼于亘水泉文, 三牢俎牢?"(≪甲903≫)

2. 지명(地名). "庚寅卜, 貞 : 于亘十月"(≪後上9. 2≫)

3. '貞人'의 이름. "辛卯卜, 亘貞 : 彤酒于……亡𡆥?"(≪鐵249. 1≫)

---

1) 孫詒讓 ≪契文舉例≫(樓學札校點本)(齊魯書社 1993. 濟南) 上卷 p.12.

4. 인명(人名). "己亥卜, 夫令弗其執亘?"(≪乙4693≫)

| 凡(범) | (≪鐵177. 3≫) | (≪甲134≫) | (≪粹960≫) | (存1. 532≫) | [fán] |

이 갑골문 '凡'자의 자형 결구에 대해서는 학자들의 해석이 각각 다르다. 李孝定은, "契文象 承槃之形, 興‧受(授)諸字所从是也.[1] : 갑골문은 쟁반의 모양을 형상화하였는데, '興'과 '受'(授)와 같은 여러 글자들의 구성 요소가 된 것이 이것이다."라고 하였다. 그리고 趙誠은, "象盤形, 盤之初文.[2] : '盤'의 모양을 형상화하였으며, '盤'의 초기 문자이다."라고 하였다. ≪說文解字≫에는, "凡, 冣捂而言也. 從二, 二, 耦也. 從丂, 丂, 古文及. : '凡'이란 모두 모아서 총괄하여 말하다는 뜻이다. '二'를 구성 요소로 하고 있는데, '二'는 많다는 뜻을 나타낸 다. '丂'을 구성 요소로 하고 있는데, '丂'은 '古文' '及'자이다."라고 풀이하고 있다. 段玉裁는, "冣, 各本作最……今正. 冣者, 積也. : '冣'를 각 판본에는 '最'로 썼는데 지금 '冣'로 정정(訂 正)한다. '冣'란, 한데 모아서 쌓다는 뜻이다."라고 주(注)하였다.

갑골문에서의 뜻은 다음과 같다.

1. '犯'과 통용. 침범하다. "壬戌卜, 方其凡?"(≪鐵237. 1≫), "乙酉卜, 爭貞 : 麋告曰 : 方☒今春凡受有又?"(≪京津1221≫)

2. '咼凡有疒'이라는 성어(成語)로 쓰여, 병해(病害)의 뜻을 나타낸다. "丁卯卜, 王貞 : 宁壴咼凡有疒? 十二月"(≪文547≫), "貞 : 婦好咼凡有疒?"(≪乙7163≫)

3. 제명(祭名). "其凡于祖丁彡, 王受又?"(≪存下757≫), "凡母辛, 歲于☐家"(≪前1. 30. 5≫)

4. 지명(地名) 또는 방국명(方國名). "戊寅[卜], 貞 : 王其田亡戈? 在凡."(≪粹960≫), "貞 : 追凡?"(≪珠566≫)

5. '凡庚'으로 쓰여 商 왕실의 선왕(先王) '盤庚'을 지칭. "庚申卜, 貞 : 王賓凡庚彡日亡 尤?"(≪前1. 16. 2≫), "……王賓凡庚彡夕亡尤?"(≪前1. 16. 4≫)

---

1) 李孝定 前揭書 ≪甲骨文字集釋≫ p.3978.
2) 趙誠 前揭書 ≪甲骨文簡明詞典≫ p.252.

| 土(토) | (≪菁1. 1≫) | (≪粹17≫) | (≪後下38. 3≫) | (≪鐵236. 4≫) | [tǔ] |

위의 갑골문 '土'자는 땅위에 흙덩이가 놓여 있는 모양을 형상화하였는데, '一'은 땅을 의미하며, 점이 있는 것은 흙부스러기를 형상화한 것이다. 이 '土'자에 대해 ≪說文解字≫에는, "土, 地之吐生物者也. 二象地之上地之中, ㅣ物出形也. : '土'는 만물을 밖으로 토(吐)해서 자라나게 하는 땅이라는 뜻이다. '二'는 땅의 윗부분과 가운데 부분을 형상화한 것이고, 'ㅣ'은 만물이 땅에서 자라 나오는 모양을 형상화한 것이다."라고 풀이하고 있다.

갑골문에서의 뜻은 다음과 같다.

1. 땅. 토지(土地). 강토(疆土). "己巳卜, 㱿貞 : 西土受年?"(≪後下38. 3≫), "東土受年"(≪合集9335≫), "北土受年"(≪合集9745≫), "南土受年"(≪合集9738≫)

2. '社' 즉 토지신(土地神). "貞 : 勿㞢年于邦土?"(≪前4. 17. 3≫), "于亳社御"(≪合集 32675≫)

3. 방국명(方國名). "丁酉卜, 㱿貞 : 今春王共人五千正(征)土方受有祐? 三月"(≪後上 31. 5≫), "戊午卜, 賓貞 : 王從沚戛伐土方受有[祐]?"(≪後上17. 5≫) : 이 '土方'은 지금의 河北 중부, 山西 북부 지역으로 추정된다.

4. 商 왕조의 선공(先公) '相土'를 지칭. "貞 : 尞于土, 三小宰, 卯二牛, 沈一牛?"(≪前1. 24. 3≫) : 王國維의 고석(考釋)에 의거하였다.[1]

| 基(기) | (≪合集6572≫) | (≪合集8444≫) | (≪戩44. 15≫) | (≪拾4. 17≫) | [jī] |

위의 갑골문 '基'자 역시 '其'와 '土'를 구성 요소로 하고 있는데, 이는 삼태기 속에 흙이 담긴 모양을 형상화한 자형이다. 이에 대해 徐中舒는, "從土在箕上, 當是基之原字.[2] : 삼태기 위에 흙이 담겨 있는 모양으로 구성되었는데, '基'자의 원자(原字)임이 틀림없다."라고 고석하였다. ≪說文解字≫에는, "基, 牆始也. 從土, 其聲. : '基'는 담장의 시초라는 뜻이다.

---

1) 王國維 前揭書 ≪觀堂集林·卜辭中所見殷先公先王考≫ 卷9 pp.413~414를 참고.

2) 徐中舒 前揭書 ≪甲骨文字典≫ p.1455.

'土'를 의부, '其'를 성부로 구성되었다."라고 풀이하고 있다. 이에 대해 段玉裁는, "牆始者, 本義也. 引申之爲凡始之偁. 釋詁·周語·毛詩傳皆曰：基, 始也. : '牆始' 즉 담장의 시초가 본의이다. 여기서 인신하여, 모든 시작에 대한 범칭(凡稱)이 되었다. ≪爾雅·釋詁≫·≪國語·周語≫·≪毛詩傳≫ 모두「基는 시작이라는 뜻이다.」라고 하고 있다."라고 주(注)하였다. 그리고 王筠은, "今之坖牆者, 必埋石地中以爲基.[1] : 지금은 담을 쌓는 경우, 반드시 땅속에 돌을 묻어서 기초로 삼는다."라고 하였다.

갑골문에서는 방국명(方國名)으로 사용되었다. "乙酉卜, 丙貞：子☒戈基方? 四月"(≪前5. 13. 1≫), "☒卯卜, 殼貞：……基方……?"(≪佚354≫)

在(재)	 (≪甲214≫)	 (≪甲2508≫)	 (≪續1. 12. 6≫)	 (≪續5. 11. 6≫)	[zài]

≪甲骨文編≫에는 위에 예시한 '♯'(≪甲214≫)자를 '在'자로 수록하고는, "卜辭用才爲在.[2] : 갑골복사에서는 '才'를 '在'의 뜻으로 사용하고 있다."라고 하고 있다. 이는 갑골문에서는 '土'를 의부, '才'를 성부로 구성된 '在'자가 없고, 대신 '才'를 가차(假借)하여 '在'자의 뜻으로 사용하고 있다는 말이다. 이는 학자들의 일치된 주장이므로, 제6편의 '才'자에 대한 해설을 참고하기 바란다. ≪說文解字≫에는, "在, 存也. 從土, 才聲. : '在'는 존재하다는 뜻이다. '土'를 의부, '才'를 성부로 구성되었다."라고 풀이하고 있다.

갑골문에서는 어떤 행위가 미치는 장소·시간·범위·대상 등을 나타내는 개사(介詞)로 사용되었다. "在祖乙宗"(≪甲771≫), "壬子卜, 即貞：祭其酒奏其在父丁? 七月"(≪佚172≫), "庚辰貞：其求生于妣庚·妣丙? 在祖乙宗卜"(≪拾1. 10≫), "在中丁宗在三月"(≪續1. 12. 6≫), "癸亥卜, 在向貞：王旬亡禍?"(≪粹1456≫)

---

1) 王筠 ≪說文句讀≫, 丁福保 前揭書 ≪說文解字詁林正補合編≫ 第10冊 p.10-1126에서 재인용.
2) 中國社會科學院考古研究所 前揭書 ≪甲骨文編≫ p.519.

| 封(봉) | 𡉚 (≪甲2902≫) | 𡊅 (≪粹192≫) | 丰 (≪佚518背≫) | 𡊅 (≪京津4499≫) | [fēng] |

위의 갑골문 '丰'자에 대해 郭沫若은, "丰即以林木爲界之象形.[1] : '丰'자가 바로 임목(林木)을 사용하여 경계를 삼은 상형이다."라고 하여, '封'자로 고석하였다. 그리고 李孝定은, "契文从丰从土, 與許書古文籀文略同, 均不从寸. 封之本義, 當以郭說爲是, 許訓乃後起之義. 字象植樹土上, 以明經界.[2] : ('封'자의) 갑골문은 '丰'과 '土'를 구성 요소로 하고 있고, 許愼의 ≪說文解字≫의 '古文'과 주문(籀文)의 자형과 대략적으로 같은데, 모두 '寸'을 구성 요소로 하고 있지 않다. '封'자의 본의는 郭沫若의 주장이 옳다고 해야 하며, 許愼의 뜻풀이는 뒤에 생겨난 뜻이다. 이 '封'자는 흙 위에 나무를 심어서 경계를 명시한 것을 형상화하였다."라고 하였다.

≪說文解字≫에는, "封, 爵諸侯之土也. 從之土, 從寸; 寸, 守其制度也. 公侯百里, 伯七十里, 子男五十里. 𡊅, 籀文封, 從丰土. 圭, 古文封省. : '封'은 제후에게 작위(爵位)의 등급에 따라 나누어서 내리는 땅을 말한다. '之'와 '土'를 구성 요소로 하고, '寸'을 구성 요소로 하고 있는데, '寸'은, 분봉(分封)의 제도를 준수한다는 뜻을 나타낸다. 공작(公爵)과 후작(侯爵)은 사방 100리(里)의 땅을 봉했고, 백작(伯爵)은 사방 70리의 땅을 봉했으며, 자작(子爵)과 남작(男爵)은 사방 50리의 땅을 봉했다. '𡊅'(杜)은 주문(籀文) '封'자인데, '丰'과 '土'를 구성 요소로 하고 있다. '圭'(圭)은 '古文' '封'자인데, 필획이 생략되었다."라고 풀이하고 있다.

갑골문에서의 뜻은 다음과 같다.

1. 방국(邦國)의 봉강(封疆). "……賓祖乙爽妣己……于二封方……"(≪後上2. 16≫), "己酉王卜, 貞 : 余正(征)三封方?"(≪後上18. 2≫), "……余其從侯☒伐四封方"(≪續3. 13. 1≫)

2. 인명(人名). "……王賜宰封……"(≪佚518背≫)

---

1) 郭沫若 ≪甲骨文字研究·釋封≫, 李孝定 前揭書 ≪甲骨文字集釋≫ p.3993에서 재인용.

2) 李孝定 上揭書 ≪甲骨文字集釋≫ p.3997.

| 圣(골) | (≪粹1223≫) | (≪京都2363≫) | (≪前4. 10. 3≫) | (≪合集6774≫) | [kū] |

위의 갑골문은 '収' 즉 두 손과 '土'를 구성 요소로 하고 있는데, 이 글자에 대해 郭沫若은 "𡎡字从収从土, 當卽圣字.[1] : '𡎡'자는 '収'을 구성 요소로 하고, '土'를 구성 요소로 하고 있는데, 이는 곧 '圣'자임이 틀림없다."라고 하였다. 이 글자는 두 손으로 흙을 파내는 모양을 형상화한 자형이다. ≪說文解字≫에는, "圣, 汝潁之閒謂致力於地曰圣. 從土又. 讀若兔鹿窟. : '圣'은 汝河와 潁水 사이에 있는 지역에서는 땅에다 힘을 쓰는 것을 '圣'이라고 한다. '土'와 '又'를 구성요소로 하고 있으며, '兔鹿窟'의 '窟'자처럼 읽는다."라고 풀이하고 있다. 이에 대해 段玉裁는, "此方俗殊語也. 致力必以手, 故其字從又土會意. : 이는 지방의 풍속에 따른 특수한 용어이다. 힘을 쓰는 일은 반드시 손으로 해야 하므로, 이 글자는 '又'와 '土'를 구성 요소로 하는 회의자(會意字)이다."라고 주(注)하였다.

갑골문에서는 흙을 파서 전지(田地)를 개척하다는 뜻으로 사용되었다. "貞 : 王命多羌圣田?"(≪粹1222≫), "戊辰卜, 賓貞 : 命派圣田于□?"(≪前4. 10. 3≫), "甲子貞 : 于下尸刖圣田?"(≪粹1223≫) : '下尸刖'은 지명(地名)이다.

| 堯(요) | (≪後下32. 16≫) | | [yáo] |

위의 갑골문은 사람의 머리 위에 두 덩이의 흙을 올려놓은 모양을 형상화한 자형 결구인데, ≪甲骨文編≫에는 이 글자를 '堯'자로 수록하고는, "从土从兀, 與堯字古文略同.[2] : '土'를 구성 요소로 하고, '兀'을 구성 요소로 하고 있는데, 이는 '堯'자의 '古文'과 대략 같다."이라고 하고 있다. 이 '堯'자에 대해 ≪說文解字≫에는, "堯, 高也. 從垚在兀上, 高遠也. 𡋛, 古文堯. : '堯'는 높다는 뜻이다. '垚'가 '兀' 위에 놓여 있는 모양으로 구성되어 있는데, 이는 고원(高遠)하다는 뜻을 나타낸다. '𡋛'(𡋛)는 '古文' '堯'자이다."라고 풀이하고 있다.

---

1) 郭沫若 前揭書 ≪殷契粹編·考釋≫ p.158上.

2) 中國社會科學院考古研究所 前揭書 ≪甲骨文編≫ p.520.

갑골문에서의 뜻은 아직 명확하게 밝혀지지 않았다. "……堯……"(≪後下32. 16≫)

| 堇(근) | (≪燕874≫) | (≪乙7124≫) | (≪後下24. 2≫) | (≪京津2300≫) | [qín] |

위의 갑골문은 기본적으로 '人'을 구성 요소로 하고 있는데, 머리 부분이 강조되어 있고, 후기의 갑골문은 발아래에 '火'를 덧붙이기도 하였다. 郭沫若은 이 글자를 '堇'자로 고석하고는, "堇亦是色, 殆叚爲纁, 赤色也. 堇牛卽是騂牛矣.[1] : '堇' 역시 색깔인데, 아마도 '纁'으로 가차(假借)되어 '赤色'을 의미하는 것 같다. '堇牛'는 곧 '騂牛' 즉 붉은 소이다."라고 하였다. 이에 의하면, 이 '堇'자의 본의는 적색(赤色) 곧 붉은 색이라는 뜻이다.

≪說文解字≫에는 이 '堇'자에 대해, "堇, 黏土也. 從黃省, 從土. 𦰩, 古文堇. 𡏳, 亦古文. : '堇'은 진흙이라는 뜻이다. 필획이 생략된 '黃'을 구성 요소로 하고, '土'를 구성 요소로 하고 있다. '𦰩'(𦰩)은 '古文' '堇'자이다. '𡏳'(𡏳)도 또한 '古文'이다."라고 풀이하고 있다. 이에 대해 段玉裁는, "從黃者, 黃土多黏也. : '黃'을 구성 요소로 하고 있는 것은 황토가 점성이 많기 때문이다."라고 주(注)하였다.

갑골문에서의 뜻은 다음과 같다.

1. 적색(赤色). 붉은 색. "其用堇牛"(≪粹551≫), "叀堇牡"(≪拾1. 4≫)
2. '嘆'과 통용. 한재(旱災). "己酉卜, 亘貞 : 帝不我堇? [貞] : 不其堇我?"(≪乙7124≫), "庚戌卜, 貞 : 帝其降堇一妵?"(≪前3. 24. 4≫), "☑丑卜, 貞 : 不雨帝隹堇?"(≪林1. 25. 13≫), "……西土亡堇"(≪後下24. 2≫)

| 艱(간) | (≪前5. 40. 7≫) | (≪戩26. 12≫) | (≪合集24206≫) | (≪懷946≫) | [jiān] |

위의 갑골문은 '堇'과 '壴'를 구성 요소로 하고 있는데, '壴'와 '人'을 구성 요소로 한 것도 상당히 많다. 이에 대해 李孝定은, "契文从堇豈聲, 羅氏釋此爲艱, 是也. …… 唐氏又謂卜

---

1) 郭沫若 前揭書 ≪殷契粹編·考釋≫ p.80上.

辭多假壴尌娓爲艱, 其說亦是.[1] : 갑골문이 '堇'을 의부, '壴'를 성부로 구성되었는데, 羅振玉이 이를 '艱'자로 고석한 것은 옳다. …… 그리고 唐蘭은 또 「갑골복사에서는 대부분 '壴'·'尌'·'娓' 등을 '艱'자의 뜻으로 가차하여 사용한다.」라고 하였는데, 이 주장 역시 옳다."라고 하여, '艱'자로 고석하였다. ≪說文解字≫에는, "艱, 土難治也. 從堇, 艮聲. 𪅂, 籀文艱, 從喜. : '艱'은 토지를 갈아서 고르기가 어렵다는 뜻이다. '堇'을 의부, '艮'을 성부로 구성되었다. '𪅂'(囏)은 주문(籀文) '艱'자이며, '喜'를 구성 요소로 하고 있다."라고 풀이하고 있다.

갑골문에서는 화난(禍難) 또는 재앙(災殃)의 뜻으로 사용되었다. "……茲有希其有來艱"(≪佚386反≫), "丁未卜, 即貞 : 今日亡來艱?"(≪戩26. 11≫), "……卜, 貞 : 夕亡艱?"(≪前5. 40. 7≫), "己巳卜, 貞 : 令亡來艱?"(≪合集24206≫)

野(야)	林土	林土	林土	林土	[yě]
	≪前4. 33. 5≫	≪乙360≫	≪後下3. 1≫	≪鄴三下38. 4≫	

위의 갑골문은 '林'과 '土'를 구성 요소로 하고 있는데, 羅振玉이 이를 '野'자로 고석하여[2] 정설이 되었다. 이 '野'자에 대해 ≪說文解字≫에는, "野, 郊外也. 從里, 予聲. �, 古文野, 從里省, 從林. : '野'는 교외(郊外)라는 뜻이다. '里'를 의부, '予'를 성부로 구성되었다. '𡐐'(壄)는 '古文' '野'자이며, 필획이 생략된 '里'를 구성 요소로 하고, '林'을 구성 요소로 하고 있다."라고 풀이하고 있다. 위에 예시한 갑골문은 '埜'로 써야 하는데, 이에 대해 ≪甲骨文編≫에는 "不从予, 埜之初文.[3] : '予'를 구성 요소로 하지 않았으며, 이는 (≪說文解字≫의 '野'자의 '古文') '壄'의 초문(初文)이다."라고 하고 있다. 갑골문의 자형 결구에 의하면, 이 '埜'자는 교외(郊外)에 있는 숲이라는 뜻인 것 같다.

갑골문에서의 뜻은 다음과 같다.

1. 인명(人名). "貞 : 野入……止休……?"(≪前4. 33. 5≫)
2. 자의(字義) 불분명. "野弜于甫☒乎爵"(≪鄴三38. 4≫), "庚午卜, 貞 : 野丁至于……入甫? 茲用"(≪鄴三38. 4≫)

---

1) 李孝定 上揭書 ≪甲骨文字集釋≫ pp.4020~4021.

2) 羅振玉 前揭書 ≪增訂殷虛書契考釋≫ 卷中 p.8下를 참고.

3) 中國社會科學院考古研究所 前揭書 ≪甲骨文編≫ p.521.

| 田(전) | (≪前4. 5. 6≫) | (≪粹1545≫) | (≪粹1223≫) | (≪拾6. 7≫) | [tián] |

갑골문 '田'자는 전지(田地)의 모양을 형상화하였는데, 속에 있는 격자(格子) 모양은 전지에 나있는 두렁의 모양을 나타낸 것이다. ≪說文解字≫에는, "田, 敶也. 樹穀曰田. 象形. 囗十, 千百之制. : '田'은 가지런하게 진열하다는 뜻이다. 곡식을 심은 곳을 '田'이라고 한다. 상형자이다. '囗'와 '十'은 사방으로 나 있는 두렁을 나타낸다."라고 풀이하고 있다. 이에 대해 段玉裁는, "各本作陳, 今正. 敶者, 列也. …… 取其敶列之整齊謂之田. : ('敶'을) 각 판본에서 '陳'으로 썼으나, 지금 바로잡는다. '敶'이란 진열하다는 뜻이다. …… 그 진열의 가지런함을 취하여 '田'이라고 한다."라고 주(注)하였다.

갑골문에서의 뜻은 다음과 같다.

1. 농경지(農耕地). "……貞 : 王命多羌圣田?"(≪粹1222≫), "我北田不其受年"(≪乙5584≫), ……大命衆人曰劦田其受年, 十一月"(≪續2. 28. 5≫)

2. 전렵(田獵). "……卜, 貞 : 王田于……往來亡災? 在五月, ……獲麋"(≪前4. 5. 6≫), "戊戌王卜, 貞 : 田羌往來亡災? 王占曰 : 吉. 玆御獲鹿八"(≪前2. 34. 4≫), "乙未卜, 在盂田擒豕?"(≪甲692≫)

3. 전지(田地)를 관리하는 관직명(官職名). "多田亡戈"(≪京都4563≫), "叀◻令田"(≪粹1224≫), "……㠯多田亞[任]?……"(≪粹1545≫)

| 疇(주) | (≪甲2124≫) | (≪乙3290≫) | (≪佚887≫) | (≪河516≫) | [chóu] |

羅振玉이 위의 갑골문을 '疇' 즉 '疇'자로 고석하면서 "此與許書或體同.[1] : 갑골문의 이 글자는 許愼의 ≪說文解字≫의 ('疇'자의) 혹체자와 자형이 같다."라고 하였다. 갑골문의 자형은 전지(田地)를 갈아서 고르게 만드는 모양을 형상화한 것이다. ≪說文解字≫에는, "疇, 耕治之田也. 從田𧶠, 象耕田溝詰詘也. 𤲶, 疇或省. : '疇'는 이미 갈아서 고르게 정리한

───────────────

1) 羅振玉 前揭書 ≪增訂殷虛書契考釋≫ 卷中 p.8上.

전지(田地)라는 뜻이다. '田'과 '畕'를 구성 요소로 하고 있는데, '畕'는 쟁기로 갈아놓은 전지의 도랑이 구불구불한 모양을 형상화한 것이다. '畺'(畺)는 '畴' 즉 '疇'자의 혹체자(或體字)인데, 필획이 생략되었다."라고 풀이하고 있다. 갑골문에서는 이 '疇'자를 '畕'자로 표기한다.

그런데 이 '疇'자의 혹체자 '畺'자는 후세에 '壽'자로 쓰였고, 갑골문에서는 '禱'자와 통용되기도 하는데, 徐中舒는 '鑄'자와 통용되기도 한다고 주장하였다.[1]

갑골문에서의 뜻은 다음과 같다.

1. 전지(田地)를 고르게 갈다. "畕耤在明受有年"(≪乙3290≫)

2. 제명(祭名). '禱'자와 통용. "甲子卜, 畕翊日于祖乙?"(≪甲2124≫), "庚子卜, 爭貞劦其飮于祖辛畕侑勺歲用?"(≪佚887≫), "……卜, 貞：……告畕于河?"(≪珠840≫)

3. 지명(地名) 또는 방국명(方國名). "……畕弗其受有年?"(≪乙3290≫)

畯(준)				[jùn]
	(≪前4. 28. 5≫)	(≪庫1028≫)	(≪京津582≫)	(≪後下4. 7≫)

이 갑골문자는 '人'과 '田'을 구성 요소로 하고 있는데, 사람이 전지(田地)를 바라보는 모양을 형상화한 자형 결구이다. ≪甲骨文編≫에는 이 글자들을 '畯'자로 수록하고는, "畯, 甲骨金文皆從允作畎.[2] : '畯'자는 갑골문과 금문 모두 '允'을 구성 요소로 하여 '畎'으로 쓰고 있다."라고 하고 있다. ≪說文解字≫에는, "畯, 農夫也. 從田, 夋聲. : '畯'은 농사를 관장하는 관리라는 뜻이다. '田'을 의부, '夋'을 성부로 구성되었다."라고 풀이하고 있다. 이에 대해 段玉裁는, "周禮籥章, 以樂田畯. 注 : 鄭司農云 : 田畯, 古之先教田者. 按, 田畯, 教田之官, 亦謂之田. : ≪周禮 · 春官 · 籥章≫의 '以樂田畯'이라는 말 중의 '田畯'에 대해 鄭玄은, 『鄭司農은, 「田畯」은 옛날에 농사일을 앞서서 가르치는 사람이었다.」라고 하였다.』라고 주(注)하였다. 살펴보면, '田畯'이란 농사일을 가르치는 관리이며, '田'이라고도 했다."라고 주(注)하였다.

갑골문에서의 뜻은 다음과 같다.

1. 농사를 주관하는 관직명(官職名). "甲辰卜, [爭]貞：亞畯保王, 亡不若?"(≪庫1028≫), "……卜, 貞：子央畯隹人……?"(≪後下4. 7≫)

---

1) 徐中舒 前揭書 ≪甲骨文字典≫ pp.1483~1484의 '鑄'자에 대한 해설을 참고.
2) 中國社會科學院考古研究所 前揭書 ≪甲骨文編≫ p.523.

2. 방국명(方國名). "癸亥卜, 賓貞：勿귀手 戈人有正畯?"(≪珠485≫), "丙寅卜, 賓貞
：巳虧音畯……四方? 十月"(≪後下8. 1≫)

| 畕(강) |
(≪庫492≫) |
(≪英744≫) | [jiāng] |

이 갑골문은 두 개의 '田'을 중첩한 모양의 자형 결구인데, 이는 전지(田地)가 연이어져 있음을 나타낸 것이다. 李孝定은 이 글자에 대해, "契文正象比田之形.[1] : 갑골문은 바로 전지가 연접(連接)된 모양을 형상화하였다."라고 하면서, 이를 '畕'자로 고석하였다. ≪說文解字≫에는, "畕, 比田也. 從二田. 闕. : '畕'은 긴밀하게 서로 연접한 전지라는 뜻이다. 두 개의 '田'을 구성 요소로 하고 있다. 독음에 대한 해설은 궐(闕)한다."라고 풀이하고 있다. 이에 대해 段玉裁는, "比, 密也. …… 比田者, 兩田密近也. …… 闕, 大徐本無, 非也. 此謂其音讀闕也. : '比'란 '密'자의 뜻이다. …… '比田'이란, 두 개의 전지가 밀접하게 가까이 있다는 뜻이다. …… '闕'자는 徐鉉의 대서본(大徐本)에는 없는데, 옳지 않다. 여기에서는 독음에 대한 해설을 궐(闕)함을 말한다."라고 주(注)하였다.

갑골문에서는 지명(地名)으로 사용되었다. "……于畕……"(≪庫492≫)

| 畺(疆)(강) |
(≪後下2. 17≫) | [jiāng] |

위의 갑골문은 '弓'과 '畕'을 구성 요소로 하고 있는데, 이에 대해 徐中舒는, "從畕從弓, 爲疆之原字. …… 從弓者, 其疆域之大小卽以田獵所用之弓度之. …… ≪說文≫以彊爲弓有力, 而以畕疆爲疆界之疆.[2] : '畕'을 구성 요소로 하고, '弓'을 구성 요소로 하고 있는데, 이는 '疆'의 원래 글자이다. …… '弓'을 구성 요소로 한 것은, 그 강역의 크기를 사냥에 사용하던 '弓'으로 측정하였기 때문이다. …… ≪說文解字≫에서는 '彊'자로써 활이 힘세다는 뜻을

1) 李孝定 前揭書 ≪甲骨文字集釋≫ p.4033.
2) 徐中舒 前揭書 ≪甲骨文字典≫ p.1475.

나타내었고, '畕·疆'자로는 '疆界'의 '疆'자의 뜻을 나타내었다."라고 하였다. ≪說文解字≫
에는, "畺, 界也. 從畕, 三其界畫也. 疆, 畺或從彊土. : '畺'은 강계(疆界)라는 뜻이다.
'畕'을 구성 요소로 하고 있으며, '三'은 '田'과 '田' 사이의 경계를 나타낸다. '疆'은 '畺'의
혹체자인데, '彊'과 '土'를 구성 요소로 하고 있다."라고 풀이하고 있다. 이에 대해 段玉裁는,
"七月, 萬壽無疆. 傳曰：疆, 竟也. 田部曰：界, 竟也. 然則畺界義同, 竟境正俗字. ……
今則疆行而畺廢矣. : ≪詩經·豳風·七月≫의 '萬壽無疆'이라는 구절(句節) 중의 '疆'자에
대해 ≪毛詩傳≫에는, 「疆은 '竟'자의 뜻이다.」라고 하고 있다. ≪說文解字≫ '田'부(部)에
는, 「'界'는 '竟'자의 뜻이다.」라고 하고 있다. 그러므로 '畺'과 '界'자는 자의(字義)가 같고,
'竟'과 '境'자는 정자(正字)와 속자의 관계이다. …… 오늘날에는 '疆'자가 통용되고, '畺'자는
폐기되었다."라고 주(注)하였다.

갑골문에서도 강계(疆界)라는 뜻으로 사용된 것 같다. "……疆……"(≪後下2. 17≫)

黃(황)　　(≪甲3355≫)　　(≪乙4549≫)　　(≪前7. 32. 3≫)　　(≪粹198≫)　　[huáng]

이 갑골문자에 대해 王襄은, "疑古黃字異文.[1] : 고대의 '黃'자의 이체자로 짐작된다."라고
하였고, 李孝定은 "契文黃字不盡从田, 更無从茨字. 金文與契文略同. 郭氏說爲佩玉之象,
其說可从.[2] : 갑골문 '黃'자는 (≪說文解字≫의 설명과는 달리) 모두가 다 '田'을 구성 요소로
하고 있는 것은 아니며, 더 나아가 '茨'을 구성 요소로 하고 있는 것은 없다. 금문과 갑골문의
자형은 대략 같다. 郭沫若이 옥(玉)을 찬 모양을 형상화하였다고 했는데, 그 주장이 따를
만하다."라고 설명하였다. ≪說文解字≫에는, "黃, 地之色也. 從田, 茨聲. 茨, 古文光.
𡕵, 古文黃. : '黃'은 땅의 색깔이다. '田'을 의부, '茨'을 성부로 구성되었다. '茨'은 '古文'
'光'자이다. '𡕵'(㼒)은 '古文' '黃'자이다."라고 풀이하고 있다.

갑골문에서의 뜻은 다음과 같다.

1. 황색(黃色). "貞：尞東西南, 卯黃牛?"(≪合278≫), "甲申卜, 賓貞：尞于東三豕三羊
骨犬卯黃牛?"(≪續1. 53. 1≫)

---

1) 王襄 前揭書 ≪簠室殷契徵文考釋·地望≫ p.4下.
2) 李孝定 前揭書 ≪甲骨文字集釋≫ p.4048.

2. 지명(地名). "丁丑卜, 步黃帝?"(≪乙4549≫) : '帝'는 '禘'자의 뜻이다.

3. '貞人'의 이름. "癸巳卜, 黃貞 : 王旬亡禍, 往來征人方?"(≪甲3355≫), "癸卯卜, 黃貞 : 王旬亡禍……?"(≪甲3356≫)

4. 인명(人名). '黃尹'·'黃伊'·'黃奭'으로 사용되었거나, 또는 이들에 대한 약칭(略稱)으로 사용되었다. "己未卜, 爭貞 : 黃尹弗蚩王?"(≪合302≫), "己亥卜, 殼貞 : 侑伐于黃伊亦有于蔑?"(≪前1. 52. 3≫), "貞 : 于黃奭寮?"(≪乙4642≫), "……占曰其衛于黃示"(≪續5. 9. 2≫) : '黃示'는 '黃尹'·'黃伊'·'黃奭' 등의 신주(神主)라는 뜻이다.

男(남)					[nán]
	(≪鐵132. 2≫)	(≪前8. 7. 1≫)	(≪京津2122≫)	(≪林2. 22. 12≫)	

갑골문 '男'자는 '田'과 '力'을 구성 요소로 하고 있는데, 이는 소전체(小篆體)의 자형 결구와 같다. 여기에서의 '力'은 농기구 '耒' 즉 굽정이의 모양을 형상화한 것이며, 이 굽정이로 밭을 가는 일은 대부분 남자들의 일이므로, 이에서 남자를 지칭하게 되었으리라 짐작된다. ≪說文解字≫에는, "男, 丈夫也. 從田力, 言男用力於田也. : '男'은 장부(丈夫)라는 뜻이다. '田'과 '力'을 구성 요소로 하고 있는데, 이는 남자는 전지(田地)에서 힘을 사용한다는 것을 말한다." 라고 풀이하고 있다. 이에 대해 段玉裁는, "夫下曰 : 周制八寸爲尺, 十尺爲丈, 人長一丈, 故曰丈夫. : (≪說文解字≫의) '夫'자 아래에, 「周나라의 제도에서는, 8촌(寸)이 1척(尺)이고, 10척이 1장(丈)인데, 사람의 키가 1장으로 자라면 장부(丈夫)라고 일컫는다.」 라고 하고 있다." 라고 주(注)하였다.

갑골문에서는 작위(爵位)의 명칭으로 사용된 것 같다. "庚辰卜, 貞 : 男荀……亡禍?"(≪前8. 7. 1≫), "貞 : 隹……男克……?"(≪京津2122≫) : 외직(外職)인 '侯田男衛'의 '男'이다.

力(력)					[lì]
	(≪甲211≫)	(≪乙8893≫)	(≪京津1903≫)	(≪庫203≫)	

徐中舒는 위의 갑골문에 대해, "象原始農具之耒形. 殆以耒耕作須有力, 故引申爲氣力之

力.[1] : 원시 농기구인 '耒' 즉 굽정이의 모양을 형상화하였다. 아마도 굽정이를 사용하여 경작(耕作)하는 데는 반드시 힘이 있어야 하기 때문에 인신(引伸)하여 '氣力'의 '力'을 의미하게 된 것 같다."라고 풀이하고 있다. 금문(金文)으로는 'ﾏ'(≪屬羌鐘≫)으로 쓴다. ≪說文解字≫에는, "力, 筋也. 象人筋之形. 治功曰力, 能禦大災. : '力'은 근육(筋肉)을 수축하고 이완하는 기능이라는 뜻이다. 사람의 근육이 움직이는 모양을 형상화하였다. 천하를 잘 다스릴 수 있는 공로(功勞)를 '力'이라고 하는데, 이 '力'은 또한 큰 재난을 방어할 수도 있다."라고 풀이하고 있다.

갑골문에서는 '힘'으로 읽으며, 제명(祭名)으로 사용되었다. "丁卯, 于來辛巳酚力"(≪甲726≫), "帝力尞門"(≪乙8896≫), "……卜, 貞 : 力其兄……?"(≪京津4255≫)

협(협)　(≪粹866≫)　(≪續2. 28. 5≫)　(≪京津4046≫)　(≪合集14295≫)　[xié]

갑골문 '劦'자는 역시 기본적으로 세 개의 '力' 즉 굽정이를 구성 요소로 하고 있는데, 혹체(或體)로 '口'를 덧붙인 것도 많으며, 이 '口'는 전지(田地)를 나타낸다. 이 '劦'자는 세 개의 굽정이로 협력하여 경작하는 모양을 형상화한 자형 결구로, 서로 힘을 합쳐 일하다는 뜻을 나타낸다. ≪說文解字≫에는, "劦, 同力也. 從三力. 山海經曰 : 惟號之山, 其風若劦. : '劦'은 여럿이 힘을 합치다는 뜻이다. 세 개의 '力'을 구성 요소로 하고 있다. ≪山海經≫에, 「雞號山 위에는, 바람이 마치 여럿이 힘을 모아서 불어오는 것 같네.」라고 하고 있다."라고 풀이하고 있다.

갑골문에서의 뜻은 다음과 같다.

1. 힘을 합치다. 협력하다. "……大命衆人曰劦田其受年, 十一月"(≪續2. 28. 5≫)

2. 제명(祭名). '祫祭'. "丁丑卜, 行貞 : 賓父丁劦亡尤?"(≪合集23120≫), "……卜, 劦日祖甲祜羌……?"(≪京津4046≫), "癸酉卜, 貞 : 王賓祖丁奭妣癸劦日亡尤?"(≪後上3. 14≫)

3. 동방(東方)의 풍명(風名). "貞 : 帝于東方曰析, 風曰劦莽?"(≪合集14295≫), "東方日析, 風曰劦"(≪京津520≫)

---

1) 徐中舒 前揭書 ≪甲骨文字典≫ p.1478.

第 14 篇

錫(석)

(≪甲3364≫)

[xí]

≪甲骨文編≫에는 위에 예시한 ≪甲3364≫의 ''자를 '錫'자로 수록하고는, "卜辭用易爲錫.[1] : 갑골복사에서는 '易'자를 '錫'자의 뜻으로 사용하였다."라고 하고 있다. 이 글자는 '易'자로 고석(考釋)된 글자이므로, 제9편의 '易'자에 대한 해설을 참조하기 바란다. 이 '錫'자에 대해 ≪說文解字≫에는, "錫, 銀鉛之閒也. 從金, 易聲. : '錫'은 은(銀)과 연(鉛)[납]의 중간 성격의 금속으로, 주석이라는 뜻이다. '金'을 의부, '易'을 성부로 구성되었다."라고 풀이하고 있다.

갑골문에서는 '賜'자의 뜻으로 가차(假借)되어 '하사(下賜)하다'는 뜻으로 사용되었다. "壬午王田于麥彔(麓), 獲商(賞)戠[犀牛], 王易(錫)宰丯帚 · 小䅋兄(祝). 在五月, 唯王六祀, 肜日."(≪佚518≫)

1) 中國社會科學院考古研究所 前揭書 ≪甲骨文編≫ p.527.

| 鑄(주) |
(≪金511≫) |
(≪英2567≫) |
(≪合集29687≫) |
(≪前6. 61. 4≫左側) | [zhù] |

위에 예시한 ≪前6. 61. 4≫의 갑골문 자형은 절반이 잔결(殘缺)되었는데, 李孝定은 이를 위와 같이 보충하여 '鑄'자로 수록하고는, "契文作𣄼, 上亦象兩手持倒皿, 與金文同; 下從土, 土范也. 當是鑄字.[1] : 갑골문으로는 '𣄼'로 쓰는데, 위쪽은 역시 두 손으로 '皿'을 거꾸로 들고 있는 모양을 형상화하였으며, 이는 금문(金文)의 자형과도 같다. 아래쪽은 '土'를 구성 요소로 하고 있는데, 이는 '土范' 즉 흙으로 만든 거푸집을 의미한다. '鑄'자가 분명하다." 라고 하였다. ≪說文解字≫에는, "鑄, 銷金也. 從金, 壽聲. : '鑄'는 쇠를 녹이다는 뜻이다. '金'을 의부, '壽'를 성부로 구성되었다."라고 풀이하고 있다.

갑골문에서의 뜻은 다음과 같다.

1. 거푸집이라는 본의(本義)로 사용된 것 같다. "王其鑄黃呂奠血叀, 今日乙未利"(≪金511≫)

2. 제명(祭名)으로 사용된 듯하다. "甲……貞 : 其鑄河王賓示弦隹王☒? 八月"(≪前6. 61. 4≫)

| 鑊(확) |
(≪前6. 45. 8≫) |
(≪乙2762≫) |
(≪後下14. 10≫) |
(≪粹1224≫) | [huò] |

羅振玉은 이 글자에 대해, "此从鬲隻聲, 殆卽許書之鑊.[2] : 이 글자는 '鬲'을 의부, '隻'을 성부로 구성되었는데, 바로 許愼의 ≪說文解字≫ 중의 '鑊'자인 것 같다."라고 하여, '鑊'자로 고석하였다. 간혹 '隻'의 '又'를 생략한 것도 있고, 또 여러 개의 점(點)을 덧붙여 물을 나타낸 것도 있다. 이 글자의 본의는 새나 닭 등의 고기를 삶는 솥이라는 뜻이다.

≪說文解字≫에는, "鑊, 鬵也. 從金, 蒦聲. : '鑊'은 발이 없는 큰 솥이라는 뜻이다. '金'을 의부, '蒦'을 성부로 구성되었다."라고 풀이하고 있다. 이에 대해 段玉裁는, "少牢饋食禮,

---

1) 李孝定 前揭書 ≪甲骨文字集釋≫ p.4057.
2) 羅振玉 前揭書 ≪增訂殷虛書契考釋≫ 卷中 p.38下.

有羊鑊, 有豕鑊, 鑊所以煮也. : ≪儀禮・少牢饋食禮≫에는 '羊鑊'이 있고, '豕鑊'도 있는데, 이 '鑊'은 이런 동물을 삶는데 사용하는 용기이다."라고 주(注)하였다. 그리고 王筠은, "淮南說山訓注 : 有足曰鼎, 無足曰鑊.[1] : ≪淮南・說山訓注≫에, 「발이 달린 것은 '鼎'이라고 하고, 발이 없는 것은 '鑊'이라고 한다.」라고 하고 있다."라고 설명하였다.

갑골문에서는 인명(人名)으로 사용되었다. "貞, 鑊其有疾?"(≪乙2762≫), "叀鑊令田"(≪粹1224≫)

| 鍰(환) | (≪前4. 28. 7≫) (≪前8. 3. 4≫) | [huán] |

위에 예시한 갑골문자는 '爰'과 '貝'를 구성 요소로 하고 있는데, 商承祚는 이 글자에 대해, "古者以貝爲幣, 至秦廢貝行錢謂之鍰, 殆不知本有賹字也.[2] : 옛날에는 '貝'를 화폐로 삼았으며, 秦代에 이르러서는 '貝'를 폐기하고 '錢'을 통용하였고, 이를 '鍰'이라고 했는데, 본래 '賹'자가 있었는지를 몰랐던 것 같다."라고 하였다. 그리고 羅振玉은 또, "卜辭有賹字, 殆卽从金之鍰, 鍰爲重量之名誼.[3] : 갑골문에 '賹'자가 있는데, 바로 '金'을 구성 요소로 하는 '鍰'자인 듯하며, '鍰'은 중량(重量)의 명칭이라는 뜻이다."라고 하였다. ≪說文解字≫에는, "鍰, 鍰也. 從金, 爰聲. 書曰 : 罰百鍰. : '鍰'은 1열(鋝)의 무게라는 뜻이다. '金'을 의부, '爰'을 성부로 구성되었다. ≪尙書・周書・呂刑≫에, 「1백(百) 환(鍰)의 벌금을 물렸다.」라고 하고 있다."라고 풀이하고 있다. 참고로 1열(鋝)은 여섯 냥이며, 1냥은 24수(銖)이고, 1수(銖)는 '黍' 즉 기장 낟알 1백 개의 무게를 말한다.

갑골문에서도 화폐(貨幣)라는 뜻으로 사용된 것 같다. "乙未卜, 爭貞 : 鍰王☒曰妥?"(≪前4. 28. 7≫), "丙午……鍰……?"(≪前8. 3. 4≫)

1) 王筠 ≪說文句讀≫, 丁福保 前揭書 ≪說文解字詁林正補合編≫ 第11冊 p.11-41에서 재인용.
2) 商承祚 前揭書 ≪殷虛文字類編≫ 14卷 p.1下.
3) 羅振玉 前揭書 ≪增訂殷虛書契考釋≫ 卷中 p.42上.

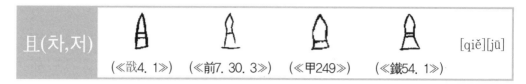

| 且(차,저) | (≪戩4. 1≫) | (≪前7. 30. 3≫) | (≪甲249≫) | (≪鐵54. 1≫) | [qiě][jū] |

이 갑골문 '且'자의 자형에 대해서는 신주(神主)의 위패(位牌) 모양을 형상화한 상형자라는 것이 일반적인 인식인데, 또 다른 주장으로는 모양이 도마와 비슷한 고기를 담는 고대(古代)의 예기(禮器)의 모양을 형상화한 것이라는 주장도 있다. 이 두 주장은 서로 전혀 다른 주장 같지만, 사실은 구체적인 모양이 비슷하고 또 둘 다 고대의 제사에 반드시 필수적인 예기라는 공통점이 있다. 이 '且'자에 대해 ≪說文解字≫에는, "且, 所㠯薦也. 從几, 足有二橫; 一, 其下地也. 𠀇, 古文㠯爲且, 又㠯爲几字. : '且'는 물건을 받쳐 놓는 기구(器具)이다. '几'를 구성 요소로 하고 있으며, '几'의 다리에는 두 개의 횡선(橫線)이 있는데, 맨 아래의 '一'은 기구 아래 부분의 땅바닥을 의미한다. '𠀇'(凸)는 '古文'에서는 '且'자로 간주하는데, 또 '几'자로 간주하기도 한다."라고 풀이하고 있다. 그런데 이 '且'자와 '祖'자는 상고음(上古音)에서 '魚'부(部)에 속하는 첩운(疊韻) 관계인데, 갑골문에서의 이 '且'자는 바로 '祖'자로 통용되고 있으며, 갑골문의 마지막 시기에 이르러서야 비로소 '示'를 구성 요소로 하는 '祖'자가 보일 뿐이다. 이 '祖'자에 대해서 ≪說文解字≫에는, "祖, 始廟也. 從示, 且聲. : '祖'는 시초라는 뜻이고, 종묘(宗廟)라는 뜻이다. '示'를 의부, '且'를 성부로 구성되었다."라고 풀이하고 있다. 제1편의 '祖'자에 대한 해설을 참고하기 바란다.

갑골문에서는 '祖'의 뜻으로 사용되었는데, 商 왕실의 선왕(先王)을 지칭한다. "貞 : 勿[侑]于且辛?"(≪鐵54. 1≫), "翌乙丑, [侑]于且乙"(≪前7. 30. 3≫)

| 俎(조) | (≪前7. 31. 3≫) | (≪菁3. 1≫) | (≪甲903≫) | (≪後上24. 4≫) | [zǔ] |

이 글자는 '且'와 '肉'을 구성 요소로 하고 있는데, 여기에서의 '且'는 조상(祖上)의 '祖'의 뜻이 아니라, 고기를 담는 예기(禮器)의 모양을 형상화한 것이다. 이 글자에 대해 徐中舒는, "象俎上置肉之形. …… 省祭肉形者爲≪說文≫且字篆文所本; 未省祭肉形者≪說文≫分 爲宜 · 俎二字, 故且 · 宜 · 俎三字實出同源.[1] : '俎' 즉 적대(炙臺)라는 예기(禮器) 위에

---

1) 徐中舒 前揭書 ≪甲骨文字典≫ p.1490.

고기를 올려놓은 모양을 형상화하였다. …… 제육(祭肉)의 모양을 생략한 것은 ≪說文解字≫ '且'자의 소전(小篆)이 근거한 것이고, 제육의 모양을 생략하지 않은 것은 ≪說文解字≫에서는 '宜'・'俎' 두 글자로 나눈 것이기 때문에, 이 '且'・'宜'・'俎' 세 글자는 사실은 같은 근원에서 나온 것이다."라고 설명하였다. ≪說文解字≫에는, "俎, 禮俎也. 從半肉在且上. : '俎'는 의식(儀式)을 행할 때 희생(犧牲)의 고기를 담는 적대(炙臺)라는 뜻이다. '仌' 즉 희생 전체의 고기 반(半)이 '且' 위에 놓여 있는 모양으로 구성되어 있다."라고 풀이하고 있다.

갑골문에서의 뜻은 다음과 같다.

1. 제사의 희생을 담은 적대(炙臺)로 짐작된다. "丁卯卜, 內, 尞于河十牛, 俎十牛?"(≪後上24. 4≫)

2. 제명(祭名). "甲辰卜, 貞 : 翊日乙, 王其賓俎于[敦]衣不遘雨?"(≪後上20. 1≫)

斤(근)　　(≪南坊4. 204≫)　(≪前8. 7. 1≫)　(≪存下463≫)　　[jīn]

唐蘭이 위의 갑골문을 '斤'자로 고석하였는데,[1] 李孝定은 이 글자에 대해 "契文偏旁从ㄅ之字, 如新斬斧斫兵諸文所从, 均與此同, 唐說是也.[2] : 갑골문의 편방이 'ㄅ'으로 되어 있는 글자들, 예를 들면 '新'・'斬'・'斧'・'斫'・'兵' 등의 여러 글자들이 구성 요소로 하고 있는 것이 모두 이와 같으므로, 唐蘭의 주장이 옳다."라고 하였다. 이 갑골문 '斤'자는 굽은 자루의 도끼 모양을 형상화한 것이다. ≪說文解字≫에는, "斤, 斫木斧也. 象形. : '斤'은 나무를 베는 데 사용하는 날이 횡(橫)으로 된 도끼라는 뜻이다. 상형자이다."라고 풀이하고 있다.

갑골문에서는 지명(地名)으로 사용되었다. "癸丑卜, 貞 : 龜在斤沂?"(≪存下463≫), "庚辰卜, 貞 : 男[茍]斤亡禍?"(≪前8. 7. 1≫)

---

1) 唐蘭 前揭書 ≪古文字學導論≫ 下編 p.30下.

2) 李孝定 前揭書 ≪甲骨文字集釋≫ p.4091.

갑골문 '斧'자의 자형은 위에 예시한 바와 같이 실물의 원형을 직접적으로 형상화한 상형자(象形字)와 이를 문자화한 형성자(形聲字) 두 가지가 있다. 예시한 뒤쪽의 두 글자는 '斤'과 '父'를 구성 요소로 하고 있는 형성자이며, 맨 앞의 ≪乙5296≫의 '斧'자는 도끼의 실물을 형상화한 순수한 상형자이고, ≪粹1000≫의 '斧'자는 순수한 상형자에 성부(聲符) '午'를 덧붙인 상형 겸 형성자이다. 참고로 商代의 금문(金文) '斧'자는 '👹'·'👹'(≪邵大弔斧≫) 등으로 쓰는데, 이는 갑골문 보다 더욱 원시적인 상형자이다. ≪說文解字≫에는, "斧, 所㠯斫也. 從斤, 父聲. : '斧'는 사물을 베는데 사용하는 날이 세로로 된 큰 도끼라는 뜻이다. '斤'을 의부, '父'를 성부로 구성되었다."라고 풀이하고 있다.

갑골문에서는 도끼라는 본의(本義)로 사용된 것 같다. "……斧龍……"(≪簠文67≫), "……斧……"(≪前2. 4. 3≫), "叀斧冊"(≪乙5296≫), "其👹, 戈一斧九"(≪粹1000≫)

위에 예시한 갑골문은 '斤'과 '石'을 구성 요소로 하고 있는데, 간혹 '又'를 덧붙인 것도 있다. 이 글자들을 徐中舒는 '斫'자로 수록하고는, "從斤從石, 與≪說文≫斫字篆文構形同. 或作從又持斤從石, 同.[1] : '斤'과 '石'을 구성 요소로 하고 있는데, ≪說文解字≫의 '斫'자의 소전체(小篆體)와 자형 결구가 같다. 간혹 '斤'을 쥐고 있는 '又'와 '石'을 구성 요소로 한 것도 있는데, 이것도 동자(同字)이다."라고 설명하였다. ≪說文解字≫에는, "斫, 擊也. 從斤, 石聲. : '斫'은 쳐서 쪼개다는 뜻이다. '斤'을 의부, '石'을 성부로 구성되었다."라고 풀이하고 있다.

갑골문에서의 뜻은 다음과 같다.

1. 희생의 처리 방법으로 짐작된다. "癸未卜, 引令羊姚斫犬侑友?"(≪前8. 6. 1≫)

2. 인명(人名)으로 짐작된다. "壬子卜, ……斫氏▨㠯隹人遷?"(≪前5. 21. 3≫)

---

1) 徐中舒 前揭書 ≪甲骨文字典≫ p.1492.

| 新(신) | 《前5. 4. 4》 | 《戩25. 10》 | 《乙4603》 | 《後下9. 1》 | [xīn] |

위의 갑골문은 '斤'과 '辛'을 구성 요소로 하고 있는데, 간혹 '又' 또는 '木'을 덧붙인 것도 있다. 이는 도끼로 나무를 베는 모양을 형상화한 자형 결구이다. 唐蘭은 이 글자에 대해, "按, '新'字說文沒有, 當卽新字.[1] : 살펴보면, '新'자는 《說文解字》에 수록되어 있지 않은데, 이는 '新'자임이 틀림없다."라고 하여, '新'자로 고석하여 정설이 되었다. 《說文解字》에는, "新, 取木也. 從斤, 亲聲. : '新'은 수목(樹木)을 채취하다는 뜻이다. '斤'을 의부, '亲'을 성부로 구성되었다."라고 풀이하고 있다. 이에 대해 段玉裁는, "取木者, 新之本義. 引申之爲凡始基之稱. : '取木'이 '新'의 본의이다. 인신(引伸)되어서 시초에 대한 범칭(凡稱)이 되었다."라고 하고, 또 자형 결구에 대해서도, "當作從斤木, 辛聲. : 從斤木, 辛聲['斤'과 '木'을 의부, '辛'을 성부로 구성되었다.]이라고 써야 한다."라고 주(注)하였다. 이는 이 '新'자는 '薪'의 본자(本字)라는 말이다. 참고로 지금 가장 보편적으로 사용하고 있는 '新舊'의 '新'은 가차의(假借義)이다.

갑골문에서의 뜻은 다음과 같다.

1. '新舊'의 '新'. 새. 신(新). "丙戌卜, 叀新豊用?"(《粹232》), "于翊日癸, 福新⚇王……"(《粹912》), "辛酉卜, 王其舝新⚇?"(《後下9. 1》), "……有新大星並火"(《後下9. 1》), "今日並新"(《後下9. 7》)

2. 제명(祭名)으로 사용된 것 같다. "乙酉卜, 御新于妣辛, 酉⊠豕?"(《乙4603》)

| 斝(가) | 《後下7. 9》 | 《後下7. 10》 | 《前5. 5. 3》 | 《乙4835反》 | [jiǎ] |

徐中舒는 이 갑골문자들을 '斝'자로 수록하고는, "斝爲商代酒器, 似爵而大.[2] : '斝'는 商代의 주기(酒器)로, '爵'과 비슷한 모양이지만 크다."라고 설명하였다. 《說文解字》에는, "斝, 玉爵也. 夏曰醆, 殷曰斝, 周曰爵. 從斗, 冂象形. 與爵同意. 或說斝受六升. : '斝'는

1) 唐蘭 前揭書 《古文字學導論》 下編 p.30上.
2) 徐中舒 前揭書 《甲骨文字典》 p.1496.

옥(玉)으로 만든 작(爵)이라는 주기(酒器)이다. 夏代에는 '醆'이라고 했고, 殷代에는 '斝'라고 했으며, 周代에는 '爵'이라고 했다. '斗'와 '吅'를 구성 요소로 하고 있으며, '吅'는 상형자인데, '爵'과 자형 결구가 같다. 혹자(或者)는 '斝'는 6승(升)을 담을 수 있는 용기(容器)라고 하였다."라고 풀이하고 있다. 그런데 원래 '爵'은 술을 마시는 술잔으로 사용하였고, '斝'는 술을 데우는 용기(容器)로 사용했는데, 후세에는 예기(禮器)로 사용한 것으로 짐작된다.

갑골문에서는 다음과 같은 뜻으로 사용되었다.

1. 지명(地名). "……午在斝"(《續3. 31. 6》), "壬戌卜, 古貞 : 乎☒斝黍?"(《前5. 5. 3》)

2. 자의(字義) 불분명. "……王貞 : 韋……斝……凡……"(《後下7. 10》)

| 升(合) | (《戩25. 10》) | (《後下7. 1》) | (《粹330》) | (《京都1812》) | [shēng] |

《甲骨文編》에는 위에 예시한 글자들을 해설 없이 '升'자로 수록하고 있고, 《新甲骨文編》에는 '升'(《合集21146》)·'升'(《合集1380》) 등의 모양으로 쓴 글자들도 함께 '升'자로 수록하고 있는데, 이들 두 가지의 자형 결구는 확연히 다르므로, 여기에서는 우선 잠정적으로 《甲骨文編》을 따르기로 한다. 이 '升'자에 대해 《說文解字》에는, "升, 十合也. 從斗, 象形. 合龠爲合, 龠容千二百黍. : '升'은 10합(合)이다. '斗'를 구성 요소로 하고 있으며, 상형자이다. '龠'의 중복(重複)이 1'合'이고, 1'龠'은 '黍' 즉 기장 알곡 1,200개 용량이다."라고 풀이하고 있다. 이에 대해 段玉裁는, "十合, 各本作十龠, 誤, 今正. 律曆志曰 : 合龠爲合, 十合爲升, 十升爲斗, 十斗爲斛, 而五量嘉矣. 作十龠則不可通. : '十合'을 각 판본에서는 '十龠'으로 썼는데, 잘못된 것이라서 지금 바로 잡는다. 《漢書·律曆志》에, 「二龠'이 '一合'이고, '十合'이 '一升'이며, '十升'이 '一斗'이고, '十斗'가 '一斛'인데, 이로써 '五量' 즉 즉 다섯 가지 수량사(數量詞) '龠'·'合'·'升'·'斗'·'斛'의 관계가 잘 정리되었다.」라고 하고 있다. 따라서 '十龠'으로 써서는 뜻이 통하지 않는다."라고 주(注)하였다. 이에 대해서는 桂馥도, "十龠也者, 當爲二十龠. 廣雅 : 龠二曰合, 合十曰升.[1] : '十龠也'라고 한 것은, 마땅히

1) 桂馥 《說文解字義證》, 丁福保 前揭書 《說文解字詁林正補合編》 第11冊 p.11-284.

‘二十龠’이라고 해야 한다. ≪廣雅≫에, 「二龠’을 ‘一合’이라고 하며, ‘十合’을 ‘升’이라고
한다.」이라고 하고 있다.”라고 설명하였다. 참고로 갑골문 ‘升’자와 ‘斗’자에 대해 李孝定은,
“契文金文則正象斗有柄之形. 古升斗均如此. 於文無以爲別, 但以點之有無別之. 無點者
爲斗字. …… 有點者爲升字.[1] : 갑골문과 금문에서는 ‘斗’에 손잡이가 있는 모양을 형상화하
였다. 고대에는 ‘升’과 ‘斗’가 모두 이와 같았다. 문자에는 구별할 것이 없었으나, 다만 점의
유무에 따라서 이를 구별하였는데, 점이 없는 것은 ‘斗’자이고, …… 점이 있는 것은 ‘升’자이
다.”라고 설명하였다.

갑골문에서의 뜻은 다음과 같다.

1. 용량(容量)의 단위. 승(升). 되. “……其福新▨, 二升, 一卣, 二……”(≪戩25. 10≫)
2. 진헌(進獻)하다. 올리다. “甲子卜, 貞 : 叀武祖乙升丁其牢? 玆用”(≪前1. 10. 4≫),
   “癸丑卜, 王貞 : 翌甲寅王其賓▨升?”(≪後下7. 1≫)
3. 지명(地名). “貞 : 翌丁亥其又伐于升?”(≪存下772≫), “在升王受又”(≪甲515≫)

車(차,거)				[chē]
(≪鐵114. 1≫)	(≪佚980≫)	(≪存上743≫)	(≪拾12. 16≫)	

위에 예시한 글자들은 수레의 모양을 형상화하였는데, 이 수레에는 ‘輪’[바퀴]·‘箱’[차
체]·‘轄’[바퀴의 비녀장]·‘軸’[차축]·‘衡’[횡목]·‘軛’[멍에]이 있다. ≪說文解字≫에는,
“車, 輿輪之總名也. 夏后時, 奚仲所造. 象形. 𦋗, 籒文車. : ‘車’는 ‘輿’와 ‘輪’ 등의 여러
요소들을 모아서 만든 것에 대한 총명이다. 夏后氏 때 奚仲이 만들었다. 상형자이다. 𦋗(戴)
는 주문(籒文) ‘車’자이다.”라고 풀이하고 있다. 이에 대해 段玉裁는, “渾言之, 則輿輪之總
名; 析言之, 則惟輿稱車, 以人所居也. 故考工記曰 : 輿人爲車. : 통틀어서 말하면 ‘輿’·
‘輪’ 등을 총괄한 명칭이고; 자세히 나누어서 말하면 오직 ‘輿’만 ‘車’라고 칭하게 되는데,
이는 사람이 타서 머무는 곳으로 사용되기 때문이다. 그래서 ≪周禮·冬官·考工記≫에는,
「輿人」은 수레를 만드는 사람이다.」라고 하고 있다.”라고 주(注)하였다.

갑골문에서의 뜻은 다음과 같다.

---

1) 李孝定 前揭書 ≪甲骨文字集釋≫ p.4103.

1. 수레. "……小臣叶車馬……"(≪菁1. 1≫), "……丁卯王獸[帳]☒馬車"(≪佚980≫),
"雗車馬"(≪存上743≫)

2. 지명(地名)으로 짐작된다. "逐……在車……[罔麋]率"(≪鐵160. 3≫)

3. 인명(人名)으로 짐작된다. "戊辰卜, 車……允……"(≪乙324≫)

輿(여)				[yú]
	(≪前5. 6. 6≫)	(≪佚945≫)	(≪掇2. 62≫)	

羅振玉은 위에 예시한 ≪前5. 6. 6≫의 '🦌'자를 '輿'자로 고석(考釋)하였는데, 네 손과 수레를 구성 요소로 하고 있다. 그는 이에 대해서, "此象衆手造車之形. 軾較軫軹轛皆輿事而 獨象輪者, 車之所以載者在輪且可象, 它皆不可象, 舉輪則造車之事可槪見矣.[1] : 이 글자 는 여러 개의 손이 수레를 만드는 모양을 형상화하였다. 수레의 '軾'·'較'·'軫'·'軹'·'轛' 등은 모두 '輿'에 관련된 일들인데도 수레바퀴만을 형상화한 것은, 수레에 실리는 것이 모두 바퀴에 있는데다가 바퀴는 형상화하는 일이 가능하지만, 나머지는 모두 형상화할 수가 없으며, 바퀴를 예로 들면 수레를 제작하는 일을 대략적으로 나타내 보일 수 있기 때문이다."라고 하였다. ≪說文解字≫에는, "輿, 車輿也. 從車, 舁聲. : '輿'는 수레의 차체를 뜻한다. '車'를 의부, '舁'를 성부로 구성되었다."라고 풀이하고 있다. 이에 대해 段玉裁는, "按不言爲輿而言 爲車者, 輿爲人所居, 可獨得車名也. 軾較軫軹轛皆輿事也. : 살펴보면, (≪周禮·考工記≫ 에서) '輿'를 만든다고 하지 않고, '車'를 만든다고 한 것은, '輿'는 사람이 머무는 곳이어서, 단독으로도 수레의 이름이 될 수 있기 때문이다. '軾'[수레 앞턱 가로나무]·'較'[수레 귀]· '軫'[수레의 뒤턱나무]·'軹'[수레의 격자창]·'轛'[수레 앞창] 등은 모두 '輿'에 속하는 일들이 다."라고 주(注)하였다.

갑골문에서는 인명(人名)으로 사용되었다. "貞, 命望乘眔輿途虎方十一月?"(≪佚945≫) : 여기에서의 '途'는 '屠'자와 통용되어, '屠殺'의 뜻으로 쓰였다.

---

1) 羅振玉 前揭書 ≪增訂殷虛書契考釋≫ 卷中 p.47上.

| 自(퇴) | ⟮≪甲252≫⟯ | ⟮≪前4. 31. 5≫⟯ | ⟮≪鐵100. 4≫⟯ | ⟮≪佚586≫⟯ | [duī] |

≪甲骨文編≫에는 예시한 글자들을 '自'자로 수록하고는 "自用爲師.[1] : '自'자는 '師'자의 의미로 사용되었다."라고 하고 있다. 이 '自'자에 대해 ≪說文解字≫에는, "自, 小自也. 象形. : '自'는 작은 토산(土山)이라는 뜻이다. 상형자이다."라고 풀이하고 있다. 이에 대해 李孝定은, "卽丘山之竪書者. 自爲小自, 丘爲小山, 以峰之多少別其大小也. 卜辭皆叚爲師.[2] : (이들은) 곧 '丘'와 '山'자를 세워서 쓴 것이다. '自'는 (돌이 없는) 작은 흙산이고, '丘'는 작은 산인데, 이는 봉우리의 많고 적음에 따라서 그 크기를 구별한 것이다. 갑골복사에서는 모두 '師'의 뜻으로 가차하였다."라고 하였다.

갑골문에서의 뜻은 다음과 같다.

1. 군대(軍隊). '師'와 통용. "癸丑卜, 𣪊貞 : 自往衛亡禍?"(≪前4. 31. 5≫), "王作三自 右中左"(≪粹597≫), "貞 : 行自有自衆有邑?"(≪乙7365≫), "今夕自亡禍? 寧."(≪粹 1206≫)

2. 관직명(官職名). "貞 : 命自般……?"(≪前1. 49. 1≫), "癸巳卜, 古貞 : 命自般涉于 河東?"(≪掇2. 3≫) : '自般'은 곧 '師般'이며, '般'은 인명(人名)인 것 같다.

3. 지명(地名). "丁未卜, 行貞 : 王賓歲亡尤? 在自寮"(≪佚395≫), "戊戌卜, 王在一月 在自羌?"(≪後下15. 1≫)

4. '貞人'의 이름. "乙亥卜, 自貞 : 王曰[有]孕[嘉]扶曰[嘉]?"(≪佚586≫)

| 官(관) | ⟮≪前4. 27. 7≫⟯ | ⟮≪乙4832≫⟯ | ⟮≪存下484≫⟯ | ⟮≪珠26≫⟯ | [guān] |

이 갑골문은 '自'와 '宀'을 구성 요소로 하고 있는 '官'자이다. 이 글자에 대해 徐中舒는, "從自從宀, 會建屋於自之意. 自旣爲旅途中止息之處, 則於自所建之屋舍, 亦卽客舍. ≪說 文≫ : 「館, 客舍也.」 故官卽館之初文. 典籍中官亦多用爲館舍之義. 楊樹達云 : 「官指地,

1) 中國社會科學院考古硏究所 前揭書 ≪甲骨文編≫ p.532.
2) 李孝定 前揭書 ≪甲骨文字集釋≫ p.4120.

非指人.……」後世乃引申爲職官之稱.[1] : '自'와 '宀'을 구성 요소로 하고 있으며, '自'에다 집을 짓는다는 뜻의 회의자이다. '自'는 원래 길을 가는 도중에 멈추어 쉬는 곳을 의미하므로, '自'에다 지은 집 역시 객사(客舍)이다. 이 '官'자에 대해 ≪說文解字≫에, 「舘은 객사(客舍)라는 뜻이다.」라고 하고 있으므로, '官'은 '舘'의 초문(初文)이다. 전적(典籍)에서의 '官'자는 또한 관사(館舍)의 뜻으로 많이 쓰였다. 楊樹達은, 「官'은 장소를 지칭하는 것이지, 사람을 지칭하는 것이 아니다. ……」라고 하였다. 후세에 와서 인신(引伸)되어 관직(官職)을 지칭하게 되었다."라고 주장하였다.

≪說文解字≫에는, "官, 吏事君也. 從宀自; 自, 猶衆也. 此與師同意. : '官'은 관리(官吏)로서, 나라의 임금을 섬기는 일을 하는 사람이다. '宀'과 '自'를 구성 요소로 하고 있는데, '自'는 '衆'자와 같은 뜻이다. 이는 '師'자가 '自'를 구성 요소로 한 것과 조자(造字) 원칙이 같다."라고 풀이하고 있다. 이에 대해 段玉裁는, "自不訓衆, 而可聯之訓衆. 以宀覆之, 則治衆之意也. : '自'의 뜻이 '衆'이라고 한 것이 아니라, 서로 연관을 지으면 '衆'의 뜻이 될 수 있다는 것이다. '宀'을 그 위에 씌운 것은 중인(衆人)을 다스림을 의미한다."라고 주(注)하였다. 그리고 徐灝는, "从宀在自上, 象其高於閭閻也. 因之在官之人謂之官. 許以官吏事君爲本義, 非也.[2] : '宀'이 '自' 위에 있는 모양으로 구성되어 있는데, 이는 '閭閻' 즉 중인(衆人)이 사는 곳 보다 높다는 것을 형상화한 것이다. 이 때문에 '官'에 있는 사람을 '官'이라고 말하는 것이다. 許愼은 관리로서 국군(國君)을 섬기는 것이 본의라고 했으나, 옳지 않다."라고 하였다.

갑골문에서의 뜻은 다음과 같다.

1. 관사(館舍). '舘'과 통용. 제사의 장소로도 사용되었다. "戊戌卜, 有伐父戌, 用牛于官?"(≪乙5321≫)

2. 관사에 머물다. "貞 : 帝官? 帝不官?"(≪乙4832≫)

3. 지명(地名). "庚辰卜, 貞 : 在官?"(≪珠26≫)

4. 인명(人名)으로 짐작된다. "辛未卜, 亘貞 : 乎先官?"(≪存下484≫)

---

1) 徐中舒 前揭書 ≪甲骨文字典≫ p.1502.
2) 徐灝 ≪說文解字注箋≫, 丁福保 前揭書 ≪說文解字詁林正補合編≫ 第11册 p.11-439.

| 自(부) | 《甲3936》 | 《菁3.1》 | 《佚67》 | 《庫1108》 | [fù] |

葉玉森은 이 글자에 대해, "从丨象土山高阞, 从彡彡象阪級, 故陟·降諸字从之.[1] : '丨'을 구성 요소로 한 것은 토산(土山)의 높은 산비탈을 형상화한 것이고, '彡'이나 '彡'을 구성 요소로 한 것은 산비탈의 층을 형상화한 것인데, 이 때문에 '陟'·'降'과 같은 여러 글자들이 이를 구성 요소로 하고 있다."라고 하여, '自' 즉 '阜'자로 고석하였다. 갑골문 '自'자는 수직으로 그린 토산의 언덕 모양을 형상화한 것이다. 이 '阜'자에 대해 《說文解字》에는, "自, 大陸也. 山無石者, 象形. 𠂤, 古文. : '自'는 면적이 넓으면서 높고 평평한 땅이라는 뜻이다. 돌이 없는 토산(土山)인데, 상형자이다. '𠂤'(𨸏)는 '古文' '自'자이다."라고 풀이했다.

갑골문에서의 뜻은 다음과 같다.

1. 토산(土山) 등성이. 고지대(高地帶). "甲寅卜, 中貞 : 翊陟衣自?"(《庫1306》)
2. 지명(地名)으로 짐작된다. "貞 : 隹自火令?"(《佚67》)
3. 인명(人名). "壬寅卜, 扶命自[有]白?"(《庫1108》)

| 陵(릉) | 《甲3264》 | 《前6. 20. 1》 | 《前6. 55. 5》 | 《前7. 9. 4》 | [líng] |

위의 갑골문자는 기본적으로 '人'과 '自'를 구성 요소로 하고 있고, 간혹 여기에 '止'나 '又'를 덧붙인 것도 있다. 《甲骨文編》에는 이 글자들을 모두 '陵'자로 수록하고는, "卜辭鄀陵从大. 象人梯而升高, 一足在地, 一足循給而登之形. 陵之初文.[2] : 갑골복사에서의 '陵'자는 '大'를 구성 요소로 하고 있다. 사람이 사다리를 타고 높이 오르는데, 한 발은 땅에 있고, 한 발은 사다리 층층을 따라 오르는 모양을 형상화하였다. 이는 '陵'자의 초문(初文)이다."라고 하고 있다. 이 '陵'자에 대해 《說文解字》에는, "陵, 大自也. 從自, 夌聲. : '陵'은 큰 토산(土山)이라는 뜻이다. '自'를 의부, '夌'을 성부로 구성되었다."라고 풀이하고 있다.

---

1) 朱芳圃 前揭書 《甲骨學文字編》 14卷 p.4上에서 재인용.
2) 中國社會科學院考古硏究所 前揭書 《甲骨文編》 p.532.

갑골문에서의 뜻은 다음과 같다.

1. 인명(人名)으로 짐작된다. "□□卜, 爭[貞] : □陵往□隹□?"(≪前6. 20. 1≫), "貞 : 陵寇不□?"(≪前6. 55. 5≫), "辛卯卜, 殸貞 : 陵□?"(≪前7. 9. 4≫)
2. 자의(字義) 불분명. "……□陵……"(≪甲3264≫)

陽(양)

(≪前5. 42. 5≫)

(≪合集948≫)

[yáng]

商承祚는 위에 예시한 ≪前5. 42. 5≫의 갑골문에 대해, "案, 其从□者, 與揚之从□同.[1) : 살펴보면, 이 글자가 구성 요소로 하고 있는 '□'이라는 것은, '揚'자가 구성 요소로 하고 있는 '□'과 같다."라고 하여, 이 글자를 '陽'자로 고석하였다. ≪說文解字≫에는 이 '陽'자에 대해, "陽, 高明也. 從𨸏, 昜聲. : '陽'은 산등성이가 높고, 훤히 밝다는 뜻이다. '𨸏'를 의부, '昜'을 성부로 구성되었다."라고 풀이하고 있다. 이에 대해 段玉裁는, "山南曰陽, 故從𨸏. 毛傳曰 : 山東曰朝陽, 山西曰夕陽. : 산의 남쪽을 '陽'이라고 하므로, '𨸏'를 구성 요소로 하였다. ≪詩毛傳≫에, 「산의 동쪽은 '朝陽'이라고 하고, 산의 서쪽은 '夕陽'이라고 한다.」라고 하고 있다."라고 주(注)하였다.

갑골문에서의 뜻은 아직 명확하게 밝혀지지 않았다. "……多射[衛]……陽……八月"(≪前5. 42. 5≫)

陮(퇴)

(≪乙4057≫)

(≪粹1034≫)

(≪後下22. 15≫)

(≪鄴三下40. 10≫)

[dui]

위의 갑골문은 '𨸏'와 '隹'를 구성 요소로 하고 있는데, 이는 높은 언덕에 새가 앉아 있는 모양을 형상화한 자형 결구이다. 이 글자에 대해 徐中舒는, "從𨸏從隹, 與≪說文≫陮字篆文同.[2) : '𨸏'를 구성 요소로 하고, '隹'를 구성 요소로 하고 있는데, 이는 ≪說文解字≫의

---

1) 商承祚 前揭書 ≪殷虛文字類編≫ 14卷 p.5上.

2) 徐中舒 前揭書 ≪甲骨文字典≫ p.1509.

'隓'자의 소전체와 자형 결구가 동일하다."라고 하여, '隓'자로 고석하였다. ≪說文解字≫에는, "隓, 隓隗, 高也. 從昌, 隹聲. : '隓'는 '隓隗'로, 높으면서 편평하지 않다는 뜻이며, 아주 높다는 뜻이다. '昌'를 의부, '隹'를 성부로 구성되었다."라고 풀이하고 있다. 이에 대해 段玉裁는, "隓隗猶崔巍. : '隓隗'란 '崔巍'와 같은 뜻이다."라고 주(注)하였다.

갑골문에서는 지명(地名)으로 사용되었다. "辛巳貞 : 王叀癸未步自枼隓?"(≪粹1034≫), "丙辰卜, 爭貞 : 乎耤于隓受有年?"(≪乙4057≫)

陟(척)					[zhi]
	(≪粹167≫)	(≪撫續20≫)	(≪京津1067≫)	(≪明藏537≫)	

이 글자는 '昌'와 '步'를 구성 요소로 하고 있는데, 이는 두 발로 산을 오르는 모양을 형상화한 자형 결구이다. 羅振玉은 이 글자에 대해, "案, 從昌示山陵形, 從圭象二足由下而上. 此字之意但示二足上行.[1] : 살펴보면, '昌'를 구성 요소로 하여 산릉성이의 모양을 나타내고, '圭'를 구성 요소로 하여 두 발이 아래에서 위로 오르는 것을 형상화하였다. 이 글자의 뜻은 두 발로 올라가다는 뜻을 나타내고 있다."라고 하여, '陟'자로 고석하였다. ≪說文解字≫에는 이 '陟'자에 대해, "陟, 登也. 從昌步. �, 古文陟. : '陟'은 오르다는 뜻이다. '昌'와 '步'를 구성 요소로 하고 있다. '㣼'(㣼)은 '古文' '陟'자이다."라고 풀이하고 있다.

갑골문에서의 뜻은 다음과 같다.

1. 오르다. 올라가다. "帝其陟"(≪明藏766≫)

2. 제명(祭名). "……來甥陟于西示"(≪前7. 32. 4≫), "癸酉卜, 賓貞 : 陟歲于唐?"(≪粹167≫), "其陟于大乙祖乙"(≪明藏537≫)

3. '貞人'의 이름. "乙末卜, 陟貞 : 今夕[亡]禍?"(≪佚448≫)

4. 인명(人名). 商의 옛 신하 戌陟. "貞 : 戌陟戌學[崇]?"(≪殷古13. 1≫)

---

1) 羅振玉 前揭書 ≪增訂殷虛書契考釋≫ 卷中 p.65下.

隊(대)					[zhuì]
	(≪前5. 21. 1≫)	(≪粹1580≫)	(≪明藏146≫)	(≪合集1694≫)	

위의 갑골문은 거꾸로 뒤집힌 '子'와 '𨸏'를 구성 요소로 하고 있는데, ≪甲骨文編≫에는 이들을 '隊'자로 수록하고는, "从𨸏从去, 象人由𨸏下隊之形, 隊之初文.[1] : '𨸏'와 '去'을 구성 요소로 하고 있으며, 사람이 언덕에서 아래로 떨어지는 모양을 형상화하였는데, 이는 '隊'의 초문(初文)이다."라고 하고 있다. 이 '隊'자에 대해 ≪說文解字≫에는, "隊, 從高隊也. 從𨸏, 㒸聲. : '隊'는 높은 곳에서 추락하다는 뜻이다. '𨸏'를 의부, '㒸'를 성부로 구성되었다." 라고 풀이하고 있다. 이에 대해 段玉裁는, "隊墜正俗字, 古書多用隊, 今則墜行而隊廢矣. 大徐以墜附土部, 非許意. 釋詁 : 隊, 落也. : '隊'와 '墜'는 정·속자(正俗字)의 관계인데, 고서(古書)에서는 대부분 '隊'자를 사용하였으나, 지금은 '墜'자가 통용되고 '隊'자는 폐기되었다. 徐鉉은 '墜'자를 ≪說文解字≫ '土'부(部)에 덧붙여놓았는데, 이는 許愼의 뜻이 아니다. ≪爾雅·釋詁≫에는 「隊'는 떨어지다는 뜻이다.」라고 하고 있다."라고 주(注)하고, 다시 이 '隊'자의 자음을 徐鉉이 孫愐의 ≪唐韻≫을 인용하여 '徒對切'이라고 한 것에 대해, "當云 直類切. : '直類切'이라고 해야 한다."라고 하였다. 이는 '隊'자의 원래의 발음은 [duì]가 아니라 [zhuì]라는 말이다.

갑골문에서는 '추락하다'는 본의(本義)로 사용되었다. "……有災王隊……"(≪粹1580≫), "甲午王往逐兕, ……王車子央亦隊."(≪菁1≫)

降(강)	𨺓	𨺓	𨺓	𨺓	[jiàng]
	(≪前4. 39. 1≫)	(≪佚36≫)	(≪甲473≫)	(≪掇1. 429≫)	

갑골문 '降'자는 '𨸏'와 두 개의 '止'로 구성되었는데, 두 개의 '止'의 방향이 앞에서 살펴본 '陟'자와는 반대로 아래로 내리는 것이 다르다. 徐中舒는 이 글자에 대해, "從𨸏從夅, 象雙足沿脚窩下降之形, 故會下降之意. 與≪說文≫降字篆文同.[2] : '𨸏'와 '夅'을 구성 요소로 하

---

1) 中國社會科學院考古研究所 前揭書 ≪甲骨文編≫ p.535.
2) 徐中舒 前揭書 ≪甲骨文字典≫ p.1510.

고 있으며, 두 발이 발자국을 따라 내려가는 모양을 형상화하였는데, 이 때문에 하강하다는 의미를 나타내게 되었다. 이는 ≪說文解字≫의 '降'자의 소전체 자형과 같다."라고 하였다. ≪說文解字≫에는, "降, 下也. 從𨸏, 夆聲. : '降'은 내리다는 뜻이다. '𨸏'를 의부, '夆'을 성부로 구성되었다."라고 풀이하고 있다. 이에 대해 段玉裁는, "此下爲自上而下, 故廁於隊 隕之間. 釋詁曰 : 降, 落也. : 여기서 '下'라고 한 것은 위에서 아래로 내리다는 뜻인데, 이 때문에 ('降'자는 ≪說文解字≫에서) '隊'자와 '隕'자 사이에 배열하였다. ≪爾雅 · 釋詁≫ 에, 「降'은 '落' 즉 떨어지다는 뜻이다.」라고 하고 있다."라고 주(注)하였다. 참고로 이 '降'자 는 '降伏'의 '降'이라는 인신의(引伸義)로 쓰이기도 하는데, 이 경우에는 우리말로는 '항', 현대 중국어로는 [xiáng]으로 읽는다.

갑골문에서는 '내리다'는 본의(本義)로 사용되었다. "庚戌卜, 貞 : 帝其降堇?"(≪前3. 24. 4≫), "癸未卜, 賓貞 : 玆零隹降禍?"(≪綴合126≫), "……卜, 㱿貞 : 我其巳賓作帝降 若?"(≪粹1113≫), "貞 : 卯帝弗其降禍? 十月"(≪佚36≫), "貞 : 玆云其有降其雨?"(≪乙 3294≫)

| 睿(峀)(견) | (≪乙2882≫) | (≪鐵251. 1≫) | (≪後下12. 3≫) | (≪中大196≫) | [qiǎn] |

이 글자는 두 손과 '𨸏'를 구성 요소로 하고 있는데, ≪甲骨文編≫에는, "睿, 卜辭从𨸏用 爲遣.[1] : '睿'은 갑골복사에서는 '𨸏'를 구성 요소로 하여 '遣'자의 뜻으로 사용되었다."라고 하고 있다. 이 '睿'자는 지금은 '峀'으로 쓰는데, 제2편의 '遣'자에 대한 해설을 참고하기 바란 다. ≪說文解字≫에는, "睿, 睿商, 小塊也. 從𨸏, 從臾. 臾, 古文蕢字. : '睿'은 '睿商'으로, 작은 흙덩이라는 뜻이다. '𨸏'를 구성 요소로 하고, '臾'를 구성 요소로 하고 있다. 이 '臾'는 '古文' '蕢'자이다."라고 풀이하고 있다. 段玉裁는 '睿商'에 대해서는 "此蓋古語. : 이는 아마 고어(古語)일 것이다."라고 하고, 다시 '蕢'자에 대해서는, "見艸部, 草器也. 謂一蕢之土而 已. : '艸'부(部)에 보이며, 풀로 짠 광주리라는 뜻이라고 하고 있다. 따라서 이 '睿'은 광주리 하나 크기의 작은 흙덩이를 일컫는다."라고 하였다.

갑골문에서 사용된 뜻은 다음과 같다.

---

1) 中國社會科學院考古硏究所 前揭書 ≪甲骨文編≫ p.536.

1. 제명(祭名). "貞 : 王有瞽祖乙弗左王?"(≪乙2882≫)
2. 인명(人名). "貞 : 來瞽?"(≪鐵251. 1≫)

陴(비)			[pí]
	(≪前2. 8. 3≫)	(≪前2. 8. 4≫)	

李孝定은 위의 갑골문에 대해, "契文與籀文同. 从𦥎象城垣. 从𡰪象手持甲.[1] : 갑골문은 ≪說文解字≫의 '陴'자의 주문(籀文)의 자형과 같다. '𦥎'을 구성 요소로 한 것은 성곽(城郭)을 형상화한 것이고, '𡰪'를 구성 요소로 한 것은 손에 방패를 들고 있는 것을 형상화한 것이다."라고 하여, '陴'자로 고석하였다. 이에 의하면, 갑골문 '陴'자는 한 손에 방패를 들고 성곽 위에 있는 모양을 형상화한 자형으로, 보위(保衛)하다는 뜻을 나타냄을 알 수 있다.

≪說文解字≫에는, "陴, 城上女牆, 俾倪也. 從𨸏, 卑聲. 𩫡, 籀文陴從𩫏. : '陴'는 성(城) 위에 쌓은 성가퀴라는 뜻인데, '俾倪'라고 한다. '𨸏'를 의부, '卑'를 성부로 구성되었다. '𩫡'(韓)는 주문(籀文) '陴'자인데, '𩫏'을 구성요소로 하고 있다."라고 풀이하고 있다. 이에 대해 段玉裁는, "凡小者謂之女, 女牆卽女垣也. …… 城上爲小牆. 作孔穴可以窺外, 謂之俾倪. : 무릇 작은 것을 '女'라고 일컫는데, '女牆'은 곧 '女垣'이다. …… 성 위에 쌓은 작은 담장이다. 구멍을 뚫어 밖을 살필 수 있도록 하였는데, 이를 '俾倪'라고 일컫는다."라고 주(注)하였다.

갑골문에서는 지명(地名)으로 사용되었다. "辛巳卜, 在陴貞 : 王步于,……災?"(≪前2. 8. 3≫), "庚辰卜, 在甫……王步于陴……災?"(≪前2. 8. 4≫)

四(사)	三	三	三	三	[sì]
	(≪前4. 29. 5≫)	(≪甲504≫)	(≪餘16. 2≫)	(≪合集33042≫)	

위의 갑골문 '四'자는 가로획 네 개를 누적하여 만든 글자로, ≪說文解字≫에 수록된 주문(籀文) '四'자와 자형 결구가 같다. ≪說文解字≫에는, "四, 会數也. 象四分之形. 𡕥, 古文

---

1) 李孝定 前揭書 ≪甲骨文字集釋≫ p.4149.

四, 亖, 籀文四. : '四'는 음(陰)의 수(數)이다. 넷으로 나눈 모양을 형상화하였다. '𦉭'(𦉭)는 '古文' '四'자이고, '亖'(三)는 주문(籀文) '四'자이다."라고 풀이하고 있다. 이에 대해 段玉裁는, "謂口象四方, 儿象分也. …… 按說文之例, 先籀文, 次古文. 此恐轉寫誤倒. : '口'는 사방(四方)을 형상화한 것이고, '儿'은 나누어진 것을 형상화한 것을 말한다. …… ≪說文解字≫의 통례(通例)를 살펴보면, 주문(籀文)을 앞에, '古文'을 그 다음에 배열한다. 여기에서는 옮겨 쓰는 과정에서 차례가 거꾸로 잘못된 것 같다."라고 하였다.

갑골문에서도 숫자 '四'의 뜻으로 사용되었다. "侑大甲四牢"(≪甲504≫), "……四日雨……"(≪餘16. 2≫), "……四日丙午……"(≪前4. 29. 5≫)

<table>
<tr><td>宁(저)</td><td>(≪前4. 25. 7≫)</td><td>(≪甲2692≫)</td><td>(≪鄴三下36. 5≫)</td><td>(≪英2400≫)</td><td>[zhù]</td></tr>
</table>

羅振玉은 위의 갑골문에 대해, "象形, 上下及兩旁有楮柱, 中空可貯物.[1] : 상형자인데, 아래위 및 양측에 버팀용 지주(支柱)가 있고, 가운데가 비어서 물품을 저장할 수 있다."라고 하여, '宁'자로 고석하였다. ≪說文解字≫에는 이 '宁'자에 대해, "宁, 辨積物也. 象形. : '宁'란 물품을 변별하여 쌓아두는 기구(器具)라는 뜻이다. 상형자이다."라고 풀이하고 있다. 이에 대해 段玉裁는, "辨, 今俗字作辦. …… 積者, 聚也. 宁與貯蓋古今字. : '辨'은 지금은 속자(俗字)로 '辦'으로 쓴다. …… '積'이란 모으다는 뜻이다. '宁'와 '貯'는 고·금자(古今字)의 관계인 것 같다."라고 주(注)하였다.

갑골문에서의 뜻은 다음과 같다.

1. 저장하여 쌓아두다. "壬辰卜, 王貞 : 今侯取豕宁涉?"(≪鐵62. 1≫)
2. 관직명(官職名). "甲申卜, 出貞 : 令多宁眔方?"(≪金413≫), "貞 : 祐多宁吕㽸自上甲?"(≪粹237≫)
3. '貞人'의 이름. "甲子卜, 宁貞 : 北土受年?"(≪乙3925≫), "甲子卜, 宁貞 : 王賓上甲劦亡尤?"(≪甲2692≫)
4. 방국명(方國名) 또는 인명(人名). "宁入十"(≪乙2149≫), "貞, 勿命宁氏射?"(≪甲3655≫)

---

1) 羅振玉 前揭書 ≪增訂殷虛書契考釋≫ 卷中 p.12下.

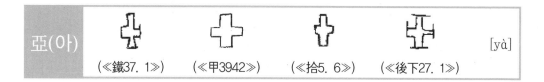

| 亞(아) | (≪鐵37. 1≫) | (≪甲3942≫) | (≪拾5. 6≫) | (≪後下27. 1≫) | [yà] |

　위에 예시된 글자가 '亞'자라는 것은 쉽게 알 수 있는데, 이 '亞'자에 대해 孫海波는, "亞亦訓宮室. 卜辭或言某某亞, 猶言某某宮也.[1] : '亞'는 또한 '宮室' 즉 건물이라는 뜻으로 풀이하기도 한다. 갑골복사에서 간혹 '某某亞'라고 한 것은 '某某宮'이라고 한 것과 같다."라고 해설하였다. 그리고 徐中舒는, "甲骨文亞字蓋象古代聚族而居之大型建築平面圖形.[2] : 갑골문 '亞'자는 고대에 종족끼리 모여 거주하던 건축물 평면도의 모양을 형상화한 것이라 짐작된다."라고 하였고; 李孝定은, "殷虛發掘所見殷王陵墓其穴多作✚形, 亞字初誼未知與此有關否.[3] : 殷虛 발굴에서 보이는 殷의 왕릉(王陵)은 그 묘혈(墓穴)이 대부분 '✚'의 형태를 하고 있는데, 이 '亞'자의 애당초의 뜻이 이와 관계가 있는지의 여부를 아직은 모르겠다."라고 하였다. 여러 학자들의 해석은 다양하다.

　≪說文解字≫에는, "亞, 醜也. 象人局背之形. 賈侍中說, 以爲次弟也. : '亞'는 추악(醜惡)하다는 뜻이다. 사람이 닭의 가슴과 거북의 등짝 모양을 하고 있는 것을 형상화하였다. 賈侍中은 버금의 뜻을 나타낸다고 주장하였다."라고 풀이하고 있다. 이런 자의(字義) 해설에 대해 段玉裁는, "此亞之本義. 亞與惡音義皆同. …… 像醜惡之狀也. : 이것이 '亞'의 본의이다. '亞'와 '惡'은 자음과 자의가 모두 같다. …… 추악한 모양을 형상화한 것이다."라고 주(注)하였다.

　갑골문에서의 뜻은 다음과 같다.

1. 다음. 버금. "……其作亞宗……"(≪後下27. 1≫), "……隹亞祖乙蚩王"(≪卜253≫)

2. 관직명(官職名). "丁未卜, 貞：叀亞㠯衆人步? 二月."(≪存下 377≫), "庚辰卜, 令多亞敉犬?"(≪寧2. 16≫), "乙亥卜, 貞：命多馬亞▨莘……?"(≪存上66≫), "……卜, 貞：多馬亞其有禍?"(≪前5. 6. 5≫) : 당시 왕의 동족 형제 집단으로 짐작된다.

3. 지명(地名). "甲子卜, 離貞：亞受年?"(≪乙8172≫)

4. '貞人'의 이름. "壬子卜, 亞貞：……?"(≪佚825≫)

1) 中國社會科學院考古研究所 ≪甲骨文錄考釋≫(河南通志館 1937. 開封) p.23下.
2) 徐中舒 前揭書 ≪甲骨文字典≫ p.1523.
3) 李孝定 前揭書 ≪甲骨文字集釋≫ p.4172.

5. 인명(人名). "己未卜, 貞：翊庚申告亞其入于丁一牛?"(≪佚340≫), "己未卜, 貞：王其告其从亞侯?"(≪粹367≫), "己酉卜, 貞：亞從止[有]……?"(≪後下25. 9≫)

| 五(오) |
(≪前2. 21. 4≫) |
(≪鐵247. 2≫) |
(≪後上26. 6≫) |
(≪合集15662≫) | [wǔ] |

商承祚는 위의 글자에 대해, "卽五字, 以四字知之.[1]：이는 곧 '五'자인데, '四'자로 미루어 알 수 있다."라고 하여, '五'자라고 고석하였다. 그리고 于省吾는, "凡若干紀數, 均可以積畫 爲之, 惟積至四畫已覺其繁, 勢不得不變繁爲簡, 於是五字以Ⅹ爲之. …… 由Ⅹ而Ⅹ者, 上 下均加橫畫, 以其易與Ⅹ字之作Ⅹ者相混也.[2]：무릇 약간의 숫자 기록은 모두 획을 누적 하여서 이를 나타낼 수 있는데, 다만 네 획을 누적하면 벌써 번잡하다고 느껴져서, 부득불 그 번잡함을 간소화하게 되고, 이에 '五'자를 'Ⅹ'로 쓰게 되었다. …… 그리고 'Ⅹ'에서 'Ⅹ'로 된 것은, 아래 위에 가로획을 덧붙인 것인데, 이는 'Ⅹ'자를 'Ⅹ' 모양으로 쓴 것과 쉽게 혼동되 었기 때문이다."라고 설명하였다.

≪說文解字≫에는, "五, 五行也. 從二, 会易在天地間交午也. Ⅹ, 古文五如此. : '五'는 오행(五行) 즉 '水'·'火'·'木'·'金'·'土'의 다섯 가지 물질이라는 뜻이다. '二'를 구성 요소 로 하고 있으며, ('Ⅹ'는) 음양이 천지 사이에서 교차하다는 뜻을 나타낸다. 'Ⅹ'(Ⅹ)는 '古文' '五'자인데, 자형이 이와 같다."라고 풀이하고 있다.

갑골문에서는 숫자 '五'의 뜻으로 사용되었다. "癸巳卜, 兄貞：旬亡禍? 五月"(≪戩29. 1≫), "癸酉卜, 貞：尞于丁五小宰, 卯五牛?"(≪前2. 21. 4≫), "……五鹿隻四鹿隻 ……"(≪佚224≫)

---

1) 商承祚 前揭書 ≪殷契佚存考釋≫ p.35上.
2) 于省吾 前揭書 ≪殷契駢枝全編≫(≪雙劍誃殷契駢枝三編≫) p.31下.

| 六(육) | (≪鐵135. 3≫) | (≪前7. 39. 1≫) | (≪戩24. 11≫) | (≪拾1. 3≫) | [liù] |

徐中舒는 위에 예시한 글자들에 대해, "仌象兩壁架有一極兩宇之棚舍正視形, 此爲田野中 臨時寄居之處. 其結構簡易, 暴露於野, 卽古之所謂廬. …… 廬·六古音近, 故仌得借爲數 詞六.[1] : '仌'은 양쪽 벽에다 용마루가 하나이고 처마가 둘인 시렁 모양의 집을 정면에서 본 모양을 형상화한 것인데, 이는 들판에다 만든 임시 기거용 처소이다. 그 구조는 매우 간략한 상태로, 들판에 그대로 드러나 있는데, 바로 옛날의 이른바 '廬'에 해당된다. '廬'와 '六'은 고음(古音)이 비슷하였기 때문에, '仌'은 가차되어 수사(數詞)인 '六'의 뜻을 나타내게 되었다." 라고 하였다. ≪說文解字≫에는, "六, 易之數, 会變於六, 正於八. 從入八. : '六'은 ≪周易≫ 의 숫자인데, '六'은 '陰'의 변수(變數)로 사용되고, '八'은 '陰'의 정수(正數)로 사용된다. '入' 과 '八'을 구성 요소로 하고 있다."라고 풀이하고 있다.

갑골문에서는 숫자 '六'의 뜻으로 사용되었다. "……茲御隻麋六鹿……"(≪後上15. 73≫), "……上甲尞六羊"(≪拾1. 3≫), "六牛"(≪戩24. 11≫), "六日"(≪前7. 39. 1≫), "六月" (≪乙8504≫)

| 七(칠) | (≪前5. 28. 4≫) | (≪後下9. 1≫) | (≪佚440≫) | (≪燕378≫) | [qī] |

이 글자는 지금의 '十'자가 아니다. 羅振玉은 위의 글자들을 '七'자로 수록하고는, "古文七 字皆作十, 無同篆文作𠤎者.[2] : 고문자(古文字)에서의 '七'자는 모두 '十'로 쓰는데, 소전체와 같이 '𠤎'로 쓰는 것은 없다."라고 하였다. 그리고 丁山은, "十本象當中切斷形, 自借爲七數 專名, 不得不加刀于七以爲切斷專字.[3] : '十'은 본래 한가운데를 절단한 모양을 형상화하였

---

1) 徐中舒 前揭書 ≪甲骨文字典≫ p.1529.

2) 羅振玉 前揭書 ≪增訂殷虛書契考釋≫ 卷中 p.1下.

3) 丁山 <數名古誼>, ≪國立中央硏究院歷史語言硏究所集刊≫ 第1本 第1分(國立中央硏究院歷史語言硏究所 1928. 廣州) p.94.

는데, 가차되어 숫자 '七'의 전용 명사가 되고부터, 어쩔 수 없이 '七'에다 '刀'자를 덧붙여 절단(切斷)을 의미하는 전용 글자를 만들 수밖에 없었다."라고 설명하였다. ≪說文解字≫에는, "七, 昜之正也. 從一, 微侌, 從中衺出也. : '七'은 양(陽)의 정수(正數)이다. '一'을 구성 요소로 하고 있으며, 미약한 음기(陰氣)가 양기를 나타내는 '一' 속에서 비스듬히 굴절된 형태로 나오는 모양으로 되어 있다."라고 풀이하고 있다.

갑골문에서는 숫자 '七'의 뜻으로 사용되었다. "……七日己巳夕鑑……有新大星并火"(≪後下9. 1≫), "……七月"(≪燕378≫), "……逐七……"(≪前5. 28. 5≫)

| 九(구) | (≪鐵20. 4≫) | (≪前4. 40. 3≫) | (≪後下13. 9≫) | (≪合集32302≫) | [jiǔ] |

李孝定은 이 글자에 대해, "契文大抵作𠃌, 間亦作𠃌. 前半與又同, 延長中畫而屈曲之, 以示肘之所在, 丁氏後說, 是也. 旣叚肘之象形字以爲數名之九, 遂不得不另製形聲之肘以代之.[1] : 갑골문으로는 대체로 '𠃌'로 쓰는데, 간혹 '𠃌'로 쓴 것도 있다. 전반(前半)은 '又'자와 같고, 가운데 획을 길게 빼면서 구부려서 팔꿈치의 소재(所在)를 나타내었는데, 丁山의 뒷날의 주장으로, 이것이 옳다. 기왕 팔꿈치를 의미하는 상형자를 가차하여 숫자 이름 '九'자로 사용하게 된 이상, 결국에는 형성자 '肘'자를 따로 만들어 대신할 수밖에 없었다."라고 설명하였다. 이 '九'자에 대해 ≪說文解字≫에는, "九, 昜之變也. 象其屈曲究盡之形. : '九'는 양(陽)의 변수(變數)이다. 그 굴곡이 끝나는 모양을 형상화하였다."라고 풀이하고 있다.

갑골문에서는 숫자 '九'의 뜻으로 사용되었다. "己巳卜, 求于九示?"(≪前3. 22. 7≫), "……乙九牢"(≪前4. 40. 3≫), "癸巳王卜, 貞 : 王亡禍? 在九月……"(≪前2. 14. 1≫), "九屯"(≪後下13. 9≫)

---

1) 李孝定 前揭書 ≪甲骨文字集釋≫ p.4189.

| 禽(금) | (≪鐵134. 3≫) | (≪甲579≫) | (≪後下1. 4≫) | (≪拾6. 13≫) | [qín] |

徐中舒는 위의 갑골문 '禽'자에 대해, "象長柄有網以覆鳥獸之狩獵工具, 爲畢字亦卽畢字初文, 卜辭用爲禽獲之禽. …… 禽本動詞, 後名所獲爲禽, 遂爲名詞. 復於禽字增手旁作擒以表其初義.[1]: 기다란 손잡이 자루에 그물을 달아 조수(鳥獸)를 잡는 수렵 공구를 형상화하였는데, 이는 '畢'자이고, 또한 바로 '畢'자의 초기 글자이며, 갑골복사에서는 '禽獲'의 '禽'자의 뜻으로 사용된다. …… 이 '禽'은 본래 동사였는데, 후에 포획물의 이름을 '禽'이라고 하여 마침내 명사가 되었다. 그리고 '禽'자에다 다시 편방 '手'를 덧붙여서 '擒'으로 씀으로서 (동사로서의) 애초의 자의(字義)를 나타내었다."라고 설명하였다.

≪說文解字≫에는, "禽, 走獸總名. 從厹, 象形, 今聲. 禽离兕頭相侣. : '禽'은 뛰어다니는 짐승을 총괄하는 명칭이다. 위의 머리 부분을 형상화한 상형자 '厹'를 의부, '今'을 성부로 구성되었다. '禽'·'离'·'兕'의 머리 부분의 모양은 서로 비슷하다."라고 풀이하고 있다. 이에 대해 段玉裁는, "釋鳥曰 : 二足而羽謂之禽, 四足而毛謂之獸. 許不同者, 其字從厹. 厹謂獸迹, 鳥迹不云厹也. 然則倉頡造字之本意, 謂四足而走者明矣. : ≪爾雅·釋鳥≫에, 「발이 둘이고 깃이 있는 것은 '禽'이라고 하고, 발이 넷이고 털이 있는 것은 '獸'라고 한다.」라고 하고 있다. 許愼의 해설이 이와 다른 점은 이 글자가 '厹'를 구성 요소로 하고 있기 때문이다. '厹'는 짐승의 족적을 말하는데, 새의 족적을 '厹'라고 하지는 않는다. 그런즉 倉頡이 조자(造字)할 당시의 이 글자의 본의는 발이 넷이고 달리는 짐승을 일컬었음이 분명하다."라고 주(注)하였다.

갑골문에서는 '擒獲' 즉 '사로잡다'는 뜻의 동사로 사용되었다. "丁卯卜, 逐彙禽?"(≪粹959≫), "丁卯……狩正……禽獲鹿百六十, 二百十四豕……"(≪後下1. 4≫), "甲申……王其禽虎"(≪拾6. 13≫), "……禽鹿"(≪鐵42. 1≫)

---

1) 徐中舒 前揭書 ≪甲骨文字典≫ p.1532.

萬(만)					[wàn]
	(≪前3. 30. 5≫)	(≪後下19. 8≫)	(≪寧滬3. 94≫)	(≪合集8715≫)	

羅振玉은 이 글자들에 대해, "卜辭及古金文中 等形, 均象蝎, 不從厹.[1]: 갑골복사와 고대 금문에서의 ' '·' ' 등의 자형은 모두 '蝎' 즉 전갈의 모양을 형상화하였고, '厹'를 구성 요소로 하지 않았다."라고 하였는데, 이는 '萬'자의 본의는 전갈이라는 말이다. ≪說文解字≫에는, "萬, 蟲也. 從厹, 象形. : '萬'은 벌레의 이름이다. '厹'를 구성 요소로 하고 있으며, 상형자이다."라고 풀이하고 있다. 이에 대해 段玉裁는, "謂蟲名也. 假借爲十千數名, 而十千無正字, 遂久假不歸, 學者昧其本義. : 벌레의 이름을 일컫는다. 열 개의 천(千)을 나타내는 숫자의 명칭으로 가차되었는데, '十千'을 나타내는 정자(正字)가 없었기 때문에 결국 오랫동안 가차된 자의(字義)로 사용되었고 본의(本義)로 회귀(回歸)하지 않은 탓에 학자들도 그 본의를 잘 알지 못한다."라고 주(注)하였다. 오랫동안 수사(數詞)로 가차되어 사용되면서 본의로 환원되지 않았기에, 따로 '蠆'자를 만들었으며, 이에 따라 '萬'의 본의는 폐기되고 가차의(假借義)로만 사용되었다.

갑골문에서의 뜻은 다음과 같다

1. 수사(數詞) 만(萬). "辛巳卜, 貞 : 登婦好三千登旅萬乎伐[羌]?"(≪庫310≫), "癸未卜, 王……三萬……?"(≪寧滬3. 94≫)

2. 지명(地名). "壬午卜, 王弗其獲在萬鹿?"(≪乙7680≫), "☒寅卜, 萬受年?"(≪前3. 30. 5≫), "☒☒卜, 賓貞 : 卓其往萬?"(≪前5. 31. 3≫), "☒午卜, 㱿貞……逐鹿于萬……幸?"(≪餘13. 1≫)

獸(수)					[shòu]
	(≪鐵10. 3≫)	(≪前4. 1. 1≫)	(≪甲1656≫)	(≪佚523≫)	

≪甲骨文編≫에는 위의 글자들을 모두 '獸'자로 수록하고는, "卜辭獸獸从犬从單, 用爲狩獵

1) 羅振玉 前揭書 ≪增訂殷虛書契考釋≫ 卷中 p.3上.

之狩.1) : 갑골복사에서의 '獸'자는 '犬'과 '單'을 구성 요소로 하고 있으며, '狩獵'의 '狩'자의 뜻으로 사용되었다."라고 하고 있다. 이 갑골문 '獸'자는 수렵 도구 하나와 한 마리의 짐승으로 구성되어 있는데, 본의는 동사로서 짐승을 잡다는 뜻이다. ≪說文解字≫에는, "獸, 守備者也. 一曰 : 兩足曰禽, 四足曰獸. 從嘼, 從犬. : '獸'는 수비가 가능한 야수(野獸)라는 뜻이다. 일설에는 다리가 둘인 것은 '禽'이라고 하고, 다리가 넷인 것은 '獸'라고 한다고도 한다. '嘼'를 구성 요소로 하고, '犬'을 구성 요소로 하고 있다."라고 풀이하고 있다. 이에 대해 段玉裁는, "以疊韻爲訓, 能守能備, 如虎豹在山, 是也. : ('守備者'라고 한 것은) 첩운(疊韻)으로 뜻풀이를 한 것인데, 수비가 가능한 야수라는 것은 산속에서의 범이나 표범과 같은 경우가 그렇다."라고 주(注)하였다. 그리고 徐灝는, "獸之言狩也, 田獵所獲, 故其字從犬, 謂獵犬也.2) : '獸'를 '狩'라고 말하는 것은, 사냥으로 포획한 것이기 때문이다. 이 때문에 글자가 '犬'을 구성 요소로 하고 있으며, 이는 엽견(獵犬)을 일컫는다."라고 하였다. 이는 '獸'와 '狩'는 통용된다는 말인데, 이에 대해 徐中舒는, "從犬從丫(干), 丫爲狩獵工具. 犬善逐獸, 故干犬會狩獵之意. 田獵爲𤝡, 田獵所獲亦爲𤝡, 後世遂分爲狩獸二字. 或從犬從單, 單乃丫之繁體.3) : '犬'과 '丫(干)'을 구성요소로 하고 있는데, '丫'은 수렵용 공구를 나타내며, '犬'은 짐승을 뒤쫓는 일에 뛰어나므로, '干'과 '犬'으로써 수렵의 의미를 나타내는 회의자가 된 것이다. 전렵의 의미도 '𤝡'로 나타내고, 전렵의 포획물도 '𤝡'로 나타내었는데, 후세에 와서 마침내 '狩'자와 '獸'자로 나뉘었다. 간혹 '犬'과 '單'을 구성 요소로 한 것도 있는데, '單'은 '丫'의 번체(繁體)이다."라고 설명하였다. 제10편 '狩'자에 대한 해설을 참고하기 바란다.

갑골문에서의 뜻은 다음과 같다.

1. 사냥(하다). "甲申卜, 殻貞 : 王涉獸?"(≪前4. 1. 1≫), "貞 : 王其田, 獸亡災?"(≪甲 1656≫), "壬辰往從獸九月"(≪佚115≫)

2. 자의(字義) 불분명. "☐丑貞 : 王獸祖乙?"(≪佚118≫)

---

1) 中國社會科學院考古研究所 前揭書 ≪甲骨文編≫ p.544.
2) 徐灝 ≪說文解字注箋≫, 丁福保 前揭書 ≪說文解字詁林正補合編≫ 第11 p.11-604.
3) 徐中舒 前揭書 ≪甲骨文字典≫ p.1099.

甲(갑)	⊕	⊕	✛	✛	[jiǎ]
	《甲2667》	《後下36. 4》	《鐵176. 1》	《後上3. 16》	

　《甲骨文編》에는 이 글자들을 '甲'자로 수록하고는, "甲子之甲皆作✛.[1]: '甲子'의 '甲'자는 모두 '✛'으로 썼다."라고 하고 있다. 그러나 갑골문 '甲'자의 자형에 대한 고석은 여러 학자들의 주장이 서로 달라 아직 정설이 없는 상태이다. 《說文解字》에는, "甲, 東方之孟, 易气萌動. 從木戴孚甲之象. 大一經曰：人頭空爲甲. ⊕, 古文甲, 始於一, 見於十, 歲成於木之象. : '甲'은 동방에 위치하며, 동방은 오방(五方)이 시작되는 곳이고, 봄에 양기가 생동하게 된다. 초목의 정수리에 씨앗의 갑각(甲殼)을 쓰고 있는 모양으로 구성되었다. 《大一經》에, 「사람의 두개골이 비어 있는 것이 '甲'이다.」라고 하고 있다. '⊕'(命)은 '古文' '甲'자인데, '一'에서 시작해서, '十'에도 보이며, 한 해가 '木'에서 완성되는 형상이다."라고 풀이하고 있다. '人頭空'에 대해서 段玉裁는, "空·腔, 古今字. 人頭空謂髑髏也; '空'과 '腔'은 고금자(古今字)의 관계이며, '人頭空'은 '髑髏' 즉 해골을 의미한다."라고 주(注)하였다.

　갑골문에서의 뜻은 다음과 같다.

1. 갑(甲). 천간(天干)의 첫째 자리. "甲子卜, 殼貞：勿改羌百？ 十三月."(《鐵176. 1》)
2. 商 왕실의 선공(先公)·선왕(先王)·선비(先妣)의 묘호(廟號)로 사용되었다. "貞：大甲賓于咸？"(《丙36》), "小甲"(《前1. 7. 1》), "貞：夕侑于妣甲？"(《前1. 27. 4》), "羌甲蚩王"(《乙2496》)
3. 商 왕실의 제9대 선공(先公) '上甲'에 대해서는 '⊕'(《後下36. 4》)으로 쓰고 있다. "貞：尞于上甲于河十牛？"(《乙685》), "[侑]勺歲于上甲五牢"(《甲2667》)

乙(을)	⟨	⟨	⟩	⟩	[yǐ]
	《前3. 6. 1》	《後上19. 11》	《佚21》	《拾13. 5》	

　갑골문 '乙'자의 자형 결구의 의미에 대해서는 학자들의 의견이 아직 일치되지 않고 있어, 후일(後日)의 고증을 기다릴 수밖에 없다. 이 '乙'자에 대해 《說文解字》에는, "乙, 象春艸

---

1) 中國社會科學院考古研究所 前揭書 《甲骨文編》 p.545.

木冤屈而出, 会气尚彊彊, 其出乙乙也. 與丨同意. 乙承甲, 象人頸. : '乙'은 봄에 초목이 구불구불하게 솟아나는 것을 형상화하였는데, 이때는 아직 음기가 강하여 초목이 솟아나기가 매우 힘들기 때문이다. (초목이 솟아남을 나타내는) '乙'은 아래에서 위로 끌어올려 통한다는 의미의 '丨'과 그 뜻이 같다. '乙'은 '甲'을 계승하며, 사람의 목을 상징한다."라고 풀이하고 있다.

갑골문에서의 뜻은 다음과 같다.

1. 을(乙). 천간의 둘째 자리. "乙亥貞 : 又勺歲于祖乙大牢一牛?"(≪甲806≫), "乙丑卜, 㱿貞 : ……?"(≪佚21≫)

2. 商 왕실의 선왕(先王)의 묘호(廟號)로 사용되었다. "乙丑卜, 貞 : 王賓大乙翌亡尤?" (≪後上1. 11≫), "己巳[卜], 祭于祖乙?"(≪後上19. 11≫)

尤(우)				[yóu]
(≪前1. 2. 3≫)	(≪甲2521≫)	(≪戩19. 10≫)	(≪後下25. 4≫)	

丁山은 위의 갑골문자를 '尤'자로 고석하면서, "殷契或爲, 皆象手欲上伸而礙於一, 有𪻐之從一雖川, 之從而橫上以一也.[1] : 갑골문 '' 자는 ''로 쓰기도 하는데, 모두가 손을 위로 펴려고 하지만 '一'에 가로막히는 모양을 형상화한 것으로, '𪻐'자가 '一'을 구성 요소로 하여 '川'을 가로막는 것과 ''자가 ''을 구성 요소로 하였으나 '一'로 위를 가로지르는 것과 같다."라고 하였다. ≪說文解字≫에는 이 '尤'자에 대해, "尤, 異也. 從乙, 又聲. : '尤'는 특이하다는 뜻이다. '乙'을 의부, '又'를 성부로 구성되었다."라고 풀이하고 있다.

갑골문에서는 '亡尤'라는 점복(占卜) 성어(成語)로, 모종(某種)의 화환(禍患)이 없음을 나타낸다. "乙亥卜, 行貞 : 王賓小乙彡亡尤? 在十一月."(≪粹279≫), "癸酉卜, 中貞 : 王亥 · 癸示彡亡尤? 在十月."(≪前1. 2. 2≫), "丁未卜, 貞 : 王賓大丁祭亡尤?"(≪前1. 4. 5≫), "貞 : 亡尤?"(≪後下25. 4≫)

---

1) 丁山 <殷契亡 說>, 前揭書 ≪國立中央研究院歷史語言研究所集刊≫ 第1本 第1分 p.26.

| 丙(병) | 𐅦 (≪菁7. 1≫) | 𐅦 (≪甲2356≫) | 𐅦 (≪後上6. 12≫) | 𐅦 (≪前3. 8. 3≫) | [bǐng] |

갑골문 '丙'자의 자형 결구에 대한 학자들의 주장에는 아직 정론이 없는 상태이기 때문에, 후일의 정확한 고석(考釋)을 기다릴 수밖에 없다. 이 '丙'자에 대해 ≪說文解字≫에는, "丙, 位南方, 萬物成炳然. 侌气初起, 昜气將虧. 從一入冂. 一者, 昜也. 丙承乙, 象人肩. : '丙'은 남방의 위치인데, 만물이 장성(長成)하고 빛도 강성(强盛)하다. 음기가 처음 일어나기 시작하여, 양기는 움츠리게 된다. '一'과 '入'과 '冂'을 구성 요소로 하고 있다. '一'은 양기를 나타낸다. '丙'은 '乙'을 계승하며, 사람의 어깨를 상징한다."라고 풀이하고 있다.

갑골문에서의 뜻은 다음과 같다.

1. 병(丙). 천간(天干)의 셋째 자리. "丙午貞 : 多婦亡疒?"≪乙8816≫), "丙寅卜, 爭貞 : ……?"(≪後上24. 10≫)

2. '貞人'의 이름. "丁亥卜, 丙貞 : ……?"(≪乙8370≫)

3. 商 왕실 조상의 묘호(廟號)로 사용된다. "丙辰卜, 貞 : 王賓卜丙祭亡尤?"(≪粹179≫), "乙巳卜, 又反妣丙?"(≪鄴三44. 3≫)

4. 인명(人名). "庚申卜, 古貞 : 王令丙?"(≪乙4256≫)

| 丁(정) | ▭ (≪甲630≫) | ○ (≪乙7795≫) | ◯ (≪後上27. 7≫) | ● (≪甲2329≫) | [dīng] |

갑골문 '丁'자의 자형에 대한 학자들의 주장은 크게 두 가지이다. 하나는 吳其昌의 주장으로, "丁之本義, 釘也. (中略) 丁爲釘之本字.[1] : '丁'자의 본의는 '釘' 즉 못이라는 뜻이다. (中略) '丁'은 '釘'의 본자(本字)이다."라고 하여, '丁'자의 자형은 못의 머리를 형상화한 것이라는 주장이다. 그리고 또 하나는 徐中舒의 주장으로, 그는 "甲骨文以窗空之囗形表示頂顚之頂, 卽頂之本字, 復借用爲天干之丁.[2] : 갑골문에서는 창구멍의 '囗' 형상으로 '頂顚'의 '頂' 즉 꼭대기라는 뜻을 나타내며, 이는 곧 '頂'의 본자(本字)인데, 다시 가차하여 천간(天干)의 '丁'

---

1) 李孝定 前揭書 ≪甲骨文字集釋≫ p.4240에서 재인용.

2) 徐中舒 前揭書 ≪甲骨文字典≫ p.1549.

자로 사용되고 있다."라고 한 것이다. 이 역시 후일의 고석을 기다릴 수밖에 없다. ≪說文解字≫에는, "丁, 夏時萬物皆丁實. 象形. 丁承丙, 象人心. : '丁'은 여름철에 만물이 모두 열매를 맺는다는 뜻이다. 상형자이다. '丁'은 '丙'을 계승하며, 사람의 마음을 상징한다."라고 풀이하고 있다.

갑골문에서의 뜻은 다음과 같다.

1. 정(丁). 천간의 넷째 자리. "丁未卜, 王令……田?"(≪甲243≫), "丁酉卜, 侑歲于祖……?"(≪乙5327≫), "丁卯"(≪燕165≫)

2. 제명(祭名). '丁祭'. "丙子卜, 貞 : 武丁丁其牢茲用?"(≪前1. 21. 3≫), "壬寅卜, 貞 : 母癸丁叀羊茲用?"(≪續1. 23. 4≫), "癸亥卜, 貞 : 祖甲丁其牢茲用?"(≪續1. 26. 1≫), "丙戌卜, 貞 : 文武丁宗丁其牢茲用?"(≪卜267≫) : 제5기 복사에 보이는 제례(祭禮)로, 오직 武丁·祖甲·康丁·武乙·文武丁 등의 직계 선왕(先王) 5명과 母癸·妣己·妣癸에 대해서만 거행하였다.

3. 商 왕실의 선공(先公)·선왕(先王)·선비(先妣)의 묘호(廟號)로 사용되었다. "丁亥卜, 又勻于小丁?"(≪甲630≫), "壬午卜, 叀羊于妣丁?"(≪合423≫), "翌丁酉延侑于大丁"(≪乙2508≫), "祖丁一牛"(≪後上27. 7≫), "中丁"(≪前1. 8. 1≫)

4. 천신(天神). "貞 : 告匚于丁三牛?"(≪甲2127≫), "三百羌用于丁"(≪續2. 16. 3≫)

5. '貞人'의 이름. "戊子卜, 丁貞 : 弗來……?"(≪乙443≫)

戊(무)					[wù]
	≪甲903≫	≪乙8658≫	≪前3. 4. 1≫	≪存下713≫	

郭沫若은 이 갑골문 '戊'자에 대해 "戊, 象斧鉞之形, 盖卽戚之古文.[1] : '戊'는 도끼의 모양을 형상화하였는데, 이는 아마 바로 '戚'의 고문자(古文字)일 것이다."라고 하였다. ≪說文解字≫에는, "戊, 中宮也. 象六甲五龍相拘絞也. 戊承丁, 象人脅. : '戊'는 '中宮' 즉 궁궐 중앙에 위치한 황후의 거처를 뜻한다. ('戊'자의 다섯 획은) 육갑(六甲) 중의 5룡(龍)['戊辰·'庚辰'·'壬辰'·'甲辰'·'丙辰'의 다섯 개 '辰日']을 말하며, '戊辰'은 중앙의 황룡(黃龍), '庚辰'은 서쪽의 백룡(白龍), '壬辰'은 북쪽의 흑룡(黑龍), '甲辰'은 동쪽의 청룡(靑龍), '丙辰'은

---

1) 郭沫若 前揭書 ≪甲骨文字硏究·釋干支≫ p.9下.(總p.168.)

남쪽의 적룡(赤龍)을 말함]이 서로 고리처럼 연결된 형상이다. '戊'는 '丁'을 계승하며, 사람의 옆구리를 상징한다.”라고 풀이하고 있다.

갑골문에서의 뜻은 다음과 같다.

1. 무(戊). 천간(天干)의 다섯째. “戊寅卜, 爭貞于羌甲……?”(≪京749≫), “戊辰[卜]……?”(≪後下22. 1≫)

2. 商 왕실의 선공(先公)·선왕(先王) 및 선비(先妣)의 묘호(廟號)로 사용되었다. “戊寅卜, 卽貞 : 叀父戊歲先飮十?”(≪後上5. 11≫), “戊戌卜, 旅貞 : 王賓妣戊歲宰亡尤?”(≪佚326≫), “勿于大戊告”(≪乙4626≫)

3. 인명(人名). “侑于學戊“(≪餘8. 2≫)

| 成(성) | (≪前1. 44. 3≫) | (≪乙5303≫) | (≪粹173≫) | (≪撫續1≫) | [chéng] |

위에 예시한 갑골문은 '戊'와 '　'을 구성 요소로 하고 있는데, 간혹 '丨'으로 '　'을 대체한 것도 있다. 여기에서의 '　'은 앞에서 살펴본 '丁'자이다. 陳夢家는 이 글자를 '成'자로 고석하면서, “卜辭口耳之口作Ħ, 丙丁之丁作口, 兩者是有分別的. 咸戊之咸從戊從口, 成湯之成從戊從丁. 有此分別, 則我們向來猶疑不定的人名成, 才得解決.[1] : 갑골복사에서의 '口耳'의 '口'자는 'Ħ'로 쓰고, '丙丁'의 '丁'은 '口'으로 쓰는데, 이 둘 사이에는 서로 다른 차이가 있다. '咸戊'의 '咸'자는 '戊'과 '口'를 구성 요소로 하였고, '成湯'의 '成'자는 '戊'과 '丁'을 구성 요소로 하고 있다. 이런 차이가 있으므로, 종래에 우리가 주저하며 단정하지 못했던 인명 '成'자가 비로소 해결된 것이다.”라고 하였다. ≪說文解字≫에는, “成, 就也. 從戊, 丁聲. 㫌, 古文成, 從午. : '成'은 성취(成就)하다는 뜻이다. '戊'를 의부, '丁'을 성부로 구성되었다. '㫌'(㪅)은 '古文' '成'자이며, '午'를 구성 요소로 하고 있다.”라고 풀이하고 있다.

갑골문에서의 뜻은 다음과 같다.

1. 商 왕조(王朝)의 시조(始祖) 成湯 즉 大乙을 지칭하는 고유명사. “貞 : 今日有于成, 三牛?”(≪乙2307≫), “……羌用自成·大丁·甲·大庚……”(≪粹173≫), “乙未卜,

1) 陳夢家 ≪殷虛卜辭綜述≫(中華書局 1988. 北京) p.411.

勿用羌于成?"(≪合238≫)

2. 희생(犧牲)의 처리 방법. "叀成犬敢从湄日亡戋永王"(≪京津4310≫)

| 己(기) | 己 (≪甲2262≫) | 己 (≪菁3. 1≫) | 己 (≪䵢4. 15≫) | 己 (≪粹1239≫) | [jǐ] |

李孝定은 갑골문 '己'자에 대해, "契文作ㄅ己, 與弗叔諸文所从正同. 葉氏謂象綸索之形, 說盖近之.[1] : 갑골문으로는 'ㄅ' 또는 '己'로 쓰는데, 이는 '弗'·'叔' 등의 여러 글자들이 구성 요소로 하고 있는 것과 꼭 같다. 葉玉森이 동아줄의 모양을 형상화하였다고 했는데, 그의 주장이 사실에 가깝다."라고 하였다. ≪說文解字≫에는, "己, 中宮也. 象萬物辟藏詘形也. 己承戊, 象人腹. 𢀒, 古文己. : '己'는 왕궁의 중앙의 위치를 뜻한다. 만물이 몸을 구부려서 흙속으로 숨어드는 모양을 형상화하였다. '己'는 '戊'를 계승하며, 사람의 복부(腹部)를 상징한다. '𢀒'(𢀒)는 '古文' '己'자이다."라고 풀이하고 있다.

갑골문에서의 뜻은 다음과 같다.

1. 기(己). 천간(天干)의 여섯째 자리. "己丑卜, 大貞 : 于五示告丁祖?"(≪佚563≫), "己卯卜……?"(≪前1. 6. 2≫)

2. '貞人'의 이름. "丁亥卜, 己貞 : ……?"(≪粹1239≫)

3. 商 왕실의 선공(先公)·선왕(先王) 및 선비(先妣)의 묘호(廟號)로 사용되었다. "己卯卜, 貞 : 王賓祖己劓亡尤?"(≪前1. 23. 4≫), "戊午卜, 行貞 : 王賓雍己肜夕亡禍?"(≪佚781≫), "貞 : 于高妣己御?"(≪乙2640≫)

| 㠱(기) | 㠱 (≪甲2398≫) | 㠱 (≪前3. 18. 4≫) | 㠱 (≪合集9570≫) | 㠱 (≪燕634≫) | [jǐ] |

위의 갑골문은 '己'와 '其'를 구성 요소로 하고 있는데, 葉玉森은 이 글자에 대해, "按, 从己从其, 卽㠱, 乃國名.[2] : 살펴보면, '己'와 '其'를 구성 요소로 하고 있으며, 이는 바로

---

1) 李孝定 前揭書 ≪甲骨文字集釋≫ p.4263.

2) 葉玉森 前揭書 ≪殷虛書契前編集釋≫ 卷2 p.3下.

'箕'자인데, 여기에서는 국명으로 쓰였다."라고 하였다. ≪說文解字≫에는, "箕, 長居也. 從己, 其聲. 讀若杞. : '箕'는 넓적다리를 뻗고 앉다는 뜻이다. '己'를 의부, '其'를 성부로 구성되었다. 독음은 '杞'자처럼 읽는다."라고 풀이하고 있다. '箕'자의 자의에 대해서 段玉裁는, "居, 各本作踞, 俗字也. 尸部曰 : 居者, 蹲也. 長居謂箕其股而坐. : '居'를 각 판본에는 '踞'로 썼는데, 속자(俗字)이다. '尸'부(部)에, 「居는 웅크리다는 뜻이다.」라고 하고 있다. '長居'는 넓적다리를 뻗고 앉는 것을 일컫는다."라고 주(注)하였다.

갑골문에서는 방국명(方國名) 또는 지명(地名)으로 사용되었다. "······ 又老箕侯王其 ······"(≪前2. 2. 6≫), "癸未······于箕······"(≪甲2398≫), "乙丑······𦎫雨箕不介······" (≪前3. 18. 4≫)

庚(경)　　(≪前3. 10. 3≫)　　(≪鐵271. 3≫)　　(≪甲1281≫)　　(≪後上21. 10≫)　　[gēng]

郭沫若은 위의 글자들을 '庚'자로 고석하면서, "觀其形制, 當是有耳可搖之樂器, 以聲類求之, 當卽是鉦.[1] : 자형의 체제로 살펴보면, 귀 즉 손잡이가 있어서 잡고 흔들 수 있는 악기(樂器)가 분명하며, 글자의 성음(聲音)으로 탐구하면, 바로 '鉦'자임이 틀림없다."라고 하였다. 그런데 徐中舒는 "然於文獻記載及實物徵驗之, 鉦皆無耳, 且以搥擊之. 故庚鉦非一物.[2] : 문헌에 기재된 내용과 실물을 통해서 검증해 보면, '鉦'에는 귀가 없고, 또한 채를 사용하여 치도록 되어 있다. 그러므로 '庚'과 '鉦'은 같은 물건이 아니다."라고 주장하였다. ≪說文解字≫에는, "庚, 位西方, 象秋時萬物庚庚有實也. 庚承己, 象人齎. : '庚'은 방위가 서쪽이며, 가을에 만물이 토실토실하게 결실을 맺는 것을 형상화했다. '庚'은 '己'를 계승하며, 사람의 배꼽을 상징한다."라고 풀이하고 있다.

갑골문에서의 뜻은 다음과 같다.

1. 경(庚). 천간의 일곱째 자리. "庚戌貞 : 叀王自正刀方?(≪粹1185≫), "庚申卜, 㱿貞 : ······?"(≪後上16. 8≫)

2. 商 왕실의 선왕(先王)과 선비(先妣)의 묘호(廟號)로 사용되었다. "大甲·大庚·祖

1) 郭沫若 前揭書 ≪甲骨文字硏究·釋干支≫ p.10上.(總p.169.)
2) 徐中舒 前揭書 ≪甲骨文字典≫ p.1558.

丁……"(《後上5. 1》), "……南庚……"(《前1. 13. 8》), "……侑盤庚……"(《甲2308》), "……三羊于妣庚……"(《後上21. 10》)

辛(신)	Ψ	Ψ	Ψ	辛	[xīn]
	(《鐵164. 4》)	(《前4. 24. 1》)	(《甲2282》)	(《佚427》)	

이 갑골문 '辛'자 역시 도끼 부류의 병기의 모양을 형상화한 자형이다. 吳其昌은 이 '辛'자에 대해, "象斧屬兵器形. 白虎通五行篇云 : 辛所以煞傷也. 必兵刑器始能殺傷.[1]: 도끼 부류에 속하는 무기의 모양을 형상화하였다. 《白虎通·五行篇》에, 「辛'은 살상(殺傷)에 사용하는 도구이다.」라고 하고 있다. 따라서 이는 틀림없이 병기(兵器)나 형기(刑器)로서 살상을 할 수 있는 것임이 분명하다."라고 하였다. 그런데 이 '辛'은 인체의 코나 귀를 베어내거나 묵형(墨刑)을 시행하는데 사용하였으며, 예리한 양 날로 되어 있는 고대의 형구(刑具)이다. 《說文解字》에는, "辛, 秋時萬物而飄, 金剛味辛, 辛痛即泣出. 從一辛. 辛, 皋也. 辛承庚, 象人股. : '辛'은 (가을을 대표하는데) 가을에 만물이 숙성하고, ('金'[쇠]을 대표하는데) '金'은 성질이 단단하며, (매운 맛을 대표하여) 맛이 맵다. 매운 것은 고통을 느끼게 하므로, 눈물이 나게 된다. '一'과 '辛'을 구성 요소로 하고 있는데, '辛'은 '皋' 즉 죄악을 의미한다. '辛'은 '庚'을 계승하며, 사람의 넓적다리를 상징한다."라고 풀이하고 있다.

갑골문에서의 뜻은 다음과 같다.

1. 신(辛). 천간의 여덟째. "辛未卜, 行貞 : 其乎⊠行又冓?"(《粹511》)
2. 商 왕실의 선왕(先王)과 선비(先妣)의 묘호(廟號)로 사용되었다. "……御小辛, 三牢……"(《前1. 16. 5》), "侑于大甲祖乙祖辛"(《乙4694》), "庚壬卜, 彭貞 : 其侑妣辛一牛?"(《甲2698》)

---

1) 李孝定 前揭書 《甲骨文字集釋》 p.4283에서 재인용.

| 辥(설) | 《鐵113. 4》 | 《前6. 4. 1》 | 《佚455》 | 《誠337》 | [xuē] |

《甲骨文編》에는 위의 글자들을 모두 '辥'자로 수록하고는, "王國維說卽古辥字. 弖卽說文辛字之初文, 辠也. 自者, 衆也. 金文或加止. 葢謂人有辛自以止之. 經典用作躠.¹⁾ : 王國維는 이 글자는 바로 '辥'자의 고자(古字)라고 하였다. '弖'자는 곧 《說文解字》의 '辛' 자의 초문(初文)이며, 죄악이라는 뜻이다. '自'란 많다는 뜻이다. 금문에는 간혹 '止'를 덧붙이기도 한다. 무릇 사람이 지은 죄가 많으면 잡아 가두게 됨을 말하는 것 같다. 경전에는 이 뜻으로 '躠'자를 쓰고 있다."라고 하고 있다. 《說文解字》에는, "辥, 辠也. 從辛, 𡭗聲. : '辥'은 '辠' 즉 죄악이라는 뜻이다. '辛'을 의부, '𡭗'을 성부로 구성되었다."라고 풀이하고 있다. 여기에서의 '𡭗'은 '薛'의 이체자인데, '賴蒿' 즉 맑은대쑥이라는 뜻이다.

갑골문에서는 재해(災害), 재앙 등의 뜻으로 사용되었다. "貞 : 王疾, 婦不好不隹辥?(《鐵 113. 4》), "貞 : 玆風不隹辥?"(《前6. 4. 1》), "貞 : 不隹辥?"(《陳138》)

| 壬(임) | 《甲392》 | 《前7. 44. 1》 | 《後下27. 2》 | 《合集20831》 | [rén] |

이 갑골문 '壬'자의 자형 결구가 나타내는 의미가 무엇인지에 대해서는 아직 명확한 고석(考釋)이 이루어지지 않았기에, 후일(後日)의 연구를 기다릴 수밖에 없다. 이 '壬'자에 대해 《說文解字》에는, "壬, 位北方也. 会極易生. 故易曰 : 龍戰于野. 戰者, 接也. 象人裹妊之形. 承亥壬以子之敘也. 壬與巫同意. 壬承辛, 象人脛. 脛, 任體也. : '壬'은 방위가 북쪽이다. (겨울을 대표하는데) 이때는 음기가 극히 성(盛)하고, 양기도 이미 생성되는 때이다. 이 때문에 《易經·坤卦·上六》에, 「양(陽)에 속하는 용(龍)이 음(陰)에 속하는 야(野)와 교접한다.」 라고 하고 있다. 여기에서의 '戰'이란 교접하다는 뜻이다. '壬'자는 사람이 회임한 모양을 형상화하였으며, 북방에 위치하는 지지(地支)의 '亥'와 천간(天干)의 '壬'을 '子'로써 승접(承接)하는 것은, 자생(滋生)의 순서에 부합하는 것이다. ('壬'자는 '工'의 가운데에 '一'을 더하여서,

---

1) 中國社會科學院考古硏究所 前揭書 《甲骨文編》 p.554.

회임한 모양을 나타내었는데, 이는) '巫'자가 '工'의 가운데에 '从'을 더하여서 춤추는 옷소매의 모양을 형상화한 것과 그 자형 결구의 원리가 같다. '壬'은 '辛'을 승계하며, 사람의 정강이를 상징한다. 그리고 정강이는 온 몸의 무게를 떠맡고 있는 지체(肢體)이다."라고 풀이하고 있다.

갑골문에서의 뜻은 다음과 같다.

1. 임(壬). 천간의 아홉째 자리. "壬申卜, 殼貞 : 五羌卯五牛?"(≪後上27. 2≫)

2. 商 왕실의 선공(先公)과 선비(先妣)의 묘호(廟號)로 사용되었다. "庚辰卜, 貞 : 王賓示壬爽妣庚, 翊日亡尤?"(≪後上1. 7≫), "壬戌卜, 殼貞 : 侑于示壬?"(≪後上1. 3≫), "侑于妣壬"(≪文371≫)

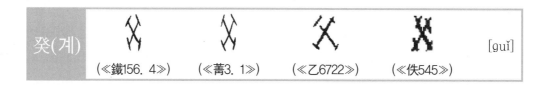

| 癸(계) | (≪鐵156. 4≫) | (≪菁3. 1≫) | (≪乙6722≫) | (≪佚545≫) [guǐ] |

羅振玉은 위의 갑골문 '癸'자의 자형 결구에 대해, "癶乃十之變形. 十字上象三鋒, 下象著物之柄, 乃戣之本字.[1] : '癶'는 곧 '十'자의 변형이다. '十'자는 윗부분은 세 개의 칼끝을 형상화하였고, 아래 부분은 다른 물체에 밀착시키는 손잡이를 형상화하였는데, 이는 곧 양지창을 뜻하는 '戣'자의 본자(本字)이다."라고 하였다. 이 '癸'자의 자형 결구에 대한 학자들의 주장 가운데 羅振玉의 이 주장이 가장 설득력이 있기는 하지만, '癶'자가 '十'자의 변형이라는 증거가 없고, 두 글자의 자형이 너무 달라 믿기가 어렵다. 갑골문 '癸'자의 자형 결구에 대해서도 후일의 고석(考釋)을 기다릴 수밖에 없다. 漢代의 ≪說文解字≫에는, "癸, 冬時水土平, 可揆度也. 象水從四方流入地中之形. 癸承壬, 象人足. 𤼵, 籒文, 從癶, 從矢. : '癸'는 겨울(을 대표하며, 이때)에 수토(水土)가 평평하게 정돈되어 도량(度量)할 수가 있다는 뜻이다. 물이 사방에서 땅속으로 흘러들어가는 모양을 형상화하였다. '癸'는 '壬'을 승계하며, 사람의 발을 상징한다. '𤼵'(癸)는 주문(籒文) '癸'자이며, '癶'과 '矢'를 구성 요소로 하고 있다."라고 풀이하고 있다.

갑골문에서의 뜻은 다음과 같다.

1. 계(癸). 천간의 열째 자리. "癸未卜, 尹貞 : 王賓夕福亡禍?"(≪京3336≫), "癸酉卜,

---

1) 李孝定 前揭書 ≪甲骨文字集釋≫ p.4303에서 재인용.

貞：王賓祖甲⬚亡尤?"(≪前1. 20. 1≫), "癸酉"(≪燕165≫)

2. 商 왕실의 선공(先公)과 선비(先妣)의 묘호(廟號)로 사용되었다. "癸酉卜, 尹貞：王賓 示癸彡[亡]尤?"(≪前1. 2. 2≫), "妣癸希王"(≪乙3117≫), "……妣甲示癸爽"(≪寧 滬2. 124≫)

子(자)	😾	😾	🖐	🖐	凵	[zǐ]
	(≪甲2907≫)	(≪佚59≫)	(≪合集33468≫)	(≪戩15. 6≫)	(≪燕2≫)	

위의 갑골문 '子'자는 어린아이의 머리 모양을 형상화한 자형으로, 머리카락도 있다. 이 '子'자에 대해 徐中舒는, "甲骨文地支之子作😾凵…等形, 地支之巳作𠂤𠂤…等形, 😾𠂤實 爲一字, 皆象幼兒之形, 惟表現各異耳.[1]： 갑골문에서의 지지(地支)의 '子'자는 😾·凵 …… 등의 모양으로 쓰고, 지지(地支)의 '巳'자는 𠂤·𠂤 …… 등의 모양으로 쓰는데, 😾·𠂤 는 사실 같은 글자이며, 모두 어린아이의 모양을 형상화한 것으로, 그 표현방식이 다를 뿐이 다."라고 주장하였다. 본편(本篇) 뒤쪽의 '巳'자에 대한 해설을 참고하기 바란다.

≪說文解字≫에는, "子, 十一月, 昜气動, 萬物滋, 人㠯爲偁. 象形. 𦥔, 古文子, 從𡿧, 象髮也. 𣕚, 籒文子, 囟有髮, 臂·脛在几上也.： '子'는, 11월을 대표하는데, 이때는 양기 (陽氣)가 발동하고 만물이 번식하므로, 사람들은 '子'를 가차하여 호칭으로 삼는다. 상형자이 다. '𦥔'(𥝊)는 '古文' '子'자이며, '𡿧'을 구성 요소로 하고 있는데, 이는 머리카락을 형상화한 것이다. '𣕚'(𤕦)는 주문(籒文) '子'자인데, 머리 정수리에 머리카락이 있으며, 팔과 다리가 작은 탁자 위에 놓여 있는 모양이다."라고 풀이하고 있다.

갑골문에서의 뜻은 다음과 같다.

1. 자(子). 지지(地支)의 첫째자리. "其又子叀牛"(≪粹555≫), "甲子卜, ……乙雨?"(≪戩 15. 6≫)

2. '貞人'의 이름. "乙亥, 子貞：丁于商⬚?"(≪前8. 11. 1≫)

---

1) 徐中舒 前揭書 ≪甲骨文字典≫ p.1571.

| 孕(잉) | (≪燕601≫) | (≪佚586≫) | (≪合集21207≫) | (≪英494反≫) | [yùn] |

이 갑골문은 아이를 회임한 임신부의 모습을 형상화한 자형이다. ≪甲骨文編≫에는 위에 예시한 ≪佚586≫과 ≪燕601≫의 두 글자를 '孕'자로 수록하고는, "象褱妊之形.[1] : 회임한 모양을 형상화하였다."라고 하고 있다. 그리고 徐中舒는 이 글자에 대해, "甲骨文身‧孕一字.[2] : 갑골문에서의 '身'자와 '孕'자는 같은 글자이다."라고 하였는데, 제8편의 '身'자에 대한 해설을 참조하기 바란다. ≪說文解字≫에는, "孕, 褱子也. 從子, 乃聲. : '孕'은 아이를 회임하다는 뜻이다. '子'를 의부, '乃'를 성부로 구성되었다."라고 풀이하고 있다.

갑골문에서는 회임하다는 뜻으로 사용되었다. "……▨孕. 六月"(≪乙8504≫), "乙亥卜, 㱿貞 : 王曰 : 有孕妫? 扶曰妫(嘉)"(≪佚586≫)

| 季(계) | (≪甲2263≫) | (≪前5. 40. 3≫) | (≪存下600≫) | (≪後上9. 6≫) | [jì] |

≪甲骨文編≫에는 위에 예시한 갑골문들을 '季'자로 수록하고, "說文从子之字, 卜辭皆从巳.[3] : ≪說文解字≫에서 '子'를 구성 요소로 한 글자들은 갑골복사에서는 모두 갑골문 '巳'를 구성 요소로 하고 있다."라고 하였다. 이는 앞의 '子'자에 대한 해설에서 이미 말한 바와 같이 지지(地支)의 '子'자와 지지(地支)의 '巳'자는 사실은 같은 글자이기 때문이다. 이 갑골문 '季' 자 역시 '子'와 '禾'를 구성 요소로 하고 있다. ≪說文解字≫에는, "季, 少偁也. 從子, 從稚省, 稚亦聲. : '季'는 나이 어린 사람에 대한 호칭이다. '子'를 구성 요소로 하고 있고, '隹'를 생략한 '稚'를 구성 요소로 하고 있으며, '稚'는 또한 성부(聲符)이기도 하다."라고 풀이하고 있다. 다만 여기에서의 '禾'가 어린 벼인지에 대해서는 확실하게 알 수가 없는 실정이다.

갑골문에서의 '季'는 商 왕실의 제7대 선공(先公) '冥'을 지칭한다. "癸酉卜, 㱿貞 : 季希王?"(≪前5. 40. 3≫), "……爭貞 : 有犬于季?"(≪粹74≫), "貞 : 侑于季?"(≪後上9. 6≫)

---

1) 中國社會科學院考古研究所 前揭書 ≪甲骨文編≫ p.557.

2) 徐中舒 前揭書 ≪甲骨文字典≫ p.1573.

3) 中國社會科學院考古研究所 前揭書 ≪甲骨文編≫ p.557.

育(육)	〈≪前1. 30. 5≫〉	〈≪甲414≫〉	〈≪甲722≫〉	〈≪粹237≫〉	[yù]

위의 갑골문은 '母'와 '子'를 구성 요소로 하고 있는데, 여자가 아이를 낳는 모양을 형상화한 자형이다. 이 글자에 대해 王國維는, "此字變體甚多, 从女从𠫓, 或从母从𠫓, 象産子之形. 其'ㆍ'ㆍ'ㆍ'者, 則象産子時之有水液也. 从人與从母从女之意同. 以字形言, 此字卽說文育字之或體毓字. …… 后字本象人形, 厂當卽𠂆之譌變, 口則倒子形之譌變也. 后字之誼本從毓誼引申, 其後産子之字專用毓育二形, 繼體君之字專用𠂣形, 遂成二字, 又譌𠂣爲后.[1] : 이 글자의 자형은 변체(變體)가 아주 많아서, '女'와 '𠫓'를 구성 요소로 하기도 하고, 또 어떤 경우는 '母'와 '𠫓'를 구성 요소로 하기도 하는데, 이는 아이를 낳는 모양을 형상화한 것이다. 글자에서 'ㆍ'ㆍ'ㆍ'ㆍ'ㆍ' 등은 출산할 때의 양수를 형상화한 것이다. '人'을 구성 요소로 한 것은 '母'나 '女'를 구성 요소로 한 것과 뜻이 같다. 자형으로 말하면, 이 글자는 곧 ≪說文解字≫의 '育'자의 혹체자 '毓'자이다. …… '后'자는 본래 사람의 모양을 형상화한 것으로, '厂'은 '𠂆'이 잘못 변형된 것이 틀림없고, '口'도 '子'의 도치된 모양이 잘못 변형된 것이다. '后'자의 뜻은 본래 '毓' 즉 아이를 낳는다는 뜻에서 인신(引伸)된 것인데, 그 후 아이를 출산한다는 뜻으로는 '毓'ㆍ'育' 두 자형이 전용(專用)되었다. 그리고 '繼體君' 즉 왕위를 계승한 군주(君主)라는 뜻으로는 '𠂣'의 자형이 전용됨으로써 마침내 두 개의 글자가 만들어진 것인데, 여기서 다시 '𠂣'을 잘못 변형하여 '后'로 썼다."라고 하였다.

≪說文解字≫에는, "育, 養子使作善也. 從𠫓, 肉聲. ≪虞書≫ : '教育子'. 毓, 育或從每. : '育'은 자식이 선행(善行)을 하도록 잘 기르다는 뜻이다. '𠫓'을 의부, '肉'을 성부로 구성되었다. ≪尚書ㆍ虞書ㆍ堯典≫에, 「자식을 가르치고 기른다.」라고 하고 있다. '毓'(毓)은 '育'자의 혹체자이며, '每'를 구성 요소로 하고 있다."라고 풀이하고 있다. 이 '毓'과 '后'자의 관계로 미루어 보면, 후세에 인군(人君)을 '后'라고 하게 된 것은 모계(母系) 씨족사회에서의 추장(酋長)이 자손을 번창하도록 낳아 기른 공로에 기인한 것이라 짐작된다. 제9편의 '后'자에 대한 설명을 참고하기 바란다.

갑골문에서의 뜻은 다음과 같다.

---

1) 羅振玉 前揭書 ≪增訂殷虛書契考釋≫ 卷中 p.52上에서 재인용.

1. 인군(人君). "癸亥卜, 古貞 : 桒年自上甲至于多毓? 九月"(≪甲2905≫), "至于多毓" (≪佚76≫), "☒丑, 侑于五毓至于……"(≪前1. 30. 5≫), "甲寅貞 : 自祖乙至毓?" (≪粹237≫) : 商 왕실의 선공(先公)과 선왕을 '毓'이라고 지칭하였는데, 여기에서의 '五毓'이 구체적으로 누구누구를 지칭하는지는 아직 밝혀지지 않았다.

2. 선후(先後)의 후(後). "丙午卜, 何貞 : 翌丁未其又勺歲御毓祖丁?"(≪合41≫), "……于 毓祖乙孁"(≪甲414≫), "……其告在毓祖丁, 王受祐"(≪甲722≫) : 갑골문에서의 '高 祖乙'은 '祖乙'이고, '後祖乙'은 '小乙'이며; '高祖丁'은 '中丁'이고, '後祖丁'은 '祖丁'이다.

| 丑(축) | (≪鐵181. 2≫) | (≪戬29. 9≫) | (≪菁3. 1≫) | (≪甲882≫) | [chǒu] |

이 갑골문의 자형은 손가락을 구부려서 움켜쥔 모양을 형상화한 것이다. 徐中舒는 이 글자에 대해, "郭沫若謂象爪之形, 當卽古爪字(≪甲骨文字硏究·釋干支≫). 葉玉森謂象手形, 其指或屈或伸, 似卽手之古文(≪殷虛書契前編考釋≫). 按, 金文丑字……皆突出指爪之形, 故當以郭說爲長.[1] : 郭沫若은 「(이 글자는) 손톱의 모양을 형상화하였는데, 이는 곧 '爪'자의 고자(古字)가 분명하다.」(≪甲骨文字硏究·釋干支≫)라고 하였다. 葉玉森은 「손 모양을 형상화한 것으로, 손가락을 굽히기도 하고 펴기도 하였는데, '手'자의 고자(古字)인 것 같다. 」(≪殷虛書契前編考釋≫)라고 하였다. 살펴보면, 금문(金文) '丑'자는 …… 모두 손가락의 손톱이 돌출된 모양이므로, 당연히 郭沫若의 주장이 더 좋다."라고 하여, 이를 '丑'자로 고석하였다.

≪說文解字≫에는 이 '丑'자에 대해, "丑, 紐也. 十二月, 萬物動, 用事. 象手之形. 日加丑, 亦擧手時也. : '丑'은 음기(陰氣)의 견고한 매듭이 이미 점차적으로 풀리기 시작했다는 뜻이다. 12월을 대표하는데, 이때는 만물이 생동하기 시작하며, 장차 농사를 시작하게 된다. 손(으로 사물을 잡는) 모양을 형상화하였다. 하루 중 축시(丑時)가 되면 사람들이 손을 들어 일을 하는 때이기도 하다."라고 풀이하고 있다. 이에 대해 段玉裁는, "淮南天文訓·廣雅釋言皆曰 : 丑, 紐也. 糸部曰 : 紐, 系也. 一曰結而可解. 十二月陰氣之固結已漸解, 故曰紐也. : ≪淮南子·天文訓≫과 ≪廣雅·釋言≫에는 모두 「丑'은 묶다는 뜻이다.」라고 하고 있다.

---

1) 徐中舒 前揭書 ≪甲骨文字典≫ p.1584.

≪說文解字≫ '糸'부(部)에는, 「紐는 묶다는 뜻이다. 일설에는, 묶여 있으나 풀 수 있는 것이라고도 한다.」라고 하고 있다. 12월에는 음기의 고결(固結) 상태가 이미 풀어지기 시작한 시기이므로 '紐'라고 한 것이다."라고 주(注)하였다.

갑골문에서는 지지(地支)의 둘째자리로 사용되었다. "癸丑, 貞 : 旬亡禍?"(≪鄴三下 37. 4≫), "乙丑逐鹿擒"(≪甲882≫)

| 羞(수) | | | | | [xiū] |

예시한 갑골문은 '手'와 '羊'을 구성 요소로 하고 있는데, 이는 손으로 양을 잡고 있는 모양을 형상화한 자형이다. 羅振玉은 이 글자에 대해, "从又持羊, 進獻之象.[1] : '又' 즉 손으로 양을 들고 있는 모양으로 구성되었는데, 진헌하는 형상이다."라고 하여, '羞'자로 고석하였다. ≪說文解字≫에는 이 '羞'자에 대해, "羞, 進獻也. 從羊丑. 羊, 所進也; 丑亦聲. : '羞'는 진헌하다는 뜻이다. '羊'과 '丑'을 구성 요소로 하고 있다. 양(羊)은 진헌하는 식품이고; '丑'은 또한 성부이기도 하다."라고 풀이하고 있다.

갑골문에서의 뜻은 다음과 같다.

1. 바치다. 진헌하다. "貞 : 勿羞? 用, 一月."(≪前4. 34. 4≫), "……祀其羞, 王受祐?" (≪甲2006≫)

2. 방국명(方國名). "……伊方·羌方·羞方·庚方……四丰方"(≪簠文84≫)

| 寅(인) | | | | | [yín] |

위의 갑골문 '寅'자는 '矢'를 구성 요소로 하고, 여기에 두 손이나 다른 부착물을 덧붙이거나 '矢' 자체(自體)를 약간 변화시킨 모양으로 되어 있다. 李孝定은 이 글자에 대해, "契文及部分金文, 盖象矢形, 郭說近之.[2] : 갑골문과 일부의 금문 '寅'자는 대개 화살의 모양을 형상화하

---

1) 羅振玉 前揭書 ≪增訂殷虛書契考釋≫ 卷中 p.25下.

2) 李孝定 前揭書 ≪甲骨文字集釋≫ p.4342.

였는데, 郭沫若의 주장이 사실에 가깝다."라고 하였다.

≪說文解字≫에는, "寅, 髕也. 正月, 昜气動. 去黃泉, 欲上出, 会尚强也. 象宀不達, 髕寅於下也. 𡩟, 古文寅. : '寅'은 배척하다는 뜻이다. '寅'이 대표하는 정월에는 양기(陽氣)가 발동하여 땅바닥 밑의 황천(黃泉)을 벗어나서 지상(地上)으로 분출하려고 하지만, 음기가 아직은 매우 강한 상태이다. 마치 깊은 터널 속에 지붕이 서로 뒤덮고 있어서 양기가 통하지 못하도록 할 뿐만 아니라, 양기를 지하에서 내쫓는 모양이다. '𡩟'(𡩟)은 '古文' '寅'자이다."라고 풀이하고 있다. 이에 대해 段玉裁는, "髕, 字之誤也. 當作濥. : '髕'은 글자를 잘못 쓴 것이다. '濥'[물이 땅속으로 흐르다]으로 써야 한다."라고 주(注)하였다.

갑골문에서는 지지(地支)의 셋째자리로 사용되었다. "丙寅卜, 爭貞 : 我亡禍?"(≪乙811≫), "丙寅卜, 貞 : 王賓奭妣丙翌日亡尤?"(≪前1. 3. 7≫), "甲寅貞 : 來丁巳尊…?"(≪後上27. 10≫)

卯(묘)   (≪鐵252. 4≫)   (≪甲3361≫)   (≪乙6664≫)   (≪合集16146≫)   [mǎo]

갑골문 '卯'자의 자형이 형상화한 것이 무엇인지에 대해서는 아직 명확하게 밝혀지지 않았다. 다만 자의(字義)에 대해서는 王國維가, "以音言之, 則古音卯劉同部, …… 疑卯卽劉之假借字. ≪釋詁≫ : 「劉, 殺也.」[1] : 자음(字音)으로 말하면, 상고음(上古音)에서 '卯'와 '劉'는 같은 운부(韻部)에 속하므로, …… '卯'는 바로 '劉'의 가차자로 짐작된다. ≪爾雅·釋詁≫에, 「劉'는 죽이다는 뜻이다.」라고 하고 있다."라고 하였다. 갑골복사의 사례(辭例)로 살펴볼 때, 王國維의 주장이 믿을 만하다고 생각된다.

≪說文解字≫에는, "卯, 冒也. 二月, 萬物冒地而出, 象開門之形. 故二月爲天門. 非, 古文卯. : '卯'는 양기가 땅속에서 뚫고 나오다는 뜻이다. '卯'가 대표하는 2월에는 만물이 땅을 뚫고 자라 나온다. '卯'자는 두 짝의 문을 서로 등지도록 열어젖힌 모양을 형상화하였다. 그래서 2월은 '天門'이라 한다. '非'(非)는 '古文' '卯'자이다."라고 풀이하고 있다.

갑골문에서의 뜻은 다음과 같다.

---

1) 王國維 前揭書 ≪戩壽堂所藏殷墟文字·考釋≫ pp.5下~6上.

1. 묘(卯). 지지(地支)의 넷째자리. "辛卯卜, 爭貞：翌甲午王涉歸?"(≪前5. 29. 1≫), "癸卯卜, 出貞：旬亡禍? 在七月"(≪粹1430≫), "己卯卜, 允貞：命多子族……?" (≪續5. 2. 2≫)

2. 부살(剖殺)하다. 제사의 희생(犧牲)의 처리 방법의 하나. "……出貞：侑于唐卅羌, 卯卅牛?"(≪存上240≫), "……五羌卯五牛"(≪後上27. 2≫), "……卪一卣, 卯牢又 一牛"(≪後下7. 5≫)

3. 지명(地名). "……卜, 在卯貞：……王步……非亡災?"(≪前2. 10. 4≫)

4. 인명(人名). "丁未貞：王令卯途旨方?"(≪粹196≫), "貞：叀卯令……?"(≪京都 9442≫)

辰(진,신)　　(≪菁5. 1≫)　　(≪前8. 3. 7≫)　　(≪甲2274≫)　　(≪後上13. 4≫)　　[chén]

　　徐中舒는 위의 갑골문을 모두 '辰'자로 수록하고는, "甲骨文辰字正象縛蚌鎌於指之形. 𠨍 象蚌鎌, 本應爲圓弧形, 作方折形者乃刀筆契刻之故; 𠃊象以繩縛於手指之形. 故辰之本義 爲蚌鎌, 其得名乃由蜃, 後世遂更因辰作蜃字.[1]：갑골문 '辰'자는 바로 손가락에 무명조개 껍질을 묶은 모양을 형상화하였다. '𠨍'은 무명조개 껍질로 만든 낫을 형상화한 것으로, 본래는 원호(圓弧) 모양이어야 하는데, 모가 나도록 꺾은 모양으로 만든 것은 도필(刀筆)로 계각(契 刻)한 때문이었으며; '𠃊'은 끈으로 손가락에 묶은 모양을 형상화한 것이다. 따라서 이 '辰'자의 본의는 조개껍질 낫이라는 뜻이고, 이런 명칭을 갖게 된 것은 '蜃' 즉 무명조개에서 비롯된 것이며, 후세에는 다시 이 '辰'으로 말미암아 '蜃'자를 만들게 되었다."라고 하였다. 이로서 갑골문 '辰'자는 무명조개로 만든 농기구의 모양을 형상화한 글자임을 알 수 있다.

　　≪說文解字≫에는, "辰, 震也. 三月, 昜气動, 靁電振, 民農時也, 物皆生. 從乙匕, 匕象 芒達, 厂聲. 辰, 房星, 天時也. 從二, 二古文上字. 𠨷, 古文辰. : '辰'은 진동하다는 뜻이다. '辰'이 대표하는 3월에는 양기가 발동하고, 우레와 번개가 진동하며, 백성들은 농사일을 하는 시기로, 만물이 모두 생장한다. '乙'과 '匕'(화)를 구성 요소로 하였는데, '匕'는 초목이 어렵게

---

1) 徐中舒 前揭書 ≪甲骨文字典≫ p.1590.

생장해 나왔으나 양기가 성(盛)하여 크게 통달함을 나타낸다. 'ㄏ'을 성부로 하고 있다. '辰'은 28수(宿)의 하나인 '房星'을 가리키며, '房星'이 나타나면 농사를 짓는 천시(天時)가 되었음을 말해준다. '二'을 구성 요소로 하고 있는데, '二'은 '古文' '上'자이다. '𠂤'(𠂤)은 '古文' '辰'자이다."라고 풀이하고 있다.

갑골문에서는 지지(地支)의 다섯째 자리로 사용되었다. "戊辰卜, 旅貞 : 王賓戠亡禍?"(≪京津3365≫), "戊辰子卜, 貞 : 今歲有史?"(≪前8. 3. 7≫), "甲辰卜, 賓貞 : 乎伐……?"(≪前7. 21. 1≫)

| 巳(사) | 뫼 (≪鐵230. 4≫) | 뫼 (≪續5. 2. 2≫) | 뫼 (≪後下4. 12≫) | 뫼 (≪乙1107≫) | [si] |

이 갑골문 '巳'자는 어린 아이의 모습을 형상화한 것인데, 갑골문에서는 '巳'와 '子'는 자형이 같다. 본편(本篇) 앞쪽의 '子'자에 대한 설명을 참조하기 바란다. ≪甲骨文編≫에는 위의 글자들을 '巳'자로 수록하고는, "巳用爲祀, 此爲已然之已.[1] : '巳'는 '祀'자의 뜻으로 사용되는데, 여기에서는 '已然'의 '已'의 뜻이다."라고 하고 있다. 이는 ≪說文解字≫의 자의 해석과 같은 뜻이다. ≪說文解字≫에는, "巳, 已也. 四月, 昜气已出, 侌气已藏, 萬物見, 成彣彰, 故巳爲它. 象形. : '巳'는 '已然'의 '已'로서, '이미'라는 뜻이다. '巳'가 대표하는 4월에는 양기가 이미 분출하고, 음기는 이미 숨어서, 만물이 출현하고, 아름다운 색채와 무늬를 만드는데, 뱀도 이미 굴에서 나와서 활동을 시작한다. 그래서 '巳'자는 '蛇' 즉 뱀을 의미한다. 상형자이다."라고 풀이하고 있다.

갑골문에서의 뜻은 다음과 같다.

1. 사(巳). 지지(地支)의 여섯째 자리. "己巳卜……?"(≪鐵230. 4≫)

2. '巳'는 '祀'자의 뜻으로 사용되었다. "……于霝巳……乎……"(≪後下4. 12≫)

3. '子'자로 통용. "己卯卜, 允貞 : 命多子族比犬侯璞周古王事? 五月"(≪續5. 2. 2≫) : '多子族'으로 사용되었다. '璞'은 '타격(打擊)하다'라는 뜻의 동사이다.

---

1) 中國社會科學院考古硏究所 前揭書 ≪甲骨文編≫ p.563.

| 目(이) | (《甲414》) | (《粹227》) | (《明藏429》) | (《後上25. 7》) | [yǐ] |

　　徐中舒는 위의 글자들을 '目'자로 수록하고, "甲骨文目字作ﾚﾚ, 爲耜之象形字, 卽耜之本字.[1] : 갑골문 '目'자는 'ﾚ'·'ﾚ' 등으로 쓰는데, 이는 쟁기의 보습을 형상화한 상형자이며, 바로 '耜'자의 본자(本字)이다."라고 하였다. 이에 의하면, '目'자의 본의는 쟁기의 보습이라는 뜻이다. 《說文解字》에는, "目, 用也. 從反巳. 賈侍中說 : 巳, 意巳實也. 象形. : '目'(以)는 '用' 즉 '~로 사용하다'는 뜻이다. '巳'자를 거꾸로 쓴 모양으로 구성되었다. 賈侍中은, 「'目'(以)는 '薏苡' 즉 율무의 열매라는 뜻이다. 그 열매를 형상화한 상형자이다.」라고 하였다."라고 풀이하고 있다.

　　갑골문에서의 뜻은 다음과 같다.

1. '用'자의 뜻으로 통용. 사용하다. "丁未卜, 爭貞 : 勿令卓目衆伐呂?"(《粹1082》), "貞 : 乎龍目羌?"(《丙49》)

2. '巳'자의 뜻으로 통용. 멈추다. "癸巳卜, 往伐目雨?"(《明藏429》), "丁酉卜, 貞 : 不目雨?"(《明藏449》)

3. '乙'과 통용. "……于毓祖目姦"(《甲414》) : '祖目'는 '祖乙'이다.

4. 개사(介詞) '以'자와 통용. "庚午卜, 貞 : 比豕友亡燕目南?"(《京津3151》)

5. 제명(祭名)이라 짐작된다. "庚寅卜, 玉米于凹目祖乙?"(《粹227》), "辛巳貞 : 目伊示?"(《粹1082》)

| 午(오) | (《鐵258. 1》) | (《菁10. 8》) | (《粹12》) | (《後上5. 9》) | [wǔ] |

　　갑골문 '午'자는 실로 만든 끈의 모양을 형상화한 자형이며, 금문(金文)으로는 소전체(小篆體)와 가까워진 '个'(《召卣》)로 쓴다. 이 '午'자에 대해 《說文解字》에는, "午, 啎也.

---

1) 徐中舒 前揭書 《甲骨文字典》 p.1592.

五月, 侌气牾屰逆, 昜冒地而出也. 象形. 此與矢同意. : '午'는 '牾' 즉 거역하다는 뜻이다. '午'가 대표하는 5월에는 음기가 양기를 거슬러 침범하여 지면으로 뿜어 나온다. 상형자이다. 이 글자는 '矢'자가 관통하다는 뜻을 나타내는 것과 자형 결구 뜻이 같다.”라고 풀이하고 있다. 이에 대해서 段玉裁는, “矢之首與午相似, 皆象貫之而出也. : '矢'자의 머리 부분이 '午'자와 비슷한데, 둘 다 뚫고 나오는 모양을 형상화한 것이다.”라고 주(注)하였다.

갑골문에서는 지지(地支)의 일곱째 자리로 사용되었다. “壬午卜, 引猷……?”(≪甲2356≫), “庚午卜, 賓貞 : ……?”(≪前7. 29. 4≫)

| 未(미) | 木(≪鐵233. 3≫) | 木(≪戩2. 6≫) | 木(≪甲3358反≫) | 木(≪燕165≫) | [wèi] |

李孝定은 위의 글자들을 '未'자로 수록하고는, “契文亦象木重枝葉之形. …… 疑古文木未同源.[1] : 갑골문도 역시 나무의 가지와 잎사귀가 중첩되어 있는 모양을 형상화하였다. …… 고문자(古文字)에서는 '木'자와 '未'자의 자원(字源)이 같았던 것으로 짐작된다.”라고 하였다. ≪說文解字≫에는, “未, 味也. 六月, 滋味也. 五行, 木老於未. 象木重枝葉也. : '未'는 맛이라는 뜻이다. '未'가 대표하는 6월은 만물이 장성하여 풍부한 맛을 갖추게 된다. 오행에서의 '木'은 '未月' 즉 6월이 되면 늙게 된다. 나무의 가지와 잎사귀가 중첩된 모양을 형상화하였다.”라고 풀이하고 있다.

갑골문에서는 지지(地支)의 여덟째 자리로 사용되었다. “辛未卜, 何貞 : 王往田……?” (≪前4. 41. 4≫), “丁未卜, 韋貞 : 乎取……?”(≪京津476≫), “乙未”(≪燕165≫)

| 申(신) | (≪甲2293≫) | (≪佚256≫) | (≪鄴三42. 5≫) | (≪後上13. 5≫) | [shēn] |

이 갑골문은 번개의 모양을 형상화한 '申'자이며, '電'자의 초문(初文)임이 밝혀진지 오래다. ≪說文解字≫에는, “申, 神也. 七月, 侌气成, 體自申束. 從臼, 自持也. 吏吕餔時聽事,

---

1) 李孝定 前揭書 ≪甲骨文字集釋≫ p.4383.

申旦政也. 㪚, 古文申. 昌, 籀文申. : '申'은 신명(神明)을 뜻한다. '申'이 대표하는 7월에는 음기가 형성되는데, 그 형체는 스스로 펼치기도 하고, 말아서 묶기도 한다. '臼'를 구성 요소로 하고 있는데, 이는 스스로를 제어한다는 뜻을 나타낸다. 관리(官吏)는 신시(申時)에 저녁을 먹을 때, 공사(公事)를 듣고 처리하는데, 이는 아침에 안배해놓은 정무(政務)를 분명하게 완성하기 위함이다. '㪚'(㪚)은 '古文' '申'자이고, '昌'(昌)은 주문(籀文) '申'자이다."라고 풀이하고 있다.

갑골문에서는 지지(地支)의 아홉째 자리로 사용되었다. "壬申卜, 㱿貞 : 五羌卯五牛?" (≪後上27. 2≫), "甲申貞 : 小乙祭亡蚩?"(≪京津4029≫), "壬申"(≪燕165≫)

| 酉(유) | (≪前6. 5. 3≫) | (≪後上26. 15≫) | (≪乙6277≫) | (≪鐵28. 4≫) | [yǒu] |

徐中舒는 위에 예시한 글자들을 '酉'자로 수록하고, "象酒尊之形, 上象其口緣及頸, 下象 其腹有紋飾之形.[1] : 주준(酒樽)의 모양을 형상화하였는데, 윗부분은 주준(酒樽)의 주둥이와 목을 형상화하였고, 아래는 문식(紋飾)이 있는 복부의 모양을 형상화하였다."라고 하였다. ≪說文解字≫에는, "酉, 就也. 八月, 黍成, 可爲酎酒. 象古文酉之形也. 丣, 古文酉, 從卯. 卯爲春門, 萬物已出; 丣爲秋門, 萬物已入. 一, 閇門象也. : '酉'는 성숙(成熟)하다는 뜻이 다. '酉'가 대표하는 8월에는 기장이 성숙하여 술을 빚는데 사용할 수가 있게 된다. '古文' '酉'자의 모양을 형상화하였다. '丣'(丣)는 '古文' '酉'자인데, '卯'를 구성요소로 하고 있다. '卯'는 봄에 열어놓은 문을 뜻하며, 만물이 이미 문 안쪽에서 나온 것을 의미하고; '酉'는 가을에 닫아놓은 문을 뜻하며, 만물이 이미 문의 안쪽으로 들어간 것을 의미한다. 윗부분의 '一'은 문을 닫은 것을 상징한다."라고 풀이하고 있다.

갑골문에서의 뜻은 다음과 같다.

1. '酒'자의 뜻으로 사용되었다. "☒辰卜, 翊丁巳先用三牢羌于酉用?"(≪佚199≫), "貞 : 酉弗其昌?"(≪京1001≫)

2. 유(酉). 지지(地支)의 열 번째 자리. "癸酉貞 : 帝五玉, 其四牢? 癸酉貞 : 其三小牢?

---

1) 徐中舒 前揭書 ≪甲骨文字典≫ p.1600.

[癸]酉貞 : 于上甲?"(≪後上26. 15≫), "丁酉卜, 乙巳易日?"(≪後上21. 6≫)

| 酒(주) | (≪前7. 4. 1≫) | (≪甲2121≫) | (≪粹190≫) | (≪京都1932≫) | [jiǔ] |

위의 갑골문은 '酉'와 '水'를 구성 요소로 하고 있는데, '酉'는 주기(酒器)이고, '水'는 술을 나타내는 '酒'자임이 밝혀진지 오래다. ≪說文解字≫에는, "酒, 就也. 所已就人性之善惡. 從水酉, 酉亦聲. 一日造也. 吉凶所造也. 古者儀狄酒醪, 禹嘗之而美, 遂疏儀狄. 杜康作秫酒. : 酒는 조장(助長)하다는 뜻이다. 인성(人性)의 선악을 조장하는 음료이다. '水'와 '酉'를 구성 요소로 하고 있는데, '酉'는 또한 성부이기도 하다. 일설에는 '조성하다'는 뜻이라고도 한다. 길흉을 조성하는 것이라는 의미이다. 옛날 儀狄이 빚은 술을 禹임금이 맛보고 그 맛이 훌륭하였으나, 끝내 儀狄을 멀리하였다. 杜康은 고량주(高粱酒)를 만들었다."라고 풀이하고 있다.

갑골문에서의 뜻은 다음과 같다.

1. 술. 주(酒). 술을 마시다. "丙午, 翊甲寅酒뿅御于大甲, 羌百羌, 卯十牢"(≪粹190≫) "貞 : 來辛酉酒王亥?"(≪粹76≫), "甲子卜, 賓貞 : ☑酒在疾不從王……?"(≪甲 2121≫)

2. 제명(祭名). "癸亥卜, 爭貞 : 翊辛未, 王其酒河不雨?"(≪掇2. 195≫) : 술을 진헌하며 지내는 제사이다.

3. 지명(地名). "在酒盂田受年"(≪京都1932≫)

| 配(배) | (≪存上2244≫) | (≪乙6718≫) | (≪金553≫) | [pèi] |

위에 예시한 갑골문은 '酉'와 '人'을 구성 요소로 하고 있는데, ≪甲骨文編≫에는 이들을 '配'자로 수록하고 있다.[1] 이 글자들의 자형은 주기(酒器) 앞에 사람이 무릎을 꿇고 앉아

---

1) 中國社會科學院考古研究所 前揭書 ≪甲骨文編≫ p.569를 참고.

있는 모양을 형상화하였는데, 이로써 술을 탐하다는 뜻을 나타낸 것으로 짐작된다. ≪說文解字≫에는 이 '配'자에 대해, "配, 酒色也. 從酉, 己聲. : '配'는 술의 빛깔이라는 뜻이다. '酉'를 의부, '己'를 성부로 구성되었다."라고 풀이하고 있다. 이에 대해 段玉裁는, "後人借爲妃字, 而本義廢矣. 妃者, 匹也. 己, 非聲也. 當本是妃省聲, 故假爲妃字. : 후세 사람들이 이를 '妃'자로 가차하자, 본의는 폐기되었다. '妃'란 짝이라는 뜻이다. '己'는 성부(聲符)가 아니다. 본래 '妃省聲'['女'가 생략된 '妃'를 성부로 하고 있다.]이라고 해야 하며, 이 때문에 '妃'자의 뜻으로 가차된 것이다."라고 주(注)하였다.

갑골문에서는 지명(地名)으로 사용된 것으로 짐작된다. "庚申卜, 王余寮于其配?"(≪金553≫), "癸卯[卜], 爭貞 : 帝弗☒配?"(≪乙6718≫)

<table>
<tr><td rowspan="2">尊(존)</td><td>☗</td><td>☗</td><td>☗</td><td>☗</td><td rowspan="2">[zūn]</td></tr>
<tr><td>(≪前5. 4. 7≫)</td><td>(≪粹232≫)</td><td>(≪後上27. 10≫)</td><td>(≪戩26. 3≫)</td></tr>
</table>

갑골문 '尊'자는 기본적으로 '酉'와 두 손을 구성 요소로 하고 있는데, '阜'를 구성 요소로 덧붙인 글자도 상당히 많다. 자형 결구는 두 손으로 술잔을 받쳐 들고 있는 모양을 형상화하였는데, 이는 경건하게 봉헌하다는 뜻을 나타낸 것이라 짐작된다. ≪說文解字≫에는, "尊, 酒器也. 從酉, 廾以奉之. 周禮六尊 : 犧尊·象尊·著尊·壺尊·太尊·山尊, 吕待祭祀賓客之禮. ☗, 尊或從寸. : '尊'은 술을 담는 기명(器皿)이다. '酉'를 구성 요소로 하고 있으며, '廾' 즉 두 손으로 이를 받들고 있는 모양으로 구성되어 있다. ≪周禮·春官·司尊彝≫에 '六尊'이 기록되어 있는데, 제사의 희생으로 쓰는 동물 모양의 '犧尊', 코끼리 모양의 '象尊', 다리가 없고 바닥에 바로 닿도록 만든 '著尊', 주전자 모양의 '壺尊', 태고(太古)의 도기(陶器)로 만든 '太尊', 산과 뇌운(雷雲)의 모양을 새긴 '山尊'이며, 이 주기(酒器)는 제사와 빈객을 초대하는 예의(禮儀)에 사용하였다. '☗'(尊)은 '尊'의 혹체자인데, '寸'을 구성 요소로 하고 있다."라고 풀이하고 있다. 이에 대해 段玉裁는, "(尊)字專用爲尊卑字而別製罇·樽爲酒尊字矣. : '尊'자는 '尊卑'의 '尊'자로 전용(專用)됨에 따라, 따로 '罇'·'樽' 등의 글자를 만들어서 주준(酒樽) 즉 술통의 뜻을 나타내는 글자로 사용하였다."라고 주(注)하였다. 그런데 이보다 먼저, '酉'자가 본래 술통을 뜻하였으나, 지지(地支)의 하나로 사용됨에 따라 이 '尊'을 주기(酒器)의 이름으로 사용하게 된 것이다.

갑골문에서는 제품(祭品)을 봉헌하며 지내는 제명(祭名)으로 사용되었다. "甲寅貞 : 來丁巳尊鬲于父丁, 祖卅牛?"(≪後上27. 10≫), "丁亥卜, 寅其尊歲三牢?"(≪粹232≫), "辛亥卜, 貞 : 其衣翊日其止尊于室?"(≪戬26. 3≫)

| 戌(술) | (≪菁4. 1≫) | (≪戬15. 6≫) | (≪乙4520≫) | (≪拾12. 3≫) | [xū] |

위의 갑골문은 병기로 사용된 '斧鉞' 즉 도끼의 모양을 형상화한 상형자인데, 羅振玉은 이 글자에 대해, "卜辭中戌字象戉形, 與戉殆是一字.[1] : 갑골복사에서의 '戌'자는 '戉' 즉 도끼의 모양을 형상화하였는데, 아마 '戉'자와 동일한 글자인 것 같다."라고 하여, 정설이 되었다. 이 '戌'자에 대해 ≪說文解字≫에는, "戌, 威也. 九月, 易气微, 萬物畢成, 易下入地也. 五行, 土生於戊, 盛於戌. 從戊一, 一亦聲. : '戌'은 소멸한다는 뜻이다. '戌'이 대표하는 9월은 양기가 미약해지고, 만물이 모두 이미 성숙하여서, 양기는 아래로 땅속으로 들어가게 된다. 오행(五行) 중에서 '土'는 중앙에 위치하는 '戊'의 방위에서 생성되어서, '戌月' 즉 9월이 되면 그 기세가 가장 왕성해진다. '戊'와 '一'을 구성 요소로 하고 있으며, '一'은 또한 성부이기도 하다."라고 풀이하고 있다.

갑골문에서는 지지(地支)의 열한 번째 자리로 사용되었다. "甲戌卜, 殼貞 : 今六月王入于商?"(≪前2. 1. 1≫), "翌戊戌不雨"(≪合238≫), "戊戌卜, 王在一月……?"(≪後下15. 1≫)

| 亥(해) | (≪鐵121. 3≫) | (≪後上23. 4≫) | (≪粹17≫) | (≪前3. 9. 1≫) | [hài] |

위에 예시한 글자들이 '亥'자로 고석된 것은 오래 전의 일이지만, 이 글자의 자형 결구에 대해서는 아직도 정설이 없는 실정이나, 그동안 가장 주의를 끈 것은 '豕'·'亥' 두 글자는 동자(同字)라는 주장이다. 이에 대해 徐中舒는 "字形所象不明. …… 商謂古豕亥一字, 吳其昌謂亥字原始之初誼爲豕之象形. 然自甲骨文觀之, 豕·亥二字字形頗不相類, 其初當非

---

1) 羅振玉 前揭書 ≪增訂殷虛書契考釋≫ 卷中 p.4下.

一字.1) : ('亥'자의) 자형이 형상화한 것이 무엇인지는 밝혀지지 않았다. …… 商承祚는 고대에 '豕'자와 '亥'자는 같은 글자라고 했고, 吳其昌은 '亥'자의 애초의 뜻은 '豕'의 상형이라고 하였다. 그러나 갑골문으로 살펴보면, '豕'와 '亥' 두 글자의 자형은 아주 다르므로, 당초에 결코 같은 글자였을 리가 없다."라고 하여, 이를 강하게 부정(否定)하였다.

그런데 ≪說文解字≫에는 이 '亥'자에 대해, "亥, 荄也. 十月, 微昜起, 接盛侌. 從二. 二, 古文上字. 一人男, 一人女也. 從乙, 象裹懷子咳咳之形也. 春秋傳曰 : 亥有二首六身. 𤣥, 古文亥. 亥爲豕, 與豕同. 亥而生子, 復從一起. : '亥'는 풀의 뿌리라는 뜻이다. '亥'가 대표하는 10월에는 미약한 양기가 만들어져서, 왕성한 음기를 이어 받게 된다. '二'을 구성 요소로 하고 있는데, '二'은 '古文' '上'자이다. (아랫부분은) 한 사람은 남자이고 한 사람은 여자를 나타낸다. '乙'을 구성 요소로 하고 있는데, 이는 태아를 회임하고 있어서 복부가 불룩하게 굽은 모양을 형상화한 것이다. ≪春秋左氏傳≫ 襄公 10년 조(條)에, 「亥자의 위의 두 획은 머리를 나타내고, 아래의 여섯 획은 몸통을 나타낸다.」라고 하고 있다. '𤣥'(布)는 '古文' '亥'자이다. '亥'자는 '豕' 즉 돼지를 의미하며, '豕'자와 자형 결구가 같다. '亥'에 이르러 지지(地支)가 끝나면, 다시 '子'가 생겨나고, 만물은 다시 '一'에서부터 시작된다."라고 풀이하고 있다.

갑골문에서의 뜻은 다음과 같다.

1. 해(亥). 지지(地支)의 열두 번째 자리. "辛亥貞 : 王正刀方?"(≪佚187≫), "乙亥, 侑歲于 大乙, 牛, 茲用"(≪粹17≫), "乙亥"(≪燕165≫), "乙亥卜, 自貞 : ……?"(≪佚586≫)
2. 인명(人名). 商의 제8대 선공(先公) '王亥'. "貞 : 于王亥求年?"(≪後上1. 1≫), "貞 : 來辛酉酒王亥?"(≪粹76≫)

---

1) 徐中舒 前揭書 ≪甲骨文字典≫ p.1611.

甲骨文引用書名略稱表

鐵雲藏龜	劉　鶚	1903.	鐵
殷虛書契前編	羅振玉	1913.	前
殷虛書契菁華	羅振玉	1914.	菁
鐵雲藏龜之餘	羅振玉	1915.	餘
殷虛書契後編	羅振玉	1916.	後
殷虛古器物圖錄	羅振玉	1916.	圖錄
戩壽堂所藏殷虛文字	王國維	1917.	戩
龜甲獸骨文字	林泰輔	1921.	林
簠室殷契徵文	王　襄	1925.	簠
鐵雲藏龜拾遺	葉玉森	1925.	拾
福氏所藏甲骨文字	商承祚	1933.	福
殷契卜辭	容　庚	1933.	燕[卜]
殷契佚存	商承祚	1933.	佚
殷虛書契續編	羅振玉	1933.	續
卜辭通纂	郭沫若	1933.	通
庫方二氏藏甲骨卜辭	方法斂	1935.	庫
柏根氏舊藏甲骨卜辭	明義士	1935.	柏
鄴中片羽初集	黃　濬	1935.	鄴初
鄴中片羽二集	黃　濬	1937.	鄴二
鄴中片羽三集	黃　濬	1942.	鄴三
甲骨文錄	孫海波	1937.	河[文]
殷契粹編	郭沫若	1937.	粹
甲骨卜辭七集	方法斂	1938.	七
金璋所藏甲骨卜辭	方法斂	1939.	金
天壤閣甲骨文存	唐　蘭	1939.	天
鐵雲藏龜零拾	李旦丘	1939.	零
殷契遺珠	金祖同	1939.	珠[遺]
甲骨㕚存	曾毅公	1939.	㕚
誠齋殷虛文字	孫海波	1940.	誠
殷契摭佚	李旦丘	1941.	摭
廈門大學所藏甲骨文字	胡厚宣	1944.	廈

甲骨六錄	胡厚宣	1945.	六
戰後平津新獲甲骨集	胡厚宣	1946.	平津
龜卜	金祖同	1948.	龜
殷虛文字甲編	董作賓	1948.	甲
殷虛文字乙編(上輯)	董作賓	1948.	乙
殷虛文字乙編(中輯)	董作賓	1949.	乙
殷虛文字乙編(下輯)	董作賓	1953.	乙
殷契撫佚續編	李亞農	1950.	撫續
甲骨綴合編	曾毅公	1950.	綴
戰後寧滬新獲甲骨集	胡厚宣	1951.	寧
戰後南北所見甲骨錄	胡厚宣	1951.	南
殷契拾掇(二編)	郭若愚	1951.	掇
戰後京津新獲甲骨集	胡厚宣	1954.	京(津)
甲骨續存	胡厚宣	1955.	存
殷虛文字綴合	郭若愚 等	1955.	(綴)合
殷虛文字外編	董作賓	1956.	外
巴黎所見甲骨錄	饒宗頤	1956.	巴
殷虛文字丙編上‧中‧下輯	張秉權	1957～1972.	丙
海外甲骨錄遺	饒宗頤	1958.	海
甲骨文零拾	陳邦懷	1959.	陳
京都大學人文科學研究所藏甲骨文字	貝塚茂樹	1959.	京都[人]
日本散見甲骨文字蒐彙	松丸道雄	1959～1976.	散
明義士收藏甲骨[殷虛卜辭]	許進雄	1972.	明
殷虛卜辭後編(二冊)	明義士 許進雄 編輯	1972.	明後
鐵雲藏龜新編	嚴一萍	1975.	鐵新
美國所藏甲骨錄	周鴻翔	1976.	美錄
懷特氏等收藏甲骨文集	許進雄	1979.	懷(特)
小屯南地甲骨	中國社會科學院考古研究所	1980.	屯南
甲骨文合集	郭末若主編/胡厚宣總編輯	1982.	合集
英國所藏甲骨集	李學勤 等	1985.	英(藏)

참고 논저

[저서]

詩經	十三經注疏本 阮元 校刊	藝文印書館	1976.	臺北
尙書	十三經注疏本 阮元 校刊	藝文印書館	1976.	臺北
周易	十三經注疏本 阮元 校刊	藝文印書館	1976.	臺北
儀禮	十三經注疏本 阮元 校刊	藝文印書館	1976.	臺北
周禮	十三經注疏本 阮元 校刊	藝文印書館	1976.	臺北
禮記	十三經注疏本 阮元 校刊	藝文印書館	1976.	臺北
春秋左氏傳	十三經注疏本 阮元 校刊	藝文印書館	1976.	臺北
春秋公羊傳	十三經注疏本 阮元 校刊	藝文印書館	1976.	臺北
春秋穀梁傳	十三經注疏本 阮元 校刊	藝文印書館	1976.	臺北
論語	十三經注疏本 阮元 校刊	藝文印書館	1976.	臺北
孟子	十三經注疏本 阮元 校刊	藝文印書館	1976.	臺北
爾雅	十三經注疏本 阮元 校刊	藝文印書館	1976.	臺北
孝經	十三經注疏本 阮元 校刊	藝文印書館	1976.	臺北
史記	司馬遷	鼎文書局	1977.	臺北
漢書	班固	鼎文書局	1977.	臺北
後漢書	范曄	鼎文書局	1977.	臺北
三國志	陳壽	鼎文書局	1977.	臺北
二十五史事		鼎文書局	1977.	臺北
戰國策	高誘 注	藝文印書館	1974.	臺北
韋氏解國語	韋昭 注	世界書局	1975.	臺北
昭明文選	蕭統編 李善 注	河洛圖書出版社	1975.	臺北
老子	新編諸子集成本	世界書局	1975.	臺北
莊子	新編諸子集成本	世界書局	1975.	臺北
孟子	新編諸子集成本	世界書局	1975.	臺北
墨子	新編諸子集成本	世界書局	1975.	臺北
荀子	新編諸子集成本	世界書局	1975.	臺北
管子	新編諸子集成本	世界書局	1975.	臺北
韓非子	新編諸子集成本	世界書局	1975.	臺北
申子	新編諸子集成本	世界書局	1975.	臺北
淮南子	新編諸子集成本	世界書局	1975.	臺北
公孫龍子	新編諸子集成本	世界書局	1975.	臺北

尙書釋義	屈萬里	華岡書局	1972.	臺北
詩經釋義	屈萬里	華岡書局	1972.	臺北
詩經今注	高亨	上海古籍出版社	1987.	上海
墨子閒話	孫詒讓	河洛圖書出版社	1951.	臺北
經籍籑詁	阮元	成都古籍書店	1982.	成都
春秋左傳注	楊伯峻	中華書局	1981.	北京
廣雅詁林	徐復 主編	江蘇古籍出版社	1998.	南京
廣雅疏證	王念孫	中華書局	1983.	北京
集韻	丁度 等	上海古籍出版社	1983.	上海
詞義研究與辭書釋義	蘇寶榮	商務印書館	2000.	北京
五經文字·干祿字書	顏元孫·張參	商務印書館	1965.	臺灣
睡虎地秦簡論考	吳福助	文津出版社	1994.	臺灣
古今同形詞語例釋	王克仲·房聚棉 編著	黑龍江人民出版社	1983.	哈爾濱
原抄本日知錄	顧炎武	唯一書業中心	1975.	臺南
玉篇	梁 顧野王	臺灣中華書局	1982.	臺北
玉篇校釋	胡吉宣	上海人民出版社	1989.	上海
釋名疏證補	王先謙	上海古籍出版社	1984.	上海
漢字結構系統與傳統思維方式	王作新	武漢出版社	2000.	武漢
馬王堆帛書漢字構形系統研究	王貴元	廣西敎育出版社	1999.	南寧
戰國古文字典(上·下)	何琳儀	中華書局	1998.	北京
古書文字易解	于安瀾	河南大學出版社	1991.	開封
秦文字類編	袁仲一 外	陝西人民敎育出版社	1993.	西安
秦文字通假集釋	袁仲一·劉鈺 主編	陝西人民敎育出版社	1999.	西安
同源字典再補	劉鈞杰	語文出版社	1999.	北京
經典釋文	陸德明	上海古籍出版社	1985.	上海
敦煌文獻語言辭典	蔣禮鴻 主編	杭州大學出版社	1994.	杭州
康熙字典	張玉書 等編	上海書店出版社	2000.	上海
正字通	張自烈	國際文化出版公司	1996.	北京
中國古代字典辭典槪論	錢劍夫	商務印書館	1986.	北京
汗簡古文四聲韻	郭忠恕·夏竦	中華書局	1983.	北京
楚系簡帛文字編	滕壬生	湖北敎育出版社	1995.	武漢
古籀匯編	徐文鏡	上海書店出版社	1998.	上海
宋本廣韻	陳彭年 等	北京市中國書店	1982.	北京
汗簡注釋	黃錫全	武漢大學出版社	1990.	武漢

中國小學史	胡奇光	上海人民出版社	1987.	上海
城子涯-山東歷城縣龍山鎮之黑陶文化遺址	李濟	中央研究院歷史語言研究所	1934.	北京
安陽發掘報告	李濟	國立中央研究院歷史語言研究所	1929.	北京
觀堂集林	王國維	河洛圖書出版社	1975.	臺北
古史新證	王國維	清華研究院講義本	1925.	北京
古史新證	王國維	清華大學出版社	1994.	北京
竹書紀年《古本竹書紀年輯校》,《今本竹書紀年疏證》)	王國維	藝文印書館	1974.	臺北
契文舉例	孫詒讓	齊魯書社	1997.	濟南
鐵雲藏龜	劉鶚	抱殘守缺齋石印本	1903.	北京
鐵雲藏龜釋文	鮑鼎	上海蟫隱廬石印本	1931.	上海
鐵雲藏龜拾遺	葉玉森	叶氏五凤砚斋 墨拓石印本	1925.	上海
甲骨文	崔恒昇	安徽教育出版社	2001.	合肥
甲骨文合集	中國社會科學院歷史研究所 編	中華書局	1982.	北京
甲骨文合集釋文釋文及總審校(合著)		中國社會科學出版社	1999.	北京
甲骨學文字篇	朱芳圃 編	商務印書館	1933-1934.	北京
甲骨學商史編	朱芳圃	中華書局	1935.	北京
戰後南北所見甲骨錄	胡厚宣	來熏閣書店	1951.	北京
戰後寧滬新獲甲骨集	胡厚宣	來熏閣書店	1951.	北京
戰後京津新獲甲骨集	胡厚宣	上海群聯出版社	1954.	上海
甲骨續存	胡厚宣	上海群聯出版社	1955.	上海
甲骨文與甲骨學	張秉權	臺北國立編譯館	1988.	臺北
董作賓先生全集	董作賓	藝文印書館	1977.	臺北
殷曆譜	董作賓	北京市中國書店	1945.	北京
甲骨六錄	胡厚宣	北京圖書館出版社	2000.	北京
甲骨文簡明詞典	趙誠 編	中華書局	2009.	北京.
甲骨文字學綱要	趙誠	中華書局	1993.	北京
奴隸制時代	郭沫若	人民出版社	1973.	北京
中國古代社會研究	郭沫若	人民出版社	1977.	北京
甲骨文字研究	郭沫若	中華書局香港分局	1976.	香港
十批判書	郭沫若	人民出版社	1954.	北京
郭沫若全集·考古編	郭沫若	科學出版社	1982.	北京
建國以來甲骨文研究	王宇信	中國社會科學出版社	1981.	北京
西周甲骨探論	王宇信	中國社會科學出版社	1984.	北京
甲骨學通論	王宇信	中國社會科學出版社	1989.	北京

甲骨學一百年	王宇信·楊升南主編	社會科學文獻出版社	1999.	北京
中國甲骨學史	吳浩坤·潘悠 共著	上海人民出版社	1985.	上海
甲骨學初論	王明閣	黑龍江人民出版社	1986.	哈爾濱
甲骨文簡論	陳煒湛	上海古籍出版社	1987.	上海
甲骨文田獵刻辭研究	陳煒湛	廣西敎育出版社	1995.	南寧
甲骨學小詞典	孟世凱	上海辭書出版社	1987.	上海
殷墟甲骨文簡述	孟世凱	文物出版社	1980.	北京
甲骨文選注	李圃	上海古籍出版社	1989.	上海
甲骨文字学	李圃	學林出版社	1995.	上海
甲骨年表	董作賓 胡厚宣	商務印書館	1937.	北京
甲骨續存補編(上·下) 齊魯大學國學研究所專刊之一	胡厚宣	大通書局	1972.	臺北
甲骨續存補編(全) 齊魯大學國學研究所專刊之一	胡厚宣	大通書局	1973.	臺北
五十年甲骨學論著目	胡厚宣	中華書局	1952.	北京
五十年甲骨文發現的總結	胡厚宣	商務印書館	1951.	北京
甲骨探史錄	胡厚宣 主編	生活·讀書·新知三聯書店	1982.	北京
甲骨文與殷商史(第1～2輯)	胡厚宣 主編	上海古籍出版社,	1983, 1986.	上海
甲骨文與殷商史(第3輯)	王宇信 主編	上海古籍出版社,	1991.	上海
戰後南北所見甲骨錄	胡厚宣	萊薰閣書店	1951.	北京
戰後寧滬新獲甲骨集	胡厚宣	萊薰閣書店	1951.	北京
戰後京津新獲甲骨集	胡厚宣	上海群聯出版社	1954.	上海
甲骨續存	胡厚宣	上海群聯出版社	1955.	上海
建國以來甲骨文研究·序	胡厚宣	中國社會科學出版社	1981.	北京
英國所藏甲骨集	李學勤·齊文心·艾蘭 등	中華書局	1992.	北京
甲骨文字集釋	李孝定	臺灣中央研究院歷史語言研究所專刊之五十影印本(第三版)	1974.	臺北
甲骨文字典	徐中舒 主編	四川辭書出版社	1990.	成都
徐中舒先生百年誕辰紀念文集		巴蜀書社	1998.	成都
天壤閣甲骨文存並考釋	唐蘭	輔仁大學	1939.	北京
甲骨文字釋林	于省吾	中華書局	1979.	北京
甲骨文字詁林	于省吾 主編	中華書局	1996.	北京
甲骨文編	孫海波	Havard燕京學社石印本	1934.	
甲骨文錄	孫海波	河南通志館	1937.	開封
續甲骨文編	金祥恆	藝文印書館	1959.	臺北
甲骨學	嚴一萍	藝文印書館	1978.	臺北
甲骨文綴合新編	嚴一萍	藝文印書館	1975.	臺北

甲骨文通檢(第一冊)	饒宗頤 主編	香港中文大学出版社	1989.	홍콩
甲骨文通檢(第二冊:地名篇)	饒宗頤 主編	香港中文大学出版社	1994.	홍콩
甲骨文通檢(第三冊:天文氣象篇)	饒宗頤 主編	香港中文大学出版社	1995.	홍콩
甲骨文通檢(第四輯:職官人物)	饒宗頤 主編	香港中文大学出版社	1995.	홍콩
甲骨文通檢(第五輯:田獵)	饒宗頤 主編 沈建華 編輯	香港中文大学出版社	1999.	홍콩
京都大學人文科學研究所藏甲骨文字	貝塚茂樹	京都大學人文科學研究所	1959.	京都
甲骨文農業資料考辨與研究	彭邦炯	吉林文史出版社	1998.	長春
庫方二氏藏甲骨卜辭	方法斂(Frank. H. Chalfant)·白瑞華(Roswell S. Britton)			
		商務印書館	1935.	上海
明義士收藏甲骨·釋文篇	許進雄	多倫多皇家安大略博物館	1977.	토론토
Oracle Bones from the White and Other Collections(《懷特氏等收藏甲骨文集》)				
	Hsü Chin-hsiung(許進雄)	The Royal Ontario Museum	1979.	Toronto
卜骨上的鑽鑿形態	許進雄	藝文印書館	1973.	臺北
甲骨上鑽鑿形態的研究	許進雄	藝文印書館	1979.	臺北
百年話甲骨	劉志偉	海潮出版社	1999.	北京
殷墟發掘	胡厚宣	學習生活出版社	1955.	上海
殷墟的發現與研究	中國社會科學院考古研究所	科學出版社	1994.	北京
殷虛卜辭綜述	陳夢家	中華書局	1988.	北京
戩壽堂所藏殷墟文字·考釋	王國維	上海倉聖明智大學 石印本	1917.	上海
殷虛書契菁華	羅振玉	自印	1914.	
殷虛書契前編	羅振玉	自印	1912.	
殷虛書契後編	羅振玉	自印	1916.	
殷虛書契待問編	羅振玉	影印本1冊	1916.	
殷虛書契續編	羅振玉	自印	1933.	
殷虛書契考釋	羅振玉	王國維手寫 石印本	1915.	
增訂殷虛書契考釋	羅振玉	藝文印書館	1975.	臺北
殷商貞卜文字考	羅振玉	玉簡齋印本	1910.	
殷商貞卜文字考補正	羅振玉	考古社刊	1936.	北京
續殷文存	羅振玉	來薰閣書店	1935.	北京
殷虛文字類編	商承祚	決定不移軒刻本	1923.	南京
殷虛書契前編集釋	葉玉森	藝文印書館	1966.	臺北
殷契粹編	郭沫若	文求堂	1937.	東京
簠室殷契類纂	王襄	天津博物院石印本	1920.	天津
簠室殷契徵文	王襄	天津博物院	1925.	天津

簠室殷契徵文考釋	王襄	天津博物院	1925.	天津
卜辭通纂	郭沫若	朋友書店	1977.	京都
卜辭通纂·考釋	郭沫若	科學出版社	1983.	北京
卜辭瑣記	楊樹達	上海古籍出版社	1986.	上海
卜辭求義	楊樹達《楊樹達論文集》卷五	上海古籍出版社	1986.	上海
殷墟甲骨刻辭摹釋總集 上·下册	姚孝遂主編 肖丁副主編	中華書局	1988.	北京
殷墟甲骨刻辭類纂	姚孝遂主編 肖丁副主編	中華書局	1989.	北京
殷墟甲骨分期研究	李学勤·彭裕商	上海古籍出版社	1996.	上海
殷虛甲骨刻辭的語法研究	管燮初	中國科學院	1953.	北京
積微居甲文說, 卜辭瑣記	楊樹達	中國科學院	1954.	北京
耐林廎甲文說, 卜辭求義	楊樹達	上海群聯書店	1954.	上海
小屯南地甲骨(上册)	中國社會科學院 考古研究所編	中華書局	1980.	北京
小屯南地甲骨(下册)	中國社會科學院 考古研究所編	中華書局	1983.	北京
小屯南地甲骨考釋	姚孝遂·肖丁共著	中華書局	1985.	北京
殷墟卜辭綜類	[日本]島邦男	東京汲古書院	1967.	東京
殷墟卜辭研究	[日本]島邦男	汲古書院	1958.	東京
殷虛卜辭研究	島邦男 著 溫天河·李壽林 共譯	鼎文書局	1975.	臺北
小屯 殷虛文字丙編	張秉權	國立中央研究院歷史語言研究所	1957.	臺北
殷墟文字丙編上輯(一)·考釋	張秉權	學生書局	1959.	臺北
殷墟文字丙編中輯(二)·考釋	張秉權	國立中央研究院歷史語言研究所	1965.	臺北
小屯 殷虛文字甲編	董作賓	國立中央研究院歷史語言研究所	1948.(初版)	北京
			1976.(再版)	臺北
小屯 殷虛文字乙編	董作賓	國立中央研究院歷史語言研究所	1948.	北京
小屯 殷虛文字乙編	董作賓	國立中央研究院歷史語言研究所	1949.	臺北
殷契駢枝全編(雙劍誃殷契駢枝·續編·三編)	于省吾	藝文印書館	1975.	臺北
殷契駢枝全編·釋奚	于省吾	藝文印書館	1975.	臺北
誠齋殷墟文字考釋	孫海波	修文堂出版	1938.	北京
殷契佚存考釋	商承祚	金陵大学中国文化研究所(影印本)	1933.	南京
殷虛文字類編	商承祚	決定不移軒刻本	1923.	南京
殷虛文字記	唐蘭	華書局	1981.	北京
殷虛文字記(講義本)	唐蘭	中華書局影印本	1981.	北京
小屯殷虛文字甲編考釋	屈萬里	中央研究院歷史語言研究所	1961.	臺北
殷契遺珠	金祖同	上海中法文化出版委員會	1939.	上海
殷契遺珠·發凡	金祖同	藝文印書館	1974.	臺北

殷周青銅器群綜合研究	郭寶鈞	文物出版社	1982.	北京
殷墟甲骨文引論	馬如森	麗文文化公司	1997.	高雄
殷墟卜辭研究--科學技術篇	溫少峰·袁庭棟	四川社會科學院出版社	1983.	成都
殷墟王卜辭的分類與斷代	黃天樹	文津出版社	1991.	臺北
殷墟卜辭的分期分類對甲骨文考釋的重要性	陳劍	北京大學中文系博士論文	2001.	北京
甲骨金文字典	方述鑫 外	巴蜀書社出版社	1993.	成都
甲金篆隸大字典	徐無聞 主編	四川書辭出版社	1994.	成都
三代吉金文存	羅振玉	文華出版公司	1970.	臺北
金文釋例	胡自逢	文史哲出版社	1974.	臺北
金文詁林	周法高·張日昇·徐芷儀·林潔明	香港中文大學	1974.	香港
金文詁林索引	周法高·張日昇·徐芷儀·林潔明	香港中文大學	1975.	香港
金文詁林附錄	周法高·李孝定·張日昇	香港中文大學	1977.	香港
金文詁林補	周法高	中央研究院歷史語言研究所	1982.	臺北
金文編	容庚	大通書局	1971.	臺北
說文解字注	許慎 著 段玉裁 注	藝文印書館	1976.	臺北
說文解字繫傳	徐 鍇	華文書局	1971.	臺北
說文通訓定聲	朱駿聲	中華書局	1998.	北京
說文釋例	王 筠	中國書店	1983.	北京
說文解字引經考	馬宗霍	學生書局	1971.	臺北
說文解字古文釋形考述	邱德修	學生書局	1974.	臺北
說文解字通論	陸宗達	北京出版社	1981.	北京
說文解字綜合研究	江舉謙	東海大學	1978.	臺中
說文部首提要與今讀	陳建信·錢玄同	藝文印書館	1977.	臺北
說文解字今釋	湯可敬	岳麓書社	2000.	長沙
許慎與說文解字	姚孝遂	中華書局	1983.	北京
說文小篆研究	趙平安	廣西教育出版社	1999.	南寧
說文解字研究法	馬敘倫	中國書店	1988.	北京
說文解字約注	張舜徽	河南人民出版社	1987.	武昌
說文解字釋要	王夢華	吉林教育出版社	1990.	長春
說文解字詁林正補合編	丁福保	鼎文書局	1977.	臺北
殷周文字釋叢	朱芳圃	臺灣學生書局	1972.	臺北
戰國楚簡文字編	郭若愚 編著	上海書畫出版社	1994.	上海
古文字學導論	唐蘭	河洛圖書出版	1980.	臺北
文字形義學概論	高亨	齊魯書社	1981.	濟南

古字通假會典	高亨 纂著 董治安 整理	齊魯書社	1997.	濟南
古文字論集	裘錫圭	中華書局	1992.	北京
漢語古文字字形表	徐中舒 主編	四川書辭出版社	1987.	成都
古文字類編	高明	中華書局	1980.	北京
中國古文字學通論	高明	文物出版社	1987.	北京
文字學概要	裘錫圭	商務印書館	1988.	北京
漢字的起源和演變	裘錫圭	北京大學出版社	1989.	北京
古代漢語	王寧	北京出版社	2002.	北京
漢字學概要	王寧 主編	北京師範大學出版社	2001.	北京
漢字學	王鳳陽	吉林文史出版社	1989.	長春
漢字的起源與演變論叢	李孝定	聯經出版社	1986.	臺北
中國文字學	龍宇純	學生書局	1984.	臺北
中國文字學	開明書店編譯	臺灣開明書店	1978.	臺北
文字學纂要	正中書局編審	正中書局	1979.	臺北
文字學研究法	胡樸安	西南書局	1973.	臺北
文字學概說	林尹	正中書局	1971.	臺北
中國古文字研究	吉林大學古文研究室編	吉林大學出版社	1999.	長春
語言文字研究專輯(上)	吳文祺	上海古籍出版社	1982.	上海
漢語文字學史	黃德寬 等	安徽教育出版社	1990.	合肥
文字	葉子雄·陳晨	上海教育出版社	1983.	上海
古文字詁林	李圃 主編	上海教育出版社	2004.	上海
文字訓詁論集	劉又辛	中華書局	1993.	北京
漢字古音手冊	郭錫良	北京大學出版社	1986.	北京
漢字的結構及其流變	梁東漢	上海教育出版社	1959.	上海
漢字文化趣釋	吳東平	湖北人民出版社	2001.	武漢
漢字的文化解釋	董來運	上海古籍出版社	2002.	上海
古代漢語詞彙學	趙克勤	商務印書館	1994.	北京
古漢語綱要	周秉鈞 編著	湖南教育出版社	1983.	長沙
古代漢語詞義通論	高守綱	語文出版社	1994.	北京
中國古代語言學史	何九盈	廣東教育出版社	1995.	廣州
古文字研究簡論	林澐	吉林大學出版社	1986.	長春
古代漢語	王寧	北京出版社	2002.	北京
漢語詞彙史	王力	商務印書館	1993.	北京
中國語言文字學史料學	高小方 編著	南京大學出版社	1998.	南京

訓詁學	洪誠江	江蘇古籍出版社	1984.	南京
文字訓詁論集	蕭璋	語文出版社	1994.	北京
訓詁學的研究與應用	王問漁	內蒙古人民出版社	1986.	呼和浩特
聞一多全集	聞一多	三聯書店	1982.	北京
中國古代社會研究《郭沫若全集·歷史編》	郭沫若	人民出版社	1982.	北京
夏商社會生活史	宋鎮豪	中國社會科學出版社	1994.	北京
夏商社会生活史(增訂本)	宋鎮豪	中国社會科學出版社	2005.	北京
早期奴隸制社會比較研究	胡慶鈞 廖學盛 主編	中國社會科學出版社	1996.	北京
全國商史學術討論會論文集	胡厚宣 主編	《殷都學刊》編輯部	1985.	安陽
商史探微	彭邦炯	重慶出版社	1988.	重慶
商周史料考證	丁 山	中華書局	1998.	北京
商周制度考信	王貴民	明文書局	1989.	臺北
商代周祭制度	常玉芝	中國社會科學出版社	1987.	北京
殷代地理簡論	李學勤	臺北木鐸出版社	1982.	臺北
殷商曆法研究	常玉芝	吉林文史出版社	1998.	長春
殷代貞卜人物通考	饒宗頤	香港大學出版部	1959.	香港
商代經濟史	楊昇南	貴州人民出版社	1992.	貴陽
泗水尹家城	于海廣	文物出版社	1990.	北京
先秦軍事制度研究	陳恩林	吉林文史出版社	1991.	長春
中國上古文明考論	江林昌	上海教育出版社	2005.	上海
中國古代公社組織的考察	俞偉超	文物出版社	1990.	北京
中國養牛史	謝成俠	農業出版社	1985.	北京
中國原始社會史	宋兆麟 等	文物出版社	1983.	北京
鄭州商城初探	楊育彬	河南人民出版社	1985.	鄭州
建築考古學論文集	楊鴻勛	文物出版社	1987.	北京
燦爛的殷商文化	史昌友	中國社會科學出版社	2006.	北京
逸周書校補注譯	黃懷信	西北大學出版社	1996.	西安
吳釗	中國古代樂器	文物出版社	1983.	北京
中國藝術研究院	郭沫若研究二	文化藝術出版社	1986.	北京
中國古代銘刻匯考	文求堂影印本		1933.	東京
南京博物院 北陰陽營-新石器時代及商周時期遺址發掘報告		文物出版社	1993.	北京
中國社會科學院 考古研究所 田野考古發掘報告第一冊		《考古學報》編輯部	1936.	北京
淅川下王崗 河南省文物研究所 長江流域規劃辦公室考古隊河南分隊		文物出版社	1989.	北京
《文物》月刊編輯委員會編 文物考古工作三十年		文物出版社	1979.	北京

[논문]

王國維 <卜辭中所見殷先公先王考>·<殷卜辭中所見殷先公先王續考>,《觀堂集林》(河洛圖書
　　出版社 1975. 臺北)

王國維 <殷周制度論>,《觀堂集林》(河洛圖書出版社 1975. 臺北)

朱芳圃 <殷卜辭中所見先公先王再續考>,《新中華》復刊 第5卷 第4期(中華書局 1947. 北京)

李先登 <關於小屯南地甲骨分期的一點意見>,《中原文物》第3期(中華書局 1982. 北京)

詹鄞鑫 <續《小屯南地甲骨》札記>,《考古與文物》第6期(陝西省文物局考古研究所 1985. 西安)

肖楠 <《小屯南地甲骨》綴合編>,《考古學報》第3期(中國社會科學院考古研究所 1986. 北京)

晁福林 <評介《小屯南地甲骨》>,《考古》第10期(中國社會科學院考古研究所 1986. 北京)

晁福林 <評《甲骨文合集》>,《中國史研究》第2期(中國社會科學院歷史研究所 1985. 北京)

郭若愚·沈之瑜 <《戩壽堂所藏殷墟文字》補正>,《上海博物館館刊》(上海博物館 1981. 上海)

郭若愚 <釋蕡>,《上海師範大學學報》第2期(上海師範大學 1979. 上海)

沈之瑜 <"百洰"·"正河"解>,《上海博物館集刊》第4輯(上海博物館 1987. 上海)

吳其昌 <卜辭所見殷先公先王三續考>,《燕京學報》第14期(燕京大学燕京學報社 1933. 北京)

郭沫若 <骨臼刻辭之一考察>,《中國古代銘刻匯考續編》(文求堂影 1933. 東京)

郭沫若 <安陽新出土的牛胛骨及其刻辭>,《考古》第2期(中國社會科學院考古研究所 1972. 北京)

郭沫若 <古代文字之辨證的發展>,《考古學報》第1期(中國社會科學院考古研究所 1972. 北京)

姚孝遂 <《殷墟卜辭綜類》簡評>,《古文字研究》第三輯(中華書局 1980. 北京)

姚孝遂 <《殷契粹編》校讀>,《古文字研究》第13輯(中華書局 1986. 北京)

高明 <論陶符兼談漢字的起源>,《北京大學學報·哲史》第6期(北京大學 1984. 北京)

王宇信·張永山·楊升南 <試論殷墟五號墓的婦好>,《考古學報》第2期(中國社會科學院考古
　　研究所 1977. 北京)

王宇信 <商代的馬和養馬業>,《中國史研究》第1期(中國社會科學院歷史研究所 1980. 北京)

趙誠 〈甲骨文合集〉評介,《光明日報》1983년 1월 31일(光明日報社. 1983.)

管燮初 <說戈>,《中國語文》第3期(中國社會科學院語言研究所 1978. 北京)

侯鏡昶 <論甲骨刻辭語法研究方向--評《殷虛甲骨刻辭的語法研究》>,《中華文史論叢》(上海
　　古籍出版社, 1982. 上海)

許藝 <《殷代地理簡論》評介>,《考古》第5期(中國社會科學院考古研究所 1959. 北京)

李學勤 <《甲骨學通論》序>,王宇信 《甲骨學通論》(中國社會科學出版社 1989. 北京)

李學勤 <西周甲骨的幾點研究>,《文物》第9期(文物出版社 1981. 北京)

李學勤 <小屯南地甲骨與甲骨分期>,《文物》第5期(文物出版社 1985. 北京)

李學勤 <評陳夢家《殷虛卜辭綜述》>,《考古學報》第3期(中國社會科學院考古研究所 1957. 北京)

李學勤 <中國和古埃及文字的起源--比較文明史一例>,《文物》第12期(文物出版社 1981. 北京)

李學勤 <甲骨學一百年的回顧與前瞻>,《文物》第1期(文物出版社 1988. 北京)

李學勤 <談安陽小屯以外出土的有字甲骨>, 《文物參考資料》第11期(文物出版社 1956. 北京)

李學勤 <日月又戠>, 《文博》第5期(陝西省文物局《文博》編輯部 1998. 西安)

李學勤 <癸酉日食說>, 《中國文化研究》第3期(北京語言文化大學 1998. 北京)

李學勤 <釋多君·多子>, 《甲骨文與殷商史》第1輯(上海古籍出版社 1983. 上海)

李學勤 <論殷代的親族制度>, 《文史哲》第11期(山東大學《文史哲》編輯部 1957. 濟南)

姚孝遂 <續《小屯南地甲骨札記》>, 《古文字研究》第十二輯(中國古文字研究會 中華書局 1981. 北京)

姚孝遂 <甲骨學的開拓與應用>, 《殷都學刊》第4期(安陽師範學院 1990. 安陽)

姚孝遂 <甲骨刻辭狩獵考>, 《古文字研究》第六輯(中國古文字研究會 中華書局 1981. 北京)

謝濟 <郭沫若《卜辭通纂》對甲骨學的巨大貢獻>, 《郭沫若研究》二(文化藝術出版社 1986. 北京)

賈平 <續《殷虛文字甲編考釋》>, 《古文字研究》第三輯(中國古文字研究會 中華書局 1980. 北京)

劉一曼 <安陽殷墟甲骨出土地及其相關問題>, 《考古》第5期(中國社會科學院考古研究所 1997. 北京)

劉一曼 <殷墟獸骨刻辭初探>, 《殷墟博物苑苑刊》創刊號(中國社會科學出版社 1989. 北京)

Homer H. Dubs(중국명 '德效騫') <The Date of the Shang Period(商代的記日法)>, 《Toung Pao (通報)》第40期(Leiden University[萊頓大學校] 1951. Leiden[萊頓])

蔡哲茂 <說甲骨文'葬'字及其相關問題>, 《第二屆國際中國古文字學學術研討會論文集》(香港中文大学中國語言及文學系編 1995. 홍콩)

丁山 <釋疾>, 《中央研究院歷史語言研究所集刊》1本2分(中央研究院歷史語言研究所 1930. 北京)

彭邦炯 <商人卜螽說>, 《農業考古》第2期(江西省博物館·江西省中國農業考古研究中心 1983. 南昌)

宋鎮豪 <商代軍事制度>, 《早期奴隸社會比較研究》(胡慶鈞 主編)第2編(中國社會科學出版社 1996. 北京)

宋鎮豪 <試論殷代的記時制度>, 《全國商史學術討論會論文集》(胡厚宣 主編)(《殷都學刊》編輯部 1985. 安陽)

石璋如 <殷墟最近之重要發現---附論小屯地層>, 《中國考古學報》第2冊(中央研究院歷史語言研究所 1947. 南京)

石璋如 <骨卜與龜卜的探源--黑陶與白陶的關係>, 《大陸雜誌史學叢書》第1輯第2册(大陸雜誌社 1960. 臺北)

聞一多 <釋豕>, 《聞一多全集》第2卷(三聯書店 1982. 北京)

沈建華 <甲骨文釋文二則>, 《古文字學研究》第6輯(中國古文字研究會 中華書局 1981. 北京)

楊昇南 <略論商代的軍隊>, 《甲骨探史錄》(胡厚宣 主編)(生活·讀書·新知三聯書店 1982. 北京)

楊昇南 <邢台地區商文化中的商品經濟>, 《史學月刊》第1期(河南大学·河南省歷史學會 1999. 開封)

孔德成 <釋牢宰>, ≪文史哲學報≫第十五期(臺灣大學文學院 1966. 臺北)

齊文心 <王字本義試探>, ≪歷史研究≫第4期(中國社會科學院 1991. 北京)

嚴一萍 <甲骨研究辨僞舉例>, ≪幼獅學誌≫第六卷第一期(幼獅出版公司 1967. 臺北)

嚴一萍 <說文牭犙牭犆四字辨源>, ≪中國文字≫第二册(國立臺灣大學文學院古文字研究室 1966. 臺北)

金祥恆 <卜辭中所見殷商宗廟及殷祭考(上)>, ≪大陸雜誌≫(大陸雜誌社 1975. 臺北)

孫海波 <卜辭曆法小記>, ≪燕京學報≫第17期(燕京大學 1935. 北京)

于省吾 <殷代的交通工具和馹傳制度>, ≪東北人民大學人文科學學報≫第2期(東北人民大學 1955. 長春)

于省吾 <商代的穀類作物>, ≪東北人民大學人文科學學報≫第1期(東北人民大學 1957. 長春)

于省吾 <關于古文字研究的若干問題>, ≪文物≫第7期(文物出版社 1973. 北京)

于省吾 <伏羲氏與八卦的關係>, ≪紀念顧頡剛學術論文集≫上册(巴蜀書社 1990. 成都)

貝塚茂樹 <評甲骨文斷代研究的字體演變觀>, ≪殷都學刊≫第4期(安陽師範學院 1985. 安陽)

許進雄 <從長鑿的配置試分第三與第四期的卜骨>, ≪中國文字≫第48期(臺灣大學文學院 1973. 臺北)

許進雄 <第五期五種祭祀祀譜的復原—兼談晚商的曆法>, ≪大陸雜誌≫第73卷 第3期(大陸雜誌社 1986. 臺北)

胡厚宣 <殷代卜龜之來源>, ≪甲骨學商史論叢≫初集下(臺灣大通書局 1973. 臺北)

胡厚宣 <卜辭同文例>, ≪中央研究院歷史語言研究所集刊≫第九本(中央研究院歷史語言研究所 1947. 北京)

胡厚宣 <卜辭"日月又食"說>, 文化部文物局古文獻研究室編≪出土文獻研究≫第1輯(文物出版社 1985. 北京)

胡厚宣 <殷代的冰雹>, ≪史學月刊≫第3期(河南大學·河南省歷史學會 1980. 開封)

胡厚宣 <釋殷代求年于四方和四方風的祭祀>, ≪復旦學報(人文科學)≫第1期(復旦大學 1956. 上海)

胡厚宣 <甲骨文所見殷代奴隸的反壓迫鬪爭>, ≪考古學報≫第一期(中國社會科學院考古研究所 1976. 北京)

胡厚宣 <論殷人治療疾病之方法>, ≪中原文物≫第4期(河南博物院 1984. 鄭州)

胡厚宣 <八十五年來甲骨文材料之再統計>, ≪史學月刊≫第5期(河南大學·河南省歷史學會 1984. 開封)

胡厚宣 <≪甲骨文合集≫的編輯內容>, ≪歷史敎學≫第9期(天津出版傳媒集團有限公司 1982. 天津)

胡厚宣 <≪甲骨文合集≫與商史研究工作>, ≪文史知識≫第5期(中華書局 北京報刊發行局 1986. 北京)

胡厚宣 <關於劉禮智·羅振玉·明義士三家舊藏甲骨現狀的說明>, ≪殷都學刊≫第1期 ≪殷墟發

掘≫(安陽師範學院 1985. 安陽)

張政烺 <卜辭裒田及其相關諸問題>, ≪考古學報≫第1期(科學出版社 1973. 北京)

張政烺 <釋甲骨文尊田及土田>, ≪中國文獻研究集刊≫第3集(湖南人民出版社 1982. 長沙)

董作賓 <殷代卜骨之推測>, ≪安陽發掘報告≫第1期(國立中央研究院歷史語言研究所 1929. 北京)

董作賓 <大龜四版考釋>, ≪安陽發掘報告≫第3期(國立中央研究院歷史語言研究所 1931. 北京)

董作賓 <甲骨文斷代研究例>, ≪慶祝蔡元培先生六十五歲論文集≫(中央研究院歷史語言研究所
　　　1933. 北京)

王貴民 <甲骨文‘爽’字解釋>, ≪殷都學刊≫第3期(安陽師範學院 1991. 安陽)

王貴民 <說午卩 史>, ≪甲骨探史錄≫(胡厚宣 主編)(生活·讀書·新知三聯書店 1982. 北京)

王貴民 <甲骨文所見的商代軍制數則>, ≪甲骨探史錄≫(胡厚宣 主編)(生活·讀書·新知三聯書店
　　　1982. 北京)

王貴民 <試論貢賦稅的早期歷程--先秦時期貢賦稅源流考>, ≪中國經濟史研究≫第1期(中國社
　　　會科學院經濟研究所·經濟研究雜誌社 1988. 北京)

王貴民 <就殷墟甲骨文所見試說‘司馬’職務的起源>, ≪甲骨文與殷商史≫第1輯(上海古籍出版
　　　社 1983.上海)

王貴民 <商代農業概述>, ≪農業考古≫第2期(江西省社會科學院歷史研究所·江西省中國農業
　　　考古研究中心 1985. 南昌)

徐中舒 <四川彭縣濛陽鎮出土的殷代二觶>, ≪文物≫第6期((文物出版社 1962. 北京)

徐中舒 <殷人服象及象之南遷>, ≪中央研究院歷史語言研究所集刊≫第2本1分册(中央研究院歷
　　　史語言研究 1930. 北京)

裘錫圭 <論‘歷組卜辭’的時代>, ≪古文字研究≫第六輯(中華書局 1981. 北京)

裘錫圭 <解放以來古文字資料的發現和整理>, ≪文物≫第10期(文物出版社 1979. 北京)

裘錫圭 <關於商代的宗族組織與貴族和平民兩個階級的初步研究>, ≪古代文史研究新探≫(江蘇
　　　古籍出版社[鳳凰出版社]1992. 南京)

裘錫圭 <釋‘木月’‘林月’>, ≪古文字論集≫(中華書局 1992. 北京)

裘錫圭 <甲骨文所見‘田’·‘牧’·‘衛’ 等職官研究>, ≪文史≫第19輯(中華書局 北京)

陳煒湛 <‘歷組卜辭’的討論與甲骨文斷代研究>, ≪出土文獻研究≫第1輯(文物出版社 1985. 北京)

常玉芝 <卜辭日至說辨議>, ≪中國史研究≫第4期(中國社會科學院歷史研究所 1994. 北京)

常玉芝 <‘翌’的時間所指>, ≪徐中舒先生百年誕辰紀念文集≫(巴蜀書社 1998. 成都)

林澐 <從武丁時代的幾種“子卜辭”試論商代的家族形態>, 中國古文字研究會 ≪古文字研究≫第
　　　1輯(中華書局　1979. 北京)

林澐 <甲骨文中的商代方國聯盟>, 中國古文字研究會 ≪古文字研究≫(中華書局 1981. 北京)

燕耘(林澐) <商代卜辭中的冶鑄史料>, ≪考古≫第5期(中國社會科學院考古研究所 1973. 北京)

林澐 <殷墟甲骨字迹研究－－組卜辭篇·序文>, 張世超 ≪殷墟甲骨字迹研究－組卜辭篇≫(東

北師範大學出版社 2002. 長春)

劉淵臨 <拓甲骨文的方法>, ≪舘刊≫第一卷 第四期(國立編譯館 1972. 臺北)

秉志 <河南安陽之龜殼>, ≪安陽發掘報告≫第3期(中央研究院歷史語言研究所 1931. 北京)

周鴻翔 <殷代刻字刀的推測>, ≪聯合書院學報≫第6期(홍콩中文大學 홍콩)

劉釗 <卜辭所見殷代的軍事活動>, ≪古文字研究≫第16輯(中國古文字研究會 中華書局 1989. 北京)

徐喜辰 <釋南>, ≪東北師大學報(哲學社會科學版)≫第1期(東北師大學報編輯部 1981. 長春)

藪內淸 著(鄭淸茂 譯) <關于殷曆的兩三個問題>, ≪大陸雜誌≫第15卷 第1期(大陸雜誌社 1957.
    臺北)

耿鑒庭·劉亮 <藁城商代遺址中出土的桃仁和鬱李仁>, ≪文物≫第8期(文物出版社 1974. 北京)

楊寶成 <殷代車子的發現與復原>, ≪考古≫第6期(中國社會科學院考古研究所 1984. 北京)

黃然偉 <殷王田獵考>, ≪中國文字≫ 第14册과 第15册(臺灣大學文學院 臺北)

楊鍾健·劉東昇 <安陽殷墟之哺乳動物群補遺>, ≪中國考古學報≫第4册(商務印書館 1949. 上海)

松丸道雄 <關於殷墟卜辭中的田獵地>, ≪東洋文化研究所紀要≫第31册(東京大學東洋文化研究
    所 1963. 東京)

陳志達 <商代玉器的工藝考察>, ≪中國考古學研究—夏鼐先生考古五十年紀念論文集≫(文物出
    版社 1986. 北京)

朱活 <商代銅幣>, ≪古幣新探≫(齊魯書社 1984. 濟南)

杜金鵬 等 <討論偃師商城東北隅考古新收獲>, ≪考古≫第6期(中國社會科學院考古研究所 1998.
    北京)

唐際根·徐廣德 <洹北花園莊遺址與盤庚遷殷問題>, ≪中國文物報≫1999年 4月 14日字(國家文
    物局 北京)

應永深 <試論周代三公的建立, 發展及其衰亡>, ≪紀念顧頡剛學術論文集≫(巴蜀書社 1990. 成都)

束世澂 <殷代制度考>, ≪國立中央大學半月刊≫第2卷 第4期(中央大學 1930. 南京)

丁驌 <今來翌之疑>, ≪殷都學刊≫第2期(安陽師範學院 1994. 安陽)

劉朝陽 <再論殷曆>, ≪燕京學報≫第13期(燕京大學 1933. 北京)

鄭慧生 <‘殷正建未’說>, ≪史學月刊≫第1期(河南大學·河南省歷史學會 1984. 開封)

王暉 <殷曆歲首新論>, ≪陝西師範大學學報≫第2期(陝西師範大學 1994. 西安)

范毓周 <殷代的蝗災>, ≪農業考古≫第2期(江西省博物館·江西省中國農業考古研究中心 1983.
    南昌)

王承祒 <試論殷代的直接生産者---釋羌和衆>, ≪文史哲≫第6期(山東大學≪文史哲≫編輯部
    1954. 濟南)

趙錫元 <試論殷代的主要生産者‘衆’和‘衆人’的社會身份>, ≪東北人民大學人文科學學報≫第6
    期(東北人民大學 1956. 長春)

鍾柏生 <卜辭中所見的農業地理>, ≪殷商卜辭地理論叢≫(藝文印書館 1989. 臺北)

周法高 著(趙林 譯) <論商代月蝕的記日法>, ≪大陸雜誌≫第35卷 第3期(大陸雜誌社 1967. 臺北)

黃然偉 <殷王田獵考>, ≪中國文字≫第14册과 第15册(國立臺灣大學文學院中國文學系古文字研究室編. 臺北)

白玉峥 <契文舉例校讀(九)>, ≪中國文字≫第37册(國立臺灣大學文學院中國文學系古文字研究室編. 臺北)

中國社會科學院考古研究所洛陽隊 <偃師商城的初步探測和發掘>, ≪考古≫第6期(中國社會科學院考古研究所 1984. 北京)

中國社會科學院考古研究所甘靑工作隊 <甘肅武山傅家門史前文化遺址發掘簡報>, ≪考古≫第4期(中國社會科學院考古研究所 1995. 北京)

中國社會科學院考古研究所河南二隊 <河南偃師商城東北隅發掘簡報>, ≪考古≫第6期(中國社會科學院考古研究所 1998. 北京)

中國社會科學院考古研究所安陽工作隊 <1973年小屯南地發掘報告>, ≪考古學集刊≫第9集(中國社會科學出版社 1973. 北京)

골	骨	204		丩	106	克	343
	圣	630		具	120	苟	435
공	龏	119		殷	147	亟	624
	共	120		舊	186	근 堇	631
	攻	158		冓	196	斤	643
	工	218		咎	392	금 今	252
	公	48		丘	399	給	609
	収	115		驅	460	禽	662
과	呙	203		口	56	급 及	135
	夸	485		區	595	彶	88
	戈	581		九	661	긍 亘	625
	叭	130		遘	80	기 棄	195
곽	臺(郭)	260		奭	173	箕	216
관	雚	185		畁	493	祈	24
	盥	240	국	國	303	既	246
	冊	336	군	君	58	夔	270
	觀	418	궁	宮	365	杞	277
	官	649		弓	599	萁	287
광	匡(匡)	597	권	虜	124	气	30
	廣	441		巻	231	企	378
	狂	472	궐	乓	579	基	627
	光	481	귀	鬼	436	己	670
괴	媿	574		龜	620	異	670
교	敎	161		歸	71	踞	95
	万	224		奔	118	畁	116
	炆	476	규	溪	513	길 吉	62
	交	488		戠	583		
구	裘(求)	405	균	麋	465	ㄴ	
	句	105	극	丮	127	난 妠	575

붕	佣	381		絲	613		黍	349
	掤	554		四	656	석	祏	21
비	昌	265		巳	682		官	247
	鄙	314		嗣	99		析	289
	匕	395		賒	310		昔	322
	比	397		自[師]	298		夕	333
	非	539		杞(梠)	285		石	443
	妃	560	삭	索	299		錫	639
	妣	562	산	删	209	선	亘	625
	婢	564		山	438		旋	325
	陴	656	살	殺	148		宣	355
	葡	165	삼	三	27		先	416
빈	賓	309		森	294		次	420
	儐	382		彡	423	설	霉(雪)	532
	豩	450	삽	卅	108		舌	102
	牝	52	상	商	105		媟	573
	嬪	570		上	12		辥	673
빙	仌	530		祥	16	섭	燮	133
				爽	167		楸(涉)	524
人				相	171	성	曐(星)	328
사	躲(射)	256		桑	295		省	174
	史	141		象	455		盛	237
	事	142		喪	68		聖	545
	祀	19		賞[商]	311		聲	547
	死	202	색	嗇	266		姓	556
	祠	21	생	生	301		成	669
	使	388		牲	53		騂(騂)	462
	司	427	서	卣(西)	543	세	洒	521
	汜	512		敘	160		歲	74
	乍	594						

소	小	43
	少	44
	召	59
	紹	607
	疋	95
속	束	302
	續	606
	槀(粟)	339
	鬻(餗)	125
손	孫	603
	阤(卪)	429
솔	率	613
송	宋	362
쇄	洒	521
쇠	夊	268
수	俉	383
	夋	132
	夋	145
	受	201
	崇	26
	樹	278
	囚	305
	首	423
	豕	46
	狩	469
	水	499
	汙	515
	戌	585
	綏	611

	獸	663
	羞	679
	采(穗)	345
	百	422
숙	叔	138
	宿	360
	夙(夙)	334
	孰(孰)	128
순	䐉	172
	徇	380
	旬	434
	循	88
	辜	262
술	戌	688
	卹	242
습	淫(濕)	519
	習	177
	騽	459
승	乘[椉]	273
	丞	116
	升	646
시	示	14
	矢	255
	時	318
	尸	407
	視	417
	豕	447
	絁	452
	戠	589
	敀	154

	舄(兜)	453
식	食	249
신	晨(晨)	123
	訊	110
	臣	144
	身	403
	妻	479
	新	645
	辛	672
	申	684
	辰	681
실	室	355
심	心	496
	尋	149
십	十	107
씨	氏	578

ㅇ

아	兒	413
	娥	565
	婀	566
	我	591
	亞	658
악	樂	288
	嶽(岳)	439
안	安	358
	晏	571
알	歺	202

	歆	419
암	喦	440
앙	央	259
야	野	632
약	若	35
	龠	97
양	羊	187
	養	250
	昜	446
	洋	505
	陽	652
어	禦	25
	圉	490
	魚	537
	御	91
	灙	537
억	抑	430
언	言	109
	訡	324
얼	臬	288
	啙	64
여	旅	326
	余	49
	汝	502
	如	569
	輿	648
역	役(役)	148
	屰	103

	易	454
	亦	486
	逆	79
	或	585
연	演	507
	衍	507
	淵	509
	燕	538
염	冉(冄)	446
	炎	482
	焱	482
엽	葉	290
영	賏	312
	永	528
	嬰	572
예	埶	128
	霓	465
	乂	577
	医	596
오	吳	487
	五	659
	午	683
옥	玉	28
올	兀	413
옹	雝	183
	邕	525
	饔	250
왈	曰	221

왕	王	27
	往	87
외	外	334
	畏	438
요	夭	487
	堯	630
	臾(要)	122
욕	蓐	39
용	用	164
	舂	351
우	亏[于]	227
	又	131
	友	140
	羽	178
	祐	18
	盂	237
	牛	50
	雨	531
	雩	536
	扜	555
	右	62
	尤	666
	迂	85
욱	昱	321
운	雲	536
	暈	323
원	元	10
	爰	200
	員	306

	逐	84	**ㅌ**			貝	307
춘	萅(春)	38	**타**	扡	554	狽	474
출	朮(秫)	345		妥	575	湈	506
	出	298		它	619	**팽** 彭	230
충	沖	508		黿	622	**편** 片	341
췌	叡	137	**탁**	橐	303	編	610
취	取	138		涿	517	**폐** 敝	376
	臭	470		逴	85	**포** 勺	434
	娶	558	**탄**	揮	552	**품** 品	96
	吹	57		彈	600	**풍** 豐	233
측	昃	320	**탕**	宕	362	風	618
치	蚩(蚰,蚩)	615	**태**	汏	520	**필** 必	48
	妭	563		兌	414		
	寁	200	**택**	宅	354	**ㅎ**	
	雉	181	**토**	兔	466	**하** 下	14
	鷹	462		土	627	何	382
	齒	94	**통**	通	81	河	500
	甾(淄)	598	**퇴**	隹	652	**학** 學(斅)	162
칠	剎	211		白	649	**한** 厂	442
	七	660	**투**	鬥	130	韓	194
침	彤[彤]	409	**특**	貣	308	**함** 函	336
	寢[寢]	361				召	351
	侵	386				咸	61
	寢	506	**ㅍ**			涵(涵)	518
	沈	518	**파**	派	511	**합** 合	251
칩	喦[卨]	461	**팔**	八	44	造	79
칭	偁	197	**패**	誖	111	**항** 亢	492
	倗	384		敗	157		

색인(한자 부수 순)

㓼(칠) 211
剐(별) 204

力

力(력) 637
劦(협) 638

勹

匃[匄](개) 594
勹(포) 434
勿(물) 445

匕

北(배,북) 398
匕(비) 395
化(화) 394
𠤕(의) 394

匚

區(구) 595
医(예) 596

匸

匡(匡)(광) 597
匚(방) 596
匬(유) 598

十

南(남) 300
卅(삽) 108
升(승) 646
十(십) 107
午(오) 683
卒(졸) 405
千(천) 107
𠦪(홀) 492

卜

卜(복) 163
占(점) 164
𠧪(잉) 223
卤(초) 337

卩

卿(경) 432
卯(묘) 680
印(인)抑(억) 430
卪(절) 428
即(즉) 245
卹(술) 242
夘(경) 431
巺(卩卩)(손) 429

厂

厂(한) 442
𠩺(리) 158

厶

去(거) 240
叀(전) 199

又

及(급) 135
反(반) 136
叜(수) 132
受(수) 201
叔(숙) 138
又(우) 131
友(우) 140
叙(조) 131
取(취) 138
𠬝(복) 137
収(공) 115
𣪠(췌) 137
䖒(차) 134
𠭰(리) 135

口

可(가) 225
各(각) 66
啓(계) 151
启(계) 61
古(고) 106
告(고) 55
哭(곡) 67
句(구) 105
咎(구) 392

央(앙)	259	娸(의)	566	窒(녕)	357
夭(요)	487	妊(임)	561	寮(寮)(료)	366
夷(이)	485	妝(장)	573	寐(매)	369
奠(전)	218	姘(정)	569	宀(면)	353
天(천)	10	姼(치)	563	㝱[夢](몽)	368
奚(해)	493	姪(질)	563	寶(보)	358
夾(협)	484	婗(착)	570	宣(선)	355
		妻(처)	558	宋(송)	362
		妾(첩)	113	宿(숙)	360
女		娶(취)	558	室(실)	355
姜(강)	556	妥(타)	575	安(안)	358
媿(괴)	574	嫛(혜)	564	宜(의)	360
奻(난)	575	好(호)	567	寅(인)	679
女(녀)	555	姬(희)	557	宰(재)	359
婪(람)	574	姕(??)	568	宁(저)	657
妹(매)	562			穎(점)	363
媚(미)	567			定(정)	357
婦(부)	559	**子**		宗(종)	363
妃(비)	560	季(계)	676	宙(주)	364
妣(비)	562	孚(부)	126	寑[寢](침)	361
婢(비)	564	孫(손)	603	寢(침)	506
嬪(빈)	570	孰(숙)	128	它(타)	619
媟(설)	573	孕(잉)	676	宕(탕)	362
姓(성)	556	子(자)	675	宅(택)	354
娥(아)	565	學(斅)(학)	162		
妸(아)	566				
旻(안)	571			**寸**	
如(여)	569	**宀**		封(봉)	629
嬰(영)	572	家(가)	353	尃(부)	150
委(위)	568	官(관)	649	專(전)	150
姷(유)	572	宮(궁)	365	尊(존)	687
娀(융)	565	寧(녕)	225	對(대)	114

析(석)	289	正(정)	75	气			
束(속)	302	止(지)	69	气(기)	30		
樹(수)	278	此(차)	74				
葉(엽)	290			水			
林(림)	292	歹		泊(계)	520		
朿(자)	340	死(사)	202	湀(규)	513		
條(조)	280	歺(알)	202	濘(녕)	513		
棘(조)	292			㳄(닉)	516		
朱(주)	279	殳		淡(담)	521		
櫛(즐)	284	殼(각)	146	汏(태)	520		
柵(책)	283	毆(구)	147	涂(도)	501		
楚(초)	293	殺(살)	148	濤(도)	523		
朮(秫)(출)	345	殳(수)	145	洛(락)	502		
橐(탁)	303	殼(두)	146	濼(락)	504		
杏(행)	276			潦(료)	516		
朹(화)	285	毌		沬(매)	522		
杞(사)	285	冊(관)	336	沐(목)	522		
		每(매)	32	湄(미)	514		
		母(모)	561	汜(사)	512		
欠				涉(섭)	524		
歓(飲)(음)	419	比		洒(쇄,세)	521		
欠(흠)	418	比(비)	397	水(수)	499		
				汓(수)	515		
止		氏		溼(濕)(습)	519		
㞢(蚩)(치)	615	乑(궐)	579	洋(양)	505		
歸(귀)	71	民(민)	576	汝(여)	502		
歷(력)	70	氏(씨)	578	次(선)	420		
武(무)	588	氐(저)	580	演(연)	507		
步(보)	73			淵(연)	509		
歲(세)	74			永(영)	528		
歬(前)(전)	69			洹(원)	504		

賷(상)	311	晨(晨)(신)	123	鼺(향)	315		

赤

赤(적)	483

走

趄(원)	68

足

踂(기)	95
足(족)	94

身

躰(射)(사)	256
身(신)	403

車

輿(여)	648
車(차, 거)	647

辛

辥(설)	673
辛(신)	672
辟(벽)	433

辰

䢉[農](농)	123

辰(진, 신) 681

辵

遣(견)	82
遘(구)	80
達(달)	82
遝(답)	78
途(도)	86
逆(역)	79
迂(우)	85
逸(일)	467
進(진)	78
辵(착)	76
追(추)	83
逐(축)	84
逴(탁)	85
通(통)	81
迨(합)	79
還(환)	81
辻(도)	77
证(정)	77
遃(일)	84

邑

邦(방)	313
鄙(비)	314
邕(옹)	525
邑(읍)	313
鼺(항)	314

阝(邑)

郭(곽)	260
鄕(향)	315

酉

配(배)	686
酉(유)	685
酒(주)	686

采

采[番(번)](변)	49
朵(채)	289

里

野(야)	632

金

錫(석)	639
鑄(주)	640
鑊(확)	640
鍰(환)	641

長

長(장)	444